The 70th Anniversary of Shanghai Normal University

1954 上海师范大学 人文学院 SCHOOL OF HUMANITIES

上海师范大学七十周年校庆
历史学科论文集

中国史卷

上海师范大学人文学院历史系 编

中西書局

图书在版编目（CIP）数据

上海师范大学七十周年校庆历史学科论文集. 中国史卷 / 上海师范大学人文学院历史系编. -- 上海：中西书局, 2024. -- ISBN 978-7-5475-2310-0

Ⅰ. K-53

中国国家版本馆CIP数据核字第2024LD0060号

上海师范大学七十周年校庆历史学科论文集·中国史卷

上海师范大学人文学院历史系 编

责任编辑　吴志宏　伍珺涵
装帧设计　梁业礼
责任印制　朱人杰
出版发行　上海世纪出版集团
　　　　　中西書局（www.zxpress.com.cn）
地　　址　上海市闵行区号景路159弄B座（邮政编码：201101）
印　　刷　常熟市人民印刷有限公司
开　　本　787毫米×1092毫米　1/16
印　　张　35.25　插页 14
字　　数　744 000
版　　次　2024年11月第1版　2024年11月第1次印刷
书　　号　ISBN 978-7-5475-2310-0 / K·475
定　　价　278.00元

本书如有质量问题，请与承印厂联系。电话：0512-52601369

上海第一师范学院历史系教师合影（1957年）

第一排（左起）：刘俊杰、陈有锵、韩亦琪、翁大草、顾学杰、王明枫、陶樾、钱卓英、姚震寰。第二排（左起）：蔡继福、李培栋、夏菊芳、吴秉文、聿文清（？）、胡世芸、蔡静怡、刘克明、韩之荃、舟力、蔡瑞龄、陈宝琦、李旭。第三排（左起）：吴成平、董家骏、柯昌基（？）、朱延辉（？）、魏建猷、张家驹、季平子、陈新权、赵宗颇。

上海师范学院历史系1977级毕业生合影

照片中教师名单

第一排（左起）：孙仲发、韦少波、陈昌福、李培栋、郑宝琦、马洪林、胡毓源、吴成平、陶樾、魏建猷、袁琳（？）、江剑吟、佘绍麟、（？）、叶书宗、杨炳玉、季平子、夏笠、陈翌康、陈必博、马友协、任沙金、郭豫明、王廷洽。第二排（右起）：孙国群、张企贤、张帼瑾、胡世芸、蒋志先。

照片中1977级毕业生名单

第二排（左起）：朱平平、俞令仪、谢维卫、吴熙雯、钱艺艺、傅益仙、胡育明、胡毅华、刘心勇、唐是绿、傅爱明、黄知正、完绍平、陈惟、田金星、孙同、马依依、包慧珍、叶陵陵、李幽兰。第三排（左起）：黄晨敏、周逸民、徐祖传、任荣康、沈雁飞、金重仁、程兆奇、毛履平、陈惟荣、曹玉林、张康峰、蒋迅、严亚东、单宝、滕跃义、吕锡栽、虞云国、崔卫中、吴凯、柴惠庭、陈忠良、王国民、刘明、陶柏康。第四排（左起）：杨晓榕、林康慨、刘昶、臧志军、姚蒙、林永健、周育民、张永生、王华、傅禄建、贾浩、顾明、吴明华、吴忠锐、徐小群、何平、陈海生、丁果、王新、邢丙彦、朱孝远、冯玮、杜建人、蔡玮、曹声良、高桐。

上海师范大学历史系教师合影(2016年5月)

第一排(左起):陆伟芳、徐茂明、裔昭印、邵雍、陈恒、苏智良、唐力行、钱杭、周育民、周春生、高红霞、张忠祥。第二排(左起):尹玲玲、蔡萌、姚霏、吴俊范、刘伟才、薛理禹、李尚君、吴强华、王正瀚、陈大为、董大学、梁民愫、刘义勇。第三排(左起):蒋杰、姚潇鸫、熊莹、康凯、范兆飞、李文硕、洪煜、刘子奎、岳钦韬、张安福、刘江。

上海师范大学历史学科创建七十周年教师合影(2024年5月)

第一排(左起):姚霏、陆伟芳、吴俊范、徐善伟、梁民愫、徐茂明、蔡萌、裔昭印、陈恒、林在勇、苏智良、姚潇鸫、崔红芬、魏葆珞(Paolo Visigalli)、洪庆明、余璐。第二排(左起):李殷、林时峥、董圣兰、康凯、刘炳涛、薛理禹、刘江、董大学、文志勇、陈大为、郑宁、洪煜、林宏、张洪彬、胡宸。

程应镠教授

张家驹教授

魏建猷教授

季平子教授

赵宗颇教授

唐力行教授

严耀中教授

苏智良教授

周育民教授

古代史教研室成员合影（2024年8月）
左起：郑宁、刘江、姚潇鸫、陈大为、胡宸、余璐。

中国近代社会研究中心成员合影（2011年6月）
前排（左起）：苏智良、钱杭、唐力行、邵雍、周育民。
后排（左起）：高红霞、徐茂明、洪煜、吴强华、姚霏。

历史地理研究中心成员合影（2017年3月）
左起：吴俊范、尹玲玲、钱杭、钟翀、岳钦韬。

2003年9月，上海师范大学主办“日本侵略亚洲战争责任问题”国际学术研讨会

2010年10月，上海师范大学与德国莱比锡大学联合举办“中国民间信仰、民间宗教研究的新趋势”国际学术研讨会

2019年10月，上海师范大学主办第五届“海洋文明”学术研讨会

2019年10月，上海市社联与上海师范大学联合举办首届江南文化国际论坛暨第13届江南社会史国际学术研讨会

2023年10月，上海师范大学等单位主办“从开埠到开放：上海都市化180年”国际学术研讨会

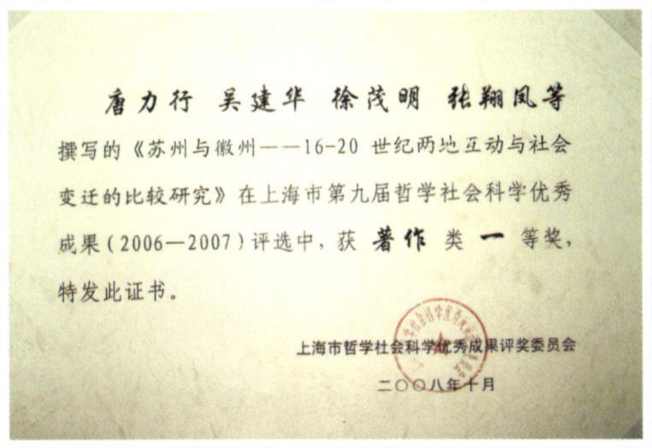

《苏州与徽州：16–20世纪两地互动与社会变迁的比较研究》获上海市哲学社会科学优秀成果（著作）一等奖（2008年）

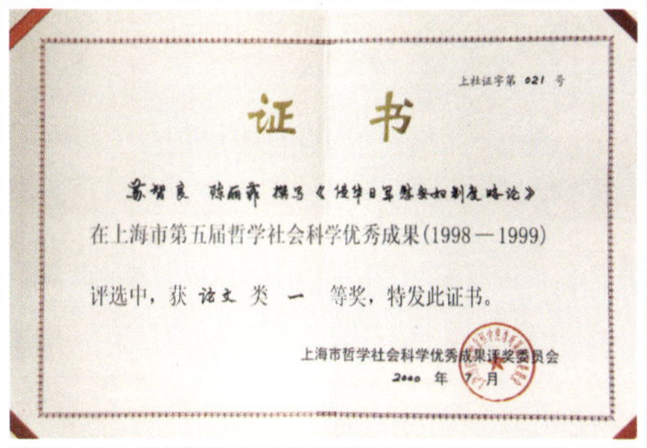

《侵华日军慰安妇制度略论》获上海市哲学社会科学优秀成果（论文）一等奖（2000年）

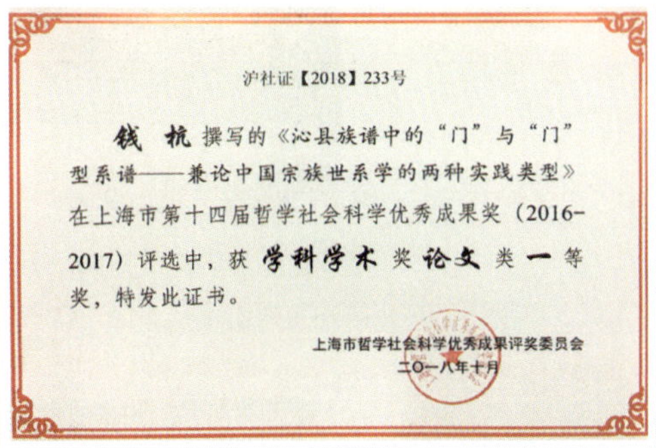

《沁县族谱中的“门”与“门”型系谱——兼论中国宗族世系学的两种实践类型》获上海市哲学社会科学优秀成果（论文）一等奖（2018年）

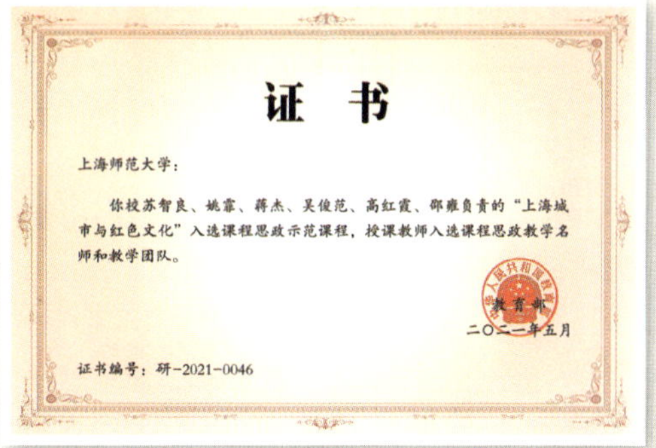

“上海城市与红色文化”入选教育部课程思政示范课程（2021年）

《将四行仓库建设成上海市抗日战争纪念博物馆的建议》获上海市决策咨询研究成果奖一等奖（2015年）

《唐后期五代宋初敦煌僧寺研究》入选“国家哲学社会科学成果文库”（2014年）

程应镠《范仲淹传》

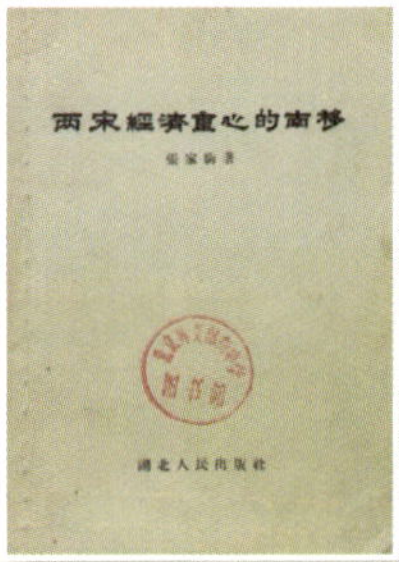

张家驹《两宋经济重心的南移》

魏建猷《秘密结社与社会经济》

唐力行《商人与中国近世社会》

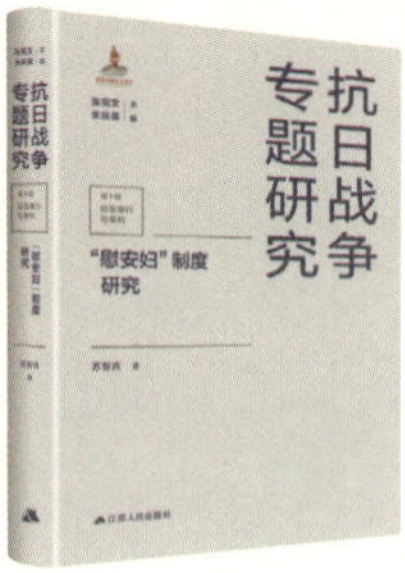

苏智良《“慰安妇”制度研究》

唐力行《中国苏州评弹
社会史料集成 》

崔红芬、文志勇主编《英藏黑水城西
夏文佛教文献整理考释》

张安福《环塔里木历史文化资源
调查与研究》（2017年入选国家
社科文库）

宋佩玉《中国外资银行百年史
（1845–1949）》

吴俊范等《长江三角洲海岸带
历史地理考察研究》

《江南社会历史评论》
（CSSCI来源集刊）

《海洋文明研究》

历史学师范生赴西安社会考察实践

历史系学生刊物《史声》
（20世纪80年代创刊）

历史学系举办“流金杯”教学技能比赛（2023年4月）

上海师范大学历史学（师范）专业首届教研与实践工作坊合影（2021年10月）

2020年10月，上海师范大学中国近代社会研究中心入选首批“长三角江南文化研究联盟”会员单位

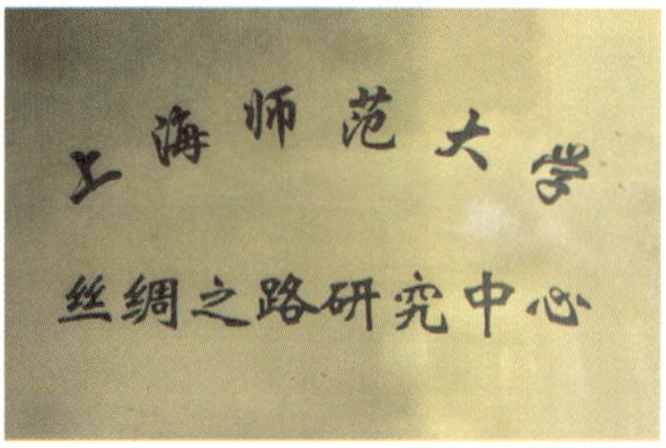

20世纪50年代历史系文物陈列室

2017年，丝绸之路研究中心成立

1993年，中国近代社会研究中心成立

2016年12月，中国“慰安妇”历史博物馆开馆，申请世界记忆目录国际团队在馆内合影

上海师范大学历史学科的传承与特色(1954—2024)

苏智良

岁月悠悠,学府芳华,上海师范大学走过了70年的光辉历程,上海师大的历史学科也经历了70载的风风雨雨,经过数代学人的呕心沥血,谱写出一曲不懈奋斗、踔厉奋发的史学华章。

一、美好的开局

历史学科的主要奠基人是程应镠先生。

1949年时代嬗变之时,程应镠先生是光华大学的教授。1954年7月,上海师范专科学校在漕河泾畔诞生,程先生从高桥中学校长任上调入本校,担任历史科主任。当时,新生的上海师范专科学校只有中文、历史、物理、数学等寥寥几个学科。1956年,上海师专的文科升格为上海第一师范学院,程应镠先生出任历史系首任系主任,并代理过学院教务主任。当时,他的主要工作就是招兵买马,聚拢史学教学与研究的队伍。

程应镠先生慧眼识人,他主张优先引进北大、清华、燕京等名牌大学的杰出人才。所以已故的李培栋教授(曾担任本校校长助理)曾言,1956年的师院历史系,俨然是北京名校的校友会。程先生本人是燕京大学历史系35级学生;中国古代史及中世纪史教研室主任张家驹先生是燕京大学32级学生;中国近代史教研室主任魏建猷先生毕业于无锡国学专科学校,20世纪30年代初曾在燕京大学的图书馆工作过数年;世界史的徐先麟先生为清华大学历史系33级学生,她是安徽省的会考状元、名气很响的才女;世界古代及中世纪史教研室主任朱延辉先生是清华大学历史系34级学生;主攻近代外交史的季平子先生是清华历史系35级学生;来历史系客串教研的徐孝通先生隶属于哲学系,他是清华大学哲学系35级学生、金岳霖先生的弟子;还有40级中央大学历史系的徐光烈先生,毕业后担任美军翻译官。这些“大先生”构成了上海师院历史系的基本教师队伍,从而为历史学科的发展打下了扎实的基础。

当年,程应镠先生对历史文物情有独钟。20世纪50年代初,他写信给曾经的老师、故宫博物院的沈从文先生，请其代购一批文物。沈先生在当时条件允许的范围内精挑细拣官窑瓷器数十件，还有青铜器、玉器、书画、唐卡、钱币等，这批文物遂成为我校最基本的文物珍品。1957年，历史系文物陈列室建成。2001年，以这批文物为主要馆藏的上海师范大学博物馆落成，馆中至今镌刻着程应镠先生的奠基之功。

二、曲折之发展

学校、学科、学人与国家共命运。1957年反右派斗争中，程应镠先生被错划为右派，7月即被免去历史系主任的职务，进入资料室整理资料。历史系由魏建猷先生担任系主任，张家驹先生担任系副主任。在历次政治风波中，魏先生团结同仁，凝聚人心，推动历史学科的发展。1960年9月，程应镠先生摘去"右派"帽子，重返讲台。

随着学生的增加，毕业生相继充实师资队伍，1957年王铎全、郭豫明、刘克明入职，1958年叶书宗、郭绪印、陈昌福、马洪林、孙仲发、项立岭、裴汝诚等加盟。后来，他们在各自领域均有建树，成为历史学科承上启下的重要一代。

十年"文革"中程应镠、魏建猷等前辈学者经历了艰苦的岁月。1965年1月，姚文元发表《评新编历史剧〈海瑞罢官〉》，魏建猷先生在《学术月刊》发表《海瑞一生果真是"处处事事为百姓设想"吗?》，指出姚文的4个硬伤，却被指责为"转移斗争大方向"。压力之下，程应镠被迫将吴晗来函上交。程应镠、魏建猷、张家驹等先生遭到批斗，不少教师遭受长期审查，后来又到"五七干校"参加劳动和改造。这时，政府要求整理古籍资料，历史系的不少教师总算得以返回工作岗位。

1970年，根据周总理的指示，国家重新整理标点《二十四史》，程应镠、张家驹、魏建猷、马伯煌、裴汝诚等多位教师克服困难，青灯黄卷，精心标点了《续资治通鉴长编》《宋史》《商君书》《国语》《荀子》等。

1972年，上海师范学院与华东师范大学、上海教育学院、上海体育学院、上海半工半读师范学院五校合并，改名为上海师范大学。直到1978年4月，上海师院恢复建制。所以在这特殊的6年岁月里，上海师院与华东师大同仁和学生之间有着特殊的关联，结下了深厚的友谊。

三、凝心聚力迎春天

1978年底，国家进入改革开放的新时代。魏建猷先生复任系主任，程应镠先生出任历史系第一副主任，他们合作积极，重聚力量。1978年，程应镠先生担任中国史学会理事兼副秘书长。1985年，本校古代史学科成为我国第一批硕士学位授予点。聚集江辛眉、王育民、陶樾、王春瑜、李伯勉、李培栋、王关兴等英才，程、魏两位先生以他们珠联璧合的创造性合作，促成上海师大历史学科盎然春天的到来。

程应镠先生长期担任全国高校古籍整理委员会委员和上海市古籍整理领导小组成员。1978年底，年逾花甲的程应镠先生发奋图强，主持历史系古籍整理研究室，开始策划以宋史为中心的古籍整理工作。1983年，程应镠先生在原古籍整理研究室的基础上创办古籍整理研究所，担任首任所长，并聘请马茂元、钱伯城、魏同贤、胡道静、陈伯海等一批名家参与其事。他主持《宋史》《续资治通鉴》的点校，开创了古典文献学本科专业，并成功将其申请为上海市第一批文科重点学科。

继魏建猷教授之后担任系主任的是吴成平教授，主攻印度史的吴教授为人厚道，做事公正，在师生中颇有威望。先担任党总支书记后又继任系主任的叶书宗教授学术思维敏锐，锐意创新，苏联史做得风生水起。同样，党组织的负责人如张帼瑾、马友协等也付出了辛劳。

从改革开放初期到20世纪末，高校由于经费投入严重不足，日子并不好过，但历史学科的教师们心无旁骛，全身心投入教学科研，不仅成果迭出，更培育出一代史学新人。被传为美谈的是77级本科生刘昶在程应镠教授指导下在《上海师范学院学报》1980年第4期发表《试论中国封建社会长期延续的原因》，然后该文被《历史研究》1981年第2期全文转载。中国最权威的历史学杂志转载一所普通高校本科生的论文，可以说是空前绝后，刘昶也成为那时77、78级文科生中最早有影响力的学者。不论资排辈，唯才是举，这也体现了改革开放初期良好的学术风尚。

77、78级留校（含回调）的刘昶、虞云国、周育民、范荧、邵雍、朱孝远、邢丙彦、杨康荪、丁果、李稚勇、庄韵勤、朱平平、吴忠锐等，加上曾维华、王廷洽、丁光勋、严耀中等青年教师，还有外校招聘入职的萧功秦、苏智良、裔昭印等，稍后还有叶江、俞钢、汤勤福、程郁、周春生、高红霞、张剑光、舒运国、陈恒、黄纯艳、许纪霖等，形成了一支朝气蓬勃的生力军。

四、承继传统　迈向辉煌

进入21世纪后，学科建设进入丰收期。随着唐力行、郝春文等骨干教授的相继引进，钱杭、徐茂明、尹玲玲、吴俊范、钟翀、洪煜、姚潇鸫、洪庆明、刘子奎、燕永成、陈大为、陈勇等入职。此后学科建设取得突破，在唐力行教授的统筹下，中国近现代史博士点、历史学博士后流动站、历史学一级学科博士点相继获得。2000年起，历史学科几乎全员参与了上海市第二期教改历史教科书的编写工作。2004年历史学科与中文学科共同努力，建立教育部人文社会科学重点研究基地都市文化研究中心，至今它还是上海市属高校中唯一的教育部重点研究基地。此外，非洲研究中心成为区域国别研究基地，中国史与世界史学科跻身上海市高峰高原建设学科。

如今历史学科一脉三支，枝繁叶茂。历史系、古籍整理研究所和年轻的世界史系各具特色，携手发展。

历史系的历任系主任有程应镠、魏建猷、吴成平、叶书宗、苏智良、陈恒、黄纯艳、高红霞和徐茂明。历史系保持着唐宋史研究的高度和地位，并不断开拓新的研究领域，形成新的优势方向。2019年，历史教育学科首批入选国家一流本科专业，全系上下秣马厉兵，积蓄力量，跻身全国中国史学科的前茅。

古籍整理研究所1983年组建，程应镠先生1986年担任古籍整理研究所名誉所长，此后，在朱瑞熙、范能船、虞云国、朱易安、戴建国、张剑光、钟翀等历任所长的带领下，古籍整理研究所已成为我国该领域的重镇之一。2020年，古典文献学专业入选国家一流本科专业。

中国史、世界史学科分立之后，世界史学科自然获得一级学科博士点和博士后流动站。在舒运国、裔昭印、陈恒等的先后领导下，世界史学科招兵买马，聚拢英才。2018年，世界史系建立，开始培养世界史本科生。如今，世界史系已有35名教师，其中教授12名，获人才称号的有陈恒（国家"四个一批"文化名人、国家"万人计划"领军人才、"马工程"首席专家、教育部高等学校教学指导委员会委员、历史学副主任）、蔡萌（青年长江学者）、李文硕（"万人计划"青年拔尖人才）等两代学人。

历史学科的教学科研硕果累累：获得过省部级优秀成果一等奖的就有唐力行、苏智良、戴建国、钱杭、陈恒、钟翀、李文硕等；2023年，朱瑞熙教授获得上海市人文社会科学杰出成就奖；陈恒成为全国最年轻的"马工程"教材首席专家；苏智良获得国家课程思政教学名师；《外国史学史》《世界现代史》入选"马工程"教材；"西方史学史"获评国家一流本科课程；"上海城市与红色文化"入选教育部课程思政示范课程。

12年来，历史学科共获得21个国家社科重大攻关项目，蔚为壮观。首席专家依次为戴建国（2011）、张安福（2011）、汤勤福（2012）、苏智良（2013）、唐力行（2014）、舒运国（2014）、李孝聪（2015）、刘津瑜（2015）、王旭（2016）、陈恒（2017）、黄显功（2018）、于沛（2019）、钟翀（2019）、崔红芬（2019）、吴俊范（2020）、刘子奎（2020）、宋佩玉（2020）、洪煜（2021）、梁民愫（2022）、徐善伟（2023）、张忠祥（2023）。

我以为最值得骄傲的是，我们培养了上海市60%以上的初高中历史教师，贡献了60%以上的历史特级教师。代表人物有孔繁刚（上海中学）、钱君端（敬业中学）、凤光宇（嘉定教师进修学院）、於以传（上海市历史教研员）、吴国璋（青浦中学）、朱志浩（奉贤教师进修学院）、徐雅芳（行知中学）、邵清（大境中学）、李峻（复旦附中）、施洪昌（延安中学）、姚虹（南洋模范中学）、张曦琛（市二中学）、汪辉（奉贤中学）等数十名历史特级教师和校长。数千名教师耕耘在中学讲坛，无怨无悔，为上海这座城市的世界一流基础教育作出了不可磨灭的贡献。我们为这些系友感到自豪。最近，各地的中学都在议论：名校毕业生一定就是好教师吗？有一所高中一次高薪聘任17名名校高才生，但两三年后，这些"高才生教师"基本已离职或转岗做行政。这一案例告诉世人，成为优秀教师的前提并非一张名校的文凭，而是操守和教研俱佳的本事。

历史学科毕业的还有沈渭滨（复旦大学教授）、朱孝远（北京大学教授）、臧志军（复旦大学教授）、朱淑娣（复旦大学教授）、李昌宪（南京大学教授）、刘昶（华东师范大学教授）、陈江（华东师范大学教授)、程兆奇(上海交通大学教授)、陈挥(上海交通大学教授)、吴春梅(安徽大学教授)、夏斯云(上海工程技术大学教授)等数十名大学教授,还有在美国执教的徐小群教授、盛慕真教授,以及在日本执教的叶陵陵教授,等等。历史学科还培养了数千名各界精英人才,如曾任中国台联主席的梁国扬先生、中共中央党校副校长李君如教授等。

回望70年的历程,我们要弘扬上师大历史学科的特色与学风。什么是特色呢?第一是精诚合作、相互补台。特殊年代,同事之间尽管也有分歧,但求同存异,营造了良好的团结协作、美美与共的风尚。第二是学术创新、锐意进取。几代学人的奋斗,形成了宋史、人文历史地理、世界城市史、非洲史、江南社会、上海城市史等学术特色。第三是重视教育、重视课堂,以学生发展为本。长期以来,我们已形成培育学生的明确目标:基础知识扎实、教学能力强、具有良好心理素质和德育能力、具有教书育人的情怀。为此,历史学科的教师人人热衷教学,教书育人。如李培栋、萧功秦、范荧、裔昭印、陈恒等老师的课广受欢迎。萧功秦教授讲课是我们这代学人中最富激情与思辨的,他30多载的教学生涯感染了许多学生,让他们喜欢上历史学,热爱上三尺讲台。

今天我们弦歌一堂,共同祝贺校庆、系庆70周年。我们深深怀念每一位在师大史坛上执教过的老师,深情关注着每一位从历史学科毕业的系友。如今,建校时的历史学科元老仅剩赵宗颇教授。1927年出生于东北的赵宗颇老师,1954年由东北到上海,夫人夏菊芳老师到上海师院历史系执教,赵老师则先到华东师大历史系工作,当时该系只有他和吴泽、陈旭麓等4名党员。不久,在常溪萍书记关心下,赵老师调入本校并长期担任历史系的团总支书记和党总支委员等。赵老师为人正直厚道,做事细致,对本校、本系贡献良多。祝愿97岁的赵宗颇老师健康长寿。

文苑增辉,史坛毓秀,薪火相传,勇攀高峰。衷心祝愿上海师范大学历史学科的明天更美好。

甲辰年孟夏于桃源清水居

前　言

上海师范大学历史系肇始于1954年创建的上海师范专科学校历史专修科，是上海师范大学最早建立的八个学科之一。经过70年的传承与开拓，历史专修科发展为今天的历史系（1956年建）、世界史系（2019年建）和古籍整理研究所（文化典籍系，1983年建），共3个系（所），师资队伍由初创时期的10余人，增长至80余人。

历史系现为中国史一级学科的主干队伍，下设中国史博士后流动站（2003年建）、历史学一级学科博士点（2006年建），以及6个二级学科博士点和硕士点：中国古代史、中国近现代史、历史地理、专门史、史学理论及史学史、历史文献学（后两个方向依托于古籍整理研究所）。历史系目前在岗在编教师28人，其中教授11人，副教授13人，讲师4人，分属于中国古代史、近代史、现代史、历史地理、学科教学5个教研室。

上海师范大学的中国史学科格局奠基于初创时期的程应镠（1916—1994）、魏建猷（1909—1988）、张家驹（1914—1973）等先生。

程应镠先生是上海师范大学历史系与古籍整理研究所的创立者，也是上海师范大学中国古代史学科的奠基者，曾担任第一任历史系主任、第一任古籍整理研究所所长、第一任中国古代史硕士点学术带头人（1980年）。他是中国宋史研究会的筹建者之一，他与邓广铭先生共同主编的《中国历史大辞典（宋史卷）》是我国第一部断代史研究（宋史）的工具书。由他和张家驹先生共同开创的宋史研究成为上海师范大学的特色方向，上海师大朱瑞熙、戴建国、黄纯艳等多位教授先后被推选为中国宋史研究会的正、副会长。张家驹的《宋代社会中心南迁史》（1944年）、《两宋经济重心的南移》（1957年）影响深远，其基本观点至今仍为学界认可。程先生的弟子严耀中教授的魏晋南北朝史和中古佛教史等研究、虞云国教授的宋史和学术史研究，均取得累累硕果。

本系古代史研究的中古史研究、敦煌学研究特色的形成，分别是由严耀中、郝春文教授开创的，代表作分别有《印象·中国历史　魏晋南北朝卷：在分分合合中前行》《佛教戒律与中国社会》，《唐后期五代宋初敦煌僧尼的社会生活》《中古时期社邑研究》。目前，崔红芬教授主要从事西夏文献的整理与研究，出版《英藏黑水城西夏文佛教文献整理考释》等论著多部；陈大为教授《唐后期五代宋初敦煌僧寺研究》和张安福教授《环塔里木历史文化资源调查与研究》入选“国家哲学社会科学成果文库”；姚潇鸫教授和刘江、董大学、李殷副教授在佛教史、宋代公文行政、敦煌学等领域均有出色成果；薛理禹、郑宁副教授及几位青年教师正在支撑起明清史方向研究。

魏建猷先生是中国秘密社会，尤其是近代会党史研究的开拓者之一。1984年，他和夏笠先生（1923—1998）分别当选为中国会党史研究会第一任会长和秘书长，魏先生的弟子周育民和邵雍教授后来也分别担任此二职，两人合作撰写了第一部系统的《中国帮会史》。之后，邵雍先后出版了包括《秘密社会与中国革命》在内的多部下层社会史著作，并逐渐将重心转到中共党史研究。周育民继续研究秘密社会史的同时，重点转向晚清财政经济史。此外，郭豫明教授对小刀会的研究、郭绪印教授对青帮洪帮的研究、苏智良教授对上海黑社会的研究，卓有建树，使上海师大成为中国秘密社会史研究的重镇，近现代史成为上海师大的优势学科。

近代中外关系史是历史系的重要研究领域。魏建猷先生组织并推动对第二次鸦片战争的研究，他和夏笠先后出版专著《第二次鸦片战争》和《第二次鸦片战争史》。季平子先生（1916—2010）长期致力于中日甲午战争史研究，著有《从鸦片战争到甲午战争——1893年至1895年间的中国对外关系史》。苏智良教授对侵华日军推行的“慰安妇”制度，进行了三十多年的追踪调查和研究，其成果《日军“慰安妇”研究》等著作在国内外具有广泛影响。蒋杰副教授主编的《上海法租界史研究》集刊在租界史研究领域颇有特色。

学脉源流除了直接的师承关系外，还有学术理念的认同与发扬。史学研究的基本理念是求真求是，基本方法是在系统收集资料的基础上实事求是地进行归纳与分析。程应镠、魏建猷、张家驹等先生对全面掌握史料的高度重视与坚持从史实出发的研究原则，完全契合了20世纪80年代社会史研究的基本理念，新兴的社会史潮流，不仅推动了上海师大的秘密社会研究，同时也促成了上海师大区域社会史研究新特色的形成。

21世纪初，唐力行教授领衔申报中国近现代史博士点获得成功，这是历史学科几代人积累的新突破，随后又连续获得博士后流动站、中国史一级学科博士点、上海市重点学科、上海市普通高校人文社科重点研究基地等，学科发展进入快车道。中国近现代史学科重视理论与实证相结合，追踪学术前沿，形成了江南区域史研究、评弹社会文化史的新特色，先后出版了“江南社会历史研究丛书”13种、“评弹与江南社会研究丛书”23种、“中国近代社会研究丛书”7种、“转型期中国社会研究丛书”8种。代表性成果有：唐力行《徽州宗族社会》《苏州与徽州：16—20世纪两地互动与社会变迁的比较研究》《开拓社会文化史新领域：苏州评弹与江南社会史导论》及徐茂明《江南士绅与江南社会（1368—1911年）》等。

上海城市史研究与红色文化研究是历史系的特色方向，代表性成果有郭绪印主编《老上海的同乡团体》，苏智良等主编《上海城区史》《初心之地——上海红色革命纪念地全记录》，范荧《上海民间信仰研究》，高红霞《上海福建人研究（1843—1953）》，洪煜《近代上海小报与市民文化研究（1897—1937）》，姚霏《空间、角色与权力——女性与上海城市空间研究（1843—1911）》，等等。

近代经济史研究最早可以追溯到1955年魏建猷教授出版的《中国近代货币史》，周育民教授承其绪，对晚清财政与国家政治、社会变迁作了整体性研究，代表作为《晚清财政与社会变迁》。宋佩玉教授专长于近代外汇市场与外资银行研究，代表作为《中国外资银行百年史(1845—1949)》。

近代思想史研究是历史系的传统之一，马洪林教授长期致力于康有为研究，出版了《康有为评传》等多部传记。萧功秦教授主要研究近代政治变革与近现代思想史的关联，为中国新权威主义现代化理论的主要代表人物，代表作有《危机中的变革：清末政治中的激进与保守》等。张洪彬副教授擅长于近代东西文化观念的比较研究，代表作为《祛魅：天人感应、近代科学与晚清宇宙观念的嬗变》。

历史地理研究是中国史学科新的生长点。王育民教授是该方向的奠基人，其代表作有《中国历史地理概论》和部颁教材《中国人口史》。历史地理教研室创建人钱杭教授对古代水利共同体的理论研究颇为学界所关注，他先后出版《库域型水利社会研究——萧山湘湖水利集团的兴与衰》和《湘湖通史》。历史地理团队成员全部毕业于复旦大学和日本京都大学，目前吴俊范、尹玲玲、钟翀、刘炳涛教授和岳钦韬、林宏副教授对于长三角地区的环境史、气候史、历史城市地理、铁路交通史、古舆图等方面的研究均有创获，代表作分别有《长江三角洲海岸带历史地理考察研究》《明清长江中下游渔业经济研究》《江南近代城镇地图萃编》《明清小冰期：气候重建与影响》《以上海为中心：沪宁、沪杭甬铁路与近代长江三角洲地区社会变迁》等。

近年来，历史系积极回应“长三角一体化”和“一带一路”国家倡议需求，连续举办16届江南社会史国际学术研讨会，出版《江南社会历史评论》25期，2021年以来连续2次入选CSSCI集刊，成为国内外江南区域社会史研究最为稳定的学术平台；2021年成立“新时代海派文化研究中心”，致力于教育部基地都市文化研究中心的建设，已出版CSSCI集刊《都市文化研究》29期；连续举办9届海洋文明学术研讨会，出版《海洋文明研究》8辑。

70年来，上海师范大学历史系始终秉持“立足上海、放眼世界、培育师资、服务国家”的根本宗旨，为中学历史师资的培养作出了重要贡献。20世纪90年代，郭豫明教授主编的《中国近代史教程》和郭绪印教授主编的《新编中国现代史》曾被多所高校历史系采用为教材；21世纪初，苏智良和周春生、范荧、裔昭印、周育民等教授主编的上海版中学历史教材，对历史教材改革作出了积极的探索。王铎全、李稚勇教授的《历史教育学》《历史教育学新论》《中外历史比较教育研究》等著作，提升了历史学科教学研究的理论水准。本系开设的中国古代史、中国近代史、中国史学史、中国历史文选、中国思想史、上海史、敦煌学、中国佛教史、历史地理等课程分别入选教育部、上海市和上海市教委精品课程、重点课程(一流本科课程)，“上海城市与红色文化”入选教育部课程思政示范课程。70年来，上海师范大学历史系培养了上海市中学历史教师的基本队伍与骨干力量。

中国史学科自2010年以来，先后入选上海市教委教育高地、上海市高原学科、国家一流本科专业，通过教育部师范专业二级认证；学科成员在国内外重要学术期刊上发文290余篇，出版著作150余部，主持国家社科基金项目共47项，其中国家重大项目10项；1人获得国家思政课程教学名师，1人获全国优秀教师，1人获上海市育才奖，2人入选上海市东方特聘教授，2人分别入选东方英才计划和东方青年学者，3人入选浦江人才计划等。

回望历史，上海师范大学历史系的发展与成就，是几代学人赓续不断、辛勤奉献的结果。适逢上海师大和历史学科七秩华诞，在全系同仁的大力支持下，编辑出版历史学科教师论文集，以存纪念。展望未来，祝愿历史系行稳致远，更上层楼！

徐茂明

2024年6月

目　录

以历史角度略谈文化认同与民族认同之关联

严耀中

摘　要：民族的差异主要在于文化的差异，而后者之形成主要系自然环境和经济形态所致，如果将时间段放长，体貌差别也能淡化，而心理趋同则可快得多。因此，合小"民族"至大一统，不能通过诸民族内部的关系调整，而要在外部构建消除差别之条件。历史事实证明，要从根本上解决民族问题，在文化上着手有事半功倍之效，其中以中庸之道来把握多元平衡是一个关键点。

关键词：历史角度[①]　文化认同　民族问题　效费比　中庸之道

"文化"是民族之间表现差异的主要特征，历史上华夏民族之聚合和发展壮大，在文化方面做到求同存异是一个重要原因。其中，建立包括民族关系在内合理的社会政治秩序，必须通过历史形成之文化途径来获得其思想动力和意识基础。

一、在文化认同中发展的华夏民族

民族问题当然不能完全脱离政治来谈，但文化认同也是一个关键性的要素，两者可以说是一体两面，政治认同是文化认同的推手，文化认同则是政治认同的凝固剂。20 世纪陈寅恪先生有一个关于魏晋南北朝时民族问题的著名论断："北朝汉人与胡人之分别在文化，而不在种族。兹论南朝民族问题，犹斯旨也。"[②]也就是说既然文化特征是区别与划分中国各个民族的主要根据，文化差别就成了民族矛盾与对立的一个根子，往往成了政治上统一的绊脚石。由此推理，古代的夷夏之争其实也是文化之争而非种族之争，所以历史上不乏以夏变夷及以夷变夏的例

---

① 本文所谓"历史角度"主要是在中国史的范围内言之，因此文中所说的民族与文化认同关系也基本上局限在这个范围之内。在这个话语范围里，两者之间的"同"与"和"有着质的差异，后者保持着两个独立的主体，前者至少有着合一的前景和趋势。可以打这样的比方，后者之完成是一个物理过程，前者则是化学过程。

② 陈寅恪：《魏晋司马叡传江东民族条释证及推论》，《金明馆丛稿初编》，上海：上海古籍出版社，1980 年，第 106 页。

子，[①]包括比较后来“汉化”与“胡化”之间的变换。应该注意的是此系具有双向，而不是一个单向的文化认同问题。能否很好地对待和处理这个问题对解决民族问题十分重要。

对民族关系中文化现象之注重，是因为它根基于长年累月的生活习俗，在环境和惯性作用支配下，使与之相适应的行为和思维方式变得十分自然，影响着群体的价值观念，也是群体内部的归属感和相互认同之由来。所谓“非我族类，其心必异”之心，即是文化差异所造成的心理差异。而“文化认同起到了超越政治、宗教乃至种族隔阂的作用”[②]。所以文化关系就是群体之间关系的导向，文化之间的公约数就是群体之间关系的公约数。如果把“群体”单一成“民族”，[③]那么文化交流就是民族融合的途径，文化的认同就是民族的认同。

就东亚的实际情况而言，支持上述陈先生论点的除了历史上的实例外，还在于人种学上的分类。东亚大陆上的居民绝大多数都属蒙古人种，黑头发、黑眼睛、黄皮肤，文化习俗不同而已。而文化的不同从长远而言，都是生存环境差异，继而是社会经济结构等因素所造成的。在中国这一块，从事农耕为主的居民主体是华夏族，散在周边主要从事游牧和渔猎的诸族被统称为“四夷”，从古代到近代，他们和汉族的生活环境几乎都有着较为明显的区别。正如不少前辈学者举例指出，在魏晋南北朝，汉人迁到草原上生活，几代以后就与“胡人”无异，游牧诸族进入中原之后，也渐渐地通过“汉化”而成为汉族一分子。由此可见，至少在中国，文化习俗取决于生存模式，既而文化差异决定了“民族”的特征。同理，文化融合也就必然导致民族融合。

以上情况在古代中国的大范围里（以黄河与长江流域为主）也有不同程度之存在。第一，在如此广袤的地区里，虽然基本上以农耕为主，但其他的经济类型还有充分存在之余地，可以有不同的生产方式，并就此容纳各种的生活习俗；第二，汉族虽然独大，但汉族内部随地域不同，文化习俗的差异也很大，这些差异有时不亚于民族之间的差异，如广州人和敦煌人。何况在历史上少数民族成为统治者的时间也颇长，如十六国、南北朝和辽金时期的中国北方，蒙古族建立的元朝和满族建立的清朝对全中国的统治加起来约有四个世纪之久，这样就在相当程度上维持了族群间力量的平衡。第三，无论是社会主导意识还是宗教信仰都是多元共存的，除了儒、道、佛三大家外还有众多的地方信仰，彼此之间有着相当大的宽容度。一个儒家士大夫可以兼信佛教、道教或伊斯兰教，在民间崇拜的层面，往往具有多种宗教混合的形态。不同文化习俗之间“模糊性”存在愈多，彼此间的协调性和公共空间也就愈大，和平相处的可能性当然也大了，多元化是一种民族文化兼容的重要形式。这样一来，一方面，在很大程度上可以避免因宗教问题引发的民族之间的隔膜和对立；另一方面，官府的强制干预在大多数的情况下能超然于宗教或民族矛盾之上，特别是在多民族杂居的地方，有时候也是维持民族之间共处的一个重要因素。不过这

---

① 夷夏之变的说法本身就包含着以文化的力量来改变种族结构的观念，更不用说“汉化”与“胡化”了。

② 姚大力：《追寻“我们”的根源：中国历史上的民族与国家意识》，北京：生活·读书·新知三联书店，2018 年，第 8 页。

③ 当然也有其他类型的群体，如同乡会、同学会之类。但构成同乡、同学关系，正是由于彼此之间至少有过一段共同生活或接受文化之经历，从而产生程度不等的认同感和归属心理。

种超然是对具体的利益和风俗来说，而非是对价值观，因为后者是起着主导性的作用。即若王阳明所言："表扬忠孝，树之风声，以兴起民俗，此为政之先务。"这种"处夷之道，攻心为上"[①]的文化策略应该被视作历史上"王道"的一种，但如此却是将自己之心置于所攻之心的上面，也会带来不少问题。

换种说法来重复一下上面讲的几层意思。首先文化是形成民族特征的主要因素，甚至比人种还重要。不要说区分俄罗斯人和西班牙人在于他们的文化，就是区别英国人和美国人也在于他们的文化差别，美国文化和英国文化之间颇不一致应该是常识，就是语言上美式的和英式的从发音到用词，一听就能知道彼此的差别。其次，文化差别在于环境所致。按照现在人类学主流的说法，当今世界上人类的远古祖先都来自东非的大峡谷。同时，现实又是目前的人类种族林立，外貌差异也极大，更不用说文化了。如此现象之产生当然在于各自的生存环境，先是影响体质，再影响生活习俗，影响的积淀就形成了具备民族特征的基础，甚至所谓民族心理也是出于长期下来对生存环境的反映。再次，文化积淀的过程是长期的，民族形成的过程更是长期的（包括人种的形成），那么文化差别之消失，民族问题之解决也得依靠时间，让岁月来磨平各种不相容的地方，即以价值观和伦理准则取得基本一致为完成之标志。最后，时间的提供需要和平与宽容来保证。这种保证体现在多元与平等，以及和为贵的理念。这中间作为国家或社会的统治集团或统治者对提供这些保证具有不可回避的责任。这里还需再强调的是，当形成特色的习俗与思想方式为某一群体所共有时，它就会顽强地维持这种特色以显示自身的存在感，从而变成反对文化融合之阻力。故而如何使得小群体的特性和大群体的共性之间做到兼顾与平衡，永远会是一个政治难题。

根据上述考量，解决民族矛盾问题之最佳方案应该从文化方面着手，而解决问题之关键又在于如何使统治集团或统治者有正确的认识。不过在民族问题上，不同民族出身的统治者由于其自身所在的状况不同，也会有各自差异很大的想法。在中国古代的历史上，有汉族为主的帝国对待"四夷"的政策思路，也有少数民族统治汉地乃至入主中原后的谋略考虑，其间的出发点和内容是会很不一样的。其中很要紧的一点，就是缩小民族文化之间的差别还是用力去扩大它，尤其要防止把一种文化中的价值观念用强力的方式加诸其他文化。历史的事实表明，这些认知及由此产生的政策上的异同，关系到政权之兴衰和历史之曲折。

二、促成文化认同对解决民族认同具有最好的效费比

民族认同问题与任何事物一样，它的"特质（Eigenschaft）与性质（Qualität）却不可混淆"[②]。

---

① 分见《王阳明全集》卷18《批增城县改立忠孝祠中》《绥柔流贼》，上海：上海古籍出版社，1992年，第637、650页。

② 黑格尔：《小逻辑》，贺麟译，北京：生活·读书·新知三联书店，1954年，第277页。黑格尔还说，体现物之特质的是"自身反映的存在之抽象性质——这就是'质料'（Materien）"，而"物之存在不由于其自身，而由于质料，并且只是各质素之表面的联系或外在的结合"。见同书第278、279页。这好比以东巴文字为代表的东巴文化是体现东巴族特质的质料，没有文字等东巴文化特质，这个人群就不能形成被称为"东巴族"的民族。

民族的特质是外在的，显示着和其他民族的差别和作为自身存在之符号，这种符号经常被说成是文化。而民族作为一种人类群体，内部又都存在着等级或阶级。虽然这两者之间存在着联系，但“不可混淆”，因为它们分别是外在矛盾和内在矛盾的聚焦点，所以对待或处理的方式当然也不能混淆而应当是内外有别，族内的问题以着眼内因为主，族与族之间的认同则要有广阔的视野。

近世以来，有一个与促成民族融合应该是以内因为主还是以外因为主的问题。虽然一般地讲内因是矛盾的主要方面，但一来两者是缺一不可的，二来要看问题是属于民族的内部还是属于外部，解决的路子应该有所不同，即如人的皮肤外伤让外科医生来治疗要比内科医生好，对待民族问题亦雷同于此。对一个民族来说，与他族的认同是消除或减少彼此差别的对外关系问题。曾有过这也是属于阶级问题的说法，因此主张通过发动族内不同利益群体进行斗争来解决民族之间的矛盾。但这样一来，第一，意味着是通过民族内部进行斗争的途径来解决民族与民族之间的关系问题。因为等级或阶级是民族内部的存在，即属于一个民族的内部矛盾，主要表现于本族里面的社会经济地位上的差异。而民族之间的矛盾出于民族之间在政治、文化、经济上的各种差异，与其他民族的关系是这个民族的外在矛盾，尤其在民族与国家基本重合的情况下。把两种矛盾合二为一地来解决，这是一条通过激化内部斗争的方式来解决外部矛盾之途径，逻辑上是说不通的。第二，有差别就会有矛盾和斗争，但既然双方处于一对矛盾之中，并非仅仅只有斗争。如果民族内部只有斗争，民族之间也只有斗争（若把民族斗争归类为阶级斗争），那么就不可能产生“民族国家”这个聚合体。因为在任何一对矛盾里，彼此关系既有斗争的一面，也有调和的一面，但是不同类型的矛盾，在不同的情况背景之下，以哪个侧面为主是不一样的。那么，弥合民族之间的矛盾是主要依靠斗争还是调和？战争可以说是最激烈和最终的斗争形式了，历史上发生过无数次的战争，其中相当大的一部分是在民族之间展开的。虽然通过大大小小的战争，一些民族消失了，一些民族胜利了，但战争即使解决了一些旧的民族矛盾，马上又会涌现出新的民族矛盾。从总体上说，人类经历了那么多的民族之间的战争，民族矛盾的问题非但没有解决，甚至没有减少或减轻，一如古今中外的历史所证明，“和为贵”远比以各种名义发动的战争更具有利益上的普遍性。第三，矛盾的斗争主动方之目的是为了损害和消灭对方，结果肯定是双方都会受到程度不等的损失，对胜利者也是如此，亦有可能玉石俱焚。因此斗争愈激烈，为之付出的成本也就愈高，最激烈形式的战争就关系到彼此的生死存亡了。故而以斗争为纲来一概处理民族的内外问题，即使所谓的“民族阶级敌人”被消灭了，代价也必然不会小，因为这没有缩小民族之间的差别，反而可能连带起新的矛盾，被消灭的“民族阶级敌人”和同族的民众存在着无法分割的血缘文化关系。再如果这种民族阶级斗争不断地延续下去，代价之累积是发动者所难以承受的，事实也证明了这一点。此外，以斗争为重点，势必会强调与对方斗得愈狠愈好，甚至不择手段。如此形成的暴戾之气，必然会从族内溢出到族外，引起族际关系的普遍紧张，毒化整个社会的民族关系，造成不良的历史遗产。第四，用民族内部的矛盾斗争来解决民族之间的矛盾问题，事实上也证明是一条走不通的路，因为这完全是两类性质不同的矛盾。世界上强调以阶级斗争为纲的政权自建立起，也有百把年的历史了。我们见识过用各种各样阶级斗争的法子来解决民族问题，有成功的例子吗？用斗争民族上层的办法，确实能一时得到不少该族下层群众的拥护，但此后还再把这个“法宝”用到原来上层阶级的儿子、孙子、曾孙子（20年算一代）的身上吗？其实很可能从他们的儿子开始已经沦为社会底层了。因此这样做不单单道义上说不过去，实际上也行不通。如此不断的斗争过程，反而使多种矛盾循环加深，成了难以痊愈之政治溃疡。第五，消除民族之间外在隔阂可以指望内因的作用，这也是人本主义的信念之一。“在孔子的仁学说里，首先承认个人人格的重要性，承认个人具有一种内在的或潜在的理性。”[①]作为由个体聚合的民族亦都具有内在的自尊和理性，由此而相通可以在最大程度上泯灭彼此之隔阂。由此产生的文化传统是在人与人之间以和为贵，即使在对立的民族关系中也经常以“和亲”来缓和，从历史上看，其实这也是一种成本很低的处理方式。故而以和谐为贵的观念作为中国文化的底蕴，是处理民族关系的大道，也是彼此走向认同的方向标。中华民族能融合诸文化于一体，成为当今世界上人口最多之民族，奉行融合的意念是取得成功的主线。历史的经验教训值得世人注意，“明清中央王朝采用‘因俗而治’的民族政策效果极其显著”，结果之一是“推动边疆土司地区的内地化”。[②] 所谓因俗而治就是把注意力放在文化上，在政治稳定的情况下，地方文化与内地主流文化交通的趋势必然是可以预期的。

将文化认同问题视作民族认同的一个基础性问题，其实是将民族差别之形成的主因看作环境作用的结果，故而注意消除造成差别的外因就是一种对症治病的药方。本文在前面的叙说里，指出了文化差别的起始在于生存环境的影响。以文化的主要特征之一的语言为例，一位20世纪80年代到云贵高原做过田野调查的朋友告诉我，在那里隔一座山就是一种语言。为什么？因为交通不便，彼此为大山阻挡难以交流，久而久之，所讲的话语差别越来越大，证明“地域方言是语言的地域变体”[③]。山区修了路，来来去去非常容易，语言隔阂就慢慢消失了。因为语言是文化的主要特征之一，“语言的公共维度则给人们提供了空间去对用于实际交流的意向性对象达成共识以及相互识别”[④]。有人呼吁要抢救地域方言，但这岂不正是从一个侧面反映了社会经济的发展促使了文化差别的消亡？作为全球化和经济发展的后果之一，语言的多样性犹如物种的多样性一般，可能都在一点点消失之中。这种情况其实有弊有利，在中国历史上，从商周时期的八百诸侯到春秋初的百余国，从战国七雄到秦始皇统一中国，书同文、车同轨，产生了共同的行为规范，即是以文化和政治双管齐下消除分裂的途径。现在的全球化进程不是也有与此类似之处？目前计算机的翻译做得越来越精准，而且不仅用于文字，还能同步进行口语翻译，按照

---

① 刘家和：《论中国古代轴心时期的文明与原始传统的关系》，《中国文化》1993年第8期，第63页。
② 李良品、谈建成：《“因俗而治”：明清时期土司地区的国家治理政策》，《西南民族大学学报》2017年第9期，第42页。
③ 周振鹤、游汝杰：《方言与中国文化》，上海：上海人民出版社，1986年，第4页。
④ 蒂安娜·保尔：《中国六世纪的心识哲学——真谛的“转识论”》，秦瑜、庞玮译，上海：上海古籍出版社，2011年，第76页。

目前电脑功能进展的情况，全世界语言种类的进一步减少是完全可以预见的。同时，随着交通的发达和方便，各地人民的往来交流和民族杂居的现象也更为司空见惯，朝着新的共同生存环境演变也必定会朝着使语言交流更简单方便的去向发展。如此一来，至少是民族问题变得更加简单化，因此经济发展与文化交流更方便应该是大势所趋。

三、文化融合与中庸之道

上述说法是针对在同一个国家主体内的民族关系而言，尤其是顾及历史上中国的具体状况，因此还必须强调政权掌握者（一般应该是来自最大的民族）的政策正确，即以四轨并行（关系相对稳定、民族与文化平等、制裁分裂、加强经济发展与交流）来防止民族间矛盾激化，并通过社会发展和时间来消除文化差别，不退则进，可以免去民族问题带来的困惑。这是因为“政权者，笼罩一民族集团而总主全集团内公共事务之纲维力……政权为一民族集团所共有，即政权为集团共同体之一属性”[①]。换言之，政权有着把国内民众，不管他原本之种族，捏合为一个民族共同体之任务与实力。至于跨国的民族问题，世界和平与发展前提下的全球化可能是唯一的途径，如果大家都能够以理性思维逐一排除处理民族问题上效费比差的选项，民族和合的前景并非难以企求。

能够掌握平衡的出发点首先要把握住民族之间的融合并非单向的同化。因此第一，参与融合的民族彼此是基于平等的一致，而同化则是一方完全归依于另一方，[②]所以我们今天讲民族融合和历史上所谓的“汉化”或“胡化”是两回事。第二，这也决定了融合的过程是双向的交流，即在一些地方我向你靠拢，而在另一些地方则你向我靠拢，虽然两者之间的分量会有差异，但取舍的标准则在于谁的传统部分能够适应现代文明及社会生活发展之需要，因此这种交流中的民族融合是公平合理的，在政治上也可以说是一种“维齐非齐”之方略。第三，融合的结果不仅包含双方各自原有的一些优秀成分，还应该有一些融合过程中的新创造，如在中国的宝塔、胡琴之类的演变。还如从“新疆鄯善县耶特克孜玛扎墓地出土的元代‘光腰线袍’的款式”与“山东鲁荒王墓随葬的衣服中仍有多件‘两截胡衣’”及“上海松江区科贝特公司墓地出土的白布广袖长衫和闵行区马桥镇顾守清（卒于1526年）墓出土的赤色缎云纹丝绵袍。无论从文献还是出土实物都证实至晚明时期为止，作为胡衣的腰线袍以及相类似的袍服仍被广泛穿用”，这表明在“事实上，所谓汉服款式已经随着时代变迁和民族融合不断被重新定义”。[③] 有学者还以云南迪庆为例说明“‘多元社会’指的是在一定地域边界内，自发形成的文化上带有多样色彩的社区。这种

---

① 牟宗三：《政道与治道》，桂林：广西师范大学出版社，2006年，第17页。

② 可以北魏孝文帝实施汉化为典型例子。孝文帝先后下诏令鲜卑族革衣服之制、改姓氏与籍贯，甚至“诏不得以北俗之语言于朝廷，若有违者，免所居官”等，使鲜卑民族全盘汉化。（《魏书》卷7下《高祖纪》，北京：中华书局，1974年，第177页）

③ 于颖、王博：《新疆鄯善耶特克孜玛扎墓地出土的元代光腰线袍研究》，《文物》2021年第7期，第81页。

文化上的多样性，主要来自于多族群、多宗教的并存，他们既在一定程度上保留自身的差异，又在差异之上联结为了社会共同体”[①]。上述三点符合如此多元社会之形成，但必须强调的是，经济生活作为广义文化的一部分，它在地域社会里的互通互补是多元社会之基础，也是多元文化共存的先导，因为对经济规范的认同会深刻影响社会价值观的一致，这也是孟子所谓“夫仁政，必自经界始”的道理所在。

文化融合的过程是一个民族之间相互交流的过程。这个过程可以分为很多方面，如政治、经济、文化、军事等，也可以分为两大类：暴力或强制的与和平而自然的。主要是对于后者，李静研究员认为“民族交往心理主要包括民族交往需要动机以及交往的知、情、意、行的心理过程。这里的‘需要’指交往内驱力，是民族之间相互交往的需要与动机；‘知’民族之间的相互感知与认识；‘情’是在知的基础上而产生的民族的情绪情感体验；‘意’是交往的意识；‘行’即交往的行为及其方式”[②]。这五个在和平时期与民族交流融合相关的因素中，作为“需要”的动机很明显是个纲，其他的应该算是围绕着纲的目，因为只有有了需求，才谈得上考虑别的因素。

一般来说，当民族问题作为国内事务来处理时，从中外的历史记载看，理想的途径当然是在政治关系稳定的前提下，为了稳固朝廷对边地的控制，通过长期和平交往，来消解民族文化之间的对抗性因素和增强互补性机制。其中，对文化认同抱有预期的前提，即是对理性作为文化内核之自信。关于中国传统文化，梁漱溟先生指出，在中国“道德、礼俗、教化，是辗转循环互为影响，三者无一定先后之序，而有贯乎其中者，则理性是已。理性，宽泛言之，就是人们的心思作用，狭义则指人心所有之情义。……然论其所由形成，则固自有其为社会众人所共喻共信者在，这便是理性了”[③]。这狭义的理性可以包括上述李静所说的内容，更抽象地说，理性意味着在正当性的前提下向着目的推进，同时又保持适当的节制而呈现一定的弹性，这也是儒家所说的中庸之道。从具体的历史经验来说，采取的政策之一便是以夏变夷的“教化”，将思想文化认同和政治认同合而为一，即所谓“圣人之道，不能独以威势成政，必有教化”[④]。历史的事实证明，这是一条可行而又低成本的路子，但必须要注意的是，要把文化差别与宗教信仰的差别区分开来处理，虽然后者也属于广义上的文化，中国历史上的成功离不开这样的区分。

自东汉后期佛教的传入和道教的形成，宗教在中国文化中开始起相当重要的作用，但由于这两个宗教的传播是跨越民族界限的，加之佛教很快就被“中国化”了，更何况“寺观之法，教人仁弱，本非用武争强之道”[⑤]，没有进行政治和意识形态对抗的信念，所以它们对民族认同起着正向作用。后来由于元代的疆域跨越欧、亚两大洲，为一些源于西亚的世界性宗教提供了自西向东发展之方便，因此变成一些民族文化中的主要成色。这样一来，在民族认同和文化认同的

---

① 刘琪：《多元社会的生成机制及其启示——对“边疆”的再思考》，《华东师范大学学报》2019 年第 3 期，第 108 页。
② 李静：《民族交往心理构成要素的跨文化分析》，《中国民族学集刊》第 1 辑，兰州：甘肃民族出版社，2008 年，第 153 页。
③ 梁漱溟：《中国文化要义》，上海：学林出版社，1987 年，第 213 页。
④ 董仲舒：《春秋繁露》卷 11《为人者天地》，长春：吉林大学出版社，1992 年，第 131 页。
⑤ 《旧唐书》卷 194 上《突厥传上》，北京：中华书局，1975 年，第 5174 页。

关联中，就必须要顾及宗教因素。宗教因素的文化融合需要一个非常长的时间，因为这还涉及宗教本身的改造，尤其是把民族文化和固有宗教进行分离是需要足够时间的。在这个过程中，即使是人种和信仰的区别，也可以通过岁月的冲刷解决问题。有两个例子，一个是开封犹太人，经过一千多年，他们的后裔无论在文化上还是外貌上都与一般汉人毫无二致。另一个也是关于犹太人的，当前在以色列可以看到一些皮肤黝黑、与一般犹太人相貌截然不同的犹太人，他们不久前来自埃塞俄比亚，时光使他们混同于非洲当地人，反而和本原之族有了很大的差异。犹太人对他们的宗教文化是非常保守的，从而和其他民族有着显著的差别，但生活也能使之有所改变。故而上面所举的两个例子说明，其中一些人如果与母体文化长期隔离，并且在一个新的自然与文化环境里生活久了，就会发生变异，脱离原来的民族而向当地民族靠拢与同化，包括外貌上的变化。当然也有负面的例子。这就需要注意，即使在某个非常时期要使用国家强力，针对的也应该是那些鼓动扩大民族宗教差别的势力。合理的策略应该是标本兼治，打击极端势力是治标，在经济文化上缩小或减轻产生差别的根源则是治本。

另一个重要问题是要注意文化和信仰之间的异同。信仰虽属于广义上的文化，但两者还是有区别的。文化源于自然而成于积淀，是对生活和环境的一种适应，也是为了更好地服务于现实的生存，因此文化具有开放交流以致更新之需求。宗教方面的信仰具有形而上的性质，指向于追求某种永恒，甚至可以在一些情况下超脱于现实，在心理上有着排他性和程度不等的强迫症，因为“宗教作为凌驾于一切个体之上的最纯粹的社会整合形式，它的这种特性就表现在要同一切哪怕是根本微不足道的异端思想作坚决的斗争”①。但中国的政治体制和儒家学说可以化解宗教的这种斗争属性，关键在于方法，故而讲究文化和信仰之间的异同也是一门很大的学问，对民族问题之解决也十分重要。

在漫长的历史时间里一个关键之处，在于各种文化之间的和平共处，因为文化的交流与融合，及带动民族隔阂之消除，彼此好好相处是必不可少的。如“由于西北地区多民族聚居，民族风俗相互影响，往往胡帽汉装，互相混合。这在河西魏晋墓画中是屡见不鲜的”②。当今街头上行走的一些女士，手执团扇，身着旗袍，脚穿高跟鞋，也是多种文化在同一身上显示的“一体多元”。又如云南白族信仰的木神甲马“向下与原始树木崇拜、精灵崇拜以及鬼魂观念相呼应，向上则与覆盖于最外层的汉文化、社会主义制度下的中华民族文化相联系”③。在观察这些个案时应该注意到几个情况：第一，这些地区可以有农、林、牧、副等不同类型的经济共同存在；第二，诸族中没有一族独大的情况；第三，都相对偏僻，较少有外力进来予以强力干扰的现象。

第二个途径是通过政治与军事结合的强力手段，迫使少数族群改变文化习俗来和主流文化

---

① 格奥尔格·西美尔：《宗教社会学》，曹卫东译，上海：上海人民出版社，2003年，第23页。

② 段文杰：《敦煌壁画中的衣冠服饰》，氏著《敦煌石窟艺术研究》，兰州：甘肃人民出版社，2017年，第302页。

③ 李晓珏：《大理白族木神信仰的演变与甲马中的树木形象》，《民族学刊》2019年第2期，第77页。

同一起来。如此方式迅速有效。在中国，秦统一后采取“车同轨，书同文字”及“匡饬异俗”[①]等手段，雷厉风行而颇有时效。秦始皇对中华民族的一大贡献在于对文化同一性的努力。汉承秦制，终于形成了庞大的汉族，在当时与周边各个少数民族人口相比，数量上占有压倒性的优势，儒家为主的文化也呈现很强的优越性。这种情况下，强势军事和强势文化相配合几乎贯穿于整个历史，的确也能收到一定的效果。如诸葛亮南征云贵，采用的“用兵之道，攻心为上，攻城为下，心战为上，兵战为下”，在“七纵七擒”当地诸夷族众首领孟获之后，“南方不敢复反”。[②] 孟获也在蜀国官至御史中丞，说明他在政治文化上已经得到完全的认同。这是一个外因注入内因后取得认同之显例。又如，据统计“元朝对西南用兵17次，明朝67次，清朝56次。由于军队奉关羽为战神，关帝信仰也随军队不断地向西南纵深处传播”[③]。因为作为“忠义”典范的关羽实际上代表着儒家的价值观和行为准则，所以关羽崇拜的传播也意味着儒家文化之传播。这也是军事行动、改土为流的政策和文化传播三管齐下进行扩展的一个成功例子，不过由于成本高昂和操作复杂，历史上似乎失败的例子更多。少数民族用武力占领汉地，入主中土，要将如此众多的汉族人民统治得服服帖帖，当然会有不同的思路和政策。一条是前秦苻坚和北魏孝文帝等走汉化的路，但这两个朝代在此后很快陷入动乱与消亡，使得后继者心存顾虑。于是试着用另一种法子，即用暴力镇压的手段来进行统治，并反过来实行以夷变夏来抬高少数民族的特殊地位和减弱汉族人民的反抗心理。不过这种策略有成功之处也有不成功的地方。试以西夏和清朝说明之。

西夏建立政权之后，为了促成其他民族对党项族的认同和抬高统治者的威望，在文化方面有两件事做得很突出。其一是下“秃发令”，即凡男子必须按照党项人发式，剃去顶发，余发编结成辫。农耕的定居民族把头发挽个髻了事，简单省事，游牧民族，披着头发在马上作战不很方便，但打髻易散，如要绾辫戴帽，剃去部分头发就更容易些。这样一来，发式就成了古代胡人与汉人的一大区别。“实施‘秃发令’后，则可以发式为标志，统一境内各民族对鲜卑党项的认同。不论是汉族、吐蕃、回鹘、鞑靼，一律在‘鲜卑党项’的意志之下，秃发与否堪称是检验各民族、各部落对鲜卑党项族的态度。对违抗者处以死刑。”[④]这个秃发令贯彻得很彻底，一直到西夏被蒙古军队灭亡为止。其二是创立西夏文字，在西夏域内大力推行，不过也随着西夏的灭亡而成为死文字。但从当今西夏遗址发掘出来的文献情况看，包括汉文在内的其他文字仍在使用，因此至少没有如秃发令那样得到完全的执行。史云：“后魏初定中原，军容号令皆以夷语，后染华俗，多不能通。”[⑤]看来西夏统治者是没有吸取前人的教训。满族入主中原后也重复了西夏的这两

① 《史记》卷6《秦始皇本纪》，北京：中华书局，1982年，第239、245页。

② 《三国志》卷39《马良传》注引《襄阳记》，上海：上海古籍出版社，2002年，第907页。

③ 梅红：《南丝绸之路关帝忠义精神的传播——以明清少数民族地区为例》，《西南民族大学学报》2017年第9期，第85页。

④ 高春明、周天：《西夏服饰考》，《艺术设计研究》2014年第1期，第49页。

⑤ 《隋书》卷32《经籍志一》，北京：中华书局，1973年，第947页。

项举措，也是强力实行剃发留辫，“留发不留头，留头不留发！”结果也同样使清廷感到满意，偌大的汉族接受了以前被看低的“夷族”之服饰发式，虽然也曾经有些人为了抵制而就义或出家，但没有用。甚至在辛亥革命之后，不少汉人还对辫子恋恋不舍。清朝统治者也创立文字，但是它的遭遇恐怕比西夏文还差。即使是在入关之后不久，满族中能说本族语言的人就已开始减少，满文使用的范围也逐步缩小，到了晚清就基本上已经脱离生活实际，成为一种半死亡的语言。可见无论是西夏还是清朝，少数民族统治者在推行本族文化特殊化的过程中，以上述两个内容为例，有成功也有失败，这说明了什么？第一，文化的影响力与其在社会实践中的效费比相关。剃发扎辫，一般老百姓起初虽不情愿，但反抗要杀头，做起来却很容易，用不着花额外的代价，掂量两者的轻重之后，服从虽然是被迫的，但久之就习惯成自然了。这样一来，服饰在不知不觉中和民族意识分离开来，也就失去了标志政治差异的功能。可是一个人要学会一门语言则不简单，掌握文字就更难了，刀架在脖子上也没有办法。如乾隆帝以福建和广东两省的方言最难被听懂，于是先派教官到闽广的学校去推广官话，但“从浙江、江西派去的十二位‘正音’教官，发音也谈不上纯正。当地的子弟乡音未除，又学了一口带着吴语、赣语口音的官话，两下无着，事倍功半”①。而且语言的应用不仅是不进则退，其使用成本也会越来越高，于是它就丧失了作为社会成员之间进行交流和合作的媒介的使用价值，最后不可避免地被完全搁置，西夏语、满语以及当今的所谓“世界语”，都不能超越这条规律。第二，用扩大民族文化差异的办法来维护某一民族的统治地位，其实成效并不大，能见效的只是在小处。以清朝为例，在社会主导意识和价值观上，满族统治者从定都北京开始，就接受了汉族儒家这一套，总的文化差别随着时间进程不是在扩大而是在缩小，否则也维持不了近三百年的统治。即使是作为多数民族的汉族之统治，如果放任文化差别扩大，无异是在扩大民族之间的鸿沟，最终会导致民族的互相对立而强化隐患，增加其统治成本。

按照社会生活所遵从的效费比规律，上述事实也从侧面证明了经济形态带动文化生活是推动民族认同之良药。正如勒内·格鲁塞指出，成吉思汗和努尔哈赤的子孙们在征服了亚洲主大陆之后，“常常只需要50年，生活继续得好像什么也没有发生”②。

四、余　言

以儒家为主体的华夏文化是讲究以人为本的意识形态，注重对人性人心与人间关系之讲究。以人性本善为出发点，在人人可以成为尧舜或佛陀的认知上，观察与推行民族认同就有了坚实的文化基础。而且至少在东亚，民族区别主要表现在文化上的差别，包括由此引起的心理差异。故而解决民族问题的正确途径应该要分清其内因与外因，先从外部生存环境的一致化做

---

① 商伟：《言文分离与现代民族国家：“白话文”的历史误会及其意义（下）》，《读书》2016年第12期，第14页。

② 勒内·格鲁塞：《草原帝国》，蓝琪译，北京：商务印书馆，2005年，第18页。

起，以经济发展所带来的物质文明来消除造成彼此差别的根源。总之，通过文化认同的路子来消解民族问题成本最低，并且效用最大，也最持久。

由于儒家是以中庸之道为核心的学说体系，而不是一种宗教信仰，主张和为贵而非斗争的绝对性，从而经历了数千年之后聚合成一个民族大家庭。这是极其可贵且其他文明所没有的历史经验。其中，以文化的途径解决重大的社会政治问题，虽然往往显得逶迂而迟缓，但这符合"行事而曲折的中庸之道"[①]，故而能够减少反作用或副作用。从历史的角度来看，这条路子符合儒家道德治国的理念，且在实践中可以体现出充分的辩证之理性。也正是在这样的意识指导下，在中国的历史长河中产生了"伟大的同化力，故能吸收若干邻邦外族，而融成后来之广大中华民族。此谓中国文化非唯时间绵延最久，抑空间上之拓大亦不可及"[②]。这是历史留给我们最宝贵的东西。

作者简介：

严耀中，浙江慈溪人。二级教授、博士生导师。享受国务院政府特殊津贴。1982 年上海师范学院历史系中国古代史专业研究生毕业，留校任教。曾赴加拿大麦克马斯特大学、多伦多大学访学。曾任中国魏晋南北朝史学会副会长、中国唐史学会理事、中国宗教学会理事、以色列国家高级研究院驻院客座研究员。历任上海师范大学历史系副主任、人文学院副院长、中国古代史博士点学科带头人。出版《北魏前期政治制度》等学术专著 8 部，《耶城琐记》等学术随笔集 2 部，《华梵杂学集》等论文集 5 部，《宗教文献学研究入门》（合著）教材 1 部。曾多次主持国家哲学社会科学基金项目，《论唐代前期的军府学官》《汉传密教》《江南佛教史》等论著多次获上海市哲学社会科学优秀成果奖。《佛教戒律与中国社会》一书入选国家"三个一百"原创出版工程。

---

① 庞朴：《儒道周行》，《中国文化》1994 年第 9 期，第 25 页。
② 梁漱溟：《中国文化要义》，第 3 页。

“洪水”新解
——兼及中华文明起源问题的学术史梳理

尹玲玲

摘　要： 徐旭生《洪水解》中的一系列观点有误。上古洪水也在长江流域暴发。早期“洪水”“洪范”曾写为“鸿水”“鸿范”，长江流域凿井技术发明很早。洪字古文作，其声旁为癸。癸的甲骨文字形为二木交错，可平准度地；篆文字形象水自四方汇聚地中。上古洪水问题与夏文化的起源问题密切相关。应十分重视青藏高原在中华文明起源中的地位与作用。上古洪水与青藏高原地势抬升导致的一、二级阶梯间的地势陡降有关。夏文化与其他文化之间的源流关系是深入认识夏文化起源的关键，天文历法在上古先民的日常生活中占据非常重要的地位。

关键词： 洪　洪水　癸　夏文化起源

徐旭生《洪水解》《禹治洪水考》认为：洪原为专名，指发源于今河南辉县境内的小水，因辉县旧名共，水即名共水，水旁是后加的，洪解为大是后起之义。共水入河后黄河始为患，时人即用其名指示黄河下游之水患。洪水区域主在兖州，次在豫州与徐州，余州无。禹平水土遍九州之说是后人将实在的历史扩大了。禹于黄河下游顺自然之势疏导为十数道支流，后世称九河。文中注云二三百年前的王船山即已清楚提及。① 徐书自出版后即成经典，笔者亦曾从中汲取很多学术养料。书中观点一直以来都受到学界相当重视，直到晚近。② 学界对其观点的引用和发挥层出不穷、不胜枚举，2019 年仍刊有书评。③《洪水解》中观点也产生深远影响，尤其受到神话及民俗学界的广泛认同与称道。④ 当然，学界也曾有不同的声音。⑤

洪与洪水之义对先秦史研究具有重要学术意义。自然科学界曾大大扩展了洪水的考证期，

① 徐旭生：《中国古史的传说时代》，重庆：中国文化服务社，1943 年(初版)，北京：科学出版社，1960 年(再版)，第 128—162 页；《禹治洪水考》，《新建设》1957 年第 7 期，第 26—32 页。

② 李零：《帝系、族姓的历史还原——读徐旭生〈中国古史的传说时代〉》，《文史》2017 年第 3 辑，第 5—33 页。

③ 洪鉴璇：《中国上古史的重构与论证——〈中国古史的传说时代〉书评》，《科教文汇》2019 年第 6 期，第 156—157 页。

④ 刘锡诚：《中国神话学百年文论要目》，马昌仪选编《中国神话学百年论文选》，西安：陕西师范大学出版社，2018 年，第 1181 页。

⑤ 毛曦：《中国传说时代洪水问题新探》，《山东大学学报》2002 年第 2 期，第 16—20 页。

阐述了古洪水研究的原理、方法及四大河流的实际应用研究。[①] 文史学界除毛曦所论外未见系统讨论或辨析，古文字学界未见有洪字相关研究，先秦史学界也无对洪水一般意义的探讨。笔者曾从历史地理角度进行辩驳，[②]但因论题与篇幅所限，未能充分展开讨论。本文拟从洪水地域、洪字字形、三级阶梯地势与水势之关系及历法与农时等问题切入再作探讨，兼及中华文明起源问题的学术史梳理。

一、对徐旭生《洪水解》中观点的驳证

对共、洚、淇、洪各字的考证与训诂以及各水之间关系，徐先生后来已有反思，持论不如之前肯定，但他觉得可能存在的缺点不会影响其结论的正确性。[③] 然而相关问题恰恰非常重要，直接动摇了其结论的基石。洪既非专名，非指共水，何能理顺洚水、共水、淇水与洪水之关系？不能导出共水即洪水、洪即共，怎能认定洪水暴发与鲧禹治水之域仅在黄河流域乃至其中下游？且涉及南方地域证据者，徐均予以否定。帝颛顼葬于何处，《禹贡》所叙导山导水是否属“张大其辞”，苗蛮集团究竟处于怎样的地位，孟子所记江水事是否可信，禹致群神于会稽之山的会稽究为今浙中抑或安徽涂山，涂山究为何地，这些都是有待继续讨论的问题。既未达成一致，未成定论，则用此证彼，有循环论证之嫌。洚水即洪水、洪水即共水之判断有误后，其论证基石动摇。徐还认为禹治洪水前凿井之法未发明，凿井技术发明很晚。[④] 但事实上长江流域凿井技术发明应远在距今四千年前后的鲧禹治水时代之前。随着考古发掘工作的进一步展开，长江中下游地区的考古遗址所在地更不乏出现技术难度更大的大型水利工程或设施。[⑤]

二、上古洪水也在长江流域暴发

早期无论鲧、禹治水，均写为“鸿水”。《洪范》早期也都写为《鸿范》。《礼记》《史记》《吕氏春秋》中均有相关记述。《宋书》《魏书》《周书》《隋书》《南史》《旧唐书》《宋史》等文献序列也都可见写为“鸿范”者。今云开辟鸿蒙、鸿篇巨制、鸿运当头等语汇，仍在用其初、大之义。不仅早期传世文献中记为“鸿水”，后人所记传为“禹刻”者亦记为鸿。周必大《庐山后录》云：“《记》又言，归宗后峰半右石室中有夏禹刻字。”[⑥]此归宗后峰即上霄峰，后又称紫霄峰；《记》当指《庐山记》，

---

① 详见詹道江、谢悦波《古洪水研究》，北京：中国水利水电出版社，2001 年，第 6 页。

② 尹玲玲：《江陵“息壤”与鲧禹治水》，《历史研究》2019 年第 4 期，第 42—60 页。

③ 徐旭生：《中国古史的传说时代》，第 136 页脚注。

④ 徐旭生：《禹治洪水考》，《新建设》1957 年第 7 期，第 26—32 页。

⑤ 朱诚等：《长江流域新石器时代以来环境考古》，北京：科学出版社，2015 年，第 536 页。浙江省文物考古研究所：《良渚古城综合研究报告》，北京：文物出版社，2019 年，第 62—66 页。蒋乐平：《浙江义乌桥头遗址》，《大众考古》2016 年第 12 期，第 12—13 页；《义乌桥头遗址（考古进行时）》，《人民日报》2020 年 1 月 5 日，第 8 版。

⑥ 周必大：《庐山后录》（《说郛》本），李勇先主编《宋元地理史料汇编（二）》，成都：四川大学出版社，2007 年，第 551 页下。

《水经注》曾引及。[①] 杨慎《升庵集》与《丹铅余录》均载："江西庐山紫霄峰下有石室，室中有禹刻篆文。有好事者縋入模之，凡七十余字。止有'鸿荒漾，余乃檋'六字可辨。"[②]虽说这些地点后已迷失，其真实性存疑待考，但重要的是上述早期文献序列中鸿水、鸿范之载能与传为"禹刻"者相符。鸿字明显关乎江水，且有关"禹刻""禹书"之记述几乎全在长江流域。相关记载见《佩文斋书画谱》，如衡山岣嵝峰《神禹治水碑》、小孤山"禹刻"、庐山上霄峰"禹刻"、平江县昌江山石壁篆文"夏禹书"等。[③]

流传至今之"禹刻"和"禹书"，真伪虽存争议，但记述毕竟由来有自，文献成悠久序列。《山海经》曰衡山一名岣嵝。衡山禹碑，自南朝刘宋徐灵期《衡山记》相关记述始，至唐有刘禹锡、崔融、韩愈之诗文，北宋地理总志《舆地纪胜》详细述及其地点与字数等信息，南宋嘉定中被模拓并再次刻石，拓本后又于长沙刻石，明代杨慎得见拓本后作了判读。[④] 明代湛若水亦云嘉靖十三年(1534)"传闻衡山有神禹碑发于地中，即欲往观之而未能"，但第二年幸得"楚士有摹《神禹碑》来遗者"，故而他也对摹本作过判读。[⑤] 江西鄱阳与湖南洞庭都有关于夏禹治水的记述。[⑥] 这两处均为江湖交汇之地，水情复杂，岳阳城陵矶为下荆江终点，水势地势尤为险要，有流传久远之治水记述不难理解。

洪水暴发仅在黄河流域的观点比较片面、不够谨慎。上古洪水暴发之域与鲧禹治水地点，学界尚无定论。探索鲧禹治水的真相，息壤、涂山、羽山等元素十分关键。就息壤元素来说，长江流域相关记述远较黄河流域具体而丰富，后者未见具体记述。目前所见，除秦地战国甘茂盟誓处无法落实外，湖北江陵、湖南永州、四川眉山均在长江流域。就证据和论证的同一性原理，息壤元素对鲧禹治水可能在长江流域的支撑不在黄河流域之下，反在其上。江陵息壤的直接文献证据虽始于西汉，离鲧禹治水传说的夏代仍有两千来年，但有关息壤的文献则早在此之前。流传至今的《山海经》以及郭璞《山海经注》所引之《归藏・启筮》均有具体记述，前者说"鲧窃帝之息壤以堙洪水"，后者说"滔滔洪水，无所止极，伯鲧乃以息石息壤以填洪水"。[⑦]

蒙文通、傅斯年、徐旭生三人的古史起源研究，《山海经》都是重要史料，他们的观点提供了"一种新的看待和研究《山海经》的方式"[⑧]。《山海经》《归藏》的具体成书年代虽存争议，但一般认为至迟在战国以前即已成书。两书内容所反映的历史年代则更为悠久。蒙文通考证认为：

---

① 郦道元撰，陈桥驿校证：《水经注校证》卷39《庐江水》，北京：中华书局，2007年，第925页。

② 杨慎：《升庵集》卷47《禹碑》，上海：上海古籍出版社，1993年，第374页下；《丹铅余录》卷17，《景印文渊阁四库全书》第855册，台北：台湾商务印书馆，1986年，第117页上。

③ 孙岳颁：《佩文斋书画谱》卷19《历代帝王书上》，上海：上海古籍出版社，1991年，第1册，第555页下。

④ 杨慎：《升庵集》卷47《禹碑》，第373页下—第374页。

⑤ 孙岳颁：《佩文斋书画谱》卷68《历代帝王书跋》，第4册，第14页上。

⑥ 郦道元撰，陈桥驿校证：《水经注校证》卷39《庐江水》，第925页；王象之：《舆地碑记目》卷3，《丛书集成初编》本，上海：商务印书馆，1939年，第54页。

⑦ 详见尹玲玲《江陵"息壤"与鲧禹治水》，《历史研究》2019年第4期，第42—60页。

⑧ 舒铁：《〈山海经〉与民国古史起源多元论——从蒙文通、傅斯年到徐旭生》，《甘肃社会科学》2017年第5期，第136—141页。

《山海经》应当是文化较为原始的时代所记叙的远古传说之辞,《五藏山经》的写作年代当在周定王五年与梁惠王十年之间,《海内经》当写作于西周中期以前,《大荒经》部分的写作时代当在周室东迁之前,大致在西周前期,但它记载的文化遗产则当是更古更早的东西。假如说《禹贡》所反映的是西周以前的地理情况,则《北山经》所载地理情况就更久远得多了。①

后世有关息壤的文献记述经排比对照,在具体地点的落实上,对湖北江陵沙市的支撑是最强有力的。江陵息壤的文献证据可与《山海经》《启筮》及《天问》等所记形成连贯而悠久的文献序列,我们不能区别看待先秦与秦汉以后的这两类文献,更不能无视这种连续性而将息壤相关记述割裂开来。事实上,以往学界关于鲧禹治水的讨论也都基本上自《山海经》等文献出发。

学术大厦是一代代学人不断添砖加瓦累积而成。徐先生著作是经典名著,搭建起了中国古史的基本框架,书中有很多真知灼见,几代学人曾受益于该书。但不可否认,由于时代的局限,学人们的著述中也都或多或少地存在一些值得进一步商榷和讨论的问题,有待今之学人接力解决或推进。

三、释“洪”

分别以鸿水、鸿范与洪水、洪范为关键词,于《四库全书》全文数据库检索整理:正史所载,《史记》中鸿水7处、洪水1处;《汉书》中鸿水3处、洪水13处;《后汉书》中则全体现为洪水,共4处;之后虽仍两者互见,但明显已以洪水为多。可见,两汉时期为两个概念转型的重要阶段。究其原因,尚不得而知。连鸿沟都改以洪渠表示。清人齐召南于此条写有按语,说“古字洪、鸿通用,故每以洪范为鸿范”②。

古字洪、鸿通用的话,究竟谁先谁后,有何区别与联系?前已述及,徐旭生认为洪、淇、洚、降各字在某种意义上来说可互通,但他后来意识到自己的论证存在矛盾。《说文》洪字下解释:“洚水也。”洚,“水不遵道”。③《孟子·滕文公下》引《尚书》曰“洚水警余”,接着解释道:“洚水者,洪水也。”《孟子·告子下》又云:“水逆行谓之洚水。”④清人田雯曾考辨两种洚水说法,指出混淆两说的错误。田雯认为,“绛水出自屯留,二漳源于上党。与夫称淇水为洪水、目共城为降城,从糸则漳绛双流,从共则淇卫并出”,“有以洚水为绛水、洪水为共水之说,若漳、绛同矣,淇、卫合矣”,有时候“地形则同”,却“音义迥绝”。⑤ 显然,这种望文生义的做法是很不科学的。

---

① 蒙文通:《略论〈山海经〉的写作时代及其产生地域》,氏著《巴蜀古史论述》,成都:四川人民出版社,1981年,第170—173、175—176页。

② 《史记》卷22《考证》,清乾隆文渊阁《四库全书》抄内府刊本,第1a页。

③ 许慎:《说文解字》卷11上《水部》,天津:天津古籍出版社,1991年,第229页上。

④ 赵岐注,孙奭疏,黄侃经文句读:《孟子注疏》卷6下《滕文公下》、卷12下《告子下》,上海:上海古籍出版社,1990年,第118页上、223页上。

⑤ 田雯:《古欢堂集》卷41《长河志籍考》,《景印文渊阁四库全书》第1324册,第480页下、489页下—490页上。

说来说去，绕不开洪字本义及其写法。上述文献对洪字形义的解释都未能正确揭示其本来面目与含义。明人王应电《周礼翼传》云："洪水，古文作，善"；"《皋陶》《禹谟》'洚水警予'亦当用。洚，音降，水名也"。[1] 王应电笃好《周礼》，用力颇深，著有《周礼传》十卷、《图说》二卷、《翼传》二卷，《四库全书总目》对其著述内容评价颇高，称其"覃研十数载，先求圣人之心，溯斯礼之源；次考天象之文，原设官之意，推五官离合之故，见纲维统体之极，因显以探微，因细以绎大"[2]。其《周礼翼传》分上、下两卷，共七篇，这两条都出自下卷《经传正讹》篇。笔者认为，这两条言简意赅的考证十分精到，可证《总目》评价之不虚。

洪字古文作。其声旁癸，既可为名词，也可为动词。癸作名词用时，为象形字。癸为天干末位，可用作顺序的第十。癸的甲骨文字形为，其释义目前有两种说法，一说本义为古代兵器，戟属，象二戣(kuí)。交叉之形，盖即"戣"之古文。[3] 另说则见元代周伯琦《六书正讹》："交错二木，度地以取平也。义同准。篆从二木，象形。因声借为壬癸字。隶别作癸揆楑，通。"[4]后说为是。《说文》谓："冬时，水土平，可揆度也。"[5]《正韵》云："癸者，归也。于时为冬，方在北，五行属水。"[6]冬季河湖水系水位处于最为低平的枯水期，最利于水利施工。王应电之所以能作出如上判断，就在于他能"考天象之文"，也就是说精于天文历法。关于天文历法的详细论述见后文第五部分。

癸作动词用时，"癸之为言，揆也。言万物可揆度，故曰癸"[7]。据《史记・律书》：甲，义为种子破甲之月；乙，义为屈曲萌生之月；丙，天气明亮之月；丁，植物丁壮之月；戊，植物丰茂之月；等等。[8]《汉书・律历志》云："出甲于甲，奋轧于乙，明炳于丙，大盛于丁，丰楙于戊，理纪于己，敛更于庚，悉新于辛，怀任于壬，陈揆于癸。"[9]这是一个用天干十日纪月的完整的历法年。在甲至癸这十个时节中，每个时节都有相应的作物生长的状态和表示气候状况的阴阳二气的升降变化。十干纪月，是中国上古物候月名的实证，上述两段记载可证十干原本表时节。[10] 所谓"揆度""陈揆于癸"，就是在冬日里将平准水土的器具都陈列出来，去平治水土。

癸的甲骨文字形为[11]，金文为[12]，篆文作[13]，楚系简帛中为[14]，秦系简牍中则为

① 王应电：《周礼翼传》卷2《经传正讹》，清文渊阁《四库全书》本，第80a页。
② 永瑢等：《四库全书总目提要・经部・礼类一》，北京：商务印书馆，1933年，第4册，第86页。
③ 王同亿：《新现代汉语词典》，海口：海南出版社，1993年，第592页。
④ 周伯琦撰，胡正言订篆：《六书正讹》卷3《上声・四》，《景印文渊阁四库全书》第228册，第135页上。
⑤ 许慎：《说文解字》卷14下，第309页下。
⑥ 明哲夫校：《殿版康熙字典・午集中・癶部》，上海：广益书局，1947年，第12页。
⑦ 《史记》卷25《律书》，第1244页。
⑧ 杜升云、陈久金：《天文历数》，济南：山东科学技术出版社，1992年，第90页。
⑨ 《汉书》卷21《律历志上》，第964—965页。
⑩ 陈久金：《天干十日考》，《自然科学史研究》1988年第2期，第119—127页。
⑪ 中国科学院考古研究所编：《甲骨文编》卷14，北京：中华书局，1965年，第555页左起第4行。
⑫ 容庚编著，张振林、马国权摹补：《金文编》卷14，北京：中华书局，1985年，第980页左起第4行。
⑬ 许慎：《说文解字》卷14下，第309页下。
⑭ 滕壬生：《楚系简帛文字编(增订本)》，武汉：湖北教育出版社，2008年，第1219页左起第6行。

[1]。《说文》中有篆、籀两种字形，篆文“象水从四方流入地中之形”[2]，就是说从四面地形较高的地方向中间地势低的地方汇集。不难看出癸字字形从甲骨文到金文再到篆文的流变。多个甲骨文字形样本中，多数为二木交错，末端未出头。金文字形样本中，多数则末端已出头。篆文则不仅末端出头且发生弧变，故而云“象水从四方流入地中”。如此，我们就能很好地理解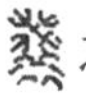之为洪了。洪水、洚水所谓“水逆行”“水不遵道”，就是指水流无法遵循地势自高处向低处汇集，反为壅塞、泛滥，因而出现险情。洪、洪水并非实指某条具体河流，而是指此类现象。历代学者以及徐旭生对洪、共、淇、洚、绛等的考证出现失误乃至左支右绌，乃因为将其错当成实指。

籀文之癸，“癸承壬，象人足。凡癸之属皆从癸”，字形为，“从癶从矢”。[3] 段玉裁《说文解字注》云：“癸像人足。故从癶。矢声。本古文。小篆因之不改。故先篆后籀。而艸部葵作。手部揆作揆。知古形声兼取二形也。”[4]也就是说，后来从癸的字形，既有取篆文象形者，也有取籀文象形者。取篆文象形的，十分有助于我们认识洪的本意。清人关于君子“反身修德”的一段讨论非常有助于我们认识“山上有水”与“洚水警余”的含义。“水险不能进”，即水流不能就下，乃“蹇之至”，才最可怕，需要君子反省自身、修明远德。[5]

四、中华文明起源问题的学术史梳理

以往一般认为夏族、夏代的活动中心在中原，鲧禹治水在黄河中下游也被当成历史常识。这是两个判断。前者既非后者的必要条件，也非充分条件，更非充分必要条件。要想对上古洪水及鲧禹治水问题展开深入讨论，避不开夏文化中心地及其起源问题。学界意见并未取得一致，相关观点有明显分歧。

夏之活动中心与夏文化是两个不同概念。从空间维度看，夏之活动中心在中原，但夏文化可覆盖更广阔地域。从时间维度说，夏之活动中心地处中原时所在年代与夏文化起源年代并不一定相当。从时空结合维度而言，活动中心在中原，非谓早期夏文化的起源即在中原，可能存在一个流播的过程。禹兴西羌说、禹生石纽说均支持这一观点。

舒铁指出，蒙文通、傅斯年、徐旭生三人关于古史起源多元论有重要贡献，他们的观点“产生了广泛影响，人们得以从新的角度来审视中国种族、文化的起源问题”[6]。但三人观点有同亦有异。在对待夏文化及鲧禹之态度上，三人观点尤为迥异。傅先生所持明显为中原中心论，认为周边地区的禹迹和治水传说都不可靠，鲧禹治水传说只是创世神话，启以下时段才是可讨论之

---

① 张守中撰集：《睡虎地秦简文字编》，北京：文物出版社，1994年，第219页左起第1行。
② 许慎：《说文解字》卷14下，第309页下。
③ 许慎：《说文解字》卷14下，第309页下。
④ 许慎撰，段玉裁注：《说文解字注》卷14下，上海：上海古籍出版社，1981年，第742页下。
⑤ 连斗山：《周易辨画》卷21，《景印文渊阁四库全书》第53册，第208页下—209页上。
⑥ 舒铁：《〈山海经〉与民国古史起源多元论——从蒙文通、傅斯年到徐旭生》，第136页。

史，以上的鲧禹时代则均属神明的、非史的、不可讨论的宗教范畴。① 傅先生所持观点不仅表现为空间上的中原中心论，时间上则可归纳为鲧禹神道说。对待鲧禹传说，蒙、徐两先生的观点明显没这么激进。

关于中国各区种族与文化之分布，三人观点也不一样。傅斯年认为，三代及其以前，广大南方地域的政治演进尚无足观，可略过不论。② 蒙文通与徐旭生则认为可分河洛、海岱与江汉三集团或华夏、东夷及苗蛮三集团。但对三集团间文化演进的先后与对比，蒙、徐两人观点又有明显差异。徐认为北部华夏与东夷之文化先于南部苗蛮集团，蒙则认为三区文化各成体系，其文献传承各有统绪，主要强调其差异，而非为先后或优劣。中华文明起源问题从中原中心说发展到满天星斗说，苏秉琦的文明区系类型理论享誉学界，③后又有严文明的重瓣花朵说。

关于青藏高原对于中华文明起源的重要意义，自然科学领域的学者们做了很多艰苦卓绝的工作。1973 年的青藏综合科考队，参加者达 400 多人，涉及 50 多个专业。经过 4 年辛勤艰险的长途考察，探讨了第四纪冰川与高原隆起关系、^{14}C 测年与地衣法测年的初步应用、冰川与洪水及灾害防治关系等一系列问题。④ 相关成果较全面地分析了青藏高原上新世前后古地理环境的变迁，在藏北无人区发现许多属于中石器和细石器时代的古人类文化遗迹。⑤ 虽就高原快速隆起的具体地质年代尚存争议，但普遍认为其是一个非常年轻的高原，最保守的估计也认为大约在 3 000 万年前，最激进的看法则认为 100 多万年前的构造运动起到至关重要的作用。⑥ 100 多万年前是在第四纪的更新世，也就是旧石器时代。

文史学界的多位学者认为青藏高原东部边缘的羌人与夏人有密切关系。徐中舒认为“夏人本为西方的民族，这是有根据的”，汉武帝到中岳“见夏后启母石”，与西方的羌民崇拜白石有关系；就夏人生子的传说看，“完全与商周不同”，而是属于西方系统；夏人都邑“也在西方，而不是在东方”；疑古派否定夏代“是不符历史实际的”；夏王朝以羌族为主建立，“在进入中原后接受龙山文化的影响”，形成中原文化。⑦ 陈梦家也认为羌与夏为同族之人。⑧ 冉光荣、李绍明等持同样看法。⑨ 任乃强认为，“古时青康藏大高原的地理条件最适合于人类生存和发展，最适于原始狩猎和畜牧。这些条件，使它成为亚洲原始文化发源的地区，成为人类生殖繁衍的地区”，羌族牧业文化的诞生早于中原农业文化；中原农业诞生前并无经过牧业生产阶段的传说，与人类生

---

① 详见傅斯年《夷夏东西说》，氏著《民族与古代中国史》，石家庄：河北教育出版社，2002 年，第 24 页。

② 傅斯年：《夷夏东西说》，氏著《民族与古代中国史》，第 3—4 页。

③ 苏秉琦：《中国文明起源新探》，北京：生活·读书·新知三联书店，1999 年，第 101—127 页。

④ 施雅风：《〈青藏高原隆升与亚洲环境演变〉序》，李吉均《青藏高原隆升与亚洲环境演变——李吉均院士论文选集》，北京：科学出版社，2006 年，第 i—ii 页。

⑤ 李吉均等：《青藏高原隆起的时代、幅度和形式的探讨》，《中国科学》1979 年第 6 期，第 608—616 页。

⑥ 秦大河、周尚哲、姚檀栋等：《李吉均学术思想撷要》，李吉均《青藏高原隆升与亚洲环境演变——李吉均院士论文选集》，第 xiv 页。

⑦ 徐中舒：《先秦史论稿》，成都：巴蜀书社，1992 年，第 23—24、26、32 页。

⑧ 陈梦家：《殷墟卜辞综述》，北京：中华书局，1988 年，第 282 页。

⑨ 冉光荣、李绍明等：《羌族史》，成都：四川民族出版社，1985 年，第 1—8 页。

产发展的规律不合，中原农业很可能是直接承受羌族农业影响或由羌族所带动发展起来的；伏羲氏或即羌族居于陇西的一个氏族部落，其舍饲牲畜和栽培牧草的方法，随其迁流所至传播到中原黄土区来，“烈山氏之子柱，因种牧草之法而创造为粟这种谷物，使中原人开始粒食，是为神农氏，从而发展成为中原的农业文化”，中原农业文化前期所应有的牧业阶段“是羌族在青藏高原上已经完成了的”，由羌文化可证中华文明的多起源，“亦可证相互交流融合，殊途同归”。①

前述古史起源多元论的观点中，笔者更赞同蒙文通的“三民族说”。但从学界反响来说，傅斯年的“夷夏东西说”影响深远，晚近仍有纳入其理论框架的讨论或相关选题的研究生论文。笔者虽不完全赞同相关观点，但一些看法值得肯定，如李健胜“认为部分学者有关夷夏二族对中国文明起源作用的表述，往往有言过其实之处，不仅忽略了南方苗蛮、巴蜀族群的历史贡献，也忽略、低估了羌人对我国早期历史进程的重要影响”②。

让我们的视线再回到古羌人所在的青藏高原。“青藏运动”分 A、B、C 三幕，分别距今约 360 万年、250 万年和 170 万年。黄河、长江等大型水系在 C 幕时期才开始形成、东西贯通。之后的“昆仑—黄河运动”在距今 110 万—60 万年之间，发生又一幕强烈而普遍的构造抬升，昆仑山垭口的羌塘组湖相地层大幅抬升。每个阶段都伴随着环境变化的重大事件发生，最终形成世界上最强大的亚洲季风气候系统，取代了行星风系。中国西高东低的地形是古人最关注的地理问题，同时也是中国最大最基础的地理问题。青藏高原隆升的理论是现代科学对屈原《天问》“地何故以东南倾”的回答。三级阶梯地势格局的形成非常年轻，黄河、长江大型水系也十分年轻。兰州黄河阶地与黄土堆积系列蕴涵了难得的构造运动与环境变化的信息，共发育 7 级阶地。经古地磁、裂变径迹测年研究，黄河起源的年代约为 170 万年前，黄河阶地是青藏高原间歇性隆升的反映。因黄河之溯源侵蚀，阶地愈向上游愈新。③

长江的形成与演化史也是地学界长期关注的重点和热点。国际地学界越来越关注大河流域的发育和演化，因相关研究是全球气候变化等重要科学问题研究的基础。④ 长江宜昌以上的水系格局古今不同。金沙江河流袭夺、川江倒流和三峡贯通是长江上游水系变迁的重大问题。⑤ 金沙江的贯通和东流，缘于青藏高原的强烈隆升，其后川西高原与滇西高原的隆升进一步导致川江溯源侵蚀、河流袭夺和金沙江河水的顺势东进。⑥ 金沙江攀枝花至涛源段河流流向

---

① 任乃强：《羌族源流探索》，重庆：重庆出版社，1984 年；《羌文化——中华文化的又一根》，《中华文化论坛》1995 年第 2 期，第 48—54 页。

② 李健胜：《夷夏羌东中西说》，《青藏高原论坛》2014 年第 4 期，第 1—10 页；燕生东：《“夷夏东西”格局下的岳石文化》，《海岱学刊》2016 年第 2 期，第 27—41 页；颜伟明：《“夷夏东西说”的学术史考察》，烟台大学 2012 年硕士学位论文，第 38—39 页。

③ 秦大河、周尚哲、姚檀栋等：《李吉均学术思想撷要》，李吉均《青藏高原隆升与亚洲环境演变——李吉均院士论文选集》，第 xiv、xii—xiii 页。

④ 康春国：《长江流域第四纪沉积物重矿物特征对三峡贯通的示踪意义》，中国地质大学 2009 年博士学位论文，第 138—140 页。

⑤ 任雪梅：《长江上游水系变迁的河流阶地证据》，《第四纪研究》2006 年第 3 期，第 413—420 页。

⑥ 杨达源、李徐生：《金沙江东流的研究》，《南京大学学报(自然科学版)》2001 年第 3 期，第 317—322 页。

之前为自东而西，与今相反，之后才贯通东流。[①] 古地磁测年表明三峡贯通时间约在距今170万—112万年。[②] 长江水系的形成与贯通时间和黄河大致相近，与旧石器时代早期基本相当。

关注中华文明起源不能只重视1万年以来的全新世新石器时代，而应追溯更为久远的更新世旧石器时代。[③] 旧石器时代中晚期，即距今20万年，尤其是距今5万年以后的阶段至关重要。临夏北塬的晚更新世黄土剖面，经多指标测试分析可得6条变化趋势一致的曲线，与南极东方站16万年来的冰岩芯氧同位素曲线可成对比。[④] 遗传学研究和考古学发现均显示人类有400万年以上的历史。20世纪90年代，尼安德特人DNA提取成功，使这支曾广泛分布在欧亚大陆西部的古人类再次成为古人类学和考古学关注的焦点。他们并非完全消失了的古人类，对非洲以外的现生人群有着1%—4%的基因贡献，并未被现代人完全替代。现代人起源争论中，风靡全球的非洲起源完全替代假说受到挑战。2010年，丹尼索瓦人的发现和提出，为东亚古人类历史添上了关键的一笔。丹人是尼人的姐妹种，大约40万年前分道扬镳，但在两者共存的几十万年间始终存在基因交流。丹人对现代大洋洲、东亚、东南亚和美洲人群都存在基因贡献，尤其是可能为现代藏族人群提供了高海拔环境适应基因。2019年，据研究，丹人不再仅限于阿尔泰山地区的丹尼索瓦洞，而是现身青藏高原，验证了多年来古人类学家、考古学家和遗传学家对丹人在东亚广泛分布的推测，将青藏高原古人类活动历史由距今4万年推早至距今16万年，同时也为东亚地区现代人起源研究提供了新视角。[⑤]

水系的形成意味着上、中、下游之间东西贯通，水流持续下切，切穿隆升抬起所形成的三级阶梯，成万里黄河咆哮而下和滚滚长江东逝水的局面。三级阶梯间地势的巨大落差是洪水暴发酿成险情乃至巨大灾害的关键原因：河流比降骤减，流速迅即减缓。水流不能快速下泄，总得有所停蓄，于是只能以空间换时间，通过迂回转折，增加曲率，加长河道来停蓄水流，如长江中游九曲回肠的下荆江。[⑥] 水流不能循地势高低顺利下泄，水势高涨泛溢甚或酿灾，此即古文献所称洪水或洚水，亦即后之文献所谓“水逆行”“水不遵道”。徐旭生认为上古洪水发生于黄河中下游，原因之一在于这里是黄河流域二级降至三级的所在。[⑦] 认识到了地形因素导致河流水势的变化，这非常重要。笔者认为，一、二级阶梯间地势的下降对上古史研究来说同样重要，黄河流域和长江流域都是如此，对中华文明起源的认识与思考来说非常关键。《禹贡》中“导河积石”

---

① 孔屏：《金沙江何时开始向东流》，《地质科学》2009年第4期，第1256—1265页。

② 张玉芬、李长安、王秋良等：《江汉平原钻孔沉积物磁化率特征与长江三峡贯通》，中国地球物理学会编《中国地球物理》，青岛：中国海洋大学出版社，2007年，第412页；张玉芬、李长安、王秋良等：《江汉平原沉积物磁学特征及对长江三峡贯通的指示》，《科学通报》2008年第5期，第577—582页。

③ 张之恒、黄建秋、吴建民：《中国旧石器时代考古》，南京：南京大学出版社，2003年。

④ 秦大河、周尚哲、姚檀栋等：《李吉均学术思想撷要》，李吉均《青藏高原隆升与亚洲环境演变——李吉均院士论文选集》，第xii—xiii页。

⑤ 张东菊：《揭开丹尼索瓦人的面纱》，《世界科学》2019年第6期，第1页；杨心舟：《青藏高原的丹尼索瓦人》，《环球科学》2019年第11期，第21页。

⑥ 尹玲玲：《江陵“息壤”与鲧禹治水》，《历史研究》2019年第4期，第57—58页。

⑦ 徐旭生：《洪水解》，氏著《中国古史的传说时代》，第136页。

"岷山导江"等记述可证。

五、夏文化与其他文化间源流关系的学术史梳理

关于夏文化与巴蜀等西南地区及甘青等西北地区之间早期文化的关系，史家看法并不一致，甚而迥异。蒙文通指出，《山海经》"是研究我国以及东亚、中亚各族人民上古时代的生活斗争、民族关系的重要资料"，书中记载并没有以黄帝作为传说中心，更多提到的历史人物是帝俊和帝颛顼，该书从不以黄河中游地区作为天下之"中"，与先秦时中原文化传统说法迥然不同，天下之中指的是巴、蜀、荆楚或者只是巴蜀，《海内经》《大荒经》可能分别是出于古蜀国、巴国的作品，《五藏山经》《海外经》等九篇则"很可能是接受巴、蜀文化以后的楚国作品"。相关研究在天文学史领域有专业、深入探讨（详后），蒙文通提醒人们，吕子方的相关观点"是一个极有价值的科学发现"。①

《山海经》中有日月所出入之山的记载，所出之山六，皆在《大荒东经》，所入之山六，皆在《大荒西经》。吕子方指出，这是两两相对的六组山头，是远古人们用于定季节的标志，是用星象为历法的科学尚未发明前之原始历法。② 2003年山西襄汾陶寺观象台的发现，进一步提供了观日出入方位以定季节的考古依据。从认知科学史角度看，观日出入方位以定季节"一定早于观测正午日影和昏旦中星"，越是早期"天文学与文明的其他方面结合越紧密"，陶寺观象台展示了这一"古老传统的遗迹"。③ 天文学概念中，二象发展成四象，也称四陆，往下流传，即成《尧典》四仲中星。中星授时之前是更早的以北斗定时节的斗柄授时时代。潘鼐指出，用斗柄指向定季节并非春秋战国时天文学家的发明，有更久远的传统，古之斗建曾用北斗九星之第八星招摇。④ 陈久金亦云，中国上古的斗柄指向有九星和七星两个标准，前者由第五、七、八、九诸星连线，通过招摇、天锋指向大火，创建于4 000年前的原始社会；后者由第六、七两星连线之延长线指向摄提和角亢，形成于春秋战国时期。⑤ 2020年，河南郑州举行了巩义双槐树古国时代都邑遗址考古重大发现发布会，确定其遗址性质为距今5300年前后的巨型聚落，命名为河洛古国。遗址中的陶罐组合即为北斗九星图案，或许是与自然科学界学术成果存在隔膜，故而对为什么不用七星而用九星觉得很"令人费解"。⑥

1934年，西部科学院曾组织由动物、植物及地质三研究所组成的12人考察团，在四川大凉山北部调查到一种特殊的太阳历，分1年为10月，每月36天，以12生肖纪日，每月3周，1年30

① 蒙文通：《略论〈山海经〉的写作时代及其产生地域》，第146、148、158—159、162、168—169、171—173、175—176页。
② 吕子方：《中国科学技术史论文集》（下册），成都：四川科学技术出版社，1984年，第28页。
③ 徐凤先：《从大汶口符号文字和陶寺观象台探寻中国天文学起源的传说时代》，《中国科技史杂志》2010年第4期，第373—383页。
④ 潘鼐：《中国恒星观测史》，上海：学林出版社，1989年，第39、131页。
⑤ 陈久金主编：《中国少数民族科学技术史丛书（天文历法卷）》，南宁：广西科学技术出版社，1996年，第128页。
⑥ 范毓周：《河南巩义双槐树"河洛古国"遗址浅论》，《中原文化研究》2020年第4期，第15—20页。

周计 360 日，另有 5—6 天过年日，不计在月内。其后，李亦人于西康、江应梁于大凉山腹地均调查报道了这种奇异历法。中华人民共和国成立初期又有人在云南省东北彝族和怒江傈僳族中也调查到这种历法。彭强兴等 1983 年在云南小凉山宁蒗县调查证实该地区彝族曾使用这种十月太阳历，且其纪月纪日方式很奇特，不以序数纪月，而是分别以公、母、土、铜、水、木、火顺序纪月。[①]

上古羌民中曾普遍使用以冬夏二至分一岁为两收获年的历法，分称阳年与阴年，又各分为五季，以水、火、木、金、土命名，此即通常所说《洪范》五行。四季和节气是春秋以后才出现的概念，此前，人们把太阳的运行沿着南北方向分为五条轨道，地面寒暑变化乃因太阳有五种行度，简称五行。人们用此阴阳五行观念以分时节，不但分一岁为阴阳两半，也将相邻的两个行度看成阴阳相对的两个部分，共计五对十个行度。明此，河图、洛书即不再神秘莫测，原理变得十分简单，乃以图示记一岁之月序。圈点数表行度序数，白圈表阳性单数，黑点表阴性双数，方位则表各行度之名称。天干十日之义代表一个完整的从植物萌生至繁茂到收获的周期。以序数、阴阳五行或天干十日纪月，只是上古十月历的不同纪月方式，其实际含义并无差异。[②]《夏小正》是一种十月太阳历，是彝族太阳历的前身，同源于远古羌历，可称“彝夏太阳历”，《管子·幼官篇》与《诗·豳风·七月篇》为其旁证。孔子所正夏时本为十月太阳历，然两千多年来被疏传家窜乱成了阴历，是科技史上一个错案。[③]

彝文《天文历法史》是公布于世的第一部十月历文献。抄本末尾有后记，谈到毕摩黄文彩于光绪二十年抄录和传承该书的初衷。该抄本后又经几代辗转传承，抄本原件“成书年代当在清朝初年以前”。另有多种彝文十月历文献可资补充印证：这种历法由戈施蛮创立，蛮是尊称，为昊、渊博之义，又名施滴添自。戈施蛮与彝族君王笃阿慕同时，彝文典籍《裴妥梅尼》系统记载了笃阿慕以下 248 代家谱，以每代 25 年计，已达 6 000 余年。彝文十月历《日月星辰书》之传承同样有一段曲折历史。彝汉跨学科团队结论：以黄帝、帝尧和周族先民为代表的古羌民，包括其遗裔今之彝、哈尼、纳西族，以崇拜黑虎为其共同信仰，主要观测太阳出没方位来定季节，以冬夏二至为一岁中大小两个新年。而以伏羲为代表的氐、夏民族，包括其遗裔今白族、土家族，以崇拜白虎为其共同信仰，主要以观测北斗指向和大火星出没方位定季节，以腊岁为新年，用天干十日纪月。远古时这两种历法同出一源，但因岁差使两者新年逐渐分离，故有子正、寅正之分。[④]

---

① 陈久金主编：《中国少数民族科学技术史丛书(天文历法卷)》，第 28 页。常隆庆、施怀仁、俞德浚：《雷马峨屏调查记》，《中国西部科学院特刊》第 1 号，重庆：(北平大石作)大学出版社，1935 年；李亦人：《西康综览》，重庆：正中书局，1941 年；江应梁：《凉山彝族奴隶制度》，广州：清华印书馆，1948 年；罗家修等 1961 年在凉山报上发表过的有关文章；陈宗祥等：《四川凉山彝族天文历法调查报告》，《中国天文学史文集》第 2 集，北京：科学出版社，1981 年。

② 陈久金主编：《中国少数民族科学技术史丛书(天文历法卷)》，第 25—26 页。

③ 陈久金：《论夏小正是十月太阳历》，《自然科学史研究》1982 年第 4 期；陈久金、刘尧汉：《论彝族太阳历》，《中央民族学院学报》1982 年第 3 期；刘尧汉、陈久金、卢央：《彝夏太阳历五千年——从彝族十月太阳历看〈夏小正〉原貌》，《云南社会科学》1983 年第 1 期，第 71—79 页。

④ 陈久金主编：《中国少数民族科学技术史丛书(天文历法卷)》，第 27、185、194—195 页。

可见，关于中华文明的起源，不同领域的学者迥异其趣。

文史学界对自然科学领域的研究有所隔膜可以理解，但文史学界本身也远未形成定论，蒙文通观点已如前述，任乃强观点则更鲜明：羌是中国最古老的民族之一，文字记载虽始见于殷墟甲骨文，但至少在石器时代即生息于青藏高原，其后支系繁衍，派生出西南、西北的许多民族，中原华族也融有羌族成分。羌所创牧业文化是上古中华文明的重要组成部分，并对中原文化发展产生过积极影响。羌之原始居地在西藏羌塘，其后因耕种生产需要和高原地壳上升，开始向海拔较低的河谷和四面八方的高原边际迁移。任先生举羊、牦牛、犏牛、獒犬四种家畜和来、牟两种农作物的育成，说明羌族在原始社会里的文化程度高过中原华族，只可惜受地理条件的制约，不能像中原农业文化那样迅速发展，“相形之下，逐步落后，遂分离成华族与羌族的畛域来了”。[①] 可见，任乃强的看法与上述自然科学领域及天文学史、民族史学者们的研究相吻合。王国维《咏史二十首》首篇：“回首西陲势渺茫，东迁种族几星霜？何当踏破双芒屦，却向昆仑望故乡。”次篇：“两条云岭摩天出，九曲黄河绕地回。自是当年游牧地，有人曾号伏羲来。”[②]诗既题为“咏史”，说明诗文内容不同于一般文学创作，而是借诗文表述对相关问题的看法。据首篇可知，关乎中华文明起源，西北昆仑在其心目中的地位，次篇则与任乃强观点吻合。

关于夏文化起源及流变，不同文化间错综复杂的关系，学科背景不同，学术理路与研究思路大异其趣。相较于前述傅斯年基于鲧禹神道说的夏史观，自然科学领域的学者在对待神话材料时所持态度完全不同。潘鼐认为，天文四象观源于二象，辰、参二星即其源；商人主辰，夏人主参；商人代夏，辰火代参。神话与历史之间究竟是一种怎样的关系，确实非常复杂，也很困难，需要具体问题具体分析。潘鼐在梳理整合了多段文献资料后，对神话背后可能存在的真实历史作了非常简要而精当的勾勒。[③] 神话背后有其历史背景与渊源，神话面纱之下有着真实历史的底色。知识阶层之别可能造成神话与历史的分流。历史虽是所有人群共同创造，但其带领者往往是掌握更多知识与技能的少数个人。出于对政治权力的争夺，这些个人会将其神圣化与专门化，如早期掌天文观测与占卜之巫觋，他们同时有意无意地引导民众的宗教信仰。久而久之，相关职能、职官及个人即被神化。治水等科技领域同样如此。知识与技能又会因专业而分化，史官并不一定掌握专门知识，历史真相即有彰有显、有隐有微。历史书写因其所属领域各异而多少不同，普通大众领域和政治经济领域占大多数，专业科技领域则相对较少。已成之史的传承普及与否，又因其内容与载体等多方面原因而流传有别，或广传或散佚。普通民众虽在知识与技能上处明显劣势，但在数量上则占绝对优势。包含一定历史内核的神话表象即借千百万民众代代口耳相传，成为族群的远古记忆和古老传说。今之研究要同时借助世代传承的历史文献和广为流布的神话传说两个方面，如何有机结合两类文献、科学处理两者关系、正确对待神话与历

---

① 任乃强：《羌文化——中华文化的又一根》，《中华文化论坛》1995年第2期，第48—54页。

② 王国维：《诗录：咏史二十首》，《学衡》第66期，1928年，第136—137页。

③ 潘鼐：《中国恒星观测史》，第38—39页。

史，这对史学工作者的学识与耐性来说是极具考验的。对缺少文献记述的上古史时代，如何发掘远古神话背后的科学内涵，更是难而又难的重大课题。

因学科背景与专业有异，学界成果往往发布于专门杂志而不受重视，也因缺少跨学科人才或合作，相关成果的消化、吸收与整合非常不够，不利于整体学术的推进。陈久金20世纪80年代的研究①明确提出了与传统观点有异、令人耳目一新的解释，但因上述原因，其学术观点未能及时得到广泛传播和接受。其后《土鲁窦吉》②的出版有助于相关研究的推进，再之后，其学术观点才在一定程度上被发掘，而这已经是距其系列论文发表二三十年之后了。③ 刘明武在其基础上鲜明系统地提出了中原河图洛书的起源与悠久的彝文历史文化之间的关系。此前，冯时开创了天文考古学，系统研究了自新石器时代以降的诸多重要问题，“多有独到见解”。书中《天数发微》一章系统梳理了河图、洛书的起源与流变。④ 但之后，冯书及刘文所产生的学术影响仍相当有限，河图洛书的最新研究未作引用和述评。⑤

以上主要是从天文历法角度切入所作的梳理。历法在上古先民生活中曾占据极其重要的地位，各行各业都要观星象以判断农事或天时，妇孺儿童都能熟谙星象。明人顾炎武曾指出：“三代以上，人人皆知天文。七月流火，农夫之辞也；三星在天，妇人之语也；月离于毕，戍卒之作也；龙尾伏辰，儿童之谣也。”⑥前已述及，冬季时河湖水位低平，利于施工，况冬季农闲，此时平治水土不会影响农时。冬季兴水利、治水土的习惯在历史上得到长期保持，今后肯定也仍将继续。笔者曾研究过三峡地区历史时期滑坡所致江流壅塞、航道受阻，其后的航道疏浚往往就是在秋冬季节施工。⑦ 此应即天干十日太阳历中将物候月序十月之末月命名为癸的原因。癸旁加水，变而为，意即前文《孟子》《说文》所谓逆行、不遵道，水流无法遵循地势高下自高向低汇集，壅塞、泛溢而致险、酿灾，故而亟须熟悉水情、深谙水性的部族首领带领民众平治洪水、战胜洪灾。

结　论

综上所述，徐旭生《洪水解》文中洪为专名，指共水，上古洪水仅发生在黄河中下游地区，凿

---

① 除前述已引用者外，尚有陈久金《阴阳五行八卦起源新说》，《自然科学史研究》1986年第2期；陈久金《天干十日考》，《自然科学史研究》1988年第2期，第119—127页。

② 参见王子国整理翻译《土鲁窦吉》，贵阳：贵州民族出版社，1998年。

③ 刘明武：《河图、洛书中的两种太阳历——彝族文化中的图书及其解释》，《中州学刊》2002年第2期，第139—145页。

④ 冯时：《中国天文考古学》，北京：社会科学文献出版社，2001年，《总序》后冯式楠之书评及第356—393页。

⑤ 赖少伟、刘永强：《河图洛书略考》，《文史杂志》2017年第3期，第39—43页。

⑥ 顾炎武撰，黄汝成集释，秦克诚点校：《日知录集释》卷30《天文》，长沙：岳麓书社，1994年，第1049页。

⑦ 详见尹玲玲《试论宋代三峡新滩地区的滑坡灾害及其影响》，《中国社会经济史研究》2008年第4期，第25—35页；《明代三峡新滩地区地质滑坡对交通和社会的影响》，《中国历史地理论丛》2008年第4期，第91—100页；《论清末三峡云阳县兴隆滩的滑坡灾害》，《史林》2015年第6期，第111—121、218页；《论长江三峡地质灾害后的江流与航道变迁》，《中国农史》2018年第4期，第115—126页。

井技术发明很晚等系列观点均有误。洪非专名，而是指一类现象，即水流不能顺利就下，转而泛溢横流，故而“水逆行”“水不遵道”。上古洪水也发生在长江流域，早期洪水、洪范写作鸿水、鸿范，长江流域凿井技术发明很早。洪字古文作，声旁为癸。甲骨文字形为二木交错，可平准度地，篆文字形象水自四方汇聚地中，意为冬季平治水土，亦为天干十日太阳年中物候月序的末月。应该十分重视青藏高原在中华文明起源中的地位与作用。夏文化与其他文化之间的关系，从天文历法角度看，其源头与流变与以往认识大异其趣。中华文明的起源地和一、二级阶梯之交的黄河、长江上游地区密切相关。

（本文原发表于《史林》2020 年第 5 期。）

作者简介：

尹玲玲，1973 年生，湖南邵东人，湖南师范大学地理系 1994 届理学学士，复旦大学历史地理研究中心 2000 届史学博士，现任上海师范大学人文学院历史系教授、博士生导师。兼具文理学科教育背景，长于从事区域历史地理学的跨学科研究，尤其是结合水利史、环境史、灾害史与社会史的系统、整体研究。出版学术专著 2 部——《明清长江中下游渔业经济研究》（齐鲁书社，2004 年）、《明清两湖平原的环境变迁与社会应对》（上海人民出版社，2008 年），编著一部——《滨海历史地理——唐宋以来滨海地区的经济、环境与社会研究举例》（复旦大学出版社，2021 年）。先后在《历史研究》《湖泊科学》等文、理科核心期刊上发表学术论文近 60 篇。

论周文王之德

王廷洽

摘　要： 本文论证了西周王朝的缔造者周文王姬昌对于古代文明和文化的贡献，阐明了他关于仁、义、礼、智、信“五常”的观点和具体的事迹，从而确认姬昌确确实实是一位继尧、舜、禹、汤而起的英明古圣王，是儒家核心思想的创始者，身体力行的实践者。本文可以作为《史记·周本纪·文王纪》的补充。

关键词： 英明圣王　五常思想　创始者　力行者

周文王姬昌是一位继尧、舜、禹、汤而起的英明的古圣王，而且其谥号为“文”，必有文德。孔子说：“周监于二代，郁郁乎文哉！吾从周。”①周王朝在文明、文化方面取得了长足的进步，周文王当为奠基人。可是《史记·周本纪》写文王事迹可谓语焉不详。笔者通过先秦文献所提及的有关周文王的事迹和议论，以补《周本纪》之不足。发现周文王具备了后来儒家总结的仁、义、礼、智、信“五常”伦理道德，如《逸周书·大武解》“取仁”“取智”“取勇”“取材”“取艺”，“酌之以仁”“怀之以乐”“设围以信”；《逸周书·酆保解》“祀德纯礼”“重礼庶吏”，等等；还有《论语》中常见的“德”“道”“忠”“恕”“孝”“敬”等亦多见于《逸周书》。周文王是儒家学说的先驱者，身体力行的实践者。

一、关于“仁”

仁，从字形言之，从二人，即人与人之关系，一人是我是个人，另一人则为社会全体之人。个人对于社会之人，要“泛爱众”。《管子·八观》所说的“先王之禁山泽之作者”，并非托古改制的虚言。“禹之禁，春三月，山林不登斧，以成草木之长；夏三月，川泽不网罟，以成鱼鳖之长。”②这是我国较早的适时保护自然资源的记载。商汤之仁德及于鸟兽，希望围猎者网开一面，以保证

---

① 杨伯峻：《论语译注·八佾》，北京：中华书局，1982年，第28页。

② 黄怀信、张懋镕等：《逸周书汇校集注·大聚解》，上海：上海古籍出版社，1995年，第430页。

以后山林仍有禽兽。

周文王不愧为我国一位英明的古圣王，有类似于大禹、商汤的大仁大爱。《逸周书·文传解》曰：

> 文王授命之九年，时维暮春，在鄗。（谓）太子发曰："吾语汝所保所守。守之哉：厚德广惠，忠信爱人。君子之行：不为骄侈，不为靡泰，不淫于美，括柱茅茨为爱费。山林非时不升斤斧，以成草木之长；川泽非时不升网罟，以成鱼鳖之长；不麛不卵，以成鸟兽之长。畋渔以时，童不夭胎，马不驰骛，土不失宜。土可犯，材可蓄。润湿不谷，树之竹苇莞蒲；砾石不可谷，树之葛木。以为絺绤，以为材用。故凡土地之间者，圣人栽之并为民利。是鱼鳖归其泉，鸟兽归其林。孤寡辛苦，咸赖其生。山以遂其材，工匠以为其器，百物以平其利，商贾以通其货。工不失其务，农不失其时，是谓和德。……无杀夭胎，无伐不成材，无堕四时，如此者十年，有十年之积者王，有五年之积者霸，无二年之积者亡。生十杀一者物十重，生一杀十者物顿空。十重者王，顿空者亡。"

这篇文献包含了这样几层意思：砍伐木材、捕鱼打猎都应该按照一定的季节进行，草木的生长期不能砍伐，动物的繁殖期不能渔猎；因地制宜地种植各类树木或经济作物，以利民用；不能砍伐未成材的树木，即使在非繁殖期，捕获的有身孕的动物也应该放归大自然，保证树木的成长和动物的繁殖，使自然资源充裕不竭；"生十杀一者物十重，生一杀十者物顿空"，山林川泽管理和保护自然资源是关系到国家治乱兴亡的大事。更应该引起我们注意的是，周文王这番话是在训诫自己的王位继承人时说的，可见他把山林管理、保护和合理利用自然资源当作振兴国家的首要大事。这一段资料不仅反映了周文王仁德及于鸟兽，还及于草木，尤其是"生十杀一者物十重，生一杀十者物顿空"一语，是至今照耀着人类保护生态环境的光辉思想。

另有一则资料虽然短小，但也十分感人。《吕氏春秋·异用》："周文王使人扫（hú，挖掘）池，得死人之骸。吏以闻于文王，文王曰：'更葬之。'吏曰：'此无主矣。'文王曰：'有天下者，天下之主也；有一国者，一国之主也，今我非其主也？'遂令吏以衣棺更葬之。天下闻之曰：'文王贤矣，泽及髊（cī，骨骼）骨，又况人乎！'此文的作者评论说："或得宝以危其骨，文王得朽骨以喻其意。故圣人于物也无不材。"周文王是何等的胸怀——仁爱及于无主之尸，天下如何不归心？三分天下有其二，这就是缘由。

若将此两段资料补入《周本纪》，则周文王之圣德更加灿然。

二、关于"义"

义为何义？古代学者的注释基本一致，就是宜，与人相处要适宜，处理事务也要适宜。而且都认为仁中含义，义中见仁，两者不可分割。以下这段资料正反映了仁义相辅相成的情况。

《文子·上义》：（周文王伐崇）“兵至其郊，令军帅曰：‘无伐树木，无掘坟墓，无败五谷，无焚积聚，无捕民虏，无聚六畜。’乃发号施令曰：‘其国之君逆天地，侮鬼神，决狱不平，杀戮无罪，天之所诛，民之所雠也。兵之来也，以废不义而授有德也。有敢逆天道、乱民之贼者，身死族灭。以家听者禄以家，以里听者赏以里，以乡听者封以乡，以县听者侯以县。’克其国不及其民，废其君，易其政，尊其秀士，显其贤良，振其孤寡，恤其贫穷，出其囹圄，赏其有功。百姓开户而纳之，渍米而储之，唯患其不来也”。此事亦见《淮南子·兵略训》。北宋史学家郑樵编撰《通志》，其第五卷《周文王纪》亦见此段资料。郑樵一定另有所据。崇国国君崇侯虎是一个大恶大奸者，向商纣王告周文王的状，差一点陷周文王于死地。周朝众臣商议后决定向商纣王行重贿，才把周文王从羑里救出。周文王回到本国后，经数年的准备，率军讨伐崇侯虎。当军队来到崇国之郊时，周文王即下了第一道命令；当开始进攻时又下了第二道命令，此令当为告诫崇国各级官员和民众的，并颁布了具体的政策法令，即“以家听者禄以家”及以下数语。“克其国不及其民”以下数语是指伐灭崇国后所收到的实际效果。

《文子》曾在唐朝被尊奉为《通玄真经》，宋代理学家认为是抄袭《淮南子》的伪书，疑古思潮泛滥时，认为它是“伪中之伪”的伪书。直到河北省定县西汉中山王墓《文子》残简出土，学术界重新确定《文子》是战国时的文献资料，不是《文子》抄《淮南子》，而是《淮南子》大量抄袭《文子》。经笔者考索，《文子》的作者是战国后期的孟尝君田文。[①] 相信《文子·上义》的资料必定有可靠的史料来源。不管怎样，我们看到周文王所发布的命令、政令充分体现了极大的仁爱精神，明确指出其国君有大错，其国之政大过，而民众无辜。讨伐成功后，崇国并入了周朝的版图，其民众则成了周朝的顺民。《文子》的作者认为这是一件“大义”之事。

另一件大义之事见于《周本纪》记载，周文王被释放后以洛西之地请求商纣王去炮烙之刑。[②]《吕氏春秋·用民》认为“凡用民，太上以义”，“密须之民自缚其主而与文王”。密须即姞姓密国，在甘肃灵台境。虽然史书未见周文王采取何种方法讨伐密须，但其民自缚其主而与文王，参照文王讨伐崇国之号令和策略，当亦以大义取胜。故《诗经·大雅·皇矣》云：“密人不恭，敢距大邦”，“帝谓文王，询尔仇方，同尔兄弟，以尔钩援，与尔临冲，以伐崇墉”。歌颂了周文王讨伐密、崇的功绩。根据《文子》和《吕氏春秋》的评价，周文王都是以义取胜。还有一件事也值得一提，《诗经·大雅·灵台》“经始灵台，经之营之，庶民攻之，不日成之”说的是周文王要筑一个高台，民众知道后都来出工出力，没几天就筑成了。这大概就是“太上以义”之用民，从战争到建设都获得了巨大的成功。

---

① 王廷洽：《〈文子〉作者考证》，《上海师范大学学报》2014 年第 2 期，第 132—139 页。

② 此事亦见《吕氏春秋·顺民》：“文王处岐事纣，冤侮雅逊，朝夕必时，上贡必适，祭祀必敬。纣喜，命文王称西伯，赐之千里之地。文王载拜稽首而辞曰：‘愿为请炮烙之刑。’文王非恶千里之地，以为民请炮烙之刑，必欲得民心也。得民心则贤于千里之地。故曰文王智矣。”吕不韦以为此事属智，当然也是大义之举。高诱：《吕氏春秋注》，《诸子集成·吕氏春秋》第 6 册，北京：中华书局，1986 年，第 87 页。

三、关于“礼”

人们常说中国自古是个礼仪之邦。礼仪当产生于各种祭祀活动，随着国家机器的建立，部分祭祀仪式继续保留，另一部分则演变为政治制度。孔子说西周社会“郁郁乎文哉”，王国维写作著名论文《殷周制度论》也指出，中国社会发生之大变革，当出现在殷周之际。我们都知道周公旦“制礼作乐”，开启了中国社会的礼制化时代，而肇始者当推其父周文王。

西周的礼制化成就主要体现在《周礼》《仪礼》和《礼记》的一些相关记录。按照传统的说法，周公旦制礼作乐并撰写了《周礼》。笔者以为周公旦亲自写作《周礼》是不可能的，但《周礼》必定与周公旦制礼作乐有关，必定反映了周公旦礼制化的思想和设计，必定记录了从古公亶父到周成王这一历史时段所确立的各种制度、政策和措施。《周礼》应该是西周史官们的实录经择取删定的作品。尚有一佐证在此。当代著名学者李学勤曾用西周青铜器铭文证明了《逸周书》为西周作品。笔者亦尝仔细研读《逸周书》，有些标明年月的篇章更可信为其时的作品，如“维周王宅程三年”的《大匡解》，“维三月既生魄，文王合六州之侯”的《程典解》，“维二十三祀庚子朔”的《酆保解》，还有些篇章中提到武王、成王，等等。《周礼》之所以可认定为西周作品，是因为《逸周书》的行文往往一二三四五六七八九十地罗列，朴实无华而有条理，而《周礼》的行文风格与《逸周书》如出一辙。陈述《逸周书》意在佐证《周礼》实为西周的典籍，退一步说，至少它记录在案的礼仪制度属西周，虽存在一定的理想成分，也是完全可以理解的，比如一个法制国家颁布的法律，在全社会实行起来总要打一定折扣。

《逸周书》还有一个重要意义就是记录了一些相当于周文王时有关礼的论断。《常训解》：“夫礼非克不承，非乐不竟，民是乏生□，好恶有四征：喜、乐、忧、哀。”《文酌解》提出聚有“九酌”，其中之一是“人曰必礼”。《籴匡解》：“丧礼无度，祭以薄资。礼无乐，宫不帏。”《酆保解》：“商馈始于王，因飨诸侯，重礼庶吏。”《文儆解》：文王诏告太子发“利维生痛，痛维生乐，乐维生礼，礼维生义，义维生仁”。此数语足够说明周文王是儒家学说的开创者，也足够反映他的礼制化思想了。孔子罕言利，甚至不言利，而周文王说得十分明白：“民何向非利?”大家都追逐“利”，于是生出了痛苦，由痛苦而求乐，由乐产生了礼、义、仁。紧接着又说：“私维生抗，抗维生夺，夺维生乱，乱维生亡，亡维生死。”由于过分地追求私利，就会发生暴力、争夺，于是乱象丛生，就会导致国破家亡。所以要制定礼制，要约束公卿士大夫之私利，以止暴治乱。可以说这是对礼乐、仁义的产生最为精到、最切合实际的论断。

《诗经·周颂·清庙之什》“维清缉熙，文王之典”，“仪式刑文王之典，日靖四方”。可见周文王已经有典有仪，让后继者遵照执行。虽然我们无法知道周文王时礼制化的程度和具体内容，但是这些阐述充分体现了他对社会问题的英明洞察力以及深邃的思维能力，是一位具有大智慧的古圣王。

四、关于“智”

众所周知，老子说过“知人者智，自知者明”。又有“知人善任”的古语。《诗经·大雅·文王》“思皇多士，生此王国”，“济济多士，文王以宁”；《周颂·清庙之什》“济济多士，秉文之德”；《鲁颂·泮水》“济济多士，克广德心”。歌颂周文王知人善任，故麾下有很多人才，才尽其用，最著名的有姜尚、闳夭、泰颠、散宜生等。“文王以宁”可以理解为：一是当他被囚于羑里后，群臣想方设法把他救了出来；二是帮助周文王发展壮大，以至于三分天下有其二，为后来打败商朝奠定了牢固的基础。

周文王究竟怎样做到知人善任的。《逸周书·官人》保存了一篇十分优秀的题为“官人”的论文。该文亦见于《大戴礼记》，作《文王官人》，内容、思想和文章结构基本相同，而多出不少语句，篇幅大于《官人》。为了方便阅读，兹录《逸周书·官人》于次：

王曰：“呜呼，大师！朕维民务官，论用有征：观诚、考言、视声、观色、观隐、揆德，可得闻？”周公曰：“亦有六征，呜呼，乃齐以揆之。一曰：富贵者，观其有礼施；贫贱者，观其有德守；嬖宠者，观其不骄奢；隐约者，观其不慑惧；其少者，观其恭敬好学而能悌；其壮者，观其廉洁务行而胜私；其老者，观其思慎而□，强其所不足者观其不愉（当作“偷”）；父子之间，观其和友；君臣之间，观其忠惠；乡党之间，观其诚信。省其居处，观其方□；省其丧哀，观其贞良；省其出入，观其交友；省其交友，观其任廉。设之以谋，以观其智；示之以难，以观其勇；烦之以事，以观其治；临之以利，以观其不贪；滥之以乐，以观其不荒；喜之（以怒），以观其轻；□之，以观其重；醉之以酒，以观其恭；从之以色，以观其常；远之以观其不二，昵之以观其不狎；复征其言，以观其精；曲省其行，以观其备。此之谓观诚。

二曰：方与之言，以观其志。□以渊，其器宽以悌，其色俭而不谄，其礼先人，其言后人，见其所不足，曰益者也。好临人以色，高人以气，贤人以言，防其所不足，发其所能，曰损者也。其貌直□□□，其言正而不私；不饰其美，不隐其恶，不防其过，曰有质者也。其貌曲媚，其言工巧，饰其见物，务其小证，以故自说，曰无质者也。喜怒以物，其色不变，烦乱以事，而志不营，深导以利而心不移，临慑以威而气不卑，曰平心而固守者也。喜怒以物而心变易，烦乱以事而志不治，导之以利而心迁移，临摄以威而气慄惧，曰鄙心而假气者也。设之以物而数决，敬之以卒而度应，不文而辩，曰有虑者也。难决以物，难悦以守，一而不可变，因而不知止，曰愚依人也。营之以物而不误，犯之以卒而不惧，置义而不可迁，临之货色而不过，曰果敢者也。移易以言，志不能固，已诺无决，曰弱志者也。顺予之弗为喜，非夺之弗为怒，沉静而寡言，多稽而险貌，曰质静者也。屏言弗顾，自顺而弗护，非是而强之，曰始诬者也。微而能发，察而能深，宽顺而恭俭，温柔而能断，果敢而能屈，曰志治者也。华废而诬，巧言令色，皆以无为有者也。此之谓考言。

三曰：诚在其中，必见诸外。以其声处其实。气初生物，物生有声，声有刚柔清浊好恶，咸发于声。心气华设者，其声流散；心气顺信者，其声顺节；心气鄙戾者，其声醒丑；心气宽柔者，其声温和。信气中易，义气时舒，和气简备，勇气壮力。听其声，处其气，考其所为，观其所由。以其前，观其后；以其隐，观其显；以其小，占其大。此之谓视声。

四曰：民有五气，喜、怒、欲、惧、忧。喜气内蓄，虽欲隐之，阳喜必见；怒气内蓄，虽欲隐之，阳怒必见；欲气、惧气、忧悲之气皆隐之，阳气必见。五气诚于中，发形于外，民情不可隐也。喜气犹然以出，怒气荐然以侮；欲色妪然以愉，惧色薄然以下，忧悲之色瞿然以静。诚智必有难尽之色，诚仁必有可尊之色，诚勇必有可新之色，诚洁必有难污之色，诚□（当为"忠"）必有可信之色。

五曰：民生则有阴有阳。人多隐其情，饰其伪，以攻其名。有隐于仁贤者，有隐于智理者，有隐于文艺者，有隐于廉勇者，有隐于交友者，如此不可不察也。小施而好德，小让而争大，言愿以为质，□爱以为忠，尊其得以改其名，如此隐于仁贤者也。前总唱功，虑诚弗及，佯为不言，内诚不足，色示有余，自顺而不让，措辞而弗遂，此隐于智理者也。动人以言，竭而弗终，问则不对，佯为不穷，□貌而有余，假道而自顺，因之□初，穷则托深，如此，隐于文艺者也。□言以为廉，矫厉以为勇，内恐外夸，亟称其说，以诈临人，如此，隐于廉勇者也。自事其亲，而好以告人，饰其见物，不诚于内，发名以事亲，自以名私其身，如此，隐于忠孝者也。比周以相誉，知贤可征，而左右不同。不同而交，交必重□，心说而身弗近，□□而实不至，惧不尽见于众而貌克，如此，隐于交友也。此之谓观隐。

六曰：言行不类，终始相悖，外内不合，虽有假节见行，曰非成质者也。言忠行夷，争靡及私，□弗求及，情忠而宽，貌庄而安，曰有仁者也。事变则能治，效穷而能达，措身立方而能遂，曰有智者也。少言以行，恭俭以让，有知而言弗发，有施而□弗德，曰谦良者也。微忽之久而可复，幽间之独而弗克，其行亡如存，曰顺信者也。贵富恭俭而能施，严威有礼而不骄，曰有德者也。隐约而不慑，安乐而不奢，勤劳而不变，吉怒而有度，曰有守者也。直方而不毁，廉洁而不戾，强立而无私，曰有经者也。虚以待命，不召不至，不问不言，言不过行，行不过道，曰沈静者也。忠爱以事亲驱遣，驩以尽力而不回，敬以尽力而不□，曰忠孝者也。合志而同方，共其忧而任其难，行忠信而不疑，□隐远而不舍，曰□友者也。志色乱气，其人甚偷，进退多巧，就人甚数，辞不至，少其所不足，谋而不已，曰伪诈者也。言行亟变，从容克易，好恶无常，行身不笃，曰无成者也。少知而不大决，少能而不大成，规小物而不知在伦，曰华诞者也。规谏而不类，道行而不平，曰窃名者也。故曰：事阴者不夷，时□者不回，果敢者也。饰貌者不静，假节者不平，多私者不义，扬言者寡信。此之谓揆德。"

文章不是周文王所亲作，也不是周公旦或姜太公所写，而是周成王时的史官所记录在案。但是思想和做法属于周文王，殆无疑问。文章内容丰富，思绪缜密，条理清晰，层次分明，从许多方面对官员进行周密的考察和审视。在公元前千余年前能写出这样的论文，是绝无仅有的。周文王不愧为具有大智慧的英明的圣王。

还有一件能反映周文王在用人方面大智慧的事也值得一提。《逸周书·程寤解》：文王在程，正月既生魄，“太姒梦见商之庭产棘，小子发取周庭之梓树于阙间，化为松柏棫柞。寤警，以告文王。文王乃召太子发占之于明堂，王及太子发并拜吉梦，受商之大命于皇天上帝”。此事亦见于《竹书纪年》的周纪部分以及东汉王符《潜夫论·梦列》，后来很多书籍提到这次著名的占梦。梦是周文王夫人太姒做的，周文王随即把此梦演化成一个吉梦，在太庙的明堂里搞了一场受商之大命的大礼仪。因群臣和民众相信神灵，故借助神灵演一出占梦仪式，进而实现其占明承天之运、继承皇天大命的目的，是一种大智慧的体现。其实此梦另一个深层次的含义是：并非血亲的士人也会成为周王朝的松柏——堪当重任的杰出人物，即商庭之荆棘，生于周庭则成为松柏棫柞。相传周文王有很多儿孙，号称“百子文王”。为了告诫儿孙重视、重用非血亲的士大夫，便在明堂中举行了这样的占梦仪式，也是一种大智慧。此隐喻之意并非笔者杜撰。《诗经·大雅·文王》云：“文王孙子，本枝百世。凡周之士，不显亦世。”所指便是此意。周公旦告诫其子鲁公伯禽：“我，文王之子，武王之弟，成王之叔父，我于天下亦不贱矣。然我一沐三捉发，一饭三吐哺，起以待士，犹恐失天下之贤人。子至鲁，慎无以国骄人。”①周公旦深得其父官人之旨意，当然能理解梦占之隐喻。对其子伯禽的教训所指亦为此意。

当然，周文王对于《易》的贡献也是一种大智慧。笔者在《串珠连贝》(张荣明、陈萍主编《中华国学研究》卷三，待刊)将文王演《易》作了梳理，叙述了七种“不可能”与“可能”，因行文之需，转述于下(有所调整)。

一、关于“—”“--”阳阴符号的创作。从数字卦(应该是带数字化的，或者说是符号化的数字)到“—”“--”的符号卦，是抽象思维的一大创造发明，不仅对于《易》是一大贡献，也为数学作出了贡献。过去研究易学者都未曾探讨过“—”“--”的阳阴符号由谁创作，何时出现。笔者以为由周文王画出并确定为六十四卦的符号，这是有可能的。因为西周青铜器的铭文中出现了类似于阳阴符号的卦号。用阳阴符号画的卦在周王室的高层巫史中应用、传授，直到汉朝，熹平石经残石中尚见坤、睽、夬、井、丰等卦，都是用“—”“--”符号画成的。② 熹平石经根据太学的文本翻刻，东汉太学的文本得自西汉，西汉太学的文本则得自秦汉间学者田何。

二、关于《爻辞》。说周公旦创作《爻辞》是不可能的；认为周文王创作了爻辞，嗣后周公旦进一步完善了爻辞是可能的。所谓完善是指收集已有的爻辞，以与各爻相配，进行增删和修改。甚至周王室的史官作了进一步的修改并最后定稿，这也是可能的。

三、关于八卦与六十四卦。各种文物资料表明，单爻记占符，乃至二爻、三爻、四爻、五爻、

① 司马迁：《史记·鲁周公世家》，北京：中华书局，1975年，第1518页。
② 马衡：《汉石经集成》，《考古学专刊》乙种第3号，北京：科学出版社，1957年，图版27、88。

六爻记占符号都在氏族社会出现了，说文王把三爻的八卦演化叠加为六爻的六十四卦是不可能的。可是周文王确定用六十四卦进行筮占是可能的。

四、关于卦名和《说卦》。认为卦名和《说卦》为周文王所作是不可能的，因为马国翰所辑夏易《连山》和商易《归藏》已经有卦名和简单的卦辞，尤其是张家坡商代甲骨文有“田＋坤号”的发现，更是明证。可是说周文王定六十四卦并确定了卦名，完善了卦辞是可能的。

五、关于变爻变卦的数理。孔颖达《周易正义》除序言外尚有八篇专论，其第三篇《论三易名》引皇甫谧曰：“文王在羑里演六十四卦，著七八九六之爻，谓之《周易》以此。文王安周字，其《系辞》之文，《连山》《归藏》无以言也。”所言“著七八九六之爻”，指出文王演易一大功劳是确定了七八九六 4 个数字，七九为阳数，六八为阴数，并确定了“九”为老阳之数，当变爻；“六”为老阴之数，亦当变。这样，变爻变卦的筮法确定了。这可能是文王演六十四卦真正的意义。

六、关于十翼。说十翼全部为孔子所作是不可能的，文王和周公旦亦尝对《易》有所论述，《彖》上下和《象》上下甚至在《连山》和《归藏》中已见端倪。《文言》《杂卦》《系辞》可能已经由文王和周公旦写成，西周王室的巫史抑或有修改和传授。马王堆《帛书周易》证明《系辞》《文言》中标明“子曰”的内容为其弟子记录孔子的言论。认为孔子对于《周易》有所研究，有所论述，并对前人的论述作过有益的修改和传授，这是可能的。《帛书周易》尚有《要》《二三子》等数篇孔子论《易》的文章，说明孔子对于《周易》的研究和传授也作出了贡献。

七、关于《周易》的传授。周文王、周公旦以及周王室的巫史写定了《周易》的文本以后，若认为取缔了其他筮法，统一了卦号，这是不可能的。因为周代青铜器上还出现了不少“数字卦”和三爻、四爻、五爻卦，各诸侯国的巫史和民间的巫觋尚在用各自掌握的方法筮占，还在用《连山》《归藏》。然《周易》确实一直在流传。秦始皇焚书坑儒，规定不烧医巫之书、农耕种树之书，《周易》得以流传。应该认为周王室的巫史们在一代又一代地传授，孔子的徒子徒孙们也在传授。《史记·儒林列传》和《汉书·儒林传》所记录的传授系统是有根据的，是基本可信的。

要之，我们学习、研究《周易》，应该知道易文化是集结了古代巫史、知识分子的智慧而成，当然也有伏羲、神农、黄帝、大禹、文王等具有大智慧者所作的总结、提高和传授。以上七种“可能”性中，无论周文王做了任何一项，都足以说明他的聪明睿智，更何况他是七种“可能”都有可能作出贡献之人。

五、关于“信”

论及“信”，古代的学者通常认为：一个遵行仁义、遵礼守法又有智慧之人，他必定是一个守信誉、讲信用之人。故五常中前四者兼具，则信在其中矣。《史记·周本纪》：“西伯阴行善，诸侯皆来决平。”他国之狱讼为何要到周文王这里相决，肯定是因为他决狱讼公平、公正、可信。典型的事例是芮、虞之人不能决地界，入周将讼于文王。可是见到周朝的农民皆让畔，于是明白了其中的道理，芮、虞人之所讼，却是周人之所让，于是感到耻辱而返回。表面上看是礼让，其实是周人都守信。这与作为最高统治者的周文王的教导和身体力行是密不可分的。

虽然没有更多的事例反映周文王之守信，但《逸周书》有几处论及“信”，说明了周文王也很重视“信”。其《命训解》曰：“正人无极则不信，不信则不行”；“明王昭天信人以度，国地以利之，使信人畏天，则度至于极”；阐述九德为忠、信、敬、刚、柔、和、固、贞、顺，信列第二。《文酌解》列四教之首者，“一、守之以信”；提出“七信”，为“一、仁之慎散，二、智之玩巧，三、勇之精富，四、族之寡贿，五、商之浅资，六、农之少积，七、贵之争宠”。《文传解》有“厚德广惠，忠信爱人，君子之行”。足以说明周文王也是积极提倡“信”的。

综上所述，周文王姬昌确实是儒学开创者，并且是具有仁、义、礼、智、信诸德的英明的古圣王。此文之出发点是为了弥补《史记·周本纪》的某些不足，不意成了论述他是儒家思想的开创者。以往研究儒家思想学说史，通常把周公旦作为首创者，看来周文王才是首创者。此结论毫无夸张之处。

作者简介：

王廷洽，1949 年 11 月出生于上海嘉定。1970—1975 年在海军东海舰队服兵役。1978 年毕业于华东师范大学历史系，分配到上海师范学院历史系担任助教，后评聘为讲师、副教授、教授，获得历史学硕士和文学博士学位。1992 年担任历史系副主任，2001 年起担任上海师范大学博物馆副馆长直至退休。以中国古代史为专业，以先秦史为主攻方向。治学崇尚逻辑实证的方法，发表了 50 余篇考证、探索性学术论文，出版了《中国古代印章史》《中国早期知识分子的社会职能》等专著，撰写通俗读物《荀子答客问》以及大型图文版书籍《中华文明通史图鉴》。

司马迁的“与时俯仰”经济观

丁光勋

摘　要：司马迁是我国古代伟大的史学家、思想家。他以现实主义的态度对待商品经济，提出了“与时俯仰，获其赢利”的经济观。他主张“随时而逐利”，赞扬士农工商的致富，并根据他们致富的情况，将其区分为“本富”“末富”和“奸富”，这是司马迁的首创；他还将西汉的经济政策分为五等，最好的政策是“善者因之”。他反对封建政府实行国家干预政策，将其视为“最下者”，这在经济思想史上有积极意义。但他的“与时俯仰”的经济观，片面强调功利，是严重的缺陷。

关键词：商品经济　“与时俯仰”经济观　趋时　逐利　本富与奸富

司马迁是我国古代伟大的史学家、思想家，他对我国古代经济史、经济思想史的贡献是巨大的。“与时俯仰”的经济观是司马迁经济思想的重要组成部分，他阐述了在西汉商品经济条件下，商贾经营的理念和方法，我们在深入研究他的经济思想时不可忽视。

一、司马迁“与时俯仰”经济观的内容

司马迁的经济思想非常丰富，在《史记》的《平准书》《货殖列传》《河渠书》中均有记载。这些著作不仅记载了西汉时期的经济政策、经济活动和经济言论，还保留了大量珍贵的经济史料，为我们今天研究他的经济思想提供了条件。对他的“与时俯仰”的经济观的内容，择其要，我们认为主要有以下几个方面。

1. “乐观时变”

司马迁在《货殖列传》中借引计然的经验：“知斗则修备，时用则知物，二者形则万货之情可得而观已。”[①]用今天的话来说，即平时要根据战争的需要，做好物资准备和备战工作，到战时才

① 《史记》卷129《货殖列传》，北京：中华书局，1963年，第3256页。

能“万货之情可得”。在商品交换中，就是要“论其有余不足，则知贵贱”，“乐观其变”，[①]及时观察商业行情，掌握市场供求的规律，充分估计自然灾害对农业的影响，预测市场供求关系，并有计划地利用预测的行情以获得利润。所谓“旱则资舟，水则资车”[②]，经营者不仅要掌握商业行情，而且要预测商业行情。

2. “随时而逐利”

范蠡帮助越王勾践雪耻后，变名易姓，选择了定陶经商，“十九年之中三致千金”[③]，被人称为“陶朱公”。司马迁认为他“治产绩居，故善治生者，能择人而任时”，“随时而逐利也”。[④] 在《货殖列传》中，有“逐时”“随时”“趋时”等词的记载，这些词表示的都是一个意思，即有效利用商机。在市场经营中，根据行情而采取的营销方法称为“随时”，及时倾销称为“逐时”，有时“居货”不出售也是一种“逐时”。关键是要掌握市场行情，利用价值规律的杠杆作用，“趋时”经营，把握“贵上极则反贱，贱下极则反贵”的原则，否则，“贵出如粪土”。[⑤]

3. “逐时而居货”

“人弃我取，人取我与”，这是战国时期商人白圭经商的原则。他经商不单是及时掌握物价涨跌情况，而且根据行情选择经营的地点、货物的品种和出售的时机。在商品交易中，要体现与众不同，人无我有，“逐时而居货”。当商机出现的时候，“趋时若猛兽鸷鸟之发”。[⑥] 司马迁列举的卓氏之迁临邛、孔氏之广交游闲公子、刀闲氏大胆起用桀黠奴、无盐氏之出贷列侯封君等事例，无不是独具匠心，无不凭借各自的胆识和拥有的资本发家致富，一个个都成为富翁。所以白圭说，做生意“其智不足以权变，其勇不足以决断，仁不足以取予，强不能有所守，虽欲学吾术，终不能告之矣”[⑦]。

4. “开关梁，弛山泽之禁”

西汉时期，商品经济发展的特点是“开关梁”，便利的交通是形成全国性市场的必要条件。“汉兴，海内为一，开关梁，弛山泽之禁，是以富商大贾周流天下，交易之物莫不通，得其所欲。”[⑧] 由于西汉初期实行“开关梁”，任百姓自由通行，“富商大贾周流天下”，把商品从一个市场转向另一个市场，最终促成了全国性市场的形成。

在《货殖列传》中，司马迁用了比较多的篇幅叙述了各个经济区的物产、交通、商业和都市风貌。这些经济区既是商人活动的场所，又是商人聚会和商品的集散地。例如：

长安：地处关中，是农业发达的地区，商业也很活跃，秦汉以后就是全国的政治和经济的中

---

① 《史记》卷129《货殖列传》，第3256页。
② 《史记》卷129《货殖列传》，第3256页。
③ 《史记》卷129《货殖列传》，第3257页。
④ 《史记》卷129《货殖列传》，第3257页。
⑤ 《史记》卷129《货殖列传》，第3256页。
⑥ 《史记》卷129《货殖列传》，第3259页。
⑦ 《史记》卷129《货殖列传》，第3259页。
⑧ 《史记》卷129《货殖列传》，第3261页。

心。“四方辐辏并至而会，地小人众，故其民益玩巧而事末业也。”同时长安还是通往巴蜀和西北地区的商贸交通要道，“唯京师要其道”。[①]

临淄：今山东淄博。原是齐国的都城，战国时已是工商业集中的大都市。纺织业尤为发达，它是东方的商业中心。

邯郸：原是赵国的都城。是重要的政治文化中心，冶铁业尤负盛名。“然邯郸亦漳、河之间一都会也。北通燕、涿，南有郑卫。”[②]它是北方的商业中心。

宛：即河南南阳。它是江汉淮的交通要道，又是冶铁业的基地，更是工商荟萃的中心。所以《货殖列传》会这样记载：“南阳西通武关、郧关，东受江、汉、淮，宛，亦一都会也。”[③]司马迁在《货殖列传》中还记载了十几个中等商业都市的情况。

城市的兴起是商品经济（特别是商业）发展的结果，各经济区同商业都市间有所联系，各大都市与各郡国的大小城市间亦有所联系，这种大小城市间在商业上的联系，方便了商品的交流。便利的交通，使“交易之物莫不通，得其所欲”。可见，快捷便利的交通为商贾逐利提供了移动空间。

二、司马迁“与时俯仰”经济观形成的历史条件

恩格斯认为：“在历史上出现的一切社会关系和国家关系，一切宗教制度和法律制度，一切理论观点，只有理解了每一个与之相应的时代的物质生活条件，并且从这些物质条件中被引申出来的时候，才能理解。”[④]这也是我们用以探讨司马迁“与时俯仰”经济观形成的历史条件的理论依据。

司马迁“与时俯仰”的经济观，“独树一帜，自成一体”[⑤]，明显反映了时代的特点。对于他的经济观形成的历史条件，我们应当把它放到当时的物质生活条件中去探索。

司马迁生活在西汉中期（主要是汉武帝统治时期），是我国历史上一个重要的历史时期，这个时期，社会经济的发展和商业资本的活跃，促使司马迁“与时俯仰”经济观的形成，究其形成的条件，概括起来有以下几个方面。

第一，各地区的商品交换日趋活跃，促进了全国性的商品市场的形成。西汉初期，虽然自然经济在社会上占有重要的地位，但商品经济的规模和作用不可忽视。司马迁在《货殖列传》中有一段非常精辟的论述：

---

① 《史记》卷129《货殖列传》，第3262页。
② 《史记》卷129《货殖列传》，第3264页。
③ 《史记》卷129《货殖列传》，第3269页。
④ 《马克思恩格斯选集》第2卷，北京：人民出版社，1973年，第117页。
⑤ 谢天佑：《秦汉经济政策与经济思想史稿》，上海：华东师范大学出版社，1989年，第122页。

夫山西饶材，竹、谷、纑、旄、玉石；山东多鱼，盐、漆、丝、声色；江南出楠、梓、姜、桂、金、锡、连、丹沙、犀、玳瑁、珠玑、齿革；龙门、碣石北多马、牛、羊、旃裘、筋角；铜、铁则千里往往山出棋置，此其大较也。……故待农而食之，虞而出之，工而成之，商而通之。此宁有政教发徵其会哉？人各任其能，竭其力，以得所欲。故物贱之徵贵，贵之徵贱，各劝其业，乐其事，若水之趋下，日夜无休时，不招而自来，不求而民出之。

他这段近一百五十字的长篇议论，至少说明了以下几点：一是西汉王朝幅员辽阔，物产丰富，在不同的地区有不同的物产，不同的地区对物质的需求也不同。二是由于各地区的物产不同和消费需求不同，推动了社会的分工。社会生产的发展，促进了商品的交换。三是人们为了满足自己物质生活的需要而从事各类生产活动和商品交换。手工业的发展，加快了商品的流通，商品交换已突破区域的限制。在全国范围内，人们经济生活需要商品交换。四是人们的生产和交换活动不需要封建政府人为地强“法徵”和事先“期会”，只要每个人各尽所能、各尽其力，就可以得到自己想要得到的东西。

另外，司马迁在论述社会物质生产时，还敏锐地观察到商品生产的形成过程。据《货殖列传》记载：“贩谷粜千钟，薪稿千车”“木千章，竹竿千个”“牛千足，羊彘千双”“鱼取千石，鲍千钧”“枣粟千石者三之”“佗果菜千钟”等，这些谷物、薪柴、竹竿、牛、羊、水果、蔬菜等，一旦积聚到相当数量时，就不是为满足消费而生产的了。再如《货殖列传》中记载：安邑千树枣；燕秦千树栗；蜀汉、江陵千树橘；淮北、常山以南，河济之间的千树萩；陈夏千亩漆；齐鲁千亩桑麻；渭川千亩竹。这些上“千”的经济作物，明显是为交换而生产的商品。

市场和商品培育了商品经济，人们日常的生产经营活动都是为了追求物质利益。这犹如人们的耳、目、口、身、心对物质欲望最大的满足一样。在商品经济条件下，人们的思想和行动都会受到商品交换的支配。人们对物质利益的追求，“若水之趋下”。由于西汉初期实行“开关梁”，交通四通八达，商贾把商品从一个市场运往另一个市场，这样，既丰富了市场上商品的种类，又促进了市场的繁荣。

第二，商人资本活跃，促进了商品经济的发展。西汉初年，由于封建统治者推行“黄老之学”，实行宽松的经济政策，社会经济很快得到恢复和发展。同时，也给了资本追逐利润的空间，只要某个地方有利，资本就会流向那里。资本的天性是追逐利润，特别是那些盐铁工商业者，他们常常把生产和经营连在一起，很多人经营致富。如：猗顿用贾盐起、郭纵以冶铁成业，能“与王者埒富”①。蜀卓氏、程郑、鲁人曹丙氏均因经营盐铁而富至巨万。“咸阳，齐之大煮盐。孔仅，南阳大冶，皆致生累千金。”②工商业经营者的队伍逐年扩大，商业资本呈增长之势。“故乃万贾之富，或累万金，追利乘羡之所致也”③，大工商业者聚敛财富的速度非常惊人。由此形成

① 《史记》卷129《货殖列传》，第3259页。
② 《史记》卷30《平准书》，第1428页。
③ 《盐铁论·力耕》，马非百《盐铁论简注》，北京：中华书局，1984年，第13页。

一个经济实力雄厚的利益集团，“因其富厚，交通王侯，力过吏势，以利相倾”[①]，就连封建统治者对他们都不敢有任何的怠慢。司马迁赞扬他们“皆非有爵邑俸禄弄法犯奸而富，尽椎埋去就，与时俯仰，获其赢利，以末致财，用本守之，以武一切，用文持之，变化有概，故足术也”[②]。认为他们都是合法经营致富，只是经营的方式不同。

第三，追求物质利益，这已成为西汉社会所有人的欲望。司马迁在《货殖列传》中列举了贤人高士、官吏军士、赌徒歌女、公子哥儿、渔夫猎人、医生方士、农工商贾等从事各项活动的复杂社会想象，他们不分贵贱等级，但他们的共性就是致富，内在的动力就是追求财富。“天下熙熙，皆为利来；天下壤壤，皆为利往”[③]，逐利已成为西汉时期的一种普遍现象。

由于西汉商品经济的发展，伴随着逐利、求富热潮的到来，人人都会去为自己追逐利润，而不肯让一点利益给别人。所谓“农工商贾畜长，固求富益货也。此有知尽能索耳，终不余力而让财矣”[④]。因此，司马迁认为，谋利是人的本性，人们的谋利行为应该得到尊重，不应该去干涉。在宏观政策上，他认为封建政府必须执行不干涉的政策，任其自然发展。“善者因之，其次利道之，其次教诲之，其次整齐之，最下者与之争。”[⑤]司马迁把西汉的经济政策分为五等，而最好的经济政策是“善者因之”。据上所述，司马迁“与时俯仰”的经济观就是在这样的条件下形成的。

三、对司马迁“与时俯仰”经济观的评价

司马迁“与时俯仰”的经济观，在中国经济思想史中“独树一帜”，就其创造性、鲜明性和完整性而言，在我国古代经济史研究领域中是凤毛麟角的。对他的“与时俯仰”的经济观我们作以下评价。

其一，在当时的历史条件下，他初步认识了价值规律，以现实主义的态度对待商品经济，是非常可贵的。司马迁赞同《老子》中描述的“邻国相望，鸡狗之声相闻，民各甘其食，美其服，安其俗，乐其业，至老死不相往来”[⑥]的没有商品交换的社会，并称之为“至治”之世。但他不回避当今商品交换的现实，认为老子描述的“小国寡民”的理想社会已经过去，要想回到这种社会“则几无行矣”。[⑦] 所以他认为，工商业是不可缺少的，“待农而食之，虞而出之，工而成之，商而通之”。同时，他还引《周书》的话说：“农不出则乏其食，工不出则乏其事，商不出则三宝绝，虞不出则财匮少。”[⑧]认为农工商虞是人们衣食之本源。

---

① 《汉书》卷 24 上《食货志上》，北京：中华书局，1962 年，第 1132 页。
② 《史记》卷 129《货殖列传》，第 3281 页。
③ 《史记》卷 129《货殖列传》，第 3256 页。
④ 《史记》卷 129《货殖列传》，第 3271 页。
⑤ 《史记》卷 129《货殖列传》，第 3253 页。
⑥ 《史记》卷 129《货殖列传》，第 3253 页。
⑦ 《史记》卷 129《货殖列传》，第 3253 页。
⑧ 《史记》卷 129《货殖列传》，第 3255 页。

另外，司马迁在《货殖列传》中列举了许多与商品交换相关的行业，看到了商品交换的背后，人们的思想和行动受到物质利益的驱动。“皆为利往”是人们追求物质利益的一种欲望，而且这种欲望是不用学即会的。所谓“富者，人之情性，所不学而俱欲者也”①。

其二，区分“本富”“末富”与“奸富”，这是司马迁的首创。司马迁认为：“本富为上，末富次之，奸富最下。”②这是他在商品经济条件下，对致富的一种总的看法。司马迁认为，本，是指农业，用农业致富，叫作“本富”。在自然经济占主导地位的西汉时期，农业生产是社会生产的重要部门。以农为本是当时社会实际的反映，无可非议；末，相对本而言，主要指手工业和商业。但在西汉初期，主张“重农抑商”观点的贾谊等人则认为，末就是淫、侈。淫、侈则奸生。所谓“夫奇巧末技，商贩游食之民，形佚乐而心悬愆。志苟得而行淫侈，则用不足而蓄积少矣”③。然而司马迁并没有将“末”视为“奸”，他把“末富”与“奸富”分开，还怕人们不能理解，于是就说：“请略道当世千里之中，贤人所以富者，令后世得以观择焉。”④这里他所说的贤人，是指那些从事盐铁、粮食、畜牧业经营的商人，包括兼营高利贷者，可见工商业在司马迁心目中的地位。

什么是奸富？司马迁在《史记》中没有直接给出答案。他在列举了以末致富的事实后认为：“此其章章尤异者也。皆非有爵邑俸禄弄法犯奸而富。”⑤也就是说，那些拥有国家权力、利用政治权势“弄法犯奸而富”的人，就是“奸富”。谢天佑曾认为，将“末富”与“奸富”加以区分，是司马迁的首创。完整的应该这样说：司马迁将“本富”“末富”和“奸富”加以区别，这是他的首创。“这一创见的提出，无疑是给当时重农抑商理论以有力的一击。司马迁在重农抑商思想占统治地位的古代社会提出这样的创见是很不容易的，不仅在当时具有进步意义，即使在今天看来，也大体上是正确的。”⑥

其三，司马迁“与时俯仰”的经济观，是对西汉中期实行的国家干预政策的批评。有学者认为：“司马谈是倾心于道家的。司马迁继承了家学传统，也倾心于道家。道家思想成为他著书立说的指导思想。”⑦对这样的说法，笔者不敢苟同。我们认为司马迁在继承司马谈道家思想的同时，顺应了商品经济发展的潮流，提出“与时俯仰，获其赢利”的经济观，从道家思想的“因时”迈向商品社会的“逐时”，这是一大进步。我们知道，道家主张“以虚无为本，以因循为用。无成执，无常形，故能究万物之情。不为物先，不为物后，故能为万物主。有法无法，因时为业”⑧。这种“因循”“因时”的表现是一种效法自然、顺应天道、自然无为的哲学思想，它们是我国封建社会特定的经济基础的产物。

---

① 《史记》卷129《货殖列传》，第3271页。
② 《史记》卷129《货殖列传》，第3272页。
③ 《贾谊集·瑰玮》，上海：上海人民出版社，1976年，第51页。
④ 《史记》卷129《货殖列传》，第3277页。
⑤ 《史记》卷129《货殖列传》，第3281页。
⑥ 谢天佑：《秦汉经济政策与经济思想史稿》，第130页。
⑦ 谢天佑：《秦汉经济政策与经济思想史稿》，第123页。
⑧ 《史记》卷130《太史公自序》，第3292页。

道家思想的社会基础是以小农为主的自然经济，在漫长的中国古代社会里，这种自然经济的“小农业和家庭手工业的统一形成了生产方式的广阔基础”[①]。小农经济是一种极其脆弱的经济形式，它缺乏抵御自然灾害的实力，这就决定了人们对自然的依赖，依靠大自然的阳光雨露进行劳动生产。这也是道家主张“因循”“因时”的原因。西汉初期，封建统治者面临经济凋敝、百废待兴的经济形势，他们只能推行无为政治和“与民休息”政策，这在当时，对稳定政局和发展生产起了积极的作用。

至西汉中期，商品经济已有了很大的发展，“逐利”成了人们从事经济活动的普遍意识。在司马迁看来，只要存在商品交换，人与人之间的争夺是不可避免的，也是禁止不了的。对于汉武帝用桑弘羊实行盐铁官营的政策，司马迁早有微词。他在《史记·平准书》中有这样一段话：“于是外攘夷狄，内兴功业，海内之士力耕不足粮饷，女子纺绩不足衣服。古者尝竭天下之财以奉上，犹自以为不足也。无异故云，事势之流，相激使然，曷足怪焉。”这段话看似是指秦始皇，实际上是在旁敲侧击地批评汉武帝。其意是说，即使对外不发动战争，对内不大兴土木，人们创造的财富也不能满足封建政府的财政支出；更不用说战争频繁，屡兴土木，那后果就不堪设想。这显然是针对汉武帝接受桑弘羊等人的建议实行盐铁官营，执行国家干涉政策所说的。在司马迁看来，无论是对匈奴的战争，还是实行盐铁官营，都违背了“善者因之”的原则，故他在《货殖列传》中把它说成是“最下者与之争”。是对盐铁官营这种国家干预政策提出的批评。

《史记》《汉书》中大量记载了西汉中期士农工商的经营活动，他们无不把追逐物质利益作为自己的目的，司马迁对他们的“逐利”活动都给予了肯定，道家的“因循”和“因时”已不能适应商品经济的发展。所以，他提出“与时俯仰，获其赢利”的经济观，要采取多种方式经营，“以末致财，用本守之，以武一切，用文持之，变化有概，故足术也”。他在《货殖列传》中还描绘了社会各阶层追求财富的生动情景，表现出他对谋利活动的支持，这在西汉中期经济思想史上有进步意义。但要指出的是：司马迁提倡的这种“与时俯仰”的经济观，虽然对西汉社会商品经济的发展起了重要作用，然而他片面强调功利，也是严重的缺陷。“因为它无视精神生活的引导作用，破坏既定的社会秩序，使得人们唯利是图、道德沦丧，对于稳固统治也是一个威胁。”[②]

（本文原发表于《学术月刊》2005 年第 1 期。）

作者简介：

丁光勋，上海师范大学人文学院历史系教授。

① 马克思：《资本论》第 3 卷，北京：人民出版社，1964 年，第 372 页。
② 刘厚琴：《儒学与汉代社会》，济南：齐鲁书社，2002 年，第 100 页。

敦煌文献展现的中古宗教史研究新图景

郝春文

摘　要: 此文分四个方面论述了敦煌宗教文献的发现,在很多方面改变了中国中古时期宗教史的面貌,填补了很多空白。一是敦煌写本佛经注疏的发现,为我们了解古代佛经和经疏的流行情况、佛教教派的流行情况以及中古时期佛教思想的发展情况提供了丰富的第一手资料。二是通过对敦煌文献中保存的禅宗史料的研究,恢复了早期禅宗史的本来面貌。三是敦煌文书再现了唐五代寺院和僧人生活的真实图景。四是敦煌本《老子道德经想尔注》的重新发现,揭示了道教经教化的另一条途径。

关键词: 敦煌文献　敦煌写本经疏　禅宗史　僧尼生活　《老子道德经想尔注》

总数达 7 万多件的敦煌文献,其内容极为丰富,涉及宗教、历史、地理、语言、文学、美术、音乐、天文、历法、数学、医学等诸多学科。但因为它是佛教寺院的藏书,所以,它的主体是佛教典籍,大约占总数的 90%左右。佛教典籍之外,还有不少道教、景教(基督教)和摩尼教典籍。一百多年来,学术界对这些宗教典籍和文书的研究,在很多方面改变了中古时期宗教史的面貌,填补了很多空白。以下仅就其中的几个问题略作说明。

一、一座待开发的学术富矿——敦煌写本经疏

敦煌佛教文献的大部分是被历代大藏经收录的传世佛经,但也有很多传世大藏经中所没有的"逸经",以及很多早已散失的中国古代僧人撰写的经疏等佛教著作。这些古逸经疏是中国佛教徒对佛教的理解,因此可以真实具体地反映古代中国佛教的特点,为我们研究古代中国佛教提供了丰富的第一手资料。但在唐代编纂大藏经过程中,主张不收中国人著述的观点逐渐占据上风,其结果是大部分中国人关于佛教的著述逐渐散失。现知唐代中国人有关佛教的著述总数在万卷以上,而今天的传世大藏经仅保存了其中很少的一部分。仅以佛教经疏而论,据初步调查,敦煌文献中保存的《金刚经》注疏有 34 种,170 多件;《法华经》注疏 70 种,120 多件;《维摩诘

经》注疏亦有 34 种，240 多件。[①] 这些佛经注疏的绝大部分是历代《大藏经》没有收录的古逸经疏。如 34 种《维摩诘经》注疏，仅有 3 种见于传世大藏经，其余 31 种均为古逸经疏；[②]34 种《金刚经》注疏，有 30 种是古逸疏；[③]《法华经》注疏约 70 种，亦有 66 种是古逸疏。[④] 这些在敦煌文献中重新发现的古逸经疏等中国人关于佛教的著述是研究宋以前佛教史的珍贵宝藏，具有多方面的研究价值。

首先，这些古逸经疏可以揭示哪种版本的佛经更为流行。由于唐以前的佛教徒十分重视佛经的翻译，所以很多重要的佛经都有多种译本。如《维摩诘经》，先后有 7 个译本；《金刚经》，一般认为有 6 个译本；《法华经》也有 6 个译本。这些具有多种译本的佛经，每种译本的流行程度是很不一样的。对于各译本的流行情况，古代虽有记录或说明，但难免存在局限性和主观性。而经疏是讲经和解经的记录，某个译本的佛经注疏多，就说明这个译本在当时最为流行。所以经疏是证明佛经流行情况的实证材料。以《维摩诘经》为例，敦煌文献中保存的 243 件注疏，有 242 件注的是鸠摩罗什翻译的《维摩诘经》。[⑤] 由于这 242 件经疏的创作和抄写时代分布于南北朝至五代的各个时期，所以可以据之确定在整个中古时期，鸠摩罗什翻译的《维摩诘经》最为流行。

其次，敦煌写本古逸经疏还可以揭示哪些经疏流行最广、影响最大。经疏和不同译本的佛经一样，有的长期被人们抄写传诵乃至成为注释的对象，有的则无人问津。以《法华经》注疏为例，当属世亲的《法华论》影响最大。敦煌文献中保存的与《法华论》有关的经疏就有 39 种，89 件。[⑥] 无论是种数还是件数都占到敦煌写本《法华经》注疏的一半以上。这其中包括《法华论》的抄本，如斯 2504、BD7753 等号之《妙法莲华经论优波提舍》；对《法华论》的注释，如 BD11838 是吉藏之《法华论疏》卷上；受《法华论》影响的注疏，如 BD3543 等号之窥基《妙法莲华经玄赞》、斯 2662《法华问答》等；还有的是间接受到《法华论》影响，如上图 183《妙法莲华经玄赞疏释抄》，实际是前述窥基《妙法莲华经玄赞》的再注释。这就以实证的材料确定了《法华论》是中古时期影响最大、流行最广的《法华经》注疏。此外，敦煌文献中还保存了一些不见于记载却曾流行很广的经疏。如斯 1983 等号之道液《净名经集解关中疏》和伯 2580 等号之道液《净名经关中释抄》，这两种经疏在敦煌文献中发现了 100 多件，[⑦]甚至还发现了伯 3198A + 伯 3198B《净名经关中释抄疏》，即《净名经关中释抄》的注释。道液在佛教史上名不见经传，但其对《维摩诘经》的注

---

① 目前对敦煌写本经疏尚缺乏整体性和系统性的整理和研究，笔者在上海师范大学指导的博士学位论文（吴建伟：《敦煌本〈法华经〉注疏研究》，2012 年）和在首都师范大学指导的博士学位论文（董大学：《敦煌本〈金刚经〉注疏研究》，2013 年；王晓燕：《敦煌写本〈维摩诘经〉注疏研究》，2016 年），分别对《法华经》《金刚经》和《维摩诘经》等三部大经的经疏作过初步的整理和研究，这是本文介绍经疏基本数据的来源。

② 王晓燕：《敦煌写本〈维摩诘经〉注疏研究》，第 169 页。

③ 董大学：《敦煌本〈金刚经〉注疏研究》，第 71 页。

④ 吴建伟：《敦煌本〈法华经〉注疏研究》，第 21 页。

⑤ 王晓燕：《敦煌写本〈维摩诘经〉注疏研究》，第 119 页。

⑥ 吴建伟：《敦煌本〈法华经〉注疏研究》，第 117—132 页。

⑦ 王晓燕：《敦煌写本〈维摩诘经〉注疏研究》，第 164—165 页。

释曾经在敦煌自8世纪至五代流行达200年之久。有赖敦煌文献，发现了这位被雪藏了近千年的重要人物的著述。

再次，敦煌写本经疏还可以揭示古代佛教教派的流行情况。如玄奘创立的法相宗，一般认为在唐开元十一年(723)智周去世后就衰落了。有学者甚至认为“典籍浩繁的法相宗，安禄山之乱后也几乎没有留下任何痕迹”[①]，但敦煌写本经疏中却保存了很多关于法相宗的材料。如玄奘高足、法相宗大师窥基以法相唯识理论解释《法华经》的《妙法莲华经玄赞》，在敦煌文献中保存了42件抄本，足见其流行之广。其中包括安史之乱以后的抄本，如BD6439《妙法莲华经玄赞》卷四被确定为8世纪末以后的写本；斯1589《妙法莲华经玄赞》卷七，是10世纪的写本。[②]这些抄本中有多件内有朱笔、墨笔句读、科分、校改，显示有人研读过。此外还有僧人对其进行科判和再注释。如伯2159背有诠明之《妙法莲华经玄赞科文》，是以科文形式对《妙法莲华经玄赞》进行再注释，属于法相唯识系的风格。[③] 此件的时代是10世纪至11世纪初，说明在晚唐五代时仍有人在学习《妙法莲华经玄赞》。[④] 继承窥基理论的道氤，[⑤]则以法相宗理论注释《金刚经》，著成《御注金刚般若波罗蜜经宣演》(又名《金刚经宣演》)。这部著作在敦煌文献中亦保存了斯771号等15件抄本，[⑥]以及抄写和宣讲的记录。伯2132《御注金刚般若波罗蜜经宣演》卷下题记：

> 建中四年(783)正月廿日，僧义琳写勘记。
>
> 贞元十九年，听得一遍。又至癸未年十二月一日，听第二遍讫。
>
> 庚寅年十一月廿八日，听第三遍了。义琳听。
>
> 常大德法师说。[⑦]

这条题记，不仅记录了抄写和校勘者，还记录了一共听过几遍、听讲者和讲说者，是该经疏在敦煌流传的真实记录。其中后3行是用朱笔写的，应该是听讲后补记的。此外，昙旷所撰《金刚般若经旨赞》在敦煌文献中保存了26件，[⑧]这部著作亦受到道氤的法相宗理论和《金刚经宣演》的影响，具有很强的法相宗理论特色。[⑨] 昙旷是长安西明寺著名法相唯识系学者，安史之乱后避乱到河西。他还著有《维摩经疏》，在敦煌文献中亦保存了伯2049等6个写本。[⑩] 又唐宝达所撰

---

① 斯坦利·威斯坦因著，张煜译：《唐代佛教》，上海：上海古籍出版社，2010年，第67页。

② 吴建伟：《敦煌本〈法华经〉注疏研究》，第40—54、48—49、52页。

③ 平井宥庆：《昙旷と法华经疏》，《印度学佛教学研究》第25卷第2号，1977年，第753—757页。

④ 上山大峻：《敦煌佛教の研究》，京都：法藏馆，1990年，第368—369页。

⑤ 平井宥庆：《敦煌本·道氤集〈宣演〉と昙旷撰〈旨赞〉》，《印度学佛教学研究》第23卷第2号，1975年，第830—834页。

⑥ 董大学：《敦煌本〈金刚经〉注疏研究》，第140—153页。另，参见定源《御注金刚般若波罗蜜经宣演卷上》，方广锠主编《藏外佛教文献》第15辑，北京：中国人民大学出版社，2010年，第32—195页。

⑦ 释文参见池田温《中国古代写本识语集录》，东京：东京大学东洋文化研究所，1990年，第311页。

⑧ 董大学：《敦煌本〈金刚经〉注疏研究》，第87页。

⑨ 平井宥庆：《敦煌本·道氤集〈宣演〉と昙旷撰〈旨赞〉》，《印度学佛教学研究》第23卷第2号，1975年，第830—834页。

⑩ 王晓燕：《敦煌写本〈维摩诘经〉注疏研究》，第180—181页。

《金刚映》，在斯 6537 等号保存了 3 个写本，[①]这部著作是对《金刚经宣演》的进一步注释，其主旨也是用法相宗唯识的理论解释经义。敦煌写本经疏中保存了大量具有法相宗理论特色的著作，同时还有僧人对这些著作作进一步研究的成果，说明在唐后期五代，该教派的著作和思想一直在敦煌流行。总之，敦煌文献中保存的大量有关法相宗的典籍以及对这些典籍进行讲授和研究的记录，有力地证明所谓法相宗典籍在安史之乱以后“没有留下任何痕迹”的说法不符合历史事实。

应该看到，与敦煌写本经疏蕴藏的丰富材料相比，国际学术界对这批材料的整理和研究还很不够。全面系统地对这批材料进行文献学的整理工作尚待完成，至于对其进行历史学的阐释，可以说尚未展开。

二、恢复了早期禅宗史的本来面貌——有关禅宗七祖神会的资料

敦煌文献中还保存了很多有关禅宗史的资料。如中唐时期的禅宗第七祖神会，是荷泽宗的创始人，也是新禅学的建立者和弘扬发展禅宗南宗的关键人物。但依据宋以后禅宗灯史记载，神会只不过是惠能晚年的一个小徒弟，他在禅宗发展史上的重大贡献都被遮蔽了。至于神会本人的著述，仅在《传灯录》卷二十八保存了几则荷泽神会大师语，研究者还怀疑其中部分是后人伪造的。[②] 所以在敦煌遗书发现以前，神会曾被埋没了一千年之久。幸赖敦煌遗书中保存了《普提达摩南宗定是非论》（伯 3047、伯 3488、伯 2045、敦博 77、斯 7907）、《南阳和尚问答杂征义》（伯 3047、斯 6557 等）、《南阳和尚顿教解脱禅门直了性坛语》（BD1481、伯 2045、敦博 77 等）、《顿悟无生般若颂》（斯 5619 + 斯 468）等数种神会说法论义的记录和语录，为研究神会和荷泽宗的理论提供了重要的新资料。这些都是当时人记当时事的第一手材料，其史料价值远远高于后世的转述。如其中记载神会公开批评神秀弟子普寂一系宣传的禅宗师承，宣称：“（神）秀禅师在日，指第六代传法袈裟在韶州，口不自称为第六代。今普寂禅师自称第七代，妄竖秀和尚为第六代，所以不许。”[③]在批评北宗师承的基础上，神会提出了新的禅宗师承系列：“（达摩）便传一领袈裟，以为法信，授与惠可，惠可传僧璨，璨传道信，道信传弘忍，弘忍传惠能，六代相承，连绵不绝。”[④]关于南宗和北宗的宗旨差异，神会明确指出“皆为顿渐不同”[⑤]。他宣称：“我六代大师（自达摩至惠能），一一皆言‘单刀直入，直了见性’，不言阶渐。”[⑥]在攻击北宗渐修方法的同时，他还

---

① 董大学：《敦煌本〈金刚经〉注疏研究》，第 157—159 页。

② 胡适：《神会和尚遗集——附胡适先生晚年的研究》，台北：胡适纪念馆，1982 年，第 213—220 页。胡适先生关注敦煌遗书中的神会资料达数十年之久，贡献巨大，本文相关部分参考了胡先生发现的资料和研究成果。

③ 伯 3488《普提达摩南宗定是非论》，释文参见胡适《神会和尚遗集——附胡适先生晚年的研究》，第 291 页。

④ 伯 3047《普提达摩南宗定是非论》，释文参见胡适《神会和尚遗集——附胡适先生晚年的研究》，第 161—162 页。

⑤ 伯 3488《普提达摩南宗定是非论》，释文参见胡适《神会和尚遗集——附胡适先生晚年的研究》，第 286—287 页。

⑥ 伯 3488《普提达摩南宗定是非论》，释文参见胡适《神会和尚遗集——附胡适先生晚年的研究》，第 287 页。

对顿悟法门的合理性作了理论上的阐述。他说:“夫学道者,须顿见佛性,渐修因缘,不离是生,而得解脱。譬如母顿生子,与乳,渐渐养育,其子智惠(慧)自然增长。顿悟见佛性者,亦复如是。智惠(慧)自然渐渐增长。”[①]他还举出诸多世间和出世间的“不思议”事例进一步说明顿悟法门的合理性。“世间不思议者,若有布衣顿登九五,即是世间不思议。出世间不思议者,十信初发心,一念相应,便成正觉。于理相应,有何可怪? 此明顿悟不思议。”[②]对于实现觉悟的途径。他批评了北宗普寂等倡导的坐禅,认为“若有坐者,‘凝心入定,住[心]看净,起心外照,摄心内证’者,此[是]障菩提,未与菩提相应,何由可得解脱? 不在坐里! 若以坐为是,舍利弗宴坐林间,不应被维摩诘诃。诃云:‘不于三界现身意,是为宴坐。’”[③]在反对北宗坐禅的同时,他提出了南宗“无念”的主张。他对“无念”的定义是:“不作意即是无念。”[④]“但莫作意,心自无物。即无物心,自性空寂。”“但莫作意,自当悟入。”[⑤]“决心证者,临三军际,白刃相向下,风刀解身日,见无念,坚如金刚,毫微不动。纵见恒沙佛来,亦无一念喜心。纵见恒沙众生一时俱灭,亦不起一念悲心。此是大丈夫,得空平等心。”[⑥]

对于神会的挑战行为,当时崇远和尚警告他:“‘普寂禅师名字盖国,天下知闻,众口共传不可思议,如此苦相非斥,岂不与身命有仇?’(神会)和尚答曰:‘读此论者,不识论意,谓言非斥! 普寂禅师与南宗有别。我自料简是非,定其宗旨。我今谓(为)弘扬大乘,建立正法,令一切众生知闻,岂惜身命?’”[⑦]他的坚定态度和大无畏言论震撼了当时参与无遮大会的人。敦煌发现的资料表明,正是由于神会的努力,才使惠能的顿悟法门及其师承得到官方的认可和社会的承认,“致普寂之门盈而后虚,……使(神)秀之门寂寞矣”[⑧]。可见,由于敦煌文献中有关神会资料的发现和研究,学界才得以了解禅宗南宗兴起的原因和具体过程。

三、再现唐五代寺院和僧人生活的真实图景——记录僧伽日常的具体材料

敦煌文献中保存了很多记录寺院和僧人生活的资料,在这些资料进入学术界视野之前,研究者主要依据佛教经律的相关记载和《百丈清规》《禅苑清规》等资料探讨古代寺院和僧尼生活。但佛教经律的相关规定历来和僧尼的实际生活出入很大。而成于唐代的《百丈清规》已经散佚,现在的《敕修百丈清规》辑成于元代,不少材料都是元代的,很难用来说明唐代的情况。一般认

---

① 伯 3488《普提达摩南宗定是非论》,释文参见胡适《神会和尚遗集——附胡适先生晚年的研究》,第 287 页。
② 伯 3047《南阳和尚问答杂征义》,释文参见胡适《神会和尚遗集——附胡适先生晚年的研究》,第 100 页。
③ 伯 3047《南阳和尚问答杂征义》,释文参见胡适《神会和尚遗集——附胡适先生晚年的研究》,第 133—134 页。
④ 伯 3047《南阳和尚问答杂征义》,释文参见胡适《神会和尚遗集——附胡适先生晚年的研究》,第 101 页。
⑤ 伯 3047《南阳和尚问答杂征义》,释文参见胡适《神会和尚遗集——附胡适先生晚年的研究》,第 102 页。
⑥ 伯 3047《南阳和尚问答杂征义》,释文参见胡适《神会和尚遗集——附胡适先生晚年的研究》,第 133 页。
⑦ 伯 3088《普提达摩南宗定是非论》,释文参见胡适《神会和尚遗集——附胡适先生晚年的研究》,第 293 页。
⑧ 《宋高僧传·唐洛京荷泽寺神会传》,北京:中华书局,1987 年,第 180 页。

为，成于宋代的《禅苑清规》较多保存了唐《百丈清规》的材料，即便如此，用其说明宋代也比唐代更好一些。而且，禅宗只是唐代佛教的一个派别，其生活情况与其他宗派有很大差别。这样，传世的《敕修百丈清规》和《禅苑清规》，至少对了解唐代以前寺院生活情况的意义不是很大。

依据以上传世材料，中国古代的寺院是一个基本生活单位，僧尼过的是全部居住在寺院之内并由寺院供食的集体生活。[①] 但敦煌文献却为我们展示了另一幅寺院和僧尼生活的图景。首先，我们看到敦煌文献中保存了一批僧尼住在寺外俗家的资料。如伯3744《沙州僧张月光等分书》[②]，是僧人张月光和他的两个弟弟分家的契约，据这份契约记载，僧人张月光在分家前是和两个弟弟一起生活，他们家在城内外均有房舍，在城外还有菜园和近百亩耕地。分家以后，张月光仍在城内分得了一份舍宅和资产；在城外，他“取舍西分壹半居住，又取舍西园”地一块，另有耕地四十六亩半，生荒地一块。而伯3394《沙州僧张月光父子回博土地契》则是张月光和另一位僧人吕智通博换土地的契约，[③]这份契约最后的署名，除了“园舍田地主僧张月光”外，还有他的三个儿子张坚坚、张手坚和张儒奴。所以分家以后的张月光并非孤身一人住在自己的家中，而是和三个儿子生活在一起。又，伯3730《尼海觉牒》记载其“从妹尼无边花，比日来往，多在俗家”，则无边花也是大部分时间住在“俗家”。而伯3730《申年十月沙州报恩寺僧崇圣状》所附乘恩判说僧崇圣是“虽则家无窘乏，孝子温情”[④]，透露出崇圣不仅家中小有资财，且亦和张月光一样，有“孝子”承欢膝下。这些住在寺外家中的僧尼，为当时的寺院和社会所默许，据伯4981《当寺转帖》，当时寺院将住在寺外的僧尼称为“散众”。[⑤]

其次，住在寺内的僧尼也是过着单吃单住的个体生活。伯3730《尼海觉牒》载：“妹尼海觉，僧寺潜居，只房未有厨舍”，希望寺院纲管“存济”。[⑥] 这说明住在寺内的僧尼，寺院也不供应饭食，因为如果寺院供应饭食，海觉既无必要自己单独开伙，也不需要自己的厨舍。另斯4707记载僧官马法律有堂一口，东房一口，小东房子一口，西房子一口，“厨舍一口，东西并基一丈一尺一寸，南北并基一丈五尺八寸”[⑦]。此件虽未注明马法律的堂、房、厨舍是在寺内还是寺外，但如果寺院供应僧人的日常饭食，马法律的厨舍不论在寺内还是在寺外都是多余的。此外，敦煌文献还比较完整地保存了敦煌净土寺、大乘寺、报恩寺、永安寺和龙兴寺所拥有的锅碗瓢盆等生活用品。于理而论，寺院如果是一个基本生活单位，人数多的寺院，生活用具也应相应增多。但统计表明，人数多的寺院（如大乘寺有尼173人），生活用具并不是按比例增多，甚至有的用品比人

---

① 王景琳：《中国古代寺院生活》，西安：陕西人民出版社，1991年；李富华：《中国古代僧人生活》，北京：商务印书馆国际有限公司，1996年。

② 释文参见郝春文《唐后期五代宋初敦煌僧尼的社会生活》，北京：中国社会科学出版社，1998年，第76—78页。

③ 释文参见郝春文《唐后期五代宋初敦煌僧尼的社会生活》，第78、80页。

④ 释文参见郝春文《唐后期五代宋初敦煌僧尼的社会生活》，第80页。

⑤ 释文参见郝春文《唐后期五代宋初敦煌僧尼的社会生活》，第75页。敦煌文献之外，唐代尼僧墓志也发现了一些不住寺院而住在俗家的尼僧。参见杨梅《唐代尼僧与世俗家庭的关系》，《首都师范大学学报》2004年第5期；陈弱水《唐代的妇女与家庭生活》，台北：允晨文化实业股份有限公司，2007年，第168—170页。

⑥ 释文参见郝春文《唐后期五代宋初敦煌僧尼的社会生活》，第88—89页。

⑦ 释文参见郝春文《唐后期五代宋初敦煌僧尼的社会生活》，第89页。

数最少的净土寺(22人)还少。如釜,净土寺有2个,大乘寺只有1个;火炉,净土寺有3个,大乘寺只有2个;等等。[①] 这也从侧面证明敦煌寺院不是基本生活单位,敦煌僧人过的不是集体生活。敦煌文献中还保存了一大批记录寺院日常生活收入和支出的账目,特别是伯2049背《同光三年(925)正月沙州净土寺直岁保护手下诸色入破历算会牒》和伯2049背《长兴二年(931)正月沙州净土寺愿达手下诸色入破历算会牒》,[②]是两份全年完整的账目,逐日逐项具体记载了从正月初一到腊月末该寺所有粮油物品的收入与支出,但其中没有僧尼日常食用的支出,表明敦煌寺院并不供应住在寺内僧尼的日常饭食,住在寺内的僧尼,过的是单吃单住的个体生活。

以上材料记录的寺院与僧尼的生活图景与经律等传世文献的记载完全不同,而与僧尼生活有关的问题,如僧人与常住财产的关系、僧尼的宗教生活、僧尼的宗教收入情况、僧尼的丧事操办及遗产的处理,甚至出家、受戒等有关情况,都需要依据以上情况重新探讨。如关于亡僧遗产的处理,按照传世经典的规定,断绝尘缘的出家人,其遗产当然应由寺院处理。但敦煌文献中保存的资料表明,处置亡僧遗产的依据是僧尼和家属、亲属一起共立的遗书,遗书的执行人也并非亡者所在的寺院,而是其世俗家庭中的成员。如斯2199《咸通六年沙州尼灵惠唯(遗)书》记载该遗书的执行人是"弟金刚"等;而伯3410《沙州僧崇恩析产遗嘱》的执行人是"侄僧惠朗、表弟大将阎英达、侄都督索、侄虞候索、侄兵马使索荣徹、侄女夫张忠信、侄女夫张忠均"等。[③] 所以,敦煌文献的发现改写了唐五代寺院与僧尼生活的历史。

四、揭示道教经教化的另一条途径——《老子道德经想尔注》的重新发现

敦煌文献中共保存了800多件道经及相关文书抄本,被考定或拟定的经名约有170种,230多卷。其中《正统道藏》未收的80多种,《道藏》本残缺而敦煌本可补缺的18种,30多卷。有超过半数的敦煌道教文献不见于传世的《道藏》。还有20种被《道藏阙经目》著录,是毁于元代焚经的唐代《道藏》所收经书。[④] 这批敦煌道教文献对研究南北朝隋唐道教史具有极为重要的价值。其中最值得一提的是佚失千年之久的《老子道德经想尔注》的重新发现。《老子道德经想尔注》在唐代与河上公《老子道德经章句》并列,是道教徒学习老君《道德经》时必读之经典,[⑤]曾对古代道教徒产生广泛而长久的影响。但此书唐以后失传,所幸敦煌遗书斯6825保存了该书残本,该件虽然首部残缺,但仍保存了580行,保存了第三章至第三十七章的经文和注释,为道教史研究提供了新资料。该书是通过注释,对《老子道德经》的哲学思想作宗教化的解释。如第八

---

① 郝春文:《唐后期五代宋初敦煌僧尼的社会生活》,第123—163页。

② 这两件文书的图版和释文可参见唐耕耦、陆宏基编《敦煌社会经济文献真迹释录(三)》,北京:全国图书馆文献缩微复制中心,1990年,第347—366、369—389页。

③ 郝春文:《唐后期五代宋初敦煌僧尼的社会生活》,第370—373页。

④ 王卡:《敦煌道教文献研究:综述·目录·索引》,北京:中国社会科学出版社,2004年。

⑤ 饶宗颐:《老子想尔注校证》,上海:上海古籍出版社,1991年,第1—3页。

章中之“事善能”，想尔注云：“人等欲事师，当求善能知真道者，不事邪伪技巧。”[1]这里的“真道”，可以简单地理解为与“邪伪技巧”（伪道教）相对的真正的道教。以上解释就把《道德经》中具有一般意义的“事善能”解释成了具有宗教意涵的“善能知真道者”。又如第十七章中之“犹其贵言，成功事遂”，想尔注称：“道之所言，无一可弃者。得仙之士，但贵道言。故辄成功事遂也。”[2]这也是把一般意义的“成功”解释为“得仙”的法门。再如第十章中之“载营魄抱一，能无离乎？”想尔注略云：“一者道也，……一散形为气，聚形为太上老君。”[3]这里首先将“一”和“道”等同起来，还明确聚形的“一”就是太上老君。通过这样的解释，原来老子的“道”“一”“气”等哲学概念都变成了宗教概念，而老子的“道”也被人格化、神灵化了。[4] 再如《道德经》第七章中之“以其无尸，故能成其尸”，想尔注云：“不知长生之道，身皆尸行耳，非道所行，悉尸行也。道人所以得仙寿者，不行尸行，与俗别异，故能成其尸，令为仙士也。”[5]以上所引经文，传世本作“非以其无私邪，故能成其私”。注者为了将此句与“道人”“仙士”等成仙之道联系起来，将两处的“私”都改成了“尸”。这样的改动虽然不符合老子的原旨，却成功地将这段讲述处世之道的理论宗教化了。《老子道德经想尔注》为其宗教化目的而改动经文的地方还有多处。又如第十六章中之“公乃王，王乃天”，《老子道德经想尔注》则作“公能生，想尔注：能行道公政，故常生也。生能天，想尔注：能致长生，则副天也”[6]。这也是为了将老子的一般性论述和“行道”“长生”等宗教活动联系起来而将“公乃王，王乃天”改成了“公能生，生能天”，并在改动后的经文的基础上作进一步发挥。

关于早期道教的经教化过程，以往学界对造经活动关注较多，敦煌发现的《老子道德经想尔注》则揭示了道教经教化的另外一个途径，即通过注释的方式将《老子道德经》宗教化。这类著作除了《老子道德经想尔注》，还有“相传尹喜以内修之旨解注”的《老子内解》和成书于魏晋之际的《老子节解》，后两种亦已散佚仅存残本或佚文。幸赖《老子道德经想尔注》的重新发现，不仅引发了对其文本自身的研究，还引发了对与其同类的著作《老子节解》和《老子内解》的研究，从而使道教经教化的另一条若隐若现的途径重新清晰了起来。从学理上说，《想尔注》的解释颇多牵强附会、曲解甚至改篡，但却达到了把《老子》哲学改造为神学的目的，有《老子》这面大旗，就为道教神学以后为知识界和统治者接受乃至成为官方宗教奠定了理论基础。所以，《老子道德经想尔注》不仅在中国古代思想史上是一次具有开创性的尝试，[7]还对以后道教的发展产生了

---

① 饶宗颐：《老子想尔注校证》，第 11 页。
② 饶宗颐：《老子想尔注校证》，第 22 页。
③ 饶宗颐：《老子想尔注校证》，第 12 页。
④ 谢祥荣：《〈想尔注〉怎样解〈老子〉为宗教神学》，《宗教学研究》1982 年第 1 期；陈霞：《从道家到道教——论〈老子想尔注〉的阐释方法》，《文史哲》2020 年第 5 期。
⑤ 饶宗颐：《老子想尔注校证》，第 10 页。
⑥ 饶宗颐：《老子想尔注校证》，第 20—21 页。关于《想尔注》对《老子》原文的改动情况，参见谢祥荣《〈想尔注〉怎样解〈老子〉为宗教神学》，《宗教学研究》1982 年第 1 期。
⑦ 谢祥荣：《〈想尔注〉怎样解〈老子〉为宗教神学》，《宗教学研究》1982 年第 1 期。

深远的影响。此外，因《老子道德经想尔注》可与早期道教典籍《太平经》和五斗米道的相关规定相互印证，所以也为研究早期道教史提供了新资料。[①]

（本文原发表于《中国社会科学》2021 年第 8 期。）

作者简介：

郝春文，首都师范大学燕京人文讲席教授，中国敦煌吐鲁番学会名誉会长，兼任《敦煌吐鲁番研究》《敦煌学国际联络委员会通讯》主编，曾任耶鲁大学、台湾中正大学客座教授，普林斯顿大学、香港中文大学、英国国家图书馆、普林斯顿高等研究院客座研究员，著有《唐后期五代宋初敦煌僧尼的社会生活》《中古时期社邑研究》《敦煌社邑文书辑校》（合著）、《当代中国敦煌学研究（1949—2019）》（合著）、《英藏敦煌社会历史文献释录》（1—19 卷）（合著）等。曾主持国家社科基金重大攻关项目等国家和省部级项目多项，获北京市哲学社会科学优秀成果一等奖等国家和省部级以上教学和科研奖励多项。

① 饶宗颐：《老子想尔注校证》；大渊忍尔：《五斗米道の教法について——老子想尔注を中心として（上）》，《东洋学报》第 49 卷，第 318—346 页；大渊忍尔：《五斗米道の教法について——老子想尔注を中心として（下）》，《东洋学报》第 49 卷，第 523—555 页。

北齐凉风堂考论

姚潇鸫

摘　要：凉风堂是北齐邺都宫城内昭阳殿的配殿，是当时皇帝与臣僚议政并处理政务的场所，且这一功能自北齐立国之初就已确立，许多政治活动都在凉风堂内进行，对北齐的历史进程产生过重要影响。北齐时凉风堂政治功能的拓展应与宫城内中枢决策的中心由太极殿建筑群后移至昭阳殿建筑群有关。而决策中心的转移与东魏北齐特殊的历史进程，特别是皇权的消长有关，对隋唐时期的宫室制度亦产生过重要的影响。

关键词：北齐　凉风堂　太极殿　昭阳殿

凉风堂，亦称凉风殿，是北齐都城邺南城的宫殿之一，为昭阳殿的配殿，①是当时皇帝处理日常政务的重要场所之一。柳存仁曾指出，“其在宫殿中之重要性则吾人不容忽视”，并对史书中的相关材料进行了搜集。但柳先生关注的是“北齐以凉风堂为决囚之所，实亦袄(教)俗，可能自北魏承袭而来”，且凉风一词与摩尼教有关，②因而对其他相关问题未加措意。此外，凉风堂的重要性在有关北齐政治的论著中经常被提及，但对凉风堂的功能变化及其空间背景，据笔者所见，尚未有学者进行过深入探讨。故笔者拟就自己读书所得，试作论说，祈方家指正。

一、凉风堂与北齐政治

北齐时，不少的政治活动围绕着凉风堂展开。

第一，凉风堂是皇帝与臣僚议政、进行决策的场所。如天保七年(556)“春正月甲辰，(文宣)帝(高洋)至自晋阳，于邺城西马射，大集众庶而观之。二月辛未，诏常山王演等于凉风堂读尚书

① 徐光冀：《东魏北齐邺南城平面布局的复原研究》，《宿白先生八秩华诞纪念文集》，北京：文物出版社，2002年，第211页。

② 柳存仁：《唐代以前拜火教摩尼教在中国之遗痕》，氏著《和风堂文集》，上海：上海古籍出版社，1991年，第505、507页。

奏按，论定得失，帝亲决之”[①]。又天统元年(565)武成帝高湛禅位于后主高纬，天统四年(568)高湛去世，“仆射和士开先恒侍疾，秘丧三日不发。(冯)子琮问士开不发丧之意。士开引神武、文襄初崩并秘丧不举，至尊年少，恐王公有二心，意欲普追集凉风堂，然后与公详议”[②]。虽然这次详议最终并未举行，但从记载看，凉风堂应是一处可以供皇帝(高湛去世时，后主高纬已经在位4年时间，且凉风堂又位于宫城内，故而和士开提出的“详议”，后主也应参加)与王公重臣商议军国大事的场所。进一步考虑到，此次详议并不是由后主主动召集的，而是大臣和士开提出的，地点又在宫城较深处的凉风堂(凉风堂的位置后文有详细论述)，可见这一地点并不是和士开随意选择的，而应该符合当时皇帝与臣僚议事的规程。综上，这条记载实际上反映了北齐时凉风堂已经成为邺都宫城中一处较为固定的皇帝与臣僚议政并决策的场所，因此和士开才会在此时提出在此处详议太上皇的发丧事宜。

第二，凉风堂还被用来作为太子监国的场所。天保元年(550)九月“庚午，(文宣)帝(高洋)如晋阳，拜辞山陵。是日皇太子入居凉风堂，监总国事”[③]。“太子监国，本是国君不在朝的情况下所实行的权宜之计，亦即以皇太子代替国君‘监理国政’。”[④]太子“监总国事”自然少不了臣僚的辅助，因而此时的凉风堂已经成为一处“君”臣详议并处理政务的场所了。既然要代替皇帝处理国政，太子监国的地点通常有两种选择，一是皇帝日常处理政务的地方，如北魏明元帝(拓跋嗣)泰常七年(422)“命世祖为国副主，居正殿临朝”[⑤]。世祖即太武帝拓跋焘，其在位时也曾命太子监国，前述赖亮郡的研究指出，“拓跋焘之命太子监国，乃踵其父做法，极有可能也是让太子于正殿临朝”[⑥]。二是为太子另立机构，开府理政。同样是文宣帝高洋，在天保九年(558)时，再次命太子监国，“时济南(废帝高殷)以太子监国，因立大都督府，与尚书省分理众事，仍开府置佐”[⑦]。考虑到天保元年(550)时太子高殷只有6岁，并没有处理政务的实际可能，相关史料也只说明太子由东宫移居到宫城内的凉风堂，并未有设立新机构的记载。加上高洋只是短暂前往晋阳“拜辞山陵”，上文也引用过天保七年(556)高洋君臣在凉风堂议政的史料。因此这次太子监国，高洋完全没有必要为太子另立机构，太子入居的凉风堂应该就是高洋日常处理政务的场所，只是由于“君行”[⑧]，太子在此代行权力而已。同时，天保是北齐的第一个年号，正是在这一年的五月，东魏孝静帝才禅位于文宣帝高洋。综合以上论述，笔者认为，从北齐建立之初起，凉风堂就成为皇帝处理日常政务的场所。

---

① 《北齐书》卷4《文宣帝纪》，北京：中华书局，1972年，第61页。

② 《北齐书》卷40《冯子琮传》，第528页。

③ 《北齐书》卷4《文宣帝纪》，第54页。

④ 赖亮郡：《六朝隋唐的皇太子监国》，《台东师院学报》2002年第13期，第271页。

⑤ 《魏书》卷35《崔浩传》，北京：中华书局，1974年，第813页。

⑥ 赖亮郡：《六朝隋唐的皇太子监国》，《台东师院学报》2002年第13期，第283页。

⑦ 《北齐书》卷13《赵郡王琛传》，第171—172页。

⑧ 《国语·晋语一》载：君行，太子居，以监国也；君行，太子从，以抚军也。见徐元诰撰《国语集解》，王树民等点校，北京：中华书局，2002年，第267页。这是史书中关于太子监国最早的记载之一，而太子监国产生的重要原因之一就是“君行”。

第三，凉风堂是审问叛臣的场所。武平二年(571)，琅邪王高俨谋反，"斛律明月说后主(高纬)亲自晓告军士，军士果散。即斩(库狄)伏连及王子宜，并支解，弃尸殿西街。自余皆辫头反缚，付赵彦深于凉风堂推问，死者十余人"①。《北史·韩凤传》中也有相关的记载。② 凉风堂既然是皇帝日常议政和决策的场所，在此审问叛臣余党，显然是为了方便后主高纬第一时间了解审讯的情况，及时采取相应的措施，尽快将局势稳定下来。

第四，凉风堂是处决臣僚的场所。凉风堂是皇帝日常与臣僚议政的场所，因而对那些皇帝感到有威胁但又不便公开处理的大臣，可以以各种名义将其召至凉风堂，在此先发制人，将其诛杀。如河清三年(564)五月，③"白虹围日再重，又横贯而不达。赤星见，(武成)帝(高湛)以盆水承星影而盖之，一夜盆自破。欲以(乐陵王高)百年厌之。会博陵人贾德胄教百年书，百年尝作数'敕'字，德胄封以奏。帝又发怒，使召百年。百年被召，自知不免，割带玦，留与妃斛律氏，见帝于玄都苑凉风堂。使百年书'敕'字，验与德胄所奏相似，遣左右乱捶击之。又令人曳百年绕堂，且走且打，所过处血皆遍地。气息将尽，曰：'乞命，愿与阿叔作奴。'遂斩之，弃诸池，池水尽赤，于后园亲看埋之"④。又武平三年(572)六月，后主高纬因怀疑斛律光谋反，欲先发制人，将其除去。但"帝性至怯懦，恐即变发，令洪珍驰召祖珽告之。又恐追光不从命，珽因云：'正尔召之，恐疑不肯入。宜遣使赐其一骏马，语云："明日将往东山游观，王可乘此马同行"，光必来奉谢，因引入执之。'帝如其言。顷之，光至，引入凉风堂，刘桃枝自后拉而杀之，时年五十八。于是下诏称光谋反，今已伏法，其余家口不须问。寻而发诏，尽灭其族"⑤。

第五，凉风堂是皇帝日常接见臣僚的场所。前引后主高纬诛杀斛律光的记载称，后主因怕主动召见斛律光而引起他的疑虑，不肯入宫，所以采用祖珽的计策，遣使赐他一匹骏马，斛律光受到赏赐，按制当然要主动入宫"奉谢"。且为防止斛律光产生疑虑，当然应将其引入后主日常接见大臣的宫殿，如此才能出其不意将其诛杀。因而这段记载还说明凉风堂应是当时大臣入宫请求觐见时，皇帝接见他们的场所之一。

综上，北齐时凉风堂是邺都宫城内皇帝与臣僚议政并处理政务的场所，且这一功能自北齐立国之初就已确立，许多政治活动都在凉风堂内进行，对北齐的历史进程产生重要的影响。

二、凉风堂的位置与名称

有关凉风堂在宫城中的位置，上引《北史·齐乐陵王百年传》中有"见帝于玄都苑凉风堂"的

---

① 《北史》卷92《和士开传》，北京：中华书局，1974年，第3046页。

② 《北史》卷92《韩凤传》，第3052页。

③ 民国时期，高百年墓被盗，出土的墓志记载高百年于"河清二年八月十九日，薨于邺县永康里第"，与史书记载不同。就此问题，学界研究颇多，辛德勇曾撰写《北齐乐陵王及王妃斛律氏墓志与百年太子命案本末》一文(《燕京学报》新30期，2012年，第1—42页)，辨之甚详，今从辛氏观点，"百年太子遇害的原因和时间，还是要以《北史》《北齐书》和《资治通鉴》等传世史籍的记载为准"。

④ 《北史》卷52《齐乐陵王百年传》，第1886页。

⑤ 《北齐书》卷17《斛律光传》，第226页。

记载。虽然“苑”字有很多解释，但在宫城内，一般都是园林的泛称。因此按《北史》，凉风堂应坐落在宫城内一处名叫玄都苑的园林内。玄都苑在《北史》中仅见此处记载。《北齐书》关于此事的记载见于卷十二，该卷内容是据《北史》补入的，中华书局点校本《北齐书》校勘记中已明言，①此外再无玄都苑的记载。《资治通鉴》正文中也无玄都苑的记载，而胡三省在注高殷入居凉风堂监国一事时提到“据《北史·齐乐陵王百年传》，凉风堂在邺宫玄都苑”②，可见也是据《北史》而来。其余如《南北史合注》《佩文韵府》等偶有提及，但都是据《北史》而来。因而传世的史籍中并未提供更多关于玄都苑的情况。

又明代嘉靖元年(1522)修成的《彰德府志》卷八《邺都宫室志》引《邺中记》：“宫东西四百六十步，南北连后园，至北城，合九百步……止车门内，次至端门。端门之内，次至阊阖门……阊阖门之内有太极殿。太极殿后三十步，至朱华门，门内即昭阳殿……昭阳殿东有长廊，通东阁，阁内有含光殿，西有长廊，通西阁，阁内有凉风殿。内外通廊往还，流水珍木，香草部护阶庭。此则刘桃枝绞杀咸阳王斛律明月处也……昭阳殿后有永巷，巷北有五楼门。门内则帝后宫，嫔御所居之处也。”③

黄惠贤指出，④此处的《邺中记》并非陆翙的《邺中记》，而是陈振孙《直斋书录解题》所记的“《邺中记》一卷，不著名氏，自魏而下及僭伪都邺者，六家宫殿事迹。案《唐志》有《邺都故事》二卷，肃代时马温所作，今书多引之”。虽然陈振孙给这本无名氏《邺中记》下了“《唐书·艺文志》有陆翙《邺中记》二卷，疑即此书”的案语，但清人卢文弨已指出：“陆翙在唐以前，而此书引及肃代人，安得云即是书？案可删。”⑤无名氏《邺中记》既大量引用唐代马温的《邺都故事》，其成书的时间当在肃、代以后，“《太平寰宇记》已引是书，则其产生的下限必在北宋之初”⑥。可见成书的时间应在晚唐五代，看似时代较晚。黄惠贤对该书的成书过程曾进行过详细的论证，指出：“总之，东晋时，陆翙撰《邺中记》记述时虽多追溯魏晋，仍以石虎事为主要对象……北齐末，杨楞伽著《邺都故事》，记北齐邺都典章制度，故有称其为《北齐邺都故事》者。隋开皇中，裴矩编撰《邺城故事》十卷，多摘引《邺中记》原文。唐肃、代时，马温二卷本《邺都故事》，大约为前三书综合之节本，沿用杨著书名。凡此四书，唐、宋之际虽多缺佚，但似仍并行。‘靖康之变’之后，故籍散佚，南宋时仅存马温《邺都故事》二卷及一卷本《邺中记》。一卷本《邺中记》不仅篇幅少，且内容多以《邺都故事》等书缀补。因此，它与马温《邺都故事》，从内容到形式，多有雷同。”⑦杨楞伽

① 《北齐书》卷12《校勘记》，第166页。

② 《资治通鉴》卷163“梁简文帝大宝元年九月庚午”条，胡三省注，北京：中华书局，1956年，第5053页。

③ 崔铣：《彰德府志》卷8《邺都宫室志》，《天一阁藏明代方志选刊》第45册，上海：上海书店出版社，1982年。清人顾炎武《历代宅京记》卷12《邺下》，照录了《邺都宫室志》的内容，北京：中华书局，1984年，第182—184页。

④ 黄惠贤：《辑校〈邺中记〉》，刘心长、马忠理编《邺城暨北朝史研究》，石家庄：河北人民出版社，1991年，第369页。

⑤ 陈振孙：《直斋书录解题》卷8，徐小蛮、顾美华点校，上海：上海古籍出版社，1987年，第243页。

⑥ 许作民：《邺都佚志辑校注·前言》，郑州：中州古籍出版社，1996年，第11页。

⑦ 黄惠贤：《辑校〈邺中记〉》，刘心长、马忠理编《邺城暨北朝史研究》，第375—376页。

是本朝人记本朝事。北齐末，裴矩被司州牧、北平王高贞"辟为兵曹从事，转高平王文学"[①]，司州治邺城，他当熟悉此间典故。因而此一卷本的无名氏《邺中记》的成书时间虽晚，但有较可靠的史料依据。

无名氏《邺中记》中提及的凉风殿与本文讨论的凉风堂，应是何种关系？王仲荦认为："皇太子监国所居之凉风堂，实为此凉风殿。"[②]可见其认为凉风殿就是凉风堂，但并未说明理据。笔者也同意王仲荦的观点，在此稍作考证。

首先，无名氏《邺中记》与正史的记载相吻合。其一，《邺中记》与《北齐书》等正史都记录了刘桃枝绞杀斛律光一事，只是发生的地点分别记为凉风殿和凉风堂。其二，《邺中记》中关于凉风殿所在的西阁内有"流水珍木"的记载，与《北史》等正史中关于武成帝高湛诛杀高百年后"弃诸池，池水尽赤"的记载可以对应。其三，徐光冀对《邺中记》中"昭阳殿东有长廊，通东阁，阁内有含光殿，西有长廊，通西阁，阁内有凉风殿"的记载有过研究。他指出："所谓'阁内'应是阁门以内。推测其形制，阁为院落之门，门上亦有楼，院之四周，绕以回廊，自阁门入于园中即见到含光殿或凉风殿。"[③]可见凉风殿与昭阳殿之间有长廊相连，应是昭阳殿的配殿之一。而由于有阁门和回廊，凉风殿所在的院落又形成一个相对独立的空间。而院落中还种有"珍木""香草"。左思《魏都赋》有"值林为苑"[④]。晋人吕忱所撰《字林》为魏晋至隋唐间极为重要的一部文字专书，[⑤]《字林》谓："有垣曰苑。"[⑥]可见凉风殿所在的院落中应有一个可以被称为"苑"的小型园林，这与《北史》中凉风堂位于玄都苑内的记载也可对应。

其次，魏晋时期，殿、堂在表示宫室建筑时似无显著差别。许慎《说文解字》云："堂，殿也。"[⑦]则汉代堂与殿在宫室内可能指同一类建筑物。晋人挚虞的《决疑要注》为我们保留了不少魏晋宫室建筑的情况，其曰："凡太极殿乃有陛，堂则有阶无陛也。"[⑧]可见太极殿与堂的区别在于是否有陛，这似乎是殿与堂的明显差别。但《决疑要注》明言，陛是太极殿"乃有"的，其余称殿的建筑也不一定有陛。同时《决疑要注》在论述宫室建筑时，常有殿、堂连称甚至互称的，如"殿堂之正者为路寝，凡殿堂座位，以近尊为上"[⑨]；"在殿堂之上，唯皇帝居床，其余皆铺席，前设筵几。皇帝之殿，东西九筵，南北七筵，故曰度堂以筵，度室以几也"[⑩]。可见当时在表示宫室建筑时，殿、堂之间似无明显的区别。

再次，史书在记载北齐宫室的时候，也确有堂、殿混用的情况。如《册府元龟》：天保"七年

---

① 《隋书》卷67《裴矩传》，北京：中华书局，1973年，第1577页。
② 王仲荦：《北周地理志》卷10《河北下》，北京：中华书局，1980年，第913页。
③ 徐光冀：《东魏北齐邺南城平面布局的复原研究》，第210页。
④ 左思：《吴都赋》，萧统编，李善等注《六臣注文选》卷5，北京：中华书局，1987年，第104页上。
⑤ 万久富：《〈字林〉的流传及其在中国语言学史上的价值》，《古籍整理学刊》2001年第5期，第13页。
⑥ 玄应：《一切经音义》卷5，徐时仪校注《一切经音义三种校本合刊》，上海：上海古籍出版社，2012年，第110页下。
⑦ 许慎著，段玉裁注：《说文解字注》，北京：中华书局，2013年，第692页上。
⑧ 《太平御览》卷175《居处部三》引《决疑要注》，北京：中华书局，1960年，第853页上。
⑨ 《太平御览》卷175《居处部三》引《决疑要注》，第853页上。
⑩ 徐坚：《初学记》卷24《居处部》引《决疑要注》，北京：中华书局，1962年，第577页。

二月辛未，诏常山王演等于凉风殿读尚书奏按”[①]。《册府元龟》为类书，此条当另有史料来源。而《北齐书》(此卷是李百药原文)、《北史》则为凉风堂。又如《北史》卷八：“天统四年十二月辛未，太上皇帝(武成帝高湛)崩于邺宫乾寿堂，时年三十二。”[②]而同书卷九十二：“及帝(武成帝高湛)寝疾于乾寿殿，(和)士开入侍医药。”[③]类似情况还有一些，就不一一列举了。

综上，笔者认为无名氏《邺中记》中的凉风殿就是本文论述的凉风堂，因此凉风堂在邺南城中当位于太极殿后的昭阳殿之西侧，其后是永巷，永巷后就是后(妃)宫所在。

前文提及，柳存仁认为“凉风”一词与摩尼教有关，笔者并不认同。因为早在西汉时就有“凉风台，在长安故城西，建章宫北。《关辅记》曰：‘建章宫北作凉风台，积水为楼。’”[④]其时，摩尼教尚未创立。而北魏平城及洛阳城的宫城内都有凉风观。[⑤] 此外，据《洛阳伽蓝记》，北魏洛阳城西阳门内御道北延年里有一座建中寺，本是宦官刘腾的宅院，寺中也有一凉风堂，为刘腾避暑之处。[⑥]

可见凉风是当时建筑常用之名，并不与摩尼教有关。那为何要用“凉风”一词？据《礼记·月令》：“孟秋之月，日在翼，昏建星中，旦毕中……凉风至，白露降，寒蝉鸣，鹰乃祭鸟，用始行戮。”[⑦]可见自古人们就把“凉风至”作为秋季到来的物候特征之一，而凉风的到来也就意味着炎炎夏日的结束。同时魏晋时期的文学作品中也多有“凉风撤蒸暑”[⑧]“寒水辟炎暑，凉风飘我身”[⑨]等诗句。因而“凉风”一词在当时多与祛热避暑有关。而前述洛阳建中寺的记载也表明，凉风的堂名与其避暑的功能相关，凉风可以祛除暑热，因而避暑之处就以凉风命名。1965 年春，中国社会科学院考古研究所汉魏洛阳城队在汉魏洛阳故城宫城内发掘清理了一座圆形建筑遗址，钱国祥结合文献记载对此处遗址进行过研究，指出：“完全可以确认该圆形建筑遗址当为文献所记陵云台中古旧藏冰处之冰井。发掘者根据考古遗迹推测井上当建有避暑降温之殿宇则极可能即文献中所提北魏孝文帝在台上所建之凉风观。”“文献所记(凉风观在)‘井北’显然是‘井上’之误。”“而该残存方形夯土台显然为陵云台基址之一部分。”[⑩]可见洛阳宫城内凉风观之得名，也与降温避暑有关。

---

① 王若钦等编纂：《册府元龟》卷 196《勤政》，周勋初等校订，南京：凤凰出版社，2006 年，第 2195 页。

② 《北史》卷 8《齐世祖武成帝纪》，第 286 页。

③ 《北史》卷 92《和士开传》，第 3044 页。

④ 顾炎武：《历代宅京记》卷 5《关中三》，第 80 页。

⑤ 北魏天兴四年(401)五月，道武帝拓跋珪在平城新建紫极殿、玄武楼、凉风观、石池、鹿苑台等建筑。见《魏书》卷 2《太祖纪》，第 38 页。又《洛阳伽蓝记》卷 1“瑶光寺”条：“千秋门内道北有西游园，园中有凌云台(凌当作陵)，即是魏文帝所筑者。台上有八角井，高祖(孝文帝)于井北造凉风观，登之远望，目极洛川。”杨衒之著，周祖谟校释：《洛阳伽蓝记校释》，北京：中华书局，1963 年，第 54 页。

⑥ 《洛阳伽蓝记校释》卷 1“建中寺”条，第 48—51 页。

⑦ 郑玄注，孔颖达疏，龚抗云整理，王文锦审定：《礼记正义》卷 16《月令》，北京：北京大学出版社，2000 年，第 606—608 页。

⑧ 王粲：《公燕诗》，《六臣注文选》卷 20，第 370 页上。

⑨ 曹植：《侍太子坐诗》，《太平御览》卷 539，第 2444 页上。

⑩ 钱国祥：《汉魏洛阳故城圆形建筑遗址殿名考辨》，《中原文物》1998 年第 1 期，第 89 页。

天平元年(534)东魏孝静帝即位,同年迁都邺城,第二年开始兴建邺南城,历时四年多完成。而凉风堂为昭阳殿的配殿,两者之间还以长廊相连,加之另一边的含光殿,构成一个建筑整体,是宫城中三大[太极殿、昭阳殿、后(妃)宫]建筑群之一。且上文提及,凉风堂在北齐建立之初时已经存在,因而凉风堂应是邺南城最初修建的宫殿建筑之一。“迁邺之始,起部郎中辛术奏曰:‘今皇居徙御,百度创始,营构一兴,必宜中制。上则宪章前代,下则模写洛京。’”①可见“宪章前代”“模写洛京”应是邺南城修建的总原则。因此“其(邺南城)宫市位置及门阙名称也无一不沿袭洛都(北魏洛阳城)之旧”②。综上,笔者认为邺都南城中凉风堂的堂名应沿袭北魏洛阳城中的凉风观而来,最初是为皇帝消暑而修建的。因而在凉风堂的周围还修筑了一个小型的园林——玄都苑,以期更好地实现消暑祛热的功能。而玄都苑中的水池,除了景观功能外,还可能“便于自然冰的开采和就近贮藏”③,以供消暑之用。

东魏时修建凉风堂是为了皇帝消夏避暑,但北齐建立后,凉风堂日益成为皇帝处理日常政务的重要场所之一,皇帝入居凉风堂的时间也不限于夏日三伏,凉风堂政治功能拓展的原因何在?

三、凉风堂政治功能拓展的原因

凉风堂政治功能的拓展应与北齐邺都宫城内中枢决策的中心已由太极殿建筑群后移至昭阳殿建筑群有关。

“逮三国鼎立,魏都洛阳,明帝因汉南宫故址,营太极殿为大朝,又建东、而[西](笔者按:原书此处为“而”字,据上下文,当是“西”字讹误)堂供朝谒、讲学之用。自是以后,讫于南北朝末期,盖为听政、颁令、简将、饯别、举哀、斋居之所,而二堂位于太极左右,南向成一横列。”“自曹魏讫陈,以太极殿为大朝,东、西堂为常朝、日朝[笔者按:礼有大朝(会)、常朝、治朝等目,常朝是特定时令例有朝会,非后世常朝意。治朝,相当于后世常朝。此处日朝,即日常接见群臣、议论政事之所]。”④李文才曾就太极殿及东、西堂在魏晋南北朝政治生活中的地位、作用和影响进行过详细的研究,指出太极殿及东、西堂都可作为皇帝听政并进行决策的场所。⑤ 他在另一篇专论太极东堂与十六国北朝政治关系的文章中进一步指出:“在魏晋南北朝时期,太极东堂乃是十分重要的政治决策地点,甚至可以说是最重要的决策地点。”⑥可见魏晋南北朝时期太极殿建筑

---

① 《魏书》卷 84《儒林传·李业兴》,第 1862 页。
② 陈寅恪:《隋唐制度渊源略论稿》,北京:生活·读书·新知三联书店,2001 年,第 80 页。
③ 冯承泽、杨鸿勋:《洛阳汉魏故城圆形建筑遗址初探》,《考古》1990 年第 4 期,第 272 页。
④ 刘敦桢:《六朝时期之东西堂》,《刘敦桢文集》第 3 卷,北京:中国建筑工业出版社,1987 年,第 456、457 页。
⑤ 李文才:《太极殿与魏晋南北朝政治》,氏著《魏晋南北朝隋唐政治与文化论稿》,北京:世界知识出版社,2006 年,第 65—125 页。
⑥ 李文才:《太极东堂与十六国北朝政治关系述论——以东堂决策为中心论述》,《北华大学学报》2008 年第 2 期,第 69 页。

群长期处于宫城内中枢决策的中心。但东魏、北齐时，这种状况发生了改变。

刘敦桢指出："天平元年（534），东魏自洛阳迁都于邺，在旧城的南侧增建新城……它的布局大体继承北魏洛阳的形式，并自洛阳迁移大批宫殿于此。宫城位于城的南北轴线上，大朝太极殿的左右虽建东西堂，但在这组宫殿的两侧又并列了含元殿和凉风殿，而太极殿后面还有朱华门和常朝昭阳殿，可以看出东魏宫殿的布局除沿用曹魏洛阳宫殿的旧制以外，同时又附会了《礼记》所载的'三朝'布局思想。它对于隋唐两朝废止东西堂、完全采取'三朝'制度，起着承前启后的作用。"[①]据史籍记载，北齐邺南城中并无含元殿，而从正史及无名氏《邺中记》记载看，与凉风殿对称分布的应是含光殿，且并不在太极殿及东、西堂的两侧，应在太极殿后的朱华门内的昭阳殿的两侧，因而这段论述在宫殿的名称和位置上多有错置。但刘敦桢已注意到，东魏、北齐时常朝（笔者按：此处的常朝是指特定时令例有之朝会）举行的地点已后移至昭阳殿。据无名氏《邺中记》："（昭阳）殿东西有长廊，廊上置楼，并安长窗，垂珠帘，通于内阁。每至朝集大会，皇帝临轩，则宫人尽登楼。奏乐，百官列位，诏命仰听弦管，颁赉，侍从、群臣皆称万岁。太史、长史唱讫，丝竹竞发，金石和鸣。斋午之际，所司进奏讫，群臣班退。"[②]又东魏武定六年（548），"甘露降于宫阙，文武官僚同贺显阳殿"[③]。显阳或昭阳实是同一宫殿建筑在不同时期使用的不同名称。[④] 可见东魏、北齐时，部分的朝会活动已经后移至昭阳殿举行。此外，北齐时皇帝还在昭阳殿中进行议政[⑤]、决狱[⑥]、宴请敌方降将[⑦]等活动。

昭阳殿西侧的凉风堂正有类于曹魏时的太极殿西堂，即日朝亦后世所谓常朝之所（笔者按：即皇帝日常接见群臣、议论政事之所），其与北齐政治的关系前文已有论述，东侧的含光殿也经常作为议政理事的场所。如武成帝高湛在位时，宠信第三子高俨，"俨恒在宫中，坐含光殿以视事，诸父皆拜焉"[⑧]。又武平七年（576），北齐、北周激战于晋州，最终北齐战败，"后主（高纬）自晋州败，奔邺，诏王公议于含光殿"[⑨]。与此形成鲜明对比的是，东魏、北齐时，皇帝已不在太极殿建筑群进行听政、议事、决策等活动。日本学者吉田欢对魏晋南北朝时期太极东、西堂的记载进行过统计，从其所列表格可见，[⑩]东魏、北齐时，在太极东堂举行的活动只有三项：皇帝为去世大

---

① 刘敦桢编：《中国古代建筑史（第 2 版）》，北京：中国建筑工业出版社，1984 年，第 84 页。

② 《彰德府志》卷 8《邺都宫室志》。

③ 《北齐书》卷 30《崔昂传》，第 410 页。

④ 北齐天保二年（551）七月"己卯，改显阳殿为昭阳殿"。见《北齐书》卷 4《文宣帝纪》，第 55 页。然《北史》本条作："改显阳殿还为昭阳殿。"《北史》卷 7《齐显祖文宣帝纪》，第 248 页。若此"还"字不误，则此次属回改。

⑤ 如高归彦作逆，武成帝高湛召封子绘"入见昭阳殿"。《北齐书》卷 21《封子绘传》，第 306 页。

⑥ 如北齐天保六年（555）三月戊戌，文宣帝高洋"临昭阳殿决狱"。《北史》卷 7《齐显祖文宣帝纪》，第 252 页。

⑦ 如北齐天保六年（555）春，清河王高岳进军临江，陆法和举州入齐。文宣帝高洋于昭阳殿宴请陆法和及其徒属。《北史》卷 89《陆法和传》，第 2944—2945 页。

⑧ 《北齐书》卷 12《琅邪王俨传》，第 161 页。

⑨ 《北史》卷 52《齐广宁王孝珩》，第 1877 页。

⑩ 吉田欢：《日中宫城の比较研究》，东京：吉川弘文馆，2002 年，第 61—64 页。

臣举哀；[1]“日蚀……有变，闻鼓音，皇帝则避正殿，就东堂，服白袷单衣”[2]；太子朝见皇帝。[3] 太极西堂则只有为去世大臣举哀的记载，[4]与北魏洛阳时期多在太极西堂议政决策的记载差别显著。[5] 另王仲荦对东魏、北齐时太极殿的功能也进行过梳理，也完全不见议政决策方面的活动。[6]

综上，东魏、北齐时期太极殿建筑群已不再是邺都宫城内中枢决策的中心所在。相应地，东魏时昭阳殿建筑群的政治功能有所拓展，北齐立国后，更是将新的中枢决策中心设置于此。凉风堂作为昭阳殿的西配殿，自然也就承担了更多的政治功能，也就出现了本文第一部分所论述的种种情况。且从上文的论述和所引的史料看，相较于昭阳殿和含光殿，北齐皇帝更多地在凉风堂中进行议政和决策。因而笔者认为，凉风堂正是北齐邺都宫城内中枢决策的重心所在。

邺都宫城内中枢决策中心的后移，与东魏、北齐特殊的历史进程有关。东魏时期，太极西堂已完全不见于史籍记载，而在北魏洛阳时代，西堂正是重要的议政决策场所。[7] 太极东堂则仍是皇帝为大臣举哀的场所，但东魏一代也仅有高澄获此殊荣，除此再无其他记载。太极殿亦不见于史书记载。因而东魏孝静帝元善见时已极少在太极殿建筑群中活动。究其原因，孝静帝作为傀儡皇帝，他所有的活动都在高氏（高欢时是高澄在邺都主政）的安排之下。而自曹魏以降，太极殿建筑群长期作为朝仪正殿及中枢决策场所，作为一个特定的政治空间而具有强烈的皇权象征意义。据《北史·齐世宗文襄帝纪》，高澄辅政实主政于邺都时，“情欲奢淫，动乖制度。尝于宫西造宅，墙院高广，听事宏壮，亚太极殿，神武入朝，责之，乃止”[8]。可见东魏时，太极殿作为最高政治空间的象征意义仍是存在的，从高澄的挑战，亦可见它也只存象征意义了。因而除非不得已或礼仪制度所限，高氏是尽量少让孝静帝在太极殿建筑群作为皇帝亮相的。但孝静帝毕竟是名义上的皇帝，还是有一些事务需要他出面，既然在太极殿的活动受到限制，昭阳殿后就已是后（妃）宫了。如此，孝静帝的政治活动空间也就只剩下其居住的昭阳殿了。同时，在生活空间性质更浓的昭阳殿举行礼仪，也可以进一步弱化孝静帝皇帝的形象。因而东魏时期，昭阳殿在政治功能方面有所拓展。如前文提及武定六年（548），“甘露降于宫阙，文武官僚同贺显阳殿”，而魏晋南北朝时期类似的活动多在太极殿举行。又如武定八年（550）五月“八日，杨愔书中旨，以魏襄城王昶并司空公潘相乐、侍中张亮、黄门赵彦深入通奏事。魏孝静在昭阳殿，引

---

① 如东魏武定七年（549）八月辛卯，高澄被杀，“时年二十九，秘不发丧。明年正月辛酉，魏（孝静）帝举哀于太极东堂”。见《北史》卷6《齐世宗文襄帝纪》，第235—236页。

② 《隋书》卷8《礼仪三》，第169—170页。

③ 如北齐孝昭帝高演曾令王晞“就东堂监视太子冠服，导引趋拜”。见《北史》卷24《王晞传》，第889页。

④ 如斛律金天统三年（567）去世，年八十，武成帝高湛“举哀西堂”。见《北齐书》卷17《斛律金传》，第222页。

⑤ 如北魏孝明帝元诩即位初，诏太尉、高阳王元雍“入居太极西柏堂，咨决大政，给亲信二十人”。见《魏书》卷21上《高阳王雍传》，第554页。

⑥ 王仲荦：《北周地理志》卷10《河北下》，第910—911页。

⑦ 郭济桥：《邺南城的宫城形制》，《殷都学刊》2013年第2期，第36页。

⑧ 《北史》卷6《齐世宗文襄帝纪》，第236页。

见”[①]。也正是此次引见，正式开启了齐魏嬗代的进程。

北齐建立之初，文宣帝高洋有必要对邺都宫城内的政治空间重新进行布局，特别是中枢决策中心的确定，因为在东魏时期，宫城内并不存在这样的地方。之所以放弃太极殿建筑群而选择昭阳殿建筑群应基于以下原因：首先，北魏洛阳时期，宫城内的中枢决策中心就有向皇帝居住的显阳殿转移的趋势。[②] 当时皇帝在显阳殿进行例如议政[③]、听讼[④]、简试官员[⑤]、接见大臣[⑥]等活动，且时间愈晚，相关的记载愈多。其次，安排在皇帝的生活区，显然能方便皇帝参与中枢决策活动。再次，将中枢决策场所内收至远离外朝的宫城较深处，更有利于皇帝对中枢决策权力的独享，因而学者一般都将此作为皇权强化的表现。同时东魏时期，太极东西堂的中枢决策功能实际被废止，昭阳殿的政治功能则有所拓展，特别是部分朝会活动已经在此举行，相应地在礼仪、制度甚至建筑本身等方面也产生了一些新变化。而北齐是由东魏禅让而来，在重新规划宫城中政治空间布局时，这些也都是不得不加以参考的现状。综合以上诸因素，北齐自建立之初起，就将宫城内中枢决策的中心后移至昭阳殿建筑群。那北齐将中枢决策中心移至皇帝的生活区，是否也会相应弱化皇帝形象？与东魏孝静帝不同的是，北齐皇帝在太极殿的活动是不受限制的，而太极殿在魏晋南北朝时期就是皇权的至高象征，北齐皇帝的形象完全可以通过在太极殿中的活动得以充分地展示，比如文宣帝高洋在南郊即位，“事毕，还宫，御太极前殿”[⑦]，昭告天下，并大赦、改元。因此，东魏时期昭阳殿政治功能的拓展是被动接受的结果，反映的是皇权的衰弱；而北齐以昭阳殿建筑群为中枢决策中心则是主动选择的结果，反映的是皇权的加强。

陈寅恪曾指出：“隋创新都，其市朝之位置所以与前此之长安殊异者，实受北魏孝文营建之洛阳都城及东魏、北齐之邺都南城之影响。”[⑧]而邺都中枢决策中心的变化正是其中重要的一方面。前述刘敦桢的研究就指出：“（邺南城）对于隋唐两朝废止东西堂……起着承前启后的作用。”这显然与东魏、北齐时，太极东西堂中枢决策功能的丧失密切相关。另据《唐六典》：“宫城在皇城之北。南面三门：中曰承天……其北曰太极门，其内曰太极殿……又北曰两仪门，其内曰两仪殿，常日听朝而视事焉。盖古之内朝也。隋曰中华殿，贞观五年改为两仪殿。”[⑨]内朝即

---

① 《北齐书》卷30《高德政传》，第408页。

② 有关北魏洛阳时期宫城内中枢决策中心向皇帝居住的显阳殿转移的问题，牵涉内容较多，笔者拟另外撰文，详细论述。

③ 如北镇人破落汗拔陵反，所在响应。征北将军、临淮王元彧大败其于五原，安北将军李叔仁“寻败于白道，贼众日甚”。北魏孝明帝元诩诏引丞相、令、仆、尚书、侍中、黄门于显阳殿曰：“贼势侵淫，寇连恒、朔，金陵在彼，夙夜忧惶。诸人宜陈良策。”见《北史》卷43《李崇传》，第1599页。

④ 如北魏太昌元年(532)六月己卯，孝武帝元修“临显阳殿纳讼”。秋七月乙卯，再次临显阳殿，亲理冤狱。《魏书》卷11《出帝纪》，第284—285页。

⑤ 如北魏普泰元年(531)夏四月己未，节闵帝元恭“于显阳殿简试通直散骑常侍、散骑侍郎、通直郎，剩员非才他转之”。《魏书》卷11《前废帝纪》，第276页。

⑥ 如北魏正光元年(520)十月，孝明帝元诩临显阳殿，引从五品以上清官、皇宗、藩国使客等列于殿庭。《魏书》卷103《蠕蠕传》，第2298页。

⑦ 《北齐书》卷4《文宣帝纪》，第50页。

⑧ 陈寅恪：《隋唐制度渊源略论稿》，第69页。

⑨ 李林甫等撰：《唐六典》卷7《尚书工部》，陈仲夫点校，北京：中华书局，1992年，第217页。

皇帝日常接见群臣、议论政事之所，亦即本文所论宫城内中枢决策中心所在。从上引记载看，唐长安西内太极宫（隋大兴宫）是将中枢决策的中心安排在太极殿（隋大兴殿）后的两仪殿（隋中华殿）。两仪殿（隋中华殿）是宫城中寝区的正殿。① 因而其中枢决策的中心也都与皇帝的居住区相结合，这显然也受到邺都南城的影响。综上可见，东魏、北齐时期，邺都宫城内中枢决策中心的变化，对隋唐时期的宫室制度亦产生过重要的影响。

（本文原发表于《史林》2018 年第 1 期。）

作者简介：

姚潇鸫，1978 年生，浙江省萧山人。历史学博士，教授、博士生导师。兼任中国魏晋南北朝史学会理事，上海市历史学会、宗教学会理事，上海市政协民族和宗教委员会专家组成员。发表《真言宗僧人入华与 9 世纪中叶后的唐日佛教交流》《东晋时期流寓南方的粟特人补说》《试论中古时期“莲花化生”形象及其观念的演变——兼论民间摩睺罗形象之起源》等论文。完成教育部人文社科研究青年项目、国家社科基金一般项目各 1 项。主要研究方向为魏晋南北朝史、佛教史。

---

① 傅熹年编：《中国古代建筑史》（第 2 版）第 2 卷，北京：中国建筑工业出版社，2009 年，第 385 页。

唐后期五代宋初敦煌寺院中的客僧研究

陈大为

摘　要：唐后期五代宋初敦煌寺院中的客僧有的来源于敦煌当地僧团，有的来源于敦煌以外地区。前者体现了敦煌佛教僧团是一个整体，僧团内部人员可自由流动。后者体现了敦煌与其他地区的政治往来和佛教交流。敦煌寺院安排外来客僧的住宿、饭食，同时也要统计主客僧人数并上报僧团，以便佛教僧团统一管理。

关键词：唐后期五代宋初　敦煌　寺院　僧团　客僧

客僧，指寄居在某寺的外来僧人，是客人。僧人外出习学传道常常寄居于别寺，于是寺院中就出现了客僧。如《法显传》记载于阗国“彼国人民星居，家家门前皆起小塔，最小者可高二丈许。作四方僧房，供给客僧及余所须”①。同书在记述中天竺的摩头罗国时也提到“客僧往到，旧僧迎送”②。《大唐西域记》卷九“王舍城”载：“宫城西南隅有二小伽蓝，诸国客僧往来此止，是佛昔日说法之所。”③这些客僧都是游方僧人。敦煌文献中大量有关客僧的记载，尚未引起学者们的注意。对于客僧这一群体的研究有助于我们认识敦煌僧人的社会生活方式、敦煌僧团与世俗政权之间的关系以及敦煌地区与其他地区之间文化交往等问题。有鉴于此，本文拟厘清唐后期五代宋初敦煌寺院中客僧的来源，并探讨佛教僧团对客僧的管理情况，以期对敦煌佛教社会史研究的深入有所助益。

一、来自敦煌当地僧团的客僧

敦煌寺院中的客僧有的是来自敦煌本地僧团中的僧人。敦煌地区僧人之间相互往来，参访其他敦煌寺院是非常普遍的。如 S. 3011B 背(3)《今朝到此寺诗并题名》云：“今朝到此寺，壁上

---

① 章巽著，芮传明编：《〈法显传〉校注　我国古代的海上交通》，上海：复旦大学出版社，2015 年，第 42 页。

② 章巽著，芮传明编：《〈法显传〉校注　我国古代的海上交通》，第 66 页。

③ 玄奘、辩机著，季羡林等校注：《大唐西域记校注》卷 9，北京：中华书局，2000 年，第 746 页。

亭壹字。戊寅年十月十七日僧马永隆撰。”[①]此诗又见于 Дх.04568。马永隆名还见于此件正面文书《论语集解(子路、宪问)》、P.2250 背《�状》、S.4687《诸寺僧众纳粟油饼菜历》以及 BD02823 背(调 023 背)《杂写(金光明寺戒卷等)》文书,他是金光明寺僧人,僧官级别为法律。不难看出,上引题诗是马永隆到敦煌其他寺院作客时所作,我们可以把他称为客僧。

我们还注意到一些僧人在寺院中的状态只是“住”“居”。P.4660(32)《炫阇梨赞》云:

1 前任沙州释门都教授毗尼大德炫阇梨赞并序

2 阇梨童年落发,学就三冬。先住居金光明伽蓝,

3 依法秀律师受业,门弟数广,独得升堂。戒行

4 细微,蛾(鹅)珠谨护。上下慕德,请住乾元寺,共阴和上(尚)

5 同居。阐扬禅业,开化道俗,数十余年。阴和尚终,

6 传灯不绝。为千僧轨模,柄一方教主。慈母丧目,向

7 经数年;方术医治,意(竟)不痊退。感子至孝,双目

8 却明;后经数年,方尽其寿。幽两寺同院,此寺同

9 飡,如同弟兄。

(后略)[②]

文中炫阇梨在敦煌文献中以不同称谓多次出现:S.2729 背《辰年(788)三月沙州僧尼部落米净辩牒》乾元寺名下有张金炫。莫高窟第 155 窟西壁龛下中央供养人题名:“……前沙州释门都教授乾元寺沙门金炫就此窟内一心供养。”[③]P.2912 背(4)《某年四月八日康秀华写经疏》第 4 行有炫和尚。[④] P.2912 背(5)《炫和尚货卖胡粉历》第 1、2、3 行有“炫”字签押。经郑炳林考证,张金炫、炫和尚、炫阇梨、沙门金炫是同一个人,乾元寺僧,僧官至都教授。[⑤] 此件赞文中炫阇梨“先住居金光明伽蓝”,后“请住乾元寺”。虽然“两寺同院”,[⑥]但炫阇梨起先在乾元寺的身份当为客僧,后改变隶寺,最终成为都教授。

Дх.01376《沙州住莲台寺律僧应保状》载:

1 右应保伏睹当州

---

① 郝春文等编著:《英藏敦煌社会历史文献释录》第 15 卷,北京:社会科学文献出版社,2017 年,第 90 页。

② 图版见上海古籍出版社、法国国家图书馆编《法藏敦煌西域文献》第 33 卷,上海:上海古籍出版社,2005 年,第 50 页。录文参饶宗颐主编,姜伯勤、项楚、荣新江合著《敦煌邈真赞校录并研究》,台北:新文丰出版公司,1994 年,第 144 页。又郑炳林、郑怡楠辑释《敦煌碑铭赞辑释(增订本)》,上海:上海古籍出版社,2019 年,第 538 页。

③ 敦煌研究院编:《敦煌莫高窟供养人题记》,北京:文物出版社,1986 年,第 72 页。

④ 郝春文:《唐后期五代宋初敦煌僧尼的社会生活》,北京:中国社会科学出版社,1998 年,第 277 页。

⑤ 郑炳林:《都教授张金炫和尚生平事迹考》,《敦煌学辑刊》1997 年第 1 期,第 96—102 页;又同氏主编《敦煌归义军史专题研究》,兰州:兰州大学出版社,1997 年,第 542—553 页。

⑥ 马德结合敦煌寺院文书与莫高窟供养人题记的记载,认为乾元寺和金光明寺是敦煌佛教教团设在莫高窟的两座大寺。参见马德《莫高窟与敦煌佛教教团》,季羡林等主编《敦煌吐鲁番研究》第 1 卷,北京:北京大学出版社,1995 年,第 167 页。

2　藏内部帙中遗失经本，实无得处。

3　沙州住莲台寺律僧应保，

4　遂发微愿，意欲上

5　都求于信之坛那，添三乘

6　之欠教。倘或成就，传授后来。且有利于凡夫，亦不无

7　于因果，虑恐之关津口铺不勒之行化，乡人所到，不

8　拣于行由，请详凭印而放过。伏听处分。[1]

此件是归义军政权发给敦煌僧人出行的“凭印”稿。[2] 一般情况下如果是隶属某寺的僧人，文书就用某寺某僧的表达方式，而不会写住某寺某僧，如S.4504背《三界寺僧福员上仆射牒稿》中的“三界僧福员”和S.515背(2)《敕归义军节度使牒稿》中的“开元寺律师沙门神秀”，寺院前面都没有“住”字。此件另一抄本又见于Дx.01438，[3]文中也称“沙州住莲台寺律僧应保”而不是“沙州莲台寺律僧应保”，因此，笔者认为应保应是寄住在敦煌莲台寺中的客僧。

又如P.2691背《沙州城土镜》第24行有“前代王和尚住金光明寺”[4]。P.2187(1)《破魔变一卷》云：“天福九年(944)甲辰祀黄钟之月蓂生十业(叶)冷凝呵笔而记，居净土寺释门法律沙门愿荣写。”[5]“住”“居”只说明这些僧人曾经在某个寺院中生活过，但其身份并不一定属于所居住的寺院。有的是其他寺院中的僧人在该寺暂时性寄居，也有的是敦煌僧团中的僧官驻锡于此。从某种意义上说，他们的身份是寺院中的客僧。

来自敦煌当地僧团中的客僧是可以向地方执政者和僧团申请寺院中的僧房居住的，一定时期以后，客僧改变寺籍，成为主僧。S.9227《某年六月永安寺僧绍进为所换舍被庆安所占上表并判》载：

1　永安寺僧绍进　上表

2　　右伏以绍进自小出家，配名与永安寺为僧

3　　西院得堂一口，修饰为主。昨因开元寺僧

4　　慈音移就永安寺居住，绍进遂将西院堂

5　　一口回换东院绍智舍两口。其绍智还□□□

6　　亦空闲。比至移来，内一口被同院僧庆安争

7　　将，全不放绍进取近。其庆安旧有屋舍，亦

---

[1] 俄罗斯科学院东方研究所圣彼得堡分所、俄罗斯科学出版社东方文学部、上海古籍出版社编：《俄藏敦煌文献》第8卷，上海：上海古籍出版社，1997年，第124页。

[2] 郝春文：《唐后期五代宋初敦煌僧尼的社会生活》，第401页。

[3] 俄罗斯科学院东方研究所圣彼得堡分所、俄罗斯科学出版社东方文学部、上海古籍出版社编：《俄藏敦煌文献》第8卷，第172页。

[4] 唐耕耦、陆宏基：《敦煌社会经济文献真迹释录》第1辑，北京：书目文献出版社，1986年，第44页。

[5] 上海古籍出版社、法国国家图书馆编：《法藏敦煌西域文献》第8卷，上海：上海古籍出版社，1998年，第180页。

8 在同院。绍进将西院舍对徒众换得东院舍

9 两口，今绍进换舍，庆安争将，有何词理？伏望

10 　　　　微诚，特开明旨。辄将碎事干冒，

11 　　　　以闻。绍进诚恐诚惶，顿

12

13 　　　　年六月　日永安寺僧绍进表。

14 　　　　割与绍智舍

15 　　　　通情。五日[①]

这是一件寺院房舍争讼文书，此次纠纷的核心是房舍的使用归属权，起因是永安寺僧人绍进原本在该寺西院分得一间房，因开元寺的慈音要迁到永安寺居住，绍进打算将这间房让给慈音，又因分给同寺僧人绍智东院的两间房舍目前处于闲置状态，故此绍进准备用西院的这间房和绍智东院的两间房舍交换。但等到搬家的时候，绍进所换东院的两间僧房中的一间却被同院僧人庆安强占，不允许绍进入住，而且庆安在东院先前已有房舍，于是绍进便向官府递表上诉。从此件名称为“表”、涉及的僧人名字以及判文的字迹，可知这件文书是上给金山国或敦煌国时期的统治者张承奉的，据郝春文考证，此件的年代在910年至914年的可能性最大。[②] 此件中绍进和绍智分别是写于10世纪初的S.2614背《沙州诸寺僧尼名簿》永安寺名下的新、旧沙弥。慈音本为开元寺僧，S.2614背《沙州诸寺僧尼名簿》中开元寺名下有其法号。后来他移就永安寺居住，成为永安寺中的客僧。慈音还见于写于937年前不久的P.2250背《儭状》，此时的他早已改变寺籍，正式成为永安寺的僧人，在永安寺名下领取儭利。庆安在S.2614背《沙州诸寺僧尼名簿》中系净土寺僧人，但S.9227《某年六月永安寺僧绍进为所换舍被庆安所占上表并判》中，庆安却在永安寺东院居住，推测其是先于慈音移居永安寺的客僧，后改变寺籍正式成为永安寺僧人中的一员。莫高窟第405窟有庆安的题名，此时的他已成为永安寺寺主。[③] 僧人改变隶寺的情况在敦煌寺院中是非常普遍的，Дx.01443《龙光寺僧智惠弁、常秘等状》是10世纪初曹氏归义军时期龙光寺僧智惠弁、常秘因碨轮损坏而向尚书呈报寺院苦难处境的报告草稿，第6行有“六人酒食柴薪等龙光、开元各祝十日”字样，[④]且S.2614背《沙州诸寺僧尼名簿》开元寺名下有智惠、常秘，智惠或即智惠弁，两人当是后来移居龙光寺。

又如S.4622背《尼僧菩提心菩提严请亡僧舍地状稿》载：

1 尼僧菩提心菩提严　　　　状

① 图版见中国社会科学院历史研究所等编《英藏敦煌文献》第12卷，成都：四川人民出版社，1995年，第223页。录文参郝春文《唐后期五代宋初敦煌僧尼的社会生活》，第92—93页。

② 郝春文：《唐后期五代宋初敦煌僧尼的社会生活》，第119页注9。

③ 史岩：《敦煌石室画像题识》“自序”，黄永武主编《敦煌丛刊初集》第5册，台北：新文丰出版公司，1985年，第29页。

④ 俄罗斯科学院东方研究所圣彼得堡分所、俄罗斯科学出版社东方文学部、上海古籍出版社编：《俄藏敦煌文献》第8卷，第175页。

2　　右菩提心等在先来邻寺为客，并无居住处。今圣光寺内有亡僧口舍

3　　地两口，元(无)人居住，虽(?)似空闲。今拟修治居住，恐后僧人

4　　□□□□□。伏请

5　　大夫即行笔命□□。

6　牒，件状如前，谨牒。[1]

此件是菩提心、菩提严向归义军执政者申请修治居住亡僧口舍的状稿。从内容可知，两人先前是邻寺的客尼，[2]由于寺内没有居住的地方，又向归义军执政者申请修治并居住圣光尼寺中亡僧的房舍。如果申请通过，她们又会成为圣光寺的客尼。同时也可以看出，作为尼寺的圣光寺中也有僧人居住，这些僧人当为客僧。绝户僧人死亡后，不动产由官府支配，没有房舍的僧尼可申请居住。

尼僧也可作为客尼在僧寺居住，P.2165 背《金刚般若波罗蜜经疏释》题记云："开元十二年(724)二月十日沙州寂法师下听，大云寺尼妙相抄。"[3]大云寺是武周时期敕建寺院，沙州大云寺系敦煌著名僧寺，妙相署名此寺名下，其身份当为客尼。无独有偶，P.3730(3)《吐蕃时期沙州尼海觉牒》载：

1　牒：海觉不幸薄福，二亲俱亡，孤介累年，兢兢刻剔(惕)。

2　特沐　教授和尚重德，余光照临。姊妹相依，炊

3　□不别，登修房际，花严射地，施功明空。文帖见存，

4　先约未朽。从妹尼无边花，比日来伴，多在俗家，居

5　经月旬，实未久处。今缘姊师迁化，燋爨皆约。

6　妹尼海觉，僧寺潜居。只房未有厨舍，恃此先功，

7　是以不取进止，辄住妹尼，积过尤深，甘心伏罪，伏

8　望仁意哀矜，庶得存济。请处分，谨牒。

9　　　　　　□年□月　日僧海觉牒。[4]

牒文中的海觉与从妹尼无边花住在寺内，由于"姊师迁化"而失去生活来源，只得"潜居僧寺"，成为客尼。但因寺内"只房未有厨舍"，不能单独开伙做饭，所以才请求僧团接济。此牒是呈给教授和尚的，可见女尼潜居僧寺是吐蕃官方控制下的敦煌僧团许可的。

二、来自其他地区的客僧

除本地僧团中的僧人外，敦煌寺院中也有来自其他地区的僧人居住，成为客僧。BD15354

---

① 郝春文：《唐后期五代宋初敦煌僧尼的社会生活》，第 374 页。

② "客尼"的称谓还见于 P.3854 背(1)《大历七年(772)客尼三空追征李朝进负麦牒》，参见上海古籍出版社、法国国家图书馆编《法藏敦煌西域文献》第 28 卷，上海：上海古籍出版社，2004 年，第 380 页。

③ 上海古籍出版社、法国国家图书馆编：《法藏敦煌西域文献》第 7 卷，上海：上海古籍出版社，1998 年，第 316 页。

④ 郝春文：《唐后期五代宋初敦煌僧尼的社会生活》，第 88 页。

(新1554)《金刚般若经旨赞卷下》尾题后有题记:"广德二年六月十九日客僧法澄于沙州龙兴寺写。"[①]广德二年即764年,时年吐蕃攻占凉州,沙州尚未陷落。法澄应是在此之前寄居在敦煌龙兴寺的客僧,并在寺院中抄写佛经。又如P.3967《周卿泰法师诗钞》七首诗中有三首与金光明寺有关,其中一首明确署名为泰法师,兹移录如下:

题金光[明]寺钟楼

泰法师作

独立悲乡思,登临忘远天。

树浓春色媚,山净野花鲜。

檐下三光满,窗中万象悬。

鸿钟吟掌内,楼观耸祇园。

溪水流□□,孤峰戴夕烟。

罕陪高此□,□□□□□。[②]

从诗中"独立悲乡思,登临忘远天"一句并联系其他几首诗内容可以判定此诗作于吐蕃占领敦煌初期,此为河西陷蕃后滞居敦煌的客僧泰法师游览金光明寺时的即景之作,既描写了金光明寺的宜人美景,又抒发了作者思乡之情。

S.6178《太平兴国四年(979)七月皇太子广济大师为男太子中祥追念请僧疏》云:

1 僧正、索法师、开大阆法律、阴法律、大周僧正、______

2 贰人,莲台李僧正、法律拾人、显翟僧正、法律七人,汉大师二人。

3 右今月十八日,就宅奉为男太子中祥追念,伏乞

4 慈悲,依时早赴,谨疏。巾钵

5 太平兴国四年七月 日皇太子广济大师 谨疏。[③]

此件为敦煌曹氏归义军时期的《请僧疏》,内容是把僧人请到家中追念设供。据沙武田、赵晓星的研究,"皇太子广济大师"和已去世的"男太子"是曹氏太子。[④] 其中所请的"汉大师二人",当指来自中原地区的寄居在敦煌寺院中的客僧。又如S.8649《某寺作道场面油破历》是曹氏归义军时期某寺举行道场的面油支出账目,供应饭食的人员当中也包括四位来自中原地区的汉大师。S.10542《六七请僧追念疏》是请僧为某人六七追念设供疏,汉大师也在被邀请名单中。类似的记载很多,此不赘述。

唐宋时期中原僧人西天求法大多途经敦煌地区,并在敦煌寺院中寄住。敦煌藏文写本

① 中国国家图书馆:《国家图书馆藏敦煌遗书》第143卷,北京:北京图书馆出版社,2012年,第30页。
② 徐俊纂辑:《敦煌诗集残卷辑考》,北京:中华书局,2000年,第447页。
③ 唐耕耦、陆宏基:《敦煌社会经济文献真迹释录》第4辑,北京:全国图书馆文献缩微复制中心,1990年,第180页。
④ 沙武田、赵晓星:《归义军时期敦煌文献中的太子》,《敦煌研究》2003年第4期,第49页。

Ch.83.xi背面的五封藏文信札提到吐蕃时期一位汉地和尚经行的最后一个地名是沙州，藏文书信间夹杂的汉字中，有"龙兴寺"字样，应是和尚在沙州寄住的寺院名称。① S.5981《同光二年(924)智严五台山巡礼圣迹后记》载鄜州(今陕西富县)开元寺观音院主临坛持律大德智严往西天取经，归途经过沙州，巡礼当地佛教圣迹。② 智严又见于上博48(41379)28.《十二时普劝四众依教修行》题记："时当同光二载(924)三月廿三日，东方汉国鄜州观音院僧智严，俗姓张氏，往西天求法，行至沙州，依龙光〈立〉寺憩歇一雨月说法，将此十二时来留教众，后归西天去展转写取流传者也。"③龙光寺又见于前引Дx.01443《龙光寺僧智惠弁、常秘等状》，为五代时期沙州寺院，客僧智严在敦煌停留期间寄宿于此寺并开展说法活动。

道猷也是西行求法僧中的一员，敦煌文书BD001904背(收004背)《奉宣往西天取经僧道猷等牒稿》记载：

1 奉宣往西天取经僧道猷等

2　右道猷等谨旨

3　衔，祗候

4　起居

5　贺，伏听　　　处分。

6 牒，件状如前，谨牒。

7　　　　至道元年十一月二十四日灵图寺寄住。④

此件为道猷等人西行途中上给当地官员的牒稿，问候起居，类似的还有S.529(1)《同光二年(924)定州开元寺僧归文状、牒、启稿》。僧人道猷等奉宣往西天取经，羁留敦煌的时间是宋太宗至道元年(995)，当时他们作为客僧寄居在敦煌灵图寺。与敦煌地方官员有诗作交流，《寄孔目五言二十韵并序》落款为"寄灵图寺沙门道猷上"⑤，说明此诗是写给当地孔目官的作品。在此期间，道猷还曾上状于曹氏归义军节度使，为被贬斥的金光明寺令狐僧正求情。此事详见于北大D185《灵图寺寄住僧道猷状牒》，兹录文如下：

1 灵图寺寄住僧　道猷

2　右　道猷　辄　有　卑事上告

3　大王，事属僭谀，不避罪责。窃以扶

4　危拔苦，佛佛皆传，舍罪放愆，

① 荣新江：《敦煌文献所见晚唐五代宋初的中印文化交往》，氏著《丝绸之路与东西文化交流》，北京：北京大学出版社，2015年，第99—101页。

② 中国社会科学院历史研究所等编：《英藏敦煌文献》第10卷，成都：四川人民出版社，1994年，第11页。

③ 录文参见上海博物馆《上海博物馆藏敦煌吐鲁番文献》第2卷，上海：上海古籍出版社，1993年，"叙录"第11页。其中"立"字应为衍文。

④ 中国国家图书馆：《国家图书馆藏敦煌遗书》第26卷，北京：北京图书馆出版社，2006年，第256页。

⑤ 徐俊纂辑：《敦煌诗集残卷辑考》，第928页。

5 官官皆有，释门之事，　道猷合言。今因

6 斋日，特且诉陈。昨于　有金光明寺令狐

7 僧正，因于小事而相诤，致犯条

8 令而尤重。既触

9 严科，理当过咎。盖为自损，岂是于他

10 不慎行藏，冒渎

11 严驾。蒙

12 迁流归于窟谷受　恕，免却返城隍，近

13 及一周，曾未参请。朝朝而忧愁似醉，

14 日日而惊怖如痴，具审三思，傍惶无

15 地。

16 王臣即莫觑其面，师长即永不闻名。欲

17 往东西，恐

18 大王怪责。但道猷特呈卑状，冒渎

19 台颜，不避愆尤，敢施荒拙，谨于千僧之

20 会，望恕一人之殃。况有杀人在地，尚

21 犹放免残生，今告

22 大王，看诸佛之面放舍，却依旧位，

23 或则别赐条式。准将看

24 读之功，上答

25 遐龄之算，冒犯

26 威严，伏听　　处分。谨录状上。

27 牒，件状如前，谨牒。①

上引状文记载了金光明寺令狐僧正因为一些小事相诤而触犯条令，被撤销僧职并发配到莫高窟窟谷，不得返回城隍，致使他终日忧愁、恐惧、彷徨。灵图寺寄住僧人道猷上状“大王”求情，希望看在“诸佛之面”恢复其原职或“别赐条式”。前引BD001904背（收004背）《奉宣往西天取经僧道猷等牒稿》落款时间是至道元年（995），敦煌正处于归义军节度使曹延禄执政时期，②这里的“大王”当指曹延禄。状文中，道猷言辞谦恭，但作为客僧之所以敢上状节度使为令狐僧正求情，当与其“奉宣往西天取经僧”的身份有关。这同时也反映了敦煌曹氏归义军政权与北宋朝廷之

---

① 图版见北京大学图书馆、上海古籍出版社编《北京大学图书馆藏敦煌文献》第2卷，上海：上海古籍出版社，1995年，第201页。录文参郝春文《唐后期五代宋初敦煌僧尼的社会生活》，第395—396页。

② 关于归义军节度使曹延禄的执政时间和称号，详见荣新江《归义军史研究——唐宋时代敦煌历史考索》，上海：上海古籍出版社，2015年，第124—127页。

间有着政治往来和宗教交流。

除中原地区外，敦煌当地还有来自凉州、甘州、肃州、伊州、西州、于阗甚至印度、波斯等地的客僧，S. 1366《庚辰(980)至壬午年(982)归义军衙内面油破历》载："于阗罗阇梨身故助葬细供十分，胡[饼]五十枚，用面四斗四升，油八合。……甘州来波斯僧月面七斗、油一升。牒蜜骨示月面七斗。廿六日支纳药波斯僧面一石，油三升。……汉僧三人，于阗僧一人，波(婆)罗门僧一人，凉州僧一人，共面二斗、油一升。"①P. 4705《供甘州来于阗大德二人帐》记载了敦煌寺院供给从甘州来于阗大德二人的支出账目。② 莫高窟第 231 窟西壁也有"甘州报林寺上座兼法师□□悟因一心供养"的供养人题记。③ 这些东来西往的僧人，有的是西行求法途经敦煌，有的是经过敦煌到中原地区巡礼五台山，也有的是到敦煌或其他地区研习、传播佛教，其中很大一部分是以僧人身份与使者一同前来。这些僧人受官方委派，带着一定的使命而来，我们称之为僧使。敦煌归义军时期，僧使往来十分频繁。④ 这些僧使成为敦煌地区特殊的客僧群体。单就敦煌净土寺而言，就曾接待过于阗、西州、凉州、肃州、伊州以及中原等地区的僧使。⑤ 如 P. 2032 背《后晋时期净土寺诸色入破历算会稿》第 405—406 行有"面贰斗，油两抄，粟六斗，纳龙兴寺屈肃州僧用"；第 423 行有"面叁斗伍胜，油胜半，屈客僧及使客送路等用"；第 823—824 行有"面伍升，伊州客僧来时看用"。客僧与使客一同被招待，但分开表述，说明客僧与使客一同充使，角色上又不同于一般使客。由于其身份的特殊性，他们为周边政权与归义军的政治交往和佛教交流均作出了重要贡献。

三、敦煌佛教僧团对客僧的管理

禅宗寺院分为子孙寺和十方寺，子孙寺由本寺僧侣居住，不接待外来僧众，衣钵戒牒齐全的僧人可在十方丛林居住，称为挂单或挂搭。《百丈丛林清规证义记》卷七下云："挂单，即古之挂搭，盖僧行脚，唯带衣钵，故名挂搭，即挂所搭之衣也。今之参学，兼带行李。改名挂单。"⑥"单"是指僧人的行李，"挂单"便是表明云游的僧人准备将行李安放起来，暂时不往别处去。丛林组织规定接待外来宾客应由客堂负责。客堂有知众、知客、照客等职。僧人进住寺院，一般先住在旦过寮。旦过寮，取"夕来宿，过旦去之义也"；又名云水堂，形容僧人如行云流水，过而不留。陆游有诗曰："心如泽国春归雁，身是云堂旦过僧。"如挂单已久，知其行履确可共住者，即送入禅

---

① 郝春文、金滢坤编著：《英藏敦煌社会历史文献释录》第 5 卷，北京：社会科学文献出版社，2006 年，第 415—417 页。

② 上海古籍出版社、法国国家图书馆编：《法藏敦煌西域文献》第 33 卷，第 120 页。

③ 敦煌研究院编：《敦煌莫高窟供养人题记》，第 105 页。

④ 冯培红：《归义军时期敦煌与周边地区之间的僧使交往》，郑炳林主编《敦煌归义军史专题研究续编》，兰州：兰州大学出版社，2003 年，第 604—620 页。

⑤ 陈大为：《论敦煌净土寺对归义军政权承担的世俗义务(一)》，《敦煌研究》2006 年第 3 期，第 112—113 页。

⑥ 《卍新纂续藏经》卷 63，第 484 页上。

堂，此即称为安单。[①] 此后该僧即正式成为丛林清众之一员。从敦煌文献的记载以及藏经洞出土的行脚僧图可知，许多东来西往的僧人都在敦煌留下了他们的足迹，而敦煌寺院就是他们主要挂单的地方，从这个角度上来讲，敦煌寺院应属于十方寺。

据湛如研究，敦煌寺院的组织形式是禅律同居的。[②] 在客僧事务的管理上与传统禅宗寺院又有所不同。一般禅宗寺院由知客负责客僧事务，《敕修百丈清规》卷四记载知客的职能是“职典宾客”[③]。敦煌文献中“知客”一职的记载颇多。[④] 但经分析可知，这些知客皆为归义军官府所设之客司中的官员，并非寺院中的知客僧。据前引 S.9227《某年六月永安寺僧绍进为所换舍被庆安所占上表并判》、S.4622 背《尼僧菩提心菩提严请亡僧舍地状稿》以及 P.3730(3)《吐蕃时期沙州尼海觉牒》，可知对于敦煌本地僧团中的客僧，无处居住的可向地方最高行政长官申请住房，生活无着的客僧，僧团给予救济。但住在寺内的客僧，平时是自己开伙，寺院不提供饭食。

敦煌寺院对于其他地区外来客僧住宿的安排，根据本寺具体情况，采取比较灵活的措施。禅院、佛殿等皆可安置客僧居住，S.4711 背《为于阗云游僧法因求住三界寺禅院状》记载于阗僧人法因在敦煌游历而借宿三界寺禅院的事情：“伏睹三界寺内禅院极宽，今若安置客人，后乃必有重答。”[⑤]敦煌文书中其他地区寺院安排住宿的地点也可作为参考，P.3931《书启公文——印度普化大师游五台山日记和回鹘上后梁表等》第 26—27 行有“昨四月十九日平达华严寺，寻礼真容，果谐夙愿。瞻虔至夜，宿在殿中”[⑥]。P.4648《巡行记》记载这名僧人住宿的地点有泽州开元寺主院、潞府延唐寺常住院、太原城内大安寺内常住库等。[⑦] Дx.06875《残卷》云：“在讲堂中不共住止。”[⑧]经笔者考证，此为《妙法莲华经》的一部分，原文是“若于房中、若经行处、若在讲堂中，不共住止”，即这些地方不与恶人共处，体现了讲堂的神圣不可侵犯。但特殊情况下讲堂亦可作为客房之用，《高僧传·释道安》载：“后至秦建元二十一年(385)正月二十七日，忽有异僧，形甚庸陋，来寺寄宿。寺房既迮，处之讲堂。”[⑨]

对于其他地区外来客僧，寺院除了安排住宿以外，当然也要提供饭食。BD09323(周 044)《吐蕃时期某寺香积厨手帖》记录了 8—9 世纪吐蕃占领敦煌时期某寺逐日供应僧人饭食的情况，其中就包括“东来僧二人”[⑩]。这些东来僧可能来源于肃州、甘州等敦煌以东地区，P.5579

---

① 《卍新纂续藏经》卷 63，第 484 页上。

② 湛如：《论敦煌佛寺禅窟兰若的组织及其他》，敦煌研究院编《段文杰敦煌研究五十年纪念文集》，北京：世界图书出版公司，1996 年，第 104—108 页。

③ 《大正藏》卷 48，第 1131 页中。

④ 如 S.5139 背、P.2049 背、P.3764 背有张知客；P.2032 背有王知客；S.4443 有田知客；P.4525 有知客赵清汉；S.2894 背(2)有泊知客；S.8448A、S.8448B 有何知客。此外 P.2641、P.4092 等皆记载到知客。

⑤ 中国社会科学院历史研究所等：《英藏敦煌文献》第 6 卷，成都：四川人民出版社，1992 年，248 页。

⑥ 唐耕耦、陆宏基：《敦煌社会经济文献真迹释录》第 5 辑，北京：全国图书馆文献缩微复制中心，1990 年，第 333 页。

⑦ 唐耕耦、陆宏基：《敦煌社会经济文献真迹释录》第 1 辑，第 83—84 页。

⑧ 俄罗斯科学院东方研究所圣彼得堡分所、俄罗斯科学出版社东方文学部、上海古籍出版社编：《俄藏敦煌文献》第 13 卷，上海：上海古籍出版社，2000 年，218 页。

⑨ 释慧皎撰，汤用彤校注：《高僧传》卷 5，北京：中华书局，1992 年，第 183 页。

⑩ 中国国家图书馆：《国家图书馆藏敦煌遗书》第 105 卷，北京：北京图书馆出版社，2008 年，第 262 页。

《吐蕃占领时期具僧法惠等状残片》记录了某寺僧人姓名、剃度或受戒时间以及到沙州的日期，其中就包括东来僧人的情况：

（前缺）

1 □□，俗名阴荣子，上乞心儿印。己年□/□酉年六月至沙州。

2 □御，俗名宋盈金，上仡结罗印。未年十二月廿一日对，□僧统仡□赞度，□年二月廿□月上。

3 □已，俗名索文奴，宰相论纥颊藏给印。申年正月对，□州都僧统仓孙罗度，酉年六月至沙州上。

4 法惠，俗名□佛奴，宰相尚乞心儿印。酉年二月廿五日对，甘州僧统遍执度，酉年七月至沙州上。

5 智秀，俗名樊和和，上乞心儿印。廓州僧统度行。化□，俗名董彦奴，尚乞心儿印。未年十月对，□州僧统度行，申年正月一日至次。

6 □□，俗名侯苟子，宰相论勃颊藏印。未年十一月对，肃州僧统□，申年正月一日至次。

7 法高，俗名张太平，上乞心儿印。未年十一月对，肃州教授度下，申年正月一日至沙州。

（后缺）①

上引文书说明吐蕃统治时期，在廓州、甘州、肃州等河陇诸州皆设有僧统或教授一职，主管僧人剃度等事务。其中法惠在甘州僧统的主持下举行剃度仪式，酉年七月来到沙州；智秀由廓州僧统度行，法高等人由肃州教授、僧统负责剃度，申年正月至沙州。从地理位置上来看，他们都是东来僧人。

归义军时期，敦煌寺院同样要负责来自其他地区客僧的饭食，S.4642 背《某寺诸色斛斗入破历算会牒》第 99 行有“面肆硕参胜，造筵局看客僧用”。S.4782《乾元寺堂斋修造两司都师文谦诸色斛斗入破历算会牒》第 31—32 行有“白面伍升，充肃州僧粮用”。如果是外来的僧使，一般情况下用“官料”招待，如 P.2049 背《长兴二年（931）正月沙州净土寺直岁愿达手下诸色入破历算会牒》第 284—285 行有“油壹抄，比得官料两日供汉大德用”；第 346—347 行有“面壹斗肆胜，比得官料两日供汉大德用”。P.3234 背（9）《癸卯年（943）正月一日已后净土寺直岁沙弥广进面破》第 28 行也有“面贰斗伍胜，于阗僧来比得官料供助用”。从“比得官料”和所受殊遇可知他们为官方僧使，并非通常往来的行脚僧，因此，迎来送往非常周到。S.6452（1）《某年（981—982?）净土寺诸色斛斗破历》第 18—19 行有“十六日，于阗大师来，造饭面叁升。十七日，又造饭面壹斗。麸贰斗，于阗大师马吃用”。P.3234 背（8）《年代不明（10 世纪中期）净土寺西仓粟破》

---

① 陆离：《敦煌的吐蕃时代》，兰州：甘肃教育出版社，2013 年，第 294—295 页。

第1—2行有"粟叁斗，沽酒送路于阗僧用"。于阗国与归义军政权往来密切，佛教交流频繁。P. 2899《须摩提长者经》卷端题"于阗开元寺一切经"[①]，此经即是于阗僧人带到敦煌的佛经。他们在敦煌受到礼遇，即使是没有衣装亦可向归义军节度使上状请求发放。S. 2528《于阗僧龙大德请公凭状》就是于阗僧龙大德上状归义军令公阿郎，请求发放衣装之公凭，时间应在曹氏归义军时期。[②]

为加强管理，佛教僧团对寺院主客僧人数的统计十分严格。S. 545背(1)《戌年九月永安寺僧惠照上当寺应管主客僧数牒》是吐蕃时期沙州永安寺僧惠照向都司报告该寺主客僧人数的文牒，兹录文如下：

1 永安寺 状上
2 当寺应管主客僧数惣卅六人。
3 利宽、法照、证因、光证、昙隐、惠哲、归信、远直、
4 凝然、文惠、智岩、法初、惠林、惠寂、惠因、法进、
5 解脱、戒朗、弘恩、法寂、惠琮、智光、惠照、贞顺、戒□、
6 道空、法因、道成、法清、会恩、绍□、□□、
7 智捷、广济、志真。
8 右通当寺僧名具如前数，请处分。
9 牒， 件 状 如 前， 谨 牒。
10 戌年九月 日僧惠照牒。[③]

牒文中的利宽、法照、光证、昙隐又见于S. 2729背《辰年三月沙州僧尼部落米净辩牒》永安寺名单中，辰年为788年，[④]当时此寺仅有僧十一名，但皆为主僧。戌年此寺有僧三十六名，戌年为806年，[⑤]其中有一些为客僧，如惠因、法进、法清等分别列于S. 2729背《辰年三月沙州僧尼部落米净辩牒》中报恩寺、大云寺、灵图寺名下。惠因即报恩寺的李惠因，法进即大云寺的石法进，法清即灵图寺的翟法清。宋代沙门宗晓编《宝云振祖集》之"敕黄"与"使帖"两章，列举明州宝云禅院情况时，也统计了主客僧人数，"见在殿宇房廊一百余间，佛像七十事，主客僧五十八人，开宝元年置建"[⑥]。可见统计主客僧人数并上报僧团是寺院的一项重要制度。

结　语

概言之，唐五代宋初敦煌寺院中的客僧有的来源于敦煌当地僧团，有的来源于敦煌以外地

---

① 上海古籍出版社、法国国家图书馆编：《法藏敦煌西域文献》第19卷，上海：上海古籍出版社，2001年，第288页。
② 张广达、荣新江：《关于敦煌出土于阗文献的年代及其相关问题》，《于阗史丛考》，上海：上海书店出版社，1993年，第118—119页。
③ 郝春文：《英藏敦煌社会历史文献释录》第3卷，北京：社会科学文献出版社，2003年，第182页。
④ 藤枝晃：《敦煌の僧尼籍》，《东方学报》(京都)第29册，1959年，第296页。
⑤ 唐耕耦、陆宏基：《敦煌社会经济文献真迹释录》第4辑，208页。
⑥ 《大正藏》卷46，第928页下、929页上。

区。前者体现了敦煌佛教僧团是一个整体，各寺在都司的统一组织下活动。僧团内部人员自由流动，一些僧人在寺院中的状态只是“住”“居”，其身份并不一定属于所居住的寺院。有的是其他寺院中的僧人在该寺暂时性寄居，也有的是敦煌僧团中的僧官驻锡于此。女尼可以潜居僧寺，成为客尼；客僧也可以转换寺籍，成为主僧。敦煌本地无处居住的客僧可向地方最高行政长官申请寺院中的僧房居住，生活无着的客僧，僧团给予救济。但住在寺内的本地客僧，平时是自己开伙，寺院不提供饭食。来自敦煌本地僧团中的客僧的生活方式是敦煌佛教世俗化的表现。后者体现了敦煌与其他地区的佛教交往，唐后期五代宋初敦煌寺院招待来自中原、西域以及周边地区的僧人，这些东来西往的客僧有的是西行求法途经敦煌，有的是经过敦煌到中原地区巡礼五台山，也有的是到敦煌或其他地区研习、传播佛教。其中很大一部分是以僧人身份与使者一同前来，与使客一同充使，但角色上又不同于一般使者。由于其身份的特殊性，他们为周边政权与归义军的政治交往和佛教交流均作出了重要贡献。作为十方寺性质的敦煌寺院，在客僧事务的管理上与传统禅宗寺院又有所不同。对于客僧住宿的安排，根据本寺具体情况，采取比较灵活的措施。禅院、佛殿等皆可安置客僧居住。敦煌寺院还要负责来自其他地区客僧的饭食，尤其是外来的僧使，一般情况下用“官料”招待，迎来送往非常周到。同时，敦煌寺院需要依照规定统计主客僧人数并上报僧团，以便官府统一管理。

（本文原发表于《敦煌研究》2021 年第 2 期。）

作者简介：

陈大为，北京顺义人，上海师范大学历史系教授，博士生导师，主要从事敦煌学与隋唐史研究。出版学术专著 3 部，发表学术论文 40 余篇。代表作《唐后期五代宋初敦煌僧寺研究》入选“国家哲学社会科学成果文库”。目前担任中国敦煌吐鲁番学会理事及学会主办刊物《敦煌学国际联络委员会通讯》副主编。主持并完成国家社科基金项目 2 项（“唐后期五代宋初敦煌僧寺研究”“中古时期敦煌在家信众的佛教信仰研究”），在研国家社科基金项目 1 项（“上海藏敦煌吐鲁番社会历史文献整理与研究”），主持并完成国家留学基金项目 1 项（“英藏敦煌社会历史文献整理与研究”）。曾获上海市宝钢教育奖、上海市优秀博士论文奖，以及上海市曙光学者、上海市晨光学者、上海市东方英才青年学者称号。

圭峰宗密的禅法思想

文志勇

摘　要：华严宗五祖圭峰宗密法师在转投清凉澄观法师门下修行华严之前，本是荷泽神会一系道圆禅师的弟子。因此，他的禅法思想深受南禅宗顿教禅的影响也就不难理解了。宗密法师鉴于当时禅门与教下相互睥睨、各执己见，而禅门内数十家也自是非他、视同水火，故此深感痛心。他认为，如来慈悲，流传佛教，诸宗之祖，即是释迦，经是佛语，禅是佛意，诸佛心口，必不相违。欲详细阐释禅源，和会融通禅法，写录诸家所述，诠表禅门根源道理，文字句偈，集为一藏，在内力求会通华严与禅以及禅门内各支，在外则致力会通儒、释、道融合。他撰写《禅源诸诠集》《中华传心地禅门师资承袭图》就是朝向这一目标努力迈进的显证。可惜前一部著作已散佚，只有序言留传后世，即《禅源诸诠集都序》（四卷）。我们只能管中窥豹，略见其禅学思想概要。

宗密认为，佛教之内，各宗各派，局之则皆非，会之则皆是，应以佛语为绳墨，各示其意，各收其长，按其本末深浅、权实遮诠，总统为禅门三宗——息妄修心宗、泯绝无寄宗、直显心性宗；教法三种——密意依性说相教、密意破相显性教、显示真心即性教。三宗三种相互和会融通，伊字三点，各据其位而又相互呼应，以教证禅，以禅解教，然后禅教双忘，心佛俱寂，方称得上是真如佛法，不变随缘，方便善巧，应化众生。

宗密法师的禅法论述，是以华严宗义和马鸣菩萨《大乘起信论》、法华、涅槃等诸经论，即以般若中观和如来藏思想为理论基础，阐释禅法源流、各家宗旨深浅及分歧由来，摄收其长，观其短。他用一心二门、真如生灭、互通不离、性相依存、妙用无穷、阿赖耶识、真俗二谛、性空假有、真空妙有、唯识三性三量即遍计所执性、依他起性、圆成实性、比量、现量、佛言量以及八识转四智等义理名相来阐释融通，纵横捭阖，自在无碍，言之有据，义理明晰，逻辑自洽，情真意切，弘法和诤，不愧是一代宗师，法门龙象。再依菩提达摩所传“二入四行”实修禅法，即心即佛，心、佛、众生三不相异，直显本心，必得菩提。

宗密法师完全从南禅宗荷泽系立场对禅门传法、传衣之形式变化进行解释。对于由“教外别传”到“借教悟宗”，再到“了自心而辨诸教，辨诸教而解修心”的宗旨演变，亦自有妙论。从而对禅宗和教宗个别人等责难他讲经述论、坐禅悟道、显证心法有违祖训给予有力的回应。对于佛祖立教与禅师之训，亦有明确区分与界定。

但是，宗密法师在谈到禅门顿渐时，又用三世两重因果，累世修行来解释，虽与华严义和渐教宗义不相违，但于顿教义理，似稍欠圆满。

关键词： 圭峰宗密　禅法　阐释

一、宗密法师的佛教人生

华严宗第五代祖师圭峰宗密法师（780—841），俗姓何，果州西充（今四川南充阆中）人，生于唐德宗建中元年（780），寂于唐武宗会昌元年（841）。家本豪盛，少通儒书，素有抱负。元和二年（807）二十八岁（一说二十五岁），师从遂州道圆禅师披削出家，当年进具于拯律师。[①] 道圆是南禅宗荷泽神会门下别出荆南惟忠（南印）禅师的法嗣，即是说，宗密由禅门进入佛教，属南禅宗别出第五世法孙。因此，宗密法师与南禅宗的渊源就非常容易理解。这可以说是一种贯穿始终的影响力。

一日，宗密随众僧到府吏任灌家赴斋请，以次受经，得《圆觉经》一部，读而感悟至心，归以心得禀告其师。道圆抚慰曰："汝当大弘圆顿之教。此诸佛授汝耳。行矣，无自滞于一隅也。"[②]于是，宗密法师云游四方，参学诸高贤大德，因天资宿缘超群殊胜，倍受赞扬。南印禅师赞曰："汝传教人也，当倡导于帝都。"洛阳奉国神照禅师见而叹曰："菩萨人也。谁能识之？"到襄、汉时，从一病僧处得到清凉澄观大师所撰华严经疏（一说华严句意），[③]阅即能讲，契符于心，欣庆所遇："向者诸师述作罕穷厥旨，未若此疏辞源流畅，幽赜焕然。吾禅遇南宗，教逢圆觉，一言之下，心地开通，一轴之中，义天朗耀。今复偶兹绝笔，罄竭于怀。"暨讲终，思见疏主。……先赍书上疏主，遥叙师资……至上都，执弟子之礼。观曰："毗卢华藏，能随我游者，其唯汝乎！"[④]自此，宗密法师继承华严正宗清凉澄观之法脉，力排慧苑、李通玄之旁说，熔冶禅法与华严为一炉，成为五祖。

此后，又北游清凉胜境五台山，礼诸佛与文殊诸菩萨等，然后驻锡鄠县（今陕西西安鄠邑区）智炬寺、草堂寺，因常住寺南圭峰兰若，故此，后世称他为圭峰宗密。太和二年（828，一说九年[835]）庆成节（唐文宗李昂生日），文宗皇帝征诏宗密法师入内咨问法要，赐紫方袍，尊称大德。

---

① 二十五岁出家说，见终南山草堂寺沙门宗密撰《圆觉经大疏释义钞》卷1，《卍新续藏》第9册，第245号，第477b页。二十八岁出家说，见赞宁撰《宋高僧传》卷6，范祥雍点校，北京：中华书局，1997年，第124页；道原撰《景德传灯录》卷13，尚之煜点校，北京：中华书局，2022年，第463页。

② 道原撰：《景德传灯录》卷13，第463页。

③ 华严宗四祖清凉澄观法师至少撰写过4大部华严经疏、科、钞，皆篇幅巨大、卷帙浩繁，如《大方广佛华严经疏》60卷、《大方广佛华严经随疏演义钞》90卷、《贞元新译华严经疏》10卷、《大方广佛华严经疏科文》10卷。因无确指，此处不知是哪一部疏注。清代僧人续法称，灵峰阁梨授与《华严大疏》20卷、《大钞》40卷，不知有何根据。

④ 赞宁撰：《宋高僧传》卷6，第124页。

会昌元年(841)正月六日，即唐武宗灭佛之初，圆寂于终南山兴福塔院。世寿六十二岁，僧腊三十四(七)年。圆寂前遗言："弃尸施鸟兽，焚其骨而散之，勿塔，勿得悲慕，以乱禅观。每清明上山，必讲道七日而后去。其余住持仪则，当合律科。违者，非吾弟子。"但子弟信众为纪念这位佛门大德，仍然奉其舍利，起塔供养。其徒众有数千人，最为知名者当属相国裴休，他大力宣扬宗密佛学思想、为其树碑立传、作序推荐著作等。待唐宣宗继位，改弦更张，兴复佛教时，追谥宗密为定慧禅师，塔号青莲。

宗密法师一生讲、禅并修，倡导禅教和会，尤其精通阐释华严与南禅宗思想，著述颇丰，内容广博，披露其学佛心得。如《圆觉经疏科》《华严经普贤行愿品疏科》《金刚般若经疏论纂要及科文》《盂兰盆经疏》《华严原人论》《注华严法界观门》《华严心要法门注》《起信论疏注》以及《禅源诸诠集都序》《中华传心地禅门师资承袭图》等，亦有《涅槃经》《唯识论》注疏，其中包括对杜顺法师、法藏法师和澄观法师著作的注解，还有许多已散佚者，总计二百余卷，图六面。

值得一提的是，唐文宗李昂在宦官势力的扶持下登基以后，反过头来却利用儒生官僚李训、郑注、王涯等人，开始打压宦官势力，同时严厉裁抑佛教、沙汰僧尼，结果激起甘露之变(835)。李训身为翰林学士、兵部郎中、宰相，肆意弄权，苛薄佛教。最可笑的是，在阴谋败露后，被宦官反击追杀，无处躲藏时，竟与同伙奔入终南山投宗密法师，寻求庇护。尽管宗密本着佛教慈悲为怀、怨亲平等的态度愿意收留他，但门下弟子却坚决不答应，将其推出门外。于是这个失败政客很快被杀死。宦官头领、左军中尉兼长安左街功德使仇士良得知此事，派人逮捕宗密审问，责其不告之罪，将杀之。宗密坦然对曰："与训游久，浮屠法遇困则救，死固其分。"[①]右军中尉鱼弘志嘉之，奏释其罪。朝士闻之，扼腕出涕焉。由此一事，可见宗密法师之德行修为，同时也反证官僚政客的虚伪无耻。

总之，宗密法师博学多闻、胸有大志。他禅遇南宗，教逢圆觉，佛学思想亦深受南禅宗影响。后改宗华严，成为五祖，并融会贯通，著述颇丰。其人品与修养高尚磊落，诚不愧为一代宗师、万世师表。

二、宗密法师对禅的若干论述

宗密的禅法思想多散见于他的各种注、疏、论当中，但主要集中于他的《禅源诸诠集都序》(又名《禅那理行诸诠集》，集录禅门诸家之说的《禅源诸诠集》现已散佚，仅剩序言四卷存世)和

---

① 欧阳修、宋祁撰：《新唐书》卷179，北京：中华书局，1997年，第5314页。祖琇撰：《隆兴佛教编年通论》卷25，《卍新续藏》第75册，第1512号，第231b、234b页论述甚详："(太和)九年四月丁巳，宰相李训上疏请罢内道场，沙汰僧尼滥伪者。制可。是日诏下，方毁大内灵像。俄暴风聿起，含元殿鸱吻俱落，发三金吾仗舍，内外城门楼观俱坏，光化门墙亦崩。士民震恐。帝以训所请忤天意，亟诏停前沙汰，诏复立大内圣像。风遂顿息。见旧史《五行志》。是岁冬十一月，宰相李训、郑注谋诛宦官不克，事败，训、注皆死之。论曰：太和末，宰相李训、郑注谋诛宦官不克。事败，训走终南山依密禅师。其徒惧祸不内，密独保庇之。事急，训奔凤翔，为罗卒所获。宦官仇仕良以密匿训，追至将杀之。密怡然曰：'与训游久。吾法遇难即救，死固其分也。'仕良壮其不挠而释之。唐史书此，盖美其有大节也。"

《中华传心地禅门师资承袭图》这两篇文章当中。故此，我们将从这两篇文章出发，探讨宗密的禅法思想。

（一）撰文目的、释题、对禅的界定

宗密在《禅源诸诠集都序》中开宗明义，说明他纂集诸家禅门所述的目的，在于"诠表禅门根源道理，文字句偈集为一藏，以贻后代"①。先释禅门源流本末、师资傍正，再论诸家禅法教义之深浅隐显，然后以大乘了义经论和直显心性宗为准绳，和会统揽各说，反复申明：经是佛语，禅是佛意，诸佛心口，必不相违。他的立足点是南宗师说，尤其是荷泽神会之说符于佛意：达摩一宗是佛法通体。"今且叙师资傍正，然后述言教浅深，自然见达磨之心流至荷泽矣。""南宗者，即曹溪能大师，受达磨言旨已来，累代衣法相传之本宗也。后以神秀于北地大弘渐教，对之，故曰南宗。""荷泽宗者，全是曹溪之法，无别教旨。为对洪州傍出，故复标其宗号。""荷泽宗者……是释迦降出，达磨远来之本意也。"②他认为，教下各宗不应毁禅，禅门亦不应轻于经教、持律、调伏、坐禅等，须相互和会。顿悟、渐修皆为禅法，各有其用，两者相辅相成而非相互为敌。同时，针对当时突出的佛门乱象，他也呼吁禅门中人，其师说须意符佛说，文应合于经教。并希望此文能垂诸后世，以为龟鉴。

他解释说，禅具云禅那(dhyana)，中华翻为思惟修，亦名静虑，皆定慧之通称。源是一切众生本觉真性，亦名佛性，亦名心地。悟之名慧，修之名定，定慧通称为禅那。他引述经论强调，真如本心是禅之本源，它不但是禅门之源，亦是万法之源，故名法性；亦是众生迷悟之源，故名如来藏藏识；亦是诸佛万德之源，故名佛性；亦是菩萨万行之源，故名心地。一切众生皆具空寂真心，本来自性清净，了了常知，灵明不昧。但为无始以来无明妄想所障而不能自证，于是轮回于生死。若离一切无明妄想，直指人心，一切智智即得现前，即能见性成佛。澄观法师在《答顺宗心要法门》中对此真心即有精辟概括："至道本乎其心，心法本乎无住。无住心体，灵知不昧。性相寂寞，包含德用。该摄内外，能广能深。非有非空，不生不灭，无始无终。求之不得，弃之不离。"③

依上所述，心地，亦名佛性、真性、法性、本心、如来藏，是禅之本源，故云禅源。实际上，它就是为心行一切活动，包括世间、出世间一切，搭建表演的舞台。明了禅之源流本末、师资傍正是禅理，忘情契行是禅行。但他集录的诸家述作，皆多谈禅理，少谈禅行。因此便以禅源为题。关于禅法的实践，宗密法师撰有专文《圆觉经修证仪》④。

---

① 圭峰山沙门宗密述：《禅源诸诠集都序》卷1，《大正藏》第48册，第2015号，第399a页。

② 内供奉沙门宗密答裴相国问：《中华传心地禅门师资承袭图》，《卍新续藏》第63册，第1225号，第31a、31b、31c、33c页。

③ 清凉国师澄观撰，圭峰沙门宗密注：《答顺宗心要法门——华严心要法门注》，《卍新续藏》第58册，第1005号，第426a页。

④ 终南山草堂寺沙门宗密述：《圆觉经道场修证仪》，《卍新续藏》第74册，第1475号。

他辨析说，真性是禅源，禅体离不开真性，但绝不能以为禅就是真性，真性是人人具足的本心，亦即真如，不生不灭，不垢不净，不来不去，不一不异，非真非妄，无背无合，无定无乱。禅定是背尘合觉、离妄归真的修行过程，属于方便善巧。六度万行皆出自心地，而禅只是六波罗蜜之一。但禅定可以发其性上无漏智慧，一切妙用，万德万行，皆从定发。"欲求圣道，必须修禅，离此无门，离此无路。"可见禅之妙用无穷。

（二）禅的分类

宗密法师对禅的判别，并没有沿袭杜顺、法藏、澄观诸祖师的五教判思想。杜顺《华严五教止观》对止观，亦即禅定与般若的统称，分为五种：一、法有我无门，即小乘教；二、生即无生门，即大乘始教；三、事理圆融门，即大乘终教；四、语观双绝门，即大乘顿教；五、华严三昧门，即一乘圆教。①

宗密法师对禅的判别，纵向上分五种，但却与华严诸祖师有所不同。横向上分三种。

纵向分五种：一、带异计，欣上厌下而修者，是外道禅；二、正信因果，欣上厌下而修者，是凡夫禅；三、悟我空偏真之理而修者，是小乘禅；四、悟我法二空所显真理而修者，是大乘禅；五、顿悟自心，本来清净，元无烦恼，无漏智性，本自具足，此心即佛，毕竟无异，依此而修者，是最上乘禅，亦名如来清净禅、一行三昧、真如三昧，达摩门下辗转相传者，即是此禅。在宗密看来，达摩禅法，若能念念修习，自然渐得百千三昧。是否也有逐渐增胜之义？其次，宗密为标高南禅顿教，此处有意将同为五祖门下北禅宗渐教法门按下不提，不能不说过于笼统。稍后，在横向比较时，他又将北宗神秀之说归结为层次较低的息妄修心宗。

宗密强调，达摩未至中土以前，此方诸家所解，皆是四禅八定，比如僧稠。而达摩所传，顿同佛体，迥异诸门，故宗习者难得其旨。得即成圣，疾证菩提；失即成邪，速入涂炭。因此先祖革昧防失，故且人传一人；后代已有所凭，故任千灯千照。然若感应相契，则虽一灯传百千灯，而灯灯无殊；若机教不投，则虽一音演说法，而各各随所解。回应众人对禅宗六代以前法脉单传且内传心印、外传袈裟以为证，六代以后开枝散叶、兰菊竞美，却只见分灯传法而不见付衣为信，究竟何者才是正宗嫡传之疑惑。

（三）响应诸方人士对荷泽禅法的质疑

对于禅宗六代前后传法形式的微妙变化，宗密解释：达摩善巧，拣文传心。标举其名，默示其体，喻以壁观，令绝诸缘。若能契合，师即印云：只此是自性清净心，更勿疑也。若所答不契，即但遮诸非，更令观察。毕竟不与他先言知字。直待自悟方验，实是亲证其体，然后印之，令绝余疑。故云默传心印。所言默者，唯默知字，非总不言。六代相传皆如此也。至荷泽时，他宗竞

① 京终南山文殊化身杜顺说：《华严五教止观》，《大正藏》第45册，第1867号，第509a页。

播，欲求默契，不遇机缘。又思惟达摩悬丝之记，恐宗旨灭绝。六祖慧能授记时，“和尚将入涅槃，默受密语于神会，语云：从上已来，相承准的，只付一人，内传法印以印自心，外传袈裟标定宗旨。然我为此衣，几失身命。达磨大师悬记云：至六代之后，命如悬丝。即汝是也。是以此衣宜留镇山。汝机缘在北，即须过岭，二十年外当弘此法，广度众生”[①]。（神会）遂明言：知之一字，众妙之门。任学者悟之浅深，且务图宗教不断，亦是此国大法运数所至。一类道俗合得普闻故，感应如是。其默传者，余人不知，故以袈裟为信。其显传者，学徒易辨，但以言说除疑。况既形言，足可引经论等为证。

关于禅宗祖师以七为数，何不继立八、九、十之疑问，实质上还是牵涉到南北宗争夺正统的大事。宗密解释，若据真谛，本绝名数，一犹不存，何言六七？今约俗谛，师资相传，顺世之法，有其所表。以七为限，过则二七，乃至七七。德宗皇帝贞元十二年（796）敕皇太子集诸禅师，楷定禅门宗旨，搜求传法傍正，遂有敕下，立荷泽大师为第七祖。内神龙寺见有铭记。又御制七代祖师赞文，见行于世。以此对标北宗神秀称六祖，普寂称七祖，声明曹溪、荷泽才是达摩正传，禅法是顿，而北宗师资是傍，禅门是渐。

因此也引申出关于顿渐之争，禅讲之隔，三宗、三教之配对和会之论述。他依据自己多年的修行和弘法实践，认为顿悟资于渐修，师说符于佛意。无论是因了自心而辨诸教，还是因辨诸教而解修心，禅、讲、顿、渐，皆是佛语佛意。经过他的纂集和会，完全可以相资相符，根本不必相敌如仇、互相斥非。

（四）对佛祖之教与禅师之训的功用划分

有人对他的解释并不满意，质疑说，诸佛说经，皆具法、义、因、果、信、解、修、证，而他文中所集诸家禅述多是随问反质，旋立旋破，无斯纶绪，不见始终，怎能和会？这种质疑符合当时的实际，亦确实是禅宗语录的通病。宗密便对佛说和师说的义用作了如下分工：佛出世立教，万代依凭，理须委示；而师在随处度人，应机逗时，解黏去缚，实时度脱，病愈药除，意使玄通。玄通必在忘言，故言下不留其迹，迹绝于意地，理现于心源。大部分佛教徒都相信玄通开悟以后，真心显露，灵明之知神通妙用，信、解、修、证，不为而自然成就；一切经、律、论、疏，皆可不习而自然冥通。因此，乘教之益，度人之方，各有所由。亦更加证明禅教和会之必要性。

三、禅之三宗与教之三种

宗密法师主张，禅之三宗，教之三种，一一配对相应，互通互补，以教证禅，以禅解教，禅教和会，统收统摄，无障无碍，终究汇归佛法大海。

---

① 内供奉沙门宗密答裴相国问：《中华传心地禅门师资承袭图》，《卍新续藏》第 63 册，第 1225 号，第 31b 页。

（一）禅之三宗

禅法自佛法东流以来即已存在。早期译经，如《安般守意经》《道行般若经》等，都有教授禅法的章节。东晋时，应庐山慧远请求，佛陀跋陀罗和佛大先（耶舍）曾翻译《达摩多罗禅经》两卷，以供修行。但这些都只限于数息、凝心、坐禅、观想、祛除妄念，即所谓"四禅八定"。直到达摩东渡，见此方学人多未得法，或以名数为解，或以事相为行，为显禅法正宗，于是宣说拈花微笑、教外别传之旨，不立文字，直指人心，明心见性，以心印心，顿悟成佛，由此创立了汉传佛教中的禅宗；禅宗经隋唐时期的繁荣发展，蔚为壮观。① 晚唐时，禅门诸家各说，已达百数十家，众说纷纭，各执一端，自是非他，乱象丛生。鉴于此，宗密撰文，将此百数十家，按其禅法，归为荷泽神会、江西马祖、荆州神秀、牛头法融、资州智侁、石头希迁、保唐、宣什、净众、僧稠、天台禅等数十家，然后再依源流本末、师资傍正、教义深浅、权实遮显，归为禅之三宗；复将如来经教，依其权实、了义非了义、破相显性与否，也归为教之三种；两者一一配对和会，汇归佛法大海，总为一味。在社会上，宗密又主张佛、儒、道三教交融和会，《佛说盂兰盆经疏》即其显例。因此说，宗密法师为晚唐时期集禅教顿渐为一体，和会诸家，并有系统论述之大成者，毫不为过。在他之后，另一位集大成者，就是五代宋初时期的永明延寿法师。

依宗密论述，禅三宗者：1. 息妄修心宗；2. 泯绝无寄宗；3. 直显心性宗。

1. 息妄修心宗。北宗神秀、资州智侁、剑南保唐、宣什等门下，皆相类也。他们认为，众生虽本有佛性，而无始无明覆之不见，故轮回生死。诸佛已断妄想，见性了了，出离生死，神通自在。修行方法是，依师言教，背境观心，息灭妄念。念尽即觉悟，则无所不知。更具体讲，远离愦闹，住闲静处，调身调息，跏趺宴默，舌拄上腭，心注一境。最典型的，莫若神秀禅师《无相偈》：身是菩提树，心如明镜台，时时勤拂拭，勿使惹尘埃。

宗密评判：此宗旨趣，只是染净缘起之相，反流背习之门。但"不觉妄念本空，心性本净。悟既未彻，修岂称真？"②未显达摩禅"即心即佛"之旨。

2. 泯绝无寄宗。石头希迁、牛头法融、径山法钦等，认为凡所有相，皆是虚妄，凡所有法，皆如梦幻，都无所有，本来空寂。法界亦是假名无实，无佛、无法、无众生，无众生心，无怨无亲。即此达无之智，亦不可得。如此了达本来无事，心境本寂，方免颠倒，始名解脱。反之，迷则为有，即见荣枯贵贱等事，事迹既有相违相顺，故生爱恶等情。情生则诸苦所系。梦作梦受，何损何益？修行方法是，只要令心行与此相应，丧己忘情，不令滞情于一法上，日久功至，尘习自亡。情忘即绝苦因，度一切苦厄。此以本无事为悟，忘情为修。宗密法师认为此等禅教的不周之处在于"但遣其非，未显其是"。

---

① 详细叙述见《五灯会元》卷1，《卍新续藏》第80册，第1565号，第31a页："世尊在灵山会上拈华示众。是时，众皆默然，唯迦叶尊者破颜微笑。世尊曰：'吾有正法眼藏，涅槃妙心，实相无相，微妙法门，不立文字，教外别传，付嘱摩诃迦叶。'世尊至多子塔前，命摩诃迦叶分座令坐，以僧伽梨围之，遂告曰：'吾以正法眼藏密付于汝，汝当护持，传付将来。'"

② 内供奉沙门宗密答裴相国问：《中华传心地禅门师资承袭图》，《卍新续藏》第63册，第1225号，第33a页。

3. 直显心性宗。南禅宗慧能和荷泽神会之禅法，以及江西洪州马祖道一，认为一切皆妄，唯有真心。真心非圣非凡，非善非恶，非因非果，无色无相，无根无住，无佛无众生，不离不弃。但真心能不变随缘，随染净缘，造作种种一切境界事相。能作种种者，谓此性即体之用，故能凡能圣，能善能恶，现色现相，能佛能众生，乃至能贪嗔等。若核其体性，则毕竟不可见，不可证。若就其应用，即举动运为，一切皆是，更无别法而为能证、所证。六祖慧能闻法开悟时即云："何期自性，本自清净；何期自性，本不生灭；何期自性，本自具足；何期自性，本无动摇；何期自性，能生万法。"①因此，显示真心，即是佛性。明心见性，即能成佛。

此宗之下复分两种，皆以会相归性为宗旨。一即慧能所说禅法，马祖亦持此说，认为本心是佛，别此无佛。不可以心修心，善心恶心，皆是汝心；亦不可以心还灭（断）于心，不断不修，任运自在。人人本具之真心本自具足，不生不灭，不增不减，不离不弃，何假添补？只要随时、随处息除业惑，长养圣胎，显发自然神妙，即是真悟、真修、真证。心性之外，更无一法可得，任心即为修。二是荷泽神会禅法，认为心性本寂，灵知不昧。灵知即真性，不借缘生，不因境起。"知之一字，众妙之门。"②凡夫众生因无明虚妄所迷，妄执身心为我，起贪、嗔等念。"若得善友开示，顿悟空寂之知。知且无念无形，谁为我相、人相？觉诸相空，心自无念。念起即觉，觉之即无。修行妙门唯在此也。"修行方式是备修万行，以无念为宗。得无念知见，爱恶自然淡泊，悲智自然增明，罪业自然断除，功行自然增进。了诸相非相，自然无修而修。烦恼尽时，生死即绝。生灭灭已，寂照现前，应用无穷，名之为佛。

宗密指出，洪州一切皆真，但说其用，未说体空，犹是遮言。只有荷泽禅法以灵妙之知贯通凡圣，顿悟资于渐修，体、相、用三大具足，不变随缘，真空妙有。但他也未指评慧能、道一，转而把矛头指向其末学门徒："言愚者，彼宗后学也。"

（二）教之三种

教三种者：1. 密意依性说相教；2. 密意破相显性教；3. 显示真心即性教。

1. 密意依性说相教。佛见众生悉是真性之相，但是众生迷性而起，无别自体，故云依性。众生迷真逐妄，根钝障重，一时难以开悟。佛即依其所见境相，说法渐度，故云说相。说未彰显，故云密意。此教分三种：人天因果教、说断惑灭苦乐教、将识破境教。

比如为凡夫先说人天因果教，令欣上厌下，惧三途苦，求人天乐，发愿起修。次为信受众生说四谛教，"三界无安，犹如火宅"，"修诸善法，如救头燃"，依法息灭我及我所，断惑灭苦。诸阿含、《大毗婆沙论》、《俱舍论》等，皆说此理。复为已有佛法根基者说将识破境教，说一切境界，非唯无我，而且无法，但是情识虚妄。"三界虚妄，但是心作。""三界唯心，万法唯识。"这已不是说相，而是破相。另外，大乘中观般若所阐述的"性空假有"之"假有"，在这里被解释为但遮而未尽

---

① 比丘宗宝编：《六祖大师法宝坛经》，《大正藏》第 48 册，第 2008 号，第 349a 页。
② 圭峰山沙门宗密述：《禅源诸诠集都序》卷 2，《大正藏》第 48 册，第 2015 号，第 403a 页。

显真性，然后用唯识"性空妙有"或"境无识有"来阐释。转折的关键在于《大乘起信论》真如随缘，能起熏习之理论。真妄和合成阿赖耶识，又叫含藏识。它能摄一切法，能生一切法。阿赖耶识遇无明染缘受熏，其所包含的根身器界种子生长发芽，成为六根、攀缘六境，形成六识。后有我、我所。执我、宝我，依三毒导致惑、业、苦。于是生老病死，成住坏空，轮回不已。若依净缘熏习，悟我、法二空，修唯识观及六度四摄，渐渐伏断烦恼、所知二障，证得真如，成法菩提。《解深密经》《瑜伽师地论》《唯识论》等，即说此理。

以上第三将识破境教，宗密把它跟禅门息妄修心宗相扶会配对。"以知外境皆空，故不修外境事相，唯息妄修心也。息妄者，息我法之妄；修心者，修唯识之心。故同唯识之教。"[①]他为神会辩护说：神秀禅师大扬渐教，全称达摩之宗，又不显即佛之旨。曹溪、荷泽，恐圆宗灭绝，遂呵毁住心、伏心等事。但是除病，非除法也。也即是说，神会是为纠正神秀门下禅法偏差，才起而在滑台大会上抗辩法义。法没有错，错在弟子学法不精，不能具足贯通。

2. 密意破相显性教。"凡所有相，皆是虚妄"，"凡所有法，皆如梦幻"。诸法性空，本自清净，众缘和合，乃有相用，缘聚则生，缘散则灭。佛为使众生明了此理，方便善巧，假名说之，但不可执着。若妄执名义幻相为实有，即须破斥。故佛且不拣善恶垢净性相，一切呵破。以真性及妙用不无，而且云无，故云密意。又意在显性，语乃破相，意不形于言中，故云密也。《中论》："众因缘生法，我说即是无，亦为是假名，亦是中道义。""未曾有一法，不从因缘生，是故一切法，无不是空者。""诸佛依二谛，为众生说法：一以世俗谛，二第一义谛。若人不能知，分别于二谛，则于深佛法，不知真实义。"诸般若经、《中论》、《百论》、《十二门论》、《广百论》等，皆说此理。宗密将此与禅门泯绝无寄宗完全等同。但由此又引申出悬而未决的"空有之争"。"性空假有"与"真空妙有"之间，确实需要融通和会。他解释，真空是不违有之空，妙有是不违空之有。极相违而极相成，违顺自在，成破无碍。两者不可相非相嫉。

3. 显示真心即性教。直指自心，即是真性。不约事相而示，亦不约心相而示，故云即性。不是方便隐密之意，皆是实言谛语，故云显示。此教认为，众生皆有空寂真心，无始本来，性自清净，明明不昧，了了常知。但为无明妄想翳之，不自证得，耽着生死。佛愍众生，为说生死等法一切皆空，开示此心全同诸佛。《华严经·出现品》云："佛子，无一众生而不具有如来智慧，俱以妄想执着而不证得。若离妄想，一切智，自然智，无碍智，即得现前。"宗密解释说，性自了了常知之知字，不是证知，亦非缘境分别之智识，是灵明之知。就是说，本心是名，知是心之本性，有无量妙用，能感知一切。智局于圣，不通于凡，知即凡圣皆有，通于理智。荷泽云：拟心即差，动念便乖。故北宗看心是失真旨。心若可看，即是境界。不可以心修心，亦不可以心灭心。但此心虽自性清净，终须悟修，方得性相圆净。清净有二：一者自性清净，二者离垢清净。只有悟得自性本来清净，万行因华修得离垢清净，才能获得彻底解脱。学浅之人，或只知离垢清净，离垢净解

---

① 圭峰山沙门宗密述：《禅源诸诠集都序》卷2，《大正藏》第48册，第201号，第403c页。

脱，故毁禅门即心即佛；或只知自性清净，性净解脱，故轻于教相，斥于持律，坐禅调伏等行；不知必须顿悟自性清净，性自解脱，渐修令得离垢清净，离障解脱，成圆满清净究竟解脱。得到以上两种清净，两种解脱，即能成佛。《华严经》《法华经》《圆觉经》《佛性论》《究竟一乘宝性论》《宝藏论》《大乘起信论》等，皆说此理。宗密将此教完全等同于禅门直显心性之宗。

四、空宗与性宗及顿教与渐教之差异辨析

宗密论述空宗与性宗之差别，认为空宗说万法性空，性空假有，但是遮诠，只遮其非，未显真性；性空遮诠、表诠兼有。诸佛自体，皆有常、乐、我、净，具足功德。实际不出性空假有和性空妙有之说，从真谛、俗谛二谛说转向空、假、中三谛之说。对于顿教、渐教及顿门、渐门之分别，宗密在"法无顿渐，顿渐在机"之基础上，有更为详尽的分析论述。

（一）空宗与性宗

以上三教摄尽一大藏经，三义虽殊，一法无别。对比三教法义，密意依性说相教和密意破相显性教属空有相对；显示真心即性教和密意依性说相教属性相相对。故经论家常说，相宗总说有，说是；空宗总说无，说非；性宗总说心，说知。但空宗和性宗是破相显性与显示真心相对，禅、讲二门学人都甚感迷惑。为解此惑，宗密详论空宗与性宗有十点差异：1. 法义真俗异，2. 心性二名异，3. 性字二体异，4. 真智真知异，5. 有我无我异，6. 遮诠表诠异，7. 认名认体异，8. 二谛三谛异，9. 三性空有异，10. 佛德空有异。

1. 法义真俗异。空宗未显真灵之性，以一切差别相之为法，法是俗谛。无为无相，无生无灭，无增无减，亦即真如，是真谛。故《大智度论》以俗谛为法无碍辩，以真谛为义无碍辩。性宗以真性为法，空有差别为义，以法为真谛。《华严经・十地品》云："法者知自性，义者知生灭；法者知真谛，义者知俗谛；法者知一乘，义者知诸乘。法是真谛，义为俗谛。"

2. 心性二名异。空宗以诸法本源为性。《中论》云："众因缘生法，我说即是空，亦为是假名，亦是中道义。未曾有一法，不从因缘生，是故一切法，无不是空者。"性宗以诸法本源为心。《楞伽经》云："佛语心为宗。"《大乘起信论》云："心真如者，即是一法界大总相法门体。所谓心性，不生不灭。一切诸法，唯依妄念，而有差别；若离妄念，则无一切境界之相。是故一切法，从本以来，离言说相，离名字相、离心缘相，毕竟平等，无有变异，不可破坏，唯是一心，故名真如，以一切言说假名无实，但随妄念不可得故。言真如者，亦无有相，谓言说之极，因言遣言。此真如体，无有可遣，以一切法悉皆真故；亦无可立，以一切法皆同如故。当知一切法不可说，不可念故，名为真如。"①本性空寂，自然常知。

---

① 马鸣菩萨造，西印度三藏法师真谛译：《大乘起信论》，《大正藏》第32册，第1666号，第576a页。

3. 性字二体异。空宗以诸法无性为性,性宗以灵明之知常住不空为性,字同体异。

4. 真智真知异。空宗以分别为知,无分别为智,智深知浅。性宗以能证圣理之妙慧为智,以该于理智、通于凡圣之灵性为知。智局知通。宗密法师称,《华严经·问明品》云：知与智异,智局于圣,不通于凡;知即凡圣皆有,通于理智。永明延寿《宗镜录》亦言之凿凿,信非所虚,但笔者在《问明品》中却没能找到这句话。

5. 有我无我异。空宗以有我为妄,无我为真。《华严经金师子章》云:"平等真法界,无佛无众生。"[①]性宗以无我为妄,有我为真。《涅槃经》云:"无我者名为生死,有我者名为如来。"又云:"我计无我,是颠倒法。并广赞常乐我净为究竟。"[②]

6. 遮诠表诠异。遮谓遣其所非,表谓显其所是;遮者拣却诸余,表者直示当体。如诸经论中常说"离四句,绝百非"、非心非佛,即属遮诠。以非字非却诸法,动即有三十五十个非字。不字、无字亦尔,故云绝百非。说即心即佛;法谓众生心者,即是表诠。空宗之言,但是遮诠;性宗之言,有遮有表。遮者未了,兼表者乃的。

7. 认名认体异。佛法、世法,皆有名体。《大智度论》云：地、水、火、风,是四物名;坚、湿、暖、动,是四物体。何者是心?知即是心。达摩说心,荷泽说知,心是名,知是体。

空宗、相宗为对初学及浅机者,恐随言生执,故但标名而遮其非,唯广以义用而引其意。性宗对久学及上根者,令忘言认体,故一言直示。

8. 二谛、三谛异。空宗说世、出世间一切诸法,不出二谛。《中论》云:"诸佛依二谛,为众生说法,一以世俗谛,二第一义谛。"[③]性宗摄一切性相及自体,总为三谛。缘起色等诸法为俗谛;缘无自性诸法即空为真谛;一真心体,非空非色,能空能色,为中道第一义谛。

9. 三性空有异。依唯识所说,三性指：一、遍计所执性,虚妄颠倒,执为实有;二、依他起性,依缘生灭,都无自性;三、圆成实性,本觉真心,始觉显现,圆满成就,真实常住。空宗常说：诸经每说有者,即约遍计、依他;每说空者,即是圆成实性;三法皆无性。性宗即三法,皆具空有义：谓遍计,情有理无;依他,相有性无;圆成,情无理有,相无性有。

10. 佛德空有异。空宗说佛以空为德,无有少法,是名菩提,色见声求,皆行邪道。离一切相,即名诸佛。《金刚经》云:"凡所有相,皆是虚妄;若见诸相非相,则见如来。""若以色见我,以音声求我,是人行邪道,不能见如来。"[④]性宗以一切诸佛自体,皆有常乐我净,十身十智,真实功德,相好通光,一一无尽,性自本有,不待机缘。

如此比较,虽嫌繁杂,但脉络清晰。空宗论述,以断惑遮非为主,虽喝破一切,但未显示真性,不如性宗全面、系统、丰富、多面。宗密以直指人心、灵知不昧为宗旨,明显以曹溪与荷泽为

---

① 崇福寺贤首法师法藏述,五台山真容院沙门承迁注:《华严经金师子章注》,《大正藏》第45册,第1881号,第670c页。

② 天竺三藏昙无谶译:《大般涅槃经·寿命品》卷2,《大正藏》第12册,第374号,第377b页。

③ 龙树菩萨造,梵志青目释,三藏鸠摩罗什译:《中论·观四谛品》卷4,《大正藏》第30册,第1564号,第32c页。

④ 天竺三藏鸠摩罗什译:《金刚般若波罗蜜经》,《大正藏》第8册,第235号,第749a、752a页。

最高、最究竟之禅法。

总之，三教三宗，是一味法，相辅相成，各有其用，但切不可执着。应当明白，息妄修心，是为断习气；泯觉无寄，是为破执情；执情破而真性显，习气尽而佛道成。先以教证禅，以禅解教，然后禅教双忘，心佛俱寂。只有通达，才能无碍，执局则成病。

（二）顿教与渐教，顿门与渐门

关于教门中的顿教、渐教，禅门中的顿门、渐门之分歧与对立，宗密法师在慧能大师阐述的基础上又加以发挥。《坛经》云："法本一宗，人有南北。法即一种，见有迟疾。何名顿渐？法无顿渐，人有利钝，故名顿渐。"①宗密秉承荷泽宗旨而有创新，并有详细分析。

如来说法，仪式不同，根据弟子根基宿缘，有时称理顿说，有时随机渐说。故名顿教、渐教。渐者为中下根作循循诱导说，令断惑业苦恼。这与密意依性说相教对应。渐证人法二空，即与密意破相显性教对应。待其根器成熟，方说了义。古今诸德所判三时、五时教者，即是渐教，但不包括《华严经》。所谓三教：一、顿，二、渐，三、不定。天台智者大师，以五时八教，判释一代圣教。五时者：一、华严时，二、鹿苑时，三、方等时，四、般若时，五、法华、涅槃时。八教：顿、渐、秘密、不定、藏、通、别、圆。

顿教有二种。一、逐机顿，遇上根利智者，遇机即说，不定初后，直示真法，闻即顿悟，全同佛果。亦即直显心性。二、化仪顿，佛初成道时，为宿世缘熟上根之流，一时顿说性相理事，众生万惑，菩萨万行，诸佛万德。因该果海，初心即得菩提。果彻因源，位满犹称菩萨。即是说，先种下顿悟的因缘种子，然后渐修万行因华，待到彻底断除所知、烦恼二障，得本性与离垢清净，即得无上菩提。华严圆顿教法，即说此义，余皆不备。诸法是全一心之诸法，一心是全诸法之一心。性相圆融，一多自在。故诸佛与众生交彻，净土与秽土融通，法法皆彼此互收，尘尘悉包含世界，相入相即，无碍镕融，具十玄门重重无尽，名为无障碍法界。

从悟修来说，分为四种。有渐修渐悟者，如登九层之台，足履渐高，所见渐远。有先渐修，后顿悟者，如伐木渐斫，一时顿倒。有先顿修，后渐悟者，如孩子出生，即具四肢六根，渐成志气才艺。又如日光顿出，霜露渐消。他认为，未悟而修，非真修也。最后提出顿悟顿修的南宗法门：顿悟顿修者，上上智根性，一闻千悟，得大总持。一念不生，前后际断。《华严经・梵行品》云："初发心时，便成正觉。"②"初发心时，即得阿耨多罗三藐三菩提，知一切法即心自性，成就慧身，不由他悟。"③他解释说，若因悟而修，即是解悟；若因修而悟，即是证悟。其实就是以禅解教，以教证禅。

但顿悟顿修，一念悟即佛，一念迷则众生，毕竟是法深难信。于是宗密只好用宿世因缘来加

---

① 慧能口述，宗宝汇编：《六祖大师法宝坛经》，《大正藏》第 48 册，第 2008 号，第 358b 页。
② 天竺三藏佛驮跋陀罗译：《大方广佛华严经》卷 8，《大正藏》第 9 册，第 278 号，第 449c 页。
③ 于阗国三藏实叉难陀译：《大方广佛华严经》卷 17，《大正藏》第 10 册，第 279 号，第 89a 页。

以和会："上皆只约今生而论，若远推宿世，则唯渐无顿。今顿见者，已是多生渐熏而发现也。"①

结　语

宗密法师博学多闻，胸有大志。他禅遇南宗，教逢圆觉，其佛学思想始终深受南禅宗影响。后改宗华严，成为五祖，并融会贯通，参禅讲经述论，著述颇丰。其人品与修养高尚磊落，诚不愧为一代宗师、万世师表。纵观宗密法师的禅法论述，是以南禅宗荷泽系立场和华严宗义为基准，引申华严、法华、涅槃、起信论、般若、中论、如来藏、唯识等，和会融通、统摄统收教之三种、禅之三宗。鉴于当时禅宗、教下及禅门诸家互相是非、各执一端，莫肯和会融通的乱象，他深感痛心，为正本清源、弘法和诤，故撰写此文，先释禅门源流本末、师资傍正，再论诸家禅法教义之深浅隐显，然后以大乘了义经论和直显心性宗为准绳，以不变随缘、随缘不变和会统揽各说，反复申明：经是佛语，禅是佛意，诸佛心口，必不相违。他的立足点是南宗师说，尤其是荷泽神会之说符于佛意：荷泽宗者……是释迦降出，达磨远来之本意。

宗密对禅门传法、传衣之形式变化进行解释。对于由"教外别传"到"借教悟宗"，再到"了自心而辨诸教，辨诸教而解修心"的宗旨演变，亦自有妙论，从而对禅宗和教宗个别人等责难他讲经述论、坐禅悟道、显证心法有违祖训给予有力的回应。对于佛祖立教与禅师之训，亦有明确区分与界定。他还博引广证，特别详细地分析了空宗与性宗、顿教与渐教、顿门与渐门之异同优胜，为学人解惑答疑。但是，宗密在谈到禅门顿渐时，又用三世两重因果、累世修行来解释，虽与华严义和渐教宗义不相违，但于顿教义理，似稍欠圆满。

他认为顿悟渐修，应当互相资益，而非相互为敌。这在当时汉传佛教发展的形势下，是非常必要的警醒，对禅宗后世的发展有积极的推动。但总体上说，宗密对北宗神秀的禅法评价不高，对空宗的本意亦有拔高之嫌。他虽然处处标高荷泽禅法，认为这才是最究竟圆满具足之禅法，但禅宗后世发展的轨迹并没有像宗密所期望的那样，荷泽宗的名声很快就被马祖道一和石头希迁的法子法孙们所淹没，结果形成"曹一角而临天下"的局面。

作者简介：

文志勇，汉族，1966 年生，博士，上海师范大学人文学院历史系副教授，主要从事佛教文献研究。

---

① 圭峰山沙门宗密述：《禅源诸诠集都序》卷 3，《大正藏》第 48 册，第 201 号，第 408a 页。

论唐代《金刚经》信仰之仪式化倾向
——以敦煌遗书为中心的考察

董大学

摘　要： 相较敦煌遗书中唐前期《金刚经》写卷仅抄经文的情况，属于晚唐五代宋初时期的许多《金刚经》写卷在经文前后都抄有"启请文"和"真言"等内容，逐渐形成了相对固定的"诵经前仪"和"诵经后仪"。此种现象所反映出的是持诵仪轨在《金刚经》信仰中的作用越来越突出。另外，敦煌遗书中所保存的《佛说金刚经纂》还体现出经典持诵与斋仪活动的融合，开启了后世《金刚经》科仪文献的某些端倪。通过对敦煌遗书等出土文献中《金刚经》及其相关资料的梳理，我们可以看出《金刚经》信仰中的仪式化倾向，而且此种倾向至少可以追溯至唐代中后期。

关键词： 唐代《金刚经》信仰　仪式化　《佛说金刚经纂》

引　言

提及《金刚经》信仰，人们最为熟悉的莫过于唐代段成式《酉阳杂俎》续集卷七《金刚经鸠异》和宋代李昉等编《太平广记》卷 102—108 有关《金刚经》的报应类故事，两者确为我们讨论唐代人们对《金刚经》的崇拜和信仰问题提供了极佳的素材。对于宋代以后的情况，张文卓《宋元明清时期〈金刚经〉的流传及其特点》一文从注疏的庞杂、科仪的发展、灵验记的编纂等方面对宋代以后《金刚经》的流传情况进行考察。[①] 其核心观点为，"宋代以来，《金刚经》流传的特点突出表现在注疏的庞杂、科仪的发展、仪轨的完善、灵验记的编纂等几个方面，并由此逐渐形成了一种相对固定的信仰仪轨，完全突破了宋代之前仅限于义理层面探讨的界限，使得《金刚经》的影响扩展到中国社会、文化、信仰的方方面面"；认为以宋代为界，前后的流行有很大差异。[②]

① 张文卓：《宋元明清时期〈金刚经〉的流传及其特点》，《中南大学学报》2013 年第 3 期，第 134—139 页。

② 张文卓：《宋元明清时期〈金刚经〉的流传及其特点》，《中南大学学报》2013 年第 3 期，第 134 页。这种说法与日本学者内藤湖南提出的"唐宋变革论"的基调是一致的，近来"唐宋变革论"在学界又有了一些新的讨论，参见李华瑞主编《唐宋变革论的由来与发展》，天津：天津古籍出版社，2010 年。

然而，宋代之前《金刚经》的流传真是“仅限于义理层面探讨”么？唐、宋两代前后《金刚经》的流行果真有如此大的差异么？当然，这是一个比较大的问题，需要对这两个时段《金刚经》的流传情况进行全面的分析、比较和研究。为了使这个问题的探讨有些推进，我们不妨先来看看唐代《金刚经》信仰的情况。能够反映唐代《金刚经》信仰问题的资料，除了传世的材料之外，[①]敦煌遗书中《金刚经》及其相关的材料亦是关注的焦点，方广锠曾对这批资料作了较为系统的整理和介绍，为学界进一步利用和研究提供了指南。[②] 此后又不断有一些专题性的研究，主要集中于对灵验类文献和佛经题记的研究。[③] 其实敦煌遗书等出土文献中还有一些资料与《金刚经》信仰有一定的关系，值得作进一步的讨论。本文将通过对敦煌遗书中不同时期《金刚经》之内容变化和唐写本伪经《佛说金刚经纂》进行分析和讨论，以期对《金刚经》信仰中的仪式化倾向[④]予以揭示。

一、唐人对《金刚经》之持诵：以敦煌遗书为中心的考察

（一）由敦煌遗书看《金刚经》诸版本的流行情况

自晋至唐三百年间，《金刚经》共有六次汉译。[⑤] 兹列表如下：

序号	时代	译　者	经　　名	《大正藏》收录情况	敦煌本存欠情况
1	后秦	鸠摩罗什	《金刚般若波罗蜜经》	第8册，第235号	约3 000号以上
2	元魏	菩提流支	《金刚般若波罗蜜经》	第8册，第236号a	北敦4728号（服28）、北敦8221号（服21）等8号，英藏存少量

① 关于《金刚经》的研究成果颇丰，无法具列，对部分成果的介绍，可参见杜正乾《〈金刚经〉研究述评》，《五台山研究》2007年第1期，第10—14页。

② 方广锠：《敦煌文献中的〈金刚经〉及其注疏》，《世界宗教研究》1995年第1期，第73—80页。

③ 比较有代表性的研究，灵验记方面，参见郑阿财《敦煌写卷〈持诵金刚经灵验功德记〉研究》，《全国敦煌学研讨会论文集》，嘉义：台湾中正大学中国文学系所，1995年，第251—275页；郑阿财《敦煌本〈持诵金刚经灵验功德记〉综论》，《敦煌学》第20辑，1995年，第119—146页；郑阿财《敦煌灵应小说的佛教史学价值——以〈持诵金刚经灵验功德记〉为例》，荣新江主编《唐研究》第4卷，北京：北京大学出版社，1998年，第38页；杨宝玉《敦煌本佛教灵验记校注并研究》，兰州：甘肃人民出版社，2009年；许绢惠《唐代敦煌金刚经变研究——兼论“禅净融合”思想的发展》，南华大学2006年硕士学位论文；许娟惠《试论唐代敦煌金刚经信仰世俗化的发展——以讲经文、灵验记为中心》，《敦煌学辑刊》2007年第4期，第137—153页。写经题记方面，参见池田温《中国古代写本识语集录》，东京：东京大学东洋文化研究所，1990年；魏郭辉《敦煌写本佛经题记研究——以唐宋写经为中心》，兰州大学2009年博士学位论文。以传世文献和出土文献材料相结合的研究，参见杨君《〈金刚经〉与唐朝民众崇经活动及其观念》，《西华师范大学学报》2003年第6期，第29—33页；杜正乾《唐代的〈金刚经〉信仰》，《敦煌研究》2004年第5期，第52—57页。

④ 有关《金刚经》仪式化的问题，达照法师已从“金刚忏法”的角度进行了研究，参见达照《〈金刚经〉相关的忏法初探》：http://www.shidazhao.com/lw/2011/0620/215.html。

⑤ 王素《加拿大维多利亚美术馆藏敦煌写经与佛画》一文介绍了一件《金刚般若波罗蜜经》写本，认为其与《大正藏》《中华大藏经》中所收的诸种《金刚经》译本均不类，究竟为何人所译，值得进一步探讨。参见王素《加拿大维多利亚美术馆藏敦煌写经与佛画》，《敦煌吐鲁番研究》第12卷，上海：上海古籍出版社，2011年，第269—277页。

续　表

序号	时代	译　者	经　　名	《大正藏》收录情况	敦煌本存欠情况
3	陈	真谛	《金刚般若波罗蜜经》	第8册,第237号	北敦1693号(暑93)、北敦4716号(号16)
4	隋	笈多	《金刚能断般若波罗蜜经》	第8册,第238号	无
5	唐	玄奘	《能断金刚般若波罗蜜多经》	第8册,第220号《大般若经》第557卷第九会《能断金刚分》	伯2323号①、北敦15243号(新1443)3②
6	唐	义净	《佛说能断金刚般若波罗蜜多经》	第8册,第239号	无

《金刚经》先后凡有六译。自罗什法师首译之后,该经遂逐渐流行开来,但在唐代以前,其流行程度似乎比不上《法华经》和《涅槃经》。③ 据吴其昱对敦煌遗书中《金刚经》的时代分布统计,④唐朝以前《金刚经》的写本只有1件,其余全为唐朝以后的写本。由此我们可以推测敦煌遗书中大约3 000余号《金刚经》写本,属于唐五代宋初时期的应占绝大部分。从《金刚经》写本年代的分属来看,该经在敦煌地区大规模流行应该是在唐代以后。

另外,我们还可以从僧人们对《金刚经》的诵读来考察该经的流行情况。如以《高僧传》之《诵经篇》、《续高僧传》和《宋高僧传》之《读诵篇》为例,《金刚经》在3部书中出现的频率分别为:1次、1次、13次。⑤ 此3种僧传,正好可以代表中国佛教史的3个时期:第一期,519年以前;第二期,519—665年;第三期,665—988年。可见在665年之前,《金刚经》在僧人修持方面似乎并未受到很大的欢迎,其特别盛行之时代是第三期,大体相当于唐五代时期。从被诵读经典的历史发展,可以直观地看出各种经典在历史上的盛衰之情形。冉云华于《讽诵的力量》一文中论云:

诵经是中国佛教的一大法门。诵经者数量慢慢增加,其效果也由于时代的流传而予以

---

① 马德《敦煌遗书研究误区检讨》一文中提示伯2323号亦是玄奘译《能断金刚般若波罗蜜经》的抄本,参见马德《敦煌遗书研究误区检讨》,《敦煌研究》2014年第3期,第156页。但其文谓"敦煌本P.2323是我们目前所见唯一一份抄写于贞观廿二年(648)的玄奘译《能断金刚经》"的说法,应该是不准确的,因为北敦15243号(新1443)3亦是玄奘所译《金刚经》,其尾有题记谓:"贞观二十二年十月一日,于雍州宜君县玉华宫弘法台三藏法师玄奘奉诏译。直中书长安杜行𫖮笔受。弘福寺沙门玄谟证梵语。大总持寺沙门辩机证文。"

② 敦煌文献中的此件玄奘译《能断金刚般若波罗蜜经》之抄本,方广锠较早就提示过,参见方广锠《敦煌文献中的〈金刚经〉及其注疏》,《世界宗教研究》1995年第1期,第76页。

③ 据郑阿财介绍,翟理斯(Lionel Giles)在《敦煌六百年》(*Six Centuries at Tunhuang*, London, 1944)一书中,以英藏敦煌佛经中有年代的写本进行统计,得知7世纪中期以前《涅槃经》较为流行,其次为《法华经》,再其次才是《金刚经》。参见郑阿财《敦煌灵应小说的佛教史学价值——以〈持诵金刚经灵验功德记〉为例》,荣新江主编《唐研究》第4卷,第36页。

④ 吴其昱:《敦煌汉文写本概观》,《讲座敦煌》5《敦煌汉文文献》,东京:大东出版社,1992年,第44页。

⑤ 吴其昱:《敦煌汉文写本概观》,《讲座敦煌》5《敦煌汉文文献》,第47—48页。

渲染。被诵读的经典之发展是很有意义的，可以被视为中国佛教的寒暑表。它显示出教理及修持方法的盛衰。在早期有关于佛陀生平的经典最受欢迎，在中期以《法华经》占优势且有长久的影响力。

《华严经》也有相等的地位。《金刚经》是晚期出现且颇富戏剧性，《阿弥陀经》也是同样的情形。注意《金刚经》也是极有趣的，它极受佛教僧侣的欢迎，不仅在教理上，在修持上也是一样。一些特殊的记录显示此经能有起死回生的作用，而功效尚不只此。①

如此可知，在佛教经典之讽诵发展史中，《金刚经》的流行应该较晚，这与敦煌文献中《金刚经》的时代分属所反映的此经典的流行趋势是一致的。唐晚期五代宋初时期，还出现了大量便于携带和诵读的册叶本《金刚经》，反映出该经典在当时甚为流行的状况。另外，太史文（Stephen F. Teiser）先生还发现了一些晚期将《金刚经》和《十王经》抄在一起的册叶本，并论述道："《金刚经》和《十王经》一起存在册叶本中的形式，可能不是偶然的。关于《金刚经》的内文细节，提供了《十王经》制作的重要启示。"②

《金刚经》的六个汉译本中，敦煌遗书中有存者有四：鸠摩罗什译本、菩提流支译本、真谛译本和玄奘译本。而此四者，尤以鸠摩罗什本为宗要，流传最广，影响最为深远。与此相一致的是，敦煌本《金刚经》中，鸠摩罗什的译本在数量方面也占据着压倒性的优势，总计约为 3 000 号以上，反映出此译本在中古时期的盛行。敦煌文献中亦存有少量菩提流支、真谛和玄奘所译《金刚经》的写本，表明此三种译本在历史上确实有过一定的影响。

关于《金刚经》译本的流行问题，萧瑀《金刚般若经灵验记》中有一条材料，云：

（鄜州宝室寺僧法藏）自知病重，遗嘱弟子及亲知为造《金刚般若经》百部，舍婆提城、舍卫国各中半抄写并庄严了讫，散与一切道俗读诵。《般若》威力，不可思议，救拔一切众生。③

其中"舍婆提城"和"舍卫国"透露出了《金刚经》的译本信息，两者分别代指《金刚经》的两种译本，即菩提流支本和鸠摩罗什本。又此则灵验故事的主人公"法藏"活动的时间跨越隋开皇、大业至唐初武德年间，④可见于唐初之时在道、俗两界读诵《金刚经》的活动中，流支和罗什两人的译本同受重视，而此时《金刚经》已经有四种汉译本了。

至唐代玄奘和义净两位法师完成《金刚经》的翻译之后，《金刚经》诸译本的流行情况如何

---

① 冉云华：《中国佛教研究论集》，台北：东初出版社，1990 年，第 9 页。

② Stephen F. Teiser, *The Scripture on the Ten Kings And the Making of Purgotory in Medieval Chinese Buddhism*, Honolulu: University of Hawai'i Press, 1994, pp. 95 - 96. 对于太史文所发现的这一特殊现象，释永有认为，除了两部经典内容之间的关系之外，"当然也有可能只是因为经文长度差不多，且在当时都很流行，才被写在一起"。参见释永有《敦煌金刚经及其相关文献之题记探讨》，《世界宗教学刊》2003 年第 2 期，第 114 页。

③ 此则灵验故事出自萧瑀《金刚般若灵验记》，见于孟献忠《金刚般若经集验记》，《卍新续藏》第 87 册，第 1629 号，第 457 页上栏 4—7 行。关于萧瑀《金刚般若灵验记》的最新研究，可参见季爱民《〈金刚般若经灵验记〉故事流传与初唐教化之关系》，《国学研究》第 34 卷，北京：北京大学出版社，2014 年，第 223—243 页。

④ 此则灵验故事云法藏于开皇十三年造寺，于大业五年后又造一切经，至武德二年"得患困重"。参见《卍新续藏》第 87 册，第 1629 号，第 456 页下栏 5 行至第 457 页上栏 15 行。

呢？敦煌遗书伯2159号《金刚般若经依天亲菩萨论赞略释秦本义记》[①]中的一段话鲜明地揭示了唐代知恩法师的看法。[②] 其言：

> 如上诸本(按：指六种译本)，大况相同，于中文质，遂成广略。故使读持之者，偏仰秦经；义学之徒，多从魏本。今所释之者[③]，即当第〔一〕罗什法师所译秦本经也[④]。

知恩法师所言“如上诸本，大况相同，于中文质，遂成广略”，是对缘何《金刚经》六种译本存在差异所作出的解释。从六种译本的文字差异来看，《金刚经》的译本间存在广、略之分，造成这一差异的主要原因当为《金刚经》的母本即有“于阗本”“天竺本”等之分。[⑤] 接着，知恩法师对罗什本(“秦经”)和流支本(“魏本”)的历史境遇进行了叙述，认为罗什本为大量修持佛法的僧徒所偏爱，而流支本为疏经解义的僧徒所重视。最后，知恩法师对自己撰述《金刚般若经依天亲菩萨论赞略释秦本义记》时所选择的注释对象进行了说明，即“今所释之者，即当罗什法师所译秦本经也”。由此可见，罗什本在唐代的流行程度已经影响到佛典注释者对解经底本的选择态度。

与罗什译本流行问题相关，段成式《金刚经鸠异》所载的一则灵验故事亦有所反映，其云：

> 大历中，太原偷马贼诬一王孝廉同情，拷掠旬日，苦极强首[⑥]，推吏疑其冤，未即具狱。其人惟念《金刚经》，其声哀切，昼夜不息。忽一日，有竹两节坠狱中，转至于前。他囚争取之，狱卒意藏刃，破视，内有字两行云：“法尚应舍，何况非法？”书迹甚工。贼首悲悔，具承以匿[一曰旧]嫌诬之。[⑦]

此则故事中所描述的破竹而内现两行书写工整的经文——“法尚应舍，何况非法”，为我们提供了《金刚经》的版本信息。此八字经文内容最早可见于罗什本，[⑧]亦可见于真谛本和义净本中。[⑨] 从这三个译本的流行程度和历史影响来看，罗什本都处于绝对的优势地位，由此我们大致可以确定此则灵验故事中竹内的经文应该是来自罗什所译的《金刚经》。

---

① 图版参见上海古籍出版社、法国国家图书馆编《法藏敦煌西域文献》第7册，上海：上海古籍出版社，1998年，第186—196页。萧文真对敦煌遗书及日、韩刊本知恩《义记》进行了综合研究，参见萧文真《唐·知恩〈金刚般若经义记〉研究》，台湾中正大学2013年博士学位论文。

② 此段话参见知恩《金刚般若经依天亲菩萨论赞略释秦本义记》，《大正藏》第85册，第2736号，第110页中栏7—10行；萧文真《唐·知恩〈金刚般若经义记〉研究》，第124页。

③ “之”，《大正藏》漏录。

④ “第”，《大正藏》漏录；“一”，《唐·知恩〈金刚般若经义记〉研究》据文义校补。

⑤ 窥基在讨论《金刚经》诸译本对“一切众生”的翻译出现差异时，指出原因在于各译本所依据的梵本存在不同，文云：“此本及流支说三，谓众生命人；罗什本四，增我；能断说八。唯说三者，但说所化别有三世三界等异，他三界身三世身多异故，不说自我。说有四者，顺上下文，自他总别通(遍)说故。四(世)说有八者，依贞观年中玉华所译，杜行顗本说有八故。后显庆年，于玉华寺所翻《大般若》，勘四梵本，皆唯说四。然《瑜伽论》摄释分中亦解经八。以此准知，经本自有广略中异。杜顗广本，能断文是略于阗本，罗什文同；中者是天竺本，与真谛、流支本同，玉华更译，文亦相似。今于慈恩梵经台具有诸本，但以前帝敕行能断，未容闰(润)饰，已所于代，恐更极谬，遂后隐于玉华复译，所以诸本增减不同，学者知矣。”参见窥基《金刚般若论会释》，《大正藏》第40册，第1816号，第730页上栏20行—中栏5行。

⑥ “首”，《续藏经》本《金刚经鸠异》作“服”。

⑦ 段成式：《酉阳杂俎》，方南生点校，北京：中华书局，1981年，第273页。

⑧ 参见鸠摩罗什译《金刚般若波罗蜜经》，《大正藏》第8册，第749页中栏11行。

⑨ 参见真谛译《金刚般若波罗蜜经》，《大正藏》第8册，第762页下栏14—15行；义净译《佛说能断金刚波罗蜜多经》，《大正藏》第8册，第772页中栏21行。

从《金刚经》诸译本在敦煌遗书中的存欠情况、唐代知恩法师所言唐代诵持者对罗什本的偏爱以及《金刚经鸠异》中所记"王孝廉"的灵验故事来看，我们可以发现罗什译《金刚经》在唐代《金刚经》的流传和信仰中占据着绝对的主导地位。

(二) 敦煌遗书《金刚经》文本内容之变化

60 000余号敦煌遗书中，90%—95%是佛教典籍或与佛教有关的文献，而其中佛典又占了绝大部分。然而敦煌佛典并非依照藏经原样保存下来，而是基于某种理由，把各种文献资料别置于被秘藏的藏经洞里。[①] 其中《大般若波罗蜜多经》《法华经》《金刚经》和《金光明最胜王经》所占的比重最高。

据早期公布的资料统计，敦煌文献中《金刚经》的总数在2 000号以上，其中北京图书馆(即今中国国家图书馆)所藏《金刚经》就达1 000多号，英、法、俄、日等地也藏有1 000多号。[②] 此后又有许多新资料不断公布，《金刚经》的写本数量也逐渐增多。[③] 据方广锠介绍，目前在其建立的敦煌遗书数据库中共输入中、英、法、俄四大收藏及散藏敦煌遗书资料近65 000条，其中关于《金刚般若波罗蜜经》的约有3 500条。[④] 如此可知，敦煌文献中《金刚经》的总数应当在3 000号以上，另外与其相关，还有不少注疏、讲经文、赞颂、灵验故事等各种文献。

虽然敦煌遗书中完整的《金刚经》的绝对数量不多，但幸运的是还是保存了若干具有不同时代特征的完整经卷供我们考察。此处我们将撷取敦煌遗书中不同时期的《金刚经》文献为考察对象，来讨论敦煌遗书中《金刚经》文本内容的变化。

1. 前期代表：7世纪宫廷写经中的《金刚经》

《金刚经》开始流行是从唐高宗时期开始的。[⑤] 唐高宗时期，武则天为已逝父母祈福而发愿抄写《妙法莲华经》和《金刚经》各三千部，并下发至各州县，处于边陲之地的敦煌亦应得到赐本。恰恰敦煌写卷中就保存着这批长安宫廷写经的一部分，据赵和平统计，藏经洞所出汉文佛经中共存有五十余件咸亨二年(671)至仪凤二年(677)的长安宫廷写经。[⑥] 其中就有多件《金刚经》写经，抄写甚为精良，具有很高的学术价值和文物价值。

---

① 落合俊典著，萧文真译：《敦煌佛典与奈良平安写经——分类学的考察》，《敦煌学》第28辑，第113页。

② 早期的相关统计，参见平井宥庆《金刚般若经》，牧田谛亮、福井文雅编集《讲座敦煌》7《敦煌と中国佛教》，东京：大东出版社，1984年，第20—21页；吴其昱著，伊藤美重子译《敦煌汉文写本概观》，池田温编集《讲座敦煌》5《敦煌汉文文献》，东京：大东出版社，1992年，第32—43页；方广锠《敦煌文献中〈金刚经〉及其注疏》，《世界宗教研究》1995年第1期，第74页。

③ 这主要得益于俄藏、各地散藏和中国国家图书馆藏敦煌文献的逐渐公布。另外，近期杏雨书屋所藏敦煌文献的逐步公布，为敦煌学研究提供了不少新的资料。

④ 方广锠：《敦煌藏经洞封闭原因之我见》，氏著《方广锠敦煌遗书散论》，上海：上海古籍出版社，2010年，第22页。

⑤ 郑阿财：《敦煌灵应小说的佛教史学价值——以〈持诵金刚经灵验功德记〉为例》，荣新江主编《唐研究》第4卷，第38页。相同的观点，亦可参见雷闻《走入传奇——新刊唐代墓志与〈冥报记〉"豆卢氏"条的解读》，荣新江主编《唐研究》第18卷，北京：北京大学出版社，2012年，第281—303页。承孙英刚先生相告，2011年入藏碑林博物馆的石刻史料《佛堂铭》中述及《金刚经》灵验故事，乃考察唐初《金刚经》信仰问题极为重要的史料。有关《佛堂铭》的初步研究，可参见傅清音、张安兴《新见〈佛堂铭〉中舍宅为寺及佛教灵验叙事浅析》，《文博》2013年第6期，第89—93页。

⑥ 赵和平：《唐代咸亨至仪凤中的长安宫廷写经》，增勤主编《首届长安佛教国际学术研讨会论文集》第3卷《长安佛教的历史演进与传播(下)》，西安：陕西师范大学出版社，2010年，第319—337页。

其中具有代表性的当属藏于甘肃高台博物馆的高博001号《金刚般若波罗蜜经》写卷。[①] 此件首尾俱全，卷轴装，卷首有武则天所撰经序，卷尾有宫廷抄经位列，中间为完整的《金刚经》经文。卷尾题记首行云“咸亨三年六月七日门下省群书手程待宾写”，可知此件《金刚经》的抄写时间为唐高宗咸亨三年，即672年。此件所抄经文中虽有分段，但无后世通行的三十二分内容，可以说保存了《金刚经》写经较为初期的形态。

2. 后期代表：英藏S.P.2《金刚经》(868)、伯2094号3《金刚经》[天复八年(908)]

英藏S.P.2，即被英籍匈牙利人斯坦因(Aurel Stein)劫走的《金刚经》刻本。其首部有精美的“说法图”，卷尾明确刻着“咸通九年四月十五日王玠为二亲敬造普施”，年代为868年，是迄今所见世界上最早标有年份的雕版印刷品。[②] 此件《金刚经》有分段，有“冥世偈”的内容，但无“三十二分”的内容，经文之前抄有“净口业真言”和“奉请八大金刚文”，之后抄有“真言”。

伯2094号，首尾俱全，卷轴装，系以《金刚经》为主题的长卷，共抄有《持诵金刚经灵验功德记》《开元皇帝赞金刚经功德》和《金刚经》三种文献。此件《金刚经》首尾完整，经文内容前抄有“奉请八大金刚文”以及“大身真言”等咒语，经文行间添写有“三十二分”和“冥世偈”的内容。从伯2094号整个卷子的笔迹来看，经文部分较为工整，应系写经生所抄，其他部分的文字则系题记中出现的“翟奉达”所写。正是这位敦煌著名的历学家翟奉达在原来写经生所抄《金刚经》文本上所添加的文字，让我们了解到当时人们是如何抄写和诵持《金刚经》的。

此件《金刚经》末尾的题记内容云：“布衣弟子翟奉达依西川印出本内抄得分数及真言，于此经内添之，兼遗漏分也。”由此我们清楚地知道了翟奉达所添写文字内容的来源，即来自西川印本《金刚经》。[③]

从以上对两个时期有代表性的《金刚经》卷子的描述，我们可以看出前后不同时期该经文本

---

① 图版见于段文杰主编《甘肃藏敦煌文献》第6卷，兰州：甘肃人民出版社，1999年，第321—328页。

② 荣新江：《敦煌学十八讲》，北京：北京大学出版社，2001年，第267页。荣先生在注23中还提示据邓文宽研究，“俄藏Дx.2880残片是《唐太和八年甲寅岁(834)具注历日》，则是目前经过考证而得之确切年代的最早印刷品”。关于此件残片的考证，可参见邓文宽《敦煌三篇具注历日佚文校考》，《敦煌研究》2000年第3期，第108—110页。另外，承英国牛津大学徐力恒博士相告，关于此件著名的印本《金刚经》，英国学者吴芳思(Frances Wood)博士有较新的研究，参见Frances Wood and Mark Barnard, *The Diamond Sutra: The Story of the World's Earliest Dated Printed Book*, London: The British Library Publishing Division, 2010。

③ 另外，著名的八十老人写经(905—907)及许多10世纪所写《金刚经》都有与西川印本相关的信息。郑阿财对有关西川印本的资料进行了汇集和论述，参见郑阿财《敦煌灵应小说的佛教史学价值——以〈持诵金刚经灵验功德记〉为例》，荣新江主编《唐研究》第4卷，第36页。关于老人写经，杨宝玉研究员又新增敦博053号，参见杨宝玉《P.2094〈持诵金刚经灵验功德记〉题记的史料价值》，《甘肃社会科学》2009年第2期，第99页。关于这位老人的身份，白化文先生称是“兵马使氾安宁”，参见白化文《敦煌汉文遗书中雕版印刷资料综述》，原载《大学图书馆通讯》1987年第3期，后以笔名“舒学”刊于《敦煌语言文学研究》，北京：北京大学出版社，1988年，第295—298页。但由S.6726《金刚般若波罗蜜经》题记可知，至丙戌年(926)兵马使氾安宁年可七十二，而“八旬老人”至天佑三年(906)已经八十三岁，故此老人不可能是氾安宁。颜廷亮认为这个老人可能是归义军时期著名的文学家张球，参见颜廷亮《张球著作系年与生平管窥》，《1990年敦煌学国际研讨会文集》，沈阳：辽宁美术出版社，1995年，第251—271页。有关西川印本所反映五代时期敦煌与两蜀文化之关系和雕版印刷史发展方面的研究，除了上述白化文的文章之外，另可参见龙晦《敦煌与五代两蜀文化》，《敦煌研究》1990年第2期，第96—102页。最新的讨论，参见刘波《文本确定性与印刷术的兴起——从以印本为抄录底本的敦煌写本谈起》，《“2014年中国社会科学院国学研究论坛中国古文书学国际学术研讨会”资料汇编》，北京，2014年10月，第259—257页。

内容上的一些变化。敦煌遗书中属于晚唐五代宋初时期的许多《金刚经》写卷在经文前后都抄有启请文和真言等内容,逐渐形成了相对固定的"诵经前仪"和"诵经后仪"。对于敦煌遗书中《金刚经》文本内容的这种变化,方广锠曾作过论述:"有些卷子在卷首或卷末附有《金刚经陀罗尼咒》《启请八金刚、四菩萨文》《大心真言》《随心真言》《心中心真言》《大身真言》等。北咸58号题记谓:'诵此咒一遍,胜读本经功德一万九千遍。'说明在密教流传以及传统的诵经仪轨的影响下,对《金刚经》信仰形态的变化。"[①]除了《金刚经》本身的变化之外,随着《金刚经》信仰形态的变化,《金刚经》相关文献的面貌也有所变化。突出的例子是《梁朝傅大士颂金刚经》[②]的大量出现,其可视作《金刚经》仪式化文献的代表。[③]

(三)由敦煌文献看唐代《金刚经》之持诵观念

佛经对古代佛教徒而言,乃法宝的代表,是做功德的对象。诵持佛经,乃佛教徒种福田的传统方式之一。佛教信仰在中国的传播过程中,《金刚经》常被作为功德经而受到奉持和崇拜,这一点在诸多的灵验故事中已经体现得淋漓尽致。然而是什么原因使得《金刚经》在佛教的信仰世界中越来越突出呢?除了该经本身所宣称的强大的"持诵功德"之外,其流传过程中内容上的一些变化,尤其是受到密教影响下的仪轨化倾向,对该经在信仰世界中地位的变化应该是起到了关键的作用。密教以诵持陀罗尼(咒语)为特点,这些密咒和仪规一般用于祈愿、降服、驱魔、除害等。陀罗尼、密咒等内容,被奉为严谨的神圣轨则而极受尊崇。诸多陀罗尼、密咒等内容被添置于《金刚经》文本的前后,不光为该经增添了一分神秘的色彩,更为其强大的持诵功德又增持了不少法力。

对于唐人崇奉《金刚经》的状况,杨君在《〈金刚经〉与唐朝民众崇经活动及其观念》中认为:"较之上层信仰者,广大民众在崇持《金刚经》活动中,对仪轨的重视程度并不是太高。"[④]然而当作者发现流传的《金刚经》文本前有启请文,后有发愿文、真言等众多内容,且后世的文献中对持诵《金刚经》的一套仪轨有详细的说明,便认为"唐时民众在崇敬《金刚经》活动中对仪轨不甚重视","民众以自身的需要为出发点,对经书所规定的仪轨进行了筛选,将不易施行的部分加以省略,只保留简单易行的部分,对此,佛教采取了默许乃至承认的态度。崇经活动仪轨的简易化以及得到佛教承认,这在很大程度上有利于各种形式崇经活动在民间的普及"。[⑤] 作者单单从灵验记故事、写经题记等资料中,只能了解到《金刚经》在唐代所受到的广泛尊奉,但并不能知晓唐

① 方广锠:《敦煌文献中的〈金刚经〉及其注疏》,《世界宗教研究》1995年第1期,第74页;后收入作者《敦煌学佛教学论丛(上)》,香港:中国佛教文化出版有限公司,1998年,第371页。

② 关于《梁朝傅大士颂金刚经》的研究,达照法师在《〈金刚经赞〉研究》一书第二章中有详细的论述,参见达照《〈金刚经赞〉研究》,北京:宗教文化出版社,2002年,第17—115页。

③ 对《梁朝傅大士颂金刚经》研究价值的提示,参见方广锠《敦煌遗书与佛教研究》,氏著《方广锠敦煌遗书散论》,第194页。

④ 杨君:《〈金刚经〉与唐朝民众崇经活动及其观念》,《西华师范大学学报》2003年第6期,第30页。

⑤ 杨君:《〈金刚经〉与唐朝民众崇经活动及其观念》,《西华师范大学学报》2003年第6期,第31页。

人是如何持诵该经典的，所以得出了唐代的广大民众在持奉《金刚经》活动中对仪轨的重视程度不高的结论。

然而敦煌遗书中不同时期《金刚经》文本内容的变化已经向我们展现了《金刚经》文本所出现的仪轨化的倾向，据此我们可以看出唐人在持奉该经的时候，对仪轨是相当重视的，而且这种观念一直影响到后世人们对该经崇奉的方式和态度。

二、持诵与斋仪的融合：以《佛说金刚经纂》为中心的考察

敦煌遗书中还保存了一件与《金刚经》信仰密切相关的文献，即《佛说金刚经纂》，乃中国人自撰佛经。① 其中所言"持此《金刚经纂》一遍，如转《金刚经》三十万遍，感得神礼如满道"，对该文献所具有的功德力量作了极大的渲染，反映出《金刚经》信仰的一种特殊形态。该文献中"玄奘法师十斋日""玄奘法师十二月礼佛日"等内容，则反映出《金刚经》信仰与斋供仪式相结合的实态。

此件由伯 3024 号背与斯 2565 号背缀合而成，②首尾均全，首题"佛说金刚经纂"，尾题"金刚经纂一卷"。全文可分为三个部分：第一部分为启请八大金刚与持诵功德文；第二部分叙述刘姓女子入冥故事；第三部分为"玄奘法师十斋日""玄奘法师十二月礼佛日"以及持诵功德文。

关于此件《佛说金刚经纂》的成书年代问题，学界多有关注。据方广锠介绍，在 1990 年敦煌学国际学术讨论会上，李正宇指出：敦煌遗书中还存有元代的卷子。它被裂为两件，编号为伯 3024 号背与斯 2565 号背。所抄为《佛说金刚经纂》，该遗书略谓"天历元年，北山县有一刘姓女子，年十九岁，身亡到冥司，见阎罗王"云云。"天历元年"即元文宗的年号，相当于 1328 年。③ 如此，此件遗书的写成年代应该是元代以后，那么此件元抄《佛说金刚经纂》不可能是藏经洞遗书，应予排除。但方广锠认为元代乃至我国历代行政区划均无"北山县"，因此，卷中"天历元年"是否真实的历史年号尚需研究。④ 其后，经方广锠在英国考察斯 2565 号原件，认为该遗书确为敦煌遗书。⑤ 因此，现在所面临的问题是要考虑如何解释"天历"这一年号。

对此问题，宗舜法师认为"天历元年"或是唐代宗"大历元年"的误写。他考证此卷中之"玄

---

① 关于此文献的整理和价值的提示，参见方广锠《佛说金刚经纂》，《藏外佛教文献》第 1 辑，北京：宗教文化出版社，1995 年，第 354—358 页。

② 方广锠：《佛说金刚经纂》，《藏外佛教文献》第 1 辑，第 354 页。

③ 方广锠：《敦煌藏经洞封闭年代之我见——兼论"敦煌遗书"与"藏经洞遗书"之界定》，氏著《方广锠敦煌遗书散论》，第 33 页。然而后来李正宇在讨论唐宋时期敦煌佛经性质功能的变化时，引用了此件文献的内容，其言："敦煌发现的伪经《金刚经纂》(P. 3024v + S. 2565v)大言宣称：'持此《金刚经纂》一遍，如转《金刚经》三十万遍'表明敦煌信徒对伪经的崇奉，较之正经有过之而无不及。这是唐宋时期敦煌佛教的一个突出特点。"参见李正宇《唐宋时期敦煌佛经性质功能的变化》，戒幢佛学研究所编《戒幢佛学》第 2 卷，长沙：岳麓书社，2003 年，第 12 页。如此看来，李正宇已将此件文献视作藏经洞文献了。

④ 方广锠：《佛说金刚经纂》，《藏外佛教文献》第 1 辑，第 355 页。

⑤ 方广锠：《敦煌藏经洞封闭年代之我见——兼论"敦煌遗书"与"藏经洞遗书"之界定》，氏著《方广锠敦煌遗书散论》，第 50 页注 38。

奘法师礼佛十斋日”等均是伪托。编造的时间，最早应不早于神龙元年(705)，最迟不应晚于至德二载(757)末。则此件中天历元年当为大历元年(766)，从时间上看，均为数十年间发生之事，似比较合乎情理。[①] 荒见泰史在讨论敦煌本十斋日资料的论文中，亦关注到了此件遗书的成书年代，对“天历元年”所带来的矛盾进行了解释，认为“天历”的“天”字有可能是“大”字的误写。[②]经查，唐武德元年(618)改隋汶山郡为会州，领汶山、北山等九县，[③]则北山县是存在于唐代的一个地方政区，可为“天历元年”为“大历元年”之误的推断增加一条旁证。

方广锠认为佛教研究应该加强对信仰层面佛教的研究，而敦煌文献中大量佛教仪轨及其他相关资料，是讨论这一问题的重要材料。[④] 此件《佛说金刚经纂》应属于一个极佳的素材。该文献中的“启请八大金刚文”和“发愿文”都是与诵持《金刚经》仪轨相关的内容，而且在后世的《金刚经》文本中都存在，不过内容稍有差异。这表明《金刚经纂》的撰者对《金刚经》诵持仪轨是比较熟悉的。文中撰者还利用一则刘氏女子入冥故事对《金刚经纂》来源的真实性作了较好的证明。“入冥故事”在《金刚经》灵验记中的出现是较为普遍的，但大多是入冥后又起死回生的套路，而此则刘氏女子入冥而得阎罗王所授《金刚经纂》经文的事例，与“冥世偈”灵幽法师入冥情节有一定的相似性。《金刚经》的灵验故事，作为“见证与宣传”[⑤]宗教的最佳工具，为该经在信仰世界的传播提供了合法性。这种灵验故事的模式，对宣传佛典的功德思想具有莫大的功用。

除了使用灵验故事模式之外，《金刚经纂》还吸收了“十斋日”以及“十二月礼佛文”等斋仪的内容，[⑥]特别是将这两种斋仪内容都与著名的玄奘法师牵上关联，更是为此文献的真实可靠增添了一个有分量的砝码。对于持诵《金刚经纂》所获功德，文中有言盛赞“持此《金刚经纂》一遍，如转《金刚经》三十万遍”[⑦]。而对于持奉玄奘法师的“礼佛日月文”，亦可获得无边福德，正如文中所言：“若能有人受持读诵者，获福无量。用力最上，功德甚多。福高迁如须弥山王，深如巨海，大如天地，广积无边功德。劝诸善男子、善女人虔心重意，普愿合掌珍重，合家礼敬，经文读

---

① 宗舜：《六家散藏敦煌遗书之佛教文献考辨》，济群主编《戒幢文集》第1卷，上海：上海古籍出版社，2009年，第172—173页。

② 荒见泰史：《敦煌十斋日资料与斋会、仪礼》，初发表于《中国敦煌吐鲁番学会成立三十周年国际学术研讨会论文集(第一组)》，北京：首都师范大学，2013年8月17—21日，第414—415页。

③ 《旧唐书》卷41《地理志》，北京：中华书局，1975年，第1688页。

④ 有关方广锠对佛教的义理层面与信仰层面之间关系的论述，可参见方广锠《敦煌遗书与佛教研究——新材料与新问题》，《佛学百年》，武汉：武汉大学出版社，2008年，后修订刊于《方广锠敦煌遗书散论》，第206—209页；方广锠《〈云南阿吒力教经典研究〉序》，侯冲《云南阿吒力教经典研究》，北京：中国书籍出版社，2008年。

⑤ 郑阿财：《见证与宣传：敦煌佛教灵验记研究》，台北：新文丰出版公司，2010年。

⑥ 有关“十斋日”“十二月礼佛文”的探讨，可参见苏远鸣《敦煌写本中的地藏十斋日》，谢和耐等《法国学者敦煌学论文选萃》，耿昇译，北京：中华书局，1993年，第391—429页；张总《地藏菩萨十斋日》，《藏外佛教文献》第7辑，北京：宗教文化出版社，2000年，第348—371页；荒见泰史《敦煌十斋日资料与斋会、仪礼》，《中国敦煌吐鲁番学会成立三十周年国际学术研讨会论文集(第一组)》，第398—417页。

⑦ 录文参见方广锠《佛说金刚经纂》，《藏外佛教文献》第1辑，第335页。杜正乾《唐代的〈金刚经〉信仰》一文在论证“持诵《金刚经》可以带来无量福佑”的观点时，也直接引用了此语，参见杜正乾《唐代的〈金刚经〉信仰》，第55页。但是此句并非为了说明持诵《金刚经》的功德如何，其盛赞的重点是为了说明持诵《金刚经纂》所能够带来的强大功德。

叹[①]，罪灭福生，信心奉行。”[②]由此可以看出诵持经典和斋仪活动的目的是一致的，都是为了除罪灭劫，从而获取无量无边功德。大概正是拥有共同的目的，故《金刚经纂》的撰者才将持诵经典和持奉斋仪作了统一。

综上所述，无论是敦煌遗书中《金刚经》文本内容的变化，还是与《金刚经》信仰有关的《佛说金刚经纂》中所体现出的经典崇拜和斋仪活动相融合的情形，我们都可以清晰地看出持经仪轨在唐人的《金刚经》信仰中所扮演的重要角色。

小 结

通过对敦煌遗书等出土文献中《金刚经》及其相关资料的梳理，我们可以看出《金刚经》信仰中的仪式化倾向在唐代中后期已经表现得相当明显了。从敦煌遗书中《金刚经》文本内容的变化，我们可以看出持诵仪轨在唐人《金刚经》信仰中的作用越来越突出。从《佛说金刚经纂》中持诵经典和斋仪活动的融合，我们可以看出后世《金刚经》科仪文献的某些端倪。从唐代《金刚经》信仰中的仪式化倾向来看，唐代《金刚经》的流传并非如张文卓所言“仅限于义理层面讨论”，而是和宋代以后一样，也是非常重视仪轨活动的。在这一点上，唐宋之间并没有很大的差异，相反唐宋前后的发展一脉相承。正如方广锠所言：“如果把宋代大规模组织化仪轨的出现看作仪轨化佛教壮大的标志，则敦煌遗书中大量反映佛教仪轨、祭祀、法事活动的遗书，则为我们提供了研究仪轨化佛教发生、发展、演变的钥匙。”[③]只有不断加强对敦煌遗书大量佛教仪轨及其他相关资料的研究，我们才能更好地明白中国仪轨化佛教形成的历史。在这样的思路之下，《金刚经》信仰领域的研究亦需要加强对敦煌资料的重视。

（本文原发表于《华东师范大学学报》2017年第1期。）

作者简介：

董大学，历史学博士，上海师范大学人文学院副教授，硕士生导师，兼任中国敦煌吐鲁番学会理事。从事敦煌学、隋唐五代史的教学和研究。主持2项国家社科基金项目和1项上海市哲社项目，主要围绕敦煌本《金刚经》古逸注疏展开学术研究，在《文献》《敦煌研究》《敦煌学辑刊》《华东师范大学学报》等发表论文多篇。

① “读”，方先生校补作“读诵赞”，按不补亦可通。
② 方广锠：《佛说金刚经纂》，《藏外佛教文献》第1辑，第337—358页。
③ 方广锠：《敦煌遗书与佛教研究》，氏著《方广锠敦煌遗书散论》，第208页。侯冲教授在此领域作出了卓越贡献，参见侯冲《中国佛教仪式研究——以斋供仪式为中心》，上海师范大学2009年博士学位论文。

议兵之争所见唐宪宗朝藩镇政策的形成

李　殷

摘　要： 宪宗元和年间，议兵的意义在于君臣之间不断形塑的政治共识。宪宗主张以最直观的战争形式征讨逆地藩镇，而何时开启用兵、如何选择用兵的对象以及以怎样的形式罢兵能最大程度维系君主的权威与恩信，是百僚应对藩镇问题的要义，由此，政治招抚方式得以应用。在经历成德议兵与魏博归朝事件后，宪宗用兵淮西不仅显示朝廷以武力削藩的决心，也向朝中百僚宣示了皇权决策的加强。

关键词： 议兵之争　唐宪宗朝　藩镇政策

唐后期的藩镇问题是影响唐代历史走向的重要一环，宪宗时代的大举削藩更促成了元和中兴之业。在既往研究中，学者们从藩镇类型与模式、朝廷藩镇政策的确立及其实施、藩镇性格与内部权力构造以及朝藩关系形成的政治默契等角度对唐代的藩镇问题及其权力运作展开探索。① 如何将问题放置在更具体的历史语境中，关注唐代不同时期藩镇政策的形成细节与发展脉络，仍有空间值得挖掘。本文充分利用唐人文集中时人所作奏疏章表，以信息沟通为研究视角，考察宪宗朝历次息兵与用兵方针策略的形成过程，呈现君臣之间对于战事立场与态度的转变历程，进而略探中唐藩镇政策的制定与政治演进关系之一二。

① 陆扬：《从西川和浙西事件论元和政治格局的形成》，荣新江主编《唐研究》第8卷，北京：北京大学出版社，2002年，第225—256页；张国刚：《唐代藩镇研究》，北京：中国人民大学出版社，2010年；孟彦弘：《"姑息"与"用兵"——朝廷藩镇政策的确立及其实施》，杜文玉主编《唐史论丛》第12辑，西安：三秦出版社，2010年，第115—145页；张达志：《唐代后期藩镇与州之关系研究》，北京：中国社会科学出版社，2011年；李碧妍：《危机与重构：唐帝国及其地方诸侯》，北京：北京师范大学出版社，2015年；秦中亮、陈勇：《从两次兴兵成德看元和政治规范的形成》，《厦门大学学报》2016年第4期，第126—137页；仇鹿鸣：《长安与河北之间：中晚唐的政治与文化》，北京：北京师范大学出版社，2018年，第174—218页。此外，冯金忠、张天虹、王炳文三人进一步聚焦河朔藩镇，从社会流动视角与民族史维度，对传统藩镇研究议题进行继续深化。参见冯金忠《唐代河北藩镇研究》，北京：科学出版社，2012年；王炳文《从胡地到戎墟——安史之乱与河北胡化问题研究》，北京：北京师范大学出版社，2020年；张天虹《中晚唐五代的河朔藩镇与社会流动》，北京：社会科学文献出版社，2021年。

一、成德议兵所见百僚争鸣

元和初，西川刘辟反，宪宗意在用兵。《资治通鉴》宪宗元和元年(806)条记载："公卿议者亦以为蜀险固难取，杜黄裳独曰：'辟狂戆书生，取之如拾芥耳！臣知神策军使高崇文勇略可用，愿陛下专以军事委之，勿置监军，辟必可擒。'上从之。"[①]这较为明确地表达了臣僚普遍的保守姿态，只有宰相杜黄裳与翰林学士李吉甫对出兵西蜀的决策贡献最大。

西川的成功平复为宪宗增强了削藩的信心，宪宗进一步将视线转移到"不沾王化"的河朔三镇。元和四年(809)，"上欲革河北诸镇世袭之弊，乘王士真死，欲自朝廷除人；不从则兴师讨之。裴垍曰：'李纳跋扈不恭，王武俊有功于国，陛下前许师道，今夺承宗，沮劝违理，彼必不服。'由是议久不决"[②]。宪宗欲借河北三镇之一的成德节度使王士真之死，改变河朔父死子继的传统，如若不从，便兴兵征讨。以裴垍为首的臣僚担心朝廷处置强藩难以公允，反对用兵。"议久不决"即说明中央决策层就出兵成德存在不同意见。时任翰林学士的李绛三论镇州事，[③]先后上《论镇州事宜》《上镇州事》《又上镇州事》三疏，收录于《李相国论事集》中。[④]

我们首先来具体分析三份奏疏的关键信息。宪宗就镇州的除授权问题征询李绛的态度，他在《论镇州事宜》中言："伏以自武俊父子相承，至今四十余年，军镇人情，惯实已久。"[⑤]《资治通鉴》以此为史源记为："上以问诸学士，李绛等对曰：'河北不遵声教……军旅之事，殆未可轻议也。'"[⑥]以李绛为代表的朝臣对征讨成德较为抵制，加之领兵之人为中使身份的吐突承璀，使得"前后二十余度，上意犹豫未决"[⑦]，这是君臣之间就出兵成德的首次商议。在第二篇《上镇州事》中李绛认为割成德的德、棣两州别为一镇并不可行。该奏文载："今若别议割棣，承宗不安，军情又阻，忧疑怨望，以此为辞，官爵恩泽，悉为虚弃。"[⑧]朝廷若析置镇州领地，便是打破与河北强藩之间的平衡，容易引发三镇与中央的对抗。后宪宗以刘济、田季安皆有疾患为由，想改变河朔父死子继的传统，不从则欲行用兵之事。但李绛陈奏《又上镇州事》的观点却均与宪宗相左，核心要义有三：第一，河朔藩镇之人心固结与结连势广，这就使得出兵镇州与讨伐刘辟、李锜之局面完全不同，这也是李绛屡次向宪宗进言的根本；第二，江淮水旱、财力不足是影响出兵的现

---

① 《资治通鉴》卷237，唐宪宗元和元年条，北京：中华书局，1956年，第7626页。

② 《资治通鉴》卷237，唐宪宗元和四年条，第7659页。

③ 《旧唐书》卷39《地理志》："镇州……天宝元年，改为常山郡。乾元元年，复为恒州。兴元元年，升为都督府。元和十五年，改为镇州。"(北京：中华书局，1975年，第1502页)《元和郡县图志》卷17"河北道"："恒州，今为恒冀节度使理所。管州六：恒州、冀州、深州、赵州、德州、棣州。"(北京：中华书局，1983年，第447页)

④ 冶艳杰：《〈李相国论事集〉校注》卷3《论镇州事宜》《上镇州事》《又上镇州事》，武汉：华中科技大学出版社，2015年，第82—88页。

⑤ 《〈李相国论事集〉校注》卷3《论镇州事宜》，第82页。

⑥ 《资治通鉴》卷237，唐宪宗元和四年条，第7659页。

⑦ 《〈李相国论事集〉校注》卷3《上令宣示邪人事》，第78页。

⑧ 《〈李相国论事集〉校注》卷3《上镇州事》，第86页。

实因素。唐后期财赋仰仗江淮，必待其充沛渐丰才可加兵；第三，朝廷应继续维系原有的怀柔策略。[①] 此外，李绛又撰《镇州淮西事宜》，希冀将宪宗的注意力从河朔成德转至淮西：

> 臣等前后陈奏，缕尽利害机宜，伏冀圣恩，备赐详览。今闻少诚病甚，计必不起，则淮西事势，与河北不同，须别除人，今正得便。何者？淮西不与诸贼邻接，四面尽是国家镇兵，势力孤危，援助悬绝，重立赏罚，必易指麾。若万一不从，则可议征伐……南北之役俱兴，财力之用不足。倘事不得已，即须赦承宗，则恩德虚施，威令顿废。[②]

宪宗议兵成德之时，正值淮西节度使吴少阳病重，奏疏再次强调两者在藩镇属性上的根本不同。即"淮西不与诸贼邻接，四面尽是国家镇兵"，如果以武力征讨，不如直指把握较大的淮西，力保朝廷与君主的主动权。如若轻易讨伐王承宗，一旦战事被动，朝廷将陷入"恩德虚施，威令顿废"的局面。元和初期就出兵讨伐成德问题，很多臣僚认为维持自德宗时代中央对河北藩镇秉持的优容传统依然是当时最好的解决办法，但对待其他藩镇不会轻易姑息也是官僚阶层普遍的政治认同。李绛劝说宪宗适时调整征讨对象，主要出发点是防止君主恩威在削藩过程中因战事不利而被损耗。

其次，我们再关注此时藩镇局势发展与朝廷政治舆论的走向。《旧唐书·卢从史传》载："从史窃献诛承宗计以希上意，用是起授，委其成功。"[③]以李绛、权德舆为代表之臣僚，均不赞成卢从史出兵山东。[④] 宪宗迫切希望追讨王承宗，对两人之建议置之不理。王承宗假意献出德、棣二州却出尔反尔。[⑤] 元和四年(809)十月，宪宗命护军中尉吐突承璀会诸道军进讨。[⑥] 我们从权德舆所作的《恒州招讨事宜状》中可以看出百僚对朝廷用兵成德的反应："臣伏计数日已来，朝官论用兵害者已多……一则神策等兵在城中，多是市井屠沽，庇身军籍，未经战阵，难以成功……一则恐须便除成德及德棣两道节度使，则六州之人，知有所奉，兵交之际，各图自拔……使其四邻，各务攻取，则人人自战，而恩归于朝。"[⑦]权德舆以为朝廷神策军均为市井之徒，作战实力不济。通过除授成德、德棣两节度使，使其互相攻伐，则恩归于朝，不劳师费。以战争形式的直接攻伐自是皇权重塑的宣示，而何时开启用兵、以怎样的形式罢兵能够最大限度地维系君主威权却是考验群臣谋虑的关键。

成德局面的持续胶着使得宪宗朝君臣又进行了一次新的议兵讨论。《资治通鉴》宪宗元和

---

① 《〈李相国论事集〉校注》卷3《又上镇州事》，第88页。
② 《〈李相国论事集〉校注》卷4《镇州淮西事宜》，第105—106页。
③ 《旧唐书》卷132《卢从史传》，第3652页。
④ 《〈李相国论事集〉校注》卷3《论卢从史请用兵事》，第92页；《权德舆诗文集》卷46《昭义军事宜状》，郭广伟点校，上海：上海古籍出版社，2008年，第751—753页。相关研究参见卢向前《卢从史出兵山东与唐宪宗用兵河朔三镇之关系》，《中华文史论丛》2007年第3期，第323—353页。
⑤ 《旧唐书》卷142《王承宗传》，第3879页。
⑥ 《新唐书》卷211《王承宗传》，北京：中华书局，1975年，第5956页。
⑦ 《权德舆诗文集》卷47《恒州招讨事宜状》，第753—754页。

五年(810)条载:“上以河朔方用兵,不能讨吴少阳。三月,己未,以少阳为淮西留后。”①以吴少阳为淮西留后既表明了宪宗专伐成德的圣意,又化解了朝廷两线作战的局面。权德舆再上奏状提出:“若以直赦承宗,诚人心所便……若从史除官及除替,并恩宥承宗,三道制书,同时焕发,则众情感浃成命。”②可见息兵之策深入人心。成德战势使得朝廷处于被动局面,权德舆劝宪宗恩宥王承宗,却并未得到宪宗的同意。③ 因李绛等人始终坚持不应急进河北,与宪宗兴兵成德相违背,此或为其不被宪宗召见的原因。“是时,上每有军国大事,必与诸学士谋之;尝逾月不见学士。”④

诸军讨成德王承宗久无功,翰林学士白居易于元和五年(810)五月先后三上请罢兵疏。其中第二道《请罢恒州兵事宜》记载:“臣伏恐河北诸将,见吴少阳已受制命,必引事例轻重,同词请雪承宗。若章表继来,即议无不许。请而后舍,模样可知。转令承宗胶固同类。如此则与夺皆由邻道,恩信不出朝廷,实恐威权尽归河北。”⑤白居易的政治主张与权德舆如出一辙,“若章表继来,即议无不许”,劝宪宗将罢兵的主动权掌握在自己手中,维系君主之恩信与威权是重中之重。即使对强藩持怀柔态度的臣僚也一直将宪宗威权的重塑放在不可动摇的第一位。

《资治通鉴》卷二三八“宪宗元和五年”:“秋,七月,庚子,王承宗遣使自陈为卢从史所离间,乞输贡赋,请官吏,许其自新。李师道等数上表请雪承宗。”⑥王承宗遣使上疏请罪,白居易趁机再论罢兵,其中重要信息如下:

> 自此动摇,何虑不有?事忽至于此者,则陛下求不罢讨得乎?一种罢兵,何如早罢?必待事不得已然后罢之,只使陛下威权转销,天下模样更恶……臣伏料陛下去年初锐意用兵之时,必谓讨承宗如讨刘辟、李锜,兵合之后,坐见诛擒,岂料迁延经年如此……况今日已前,所惜者威权财用;今日已后,所忧者治乱安危。⑦

综上分析,提炼白居易奏文的主要内容:第一,强调不宜错过罢兵的契机。“今卢从史已归罪左降,王承宗又乞雪表来,元阳方再整本军,刘济且引兵欲进。因此之势,正可罢兵。赦既有名,罢犹有势。”⑧第二,再次指明河朔藩镇与西川刘辟、浙西李锜之相异,面对不同的藩镇局势应采取不同的应对策略。第三,劝宪宗从大局出发,以最小的代价保证朝局的稳定。通读此篇奏文,白居易主张罢兵的态度比以前更为坚定,君臣之间也在商议藩镇对策的过程中形成共识,宪宗终于决定正式息兵。⑨ 出兵成德,虽然并未取得如浙西、西川之类的决定性胜利,但也一改德宗时代对河朔强藩一味退让的既定策略,帮助宪宗实现了以武力征讨河北强藩的第一步。

---

① 《资治通鉴》卷238,唐宪宗元和五年条,第7672页。
② 《权德舆诗文集》卷47《山东行营以臣愚所见条件于后》,第755页。
③ 《新唐书》卷211《王承宗传》,第5957页。
④ 《资治通鉴》卷238,唐宪宗元和五年条,第7676页。
⑤ 《白居易文集校注》卷22《请罢恒州兵事宜》,谢思炜校注,北京:中华书局,2011年,第1251页。
⑥ 《资治通鉴》卷238,唐宪宗元和五年条,第7677页。
⑦ 《白居易文集校注》卷22《请罢恒州兵马事宜》,第1255—1256页。
⑧ 《白居易文集校注》卷22《请罢恒州兵马事宜》,第1255页。
⑨ 《资治通鉴》卷238,唐宪宗元和五年条,第7678页。

白居易代拟了赦免王承宗的诏令，即《与恒州节度下将士书》《与承宗诏》《答王承宗谢洗雪及复官爵表》三份制令，诏书内容也基本是李绛、权德舆所论之主旨。“今已降制书，各从洗雪。承宗仍复旧官爵，充恒、冀、深、赵、德、棣六州观察使，成德军节度使，将士等官爵实封，并宜仍旧，待之如初。”①对王承宗本人，朝廷也予以宽宥处置：“卿今既陈章疏，恳献衷诚。请进官员，愿修贡赋。誓心以纳款，归罪而责躬。情可哀怜，法存开释。”②在《白居易文集》中还保留了白居易代宪宗草拟的《批宰相贺赦王承宗表》：“先臣武俊，功不可忘；后嗣承宗，过而能改……与其黩武而取威，不若匿瑕而务德。”③宪宗又以德化感召的安抚策略为权宜之计来应对河北强藩。

元和初期宪宗与臣僚之间并未就出兵成德达成一致。出兵成德在形式上宣示了宪宗以武力征讨逆地藩镇的决心。以李绛、权德舆、白居易为代表的臣僚继续坚持息兵之策，维系既有的中央与河朔藩镇的政治传统。不过，出兵征伐与罢兵姑息两种截然不同的策略，对君主威权与恩信的维护却是宪宗朝君臣不谋而合的初衷。

二、二李之争与魏博复归

成德息兵后，朝廷暂时采取怀柔举措，但如何应对河北强藩依然是宪宗朝君臣不得不面临的问题。《新唐书·蒋乂传》记载：“初名武，宪宗时因进见，请曰：‘陛下今日偃武修文，群臣当顺承上意，请改名乂。’帝悦。时讨王承宗兵方罢，乂恐天子锐于武，亦因以讽。它日，帝见侍御史唐武曰：‘命名固多，何必曰武？乂既改之矣。’更曰庆。群臣乃知帝且厌兵云。”④这反映出河北用兵后朝廷整体的政治氛围。宪宗在完成对成德的首次征讨后保持原有传统，后因魏博易主而改变。

《资治通鉴》卷二三八，宪宗元和七年(812)八月条载：“魏博节度使田季安薨……辛亥，以左龙武大将军薛平为郑滑节度使，欲以控制魏博。”⑤李吉甫认为田季安薨逝之际正是兴兵魏博的有利时机。收录在《李相国论事集》中的《论魏博》详细记载了宪宗、李绛与李吉甫三人对处理魏博问题的立场，主要集中在是否对魏博用兵以及如何推恩收服魏博这两个关键问题上。

关于是否对魏博用兵的问题，李吉甫首献兴兵之策。据《李相国论事集》记载：“吉甫遽进用兵之策，具图画入兵道路，攻讨利病，并载河北土田平易沃壤、桑柘物产繁富之状。若不讨伐，必无变动。”⑥宪宗的态度史籍无载，不过很快宪宗就召开了一次延英会议，再次征询两人意见。李吉甫继续主张对魏博用兵，他提出的“兴师攻取，以示国威”的措施与宪宗以战争为手段重建

① 《白居易文集校注》卷19《与恒州节度下将士书》，第1059页。
② 《白居易文集校注》卷19《与承宗诏》，第1061页。
③ 《白居易文集校注》卷19《批宰相贺赦王承宗表》，第1062页。
④ 《新唐书》卷132《蒋乂传》，第4534页。
⑤ 《资治通鉴》卷238，唐宪宗元和七年八月戊戌条，第7692页。
⑥ 《〈李相国论事集〉校注》卷5《论魏博》，第168页。

皇帝威权的策略完全吻合。宪宗当即表示以讨伐为先，但李绛推断魏博会主动归附，劝宪宗不必兴师征讨："上曰：'此势恐须如此，不讨伐无复有得理。'李绛奏曰：'以臣愚虑，酌量事势，必不劳兴师动众，魏博当须归国。'"①

在宪宗的问对中，李绛通过详细分析藩镇在权力继承中产生的诸多争端问题，提出朝廷应延续政治招抚策略。李绛《论魏博》奏文言："今怀谏乳臭童子，领事不得，须假人权柄，托人性命。即所托者其权必重，所任者其言必行。如此厚薄不同，怨怒必起，向者权均力敌，适足生患，构其祸也。何者？以兵力齐等，不相服从，自然之势也……魏博将若有此变，既惧诸邻攻伐，必须归恳朝廷。若不倚朝廷，即存立不得，此必然之理也。伏望陛下按甲蓄威，以俟其变。"②首先，李绛陈述了河北叛乱诸地的制置传统。田怀谏以少弱之身承副大使之职须假人权柄，这必将引起诸将的怨怒。其次，因军中诸将兵力均等，相互之间难以服从，便会产生新的具有声望的将领掌一方之权。藩镇内部权力更迭易引起局势变动，会使继任者担心诸邻攻伐，进而倚重朝廷。最后，李绛指出朝廷应按兵不动，以伺其变，并积极训练兵士，等待时机。宪宗暂时采纳了李绛的建言："上曰：'卿所陈贼中事宜，深尽机要，详此事势，亦不用兵。'"③后来宪宗召开的延英会议上，李吉甫又言宜兴兵魏博，宪宗就此议题再次征询李绛。"他日延英，吉甫又盛陈用兵之计，言粮草匹帛，皆有次第。上又顾李绛何如"④，李绛建言最终坚定了宪宗不再对魏博用兵：

> 此事分明，不合疑惑。且兵不可轻易而动者，且讨伐镇州之时，四面兴师近二十万众，并发两神策近远赴河北，道路骚扰，靡费七百余万贯，讫无功，取笑天下。失策之耻，传之至今……若敕命征发，驱之使战，臣恐不乐之患，不止无功，散乱之兵，别有所虑。况魏博事势，不要用兵，伏惟陛下断于圣心，不惑浮论。⑤

李绛直陈朝廷因兴兵成德所付出的沉重代价，劝宪宗不宜轻易用兵。同时李绛又暗以建中之乱警示宪宗："臣恐不乐之患，不止无功，散乱之兵，别有所虑。"⑥《资治通鉴》生动记录了宪宗对魏博不以武力征讨的最终决定："上奋身抚案曰：'朕不用兵决矣。'绛曰：'陛下虽有是言，恐退朝之后，复有荧惑圣听者。'上正色厉声曰：'朕志已决，谁能惑之！'绛乃拜贺曰：'此社稷之福也。'"⑦

就推恩收服魏博的问题，李吉甫与李绛就是否直接除授田兴节度使再起分歧。"后十余日，果魏博使至，军中已归部将田兴，奏取朝廷处分。使至非时，召宰相对，上具言此事曰：'卿所揣魏博事势，若合符契。'吉甫请且使宣慰，以观其事。李绛言：'不可，敕使到彼，万一妄邀朝廷，事有一蹉跌，即难处置。疑误之间，机宜已失，即追不及矣。今田兴为众所归，坐俟朝命，不于此际

---

① 《〈李相国论事集〉校注》卷5《论魏博》，第168页。
② 《〈李相国论事集〉校注》卷5《论魏博》，第168—169页。同事亦见《资治通鉴》卷238，唐宪宗元和七年条，第7693页。
③ 《〈李相国论事集〉校注》卷5《论魏博》，第169页。
④ 《〈李相国论事集〉校注》卷5《论魏博》，第169页。
⑤ 《〈李相国论事集〉校注》卷5《论魏博》，第169页。
⑥ 《〈李相国论事集〉校注》卷5《论魏博》，第169页。
⑦ 《资治通鉴》卷238，唐宪宗元和七年条，第7694页。

便有宠授，他日敕把三军表来，谓与田兴；节制在彼，在此即不得已须与。恩泽不出圣心，是依军中所谓，感荷与特拜岂同？’”[①]《沂国公魏博德政碑》详赡地记载了田兴被推举为魏博留后的经过。[②] 李绛认为应由朝廷掌握主动权，首先降旨，给予田兴宠授，推诚不疑，宪宗还是按照惯例派遣中使宣慰魏博待他日正授。[③] 李绛继续上奏：

> 今因田兴投诚归国，三军颙俟圣旨，不当时处置，赴其机宜，待敕使将三军表来，请授田兴。则威柄不由于朝廷，恩泽不出于圣意……伏望明日便降白麻，授田兴节度使，即恩泽出于君上，而威柄归于朝廷。利害得失，明若日月，伏乞圣慈不疑。
>
> “敕使获宣日，且与留后，何如？待其别成效，即与正授。”
>
> 李绛曰：“若与留后，亦恐不得。且度朝廷气力，坐制魏博得否？不因机会，奖其诚节，恩出不次，感亦殊常。若与留后，忽不受命，即却成凶悖，又须姑息，与旧日何殊也？伏望决于圣断，特赐处分。”[④]

李绛陈奏仍旧坚持朝廷应直接授予田兴节度使。一方面，李绛的建言强调恩泽出于君上，而威柄归于朝廷，这正称宪宗重建君主与中央王朝威权之意。另一方面，李绛又再次据理力争，既说明魏博难以强攻的事实，又强调不宜错过推恩的重要时机，打消了宪宗的顾虑。最终，宪宗正式除授田兴节度使：“明日遂出白麻，除田兴为检校工部尚书、魏博节度使。张忠顺制已到，田兴感涕，三军受宣鼓舞。”[⑤]“兴感恩流涕，士众无不鼓舞”[⑥]，这使我们想起德宗时期陆贽替君主撰写的《奉天改元大赦制》，以抚慰人心、稳定局势为先，是陆贽、李绛等对待强藩的迂回之策，也是当时朝廷军事与财政实力使然。虽然宪宗对李绛的建议始终有所顾虑，但通过先前出兵成德的失利，宪宗也认识到当时无力改变河北整体的政治结构，如能推恩收服魏博也不失为明智之举。

随后，李绛又在奏疏中主张特赐钱帛，彻底收服魏博：“一朝以六州之地，归于朝廷，刳河朔之腹心，倾悖乱之巢穴。不大赏赐，出其所望，军心不感，事势难知。请特赐一百五十万钱帛，制书上以内库为名，充三军赏给。”[⑦]魏博归朝，极大改变了河朔藩镇一体化的局面。李绛以为用钱帛厚赏魏博诸将士，是禁绝其复叛的最好方式，也昭示了朝廷对于归顺藩镇的优容之策。但是，“中人有沮其所请者，上言曰：‘所赐太多，那得及此？后若更有，即又如何？’李绛奏曰：‘……惜一百五十万贯钱物，不收此一道人心？钱帛用了更来，机会一失难复。假如举十五万众攻取六州，一年而克，岂不称贺，而计费三百万贯，事必当赏赉，又在此外。’”[⑧]李绛再次上书陈奏，以

---

① 《〈李相国论事集〉校注》卷5《论魏博》，第169页。
② 元稹：《沂国公魏博德政碑》，《元稹集》卷52，冀勤点校，北京：中华书局，2010年，第651—654页。
③ 《〈李相国论事集〉校注》卷5《论魏博》：“上遂令中使张忠顺往宣慰，待回处置。”（第170页）
④ 《〈李相国论事集〉校注》卷5《论魏博》，第170页。
⑤ 《〈李相国论事集〉校注》卷5《论魏博》，第170页。
⑥ 《资治通鉴》卷238，唐宪宗元和七年条，第7696页。
⑦ 《〈李相国论事集〉校注》卷5《论魏博》，第170页。
⑧ 《〈李相国论事集〉校注》卷5《论魏博》，第170页。

财物计费为代价换取魏博恭顺，成本低于兵戈战事。宪宗最终采用了他的建言。

因《李相国论事集》中保存有《论魏博》一文，这使我们对于在唐廷招抚魏博的过程中宪宗朝君臣的政治互动有了更为全面的认识。关于李绛与李吉甫二人的政见之争，《李相国论事集》向来对李绛多有回护，贬低李吉甫。《旧唐书·李绛传》记载："兴卒以六州之地归命。其经始营创，皆绛之谋也。"①这应是较为公允的评价。在收服魏博的过程中，李绛始终以君主威权与人心向背为建言要旨，推进田兴的主动归复。在力保皇权威严重塑这一根本目的上，君臣之间并无二致。对宪宗而言，以武力削藩是皇权振兴最为直观的展示，但第一次征讨成德的草草收场与建中之乱的沉重代价，迫使宪宗最终采取推恩策略招抚藩镇。

三、淮西平叛与宪宗威权的强化

魏博归朝后，河朔藩镇的格局发生了重要变化，成德、平卢失去屏障，河北三镇已被相当程度瓦解。如何再次凝聚朝廷共识削平不臣骄藩仍旧是宪宗朝君臣必须面对的政治问题。早在元和初期平定西川后，宪宗就已将下个削藩目标定于割据数十年，拥有特殊政治、经济战略地位的淮西。"帝锐意欲取淮西。方吉甫在淮南，闻吴少阳立，上下携泮，自请徙寿州，以天子命招怀之，反间以挠其党，会讨王承宗，未及用。"②李吉甫出镇淮南期间，"在扬州，每有朝廷得失，军国利害，皆密疏论列"③，这表明淮西政局成为君臣关注的重点。

元和九年(814)九月，"李吉甫言于上曰：'淮西非如河北，四无党援，国家常宿数十万兵以备之，劳费不可支也。失今不取，后难图矣。'上将讨之，张弘靖请先为少阳辍朝、赠官，遣使吊赠，待其有不顺之迹，然后加兵，上从之，遣工部员外郎李君何吊祭。元济不迎敕使，发兵四出，屠舞阳，焚叶，掠鲁山、襄城，关东震骇。君何不得入而还……十月甲子，以严绶为申、光、蔡招抚使，督诸道兵招讨吴元济"④。李吉甫以淮西吴少阳卒逝之机，劝宪宗出兵淮西。而以张弘靖为代表的持保守策略的朝臣建议宪宗先遣使吊赠。面对淮西吴元济的不断挑衅，宪宗于当年十月正式兴兵讨蔡，开启了近四年的平叛淮西之战。

通过时任考功郎中、知制诰韩愈的《论淮西事宜状》，我们可以进一步理解宪宗出兵淮西的决策：

> 况以三小州残弊困剧之余，而当天下之全力，其破败可立而待也。然所未可知者，在陛下断与不断耳……陛下持之不坚，半途而罢，伤威损费，为弊必深。所以要先决于心，详度本末，事至不惑，然可图功。为统师者尽力行之于前，而参谋议者尽心奉之于后。内外相

① 《旧唐书》卷164《李绛传》，第4289页。
② 《新唐书》卷146《李吉甫传》，第4743页。
③ 《旧唐书》卷148《李吉甫传》，第3994页。
④ 《资治通鉴》卷239，唐宪宗元和九年条，第7707页。

应，其功乃成……比来征讨无功，皆由欲其速捷。有司计算所费，苟务因循。小不如意，即求休罢。河北、淮西等见承前事势，知国家必不与之持久并力苦战。幸其一胜，即希冀恩赦。朝廷无至忠忧国之人，不惜伤损威重。因其有请，便议罢兵。①

奏文首先说明克淮西“在陛下断与不断”，这就坚定了宪宗用兵淮西的决心。《新唐书·韩愈传》载：“初，宪宗将平蔡，命御史中丞裴度使诸军按视。及还，且言贼可灭，与宰相议不合。”②裴度以为可行征讨，却与宰相的观点相左，可见宪宗出兵淮西的阻力仍存。韩愈劝谏宪宗如若半途而废，伤威损费，为弊最深。宪宗即位后的一系列政治举措，尤其以战争为手段发兵成德与淮西，出发点均是为改变德宗后期朝廷的保守颓势。魏博归朝成为宪宗讨伐成德失败后重新用兵的契机，唐廷与强藩之间的均势不断被打破。以最直观的征讨形式进行武力削藩又被提上了日程，因而有损君主重塑威权之事均会遭到宪宗的摒弃。

元和十年(815)六月，淄青节度使李师道与成德节度使王承宗合谋刺杀宰相武元衡。③《旧唐书·许孟容传》：

会十年六月，盗杀宰相武元衡，并伤议臣裴度。时淮夷逆命，凶威方炽，王师问罪，未有成功。言事者继上章疏请罢兵。是时盗贼窃发，人情甚惑，独孟容诣中书雪涕而言曰：“昔汉廷有一汲黯，奸臣尚为寝谋。今主上英明，朝廷未有过失，而狂贼敢尔无状，宁谓国无人乎？然转祸为福，此其时也。莫若上闻，起裴中丞为相，令主兵柄，大索贼党，穷其奸源。”后数日，度果为相，而下诏行诛。④

《旧唐书·裴度传》：

初，元衡遇害，献计者或请罢度官以安二镇之心，宪宗大怒曰：“若罢度官，是奸计得行，朝纲何以振举？吾用度一人，足以破此二贼矣。”度亦以平贼为己任……时群盗干纪，变起都城，朝野恐骇。及度命相制下，人情始安，以为必能殄寇。自是诛贼之计，日闻献替，用军愈急。⑤

继李吉甫后支持削藩的宰相武元衡惨死于逆藩之手，引起朝野的恐慌。加之朝廷用兵淮西伊始遭遇不利，朝中罢兵声势渐起，甚至有臣子献计罢裴度官职以安抚叛乱藩镇之心。朝臣中，仅少数臣僚如许孟容、白居易主张予以还击，大索贼党。《新唐书·白居易传》记载：“是时，盗杀武元衡，京都震扰。居易首上疏，请亟捕贼，刷朝廷耻，以必得为期。宰相嫌其出位，不悦……中书舍人王涯上言不宜治郡，追贬江州司马。”⑥白居易积极维系朝廷威严、主张惩治凶逆，却遭到宰臣

---

① 韩愈：《论淮西事宜状》，刘真伦、岳珍校注《韩愈文集汇校笺注》卷30，北京：中华书局，2010年，第3011—3013页。
② 《新唐书》卷176《韩愈传》，第5258页。
③ 《资治通鉴》卷239，唐宪宗元和十年条，第7712—7715页。
④ 《旧唐书》卷154《许孟容传》，第4102—4103页。
⑤ 《旧唐书》卷170《裴度传》，第4415页。
⑥ 《新唐书》卷119《白居易传》，第4302页。

贬官。朝臣中裴度支持宪宗出兵，他认为："病在腹心，不时去，且为大患。不然，两河亦将视此为逆顺。"[①]淮西成为关涉中央与藩镇局面的风向标。因朝廷对淮西的处置将直接决定其他强藩对朝廷是否忠顺，这也是宪宗坚定对淮西用兵的重要原因。

元和十年，成德王承宗再叛，朝廷面临双线作战的局面，君臣之间再起争议。"王承宗纵兵四掠，幽、沧、定三镇皆苦之，争上表请讨承宗。上欲许之，中书侍郎、同平章事张弘靖以为'两役并兴，恐国力所不支，请并力平淮西，乃征恒冀'。上不为之止，弘靖乃求罢。十一年春，正月，己巳，以弘靖同平章事，充河东节度使。"[②]成德王承宗、淄青李师道欲与淮西吴元济形成南北之势，互为奥援，牵制唐廷兵力。宪宗元和十一年(816)，"春，正月，癸未，制削王承宗官爵，命河东、幽州、义武、横海、魏博、昭义六道进讨。韦贯之屡请先取吴元济、后讨承宗，曰：'陛下不见建中之事乎？始于讨魏及齐，而蔡、燕、赵皆应，卒致朱泚之乱，由德宗不能忍数年之愤邑，欲太平之功速成故也。'上不听"[③]。韦贯之先取吴元济后讨王承宗的用兵策略与李绛、张弘靖一脉相承，并举建中之乱警劝宪宗，依然遭到宪宗的拒绝。先前李绛暗示建中之乱时，宪宗有所顾虑，但这次韦贯之直提建中之乱却丝毫不能改变宪宗双线作战的决定。在征讨淮西的过程中同时用兵成德，不仅再次向逆地强藩昭示了朝廷不再姑息的决心，更使得朝中臣僚仅能在既定的征讨对象中择其更利于用兵者。

宪宗在淮西用兵久而无果后，正式召开了一次百僚集议。"十一年正月，以淮西久宿兵，诏宰臣集百僚议：'今用兵已久，利害相半，不知进兵攻讨，退兵固守。至于赦宥，合有良规。直言可行，不必引古，亦欲观卿士才用，宜各具议状以闻。'"[④]宪宗鉴于朝廷用兵失利的现实状况，征询百僚建议。值得注意的是，敕文中竟还提示百僚可以参考唐廷与藩镇长久以来形成的姑息宽宥的政治传统。"论者以杀伤滋甚，转输不逮，拟议密疏，纷纭交进"[⑤]，即是此次集议后百僚的反馈，可见息兵政策依旧是大部分官僚群体对付骄藩所秉持的既定方针。"徽上疏言用兵累岁，供馈力殚，宜罢淮西之征，宪宗不悦，罢徽学士之职，守本官。"[⑥]翰林学士钱徽成为这场集议结果的牺牲品。也许集议的初衷是汲取百僚的用兵策略，但惊人一致的息兵建言对于迫切希冀以武力征讨为手段震慑骄藩、重建皇帝权威的宪宗来说，却是不能接受的结果。

元和十一年六月，唐廷将领高霞寓兵败于铁城。[⑦] 宪宗敦促前线将士继续推进淮西战事："上怒诸将久无功，辛巳，命知枢密梁守谦宣慰，因留监其军，授以空名告身五百通及金帛，以劝死事。庚寅，先加李光颜等检校官，而诏书切责，示以无功必罚。"[⑧]宪宗一面对李光颜为首的前

---

① 《新唐书》卷173《裴度传》，第5211页。
② 《资治通鉴》卷239，唐宪宗元和十年条，第7720—7721页。
③ 《资治通鉴》卷239，唐宪宗元和十一年条，第7721页。
④ 《册府元龟》卷104《帝王部·访问》，周勋初等校订，南京：凤凰出版社，2006年，第1138页。
⑤ 《旧唐书》卷170《裴度传》，第4418页。
⑥ 《旧唐书》卷168《钱徽传》，第4383页。
⑦ 《资治通鉴》卷239，唐宪宗元和十一年条，第7723页。
⑧ 《资治通鉴》卷239，唐宪宗元和十一年条，第7727页。

线将士恩威并施，督促战事的推进，另一面又在朝中坚决控制舆论走向。《旧唐书·裴度传》记载：“及霞寓败，宰相以上必厌兵，欲以罢兵为对。延英方奏，宪宗曰：‘夫一胜一负，兵家常势。若帝王之兵不合败，则自古何难于用兵，累圣不应留此凶贼。今但论此兵合用与否，及朝廷制置当否，卿等唯须要害处置……’于是宰臣不得措言，朝廷无敢言罢兵者，故度计得行。”[1]在宰相参加的延英奏对会议上，宪宗轻描淡写地将铁城之败一笔带过，却再次重申了朝廷讨伐淮西的既定方针。面对“时方淮西用兵，国用虚竭，河北诸军多观望不进”[2]的局面，“李逢吉及朝士多言‘宜并力先取淮西，俟淮西平，乘其胜势，回取恒冀，如拾芥耳！’上犹豫，久乃从之。丙子，罢河北行营，各使还镇”[3]。第二次兴兵成德的直接原因是武元衡被刺使朝廷失威，因宪宗所依赖的讨伐成德的诸道藩镇兵各怀私利，所以河北战事很难有实质性进展。在完成既定目标后，为再次凝聚臣僚共识，避免朝廷损失过重，宪宗听取了李逢吉等人的建言，结束了双线作战，以确保朝廷将用兵目标一致指向淮西。

面对淮西战局的停滞不前，宪宗又通过一系列人事变动确保朝廷武力征讨淮西的策略不变。元和十二年(817)三月，在拟定李吉甫谥号时，臣僚之间产生异议。《旧唐书·宪宗纪》载：“太常定李吉甫谥曰‘敬宪’，度支郎中张仲方非之。上怒，贬为遂州司马。赐吉甫谥曰忠。”[4]张仲方以反对李吉甫谥号为由，借机否定用兵淮西，这必然引起宪宗恼怒，立即将其贬谪以儆效尤，并给予李吉甫美谥以向百僚传达自己用兵淮西的决心。然而朝臣反对的声音始终不断。同年，“李愬、李光颜屡奏破贼，然国家聚兵淮右四年，度支供饷，不胜其弊，诸将玩寇相视，未有成功，上亦病之。宰相李逢吉、王涯等三人以劳师弊赋，意欲罢兵，见上互陈利害”[5]。《资治通鉴》卷二四〇记载，宪宗元和十二年，“李逢吉不欲讨蔡，翰林学士令狐楚与逢吉善，度恐其合中外之势以沮军事，乃请改制书数字，且言其草制失辞；壬戌，罢楚为中书舍人”[6]。对于不赞成继续用兵淮西的臣僚，宪宗先后将令狐楚调离翰林院，罢李逢吉相位。

元和十二年十月，李愬雪夜下蔡州，淮西遂平。[7] 随着淮西重归王化，宪宗皇权威严最终得以重塑。试举元和十三年(818)宪宗召集百僚集议的诏令为例：“李师道潜苞祸心，伪布诚恳。缘自淮西用兵已后，愆衅屡彰，累有疏陈，请舍凶逆，当道租税，频年不送。阴通信使，数致帛书……师道自知罪过，难掩群言，累遣崔承宠、王玄同自将表陈。请令长子入侍，兼献沂、密、海三州。林英续来，又献三州图印，并奏其男发日。国家每务弘贷，屈法招绥。今忽翻然尽变前意，应所陈列，无非妄言。其师道并军将健儿表共三道，词颇悖慢，宜出示百僚，议可征可舍以

① 《旧唐书》卷170《裴度传》，第4415—4416页。
② 《旧唐书》卷142《王承宗传》，第3881页。
③ 《资治通鉴》卷240，唐宪宗元和十二年条，第7734页。
④ 《旧唐书》卷15《宪宗纪》，第459页。
⑤ 《旧唐书》卷170《裴度传》，第4416页。
⑥ 《资治通鉴》卷240，唐宪宗元和十二年条，第7738页。
⑦ 《资治通鉴》卷240，唐宪宗元和十二年条，第7741页。

闻。”[①]显而易见，此次集议的主旨已经奠定。与前揭元和十一年令百僚集议的诏书相比，宪宗元和十三年诏已呈现完全不同的政治表达与敕命内容。征讨淄青已是不争事实，百僚献策的内容仅局限在如何对淄青进行武力征讨的问题上，由此即见宪宗朝政治生态演变之一斑。宪宗对待藩镇采取武力征服是为向逆地藩镇重新树立君主之威权与恢复朝廷的统治，同时平定淮西的过程以及用兵策略的反复贯彻也向朝中百僚宣示了皇权决策的不断加强。无论是割据藩镇还是朝中百僚，任何有损君主统治效力的行为与立场均会遭到宪宗的坚决摒弃。

结　语

第一次出兵成德，标志着宪宗以武力征讨河朔强藩的决心，但维系既有中央与河朔藩镇的政治传统仍旧是朝臣的主体策略。李绛在《论魏博》中的建言便指出朝廷应延续招抚对策。该奏疏直陈唐廷出师成德不利的现实因素，又举建中之乱为警，最终被宪宗采纳。百僚更倾向在不战而屈人之兵的前提下，维系既有的怀柔传统，以迂回的方式确保君主地位与中央统治。宪宗元和之际，通过战争征讨逆地藩镇，加强了君臣之间在议兵过程中的政治共识。武力削藩与息兵姑息两种不同策略曲折往复的过程表明，如何最大化地维系君主的恩信与权威是宪宗朝君臣的根本目标。淮西用兵后，因武元衡事件，朝廷不得不双线作战。在完成武力震慑成德的目标后，为再次凝聚臣僚共识，宪宗一面听取了持姑息立场的李逢吉等人的建言，将用兵目标一致指向淮西；一面又采取强硬措施，持续推进淮西战事并调整人事安排。魏博的归附与淮西的平定极大地增强了宪宗的皇帝威权，尤其是朝廷平定淮西的过程中宪宗对用兵策略的持续强化，既向藩镇展示了武力征讨成为此后应对割据势力的主要方式，也向朝中百僚宣示了决不姑息不臣藩镇的要旨，皇权决策不断加强。

（本文原发表于《史学集刊》2022 年第 4 期。）

作者简介：

李殷，历史学博士，上海师范大学人文学院历史系副教授，研究方向为隋唐史。

本文为国家社科基金青年项目“唐代的疏奏体系、运行与政治决策研究”（22CZS018）的阶段性研究成果。

① 宋敏求编：《唐大诏令集》卷 120《令百僚议征李师道敕》，北京：中华书局，2008 年，第 634 页。

宋代的疆界形态与疆界意识

黄纯艳

摘　要： 宋代存在着点状模糊疆界、片状模糊疆界、带状清晰疆界和线状清晰疆界等多样疆界形态。影响疆界形态的主要因素是关系形态，疆界清晰程度与关系的对抗程度呈正比。宋朝划分疆界的主要目的是现实安全应对，核心是分隔版籍与非版籍的民和地，保护赋役来源和直辖郡县的安全，显示了宋朝对待周边关系时构建华夷秩序之外的实用主义面向。宋代疆界形态及其反映的观念有其时代特殊性，但总体上是对中国古代自有传统的承继，并不具有变革意义，也不必用"近代性"加以阐释。

关键词： 宋代　疆界形态　疆界意识　"近代性"

宋辽通过盟约确定对等关系并划定疆界是历史上引人注目的事件，宋夏、宋金划界也是如此。学界对宋与辽、夏、金的划界活动和疆界形态有所阐述，但缺乏整体讨论。[①] 有的学者将宋代的疆界问题赋予变革的意义，认为宋辽间第一次形成了明确的"国家"关系和"国界"认知。[②] 在绘制宋代各政权疆域图时，也存在着当代立场与历史逻辑处理上的分歧，未能充分反映宋朝人对疆界的认知和逻辑。[③] 要更深入细致地认识宋代疆域问题，辨析宋朝疆界在中国古代王朝

---

① 陶晋生《宋辽关系史研究》（北京：中华书局，2008 年）、陶玉坤《辽宋关系研究》（内蒙古大学 2005 年博士学位论文）、李华瑞《宋夏关系史》（石家庄：河北人民出版社，1998 年）、赵永春《金宋关系史》（北京：人民出版社，2005 年）、潘晟《宋代地理学的观念、体系与知识兴趣》（北京：商务印书馆，2014 年）、鲁人勇《西夏的疆域和边界》（《宁夏大学学报》2003 年第 1 期）、杨蕤《宋夏疆界考论》（《中国边疆史地研究》2005 年第 4 期）、李之勤《熙宁年间宋辽河东边界交涉研究——王安石弃地数百里说质疑》（《山西大学学报》1980 年第 1 期）、马力《宋哲宗亲政时对西夏的开边和元符新疆界的确立》（《宋史研究论文集》，石家庄：河北教育出版社，1989 年，第 126—154 页）等对宋与辽、夏、金的划界和边界范围作了研究，也涉及宋辽、宋夏局部疆界形态。杜芝明《宋朝边疆地理思想研究》（西南大学 2011 年博士学位论文）较系统地论及宋代边界形态，但对边界形态性质的认识有可商榷之处，亦未能很好地关注边界形态变迁。

② 傅海波、崔瑞德编：《剑桥中国辽西夏金元史（907—1368）》，北京：中国社会科学出版社，1998 年，第 109 页；葛兆光：《宋代"中国"意识的凸显——关于近世民族主义思想的一个远源》，《文史哲》2004 年第 1 期；葛兆光：《何为"中国"：疆域、民族、文化与历史》，香港：牛津大学出版社，2014 年，第 70—73 页；张文：《论古代中国的国家观与天下观——边境与边界形成的历史坐标》，《中国边疆史地研究》2007 年第 3 期；等等。

③ 谭其骧主编《中国历史地图集》"总编例"说，对于两政权间瓯脱地带不勉强划属某一政权，示意为两不管地带或交错带，但第 6 册之辽北宋全图、金南宋全图及沿边各路分图，实际多画入宋朝疆域（北京：中国地图出版社，1996 年，第 3—4、42—43 页）。与顾颉刚编《中国历史地图集》之《北宋时代的中国》《宋金对立形势图》（北京：地图出版社，1955 年，第 18、19 页）及台湾中国文化大学 1980 年所绘《中国历史地图》之《北宋疆域图》《南宋金夏疆域图》（第 60、62 页）对宋朝与大理和吐蕃疆界的处理有显著差异。

国家疆界演进中是否具有变革意义，核心是厘清宋代的疆界形态和疆界意识，并对其作一整体考察。

一、疆界形态的多样性

（一）点状控制的模糊疆界

宋朝与境外政权除熙宁宋辽划界、元丰宋越划界，以及南宋与金朝壤地相接外，一般都存在不同形式的中间地带，其中一种就是由非两个政权直辖诸族分布带构成的中间地带。与宋朝直接接壤的部分通常是羁縻州和熟户（熟蕃、熟蛮）。宋朝对他们一般实行设寨置堡的点状控制，形成两者间点状的模糊疆界。

羁縻诸族所居几乎都为山地川壑，经由山谷、河流、隘口通向宋朝直辖地区。南方诸族分布区被形象地称为溪洞。如广西、湖南交界地区多个山口、通道“皆可以径至溪洞”。宋朝在主要通道上设寨扼守，置巡检“专一把截”，[①]“分遣士卒屯诸溪谷山径间”，“择要害地筑城寨，以绝边患”，以阻止蛮人进入省地。如辰州设置16寨、1400余厢禁军和600土兵控制所辖溪洞。[②] 每个砦控扼一方溪洞蛮。熙宁三年（1070）辰州为防扼溪州，于“喏溪口北岸筑一堡”，“据其要害，绝蛮人侵占省地便利”。[③] 辰州卢溪县“西有武溪，水路入蛮界”[④]，“最为冲要”之地设慢水等寨，招谕县卢溪寨就设在控扼水路进入蛮界的卢溪口。另如施州置永兴寨“控蛮夷五路溪口”；雅州卢山县设灵关镇寨，“四面险峻，控带蕃界”[⑤]。陕西秦州控扼蕃人也是“于山丹峡口广吴岭上古城、大洛门城、永宁城隘路口置寨，以遏戎寇”[⑥]。而澧州石洞寨“深在蛮界，不当要路，无所控扼”，被拆毁。[⑦]

这些控扼的要点成为省地与蛮（蕃）地双方分界的界至。溪州蛮与省地的边界就是一个典型代表。后晋天福中，马希范与溪州蛮酋彭士愁战后定盟约，“立铜柱为界。本朝因而抚之”[⑧]。宋朝与溪州蛮仍以铜柱为界，铜柱具有标识双方疆界的意义。溪州蛮进入省地的主要通道是酉水，铜柱正立于酉水下游的会溪，宋朝先后在此设会溪城和池蓬、镇溪、黔安三寨。宋太宗曾“诏辰州不得移（溪州蛮）部内马氏所铸铜柱”[⑨]。张纶曾与五溪十峒蛮约盟，“刻石于境上”[⑩]，所立刻石也是疆界标志。宋孝宗曾诏令湖南“省地与傜人相连，旧有界至者，宜诏湖南帅臣遣吏亲诣

---

① 《宋会要辑稿·蕃夷五》，上海：上海古籍出版社，2014年，第9900页。
② 《宋史》卷494《蛮夷二》，北京：中华书局，1977年，第14194、14198、14192页。
③ 《宋会要辑稿·蕃夷五》，第9888页。
④ 《武经总要》前集卷20《边防》，《景印文渊阁四库全书》第726册，台北：台湾商务印书馆，1986年，第569页。
⑤ 《武经总要》前集卷19《东西川峡路》，《景印文渊阁四库全书》第726册，第552、560、561页。
⑥ 《续资治通鉴长编》（以下简称《长编》）卷85，大中祥符八年七月甲子，北京：中华书局，2004年，第1941页。
⑦ 《宋会要辑稿·方域一八》，第9643页。
⑧ 《武经总要》前集卷20《荆湖两路》，《景印文渊阁四库全书》第726册，第567页。
⑨ 《宋史》卷493《西南溪峒诸蛮上》，第14173页。
⑩ 《宋史》卷426《张纶传》，第12694页。

其处,明立封堠”[①]。封堠和界至就是指在这些要点上树立的界标。有学者据宋孝宗令湖南“明立封堠”一条判断宋朝正州与羁縻州间边界“呈现线状,其标志物为封堠”[②]。这一判断难以成立。宋朝与羁縻各族在冲要之地立柱、立石标示界限,但未见共同举行全线议疆划界。

宋朝还常把山谷溪洞地形作为隔绝省地与溪洞、熟蕃的天然界限。如“蜀之边郡多与蕃界相接,深山峻岭,大林巨木,绵亘数千百里,虎狼窟宅,人迹不通”,为防止“夷人从此出没”,使沿边“八寨防托遂成虚设”,[③]“各于其界建立封堠,谓之禁山”,与蕃部之间“非禁山林木茂密,无以保藩篱之固”。[④] 禁山成为天然屏障,禁止采伐。一处封堠就标示一片为疆界之隔的禁山,说明疆界是模糊而非线状的。判断是否侵越疆界并无疆界线可依凭,而是以连片的禁山。如“泸、叙州、长宁军沿边,连接夷蛮,全借禁山林箐以为限隔,从条不许汉人擅将物货辄入蕃界,侵越禁山”[⑤]。

宋朝直辖郡县与羁縻地区的疆界是点状控制的模糊疆界,其特点是没有举行双方会商的全线划界,而是在冲要之地设置城寨,标示界限,通过点状控制维持双方的模糊疆界。利用地理环境进行点状的控制或防御是惯常通例,如维克多·普莱斯考特等所指出的,沙漠、直线走势的山脉与宽阔的河流是天然的防卫屏障,“防守者可将力量集中部署在有关的通道和交汇处”[⑥]。宋朝与羁縻各族的疆界正是受限于或利用了地理环境。

(二)片状的模糊疆界

宋朝与相邻政权间的中间地带也成为宋朝与这些政权间片状的自然模糊疆界。有学者据宋太祖“画大渡河为界”一说认为“宋与大理以大渡河为界,边界形态呈现线状,并以河流为标志物”[⑦]。事实上,此说是指宋朝放弃对大渡河南越嶲诸郡的直接统治,即“弃越嶲诸郡”,作为宋朝与大理的隔离地带,使大理“欲寇不能,欲臣不得”。[⑧] 越嶲诸族被称为“大渡河外蛮”“黎州诸蛮”,[⑨]同时臣属于宋朝和大理。宋朝也承认他们与大理的统属关系。宋朝册封代表大理来贡的邛部川蛮首领诺驱为“云南大理国主、统辖大渡河南姚嶲州界山前山后百蛮三十六鬼主、兼怀化大将军、忠顺王诺驱,可特授检校太保、归德大将军,依旧忠顺王”[⑩]。同时,这一地区诸族又有独立于宋朝和大理以外的自我秩序,如“邛部于诸蛮中最骄悍狡谲,招集蕃汉亡命,侵攘他种,

---

① 《文献通考》卷328《四裔考五》,上海:上海古籍出版社,2014年,第9022页。
② 杜芝明:《宋朝边疆地理思想研究》,第31页。
③ 《宋会要辑稿·刑法二》,第8360页。
④ 《宋会要辑稿·兵二九》,第9257、9258页。
⑤ 《宋会要辑稿·刑法二》,第8356页。
⑥ 维克多·普莱斯考特、吉莉安·D. 崔格斯:《国际边疆与边界:法律、政治与地理》,孔令杰、张帆译,北京:社会科学文献出版社,2017年,第34页。
⑦ 杜芝明:《宋朝边疆地理思想研究》,第31页。
⑧ 《建炎以来系年要录》卷105,绍兴六年九月癸巳,北京:中华书局,2013年,第1978页。
⑨ 《宋会要辑稿·蕃夷五》,第9873页;《宋史》卷496《蛮夷四》,第14232页。
⑩ 《长编》卷10,开宝二年六月癸巳,第228—229页。

闭其道以专利”，统辖各族，成为“大渡河南山前、后都鬼主”，或称“大渡河南邛部川山前、山后百蛮都首领”。[①] 越巂诸族分布区并非宋朝与大理以任何形式认定的彼此疆界，但成为分隔宋朝和大理实际上自然的模糊疆界。

大理国以东地区与宋朝间分布着左右江蛮、罗殿、自杞、五姓蕃等较大渡河外诸蛮地理范围更广的诸蛮。该方向有“制御交趾、大理”的作用，[②]但宋朝与大理除了南宋战马贸易外，极少从该方向展开交往。宋仁宗朝为交涉侬智高事，第一次派人出使大理国，因“南诏久与中国绝，林箐险深，界接生蛮，语皆重译，行百日乃通”[③]。这些中间地带诸蛮没有表现为两属关系，但也成为隔绝宋朝和大理实际上自然的模糊疆界。

有学者论及越南李朝历史时说：李朝自认为是“南帝”，其与“北帝”宋朝的“这条国界处于‘皇天’和地上的众神保护之下”[④]。但交趾并非一开始就存在与宋朝间的线状边界。交趾建国开始，与宋朝间就存在着双方都不直接统治的诸族。与宋朝、大理相互认可各自对“大渡河外蛮”的统治不同，宋朝与交趾一直争夺对中间地带诸族的控制。如广源州蛮“自交阯蛮据有安南，而广源虽号邕管羁縻州，其实服役于交阯”。而当侬智高自建大历国、南天国时，交趾和宋朝都发兵攻讨。[⑤] 另如，恩情州“旧系省地七源州管下村峒，往年为交趾侵取，改为恩情州”，又因交趾征取过甚，来投宋朝；[⑥]溪洞安平州李密“外通交趾，内结官吏”；[⑦]等等。此时宋朝与交趾间并不存在一条清晰的疆界线，对中间地带的控制在双方的博弈中不断变化，如天圣中宋朝指责交趾“不当擅赋云河洞”，到嘉祐时云河洞“乃入蛮徼数百里”，[⑧]从而也使得双方的疆界呈现片状和模糊的特点。到宋越熙宁战争，宋朝大军占据溪洞，使交趾“藩篱一空，彼何恃而窥边哉”[⑨]，即其凭借侵扰宋朝的溪洞诸蛮不再具有中间地带的作用。

西夏、吐蕃与宋朝之间都存在由生、熟户构成的中间地带，[⑩]并无清晰界线。庆历议和后，宋朝与西夏第一次商议疆界，即所谓“庆历旧例”，“以汉蕃见今住坐处当中为界”[⑪]。但宋朝只承认“惟延州、保安军别定封界，自余皆如旧境”，双方亦未划定中轴线，使得到庆历六年(1046)环庆路“汉界”“蕃界”“多方争执”，[⑫]仍只是以蕃人和汉人居住区约指的中间地带为模糊疆界。宋朝与河湟吐蕃未见双方议界，而以中间的生、熟户地带为模糊疆界。元祐八年(1093)阿里骨请盟誓“汉、蕃子孙不相侵犯”，宋朝答复“汝但子孙久远，常约束蕃部，永无生事，汉家于汝蕃界

① 《宋史》卷496《蛮夷四》，第14231、14234、14235页。
② 《长编》卷349，元丰七年十月戊子，第8373页。
③ 《长编》卷180，至和二年六月乙巳，第4355页。
④ 尼古拉斯·塔林主编：《剑桥东南亚史》第1卷，贺圣达等译，昆明：云南人民出版社，2003年，第122页。
⑤ 《宋史》卷495《蛮夷三》，第14215页。
⑥ 《长编》卷259，熙宁八年正月己未，第6324页。
⑦ 蔡戡：《定斋集》卷8《上论边事书》，《景印文渊阁四库全书》第1157册，第650页。
⑧ 《长编》卷190，嘉祐四年九月戊申，第4593页。
⑨ 《长编》卷291，元丰元年八月癸丑，第7118页。
⑩ 李埏：《北宋西北少数民族地区的生熟户》，《思想战线》1992年第2期。
⑪ 苏辙：《栾城集·后集》卷13《颍滨遗老传下》，曾枣庄等点校，上海：上海古籍出版社，1987年，第1305页。
⑫ 《宋会要辑稿·兵二七》，第9202页。

自无侵占”。[①] 只是不相侵犯的约定，没有划定“汉界”“蕃界”的界线。

（三）带状清晰疆界

澶渊之盟后北宋与辽朝在河北一带，元祐五年（1090）后北宋与西夏之间都形成了带状清晰疆界，具体表现为“两属地＋中轴线”和“两不耕地＋中轴线”，中轴线是区分双方疆界最为关键的清晰界线。澶渊之盟誓书承认既有实际控制边界，约定两国“沿边州军，各守疆界，两地人户，不得交侵”[②]。在河北“画河为界，所以限南北”[③]。界河包括“雄州北拒马河为界”“霸州城北界河”“遂城北鲍河为界”“安肃军自涧河为界”。[④] 界河不是以中流为界，而以北岸为界。[⑤] 两国边民皆不可入界河渔业。界河成为两国间明确的疆界线。

但宋、辽直辖之地并非直抵界河，界河两岸存在着一条两属地带，即双方边境城寨至界河之间的地带。生活在这一地带的百姓称为两属户，因“两属人户供两界差役”[⑥]，又称两地供输人、两地输租民户。界河与雄州之间，即“拒马河去雄州四十余里，颇有两地输租民户”，雄州归信、容城两县就有两属户16 900余。[⑦] 界河以北也同样分布着两属户。两属户一般只能生活于两属地。“两地供输人，旧条私出本州界，并坐徒”，“河北两地供输人辄过黄河南者，以违制论”。[⑧] 双方对两属户的管理和征调都遵行对等原则。宋朝“禁与两地供输人为婚姻”，同时“令两属户不得结亲北界”。[⑨] “南北两界凡赈济两输户及诸科率，两界官司承例互相止约。”[⑩]宋朝曾全免界河以北百姓税赋，使其“只于北界纳税，唯有差役，则两地共之”，欧阳修认为若宋朝“既不能赋役其民，即久远其地亦非中国之有。此事所系利害不轻”，坚持两国同等管理。[⑪] 这说明双方关系正常时，两属地是双方共同管理、都不直接统辖的缓冲地带，但由于界河这一中轴线的存在，双方的疆界线是十分清晰的。

宋、夏于熙宁四年（1071）局部划界，确定了双方认可的“两不耕地＋中轴线”的疆界方案。熙宁以前，宋朝就在陕西单方面开掘过不少“边壕”。曹玮在环庆路“开边壕，率令深广丈五尺”[⑫]；秦翰和张纶在陕西任职时也曾“规度要害，凿巨堑”，“开原州界壕至车道岘，约二十五里，以限隔戎寇”。[⑬] 这些“边壕”虽也被称为“界壕”，如有人称宋朝“屯二十万重兵，只守界壕，不敢

---

① 《长编》卷480，元祐八年正月己丑，第11417页。
② 《长编》卷58，景德元年十二月辛丑，第1299页。
③ 《武经总要》前集卷16《塘水》，《景印文渊阁四库全书》第726册，第486页。
④ 《契丹国志》卷22《四至邻国地里远近》，北京：中华书局，2014年，第240页。
⑤ 潘晟：《宋代地理学的观念、体系与知识兴趣》，第299页。
⑥ 《长编》卷235，熙宁五年七月戊子，第5703页。
⑦ 《长编》卷59，景德二年三月丁卯，第1325页；《宋会要辑稿·兵二九》，第9237页。
⑧ 《长编》卷192，嘉祐五年七月庚寅，第4634页。
⑨ 《宋会要辑稿·兵二九》，第9237页。
⑩ 《长编》卷295，元丰元年十二月丙辰，第7185页。
⑪ 《欧阳修全集》卷118《乞不免两地供输人役》，李逸安点校，北京：中华书局，2001年，第1807页。
⑫ 《宋史》卷258《曹玮传》，第8988页。
⑬ 《长编》卷60，景德二年五月癸丑；卷91，天禧二年二月乙亥，第1338、2100页。

与敌”①,但这属于宋朝单方面开掘的军事防御线,而非双方议定的疆界线。边壕的目的和功能是“使足以限敌”②,因而开壕是一种敌对行动,引起西夏的抗议,“移牒鄜延路钤辖李继昌言其事”③。熙宁四年九月,宋、夏讨论绥德城外立界至。绥德城的划界方案被称为“绥州旧例”,成为元祐宋夏划界的基本方案,即“以二十里为界,十里之间量筑堡铺,十里之外并为荒闲”④。西夏认可这一方案,“欲乘此明分蕃汉之限”,宋朝派官与西夏“首领相见商量”。⑤ 宋朝“以界堠与西人分定疆至”,于“缘边封土掘壕,各认地方”。⑥ 西夏遵约定,主动“移绥州侧近本国自来寨棚置于近里,去绥州二十里为界”,“明立封堠”。⑦ 双方都在十里荒闲地的己方一侧为界,掘壕立堠,形成宽十里的疆界地带。

宋神宗本欲全面推广绥州划界方案,下令“遣官往诸路缘边封土掘壕”,鄜延路、环庆路、泾原路、秦凤路、麟府路各派专官负责,计划在宋夏沿边全线掘界壕。但宋朝内部阻力甚大。范育提出,此前宋夏自然疆界的“两不耕地,远者数十里,近者数里,指地为障,华夷异居,耕桑樵牧动不相及”,若掘封沟,“东起麟、丰,西止秦、渭,地广一千五六百里”,工程浩大,“使两边之民连岁大役”。吕大忠也认为“以两不耕种之地为界”的模糊疆界甚便,立界壕易引发冲突。⑧ 尽管宋神宗和王安石希望推行,最终也未能实现全面掘壕划界。但熙宁四年“绥州旧例”确定了带状清晰疆界的划界方案。该方案没有对十里草地再作分割,应是在十里荒闲地两侧各自掘壕为界线。

元丰战争失败后,宋朝放弃消灭西夏的计划,重开疆界谈判。元祐四年(1089)议界,宋朝“欲用庆历旧例,以汉蕃见今住坐处当中为界”⑨,而西夏“请凡画界以绥德城为法”⑩。宋朝接受了“夏人所请,用绥州旧例”。但元祐五年划界时对“绥州旧例”作了调整,“于蕃界内存留五里,空为草地,汉界草地亦依此对留五里,为两不耕地。各不得于草地内修建堡铺”⑪。将“绥州旧例”中十里荒闲地划出中轴线,各留五里两不耕地,形成了“两不耕地+中轴线”的清晰带状疆界。由于地形、水泉等因素影响,实际划界中并非所有沿边地段都严格执行“打量足二十里为约,不可令就地形任意出缩”的规定。西北地区水泉决定了何处生存,“彼此修筑堡铺,各于界取水泉地为便,岂可更展远近?”只能界堠内“择稳便有水泉去处,占据地利修建,即不得分立两不

① 《长编》卷131,庆历元年二月丙戌,第3099页。
② 《宋史》卷258《曹玮传》,第8988页。
③ 《长编》卷71,大中祥符二年三月己卯,第1599页。
④ 苏辙:《栾城集》卷44《论前后处置夏国乖方札子》,第973页。
⑤ 《长编》卷228,熙宁四年十二月甲寅,第5550页。
⑥ 《长编》卷228,熙宁四年十二月甲寅,第5547、5549—5550页;卷274,熙宁九年四月戊申,第6713页。
⑦ 《长编》卷230,熙宁五年二月辛酉,第5591页;《宋大诏令集》卷236《赐夏国主进誓表答诏》,北京:中华书局,1962年,第918页。
⑧ 《长编》卷228,熙宁四年十二月甲寅,第5547、5548、5549页。
⑨ 苏辙:《栾城集·后集》卷13《颍滨遗老传下》,第1305页。
⑩ 《苏轼文集》卷15《故龙图阁学士滕公(元发)墓志铭》,孔凡礼点校,北京:中华书局,1986年,第465页。
⑪ 《长编》卷446,元祐五年八月庚子,第10735页;卷449,元祐五年十月乙未,第10787页。

耕地”。[①] 熙兰路则因地形“有难依绥州去处”，“二十里指挥，行于延安、河东与本路智固、胜如则可，行于定西城则不可”。[②] 最后只能“与夏人商议，各从逐路之便，不可以二十里一概许之”[③]。但总体上体现了“两不耕地＋中轴线”的清晰带状疆界的划界原则。

（四）线状清晰疆界

宋朝与辽朝熙宁河东划界、与交趾元丰划界后，都形成明确的线状疆界，宋金绍兴议和也划定了线状疆界。宋朝灭北汉后，在河东与辽朝直接接壤，澶渊之盟应承认了事实上的疆界。宋仁宗和英宗朝答复辽朝说宋人侵北界地时，或“以《河东地界图》示契丹人使”，或坚称“北来疆土，图证具存”。[④] 熙宁七年（1074）辽朝遣使来议河东地界，宋朝议界使刘忱“在枢府考核文据，未见本朝有尺寸侵虏地”，建议“坚持久来图籍疆界为据”。[⑤] 此“图籍”应指澶渊之盟认定的双方明确界线。

但宋自取河东，特别是雍熙北伐后，大量内迁边境居民，形成大片空地，禁止百姓进入耕种，又称“禁地”。代州、岢岚、宁化、火山四州军都有“禁地”，仅“代州、宁化军有禁地万顷”[⑥]。辽人不断侵入“禁地”，如“代州阳武寨旧以六蕃岭为界，康定中，北界人户聂再友、苏直等南侵岭二十余里”，宋朝退让，“别立石峰为界。比年又过石峰之南，寻又开堑以为限”，“天池庙本属宁化军横岭铺，庆历中，尝有北界人杜思荣侵耕冷泉谷”。[⑦] 禁地是宋朝“自空其地，引惹北人岁岁争界”[⑧]，“戎人侵耕，渐失疆界”[⑨]，疆界变得模糊不清，形成边境安全隐患，宋朝因而重新开放禁地，以期“沿边地有定主，无争界之害”[⑩]。但直到宋神宗朝，河东疆界争议问题仍然存在。

熙宁七年辽朝派泛使萧禧提出“代北对境有侵地，请遣使分画”[⑪]，双方举行一波三折的河东议界。宋朝希望“以南北堡铺中间为两不耕地，又不可，则许以中间画界，其中间无空地，即以堡铺外为界”[⑫]，但辽使“漫指分水岭为界”，最后宋朝作出重大让步，“许以辽人见开濠堑及置铺所在分水岭为界”，[⑬]划清“逐处地名指定分水去处”：李福蛮地以现开壕堑处分水岭为界，水峪内以安新铺山头分水岭为界，西陉寨地分以白草铺山头分水岭向西接古长城上分水岭为界，黄

---

① 《宋会要辑稿·兵二八》，第 9228 页。
② 《长编》卷 452，元祐五年十二月壬辰，第 10846 页。
③ 苏辙：《栾城集》卷 44《论前后处置夏国乖方札子》，第 974 页。
④ 《宋会要辑稿·蕃夷二》，第 9748、9750 页。
⑤ 邵伯温：《邵氏闻见录》卷 4，《全宋笔记》第 2 编第 7 册，郑州：大象出版社，2006 年，第 124、127 页。
⑥ 《宋史》卷 190《兵四》，第 4713 页。
⑦ 《宋会要辑稿·蕃夷二》，第 9748 页。
⑧ 《欧阳修全集》卷 116《请耕禁地札子》，第 1762 页。
⑨ 《宋史》卷 190《兵四》，第 4712 页。
⑩ 《欧阳修全集》卷 116《请耕禁地札子》，第 1763 页。
⑪ 邵伯温：《邵氏闻见录》卷 4，第 124 页。
⑫ 《长编》卷 256，熙宁七年九月戊申，第 6253 页。
⑬ 李心传：《旧闻证误》卷 2，北京：中华书局，1981 年，第 30 页。

嵬山立封疆界石壕子等。[1] 分水岭为界即以山脊为界，是清晰的线状疆界，如大茂山(恒山)“以大茂山分脊为界”[2]。分水岭和平地都“分画地界，开壕立堠”，设立缘边界壕。[3] 划分了线状清晰疆界。

熙宁战争结束后，交趾求和议，请“画定疆界”[4]。双方派官商议交涉。宋朝“令安抚司各差人画定疆界”，交趾提出“溪峒勿恶、勿阳等州峒疆至未明”，宋朝“差职官辨正”，与交趾所差黎文盛等会商。经过七年交涉，元丰七年(1084)双方“边界已辨正”，“以庚俭、邱矩、叫岳、通旷、庚岩、顿利、多仁、勾难八隘为界”，界外六县二峒划归交趾，上电、下雷、温等十八处则“从南画界，以为省地”，归入宋朝。[5] 划界后宋朝省地与交趾直辖地直接接壤，双方以一系列关隘作为线状疆界，划清界至。

绍兴八年(1138)宋金议和，南宋希望以黄河旧河为界，“尽得刘豫地土”，实际结果是“以新河为界”。[6] 但仅维持了一年余。绍兴十一年(1141)宋金议和划界，金朝“本拟上自襄阳，下至于海以为界”，即以江为界，最后宋朝付出巨大经济代价，得以“以淮水为界，西有唐、邓二州”，[7]约定：“以淮水中流为界。西有唐、邓州割属上国(金朝)。自邓州西四十里并南四十里为界，属邓州。其四十里外并西南尽属光化军，为弊邑(南宋)沿边州城。”[8]次年双方交涉陕西划界，商定“于大散关西正南立为界首”，和尚原、方山原、方堂堡、秦州等都划归金朝，商州“以龙门关为界”。[9] 完成了双方全面划界：“自积石诸山之南左折而东，逾洮州，越盐川堡，循渭至大散关北，并山入京兆，络商州，南以唐、邓西南皆四十里，取淮之中流为界，而与宋为表里。”“以淮水中流为界”自然是线状疆界。唐、邓一带也有线状疆界，即“规措界壕于唐、邓间”[10]，宋朝还对“分划唐、邓地界，并不亲至界首”的莫将和周聿各降两官。[11] 陕西疆界屡有变动，“大体以秦岭山脊为界”，陇西、成纪一带“以渭河和嘉陵江分水岭为界”。[12] 双方之间并无两属地或生熟户，而是相对清晰的疆界。

二、疆界意识与关系形态

宋代不同区域和不同时期出现不同的疆界形态，这种多样性反映出宋朝没有统一的疆界形

---

① 《长编》卷 262，熙宁八年四月丙寅，第 6382 页。
② 《梦溪笔谈》卷 24《杂志一》，《全宋笔记》第 2 编第 3 册，郑州：大象出版社，2013 年，第 185 页。
③ 《长编》卷 267，熙宁八年八月壬辰；卷 319，元丰四年十一月丁亥，第 6541、7705 页。
④ 《长编》卷 287，元丰元年正月乙卯，第 7011 页。
⑤ 《长编》卷 349，元丰七年十月戊子，第 8372、8373 页。
⑥ 赵鼎：《忠正德文集》卷 9《使指笔录》，《景印文渊阁四库全书》第 1128 册，第 753 页。
⑦ 《建炎以来系年要录》卷 142，绍兴十一年十一月辛丑，第 2681 页。
⑧ 《金史》卷 77《宗弼传》，北京：中华书局，1975 年，第 1755 页。
⑨ 《建炎以来系年要录》卷 146，绍兴十二年八月辛酉，第 2748 页。
⑩ 《金史》卷 24《地理上》，第 549 页；卷 25《地理中》，第 592 页。
⑪ 《宋会要辑稿·职官七〇》，第 4929 页。
⑫ 邹逸麟：《宋金分界考》，《历史地理研究》第 2 辑，上海：复旦大学出版社，1990 年，第 186—189 页。

态和划界原则，而主要出于错综变化的现实应对。疆界形态呈现多样性和复杂性的背后是多样的关系形态。

（一）省熟之界和生熟之界

中国古代的华夷秩序从来都是多层次的。宋朝与境外政权间的地带根据关系形态和统辖方式分为直辖郡县、“郡县之外，羁縻州洞”、“过羁縻，则谓之化外”三个层次。[①] 羁縻地带包括南方羁縻州和北方受宋朝官封的蕃部，被称为“熟蛮”“熟蕃”或“熟户”。这是中华“天下”圈层服制的现实映照。从宋朝的视角出现了省地（正州）与熟界、熟界和生界两种疆界。如湖南“内地省民居其中，外则为熟户、山徭，又有号曰峒丁，接近生界”[②]。

熟界与省界存在和区分的根本原因在于社会经济发展水平的差异。对宋朝而言，熟户与省民最大的区别在于是否入版籍，是否承担所有赋役。如湖南路沿边“省民与徭人交结往来，以田产擅生交易。其间豪猾大姓规免税役，多以产业寄隐徭人户下。内亏国赋，外滋边隙”[③]。可见省民承担赋役，而熟徭不承担。因此宋朝以“复其租五年”鼓励收回落入蛮人的省地，甚至由官府“代给钱偿之”，赎回省民卖给徭人之田，使之重新归入税籍。[④] 对逃入溪洞的省民“复归者，与蠲丁税三年”[⑤]。而熟蛮之田在“在版籍常赋之外”，所以“不许汉人侵买夷人田地”，有“溪峒之专条”规定“山徭、洞丁田地并不许与省民交易”。但沿边州郡“利于牙契所得，而又省民得田输税，在版籍常赋之外，可以资郡帑泛用”，获得属于地方财政的税收，因而“山徭、洞丁有田者悉听其与省民交易”，省、蛮交易实际普遍存在。[⑥]

除峒丁、蕃兵等兵役外，熟户承担赋税主要有三种情况：一是宋政府配给峒丁、蕃兵的土地，即“峒丁等皆计口给田”，“一夫岁输租三斗，无他徭役”，负担轻于省民，故其田“擅鬻者有禁，私易者有罚”。[⑦] 二是熟户耕种省地，如海南黎人“去省地远，不供赋役者名生黎。耕作省地，供赋役者名熟黎”，显然耕作省地的熟黎需承担赋役，即羁縻各族“耕作省地，岁输税米于官”。[⑧] 三是羁縻州（蛮地）转为正州（省地），其人地入版籍，纳赋役。如海南黎峒田土“既投降入省地，止纳丁身及量纳苗米”[⑨]；梓州路罗个牟村蛮熙宁七年（1074）后成为“省地熟夷，纳二税役钱”，“既纳税赋，即是省地熟户。见在图籍，并系熟夷”；[⑩]宋神宗朝开拓南北江，多州峒蛮“各以其地

---

① 范成大：《桂海虞衡志·志蛮》，孔凡礼点校，北京：中华书局，2002 年，第 146 页。
② 《宋会要辑稿·蕃夷五》，第 9904 页。
③ 《宋会要辑稿·蕃夷五》，第 9897 页。
④ 《宋史》495《蛮夷三》，第 14219 页；卷 494《蛮夷二·西南溪峒诸蛮下》，第 14190 页。
⑤ 《宋会要辑稿·食货六九》，第 8068 页。
⑥ 《宋会要辑稿·蕃夷五》，第 9904 页。
⑦ 《宋会要辑稿·蕃夷五》，第 9904 页。
⑧ 《文献通考》卷 331《四裔考八》，第 9121 页；卷 330《四裔考七》，第 9085 页。
⑨ 《长编》卷 310，元丰三年十二月庚申，第 7520 页。
⑩ 《长编》卷 303，元丰三年四月辛亥，第 7385 页。

归版籍”，“比内地为王民”，“出租赋如汉民”；[①]邵州徭也“籍为省民，隶邵阳县，输丁身钱米”；[②]等等。王明珂所称“赋税是(蛮夷)进入华夏之域的痛苦代价”[③]，即可包括后两种情况。

大多数成为省地的蛮区由于经济相对落后，难以承担建立直接统治所需的成本。对于熟地转为省地，宋朝总体上十分审慎。太宗时“溪、锦、叙、富四州蛮相率诣辰州，愿比内郡民，输租税。诏本道按山川地形以图来献。卒不许”[④]。宋神宗朝经制荆湖，变羁縻州为正州，“设官屯兵，布列寨县”，“荆湖两路为之空竭”。宋徽宗朝改羁縻南丹州为正州观州，设官吏六十余人，厢禁军一千余人，岁费钱一万多贯、米八千多石，“州无税租户籍，皆仰给邻郡”；融州析出平州后，“縻费甚于观州”。[⑤] 其中不少又陆续恢复为羁縻州。但在荆湖路和四川都不乏成功的事例，且变羁縻州为正州，不仅有将非版籍的民地纳入版籍的意义，也是对省熟之界的渐次消解和推移。这不仅是一种传统，也是一种趋势。如王明珂所论秦汉羌人和华夏边缘的西移，[⑥]姚大力指出华夏取得与周边部落的相对优势后即不断拓展生存边缘，将新认知的人群不断纳入“蛮夷”的范围。[⑦] 中原王朝通过移民、战争、自然融合等多种途径，不断向外推延和消解省熟之界。

相对于文化上夷狄进于中国则中国之，中国进于夷则夷之的夷夏之变，经济上的省熟之变对宋朝政府具有更为实际的意义，其身份变换直接影响国家赋役和统治根基，因而必须划分省熟之界。所以宋朝对蛮夷“若侵省地，俾知所畏可也”[⑧]，一定要捍卫省熟之界。宋朝对省熟的区分也是十分务实的。宋人说“不知用兵之时，所费钱粮若干，得地之后，所得租赋若干”，常是“竭中原生民之膏血，以事荒远无用之地”。[⑨] 中国古代一直具有用农业经济和国家赋役的眼光看待向四夷开拓的实用主义传统。汉代就有人说“得匈奴地，泽卤非可居也”，“不毛之地，亡用之民，圣王不以劳中国”；[⑩]唐人亦言“用武荒外”，是“争硗确不毛之地，得其人不足以增赋，获其土不可以耕织”。[⑪]

加之宋朝对羁縻地区通过政治上朝贡和册封、经济上回赐和互市、军事上设置镇寨，建立了比较完备有效的控扼体系，且熟蛮势力分散弱小、易于控制，不构成对宋朝的严重威胁，故无必要进行双方议界，划分清晰边界。从官方管理的角度，省熟疆界形态虽是模糊的，而疆界意识是清楚的；但对于省熟交界民众而言，他们跨界互动更多关注现实经济关系，并无政治疆界意识，

---

① 《宋史》卷493《蛮夷一·西南溪峒诸蛮上》，第14179、14180页。

② 《长编》卷290，元丰元年六月癸卯，第7085页。

③ 王明珂：《华夏边缘：历史记忆与族群认同》，北京：社会科学文献出版社，2006年，第226页。

④ 《武经总要》前集卷20《荆湖两路》，《景印文渊阁四库全书》第726册，第567页。

⑤ 《宋史》卷493《蛮夷一》，第14181页；卷495《蛮夷三》，第14211、14212页。

⑥ 王明珂在《华夏边缘：历史记忆与族群认同》中指出，羌汉边界的不断西移并非简单的羌人西迁，而是华夏边缘不断西扩的过程。(第51页)

⑦ 姚大力：《“华夏边缘”是怎样被蛮夷化的？》，《思想战线》2018年第1期。

⑧ 《建炎以来系年要录》卷152，绍兴十四年十月己亥，第2878页。

⑨ 《长编》卷367，元祐元年二月戊子，第8842页。

⑩ 《汉书》卷94上《匈奴上》，北京：中华书局，1962年，第3757页；卷95《西南夷传》，第3844页。

⑪ 《旧唐书》卷89《狄仁杰传》，北京：中华书局，1975年，第2889页。

甚至也无清晰的华夷之辨。从沿边族群的角度，省熟之界本来也是模糊的"带状华夏边缘，而非地理上线状的、截然划分的汉与非汉的族群边界"[①]。不仅省熟之界如此，清晰疆界也因双方民众的互动而变成"边缘地带"或"过渡地区"。如拉特摩尔所说："线状边界概念中的限制或隔绝意义，会渐渐变得缓和中立，而这种边界也会从一条物理边界本身转为边疆地带的人群。"[②]这是疆界意义对于官方和民间的区别。

宋朝将直辖地区与非直辖地区总体上分为"汉界"和"蕃界"（"蛮界"）。如"宜、融、柳等三州部内百姓及蛮界户人等"之"部内百姓"就是汉界百姓。[③] 与除境外政权外的相邻"蕃界"（"蛮界"）再分生户、熟户。西北诸蕃"有生户、熟户，接连汉界、入州城者谓之熟户，居深山僻远、横过寇略者谓之生户"[④]。海南岛以黎母山为中心，诸蛮环居，"内为生黎，外为熟黎"[⑤]；又称"其服属州县者为熟黎，其居山洞无征徭者为生黎"[⑥]。这类无赋役、不服属的生蛮还有莫猺、夷人、獠人等，"其名不可胜纪"[⑦]。生界蛮与宋朝无政治从属关系，不承担赋役，"不授补职名，且官中亦不勾点彼族兵马"[⑧]，较熟蛮更会构成对宋朝安全的威胁。

划分生界与熟界的目的是稳定熟蛮。宋朝对熟蛮多种手段的控制体系，既消减了其对宋朝安全的威胁，也使其成为隔绝省地与生蛮的安全屏障，即宋人所说"立法有溪洞之专条，行事有溪洞之体例，无非为绥边之策"[⑨]。熟蛮也会侵犯省地，但因对其有约束机制，所以"与生夷反叛不同，可招纳之"[⑩]。总体上宋朝能够控制和利用熟蛮，使其"藩篱内郡，障防外蛮"[⑪]，所以"缘边熟户号为藩篱"[⑫]，熟户蕃部"从来国家赖之以为藩蔽"[⑬]。"平时省民得以安居，实赖熟户、山徭与夫峒丁相为捍蔽"，"生界有警，侵扰省地，则团结熟户、山徭与夫峒丁操戈挟矢以捍御之"。[⑭]宋人甚至称溪州蛮"为辰州墙壁，障护辰州五邑，王民安居"。熟蛮成为省地与生界之间的安全保障地带。生界与熟界是宋朝根据其与本朝关系所作的区划，而非两者间相互认知的界限。如果宋朝对条件成熟的生蛮建立了间接统治，该生蛮就转化成为熟蛮。如有黎人都统领"王氏居化外"，因帮助平定黎乱有功，接受册封，从生黎转为熟黎。[⑮] 甚至可能转为省民，如淳熙八年

---

① 王明珂：《华夏边缘：历史记忆与族群认同》，第 228 页。
② 拉铁摩尔：《中国的亚洲内陆边疆》，唐晓峰译，南京：江苏人民出版社，2005 年，第 160 页。
③ 《宋大诏令集》卷 187《责侯汀谕宜融柳三州部内安业诏》，第 683 页。
④ 《宋史》卷 264《宋琪传》，第 9129 页。
⑤ 《文献通考》卷 331《四裔考八》，第 9121 页。
⑥ 《宋史》卷 495《蛮夷三》，第 14219 页。
⑦ 《武经总要》前集卷 20《广南西路》，《景印文渊阁四库全书》第 726 册，第 597 页。
⑧ 韩琦撰，李之亮、徐正英笺注：《安阳集编年笺注》下册，成都：巴蜀书社，2000 年，第 1834 页。
⑨ 《宋会要辑稿・刑法二》，第 8366 页。
⑩ 《长编》卷 296，元丰二年正月己卯，第 7195 页。
⑪ 《文献通考》卷 330《四裔考七》，第 9083 页。
⑫ 夏竦：《文庄集》卷 14《进策陈边事十策》，《景印文渊阁四库全书》第 1087 册，第 173 页。
⑬ 《长编》卷 204，治平二年二月丙午，第 4949 页。
⑭ 《宋会要辑稿・刑法二》，第 8366 页；《宋会要辑稿・蕃夷五》，第 9904 页。
⑮ 《宋史》卷 493《蛮夷一・西南溪峒诸蛮上》，第 14174 页；卷 495《蛮夷三》，第 14220 页。

(1181)“化外黎人闻风感慕,至有愿得供田税比省民者”[①]。

(二)诸“国”之界

如果说省熟和生熟之界尚符合“天下”秩序结构,诸“国”之间的清晰疆界则是有损于华夷秩序的,其出现主要是现实应对的选择和结果。清晰疆界全部出现在宋朝和与之有强烈对抗性的境外政权之间,是冲突和对抗的结果,疆界的清晰程度与对抗性强度成正比。清晰疆界的产生都伴随着对彼此“国”的地位的承认,划界以前存在于两“国”之界间模糊的省熟之界也随着清晰“国”界的划定而消解。

1. 对抗性促生清晰疆界

宋代首先在宋辽之间形成了清晰疆界。宋初河北沿边“界河”两岸是宋辽双方实际军事控制区的交汇地带,由于宋朝“恢复”幽燕目标的存在,不可能进行双方议界,这一地带不可能成为双方共同认可的疆界地带,“界河”更不可能成为双方认可的清晰疆界线。从实际军事控制带向“界河+两属地”的清晰疆界的转变确立于“澶渊之盟”。如欧阳修《边户》诗所写:“家世为边户,年年常备胡。”“自从澶州盟,南北结欢娱。虽云免战斗,两地供赋租。将吏戒生事,庙堂为远图。身居界河上,不敢界河渔。”[②]“边户”所居地带被双方划定为以界河为中轴线的清晰的带状疆界。这条疆界是双方打出来的。经过太平兴国四年(979)和雍熙三年(986)两次北伐及一系列军事争战,宋辽签订“澶渊之盟”,在河北议定了“界河+两属地”的疆界形态。在河东也承认了既有疆界,但由于宋初迁徙边民,空出“禁地”,为熙宁间辽方提出议定河东疆界埋下了隐患。

宋朝与西夏、交趾间的疆界都经历了从模糊向清晰的转变,伴随着宋朝对两个政权从“藩镇”到“国”的政治身份认可的变化。宋夏第一次议界是庆历议和后。北宋前期将西夏视为藩镇,册封以藩镇官衔。元昊称帝后,宋朝武力解决失败,双方议和,宋朝封其主为“夏国主”,承认其“国”的地位。双方议界,即前述“庆历旧例”。熙宁四年(1071)宋朝着力于开拓河湟之时,与西夏在绥德城划界,即“绥德旧例”。宋夏元丰战争结束后,重新议界,于元祐五年(1090)形成了“中轴线+两不耕地”的清晰疆界。对交趾,宋朝从一开始也是册封藩镇官衔,以“恢复”郡县为目标,熙宁战争中双方都遭受重大损失,宋朝放弃了“恢复”目标。事实上承认了交趾“国”的地位,双方正式议界,划分了清晰的疆界。

南宋与金朝的划界更是在经历生死争战之后。金灭北宋后,只承认自己先后扶持的张楚和刘齐傀儡政权,“金国只纳楚使,焉知复有宋也”,“是则吾(宋)国之与金国势不两立”,[③]意味着宋金处于战争状态。一系列战争后,宋高宗急于求和,金朝也感到难以灭宋,双方于绍兴八年

---

① 朱熹:《晦庵先生朱文公文集》卷79《琼州知乐亭记》,上海:上海古籍出版社、合肥:安徽教育出版社,2010年,第3763页。

② 《欧阳修全集·居士集》卷5《边户》,第87页。

③ 《建炎以来系年要录》卷17,建炎二年八月戊午,第406页。

(1138)议和，以河为界。但不久战争再起，到绍兴十一年(1141)和议，形成了以淮河中流为界的清晰线状疆界。

羁縻各族对宋朝的威胁无外乎“时复出没，不过什百为群，夺禾稼、盗牛马而已”[①]；而辽、金、夏和交趾对宋朝才构成真正威胁。李纲所说“自古夷狄之祸中国，未有若此其甚也”[②]，指的就是这些政权。宋朝与这些政权的冲突和对抗使双方最终选择划界以维持和平与均衡。正如王安石所说“侵争之端，常因地界不明。欲约束边吏侵彼，亦须先明地界”[③]。北宋清楚“天下之患不在西戎，而在北虏”[④]。辽朝也清楚“国家大敌，惟在南方”[⑤]。双方经过激烈争战，都认识到议定疆界，彼此“各守疆界”“不得交侵”是维持均衡的最好办法。宋与西夏、交趾都把划疆界作为维持双方稳定关系的前提。为了保持与西夏的稳定关系，宋朝曾多次要求西夏“候诸路地界了日，可依前别进誓表，然后常贡岁赐并依旧例”[⑥]，“约地界已定，然后付以岁赐”[⑦]等。西夏却坚持“既得岁赐，始议地界”[⑧]。元丰元年(1078)，交趾请恢复朝贡，宋朝同时“令安抚司各差人画定疆界，毋得辄侵犯”[⑨]。“强弱均而和，则彼此受其利”[⑩]，辽、夏、金从宋朝获得大量岁币，而宋朝也以远少于用兵之费的岁币得到了和平。交趾从划界中得到了宋朝逐步承认，最终获得“国”的地位，意味着消除了宋朝“恢复”的威胁。

2．形成了处理疆界问题的机制

如上文所述，宋朝与辽、夏、交趾、金的清晰疆界都是双方共同商议划定的，与有的政权还举行了多次划界。如宋夏之间就于庆历、熙宁、元祐、元符等年间多次举行议界。宋金也于绍兴八年(1138)、绍兴十一年(1141)、绍兴三十二年(1162)、嘉定元年(1208)四次举行议界。宋辽澶渊之盟议界后又于熙宁年间在河东议界。除了商议划界形成了比较稳定的做法外，还形成了稳定的处理疆界问题的机制。

一是形成了较为稳定的勘界和疆界纠纷处理机制。勘定疆界都由双方朝廷派员会商。宋朝与辽、夏、交趾、金数次勘界都是双方朝廷派员会商划界，实地勘定。如宋辽熙宁河东勘界。辽于熙宁七年(1074)派萧禧入宋“言代北对境有侵地，请遣使同分画”[⑪]，提出重新议界。宋朝“差职官与北朝职官就检视定夺”[⑫]，派出刘忱为正使的议界使团，辽朝派出宰相萧素为正使的议界使团。双方反复磋商，实地勘察，如辽人提出“蔚、应、朔三州分水岭土陇为界”，但双方实地

---

① 《宋会要辑稿・兵二九》，第9252页。
② 《李纲全集》卷56《上皇帝封事》，长沙：岳麓书社，2004年，第626页。
③ 《长编》卷229，熙宁五年正月丁未，第5578页。
④ 杨士奇等：《历代名臣奏议》卷326《御边》，上海：上海古籍出版社，1989年，第4222页。
⑤ 《辽史》卷103《萧韩家奴传》，北京：中华书局，1984年，第1447页。
⑥ 《宋大诏令集》卷236《赐夏国诏》，第921页。
⑦ 《长编》卷447，元祐五年八月庚申，第10759页。
⑧ 苏辙：《栾城集》卷46《论西边商量地界札子》，第1019页。
⑨ 《长编》卷287，元丰元年正月乙卯，第7011页。
⑩ 《历代名臣奏议》卷92《经国》，第1256页。
⑪ 《契丹国志》卷20《议割地界书》，第219页。
⑫ 《宋会要辑稿・蕃夷二》，第9751页。

“行视无土陇”。[①] 熙宁四年(1071)讨论宋夏划界时,宋神宗提出“恐不须问彼,便可自立界至”,王安石提出“如此即不可”“有伤大体”,表明勘界必须双方共商。元祐宋夏划界时,宋朝派遣“分画地界官,遵依朝旨,坚执商量”[②],“候夏国差到官,详先降指挥,同共商量分画”[③]。元丰元年(1078)宋朝与交趾勘界,双方“各遣人画定疆界”[④]。宋辽熙宁河东划界和宋夏元祐划界都因利益分歧,几次中断,但最后还是回到谈判桌,共同商议划定了疆界。宋夏议界时,双方因地界争议“迁延不决,舍归本国,招之不至”,最后还是“地界复议如故”,达成一致。[⑤] 绍兴十一年(1141)宋金议界也是双方使节往返商议,现场勘验,宋朝派周聿“充京西路分画地界官”,郑刚中“充陕西路分画地界官”,莫将“往唐、邓州分画地界”,“照南北誓书文字子细分画”。[⑥]

疆界划定后,疆界纠纷也有相对明确的解决机制。非勘界问题的一般纠纷由边境有关官员交涉解决,即“凡疆场之事,皆在边臣处画”[⑦]。如辽朝侵界立寨等疆界纠纷,“事体不烦朝廷,只委边臣,自可了当”[⑧]。熙宁七年辽使萧禧入宋提出河东疆界不明,宋神宗回答:“此细事,疆吏可了,何须遣使?待令一职官往彼计会,北朝一职官对定,如何?”[⑨]说明疆界纠纷一般可由边境官员交涉解决。

二是形成了疆界文案保存制度,成为双方解决疆界问题的依据。宋辽解决疆界纠纷的根本依据是景德誓书。文彦博说若有纠纷,“以誓书为证,彼将何词以亢。纵骋诡词,难夺正论”[⑩]。景德誓书约定,双方可修缮沿边城寨,但不可营造和侵边。宋仁宗朝欧阳修指出:“北虏创立寨栅,已违誓书。”[⑪]庆历五年(1045)“北界近筑塞于银坊城,侵汉界十里。其以誓约谕使人,令毁去之”;皇祐元年(1049)再侵据银城,“谕以誓约之意,促令毁去”。[⑫] 界河打渔是常出现的疆界纠纷,也用誓书相交涉。辽朝提出“以北人渔界河为罪,岂理也哉?”宋朝回答:“两朝当守誓约,涿郡有案牍可覆视”,“界河之禁,起于大国统和年,今文移尚存”。[⑬] 宋辽熙宁河东划界时,宋朝用澶渊之盟认可的相关文案作为依据,指出“誓书若不为凭,即代北之地止以图籍照验”[⑭],“坚持久来图籍疆界为据”[⑮]。刘忱去议界前特“在枢府考核文据,未见本朝有尺寸侵虏地”[⑯]。但辽朝

---

① 《契丹国志》卷9《道宗天福皇帝》,第101页。
② 《长编》卷229,熙宁五年正月丁未,第5579页;卷437,元祐五年正月庚寅,第10546页。
③ 《宋大诏令集》卷236《赐夏国诏》,第921页。
④ 《宋会要辑稿·蕃夷四》,第9792页。
⑤ 《长编》卷444,元祐五年六月辛酉,第10687页。
⑥ 《建炎以来系年要录》卷143,绍兴十一年十二月癸酉,第2692页。
⑦ 《长编》卷452,元祐五年十二月壬辰,第10844页。
⑧ 《欧阳修全集》卷118《乞令边臣辨明地界》,第1817页。
⑨ 《长编》卷251,熙宁七年三月丙辰,第6122页。
⑩ 文彦博:《潞公文集》卷22《答奏》,《景印文渊阁四库全书》第1100册,第715页。
⑪ 《欧阳修全集》卷118《乞令边臣辨明地界》,第1816页。
⑫ 《宋会要辑稿·蕃夷二》,第9747页。
⑬ 《宋史》卷331《程师孟传》,第10661页;卷290《张希一传》,第9712页。
⑭ 文彦博:《潞公文集》卷22《答奏》,第715页。
⑮ 《长编》卷262,熙宁八年四月丙寅,第6392页。
⑯ 《邵氏闻见录》卷4,第124页。

本就是趁宋西边用兵之机敲诈，“虽图籍甚明，而诡辞不服”①。宋朝只能做出让步。河东划界结束后，宋朝完整保存了划界的文图档案，将“与北人分画缘边界至，其山谷、地名、壕堠、铺舍相去远近等，并图画签贴，及与北人对答语录编进入”。宋朝与西夏的历次议界都被保存并作为“旧例”。元祐议界时，宋朝最初提出依“庆历旧例”，西夏坚持用“绥州旧例”。宋朝最终同意用“绥州旧例”，而“夏人执以为据”。② 宋金绍兴十一年（1141）誓书所定以淮水中流和唐、邓间为界，成为隆兴和议与嘉定和议议界的依据。

3. 形成了疆界即国界、守界即守国的意识

宋辽定界后，河北段界河就成为国界，过此河即出国境。宣和四年（1122），宋朝出兵幽燕，大军刚过界河即遇辽军来战，宋军不敢交战，“遂却军复回界河之南，滨河驻兵”，“北人隔河来问违背誓书”。③ 双方都把界河作为国界。张叔夜被金人掳掠北迁，道中绝食，“既次白沟，驭者曰：‘过界河矣。’叔夜乃矍然起，仰天大呼，遂不复语。明日，卒”④。过界河即相当于出了国境，故张叔夜悲恸而绝。宋夏划界后，“内十里筑堡铺供耕牧，外十里立封堠作空地例，以辨两国界”⑤，“界堠内地即汉人所守，界堠外地即夏国自占”⑥。沿疆界巡逻“人马巡绰所至，已立界堠之处为界”⑦。宋朝与金朝也约定“务欲两国界至分明”⑧。既有了清晰的国界，守国就不是一般意义的守边，而是守界，即“疆界既辨，则边圉不可不谨”⑨，“我疆彼界，毋相侵犯”⑩。如宋朝设河北界河巡检，“沿界河分番巡徼”⑪。宋夏定界后，宋朝令沿边诸路“各据巡绰所至处，明立界至，并约束城寨兵将官，如西人不来侵犯，即不得出兵过界。尔亦当严戒缘边首领，毋得侵犯边境”⑫。双方都各守国界。

正因为视疆界为国界，所以过界即为侵犯。宋朝令宋夏沿边官员“各守疆界。如是贼马侵入汉界，仰痛行掩杀，即不得令人马擅入西界捉杀人口，引惹边事”⑬。宋辽界河方面“禁缘边河南州军民于界河捕鱼”，同时“契丹民有渔于界河者，契丹即按其罪”。⑭ 赵滋守雄州时，辽人侵入界河打渔、运盐，赵滋“戒巡兵，舟至，辄捕其人杀之，辇其舟，移文还涿州，渔者遂绝”⑮。河东

---

① 文彦博：《潞公文集》卷22《神宗咨访诏》，《景印文渊阁四库全书》第1100册，第714页。
② 《长编》卷282，熙宁十年五月乙亥，第6918页；卷446，元祐五年八月庚子，第10735页。
③ 《三朝北盟会编》卷7，宣和四年六月三日，上海：上海古籍出版社，1987年，第10735页；《独醒杂志》卷10，《全宋笔记》第4编第5册，郑州：大象出版社，2008年，第198页。
④ 《宋史》卷353《张叔夜传》，第11142页。
⑤ 《宋史》卷486《夏国下》，第14016页。
⑥ 《宋会要辑稿·兵二八》，第9228页。
⑦ 《宋大诏令集》卷236《答夏国诏》，第921页。
⑧ 《建炎以来系年要录》卷190，绍兴三十一年五月辛卯，第3679页。
⑨ 苏颂：《苏魏公文集》卷66《华戎鲁卫信录总序》，北京：中华书局，1998年，第1004页。
⑩ 《宋史》卷486《夏国下》，第14018页。
⑪ 《长编》卷80，大中祥符六年四月庚午，第1823页。
⑫ 《宋大诏令集》卷236《赐夏国诏》，第921页。
⑬ 《长编》卷378，元祐元年五月戊辰，第9175页。
⑭ 《长编》卷63，景德三年八月癸未，第1418页。
⑮ 《宋史》卷324《赵滋传》，第10497页。

沿边官员需“定验北人有无侵越旧界，及边人有无侵北界地樵采”①。辽人越过边界垒石为墙，宋即派人“移牒毁拆”②，“有再垒下石墙，侵越界至，即便依前拆毁”③。需要指出的是，讨论宋代“国”界问题应该遵循宋代的历史逻辑，用宋人的眼光看待其与周边政权的相互认知。

三、承继传统抑或新的变革？

自称中华正统的宋朝与“蛮夷之邦”签约、划界，如上述傅海波、葛兆光等学者均赋予其变革意义，总体上可以分为两类：一类是以近代民族国家理论为坐标，赋予宋辽划界以“近代性”意义。如傅海波、崔瑞德所编《剑桥中国辽西夏金元史》认为宋辽“两国从海边到黄河拐弯处的边界被清晰地划界并由双方警惕地守卫，这构成了现代意义上的真正的国际边界，而这在中国历史上是空前的”。这也代表了西方一类学者的观点。④ 中国学者也有持类似观点者。有人认为，宋代以前历代王朝的边界仅是实际军事控制线，不具有国界的意义。宋与辽、金“双方的实际军事控制线就有了国家间边界的意义”，不过“各方的控制线在法理上仍是传统的政权界限而非国家边界”，近代清朝与沙俄进行边界谈判缔约，得到西方诸国的承认，是法理上认可的国与国之间的边界，天下观才转变为国家观，“近代意义上的国与国之间的边界才最终形成”。⑤ 意即以西方民族国家理论考量，宋代是中国“天下观”下的有限变革。

另一类认为宋代疆界具有中国古代自身传统发展中的变革意义。有学者反对套用西方民族国家理论和欧洲的“近代”标准，认为在此问题上“中国历史不必按照欧洲历史来裁长补短”，不同意“古代中国主要就只有‘边疆’而没有‘边界’，现代中国才有‘领土’和‘国界’”的看法，认为“从宋代开始出现的有可能走向国境清晰、认同明确、民族同一的民族国家的趋势”，“呈现出与欧洲不相同的国家建构路径”。宋代“官方组织的‘勘界’其实已经开始表明有限的‘民族/国家’在意识中逐渐形成，明确的‘边界/国境’也在事实上呈现”，“这使得中国第一次有了明确的‘国境’，也有了‘国’与‘国’对等外交的意识”，“这在唐代以前的中国是几乎没有的”。宋代出现的“国境的存在和国家主权意识”，“很清楚地形成了汉族中国自我确认的民族主义意识形态”。⑥ 还有学者认为就政治疆界划分而言，并非宋辽划界方始产生，但宋代“各政权之间界至谈判、勘定等皆王朝政治地理的新因素”，而且这种新因素不论是在中国历史上看，还是在世界

---

① 《长编》卷315，元丰四年八月辛酉，第7621—7622页。

② 《宋会要辑稿・兵二八》，第9226页。

③ 《长编》卷369，元祐元年闰二月丙午，第8905页。

④ 傅海波、崔瑞德编：《剑桥中国辽西夏金元史(907—1368)》，第109页；田浩：《西方学者眼中的澶渊之盟》，张希清等主编《澶渊之盟新论》，上海：上海人民出版社，2007年，第92—112页。

⑤ 张文：《论古代中国的国家观与天下观——边境与边界形成的历史坐标》，《中国边疆史地研究》2007年第3期。

⑥ 葛兆光：《何为“中国”：疆域、民族、文化与历史》，第63、64、66、70、73页。另，葛兆光在《宋代“中国”意识的凸显——关于近世民族主义思想的一个远源》(《文史哲》2009年第1期，第8页)已提出中国古代没有明确边界，“在北宋一切都变化了，国家和民族有了明确的边界”。

政治史背景中看都是空前的。这虽未以近代民族国家理论作为判断坐标，但也认为宋辽划界说明“当时出现了与近代民族国家相近的‘国家’意识”。[①]

对于宋代划分清晰疆界具有变革性的判断，不论是以西方民族国家理论作为参照，还是强调中国古代自身传统中的变革，都是用“近代性”作为标准。如果把欧洲兴起的近代边界理论作为参照，表面看来，宋代疆界产生程序及疆界形态无疑具有了很强的“近代性因素”。维克多·普莱斯考特将陆地边界演变或形成分为四个阶段：分配、划界、勘界和管理，“分配指的是有关领土分配的政治决定，划界涉及具体边界地点的选择，勘界是在实地标示出边界，管理是指边界的维护”；划界与勘界的区别是，前者在语言或纸面划定国界线，后者是“确定边界的最后步骤，即现场标出边界”。[②] 边界产生过程也可以分为定界（即分配）、划界、勘界三个阶段。邵沙平主编《国际法》认为边界形成主要基于两种事实：一是由传统习惯而形成，即传统边界线；二是依条约而划定。划分边界一般还包括绘制地图和标界等阶段，为边界管理和维护提供依据，还通过条约“规定双方有维护边界标志的责任，采取必要措施防止边界标志被损毁或移动”[③]。

关于边界标志的类型，《奥本海国际法》指出，“一般情况下可以将边界标志分为两类：一类是使用山脉、河流等自然标志的自然边界；另一类则是使用石头墙、栅栏等人为标志的人为边界”[④]。近代“人为边界”也包括以弧线或直线确定的几何学界限或以经纬度确定的天文学界限。而陆地“自然边界”通常“沿分水岭、山脊这些明显的地貌划定，或以河流中心线或主航道中心线等为界限”[⑤]。而河流划界有三种方法，即河流中间线、主航道中心线及河岸。[⑥]

宋与辽、金、夏、交趾的议界基本上经历了定界（即分配）、划界、勘界三个阶段，也包括勘界后的边界管理。如宋辽河东划界就经过了双方派员商议、划定疆界、实地勘验、绘制图标等过程，并按协定维护勘定的疆界。宋代的疆界形态既包括了山脊、分水岭、河流等按自然地形划定的自然边界，如宋辽界河以河岸为界、宋金则以淮水中流为界，也包括树界标、建界墙、掘界壕等人为疆界。但是，宋代疆界的产生程序和疆界形态是中国历史上首次出现吗？如此相似的“近代性因素”就意味着变革吗？这样的疆界特征是人类社会进入近代才出现的新产物吗？

葛兆光指出，宋代“勘界”显示的中国古代开始出现的国境和民族国家意识及其至清代的演进，呈现出与欧洲不同的建构路径。[⑦] 这一论述提示我们不能机械地套用西方近代民族国家理论，仍将宋朝通过双方共同勘定、载之盟约或文案的“国界”视为非法理上的国界。陶晋生指出，宋人已经有了“多元国际系统”的两个重要观念：“一是认知中原是一个‘国’，辽朝也是一‘国’；二是认知国界的存在”，“宋人对国界的重视，足以推翻若干近人认为传统中国与外夷之间不存

---

① 潘晟：《宋代地理学的观念、体系与知识兴趣》，第290、292页。
② 维克多·普莱斯考特、吉莉安·D. 崔格斯：《国际边疆与边界：法律、政治与地理》，第61、62页。
③ 邵沙平主编：《国际法》，北京：中国人民大学出版社，2015年，第152、153页。
④ 詹宁斯、瓦茨修订：《奥本海国际法》，王铁崖等译，北京：中国大百科全书出版社，1995年，第60页。
⑤ 朱文奇主编：《现代国际法》，北京：商务印书馆，2013年，第223页。
⑥ 维克多·普莱斯考特：《国际边疆与边界：法律、政治与地理》，第213页。
⑦ 葛兆光：《何为“中国”：疆域、民族、文化与历史》，第72—74页。

在‘清楚的法律和权力的界限’的看法”。[①] 宋朝与辽、夏、金、交趾的勘界就是双方议定、载之盟约的“法律和权力的界限”。他们在这一问题上的看法是正确的。

那么，宋代勘界是否在中国“路径”中堪称一次变革呢？显然也不是。宋代疆界的产生程序和疆界形态在中国历史上并非首次出现，而是前已有之。长城是一个初显的案例。作为边界，长城是一个复合的边界，“代表统一的华夏帝国的北方资源边界，也是华夏的北方族群边界”[②]。同时也是“标识本国的政治边疆”[③]。秦朝长城主要还是单方设定的疆界，汉代则得到匈奴等北方民族的承认。汉文帝致匈奴书称“先帝制，长城以北引弓之国受令单于，长城以内冠带之室朕亦制之”，约定“匈奴无入塞，汉无出塞”。而且当时双方是对等关系，国书称“二国”“两主”“邻敌之国”，甚至称“独朕与单于为之父母”，互称“天所立匈奴大单于敬问皇帝无恙”“皇帝敬问匈奴大单于无恙”。[④] 长城成为双方共同认定的疆界。

唐代与吐蕃的议界则具备了上述宋代所有的程序。唐蕃间最重要的会盟议界是建中会盟。该次议界，“二国将相受辞而会”。在建中四年(783)正月第一次会盟中，唐朝派中书侍郎张镒与吐蕃相尚结赞盟于清水，议定双方疆界，即“今国家所守界：泾州西至弹筝峡西口，陇州西至清水县，凤州西至同谷县，暨剑南西山大渡河东，为汉界。蕃国守镇在兰、渭、原、会，西至临洮，东至成州，抵剑南西界磨些诸蛮，大渡水西南，为蕃界”，并相约“其黄河以北，从故新泉军，直北至大碛，直南至贺兰山骆驼岭为界，中间悉为闲田”。[⑤] 双方疆界除了黄河、大渡河等自然山川为线状疆界外，其他地区表现为“唐界＋闲田＋蕃界”的带状疆界，但唐界和蕃界是相对清晰的，这个带状疆界因而也是相对清晰的。清水之盟后，双方在议定的边界沿线树立界碑，并作为双方疆界不可侵损的标志。如其后吐蕃宰相尚结赞曾说：“本以定界碑被牵倒，恐二国背盟相侵。”[⑥]“疆场既定”后，唐朝宰相李忠臣与吐蕃相曲颊赞等在长安设坛盟誓，宣读盟文，并将“盟文藏于宗庙，副在有司，二国之成，其永保之”[⑦]。建中会盟划界经过了议界、划界、勘界等程序，并载之文字。

边界具有两个核心功能：区别“我者”与“他者”，即区隔的功能；保障本土安全，即防卫的功能。这也是一个政权或民族基本和本能的生存需求，古今中外莫不如此。在遇到很强的对抗性外力时，就会产生更明确地区隔彼此的需要，当势均力敌的双方都具有这一愿望时，和议勘界及明确边界就自然出现。其本身并不都代表从传统到近代的变革。现代国际法界定疆界“是地图

---

① 陶晋生：《宋辽关系史研究》，第84、85页。
② 王明珂：《华夏边缘：历史记忆与族群认同》，第216页。
③ 维克多·普莱斯考特、吉莉安·D. 崔格斯：《国际边疆与边界：法律、政治与地理》，第34页。
④ 《汉书》卷94上《匈奴上》，第3756、3758、3762、3763、3764页。
⑤ 《旧唐书》卷196下《吐蕃下》，第5247—5248页。任小波翻译藏文文献《红史》据《新唐书》所录清水盟文，有“此线以西皆为蕃土”“此线以东皆为唐土”“边界之间，新泉、大碛、贺兰橐它岭等地，以为闲田”等句，反映了藏人对盟约的理解，参见《西藏史学中有关唐蕃边界的叙述传统》，《历史地理》第30辑，上海：上海人民出版社，2014年，第202页。
⑥ 王钦若等编：《册府元龟》卷997《外臣部·怨怼》，北京：中华书局，1960年，第11706页。
⑦ 《旧唐书》卷196下《吐蕃下》，第52478页。

上想象的界线，分隔着一个国家和另一个国家的领土”[①]，“边界是一条划分一国领土与他国领土或与国家管辖范围之外区域的界线，其作用在于确定各国之间领土范围”[②]。维克多·普莱斯考特还指出“历史上，边界具有重要的防卫功能，外国入侵者一旦越过边界，将承担相应的后果”[③]。古代和现代疆界都具有区隔和防卫功能。

维克多·普莱斯考特等认为：“中国的长城不仅旨在防范游牧民族侵扰，还旨在防止本国人外逃。”[④]具有防卫功能。拉铁摩尔指出：“中国的国家利益需要一个固定的边疆，包括一切真正适宜中国的东西，隔绝一切不能适合中国的事物。长城就是这种信念的表现。”[⑤]汉朝与匈奴就约定“匈奴无入塞，汉无出塞”[⑥]。唐人说缘边关塞的功能是“所以限中外，隔华夷，设险作固，间邪正禁者也”。唐蕃会盟也约定双方遵守划定的“汉界”与“蕃界”，“不得侵越”。[⑦] 这些都表明疆界具有区隔和防卫的功能。宋代也是将疆界作为区隔版籍与非版籍，以及守国的界限。从历史关系看，中国“‘有限国家’的意识大概从宋代就开始形成了”，“中国渐渐从无边无际的‘华夷’与‘天下’的想象中走出来，进入‘万国并峙’的现实世界，开始设定边界，区分你我”，[⑧]这也不能说是对宋朝的准确定位。

事实上宋代以前的王朝也始终要生活在“现实世界”之中，采用应对复杂多样的现实困境的弹性做法。当中原王朝强大，足以维持以自己为中心的朝贡体系时，便不存在与“四夷”勘定疆界的需要，自然疆界足以区隔华夷、保障安全，且无损于“华夏”尊严。如邢义田阐述长城两方面的象征意义：“从理想的一面看，修筑长城意味着中国的天子德威不足，不能于一统海内之余兼服八荒之外，成为真正的普天之下之主，象征了无奈与羞辱；从现实的一面看，它的修筑隔绝了北方草原和南方农业地带，象征着一道文明与野蛮、中国与非中国、人与禽兽、农业与游牧之间不可跨越的天限。”[⑨]古人喜用“天生四夷，皆在先王封疆之外，故东拒沧海，西隔流沙，北横大漠，南阻五岭，此天所以限夷狄而隔中外也”之类不失华夏尊严的表述。[⑩] 宋代本有如汉唐那样理顺华夷秩序、扭转对辽关系的机会，但由于内外因素的影响，形势不断恶化，以至于西夏、交趾也与宋朝强力对抗，且宋朝不能取得优势而不得不承认它们为“国”，并与之勘定疆界。宋人曾一再感叹“燕山如长蛇，千里限夷汉”、燕山“岂天设此限华夷”，[⑪]“天限华夷”的自然疆界越来越不能发挥作用。势均力敌甚至被动屈辱的对抗成为宋朝周边关系的常态，且强烈的外来压力如

---

① 詹宁斯、瓦茨修订：《奥本海国际法》，第 60 页。
② 王铁崖主编：《国际法》，北京：法律出版社，1995 年，第 243 页。
③ 维克多·普莱斯考特、吉莉安·D. 崔格斯：《国际边疆与边界：法律、政治与地理》，第 141 页。
④ 维克多·普莱斯考特、吉莉安·D. 崔格斯：《国际边疆与边界：法律、政治与地理》，第 34 页。
⑤ 拉铁摩尔：《中国的亚洲内陆边疆》，第 276、277、304 页。
⑥ 《史记》卷 110《匈奴列传》，北京：中华书局，1959 年，第 2903 页。
⑦ 《旧唐书》卷 43《职官二》，第 1839 页；卷 196 下《吐蕃下》，第 5248 页。
⑧ 葛兆光：《何为“中国”：疆域、民族、文化与历史》，第 64、72 页。
⑨ 邢义田：《天下一家：皇帝、官僚与社会》，北京：中华书局，2011 年，第 134 页。
⑩ 《旧唐书》卷 89《狄仁杰传》，第 2889 页。
⑪ 《栾城集》卷 16《燕山》，第 396 页；《三朝北盟会编》卷 20，宣和七年正月二十日壬辰，第 143 页。

此深刻持久地影响着朝运是前所未有的，因而与辽、夏、金和交趾的全面划界成为保障安全不得不做的选择。

勘定疆界成为宋朝与对抗的相邻诸政权都具有的发展正常关系的需求，或者说疆界的功能是势均力敌的任何两方都希望的。陶晋生指出，中国古代政治家都了解对外族维持和平为首要，朝贡在其次，“和平既属首要，则对外政策的运用，必需具有弹性”。除了华夷秩序外，对外族的平等关系“时常在中国的对外关系中发生”。这是当理想的世界秩序不能实现时，不得不发展成的“实质关系”。春秋战国时期到唐代莫不如此。“传统中国固然具有一个很强的传统来维持以中国为中心的世界秩序，要求邻国称臣进贡，但是另一个传统也不可以忽视，那就是与邻国实际维持的对等关系。”①如上文所论，划定疆界对宋朝与辽、金等都有现实需要，都是应对现实需要的手段。

如果说宋代勘界形式并非变革，那么宋代出现的“国境的存在和国家主权意识”是否在观念上代表了“很清楚地形成了汉族中国自我确认的民族主义意识形态”，或华夷、内外观念的变革呢？也并非如此。宋代的勘界反映了“理想”解说和“现实”应对的交织。对“理想”的解说需要坚守绝对理念，即华夷之辨，出于“现实”应对又需要采取弹性标准。② 不同形态的疆界，不论是模糊的省熟之界，还是清晰的“国”界，其功能都是区隔华夷，即“中国”与非“中国”。从地理概念而言，宋朝人所称“中国”就是直辖郡县和版籍人口。邢义田曾说：“从秦一统天下，在现实的世界里，真正听命于始皇的不过是设有郡县的地方。”③直辖郡县就是秦朝现实的地理“中国”。宋朝也是如此。

北宋在政治话语中认为辽、夏和周边诸族都不是“中国”。贾昌朝说：“西戎诸国，如沙州、唃厮啰、明珠、灭藏之族，近北如黑水女真、高丽、新罗等处，皆旧通中国。今为二虏隔绝，可募人往使，诱之来朝。如此，则二虏必憾于诸国矣。憾则为备，为备则势分，此中国之利也。”④“二虏”指辽、夏。羁縻各族也不是“中国”。西南诸夷“唐末王建据西川，由是不通中国”，溪州蛮“不知中国礼”，梅山峒蛮“旧不与中国通”，广西诸蛮“宋兴，始通中国”等。⑤ 可见北宋人所称地理“中国”仅指其直辖郡县。南宋君臣在国内议事时也称金为夷狄。宋孝宗曾说金朝，“夷狄虽强，不可有加于中国”⑥，而称金为“虏”“丑虏”“金虏”“夷狄”等更常见于臣僚话语。南宋禁铜法令有“铜钱出中国界条约”⑦，此“中国”就是指直辖郡县。可见南宋所要与四夷区隔开的“中国”也是

---

① 陶晋生：《宋辽关系史研究》，第3、4、5、7页。

② 黄纯艳：《绝对理念与弹性标准：宋朝政治场域对“华夷”“中国”观念的运用》，《南国学术》2019年第2期，第305—320页。

③ 邢义田：《天下一家：皇帝、官僚与社会》，第124页。

④ 贾昌朝：《上仁宗备边六事》，赵汝愚编《宋朝诸臣奏议》卷133，北京大学中国古代史研究中心点校，上海：上海古籍出版社，1999年，第1483页。

⑤ 《宋史》卷496《西南诸夷传》，第14223页；卷493《蛮夷一·西南溪峒诸蛮上》，第14179页；卷494《蛮夷二·西南溪峒诸蛮下》，第14196页；卷495《蛮夷三》，第14216页。

⑥ 《宋会要辑稿·职官五二》，第4445页。

⑦ 《建炎以来系年要录》卷186，绍兴三十年十月己酉，第3615页。

直辖郡县。[①] 从宋朝对“中国”与四夷的大的区隔来说，区隔周边政权的“国”界与区隔熟蛮（蕃）的省熟之界并无本质的区别，而且不同形态疆界的功能是相同的。

宋朝与华夷之辨并用的另一个解说工具是“夷夏之变”。宋人称契丹和西夏“中国所有，彼尽得之”，“得中国土地，役中国人民，称中国位号，仿中国官属，任中国贤才，读中国书籍，用中国车服，行中国法令”，“所为皆与中国等”，“岂可以上古之夷狄视彼也?”辽朝更是“典章文物、饮食服玩之盛，尽习汉风”，“非如汉之匈奴，唐之突厥，本以夷狄自处，与中国好尚之异也”。[②] 他们已经是进于“中国”的夷狄了。南宋也用“夷夏之变”解释宋金关系。朱熹的弟子说金世宗“专行仁政，中原之人呼他为‘小尧舜’”。朱熹回答：“他能尊行尧舜之道，要做大尧舜也由他。”[③]金朝皇帝是行尧舜之道、进于华夏的夷狄。与这样的夷狄议界划界、对等并立无损于华夏的尊严，从而为划界作了合理解说。

结　语

宋代没有统一的疆界形态和划界原则，因关系形态的不同和变化而形成多样的疆界形态，既有模糊疆界，也有清晰疆界。影响疆界形态的主要因素是关系的可控和对抗。疆界的清晰程度与对抗性呈正比。点状模糊疆界主要存在于宋朝省地与可控且能为其所用的熟蛮之间，片状模糊疆界主要存在于与对抗性不强或尚未表现出强烈对抗性的政权之间，带状清晰疆界和线状清晰疆界则是宋朝与境外政权对抗冲突的结果。对疆界形态的梳理有利于我们更清晰地认识宋朝的疆域范围和层次。

宋朝划分疆界的主要目的是现实的安全应对，其核心是区隔版籍与非版籍的民和地，保护赋役来源和“中国”即直辖郡县的安全，显示了宋朝对待周边关系时除构建华夷秩序之外的实用主义面向。从疆界的区隔和防卫功能，即划分“中国”与四夷、版籍与非版籍、保护直辖郡县安全的角度而言，省熟之界与诸“国”之界，有宋朝优势可控和均衡对抗之别，但都是此疆彼界，而无“天下之界”“诸国之界”或羁縻之界的区别。

宋代疆界的产生程序、形式及其体现的观念，不论历史旧例，还是思想资源，总体上仍是对中国古代天下理想与现实应对、华夷之辨与夷夏之变、消解模糊疆界与发展清晰疆界等不同传统的承继和延续，只是宋朝面临的周边关系的复杂性和多样性使得历史上曾经呈现的不同的现象、传统和观念在宋朝同时并存，具体做法有其时代的特殊性，但都没有实质意义上的变革，更

---

① 上引黄纯艳《绝对理念与弹性标准：宋朝政治场域对“华夷”“中国”观念的运用》(《南国学术》2019 年第 2 期)亦论及宋代“中国”的地理认知，可参考。

② 韩琦：《上仁宗论备御七事》、富弼：《上仁宗河北守御十三策》，赵汝愚编《宋朝诸臣奏议》卷 134、卷 135，第 1493—1494、1502 页。

③ 《朱子语类》卷 133《夷狄》，上海：上海古籍出版社、合肥：安徽教育出版社，2010 年，第 4161 页。

不具有西方历史路径意义上的“近代性”。

（本文原发表于《历史研究》2019年第5期。）

作者简介：

黄纯艳，华东师范大学历史学系教授，主要研究宋代财政史、宋代海洋史等，出版《宋代财政史》《宋代朝贡体系研究》《造船业视域下的宋代社会》等著作多部，兼任中国海外交通史研究会副会长、中国中外关系史学会副会长、中国经济史学会古代史专业委员会副主任等，曾任上海师范大学历史系主任。

帖与宋代地方政务运作

刘　江

摘　要： 宋代的公文帖在文书形态上延续了唐代帖文的基本样式，同时也显示出宋代官僚制度的特色。帖的行用灵活便捷，在宋代地方公文行政中应用广泛，主要用于处理各类日常政务。行帖勾追，是宋代地方行政中一项常见的督责手段，但这一运作方式并未有效突破既有制度弊端，反而使地方行政的困局进一步恶化。

关键词： 宋代　帖　文书行政　地方政治

以官方文书的格式、内容及运作方式为切入点，考察相关政务的运行，是近年来宋代政治制度史研究的一个亮点。帖作为一种重要的下行公文，自唐代开始已在中央及地方机构中普遍用于指挥公事。① 就宋代地方机构的帖文运作而言，学界已陆续对其中的若干问题展开研究，②但我们对帖文的形态演变、使用场合、功能特点的认识仍有模糊之处，诸多细节有必要进一步厘清。

研究宋代地方机构使用的公文帖，必须解决缺乏实物参照的难题。研究者除了尽力搜罗传世典籍的零散记载外，还应留意石刻材料中保存的帖文。有的石刻帖文格式相对完整、接近公文的原始面貌，为了解文书运作的"实态"提供了相当重要的资料。③ 本文将在既有研究的基础

---

① 参见雷闻《唐代帖文的形态与运作》，《中国史研究》2010 年第 3 期，第 89—115 页，后收入邓小南等主编《文书·政令·信息沟通：以唐宋时期为主》，北京：北京大学出版社，2012 年，第 47—83 页；李全德《从堂帖到省札——略论唐宋时期宰相处理政务的文书之演变》，《北京大学学报》2012 年第 2 期，第 106—116 页。

② 目前对宋代地方帖文的专门研究，集中在从文书流转的角度讨论地方行政体制、考释包含帖文的碑刻等方面。参见平田茂树《宋代地方政治管见——札子、帖、牒、申状を手挂かりとして》，《东北大学东洋史论集》第 11 辑，2007 年，中译文《宋代地方政治管见——以札子、帖、牒、申状为线索》，林松涛等译，收入氏著《宋代政治结构研究》，上海：上海古籍出版社，2010 年，第 334—359 页；小林隆道《宋代使帖"文书"の样式と机能——苏州玄妙观〈天庆观尚书省札并部符使帖〉を事例に》，《史滴》第 31 号，2009 年，第 102—132 页；谭景玉《宋代乡村组织研究》第三章第一节《宋代乡村行政组织与县之间的政务运行》，济南：山东大学出版社，2010 年，第 157—159、166—168 页。

③ 宋代常见史籍、文集保存的包括帖文在内的公文，往往只有正文内容，而省去了抬头、签署等格式，其完整性明显不如石刻材料中的公文。当然，公文经转录刻石，再经传拓、释录、刊印，乃至经过校点整理，必然与其原始面貌存在差距，我们在依据石刻材料讨论公文的文书形态等问题时，应充分考虑石刻材料"生成"的复杂情况，筛选接近公文原始面貌的资料。另，宋代中央与地方机构的帖文在格式、行用机制等方面具有较强的相似性，由于资料有限，本文不涉及中央层面的帖文运作。

上，结合典籍和石刻两类资料，讨论宋代帖的形态演变及其在地方机构中的行用，以期深化目前学界对宋代地方政务运作的认识。

一、帖的文书形态

文书形态指文书的类型、撰写格式、签署方式等文书学的特征。这些特征是各级机构公文运作的直接呈现。文书形态的变化，受到政务运作方式和官僚政治体制变迁的影响。因此，文书形态不仅是文书学研究的重要内容，也应构成政治制度史研究的关注对象。

（一）从石刻材料看北宋帖式

宋代公文帖整体上继承了唐帖的基本格式（如具备抬头、正文、签署等必要程序），但在两宋不同时期，帖在某些具体程序上呈现出细微的变化。这些细微变化，正是研究其文书形态不可忽视的关键问题。

先根据雷闻的研究，将唐代帖式移录如下：

> 某司　帖　某司或某人。
> 　某事或某人。
> 　右件事或人。云云。月日典某帖。
> 　　　具官姓名。

雷闻指出，这件帖式主要反映唐前期的格式，晚唐时期的帖文，有的已经标出年号，而在实际行用中，有的帖文会省略收文机构或文末小吏签名。[①]

由于传世典籍中缺乏北宋时期“帖式”的直接记载，有必要结合石刻资料中的北宋帖文实例考察其文书形态。这类帖文的内容虽然主要集中在赐额、赐号等宗教事务，但仍可从其抬头、签署等环节概括文书形态的整体特征。总体而言，北宋时期的帖文延续晚唐的格式，如大多在抬头同时书写发文和收文机构（个别帖文则省略收文机构），年号日期俱全。但在实际政务运行中，不同层级地方机构使用的帖文，其签署格式呈现出更为复杂的面貌。例如县、州、府使用的帖，文末签署就不尽相同。[②]

县帖的签署相对简略。《八琼室金石补正》中收录了一件题为“保宁等寺牒并使县帖”的碑刻录文，[③]内容涉及宋太宗太平兴国三年（978）京兆府兴平县内寺院的赐额事务。此碑刻由中

---

① 雷闻：《唐代帖文的形态与运作》，邓小南等主编《文书・政令・信息沟通：以唐宋时期为主》，第76—78页。

② 石刻材料中所见北宋路级机构帖文较少，且文字多残缺不全，故此处对帖文形态的讨论，以州县为重点，路级机构行帖的情况，留待后文再论。

③ 陆增祥：《八琼室金石补正》卷89，国家图书馆善本金石组编《宋代石刻文献全编（一）》，北京：北京图书馆出版社，2003年，第104页。

书门下发给京兆府的敕牒、京兆府发给兴平县的帖文以及兴平县下发给清梵寺(后赐额“保宁寺”)的帖文三件公文组成。现将兴平县下发的帖文部分节录如下：

> 县　帖保宁之寺：
> (正文略)
> 太平兴国三年
> 六月二十日帖
> 守主簿权知县事　彭

这件帖文的抬头保留了唐代帖文“某司帖某司”的格式,末尾日期标示方式是“年月日帖”,最后无吏人签署,仅有“守主簿权知县事”者书其姓氏“彭”的签署痕迹。

又,《金石萃编》收录了一件《寿圣禅院敕牒》①,内容涉及宋神宗熙宁元年(1068)朝廷对河南府偃师县泗州院赐额“寿圣院”事务,由中书门下发给河南府的敕牒及偃师县发给寿圣院的帖文(其中引用了河南府下发给偃师县的帖文内容)组成。节录其中县帖部分如下：

> 偃师县帖　寿圣院：
> (正文略)
> 熙宁元年四月初三日帖
> 　　将仕郎、守县尉兼主簿事张
> 　　尚书屯田员外郎、知偃师县事刘

以上两份县帖,签署者依次为主簿、知县,而一些县往往存在一官身兼数职的情况。这确实反映了当时县级行政组织设置的“实况”,但也应注意,县衙中大量的日常行政事务,主要由公吏承办,而他们的行政操作并未如实反映在县帖的签署环节。

州级帖文的签署程序则相对规范完整,除长贰外,幕职、诸曹官甚至吏员都会在帖上签署,但不同等级的州发出的帖文,格式存在差别。《八琼室金石补正》收录了一件《宁国寺牒碑并阴》②,这件碑刻的两面均刻有宋真宗大中祥符三、四年间(1010—1011)中书门下发给梓州的敕牒以及梓州下发给中江县宁国寺(原称“福会寺”)的“东川帖”(按：时梓州军额为“剑南东川节度”),内容涉及朝廷对梓州地区27座寺院的赐额事务。碑刻阴阳两面的文字不尽相同,但“东川帖”则基本一致,现将文字、格式保存更完好的碑阳“东川帖”移录如下：

> 1　东川帖：二月十日准大[中]祥符三年十二月空日
> 2　[中]书门下牒奉

---

① 王昶：《金石萃编》卷137,《宋代石刻文献全编》第3册,北京：北京图书馆出版社,2003年,第286页。
② 陆增祥：《八琼室金石补正》卷88,《宋代石刻文献全编》第1册,第90—92页;《金石苑》亦收录此石刻,题为“宋敕赐宁国寺牒”,参见刘喜海《金石苑》,《宋代石刻文献全编》第2册,第1055页。该碑拓片现藏北京大学图书馆,题为“赐宁国寺牒”,典藏号：A15522、A15523。

3　敕改福会寺额者。

4　　右具如前，事须翻录、头连，帖

5　　宁国寺，限到日仰一准

6　　敕命指挥施行者。大中祥符四年二月二十日　帖

7　　　　　　　　　　观察推官李

8　　　　　　　　　　节度推官曹

9　　秘书丞、同判军州兼管内劝农事刘

10　东染院使、潮州刺史、知军州兼管内劝农事水丘

这件帖文抬头为“东川帖”，仅书发文机构而不书收文机构的情况在北宋帖文中并不常见。第7—8行按职务由低到高，依次为观察推官和节度推官签署，第9—10行分别为梓州同判、知州签署，[①]说明这件帖文由幕职官与长贰共同签署发出。

府比州的级别更高，行政组织更庞大，府帖的签署程序也更完备。《金石续编》收录了一件《昭化寺帖》[②]，包含了宋徽宗崇宁二年(1103)太原府发给辖下寿阳县昭化禅院的帖文，内容涉及朝廷为该院李长者赐号及允许该院每逢圣节进奉功德疏等事务。为便于讨论，先将太原府帖节录如下：

1　　太原府　　　帖寿阳县方山昭化禅院

(正文为誊录礼部符的内容，略)

2　　　司功案勘同　手分王俊押　马宣押　张温押　郝□押　元庆押　押司官韩□押

勾押官祁年押　孔目官杨志押　李元押　□孔官侯智押

3　右帖寿阳县方山昭化禅院，仰详上项

4　尚书礼部符内

5　敕命指挥施行。崇宁贰年玖月初三日帖

6　　　权河东节度推官石　差出　权太原府观察判官郑　押

7　　　宣义郎、监在府税务、权节推张　押　承事郎、签书河东节度判官厅事王　押

8　　　朝散郎、通判太原军府事蔡　差出　朝奉大夫、通判太原军府事陈　押

9　　　龙图阁学士、朝奉大夫、知太原军府事范　押检

10　　皇兄、河东·山南西道节度使、守太师、开府仪同三司、太原牧兼兴原牧、陈王在京

① 按：此碑立石在天圣元年，时“通判”因避刘太后父刘通讳而改为“同判”。

② 陆耀遹：《金石续编》卷17，《宋代石刻文献全编》第3册，第678页。国家图书馆藏此石刻拓片，编号：各地1169、各地1170。胡聘之《山右石刻丛编》亦收此碑，但录文不如《金石续编》完整。

引文第 1 行表明这件帖直接发给寿阳县方山昭化禅院。从拓片可见，“太原府”三字较大，应该如实反映了帖文原貌。

第 2 行“司功案勘同”及其后部分（拓片显示为双行细书），是太原府机构内部行政作业的一个环节。北宋时期，仅开封府曾一度置功曹参军与法曹参军事通掌检法，未见其他州府置司功案或相关建制的明确记载。[①] 这件石刻中的“司功案”，作为太原府中的专门办事部门，可能是唐代司功参军之遗制。[②] “司功案勘同”等文字，说明太原府收到礼部符后，由司功案誊录并与原件比对无异，再签署验证。第 3—5 行是太原府在誊录礼部符后对昭化禅院的指挥文字，但内容相对简单，仅注明按礼部符内“敕命指挥”执行。

帖文中官吏的签署，为考察太原府衙内部行政运作，尤其是公吏的实际职责提供了直接材料。“司功案勘同”后，依次有“手分”五人、“押司官”一人、“勾押官”一人、“孔目官”二人、“□孔官”一人（按：似为“都孔官”）的签署，这些都是州级官府的主要人吏。[③] 他们在“司功案”内负责具体事务、行遣文字，吏员姓名后都书一“押”字，这是将公文刻石时的转写方式，在府帖原件上应有画押的原始笔迹。

第 6—7 行四名幕职官属，分两列签署。这件石刻，应该如实反映了纸本帖文的签署情况，这四位官员按照职务品级由低到高，自右至左、由上到下依次签署，体现幕职官“裨赞郡政，总理主案文移”的职责。

第 8—9 行分别是太原府长贰的签押。宋代曾有规定，并州（即太原府）等大郡许置通判两员，[④]因此第 8 行有两名通判的签署。第 9 行知太原府范某，据《山右石刻丛编》对该帖的考订，应为范镗。[⑤] 其后书“押检”二字，“检”在宋代公文制度中具有存本之意，在某些情况下，长官只签署公文存本，而用于下发的大量文本则由吏人代书，意在维护长官权威的同时减轻其工作负担。[⑥] 此处的“押检”，或可说明太原府衙制作帖文时，范镗只在存本上签押，但在正式下发帖文上，由吏员代书官衔和姓氏，并注明“押检”二字。

第 10 行是太原府之节镇长官河东节度使的签署。据《山右石刻丛编》按语，“皇兄”“陈王”为赵佖。宋神宗朝以后，亲王除节度使皆兼两镇，故系衔中称“河东・山南西道节度使”，而两节

① 按：《文献通考》卷 47《职官考・官制总序》载：“蔡京当国……首更开封守臣为尹牧，由是府分六曹，县分六案。”考《宋史》卷 20《徽宗本纪》及卷 166《职官志》（北京：中华书局，第 369、3943 页），崇宁三年（1104）蔡京奏请开封府分士、户、仪、兵、刑、工六曹，崇宁四年（1105）令州县仿尚书六曹分六案，大观二年（1108）令州郡仿开封府“分曹置掾”，以上更制晚于本件帖文的下发时间，“司功案”的设置可能有更早的制度来源。

② 据《唐六典》记载，京兆、河南、太原三府置功曹参军事，上州、中州置司功参军事，“功曹、司功参军掌官吏考课、假使、选举、祭祀、祯祥、道佛、学校、表疏、书启、医药、陈设之事”。参见李林甫等撰《唐六典》卷 30，陈仲夫点校，北京：中华书局，1992 年，第 748 页。又，《通典》记载，功曹参军与司功参军的区别为“府曰功曹”“州为司功”。参见杜佑撰《通典》卷 33《职官・州郡下・总论僚佐》，王文锦等点校，北京：中华书局，1988 年，第 910 页。

③ 参见苗书梅《宋代州级公吏制度研究》，《河南大学学报》2004 年第 6 期，第 101—108 页。

④ 徐松辑：《宋会要辑稿・职官》47 之 58，刘琳等校点，上海：上海古籍出版社，2014 年，第 4296 页。

⑤ 胡聘之：《山右石刻丛编》卷 16，新文丰出版公司编辑部编《石刻史料新编》第 1 辑第 20 册影印光绪二十七年刻本，第 15306 页。

⑥ 参见拙作《宋朝公文的“检”与“书检”》，《北京大学学报》2012 年第 2 期，第 129—139 页。

度名义上也是其治所太原府和兴元府的长官，故系衔中有“太原牧兼兴元牧”。又，“节度使、守太师、开府仪同三司”，即所谓“使相”。亲王节度使通常并不赴镇，因此在系衔后小字书“在京”为注。

通过对太原府帖签署环节的剖析，我们得以了解府衙内部文书制作的大致流程和方式。在帖文的制作中，司功案吏人的抄录与校对，实际上是非常关键的环节。甚至可以认为，这一操作结束后，帖文制作已基本完成，只需更高级的官员签署即可。帖文的签押，除上述吏人外，还涉及幕职官、太原府长贰和节度使。显然，其中一些官员并不亲自签署，但帖文上仍然系其名衔并注“差出”“押检”“在京”等信息，将这些官员依次“纳入”公文运转的流程。这种签署方式不仅在形式上保证了公文运转流程的“阶段性”完整，而且在文书形态上显著体现了地方官员的等级秩序及其职责所在。

宋代州府在正副长官之下，置幕职、诸曹官为僚佐，而石刻材料所见涉及赐额事务的州府帖文，结尾签署者基本为长贰与幕职官。日僧成寻《参天台五台山记》存有宋神宗熙宁五年（1072）六月至闰七月间台州分别发给国清寺及成寻的三道帖文，抬头分别为“州帖国清寺”“台州（牒）〔帖〕日本国僧成寻等”“台州帖大日本国僧成寻”，文书签署除了长贰与幕职官，还包括诸曹官。[①] 兹节引第三件帖文为例：

> 台州帖　大日本国僧成寻
>
> （中略）
>
> 右具如前。上件实支官钱一百九十八索九百六十文省，州已出给正
>
> 勾帖军资库，仰于见管官钱数内，据数支给，付日本国僧成寻等一行请领，
>
> 沿路盘缠使用外，事须帖日本国赐紫僧成寻等一行人，准此照会，赴军
>
> 资库，据数请领，上领官钱起发及沿路盘缠使用。如更要钱及所须物件，
>
> 即请计会，管伴郑崇班申报经过州军请领。
>
> 熙宁五年闰七月廿四日帖
>
> 守司户参军　马
>
> 守录事参　军
>
> 军事推官　孔
>
> 军事判官　刘
>
> 大理寺丞、监城下税务、权推官　刘仕衡
>
> 大理寺丞、知临海县事、权判官通判　季暄
>
> 尚书屯田郎中、通判军州兼劝农事　安保衡

---

① 成寻：《新校参天台五台山记》卷2、卷3，王丽萍校点，上海：上海古籍出版社，2009年，第95—97、151—152、176—179页。三件帖文抬头发文与收文机构俱全，符合北宋帖文的一般格式。

光禄少卿、知军州事兼劝农使　钱暄

郑庆寰对这件帖文的考释指出，因需从州军资库中支取官钱给予成寻等，故负责相关事务的司户参军及录事参军列名签署。[①] 这说明，根据帖文涉及事务的性质不同，末尾签署的具体官员也相应发生变化，这也提示我们应进一步关注州府内部公文运作的复杂情况。

通过对前文的考释，我们得以了解北宋地方公文帖在文书形态上的丰富面貌。概言之，文书抬头中除了发文机构，绝大多数仍保存收文机构，文末签署体式根据发帖机构的层级高低以及事务性质不同亦有繁简之别。

（二）南宋《庆元条法事类》中的帖式

《庆元条法事类》卷一六收录了一份"帖式"，从行政法规层面规范了公文帖的书写格式，是目前所见仅有的一件宋代公文帖式，也常被研究帖文的学者引用。[②] 其文如下：

某司

某事云云。

右帖某处云云。如前列数事，则云"右件云云"。年月　　日帖

具官姓　书字

州下属县不行符者，皆用此式。余上司于所辖应行者准此。

这件帖式制定的具体时间难以考订，但其样式明显与前引北宋帖文不完全一致。仔细比对，可以发现若干值得注意的细部特征。首先，"帖式"抬头仅保留发文机构，而在正文之后以"右帖某处"的形式标注收文机构，避免了大部分北宋帖文在抬头与正文结束后均书写收文机构的重复之举，简化了文书形制。其次，"右帖某处云云"，末尾"年月　日帖"，这与北宋时期帖文的书写程序是一致的。此外，值得注意的是，"具官姓　书字"的签署方式与北宋的帖文格式也不同。不同之处在于"具官"系衔的具体书写方式，《庆元条法事类》同卷"符式"中"具官"下特别注明"止书差遣，帖式准此"，可见"帖式"试图简化北宋时期帖文列出官员完整系衔的签署方式。另外，"帖式"签署特别强调"书字"（应即押字），作用应是更进一步明确文书责任人，加强公文的权威性与真实性，这与前引太原府下发给昭化禅院的帖文所反映的签署方式是一致的。[③]

这件帖式的种种细部特征，保留了北宋帖文书写的部分格式，是对既有公文体式的认定；同时，这种特征也体现了朝廷推动公文书写程序走向简化、规范化的探求。但根据南宋后期的一些石刻材料，帖文的实际书写程序仅在局部遵循了"帖式"，文书简化与规范化的进程似乎十分

① 郑庆寰：《体制内外：宋代幕职官形成述论》，中国人民大学2013年博士学位论文，第151页。
② 谢深甫等编：《庆元条法事类》卷16《文书门一》，戴建国点校，哈尔滨：黑龙江人民出版社，第349—350页。
③ 通常情况下，刻石者将文书转录上石，或石刻文献过录原石文字时，押字的情况并不能完全如实反映。多数石刻略去押字原形，或代书一"押"字。关于押字的讨论，详见虞云国《宋元押字摭谈》，《中国典籍与文化》2008年第3期，第92—95页。

漫长而曲折。仅以《江苏省通志稿》收录的《朝旨蠲免天庆观道正司科敷度牒省札部符使帖》为例，[①]这件“组合式”的公文内含南宋理宗端平元年(1234)平江府军府及通判厅分别发给天庆观(即玄妙观)道正司的两道帖文。根据拓片及录文，将帖文的抬头及签署部分节录如下：

1. 军府

(正文略)

右给帖天庆观道正司，仰照会。

端平元年五月(按：原碑此处有“平江府印”)日帖

儒林郎、平江府观察推官万 差出

承直郎、平江军节度推官叶 

承议郎、佥书平江军节度判官厅公事赵 

朝散郎、特添差通判平江军府事赵 

朝散大夫、通判平江军府事张 

中大夫、秘阁修撰、两浙西路提点刑狱事兼知平江府赵 

2. 通判军府事

(正文略)

右今帖天庆观道正司

端平元年六月(按：原碑此处有官印，但字迹模糊)日帖

使

东厅判府张郎中

从文书形态上看，两件帖文分别以军府和通判厅的名义发出，并保留了官印的痕迹，这使得我们对宋代州帖的行用主体以及文书样式有了更细致的认识。[②] 此外，两件帖文抬头只保留发文机构，收文机构移至正文之后，并以“右帖某某”的形式注明，符合《庆元条法事类》“帖式”的规定，但与之不同的是文末官员的签署方式。第一件帖虽然“具官姓　押字”俱全，但“具官”仍延续北宋帖文完整系衔的形式，并未“止书差遣”。第二件帖的签署依次书“使”和“东厅判府张郎中”，此为“使帖”文书特殊的签署形式，与常见的帖文形态有别。[③] 可见《庆元条法事类》中的“帖式”，在实际的政务运作中并未完全起到规范帖文书写程序的作用。

---

① 缪荃孙等纂：《(民国)江苏省通志稿》，《宋代石刻文献全编》第2册，第353—358页。北京大学图书馆藏此碑拓片，编号：24409、10347。原碑现存于苏州玄妙观(原名天庆观)大殿东侧，但笔者实地考察发现，碑身嵌入墙体，中段及边缘字迹已模糊，颇难辨认。

② 这一制度其来有自，唐代州帖即分为都督衙帖和诸曹帖两种类型。参见雷闻《唐代帖文的形态与运作》，邓小南等主编《文书·政令·信息沟通：以唐宋时期为主》，第65页。

③ 详见小林隆道《宋代使帖“文书”の样式と机能——苏州玄妙观〈天庆观尚书省札并部符使帖〉を事例に》，《史滴》第31号，2009年，第102—132页。

尽管朝廷试图规范帖文书写格式，但宋代帖文的实际书写形态，特别是签署环节，仍然保持繁复的面貌，这是地方官府的组织结构、官员身份与职责在文书行政上的落实，也是宋代地方行政的特色。[①] 不同层级的地方机构使用的帖文，由于内容不一，具体负责官吏不同，签署格式即不尽相同。当然，其中仍有一定规律可循，如帖文的签署环节往往根据发帖机构的层级高低呈现或繁或简的面貌，即发帖机构层级越低，官员签署越简单，层级越高，签署越完整，甚至还体现吏人的行政操作。这也提示研究者，对于文献中保存的公文格式固然要善加利用，以此作为考察文书形态的出发点，但对这类规范化的"公式"在研究中的价值应有足够的认识，还需要结合文书内容等材料考察相关政务的运作方式。

二、帖与宋代地方日常政务

石刻材料中的帖文，大多用于转发朝廷对地方寺院、僧人的赐额、赐号敕牒等命令。实际上，传世典籍和石刻文献的记载显示，帖的行用范围十分广泛。与唐代类似，"出帖"在宋代仍然是地方官府处理日常政务的主要手段。[②]

（一）帖的行用机制

从文书的适用场合、授受关系等方面来看，两宋时期帖的行用机制较为稳定。《金石苑》收录了一件题为"宋石堂院帖"的碑文，[③]内容涉及宋太宗太平兴国五、六年间（980—981）西川路绵州魏城县（今绵阳市东北魏城镇）石堂院的管理事务，包含了转运司、州、县下发的帖文。虽然这是一件北宋早期的石刻，但其丰富的内容集中揭示了帖在整个宋代地方日常政务处理中的行用特点，以此似可一窥全豹。

参照拓片和《金石苑》的录文，将全文转录如下：

1 西川路转运司帖石堂院

2 当司奉

3 敕，相度存留封閇寺院。今据绵州魏城县状申：石堂院

4 见管屋舍共一十间，功德佛像全，元住僧绍明等。据者

5 保雍珏等情〔愿〕保委，乞开启住持。如后

① 曹家齐研究《参天台五台山记》中所录熙宁年间杭州、台州的地方公文，指出州府行政具有"多位官员参与一项事务办理并依次签押文书"的特征。参见曹家齐《北宋熙宁间地方行政一瞥——以杭、台二州对日僧成寻之接待为中心的考察》，《江西社会科学》2010 年第 4 期，第 129—140 页，后收入氏著《宋代的交通与政治》，北京：中华书局，2017 年，第 323—347 页。

② 谭景玉的研究揭示县帖承担了处理诉讼、催税、均敷茶引、维护社会治安等多种功能，参见氏著《宋代乡村组织研究》，第 158—159 页。实际上，这些功能都是围绕地方日常政务展开的。

③ 刘喜海：《金石苑》，《宋代石刻文献全编》第 2 册，第 1053 页。该碑在清朝时位于绵州东六十里岷峨岭后高凉洞石堂院，北京大学图书馆藏此碑拓片，编号：A15177。

6 稍有奸幸，甘当连坐者。

7 右件院当司相度合与存留，事须帖僧绍明等。仰

8 仍旧开院住持，扫洒焚修，无致奸滥者。太平兴

9 国六年正月二十日 帖

10 □□□□□□□□□□□□□□□□□□□□□□□□□□

11 副使行右拾遗聂

12 □□□□□□□□□□□□

13 魏城县帖并记

14 准州帖：监准 转运衙牒：奉

15 敕，朝指所有管逐处封闭寺院，仰差专人下县，与逐

16 县令、尉相度村院据处侧近人户有无，及贰佰家堪住

17 存留，即责取地分耆保邻人情愿保委僧人住持，委

18 是公当，别无欺狂。具帐申报如后。

19 右具如前。其石堂院，县司同与专人相度，并得耆保

20 邻人情愿保委结罪文状管系，事须给帖。依准

21 上命指挥，归院住持，仍勤（勒）耆、保交割元封閇数目家

22 事讫，共状申报，切待管系。即归院后，不得逾滥违致

23 有所闻，罪归有处，同不容恕。 太平兴国五年十二

24 月十日

这件碑刻分为两部分：由第1—12行组成的第一部分，是太平兴国六年（981）西川转运司发出的帖文；由第13—24行组成的第二部分，是太平兴国五年（980）魏城县发出的帖文，其中又征引了绵州的帖文。下面据两件帖文发出日期先后，分别予以考释。

首先分析《魏城县帖》。录文第13行注明这件公文为魏城县下发的帖，其后或有“记”，但未见其文。第14行开头为“准州帖”，其后又言“监准（即“检准”之意）转运衙牒”，牒文中又称“奉敕朝指（旨）”行事（尚未见与此内容相关的诏敕全文存世），说明敕命由朝廷下发至转运司后，再由转运司以牒的形式将敕命下发至州，继而下县。根据州帖的引述，转运衙牒的内容，是根据朝廷敕旨，“仰差专人下县，与逐县令、尉相度”考察辖区内关闭的寺院，对于周围“人户”至两百户者，即予以保留，但须相应地区的“耆保”（耆长、保长）、“邻人”为住持该寺的僧人提供担保，并将相关情况“具帐申报”。

第19—24行是县帖的内容。在这件帖文下发之前，县司已经与专人一同调查了石堂院的事务，并得到了“耆保邻人情愿保委结罪文状”，该院得以存留，因而“事须给帖”。帖文指挥的主要内容，即令僧人“归院主持”，并吩咐耆、保与其交割原来封存的寺院财产，事毕后“供状申报”，

同时对僧人今后的行为提出告诫。从中我们也可推测，石堂院之前似已关闭，相关财产由基层组织保管。

再分析《西川路转运司帖》。① 第2—6行简要交代了该事件的本末。帖文中首先注明"相度存留寺院"之事为朝廷敕命所示，后引述魏城县申状的内容。申状中汇报了石堂院的房屋、佛像及僧人情况，并指出当地耆保雍珏等人作保，申请该院重新开启。这与魏城县帖中提到的"并得耆保邻人情愿保委结罪文状"并要求石堂院"仍勤（勒）耆保交割元封闭数目家事讫，共状申报，切待管系"的记载是对应的，说明石堂院收到县帖后，按要求将相关情况呈报县司，县司又以魏城县的名义上申状给西川转运司。所谓"切待管系"，是指石堂院开启与否必须得到转运司的批准。第7—8行是帖文的裁决内容。转运司同意"仍旧开院住持"，令其"扫洒焚修，无致奸滥"，并将帖文直接发给石堂院僧绍明等人，发文日期为太平兴国六年(981)正月二十日。据魏城县及西川转运司的发帖日期推算，石堂院"合与存留"之事，历经月余方告结束。第10—12行是转运司官员的签署，但此处文字阙损，仅存"副使、行右拾遗聂"。②

根据上文的考释，我们得以了解转运司、州、县官府"相度"石堂院存留事务的处理流程。在这一政务运作流程中，帖的行用相当灵活，州发文到县、转运司和县发文到石堂院，使用的都是帖，说明帖的使用范围并不受地方官府行政层级的严格制约。此外，魏城县司直接参与和负责勘验石堂院的存留情况，其下发的帖文，处理的事务最具体；而绵州帖仅转发朝廷和转运司的命令，转运司帖则决定批准开院。这些帖文的内容表明，不同层级机构使用的帖，涉及的政务性质有别，代表的权威不尽相同，直接体现了各机构在政务处理流程中实际承担的职能。

除宗教组织外，地方官府亦可行帖管理其他民间组织的人事安排。《名公书判清明集》收录了一件涉及地方建立曹公先生祠的公文，其中提到"建立曹公先生祠堂，及本县给帖，补曹先生侄光弼充游义斋谕，岁时奉祀事"③。又，朱熹知南康军时，曾撰《南康军请洞学堂长帖》④，其文如下：

> 谨按《国朝会要》，修复白鹿洞书院，已差补职事学生入洞管干讫。今按《江南野史》，本洞旧制，洞主之外，更有堂长名目。今睹学录杨日新年德老成，在洞供职，纪纲庶事，表率生徒，绩效可观，合行敦请，须至给帖者。

---

① 宋初平蜀战争结束后，宋在后蜀四十六州（包括绵州）的基础上设置西川路。开宝六年(973)又分峡路。太平兴国二年(977)二月，西川又分为东、西两路，各置转运使、副，即本帖标题中所谓"西川路转运司"。参见李昌宪《中国行政区划通史（宋西夏卷）》，上海：复旦大学出版社，2007年，第78—79页。

② 按《续资治通鉴长编》（以下简称《长编》）记载，太平兴国五年(980)七月时，西川路转运使为聂泳。同书又载，太平兴国七年(982)八月，四川地区有"转运副使、右补阙聂咏"，应与石刻中的"副使、行右拾遗聂"为同一人。参见《长编》卷21，太平兴国五年七月己酉，北京：中华书局，2004年，第477页；《长编》卷23，太平兴国七年八月戊寅，第526页。

③ 中国社会科学院历史研究所宋辽金元史研究室点校：《名公书判清明集》卷1《官吏门·奖拂》，北京：中华书局，1987年，第18页。

④ 朱熹：《晦庵先生朱文公别集》卷9，朱杰人等主编《朱子全书》第25册，上海：上海古籍出版社、合肥：安徽教育出版社，2002年，第4999页。

> 右给帖付贡士杨日新，准此充白鹿洞书院堂长职事。
>
> 淳熙七年九月日帖

斋谕及书院堂长，本是民间组织的负责人，但又在地方官府的管理之下。这类人员的任免，不必经朝廷的敕命指挥，地方官府行帖处理即可。

对于无需经朝廷敕令任命的基层军队长官，地方机构亦可直接出帖管理。北宋熙宁九年(1076)四月，茂州蕃部侵扰，知成都府、成都府·利州路都钤辖蔡延庆多方筹措应对。蔡延庆在四月末上奏称："臣累牒保、霸州领所部兵策应"而"霸州不来"。同年八月，成都府、利州路安抚司言："知霸州董永锡疾病，乞以牌印付长子孝忠，本司已依例给帖，令权管勾。"[①]霸州是成都府路威州所领羁縻州之一，安抚司对其官员的任免具有权宜处分的权力，故"给帖"令董孝忠权管勾霸州事务。

又据《长编》记载，宋哲宗元祐七年(1092)八月朝廷下诏：

> 河东、陕西弓箭手，自今应排转、承袭、承替、补职付身文字，除十将以下从经略司一面给帖外，余悉令兵部勘当，上枢密院。都虞候以上降宣，指挥使以下降朝旨，令经略司给牒。[②]

这条诏令涉及"弓箭手"组织内部的迁补等事务，"十将"以下，经略司可自行给帖处置；其他层级者则须经兵部"勘当"，再由枢密院定夺。

通常认为，帖是一种下行公文，在具有"统摄关系"的机构间行用。经过上文的讨论，我们可进一步补充完善此认识：宋代地方官府行帖指挥公事，并不严格受统属关系的制约。也就是说，帖文"自上而下"运行的方式相当灵活，既可在地方行政层级中逐级下达，也可越级发送，甚至传达到民间组织和个人。

（二）帖与文书勾追

一般而言，地方官府的文书行政有按部就班的处理程序。据李元弼《作邑自箴》记载，县收到"上司帖、牒，逐司置一牌，长尺许，前刻曰'某司帖牒'，后贴纸一幅，逐一自书，了即勾押，当挂目前"[③]。下级官府对上司帖、牒的处理，采取自"置牌"分类到"了即勾押"的程序化操作方式，但这种规范有序的文书作业并不能等同于文书行政的有效运行。下级在执行政务的过程中，难免发生响应不及时、拖延迟滞的情况。因此，上级官府往往需要反复督责催促。

---

① 《长编》卷277，熙宁九年八月甲午，第6776页。

② 《长编》卷476，元祐七年八月己巳，第11346—11347页。引文与点校本句读略有不同。

③ 李元弼：《作邑自箴》卷2，《宋代官箴书五种》，张亦冰点校，北京：中华书局，2019年，第14页。

邓小南指出，在宋代地方行政中，以行移文书等方式进行勾集追呼是一项主要的督催手段。[①] 前引敕牒碑刻的文书内容即显示，宋代地方官府在出帖转发上级公文时，除了誊录原文，往往会附加催办督促相关事务的批示。另外，从文献记载可见，地方官府督办下级事务的"文书勾追"，行帖是一种常见的手段。南宋赵升《朝野类要》载，官府行移中有"官帖子"，主要用于"上司寻常追呼下司吏属，只以片纸书所呼叫因依，差走吏勾集"[②]，正是利用帖便于行用的特征。[③]

司马光《涑水记闻》记载：

> （种世衡）尝知武功县，用刑严峻，……人亦服其威信，或有追呼，不使人执帖下乡村，但以片纸榜县门，云："追某人，期某日诣县庭。"其亲识见之，惊惧走告之，皆如期而至。[④]

司马光记载此事，恐怕是为了凸出种世衡特有的施政风格及吏干手段，而我们注意到，官府派人"执帖下乡村"，应是地方行政中常见的"追呼"方式。北宋熙宁年间施行保甲法后，曾罢耆长、壮丁，以耆、壮钱招募承帖人，其职责是"主承受本保文字"[⑤]。承帖人除了承接、传递包括帖在内的诸多地方文书以外，还具有勾追的职责。如宋神宗元丰六年(1083)，河北提举保甲司曾上奏："乞应合系本县于本都保追呼公事，止责承帖人计会追呼，毋令亲身勾当及管解赴县。"[⑥]对于一些勾追刑讼案犯的帖文，为保密起见，官府会将帖文等相关文书纳入匣中，作专案处理。《名公书判清明集》所载判词中，即有"断讫，并入匣，帖通城县追黄汉龙赴司，拆案勘断"，"匣帖弋阳，追上方千七勘问"等记载。[⑦]

行帖勾追，代表的是上级施加催督的重重压力，在这种情况下，下级官府催逼百姓交纳赋税或者调查刑狱案件，往往只得以强制的方式粗暴执行。《长编》记载，至道三年(997)李应机知咸平县时，开封府尹赵恒（即宋真宗）"遣散从以帖下县，有所追捕，散从恃王势，欢呼于县庭"。对于有恃无恐的散从，李应机怒曰："汝所事者王也，我所事者王之父也，父之人可以笞子之人，汝乃敢如此！"并杖之二十。[⑧] 此处开封府下发给咸平县的帖，即用于"追捕"之类的勾追事务。这类事务给地方带来的侵扰，恐怕不仅是"散从恃王势"造成的特殊情况，也是宋代地方行政中长期存在的弊病。

《国朝二百家名贤文萃》收录了《择守令》一文，其中下篇概括了州县蛮横操作"赋敛征役"的

---

① 邓小南：《南宋地方行政中的文书勾追——从"匣"谈起》，《张广达先生八十华诞祝寿论文集》，台北：新文丰出版股份有限公司，2010年，第469—502页，后收入氏著《宋代历史探求——邓小南自选集》，北京：首都师范大学出版社，2015年，第308—339页。

② 赵升编：《朝野类要》卷4，王瑞来点校，北京：中华书局，2007年，第85页。

③ 这类用于勾追事务的帖文，其行用机制与前文由石刻材料观察到的特点应是一致的。但其具体面貌如何，尚无实物资料为证。目前只能通过文献记载，论述这类帖文在文书勾追中的作用。

④ 司马光：《涑水记闻》卷9，邓广铭、张希清点校，北京：中华书局，1989年，第170页。

⑤ 《长编》卷263，熙宁八年闰四月乙巳，第6436页。

⑥ 《长编》卷332，元丰六年正月乙未，第8001页。

⑦ 中国社会科学院历史研究所宋辽金元史研究室点校：《名公书判清明集》卷7《双立母命之子与同宗之子・提举判》，第223页；卷14《禁约贩生口》，第550页。

⑧ 《长编》卷41，至道三年四月甲辰，第864页。

情景：

郡守、县令不贤，则一尺之赋，倍取犹不已；十钱之敛，百钱犹不足；一人之役，五人犹不充，此所以咨嗟而怨生也。当时，郡县吏操符帖下村，要（腰）带刀，手执棒，张气使酒，往来闾里中，咄辱老人，呵禁妇女。①

这段文字勾勒出州县赋役催征时强取豪夺、吏人张扬跋扈的形象。“郡县吏操符帖下村”，说明州县官府以符帖公文差遣吏人督办此类事务，而吏人行为不端，即会滋扰乡里。正如陆游《夜闻蟋蟀》诗云：“布谷布谷解劝耕，蟋蟀蟋蟀能促织。州符县帖无已时，劝耕促织知何益？”②

实际上，不少基层官员清醒地认识到行帖勾追给民间带来的侵扰，不过，也只能以调整勾追方式来试图纠正这类行政弊端。《作邑自箴》收录了一则知县约束耆长、壮丁的榜文，其中即规定“受县帖勾人，凡两名已上，须约定日时同共出头，即不得先后勾追”③。同书又载，县司在“夏秋税起催”前须出一《知县事榜》，其中特别强调：

税物终须要纳，若候官中勾追，已是过时，猝难办集，转见费力。县司今来除给帖付户长外，更不别差人下乡催促，恐生搔扰。④

在催缴赋税的压力下，这类局部的改进恐怕终究于事无补。朱熹知潭州时，曾撰《约束榜》，对于追索事务也有明确的应对和措置，其文云：

词状、帖、牒下外诸县者，索案除程一日，追人除程两日。五人以上，去县百里以上者，除程三日。案官凿定日限，案吏朱批某月某日限满。申展者，都厅先次类聚呈押。一日者不展，两日者许一展，三日者许再展。再展而不到者，都厅指定帖某，巡、尉差人追呼，呈押行下。⑤

榜文中对不同性质的政务规定了办理时限，甚至对宽限日期也有明确规定。万不得已之时，仍得出帖派专人亲自督办。

基层官员行文书勾追公事、催驱百姓，而与此同时，他们自身也是上级“勾追”的对象，承担层层下压的追讨任务。胡太初《昼帘绪论·催科篇》记载：

今之作县者，莫不以催科为先务，而其弊有不胜言者。最是乡胥走弄，簿籍漫漶。不惟驱督不登，县受郡之责；抑亦逼抑过甚，民受官之害。⑥

---

① 《新刊国朝二百家名贤文粹》卷32，《续修四库全书》第1652册，影印国图藏宋庆元三年书隐斋刻本，上海：上海古籍出版社，2002年，第583页。
② 陆游著，钱仲联校注：《剑南诗稿校注》卷21，上海：上海古籍出版社，1985年，第1621页。
③ 李元弼：《作邑自箴》卷7，第44页。
④ 李元弼：《作邑自箴》卷8，第50页。
⑤ 朱熹：《晦庵先生朱文公文集》卷100，第4630页。
⑥ 胡太初：《昼帘绪论·催科篇》，《宋代官箴书五种》，闫建飞点校，北京：中华书局，2019年，第181页。

行移督责，对身处上下之间的基层官员而言，无疑苦不堪言。刘克庄在《祁阳县》诗中生动地描绘了这种心态：

入境少人烟，寒江碧际天。小留因买石，久立待呼船。
笛起渔汀上，鸥飞县郭前。若无州帖至，令尹即神仙。[①]

可以想见，由帖承载的文书勾追，长期成为地方官员难以摆脱的行政压力。

总体而言，行帖是宋代地方官府下达政令的重要手段，用于处理日常行政中繁简不一、急缓各异的种种细务。行用范围广、运行便捷的帖文，虽然适于及时处理诸多事务，但就其承担的文书勾追的实施效果而言，政务运作的实态显然不是一纸帖文所能完全反映的。

结　语

归纳全文讨论，一方面，宋代帖文的书写、制作及相关政务处理的方式，体现了文书行政的发达，不可否认具有理性行政的色彩。帖的文书形态承载了宋代官僚制度的特色，具有灵活便利的特征，在地方行政，特别是日常政务中展现了极大的适应性，这也说明等级明确的行政体制内部依然存在强大的韧性；但另一方面，行帖勾追所代表的督责手段未能对既有行政体制"执行难"的弊病带来实质性改变，甚至逐渐沦为新的"文具"。主事者除了调整督责方式或不断发明新的督责手段，似乎别无良方。[②] 在集权体制的笼罩下，地方行政运作中渗透着"尊奉"与"惟上"的气息，在上级行政压力的逼迫下，本该起到督责事务办理、提高政务运作效率作用的"文书勾追"，不仅难以有效起到催驱督办的作用，反而使地方行政的困局进一步恶化。

另外，结合既有研究和本文论述，我们观察到，唐宋时期的帖文在形态和行用等诸多方面都极具延续性。以文书行政为切入口，突破王朝断代的限制，从较长时段探讨中国古代日常政务的运作方式，应是一种新的研究可能性。

（本文原发表于《文史》2019 年第 2 辑。此次修订，纠正了原来行文中的舛误，部分文献的版本采用了较新较好的整理成果，另补充了数则史料，并据此调整了相关表述，全文基本观点并未改动。又，根据论文集要求，调整了注释体例。）

作者简介：

刘江，北京大学历史学学士、博士，美国哈佛大学东亚语言文明系访问学人（联合培养），中

① 刘克庄：《后村先生大全集》卷 5，《四部丛刊初编》影旧钞本，叶 14b。
② 邓小南：《南宋地方行政中的文书勾追——从"匣"谈起》"余语"，氏著《宋代历史探求——邓小南自选集》，第 337—339 页。

国宋史研究会会员。现任上海师范大学历史系副教授、硕士生导师，兼任历史系副系主任。主要从事宋代政治制度史、数字人文研究。完成或参与国家社科基金青年项目等省部级及以上项目数项，在《北京大学学报》《文史》《中华文史论丛》《档案学研究》等刊物发表学术论文多篇，出版《〈资治通鉴〉精读》、《历史学的使命》（译著）。

僧人"慧觉"考略
——兼谈西夏的华严信仰

崔红芬

摘　要： 本文主要依据《故释源宗主宗密圆融大师塔铭》和遗存佛经题记对僧人慧觉的佛事活动进行考证，认为塔铭所记慧觉与佛经题记中提到的一行沙门慧觉应是同一僧人，是位显密兼通的高僧，主要活动在蒙元时期。慧觉最初在贺兰山慈恩寺出家，修行密法，后到洛阳白马寺从龙川大师研习华严义理，深得龙川大师赏识。世祖时他协助龙川重修白马寺，随龙川去大都校经，被授以"宗密圆融大师"之号。慧觉还出任河南僧录和白马寺第三任释源宗主，多次前往河西地区弘扬佛法，为西北与中原佛教文化交流起了积极的促进作用。

关键词： 慧觉　密乘　西夏　华严信仰

西夏偏隅西北，佛教却十分繁盛。可随着政权的消亡，大量文献佚失，使我们对西夏僧人及其遗民的佛事活动知之不多。本文利用几通碑铭材料和遗存佛经题记，对僧人慧觉及其弘法活动进行了初步探讨，并对西夏时期的华严信仰略作考证。

一

河南洛阳白马寺出土了一通由沙门法洪撰文的《故释源宗主宗密圆融大师塔铭》[①]（以下简称《塔铭》），塔铭高73厘米，宽77厘米，共26行，满行26字，其内容记述了慧觉在蒙元时期的主要佛事活动。《塔铭》录文如下：

故释源宗主宗密圆融大师塔铭　　沙门　法洪撰

公讳慧觉杨氏姑藏人父仕西夏为显官夏[②]亡易服为苾刍隐居求

① 《故释源宗主宗密圆融大师塔铭》，洛阳市地方史志编纂委员会编《洛阳市志》卷15《白马寺·龙门石窟志》，郑州：中州古籍出版社，1996年，第100—102页。

② 《洛阳市志》本作"忧"。

道物论美之公幼读书聪颖不群少长志慕佛乘遂祝发为僧时西
北之俗笃信密乘公服膺既久深得其道乃肥遁嵒薮励精禅想既
而曰密乘固修心之要非博通经论不足以究万法之源穷佛道之
奥闻先宗主赠司空护法大师传一乘圆极之说风偃秦洛负笈从
之有针水之契护法尝顾公以语人曰此子吾门梁栋也探赜[①]索隐
凡六七载而于法性圆融之旨焕焉若临秦镜而睹肝膈无复余蕴
矣护法以其克荷重寄付以赤伽梨衣逮将辞归护法曰此寺佛法
滥觞之源今草昧之初惟才是用吾徒虽众干蛊者寡方托而以腹
心之寄手足之助何遽舍吾而归耶公以托付之重竭股肱之力朝
夕左右虽勤而不以为劳也故宗社之兴公有劳焉
世祖皇帝诏海内德望校经于燕公从护法以见赐宗密圆融大师之
号会　永昌王遣使延公启讲于凉公之道大振于故里创寿光觉
海二寺护法殁公不远数千里赴葬尽心丧之礼有
旨授公河南僧录公以祖刹虚席非负天下重[②]望者不可尸之荐故
真觉大师于　　　朝　　　　　诏以为释源宗主真觉殁公亦西
归群雄乖兢释源鼎沸　　　　　诏以公为宗主错枉举直因能任
事逾期而百废具修寺以大治寻以
太后诏驰驲适凉修佛事为　　　国延厘[③]公有家僮四十余人至是
悉良之以皇庆二年五月甲寅卒于白马寺垂终之夕以田四十余
亩为寺恒产又以钞五千余缗付寺僧使岁计其赢于岁首阅大藏
以福幽显荼[④]毗获五色舍利　　诏乘驿送归姑藏又分遗骨闷于
此铭曰 学究方等兮道贯圆融殊途交骋兮独蹈[⑤]厥中生不累有
兮死不沉空叶落归根兮体露金风铭贞石兮閟幽宫惟德音兮昭
无穷　　延祐元年三月　日门人 惠瑄 洪琼等建　周新刊

从《塔铭》内容判断，慧觉为西夏遗民，生活在西夏晚期到元皇庆年间，[⑥]受其父出家的影响，他很小就志慕佛乘，大约在蒙古汗国时出家为僧，起初在西夏故地修行密乘，后慕护法大师之名来到洛阳研习法性圆融之旨，他的活动范围涉及西北、洛阳和大都等地。

---

① 《洛阳市志》本作“颐”。

② 《洛阳市志》本作“众”。

③ 《洛阳市志》本作“禧”。

④ 《洛阳市志》本作“茶”。

⑤ 《洛阳市志》本作“蹈”。

⑥ 《塔铭》只记慧觉圆寂时间即皇庆二年五月，而没有他卒时的岁数，很难推断他的生年。但根据他父亲在夏亡出家为僧的内容判断，慧觉或生于西夏晚期，或是作为遗腹子，生于西夏亡后不久。

慧觉的佛事活动与《塔铭》中提到的白马寺释源宗主[①]龙川大师行育有密切关系，作为龙川的弟子，很多佛事活动是慧觉协助龙川进行的。白马寺西侧发现的《宣授扶宗弘教大师释源宗主江淮诸路都总摄鸿胪卿赠司空护法大师龙川和尚舍利塔志》（以下简称《龙川和尚舍利塔志》）[②]和嵌于白马寺毗卢阁内后壁西部的《故释源开山宗主赠司空护法大师龙川大和尚遗嘱记》（以下简称《龙川和尚遗嘱记》）[③]对龙川大师生平事迹皆有记载。龙川和尚（？—1293）为释源第一任宗主，讳行育，姓纳合氏，也称行吉祥，[④]女真人，为金朝遗僧，得度于宝应秀，受业于永安柔，[⑤]有"宣授扶宗弘教大师释源宗主、江淮诸路都总摄、鸿胪卿赠司空护法大师"的封号。

因"辩謇缁黄"，龙川受到八思巴和元世祖忽必烈的赏识，赐赤僧伽梨，加"扶宗弘教大师"之号。及至南宋归降元朝，又诏令龙川总摄江淮诸路僧事。"辩謇缁黄"指龙川参加"佛道论战"一事。为了解决佛、道两家的矛盾，蒙古统治者先后在宪宗五年（1255）和八年（1258）两次主持佛道辩论。[⑥] 第一次由蒙哥亲自主持，第二次由忽必烈主持。龙川参加的是第二次论战，宪宗八年，藏地、中原、河西和大理等高僧聚集开平共同参加辩论大会，以《老子化胡经》的真伪为辩论中心，结果道教再次论败。在论战中，龙川表现出色，受到朝廷重视，并因"传一乘圆极之说，风偃秦洛"。

龙川参与佛道论战和在陇右一带弘讲佛法的事迹在《扶宗弘教大师奉诏修白马寺纪实》碑文所刻元人商挺撰写的诗文中也有体现。这首赞颂龙川的诗文是："龙川大士僧中雄，名响夙昔闻天聪。诏命殿上坐持论，慈音诵出琉璃筒。众流截断具真见，有敌不敢当机锋。帝师欢喜上奏请，赐号弘教扶其宗。沙门迩来亦官府，不肯涂抹欺愚蒙。三年演法向陇右，疆梗相化为温恭。"[⑦]

龙川的名望不仅风偃秦洛，还远传到西夏故地。此时在西北修习的慧觉有感于"密乘固修

---

① 洛阳白马寺，被称为"中国第一古刹"，是中国汉地的第一座佛寺，至迟在元代，洛阳白马寺就有"释源""祖庭"之称了。白马寺寺主称"释源宗主"，区别于禅宗寺院的住持。

② 《龙川和尚舍利塔志》，洛阳市地方史志编纂委员会编《洛阳市志》卷15《白马寺・龙门石窟志》，第99—100页。

③ 《龙川和尚遗嘱记》，洛阳市地方史志编纂委员会编《洛阳市志》卷15《白马寺・龙门石窟志》，第68—69页；北京图书馆金石组：《北京图书馆藏中国历代石刻拓本汇编》，郑州：中州古籍出版社，1997年，第189页。

④ 《全元文》卷157《磁州嘉福寺贤公讲主碑》载："至元二年，（道贤）同僧统洎诸名公入内殿祝圣寿。九年，圣旨集诸路僧受戒，僧受荐公召入万寿殿赞颂，称旨，蒙赐法衣一袭，受戒于国师，加号吉祥。"僧人加"吉祥"号与当时藏传佛教的流行有密切关系，也表明其地位较高。有学者认为，加"吉祥"号的僧人是由名字的后一个字加"吉祥"而成，其实不尽然。《至元法宝勘同总录》序文中，释克己列举了奉诏旨编修、执笔、校勘、译语、证义诸师名衔，其中排在第十六位奉诏证义的"宣授江淮释教总摄、扶宗弘教大师释行吉祥"即指"行育"，也就是龙川大师。

⑤ 指善柔，传承华严的僧人。释明河《续补高僧传》卷4载："善柔，董氏，德兴之永兴人，七岁事永安广行大师，默诵《金刚》《楞严》诸经，二十入华严圆顿法门，领广严传戒大师戒法。……宪宗闻其名，赐号'弘教通理大师'，命主清凉大会于台山。释教都总统宝集坛主秀公，慕其德聘，摄华严讲席于京师……晚年住持奉圣州法云兰若，遂终焉，寿七十有二，僧腊三十有八，塔于寺之旁。"（见《卍续藏》第134册，第93页）

⑥ 一说佛道辩论为三次，即宪宗五年、六年和八年，第二次因道教未派人参加没能如期举行。

⑦ 《扶宗弘教大师奉诏修白马寺纪实》，洛阳市地方史志编纂委员会编《洛阳市志》卷15《白马寺・龙门石窟志》，第67页。

心之要，非博通经论，不足以究万法之源，穷佛道之奥”，于是慕龙川美名，从西北来到洛阳师龙川研习华严“法性圆融之旨”，时间大概在宪宗八年以后。慧觉师徒非常投缘，“负笈从之，有针水之契”。经过六七年的学习和思考，慧觉对华严理解已达到“于法性圆融之旨焕焉，若临秦镜而睹肝膈，无复余蕴”的境界。为此，慧觉深得龙川的器重，护法“以其克荷重寄，伏以赤伽梨衣”，并“托而以腹心之寄，手足之助”。及至慧觉准备辞归西北故里时，得到大师诚恳挽留，最终慧觉留在大师身边，协助龙川进行佛事活动。慧觉主要有以下佛事活动。

第一，协助龙川重修白马寺

重修遭战争严重损毁的释源白马寺是龙川晚年主要活动之一。由于历代兵燹战乱，风蚀雨剥，白马寺几经沧桑，到金大定十五年(1175)，“寺与浮图俱废，唯留余址，鞠为瓦子堆、茂草场者，今五十载矣”[①]。《大元重修释源大白马寺赐田功德之碑》(以下简称《赐田功德碑》)记载：“至元七年(1270)，帝师、大宝法王帕克巴，集郡国教释诸僧，登坛演法。从容询于众曰：‘佛法至中国始于何时？首居何刹？’扶宗弘教大师龙川讲主行育，时在众中，乃引永平之事以对，且以营建为请。会白马寺僧行政言，与行育叶。帝师嘉纳，闻于世祖圣德神功文武皇帝特敕行育，综领修寺之役。经度之始，无所取财，遍访檀施于诸方，洊更岁龠而未睹成效。帝师闻之，申命大师丹巴[②]董其事。丹巴请假护国仁王寺田租，以供土木之费，诏允其请。裕宗文惠明孝皇帝，时在东宫，亦出帛币为助。于是工役始大作。为殿九楹，法堂五楹；前三其门，傍翼以阁；云房精舍，斋庖库厩，以次完具。位置尊严，绘塑精妙。盖与都城万安、兴教、仁王三大刹比绩焉。始终阅二纪之久，缘甫集而行育卒。诏赠司空、鸿胪卿，谥护法大师。”[③]《龙川和尚舍利塔志》也载：“帝师拔思八甚器重之，一时贤贵，……帝师以释源荒废岁久，遂奏，请命师兴葺。仍假怀、孟六县官田之租，以供度支。大刹落成，师遽顺化。”

龙川负责修建白马寺虽“始终阅二纪之久”，但他圆寂时白马寺并未彻底修缮完毕，《龙川和尚遗嘱记》和《赐田功德碑》皆有记载。《龙川和尚遗嘱记》记述了龙川去维扬总摄江淮诸路僧事之际，对弟子的嘱托及其身后继续修建白马寺的情况，内容为：“先师维扬之行也，预知世缘之将尽，乃召门弟子海珍等，大书遗嘱。悉以平昔衣盂之分，黄金一百两、白银一十五定，俾充释源造像之资，并以近寺西北陆田二百亩岁收所产，充本寺长供。自余圣像、经籍、法衣、器用付之常住，传流护持。……元贞二年(1296)，统巴上士，奏奉圣旨，遣成大使，弛驿届寺。塑大殿者五，及三门四天王，计所费中统钞二百定。大德三年(1299)，召本府马君祥等庄绘，又费三百五十定。其精巧臻极，咸曰希有。”《赐田功德碑》载：“圣上大德改元之四年(1300)冬十月，释源大白

① 《大金重修洛阳东白马寺塔记》，洛阳市地方史志编纂委员会编《洛阳市志》卷15《白马寺·龙门石窟志》，第66页。

② 丹巴，名功嘉葛剌思，西番突甘斯旦麻人。又称统巴、胆巴、檐八、瞻巴金刚等，大德七年卒，世寿七十有四，僧腊六十二。

③ 《大元重修释源大白马寺赐田功德之碑》，洛阳市地方史志编纂委员会编《洛阳市志》卷15《白马寺·龙门石窟志》，第70页。

马寺告成。诏以护国仁王寺水陆田在怀、孟六县者千六百顷，充此恒产，永为皇家子孙祈福之地。”[①]可见，直到大德四年白马寺才彻底竣工，成为元代皇家寺院。

白马寺重建耗时颇长，龙川为此更是殚精竭虑，尤其在寺院修建初期，资金缺乏，无所取财，龙川遍访檀施于诸方。经大师努力，在帝师八思巴、丹巴和皇室等的大力支持下才得以解决。及至龙川行维扬之时，仍操心祖庭的发展，对弟子说：“人各勉旃，同荷祖刹。”慧觉侍从龙川大师左右，白马寺的修建自然凝聚着慧觉的辛劳。故《塔铭》载：“公（慧觉）以托付之重，竭股肱之力，朝夕左右，虽勤而不以为劳也，故宗社之兴，公有劳焉。”

第二，随龙川去大都校勘佛经

《塔铭》虽未提及校勘佛经为何，但应与龙川生前元世祖组织校译和刊印佛经有密切关系。史载，元世祖时主要有以下翻译和校经活动：其一，至元二十二至二十六年间（1285—1289）世祖第二次校补《金藏》；[②]其二，至元二十二至二十四年（1285—1287）编订《至元法宝勘同总录》；其三，至元十四年至二十七年（1277—1290）雕印《普宁藏》；其四，至元三十年（1293）左右组织雕印河西字《大藏经》。而与龙川有关的是编订《至元法宝勘同总录》和筹备《普宁藏》雕印。

《普宁藏》作为一部私刻版大藏经，是由时任浙西道杭州等路白云宗僧录道安两度奔走朝廷，蒙江淮诸路释教都总摄准给文凭，并转呈丹巴引觐，得到皇帝恩准，才开始雕印的。《普宁藏》臣字《大方广佛华严经入不思议解脱境界普贤行愿品》卷尾题记和《湖州妙严寺记》载：“……又蒙江淮诸路释教都总摄所护念，准给文凭，及转呈檐八上师引觐。皇帝颁降圣旨，护持宗门作成胜事。……以此鸿因，端为祝延皇帝圣寿万安，皇后同年，太子、诸王千秋，文武官僚升迁禄位，仍赞大元帝师、大元国师、檐八上师、江淮诸路释教都总摄扶宗弘教大师、江淮诸路释教都总统永福大师，大阐宗乘，同增福算。更冀时和岁稔，物阜民康，四恩三有尽沾恩，一切有情登彼岸。宣授浙西道杭州等路白云宗僧录南山普宁寺住持传三乘教九世孙慧照大师沙门道安谨愿。时至元十六年（1279）己卯十二月吉日拜书。”[③]雕印《普宁藏》虽得到龙川、丹巴和杨琏真伽等大师鼎力相助，但皇帝已降旨由白云宗完成此事，不可能再得到皇帝诏海内大德为此大规模组织校勘经文的待遇。

《塔铭》所载“世祖皇帝诏海内德望，校经于燕”的活动属于官方行为，结合龙川圆寂时间，我认为“校经于燕”指参加编订《至元法宝勘同总录》。

至元年间，元世祖“见西僧经教与汉僧经教，音韵不同，疑其有异，命两土名德对辩，一一无

---

① 《大元重修释源大白马寺赐田功德之碑》，洛阳市地方史志编纂委员会编《洛阳市志》卷15《白马寺 · 龙门石窟志》，第69页。

② 学界对此有不同观点，有学者认为，此次补雕佛经是“弘法藏”，指《佛祖历代通载》卷22中提到的“弘法寺藏经板历年久远，命诸山师德校正讹谬，鼎新严饰补足，以传无穷”一事。

③ 李富华、何梅：《汉文佛教大藏经研究》，北京：宗教文化出版社，2003年，第318页。

差。帝曰：'积年疑滞，今日决开。'"[1]元世祖与帝师八思巴虽对校勘经文、编订目录一事早有筹划，但具体实施却在帝师圆寂之后。至元二十二年(1285)世祖皇帝才诏集汉、藏大德高僧等，于大都兴教寺分类、编录自东汉永平十一年(68)至元朝至元二十二年一千余年所译佛典，三年而成，这就是重要的《至元法宝勘同总录》。释克己序文载："惟我世祖薛禅皇帝，智极万善，道冠百王。皎慧日以镜空，扇慈风而被物。特旨宣谕臣佐，大集帝师、总统、名行师德，命三藏义学沙门庆吉祥，以蕃汉本参对，楷定大藏圣教，名之曰《至元法宝勘同总录》。"[2]卷一序文也载："惟我大元世主，宪天述道，仁文义武大光孝皇帝……搜遗访阙，有教必申。念藏典流通之久，蕃汉传译之殊，特降纶言，洊令对辩。谕释教总统合台萨里，召西蕃板底答、帝师拔合思八高弟叶琏国师、湛阳宜思、西天扮底答尾麻啰室利、汉土义学亢理二讲主庆吉祥，及畏兀儿斋牙答思、翰林院承旨旦压岁、安藏等，集于大都，二十二年乙酉春至二十四年丁亥夏，大兴教寺，各秉方言，精加辩质，自至元顶踵三龄，诠雠乃毕。……然晋宋之弘兴，汉唐之恢阐，未有盛于此也。……复诏讲师科题总目，号列群函，标次藏乘，互明时代，文咏五录[3]，译综多家。"[4]召集如此之多学识渊博的汉、藏、回鹘等高僧大德参与编订佛经目录，规模之盛大，工作之细致，足见朝廷对此事的重视。

慧觉精通显、密二教，在佛学方面已颇有造诣，应诏随同龙川赴大都一同参与《至元法宝勘同总录》的校勘工作，因其佛学知识广博，表现突出，被赐予"宗密圆融大师"之号。

第三，三次回西夏故地讲经弘法

其一，在校勘佛经结束以后，逢永昌王遣使延请慧觉去凉州弘传佛法、讲释经文。在至元二十四年(1287)以后，慧觉来到凉州，开始了在西北地区讲经弘法的活动，这大概是慧觉师龙川学习华严之后第一次返回故乡。《元史·地理志》载："永昌路，下。唐凉州，宋初为西凉府，景德中陷入西夏。元初仍为西凉府，至元十五年，以永昌王宫殿所在，立永昌路，降西凉府为州隶焉。"[5]看来，永昌王宫殿所在地是指位于今甘肃武威市北郊的永昌镇附近，这也符合《塔铭》所载"会永昌王遣使延公，启讲于凉"的情况。

《塔铭》提到的永昌王指阔端子只必帖木儿。众所周知，太宗窝阔台在位时，将凉州分封给第三子阔端，1247年，阔端与萨迦派四祖萨班在凉州举行了著名的"凉州会谈"，和平解决了西藏的归属问题。凉州本是河西佛教发展中心之一，自阔端统辖凉州以后，他们与佛教的关系更加密切。阔端死后，王位和包括凉州在内的主要封地由第三子只必帖木儿继承。在中统初年忽必烈和阿里不哥争位期间，只必帖木儿因支持忽必烈而赢得信任。为了顺应世祖皇帝弘扬佛教

---

① 《佛祖历代通载》卷22引《弘教集》，《大正藏》卷49，第2036号，第724页。
② 《至元法宝勘同总录》第2册，释克己序，第179页。
③ 指唐《开元释教录》《大唐贞元续开元释教录》，宋《大中祥符法宝录》《景祐新修法宝录》，以及元《弘法入藏录》。
④ 《至元法宝勘同总录》第2册，卷1，第180页。
⑤ 《元史》卷60《地理志》，北京：中华书局，1997年，第1450页。

的政策和实现祈福消灾的愿望，永昌王邀请慧觉来家乡讲经弘法，慧觉还在凉州创建"寿光"和"觉海"两座寺院(可惜这两座寺院无考)，从此慧觉名声大振于故里。慧觉的佛事活动和寺院的修建也彰显了河西地区佛教信仰在元代依旧兴盛。

慧觉此次回乡，停留时间较长，探访故友，交流佛法，直到至元三十年(1293)龙川圆寂，慧觉才东返为大师料理后事。《塔铭》载："护法殁，公不远数千里赴葬，尽心丧之礼。"

其二，在真觉国师[①]圆寂之时，慧觉再次来到西北地区传扬佛教。慧觉作为西夏遗民，在西夏故地出家多年，回西北弘传佛法，进行佛事活动是他乐意从事的善业。《塔铭》有"真觉殁，公亦西归"的记载。

其三，大德六年(1302)至皇庆二年(1313)间，慧觉已接任释源宗主。他奉太后诏，第三次来到凉州做佛事为国家延禧。慧觉这次来凉州，可能与朝廷向西夏故地散施河西字《大藏经》[②]和庆贺平定西北藩王叛乱有关，借此机会大做法事为国家祈福消灾。

为争夺权力和汗位，至元初年，西北地区爆发了以海都为首的藩王叛乱，朝廷多次派兵平叛，直到大德十年(1306)西北诸王叛乱才最终结束。而大德六年以后，河西字《大藏经》也刊印完毕，元刊西夏文佛经题记中有相似的记载。如《西夏文〈过去庄严劫千佛名经〉》发愿文载："……至元七年，化身一行国师，广生佛事，具令校有译无。过如意宝，印制三藏新经。后我世祖皇帝，恩德满贯天下。……深信三宝，因欲重举法幢。法师慧宝，深穷密律禅法，志多长意，上圣欲愿满故，令经院西壁小狗铁等至，以不可解德音，圣敕已出，江南杭州实板当做已为，以主僧事西壁土情行敕。知觉和尚慧中，始为先遣，龙象师中众多，已选行者，以取旧经，先后二十余人。至元三十年，万寿寺中刻印，应用千种、施财万品数超过。成宗帝朝，大德六年夏始告完毕。奉上敕印施十藏。武宗皇帝圣威神功无比，僧尼大安，殊信法门，恤治金轮。今帝尔时东宫藏龙，建广大愿，施印五十藏。当今皇帝，一达至尊至圣，胜于南面中上万乘诸主，文武特出，深悟佛法，才艺贤知大瑞？功德皆如高大。帝道日新，佛事无有续断。以执七宝，恤治四海如子。因欲奉行十善，德化八方，以(?)可为重印五十藏。大臣知院净德法处心重，受敕遣用二使共勾管令知，至大四年七月十一开始，皇庆元年八月望日印毕。"[③]河西字《大藏经》刊印完毕，为散施河西地区，大做法事，邀请西夏遗民兼高僧慧觉参加施经活动也在情理之中。

第四，出任河南僧录

慧觉回洛阳为师龙川奔丧期间，朝廷授慧觉河南僧录之职，管理河南的佛教事务。慧觉能任此职，说明他已是一位很有德望的高僧。《元史》载："(至元二年)，诏谕总统所：'僧人通五大部经者为中选，以有德业者为州郡僧录、判、正副都纲等官，仍于各路设三学讲、三禅会。'"[④]龙

---

① 真觉大师，讳文才，字仲华，杨氏，以释源宗主兼居五台山大万圣佑国寺，大德六年九月一日殁，年六十有二。

② 莫高窟北区出土西夏文刻本《龙树菩萨为禅陀迦王说法要偈》(残页)[G11·039(B159：26)]尾部有一长形压捺印记，上面内容为："僧录广福大师管主八施大藏经于沙州文殊舍利塔寺永远流通供养。"

③ 史金波：《西夏文〈过去庄严劫千佛名经〉发愿文译证》，《世界宗教研究》1981年第1期，第73页。

④ 《元史》卷6《世祖纪》，第106页。

川圆寂，释源宗主的位置空缺，作为河南僧录的慧觉"以祖刹虚席，非负天下重望者，不可尸之"，故向朝廷举荐真觉大师出任释源宗主，诏师（真觉）以释源宗主兼居佑国寺。

第五，出任释源宗主

真觉大师圆寂后，白马寺出现"群雄乖兢，释源鼎沸"的局面。在这种状况下，慧觉因德望诏以释源宗主之职。慧觉上任后，能任人唯贤，使白马寺得到良好管理，寺院发展再度鼎盛。故《塔铭》载："诏以公为宗主，错枉举直，因能任事。逾期而百废具修，寺以大治。"

慧觉晚年是在白马寺度过的，仁宗皇庆二年五月甲寅，卒于白马寺，荼毗获五色舍利，诏送往凉州，进行供养。

二

根据《塔铭》"父[①]仕西夏为显官，夏亡，易服为苾刍，隐居求道，物论美之。公幼读书，聪颖不群。少长，志慕佛乘，遂祝发为僧。时西北之俗，笃信密乘，公服膺既久，深得其道。乃肥遁嵓薮，励精禅想"的记述，我们推测，夏亡慧觉父出家，隐居修道，慧觉从小就与佛结缘，少长，也出家为僧。师龙川以前，慧觉在西北修习密乘多年，并达到很高境界。可惜《塔铭》对此未作详细记载。然而遗存元刊西夏佛经题记和明刊汉文《大方广佛华严经海印道场十重行愿常遍礼忏仪》（以下简称《华严忏仪》）题记都提到僧人一行沙门慧觉。

从佛经题记看，一行沙门慧觉生活在夏末至蒙元时期，曾在贺兰山慈恩寺出家，受到元朝的重用，他从事佛经翻译和校勘工作；为西夏遗民重雕西夏文《金光明最胜王经》作序；精通华严，辑录《华严忏仪》和《涤罪礼忏要文》等。那么佛经题记中的"一行慧觉"和《塔铭》所记"慧觉"会不会是同一人呢？

明崇祯十四年（1641）木刻本汉文《华严忏仪》[②]（共42卷，笃素居士毛凤苞汲古阁中鸠良工雕造）每卷卷首皆有题记：

唐兰山云岩[③]慈恩寺护法国师一行沙门慧觉依经录

宋　苍山载光寺沙门普瑞补注[④]

明　钦褒忠义忠荩四川布政佛弟子木增订正

鸡山寂光寺沙门读彻参阅

天台习教观沙门正止治定

---

① 笑隐大䜣撰《蒲室集》卷13中提到的御史杨公弘正，自号静隐的情况与慧觉父接近，但具体情况仍须继续考证。

② 《嘉兴藏》（明版）第15册，台北：新文丰出版公司，第2—553页；《卍续藏》第128卷"礼忏部"，台北：新文丰出版公司，第276—719页。

③ 《华严忏仪》题记中为"云岩"，而史金波译为"岩云"，此处笔者遵从前者。

④ 白滨考证"普瑞"为宋遗僧，他补注《华严忏仪》的时间在西夏灭亡之后，被视为元代华严传人。

需要说明的是，题记第一行中的“唐”应为“西夏”之误写，已有多位学者作过论证，[①]在此不赘。除每卷卷首题记标明《华严忏仪》为一行慧觉辑录外，在第四十二卷卷中有大段华严流传记内容也可证明这一点。这段文字记述了从印度到中土传承华严诸师，在“初西域流传华严诸师”中提到龙树大师菩萨和天亲菩萨二人，“次东土传译华严经诸师”中列举晋朝佛陀跋陀罗觉贤三藏法师、唐朝地婆诃落日照三藏法师、于阗实叉难陀喜学三藏法师三人，“次东土正传华严祖师”中提到华严第三祖造法界观帝心法顺法师、第四祖造十玄门云华智俨法师、第五祖造探玄记贤首法藏法师、第六祖造大疏钞清凉澄观法师……第七祖造华严纶贯注观文圭峰宗密禅师及造观注记者广智大师；[②]接下来是“次大夏国弘扬华严诸师”，其中列第八位的是“南无大方广佛华严经中兰山云岩慈恩寺流通忏法护国一行慧觉法师”，[③]即是辑录《华严忏仪》的一行慧觉。

《华严忏仪》作为大乘佛教主要经典的一种忏法，由西夏遗民慧觉在元代辑录完成，说明慧觉精通华严，其思想深受西夏时期流行忏法的影响。中原佛教修习中的忏法起源于晋代，渐盛于南北朝，隋唐大为流行，宋代进入忏法的全盛期。大乘忏法在西夏同样流行，黑水城等地出土文献中数量可观的礼佛忏悔文即是最好例证。[④]

兰山一行慧觉还多次出现在元刊西夏文佛经题记中，国图藏西夏文《金光明最胜王经》序文提到“金光明最胜王经流传 序 兰山石台云岩谷慈恩寺一行沙门慧觉集”。史金波考证《金光明最胜王经》重新雕刻年代应在蒙古太宗窝阔台死后，皇后乃马真称制之时，刊毕时间则在定宗贵由二年(1247)。[⑤] 慈恩寺僧人慧觉为《金光明最胜王经》作序的时间当在1242—1247年，距西夏灭亡有二十余年。这与《塔铭》记载慧觉在西北出家修密乘的时期正好吻合。

国图藏西夏文《现在贤劫千佛名经》之《西夏译经图》后有残经《涤罪礼忏要文》(仅存四面二十行)，经题后有“兰山一行沙门慧觉集”。国图藏另一西夏文《过去庄严劫千佛名经》经末发愿文载：“皇元界朝，中界寂境，上师结合胜弱，修整一藏旧经。至元七年(1270)，化身一行国师，广生佛事，具令校有译无，过如意宝，印制三藏新经。”西夏虽亡，但西夏遗民仍在积极传承着西夏文化。元刊西夏文佛经题记中多次出现慧觉，说明他积极参加与故国有关的佛事活动，很可能

---

① 目前学界公认题记开头的“唐”应是“西夏”之误。周叔迦最初对一行沙门为唐朝人提出质疑，他在国家图书馆藏西夏文《金光明最胜王经》题记“兰山石□岩云□慈□众□一行沙门慧觉□”后的案语中说：“此序为释藏所无，而慧觉之名虽见于《唐高僧传》及《古尊宿语要》等书，然其史迹乡里皆不与此合。唯《续藏》中有《大方广佛华严经海印道场礼忏仪》42卷，题曰‘唐兰山云岩慈恩寺护法国师一行沙门慧觉依经录’，当即此人。其书无原序，亦无从考其事实。仅有明人数序，皆误以‘一行’为人名，遂谓为唐之一行法师所作，其谬甚矣。”(见《国立北平图书馆馆刊》第4卷第3号“西夏文专号”，第260—261页)但周先生未再作进一步考证。史金波在《西夏文〈金光明最胜王经〉序跋考》一文中考证“一行沙门慧觉”为夏末元初的一位西夏佛教大师。白滨在《元代西夏一行慧觉法师辑录汉文〈华严忏仪〉补释》一文中，再次证明了一行沙门慧觉为夏末元初僧人，而非唐朝人。

② 广智大师，为北宋僧人，名尚贤，号广智，又称广智尚贤，宋时从僧人知礼(960—1020)学习天台宗教理，天圣六年(1028)继知礼接任四明延庆寺住持。

③ 《卍续藏》第128卷“礼忏部”，第709—711页。

④ Е. И. Кычанов, *Каталог тангутских буддийских памятников*, Университет Киото, 1999г, стр. 508、511、520、609、592、537、353、455.

⑤ 史金波：《西夏文〈金光明最胜王经〉序跋考》，《世界宗教研究》1983年第3期，第49页。

参与元刊河西字《大藏经》相关工作。

慧觉辑录的《华严忏仪》虽未被收录在元代编订的佛经目录中，但它在元代已被刊印，散施于西夏故地等处。日本善福寺、中国国家图书馆和山西崇善寺都藏有元管主八刊印《大宗地玄文本论》，卷三之题记大同而小异。山西崇善寺藏践字函《大宗地玄文本论》卷三末记载："上师三宝佛法加持之德，皇帝、太子、诸王覆护之恩，管主八誓报四恩，流通正教，累年发心，印施汉本大藏经三十余藏①，四大部经三十余部，《华严》大经一千余部，经、律、论、疏钞三百余部②，《华严道场忏仪》百余部，《焰口施食仪轨》三千余部，梁皇宝忏、藏经目录、诸杂经典不计其数。……心愿未周，钦睹圣旨，于江南浙西道杭州路大万寿寺，雕刊河西字大藏经板三千六百二十余卷，华严诸经忏板，至大德六年完备。管主八钦此胜缘，印造三十余藏及《华严》大经、梁皇宝忏、华严道场忏仪各百余部，《焰口施食仪轨》千有余部，施于宁夏、永昌等路寺院，永远流通。"

影印本《碛沙藏》何字函《圣妙吉祥真实名经》卷末载："上师三宝教持之德，皇帝太子福荫之恩，管主八累年发心，印施汉本、河西字大藏经八十余藏，华严诸经忏、佛图等、西蕃字三十余件经文外，近见平江路碛沙延圣寺大藏经板未完，施中统钞贰伯锭及募缘刊雕，未及一年，已满千有余卷。再发心于大都弘法寺，取秘密经律论数百余卷，施财叁伯锭，仍募缘于杭州路刊雕完备，续补天下藏经，悉令圆满。新刊《大华严经》板八十一卷，印施人夫。回向西方导师阿弥陀佛、观音、势至、海众菩萨。祝延皇帝万岁，太子、诸王福寿千春，佛日增辉，法轮常转者。大德十一年六月十五日宣授松江府僧录广福大师管主八谨题。"③

据此推测，《华严忏仪》最晚在大德六年（1302）前已由慧觉辑录完成，大德六年雕板完备，到大德十一年（1307）左右已刊毕散施西夏故地，在河西等地流行。慧觉辑录《华严忏仪》，并被列入西夏传承华严诸师中，这恰恰向我们透露了一个重要信息，一行沙门慧觉是位精通华严宗旨的高僧。《华严忏仪》在元代刊印流行后，又经苍山载光寺沙门普瑞添加注释，重新刻印，到明代正式收录到《嘉兴藏》中。从《华严忏仪》编纂、雕板和刊印时间看，也与《塔铭》所载慧觉研习及弘传华严时间大体吻合。

总之，现存佛经题记中僧人"一行慧觉"和《塔铭》所记"慧觉"同为西夏遗民，生活在西夏末年至元代初期；与河西地区有密切关系；法名相同；都精通华严义理，弘扬华严圆融之旨。初步断定，佛经题记中的一行沙门慧觉和《塔铭》中的慧觉应是同一僧人，法名慧觉，法号一行沙门。慧觉最初出家的寺院是"兰山云岩慈恩寺"。佛经题记与《塔铭》内容正可以互补。因为慧觉与西夏的渊源关系，所以《塔铭》记载他多次回到西夏故地进行弘法活动。

---

① 日本善福寺藏本作"五十余藏"。
② 日本善福寺藏本作"五百余藏"。
③ 《影印宋碛砂藏经》第585册，民国廿三年三月，第74页。

三

从佛教在中国的发展历程看，河西地区有着良好的《华严经》翻译和传承基础。很多华严经典，尤其早期翻译过来的华严经典大都是由河西僧人在河西地区完成的。河西地区信仰华严的传统一直持续到夏元时期。考证遗存佛教文献，《华严经》最晚在秉常时期已被翻译成西夏文并在境内广为流行，[①]可能在元昊或谅祚朝已被翻译成西夏文。元刊《华严经》和《华严忏仪》也大量散施河西一带，供信众诵读，说明这一带有良好的华严信仰基础。《华严忏仪》所载西夏华严诸师传承进一步证明了西夏时期不仅流行《华严经》及其注疏，而且在某一地区还形成了华严信仰师承。

《华严忏仪》卷 42 除列举印度、东土传译华严经诸师外，还谈到“大夏国弘扬华严诸师”师承：

……南无大方广佛华严经中讲经律论重译诸经正趣净戒鲜卑真义国师；
南无大方广佛华严经中传译经者救脱三藏鲁布智云国师；
南无大方广佛华严经中令观门增盛者真国妙觉寂照帝师；
南无大方广佛华严经中流行印造大疏钞者新圆真证帝师；
南无大方广佛华严经中开演疏钞久远流传卧利华严国师；
南无大方广佛华严经中传译开演自在命咩海印国师；
南无大方广佛华严经中开演流行智辩无碍颇尊者觉国师；
南无大方广佛华严经中西域东土依大方广佛华严经十种法行劝赞随喜一切法师；
南无大方广佛华严经中兰山云岩慈恩寺流通忏法护国一行慧觉法师。[②]

慧觉能如此详细地列举西夏时期传承华严诸师，如果他不是西夏遗民，不在西夏故地出家多年，很难做到这一点。囿于材料，有的帝师和国师目前尚无法考证，但如此多的西夏国师、帝师参与重译、弘传、开演《华严经》及中土华严诸师的著作，再次说明西夏时期华严信仰的兴盛，也体现了西夏对《华严经》的重视。

《华严忏仪》题记提到西夏国弘扬华严诸师中鲜卑[③]真义国师居第一位。真义国师的活动主要在河西地区，他的画像出现在榆林第 29 窟内室西壁门南侧西夏供养人画像之前，有榜题曰：

（第一身）真义国师信毕智海。
（第二身）□□□沙州监军摄受赵麻玉一心皈依。

---

① Е. И. Кычанов, *Каталог тангутских буддийских памятников*, стр. 305 - 312.
② 白滨：《元代西夏一行慧觉法师辑汉文〈华严忏仪〉补释》，《西夏学》第 1 辑，银川：宁夏人民出版社，2006 年，第 76—80 页。
③ 信毕即鲜卑、西壁。

（第三身）□内宿御史司正统军使趣赵一心皈依。

（第四身）□儿子御宿军讹玉一心皈依。

（第三身与第四身之间纸贴小孩）孙没力玉一心皈依。

第29窟是一个典型的家窟，由西夏官员赵麻玉等人主持开凿。自归义军政权之始，一些有权势的家族纷纷开窟造像，延请僧人作为导引已成为一种潮流。西夏初期继续这一传统，在第29窟供养人之前绘国师像，可见鲜卑真义国师在河西地区有一定威望，与赵氏家族关系非同一般。

居第二位的是鲁布智云国师，国图藏西夏文《现在贤劫千佛名经》前木刻板画《西夏译经图》榜题中有他的名字。译经图中共刻僧、俗人物二十五身，有西夏文题款十二条，标明图中主要人物的身份和名字。译经图上部横刻一条题款为"都译勾管作者安全国师白智光"。智光左右两侧各有僧俗四人，僧前俗后，共十六人，榜题为"相佑助译者，僧俗十六人"，八位僧人是：北却慧月、赵法光、嵬名广愿、昊法明、曹广智、田善尊、西玉智园、鲁布智云。据考，《西夏译经图》描绘的是秉常时期译经的盛况，安全国师白智光当属秉常时期一位僧人。

白智光还出现在国图藏西夏文《过去庄严劫千佛名经》发愿文中："……又千七年，汉地景祐年间，夏国风帝兴法明道图新。戊寅年间，令国师白法信，承道年又令臣智光等，先后三十二人为首，译为番语。"[①]其中承道年为1053—1056年，是谅祚的一个年号。可见，智光国师等在谅祚时已开始翻译佛经，至少经历谅祚和秉常两朝。鲁布智云与白智光一起译经，他们为同时期的僧人。那么排在鲁布智云前的鲜卑真义国师的生活年代就应更早些，即在谅祚朝或元昊时期。所以说，西夏的华严传承开始于谅祚或元昊时期，并贯穿西夏国祚始终。

华严师承传到"开演流行智辩无碍颇尊者觉国师"时，已是西夏晚期，之后列举"西域、东土依大方广佛华严经十种法行劝赞随喜一切法师"，可以理解为西夏时华严诸师传承到此结束。但随后出现"兰山云岩慈恩寺流通忏法护国一行慧觉法师"，该如何解释？我们认为，这正体现慧觉是西夏遗民，并以自己是西夏人为荣，师龙川研习华严，到辑录《华严忏仪》时已是佛学大师，故辑录《华严忏仪》时把自己列入西夏弘传华严师承之后，以示对故国的怀念。

综上所述，慧觉（？—1313），凉州人，俗姓杨，西夏高官的后代，精通显宗和密宗，融会华严圆融之旨，一生致力于弘扬佛法，其活动大致可分为三个阶段。第一，大约在蒙古汗国时出家为僧，修道于贺兰山云岩慈恩寺，法名慧觉，主修密宗和禅观，为西夏遗民重刻西夏文《金光明最胜王经》作序等。第二，慧觉来到洛阳，从龙川修习华严，对法性圆融的理解已达到极高的境界。后留居白马寺，协助龙川修葺释源，并随大师前往大都从事校经，被授予"宗密圆融大师"号。第三，慧觉受永昌王延请和奉太后诏，多次到凉州等地进行佛事活动，弘法建寺，教化民众。在此期间，慧觉出任河南僧录和洛阳白马寺第三任释源宗主，辑录《华严忏仪》。慧觉的活动为蒙元时期佛教传播和白马寺的兴盛起了积极作用，促进了西北和中原佛教文化的交流与融合，在当

① 聂鸿音：《西夏文〈过去庄严劫千佛名经〉发愿文中的两个年号》，《固原师专学报》2004年第5期，第11页。

时享有较高的声望。所以《塔铭》这样评价慧觉："学究方等兮道贯圆融，殊途交骋兮独蹈厥中。生不累有兮死不沉空，叶落归根兮体露金风。铭贞石兮闷幽宫，惟德音兮昭无穷。"

附三张拓片：

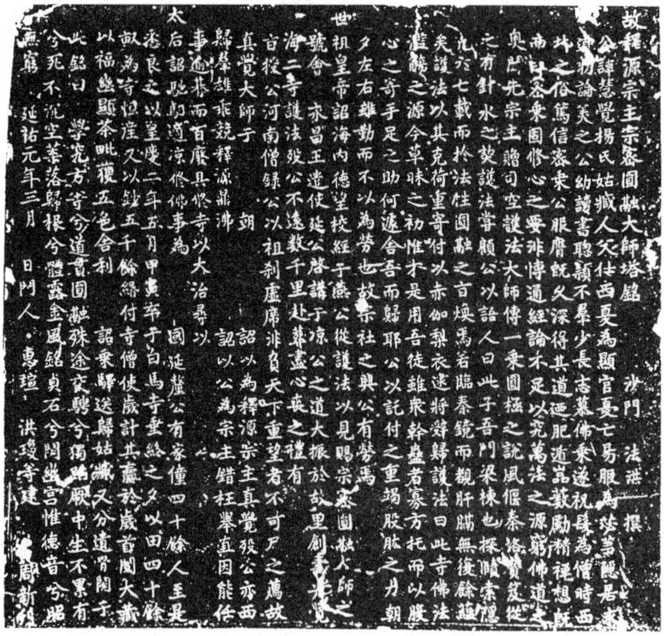

《故释源宗主宗密圆融大师塔铭》拓片

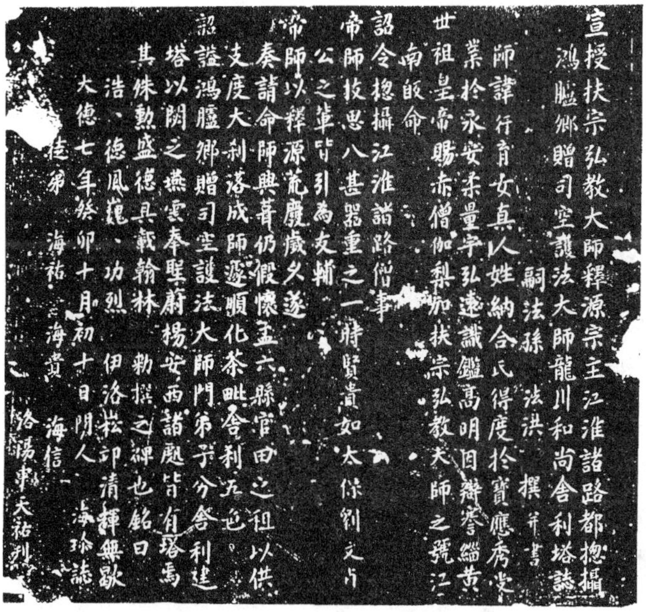

《龙川和尚舍利塔志》拓片

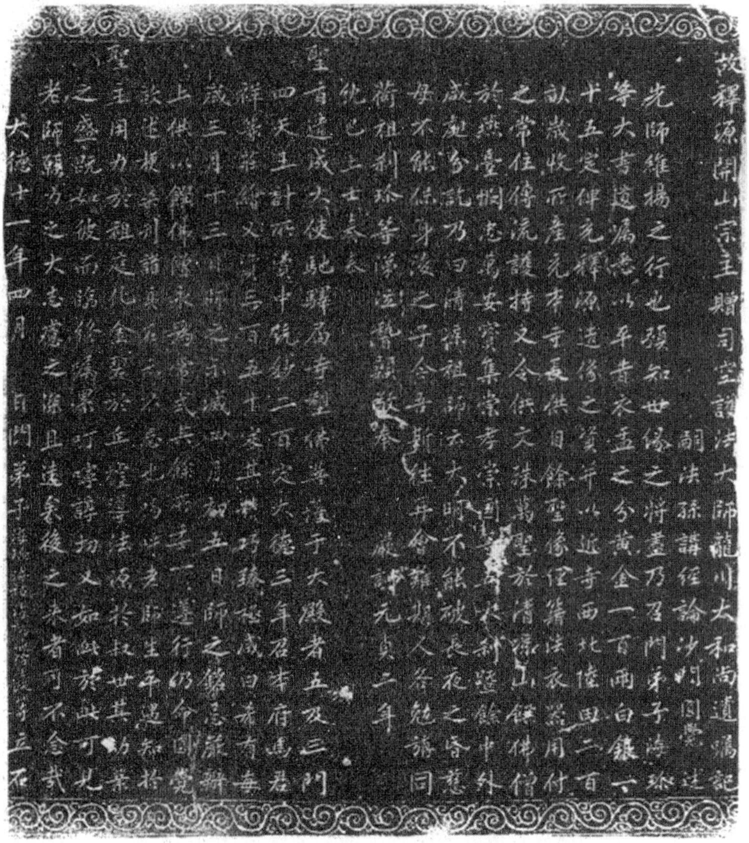

《龙川和尚遗嘱记》拓片

（本文原发表于《世界宗教研究》2010 年第 4 期。）

作者简介：

崔红芬，河北河间人，1989 年毕业于兰州大学外语系俄语专业，2006 年 6 月毕业于兰州大学敦煌学研究所，获历史学博士学位。2008 年 7 月，首都师范大学历史学院博士后出站。2017 年香港中文大学短期访问学者。现为上海师范大学人文学院教授，博士生导师。作为首席专家，2019 年主持国家社科基金重大招标项目 1 项，2018 年主持国家社科基金重大冷门绝学项目 1 项，曾主持完成国家社科基金项目 2 项、国家社科基金重大招标子课题 2 项等。出版《英藏黑水城西夏文佛教文献整理考释》（3 册）、《文化认同视域下的西夏藏传佛教研究》、《西夏河西佛教研究》等 7 部论著，《俄藏黑水城西夏文佛经叙录》《西夏物质文化》等 4 部译著。主要从事佛教文献及西夏佛教研究，发表专业论文 200 余篇。

共同体理论视野下的湘湖水利集团
——兼论“库域”型水利社会

钱 杭

摘 要：以人工水库为核心的水利社会，可称为库域型水利社会，是中国水利社会史重要类型之一，其基本问题、表现方式、水权制度、利益结构、意识形态等，与海域、江(河)域、泉域类型相比，差异甚大。浙江萧山湘湖因其特殊的地理位置和供水方式，在“库域型”中又成一典型个案。受传统公、私伦理熏陶支撑的湘湖既得利益者及其代表，把后来者一概视为敌对者；本可加以适当调整、兼顾的利益关系，被完全对立化，从而丧失了重建秩序的许多机会。成见、偏见加剧了湖体之淤，消解了湖水之利，最终损害和荒芜了相关人群共同的精神家园。

关键词：共同体理论 湘湖水利集团 库域型水利社会

一般水利史主要关注政府导向、治河防洪、技术工具、用水习惯、航运工程、排灌效益、海塘堤坝、水政官吏、综合开发、赈灾救荒、水利文献等，水利社会史则与之不同，它以一个特定区域内、围绕水利问题形成的一部分特殊的人类社会关系为研究对象，尤其集中地关注于某一特定区域独有的制度、组织、规则、象征、传说、人物、家族、利益结构和集团意识形态。建立在这个基础上的“水利社会史”构架，就是指上述内容形成、发展与变迁的综合过程。就具体的空间范围来说，水利社会史虽然可以涵盖某大江大河的整个流域，但它的主要研究对象和主要学术兴趣，还是以平原、山区、都市、村落中的垸堤、江堤、海塘、陂圳、堰渠、溇港、湖泊、水库为核心展开的社会活动过程。在这个意义上，水利社会史的学术路径就是对与某一特定水利形式相关的各类社会现象的社会史研究，或者是对某一特殊类型水利社会的历史学研究。

与基于自然条件(海洋、江河、湖泊、大泉)的水利社会不同，本文关注的是因人工水库而形成的水利社会，故可称为“库域”型水利社会。两类水利社会当然具有广泛的共性，但在具体的结构、功能、规则、象征及意识形态方面仍然存在一系列明显的差别，其中最核心且最具前提性的差别表现为：前者是围绕自然环境而形成的人类社会，对于这个范围内的人类来说，“自然环境”不是劳动的产物，而是与他们在当地的世代生存史相连的前提，他们的所有活动都在此“自然"平台上平等地展开，所有人对该平台都不存在经济学或法学意义上的权利关系；后者虽然在形成之后也会因逐渐改变（或参与）原先的自然生态而导致出现一种新的自然生态，但就其基本性质而言，水库是劳动，甚至是几代人劳动的产物，参与创造水库的人们与水库之间，存在着建立在创设、维护所付成本基础上的权利关系。这层关系构成了库域型水利社会史的基本逻辑。因此，库域型水利社会史就可能比基于自然环境的水利社会史更集中地展现出小社会（当地社会）和大社会（外部社会）的政治、经济、文化特质。同时，也将更集中地展现出此一环境下人们之间的依存与对抗关系。

同样是"库域"型水利社会，因其水源补给的方式不同，也会形成不同的类型。如附属于黄河、长江、淮河、松花江、新安江等大江大河流域的各类水库，至少在可预期的时段内，水源补给不可穷尽。以这类水库为核心而形成的"库域"型水利社会史，与位于江河流域之外，虽有部分水源但补给不稳定、不充分的"库域"型水利社会史，在基本问题、表现方式、水权制度、利益结构、意识形态等各个方面，都存在着很大差异，值得认真研究。

浙江萧山湘湖，就是一个典型的人工水库；是与海域、江（河）域、泉域基本无关，因而水源补给既不稳定也不充分的人工水库；是一种存在于平原洼地、流速缓慢因而极易淤积的人工水库。围绕湘湖而形成的，就是这样一种特殊类型的"库域"型水利社会。

关于本文标题中所谓"共同体"之称，需略作说明。

"共同体"（community）一词涉及一批范围广泛的现象，曾被用作包含各种不同社群（associations）的包罗万象的词语，研究者经常在究竟是将其作为集体或社会类型，还是作为社会关系或情感类型上感到困惑。1955 年，有社会学家找出了不少于 94 种关于共同体的定义。① 其实，问题的产生可远溯至马克思的《资本主义生产以前的各种形式》（1857—1858 年）②、德国社会学家滕尼斯的《共同体与社会》（1887 年）等经典性文献对"共同体"一词比较宽泛的用法。③

笔者在仔细考虑该词"指"与"所指"的关系后，倾向于将"共同体"理论主要视为一种关注某类社会关系、互动方式的研究策略和方法。实践证明，我们可以不去过多顾及共同体理论的概念体系，不必在实际生活中去刻意"寻找共同体"，而是把握住共同体理论的核心范畴——共同利益，运用共同体理论的分析方法——结构、互动，深入到中国历史上那些实实在在的、已被各类文献清晰记录了发生、发展、兴盛、衰亡全过程的水利社会中，观察研究这类水利社会的内部结构，以所获观察研究成果——中国案例，来检验、丰富共同体的理论体系，并从类型学的角度，全面深化对中国水利社会史的认识程度。

另外，我们可以根据地缘联系、共同利益、自律管理、归属认同这些共同体的一般特征来观

---

① 如 Hilery, G. A. Jr, "Definitions of Community: Areas of Agreement", *Rural Sociology*, Vol. 20, 1955, p. 111－123。

② 《马克思恩格斯全集》第 46 卷上，北京：人民出版社，2003 年，第 470—520 页。

③ 斐迪南・滕尼斯：《共同体与社会》，林荣远译，北京：商务印书馆，1999 年。

察水利集团，但对于水利“社会”，这一理论的运用则谨慎得多。因此，笔者赞同滕尼斯关于“社会是公众性的，是世界”[①]的提示，确认湘湖水利集团是包容在湘湖“库域”型水利社会中的一个特殊的“关系类型”。如果说，水利集团被定义为一个水利“社区”、或水利共同体确有相当合理性的话，对于一个水利“社会”，则应高度关注构成“共同体”要素之外的那些异质性环节。换言之，水利“共同体”以共同获得和维护某种性质的“水利”为前提，而水利“社会”则将包含一个特定区域内所有已获水利者、未充分获水利者、未获水利者、直接获水害者、间接获水害者、与己无关的居住者等各类人群。因此，对本文论题的完整解读，应该是：以共同体理论为分析工具，对以湘湖水利集团为核心的湘湖“库域”型水利社会进行的一项社会史研究。

一、湘湖水利集团与湘湖库域范围

浙江萧山县城以西的湘湖，是一个湖底面积3.7万余亩、方圆82.5里的人工水库，北宋徽宗政和二年(1112)由著名理学家杨时在担任萧山县令时推动修成。因“山秀而疏，水澄而深，邑之人谓境之胜若潇湘”[②]，故名之为湘湖。在湘湖初创时，湖水灌溉范围只及萧山县内崇化等八乡，及至约60年后的南宋孝宗乾道中期，加上许贤乡后，湘湖灌区始扩至后世所统称的九乡。从那时开始，湘湖的主要功能是在秋旱时通过上、下湘湖18个放水闸口(霪穴)，根据统一的规则(放水顺序、放水总量、放水时间等)，灌溉崇化、昭名、来苏、安养、长兴、新义(又作辛义)、夏孝、由化、许贤九乡146 868.5亩水田。[③] 这个格局一直持续到晚清。民国十六年(1927)七月，国民党浙江省党部委托孔雪雄、张渭斌等人对萧山湘湖作了一次全面实测，孔、张等随后提交《湘湖调查计划报告书》，在谈到湘湖当时的实况时说：“据县志所载，湘湖周围凡八十二里半，而此次实测周围仅五十六里一百六十二丈，计算现在湖面较前已小三分之一。”[④]中华人民共和国成立以后，出于各种需要，至20世纪五六十年代，湘湖的面积又缩小近一半，且湖底高程绝大部分都达5米以上，基本已失去对周围农田调蓄水利的作用。到80年代中期，剩余水面合计1460余亩，仅为宋代面积的3.9%。作为自北宋末年创建问世并有明确功能目标的人工水库，湘湖近9个世纪的历史，就其严格意义来说，至此已告结束。此后发生并延续至今的湘湖重建运动，无论其工程将达致何种规模，无论发起者怎样宣称重建后的湘湖会与全盛时期的湘湖多么相像，都已经属于“新(后)湘湖”范畴，那将是另一个研究计划所关心的问题了。

---

① 斐迪南·滕尼斯：《共同体与社会》，第53页。

② 钱宰：《临安集》卷5《湘阴草堂记》，《文渊阁四库全书》集部第168册，上海：上海古籍出版社，1987年，第553a页。

③ 关于萧山湘湖史的基本情况，可参阅笔者以下研究成果：《湘湖恩怨：利益共同体与地方乡绅》，熊月之主编《明清以来江南社会与文化论集》，上海：上海社会科学院出版社，2004年，第30—42页；《湘湖水利不了之局的开端》，唐力行主编《国家、地方、民众的互动与社会变迁》，北京：商务印书馆，2004年，第98—111页。另据笔者对九乡39个村落中63份受益土地的精确统计，由湘湖灌溉的农田的总量应为147 898.7亩，比一向认定的数字多1 030.2亩。为简便计，本文在引证相关史料时一般仍遵其旧说，不另作更正。

④ 国民党浙江省党部编：《湘湖调查计划报告书》之二“湘湖之沿革”，民国十六年第三中山大学印本，第3页。

湘湖共有18个放水闸口(霪穴),其中11穴位于南岸,7穴位于北岸。各穴名称及所溉农田的位置如下:

(1) 南岸11穴

石岩穴——崇化乡、昭名乡、由化乡;

黄家霪——崇化乡、昭名乡、由化乡;

童家湫——崇化乡、来苏乡;

凤林穴——新义乡;

亭子头——新义乡;

杨岐(羊骑)穴——新义乡;

许贤霪——许贤乡;

历山南穴——安养乡;

历山北穴——安养乡;

河墅堰——安养乡、长兴乡、夏孝乡;

柳塘——夏孝乡。

(2) 北岸7穴

石家湫(石湫口)——由化乡;

盛家港(东斗门)——昭名乡、由化乡;

横塘——夏孝乡;

金二穴——夏孝乡;

划船港——夏孝乡;

周婆湫——夏孝乡;

黄家湫——夏孝乡。

九乡中依赖湖水灌溉的农田之所在,就是湘湖库域的大致范围。若视湘湖库域为一大型一级水利集团,那么根据各穴所溉农田的位置,可将九乡再细分为6个基本独立、规模不一且略有重叠的小型次级水利集团:

集团一:崇化乡、昭名乡、由化乡、来苏乡。(石岩穴、黄家霪、童家湫)

集团二:新义乡。(凤林穴、亭子头、杨岐穴)

集团三:许贤乡。(许贤霪)

集团四:安养乡、长兴乡、夏孝乡。(历山南穴、历山北穴、河墅堰)

集团五:夏孝乡。(柳塘、横塘、金二穴、划船港、周婆湫、黄家湫)

集团六:由化乡、昭名乡。(石家湫、盛家港)

如穿越国家行政层级,将目光进一步下移,各次级水利集团又可具体化为77个大小不一的村落。《湘湖调查计划报告书》之七“湘湖与九乡水利之关系及今昔之异同”一节，详列“宋元以来得水利者九乡”的具体情况，可据此描画出由湘湖水利滋养的乡—(都)图—村结构：

宋元以来得水利者九乡：

由化乡。一都一图至一都六图。(塘里陈，一都韩，东许，西许，涝湖，长山，塘上王。)

夏孝乡。二都一图至二都五图。(市心桥下，东阳桥，梅花楼，西门外，后塘一带。)三都一图至三都十二图。(瓦窑头，西兴，杜湖，双庙庄，跨湖桥，孔家庄，张家村。)

长兴乡。四都一图至四都四图。(冠山前后，堰斗孙，青山张，闻家堰，潭头，孔家桥，许家里。)

安养乡。五都一图。(石门，西山下。)五都三图。(山前吴，东汪，西汪，汪家堰，历山。)

许贤乡。六都一图至六都四图。(罗磨坂，金街匍，南坞，北坞，下村，石盖，上董，华家里，双桥头，汉浦庄，中坟庄。)

新义乡。十五都五图至新十六都。(义桥，新坝，峡山，牌轩下，亭子头。)

来苏乡。十八都五图。(凑沿庄，大路张，东庄周，来苏周，单家堰，丁村，西周，下坂金，姚家坂。)

崇化乡。十九都四图至二十都二十图。(前吴，后吴，史家桥，西蜀山，新庄，老屋，西山一带，史村曹，大南门，小南门，城中西河。)

昭明乡。二十一都十二图。(米市，道源桥，大通桥，吕才庄，车家埭，舒家坂，曾家桥，东蜀山。)①

各村落中需要利用湖水灌溉的农田，就是湘湖库域的实际边界。

湘湖水利系统的存在，展现并充实了库域九乡间部分利益关系；如果没有湘湖，没有对湘湖有限水源的共同需求，九乡间就只有一般意义上的地缘关系，而不存在库域关系，更没有与农业命脉紧密相连的发展环境、生存质量等利害关系。因此，与湘湖的水缘关系，在整合了九乡地缘关系的同时，也凝聚并升华了这一地缘关系的社会意义。用日本学者斯波义信的话来说，由湘湖水利灌溉系统连接起来的这个水利集团，已成了一个“与行政意义上的乡、村编制不同的……‘地域’”②。

“地域”不同于位置相邻的“地区”，也不是可构成独立单位的“地方”，它是由共同利益连接起来的一个区域性的整体，或者是有整体性意义的区域。国际学术界之所以常用 Community 一词来指称“共同体”和“社区”，也用它来描述一个“地域社会”的原因就在这里。“库域”型社会因为涉及的范围较小，因而比海域、江(河)域型社会具有更集中的共同性；又因为沟渠网络的分布较宽，因而比泉域型社会具有覆盖更广的包容性。尤其是当其水源供给不可能达到江、河、大

① 国民党浙江省党部编：《湘湖调查计划报告书》，第 17—19 页。

② 斯波义信：《宋代江南经济史研究》后篇第三章《绍兴的地域开发》之二《绍兴府萧山县湘湖的水利》，东京：汲古书院，1988 年，第 574 页；中译本，方健、何忠礼译，南京：江苏人民出版社，2001 年。本文所引直接译自日文原著。

泉般丰裕程度时，其一损俱损、一荣俱荣的整体性意义就将被极大地提升。

湘湖水利集团与库域内行政组织呈现出高度复合的特征，一方面，使水利设施的有效运行、水利目标的基本实现，得到了国家公权力的承认和保障；另一方面，这种保障一旦过度，也将消减水利集团的自治动力，对生存的主动需求会逐渐蜕变为对条文的被动遵守，从而削弱乃至耗损集团成员至关重要的情感归属，这对维护水利集团的长远利益极为不利。日本学者长濑守对南宋萧山县令顾冲主持制定的《湘湖均水利约束记》（新约）大加赞赏，认为："以均水为目的的配水技法上升到了'水法'的高度，这一事实说明，国家规章制度已经深及民间的水利集团之中。"[①]民间的约定"上升"为"水法"，固然可使权威性空前提高，但却未见得一定是好事。约定之基础在于自我限制，人人可以也必须"反求诸己"；"水法"的要害在于强制约束，全凭国家公权的外部介入，个人之"公德"意识是否需要坚守已无关紧要。国家"重水"的意志及维权措施若强，水利体系或可借机保全甚至发展；倘若公权衰退，或其关注焦点由"重水"改为重粮、重税、重地，与公权紧密捆绑的水利集团岂不要大受连累？这组复杂微妙的关系虽为中国水利史资料所常见，但在湘湖的历史演变轨迹中，则表现得更加清晰。究其原因，概在于湘湖"库域"型水利社会维系纽带之纤薄脆弱。

二、湘湖水利集团的结构框架

湘湖以西南—东北走向的两列山体为东、西两侧的自然堤防，南、北两侧则需人工建筑堤塘，共有长短不一的17处。康熙十年（1671）《萧山县志》卷11《水利志》记载：

> 湘湖塘：治西二里，跨夏孝、长兴、安养诸乡，周围八十余里，其一带地方东陡门、盛家港、横塘、柳塘、塘子堰、石岩堰、施家河、史家池、童家湫、凤林穴、秦家堰、潘家浜、黄竹塘、杨岐穴、许贤霪、河墅堰、石鳍口，共十七处，皆设塘长看守。[②]

嘉庆年间，萧山著名乡绅於士达所撰《湘湖考略》第1则"全湖形势"，将上、下湘湖各堤塘的长度以及对应的霪穴，回顾得非常细致：

> 上湖自杨岐山迤南过亭子头，转东而北至糠金山，计五里许，筑塘八百一十余丈，其间有凤林、杨岐二穴。逾糠金山而北则为童家湫，从此过小湖庙而东，则为岭头田，迤东北至石岩，计二里许，筑塘三百四十余丈，其间有石斗门、黄家湫二穴，其河墅堰一穴在东汪村，

---

① 在湘湖史上，将萧山县丞赵善济于南宋高宗绍兴二十八年（1158）主持制定的《均水法》（也称《泄水规矩》）称为"旧约"，将萧山县令顾冲于南宋孝宗淳熙十一年（1184）主持制定的《湘湖均水利约束记》称为"新约"，两个水利法则的基本原则一脉相承，都是所谓"相高低以分先后，计毫厘以酌（约）多寡，限尺寸以制泄放"。较早记录顾冲新约的文献是明神宗万历十四年（1586）绍兴知府萧良幹等修纂的《绍兴府志》（以下简称万历《府志》）卷16《水利志一》所载"宋淳熙十一年邑令钱塘顾冲《湘湖均水利约束记》"。《四库全书存目丛书》史部第200册，济南：齐鲁书社，1996年，第631b页。长濑守：《宋元水利史研究》第七章《宋元时代的水利法》，东京：国书刊行会，1983年，第715页。

② 邹勷、聂世棠等纂修：《萧山县志》（以下简称康熙十年《县志》），《中国方志丛书》，台北：成文出版社有限公司，1983年，第1册，第344页。

居湖之西，柳塘一穴在井山坞，居湖之西北。此上湖之大略也。下湖自城西石家湫至菊花山，计二里许，筑塘三百五十余丈，石家湫、东斗门二穴分设其间。过菊花山则为横塘穴，其志载金二穴、划船港在东斗门之西。周婆湫在菊花山麓，迹尚存而穴废。黄家湫在横塘西里许。此下湖之大略也。①

至清代前期为止所记录的湘湖各类水利设施，基本上都形成于宋代。

宋代高度重视水利政策的系统贯彻，各路由提举常平使负责，各州由通判负责，各县就由县丞负责。朝廷对县丞的职责向有明确要求。《宋会要·职官四八·县丞》徽宗崇宁二年（1103）三月二十四日：

宰臣蔡京言："熙宁之初，修水土之政……如陂塘可修、灌溉可复、积潦可泄、圩堤可兴之类……县并置丞一员，以掌其事。"从之。②

《宋会要·食货八·水利下》南宋乾道九年（1173）十一月二十五日，孝宗诏：

令诸路州县，将所隶公私陂塘川泽之数，开具申报本路常平司籍定，专一督责县丞，以有民田户等第高下分布工力结甲置籍，于农隙日浚治疏导，务要广行潴蓄水利，可以公共灌溉田亩。③

南宋宁宗庆元元年（1195），通州知府李楫具体描述过对县丞的要求：

诸道每于农隙，专令通判严督所属县丞，躬行阡陌，博访父老，应旧系沟浍及陂塘去处，稍有堙，趣使修缮，务要深阔。或有水利广袤，工费浩瀚，即申监司，别委官相视，量给钱米。如法疏治，毋致灭裂。④

由此可知，宋朝的县丞不仅要协助县令处理一般县政，更要具体负责全县范围内的水利行政事务。在湘湖史上占有重要地位的人物之一就是南宋孝宗乾道年间出任萧山县丞的赵善济。万历《府志》卷37《人物志三·名宦前》：

赵善济，四明人，乾道中丞萧山……岁旱，九乡多争水，构讼；集议缮修湖防，至今赖焉。⑤

按毛奇龄《湘湖水利志》所说，赵善济在制定湘湖《均水法》前，曾经"集塘长暨诸上户与之定议"⑥，经过反复协商，最后才找到了一个能为全灌区各成员都能接受的解决办法。"上户"指有

---

① 於士达：《湘湖考略》（以下简称《考略》），撰于清嘉庆元年（1796）。全书由"全图"一、"考略"二十二则组成，初刻于嘉庆六年（1801）。清道光二十七年（1847）学忍堂补刊本，上海图书馆藏。

② 《宋会要·职官四八·县丞》，《续修四库全书》史部第779册，上海：上海古籍出版社，2002年，第621a—b页。

③ 《宋会要·食货八·水利下》，《续修四库全书》史部第782册，第81b—82a页。

④ 《宋会要·食货六一·水利四》，《续修四库全书》史部第783册，第431b—432a页。

⑤ 《四库全书存目丛书》史部第201册，第209b页。

⑥ 毛奇龄《湘湖水利志》（《四库全书存目丛书》史部第224册，第612—640页）是研究萧山湘湖水利形成及演变史最系统之资料汇编。作者在明代富玹关于萧山水利问题研究的基础上，广泛搜集湘湖水利的成规、前例和轶事，按年代顺序编撰，对湖史沿革和纷争的记述尤为周详。以下简称《毛志》。"集塘长"云云，见于《毛志》卷1《南宋绍兴年定均水则例》，《四库全书存目丛书》史部第224册，第614页。

实力的湘湖水利集团成员；“塘长”则指维护湘湖堤塘安全的日常负责人，此职与代表政府利益的县丞一样，是水利集团组织结构中的重要环节。

披阅宋代相关文献，可知淮南、江南诸路辖下各县所建陂塘堨坝的数量极大。为了统一管理这些设施，自北宋初年起，各县官府普遍设立“陂塘册”，将分布在本辖区内的各类官私陂塘逐一登录；[①]并由县府专责水利的县丞从各水利集团所在的受益村落中挑选富有、能干的“上户”，充任陂头[②]、陂主、团头、陂长[③]、塘长、知首等职。王安石变法期间，此制又得到进一步完善。南宋以后，陂塘管理系统愈加严密，甚至出现了“陂泽湖塘池泺正副长”和“湖长”一类职务。[④] 上引康熙十年《县志》所谓“塘长”之称、之职，应该也始于北宋，并一直延续下来。宋末元初人潜说友在所撰《咸淳临安志》中描述过位于余杭县城以西二里“南下湖”的湖塘。该塘于北宋庆历年以后逐渐遭损，徽宗宣和五年(1123)时由知县江袤修复。为记其事，余杭县丞成无玷作《水利记》一篇，文中就提到了“塘长”：

> 由庙湾而下，则因其塘长而语之，靡不听令，并力以趋，洎成如期……时湖与溪皆有塘长，官免差科，俾专缮治。既而役之如皂隶，然又常以假人，民厌苦之。罢去既久，禁戒寖弛，隳者弗增，阙者弗茨，蚁蛀鼠穿，獭龟之穴，漫而不訾者，水至则溃。今稍复增置塘长，而蠲其役；又于五亩塍，举条令，为约束，以绝盗决之弊。[⑤]

据上文，北宋初就已设有塘长，后来因民“厌苦”而废除之，此时(北宋末)则为“复增置”，享受“免差科”“蠲其役”的待遇。按《毛志》所说，赵善济曾“集塘长暨诸上户与之定议”，说明在赵善济赴萧任职之前，当地已设有“塘长”，并且在水利方面继续拥有相当大的发言权。

塘长作用虽然重要，但正式地位却不高，仅是朝廷承认的“杂泛役”之一种。顾炎武《天下郡国利病书》原编第7册“徭役”：“役有四：曰粮长，曰塘长，曰里长，曰老人。(注：粮、塘、老人皆杂泛，唯里长为正役。)”因此，塘长调动资源能力很小，正常履职难度很大。原编第8册“塘长”引明崇祯二年(1629)华亭郑友玄撰《塘长议》：“谚称塘长为‘小充军’，盖以兴作必于冬时，天寒

---

① 参见《宋会要·食货七·水利上》，宋仁宗皇祐元年(1049)正月二十五日两浙转运司转述越州余姚县知县谢景初的建议：“请下本属，明置簿籍拘管……如有陂湖，明置簿籍拘管。”《续修四库全书》史部第782册，第51b页。又宋仁宗嘉祐五年(1060)七月二十四日两浙转运司转述睦州桐庐县令刘公臣所言：“古来溪涧沟渠泉穴之处……仍令逐县置簿拘管。”《续修四库全书》史部第782册，第53a页。

② 陂头、陂主，合称“头主”。上引宋仁宗皇祐元年正月二十五日两浙转运司转述越州余姚县知县谢景初建议中就有“如违其所请，头主及给付官司”云云。另参见李焘《续资治通鉴长编》卷111，宋仁宗明道元年(1032)十一月辛卯诏文：“以上户为陂头，部众修筑之。”北京：中华书局，2004年，第2593页。

③ 《宋会要·食货七·水利上》，北宋仁宗至和元年(1054)仙居县令田渊言：“仍逐处立团头、陂长……所差团头、陂长于上等户内，如差夫队头例选差。”《续修四库全书》史部第782册，第52a页。另据《永乐大典》卷2261《湖·赤山湖》引江宁《句容新志》，可知自宋太宗太平兴国六年(981)起，赤山湖就设有团首、堰长。这组称呼应与团头、陂长同。《永乐大典》第1册，北京：中华书局，1986年，第743b页。

④ 《晦庵先生朱文公文集》卷100《公移·约束榜》：“今晓谕陂塘、湖长等人，如合承水之田阙水，即仰日下量分数放水注荫。如占吝不放之人，仰食水人户指实陈论，追犯人重断施行。”《四部丛刊初编》集部第128册，第25b页。

⑤ 潜说友：《咸淳临安志》卷34《山川十三·湖下》“南下湖”，注引成无玷《水利记》，《文渊阁四库全书》史部第490册，第379a页。

凛冽，而携锄荷担于百里、数十里之外，霜栖雪食以赴役，其苦甚也。”①

顾、郑二氏所称之“塘长”，应是概言一般的“塘长”，主要指承担海塘江堤、大湖湖塘维修事务的塘长，苦、难固其然，所负之责却是得域内人群高度共识的“防水”“遏浪”；湘湖一类缺水型水库的塘长则不然。职分的苦、难程度或不及前者，责任却只大不小，并呈分裂态势。水库之公共利益在于按时按量放水灌溉，因此须靠塘长尽心尽力、遵时遵约来“护水”“守闸”。而总水量的供应不足，又驱使集团内的获利者与库域内外及边缘的未获利者之间，对塘长寄予方向不同的期望。加上水利集团与库域乡村组织复合重叠，因而在湘湖史上，塘长与堤塘所在图的总甲职责相关、利益相连。他们既要共同协调和解决水利集团内部各类“正常”纠纷，又常受外部人员的请托，“纳贿开霪，通同作弊”，甚至与县府中的水利职官纠合在一起，“蠹则指官，官则庇吏，上下比蒙，一帆穿就”，②成为不惜瓦解现存水利秩序的利益伙伴。

明代的湘湖，除了由塘长继续承担“专主督率各图人夫，轮修本区水利”③外，还有前引南宋朱熹提到过的所谓“湖长”。

明代的湖长和塘长一样，皆非职官，但因享受政府在税役方面给予的优待，所以也必须受公权约束；其产生过程和职权范围，可以转引明正德十五年（1520）浙江巡抚许庭光、浙江等处提刑按察司副使丁沂领衔发布的《禁革侵占湘湖榜例》中关于湖长的内容加以说明：

> ……委典史邹仲和踏勘湖岸周围里数，分为九节，于由化、夏孝等九乡，每乡选报家道殷实、行止端正壮丁二名，充为湖长，派管湖岸，每一乡则管一节。若遇仍前占种湖田、偷泄湖水人犯，许湖长呈拿送道，并追递年花利，及查照正统年间“土豪奸民隐占官筑陂塘两月不还钉发辽东卫分永远充军”事例，问拟发遣。若湖长通同豪民占种分利，不行举首，被人告发或致访出，一体问罪。其各湖长量免丁差二丁，二年后另选更替，一体免差。本府水利，并本县掌印官不时阅视，遇有湖岸坍塌，即起该乡人夫修筑坚固，不致泄漏。每月取具湖长给状，并本县督修湖堤缘由，申缴本道查考。若府县官不行用心提督修筑，并奸豪占湖不举，亦并拿问，应得罪名决不姑贷。④

这份《榜例》明文规定了湖长的产生程序、职责范围、待遇标准、监督机制，以及与地方官的关系。可以看出，明代湖长与宋代塘长所司所职基本一致，既享受政府补贴，又由九乡“上户”选任，因此身份双重，责任双重。区别在于，担任湖长虽然也不轻松，但似乎已不能算是“小充军”的苦

---

① 顾炎武：《天下郡国利病书》原编第7册，第18b页；原编第8册，第15b页，《四部丛刊三编》史部第19、20册。

② 富玹、张文瑞等编著：《萧山水利》三刻卷下《湘湖纪事》。《萧山水利》初刻二卷，续刻一卷，三刻三卷，附录一卷（《四库全书存目丛书》史部第225册，第276—351页），所收多为明中期以前与湘湖问题有关的文献，是湘湖史研究的第一部资料集，具有重要的史料价值。《毛志》卷2称：“《萧山水利志》，福建佥事富玹所辑。”（《四库全书存目丛书》史部第224册，第622a页）故湘湖史研究者多简称其为《富志》。“蠹则指官”云云，见于《富志》三刻卷下《湘湖纪事》，《四库全书存目丛书》史部第225册，第342b页。

③ 顾炎武：《天下郡国利病书》原编第8册《江宁庐安·塘长》，第14b页。

④ 《毛志》卷2《禁革侵占湘湖榜例》，《四库全书存目丛书》史部第224册，第623b、624a页。

差，因为毕竟被赋予了一定的执法权。明中期以后，官府加大对地方自治控制力度的努力于此可见一斑，其目的就是要在公权与私权之间确定一个有效的中介。

三、湘湖水利集团的成员资格及用水权问题

凡在湘湖湖水灌溉范围内拥有水田，同时根据“均包湖米”之制交纳湖耗，①因而获得湘湖湖水使用权者，即具备了水利集团的成员资格。也就是说，集团成员资格的构成前提是在灌区内拥有需要使用湘湖湖水的地权。不在灌区内拥有水田，自然不具备成员资格；拥有水田而不用湘湖湖水，亦可以不具备成员资格；一旦土地易手、地权转移，集团成员资格即告放弃。於士达在《考略》第十六则“放湖筑坝”中，谈到清嘉庆时当地人具有的权利意识：

> 湖身之粮，派在得利田亩，故得水利者各有定界，而不能相争。届秋开放内河，各就其界先行筑坝。放石家湫、东斗门，共筑坝九处……放石岩穴、黄家霪、童家湫，共筑坝十二处……放横塘、河墅堰、塘子堰，筑两坝……放风林穴，筑两坝……

筑坝即划界，亦即确定土地权属和用水先后的边界。民国十四年(1925)周易藻《萧山湘湖志》外编第15页引来福诒《处分湘湖商榷书》，②把交纳湖耗作为拥有地权及湘湖湖水使用权的清晰标志，说明一直到民国年间，湘湖水利集团的成员资格仍与土地权利相连：

> 湖耗之负担，在田不在人。九乡之田未必尽为九乡人所有，而九乡以外之人又未必不有九乡之田……水利犹在，仍九乡半数之田享有之，而决不溢出九乡以外。由是权利、义务仍复相等。

以上资料证明，湘湖水利集团是湘湖灌区内部分土地(即需要使用湘湖湖水的水田)所有者的一个横向集合体。这些土地所有者具有完纳湖耗的同质性。

地权与水权相对应，或者地权构成获得水权的前提，这在宋代差不多是所有湖域、泉域、库域都遵循的通例。北宋仁宗嘉祐五年(1060)七月二十四日，两浙转运司转述睦州桐庐县令刘公臣的一份报告称：

> 天下郡县乡村，有古来溪涧沟渠泉穴之处，并不得人户作埭填筑，占据为主。每遇春农之际，并仰有田分之家，各据顷亩多少，均摊出备工力，修开取令深阔，盛贮其水。或遇水

---

① “均包湖米”是湘湖水利系统的基本制度之一，是杨时主持县政时，为在确保国家既定税粮收入不受影响的前提下推动湘湖的形成，对因围建湘湖而被淹占土地原缴税粮所作的重新安排。其具体内容，是将湖底土地原缴税粮由周围九乡受益农田均摊，每亩七合五勺。说详拙文《均包湖米：湘湖水利共同体的制度基础》，《浙江社会科学》2004年第6期。均摊的湖米又称为“湖耗”，周易藻《萧山湘湖志》续志第11页：“自田既成，湖粮仍加派于九乡得占水利田亩，使国家不至因湖受耗，故名湖耗。”

② 周易藻编著《萧山湘湖志》八卷、外编一卷、续志一卷，民国十四年编成，十六年刊行，有郭曾甄、王仁溥序。以下简称《周志》。

旱，即据田亩轮番取人浇溉。明置文簿拘管，官为印押，给与本处乡长收管。或有贫人、下户贸易田土与别主者，亦据见佃之人承认水分，违者严置之法。[①]

刘氏所言，清楚地说明在由“溪涧沟渠泉穴”构成的“泉域”型社会中，“田分”与“水分”，也就是地权与水权的对应关系。在江河流域，似乎同样如此。南宋孝宗乾道元年（1165），徽州知府吕广问就江河流域的农田水利问题上奏，详细规定了与塘堨修筑管理事务相关的十余条规约，其中也谈到地权与水利集团成员资格的关系：

诸塘堨合轮知首之人充，虽田少不该，亦均给水利，不得阻障。

若乡例私约轮充，于官簿内开说，充知首人，尽卖田业，新得产家虽合充，止轮当末名，不得越次，仍批官簿。[②]

该奏包含两层意思：第一，作为管理江河塘堨的民间负责人，“知首”向来由拥有较多田产者轮任，“田少”者“不该”即无资格充任。然而，即使没有资格担任知首，也不因此而失去对水的使用权，只要有地权，无论数量多少，都享有“均给水利”之权；第二，当原知首出售田产、新买家获得田产后，“新得产家”即可充任知首，但只能居于众知首中的最末位。这说明，此前与该水利集团全无关系的某人，一旦购入含有水权的土地，即可成为该集团的成员。换言之，原来有资格充任知首者，只要他“尽卖田业”，就意味着不仅放弃了知首的地位，而且脱离了该集团。

若根据共同体的理论设定，同为湘湖水利集团的成员对于湘湖的权利和义务应该均等，否则这种“最为依赖共同的和相同的活动，最纯洁地表现出真正的帮助、相互支持和相互提携”的关系就无从形成；[③]这类集体形式就只能始终徘徊在共同体的门槛之外。

实际情况确实非常复杂。由于湘湖灌区内各乡所处地势原有高低之分，而“均包湖米”又表现为一个平均数，每亩“均包”数量没有差别，因此，在水量和流速正常时问题不大；一旦水位、水量、流速出现反常，因地势决定的各乡各村获水时间的先后、长短就等于获利的大小。在 14 万余亩水田实际受益程度不一的情况下，九乡部分居民一定会感觉到，他们对湘湖所拥有的权利与承担的义务之间未必是平衡的。

南宋绍兴二十八年（1158），萧山发生严重旱灾，湘湖水位下降，灌区水田对水量的依赖性大幅提高；有关各乡居民为配水多少和时间早晚，发生争吵打斗，直至起诉告官。如前所说，萧山县丞赵善济在进行广泛调查后妥善解决了这一纠纷。但事实上，按先后顺序、毫厘尺寸供水的《均水法》，貌似均衡，却已背离了“均包湖米”体现的权、责均等原则。各同质性成员间为此出现紧张对立乃至冲突，亦为早晚必定之事。

於士达《考略》第六则“凤林穴”一节讲述的就是一个典型实例：

---

① 《宋会要·食货七·水利上》，《续修四库全书》史部第 782 册，第 53a 页。

② 《宋会要·食货八·水利下》，《续修四库全书》史部第 782 册，第 76b—77a 页。

③ 斐迪南·滕尼斯：《共同体与社会》，第 63 页。

凤林穴溉新义乡田二万一百余亩。是乡地势最高，河道浅狭……新义乡之所需湖水，较各乡为更要也。然他穴放湖较便……惟凤林一穴……所得之水已属他穴之余滴矣。更可恨者，放湖费尽周折，农民正在车戽之时，略见时雨，行家不遵旧例，白露未交辄先毁坝。是凤林穴之放湖为独难，而所得之水为独少也。

既然新义乡“所需湖水”最为迫切而“所得之水为独少”，又有谁能阻止该乡 5 个村的农民为此大呼其冤、大打出手？因此，即便在身处同一水利集团、遵循同一规则约定、总体上同属“得利”阶层的集团成员之间，虽然同质性颇高，也会形成不同的利益和利害关系。中国农民深受平等付出、平均获利、“不患寡而患不均”之类传统理念的熏陶，只要“均包湖米”及其相应的权利意识仍然是维持湘湖水利体系最基本的制度架构和价值基础，“均包”了“湖米”的人们，一定会在自己利益受损或仅仅是未能充分满足的情况下，就得出利益受损之根源概在于“公共利益”的结论，在实践中向它发起挑战，至少会不断提出“公共利益”向己方倾斜的要求。

由以上实例也可看出，湘湖水利集团的成员虽然具有非常突出的同质性，但由于湘湖水源的先天不足和制度的设计缺陷，集团内部的利益纠纷就不能在有效自律的前提下得到充分的协调和兼顾。于是，为了维持集团的顺利运转，政治权力就不得不保持极高的介入度，这也是导致湘湖水利集团只能成为一种“准共同体”的最基本原因。

在湘湖水利集团成员的用水权问题上，更集中地凸显了以上特征。

现代经济学和法学意义上的水权，是指对水的所有、占有、使用、收益及让渡的权利。由于中国古代关于水的基本观念是所有权公有，不存在对水的私有，个人所拥有的只是水的使用权，因此我们所讨论的水权制度，只涉及水的使用权和其他权利，一般不包括所有权。

在一个由稳定湖域形成的水利集团中，必定按照单一原则来确定用水权。在湘湖库域范围内，就是由九乡得利田亩平均分摊湘湖 3.7 万亩湖底农田原缴税粮以及日常维护堤塘闸堰所需之工费。受这一基本关系的维系，九乡中依靠湘湖湖水灌溉的这部分居民逐渐形成一个得失相关、互为牵制的利益集团，以及以捍卫既成水利体制为目标的湘湖地方意识形态。这个利益集团和水利体制在用水权上体现的基本原则，就是“均平”。“均平”也是中国古代水权理论的终极价值。很显然，对“均平”原则的破坏，不仅表现为对某一特定水利集团的破坏，也意味着对中国古代水权理论精神的背离。

在一般的江（河）域、泉域型水利集团中，对“均平”原则的破坏，主要表现在由一些大土地所有者（豪强地主）利用强大的经济实力和地方强权，对应属集团成员共享的水利资源形成擅占和霸占之势，从而使得弱势者因无力、无助而无奈、无望，或者被迫放弃农业生产，或者铤而走险、鱼死网破——无论何种结果，最终都将导致水利集团解体。因此这类水利集团都会注意调节集团内部各阶层的权利关系，努力在用水权上体现出原则平等和动态均衡。比如王安石在仁宗庆历二年（1042）所撰《萧公神道碑》中，讲到碑主萧定基在担任监成都府市买务时的一段经历：

蜀引二江溉诸县田，多少有约。李顺为乱时，成都大豪樊氏盗约，改一昼夜为六，由是他县岁赂樊氏县，乃得其余水。讼二十年不决，转运使以属公。公曰："约所以为均，即不均，约不可恃也。"乃亲决水，视一昼夜，而樊氏县水有余，樊氏即伏罪，诸县得水如故约。①

此例中，因"成都大豪樊氏"恃势"盗约，改一昼夜为六"，破坏了"故约"的"均平"原则，明显与江（河）域水利集团最应遵守的"持续水流理论"及"合理用水理论"②相抵触，因而为集团整体利益所不容。樊氏最终以一个民事性的过错，却被按照刑事犯罪处理。

大部分江（河）域、泉域水利集团内部都有类似樊氏这样的豪强势力，他们一旦需求增长或自我膨胀，就会破坏集团原有的"均平"之势。对于这类"特殊人群"，水利集团的其他成员一般都会在抗议无效之后诉诸法律，依靠公权力予以强力纠正。这一现象亦成为中国水利史上所谓"水案"的最大通例。

另外还有一种对均平原则的维护类型，也涉及对一些"特殊人群"的特殊处理，但性质与对"大豪樊氏"完全不同。两宋之际孙觌的《周氏十公记》，讲北宋中期周文坦在江西弋阳买田后，涉及灌溉用水的分配问题：

山田高仰，率潴水为塘，以备旱，多寡先后有约。公命先溉寡妇者，余田以次受水如约。③

"潴水为塘"而成之水源，为典型的山区水库，功能与湘湖大同小异。弋阳多山，灌溉向来是困扰各方的难题，灌溉顺序的先后即意味着农田用水的多少，是最直接的利益分配方式，须严格按"约"行事。周文坦"命先溉寡妇者，余田以次受水如约"，就是在强调均平的"约"定之上，附加一个对弱势群体带有慈善性质的特殊保护，使得建立在客观标准基础上的"均平"体现出一种超经济的人性化关怀。与依靠官府、诉诸法律对破坏"均平"之势的豪强势力加以打击的努力相比，这一措施传达出的明显善意，对缓解水利集团内部的矛盾更加有利，可以最大限度地减少对整个系统的破坏冲动。

对湘湖水利集团成员"均平"用水现状形成破坏乃至瓦解的力量，主要不是来自豪强地主对水利规则直接的"盗约"，而是集团内及库域内各类利益群体出于各自不同目的所作的选择。

一种是库域内部分不愿亦无须利用湘湖湖水的居民，以"罢湖复田"、私开私种湖田等方式

---

① 王安石：《临川先生文集》卷89《故淮南江浙荆湖南北等路制置茶盐矾酒税兼都大发运副使赠尚书工部侍郎萧公神道碑》，《四部丛刊初编》集部第155册，第5a页。本文所引亦据南宋绍兴二十一年两浙转运使司王珏刻本、南宋龙舒刻本校订。

② 持续水流理论（continuous flow theory）和合理用水理论（reasonable use theory）是沿岸水权理论的两个基本原则。前者的内容是：凡是拥有持续不断的水流穿过或沿一边经过的土地所有者，自然拥有了沿岸所有水权，只要水权所有者对水资源的使用不会影响下游的持续水流，那么对水量的使用就没有限制。后者是对前者的进一步补充和修正，在持续水流理论的基础上更强调用水的合理性，即所有水权拥有者的用水权利是平等的，任何人对水资源的使用都不能损害其他水权所有者的用水权利。参见常云昆《黄河断流与黄河水权制度研究》，北京：中国社会科学出版社，2001年，第44页。

③ 孙觌：《鸿庆居士集》卷23，《文渊阁四库全书》集部第74册，第235a页。

来瓦解现存水利集团的凝聚力。根据湘湖地势和水量的特点,湖体的变化将对湖水的流速、流向造成影响。而在所有这些变化中,湖田的增加对于湘湖水利现状是一个最直接、最负面的影响因素。

如前文所引,北宋徽宗宣和元年(1119),距湘湖建成仅7年,萧山就有人向朝廷提出"罢湖复田"的请求。向朝廷提请求的人,是"主罢议"的所谓"乡官",按身份和财产条件来说,自然可入"豪民"之列;但此人所代表的又非个人,而是利益诉求相近的一个群体。这批人是否为"豪民"其实无关紧要,关键在于他们中的大部分可能在湘湖边上本来没有土地,或者没有需用湘湖湖水灌溉的水田,因此是水利集团之外的库域居民。府、县主政者的态度还算开明,召集各有关方面合议,希望能够兼顾各方利益,但结果却不理想。"罢湖复田"的建议虽未被明确指斥为不合理,却遭到湘湖灌区其他受益者的抵制,地方官只得搁置不议。如民国《萧山县志稿》卷3《水利门·湖沼》所说:"宣和初年,有淤湖复田之议,民咸不可,遂寝。"[①]

这些奏请"罢(淤)湖复田"的人们后来遭到舆论极度的丑化,全部成了所谓的"豪民""湖霸",而官府管理约束的目标,又从中立调控——劝和促谈,走向简单化的刑律责罚,进而破坏了这个主要需凭自觉和公信方能有效维持的结构秩序。这一趋势的几个基本特征,我们从南宋淳熙十年(1183)顾冲对李百七等人占湖为田一案的处理结果中可以看出一个大概。《毛志》卷1"淳熙年清占/立均水约束记"记载了此案的大致经过:

> 六月十四日,乡民王四四论李百七等六人占湖为田,而王四一者,四四兄也。行遇褚百六于途,百六与李百七等皆占田者,因诅四一曰:"何为使四四论种湖田?"拦而诅之,握石斫其头,头血,押之往张提举家。而汪琚等十一人列状论王七盗种牛坊坞田甚夥,难以枚计。及追到王七,则七供:"牛坊坞田,湖田也,七安敢种哉?张提举雇七插秈秧耳,顾(故)亦不得知亩步丘片多少。"冲乃直揭张提举,而追到褚百六等,各杖百断罪。其他如汪宁、赵七等,或占为田,或占养鱼,或占种荷,或暗置私穴盗水以溉己田,重即解府断罪追偿,轻即就县行遣,湖为之清。

《富志》卷上《邑令顾公萧山水利事迹》记载顾冲根据王七的供词,抓到了一批占田者:

> 止追到褚百六、李四二、周十四三名,各从杖一百断罪。怨谤之生,实起于此。如百姓汪宁、赵七、吴五、徐荣祖、周信厚、吴文荣,或占为田,或占养鱼,或占种荷,或暗置私穴盗水以溉己田者,重即解府断罪追偿,轻即就县行遣,尽复为湖。

以上涉案人中略称得上是"豪民"的,也许仅张提举一人,而此人一定已为自己拥有的部分水田交过湖耗,此时更是放肆地开发和侵占大量在法律上属于官有的湖田,甚至还公开雇人(王七)

---

① 彭延庆主修,姚莹俊总纂,张宗海续修,杨士龙续纂:《萧山县志稿》(以下简称民国《县志稿》),《中国地方志集成·浙江府县志辑》第11册,南京:江苏古籍出版社、上海:上海书店出版社、成都:巴蜀书社,1993年,第323页。

耕种，确实太过分。至于其他人，如李百七、王七等，则是既无地权也无水权，趁乱占田、靠湖吃湖的雇农、佃农和一般湖民。淤塞湖面使之成为湖田的做法，对于库域其他需从湘湖均衡获取水利的居民来说当然十分不利，既减少了水面，降低了储水总量，又因为本不在湘湖灌溉体系之内，可以不遵守放水规则，因此顾冲利用政府权力予以取缔自无可厚非。但令人困惑的是，既然顾冲的处罚号称合情合理，顺乎民意，为何《富志》却说"怨谤之生，实起于此"？如果说对"占湖为田"者棍棒伺候是这些违规者咎由自取的话，对"占湖养鱼"者也不轻饶的依据何在？

就在湘湖成湖前一年的北宋政和元年（1111）三月，徽宗针对荆湖北路提点刑狱公事陈仲宜、提举淮南西路常平等事李西美等人关于"沿江湖池不少，自来系众人采取、小民所赖"的奏本连下二诏：

> 三月十四日诏，近因陈仲宜等言，诸路湖泺池塘陂泽，缘供赡学费，增收遗利，纵许豪富有力之家薄输课利占固，专据其利，驯致贫窭细民，顿失采取莲荷、蒲藕、菱芡、鱼鳖、虾蚬、螺蚌之类，不能糊口营生。若非供纳厚利于豪户，则无繇肯放渔采。兼遇时雨稍愆，即成灾伤。蠲除租课，遗弃地利，因被阻饥。推究始终，为患颇大，理合改更。
>
> 二十一日诏，弛陂湖塘泺之禁，依元丰旧法，与众共利，听其汲引灌溉，及许濒水之民渔采，以资生计所有。①

以上二诏传递的最重要信息，就是皇帝认为沿江湖泊应该体现"与众共利"的原则，即不仅要保证农田耕种者"汲引灌溉"之需，还要允许"濒湖之民"养殖采取，"糊口营生"。不同类型的湖泊（自然型、人工型、沿江型、内陆型、丰水型、缺水型、高原型、平原型等）为达到既满足灌溉、养殖所需，又能维持生态良性循环的目标，要解决很多复杂的技术问题和制度安排。皇帝自然不会对此感兴趣，他重申的只是这样一个宏观的"与众共利"原则，而这个原则恰为社会公众对于公共资源的基本要求，也是维系人类与公共资源和谐友好、长治久安的关键所在。

成书于南宋嘉泰元年（1201）的《会稽志》卷 10 称，湘湖"溉田数千顷，湖生莼丝最美。水利所及者九乡，以畋渔为生业，不可数计"，说明湘湖形成近百年后已经实现了这样一种"生业"分化而和谐的局面，核心为畋，边缘为渔，多种经营，共存共利。该书卷 17"草部""鱼部"亦有关于湘湖特产的记载。② 虽然这些记载中免不了包含着理想化愿景和某些夸张的成分，但当地逐渐形成一种基于"生业分化"基础上的较和谐秩序，则是可信的。

既然如此，顾冲 20 年前完全偏向"汲引灌溉"之需、一味打压其他"生业"的动作，不是显得很多余、很不合时宜么？

此案说明，由于库域居民不同的居住位置、生计方式和阶层背景，很早就在与湘湖水利的亲

---

① 《宋会要·食货七·水利上》，《续修四库全书》史部第 782 册，第 61a、61b 页。

② 嘉泰《会稽志》卷 17《草部》："萧山湘湖之莼特珍，柔滑而腴。方春，小舟采莼者满湖中。山阴故多莼，然莫及湘湖者。"同上《鱼部》："萧山湘湖之鲫珍美，为越中之冠。"《文渊阁四库全书》史部第 244 册，第 366b、376b 页。

疏关系和获取利益的手段上出现了分化，并发生了冲突。绝大部分持批评态度的人，对其中隐含的合理因素不愿也无法加以体谅，不无蛮横地认定，凡是参与“罢湖复田”者，无论出于何种原因，都是缺乏起码公德之心的表现，官府应以防微杜渐的严厉措施，严惩不贷。顾冲就基于这样的价值判断，对所有涉案人不分青红皂白，一律加以处罚，结果混淆了不同性质的矛盾，自然就激起了种种“怨谤”——真是事倍功半，吃力不讨好。

另一种对湘湖水利集团的均平用水权造成损害的力量，来自湘湖库域居民中的一部分边缘群体。他们虽然住在湘湖两岸，但生产方式已非单纯农耕，而是兼营渔业、砖瓦业及其他手工业，并有部分商贩。这里只略谈其中部分经营砖瓦业者与湘湖水利集团的关系。

民国《县志稿》卷1《物产·制造物》：

> 砖瓦：乾隆志“砖出湘湖各村”。按：湘湖土质细韧，滨湖而居者，如定山、汪家堰、跨湖桥、湖里孙、窑里吴诸村，皆业陶。故砖瓦为邑著名出产，陶肆多以萧山地坪为标识。岁值银七八万元。

据《周志》卷8载，湘湖砖瓦有尺八方、尺六方、太堂、主富、老大延陵、大延陵、中延陵、棒硾砖、洋砖、筒瓦、定瓦、时瓦、尺筒、菊花盆、狮子、瓦将军、花边滴水等35个品种。由于湘湖砖瓦以湘湖湖底黏土为原料，品质极好，市场需求量很大，故从明代起，湘湖砖瓦业即为萧山重要特产，以此为业者遍布上、下湘湖沿岸。至民国十四年(1925)，窑所共达44处，计上孙8处，中孙7处，下孙11处，山前吴3处，跨湖桥6处，小窑里吴4处，大窑里吴5处。至民国十六年(1927)，窑所又增至72处。湘湖砖瓦业的高度发达，对于湘湖水利态势具有直接影响。原因有二：

其一，湘湖一般水深2—2.5米，①上湘湖湖底均高海拔17.2米，下湘湖湖底均高海拔17.1米，②湘湖湖水流速即取决于这个水深及1米左右的湖底落差，全湖各霪穴放水顺序的先后排列和放水时间的长短控制，亦以此为基础。几百年来，砖瓦业逐步改变了湘湖原来水深和湖底均高。早在清初，毛奇龄已指出因砖瓦业而改变的水深，将导致上、下湘湖间的“倒注”，③从而根本性地破坏湘湖水利的制度安排。民国四年(1915)，浙江巡按使指令浙江省水利委员会第一测量队对湘湖进行实地丈量勘明，提出疏浚开垦方案，并绘图说明具报。同年十一月，队长陈恺率队实测后撰成《湘湖测量报告书》，指出：

> 此次测量之时，适当霪雨之后……全湖虽尽在水底，其水深之量，尽自数寸以至二三四尺不等，其间有深至十余尺者，系滨湖窑户历年挖土使然，是非湖之本体也。④

---

① 萧山县志编纂委员会编：《萧山县志》第2编第4章第2节“中部水系”，杭州：浙江人民出版社，1987年，第153页。该志为官修民国《县志稿》编定之后的第一部新志。以下简称《新志》。

② 国民党浙江省党部编：《湘湖调查计划报告书》之十八《湘湖之地平线》：“上湘湖地平线，十七·二米突(即上湘湖湖底平均高)。下湘湖地平线，十七·一米突(即下湘湖湖底平均高)。”(第75页)

③ 《毛志》卷2《湘湖私筑跨水横塘补议》，《四库全书存目丛书》史部第224册，第629a页。

④ 陈恺：《湘湖测量报告书》，民国四年浙江水利委员会印本，第2页。

《湘湖调查计划报告书》之二《湘湖之沿革》，用数字更详细地加以说明：

湖民以烧砖瓦为业者甚多，现有窑炉七十二只，平均每月烧一百次，每年千余次，计算每窑当耗费湖泥最少计算约二百立方尺，则每年消耗湖泥为二十万立方尺。取泥者既毫无限制，又绝不规则，被挖窑泥之处，往往变为深潭，约有十数丈之深，潭边隐然露硬堤；登高一望，可见下湘湖一带，一片汪洋中，鳞次栉比，皆方形圆形之硬堤，其状仿佛大水浸渍中之田亩。故非熟悉湘湖航线者，入湘湖简直无路可通。若此十年后，湖底深浅完全失去自然状况，整理甚困难也。①

湘湖砖瓦业源自明代，以上两部报告书所反映的，虽为民国初年所见之事实，但显然已是历年积累所致。

湘湖水利集团的核心成员出于自身利益的考虑，对砖瓦业的存在和发展自然极为反感，但他们又无法直接采取行动，只能通过影响官府，假官府之手达到目的；而官府对湘湖砖瓦业则持相对实用的立场。如果因其长期乱采湖底黏土而对湖体造成损害，并因此引起严重后果的，则予以取缔。《毛志》卷2《弘治年何御史清占始末》，谈到明孝宗弘治八年(1495)何舜宾父子一案判决后，官府宣布的处理结果：

究占湖事，拟(孙)全以辟，清出所占田一千三百二十七亩，堰池九十六口，地二十六片，瓦窑房屋二百十间，尽还之官。

将"何案"中相关责任人的瓦窑、房屋视为对湘湖水利形成破坏的设施，可以反映明代官府对湘湖砖瓦窑业严厉的态度。但是这些被没收充公的产业毕竟属于案犯所有，对涉案人产业的处分标准，并不能代表官府对该产业本身的政策。就整体而言，湘湖砖瓦业是萧山的大宗特产、名产，不仅事关政府财政收入，而且涉及库域范围内大量居民的就业、生计，政府不能不管，关键是如何维持一个各方都能接受的"度"。因此，官府受水利集团核心成员态度的影响往往十分有限。这一特点在进入清代以后表现得非常明显。

乾隆三十三年(1768)，萧山乡绅黄云等联名向浙江省府控告湘湖沿岸部分居民，说他们以砖瓦为业，挖泥取土，湖山不分，必将对水利形成威胁，故要官府出面取缔。控状由省转发绍兴府处理。知府明禄接案后经细勘，认为控状所诉内容情有可原，其行为未构成对湘湖的恶意侵占，后果并不严重；而且举报人的考虑不够周到，对性质的判断也有夸大之处。在随后给省府的正式报告中，明禄指出：

卑府遂于乾隆三十三年五月初八日亲诣萧邑，传同各绅士，逐细履勘。其各居民搭盖房屋并窑座处所，均系沿山沿湖一带山零地角，与湖身储水之区并无妨碍。讯据该居民等，佥称生长习业于此，或转辗契买，或积祖相承，实不知始自何年何代。即询之原告绅士黄云

① 国民党浙江省党部编：《湘湖调查计划报告书》，第4页。

等供亦相符。令其指明金线界限，实无从辨色。而该窑户等取土烧砖烧瓦，随时开浚湖身，该绅士等亦称有利于湖；并云居民房屋成功莫毁，仍请照旧免拆等语。诘其因何呈控之由，咸称不过欲清厘湖界起见，并无别情，各等情在案。卑府窃思，以八十里湖旁之地，历经数百年之久，湘湖界址既无可考，如果居民搭盖宇舍有碍于湖，原不容其久占。今履勘之下，尚属有益无损；遽以绅士一呈，即令三百八户顿遭拆毁摈逐，失居失业，难免向隅之泣。在该地居民，祖孙父子相安已久，并不知始自何年何代。今按查鳞册四至，以无完粮契据，即属侵占，亦无从究其始末根由。况世远代湮，沧桑屡易，是否湖身遽难稽考。际此升平盛世，生齿蕃衍，山零地角原不禁民托足谋生，卑府管见，应请仍从其旧，免其拆毁，以安民业，以杜滋扰。所有该县吊到各契，均行给还，并饬各庄保，嗣后如有在于(?)官地界内混行侵占者，即行呈县究治，永杜后人觊觎之渐。庶小民生计有赖，永戴皇仁宪德于无既矣。如蒙宪允，卑府即当出示晓谕居民永行遵守，理合勘拟具详，伏祈察传。①

“窑户等取土烧砖烧瓦，随时开浚湖身，该绅士等亦称有利于湖”云云，与常识不符，显然是为窑户故意开脱之词；而“遽以绅士一呈，即令三百八户顿遭拆毁摈逐，失居失业，难免向隅之泣”，则是基于实情的担忧。知府之责，安民为上，当然不愿惹此麻烦。因此，明禄建议“仍从其旧，免其拆毁，以安民业，以杜滋扰”，就是一个既合情理又颇现实的选择了。

此案后来又经过一些周折，至乾隆三十八年(1773)三月，浙江布政司王亶望上奏：

萧山之湘湖，系宋时开浚成湖，周围八十余里，灌溉田一十四万余亩。湖之周围俱有小山，沿山沿湖一带山侧地角，旧有居民盖屋居住、烧窑生业者三百八户。前有讦讼委员确勘于乾隆三十三年间，查明屋宇积祖相承，或转辗售卖，不知始自何年，且系陆地筑室，与湖身无碍，而挖土烧砖，湖面日阔，与蓄泄有益，当据府县详禀，毋庸拆迁在案。今钦遵谕旨，再行申禁，嗣后但许住居岸上，不得占垦湖身，有妨水利……乾隆三十八年三月初九日，奉到朱批：“知道了，钦此。”②

全案至此定谳。其实，明、清两代统治者对湘湖砖瓦业本身绝不会有任何成见，决定他们采取何种政策的关键，是看该行业的发展是否会对湘湖所在的萧山地方社会的整体平衡造成损害；而湘湖水利集团的立场则要狭隘得多，一切仅以水利集团的直接利害关系为判断基点。

其二，湘湖砖瓦业的发展，推动了湘湖地区相关产业以及商业、运输业的兴旺，于是，砖瓦产销通道的顺畅快捷就成了人们对这个产业链提出的直接要求，而这个要求的实现，对湘湖水利则明显不利。於士达《考略》在调查研究湘湖18个霪穴中的历山南、北二穴的废毁原因时指出：

历山南、北二穴，志载各溉安养乡田一千五百余亩，山之南北各有河沟，河、湖交界处各

① 民国《县志稿》卷3《水利门·湖沼》，《中国地方志集成·浙江府县志辑》第11册，第313页。
② 民国《县志稿》卷3《水利门·湖沼》，《中国地方志集成·浙江府县志辑》第11册，第314—315页。

设一穴，今则遗迹无存，不知废自何年。访其废穴之由，乃以近村居民以陶为业，不便运泥载瓦，渐次削毁。

於士达进行湘湖霪穴调查的时间是清嘉庆二年(1797)，达致二穴废毁定非短时期所能为，至少应该在明前期就已开始。另外，作为划分上、下湘湖标志的跨湖桥及其桥堤的建设，也与此有关。民国《县志稿》卷2《山川门·桥梁》：

跨湖桥，在湘湖中，嘉靖三十三年邑中书孙学思字春溪者，拦湖筑堤建桥。毛奇龄《湘湖水利志》：明嘉靖间，孙姓有为中书者忽造跨湖桥于湖中，以通孙、吴二姓往来(湖中非通衢，不过二姓往来，借名利涉，实阴为私占官湖地步也)，至今湫口之水不能及石岩，九乡大受其害，父老相传有"孙学思，筑湖堤，湖堤长，害九乡"之谣。康熙二十八年八月大旱，湖涸，豪民孙凯臣等复于下湘湖截湖筑堤，以建桥便行为辞，与九乡拘讼。时毛检讨奇龄家居，有"四害五不可"补议呈县，通详藩臬各宪。经县令刘俨勘覆，孙凯臣等各予重杖枷示，湖滨拆毁新堤，永禁私筑，勒石有记。

跨湖桥及桥堤的建造是湘湖史上的一件大案和公案，其意义究竟如何？须仔细斟酌，综合评价。这里只指出一点：跨湖桥及桥堤建成后，湖东、湖西因成通衢，交通条件大为改善，但对湘湖的水流及流速却产生了影响深远的负面作用。正如《毛志》卷2《本朝康熙年清占勒石始末》所分析的：

盖水不通洩，便多偏塞；上泫下淀，不无倒注。则孙氏筑堤，正暗行其侵牟之故智，未可引据为口实也。

同书卷2《湘湖水利永禁私筑勒石记》：

夫湖分为三，其于上湖、下湖不无偏曲，然且放水早晚，限有时刻。堤截水缓，则于限刻最少者每有水未出堤而即行闸止之患。

但问题是，孙氏所作所为是他们所处生存环境的客观反映，更是其生存权利的必然要求。湘湖孙氏的始迁祖为曾五公，"宋、元间为避兵燹，徙居于吾萧之湘湖，邑中称巨族者，咸曰湘湖孙氏"[①]。该族迁居萧山时，须引湘湖水灌溉的水田已不多，只能在位于上、下湘湖瓶颈处的西北岸桥头山和城山脚下聚居下来，[②]世代以挖取湖泥、烧砖制瓦为主业。孙氏不是湘湖发起人，也不承担湖耗，本非湘湖水利集团成员；虽然也有历史形成的居住权，但相当边缘，要求他们与湘湖水利集团的核心成员一样视湘湖为命脉所在，自然不切实际；而把他们说成与湘湖离心离德，是必欲毁湘湖而后快的"湖患"，也显然言过其实。前引《萧山湘湖孙氏宗谱》收录任辰旦于康熙

---

① 清康熙三十年任辰旦《萧山湘湖孙氏宗谱序》,《萧山湘湖孙氏宗谱》(22卷)，民国十七年映雪堂木活字本，浙江省萧山市图书馆藏。

② 湘湖孙氏主要聚居在上孙、中孙、下孙、湖里孙等村落中，详见《周志》卷8《村落》。

三十年(1691)为萧山孙氏所撰之《湘湖孙氏谱序》,其中有这样一段:

孙氏世居湖滨,无城市喧,聚族而居者不下数万。指其长老之诵习诗书者,日率其子弟吟咏于山巅水湄,湖光浩荡,烟波万状,故胸次每多磊落。而耕夫渔叟往来于其间者,暇则恒随其后,是以都无俗态。至其积善不倦,力行不怠,毋以世德之所种有以启之欤。

任辰旦,字千之,号待庵,也是萧山人,因与孙氏有"年家眷弟"之谊,应酬文字中谀辞不免稍多了一些,但上引谱序反映孙氏与湘湖早已构成密切的生存依赖关系,应是基本的事实。

另有一例,也可说明孙氏与湘湖的关系。清光绪元年(1875)孙曾鑫等重修《萧山孙氏宗谱》,该谱卷6《褒公派系图·本支五房世系图》记:

润四公第三子生子三:褒、棻、悰。悰生五子:景頔、景颀、景颃、景顽、景硕。

景頔生子一:湘,字克俊(公生永乐元年癸未三月初二日丑时,卒天顺八年甲辰四月廿一日申时,寿六十二岁)。

景颀生子一:湖,字怀德。

景颃生子一:潮,字居闲。

景顽生子一:浚,字桓初。[①]

会以"湘、湖、潮、浚"四字入子孙排行用字的人,想必一定对湘湖怀有相当深厚和亲切的感情。

当然,孙氏建造跨湖桥及桥堤确实会对湘湖水利集团大多数成员的既得利益形成巨大威胁;无论其主观动机为何,跨湖桥都将永久性地破坏湖体,改变湘湖水利现有的自然基础,从而陷水利集团内部原定格局于崩溃。改革将不可避免。

综上所述,湘湖水利集团成员"均平"用水权的维持相当脆弱,这主要是因为湘湖无稳定、大量的水源补给,所以既得利益者就对会影响湖水储量、流速的任何变化反应特别敏感、特别强烈,从而使得整个水利集团为了实现自我保障功能,具有鲜明的排他性。

四、集团的排他性

当某一集团概由同质性成员构成,该集团就将因利益的趋同而表现出封闭的、对异质性个人或群体采取排他性策略的特征。也就是说,只要出现与该集团所定宗旨相异的人、事,集团内部就会产生一股排除异质、努力恢复集团本来面目的力量。对于一个集团来说,排他性反应本是维持集团内部的自律、平衡,扩大横向间联合的必然要求;而对于一个农业水利集团来说,统一的秩序是农业再生产诸条件中不可或缺者,因此更具有显著的必要性。

以下几个实例,可从不同角度证明湘湖水利集团正具有这种典型的排他性反应。

① 《萧山孙氏宗谱》,富春守正堂木活字本,共10卷10册,日本东洋文库藏。

（一）对来自集团内部异质性因素的排他性反应

前文已经提到，在湘湖成湖仅七年后的北宋宣和元年（1119），就有部分湘湖居民向朝廷提出“废湖复田”的请求。此案经赴京觐见、官府调停、适逢大旱等一系列环节后作罢。

南宋高宗绍兴二十八年（1158）至孝宗乾道初年，萧山发生严重旱灾。与湘湖有关的九乡部分居民，为配水早晚和水量多少，出现了争吵、斗殴，最后发展到民事诉讼。此案在萧山县丞赵善济设立《均水法》后逐步平息。

孝宗淳熙年间，萧山再次大旱，湘湖居民又因水利不均而争斗不已。萧山县令顾冲通过修订赵善济的均水法，扩大湘湖水利的受益范围，实现了与“均包湖米”大致适应的“均平”用水权。

由以上宋代三案反映出的排他性，因其所针对者均为水利集团成员，因而处置方式显得较为平和、善意，在地方官府的主持下，通过调整内部规则、协调有关各方的利益需求，使争斗得以平息。如果这时的处置手法过于激烈，将导致矛盾激化。《毛志》卷3《湘湖历代禁罚旧例》说：

> 宋淳熙十一年定例，放水不依时刻先自开发者重罚，若私置霪穴、中夜盗水者，其罚尤倍。注：揭防断臂，窦水断趾。揭防者，私先启防，即先开闸也。窦水者，以穴盗水也。断者，折伤也。一说划堤剁指、盗水钛趾，则肉刑矣，非是。[①]

其实，宋代的“定例”只提“重罚”，如《宋刑统·不修堤防盗决堤防》对盗水和破坏水利工程的行为有明确的处罚规定：“诸不修堤防及修而失时者，主司杖七十。毁害人家，漂失财物者，坐赃论，减五等”；“诸盗决堤防者，杖一百”；“其故决堤防者，徒三年”；等等。都没有说到要施“断臂”“断趾”之类酷刑。在实践中，顾冲仅对占田者“各从杖一百断罪”，就引起了所谓的“怨谤”，更何况性质相对要轻的“揭防”“窦水”，应无施以肉刑之理。对“暗置私穴盗水以溉己田者”的处罚，是案情重者送绍兴府法办，案情轻者送萧山县发落：“重即解府断罪追偿，轻即就县行遣。”由政府按律处置。如果案主是像“张提举”一类有身份的乡绅，处理时就更注意把握分寸，留足面子。[②] 水利集团本身并不拥有对违规者施加体罚之权。毛奇龄在编撰《湘湖水利志》时，对历代处罚力度有明显的夸大，目的是为了强化保卫湘湖的“历史合法性授权”。

（二）对来自集团外部异质性因素的排他性反应

如前文所示，南宋乾道四年（1168），萧山县丞赵善济曾经有效阻止或延缓了恩平郡王、招讨使李显忠、大节使周仁等宗室显贵对湘湖的蚕食，这批人对湘湖既不交纳湖耗，也不承担赋役，是纯粹的异己者。

湘湖周围的几个湖泊，如白马湖、詹家湖、落星湖、梓湖等，也存在类似情况。当朝廷计划将

---

① 《毛志》卷3的《湘湖历代禁罚旧例》汇集了自南宋淳熙十一年（1184）至明正德十五年（1520）330多年间对以各种形式侵占蚕食湘湖水利行为的严格处罚措施。除所谓“断臂断趾”外，还有“侵占多及千亩者死”“永远充军”等峻法。但从实际情况来看，绝大多数罚例都未真正实行。

② 《毛志》卷1“清水穴”，《四库全书存目丛书》史部第224册，第618a页。

这些湖泊附近的一些湖田赏赐给宗室和勋臣时，湖区居民立刻就提出明确的反对意见，并迅速联络地方官，将讯息上报皇帝，迫使有关当局收回成命。《毛志》卷3《附落星湖梓湖》引顾冲《水利事迹》：

或谓水利不讲其故有二：非寄居强占，则君命拨赐。夫寄居强占，犹尚可言；君命拨赐，则臣工太小，谁得而议？而冲谓不然。……萧山水利有十，冲到任后已复其四，惟落星、梓湖未得如旧，故吴谅列状举论有云："国家恩赐臣下，或以爵命，或以金帛。爵命高则俸禄自厚，金帛多则阡陌自增，原不必赐以田也。况东南地狭，田皆有主，凡夫无主而在官者，必水利耳。若非水利，国家焉得有闲田旷土以待拨赐？"此甚明者。论上，会提举勾郎中公干，未及报闻，而察院朱珍朝陵过萧，是其论，乃取图经去。不十日，于淳熙十一年十一月奏准开掘，得复为湖。

此案虽然不直接针对湘湖，但由于外部势力对湘湖持同样态度，因此，挽救别湖就是挽救湘湖。《富志》卷下引明代刘璋《明佥事富公重刻萧山水利事迹序》，称赞拍案而起的吴谅是一位"有回天之力"的"义士"。[①] 其实，仅凭吴谅一纸诉状，并不足以使皇帝收回"君命"。由于吴谅所"论"代表了湘湖水利集团在发生由外部强加而至的重大威胁时的基本反应，因而引起顾冲、朱珍等官员的高度重视，皇帝当然就不能置若罔闻、置之不理了。

一部湘湖水利的保卫史，就其核心内容来说，就是在面对诸如上述各例来自集团外部的挑战时，动员起各种社会资源加以有效抵御。然而令人困惑的是，水利集团发言人或代表者对于所谓"异己"均持宽泛和随意的理解，将本该视为"内部矛盾"而妥为协调的利益纠纷，硬生生地推向了敌对位置。

宋末元初，中原和北方的人口为躲避战乱，大量南下。湘湖周围适于种植水稻的土地早为原先居民圈占完毕，新来者为求生存，只能不择手段，或依附为佃农，或挖土为窑户，或直接蚕食湖底，湘湖遂出现成片淤塞，[②]水利集团的严密性和封闭性受到严重挑战。对这些损害湘湖完整、动摇水利集团之本的行为，除支持废湖复田的少数人外，多数乡民、乡官坚决反对，有上述行为的新来者被视为"湖霸""湖患"与"山贼"。县官亦动用公权，一方面以公款组织流民疏浚湘湖，另一方面又依据长期以来形成的习惯做法，强行维持原制，将"湖民侵占之田悉数还官"。

但随着新移民人口增长、势力膨胀，对生存权的简单要求就上升为对发展权的争取，对水利集团原有规则（包括目标和宗旨）的挑战，也逐步由隐而显、由缓而急。受传统公私伦理熏陶支撑的湘湖水利集团成员及其代言人——地方乡绅、乡官，则基本不具备开放的胸怀和智慧，只知

---

① 《富志》卷下，《四库全书存目丛书》史部第225册，第293b页。

② 《毛志》卷1《元至正年修湖》记云："时山贼四起，饥民多乘间窃发，田亩荒秽，湘湖俱芜塞乏水。"《四库全书存目丛书》史部第224册，第618b页。

从既定的道德道义立场以及狭小的同质性成员圈子出发维护既得利益，把后来者一概视为异己、异类，本可加以适当调整、兼顾的利益关系被完全对立化，丧失了在湘湖库域范围内重建秩序的许多机会。在这方面，南宋顾冲对某些湖民的武断处置已现端倪，清初毛奇龄对孙、吴两族的挞伐更走向了极端。“君之视臣如土芥，则臣视君如寇雠”(《孟子·离娄下》)，庙堂之上的君、臣关系是如此，民间社会中“主流—强势”群体与“支流—弱势”群体之间的关系又何尝不是如此？自然生态的演变虽会使人生发沧海桑田的浩叹，但因成见、偏见而加剧的湖体之淤、消解的湖水之利，其损害的却是相关人群共同的家园。

(本文原发表于《中国社会科学》2008 年第 2 期。)

作者简介：

钱杭，1953 年生。历史学博士，上海师范大学历史系教授，博士生导师。曾任上海社会科学院历史研究所研究员、社会史研究室主任，中国社会史学会常务理事，中山大学历史人类学研究中心学术委员会委员，华东师范大学历史系教授、博士生导师。1990 年以来，出版专著 15 部、译著 8 部，并在《中国社会科学》《历史研究》《中国史研究》等杂志上发表专题论文 100 余篇。长期从事中国社会史研究、历史地理学研究和历史人类学研究。近年来注意综合运用现代社会科学研究方法，对中国社会史，特别是社会史理论、历代家族制度、血缘关系与地缘关系、农村社会组织转型等课题进行文献研究和田野调查。

明初以来长江口南岸地理环境的变化与人类活动响应

吴俊范

摘　要： 明初以来长江入海口主泓道摆动影响下的海岸带地理环境变化及人类活动响应过程，反映了长江口主泓摆动的历史周期性和相关人地效应。研究发现，明代初期长江主泓南偏的效应已在江口南岸的岸线坍海以及盐业生产衰减等方面有明显的表现，此后随着南支排水量的继续增加，淡水对盐业生产的影响范围也向南扩展推移。自明初至20世纪中期，金山以北各盐场因海水变淡而相继停产，原盐场区域转变为农业种植区。江流南偏对长江口南岸海岸线、水系、水利方面的影响，主要体现在以黄家湾为节点的北坍南涨、淤涨型岸段的海塘增筑及海塘内外水系的衔接、坍进型岸段的入海河流塞断及海塘内外水系的隔离。

关键词： 长江口　南支　盐场　岸线　水系

历史时期长江入海口主泓道的摆动以及相应海岸带地理环境的变化，一直是备受关注的研究课题，相关成果主要集中在严钦尚、杨怀仁、许世远、陈吉余、恽才兴、张修桂等前辈学者的著作中。[①] 自全新世冰后期最大海侵以来，长江三角洲经历了六个亚期，在每个亚三角洲发育中，皆以河口沙洲发育为主体，沙洲迫使河道分流，形成南北汊道，在科氏力及涨落潮流等因素的共同作用下，北支淤废与南支壮大不断交替发生，河口段也日益东移、南偏。关于长江口主泓在南、北支之间一个摆动周期的时长，学界看法不尽一致，陈吉余等认为一个坍岸或一个涨岸组成一个完整韵律，其完成大约需要15个世纪左右，但同时他也指出：所谓一个完整韵律的移动，也是就江流主泓彻底移动而言，然而在江流主泓彻底移动的过程中，还存在着震荡性的摆动，也

① 参见华东师范大学地理系编《长江三角洲自然地理（1）》，内部资料，1959年；杨怀仁等《长江下游晚更新世以来河道变迁的类型与机制》，《南京大学学报（自然科学版）》1983年第2期；严钦尚、许世远等《长江三角洲现代沉积研究》，上海：华东师范大学出版社，1987年；陈吉余等《长江河口动力过程和地貌演变》，上海：上海科学技术出版社，1988年；恽才兴《长江河口近期演变基本规律》，北京：海洋出版社，2004年；张修桂《上海地区成陆过程概述》，《复旦学报》1997年第1期。

就是说，在某一江岸总的淤涨或坍塌趋势中，还存在暂时性外涨或内坍的震荡现象。[①] 杨怀仁提出类似的观点：所谓“长江下游—河口段河道的向南迁移”，仅是一个比较笼统的概念，反映的是长期河道变迁的总的趋势，至于某一河段的河道变迁过程，情况比较复杂。[②] 前人这些论点推动着我们以更高的精度重构长江口环境变迁的过程以及与之相关的人地关系机制。江南地区拥有丰富的古代地方志等文献资料，使得我们有可能在地方尺度上将大量的人类活动和社会经济史料，与自然地理学的理论和成果结合起来，对历史时期长江口环境变化中一些相对模糊的问题，如江流南北支转移更替的具体过程、主泓摆动所引起的海岸带地理环境综合反应、滨海地区人类活动对江口自然变化的响应和应对等，进行系统性历史细节的呈现以及更进一步人地规律的揭示。

基于上述，本文拟依据时间连续性较好、空间尺度相对微观的长江口海岸带地区的古代地方志、古舆图等历史文献，对明初以来长江口主泓由北支向南支摆动的渐进过程及南岸人地关系的变化进行复原和分析（研究区域见图 1）。对于最近一次江走南支的时间，地理学界比较一致地认为是在 18 世纪中期康熙、雍正年间，[③]其判断依据主要来自对长江口水文、泥沙沉积、河口沙洲演变等长期趋势的数据分析和分期，学界对长江口历史环境变化的多要素研究也多参考这一时间节点。[④] 然而长江入海口主泓摆动是一个科氏力影响下的连续渐进过程，主泓摆动也势必引起海岸线、滩涂、滨海水系等自然环境因子的相应变化，以及盐业、农业、水利、聚落等人类活动的响应，用一个时间点将这种变化的前后过程进行简单区分是否合适？有鉴于此，本文将观察的时间区间自 18 世纪中期向前向后加以适当延伸，主要在明初至民国这一段时期内对长江口主泓摆动的具体过程及相关人地现象进行细致而微的梳理和总结。

一、淡水区的南扩及盐场变化

长江出海口为咸淡水交接处，江水出口门后冲刷到一定距离之外，涨潮时以淡水为主要成分的水流往复上溯，故在此区域内的海岸带为低盐度的冲淡水区，若长江径流下泄量大，则冲淡水的盐度更低，扩展范围相应更大，正如光绪《宝山县志》所总结的：“水势湍急，拦截海潮，潮长则江水与之俱长，潮退则江水与之俱退。”[⑤]

---

① 陈吉余、恽才兴：《南京吴淞间长江河槽的演变过程》，华东师范大学地理系编《长江三角洲自然地理(1)》，第 3 页。

② 杨怀仁等：《长江下游晚更新世以来河道变迁的类型与机制》，《南京大学学报(自然科学版)》1983 年第 2 期，第 342 页。另可参考高进《长江河口的演变规律与水动力作用》，《地理学报》1998 年第 3 期，第 268 页。

③ 陈吉余等：《两千年来长江河口发育的模式》，《海洋学报》1979 年第 1 期，第 108 页；杨怀仁等：《长江下游晚更新世以来河道变迁的类型与机制》，《南京大学学报(自然科学版)》1983 年第 2 期，第 345 页。

④ 如周开胜等《全新世以来长江口演变影响因素探讨》，《海南师范学院学报(自然科学版)》2004 年第 2 期；孙艳梅等《长江口北支中全新世以来环境演变变异事件及影响因素》，《海洋地质动态》2005 年第 1 期；等等。

⑤ 光绪《宝山县志》卷 4《水利志 · 海江》，《上海府县旧志丛书 · 宝山县卷》上册，上海：上海古籍出版社，2012 年，第 392 页。

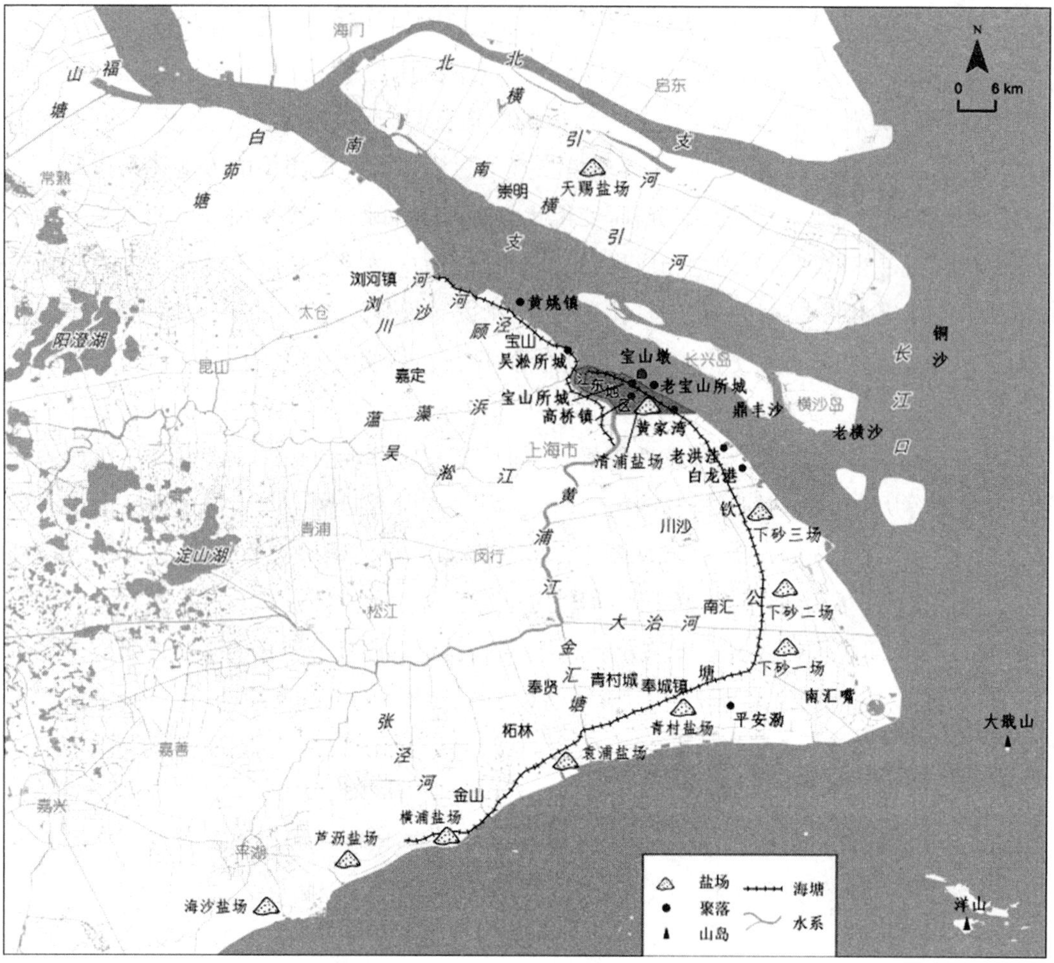

图 1　本文研究区域及主要地理景观的分布示意图

资料来源：底图以长江三角洲东部天地图数据为依据，显示主要城市及区片地名；叠加清后期主要盐场、海塘、岛屿及滨海聚落的位置及名称，作为本文研究所涉及主要地理景观的位置参考。

明清时期长江口淡水区的范围，史籍中未见明确划分，但可以肯定自常熟福山以外，东至铜沙，南至洋山岛，其间的海岸带地区广受长江淡水贴岸南下的影响。万历《嘉定县志》记云："海水咸卤，而此地不异江湖，颇有灌溉之利，盖南则黄浦、吴淞江，北则刘家河，又北则大江注焉。半天下之水，皆洄沿洑激，涤荡于数百里之内，故与南北独异耳。"①这一认知与现代地理学对长江冲淡水性质的界定已经非常接近。又据清光绪《南汇县志》记，长江口淡水区的东南边界为崇明岛东南方海域之铜沙："洋自铜沙以外为外洋，咸水；自铜沙以内为内洋，淡水。"②南面边界则为金山

① 万历《嘉定县志》卷 14《水利考》，《上海府县旧志丛书・嘉定县卷》第 1 册，上海：上海古籍出版社，2012 年，第 306 页。
② 光绪《南汇县志》卷 1《疆域志・形势》，《上海府县旧志丛书・南汇县卷》下册，上海：上海古籍出版社，2009 年，第 595 页。

东南海面上的洋山岛:“长江出焦山口,经福山,南出洋山……故自崇沙以西,江阴、嘉、宝以东,皆江水,无海水。”①

根据民国《南汇县续志》,洋山岛—小戢山岛—南汇嘴一线大致为咸淡水的分界线,并且南汇嘴以北的川沙、宝山、上海、嘉定等贴岸地区,完全在长江径流淡水的控制范围内:“江、浙汇流为汇角,然江流浩瀚,远过浙流,虽小汛时,江水犹直达羊戢诸列岛间;潮来时,仍壅此淡水以入。故汇北海水皆淡,滩地亦少咸质;一过汇角,水皆咸苦,地亦斥卤不毛。其围垦蓄淡,以届成熟之期,必迟至二十年以外。”②

仅据史籍中对咸淡水分界的寥寥记载,并无法厘清长江口主泓南偏与南支排水量渐增的时间进程,及其与长江口南岸淡水控制区影响范围逐渐推移的关系,但可以从文献所载海塘修建的时间、位置以及沿岸盐场兴衰演替等方面的资料,对咸淡水界线的历史变化作进一步的推断。

据万历《嘉定县志》记,明初工部将堵御咸潮的海塘修至嘉定县与昆山县的交界处(约今浏河镇附近),并不断增筑加高,“国朝洪武三十二年(1399),老人朱六安具奏海患,工部遣官修筑,北接昆山县,南跨刘家河,长一千八百一十丈,高一丈,基广三丈,面阔二丈。永乐二年(1404),水官何传督工增筑,高倍于前”③。这大致可证明代初期咸潮冲激浏河口的频度较高,而自此往东南的长江口沿岸地区,由于咸潮经常可达,应当具备设置盐场的条件。

明初两浙盐运司下设松江分司,统辖浦东、下砂、下砂一、下砂二、清浦、天赐、横浦、袁部八场,④这些盐场即主要沿长江口外的南岸线分布,清浦场位于今宝山高桥地区,下砂场位于今川沙、南汇地区,袁部场(即后来袁浦场)位于今奉贤地区,浦东和横浦二场位于今金山地区,天赐场则正处江口的崇明岛上。此时至少自黄浦江口往南的海岸带,均为“水咸宜盐”的区域。换个角度说,就是在明代前期,黄浦江口往南的海岸带受长江径流下泄淡水的影响并不大,此时长江口主泓主要由北支出海,经由南支排出的水量较小,反而海水咸潮势力较强,盐度较高的水质为南岸盐业生产提供了充足的资源。

但至少自明代后期起,长江口南岸各盐场的生产环境和产能发生了较大变化。乾隆《上海县志》对此追溯道:自宋元以来至明之季,松江地区的盐法“递变而日坏”,本朝(指清代)更始,其变化“又大异曩时”。⑤ 进一步稽查史料可以发现,明后期至清中期,长江口南岸各大盐场确实相继陷入不能产盐的境况,其原因或许比较复杂,但均受到“海味变淡”这一因素的影响。

清浦盐场最靠近长江口,明初时尚有灶户五千七百余,草荡二万六千余亩,岁办课银一千一

---

① 光绪《南汇县志》卷2《水利志·黄浦》,《上海府县旧志丛书·南汇县卷》下册,第607页。
② 民国《南汇县续志》卷1《疆域志·形势》,《上海府县旧志丛书·南汇县卷》下册,第1067页。
③ 万历《嘉定县志》,卷14《水利考》,《上海府县旧志丛书·嘉定县卷》第1册,第306页。
④ 常琬修,焦以敬纂:《金山县志》卷7《盐政》,清乾隆十六年刊本、民国十八年重印本之影印本,《中国方志丛书》华中地方第405号,台北:成文出版社,1983年,第324页。
⑤ 乾隆《上海县志》卷4《田赋三·盐法》,《上海府县旧志丛书·上海县卷》第1册,上海:上海古籍出版社,2015年,第514页。

百七十七两三钱一分二厘，其生产规模在浙西诸盐场中居于中等。① 时江流主要走北支，而清浦场位处涨潮流势强的南岸，咸潮浸灌带来丰富的卤质资源。明正德四年（1509）成书的《练川图记》，其卷首图中绘有“清浦场”，该场位置在吴淞江口以东，毗邻当时著名的航海标志宝山墩，占地甚广。② 但至明嘉靖时，清浦场产能迅速衰减，万历《嘉定县志》述其当时的状况为：商引绝，灶户逃亡，排催破家。③ 对于清浦场衰落的原因，官方志书有两种观点，一是认为由潮侵和滩涂内坍造成：“嘉靖以后，海潮内侵，墩坍荡洗，水不成盐，商引遂绝。”④另一种观点认为是海水变淡、卤水不足所导致：“往者滨海之民，多煮盐以为利，今海味淡，而利悉归于崇明。”⑤笔者分析认为，这两种说法均符合当时实际的江海形势，因为明中期以后，清浦盐场所在的吴淞江口（后为黄浦江口）东岸确实成为海潮顶冲强烈的地区（本文后面有详述），海岸内坍较为严重，生产卤水所依赖的滩涂面积大为减少；其次，时人提到南岸吴淞口一带海味变淡，对面的崇明岸线则正好相反，卤咸适合产盐，这证明长江口主泓正在向南支偏移，行经右岸的淡水量逐渐增大，而崇明岛靠近北支的岸线正在为涨潮流所控制，咸潮势力渐趋增强。

清浦盐场在明后期已停产（根据明隆庆、万历年间位于宝山、川沙交界处的下砂三场已不产盐之事实进行推断，详见下文论述），其滨海滩涂已完全受淡水影响，常态下到达此地的潮水主要成分为江流排出的淡水，而非咸潮。正如民国《宝山县续志》所总结的：滨海居民资以汲引灌溉者，皆江水非海水也；邑境并无灶户煮盐，尤足为江水之明证。⑥

清康熙年间，淡水控制区已向南推移到今川、南交界，下砂二、三场均因水淡而不能煎盐。雍正《南汇县志》“海浦”一节云：“自清水洼以南，较川沙以北，水咸宜盐，近沙堤壅隔，其外味浸淡，而煮盐之利亦微。康熙间，商人又请毁五团以北盐灶，享盐利者，仅下砂头场。”⑦其意是说，下砂场五团（位于川、南交界）以北的盐场已失去产盐的条件，五团以南地区的产盐条件也不如以前，尚能够产盐的只有下砂头场（位于南汇嘴附近）的一、二团。这表明长江主泓带来巨量淡水的影响进一步向东南的海岸带扩展，正在靠近南汇嘴。雍正《南汇县志》“盐课”一节明确指出：“下砂三场水淡无盐，二场又近奉毁禁，所产者唯一场之一、二团耳。”⑧

下砂三场距长江口较近，受到长江主泓南偏的影响也较早，实际上在“明季已不产盐”⑨。

---

① 万历《嘉定县志》卷6《田赋考中·贡课》，《上海府县旧志丛书·嘉定县卷》第1册，第216页。
② 陈渊修，都穆纂辑：《练川图记》卷首《嘉定县境图》，《上海府县旧志丛书·嘉定县卷》第1册，第9页。
③ 万历《嘉定县志》卷6《田赋考中·贡课》“清浦场”，《上海府县旧志丛书·嘉定县卷》第1册，第216页。
④ 万历《嘉定县志》卷6《田赋考中·贡课》“清浦场”，《上海府县旧志丛书·嘉定县卷》第1册，第216页。
⑤ 万历《嘉定县志》卷6《田赋考中·贡课》中嘉定县令韩浚之的分析，《上海府县旧志丛书·嘉定县卷》第1册，第216页。
⑥ 民国《宝山县续志》卷2《水利志·江海》，《上海府县旧志丛书·宝山县卷》下册，上海：上海古籍出版社，2012年，第804页。
⑦ 雍正《分建南汇县志》卷3《疆土志下·海浦》，《上海府县旧志丛书·南汇县卷》上册，第63页。
⑧ 雍正《分建南汇县志》卷8《赋役志下·盐课》，《上海府县旧志丛书·南汇县卷》上册，第142页。
⑨ 光绪《南汇县志》卷5《田赋志下·盐场》，《上海府县旧志丛书·南汇县卷》下册，第724页。

大致在“明隆、万间，八、九团（属下砂三场）已不产盐”，其原因便是“海口淡水渐南”。[①] 其后到了清康熙十六年(1677)，该场原有盐地尽已升科为垦种的农田。康熙五十五年(1716)，该场盐大使也被裁撤，[②]至此，下砂三场完全变成农业区。

下砂二场距长江口稍远，盐业生产在清前期经历了一段艰难岁月之后，最终在雍正二年(1724)由浙江巡抚李卫“全行裁毁”[③]。也就是说，清中期时下砂二场也完全失去产盐条件。

位置最偏东南的下砂一场，虽然在清中期时犹可产盐，但也只是勉强维持，淡水的影响逐渐变大，产量一路下滑，最终在道光年间完全停产：“康熙间，额设盐灶二百二十二座；雍正三年(1725)，移灶团聚，存一百四十九座；乾隆初，二团灶皆废，唯一团存一百七座；后因沙涨泐淤，咸潮渐远，亦多停歇；至乾隆末，仅报煎三十一灶；嘉庆间尚存二十二灶；道光间遂俱停煎。”[④]

成书于光绪五年(1879)的《南汇县志》在讲到境内曾经为产盐之区时，完全是以回顾历史的语气追溯道：“向赖煮盐之利，后以水淡停煎。”[⑤]民国《川沙县志》则云：下砂场已久不产盐，灶丁已完全改为农业。[⑥]

晚清光宣年间，淡水影响区已越过南汇嘴继续向西南扩张，奉贤的青村盐场受到很大影响，滩涂淡化的后果开始显现。柴场镇附近海塘以外的滩涂，属青村场三团，在清光绪以前尚可摊晒食盐，但“自长江改行南水道，青村场境海水受淡水影响，产盐日少，每年惟产芦柴”，至光绪二十八年(1902)，这一带滩涂普遍开始种植豆类和棉花。[⑦] 平安泐在光绪初期尚有盐产，后因盐场减少并归袁浦场管理。[⑧] 民国三十五年(1946)，农业部决定将原属袁浦、青村两场征收场课的荡田改归地方政府征收田赋，因为这些滩涂地带大部分已废灶改种农作物，[⑨]本次改盐为农的土地大约有 17 万亩之多，[⑩]这说明青村、袁浦两盐场的生产至此实际上已走向衰微，淡潮的长期浸灌使得大面积滩涂具备农垦种植的条件。

再往杭州湾北侧的金山沙嘴方向，长江冲淡水对盐业生产的影响也波及此处，其效应在 20 世纪前半期集中体现出来。根据 1929 年侯德封对两浙盐场年产能力的统计，金山一带芦沥、海沙盐场的年产量分别为 21 240 担、18 500 担，为浙西诸盐场中最小，尚不及杭州湾南岸三江盐场

---

① 道光《川沙抚民厅志》卷 4《田赋志 · 盐课》，《上海府县旧志丛书 · 川沙县卷》上册，上海：上海古籍出版社，2011 年，第 57 页。
② 雍正《分建南汇县志》卷 8《赋役志下 · 盐课》，《上海府县旧志丛书 · 南汇县卷》上册，第 142 页。
③ 光绪《南汇县志》卷 5《田赋志下 · 盐场》，《上海府县旧志丛书 · 南汇县卷》下册，第 724 页。
④ 光绪《南汇县志》卷 5《田赋志下 · 盐场》，《上海府县旧志丛书 · 南汇县卷》下册，第 724 页。
⑤ 光绪《南汇县志》卷 5《田赋志下 · 盐场》，《上海府县旧志丛书 · 南汇县卷》下册，第 604 页。
⑥ 民国《川沙县志》卷 8《财赋志 · 田亩》“清理江苏松属盐田章程”，《上海府县旧志丛书 · 川沙县卷》上册，第 665 页。
⑦ 民国《奉贤县志稿》册 3 之 1《学校 · 附各校校史》“四团镇柴场国民学校校史”，《上海府县旧志丛书 · 奉贤县卷》，上海：上海古籍出版社，2009 年，第 570 页。
⑧ 民国《奉贤县志稿》册 3 之 1《学校 · 附各校校史》“滨海乡平安国民学校校史”，《上海府县旧志丛书 · 奉贤县卷》，第 571 页。
⑨ 民国《奉贤县志稿》册 4 之 2《田赋 · 接征场境田赋》，《上海府县旧志丛书 · 奉贤县卷》，第 581 页。
⑩ 姚金祥主编：《奉贤县志》卷 9《农业志》，上海：上海人民出版社，1987 年，第 311 页。

年产量的1/10(三江场为221 760担)。[①] 究其原因,海水盐度的差异应为重要因素。[②] 根据现代地理学测定,今天杭州湾口北侧受长江径流的影响仍然较大,江水出口门后,其中一支向西南进入杭州湾北岸,造成从南汇嘴至独山之间狭长水域盐度逆向分布的现象。[③] 前引芦沥、海沙盐场产量低下的事实说明,民国初期长江淡水对杭州湾北侧海岸带的影响已相当明显。20世纪30年代,政府曾有裁撤鲍郎、海沙盐场之议,原因是"卤质淡,不能晒制",乃至盐民生计都无法维持。[④] 1946年,政府就改盐为垦问题对杭州湾北岸盐场进行调研,考察报告中提到:"海沙、芦沥两场,离海水已甚远,潮水不能大量涨入,盐民甚至用人工将水泼入场内六七次,方得成卤,卤的成分亦甚淡薄,普通晒盐每板可出盐一斤,而该处每板仅出盐半斤。"[⑤]这说明海水盐度偏低、生产成本提高已严重制约了盐场的发展。1951年鲍郎场、海沙场停产废场,与海水淡化有直接的关系。[⑥]

通过上述对明初以来长江口南岸淡水影响区的演变过程及盐业生产相关变化过程的复原,不难看出,长江主泓从北支向南支的移动具有渐进性,历经较长的时间,经由南支下泄的径流量大致为不断增加的趋势。[⑦] 在长江主泓不断南偏的影响下,长江冲淡水的控制范围贴海岸向东南推进扩展,南岸的盐场由于海水盐度降低而渐次衰落,盐场滩涂相继转变为农业种植区。

二、海岸水系的变化:入海河口的通与塞

一般而言,位居淡水区并且处于大面积淤涨滩涂上的潮沟水系宜于同海塘以内的河流接通,因为新开发的滩涂田地既可借由潮沟引入淡潮灌溉,加快土地熟化,也提高了内地涝水外排入海的畅通度。人们通常是在海塘下建造水洞,使内水穿越海塘下泄,同时又通过关闭闸门来防止飓风大潮或干旱江水势弱时有咸水进入内地。但位于海潮顶冲点的海岸,经常受到大汛或强潮的冲激侵蚀,岸线时虞坍塌,出海的河口易成潮汐倒灌的通道或者引起海岸崩塌的节点,海潮带入的泥沙又易于在内河沉积造成淤塞,这样的河口不宜保留。在建造海塘时,人们通常会对此类出海河口加以堵塞,不留水洞,如此一来,海塘内外的水系便成隔绝状态。因此通过观察

① 侯德封:《浙江省两浙盐业统计》,《地质专报》1929年丙种,第156—158页。

② 根据现代地理学者1990年对杭州湾盐度等值线的测定,金山嘴附近夏季日平均盐度为7‰,三江场则为20‰(韩曾萃等:《钱塘江河口治理开发》,北京:中国水利水电出版社,2003年,第122页《杭州湾盐度分布图》)。

③ 韩曾萃等:《钱塘江河口治理开发》,第123页。

④ 吴艮音:《鲍郎盐业盛衰记》,《新闻报》1935年5月16日,第14版。

⑤ 《浙区废场改垦尚待斟酌办理》,《盐务月报》1946年第12期,第41—42页。

⑥ 王德坚:《海盐县志》卷6《林牧副渔》,杭州:浙江人民出版社,1992年,第250页。

⑦ 据统计,1915年北支尚可排泄25%的长江来水,20世纪50年代末,经北支下泄量只占长江总泄水量的1%—2%,北支河口盐度也显著增大,同时南支的排水量则相应增大(参见周开胜等《全新世以来长江口演变影响因素探讨》,《海南师范学院学报(自然科学版)》2004年第2期,第173页)。高敏等《近期长江口南支河道洪季含沙量时间变化及床沙再悬浮研究》一文则明确指出,长江98%以上的下泄流量由南支河道通过(《长江流域资源与环境》2015年第1期,第30页)。

海塘内外水系是否贯通，可辅助判断某处海岸在一定时期内是淤涨型海岸或为坍进型海岸，是稳定的淡水影响区或者为强潮顶冲的地区。以下通过对明清以来长江口南岸水系形态的连续复原，进一步观察长江主泓南偏态势下江水与海潮对海岸带地理塑造力量的变化。

黄浦江口以西的宝山、嘉定岸段，明清以来长期受到海潮及江流冲刷的共同影响，岸线总体上处于坍进状态，与之相应的是，各入海干河的出海口频被人工堵筑。乾隆《宝山县志》记，自镇洋(今太仓境)、嘉定交界处的墅沟始，直至宝山黄浦江口西侧的沈浦浜，其间 20 余条干河的出海口一律实施了堵塞(即海塘下不开水洞，使内河水不能通达塘外入海)，仅保留练祁河、大川沙、蕰藻浜、钱家浜等少数河口，用以排除内涝及引入江流淡水满足灌溉之需。堵口的经费一部分由政府出资，一部分由民力筹措。① 堵塞大多数河流的入海口，主要是为减少潮灾时咸水直入内地对农业和聚落造成的损害，也为减少随潮而入的泥沙在内河的淤积。② 同时，也有防止枯水季节含盐水经北支向南支倒灌的因素，因为此处靠近北支入口，而此时随着长江主泓南偏，北支已成为含盐涨潮流占优势的河道。

需要堵筑或开通的河口并非一成不变，要根据潮水冲刷的位置和岸线坍涨变化的转换进行调整，③对于其中的水文原理，民国《宝山县续志》如是解释："邑境出海各口，昔以堵塞为利，今则以内港久淤，亢旱不足资灌溉，水潦不足资宣泄，如钱家浜、顾泾之出口，则开通为利矣，此时势之不同也。或以近海潮溢为虞，如嘉定之争坝蕰藻河，邑城之争坝采淘港，则堵塞为利矣，此地位之不同也。"④总体上可以看出，长江口南岸的嘉定、宝山地区在明清时期经常受到强潮的冲击，江水冲刷力度也较大，岸线常处于坍进状态。在出海河口大部分被堵塞的情况下，如果没有功能强大的水闸技术，则海塘外发育的潮沟水系与内地河流水系就基本处于隔绝的状态。

黄浦江口以东的江东岸段，自明中期以后成为遭受潮灾最频繁、海塘最险要的地段(本文第三部分有详述)。在明万历十年(1582)曾因海潮冲决而形成李家洪大口，该口因港深水阔、江道顺直、海船易入，长期作为吴淞地区的海防要地，"贼之犯上海也，每自李家浜入黄浦，逼临城下，南汇反在其外"⑤。该区不仅在飓风或大汛时易发生潮灾，在旱季江水冲刷力弱时，咸潮入侵也会增加："盐潮去岸不数十里，时值大旱，江水力弱，盐潮渐近，或乘东风横溢而上，棉稻俱淹，此旱之害也。"⑥江东岸段入海河流的治理措施与黄浦江口以西地区大致相同，以堵塞入海河口为要。从民国《宝山县续志》所载《高桥乡图》来看，海塘外除少数短小的潮沟外，基本看不到入海

① 乾隆《宝山县志》卷 1《地里志・海浦》，《上海府县旧志丛书・宝山县卷》上册，第 45 页。
② 光绪《宝山县志》卷 4《水利志・水道》载有堵塞入海河口的理由：自雍正十年海溢，沿海居民俱被漂没，知县胡仁济请筑石塘，出海诸河以次堵筑，只留蕰藻、虬江、川沙通海。(《上海府县旧志丛书・宝山县卷》上册，第 397 页)
③ 光绪《宝山县志》卷 4《水利志・水道》引张朝桂《舟泊蕰藻河》诗歌注语云：蕰藻浜两岸为潮水冲刷，日渐坍卸，丘墓田宅之滨是河者，大半坍没。(《上海府县旧志丛书・宝山县卷》上册，第 397 页)
④ 民国《宝山县续志》卷 2《水利志・涵洞》，《上海府县旧志丛书・宝山县卷》下册，第 823 页。
⑤ 乾隆《上海县志》卷 6《兵防》"南汇经略之要""宝山经略之要"，《上海府县旧志丛书・上海县卷》第 1 册，第 577、579 页。
⑥ 乾隆《宝山县志》卷 2《建置志・海塘》，《上海府县旧志丛书・宝山县卷》上册，第 79 页。

的河口。[①]

川沙八、九团一带(属下砂三场)在元明时期为咸潮浸灌之地,海潮势力较大,易于冲成深阔的港口。《川沙抚民厅志》云其"前明洪洼深阔,为倭所从登",当时川沙堡(设于明洪武十九年[1386])外有川沙洼通海,因水深岸近,贼船易登,政府特意增设洼兵防守。[②] 也由于咸潮常至,川沙在明前期仍可产盐:"明以前水咸,饶盐利,滨海皆聚灶煎盐,故八、九两团以路名者,皆载盐过塘之所。"[③]至清乾隆时期,川沙八团外仍存杨家洪、凌家洪两个较深的港口,"洪口深阔,每遇风潮,冲坍圩塘,外连大海,水势奔腾,冲激外护塘"[④],这说明该处海岸仍位于海潮顶冲位置,海潮的冲刷作用大过江流下泄的力度。

但至清后期道光时,川沙海岸显示出淤涨岸的特征,因为随着南支江流排水量增大,与潮汐流形成对冲,潮汐势能消减,这里反成为泥沙易于淤积之地。道光《川沙抚民厅志》云:"诸洼皆淤,无海舶寄碇处。"[⑤]原来港宽水阔的黄家湾口,此时潮来皆水,潮去成涂;[⑥]原来的通海港口杨家洪、凌家洪皆有淤塞之迹象。但在淤涨区的南面,由于江水冲刷力稍小,又形成新的深水港口——老洪滗口;[⑦]至光绪初,老洪滗变得更加深阔;[⑧]民国时期老洪滗口依然海水湍急,面狭底深,以至于小型的商船难以停泊。[⑨]

川沙的案例说明,江流与海潮的对冲作用也是影响岸线坍涨的重要因素,对冲比的强弱变化造成泥沙淤积点的位移以及通海河口的水文变化。明清以来的川沙海岸由此成为坍进岸向淤涨岸过渡的类型。

明初直至清前期,南汇嘴北侧一直为潮沙易于沉积之处,呈现出淤涨岸的显著特征,其原因除江流至此力弱,也与向海凸出的南汇嘴之挑流作用有关。雍正《分建南汇县志》追溯其历史上的港口情况时说:"沿海皆浅沙,海艘不能泊",故而"邑虽近海,而商贾不通"。[⑩] 海岸地带由于潮流势缓,积沙深远,缺少深洪大港。民国时八团以南的南汇海岸,虽潮沟众多,但"沿滩浅露,潮来成水,潮去成涂,海舶不能傍岸"[⑪]。

由于地处长江口南岸淡水区内,咸潮影响力被南汇嘴分化,潮沟水系与海塘内水系相互贯通,滩涂地带能够较好地利用淡潮进行灌溉,因此南汇的滩涂农业得到长足发展。清中期时,南汇农人灌溉田亩要看风向行事,从东南海上刮来的风容易带来咸水,要尽量避免使用:"其水从

① 民国《宝山县续志》卷首《高桥乡图》,《上海府县旧志丛书·宝山县卷》下册,第 783 页。
② 道光《川沙抚民厅志》卷首《绘图·全境图说》,《上海府县旧志丛书·川沙县卷》上册,第 14 页。
③ 道光《川沙抚民厅志》卷 5《水利志·沿海诸洼》,《上海府县旧志丛书·川沙县卷》上册,第 62 页。
④ 乾隆《南汇县新志》卷 5《水利志·护塘》,《上海府县旧志丛书·南汇县卷》上册,第 365 页。
⑤ 道光《川沙抚民厅志》卷首《绘图·全境图说》,《上海府县旧志丛书·川沙县卷》上册,第 14 页。
⑥ 道光《川沙抚民厅志》卷 1《疆域志·形势》,《上海府县旧志丛书·川沙县卷》上册,第 28 页。
⑦ 道光《川沙抚民厅志》卷 5《水利志·沿海诸洼》,《上海府县旧志丛书·川沙县卷》上册,第 63 页。
⑧ 光绪《川沙厅志》卷 3《水道志·海》,《上海府县旧志丛书·川沙县卷》上册,第 209 页。
⑨ 民国《川沙县志》卷 2《舆地志·赘录》,《上海府县旧志丛书·川沙县卷》上册,第 477 页。
⑩ 雍正《分建南汇县志》卷 3《疆土志下·海浦》,《上海府县旧志丛书·南汇县卷》上册,第 63 页。
⑪ 民国《南汇县续志》卷 2《水利志·海》,《上海府县旧志丛书·南汇县卷》下册,第 1079 页。

东北风至者则淡，可资以溉田，从东南风至者则咸，入田禾稻皆焦。”[①]川沙南境也利用淡潮灌溉，其用水经验也是密切观察风向的变化：“其水之咸淡，因风而异。遇东风与西北风则江水南流，味常淡；若连日东南风，则海水北流，咸潮涌入。农人恐伤田禾，禁止灌溉。”[②]

清中期以后，南汇、川沙一带在海塘下普遍建造水洞，以沟通内外水流，这已成海岸带水利的常态。雍正《分建南汇县志》卷一《南汇县水利图》，详细绘制了里护塘、钦公塘下各个水洞的位置及名称，从中可见，塘内河流与塘外潮沟通过水洞相互联通，使得旱、涝、潮情况下的水流均得到有效控制（见图 2）。

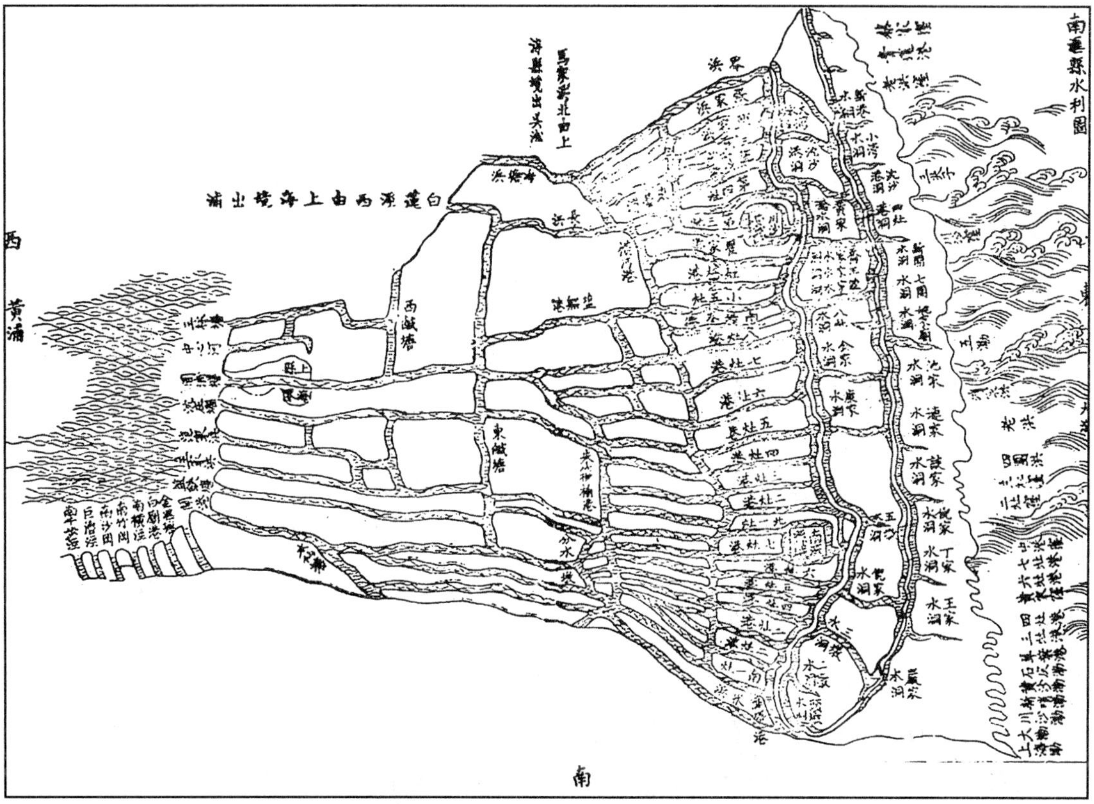

图 2　清中期南汇滨海的海塘、水系与水洞分布

资料来源：雍正《分建南汇县志》卷 1《疆土志上 · 绘图》“南汇县水利图”，《上海府县旧志丛书 · 南汇县卷》上册，上海：上海古籍出版社，2009 年，第 21 页。

由于滩涂淤涨较快，新的海塘不断增筑，清光绪时，南汇海塘下所建石洞甚多。据民国《南汇县续志》追记：“光绪十年，钦公塘外新筑堤圩，圩内田畴东无出水，惟赖七团北首白龙港、老洪

① 雍正《分建南汇县志》卷 3《疆土志下 · 海浦》，《上海府县旧志丛书 · 南汇县卷》上册，第 64 页。
② 民国《川沙县志》卷 2《舆地志 · 赘录》，《上海府县旧志丛书 · 川沙县卷》上册，第 478 页。

滧二处泄泻。农民以泄水远滞，偶遇雨潦，田即淹没，议就钦塘开洞六处。十一年，试用砖木砌洞，讵工甫完竣，即遭急流冲毁。十二年改建石洞，一在一团沈家码头，一在一二团交界老鹳嘴，一在二三团交界王家路码头，一在四团邱家码头南首，一在五团顾亭北首，一在六团邓家码头南首……每洞各举董事一人，悉心经管，由董各举塘长、闸夫，请县谕充，专司闸门启闭。"①该志还对三道主要海塘下建于不同时期的水洞（名称多为本地土名）分别进行列举：老护塘下有金家水洞、康家水洞、耕乐桥水洞、新水洞、殷家水洞、四安桥水洞等 7 座；钦公塘下水洞最多，有 11 座，为王家滩水洞、老鹳嘴、王家路、唐家路、吴家、马家、朱家、顾家、江家、谢家、东水洞；最外一重海塘李公塘下有 4 座，为孙家水洞、马家水洞、南水洞、北水洞。② 李公塘系在光绪三十一年（1905）修成的最外层大海塘，人们在筑塘的同时直接开通了泄水石洞，并造好了水闸，可见当时咸水对南汇海岸的影响确实不大，海塘外的滩涂也较快地熟化并被开发为农田。

从上述复原可知，明中期以来随着长江主泓的持续南偏，长江口南岸自嘉定至南汇嘴之间的广大海岸带相继成为淡水区影响的范围，潮水可用来灌溉，但海岸水系却存在是否通海的差异，淤涨区入海河口向海贯通，并借助水洞水闸控制水流循环；坍进区入海河口则由海塘与滩涂潮沟隔开，海塘内外水流不通。至清末民初，两种类型海岸的分界点大致在川沙老洪滧一带。

三、海岸线的坍塌与淤涨

随着长江主泓向南摆动及南支泄水量的不断变化，长江口南岸不同地点受江水冲刷的强度也相应变化，加上潮流顶冲的作用，海岸线坍涨地段表现出由北而南的差异。

明前期，吴淞江口以西海岸的坍塌已经比较严重，其标志性事件当属吴淞所城的坍陷与重建，该城重建后仍长期面临潮蚀危险。据嘉靖《嘉定县志》载，长江口重要的军事防御堡垒吴淞所城建于洪武十九年（1386），初建为土城，当时距离海水尚有三里许，但至永乐年间，其东北隅在江流及海潮的冲蚀下已倾陷入海。明嘉靖十六年（1537），兵备副使王仪提议在旧城西南一里处建筑新城，嘉靖三十四年（1555）新城乃成。但新城的地理位置仍相当险要，其三面瞰海，"遇东风潮涨，则城浸于水"③。另据张修桂考订，吴淞所城再往西北的江岸在明代也有十分显著的坍塌，宋代以煮盐、烧窑而闻名的黄姚（窑）镇，当时其外建有海塘以卫护，镇距海上尚有相当距离。但明代中叶，岸线内坍，旧海塘没入海中数里。明末清初时，黄姚镇及其附近的顾泾港也已坍没入海，岸线逼近今岸。④

由上可见，有明一代，吴淞口西岸为典型的坍塌型海岸，其中原因，与其正处长江南支口门

---

① 民国《南汇县续志》卷 2《水利志·海塘》"建筑石洞案"，《上海府县旧志丛书·南汇县卷》下册，第 1080 页。
② 民国《南汇县续志》卷 2《水利志·川港》，《上海府县旧志丛书·南汇县卷》下册，第 1094 页。
③ 嘉靖《嘉定县志》卷 6《兵防志·兵制》，《上海府县旧志丛书·嘉定县卷》第 1 册，第 97 页。
④ 张修桂：《上海地区成陆过程概述》，《复旦学报（社会科学版）》1997 年第 1 期，第 82 页。

处的顶流位置有关，主泓南偏对南岸冲刷逐渐加剧；其次，这一时期崇明岛沙洲的并岸成型，也使得河口过水断面缩窄，导致江水对沿岸的冲刷力加大。

明中期以后，受江流侵蚀的岸段向东南扩展，吴淞江口以东的江东地区频发建筑物坍江及毁塘事件。明永乐年间作为航海标志和烽堠台而建的宝山墩，在万历十年(1582)七月，随着潮决李家浜大口而坍入江中；其后坍江持续，万历年间建成的军事堡垒宝山所城，于康熙八年(1669)完全沦入江中。① 康熙三十三年(1694)，苏州府李继勋在旧城西北二里又建新宝山城，②但在雍正间，该城东面已面临坍江之虞，"直为海潮激薄，城没数版，南抵蔡家路口，俱已日就崩坍"③。幸而雍正十一年(1733)建成坚固的江东大海塘，并且海塘在后来不断得到重修加固，康熙宝山城的主体才得以保全。

清后期关于强潮冲激江东海塘所发生的险情亦常见于史料，如光绪十三年(1887)，海潮暴涨，直逼塘身，塘外滩地刷坍几尽；宣统元年(1909)，海塘被冲毁三十一丈，桩木被拔起六百余根，④可见清代江东岸线一直遭受频次较高的强潮冲击，老鹳嘴一段数十丈海塘甚至坍入海中。光绪三十三年(1907)，浚浦局于塘外建筑石梗，改变了水流方向，江东岸段的稳固程度较前提高。⑤ 民国以后，江东海塘大体上保持了原来的塘址线路，因此清康熙间筑成的宝山城遗址得以保存至今。

黄家湾位于宝山所城东南，向被视为江东地区的南界，该处演变为侵蚀岸的时间比宝山所城一带稍晚。万历《嘉定县志》所载《宝山所图》显示，黄家溇(黄家湾)的位置偏于内陆，距离海水尚有一段距离；⑥万历十年(1582)潮决李家洪之后，宝山所城逼近于海，当时曾有人建议将其迁往嘉、上之交的黄家湾，⑦虽此议未果，但至少说明当时黄家湾一带的海岸是相对稳定的，潮流冲噬的影响并不大。但到了清中期，黄家湾几乎成为长江口以南坍岸幅度最大的地区，内坍达到二十余里。雍正六年(1728)，陈世倌督浚吴淞江工程，曾至沿海一带阅视，他看到：黄家湾以北，至宝山城一十八里，向有护塘，已坍卸入海。现在逼近海滨，田亩庐舍，并无尺土捍御。⑧乾隆《上海县志》亦载："查黄家湾界碑云距海二十里，自海内徙以来，去界碑数武外即成巨浸。"⑨晚清民初，由于海中新出露的横沙、鼎丰沙等沙洲的逼压，使得川沙北境的黄家湾段水流更急，坍岸仍持续发生，民国三年(1914)，川沙乡董申请省拨款修筑圩塘的疏略中描述了这种形

---

① 乾隆《宝山县志》2《建置志・城池》，《上海府县旧志丛书・宝山县卷》上册，第72页。
② 乾隆《宝山县志》2《建置志・城池》，《上海府县旧志丛书・宝山县卷》上册，第72页。
③ 乾隆《上海县志》卷6《兵防・附护塘》，《上海府县旧志丛书・上海县卷》第1册，第585页。
④ 民国《宝山县续志》卷3《营缮志》，《上海府县旧志丛书・宝山县卷》下册，第843—849页。
⑤ 民国《宝山县续志》卷2《水利志・堤防》，《上海府县旧志丛书・宝山县卷》下册，第806页。
⑥ 万历《嘉定县志》卷16《兵防考下・戎镇》"宝山所图"，《上海府县旧志丛书・嘉定县卷》第1册，第325页。
⑦ 康熙《嘉定县志》卷2《戎镇・吴淞宝山二所兵御》，《上海府县旧志丛书・嘉定县卷》第1册，第473页。
⑧ 雍正《分建南汇县志》卷6《建设志下・海塘》，《上海府县旧志丛书・南汇县卷》上册，第107页。
⑨ 乾隆《上海县志》卷6《兵防・附护塘》，《上海府县旧志丛书・上海县卷》第1册，第585页。

势：今日川沙北境海塘，缘东南洋中各沙增涨，水势逼压下流，冲击奇紧，其险要无异于邻境宝山。①

清中期以后显著的淤涨岸段在川沙南境及南汇、奉贤地区，涨滩大致沿钦公塘外岸线分布。但南北淤涨程度有所差异，川沙南境为坍岸向涨岸的过渡地带，淤涨幅度较小；而受南汇嘴挑流作用影响较大的南汇及奉贤东部，则淤涨幅度较大。光绪十年（1884），松江府知府博润履勘海塘，他看到的景象是：钦塘外新涨之地南阔北狭，或三十余里，或十余里不等，这表明钦公塘南段以外淤涨的幅度超过北段。雍正《南汇县志》有记："县治历内外捍海塘，及芦场、盐场、沙岭约三十里。"②可见清中期时南汇县城以东即是滩涂淤涨最快的地区。新编《南汇县志》对历史时期南汇地区海岸线的变迁情况作过系统的统计，指出自明初直至20世纪80年代，该区海岸线均呈向外延伸的趋势，其中南部向东南方向延伸的距离为最大。③

今奉贤东境海岸带在20世纪中期以前系青村盐场的范围，其中心城镇青村镇在明中期时已距离海岸线十余里之遥，并且这一淤涨趋势比较稳定地保持到晚清光绪年间。据光绪《重修奉贤县志》记，当时海塘外涨涂格局最大的是青村场属下的三、四、五团海滩，海岸线距场署十里至二十里不等，由于长江带来的淡水汇至此处，可引以为灌溉，滩涂渐次得到开垦，多种棉花、禾稻，盐业生产已渐衰落。④ 奉贤淤涨岸段的西界大致到奉城镇，该处在民国初筑成一道新的圩塘，圩塘外的土地在20世纪40年代时已发育为农业区。⑤

由上述明清以来长江口南岸海岸线的坍涨变化可见，江流对岸线剧烈冲刷的影响主要体现在黄家湾以上的岸段，尤以吴淞口两岸最为显著。其次由于长江南支河口处长兴、横沙诸沙的孕育，水道逼窄及水流加急，受冲坍没的岸段有向东南川沙方向下移的趋势。南汇及奉贤岸段距离长江口门较远，江水冲刷力至此减弱，海潮涨潮流占优势，江流与海潮的对冲使得泥沙在南汇嘴南北两侧沉积，这两处岸段遂成为典型的淤涨型海岸。

结　语

本文认为，对于人文历史研究来说，长江主泓道在江口地区南北摆荡的自然变化，更适合看作一个多重因素综合影响和互动的渐进过程，而不仅仅是一个断然的历史事件或时间节点。复原和总结长江入海口主泓摆动影响下的海岸带地理环境变化以及人类活动应对、适应的规律和

① 民国《川沙县志》卷6《工程志·海塘》"民国三年八九两团乡董请拨省款筑塘禀县转详文"，《上海府县旧志丛书·川沙县卷》上册，第580页。
② 雍正《分建南汇县志》卷1《疆土志上·界域》，《上海府县旧志丛书·南汇县卷》上册，第30页。
③ 薛振东主编：《南汇县志》第1编《地理·境域》，上海：上海人民出版社，1992年，第45页。
④ 光绪《重修奉贤县志》卷4《水利志·海塘附》、卷19《风土志·物产》，《上海府县旧志丛书·奉贤县卷》，第286、455页。
⑤ 民国《奉贤县志稿》册3之1《学校·附各校校史》"奉城镇劳港国民学校校史"，《上海府县旧志丛书·奉贤县卷》，第568页。

机制，具有重要的人地关系意义，同时也可从更高精度上认识历史时期长江口主泓摆动的周期性。

今长江三角洲的发育经历过六个亚期，每个亚期均存在南支、北支分流以及主泓渐向南支偏移的过程，本文所论明初以来江偏南支的过程，只不过是距今最近的一次汊道交替水文变化。目前长江口北支又正在淤废之中，崇明岛南面正在发育新的南北支汊道。自然地理学界对长江口南北支交替周期的看法是，每一亚期大约经历 1 500 年，但每一亚期的发育时间又不可能完全相同，这主要是从长期演变趋势上对长江河口演变规律和水文动力特征的总体认识。但接下来的问题是，每一变化周期的时间边界如何确定？南北支摆荡过程中长江入海水道与东海水文共同塑造下的海岸带岸线、沙涂、水系、土地利用、人类聚落等人地要素的复杂变化和配合机制，究竟是怎样的关系？这些都还缺乏细节的重建和阐释。在笔者看来，长江主泓究竟于何时“彻底”归走南支或北支或许并不重要，因为每一亚期的情况也并不一致，重要的是以一个可操作的方式，用细致的历史事实重构某一相对时段内江流摆动的实际过程与人类活动的实际响应，以之推进长江口环境变化及人地关系史的研究精度。本文依据地方史料对明初以来长江口主泓向南支摆动的过程以及南岸地理环境变化和人类活动情况进行连续性的时空复原和分析，也正是出于此种考虑。

本文研究发现，明代初期长江主泓向南偏移的效应已在江口南岸的岸线坍海以及盐业生产衰减等方面有显著的表现，此后随着南支排水量的继续增加，江流对南岸的冲刷点逐渐向南扩展，与之相应的是，淡水对盐业生产的影响范围也向南扩展推移。在明初至民国初期的一段时期内，长江口南岸自太仓浏河口至奉贤青村镇的广大地区，相继成为淡水控制区，常态情况下咸潮不至，潮水成分主要为长江排出的淡水，只在飓风、大汛或连续东南风等异常情况下，咸潮对这些地区的水质和农业生产等有所影响。但农业用水条件的转好与盐业生产资源的衰落是对应的，明初松江分司所辖的清浦、下砂、青村等盐场，在此后的三百多年间相继因缺少咸潮和卤水而停产；20 世纪前半期，因海水变淡而导致的盐场衰落又进一步波及西南面的奉贤和金山地区，袁浦盐场、芦沥盐场、海沙盐场相继被裁撤停产。明初至 20 世纪中期长江口南岸淡水区影响范围的渐扩过程及相关社会经济活动的响应，一定程度上证明最近六百年为长江口主泓径流量向南支偏移并逐渐增加的过程。

江流南偏对长江口南岸海岸线、水系等带来的影响也清晰可见。在岸线坍涨变化方面，江流对岸线剧烈冲刷的影响主要体现在黄家湾以上的岸段，尤以吴淞口两岸最为显著。其次由于长江南支河口段长兴、横沙诸沙的孕育，水道逼窄及水流加急，受冲坍没的岸段有向东南川沙方向下移的趋势。南汇及奉贤岸段距离长江口门较远，江水冲刷力至此减弱，加之南汇嘴的挑流作用，该处成为典型的淤涨型海岸。在滨岸水系和水利方面，同样是受长江径流排泄淡水影响的海岸区，但淤涨型的海岸滩涂地带能够快速发展农业，因为海塘内外的水系衔接使滩地获得良好的灌溉条件；而坍进型的海岸入海河流以堵塞为主，海塘下不开水洞，这不仅表明海塘外的滩涂格局狭小，难以发展农业，同时也影响到海塘以内农业区的排水和灌溉。

江口海岸的地理环境是多种自然力量塑造的结果，动力机制十分复杂，不同河口在不同时期的影响因素都存在差异，同一岸段不同时期的主要塑造力也非一成不变，如著名的强潮河口——钱塘江口的三亹摆动机制，与长江口的南北支分汊及摆动机制，在影响因素方面就存在较大差异，因此还应针对具体河口的径流、海潮、海平面、泥沙沉积等具体条件，结合不同时期的海岸带水利建设、河流治理、滩涂利用等人文因素，进行综合的过程研究。本文对明初以来长江径流摆动、长江口南岸地理环境及人类活动变化的复原和分析，亦是从个案角度证明，在海岸带环境变迁领域的研究中，以史料考证与复原为基础，借鉴河口海岸水文学和沉积地貌学等现代自然地理学的相关研究成果，进行人地关系的综合研究是一种可行的路径。

（本文原发表于《学术月刊》2022 年第 5 期。）

作者简介：

吴俊范，上海师范大学人文学院教授，博士生导师。担任上海市东方学者特聘教授，国家社科重大招标项目“7—20 世纪长江三角洲海岸带环境变迁史料的搜集、整理与研究”首席专家。兼任日本东亚大学客座教授、中国城市史研究会常务理事、上海市历史学会理事等职务。获全国优秀百篇博士学位论文提名奖、上海市哲学社会科学优秀成果著作类二等奖等。主要研究方向为中国历史自然地理、区域环境史、历史地理信息系统（HGIS）。出版著作《长江三角洲海岸带历史地理考察研究》、《水乡聚落：太湖以东家园生态史研究》、《文明与气候》（译作）等。在《近代史研究》《学术月刊》《史学月刊》《中国历史地理论丛》等期刊发表学术论文 50 余篇。

本文为 2020 年度国家社科基金重大项目“7—20 世纪长江三角洲海岸带环境变迁史料的搜集、整理与研究”（20&ZD231）之研究成果。

7—20 世纪崇明沙洲变迁新探

林　宏

摘　要： 自 7 世纪初开始，崇明沙洲渐次出露，此后数量、方位、形态变动不居。在前贤研究基础上，更充分地利用古旧地图等史料，可以更有效地重建历史时期的沙洲演化过程，为今日崇明生态岛及长三角区域建设提供参考。11 世纪中叶长江口缩窄，沙洲加速发育，13、14 世纪之交形成第一代主岛，后渐坍。16 世纪后期在南侧形成第二代主岛，17 世纪后期，近代崇明主岛规模奠定。北外沙自明初起出露，陆续连接长江口北岸。南外沙迟至晚清出露。沙洲演化受多种外力影响，包括涨、落潮流交互作用等自然因素，以及垦殖、筑堤等人为因素。

关键词： 崇明　沙洲变迁　水网肌理　演化机制

引　言

今日崇明岛为我国第三大岛及世界最大河口冲积岛，位于长江口腹心、三角洲前沿。以江海交互作用为背景，在长江口区域尺度上对崇明诸沙自 7 世纪至 20 世纪前期复杂的岸线变迁作长时段研究，可为崇明世界级生态岛的建设、长三角一体化战略的实施提供学术参考。

陈吉余最早探讨长江三角洲、河口地貌变迁与发育模式，[①]开创本区域研究范式。关于主要沙洲的演变，陈吉余[②]、陈永文[③]、魏嵩山[④]、褚绍唐[⑤]、祝鹏[⑥]、王庆[⑦]、张修桂[⑧]、陈金渊[⑨]、鲍俊

---

① 陈吉余：《长江三角洲江口段的地形发育》，《地理学报》1957 年第 3 期，第 241—253 页；陈吉余等：《长江三角洲的地貌发育》，《地理学报》1959 年第 3 期，第 201—220 页；陈吉余等：《两千年来长江河口发育的模式》，《海洋学报》1979 年第 1 期，第 103—111 页。

② 陈吉余：《长江三角洲江口段的地形发育》，《地理学报》1957 年第 3 期，第 248—251 页。

③ 陈永文等：《崇明岛土地利用初步调查报告》，《地理学资料》1957 年第 1 期，第 165—174 页。

④ 魏嵩山：《崇明岛的形成、演变及其开发的历史过程》，《学术月刊》1983 年第 4 期，第 74—77、54 页。

⑤ 褚绍唐：《崇明岛的变迁》，《地理研究》1987 年第 3 期，第 9—17 页。

⑥ 祝鹏：《上海市沿革地理》，上海：学林出版社，1989 年，第 175—178 页。

⑦ 王庆、刘苍字：《历史时期长江口北支河道演变及其对苏北海岸的影响》，《历史地理》第 17 辑，上海：上海人民出版社，2001 年，第 29—36 页。

⑧ 张修桂：《崇明岛形成的历史过程》，《复旦学报》2005 年第 3 期，第 57—66 页。

⑨ 陈金渊：《南通成陆》，陈炅校补，苏州：苏州大学出版社，2010 年，第 110—114 页。

林[①]的论著及《上海市海岸带和海涂资源调查报告》[②]《崇明县水利志》[③]《崇明县志》[④]《上海市海岛资源综合调查报告》[⑤]《上海通志》[⑥]等报告或志书中均有探索，其中张修桂从图文史料考辨、地貌调查解读与原理阐释等多角度展开的综合研究为集大成之作。此外，徐海根[⑦]、恽才兴[⑧]研究了长兴、横沙岛的演变。陈金渊复原了江口北岸的成陆过程。[⑨] 谭其骧[⑩]、张修桂[⑪]研究了江口南岸的变迁。

历史地图更直观地展现复原结果。《中国历史地图集》[⑫]《上海市地名志》[⑬]《上海历史地图集》[⑭]等历史地图集或志书中收录了表现范围覆盖长江口区域的图幅，但尚无专绘崇明沙洲的成套历史地图。另一类为专题插图，见于前引陈吉余[⑮]、褚绍唐、王庆、陈金渊的论著及《上海市海岸带和海涂资源调查报告》《崇明县志》，但仅涉及部分时段。

本文将从几方面深入探索。第一，前人仅对少数主要沙洲作重点研究，本文尝试定位历史时期所有可考沙洲及所辖之状，有效提升分辨率，对沙状间相对方位作多重核检也可提升定位精度。第二，前人对古旧地图的利用远非充分，本研究则从数十种古旧地图中提取大量有效信息。第三，前人的复原过程缺乏连贯的时空逻辑，本文采用逆推法与断面法，由近及远地有序复原。基于史料的不均衡性，以明初（14 世纪后期）为界，对唐初（7 世纪初）沙洲初露至元末时段作概貌复原，对明初至民国时段作精细复原。前人多倚赖史籍中的里数、方位等模糊信息，在本文中仅用作参考值。第四，此前仅《上海市海岛资源综合调查报告》基于民国大比例尺地形图水系分布特征推测少数沙洲方位，本文充分利用 1∶25 000 旧地图的水网肌理为沙洲定位。第五，在复原基础上，对河口演化规律等问题作出辨析。

一、研究区域、资料与复原方法

（一）研究区域及亚区

本文以唐初以降的长江口区域为研究对象，因为历史时期崇明政区辖境超出今日崇明区，

① 鲍俊林、高抒：《沙岛浮生：明清崇明岛的传统开发与长江口水环境》，《史林》2020 年第 3 期，第 81—92 页。
② 陈吉余主编：《上海市海岸带和海涂资源综合调查报告》，上海：上海科学技术出版社，1988 年，第 93—110 页。
③ 崇明县水利局：《崇明县水利志》，内部发行，1988 年，第 20—21 页。
④ 上海市崇明县县志编纂委员会：《崇明县志》，上海：上海人民出版社，1989 年，第 43—49 页。
⑤ 上海市海岛资源综合调查报告编写组：《上海市海岛资源综合调查报告》，上海：上海科学技术出版社，1996 年，第 72—74 页。
⑥ 上海通志编纂委员会：《上海通志》，上海：上海人民出版社、上海社会科学院出版社，2005 年，第 536—539 页。
⑦ 上海市海岛资源综合调查报告编写组：《上海市海岛资源综合调查报告》，第 74—75 页。
⑧ 恽才兴编著：《图说长江河口演变》，北京：海洋出版社，2010 年，第 26—39 页。
⑨ 陈金渊：《南通成陆》，第 68—109 页。
⑩ 谭其骧：《上海市大陆部分的海陆变迁和开发过程》，《考古》1973 年第 1 期，第 2—10 页。
⑪ 张修桂：《中国历史地貌与古地图研究》，北京：社会科学文献出版社，2006 年，第 225—267 页。
⑫ 谭其骧主编：《中国历史地图集》第 5—8 册，北京：中国地图出版社，1982 年。
⑬ 《上海地名志》编纂委员会编：《上海地名志》，上海：上海社会科学院版社，1998 年，第 55—61 页。
⑭ 周振鹤主编：《上海历史地图集》，上海：上海人民出版社，1999 年。
⑮ 陈吉余：《长江三角洲江口段的地形发育》，《地理学报》1957 年第 3 期，第 249 页。

且以江口整体为范围有助于探明沙洲变迁的机制。本研究中细分出核心区、北外沙区、南外沙区三个亚区(后两区合称外围区),不同亚区的沙洲演化机制各异,同一亚区内的沙洲变迁互动密切,不同亚区间资料的存留情况、覆盖范围及研究方法也各异。

(二)明初至民国核心区沙洲精细复原方法

1. 范围界定

核心区沙洲包括主体在今主岛轮廓外推 3 公里的闭合曲线内,且不在清代海门厅或民国启东县陆域内的各沙洲。

2. 依据古旧地图选取复原断面

古旧地图直观展现沙洲格局,判定表现年代后,可建立 14 世纪后期(最早存图年代)至 20 世纪前期的 12 个复原断面(表 1[①])。

表 1　本研究利用的古旧地图简表

	图　名	出　处	表现年代	复原断面
A	崇明县界图	洪武《苏州府志》	洪武 c. 1375	洪武 c. 1375
B	崇明疆域城图	正德《崇明县志》	正德 c. 1520	正德 c. 1520
C1	崇明县境图	郑若曾《江南经略》	嘉靖 c. 1550	嘉靖 c. 1550
C2	崇明县备寇海洋路图	郑若曾《江南经略》	嘉靖 c. 1560	
C3	“三爿沙险要图”等 8 幅	郑若曾《江南经略》	嘉靖 c. 1560	
C4	乾坤一统海防全图	中国第一历史档案馆藏	嘉靖 c. 1560	
C5	直隶三、直隶四	郑若曾《筹海图编》	嘉靖 c. 1560	
D	崇明县水利图	张内蕴、周大韶《三吴水考》	万历初 c. 1575	万历初 c. 1575
E1	崇明县舆地图	万历《新修崇明县志》	万历后期 c. 1603	万历后期 c. 1603
E2	江防海防图	中国科学院文献情报中心藏	明后期 c. 1620	
E3	苏州府全境水利图	张国维《吴中水利全书》	崇祯 c. 1635	

① 大多数古旧地图的表现年代无法精确到具体某年,因此本文以“c. 年代”的形式记其大致年份。本文的复原断面是基于古旧地图的表现年代设定的,所以也大多用相同形式表示年份。少数古旧地图及其对应的复原断面可明确至某年,故不加“c.”。表中图名加“[ ]”者为今日收藏机构拟名,其余均为原图名。

续　表

	图　名	出　处	表现年代	复原断面
F1	崇明县全境图	康熙《苏州府志》	顺治 c. 1650	顺治 c. 1650
F2	太仓州图	康熙《大清一统志》	康熙初 c. 1662	
F3	[江苏海防图]	台北故宫博物院藏	顺治后期 c. 1660	
G1	崇明县现在各沙图	康熙《崇明县志》	康熙中期 c. 1680	康熙中期 c. 1680
G2	现在各沙设备汛守图	康熙《崇明县志》	康熙中期 c. 1680	
G3	皇舆全览图	多版本，1713 年测绘江南省	康熙后期 1713	
H1	崇明县现在各沙图	雍正《崇明县志》	雍正 c. 1725	雍正 c. 1725
H2	现在各沙设备汛守图	雍正《崇明县志》	雍正 c. 1725	
H3	沿海全图	陈伦炯《海国闻见录》	雍正 c. 1725	
I1	沙图	乾隆《崇明县志》	乾隆中期 c. 1760	乾隆中期 c. 1760
I2	河渠图(镇附)	乾隆《崇明县志》	乾隆中期 c. 1760	
I3	防哨图	乾隆《崇明县志》	乾隆中期 c. 1750	
I4	[江苏海防图]	南京博物院藏	乾隆中期 c. 1750	
I5	崇明场图	嘉庆《钦定重修两浙盐法志》	乾隆中后期 c. 1780	
J1	Yang-tse-kiang from the Sea to Nanking	英国海道测量局藏	道光 1842	道光 1842
J2	海运图	陶澍《陶文毅公全集》	道光 1826	
J3	苏省舆地营伍全图	美国耶鲁大学图书馆藏	道光中后期 c. 1840	
K1	苏松常镇太二里半方舆图	美国哈佛大学图书馆藏	同治 c. 1867	同治 c. 1867
K2	县境全图、河渠图	光绪《崇明县志》	光绪 c. 1880	
K3	Section de Tsong-ming	法国国家图书馆藏	光绪 c. 1885	
L1	上海近傍崇明岛	日绘 1 ∶ 25 000 地形图，台北“中研院”藏	民国 1945	民国 1916

续　表

	图　名	出　处	表现年代	复原断面
L2	“陈家镇”等 7 幅	江苏省 1∶50 000 地形图，台北“中研院”藏	民国 1916、1936	民国 1916
L3	崇明现有沙状图	《崇明平民常识》	民国 c. 1925	

3. 沙洲生存期与相互关联

除古旧地图外，本研究还从方志、文集、水利与兵防类古籍，调查报告与地名学研究等今著中提取信息，建立沙洲专题资料库。文献所记过简，多详涨略坍，且不同资料所记沙洲名目、年代、方位多有矛盾。逐一考证各沙涨坍、合并等时间节点后，制成可考沙洲生存期及关联图(图 1)。16 世纪下半叶起，以长沙为核心，经不断拼合终于形成第二代主岛，进而演化为今日崇明岛，故图 1 特别标记各沙涨合至第二代主岛的节点，凸显变迁主线。

4. 沙—状结构

“状”是崇明特色地名，源自围垦新涨滩荡时为维护秩序进行的地块划分，[1]推测状的制度在明中叶形成。[2] 从发生学角度，状位于沙之四围，形成隶属关系及圈层结构，状的方位展现沙的拓展方向。

史料中检得状名数十个，多记沙—状隶属关系，需辨析以排除受清雍正时推行“沙区”(保长分区)区划影响下的关系误记。[3] 只有部分沙下辖状，状基本隶属于明中后期涨出之沙。相邻两沙拼合后，原沙名仍大多沿用，原状名则转变为联合沙洲上的次级地理区域通名(状以外还有几种次级通名，用例较少)，故可将明中叶以降核心区沙洲格局概括为“沙—状结构”。

5. 依据民沟分布的区块性得出部分拼合期沙界

各沙拼合后方位固结，基于沙—状结构的延续性，可首先探明拼合期的沙状方位与界线，用作逆推复原的起点。

晚近实测地图中，有两种标注多数沙状名：清同治《苏松常镇太二里半方舆图》(K1，c. 1867，地图序号据表 1，下同)、民国《崇明现有沙状图》(L3，c. 1925)。K1 未绘沙状界，且误差较大；L3 绘沙状界，但比例尺过小，两图部分沙状方位矛盾，实因各有误置，故不能直接使用。本研究转而主要依据 1945 年日绘 1∶25 000 地形图《上海近旁崇明岛》(L1)上的水网肌理间接

① 雍正《重修崇明县志》卷 7《田制》，《上海府县旧志丛刊·崇明卷》，上海：上海古籍出版社，2011 年，第 461 页(下文所引崇明历代方志页码均出自同一丛刊)。

② 正德《崇明县重修志》卷 2《沙段》，第 20 页。正德《姑苏志》卷 18《乡都》，《景印文渊阁四库全书》，台北：商务印书馆，2008 年，第 358—359 页。

③ 林宏：《清雍正崇明沙区区划论考》，《江南社会历史评论》第 16 期，北京：商务印书馆，2020 年，第 227—245 页。

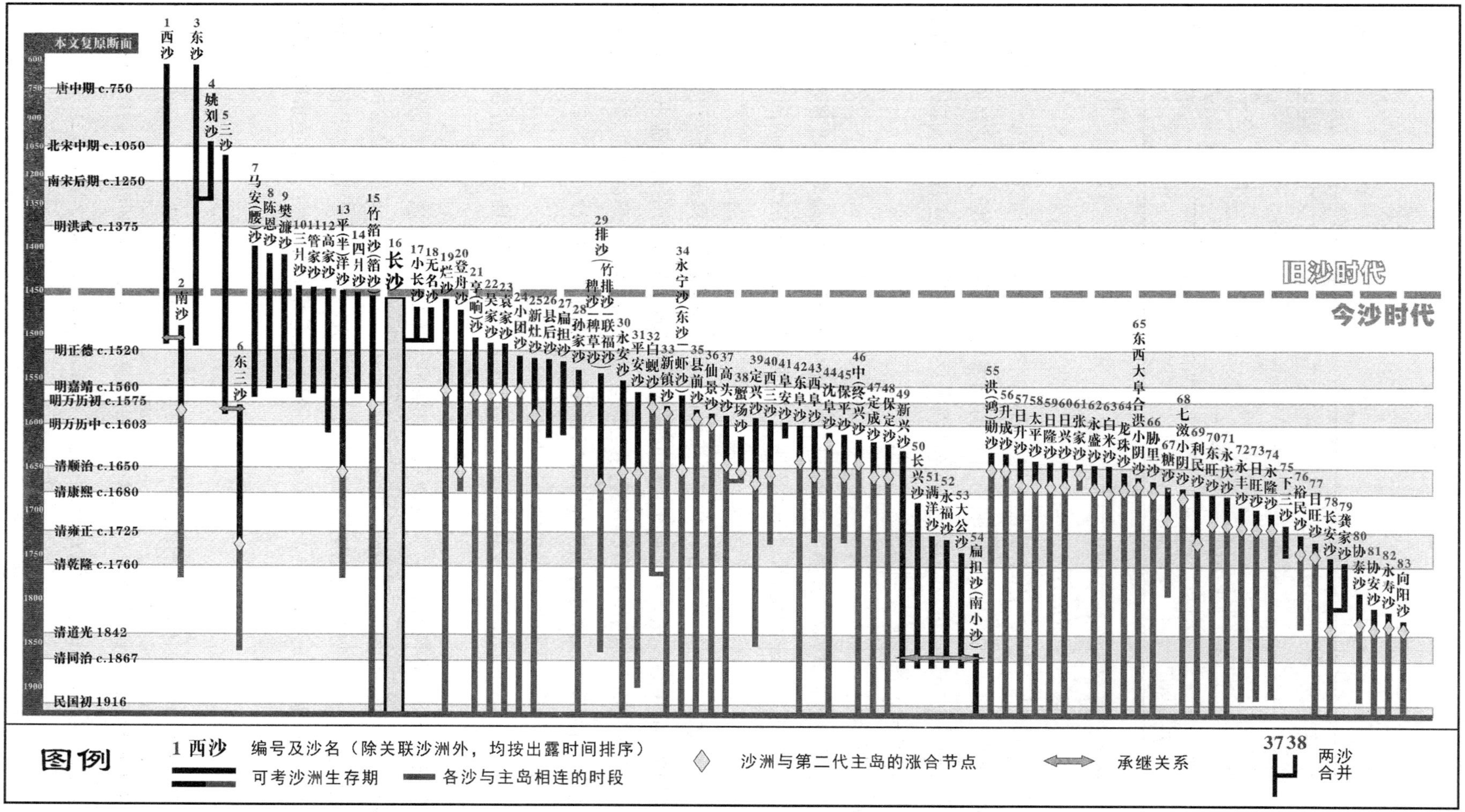

图 1　唐初至民国初崇明核心区沙洲生存期及关联图

制图说明：图中略去明中叶之前已坍没、生存期无法确考的早期沙洲。

求得部分沙界，[1]具体方法如下：

崇明主岛各级河道中，绝大多数是民沟，即密布全岛的基层河道，20 世纪 50 年代调查称总数有 16 400[2] 或 23 000 条[3]（统计口径不同）。L1 详绘全数民沟，而始绘于 1916 年的江苏省 1∶50 000 地形图（L2）中仅绘中高级河道（不足千条），[4]未绘民沟。L1、L2 均未标沙状名及沙状界。观察 L1 可发现显著规律：在主岛不同局部，民沟呈区块性平行分布，区块间倾角不同（图 2）。

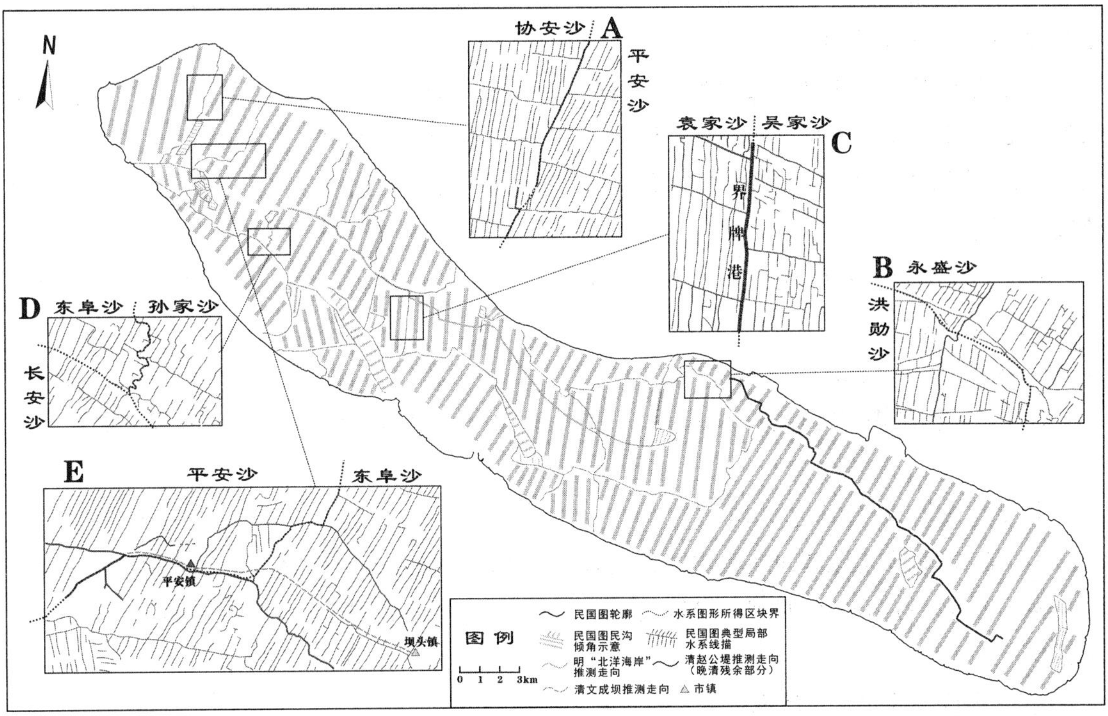

图 2　民国崇明主岛民沟倾角示意图

制图说明：底图为 1945 年日绘 1∶25 000 地形图《上海近旁崇明岛》，原图为无经纬度标识分幅图，拼合后运用国家地理信息公共服务平台（天地图）在线地图服务政区图层数据（https：//map.tianditu.gov.cn/），以 WGS84 坐标系配准（上海市测绘院协助）。

比对可知，L1 图的民沟分布同沙状范围高度关联，多数区块或即某沙状范围，或相当于数个沙状之和。这种空间相关性根源于民沟、沙状的伴生性。当新涨滩涂经种菁促淤后，县民在筑圩固土的同时开掘系列民沟，初期起脱盐降渍作用，当垦区外拓、旧圩区深居内地时，民沟成

---

① 此图由侵华日军参谋部在 1945 年测制，以中华民国测图机构测绘的大比例尺地形图为基础，参照日军航空摄影修正而成。

② 崇明县水利局：《崇明县水利志》，第 88 页。

③ 陈永文等：《崇明岛土地利用初步调查报告》，《地理学资料》1957 年第 1 期，第 168 页。

④ 民国时期，由江苏陆军测量局、国防部测量局等机构多次测制 1∶50 000 地形图，重要版本有二：其一在 1916 年依据民国初期实测制作；其二为 1936 年新版，对公路、江岸等部分地物作出修正。

为沙洲内部感潮水系中的毛细血管，日夜发挥引潮、蓄泄等作用。水利的重要性使民沟布满各沙。[①]

民沟的形成又有一定自然基础。观察今日卫星图，在长江口沙洲、浅滩岸线上普遍发育潮沟，洲滩多受分支水道约束呈条状，使多数潮沟在洲滩主轴的垂向平行分布。各沙初涨时孤立开发，民众将天然潮沟拉直，营造出最初的平行民沟（可能局部插补），因各沙主轴异向，导致民沟倾角的差别。此后各沙扩展，为使水网有序，外围垦区与内部源地民沟倾角一致。各沙逐步拼合，遂形成联合沙洲上民沟倾角的区块性。在20世纪中叶农业集体化前，民沟由业户负责频繁疏浚，使倾角长期延续。

部分民沟区块占地广阔，覆盖多沙，原因有三：或区块内诸沙初涨时主轴方向近似；或新沙依附于老沙涨出，沿用老沙倾角；或诸沙在开发初期已涨合。状依沙而生，多数状在沙的外缘涨出，倾角与沙相同；少数状或在沙岸附近孤涨、经早期开发后才与沙联，或在两沙缝合处涨出，导致倾角不同。

基于上述原理，根据L1图的区块界可直接推知部分沙界，如图2—A之协安、平安沙界，3—B之永盛、洪勋沙界等。

6. 推定同一民沟区块内的沙界

若同一民沟区块内包含多沙，须作进一步肌理判读并结合史料分析求得沙界。主要依据包括：

① 中高级河道两侧民沟肌理差异

两沙合并时，多将原沙间洪道残迹整理为顺直河道，在拼合期用作界河。因此，若中高级河道两侧民沟虽倾角相近，但肌理差异较大，可推知中隔界河。如图2—C的界牌港为袁家、吴家沙界。

② 形态特殊的中高级河道

某些中高级河道非常曲折，为未加工的缝合处遗迹。如图2—D之东阜、孙家沙界。

③ 与官修堤坝相关的水网肌理

官修堤坝分截洪坝与防洪堤。截洪坝将两沙间洪道截断，典型者为连接平安、东阜沙的文成坝，结合市镇方位及水网肌理可还原坝体大致走向，推知涨合后的沙界（图2—E）。

明清两次修筑大型防洪堤。清中叶的赵公堤分南北线，[②]晚清时南线全坍，北线仅存中东段，据K3、L1所绘堤岸或傍堤河道，可推知当时主岛北界。晚明的北洋海岸至民国基本湮没，[③]可据傍堤河道推测沙界。

当代水利治理中，中高级河道多经合并、取直、移位等改造，部分民沟倾角相应改变，另有不

---

① 林宏：《崇明岛民沟的历史地理学初探》，《海洋文明研究》第6辑，上海：中西书局，2021年，第162—171页。

② 乾隆《崇明县志》卷1《水利》，第783—784页。

③ 民国《崇明县志》卷5《坝堤》，第1642页。

少民沟随城市化或其他建设消失，其余民沟虽维持倾角，但数量、疏密、连通性等时有变化，因此不能直接据今地图的水网肌理推求历史时期沙界，这就凸现出近代实测地图的宝贵价值。

7. 运用多元数据辅助定位沙状

采用前述方法，仍有部分沙界无法还原，而多数状的民沟倾角与所属之沙无异，故需用其他多元数据补全沙界缺环、确定状的方位。可用数据包括几类：

① 史料中少量沙界描述

散见于方志、家谱中，如雍正县志记张网港为吴家沙黄瞿状与沈阜沙的“合界竖河”。[①] 又如家谱资料记大高桥在孙家沙、新镇沙交界南。[②]

② 县志图中的沙状标绘及志文中的四至记载

清康、雍、乾县志G1、H1、I1图中标沙状名。乾隆、光绪、民国县志文中用四至法记沙状相对方位及至县城里数，但包含讹误，需经考辨后利用。

③ 方志、家谱中的零散信息

方志、家谱中记载祠庙、河流、墓地、住宅、义冢等所在沙状，有助定位。

④ 特殊地物名

如堡镇有富安桥跨当沙港，知此港为沈安、沈富状界。

⑤ 当代地名调查

崇明文史工作者的地名调查可提供一些信息。[③] 受清中期，特别是民国以来各类基层区划变动影响，沙状名渐失实际功能，又因代际更替淡出当地人记忆，笔者近期展开的田野调查中，七十岁以上长者也无法指出居处所在沙状名，故今已难通过普查了解沙状范围。

⑥ 参考K1、L3图

以上方法均无法求得沙界、状址时，参考K1、L3图的标注作大致定位。

8. 绘制晚清沙状分布图(c. 1867)

笔者绘制同治沙状分布图(图3)，展现对晚清核心区沙洲的考证结果，作为对更早断面逆推复原的基础。绘制过程如下：将民国1936年版江苏省1∶50 000地形图(L2)拼合配准，用作古图层底图。[④] 在GIS系统中叠加国家地理信息公共服务平台的政区、卫星图，绘制今图层。绘制古图层的市镇、河道、赵公堤，利用今卫星图作手工校正，减小因L2本身精度及配准造成的定位误差。参照晚清K1图复原同治断面岸线。绘制沙界、标注沙状名。成图中略去古市镇、河道，以求简明。

---

① 雍正《重修崇明县志》卷2《山川》，第404页。

② 崇明《黄氏家乘》，引自徐兵《崇明老地名文化》，上海：上海社会科学院出版社，2016年，第210页。

③ 徐兵：《崇明老地名文化》。

④ 因L2可覆盖长江口区域，且年代较早，L1只绘主岛，故采用L2为底图。

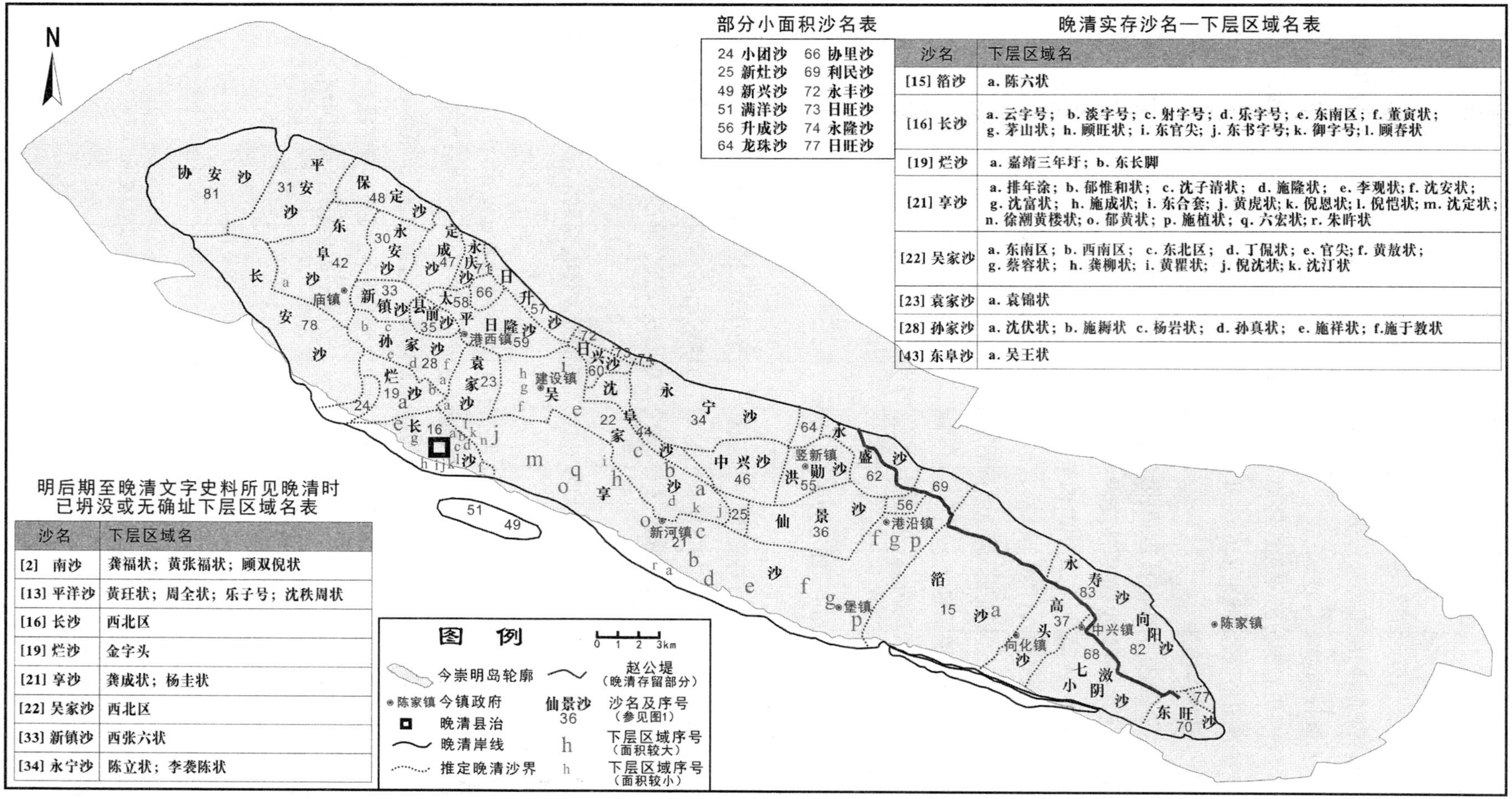

部分小面积沙名表

24	小团沙	66	协里沙
25	新灶沙	69	利民沙
49	新兴沙	72	永丰沙
51	满洋沙	73	日旺沙
56	升成沙	74	永隆沙
64	龙珠沙	77	日旺沙

晚清实存沙名—下层区域名表

沙名	下层区域名
[15] 箔沙	a. 陈六状
[16] 长沙	a. 云字号；b. 淡字号；c. 射字号；d. 乐字号；e. 东南区；f. 董寅状；g. 茅山状；h. 顾旺状；i. 东官尖；j. 东书字号；k. 御字号；l. 顾春状
[19] 烂沙	a. 嘉靖三年圩；b. 东长脚
[21] 享沙	a. 排年涂；b. 郁惟和状；c. 沈子清状；d. 施隆状；e. 李观状；f. 沈安状；g. 沈富状；h. 施成状；i. 东合套；j. 黄虎状；k. 倪恩状；l. 倪恺状；m. 沈定状；n. 徐潮黄楼状；o. 郁黄状；p. 施植状；q. 六宏状；r. 朱昨状
[22] 吴家沙	a. 东南区；b. 西南区；c. 东北区；d. 丁侃状；e. 官尖；f. 黄敖状；g. 蔡容状；h. 龚柳状；i. 黄瞿状；j. 倪沈状；k. 沈汀状
[23] 袁家沙	a. 袁锦状
[28] 孙家沙	a. 沈伏状；b. 施裥状 c. 杨岩状；d. 孙真状；e. 施祥状；f.施于教状
[43] 东阜沙	a. 吴王状

明后期至晚清文字史料所见晚清时已坍没或无确址下层区域名表

沙名	下层区域名
[2] 南沙	龚福状；黄张福状；顾双倪状
[13] 平洋沙	黄珏状；周全状；乐子号；沈秩周状
[16] 长沙	西北区
[19] 烂沙	金字头
[21] 享沙	龚成状；杨圭状
[22] 吴家沙	西北区
[33] 新镇沙	西张六状
[34] 永宁沙	陈立状；李袭陈状

图3 清同治沙状分布图

制图说明：当代岸线、镇政府方位据国家地理信息公共服务平台在线地图服务政区图层(https：//map. tianditu. gov. cn/)，古代岸线、堤坝、沙界、沙状名等据本文考证结果绘制。

9. 14 世纪后期至 19 世纪中期的逆推复原

基于沙—状结构的稳定性，以沙洲生存期图（图 1）、同治沙状分布图（图 3）为时空基准，综合利用古地图及专题资料库的信息，可逆推复原自明初至清后期 10 个断面的核心区岸线。依据发生学原理，还可据状的方位反推出各沙源地：位于图 3 各沙内部无状名分布处。崇明最早在元代设州，后治所随沙洲涨坍而五迁，共计六座州/县城，除第六城沿用至今外，前五城均坍没无存，但可推测大致方位，在沙洲复原图中起画龙点睛作用（图 4、5）。①

（三）唐至元核心区沙洲概貌复原方法

元代以前因无古地图可据、史料亦少，无法作精细复原。有条件探明变迁大势的主要沙洲仅四个：偏北的东沙、姚刘沙、三沙及偏南的西沙（图 4）。

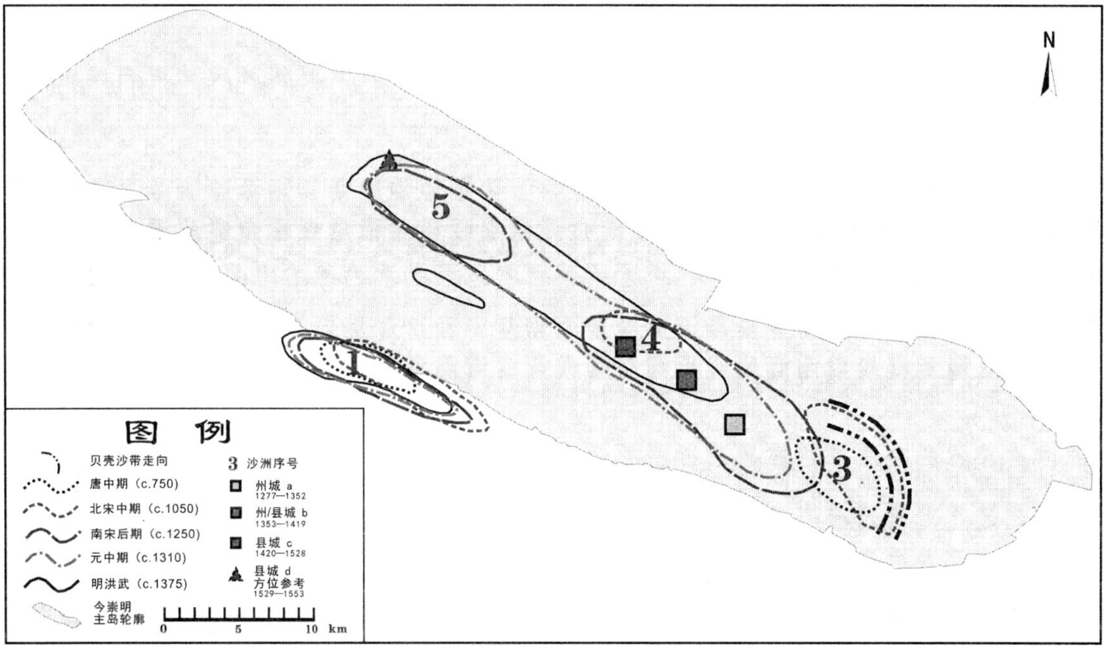

图 4 唐中期至明初核心区沙洲轮廓复原图

制图说明：当代岸线据国家地理信息公共服务平台在线地图服务政区图层，贝壳沙带走向据张修桂《崇明岛形成的历史过程》一文中《崇明岛形势图》绘制。古代岸线、城址据本文考证结果绘制。

唐初最早涨出东、西沙。20 世纪 80 年代上海市海岸带资源综合调查探明今崇明岛东部存在两条断续贝壳沙带（图 4），C^{14} 测年相当于唐大和（827—835）、南唐保大（943—957）间，②张修

① 关于城址方位的推定过程较复杂，需另文详述。主要依据如下：基于对平洋沙的复原结果推定县城 e；基于对三沙西端变化的复原结果推定县城 d；基于对三沙东端、姚刘沙的复原结果及史料中与县城 d 的里距、正德县志图（B）推定县城 c；基于史料中与县城 c 的里距推定州/县城 b；基于史料中与州/县城 b 的里距并参考唐宋沙带方位推定州城 a。

② 陈吉余主编：《上海市海岸带和海涂资源综合调查报告》，第 93 页。

桂准确指出东沙方位可据沙带判定，偏西、偏东沙带分别代表东沙出水 200 年、300 年后东北缘方位。① 王庆、刘苍字也指出沙带同东沙发育相关。②

前引两文均认为沙带所在地域自涨出后始终为陆地，此说可修正。依据数十种明清古地图所示沙洲、聚落、河道相对方位，可确知沙带区域在数百年间无陆地存在，古地图虽有失真，但不会集体漏绘大片可垦沙洲，文字史料也可印证此判断。实际情形为：早期沙洲经表面冲坍后伏于浅水下，至晚清起才局部重涨，民国时再度完全成陆，详见下文解析。

偏北各沙中，唐至北宋的东沙可据沙带定位。南宋至元代无地貌遗迹，故采用逆推法，基于先期复原的明洪武断面轮廓，参考治所、河流、寺观等地物相对方位，推测东沙、姚刘沙、三沙方位。偏南的西沙无地貌遗迹可据，全程用逆推法还原唐至元方位。

（四）明清长江口外围沙洲复原方法

1. 北外沙

北外沙指核心区北侧各沙，它们在明清时期渐次生成并涨连江口北翼陆嘴，可分四组，基本复原方法如下。西南、东北组：结合光绪《海门厅图志》地图③、民国江苏省 1∶50 000 地形图（L2）及今卫星图水网肌理④，先复原 1900 年海门厅沙界，再结合清代图、文，用逆推法复原多个断面。东南组：以同治《苏松常镇太二里半方舆图》（K1）为基准，参考 20 世纪 80 年代初启东县村—沙对应关系普查⑤、方志、地名录、文史资料等，结合 L2 与今卫星图，先复原同治断面（c. 1867），再用逆推法还原乾隆、道光断面。西北组：面积小，生成、连陆最早，缺乏详细资料，据晚明清初图、文作大致复原。

2. 南外沙

南外沙指核心区东南侧各沙，19 世纪前期才有沙洲出露。近代中外文地图、海图及文献有详细描绘与记述，较易定位。本研究复原沙洲出露后的演变过程，进而推测出露前的早期演化。

二、核心区沙洲变迁概述

限于篇幅，本节中仅概述主要研究结论，提炼演化线索。

---

① 张修桂：《崇明岛形成的历史过程》，《复旦学报》2005 年第 3 期，第 59 页。
② 王庆、刘苍字：《历史时期长江口北支河道演变及其对苏北海岸的影响》，第 31—32 页。
③ 光绪《海门厅图志》卷 1《地图》，中国国家图书馆藏数字方志，第 1—39 页。
④ 清代海门、启东主要由崇明人开发，同样遍布民沟，虽缺少 L1 图那样详细的民国图件，但因开发较晚，水网相对顺直有序，当代改造幅度显著小于崇明主岛，故今卫星图的水网肌理具备较高参考性。
⑤ 启东县水利局：《启东县水利志》，内部发行，1985 年，第 5—11 页。

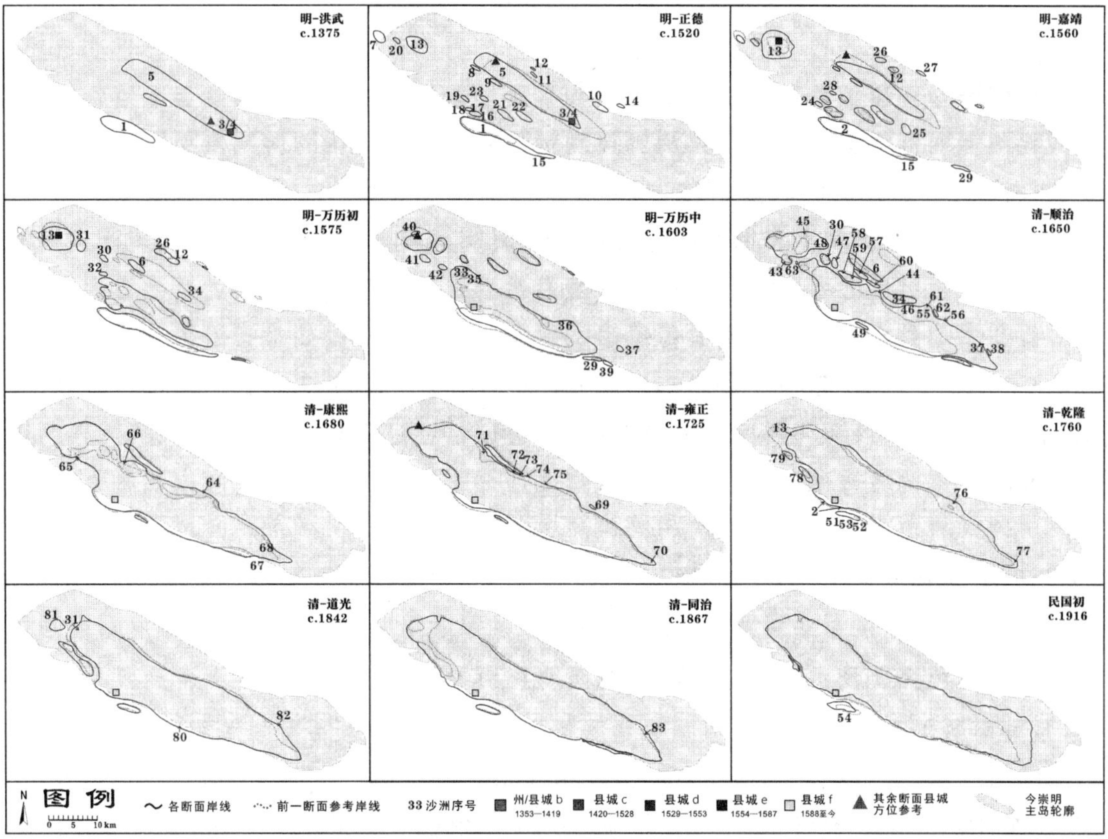

图 5　明初至民国初崇明核心区沙洲轮廓复原图

制图说明：当代岸线据国家地理信息公共服务平台在线地图服务政区图层，古代岸线、城址、沙洲方位据本文考证结果绘制。

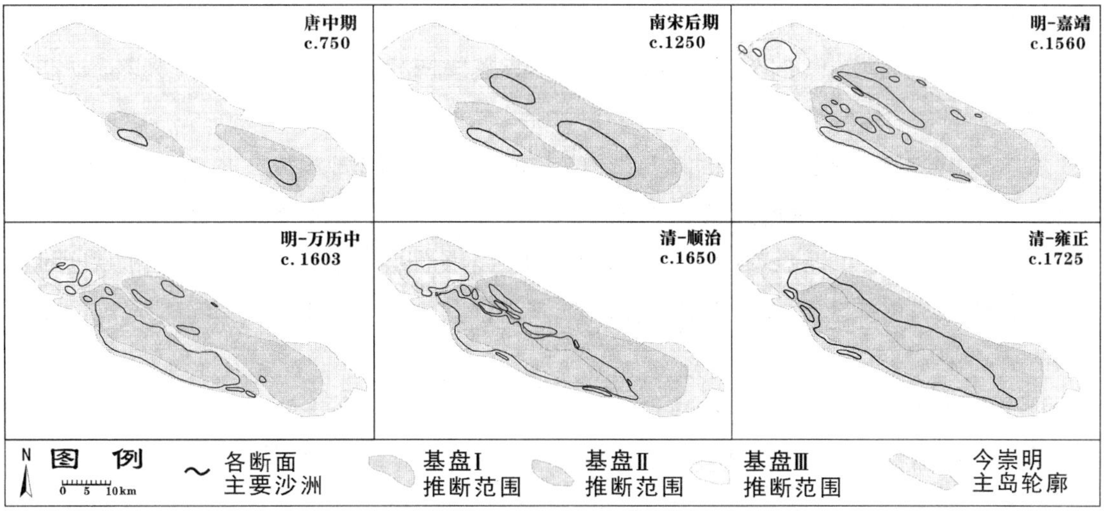

图 6　唐中期至清前期崇明核心区基盘演化推测图

制图说明：当代岸线据国家地理信息公共服务平台在线地图服务政区图层，古代岸线、基盘范围据本文考证结果绘制。

（一）唐—元：第一代主岛缓慢形成

唐前中期长江口远较今开阔，唐初初露的狭小东沙(3，序号据图1、4，下同)、西沙(1)偏居江口东南部(图4、7)。9世纪中后期至10世纪初，胡逗洲涨连北岸。后周显德五年(958)设通州，辖静海、海门县，前者以原胡逗洲地、后者以东布洲为主体，东、西沙属海门县。11世纪中叶，东布洲涨连北岸，北翼陆嘴东伸并拓宽，古海门县治今启东市东北。①

因江口显著缩窄，崇明诸沙由偏隅跃至中心，进入快速生长期。北宋天圣三年(1025)在东沙西北涨出姚刘沙(4)，建中靖国元年(1101)在姚刘沙西北涨出三沙(5)。此后姚刘、东沙涨合，南宋嘉定十五年(1222)设天赐盐场，场署在姚刘沙，但东沙更适宜煎盐，故推测设场前二沙已相连。同时东沙东侧坍退，表征唐至北宋东岸方位的贝壳沙带处由沙洲退化为浅滩。1277年新设崇明州管辖江口诸沙，州城a由原天赐场署改建，建州后不久，三沙同姚刘沙—东沙涨合，绵延数十里，第一代主岛形成。同一时段，西沙缓慢生长(图4)。

（二）明洪武至万历：三个基盘的并存与两代主岛的更替

1. 洪武断面(c.1375)

元明之际，第一代主岛东南侧持续内坍，州城a落成70余年后，1353年向西北迁至州城b，唐宋东沙旧地全坍。明初降州为县，州/县城b使用70余年后，1420年再向西北迁至位于秦家符的县城c。需注意，虽原东沙实体渐坍，但“东沙”概念西扩，包含原姚刘沙地域，故正德县志虽称县城c在“东沙”，②但方位已在贝壳沙带区西北10余公里处。

2. 三个基盘

明中叶，大量新沙涨出，张修桂曾据正德县志图归纳出三个沙洲群体，③确为洞见，但仅限于对出水沙洲的平面分析。本研究尝试增加维度，设置“基盘”概念，更有效地揭示变迁动态与线索。

河口拦门沙的局部地带经漫长堆积，先构造浅滩，再于滩顶积成出露沙洲，当表层沙洲遭冲坍时，又退化为浅滩，若未续遭主泓侵蚀，浅滩主体多可长期存留，待水沙条件合适时，表层可再度发育沙洲。本文使用“基盘”概念定性地描述位于三个沙洲群体下方、具有一定堆积高度的三片连续沉积体，其中基盘Ⅰ、Ⅱ在唐初之前成形，基盘Ⅲ在元代成形，图6中示意性地绘出部分断面的基盘范围。

3. 正德断面(c.1520)

第一代主岛位于基盘Ⅰ上，主岛东南部持续内坍，15、16世纪之交，县城c西南角之地已冲

---

① 陈金渊：《南通成陆》，第89—95、178—179页；谭其骧主编：《中国历史地图集》第5、6册。

② 正德《崇明县重修志》卷1《沿革》《疆域》《山川》，卷2《沙段》《乡分》，第17—19、20—22页。

③ 张修桂：《崇明岛形成的历史过程》，《复旦学报》2005年第3期，第276—280页。

没。[①] 此时基盘Ⅰ的中东部均为浅滩，浅滩东南端即为唐宋东沙旧址。主岛周边涨出多个小沙。

西沙位于基盘Ⅱ上，东南侧涨出竹箔沙(15)，后与西沙拼成长条形沙带。基盘Ⅱ北部，15世纪后期起涨出长沙(16)、小长沙(17)、无名沙(18)、烂沙(19)、袁家沙(23)、响沙(21)、吴家沙(22)。

西北的基盘Ⅲ成形最迟，其上最早的沙洲是14世纪前中期出露的马安沙(7)、平洋沙(13)。正德时，基盘Ⅲ已有一定规模，但同基盘Ⅰ、Ⅱ仍间隔较远。此前元代海运路线中的撑脚沙或为基盘Ⅲ上的早期暗沙，[②]已难确考。

4. 嘉靖断面(c. 1560)

此时正逢倭乱，产生多种兵防图籍可为复原提供依据。基盘Ⅰ上，第一代主岛东南部继续坍缩，1529年县城c全坍，改迁至三沙马家墩西的县城d，唐宋旧姚刘沙地基本入水，主岛仅剩原三沙地域，因此嘉靖中后期图、文将主岛东南端称作"三沙下脚"。[③] 继而主岛西北部也内收，1550年县城d始受冲坍，至1554年，使用仅25年的县城d遭弃，创崇明各治城中最短纪录，治所首次迁离第一代主岛，在西北方的平洋沙另建县城e。[④]

基盘Ⅱ上，"西沙"改称"南沙"(2)，[⑤]更名的原因应是此沙与新旧县城间相对方位的改变，此前研究多误以为南沙、西沙不同指，导致错误的复原结果。南沙—竹箔沙东侧新涨稗沙(29)，位于基盘Ⅱ东南部。南沙北，长、烂、袁、吴、响等沙各自增大，新涨小团(24)、新灶(25)、孙家沙(28)。

基盘Ⅲ上，平洋沙蓬勃扩展，县城e在新设时深处其内部，离岸很远。[⑥]

5. 万历初断面(c. 1575)：第一代主岛坍没殆尽

根据《三吴水考》中的图D，第一代主岛几乎坍尽，原沙范围内仅绘两小沙，西侧"三沙"对应后世东三沙(6)，东侧"东沙"对应后世永宁沙(虾沙，34)。两沙或为原三沙的孑遗，或为全坍后复涨。基盘Ⅰ近乎整体入水。

基盘Ⅲ表层，平洋沙盛极而衰，北岸内收，马安沙坍，新涨平安沙(31)，基盘Ⅲ也相应西坍东涨。至1583年，平洋沙县城e已坍去东北一角。[⑦]

基盘Ⅱ北部发生重要变化，在倭乱平息的社会条件下，县民以状为单位在各沙周边淤浅处围垦，促使离散各沙迅速拼合，构成巨型联合沙带。截至万历初，享沙向西涨出黄虎状，向南涨出沈定、六宏状，向东南涨出排年涂及郁惟和、施隆、李观、沈安、沈富、郁黄等状，东南端达今堡

---

① 正德《崇明县重修志》卷首《崇明县城池图》、卷1《沿革》、卷2《城池》、卷5《宦绩》，第11、17、22、37页。
② 《大元海运记》卷下，《续修四库全书》史部，上海：上海古籍出版社，2002年，第514页。
③ 郑若曾：《江南经略》卷3下《崇明海洋路辨》，合肥：黄山书社，2017年，第304页。
④ 万历《新修崇明县志》卷1《沿革》，第75页。
⑤ 郑若曾：《江南经略》卷3下《南沙险要说》，第312页。
⑥ 张寰：《崇明县前迁新城记》，万历《新修崇明县志》卷10《艺文志》，第138页。
⑦ 万历《新修崇明县志》卷1《沿革》，第75页；康熙《崇明县志》卷2《沿革》，第191页。

镇，向北涨出施成状、沈子清状、东合套，同吴家沙拼合。吴家沙向西涨出黄敖、蔡容、龚柳状，同袁家沙拼合，向东南涨出丁侃、沈汀、倪沈状，同享沙拼合。袁家沙向南涨出袁锦状，与长、享沙拼合。孙家沙东侧涨出施于教状，与袁家沙拼合。长沙西侧同小团、烂沙涨合。另新涨永安(30)等小沙，说明基盘Ⅱ向西北扩展。基盘Ⅱ南部，南沙—竹箔沙联合沙带也北扩东伸。此时基盘Ⅱ的两大沙带间尚有窄洪相隔(图5)。

6. 万历中期断面(c.1603)：第二代主岛成型

万历中期基盘Ⅲ的平洋沙北岸继续内收，县城e北半已坍，1583年选新址于基盘Ⅱ的长沙，1588年完工，即沿用至今的县城f。[①] 鉴于旧城屡坍，选址首要原则应是地基稳固，恰在1580年左右，基盘Ⅱ的两大沙带间洪道弥合(图5)，第二代主岛成型(下文中"主岛"均指第二代)，长沙深居内地，北联孙家、袁家等沙，南有宽广南沙庇护，符合选址需求。

万历前期涨出新镇(33)、县前(35)、仙景沙(36)，并连主岛。主岛东南部享沙、箔沙东伸。主岛外，东北涨高头沙(37)，东南涨定兴沙(39)，西北涨东阜沙(42)。第二代主岛的生长可视作基盘Ⅱ的全面淤高。高头沙位于基盘Ⅰ内，象征此基盘东南部完全入水近3个世纪后开始重新涨出。

基盘Ⅲ向东南伸展，除平洋沙北岸内收外，平安沙增大，新涨阜安沙(41)。

(三) 明末至民初：核心区三基盘的拼合与续变

1. 顺治断面(c.1650)、康熙断面(c.1680)

① 基盘Ⅰ、Ⅱ的拼合

明清之际，主岛中东部显著外拓。[②] 明末，箔沙向东涨出陈六状，吴家沙向北涨出黄瞿状，主岛外新涨沈阜(44)、终兴(46)、洪勋(55)、升成沙(56)，顺治断面前已并入主岛，高头沙(37)也涨连主岛。

主岛中西部岸线大体稳定，明清之际，北侧水中新涨定成(47)、日升(57)、太平(58)、日隆(59)、日兴沙(60)。顺治断面时，自沈阜、终兴沙交界以东，基盘Ⅰ、Ⅱ的基底与表层均已拼合；以西，基底拼合，表层沙洲间仍存浅洪(图6)。原先位于基盘Ⅰ北部的小沙坍没，与基盘Ⅰ向基盘Ⅱ拼合的趋势相符。此后，永宁(34)、永盛(62，顺治初涨)、龙珠沙(64，康熙初涨)并岸，主岛东北单一岸线构建完成。西北侧，康熙初涨出胁里沙(66)，促成周围定成、日兴、日升、太平、日隆诸沙涨合并岸。康熙断面时，除东三沙外，主岛北岸西部也形成连贯岸线，基盘Ⅰ、Ⅱ表层全线拼合。

② 基盘Ⅲ同基盘Ⅰ、Ⅱ的拼合

基盘Ⅱ西部，明末，东阜沙(42)涨连主岛西端。基盘Ⅲ新涨西阜(43)、保平(45)、保定沙

---

① 万历《新修崇明县志》卷1《沿革》、卷10《艺文志》，第75、139页。

② 可由这一时段古地图上的河流绘制直观展现，如顺治后期《江苏海防图》上主岛东端涨至八激处。图书文献处编：《故宫典藏古地图选粹》上册，台北：台北故宫博物院，2018年，第110—111页。

(48)，[①]展现基盘整体东涨的趋势，此后上述新沙与平洋沙、西三沙、平安沙等合为西部联合沙洲。顺治断面时，西部联合沙洲与基盘Ⅰ、Ⅱ沙洲间隔以弯洪(图5)。

数年后，弯曲洪道在人工干预下突然封闭。顺治十年(1653)九月，南明张名振水军进犯长江口，占据联合沙洲作为主要基地，数百艘舰船驻泊“平安沙小洪”，即上述弯洪中，“不犯风涛，寇呼为‘安乐潭’”。[②] 十一年(1654)十一月，南明军南返。为彻底解决孤悬问题，知县陈慎于月底开始在东阜、平安沙间筑坝断洪，十二月初六筑成，此应指断洪工程合拢，另记“逾年工成”，应指堤坝修筑完毕，也有称十四年(1657)竣工，是指围绕堤坝的土城、斥候、祠庙等相关建筑建成。取名文成坝，亦称陈公堤、平洋沙堤，“长二千八百二十四步”[③]。

台北藏《江苏海防图》(F3)绘“新筑小洪坝”，生动展现初成情景。文成坝促使两侧土地涨起，是人力影响沙洲演变的经典案例。吴标描述顺康之际“凫雁缤纷，蒹葭淅沥，正沧海渐变桑田时也”[④]。文成坝在原弯洪中部，坝北因涨潮流搬运泥沙淤积更快，在康熙前期涨满，形成连贯岸线，坝成后约20年，坝南也基本涨满。1675年，知县沈尚仁在涨合后的东阜、平洋沙间修“运河”，[⑤]应指在两沙缝合处加工的界河。

南明舰船吃水较大，故原洪道应有一定深度，但文成坝工程数日合拢，故又不至于过深。因此推断顺治断面时基盘Ⅲ与基盘Ⅰ、Ⅱ基底的涨接尚在较早阶段，文成坝的修筑显著加速了基盘、沙洲的涨合。约1680年，在崇明沙洲初露10个多世纪后，核心区沙洲基本完成拼合，此后近300年间主岛规模奠定。

此外，清初主岛东端继续延伸至十滧以东，[⑥]接近晚清主岛东端方位。南岸的南沙、竹箔沙全线内坍(图5)。[⑦]

2. 雍正断面(c.1725)、乾隆断面(c.1760)

此阶段主岛总体西、南坍，东、北涨。南缘南沙、竹箔沙继续内坍，乾隆断面时竹箔沙旧地尽坍，南沙仅剩黄张福状寸地，19世纪初全坍，[⑧]西沙/南沙走完约12个世纪的历程。主岛西端雍正断面时尚稳固，雍正末起骤坍，1731年旧县城e所在地全坍，[⑨]18世纪后期平洋沙尽失，[⑩]西坍达极值。

主岛北侧，康熙中后期涨出永庆(71)、永丰(72)、日旺(73)、永隆沙(74)，乾隆初东三沙(6)

---

① 根据地名推断，应是先涨保平沙(保护平安沙)，再涨保定沙(位于保平沙与定成沙之间)。
② 康熙《崇明县志》卷3《河港》、卷5《寇警》，第208、245页。
③ 康熙《崇明县志》卷3《坝堤》、卷5《寇警》，第209、245—246页；吴伟业：《平洋沙筑海堤记》，康熙《崇明县志》卷13《艺文志》，第327—328页。
④ 吴标：《募修坝头龙王庙序》，康熙《崇明县志》卷13《艺文志》，第334页。
⑤ 雍正《重修崇明县志》卷7《田制》，第467页。
⑥ 康熙《崇明县志》卷3《河港》，第208页。
⑦ 康熙《崇明县志》卷3《庙》，第212—213页。
⑧ 光绪《崇明县志》卷6《田制》，第1209页。
⑨ 光绪《崇明县志》卷3《祠墓》，第1177页。
⑩ 光绪《崇明县志》卷6《田制》，第1208页。

同主岛涨合，使主岛中西部显著加宽。主岛东北部有显著外涨，东端小幅延伸。乾隆前期主岛西南涨出长安(78)、龚家沙(79)，后者又名小长安沙，在已坍没的西阜沙(43)处复涨。[①]

3. 道光断面(c.1842)、同治断面(c.1867)

此阶段主岛总体增大。原平洋沙坍处基底尚存，19世纪前期涨出协安沙(81)，19世纪中叶连陆，主岛西端恢复清初规模。道光断面时长安、龚家沙涨合为条状大沙，后连主岛，使主岛西南大幅外拓。主岛东北自利民沙(69)东端起持续外涨。

北岸中段转为内坍。道光断面时东三沙所剩无几，同治断面前已全坍，永隆(74)、永宁(34)、永盛(62)、裕民(76)、利民(69)诸沙也内坍。南岸东段小幅内坍，中段总体稳定。

4. 民国断面(c.1916)

19世纪后期至20世纪初，主岛大部分岸线内坍。南岸中段内坍严重。县城南离岸仅数百米，较明万历时内坍约3公里，较同治断面岸线内收近1公里，危如累卵，自1894年起多次筑塘防坍。[②] 县城东南方未及筑塘，内坍最严重处较同治断面内收约1.5公里。主岛西南长安沙处也显著内坍，最大坍幅近1公里。南岸东段相对稳定。北岸中部整体内坍，最大坍幅超1公里。永丰(72)、日旺(73)、永隆沙(74)完全坍没，多个市镇消失。南北岸线坍近最深处遥相呼应，均在主岛中部，使民国断面上主岛凸显"腰身"。

唯北岸东段继续加速外涨，主岛东端宽幅始不逊于中、西部。表征唐五代东沙方位的两条沙带所在区域经近700年的蛰伏终于重新成陆。

5. 20世纪中期后的大围垦

自20世纪50年代至今，主岛演化进入全新阶段，经过持续的大规模围垦，面积渐增，1949年为608平方公里，1981年为1 064平方公里，[③]今日超过1 269平方公里，[④]总面积较70年前倍增有余，东、西、北3个方向均有显著扩展(图5)。

三、明清外围沙洲演化主线

(一) 北外沙西北组

元中叶至清初，江口北翼岸线持续内坍，海门县治多次向西北迁移，[⑤]陆嘴显著缩窄。1672年海门县并入通州，18世纪初内坍达极值。

江口北翼旧陆地所在之处坍而复涨，形成北外沙中最早出露的西北组沙洲。明前期涨出营

① 黄文瑛：《斗文龚公传》，崇明《龚氏家乘》卷首，引自徐兵《崇明老地名文化》，第88页。
② 民国《崇明县志》卷7《海塘》，第1686—1689页；崇明县水利局：《崇明县水利志》，第38—40页。
③ 上海市崇明县县志编纂委员会：《崇明县志》，第42页。
④ 华东师范大学地理科学学院、地理信息科学教育部重点实验室编：《崇明生态岛地理信息概览图集》，上海：中华地图学社，2019年，第4页。此数据不包括主岛北缘属江苏省的小片区域。
⑤ 陈金渊：《南通成陆》，第94—102页。

前沙，明后期至清初涨出山前等沙(图7)。据1661年清廷迁海令可知，当时西北组实存山前、永兴、野鹅沙，[①]康熙中后期又涨出多沙。18世纪初，北翼陆嘴转坍为涨；1720年前，西北组均已并联北岸。

(二) 北外沙西南组、东北组

明末，北外沙西南组中最早涨出永阜沙，东北组中最早涨出大安沙，康熙至雍正初，两组又续涨多沙。雍正十一年(1733)，以半洋、戏台、大安三沙为通州、崇明的划界标志，此前已涨连北岸的西北组及西南、东北组诸沙中，接近北岸者划归通州，戏台等6沙仍属崇明。

划界后两组沙洲续涨，因移民垦殖，事务繁剧，乾隆三十三年(1768)新设海门直隶厅，设厅时，全境由沙洲构成，包括分别从崇明、通州划出的11、19沙。为方便交通，1775年修成徐公堤，自海门厅西天补沙至西侧通州陆岸(今川港镇西)，截断洪道，促使沙洲不断出水、涨合，19世纪初，两组沙洲中的多数已拼合连陆。19世纪前中期，东北组小安、戏台沙连陆，东侧又新涨小阴、日照等沙，江口北翼陆嘴顶端由吕四向东南移至今塘芦港口一带。

(三) 北外沙东南组

东北组与主岛之间，自清前期起陆续涨出东南组，1928年启东建县前，属崇明县管辖。

雍正中后期最早涨出惠安沙，乾隆前中期涨出杨家等沙，乾隆后期涨出永昌等沙。至迟到19世纪40年代，永昌、永泰、永兴沙涨连北翼陆嘴，但本组主体仍为离散沙洲。19世纪前中期涨出北连升等沙。1867年时已形成几片大沙带，同陆嘴间的洪道也已极窄。约1880年，洪道西段封闭，东南组主体在西北方向连陆，但在北方同原陆嘴南缘间尚隔向东敞开的喇叭状水域，东南组南侧还有日旺等沙构成的横向沙带。19世纪末，喇叭状水域涨满，南侧沙带也并岸，北翼陆嘴顶端已同今日接近。

(四) 20世纪前期江口北翼南缘内坍

清末民初，北翼南缘内坍，临岸市镇、村落、港口消失；至20世纪30年代，部分内坍超1.5公里，内坍持续至60年代坚固江堤修成时方止。

(五) 南外沙

南外沙位于核心区与江口南岸间，迟至晚清才有沙洲出露，但此前已经历自拦门沙淤高至浅滩形塑的基础发育期。清前期地图已明确标绘危及航行的浅滩，F3标碗沙、H3标铜沙。向前追溯，15世纪前期，郑和航海图所标铁翎沙或即铜沙前身。沙洲出露后，19世纪40年代的英

---

① 康熙《崇明县志》卷5《寇警》，第247页。

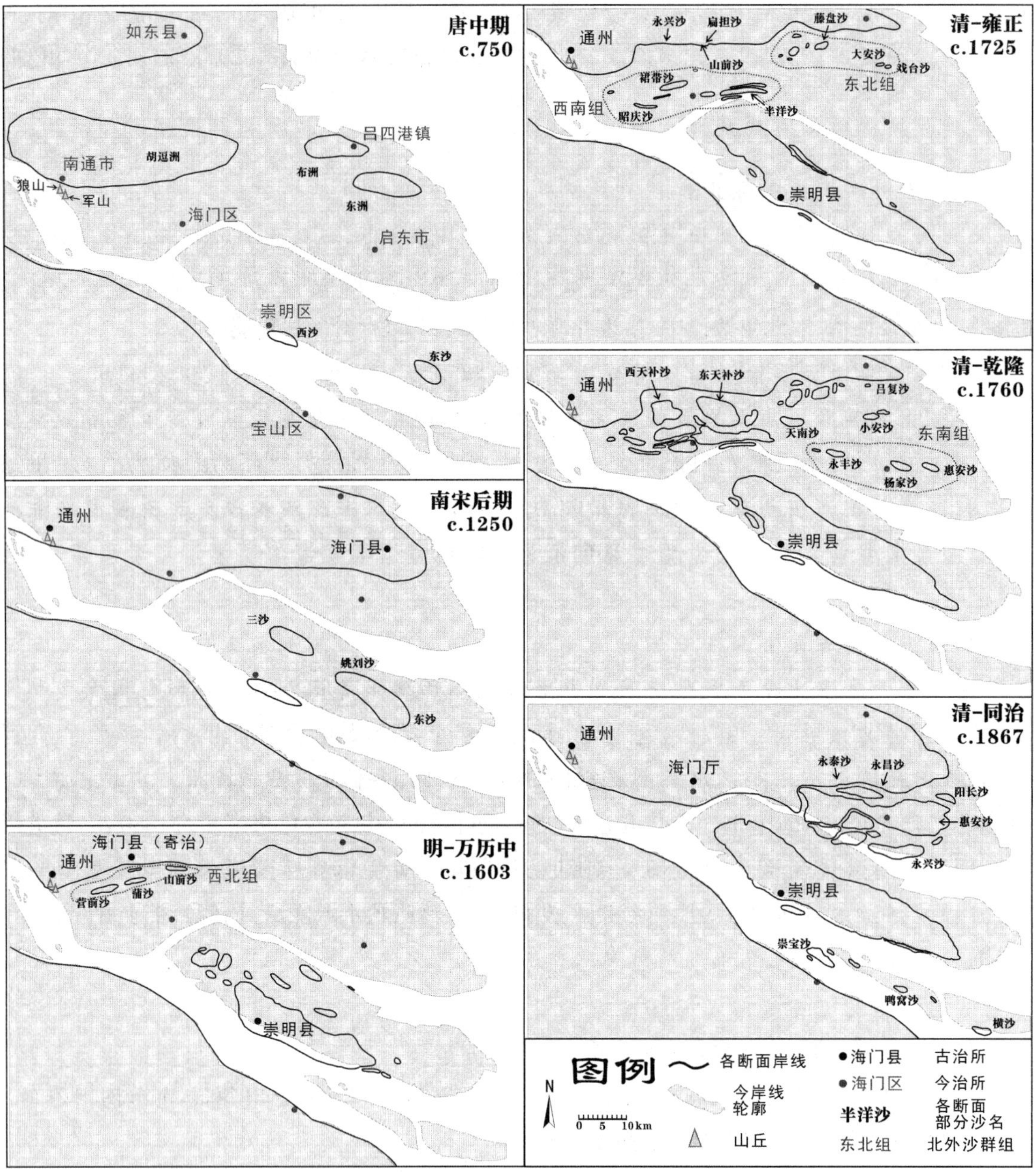

图7　唐中期至清后期长江口整体演化复原图

制图说明：当代岸线、城址、山丘据国家地理信息公共服务平台在线地图服务政区图层，古代岸线、城址、沙洲方位据本文考证结果绘制。

测海图最早绘出拦门沙整体范围。

南外沙中最早出露的是崇宝沙，1826 年 J2 图中标出，推测 19 世纪初已涨。19 世纪中后期，续涨鸭窝、石头、腾、横、鼎兴等沙，可据各类中西文地图定位。20 世纪早期，崇宝沙渐坍，新涨平安、金带等沙，经人工干预下的复杂演化，60 年代，长兴、横沙岛成型，先行研究关于两岛演化过程已有充分探讨，此不赘述。

结论与讨论

本研究主要利用古旧地图等资料建立时空框架，通过水网肌理解读等新路径从大比例尺旧地图中提取定位信息，以逆推法细致地复原崇明诸沙及长江口岸线的演化过程。在分区复原基础上，可在江口整体尺度下作总结与动力分析(图 7)。

7 世纪初，江口开阔，在拦门沙系东南部已形成基盘Ⅰ、Ⅱ，上有东、西沙出露，通州、古海门连陆后，11 世纪，崇明核心区沙洲转居缩窄后的江口正中，方位同涨、落潮流主泓间的缓流区重合，充分接受下泄泥沙补给，加速发育。受科氏力影响，落潮流主泓经过西沙南侧，而东沙已在口门处，因此续涨诸沙方位限于西沙北、东沙西。12 世纪前期黄河南徙，部分入黄海泥沙由沿岸流夹带南下，在涨潮流推动下进入长江口，也加速塑造基盘、沙洲。[①]

7 世纪至 14 世纪，基盘Ⅰ、Ⅱ扩展，核心区沙洲生长，基盘间仍隔宽洪。13、14 世纪之交，基盘Ⅰ上形成由三沙—姚刘沙—东沙组成的第一代主岛，基盘Ⅱ上仍以西沙为主。同时期另在西北方形成基盘Ⅲ，其方位与第一代主岛成型后涨落潮流交汇点上移有关。14 世纪末，基盘Ⅲ始有沙洲出露。14 世纪中期至 16 世纪后期，第一代主岛渐坍。同时期，基盘Ⅱ上沙洲大涨，这同基盘Ⅲ发育后阻滞落潮流对基盘Ⅱ北半部的冲刷有关。16 世纪后期，基盘Ⅱ上各沙涨合，形成第二代主岛。基盘Ⅲ的沙洲在 15、16 世纪有较大发展，在两代主岛交替之际一度成为县治所在，但受制于基盘规模，沙洲拓展空间有限。17 世纪后期，3 个基盘终于完成拼合，崇明主岛规模奠定，此后近 3 个世纪中仅在周身局部坍涨。

核心区沙洲中，初涨于 7 世纪至 15 世纪中叶者几乎坍尽，今崇明岛基本是由此后涨出的各沙逐步拼合构成的，因此可以 1450 年为界，区分"旧沙时代"与"今沙时代"(图 1)。"今沙时代"中，第二代主岛形成、三个基盘拼合、20 世纪大围垦是关键演化节点。

核心区沙洲繁杂演化中坍而复涨之地很多，如唐宋旧东沙区域等，甚至日升、日旺、永丰沙等处可能经历三涨两坍：元属三沙中部，明后期坍，清前期再涨，清末复坍，在 20 世纪围垦中第三次成陆。因此在钻孔分析中需特别留意此类涨坍造成的沉积扰动问题。本文建立的时空框架恰可为地貌学、河口海岸学的钻孔选址与解读提供依据，也可为历史地理学在地学相关领域多学科研究中的"先行官"[②]、"先发探查"[③]作用提供注脚。

---

① 张修桂：《崇明岛形成的历史过程》，《复旦学报》2005 年第 3 期，第 62 页。

② 韩昭庆：《黄淮关系及其演变过程研究》张修桂序，上海：复旦大学出版社，1999 年，第 2 页。

③ 钟翀：《遗产廊道的深刻鉴别与再发现——日本线性历史景观研究中的历史地理学先发探查与解析》，《风景园林》2021 年第 11 期，第 1—5 页。

北外沙中,西北、西南、东北三组大体位于宋元旧海门县陆域范围内,可知14世纪至16世纪江口北翼岸线内坍后,原陆地变为边滩,这正是此后沙洲复涨的物质基础。而东南组位于古海门范围外,原无基底,故生成较晚、发育缓慢。明代至清初,北外沙与核心区相距较远,沙洲在两亚区内各自演化,18世纪前期起,随着北外沙扩展,亚区间才建立明显互动关系,北外沙西南组的发育促使清中叶核心区主岛西北端内坍,而北外沙东南组的生长促成清后期主岛北沿持续内坍。

学界长期流行一种摆动说,称14世纪至18世纪前期,江口落潮流主泓曾一度由南支改走北支,18世纪中叶后复归南支。历史时期无流量监测数据,摆动说提出时主要基于对岸线变化的两项观察:14世纪起,北翼岸线大幅内坍;14—18世纪前期,北支宽幅大于南支。从而得出推论:落潮流主泓的北摆造成北翼内坍及北支拓宽。

针对此说,褚绍唐已指出旧海门县自东向西的坍没主要受涨潮流影响,并非由主泓北移导致,[①]张修桂也明确指出落潮流主泓始终偏于崇明沙洲南侧,[②]均不认同存在上述摆动,但十余年来,摆动说仍占主流,且相关研究中往往作为"定理"式的前提。基于本研究所绘复原图,可进一步否定摆动说。

首先,古海门陆地坍后仍以边滩形式占据北支北部,故河槽容积未显著增加,南北支分流比未大幅改变,因此不能以北支的平面拓宽推导出主泓北摆。

其次,所谓"北摆时期"内,核心区西北部有平洋等沙陆续涨出,与摆动说矛盾。

第三,据摆动说,18世纪主泓南归,主岛应由南涨北坍转为南坍北涨。实则主岛的南坍自17世纪前期即已开始,18世纪中叶至19世纪中叶,主岛西南部呈淤涨态势,18世纪中期至20世纪前期,主岛西北及北沿中、西段也时有内坍,皆与摆动说不符。

第四,所谓"北摆时期"内,主岛北侧水域咸度仍显著高于南侧,如万历县志称"崇明诸沙涨自扬子江淡水,俱可田。惟东北吴家沙、享沙咸水凝结,不可禾黍"[③],清前期主岛盐场也分布在东北沿,[④]说明南支以落潮流主导、北支多受涨潮流影响的格局始终未变。

第五,研究时段内崇明上游的长江南岸并无可起挑流作用的基岩岸线或山岛,缺乏使长江口落潮流主泓这样规模的水体大幅转向的边界机制。

第六,14世纪至16世纪,北岸旧海门与崇明第一代主岛均自东向西坍没,可知主要动力来自此阶段涨潮流的增强。相应的,此后海侧外力渐衰,北外沙出露、涨合大势恰为自西而东,这是因为旧海门西部受潮灾较迟、较轻,故易复涨。江流、海潮侵蚀效果不同,江流冲刷涉及更深地层,海潮泛溢更多影响表层,旧海门、核心区基盘Ⅰ均为沙坍滩存,也可证致灾主因在潮不

---

① 褚绍唐:《崇明岛的变迁》,《地理研究》1987年第3期,第13页。
② 张修桂:《崇明岛形成的历史过程》,《复旦学报》2005年第3期,第57页。
③ 万历《新修崇明县志》卷2《仓场》,第86页。
④ 雍正《重修崇明县志》卷8《备考》,第487页。

在江。

综上，至迟在11世纪东布洲并岸、江口束狭完成后，落潮流主泓始终在核心区沙洲南侧经过，并无北摆过程。正是主泓携带的泥沙促使核心区东南侧的拦门沙持续淤高，至明代浅滩塑成，至晚清南外沙出露，南支水道流经南外沙两侧，形成南港、北港。

另一方面，虽然影响不如当代技术下河口的人工控制、改造显著，①但至迟自15世纪起至20世纪中叶间，人类活动已是江口演变过程中不可忽视的驱动力，共同塑造着岸线轮廓。相关作用可归结为三个主要方面：

第一，民间业户经年累月地在具备条件的浅滩展开促淤、筑圩、开掘民沟等系列开发，加速了沙洲的扩展。明末以后，大量主岛居民移居新生成的外沙开垦，又将成熟的开发模式输入新涨区域。第二，人工筑堤起到一定的巩固岸线作用。官修防洪堤（包括统堤与局部堤岸）往往建立在民间开垦筑圩的基础上，但因历史时期官民岸堤标准较低，难御强烈洪潮冲击。第三，文成坝、徐公堤等人工修筑的截洪坝在某些局部对促进沙洲涨合起到关键作用，在特定时段深刻影响了岸线演化。

（本文原发表于《中国历史地理论丛》2023年第3期。）

作者简介：

林宏，1985年生，本科毕业于复旦大学历史学系，硕、博士毕业于复旦大学中国历史地理研究所，2016年获得博士学位，现任上海师范大学人文学院历史系副教授。主要研究领域为历史地理学、文化交流史、海洋史，现阶段聚焦于长江口区域历史地理、明清之际中西地图交流史的研究。在核心期刊发表论文十余篇，主持国家社科青年项目、中国博士后基金特别资助与面上资助等项目。

① 陈吉余等：《河口过程中第三驱动力的作用和响应——以长江河口为例》，《自然科学进展》2008年第9期，第994—1000页。

跳出官私之分：明代景德镇烧造贡瓷差役结构研究

胡　宸

摘　要： 本文跳出官私之分的传统视角，从国家资源配置及其变化的角度来观察传统中国手工业，发现明初临时性的景德镇瓷器贡纳，与织造等从明初便被纳入工部资源调配系统中的手工业活动存在较大差别。不仅是匠户，雇役匠、窑户、里甲户与军匠等群体，皆广泛参与了景德镇贡瓷的烧造任务，且雇役匠与窑户承担了更多责任。宣德至正德时期，随着御器厂的设立，贡瓷生产趋于常规，有了向典型官手工业发展的趋势，但这种趋势很快被沉重的财政压力所截断，最终呈现出“官搭民烧”的局面。而苏杭织造在同样面对需求增加时形成了市买与领织的新形式，但并未从根本上动摇局织的地位。明初制度设计的差异，可能是解释传统手工业出现不同演变路径的一个重要原因。

关键词： 手工业　瓷器　差役　匠户　资源调配

在传统中国手工业史研究中，往往将手工业划分为官手工业与私手工业，私手工业又可细分为城市手工业与农村家庭手工业。所谓官手工业，指在官方监督下，使用官方提供的场所、工具、原料，生产规定样式、定额产品，且产品一律归官府所有的生产活动；非是，则为私手工业。这种分类方式具有双重指向性，其一指向具体事实，其二则指向纯粹的分析性概念。部分学者混淆了这两种指向性间的区别，试图将官手工业与民间手工业置于自然经济与商品经济、落后与进步之两端，将其矛盾绝对化，进而考察其中由传统向现代转变的近代化过程。[①] 然而，若从

① 早期在具体事实层面引入官私手工业分类的代表性学者是鞠清远，他在《唐宋官私工业》（上海：新生命书局，1934 年）一书中基于组织形式的不同，对传统工业作出了“官”“私”之分，并分别论述了官、私工业的组织形式与变迁脉络。邓拓则在马克思主义影响下最早引入官营手工业、城市手工业、农村家庭手工业的分类方式，并于 1936 年发表的《中国历代手工业发展的特点》一文中指出，城市手工业与农村家庭手工业的差别是发展程度的不同，他们共同对抗官手工业的壁垒，又相互在市场上竞争。而官营手工业“是一种非商品性的生产”，是“封建统治者所经营的工业，生产手段和材料是从各处掠夺来的；劳动人手是用封建徭役征调来的；产品是专门供应皇家宫廷的消费，满足王侯贵族奢侈的生活需求”。官营手工业对城市手工业与农村家庭手工业的压迫与剥削，是中国社会经济发展“长期停滞”的根源。参见邓拓《中国历代手工业发展的特点》（原载《中山文化教育馆季刊》1936 年第 2 期，署名邓云特），《邓拓全集》第 1 卷，广州：花城出版社，2002 年，第 438—466 页。

具体史实出发，一方面，同被归于官手工业之下的生产活动内部存在巨大差别，其运作方式多种多样，运作逻辑亦不尽相同，[①]将这些活动笼统归于官手工业的概念之下，难免简化了历史的复杂性。另一方面，王家范指出，传统中国虽然存在多种多样的产权形式，但"实质都摆脱不了'国家主权是最高产权'的阴影"，因此即使我们想从概念上对当时的产权问题进行区分，但实际上从材料中看往往是"一盆'国有''私有'拌和的浆糊"。[②] 如鞠清远所示，宋代以后随着商品经济发展，在王朝国家的资源配置行为中并不能那么容易对其性质作出"官""私"的区分。[③] 西嶋定生的研究也充分说明，这种划分在基于经验事实的个案研究中，不但起到的帮助有限，还可能会带来许多不必要的麻烦与困惑。[④] 不可否认，官私工业的分类作为一种概念分析工具，对于从宏观上系统分析相关现象能够有所帮助，但若欲以之概括全部的历史事实，则难免失之形式、片面。

既然如此，能否跳出官私之分，找寻另一种考察传统中国手工业的视角呢？从国家资源配置及其变化角度出发，是一种可能的思路。在这种思路下，官私手工业都是为保证国家合理、合法且充分获取所需资源的可选方式，选择何种生产方式，区别只在于哪一种在当时情况下更为有效可行，不同生产方式在实践中可进行充分的混合与衔接。瓷器是明清江西重要的贡品，所谓"江以西职贡，则陶为巨"[⑤]，其生产集中于饶州府浮梁县景德镇。之前关于景德镇官窑瓷器烧造的研究成果十分丰富，[⑥]大体是在手工业的分类下展开。本文旨在将明代景德镇贡瓷生产[⑦]置于王朝国家资源获取体系中，考察官窑瓷器烧造的差役结构及其变化，进而将景德镇贡瓷与苏杭织造等其他手工业进行对比，考察它们的区别以及背后的原因，从而为理解明代传统手工业与贡赋体制运作间的关系提供新的思考路径。

---

① 参见彭泽益《从明代官营织造的经营方式看江南丝织业生产的性质》，《历史研究》1963 年第 2 期；李龙潜《明代南京马快船考释》，纪宗安、汤开建主编《暨南史学》第 3 辑，广州：暨南大学出版社，2004 年，第 202—225 页；王毓蔺《明北京营建烧造丛考之一——烧造地域的空间变化和烧办方式变迁》，《故宫博物院院刊》2012 年第 2 期；李晓龙《盐政运作与户籍制度的演变——以清代广东盐场灶户为中心》，《广东社会科学》2013 年第 2 期；易嘉碧《"军三民七"的确立和调试——明代漕船修造的料额制度》，《历史人类学学刊》2016 年第 2 期；叶锦花《户籍制度与赋役需求及其规避——明初泉州盐场地区多重户籍现象研究》，《清华大学学报》2016 年第 6 期；黄国信《国家与市场：明清食盐贸易研究》，北京：中华书局，2019 年。

② 王家范：《中国历史通论》，上海：华东师范大学出版社，2000 年，第 95—96 页。

③ 鞠清远：《唐宋官私工业》，第 191—196 页。

④ 西嶋定生：《中国经济史研究》，冯佐哲、邱茂、黎潮合译，北京：农业出版社，1984 年，第 520—663 页。

⑤ 万历《江西省大志》卷 7《陶书》，《中国方志丛书》华中地方第 779 号，台北：成文出版社，1989 年，第 811 页。

⑥ 参见江西省轻工业厅陶瓷研究所编《景德镇陶瓷史稿》，北京：生活・读书・新知三联书店，1959 年；高中利惠《明清时代の景德镇の窑业》，《社会经济史学》第 32 卷第 5、6 号，1967 年，第 72—107 页；Michael Dillon, *A History of the Porcelain Industry in Jingdezhen*, Doctoral Dissertations, University of Leeds, 1976；梁淼泰《明清景德镇城市经济研究》，南昌：江西人民出版社，1991 年；佐久间重男《景德镇窑业史研究》，东京：第一书房，1999 年；金泽阳《明代窑业史研究官民窑业の构造と展开》，东京：中央公论美术出版社，2010 年；铁源、溪明《清代官窑瓷器史》，北京：中国画报出版社，2012 年。

⑦ 本文使用贡瓷这一较为宽泛的概念，而非官窑瓷器或御用瓷器，因明代景德镇贡瓷烧造并非一般意义上的官窑生产，其产品亦并非仅供御用。

一、明前中期景德镇贡瓷烧造的差役结构

前人研究普遍认为，浮梁县轮班匠是明代景德镇贡瓷的生产主力，[①]在嘉靖、万历间“官搭民烧”改革之前，景德镇贡瓷的烧造任务由匠户在御器厂中以劳役形式承担。[②] 匠户世代不得脱籍，不得转行，人身与生产力皆受到严重束缚，这种情况直到明中后期，随着雇役制的发展才得到改变。[③] 这些观点无疑在事实上有其可取之处，但多少受到研究视角的限制而忽略了一些关键问题。匠户具体以怎样的方式参与贡瓷生产，是否是生产主力，匠户之外还有哪些人群参与贡瓷生产活动，这些问题都值得进一步讨论。本节将指出，匠户之外，雇役匠、窑户、里甲户与军匠等群体，皆广泛参与了景德镇贡瓷的烧造任务。在差役结构中，窑户与雇役匠相对匠户在内的其他群体承担了更为重要的责任。

窑户是之前大家相对忽视、承担景德镇贡瓷任务的主要力量。窑户并非匠户，而是以烧造陶冶为业的专门人户，与猎户、园户类似。[④] 无论烧造瓷器或陶器、砖瓦，窑座之主即为窑户。瓷器烧造以窑座为单位，由窑户雇佣工匠完成。创作于宋元间的《陶记》提到“窑之长短，率有嵈数，官籍丈尺，以第其税”[⑤]，可知早在景德镇瓷业兴起之时，窑座便是官府对烧造事务进行管理的基本单位。宋代《夷坚志》“萧县陶匠”条载，邹氏为萧县北部白土镇“白器窑户总首，凡三十余窑，陶匠数百”[⑥]，可见宋代已有窑户之专称，且窑户之下又有陶匠。瓷器生产需要人数众多，窑户在其中处于绝对核心的位置，这一点是由窑户承担瓷器生产的相关课纳所决定的。如《元典章》载，至元五年（1268）七月规定均州管下各窑户合纳课程三十分取一，民户瓷窑课程例外，二八抽分。[⑦] 这种纳税形式延续至明代，[⑧]景德镇窑户顺理成章成为负责供应瓷器的专门人户。由于各民窑烧造水平不一、分布也较为零散，难以统一管理，故

---

① 江西省轻工业厅陶瓷研究所编：《景德镇陶瓷史稿》，第 103—106 页；梁森泰：《明清景德镇城市经济研究》，第 28—44 页；佐久间重男：《景德镇窑业史研究》，第 131—139 页。

② 所谓“官搭民烧”，即将原先由匠户在御器厂中以劳役形式承担的烧造任务，部分通过估价付值的方式转为雇役，分派给民间窑户。相关研究参见徐文、江思清《从明代景德镇瓷业看资本主义因素的萌芽》，《光明日报》1956 年 3 月 29 日，第 3 版；潘群《关于清代前期景德镇瓷业资本主义萌芽的考察》，《中国史研究》1979 年第 2 期；赵宏《“官搭民烧”考》，《故宫博物院院刊》1996 年第 1 期；梁森泰《明清景德镇城市经济研究》，第 28—155 页；佐久间重男《景德镇窑业史研究》，第 117—159、241—255 页；王光尧《明代宫廷陶瓷史》，北京：紫禁城出版社，2010 年，第 271—278 页。

③ 陈诗启：《明代商品货币关系的发展和官手工业的演变》，氏著《从明代官手工业到中国近代海关史研究》，厦门：厦门大学出版社，2004 年，第 3—48 页。

④ 隆庆《潮阳县志》卷 7《民赋物产》（《天一阁藏明代方志选刊》第 63 册，上海：上海书店出版社，2014 年，第 281 页）在记录户籍人口时，将窑户独立列于各色匠户之外。万历《宁国府志》卷 8《食货志》（《中国方志丛书》华中地方第 691 号，台北：成文出版社，1989 年，第 714 页）将窑户与茶户、园户等并置。

⑤ 康熙《浮梁县志》卷 4《赋役》，《中国方志丛书》华中地方第 835 号，台北：成文出版社，1989 年，第 410 页。

⑥ 洪迈：《夷坚三志》己卷 4，北京：中华书局，2006 年，第 1329 页。

⑦ 《大元圣政国朝典章》户部卷 8 典章 22，北京：中国广播电视出版社，1998 年，第 969 页。

⑧ 佛山《太原霍氏崇本堂族谱》卷 4 记有该族黄册所载窑座税额。广东省社会科学院历史研究所中国古代史研究室、中山大学历史系中国古代史教研室、广东省佛山市博物馆编：《明清佛山碑刻文献经济资料》，广州：广东人民出版社，1987 年，第 322—323 页。

此，明廷于洪武三十五年(1402)建官窑 20 座(其后增至 58 座)，集中烧制贡瓷。[①] 承担官窑烧造工作的，即为官窑户。官窑户如何服役？由于缺少直接的文献材料，只能利用对比的方式进行一些推测。

彭泽益提出，明代织造中实行的堂长制，与负责催解的粮长、疏通水利的塘长等有许多相似之处，[②]此说极有见地。梁方仲则指出，粮长制是明初朱元璋为纠正元末胥吏侵吞、大户揽纳等弊病，"本着民收民解的精神"建立起的一套"委托、代办的制度"。[③] 由此来看，委托代办制当是明初资源征调的基本运作模式。据彭泽益考察，明代织造局堂长制中的堂长多由丁多之富裕机户充当，其职责"不外是典丝出纳，或应办丝料，督率匠役生产，并负责将岁造段匹解运进京"[④]。另据李龙潜研究，对于运输官用物资的马、快船的管理，明廷也采取了与织造局类似的方式，由丁多富裕的军、民户中佥派小甲与水夫承役，督率工匠修造，并负责具体运输事务。[⑤] 与猎户、采珠户之类可以依靠亲身服役的专门人户不同，窑户虽可能会亲身参与烧造活动，但瓷器生产需要大量工匠协助，因此，官窑户可能也与堂长、粮长相似，是以委托代办制的形式参与景德镇贡瓷的烧造。

官窑户似乎也应当是窑户中的殷实大户。从"官搭民烧"后"民窑户告称贫苦，难以赔造"[⑥]的情况看，贡瓷烧造如果在数量或质量上出现问题，需要窑户自行赔补，而这在官窑承担烧造任务时当是官窑户的责任。《夷坚志》已说明工匠处于窑户管理之下，而工匠消极怠工会造成烧造延期与质量参差，其中损失皆由窑户承担，故官窑户也应负有监督工匠之责。张治具于万历十年(1582)分巡饶州，"核上供瓷器物料，埏户不得侵渔，费以大省"[⑦]。"埏户"即指窑户，张治具为避免窑户从物料供办中牟利，核减了物料的实际用量。此处虽未必专就官窑户而言，但从中可见物料供办亦需经窑户之手。至于解运一项，从材料中仅可得知明中期以后景德镇瓷器贡纳转为官解，[⑧]无法明确之前是否由官窑户负责解运。

如上所述，官窑户任务艰巨，但承烧官窑当可为他们谋取一定利益。一方面，承担杂役历来可以抵免部分正役，据万历《宁国府志》所载，为光禄寺烧造官瓶的窑户可以"量复其役"[⑨]，景德镇官窑户盖不例外。另一方面，当烧造数过多，地方官将烧造任务分配给民窑户时，官窑户往往借机压榨承烧贡瓷的民窑户。官窑户与民窑户在窑的形制与工匠技术熟练度上皆有高低之分，因此民窑的贡瓷烧成质量往往不高，而官府催迫紧急，民窑户只能从官窑户手中高价买入成品，

---

① 万历《江西省大志》卷 7《陶书》，《中国方志丛书》华中地方第 779 号，第 815、844 页。

② 彭泽益：《从明代官营织造的经营方式看江南丝织业生产的性质》，《历史研究》1963 年第 2 期。

③ 梁方仲：《明代粮长制度》，上海：上海人民出版社，2001 年，第 1—2 页。

④ 彭泽益：《从明代官营织造的经营方式看江南丝织业生产的性质》，《历史研究》1963 年第 2 期，第 33—56 页。

⑤ 李龙潜：《明代南京马快船考释》，纪宗安、汤开建主编《暨南史学》第 3 辑，第 202—225 页。

⑥ 万历《江西省大志》卷 7《陶书》，《中国方志丛书》华中地方第 779 号，第 839 页。

⑦ 叶向高：《苍霞草》卷 18《明通议大夫四川按察使洞斋张公墓志铭》，《原国立北平图书馆甲库善本丛书》第 849 册，北京：国家图书馆出版社，2013 年，第 920 页。

⑧ 万历《江西省大志》卷 7《陶书》，《中国方志丛书》华中地方第 779 号，第 901 页。

⑨ 万历《宁国府志》卷 8《食货志》，《中国方志丛书》华中地方第 691 号，第 714 页。

以免胥吏之骚扰。[①]

需要指出的是，官、民窑户的区分，主要基于是否依靠官窑烧造贡瓷，而非基于户籍或是否承担贡瓷烧造差役，因此在瓷器贡纳活动中不能简单将官窑户与民窑户的烧造活动截然对立起来。其一，从考古发掘来看，在明初一段时间内，官窑会同时烧造民用瓷器，民窑也会烧造官用瓷器。[②] 其二，从传世文献亦可看出，当烧造数量过多，官窑户难以招架时，地方官时常会将烧造任务分派给民窑户，从民窑中选取质量合格的瓷器凑解。[③] 其三，随着烧造任务不断加重，官窑户大量逃逸，越来越多民窑户开始承担贡瓷烧造差役，这也使两者间的区别越来越小。正德时浮梁知县王坡曾因"景德镇内监虐取民，兼上官和买，里胥匿价，为害特甚"而实施改革，并且"亲阅窑户，编四季文册，按季均输，民乃不病"。[④] 王坡之改革针对全体窑户，而未区分官窑户与民窑户，可见当时由于烧造数量激增，民窑已大量承烧贡瓷。这种转变本质上是随瓷器贡纳负担增加而来的差役扩大化，最终演化为嘉万时期的"官搭民烧"（详见下文）。

窑户以下，烧造瓷器需要众多工匠，明代景德镇"官、民窑户，每窑一座需工数十人"[⑤]。《江西省大志》述及御器厂匠役时，有"官匠凡三百余名"的记载，[⑥]梁淼泰等学者皆认为此处的"官匠"即指匠户，并因此认为匠户是贡瓷的生产主力。由于此段材料对认识相关问题十分关键，故赘引如下：

> 陶有匠，官匠凡三百余，而复召募。盖工致之匠少，而绘事尤难也。曰编役，正德间梁太监开报民户占籍在官。曰雇役，本厂选召白徒高手烧造及色匠，未备如敲青、弹花、裱褙匠等役。曰上班匠，籍匠户，例派四年一班赴南京工部上纳班银一两八钱。遇蒙烧造，拘集各厂上工，自备工食。画役，今各作募人，日给工食银二分五厘；各窑募役，龙缸大匠、敲青匠日给银三分五厘，置不论。
>
> 如编役，自梁太监召募三十余年，佣作与官匠同而无分毫雇直，根着代役，不能则庸转，苦于[自]任，[力]罢不能支吾。官匠利财连挂，有司占数循旧，不为开豁，既非租庸本差，又不得受工匠浮食，实不胜困。上班匠役，嘉靖八年蒙刘太监题行工部，移咨南京工部，照会本布政司，札府帖县，将在厂上班人匠，候烧造完日，造册缴部，准正班。各匠服役今二十余年，未得停止。告部檄查，又因烧造未完，未造册缴部。身服庸役，又纳班银，亡所控诉。……其上班官匠，自南京取还烧造，奉部札候烧造完日造册缴查，准作正班，今烧造未

① 万历《江西省大志》卷7《陶书》，《中国方志丛书》华中地方第779号，第844页。

② 相关考古学证据，参见秦大树、钟燕娣、李慧《景德镇御窑厂遗址2014年发掘收获与相关问题研究》，《文物》2017年第8期，第69—88页；江建新《明洪武官窑研究：以御窑厂遗址出土遗物为中心》，北京：文物出版社，2018年，第10—13页。

③ 万历《江西省大志》卷7《陶书》，《中国方志丛书》华中地方第779号，第847—848页。

④ 王崇炳：《金华征献略》卷13，《四库全书存目丛书》史部第120册，济南：齐鲁书社，1996年，第29页。

⑤ 康熙《浮梁县志》卷2《天文》，《中国方志丛书》华中地方第835号，第414页。

⑥ 万历《江西省大志》卷7《陶书》，《中国方志丛书》华中地方第779号，第851页。

拟完工，班银又系额办，且凡奉上役，俱支月粮，今独不霑工食，合查单贫者，与分上下班次应役，家力给足者仍旧全班。俱考繁简上下，其食或全给或半给，候奏免南京班银方除，庶匠稍得缓恤。①

细绎材料，其中的官匠不仅包括上班匠，当也包括编役匠、雇役匠在内。首先，结合其他材料，至少在成化年间，雇役匠的支出已成为景德镇贡瓷烧造的基本支出之一。成化二十一年（1485），王恕在奏折中指出："朝廷差内使在浮梁县景德镇烧造御用瓷器今已年久，顾[雇]觅夫匠，买办柴土、颜料，及供给监烧官员人等，每年用银不下数千余两。"②虽然由于材料缺失，无法获取更多明代前中期雇佣工匠参与贡瓷烧造的例证，但成弘时已十分活跃的景德镇瓷器市场，吸引与支撑了大量工匠在此谋生。③《国朝典汇》载嘉万年间"浮梁景德镇民以陶为业，聚佣至万余人"④，这数以万计以陶为业的民众，都可能以雇役的形式参与贡瓷生产。其次，正德年间梁太监开报民户占籍在官，是为编役匠。相对于已经成为官匠的雇役匠来说，这些编役匠没有工钱，属于承担额外差役，故在材料中将其与官匠作了区分。最后，上班匠与编役匠类似，从材料中看，嘉靖八年（1529），刘太监本欲将厂中工作的上班匠编入官匠系统当差，令其在烧造完成之后准正班，可以不再缴纳上班银。但因烧造工作一直到《江西省大志》初刻的嘉靖三十五年（1566）左右仍未结束（"各匠服役今二十余年"），故上班匠长期以额外承差的形式在御器厂中应役。⑤ 鉴于编役匠、上班匠与雇役匠同样承担烧造任务，却未享受同等待遇，以致生活困苦，故在嘉靖三十五年前后，主管官员已为编役匠、上班匠编定了班次，并派发月粮，使两者也得以跻身官匠行列。

总之，结合上下文看，所谓"官匠凡三百余名"，既包括存留匠，⑥也包括编役匠与长期受御器厂雇佣的雇役匠。这里的"官匠"，盖即"在官匠作"之意，不必专指匠户。⑦ 官匠之中，雇役匠当是瓷器贡纳生产的主要力量，原因在于：瓷器，尤其是贡瓷烧造，非常依赖经验与技术，这是

---

① 《江西省大志》有嘉靖三十五年（1566）初刻本与万历二十五年（1597）增修本两个版本，此处引文引自嘉靖本，与万历本在个别文字上略有不同。嘉靖《江西省大志》卷7《陶书》，《原国立北平图书馆甲库善本丛书》第358册，第1575—1576页。

② 王恕：《太师王端毅公奏议》卷6《同南京吏部等衙门应诏陈言奏状》，《原国立北平图书馆甲库善本丛书》第217册，第545—546页。

③ 明代景德镇商业情况，参见佐久间重男《景德镇窑业史研究》，第185—198页；金泽阳《明代景德镇民窑制品の贩路について》，明代史研究会编《山根幸夫教授退休记念明代史论丛》，东京：汲古书院，1990年，第885—902页；胡宸《赋役、烧造与商业：景德镇官窑制度改革与市镇变迁》，常建华主编《中国社会历史评论》第25卷，天津：天津古籍出版社，2020年，第126—140页。

④ 徐学聚：《国朝典汇》卷165，《原国立北平图书馆甲库善本丛书》第434册，第2066页。

⑤ 嘉靖八年上班匠与《江西省大志》初刻时间之间的联系，蒙匿名外审专家提示，特此致谢。

⑥ 存留匠本质上即轮班匠，因生产需要被各机构申请存留在地方上工作。参见陈诗启《明代的工匠制度》，氏著《从明代官手工业到中国近代海关史研究》，第50—54页。

⑦ 类似情况亦存在于南京船厂中。据倪涷编《船政新书》（《续修四库全书》史部第878册，上海：上海古籍出版社，1995年，第202页）载："凡在官匠役……若本甲有惯用勤谨之人，亦许自行雇佣，各匠不许以卫册无名及无由票为词，阻挠争攘。"御器厂与船厂的不同之处在于，其差役要更多由本地"惯用勤谨之人"而非存留匠户承担，这在很大程度上是由瓷器上供物料的属性所决定的，详见第3节。

编役匠与存留匠相对雇役匠所不具备的。首先，从材料中看，正德间梁太监开报占籍的编役匠并不掌握烧造技术，故“苦于[自]任，[力]罢不能支吾”，只能转佣他人以代。其次，一方面，从嘉靖年间贡瓷烧造中匠户存留依然为临时性差遣可以看出，御器厂中工作的存留匠人数不会很多；[①]另一方面，从存留匠制度来看，存留匠中掌握烧造技术的人数亦当极少。匠户存留普遍采取的办法是存留周边州县匠户赴工所上工，如《南京工部职掌条例》载：

> 凡应天府所属上元、句容、溧水、高淳、六合等县轮班人匠，原系工部当班。天顺五年(1461)为缺匠成造军器，该南京内外守备会同本部题准，每季于该府存留五十七名，在南京兵仗局前厂，成造军器，四年一班，陆续到部送该厂上工。[②]

这种就近存留的办法必然无法兼顾工种上的特殊需求，来自浮梁及周边州县至御器厂协助贡瓷生产的轮班匠，能够熟练掌握瓷器制作技术的不会太多。如编役匠一样雇佣当地工匠代役，或者采取买放等手段直接逃避差役，对他们来说似乎也是势所必然。最后，存留匠之外，宦官来景德镇督陶时，亦会从北京带匠户前来协助烧造。这些宦官带来的匠户可能相对存留匠会更熟悉烧造，但其往往随宦官来去，并非贡瓷烧造的常规力量。[③] 因此，本文认为嘉靖时期景德镇御器厂中的官匠包括存留匠、雇役匠与编役匠三类不同性质的工匠，各类工匠参与贡瓷烧造的时间有先后，作用亦有大小。其中，雇役匠而非匠户，才是贡瓷生产主要的工匠来源。

窑户与各类工匠之外，里甲民户承担了协助烧造的工作，其差役大致可分为直接参与与间接参与两类。直接参与者，包括饶州府六县承役人夫。御器厂中的人夫，是辅助匠役工作的人员，包括上工夫与砂土夫，主要“挑砂土、黄土”[④]，大概是负责各种原料的搬运。这些人夫派自饶州府属下各县(表1)，从上工夫与砂土夫于折银后被编入里甲项下可知，其初始征派时亦当是以里甲役形式出现的。[⑤] 间接参与者，则包括御器厂的杂役及原料的征纳，由于这些差役并不涉及御器厂的具体生产，此处略去不谈。[⑥]

---

① 宣德至成化间，在军器制造、苏杭织造、南京船厂造船、遵化铁厂冶铁等需用存留匠较多的领域，皆已形成固定的存留匠制度。参见万历《明会典》卷189《工匠二》，北京：中华书局，1989年，第961页；《明英宗实录》卷100，正统八年正月乙酉，台北：“中研院”历史语言研究所，1962年，第2030页；戴金编《皇明条法事类纂》卷6《名例类 无力囚人应做工者照旧发炒例》，《中国珍稀法律典籍集成》乙编第4册，北京：科学出版社，1994年，第257—258页；成化《六部事例·工律》不分卷，《天一阁藏明代政书珍本丛刊》第5册，北京：线装书局，2010年，第282—283页。

② 《南京工部职掌条例》不分卷，《金陵全书》乙编史料类第35册，南京：南京出版社，2016年，第139页。

③ 蒋冕：《湘皋集》卷1《乞停止差官烧造题本》，《四库全书存目丛书》集部第44册，济南：齐鲁书社，1997年，第12页。

④ 万历《江西省大志》卷7《陶书》，《中国方志丛书》华中地方第779号，第824页。

⑤ 万历《江西赋役全书》编定时正值御器厂烧造事务暂停，故饶州府下余干、乐平等县皆未将上工夫与砂土夫折银数编入四差，仅于文末附识之，但浮梁、鄱阳二县依然将其置于里甲项之下。参见万历《江西赋役全书》，《原国立北平图书馆甲库善本丛书》第444册，第936、984页。

⑥ 胡宸：《明代上供物料制度运作与财政白银化的逻辑：以景德镇官窑烧造改革为例》，《社会》2020年第4期，第139—162页。

表 1　御器厂夫役分派情况　　　　（单位：人）

县　属	上工夫数	砂土夫数	县　属	上工夫数	砂土夫数
鄱阳县	97	64	万年县	30	7
余干县	58	36	安仁县	30	10
乐平县	72	38	德兴县	30	17
浮梁县	50	18	总　计	367	190

资料来源：据万历《江西省大志》卷 7《陶书》(《中国方志丛书》华中地区第 779 号，台北：成文出版社，1989 年，第 822—823 页)相关内容整理。

最后，景德镇的贡瓷生产中还有军户的参与。明代为生产军器，在军户中训练、挑选出一批军匠，[①]这些军匠与军户常常被调去在工程营造与宫廷手工业生产中弥补人夫与匠户的不足。[②]在织造与烧造等贡纳活动中，同样有军匠参与。[③] 囿于材料，军匠在明代景德镇瓷器贡纳活动中所承担的差役仅有蛛丝马迹可寻，但军匠有可能在明前期的贡瓷烧造活动中发挥了一定的作用。《江西省大志》载："陶夫，原派饶州千户所，每年四季征解军匠。"[④]可见在开报民户占籍在官之前，饶州千户所的军匠可能是雇佣匠与存留匠外参与贡瓷烧造的重要匠役来源。早在元代便有地方军户从事瓷器烧造之例，[⑤]明代景德镇承担瓷器贡纳差役的军户可能亦从事瓷器生产的相关活动。[⑥] 但随着时间推移，或因成弘以来的漕运任务导致分身乏术抑或其他原因，军匠逐渐转为每年向御器厂缴纳雇役银，退出了贡瓷生产。[⑦]

综上所述，景德镇的贡瓷生产以窑户与雇役匠为主，上班匠与编役匠的人数及作用皆十分有限。景德镇贡瓷生产的基本形式为官窑户以委托代办方式雇佣与管理民间工匠从事贡瓷烧造，地方官员征调军匠与饶州府六县民夫作为辅助。官窑户难以承担全部烧造任务时，民窑户会从旁协助。

二、明中后期景德镇贡瓷烧造的差役改革

以上所论述的景德镇贡瓷烧造情况，与典型的官手工业明显不甚相符，窑户作为承差主体，

---

① 陈诗启：《明代的工匠制度》，氏著《从明代官手工业到中国近代海关史研究》，第 62 页。

② 王毓蔺：《明北京营建烧造丛考之一——烧造地域的空间变化和烧办方式变迁》，《故宫博物院院刊》2012 年第 2 期，第 21—71 页；刘羽丹：《明代京师地区军匠研究》，西北大学 2018 年硕士学位论文。

③ 织造情况，参见彭泽益《从明代官营织造的经营方式看江南丝织业生产的性质》，《历史研究》1963 年第 2 期，第 33—56 页。

④ 万历《江西省大志》卷 7《陶书》，《中国方志丛书》华中地方第 779 号，第 822 页。

⑤ 施静菲：《蒙元宫廷中瓷器使用初探》，《美术史研究集刊》(台北)2003 年第 15 期，第 169—204 页。

⑥ 明中后期，景德镇依然有民窑、军窑之分，则军户从事瓷器烧造在当地确乎并不罕见。参见万历《江西省大志》卷 7《陶书》，《中国方志丛书》华中地方第 779 号，第 852—853 页。

⑦ 万历《江西省大志》卷 7《陶书》，《中国方志丛书》华中地方第 779 号，第 824 页。

并不一定需要亲身承役，而是以委托代办方式参与其中。雇役而非劳役，早在最初便是明代景德镇贡瓷烧造活动中的主流生产关系。然而，这种差役结构形式并非没有变化。随着明中期贡瓷需求量激增，景德镇瓷器贡纳在形成定额之外又有临时追加，贡瓷生产规模日益扩大，所需成本也急速提升。这至少造成两方面影响，促使景德镇贡瓷烧造逐渐向典型官手工业靠近。

其一，官方监管趋于严格，相关规定愈发完善。这一变化最初体现在御器厂的建立上。[①]景德镇的瓷器贡纳在明初属于随时按需坐派的上供物料，其烧造任务带有很强的临时性，因此并未设立专门主管上供瓷器的烧造机构。明初，“凡烧造供用器皿等物，需要定夺样制，计算人工物料。如果数多，起取人匠赴京置窑兴工；或数少，行移饶、处等府烧造”[②]。其中，京师承担了最主要的烧造工作，只有少数任务被分派给饶州府、处州府等瓷器产地。景德镇贡瓷烧造在这一时期并无明确的岁造数目，[③]其烧造任务往往由工部或宫中下达至江西地方有司。如宣德八年(1433)，尚膳监烧造龙凤瓷器，由工部“差本部官一员，关出该监式样，往饶州烧造各样瓷器”[④]；又如天顺六年(1462)，“光禄寺以供用龙凤花素瓷器万余件皆损敝，请敕工部移文有司成造”[⑤]。具体烧造事务由地方官员兼管，永乐间浮梁知县王瀓曾提到自己上任后兼“管陶政”。[⑥]工部官员或宦官会因监督起运抵达景德镇，但并不常驻，而是随事而来，事毕即走。[⑦]

宣德中，饶州府设御器厂，“每岁贡瓷器，太监驻此检封以进”[⑧]，这体现出官府已有意将景德镇瓷器上供常规化，并加强了对贡瓷的管理。此时景德镇瓷器“每岁贡”，而非之前“命则供，否则止”的状态。[⑨] 但这一形式并未持久，英宗继位后又恢复了临时烧造。直到明宪宗继位，烧造活动才频繁起来，其监管系统也愈发完善。成化二十一年(1485)，王恕在奏折中指出“朝廷差

---

① 关于景德镇御器厂创设的时间，以洪武三十五年(1402)说最得学者认可，唯日本学者佐久间重男认为御器厂的设立出于洪熙元年烧造祭器之需要，而宣德八年(1433)44万件的烧造数量亦似初设，结合正德《饶州府志》等材料，故坚持宣德初年之说。近年王光尧结合史料与考古学分期，亦指出御器厂创建于宣德初年，其地点在饶州府而非景德镇。当时位于景德镇之机构为“御器局”，或称“陶厂”，御器厂为管理机构，陶厂为生产机构。至正德初复置御器厂时，才将其迁往景德镇，与陶厂合并。此说有理有据，故本文采信其说法。参见佐久间重男《景德镇窑业史研究》，第9—13页；王光尧《明代御器厂的建立》，氏著《中国古代官窑制度》，北京：紫禁城出版社，2004年，第128—143页；王光尧《再论御器厂的建立时间——明代御窑遗址的考古学分期》，《南方文物》2011年第4期，第28—32页。

② 《诸司职掌》“工部”，郑振铎辑《玄览堂丛书》第3册，扬州：广陵书社，2010年，第1926—1927页。

③ 文献中所见这一时期景德镇贡瓷的烧造数量，显系一次性的临时征派。如万历《明会典》卷194《陶器》(第981页)载：“宣德八年，尚膳监题准烧造龙凤瓷器，差本部官一员，关出该监式样，往饶州烧造各样瓷器四十四万三千五百件。”据正德十二年蒋冕《乞停止差官烧造题本》(《湘皋集》卷1，《四库全书存目丛书》集部第44册，第12页)，这批瓷器自弘治十二年(1499)后陆续烧成，进过104 830件，未烧338 670件。由此可知，这些临时征派的瓷器由于数量巨大，难以一次性烧成，故只能分批次解京。

④ 万历《明会典》卷194《陶器》，第981页。

⑤ 《明英宗实录》卷345，天顺六年十月壬戌，第6971页。

⑥ 道光《浮梁县志》卷19《古迹》，《中国地方志集成·江西府县志辑》第7册，南京：江苏古籍出版社，1996年，第433页。

⑦ 陆明华：《明清景德镇督陶官及其制度的考察》，《文化遗产研究集刊》第2辑，上海：复旦大学出版社，2001年，第213—242页。

⑧ 正德《饶州府志》卷2《公署》，《天一阁藏明代方志选刊续编》第44册，上海：上海书店出版社，1990年，第151页。此处的岁贡与织造中的岁造性质不同。

⑨ 康熙《浮梁县志》卷4《赋役》，《中国方志丛书》华中地方第835号，第391页。

内使在浮梁县景德镇烧造御用瓷器今已年久”[①]，可知此时监管烧造的范围已延伸至景德镇。正德时，更出现了专管烧造事务的烧造太监。[②] 宦官之外，地方官员对贡瓷生产的管理也不再由浮梁知县兼管，而是改由饶州通判专管。何瑓于成化时得此官，“知饶州之别驾，虽列署府城，而别有衙斋。在景德镇上，所职掌者惟窑厂一事，无他务也”[③]。正德初，御器厂迁往景德镇后，贡瓷生产被直接置于官方监管的固定场所之中，使之前自下而上、临时性的瓷器贡纳活动正规化。国家至此不止占有产品，也控制生产过程。

在此基础上，对于贡瓷生产过程中需用的工具和原料数量、产品质量监管、经费使用等方面，监管官员都制定了详细的规定。从《江西省大志》的记载来看，嘉靖三十八年（1559）左右，御器厂所用陶土、柴料、颜料等项已有十分详尽的料价标准。嘉靖四十二年（1563），饶州府管厂通判方叔猷统一了制造同一器型瓷器需用的坯土数量，为坯土实用数[④]得以确定奠定了基础。隆庆间通判陈学乾进一步规定了坯土、色料、彩画实用数以及箱扛料数，保障了贡瓷出品质量的稳定性与统一性。在经费使用上，至少到嘉靖时，御器厂中已形成了较成体系的经费收支管理制度：以一年为限，轮换烧造事务的管理官员，交接之时，前任主管需将上一年经手钱粮、工料并解过器皿数目明白造册，如果接任官员发现前任任期内有账目不清之处，便可呈报江西省督抚加以审查。[⑤] 上述这些规定的制定与执行，无疑都带有官手工业性质。

其二，承役人员主体变化，促使景德镇贡瓷烧造向典型官手工业靠近。正德初，景德镇御器厂将生产部门与管理部门合而为一，这一时间点与编役匠参与官窑生产的时间相近。随着御器厂的运作步入正轨，武宗开始加紧烧造之前未完成的贡瓷任务。正德十二年（1517），武宗遣宦官至景德镇，督烧宣德八年（1433）以来未烧的近 34 万件瓷器，[⑥]编役匠的出现可能与此有关。嘉靖之后的烧造活动日渐频繁，也促成了该时期存留匠的长期参与。贡瓷数量激增所造成的差役负担过重，使窑户逐渐无力承担，主管官员因而在贡瓷生产中引入劳役性质更强的编役匠与存留匠，以分担窑户压力。而编役匠与存留匠的引入，以及御器厂制度的日渐规范，使贡瓷生产的主要责任人由窑户逐渐转为御器厂主管官员，这也促使官方监管趋于严格，相关规定愈发完善。可以说，承役人员主体的变化与国家对生产过程的控制相辅相成。

地方官将生产过程中工具、原料等各环节[⑦]纳入监管的同时，也意味着地方财政需要承担

---

① 王恕：《太师王端毅公奏议》卷 6《同南京吏部等衙门应诏陈言奏状》，《原国立北平图书馆甲库善本丛书》第 217 册，第 545—546 页。

② 唐龙：《乞取回镇守太监疏》，凌迪知辑《国朝名世类苑》卷 23，《原国立北平图书馆甲库善本丛书》第 252 册，第 429 页。

③ 何三畏：《云间志略》卷 9《先别驾西野公传》，《原国立北平图书馆甲库善本丛书》第 259 册，第 175 页。

④ 此前烧造瓷器所需坯土等原料数目完全由工匠开报，方叔猷改革后，管厂官员方能确定坯土等原料的实际用数。

⑤ 分别参见万历《江西省大志》卷 7《陶书》，《中国方志丛书》华中地方第 779 号，第 817—818、861、863—866、820—821、830—831 页。

⑥ 蒋冕：《湘皋集》卷 1《乞停止差官烧造题本》，《四库全书存目丛书》集部第 44 册，第 12 页。

⑦ 胡宸：《官私之间：明清景德镇的瓷器贡纳与市场》，中山大学 2020 年博士学位论文，第 74—77 页。

相应的管理与生产成本。成化二十一年(1485),景德镇烧造御用瓷器“每年用银不下数千余两”[①],正德十五年(1520)已增至“二万七千余两”[②]。这笔钱一般由饶州府结余经费支出。如隆庆五年(1571)烧造瓷器,“督行饶州府掌印知府戴濂、管厂委官同知洪一夔,照式烧造拾运瓷器并钦限一运,计数万余……合用钱粮并未派取及民,于该府县支剩砂土夫银并司库扣存水脚银内措给。如数多不敷,于收储四司料银内借支凑用”[③]。烧造数量过多时,则会进行全省范围的随粮加派,如嘉靖二十五年(1546)征银12万两,三十三年(1554)又“加派银二万两”,皆“节年支尽”。[④] 贡瓷生产成本的激增更多与烧造数量的增加相关,但差役结构的变化确实使得这些生产与管理费用完全要由地方官负责筹集。在这一背景下,少量编役匠与存留匠的参与可谓杯水车薪,故主管官员被迫放弃了将烧造活动局限于御器厂中的想法,转而吸纳更多民窑户参与,以实现承役范围的最大化。嘉靖后期民匠的编派,基本抹平了官、民窑户在承差上的区别:

> 今议编民匠,查浮梁县在厂答应十三里内窑座,除见厂役官匠窑座外,诸凡军民新旧窑座,核实占数署册,窑三座共编一名。不论前项编役,诸色户名,窑存匠存,窑去匠去。见在更番应役,庶劳逸适均。[⑤]

这次改革的重点,在于官窑户、官匠之外另编派民匠。民匠的编派方法不以户为单位(即不计较军、民、匠、灶之户籍),亦不计较户名,只要是御器厂附近里仁、镇市、长乡三都共十三里内的窑座,每三座窑编一名民匠。这一改革将贡瓷烧造扩大为景德镇周围十三里内全体窑户的共同任务。自此,民窑户不再只是充当官窑烧造不及时应急充数的角色,而正式获得了与官窑户一同承担贡瓷烧造任务的资格。在此基础上,将烧造任务分配给“景德镇以至浮梁境内的民窑”[⑥]的“官搭民烧”制度可谓水到渠成。

万历《江西省大志》记载了“官搭民烧”的情况:

> 旧规:本厂凡遇部限瓷器,照常烧造,不预散窑。惟钦限瓷器数多限逼,一时凑办不及,则分派散窑,择其堪用者凑解,固一时之权法也。但分派烧造,宜于本厂附近里仁、镇市及长乡三都,其余远乡窑户,惟召集高手匠作,赴厂帮工,与召募人役一体计工偿价,方为得体。但民窑狡诈,人百其心,乘限期紧,并多以歪斜浅淡瓷器塞责。厂官事逼,姑收凑解,钦限器皿屡至愆期。职此之故,不若多设窑座,雇倩高手,厂内自造自烧,尤为速便。[⑦]

这条材料充分说明“官搭民烧”是此前一系列变革趋势的延续。“官搭民烧”作为一种权宜之计

---

① 王恕:《太师王端毅公奏议》卷6《同南京吏部等衙门应诏陈言奏状》,《原国立北平图书馆甲库善本丛书》第217册,第545—546页。

② 唐龙:《乞取回镇守太监疏》,凌迪知辑《国朝名世类苑》卷23,《原国立北平图书馆甲库善本丛书》第252册,第429页。

③ 徐栻:《督赋江西奏议》卷1《量留接济瓷器工料钱粮疏》,《原国立北平图书馆甲库善本丛书》第222册,第30页。

④ 万历《江西省大志》卷7《陶书》,《中国方志丛书》华中地方第779号,第898页。

⑤ 万历《江西省大志》卷7《陶书》,《中国方志丛书》华中地方第779号,第852—853页。

⑥ 梁淼泰:《明清景德镇城市经济研究》,第55页。

⑦ 万历《江西省大志》卷7《陶书》,《中国方志丛书》华中地方第779号,第847—848页。

早已有之，但效果并不理想，民窑户常常以次充好，管厂官员为按时解送常常有苦难言。为此，有人建议扩大御器厂的烧造规模，实行完全的“自造自烧”，但这一提议最终并未施行。到隆庆、万历时，“厂器除厂内自烧官窑若干座外，余者已散搭民窑烧”①。在面对“自造自烧”与“官搭民烧”的选择时，为什么主管官员选择了后者？这一方面固然由于“自造自烧”需要付出更多的管理成本，而这无疑会令本就困难的财政雪上加霜；另一方面则由于将民窑重新引入，而非打造封闭的官窑生产管理体系，可以进一步有效降低贡瓷生产成本、提升资源征调效率。

总之，典型的官手工业特征固然存在于明代景德镇贡瓷生产的某些时期中，但捕捉到这些特征并不足以帮助我们从历史情境中更好地理解明代景德镇贡瓷差役结构的变化过程。这一过程并非简单地从官手工业向私手工业的过渡，而是有其内在逻辑。黄仁宇将明代国家资源征调系统的运作形象地比喻为“从深井中汲水，不仅是一桶一桶地，也是一滴一滴的”，在他看来，“在这种体制下，大宗赋税解运并不多见，遍及帝国多为中等规模的物资、商品输纳。即使解运的物资很少，但都是财政结构中的一个组成部分，不容忽视”。② 明初设计的资源征调体系建立在“配户当差”的基础上，极大依赖于对编户的差徭征派。在这种资源配置模式下，国家实质上将资源征调过程中的大量行政成本直接转移到治下的每一编户身上，在景德镇瓷器贡纳的个案中，则是转移到窑户身上。但随着国家系统的日益复杂，对资源的需求逐渐增多，这一体系所存在的问题也逐渐暴露出来。在景德镇，窑户无力承担高昂的烧造费用，日渐疲敝。为保证瓷器贡纳的稳定，主管官员尝试接管贡瓷生产活动，形成了以御器厂为生产场所，高度规范化与制度化的贡瓷生产方式。但维持这种生产方式需要付出巨大的管理成本，这给浮梁县乃至整个江西省都带来了严重的财政负担。民谣“饶州瓷器玉山纸，年年揭债赔到底”③，唱出了当时江西百姓的心声。因此，这种方式行之不久，又变更为“官搭民烧”。之前“官搭民烧”引起学者重视，乃在于认为其中生产关系的变化揭示出传统向现代、非市场经济向市场经济转折的节点所在。但笔者认为“官搭民烧”不过是对之前变革趋势的延续，地方官员试图通过这一形式，解决承差人数不足、差役分配不均所造成的物料征调困难问题。“官搭民烧”将承担烧造的差役从少数官窑户、官匠扩大至全体在地窑户与工匠。变革之下承役主体的拓展，在均平差役负担的同时，也分摊了官府的管理成本，从而实现了对既有社会秩序和资源更有效的整合与利用。④

三、官手工业的内部差异及其形成原因：对比景德镇烧造与苏杭织造

万历中，户科给事中官应震上疏，言皇室对地方贡物的需求无厌，以致“三吴困织造，秦困羊

① 傅振伦著，孙彦整理：《〈景德镇陶录〉详注》卷10，北京：书目文献出版社，1993年，第149页。
② 黄仁宇：《十六世纪明代中国之财政税收》，北京：生活·读书·新知三联书店，2015年，第6、42页。
③ 万历《江西省大志》卷8《楮书》，《中国方志丛书》华中地方第779号，第930页。
④ 更多关于“官搭民烧”改革及其影响的分析，参见胡宸《明代上供物料制度运作与财政白银化的逻辑：以景德镇官窑烧造改革为例》，《社会》2020年第4期，第139—162页。

绒，晋困绸，豫章困瓷器"[①]。类似的将瓷器与织造等贡物并举、强调其对地方危害的奏疏在当时并不鲜见，这很自然会让人认为这些贡物的性质相同。这种直觉对应到传统手工业分类中，即会得出同属官手工业的织造与瓷器在生产方式、经营演变等方面有许多相似之处的结论。本文并不否认两者存在相似之处，但也试图指出，这种直觉与分类方式往往掩盖了不同贡物形式间的区别。以苏杭织造与景德镇烧造的对比为例，最为突出的区别是：织造机构、织造样式、取用物料与岁造数目都明确开载在《明会典》中，[②]而岁造所需费用及匠户人数亦详载于地方志中；与之相较，《明会典》中除对个别临时传造情况的记载外，并未记载景德镇瓷器烧造的机构、样式、岁造数目等，其烧造所需经费也基本不见于方志或赋役全书中。为什么会存在这样的区别？这种区别揭示了在明代获取手工制品的过程中，存在着怎样的不同形式？

织造与瓷器供应方式的不同，源于两者在"洪武体系"中所处位置的不同。明太祖朱元璋设计了一套以"配户当差"为核心的资源征调制度。所谓"配户当差"，即将臣民编入里甲中，再以差役形式（军、民、匠、灶等）划分与编制户籍，最后"在里甲体制下，综核每个人户人丁、事产的多寡，确定其负担能力，作为赋役征派的基础"[③]。在这套体系之下，朱元璋尽可能限制了国家对物资的征用数量与类别，其中由户部负责征取税粮、食盐，由工部负责生产军器、军装、砖瓦、船只、车辆、缎匹等重要手工业品。除此之外，无论上贡皇室的地方特产，或是各部门所需的其他物料，均统称"上供物料"。各部门一旦有所需求，便向地方官府下发勘合，坐派物料。地方官府则根据所需物料的情况，将差役分配给相应人户承办。景德镇上供瓷器的烧造，便属于上供物料的一部分；苏、杭织造，则属于工部负责征收的手工业品。

制度设计的不同，使两者起初在资源征调方式上存在较大差异。明初设有专门官局负责织造事务，"中央内织染局系统织造上用缎匹，中央外织染局即工部织染系统织造公用缎匹，各地方织染局生产岁造缎匹，供赏赐之用"[④]。其中，苏、杭织染局即由局大使主管，局中工作者为存留匠，"这些存留匠是官府通过匠户制度，各从本府州县民间织染业中的工匠人户分批定期征调而来"的"机户"。[⑤] 同属工部负责的军器、船只修造等，皆采取了与织造类似的组织形式。如军器、军装由军匠负责生产，并设有专门的军器局、针工局负责管理；船只则由轮班匠与军匠负责修造，主要由龙江、清江等造船厂负责管理。[⑥] 这与明初景德镇贡瓷"命则供，否则止"的生产方式明显不同。[⑦]

---

① 程开祜辑：《筹辽硕画》卷 26，《丛书集成续编》第 243 册，台北：新文丰出版公司，1989 年，第 86 页。

② 万历《明会典》卷 201《织造》，第 1009—1011 页。

③ 刘志伟：《从"纳粮当差"到"完纳钱粮"——明清王朝国家转型之一大关键》，《史学月刊》2014 年第 7 期，第 14—19 页。

④ 范金民、金文：《江南丝绸史研究》，北京：农业出版社，1993 年，第 117 页。

⑤ 彭泽益：《从明代官营织造的经营方式看江南丝织业生产的性质》，《历史研究》1963 年第 2 期，第 33—56 页。

⑥ 明初亦存在卫所散造漕船情况，参见易嘉碧《"军三民七"的确立和调试——明代漕船修造的料额制度》，《历史人类学学刊》2016 年第 2 期，第 1—45 页。

⑦ 与景德镇贡瓷性质比较类似的是山西潞绸，两者一开始皆为临时性贡物，但随着需求量的增加，逐渐形成正规化的管理制度。关于潞绸情况，参见王守义《明代山西的潞绸生产》，山西省社会科学研究所编《中国社会经济史论丛》第 2 辑，太原：山西人民出版社，1982 年，第 448—469 页。

随着时间推移，苏杭织造遇到了与景德镇贡瓷生产同样的问题，即明初的制度设计逐渐难以适应缎匹需求规模的扩大。因此，缎匹的生产逐渐由单纯的局织转为局织、市买、领织几种方式的结合。[①] 这一转变倾向似乎与景德镇贡瓷生产问题的解决殊途同归，然而，苏、松、杭、嘉、湖等织染局将更为繁重的上用缎匹织造任务留在了局内，而将岁造缎匹改由民间领织，[②]这与景德镇将"数多限逼"的钦限瓷器分搭民烧，仅在御器厂内烧造数量少的部限瓷器截然相反。这种区别的产生可能同样源于两者在"洪武体系"中所处位置的不同，苏杭织造中的存留匠制度得到了很好的延续与运用，而景德镇烧造中的存留匠制度则令各匠生活困苦，"亡所控诉"[③]。

织染局中的存留匠，在轮班匠尚需亲身赴京轮班时便已出现。通过存留地方织造，这些机户[④]可以获得许多好处。首先是可以免于赴京轮班的来回奔波，尤其是在永乐帝迁都北京，大大增加了轮班耗费的时间与精力的情况下。正统八年(1443)，工部官员已经意识到匠户的大量存留影响到轮班制度的正常运作，进而影响到差役均平，故欲对存留匠加以限制。[⑤] 但这种限制并未取得预想效果，成化年间存留匠已成惯例。成化十三年(1477)，御马监汪直便论及："近年以来为因各处存留修造、打造、织造、剪办等项，以致各色人匠依期赴部者数少，失班过季者常多。"[⑥]究其原因，在于地方官员默许了存留匠的增加。对地方官员来说，这些匠户存留本地，可省去另外雇佣或差派百姓在当地从事官需手工业生产的负担。

存留当地应差，给南方匠户们提供了一个很好的逃避轮班的机会。除此之外，存留匠还能获得许多其他好处，很重要的一点，是其一户所需承担的差役量常常要远小于一般轮班匠户。宣德六年(1431)，工部办事吏朱士美言："徽州府织染局岁造彩段，以所属六县工匠为之。每匠有三五丁、七八丁，多至十余丁者，止一丁赴局，其余亦不轮班。而每岁佥点县民十一人为堂长，典丝出纳。又佥歙、休宁二县民四百余人络丝，工匠余丁，苟免徭役。堂长出纳之际，为弊尤甚，有司官吏缘是为奸，民受其害，无所告诉。乞行巡按监察御史从公覆勘，如应天府例，以匠户丁多者为堂长，余丁络丝，庶便于民。"上从之，命行在工部即为勘实处置，有司官吏作弊者，皆治以罪。[⑦] 这条材料虽意在批判徽州府织染局存留匠户逃避差役的行为，但反令我们得窥当时存留匠的应役实态。存留机户，每户不论丁数再多，也只需出少量丁口应役，这无疑比按户丁多寡定役之轻重的轮班匠役要轻松太多。正因如此，机户局织的制度在苏杭织造中被较好地保留了下来。当然，机户局织制度在苏杭以外的许多其他织染局未得以延续，其原因在于，与苏杭位于原

① 领织，指官府通过中间包揽人，利用民机进行加工订货。参见佐伯有一《明前半期の机户》，《东洋文化研究所纪要》第8册，1956年，第167—210页；彭泽益《从明代官营织造的经营方式看江南丝织业生产的性质》，《历史研究》1963年第2期，第33—56页。

② 范金民、金文：《江南丝绸史研究》，第119页。

③ 嘉靖《江西省大志》卷7《陶书》，第1575页。

④ 存留地方织造的匠户即为机户。参见彭泽益《从明代官营织造的经营方式看江南丝织业生产的性质》，《历史研究》1963年第2期，第33—56页。

⑤ 《明英宗实录》卷100，正统八年正月乙酉，第2030页。

⑥ 成化《六部事例·工律》不分卷，第283页。

⑦ 《明宣宗实录》卷85，宣德六年十二月庚申，第1976—1977页。

料产地且当地存在大量熟练工可供雇佣不同，苏杭以外其他织染局的机户购买原料、雇佣生产与解运所需费用往往超过他们通过机户获得特权所带来的收益。可见即使是同一官手工业类型，其运作方式亦十分多样。

与苏杭不同，存留匠或编役匠加入景德镇烧造的时间似乎较晚，且长期属于临时差遣性质，无法享有与织造中类似的规避差役的待遇。因此对于景德镇从事烧造的存留匠与编役匠来说，烧造工作无疑是额外的负担。这也是在经历利用存留匠与编役匠的加入将贡瓷烧造限定在御器厂之中的尝试失败后，主管官员最终选择"官搭民烧"的原因之一。

总之，在明代景德镇贡瓷生产中，虽一度尝试具有官手工业性质的御器厂生产方式，但窑户的委托代办制与"官搭民烧"始终是其主要生产方式。而在明代苏杭织造中，官手工业工厂性质的官局织造始终是其主要生产方式，市买与领织是对这种生产方式的补充。景德镇烧造与苏杭织造间的差别，在于明初洪武体系对于两者制度设计的不同，这种不同又源于明初对不同手工业制品需求度的差异。随着明中期国家对各种手工业制品需求量的不断攀升，明初的区分逐渐失去意义，也使得最初不同的制度设计在实践中产生了融合。景德镇官窑烧造设立了御器厂、引入了存留匠与编役匠，苏杭织造则引入了领织。但明初制度设计所存在的制度惯性，限制了改革的方向与路径。

结　论

明初理想型的资源调配模式，不论士农工商，一切资源获取都建立在对编户的直接人身役使上，这使得户籍分类本质上成为一种役的分配形式。在这种"为吾民者，当知其分"[①]的观念下，工匠并不必然需要官方提供的生产资料才可以谋生，因而国家很难像控制田地一样控制他们的生产资料，只能尽可能想办法控制他们的人身，才能保证相关差役有人承充，匠户制度与官手工业因此而出现。然而，这套制度在运作中，总会遇到许多实际困难，官僚体系需要适时调整既有制度，使之足以应对新问题的出现。由此，形形色色的官手工业在各自面临不同的问题时，选择了各不相同的变化路径。即使在同一官手工业类型下，不同地域的运作方式也不尽相同。如果不具体考虑资源配置体系的运作逻辑，而笼统讨论官手工业的特点或缺陷，则难免陷入李代桃僵的状况。

景德镇瓷器直至宣德以后才由临时性贡纳逐渐转为常规，因此其运作模式与从明初便纳入国家资源调配系统中的织造、造船等手工业活动存在较大差别。匠户之外，雇役匠、窑户、里甲户与军匠等群体皆广泛参与了景德镇贡瓷的烧造任务。窑户与雇役匠，而非通常认为的匠户，才是明代在景德镇承担贡瓷烧造差役的主力。随着贡瓷需求的激增，御器厂的设立标志着景德

① 《明太祖实录》卷150，洪武十五年十一月丁卯，第2362页。

镇贡瓷烧造趋于常规化。景德镇贡瓷生产因此有了向典型官手工业发展的趋势。但这种趋势很快被沉重的财政压力所截断，最终呈现出“官搭民烧”的局面。而在苏杭织造中，虽然同样面对需求的增加，出现了市买与领织的新形式，但并未从根本上动摇局织的地位。明初对于两者不同的制度设计，可能是解释其不同演变路径的一个重要原因。

（本文原发表于《中国经济史研究》2024 年第 3 期。）

作者简介：

胡宸，1992 年生，中山大学历史学博士，复旦大学历史学博士后，现为上海师范大学人文学院讲师，在《中国经济史研究》《社会》《古代文明》等刊物发表论文 10 余篇，主持国家社科基金青年项目 1 项、博士后面上资助项目 1 项。

本文为国家社科基金青年项目“上供物料征纳与明代财政体制变迁研究”(22CZS035)的阶段性成果。

明中后期吏部司官分省与官僚政治

余　璐

摘　要： 基于地域平衡理念，明代吏部司官有每省一员、照省推补的分省惯例。这一惯例的形成及其在明中后期的应用、发展和严格化，与各省官僚群体的支持密切相关。同时，此惯例的发展稳固，又不断培育着官僚群体的乡党意识和参与意识。最终，皇权、吏部在吏部司官选任中的制度性、机构性权威逐渐减弱，各省乡党逐渐掌握了从吏部司官到巡抚、督学、翰林科道等官缺的选任主导权。权移于下、同乡为政的乡党化趋势，令晚明政局中的皇权、吏部、乡党等各方呈现难以整合的对立趋势。

关键词： 明代　吏部司官　分省　党争　官僚政治

明代吏部位居六部之首，下设文选、考功、验封、稽勋四司，分别管理文官铨选、考课、封赠、勋级名籍等事务，地位特殊，事权亦重。每司有主事、员外郎、郎中各 1 员，文选、考功二司主事又各多 1 员，共计 14 员。明中后期，这 14 名司官分别对应 1 个或 2 个省份，某省司官升转出部或请假归家，接任递补者仍是该省籍贯。嘉靖时期，这一惯例执行并不严苛，多有一省二人同时在吏部的情形。到了万历中后期，司官分省变得严格起来，每省各有定额，不再通融。

对此现象，张荣林最早推测吏部司官分省配额“颇可能在成弘间开始实施”，万历年间“已成定例”。① 继此，潘星辉通过明代宋启明《吏部志》的司官名录判断“大抵在成化时期，吏部即已出现‘分地具员’的情况”，并且从文集、笔记中搜集大量事例，系统介绍司官分省现象，论述吏部司官选任权及选任方式的变化，指出万历二十六年（1598）吏部的司官选任权遭到剥夺。② 时亮统计各朝司官人数，指出司官分省“发端于成化年间”，嘉靖、隆庆二朝是分省配额尚不严格的“调适过渡期”，万历年间分省配额趋于成熟。③

吏部司官分省选任，体现了明代的地域平衡理念。关于明代政治制度中的地域因素，目前

---

① 张荣林：《明代文官选任之研究》，台北：登文书局，1983 年，第 38—42 页。
② 潘星辉：《明代文官铨选制度研究》，北京：北京大学出版社，2005 年，第 23—33 页。
③ 时亮：《从吏部司官分省配额看明代地缘平衡政治》，《历史档案》2017 年第 4 期，第 127 页。

研究主要集中在科举制度上，[①]对铨选制度关注较少。吏部分省惯例出现后，明人方有兵部、科道、翰林仿照吏部分省选任的提议。[②] 至崇祯年间，行取考选以同省位次决定翰林、科道等衙门去向，“每遇考选，必同乡诸公为政”[③]。作为地域平衡理念在明代铨选制度中的首次实践，吏部司官分省惯例影响并塑造着晚明的官僚政治。晚明党争以地域为分界，研究明代政治制度中的地域因素也有助于深化对晚明政局的认识。[④]

本文在既有研究基础上，考证分省惯例初步形成、逐渐稳固的过程，发掘文官群体对惯例形成发展的影响；通过分析司官选任权变化中皇权、吏部、各省官僚的不同应对，考察分省选任在塑造晚明政局上的重要意义。

一、分省惯例的形成

司官分省多见于明人文集、奏疏、笔记中，不见于《大明会典》《吏部职掌》等典章文献，它并非经过圣旨、由上而下确立的正式制度，而是铨选过程中逐渐形成的部内惯例，是一种非正式制度。

司官分省制度始自何时，明人未曾论及，现代学者多认定在成化年间。张荣林据王元翰奏疏中“云南吏部在成弘间则有张志淳为文选”，推测这一惯例始于成弘年间。潘星辉据《吏部志》所载部分司官籍贯，推测成化年间出现吏部司官分省选任。时亮将《吏部志》所载历朝司

---

① 学界对明代科举取士中的地域平衡理念的探讨甚多，兹举近年较为典型的研究以作参考。关于乡会试配额，可参见林丽月《科举竞争与天下之公：明代科举区域配额问题的一些考察》，邢义田等编《台湾学者中国史研究论丛·社会变迁》，北京：中国大百科全书出版社，2005年，第319—348页；汪维真《明代乡试解额制度研究》，北京：社会科学文献出版社，2009年；汪维真、牛寰宇《明代会试分区配额制考察》，《史学月刊》2016年第10期；李新峰《明代南北卷与南北解额》，《明代研究》第30期，2018年6月。关于庶吉士分省，可参见郭培贵《明代庶吉士群体构成及其特点》，《历史研究》2011年第6期；包诗卿《翰林与明代政治》，上海：上海古籍出版社，2015年，第42—47页。

② 何维柏：《天山草堂存稿》卷1《恳乞饬励群工慎修实政共图中兴盛治疏》，桂林：广西师范大学出版社，2014年，第171—172页。关于翰林分省的提议参见孙善继《罢馆选以议公举定馆额以杜滥进疏》，吴亮辑《万历疏钞》卷9，《续修四库全书》第469册，上海：上海古籍出版社，2002年，第453页。兵部司官分省的提议参见杨嗣昌《杨文弱先生集》卷31《遵旨摘议司属储材之法疏》，《续修四库全书》第1372册，第447页；申佳胤《申端愍公文集》卷1《详陈先著第一议》，《丛书集成初编》，北京：中华书局，1985年，第9页。

③ 李清：《三垣笔记》，北京：中华书局，1982年，第1—2、7、28、193页。

④ 学界对晚明政局的研究，多以党争中的人、事为研究对象，间及君臣关系、制度运作乃至政治文化。关于晚明政治史研究的范式转变，参见李佳《君主政治的演进与权力关系格局——关于晚明政治史研究的范式、问题与线索的思考》，《求是学刊》2019年第3期。关于党争中人、事的近年研究，参见阳正伟《“小人”的轨迹：“阉党”与晚明政治》，北京：中国社会科学出版社，2016年；杨向艳《沈一贯执政与万历党争——以楚宗、妖书、京察三事为中心的考察》，北京：商务印书馆，2018年；黄阿明《万历三十八年“郑继芳私书”与辛亥党争》，《社会科学》2021年第5期；马子木《明季浙党考》，《文史》2022年第1辑；朱曦林《纶扉宦梦——黄景昉与晚明政局》，北京：中国社会科学出版社，2022年。关于晚明政治中的君臣关系，参见李佳《君臣冲突与晚明士大夫政治——以万历朝“国本之争”为中心》，《求是学刊》2017年第6期。关于制度运作，参见余劲东《制度规定与行政运作——以明万历辛亥京察为例》，《明清论丛》第16辑，2016年；李小波《晚明文官会推制度的变迁及其影响》，《学术月刊》2020年第5期。关于政治文化，参见马子木《重塑纪纲：东林与晚明士大夫政治文化研究》，中国人民大学2020年博士学位论文；马子木《时文写作与晚明政争——以东林与宣党为中心》，《史林》2022年第4期。另外，部分通论性著作也有晚明政局的描述与分析，如商传《走进晚明》，北京：商务印书馆，2014年，第27—140页；樊树志《重写晚明史：朝廷与党争》，北京：中华书局，2018年。

官的各省人数制作成表，提出“成化时北方司官的拥有量历史上第一次超过南方地区”，就此认定“成化时期明廷已经注意到吏部司官的籍贯问题”，并将成化时期看作吏部司官“分省配额之权舆”。①

吏部司官分省是否如三位学者所说，始于成弘年间？据奏疏上下语境可知，张荣林所举“云南吏部”指吏部司官中的云南人，并非固定的云南铨缺。潘、时二人皆以《吏部志》所载司官名录为据，为验证二人说法是否准确，下表据时亮提供的各朝司官人数，算出历朝司官分省的离散系数（离散系数 = 标准差/平均值），以便观察历朝各省司官的离散程度。

明代各朝各省司官的离散系数表

洪武—宣德	正统—天顺	成化	弘治	正德	嘉靖	隆庆	万历	天启	崇祯
0.89	1.13	0.55	0.57	0.41	0.22	0.35	0.12	0.55	0.39

数据来源：时亮《明代历朝吏部司官分省直数量统计表》，《历史档案》2017 年第 4 期。

利用史料进行统计，需要关注数据来源是否可靠、统计口径是否一致。司官在任时间不一，各朝年数也长短不一，存在一定的统计口径问题。时间较长、司官人数较多的嘉靖、万历两朝，离散系数低至 0.2 与 0.1 左右，较好地反映了分省惯例下的平均状态。与之相比，隆庆、天启、崇祯三朝的统计时间较短、人数有限，司官在任时间很可能跨越前后两朝或三朝，统计数据的波动并不意味分省惯例不复存在。

除统计口径外，上表离散系数还存在数据来源的问题。在统计时间较长的明初至天顺年间，离散系数高达 0.9 与 1.1 左右，至成化、弘治二朝，离散系数降至 0.6 以下。实际上，时亮统计的历朝司官各省人数表中，明初至天顺年间共有 95 例吏部司官籍贯无从考证，占这一时期司官总人数的 29%。未被统计的数据过多，离散系数必然存在较大误差。时亮对成化前后差异的观感，以及上表中离散系数在成化时期的突然降低，都建立在数据来源不尽可靠的基础上。可见，潘、时二人所据《吏部志》司官名录，无法作为司官分省始于成化朝的证据。②

数据之外，还需文献佐证。笔者检阅所及，现存史料中并无成弘年间吏部司官分省选任的直接记载。这一时期，人们注意到科举制度的地域均衡原则，有意挪用。弘治元年（1488），兵部尚书余子俊提议将其引进铨选制度，建议包括两京六部、都察院、六科在内的各衙门，按照会试

① 时亮：《从吏部司官分省配额看明代地缘平衡政治》，《历史档案》2017 年第 4 期。

② 时亮列举成化元年和成化二十三年吏部司官名录，在成化元年在任的十三名司官中，南直隶三人、江西三人、四川两人、浙江两人，且南人居多；成化二十三年曾经在任的十八名司官中（应包括去任及新任者），山西六人、广东两人、江西两人、湖广两人，南北大体平衡，但各省人数多寡不一、参差不齐（《从吏部司官分省配额看明代地缘平衡政治》，《历史档案》2017 年第 4 期，第 124—125 页）。分省惯例不始于成化朝，即此便知。

的南、北、中三大分区进行定额选任，“如吏部，大约南数该几员，北数该几员，中数该几员，著为定例”。吏部尚书王恕回复以“自古所无之法”，施行难度较大，“设或向后分配不停当，用人不称职，徒自纷更，致坏选法，罪将焉归”，表示反对。① 无论是分省还是分区，本质都是地域平衡。既然王恕不赞成在六部、都察院等衙门内进行分区铨选，那么他大概率也不会以分区或分省的方式选任本部司官。王恕此例，可作为成弘时期吏部司官尚未分省选任的间接证据。

文献中有关吏部司官分省选任的描述，大量出现于嘉靖以后。嘉靖十二年(1533)，吏部文选员外郎李学诗被选入翰林，他拟荐山东同乡兵部主事葛守礼为下任吏部司官。葛守礼家训记载其被荐过程时提及吏部司官“一人出衙门，则举同乡一人为代”的“部例”。李学诗为鼓励葛守礼接替此位，称“今求者多以为事当出于某，故皆不得”，明确表示他对此事拥有较大话语权。葛守礼最终婉拒，且将机会留给了同乡同年李开先。当李开先升转出部时，他遵循“部例”，再次举荐葛守礼，后因葛守礼赴阙较迟，吏部已待补有人，于是第二次错失吏部司官之位。② 此后，关于吏部司官分省的叙述屡见不鲜。嘉靖二十一年(1542)，吏部主事缺出待补，“例用江西人”。吏部尚书许赞意属江西人雷礼，雷礼时为宁国府推官，丁忧在家，许赞“需迟四五月，候礼起复，谒堂之日即拟补”。③ 嘉靖二十五年(1546)，文选郎中高简引门生茅坤入吏部、挤占北直员缺。茅坤年谱记“吏部故事，十三省并两直隶各一人”，当时的“司勋主事适北直隶缺员也”。浙江人茅坤由礼部主事调吏部稽勋主事，破坏了一人离任、同乡一人补缺的分省“故事”，引发北直京官不满。④

嘉靖时期的分省惯例并不严格，除上文提及的浙江人茅坤挤占北直员缺外，尚有许多挤占他省员缺、同省二人同时在部的情况。如嘉靖初年，吏部司官同时有浙江人胡森、王激在位，是辅臣张璁的同乡；亦有江西人周时望和杨麒同时在位，是辅臣桂萼的同乡。再如高简在吏部已有张斗寅、李栋两个湖广人的前提下，又调湖广人何迁入部，引发众怒。此后高简被劾，何迁被降调外任，张、李二人未受波及，仍然同时在部。⑤ 此二例较为特殊，一是权势辅臣，一是文选郎中，两者均有能力突破惯例，影响司官人选。除此之外，嘉靖年间的史料中，仍有许多不知原因而同省二人的事例。如嘉靖十七年(1538)，验封郎中李开先和文选郎中黄祯均为山东人；⑥再如嘉靖二十二年(1543)，文选郎中王与龄、主事周铁同是山西人。⑦ 可见，嘉靖时期同省二人同时在吏部较为常见。除嘉靖朝外，正德十年(1515)，文选员外郎苏民、文选主事马理皆为陕西

---

① 《王恕集》卷7《议尚书余子俊均选法奏状》，张建辉、黄芸珠点校整理，西安：西北大学出版社，2015年，第372页。

② 王士禛：《池北偶谈》卷5《谈献一・葛端肃公家训》，靳斯仁点校，北京：中华书局，1982年，第100页。

③ 雷礼：《镡墟堂摘稿》卷12《少师许文简传》，《续修四库全书》第1342册，第342页；余寅：《农丈人文集》卷11《明故光禄大夫柱国少傅兼太子太傅工部尚书雷公行状》，《四库全书存目丛书》集部第168册，济南：齐鲁书社，1997年，第269页。

④ 茅坤：《耄年录》卷7《年谱》，《茅坤集》，张梦新、张大芝点校，杭州：浙江古籍出版社，2012年，第1225页。

⑤ 《明世宗实录》卷104，嘉靖八年八月丙子，第2444页；卷313，嘉靖二十五年七月癸丑，第5857页。

⑥ 《明世宗实录》卷215，嘉靖十七年八月丙午，第4402页。

⑦ 郑履淳：《郑端简公年谱》，《四库全书存目丛书》史部第83册，济南：齐鲁书社，1996年，第541页。

人，同时在位；万历初年亦有同省二人如河南人吕坤和黄克念、[①]湖广人司汝霖和傅作雨、[②]浙江人孙鑛和徐一槚[③]同时在部的事例。

吏部司官分省选任，最早以“故事”“部例”出现于嘉靖年间的文献记载中。这是不经由圣旨、在吏部推升中逐渐形成的惯例。因此，它的出现和形成很可能经历了一个过程，应早于前文所述的嘉靖十二年，晚于王恕反对分区铨选的弘治初年。

二、分省惯例由通融到定额

嘉靖年间司官分省多有通融之例。吏部司官额设 14 员，明代共计 15 省直，“省必一人”[④]尚且不及，如何可一省通融二人？万历三十五年（1607），广西人唐之夔为争取云贵两广司官员缺而上疏，其中引用同年吏部《议册库以清宿弊》一疏，提到万历二十六年以前的吏部司官分省惯例，以及万历二十六年的改变：

> 乃今年吏部《议册库以清宿弊疏》内，胪列铨属十四员，以为“两直、江、浙、福、湖、河南、山东、西、川、陕各一员，两广共一员，其员分属直、江、浙、福、湖诸省人众者通融互补，诸省偶值两人同时，皆令共事，特惟两直人众，尤为多补耳。至云贵旧尝间用，即在此中”。盖有碑志案籍可查也。又云“二十六年铨司更议，以两直各二员，以云南（贵）搭两广共一员。两广称不平，云贵亦称不平”等因。[⑤]

《明神宗实录》转引此节并加以改写，将“通融互补”一段冠以“故事”之名，明确指出是万历二十六年以前的分省惯例：

> 故事，铨司凡十四员，两直、江、浙、福、湖、河南、山东、[山]西、陕、川各一员，两广共一员，为十二员，又二员分两直，以江、浙、福、湖人众者通融互补。偶值两人，皆令共事。云贵未有分属，或间用于二员数中，但不著为例。万历二十六年，推择司官，乃有两广云贵合推之说。[⑥]

---

① 吕坤，河南宁陵人。黄克念，河南宁陵人。康熙《宁陵县志》卷 9《人物志 · 名贤 · 吕坤》，《河南历代方志集成 · 商丘卷》第 8 册，郑州：大象出版社，2017 年，第 522 页；《隆庆五年进士登科录》，龚延明主编《天一阁藏明代科举录选刊 · 登科录》，毛晓阳点校，宁波：宁波出版社，2016 年，第 439 页。

② 赵南星所举例：“先年吕坤、黄克念皆宁陵人而同时，司汝霖、傅作雨皆江陵人而同时，此臣南星之所亲见也。”参见《赵忠毅公诗文集》卷 20《敬陈铨政无辱部体疏》，《四库禁毁书丛刊》集部第 68 册，北京：北京出版社，2000 年，第 613 页。司汝霖，湖广荆州人（《隆庆二年进士登科录》，《明代登科录汇编》，台北：学生书局，第 8967 页）。傅作雨，湖广江陵人（《万历二年进士登科录》，龚延明主编《天一阁藏明代科举录选刊 · 登科录》，第 488 页）。

③ 《新刊真楷大字全号缙绅便览》，中国国家图书馆藏明万历十二年刻本，第 6b 页。孙鑛，浙江余姚人。徐一槚，浙江西安人。北直李杜、赵南星两人在吏部，浙江徐一槚、孙鑛两人在吏部，南直仅朱来远一人。

④ 郑晓：《端简郑公文集》卷 6《吏部稽勋郎中卜君墓志铭》，《四库全书存目丛书》集部第 85 册，第 271 页。

⑤ 唐之夔：《铨属之额已明异同之议宜息乞厘正以昭大公疏》，吴亮辑《万历疏钞》卷 21，《续修四库全书》第 469 册，第 60 页。

⑥ 《明神宗实录》卷 439，万历三十五年十月乙酉，第 8324—8325 页。

可见,万历二十六年是司官分省配额发生改变的重要年份。之前吏部司官的各省配额是:两直、江西、浙江、福建、湖广、河南、山东、山西、四川、陕西等省份各1员,两广共1员,共计12员;剩下2员作为两直、江西、浙江、福建、湖广等人多大省的通融互补之缺,亦是云贵两省的间用之缺。据吏部原疏,2名通融员缺并无专属省份,"特惟两直人众,尤为多补",而《明神宗实录》改写为"又二员分两直,以江、浙、福、湖人众者通融互补",似将此2员通融之缺划归两直。考虑到《实录》系后出改写,而且撰者可能受到二十六年以后定制的影响,此处仍以唐之夔所言为准:万历二十六年以前的14名司官员缺中,有2名是专门用来通融各省、间补云贵的。

嘉靖年间的司官分省,在12名规定员缺外,尚有2名通融之缺。因此同省2人同时在部才变得可能且惯常。但这一时期的通融惯例并非毫无限度,通融员缺以2名为额,亦以2名为限。上文提及嘉靖年间,吏部有张斗寅、李栋、何迁3名湖广人,文选郎中高简又引浙江人茅坤入吏部,引发北直京官不满。湖广3人同时在任,意味着可通融的2名员缺均被湖广占据。此时再引浙江人茅坤入吏部,势必挤占本属北直的唯一员缺,破坏"省必一人"的分省惯例。北直京官集体激烈抵制,也在情理之中。高简最终被劾以"引用私人、布植党与",被杖充军。① 此事经世宗亲裁,客观上巩固了分省惯例。此后,嘉靖二十一年,南直人周怡行取入京,授以吏科给事中。年谱称其"以资望当擢铨司,因部属已有南直人,三员充数,例不得再增"②。这意味着2名通融员额皆被占据,周怡若再入吏部,势必挤占他省员缺,因此"例不得再增"。

由此可见,嘉靖年间虽有分省惯例,但并不十分严格。因云贵不常推、两广并作一推,多出的2名员缺常用作"通融互补"。不过,通融员缺亦以2名为限,超出2名者被视为"遽改故事"。就此,两直、江西、浙江、福建、湖广等省每省1名的司官员缺得到保障,免于挤占,"省必一人"的概述与通融事例并不矛盾。

万历二十六年,司官分省论定额数,不再有任何"通融互补"的空间。此年神宗下旨甄别吏部司官,并规定此后吏部司官需由部院会举产生。此事关系甚重,将在下节细释。据唐之夔所引,二十六年"铨司更议"主要有两方面内容:一是"两直各二员",二是"云南(贵)搭两广共一员"。此前尚可通融的两名员缺分别划归两直,而无专属员缺的云贵两省与比较弱势的两广合并,4省之人共用1缺。至此,两直各2人,江西、浙江、福建、湖广、河南、山东、山西、陕西、四川等省各1人,两广云贵共1人。万历二十六年改由部院会举后,吏部司官选任不再只是吏部部内事务。为方便会举钦点,吏部司官不能再像此前那般通融,必须严格定额。

此次定额对两直有利,对两广云贵不利。万历三十年(1602),吏部偶一推及云贵,引起两广官员不满。此后,万历三十一年(1603)、三十三年(1605),贵州人李时华两次请求为云贵司官专

① 《明世宗实录》卷313,嘉靖二十五年七月癸丑,第5856页。
② 周怡著,吴达可编辑,周登瀛增定:《周恭节公文集》附录《周恭节公年谱》,《稀见明代四部辑刊》第2辑第23册,台北:经学文化事业有限公司,2020年,第213页。

设名额。[①] 万历三十五年，吏部左侍郎杨时乔请求增管库主事一员、验封主事一员，"一以待云贵之简用，一以待江浙福湖等省之缺乏"；云南人王元翰、广西人唐之夔随即上疏，或为云贵争取司官员缺，或撇清云贵与两广的关系。[②] 王元翰提出，"添设之后，如有人有缺，则推而上请；如有缺无人，则悬而待后。惟以人而就缺，不以缺而就人"[③]，只求解决两广云贵员缺问题，绝无贪占美缺之意。当年虽有吏部侍郎杨时乔主持廷议，但意见无法统一。直到万历三十六年(1608)二月，吏部添设验封主事一员专管册库，云贵所争司官之缺方得解决。[④]

万历二十六年吏部更议分省配额，相当于在朝堂层面承认并巩固了分省惯例。此后吏部司官员缺"以人而就缺，不以缺而就人"的趋势愈发明显，"江南司官""湖广司官""山东司官""南直司官""江北司官""山西司官""江西司官"[⑤]的称法也应运而生，与嘉靖年间"例用江西人""司勋主事适北直隶缺员"等说法大不相同。前者指某一铨缺固定为某省所有，即"铨司之额缺，各依省直派定"；后者指吏部司官有空缺，轮该某省人补入，而非此铨缺专属某省。[⑥]

吏部更议之前，司官分省依靠各省官僚和吏部对"故事""部例"的遵守，存在违例、变制等诸种可能。违例者如前述文选郎中高简挤占他省员缺，变制者则有万历十九年(1591)吏部奏请之例。当年，户科给事中王遵训疏请吏部司官不必拘泥分省惯例："铨司升补之时，如果当用，即一省而二三人可也；如不当用，即一省无人可也。若一来一去，名为推让，其实皆过。"[⑦]吏部尚书陆光祖亦覆疏赞同，表示分省惯例下，为保证每省一人，对一省第二人"间或推升"令其出部，"间或予告"令其回家，这是"拘例""局故套"。因此，他疏请吏部司官不必为了每省一人的"故套"就"引避外升"，"遇有员缺，酌量坐补"，[⑧]并得旨同意。

这一事例的实际效力，可从万历二十六年神宗下旨甄别吏部的27名司官中看出。这些司官都是铨司更议之前进入吏部的，反映了万历二十年代以来的吏部司官选任状况。其中，北直

---

① 唐之夔：《铨属之额已明异同之议宜息乞厘正以昭大公疏》，吴亮辑《万历疏钞》卷21，《续修四库全书》第469册，第60页。《明神宗实录》卷380，万历三十一年正月癸未，第7159—7160页；卷405，万历三十三年正月乙未，第7564页。

② 唐之夔上疏事参见《明神宗实录》卷439，万历三十五年十月乙酉，第8324—8325页。王元翰上疏事详见《明神宗实录》卷430，万历三十五年二月庚戌，第8126—8127页。王元翰共有两封奏疏，即《两省司官奉旨设处久未题覆疏》《铨衡选举宜公两省独遗非体疏》，参见《王谏议全集》，《四库未收书辑刊》集部第5辑第25册，北京：北京出版社，2000年，第32—33、20—21页。

③ 王元翰：《铨衡选举宜公两省独遗非体疏》，《王谏议全集》，《四库未收书辑刊》集部第5辑第25册，第21页。

④ 《明神宗实录》卷443，万历三十六年二月戊午，第8411页；董其昌辑：《神庙留中奏疏汇要》卷5《万历四十七年七月二十三日吏科张延登为铨司迁去不常吏治日弊乞酌议久任之规以平政体以专责成事》，《续修四库全书》第470册，第148页。

⑤ 江南司官参见范凤翼《范勋卿集》卷6《畊阳客问》，《四库禁毁书丛刊》集部第112册，第423页。湖广司官参见刘若愚《酌中志》卷15《逆贤羽翼纪略·涂文辅》，冯宝琳点校：北京：北京出版社，2018年，第85页。山东司官、南直司官参见题外史氏辑《圣朝新政要略》卷5，崇祯元年正月初七日，《续修四库全书》第438册，第616页。江西司官、山西司官、江北司官参见徐肇台《续丙记政录》，崇祯元年六月十三日、十月二十三日、十二月二十八日，《续修四库全书》第438册，第315、331、337页。

⑥ 毛堪：《台中疏略》卷4《铨属不宜广额疏》，《四库禁毁书丛刊》史部第57册，第641页。

⑦ 《明神宗实录》卷236，万历十九年五月辛卯，第4385页。

⑧ 陆光祖：《陆庄简公掌铨疏略》卷1《覆户科王遵训条陈十事疏》，中国国家图书馆藏明刻本，第20a、21b页。

6人，湖广4人，陕西3人，南直、江西、陕西、河南、两广、山东分别2人，浙江1人，四川1人。[①] 这27名司官包括请告在家与办事在部的，理想状态是各省1人在部，1人在家。平均下来，北直3人在部，湖广2人在部，其他省份各1人在部，福建无人。可以看出，分省惯例有所松动，不仅超出2员的通融限额，而且可以"一省无人"。王遵训的提议、陆光祖的疏请得到一定程度上的贯彻。至万历二十六年议定各省铨缺、会举钦点，分省惯例由可通融的部内惯例成为朝堂共知共遵、不可通融的定例，在这之后，任何调整都会变得异常困难。

万历三十六年云贵铨缺得到解决后，各省官僚更是相安于已然议定的分省配额。两直2员、各省1员的铨缺额数深入人心，成为共识。天启四年(1625)二月，吏部司官"仅有八人"，尚缺7人待补。二月二十日，吏部尚书赵南星上疏，以同省2人同时在部的旧例为据，请令"不妨一处二人"，在吏部已有江西人吴羽文的情况下，调兵部郎中江西人邹维琏入吏部。[②] 此举遭到时人激烈且一致的抵制。不仅邹维琏称"有羽文矣"不愿入部，吴羽文称"江西不宜有二人"自疑求去，而且江西科道因此"愤愤生疑"。[③] 最终，邹维琏调入吏部，吴羽文请告归家。后人对赵南星此举多不以为然，认为"一省两铨，事属破例"；崇祯年间阁臣黄景昉追述此事，亦称"一省二人，非制"。[④] 这说明嘉靖年间至万历初年的通融惯例，在此时已变成"破例""非制"。

三、选任方式的变化

分省惯例出现之前，吏部司官人选多由吏部尚书考核产生；[⑤]之后，司官人选多由去任司官举荐，吏部尚书和文选郎中共同主持决定。万历二十六年以前，分省惯例与选任方式均属吏部部内事务，是否调整变动、是否坚持实行，都由吏部斟酌决定。万历二十六年分省惯例由通融走向定额，与之相应，司官选任也由部内走向部外。

(一) 吏部主导

明代六部主事是六品官，由吏部类推选用。类推就是吏部按照官缺类别推升官员，往往是一众官员一起推升。这是明代中低级官员的铨选方式。由于类推的官员品级不高，人数又多，吏部仅需拟定一员题请皇帝点用。虽然需要皇帝的钦点同意，但人选的主导权由吏部掌握。分省惯例形成以前，吏部司官人选由本部尚书决定。如吏部尚书王恕用稽勋郎中周木、考功主事

---

① 《明神宗实录》卷321，万历二十六年四月癸亥，第5966页。

② 赵南星：《赵忠毅公诗文集》卷20《敬陈铨政无辱部体疏》，《四库禁毁书丛刊》集部第68册，第613、615页。《实录》记载于二月二十三日，应是奏疏发下的时间。《明熹宗实录》卷39，天启四年二月丁未，第2278页；《明熹宗七年都察院实录》，天启四年二月初八日，第767页。

③ 黄景昉：《国史唯疑》卷11，陈士楷、熊德基校注，厦门：鹭江出版社，2016年，第267页；李逊之：《三朝野纪》卷2，上海：上海书店出版社，1982年，第53页；《明熹宗实录》卷43，天启四年六月乙酉，第2397页。

④ 李逊之：《三朝野纪》卷2，第53页；黄景昉：《国史唯疑》卷11，第267页。

⑤ 潘星辉：《明代文官铨选制度研究》，第29—30页。

刘约，前者是他在南京主持政事时便已熟知，后者是在其丁忧赴部时"试以正己格物论"选拔出来的。[①] 吏部尚书为求贤才，也往往参酌众议、注重舆论。如吏部尚书王直升本部员外郎龙文为文选郎中，就是听从众人"察其素履，龙员外可任"的提议。[②]

分省惯例形成后，一方面吏部尚书仍手握司官人选的主导权；另一方面吏部司官也获得了一定的荐举权，即"铨郎有缺，则去者各以其乡荐所知，合官评于乡评，乃得补"，司官依据官评、乡评推举同乡接替。如前文所述李学诗听从同乡"武城王舜渠及邢北原"的推荐，举荐葛守礼。再如吏部司官晋应槐拒绝推荐同乡兵部尚书杨博之子入吏部，传称"故事，铨吏秩满，率自举乡人以代"。[③]

除去任司官举荐同乡自代外，文选郎中亦有较大话语权。如前引张斗寅、李栋、何迁等3名湖广司官同时在部，浙江人茅坤挤占北直员缺，都是在文选郎中高简主持下进行的。再如葛守礼被荐一事中，因其不愿谒见文选郎中吕希周，所以不得入为吏部司官。李开先回忆其被荐入部，称"予之改吏部，虽遵岩王子荐之，亦由吕子能听之"[④]，文选郎中吕希周"能听之"才得入吏部。

嘉靖中叶，阁权渐重，阁臣常通过文选郎中控制铨选。严嵩当政时，时人便讥文选郎中万寀为"文管家"。交结阁臣亦是谋入吏部的捷径之一。如南直人工部司官程奎，"同邑许文穆公（国）在政府，同乡有铨曹缺，或劝公因政府可得也"[⑤]。由于吏部司官人选仍由本部决定，阁臣权势虽大，也不能直接干预。如张居正欲改调刑部郎中郑汝璧入吏部，几经波折方成。[⑥] 其他权臣也只能通过吏部尚书或同乡司官来影响司官人选。如在兵部尚书谭纶向吏部尚书、阁臣的大力推荐下，其属官司汝霖才得入吏部。[⑦]

（二）部院会举

万历二十六年，司官选任方式发生巨大改变。该年四月内，神宗针对吏部司官的选任方式连发三道圣旨。四月八日第一道，神宗因曹大咸一疏，谕令"吏部司官员缺，令部院掌印官各举

---

① 嘉靖《常熟县志》卷8《邑人循吏志·国朝·周木》，《北京图书馆藏古籍珍本丛刊》第27册，北京：书目文献出版社，1998年，第1177页；陈琳：《明河南右参政刘公行状》，道光《东阿县志》卷22《艺文志》，《中国地方志集成·山东府县志辑》第92册，南京：凤凰出版社，2004年，第262页。

② 王直：《抑庵文后集》卷24《侍郎龙君神道碑》，《景印文渊阁四库全书》第1242册，台北：台湾商务印书馆，1986年，第20页。

③ 冯梦祯：《快雪堂集》卷5《贺钱塘朱侯荣擢司封郎北上序》，《四库全书存目丛书》集部164册，第115页；郭正域：《宁夏巡抚晋似斋公应槐墓志铭》，焦竑辑《国朝献征录》卷62，扬州：广陵书社，2013年，第2690页；过庭训：《明朝分省人物考》卷100《山西·平阳府·晋应槐》，扬州：广陵书社，2015年，第2197页。

④ 李开先：《李中麓闲居集》诗卷2《再用前韵怀吕东汇》，《四库全书存目丛书》集部第92册，第386页。

⑤ 董传策：《早除元恶以图安攘疏》，贾三近辑《皇明两朝疏抄》卷20，《续修四库全书》第465册，第737页；鲍应鳌：《瑞芝山房集》卷10《通议大夫南京太常寺卿程公行状》，《四库禁毁书丛刊》集部第141册，第197页。

⑥ 孙鑛：《兵部右侍郎兼都察院右佥都御史郑公汝璧墓志铭》，焦竑辑《国朝献征录》卷58，第2454页。

⑦ 袁宗道：《白苏斋类集》卷11《巡抚福建右副都御史傅野司公墓志铭》，《续修四库全书》第1363册，第316页。

相应的数员，俱开送吏部类奏，待朕亲自点用”[①]。

次日第二道：

> 吏部司官近来营干滥入，作弊多端，源既不清，流岂能洁？以致选举非人，病国殃民，伤和招灾，实繇此辈。着本堂上官会同都察院将在任、在家人数甄别去留，及应升、应调的都写来看。该司员缺，令各部院掌印官择举中外堪任的数员，送部类奏，以待点用。永著为令。[②]

四月二十四日第三道：

> 这司官员缺，行各部院照直省每缺一人各举一人类奏，待朕点用。其郎中员外堪改的，也着举来，与见在部的相兼请点，务求廉明勤恪公正守法之人，不许徇私滥举，着永远遵行。[③]

可知，神宗对吏部司官“营干滥入，作弊多端”非常不满，不仅要求各部院甄别现任司官，而且三次下令吏部司官由部院会举产生、皇帝钦点任命。神宗以“永著为令”“着永远遵行”表示其推行决心。潘星辉认为吏部尚书调补属官的权力在这时遭到剥夺。那么，此事究竟因何而起？神宗为何要剥夺吏部对本部司官人选的主导权？

此事直接导火索曹大咸奏疏现已不存，据《实录》记载，曹疏条议会推发访、选官掣签、推选郎之法三事。其中，掣签之法尚有文献记载，[④]会推发访和推选郎之法未留下任何记载。《实录》称曹疏有称赞赵南星之语，令神宗大怒，曹大咸因此被降一级调边方用。赵南星曾为吏部司官，于万历二十一年(1593)削籍归家。曹大咸对赵南星的赞扬之词，很可能出现在推选郎一节。可以推测，曹大咸所言推选郎，应与神宗所下之旨不同。

关于此次司官选任方式的改变，明人多认为是阁臣张位与吏部争权的结果，是此前阁部矛盾积累下阁臣对吏部的一次打击报复。沈德符称：“往时铨属，俱由太宰自择。自张新建为政，始令各省大僚，各举其乡人，以分太宰之权。”日本学者城井隆志认为万历二十六年的清洗，是阁臣张位试图将大臣人事权分散到九卿科道之中，吸收人事权，并重筑以内阁为中心的强力体制，并认为此事完全来自阁臣张位一方的弹压。[⑤] 如前所述，会举钦点很可能不是曹疏本意，那么，会是阁臣张位的建议吗？

---

① 《明神宗实录》卷321，万历二十六年四月壬戌，第5965—5966页。

② 《明神宗实录》卷321，万历二十六年四月癸亥，第5966页。《丝纶录》此日此条在“以待点用”和“永著为令”之间多出一句“且天下官员俱听吏部选用，吏部官员待朕亲自点用”（周永春辑：《丝纶录》卷1，万历二十六年四月初九日，《四库禁毁书丛刊》史部第74册，第558页）。

③ 周永春辑：《丝纶录》卷1，万历二十六年四月二十四日，《四库禁毁书丛刊》史部第74册，第558—559页。

④ 王圻：《续文献通考》卷87《职官考·吏部堂属》，《四库全书存目丛书》子部第186册，济南：齐鲁书社，1995年，第543页。

⑤ 沈德符：《万历野获编》卷11《吏部》，北京：中华书局，1959年，第289页；城井隆志：《万历二十年代の吏部と党争》，《九州大学东洋史论集》卷13，1984年，第52—82页。

张位于万历二十年(1592)入阁,他甫入阁便上疏神宗“勿使威福下移”,将权衡之柄总握于上,以整治当时“卑者得以凌尊,小者得以加大”的风气,还提出“类奏之法”以便上裁。[①] 由此,他深结主知,获得神宗的充分信任。

相较之下,万历二十年前后的吏部尚书陆光祖、孙鑨、陈有年等人皆性情刚直、姿态强硬,屡屡做出迎合公论却又忤逆神宗的事情。如起用废谪、党朋科道,在神宗看来是“徇私畏势,惧劾市恩”。再如会推阁臣,吏部尚书陆光祖自占首列,神宗指责以“谋同科道,欲窃会推,徇私自用”。[②] 吏部尚书陈有年则首列旧辅王家屏,又推及孙鑨、孙丕扬及冯琦等资品不符之人。王家屏虽声望素著,但一直被神宗所厌恶。陈有年因此被严旨责问。[③] 陈有年之后,吏部尚书孙丕扬“惧忤上意取厌”,废黜科道一概不推,与内阁也“深加调和”。[④] 然而时日未久,孙丕扬亦因事攻诋阁臣张位而去。神宗就此事安抚内阁,称:“近来政务,皆朕独断,谁敢鼓簧?何所倚借?”并断定孙丕扬“于小臣憸邪之畜徇私逞臆”“欲揽权招附”。[⑤] 可见,万历二十年前后的吏部并不依附皇权,皇权亦不信任吏部。神宗的不满并非一时一事,而是针对万历前中期吏部通过铨选控制朝堂、揽权结党,进而威胁皇权的倾向。

万历二十六年三月,张位遭到弹劾。[⑥] 他在自辩疏中言及神宗痛点:“今吏部、言官通同胶固,作弊营私,更谁敢发?试查章奏,媚结何多,阁臣傍观无语,任其所为。”[⑦]既道阁臣无奈,又攻击吏部与言官勾结营私,巧妙地激起神宗对吏部积攒多年的怨气。最终刘道亨降三级调外任。一个月后,神宗便借曹大咸之疏连发三旨,既甄别吏部司官,又推出会举钦点之制,收权于上。甄别的27名司官中,5人留用,4人被斥为民,18人调任。时人亦留意到张位被劾与甄别司官间的关联,给事中项应祥对此的观察是:“铨省诸贤,以城门之火一网几尽,念之不觉眦裂。权奸娱(误)国,无代无之,长令千古有遗恨也。”[⑧]

阁臣张位与此事的关联仅停留在间接层面。整个过程中,张位仅仅是迎合上意、顺势挑激,并没有更加明确的建议。此后,他亦因杨镐私书一事而失去神宗的宠信,冠带闲住。黄景昉称神宗因杨镐私书“几以是杀位”。时人项应祥叙当时风气:“年来主上多疑,自阁部大臣下及庶

---

① 南炳文、吴彦玲辑校:《辑校万历起居注》,万历二十年四月八日,天津:天津古籍出版社,2010年,第1050页。

② 南炳文、吴彦玲辑校:《辑校万历起居注》,万历二十年正月二十三日,第1002页;万历二十二年五月十七日,第1232页。

③ 黄景昉:《国史唯疑》卷9,第216页。

④ 孙鑛:《月峰先生居业次编》卷4《明故吏部尚书赠太子太保谥恭介陈公行状》,《四库禁毁书丛刊》集部第126册,第248页。

⑤ 南炳文、吴彦玲辑校:《辑校万历起居注》,万历二十四年闰八月一日,第1437页。

⑥ 此事导火索实自万历二十五年,吏科给事中戴士衡因参论吕坤等人与吏科给事中刘道亨相争,文选郎中白所知因此而外转戴士衡,戴士衡反劾白所知“匿丧纳贿”,而“新建从中主之”,白所知被革职为民。吏部尚书蔡国珍为营救白所知与张位相忤,“新建与蔡,儿女戚也,以此憾蔡,嗾御史某等论之不置,蔡由是去”。参见白胤谦《桑榆集》文卷3《工部尚书白公墓表颂》,《四库全书存目丛书》集部第204册,第737页。

⑦ 南炳文、吴彦玲辑校:《辑校万历起居注》,万历二十六年三月十九日,第1556页。

⑧ 《明神宗实录》卷321,万历二十六年四月癸亥,第5966页;项应祥:《酕鸡斋稿》卷6《复刘用斋开府》,南京图书馆藏明刻本,第16b页。

司，无不摧折，亦无不廪廪震慑者。”[①]研究万历朝政争，不可因明人的党争话语而忽视神宗专权独断的主威。万历二十六年后，神宗多次下旨“命吏部推举司官不拘正陪、以俟点用”，因此各部院推举司官，每缺“常多推数人”。[②] 神宗借此将吏部司官人选的最终决定权收归于上的意图了然可见。可以推测，司官甄别、会举钦点均出自神宗独断。神宗此举，既清洗了现有司官，打击了吏部，又将吏部司官的选任权收归于上，防患未然。

明人将此事归罪于张位，可能有两方面原因：一是因为张位的间接鼓动，才有神宗此番旨意；二是因为张位曾在万历二十年提出“类奏之法”，司官会举钦点与会推类奏于同一旨内推出，[③]难免引人联想。如上所述，张位顺势挑激，固不能免责，但做出决定的神宗才是整件事的主导者。

吏部司官由会举钦点产生，明人皆以为不合时宜。吏部司官是部属小官，并非大臣，以制度而言，当不至于部院会举多人、皇帝钦点决定。此制推出后，官员多言不便。如万历三十四年(1606)，翁宪祥、赵世卿分别上疏，请求恢复吏部司属堂官自举的旧制。吏部覆疏亦称：“会举司属，起于万历二十六年礼科给事中曹大咸条陈一疏，相沿日久，人情事体俱未称便。”[④]但据沈孚先[⑤]、孙鼎相[⑥]二人调入吏部的过程可知，至少在万历三十九年(1611)或四十年(1612)，吏部司官仍由会举钦点产生。

吏部司官改由会举钦点，影响有二。一是吏部部权削弱，各部院对吏部司官人选的话语权提升。如毛一瓒，于万历二十六年得被斥为民的吏部司官钱养廉推荐，又得左都御史温纯的大力支持，最终选入吏部。[⑦] 再如户部主事丁启濬，得户部尚书赵世卿推荐，得转文选主事。时人描述以“今之吏部，虽举一司属，不免分柄于他人”[⑧]。几乎同一时期，大臣会推由吏部主导改为会举类奏，科道监督纠劾，[⑨]吏部部权再次遭到削弱。不过，吏部作为京堂之一，仍有推举司官人选的话语权和影响力。如万历三十八年(1610)，王大智得吏部尚书孙丕扬“言于朝”而进入吏部；中书舍人金世俊，在“议浙铨曹”时得到吏部尚书、侍郎的支持而入部。[⑩]

---

① 黄景昉：《国史唯疑》卷10，第228页；项应祥：《酕鸡斋稿》卷6《柬詹濬源大参》，第26a页。

② 《明神宗实录》卷434，万历三十五年六月庚子，第8206页。

③ 《明神宗实录》卷321，万历二十六年四月壬戌，第5965—5966页。

④ 《万历三十四年五月初八日吏部一本循职掌稽舆论以肃铨政事》，董其昌辑《神庙留中奏疏汇要》卷8，《续修四库全书》第470册，第210页。

⑤ “是时，浙铨缺，例九卿各举所知，佥言孝毅清贞，一时鲜辈，洊历四司，门无私谒。”(崇祯《嘉兴县志》卷13《人物志·沈孚先》，《日本藏中国罕见地方志丛刊》，北京：书目文献出版社，1991年，第538页)

⑥ “不意职省复缺司官，职堂翁赵老先生(赵焕)又谬及于职……昨见掌科之疏，往问堂翁，堂翁谓当日推举，缘职昔年曾经与推，故择而举之，并无别情，难以相诬。此职叨厕铨曹之由也。”(孙鼎相：《吏部稽勋司郎中孙鼎相揭帖》，周永春辑《殿争录》卷6，北京大学图书馆藏明万历四十一年刻本，第19页)

⑦ 王在晋：《越镌》卷7《吏部文选司郎中毛公墓表》，《四库禁毁书丛刊》集部第104册，第341页。

⑧ 乾隆《泉州府志》卷44《明列传·丁启濬》，《中国地方志集成·福建府县志辑》第23册，上海：上海书店出版社，2000年，第440页；《明神宗实录》卷433，万历三十五年五月丙寅，第8186页。

⑨ 李小波：《晚明文官会推制度的变迁及其影响》，《学术研究》2020年第5期，第131—134页。

⑩ 光绪《永平府志》卷56《列传·仕迹·王大智》，《中国地方志集成·河北府县志辑》第19册，上海：上海书店出版社、成都：巴蜀书社、南京：江苏古籍出版社，2006年，第384页；康熙《义乌县志》卷13《人物志·名臣·金世俊》，《天一阁藏历代方志汇刊》第466册，北京：国家图书馆出版社，2017年，第348页。

二是官员营求入部，往往公然贿赂多官，败坏朝堂风气。这一时期，各部院京堂会同推举，候选人往往有四五人之多。万历三十五年议定正陪二员，[①]依旧竞争激烈。有心铨曹者，往往需要得到多位部院京堂的支持。如兵部主事王士骐为调铨曹，“遍约江南诸大老，及各曹大僚、以至科道，无不以王登荐”；再如郑振先，“营转吏部，遍要部院必欲共推一人”。[②] 吏部司官各部院会举，助长了谋求美缺、奔竞营求的弊习。

万历二十六年，吏部司官改由会举钦点，吏部对本部司官的选任权被分割为各部院大臣的推举权和皇帝的钦点决定权。部院推举大致实行到万历末年，[③]皇帝钦点则持续至崇祯年间。[④]明神宗试图通过控制吏部司官人选，打破吏部在铨选事务上“徇私市恩”的垄断倾向，从而收权于上。但由于他本人长期怠政，朝堂上党争纷纭，神宗既无心也无力整治朝纲、重振皇权。此番变制的最终结果是吏部部权渐失，神宗也未能真正控制朝堂、收权于上。

（三）咨访同乡

天启三年（1623），吏部尚书赵南星提出吏部司官发单咨访之法：“遇各省直司官之缺，发单于其省直之卿寺科道及吏科、河南道掌印官，命举其才品堪任者数员，请旨点用。”[⑤]次年，他因吴羽文一事请罪求去，疏中详述他当初推出此法的原因和苦心：

> 臣三十年前之司官也，其时司官皆堂上官所自选，无咨访之说。盖朝廷所用为吏部者，必以其公方能用人也。三事九列皆听其推举，岂其司官十数人而不能自选乎？厥后政柄下移，升转请告者皆引下首，所引又未必得人，屡被弹劾，而外人遂谓其用顶首之金矣。科臣阮大铖曾与臣书曰：吏部有秘密藏、阴符经。言顶首也。臣甚耻之。是以入部即上疏言司官有缺，咨访于其乡之京堂科道，而以吏科、河南道非其乡，示夫公以免顶首之议。非得已也。[⑥]

赵南星自述咨访之法是“非得已”之策，他略去会举钦点一节，着重描述吏部司官由“堂上官所自选”到“升转请告皆引下首”的变化过程。所谓“升转请告者皆引下首”，即去任司官举人自代。阮大铖批评以“吏部有秘密藏、阴符经”，说明此时吏部司官选任不再由会举公开产生，而是回归吏部，成为吏部部内事务。赵南星表示铨选用人本是吏部之权，“岂其司官十数人而不能自选”，但又顾忌时人的“顶首”之讥，“甚耻之”。最终决定一面顾及公论，咨访同乡京堂科道；一面牵制

---

① 《明神宗实录》卷434，万历三十五年六月庚子，第8206页。

② 沈德符：《万历野获编》卷11《吏部》，第290页；朱赓：《荼史》，《北京图书馆藏珍本年谱丛刊》第52册，北京：北京图书馆出版社，1999年，第237页。

③ 孙鼎相：《吏部稽勋司郎中孙鼎相揭帖》，周永春辑《殿争录》卷6，第19页。

④ 徐肇台：《续丙记政录》，崇祯元年六月十三日、十月二十三日、十二月二十八日，《续修四库全书》第438册，第315、331、337页。

⑤ 《明熹宗实录》卷40，天启三年闰十月辛亥，第2097—2098页。

⑥ 赵南星：《赵忠毅公诗文集》卷20《典铨不能用人疏》，《四库禁毁书丛刊》集部第68册，第618页。

乡党，咨访于非其乡的吏科、河南道。

虽顾及公论提出咨访之法，但赵南星本人更倾向于恢复吏部部权。当年吴羽文一事中，赵南星在得旨同意后便径直调补，并没有发单咨访。当时吏部缺人甚急，赵南星请旨通融调补，而后奉旨施行，一切都遵循正常的政务程序。既有旧例可据，又有今旨可依，在急需补官的情况下，一时"破例"之举不至于引得群情激愤。但此次反对声音极强，且以江西为主，其原因除"江西不宜有二人"之外，还有赵南星"不谋于人而用之"。以常理度之，一省占据两名铨缺，对本省有利，江西官员不当如此激烈反对。那么，此次反对的真正原因，恐怕还是赵南星未发单咨访、询谋于众，威胁到江西官员在司官人选上的话语权。

天启初年科道势盛，[①]吏部尚书赵南星提出的吏部司官发单咨访之法，在很大程度上是为了迎合科道官主导的舆论、公论。此法赋予同乡科道京堂参与选任的制度性权力，进一步降低吏部在司官人选上的话语权。

四、分省选任与官僚政治

分省惯例的产生，与明中期基于利益平衡的官僚政治密切相关。分省惯例不断发展稳固的整个过程，离不开各省官僚群体的支持与维护，如上文提及嘉靖年间北直京官为员缺被占而争论朝堂，万历年间云贵京官为两省利益争取司官名额。若没有官僚群体的认可与维护，类似文选郎中高简的破例之举将变得更多，分省惯例也将岌岌可危。

分省惯例不断发展稳固的过程中，各省官僚群体的乡党意识和参与意识也在逐渐增强。到了明末，愈益强势的各省官僚群体，对司官分省的支持与维护更加强势和坚决。在天启四年吴羽文一事中，"使臣下视明旨为不必遵，旧制必不可复"[②]，各省官僚对分省选任的维护甚至超过他们对圣旨的服从与遵守。至此，各省官僚强烈的乡党意识亦加剧了明末官僚政治对皇权的离心倾向。

（一）司官分省的原因与运作

明人对分省惯例的产生有两种说法：一是咨访人才，二是平衡利益。第一种说法较为普遍，万历年间的陆光祖称"省直各用一人以备咨访"，范景文谈及司官推择"省各一人，必如是方可询各省之事"，涂一榛亦言"以本部司官备访本地方人才"，崇祯年间的王心一也执此说法，"欲其一方之人即周知本地方之人材也"。[③] 第二种说法较为少见，万历时人表示司官分省"非止以

① 万历末天启初，科道官在会推中的实权有所增加。科道官原本"职司弹劾、不许会举"，但这一时期也开始事先与闻、届期画题。会推之前，吏部先期与科道商议人选，成为这一时期惯例。参见李小波《晚明文官会推制度的变迁及其影响》，《学术研究》2020年第5期，第132—134页。

② 赵南星：《赵忠毅公诗文集》卷20《典铨不能用人疏》，《四库禁毁书丛刊》集部第68册，第619页。

③ 陆光祖：《陆庄简公掌铨疏略》卷1《覆户科王遵训条陈十事疏》，第20a—21b页；范景文：《文忠集》卷1《催司官疏》，《景印文渊阁四库全书》第1295册，第450页；涂一榛：《吏部考功司主事涂一榛揭帖》，周永春辑《殿争录》卷2，第38b页；王心一：《兰雪堂集》卷1《微臣恭绎祖宗设官之意疏》，《四库禁毁书丛刊》集部第105册，第514页。

清华之制欲令省直均平，亦以群臣贤否同乡之闻见必真”，最终仍落在咨访“同乡之闻见”。[①] 由于明代吏部掌管文官铨选考课等事务，司官分省便于了解各省官员的官评和乡评。可以认为，“备咨访”是分省惯例出现的最直接原因。

备咨访之外，“以清华之制欲令省直均平”则是分省惯例得以维系发展的另一原因。“清华”一词形容清高显贵之位，在明代并无专指，从翰林、科道到吏、兵二部司官，均可视为“清华”之官。此处指吏部司官职掌铨选，地位较高，事权较重，唯有分省选任，才能减少因利益不均导致的种种争端。一项制度若不符合官僚体系中大多数人的利益，那么很大概率会昙花一现，沦为纸上空文。分省惯例是由下而上、逐渐形成的非正式制度。它的产生维系必然依靠各省官僚的默认与支持，而取得各省官僚支持的最好方式，莫过于令“省直均平”、均衡利益。

无论是“备咨访”还是“均省直”，司官分省的原因都指向他们在铨选考课等事务上的权力。明代吏部司官具有炙手可热的权力地位有两大原因。一是吏部司官在铨选考课等事务上的实权。这源自成弘以降吏部尚书折节下问的政风。成弘时期的吏部尚书，大多大度能容，即便如王翱“性最烈”，也能对“公正自持”的考功郎中杨瓒“初不甚见知，终遇以殊礼”。[②] 吏部司官的意见往往得到上司的充分重视，如考功郎中萧彝，王直、王翱两任尚书“皆一时元老”，对萧彝“每事多咨询而行”。[③] 由此，他们在具体事务上的话语权逐渐提升，如考功郎中储巏“核一官下考得实”，尚书耿裕“欲改之，巏坚不从”，耿裕最终听从。再如文选郎中孙交，传称“一切选授升迁，与倪文毅公(岳)斟酌地方远近烦简，务当其才”。[④] 至明中后期，吏部之内甚至有“侍郎不如正郎”[⑤]之说。沈德符注意到各部堂司之间“大小最严，凡见于私宅，仅送之门而止”，只有吏部“送其司官上马方别”。[⑥] 礼仪是权力关系的外在表现，吏部堂司间的寅恭谐协，一定程度上反映着司官的实权地位。

二是吏部司官的迁转优势。六部部属迁转皆由吏部主持，成弘之后，吏部司官逐渐形成相较于他部司官速转优升的迁转优势。至嘉靖年间，时人甚至有“官吏部者不改别曹，升京堂者必由吏部”的感叹。[⑦]

吏部司官事权较重，迁转较优，为众人所奔竞营求。为尽量容纳各省官员，吏部常有二三人共一官的现象。嘉靖年间的吏部“已有讲攘抢之说，如昔人所谓一官而三人共之者也”。所谓“一官三人”，据沈德符所言，是“每省凡三人，一在京，一在家，一在途，徒以热官享趋附、费供应

---

① 佚名：《壬子闰十一月初九日残疏》，周念祖辑《万历辛亥京察纪事本末》卷6，《续修四库全书》第435册，第531页。
② 弘治《大明兴化府志》卷42《人物志·宦业·吴绎思附杨瓒》，《天一阁藏历代方志汇刊》第563册，第158页。
③ 康熙《江西通志》卷36《吉安府·人物·萧彝》，《中国地方志集成·江西省志辑》第2册，南京：凤凰出版社，2005年，第272页。
④ 何乔远：《名山藏》卷69《臣林记·储巏》，扬州：江苏广陵古籍刻印社，1993年，第4139页；过庭训：《明朝分省人物考》卷77《湖广·承天府·孙交》，第1740页。
⑤ 李开先：《李中麓闲居集》卷11《跋大公集跋》，《续修四库全书》第1341册，第347页。
⑥ 沈德符：《万历野获编》卷11《吏部》，第286页。
⑦ 《明宪宗实录》卷61，成化四年十二月庚子，第1242页；霍韬：《渭厓文集》卷1《辞升少詹事疏》，《四库全书存目丛书》集部第68册，第477页。

耳”，万历年间改定为 2 人，“里居与现任，皆新旧兼用”。[①] 所谓一省 2 人或 3 人，仅占 1 名司官员缺，现任者在部，里居者在家，与前述同省 2 人通融在部意指不同。

赵南星描述里居与现任新旧兼用的运作方式，是“在署者欲请告，则预招在籍者来，不待起补，彼入则此出，是以恒无缺人”[②]。为保障一省员缺始终接替有人，一人推升离部或请告回家时，替补者就会接到消息，从而上路赴部。可以想见，嘉靖朝的“在京”“在家”“在途”三人中，“在京”指在部办事，即万历以后的“现任”，“在家”与“在途”均在部外，或是赴部在途，或是请告在家，或是待缺待补，可归入万历以后的“里居”。无论是 2 人或 3 人，乃至万历末年一度出现的“每缺四人”[③]，都可分为“在部”与“部外”2 大类。吏部司官权力地位带来的员缺竞争，即此可见。

总之，吏部司官的特殊权力，催生了分省惯例以及分省惯例下一官 3 人的运作方式。由于吏部司官在铨选考课上的话语权，备咨访往往不是单纯提供官评乡评等信息，而是带有明确褒贬倾向的政务建议。各省官员的官评乡评系于司官一身，由此，各省司官与各省官员的仕途利益深相联结，“清华之制欲令省直均平”的本质是保持各省直在铨选考课事务上的利益均衡。在各省官僚的维护支持下，在长时间的反复应用中，司官分省成为惯例是理所必然。

（二）分省选任与同乡为政

前述赵南星发单咨访的对象，既有同乡科道，也有“示夫公”的吏科、河南道。但在明末选任吏部司官的具体事例中，吏科、河南道的话语权和影响力远不及同乡科道与京堂。如天启四年十月，吏科都给事中魏大中就表示：“江北铨部未尝缺人，此缺亦其同乡为政。”[④]可知同乡相对于吏科、河南道的强势地位。

此后，吏部司官选任，多由同乡公议产生，几乎看不到吏科、河南道的作用。如崇祯二年（1629）晏春鸣参劾文选主事李师沆，称：“铨部缺出，同乡公论正推者汪始亨，陪推者师沆。”[⑤]后因师沆贿赂崔魏，才谋得点用。同乡科道甚至有选定继任、改易司官的权力。如崇祯十五年（1642），浙江司官“以柔谨不惬众望，同乡台省欲易之”，经过浙东浙西的争论，最终选定陈龙正。科道、吏部两方派人游说，陈龙正“一意坚辞，乃止”。[⑥] 可以认为，天启三年赵南星的发单咨访之法，赋予同乡官员参与司官选任的制度性权力，而明末吏部司官选任中的“同乡为政”，即与此有关。

---

① 李开先：《李中麓闲居集》卷 2《因客问述往事有序》，《续修四库全书》第 1340 册，第 487 页；沈德符：《万历野获编》卷 12《吏部》，第 307 页。

② 赵南星：《赵忠毅公诗文集》卷 20《敬陈铨政无辱部体疏》，《四库禁毁书丛刊》集部第 68 册，第 613 页。

③ 毛堪：《台中疏略》卷 4《铨属不宜广额疏》，《四库禁毁书丛刊》史部第 57 册，第 640 页。

④ 魏大中：《藏密斋集》卷 23《与卓去病》，《四库禁毁书丛刊》集部第 45 册，第 380 页。

⑤ 题外史氏辑：《圣朝新政要略》卷 8，《续修四库全书》第 438 册，第 674 页。

⑥ 陈揆：《几亭全书附录》卷 1《陈祠部公家传》，《四库禁毁书丛刊》集部第 12 册，第 711—712 页。

不过，吏部司官选任中的“同乡为政”并不始于天启三年的发单咨访之法。同乡官员对司官人选的影响，早在分省惯例形成之初就已存在。如前述葛守礼被李学诗举荐，实出自同乡“武城王舜渠及邢北原”对李学诗的推荐。万历年间，吏部司官人选“多借同乡大老举荐及前任自举”，同乡京堂大员通过同乡科道了解人才、联络人选，同乡科道则借由同乡大员参与其中。如万历十二年(1584)，南直隶昆山人李同芳做礼部主事，由家北上返京。路上听闻南直隶铨缺“久缺”，就是为了待他返京调补，李同芳至京后，御史南直太仓人苏酂两次拜访，李同芳两次推辞，有意怠慢。苏酂自称，当同乡阁臣申时行问及南直铨缺，“初言李，我不应，后言陆(汴)，应以极当，遂补之”。① 李同芳不愿调入吏部，有意激怒苏酂，苏酂果然没有举荐李同芳。同乡科道借由同乡京堂大员置喙司官人选的影响力，不可小觑。

同乡科道的这种非制度性影响，在万历末年、天启初年变得更为普遍、直接。万历四十一年(1613)山东铨司缺出，山东人礼科给事中亓诗教、御史韩浚欲援引礼部主事王象晋入吏部，请同为山东人的吏科给事中张延登与王象晋联络“通殷勤”，王象晋以兄长王象乾入为兵部尚书“力谢辞之”，最终反被亓、韩中伤，京察调外。再如天启元年(1621)冬，吴甡自山东潍县知县行取至京，适逢吏部南直铨缺将出，友人告知他“往谒同乡吏科某，可得”。② 只要谒见同乡吏科，此缺便能探囊而得，可见同乡科道在吏部司官人选上的话语权。同乡京堂科道对司官人选的影响是非制度性的，却能实实在在地左右司官人选。可以想见，赵南星不情不愿地建议吏部司官选任“发单于其省直之卿寺科道及吏科、河南道掌印官”，也是对已有情势的无奈顺应。

“同乡为政”源自各省官僚与吏部司官的利益联结，又对分省惯例、官僚政治各有影响。首先，在“同乡为政”即各省官僚群体的支持维护下，明末的分省惯例不仅变得更为稳固，部分省份还因均衡利益的需要而出现省内分区。南直隶有江南、江北之分，山东有东三府、西三府之分。南直隶江南、江北铨缺之分出现于万历三十五年，该年四月王元翰上疏称“南都缺吏部司官，推至五六人，江北无一焉，世谓吏部不渡江”，为江北人鸣不平。六月，吏部议定江南一缺，江北一缺。③ 山东铨缺“东西互替”之说不知始自何年，崇祯年间，山东沂州人王昌时俸满入京，得同乡吏科都给事中宋鸣梧、佥都御史宋之普父子的推荐，入为吏部司官。杨士聪记：“时吏部有东西互替之议，西府更无他人”，因此“王得之不为倖”。④ 东三府为青、莱、登，西三府为济、昌、兖。沂州属兖州府，正值东西轮替，王昌时由此得入吏部。

其次，在“同乡为政”的影响下，各省官僚群体间出现“同乡公议”的讨论形式，公议、集议成为明末各地域性党派商讨朝政、凝聚共识的组织形式。同乡集议、公议时，主持者往往是同乡京

① 李同芳：《视履类编》卷上《励节》，台湾“中研院”历史语言研究所藏明刻本，第21b页。

② 王士禛：《池北偶谈》卷6《亓韩》，第141页；吴甡：《忆记》卷1，《柴庵疏集 忆记》，秦晖点校，杭州：浙江古籍出版社，1989年，第390页。

③ 《明神宗实录》卷432，万历三十五年四月乙未，第8159页；卷434，万历三十五年六月庚子，第8206页。

④ 杨士聪：《玉堂荟记》卷下，于德源校注，北京：北京燕山出版社，2013年，第223页。

堂，参与者包括科道、翰林等京官。在赵南星提出发单咨访同乡之前，就已有探讨人选的同乡集议。天启二年(1622)，吏部主事江南人周顺昌请假归家，南直的江南司官需人替补，同乡集议时，翰林缪昌期举荐顾大章："缪(昌期)谓非公(顾大章)不可，吴门诸公皆难之。缪谓曰：公等皆引人成事者，至于捧盘皿招堂下人，惟尘客能耳。"[①]发单咨访之法确立后，同乡公议也被沿用。天启六年(1626)，李思诚描述吏部江北司官于志舒的产生过程，称："该司之缺，原系文选司发单，科道同乡议用。于志舒其管太仓，在辇毂之下，居官贤与否，不能欺也。臣叨同乡一日之长，与众公议，非一人所得私也。"[②]李思诚表示，于志舒是同乡公议所推，是众人对其太仓政绩的认可，并非他一人的私心私意。

天启三年确立发单咨访之法后，同乡京堂科道既有参与推举的实权，也有制度依据。他们不会也不必对"同乡为政"进行深刻反思。见于朝廷、存于后世的反思，笔者检阅所及，仅吏科给事中吴麟徵一人，他认为"司官咨访，出自同乡，即万分无私，已非公天下之理"[③]。伴随同乡公议的，是朝堂上的乡党政治。司官出自同乡公议，即便同乡各官均秉公推荐、毫无私心，在同乡层面属"万分无私"，但在朝堂层面却是各省各自为政的"私"，因而"非公天下之理"。实际上，现实中"操于同乡前辈之授受及朝之要士"的吏部司官人选，多是"以宠赂得之"，[④]"万分无私"不过是冠冕堂皇的理想与说辞。

最后，"同乡为政"由吏部司官的选任逐渐蔓延至巡抚、督学、科道、翰林、部属等官缺上。万历末年"巡抚、督学等官非预谋之其乡要人，必不能得，至考选一途，纯是同乡一手拿定"[⑤]。除崇祯十一年(1638)思宗亲自主持考选、钦定人选外，其他由吏部主持的考选，名次员缺均预定于正式考试之前。考选之前，吏部遍发访单于九卿科道，根据各候选人被圈点的圈数，确定官缺人选。[⑥] 为了仕途前程，各考选候选官往往遍行贿赂，从"治下大老、科道在朝"到"治下城翰林部寺冷署闲曹"，所送书帕因权势大小而多寡不同，尤其是"同乡有权力大老、科道作靠山，他出来讲说，方得在翰林六科"，更要多贿数千两。[⑦] 有同乡京堂科道在同乡集议中的主持，考选候选官才有预定翰林、六科等贵要之缺的机会。除去贿赂，同乡的考选候选官之间，也因竞争关系而多有龃龉，甚至有相殴相詈、匿名诽谤。[⑧] 晚明的政治生态，可见一斑。

---

① 周顺昌于天启五年被诬劾削籍，此时不可能荐人自代，则其荐人自代的时间点当在请假归家之时。参见顾大韶《先兄陕西按察司副使赠太仆寺少卿尘客府君行状》，《炳烛斋稿》，《四库禁毁书丛刊》集部第104册，第595页。

② 《明熹宗实录》卷79，天启六年十二月戊辰，第3859页。

③ 吴麟徵：《吴忠节公遗集》卷1《入垣首陈四款疏》，《四库禁毁书丛刊》集部第81册，第357页。

④ 陈子龙：《安雅堂稿》卷10《澄吏道》，《续修四库全书》集部第1388册，第60页。

⑤ 黄景昉：《宦梦录》卷4，朱曦林点校，北京：中华书局，2022年，第114页。

⑥ 万历年间，考选访单圈点的规则是"三红圈为科、二红圈为道、一红圈为部，属南京用墨圈"；崇祯年间，因馆员需历推知也参与行取考选，圈点规则稍有改变"四圈便是该翰林科里，三圈便是御史"。参见何出图《何伯子自注年谱》，《北京图书馆藏珍本年谱丛刊》第52册，第410页。薇园主人：《清夜钟》，《古本小说集成》，上海：上海古籍出版社，1994年，第16页。

⑦ 薇园主人：《清夜钟》，《古本小说集成》，第17页。

⑧ 黄景昉：《宦梦录》卷2，第54页；李清：《三垣笔记》，第7页。

结 论

万历中后期，朝堂政争由阁部等衙门机构之争转变为以乡党地域为分界的政见之争、乡党之争；几乎同时，吏部司官的选任权也由吏部、部院等官方机构逐渐下散于各省京堂科道组织的同乡公议手中。晚明政局的乡党化就此出现。

以往学者谈论晚明政局，在称赞官僚士大夫限制皇权专制的同时，也留意到朝堂上的"混乱无序""士大夫政治的困境"。① 在传统君臣对立视角的阐释下，学者更倾向于探讨士大夫政治反传统、反专制、政治多元化的一面，"混乱"和"困境"被轻轻带过，或是虚化为时代背景，或是消解在党争人事的具体分析中。

本文认为，晚明政局的这些"混乱"和"困境"，是官僚政治抑或士大夫政治"乡党化"的结果。以乡党地域为分界的党争，仅是乡党化的表现之一。真正令乡党化官僚政治（以下简称"乡党政治"）得以成立的，是人事选任上的同乡为政，即各省同乡有力者在吏部司官、翰林科道、巡抚督学等要缺人选上的话语权。同乡为政既非一时一势的特殊现象，也非合法有据的典章制度。时人虽不敢将其正式制度化，②但其作为一项非正式的制度惯例，历经万历末年、启祯年间高层政权的数次迭代也未曾改变，且一直发挥实际影响力，足以说明乡党政治有着庞大的官僚基础。造成启祯年间"混乱""困境"的原因，除高层政治路线的斗争外，就是现实中日益强势的乡党政治与君令臣行、等级分明的传统官僚政治间的矛盾。如天启三年左都御史赵南星调用司官，江西官员哄然反对手握圣旨的风宪大臣，即是一例。

传统官僚政治与乡党化官僚政治下的官僚士大夫，有着不同的政治行为逻辑。官僚士大夫既是维护朝堂运转的官僚体系的一分子，又是拥有功名欲求、身处人际网络的鲜活个体。在传统官僚政治下，他们的仕途前程、个人利益被紧紧绑定在皇权、部院主导的朝堂政治中。官僚士大夫或是舍弃小我，或是平流进取，或是暗中钻营，朝堂风向主导着大部分官员的政治行为。但在明末，各省官员基于自身宦途利益而非地方公共利益聚合而成的乡党团体，把持着从翰林科道到巡抚督学等重要官缺的选任，朝堂政治呈现出同乡为政、政出多门的乡党化趋势。在乡党政治下，个人利益、私情交际主导着大部分官员的政治行为。巡抚"以乡绅力得巡抚，则法必不得行于乡绅，乡绅力能抗之，亦能坠之"③。巡抚受制于乡绅，则威信难立、动受掣肘。巡抚作为天子代巡，拥有皇权所赋予的制度性权威，在夤缘乡绅、获取职位的过程中逐渐消磨不振。吏部司官、翰林、科道等官因受到同乡京堂科道的推荐才得以位列清班，他们在铨选考课、监督纠劾

---

① 商传：《走进晚明》，第 128 页；李佳：《君臣冲突与晚明士大夫政治——以万历朝"国本之争"为中心》，《求是学刊》2017 年第 6 期，第 145—153 页。

② 崇祯七年，倪元璐上疏自辩，否认自己曾有行取考选"窃定员数""区别省份"的建议。参见倪元璐《奏牍》卷 3《为遵旨回奏并录呈原复冢臣议稿以祈圣鉴事》，《四库禁毁书丛刊》史部第 69 册，第 689 页。

③ 黄景昉：《宦梦录》卷 4，第 113 页。

等行政事务中就很难保证绝对公正严明。乡党政治虽满足了广大官员的个人利益，却破坏了皇权、部院等机构衙门主导下的官僚政治。

明末的乡党政治，是在神宗皇帝对部院等行政机构的打压下，内含于官僚政治中的乡党因素极端发展的结果。如前文所释，分省惯例在嘉靖以后的发展稳固，离不开官僚群体的默认与支持。各省官僚群体在维护本省司官员缺的时候，声气相通、诉求一致，如嘉靖年间的北直官员，他们的乡党意识一直潜藏于皇权、部院主导下的官僚政治中。直到神宗为了打压吏部、收权于上，要求吏部司官会举钦点，这才正式开启官僚政治权散于下、渐移乡党的历史进程。虽然神宗实现了他打击吏部、发泄怒气的个人目标，但也令吏部失去其在司官选任上的机构性权威，令乡党等非正式关系有机可乘。此后伴随着科道、巡抚、督学等重要官缺选任上的同乡为政，吏部等正式机构的权威遭到削弱，乡党团体等非正式组织的权威反在增强。

乡党团体在破坏旧权威的同时，也继承了传统官僚政治中的腐败因素，且行之更甚。在讲究个人利益、私情交际的追求下，情贿难革、政出多门成为这一时期乡党政治的常态。传统的官僚政治中，贿赂被视为暮夜怀金的非法行为，但在明末的乡党政治中，贿赂成为公开普遍的正常活动，官员无法凭借出众的才能品行和正常的人事选任程序，稳坐翰林、科道、吏部等四衙门官缺。如天启六年，文选员外李白春未能用钱回报“引之入铨”的同乡阁臣顾秉谦，就被削夺官诰。① 崇祯二年南直司官缺出，同乡之人“共推毂无锡华允诚”，但华允诚“一寒彻骨，退逊不前”，没钱回报同乡官员，故而不敢入部。②

在皇权、吏部、乡党对司官选任权的争夺中，早已凝聚共识、讲究利益交际的乡党取得了最终的主导权，并将其势力扩展到巡抚、督学、翰林、科道等要缺的选任上。可以看到，在乡党化的趋势下，晚明政局最终呈现出乡党与部院各自为政、政出多门且难以整合的对立倾向。

（本文原发表于《历史研究》2022 年第 6 期。）

作者简介：

余璐，北京大学历史学博士，现为上海师范大学人文学院历史系讲师。主要从事明代政治制度史相关研究。

① 谈迁：《国榷》卷 87，天启六年四月庚子，北京：中华书局，1958 年，第 5325 页。

② 文秉：《烈皇小识》卷 2，上海：上海书店出版社，1982 年，第 49 页。

迁海令与清初海禁政策的变迁

郑　宁

摘　要： 顺治十八年颁布的迁海令是清朝初年的一项重要法令。作为海禁政策的高峰，迁海令的出台是清朝调整对海战略的必然结果，"汉奸献策"之说并不可信。海禁强度受到军事战略的影响，厉行海禁并非清朝的唯一选择，也不是顺治君臣的最初选项。在招抚郑成功的策略下，海禁有所宽弛。在攻剿策略下，海禁趋于严厉。由于招抚的失败和攻剿的失利，原本起辅助作用的海禁成为清朝打击郑成功集团的主要手段。在现实需求与历史经验的引导下，顺治末年海禁政策空前强化，最终出台了迁海令。通过转移赋税、督责省府等方式，清廷将迁海造成的损失分摊至地方，减轻了中央的决策阻力。迁海令的酝酿过程映射了清初海禁政策的变迁，其间蕴含着中央与地方的利益取向，最终在中央至上的原则下决定了清朝保守退缩的海洋战略。

关键词： 迁海令　清初　海禁　决策动机

颁布于顺治十八年(1661)的迁海令是一项影响重大的决策，历来深受学界的重视。虽然已有丰富的研究成果，但可谓"仍有未发之意"①。其中一个值得关注的问题是，迁海令是如何在中央层面酝酿、成型并最终颁布实施的？这期间的决策过程与决策动机都还不甚清晰。清代官修史书对迁海之事大多讳莫如深，私乘稗史虽然不乏记述，却又众说纷纭、莫衷一是。当前学界探究清初迁海，主要关注由此引发的社会历史问题，对于迁海决策的研究还比较有限。② 就政策的连贯性而言，迁海令既是清初海禁政策的顶峰，也是清代前期海洋政策调整过程中的关键节点。因此，解析迁海令的决策过程与动机，不仅有助于探讨海禁的波动变迁，还能增进对清初海洋政策的认识。

① 赵轶峰：《关于清初粤东迁海民生代价的思考》，《中国史研究》2014 年第 3 期，第 29 页。

② 参见万明《中国融入世界的步履：明与清前期海外政策比较研究》，北京：社会科学文献出版社，1998 年，第 347—381 页；韦庆远《有关清初禁海和迁界的若干问题》，《明清论丛》第 3 辑，北京：紫禁城出版社，2002 年，第 189—214 页；李晓龙《清初迁海前后的沿海盐场与地方宗族——以广东归德、靖康诸盐场为例》，《安徽史学》2015 年第 5 期，第 35—41 页；罗诚《清初迁界与移民——以顺治十八年的温州迁界为中心》，《中国社会经济史研究》2018 年第 2 期，第 28—38 页。

虽然史书中的直接记载非常有限，但迁海令的衍生、酝酿与决策并非完全无迹可寻。迁海令下达时，清朝建立政权达四十余年之久，已经形成了比较稳定的中枢格局，国家的重大决策皆有规可依。[①] 在层级分明、组织有序的政治机制中，迁海令这样一个影响广泛、关乎重大利益且需要持续强力推行的重要决策，必然有着相应的准备与处置过程。本文以迁海令的酝酿和决策为关注点，在考辨真伪、厘清史实的基础上，梳理清初海禁政策的变迁过程，找寻其中的关键节点，进而解析迁海令的决策过程与决策逻辑，揭示围绕迁海与海禁产生的利益分歧和态度分野。

一、招抚失败与宽弛海禁的终结

作为清初海禁政策的顶峰，迁海令有着明确的针对性。康熙元年(1662)，清廷以上谕的形式向地方官民重申“严立通海之禁”的目的，关键在于打击“盘踞海徼有年，以波涛为巢穴”的“逆贼”郑成功。[②] 不过，梳理顺治年间清朝与郑成功的往来过程，双方的互动不止于攻伐，在顺治前期，反而是招抚的氛围一度更为浓厚，海禁政策也因此趋于宽弛。

抚与剿向来是王朝进取的重要策略，在统一天下的过程中，清朝惯常于换用攻剿与招抚，经略海疆亦是如此。早在入关之初，清朝就开始派员“出海招抚”[③]。随着清军进入东南沿海地区，漫长的海岸线带来了严峻的海防压力，招抚的重要性更为凸显。顺治八年，在向朝廷汇报海防布置时，闽浙总督陈锦诉苦道：

> 各处要汛虽已相度布置，分兵防御，然自江北而至江南以及浙闽，延袤数千里，俱通波涛，倘此剿彼遁，而彼处罹其毒，兵旋复来，而此处又遭其害。在贼艅为飘忽靡常之局，而我兵无插翅飞堵之能，是鲸浪终无恬静之日也。[④]

类似的抱怨在当时并不罕见，其根源在于清朝的海上作战能力严重不足。面对“水兵之不能登陆，犹陆兵之不能入海”[⑤]的现实，此时的清军难以应对海上争锋。为此，清朝一方面在东南各省修造“坚大战船”，编练水师；[⑥]另一方面广开招抚，力求不战而胜。闽浙总督陈锦就是招抚政策的坚定支持者，他认为“今为招抚之法，务须布以大信”，则“贼见就抚已有生全之乐，自是源源归化”。[⑦] 在清军打击南明鲁王政权的过程中，招抚政策确实取得了显著成效，南明文武官员大

---

① 赵志强：《清代中央决策机制研究》，北京：科学出版社，2007 年，第 257 页。

② 《康熙帝敕江南等地沿海各官自康熙元年以后严禁居民通商海逆》(顺治十八年十二月十八日)，张伟仁主编《明清档案》A37－98，台北：联经出版事业公司，1986 年，B21095 页。

③ 《奉差出海各岛招抚游击沈观筹揭报出海招抚情形》(顺治元年十二月)，张伟仁主编《明清档案》A2－102，B657 页。

④ 《陈锦为恭报官兵出洋凯旋日期及沿海会哨事揭帖》(顺治八年十一月初六日)，厦门大学台湾研究所、中国第一历史档案馆编辑部编《郑成功档案史料选辑》，福州：福建人民出版社，1985 年，第 33 页。(以下引用时省略编者)

⑤ 《登莱巡抚陈锦启报叛将遁洋而去请备船只防剿》(顺治二年五月三日)，张伟仁主编《明清档案》A2－187，B861 页。

⑥ 仅顺治四年至六年，浙江就新造、修补大型海船一百二十只，沙唬船一百余只；江南新造水艍、沙船各五十只。《闽浙总督张存仁揭请议定造船银项并实授武职》(顺治四年五月)，张伟仁主编《明清档案》A5－193，B2747 页；《江宁巡抚土国宝揭报战舰告成请设兵驾船并增兵饷》(顺治六年十月)，张伟仁主编《明清档案》A11－10，B5759 页。

⑦ 《闽浙总督陈锦揭陈招抚事宜》(顺治五年四月)，张伟仁主编《明清档案》A8－69，B4182 页。

批投降，由于招抚太众、赏官太滥，甚至出现了降官难以安置的情况。[①] 顺治八年清军能够顺利占领舟山，与招抚的成效不无关系。

在福建方向，招抚政策最初也取得了巨大成功，由于郑芝龙接受了清廷的招抚，南明隆武朝廷迅速崩溃。但郑成功坚持抗清，且势力逐渐壮大，成为清朝在东南方向的最强劲对手。顺治八年，郑成功派兵大举进攻漳州、泉州，年底又相继占领了漳浦、诏安两县。[②] 顺治九年正月，郑军占领海澄、平和，[③]闽浙总督陈锦率军驰援，在江东桥兵败身死。面对不利于清朝的战局，朝中官员呈上密奏，认为"今郑成功等较孙可望等诸贼，根株局面，种种不同"，建议对郑成功施以招抚，"先将此贼牢笼，息兵养民"。上奏者还考虑到了"抚之无名"的问题，提出以"念郑芝龙归顺有年"为由，通过父子关系开启与郑成功的沟通。[④]

清世祖接受了招抚郑成功的建议，随即向新任闽浙总督刘清泰发布上谕，叮嘱"尔当开诚推心，令彼悦服"，想方设法招抚郑成功。[⑤] "领会深意"的刘清泰随即以"弄兵修怨"为理由，弹劾此前发动厦门之战，给郑成功造成重大损失的巡抚、巡按、总兵、兵备道等文武要员。该案呈送至京，刑部认为"轻贪启衅，大坏封疆"的罪名难以成立，巡抚等人并无重大罪过。为了向郑成功释放清朝的招抚诚意，清世祖亲自干预案件审理，痛斥刑部不识大体，"看语三四其说，何凭裁定?"下令三法司再审。[⑥]

清朝的招抚意向得到了郑成功的回应，顺治九年到十一年，经过几轮交涉，双方达成了有限的共识。[⑦] 顺治十一年二月，郑成功在安海观音堂接受了清世祖的敕谕。[⑧] 对清朝而言，这标志着招抚郑成功的重大胜利。事实上，郑成功并没有按照君臣之礼正式开读诏书，也没有当即"剃发效顺"，但闽浙总督刘清泰与清世祖都认为抚局已定，君臣二人已经开始商讨"善后之机务"。[⑨] 更早之前，随着清朝与郑成功的往来接触，沿海的军事氛围已经明显缓和。顺治十年闰六月，入援福建的八旗军奉命撤回。次月，援闽汉军也返程北上。[⑩]

按照清廷与郑成功约定的初步协议，受抚后，清朝不仅以漳州、潮州、惠州、泉州四府安置郑军，"将四府水陆游寨营兵饷给尔部官兵"，还允许郑成功继续经营海上贸易并管理海上经贸活

---

① 《沙埕舟山招抚使严我公揭报招抚镇臣太多请饬督臣分别委用》(顺治七年三月十八日)，张伟仁主编《明清档案》A11-100，B6041—6042页。

② 《兵部和硕承泽亲王硕子等残题本》，《明清史料丁编》第1本，上海：商务印书馆，1951年，第54—56页。

③ 《吏部残题本》，《明清史料已编》第2本，台北："中研院"历史语言研究所，1957年，第118页。

④ 《失名密奏区处海寇稿》，《明清史料丁编》第1本，第66页。

⑤ 《敕谕浙江福建总督刘清泰密稿》，《明清史料丁编》第1本，第67页。

⑥ 《刑部尚书交罗巴哈纳等残题本》，《明清史料丁编》第1本，第79—82页。

⑦ 参见刘德鸿《郑成功受抚述评》，《齐鲁学刊》1983年第4期，第41页；陈碧笙《郑成功对清和议问题及其与明室的关系——郑成功研究之二》，《厦门大学学报》1990年第1期，第84页。

⑧ 《闽浙总督刘清泰题报海澄公郑成功拜受敕印日期》(顺治十一年三月二十日)，张伟仁主编《明清档案》A19-30，B10457页。

⑨ 《闽浙总督刘清泰奏陈招抚漳海善后机宜》(顺治十一年四月十五日)，张伟仁主编《明清档案》A19-96，B10649页。

⑩ 《刘清泰为援闽官兵各回原汛事揭帖》(顺治十年十一月)，《郑成功档案史料选辑》，第69页。

动。在给郑成功的上谕中，清世祖允诺："开洋船只，尔得稽察，收纳税课，送布政司解部。"[①]虽然还存在着商税归属比例等争议，但皇帝的承诺事实上已经打破了海禁政策。在当时，清朝内部对于招抚郑成功的条件存在着争议，比如兵部尚书李际期认为"封官拨饷"的招抚政策过于优厚，经营海上贸易更不能接受，他认为"郑成功若势蹙请降，务必令其剃发入旗，将其属下官兵遣散回乡务农"[②]。但由于清世祖对招抚抱有期望，向郑成功表示将"授以封爵，委以海上之事"，清廷内部的反对意见未被采纳。以皇帝的态度为指导，这一时期上至沿海督抚，下至滨海州县，各级官员普遍对海禁持宽松甚至是放任的态度。在招抚的氛围中，"寸板不许下海"的海禁政策出现了明显的松动。

在浙江，官府允许渔船在形势缓和时出海捕鱼，[③]海上生产有所恢复。在福建，麻、油、钉、铁等违禁品开始公然销售，有人"敢于附省洪塘地方，制造双桅违禁海船"，并堂而皇之驾船出洋贸易，还有人"散顿巨木数千株，于砙窖、芹州、南屿、阮洋、董屿诸港，乘机暗输，挺险罔利，已非一日"。[④] 随着海禁的宽松，海陆之间的人员流动成为可能，并为郑成功征募兵源提供了便利。顺治十一年，郑成功派人在漳州登陆，一月之间就招募了上千人，府县官员虽然探得情况，但受招抚政策的限制，未敢加以阻拦。[⑤]

为了吸引郑成功归顺，清朝宽弛海禁，以此释放"善意"，缓和沿海地区的紧张局势。但令清世祖失望的是，郑成功最终拒绝受抚。至顺治十一年下半年，福建官员已经判断招抚希望渺茫，提出"抚局之变不可不防，则剿局之备不可不早"，建议皇帝改变政策。[⑥] 十月，主持招抚的刘清泰请辞闽浙总督，并在上疏中写道："倘于此而皇上不大张问罪之师，亟易抚局而为剿，不但人心日听其摇惑，亦且地方日受其侵凌。"[⑦]顺治十一年十二月，定远大将军吉都受命"统率大兵征剿"[⑧]，标志着清朝对郑成功的战略由招抚转向攻剿。

招抚的落空，意味着与之配合的"宽弛海禁"彻底失败。由于在招抚期间放松了海禁力度，郑成功集团得到了巨量的补充。据闽浙总督报告，顺治十一年"成功派粮索饷，大县不下十万，中县不下五万"[⑨]，加之其他各种途径的收益，郑军趁海禁松弛，获利极大。《先王实录》记载，仅

---

① 《李栖凤题为海澄公郑成功委官到饶平并与官兵冲突事本》(顺治十一年三月初四日)，《郑成功档案史料选辑》，第74—75页。

② 《李际期题为议复囚禁郑芝龙灭其亲族事本》(顺治十二年七月二十三日)，中国第一历史档案馆满文部选译《郑成功满文档案史料选译》，福州：福建人民出版社，1987年，第150页。

③ 《浙江巡抚秦世祯揭报渔户违禁出海贿买贼旗审实分别拟罪》(顺治十三年闰五月二十五日)，张伟仁主编《明清档案》A27－102，B15390页。

④ 《浙闽总督佟代题本》，《明清史料己编》第3本，第249页。

⑤ 《兵部残题本》，《明清史料己编》第2本，第197页。

⑥ 《闽浙总督刘清泰揭请早筹抚剿郑氏之策并选重臣交待》(顺治十一年七月)，张伟仁主编《明清档案》A20－93，B11301—11302页。

⑦ 《候代浙江福建总督刘清泰密揭帖》，《明清史料丁编》第2本，第107页。

⑧ 《敕谕世子吉都征剿郑成功稿》，《明清史料丁编》第2本，第108页。

⑨ 《候代浙江福建总督刘清泰密揭帖》，《明清史料丁编》第2本，第106页。

在漳州一府，郑军就获得饷银一百零八万两。[①] 随着战争的爆发，清朝急需切断郑成功的粮饷来源，海禁重新得到重视。新任闽浙总督佟代迅速发布命令，要求沿海地方以“清外乱先除内患”的态度贯彻海禁政策，并且严厉查办了一批违禁出海案件。[②] 随着招抚的失败，一度宽弛的海禁政策宣告终结。

二、攻剿失利和迁海令的出台

招抚的失败结局不仅让清朝损失惨重，更让力主招抚的清世祖大失颜面。“抚局不成，致蒙皇上赫然宸怒”，在发给地方官员的命令中，恼怒的顺治皇帝彻底改变了态度，他不仅严禁地方大员与郑成功接触，也拒绝接收任何求抚、求和信函，声言郑成功只有“亲身剃发，自行绑缚来降”，清廷方才接受。[③] 皇帝的决绝态度使得军事进攻成为唯一的选择，而作为配合攻剿的封锁措施，海禁的强化亦势在必行。自顺治十一年底招抚失败，到顺治十八年中颁布迁海令，在这六年多的时间里，海禁政策总体上持续强化，具体又以顺治十七年五月爆发的厦门之战为界，分成两个阶段。

在时间较长的第一阶段中，海禁政策用于配合军事进攻，作为攻剿的辅助手段实现让郑成功“粮饷自绝”的效果。[④] 为此，清廷在此前已经制定的海禁政策基础上，进一步强化了封锁力度和范围。先前清朝发布的海禁命令重点在于防范百姓私自出海，[⑤]新一轮的海禁不仅要求“寸板不许下海”[⑥]，还着重防范由海上主动发起的联系。顺治十一年十一月，议政王会议商讨对策，在决议出师征剿的同时，要求各地“固守汛界”[⑦]。顺治十三年六月，清世祖发布上谕，在继续强调“严禁商民船只私自出海”的同时，特别责成各地“处处严防，不许片帆入口，一贼登岸”。[⑧] 新一轮的海禁既防止陆上出海，也防范海上登陆。

自顺治十二年起，清、郑双方开展了旷日持久的战争，尽管海禁政策更为严厉，但郑成功的军事实力并没有明显削弱的迹象。顺治十六年四月，郑成功、张煌言复占舟山，六月郑成功大军沿江而上，随后占领镇江、兵临江宁城下。虽然清军在随后的江宁之战中击败郑军，并在江南接连取胜，迫使郑成功的舰队放弃战果，返回福建沿海，但在次年爆发的厦门之战中，大举进攻的

---

① 杨英撰，陈碧笙校注：《先王实录校注》，福州：福建人民出版社，1981 年，第 98 页。
② 《闽浙总督佟代揭报在任剿抚郑逆机宜》(顺治十三年五月)，张伟仁主编《明清档案》A27－49，B15169 页。
③ 《浙江巡抚佟国器揭帖》，《明清史料甲编》第 5 本，北平：中央研究院历史语言研究所，1931 年，第 479 页。
④ 《为敷陈坐困郑成功计议事揭帖》(顺治十四年十月十六日)，《郑成功档案史料选辑》，第 225 页。
⑤ 顺治十八年迁海令颁布之前，清廷至少下达过四次明确的“海禁法令”。参见徐祥民《“海禁法令”的立法目的——兼驳清朝文化封闭的观点》，《法学》2020 年第 1 期，第 170 页。
⑥ 《浙江巡抚秦世祯揭报渔户违禁出海贿买贼旗审实分别拟罪》(顺治十三年闰五月二十五日)，张伟仁主编《明清档案》A27－102，B15394 页。
⑦ 《世祖章皇帝实录》卷 87，顺治十一年十一月甲辰，北京：中华书局，1985 年，第 3 册，第 684 页。
⑧ 《皇帝敕浙江等地督抚镇严防海汛以杜奸民暗通郑逆》(顺治十三年六月十六日)，张伟仁主编《明清档案》A28－2，B15535—15537 页。

清军在海上遭遇惨败，铩羽而归。

厦门之战发生之前，浙江巡抚陈应泰曾作过估算，认为击败郑成功需要调动江南、浙江、福建、广东四省全部水师，并且汇合驻扎各地的八旗、汉军，还要“檄调高丽大船四五百只，订期出洋，合师进剿”①。经过厦门海战的惨败后，前线的清军将领认为现有的四省水师远不足以应敌，还要大量新造战船、编训水师。浙江提督田雄提出：“在我须得二三千艘战舰，数万将兵，使足以制贼。”按此计划，江南、浙江两省至少应该有一千艘战船，但现有数量不足三百七十艘。② 如此浩大的作战计划不仅执行困难，更需要“重费价值”的投入，最终都没有得到采纳。顺治十七年五月的厦门之战后，清朝在东南战场事实上处于不得不战但又无力海战的尴尬境况。

在这种形势下，原本作为辅助的海禁政策具有了更为重要的意义，事实上成为清朝为数不多能够自主决策并且有效打击郑成功的手段。自郑成功北伐开始，从中央到地方，更多的清朝官员们意识到强化海禁、封锁海疆的必要性。江宁之战结束不久，户科给事中王启祚上疏建议“宜效坚壁清野之计”，“使彼来无所掠，去不能归”。③ 兵科给事中王命岳主张将“日悬厉禁，扁舟不渡”的政策扩展到沿海各省。④ 直面战事的东南督抚更有同感，江宁巡抚朱国治指出：“贼众熟识海险，我师弓马驰骋，其素习不同；我船较之贼舰大小悬殊，其攻取器用不同”，故而封锁禁海、“以守寓战”最为可行。⑤ 两广总督李栖凤竭力指挥军队抵御郑成功，虽小有战果，但也不得不承认“饥贼逐欲不散，但其漂泊不定，登犯不一”，因而必须强化海禁以备防御。⑥

从此前海禁政策的执行效果而言，更进一步强化海禁也确有必要。尽管上谕反复要求“厉行海禁”，沿海各省也早就作出诸如“海禁森严，片板不许出洋”⑦的汇报，但实际仍存在许多漏洞。顺治十六年，漳州府海防同知蔡行馨报告称：

> 沿海一带每有倚冒势焰，故立墟场，有如鳞次，但知抽税肥家，不顾通海犯逆。或遇一六、二七、三八等墟期，则米、谷、麻、篾、柴、油等物无不毕集，有发无发，浑迹贸易，扬帆而去，此接济之尤者，而有司不敢问，官兵不敢动也。⑧

无论是基于海战失利、攻剿难为的现实，还是针对既有海禁政策的漏洞，清廷都有必要推行更严厉、更细密的海禁政策。在已经封锁海面、防范登陆的基础上，要继续强化海禁，势必需要全新

---

① 《陈应泰为请调集四省兵力合攻郑成功事揭帖》（顺治十六年一月二十日），《郑成功档案史料选辑》，第 271—272 页。
② 《田雄题为请敕江浙闽广各造大船夹攻郑军事本》（顺治十七年七月二十八日），《郑成功档案史料选辑》，第 378 页。
③ 王启祚：《敬陈管见三事》，《皇清奏议》卷 12，《续修四库全书》第 473 册，上海：上海古籍出版社，2002 年，第 124 页。
④ 王命岳：《耻躬堂文集》卷 4《靖海二》，《四库全书存目丛书》集部第 224 册，济南：齐鲁书社，1997 年，第 642 页。
⑤ 《世祖章皇帝实录》卷 140，顺治十七年九月戊午，第 3 册，第 1079—1080 页。
⑥ 《车克等题为郑军在潮州府属取粮事本》（顺治十八年五月十五日），《郑成功档案史料选辑》，第 382 页。
⑦ 《福建巡抚宜永贵残题本》，《明清史料己编》第 4 本，第 346 页。
⑧ 蔡行馨：《请除弊害以图治安七条》，《皇清奏议》卷 13，《续修四库全书》第 473 册，第 130 页。

的政策与手段。

面对新的政策需求，清朝决策层并非没有先例可循。一方面，早在努尔哈赤时期，后金政权就曾在辽东推行过大范围的迁海。[①] 另一方面，在迁海令颁布的前两年里，清朝已经在局部地区实施过迁界移民。顺治十六年，清军再度占领舟山，朝中大臣商议认定舟山"守亦无用"，决议移民弃岛，得到皇帝的批准。[②] 顺治十七年，闽浙总督李率泰以"海氛未靖"为由，提出"迁同安之排头、海澄之方田沿海居民入十八堡及海澄内地"，也得到皇帝的批准。[③] 在历史与现实经验的共同启示下，进入顺治十八年，当清廷需要进一步强化海禁政策时，迁海令自然而然地摆在了最高决策层面前。

值得注意的是，清世祖于顺治十八年正月去世，迁海令发布于七月底。因而在最终决策迁海的这段时间里，清朝最高决策权实际掌握于索尼、苏克萨哈、遏必隆、鳌拜等满洲勋旧之手，他们对于灵活开放的海洋政策更缺少了解，而对本朝的传统政策与政治经验又更为重视。此时清廷颁布迁海令，将海禁政策推向高峰，既符合现实军事战略的需求，也与决策者们的认知特点相契合。

三、迁海的决策压力与应变办法

单纯考量军事效益，严酷的迁海令显然更有助于打击郑成功集团。由此带来了一个重要问题：既然从顺治中期开始，许多文武官员都提出过迁海的建议，为何清朝决策层迟迟没有作出迁海的决策？由于官方史料缺载，后人已经无法直观审视顺治十八年决策迁海的动议考量，但分析迁海令颁布前后的相关政策，仍然可以窥测清廷面临的主要决策压力与处置方式，从而探查为何迁海令非但不是清廷的"最初选项"，反而是"最后选项"。

有关迁海对社会民生的损害，学界已有深入的研究。[④] 对于身处京城的清朝决策者们来说，他们固然期望迁海令促成"逆贼坐困可待"的效果，但也势必要顾忌由此对国家造成的损害。即便漠视民生，迁海带来的社会动荡与赋税损失也是决策者们无法忽视的。

社会治安方面，迁界之后，大量百姓流离失所、生计无着，浙、闽、粤三省都出现了动乱危机。浙江平阳县有"迁民黠悍者，倡率愚民，所在抢夺殷户积谷，几至大变"[⑤]，瑞安县有迁民"聚党至

---

① 高志超：《论后金时期的迁海》，《清史研究》2016 年第 1 期，第 65—67 页。

② 《清世祖实录》卷 139，顺治十七年八月庚寅，第 3 册，第 1073 页。

③ 《清世祖实录》卷 140，顺治十七年九月癸亥，第 3 册，第 1081 页。

④ 参见陈春声《从"倭乱"到"迁海"——明末清初潮州地方动乱与乡村社会变迁》，朱诚如、王天有主编《明清论丛》第 2 辑，北京：紫禁城出版社，2001 年，第 73—106 页；黄挺《清初迁海事件中的潮州宗族》，《社会科学》2007 年第 3 期，第 139—151 页；叶锦花《迁界、复界与地方社会权力结构的变化——以福建晋江浔美盐场为例》，《福建论坛》2012 年第 5 期，第 106—110 页。

⑤ 康熙《平阳县志》卷 12《时变》，《稀见中国地方志汇刊》第 18 册，北京：中国书店，1992 年，第 1015 页。

数百人，伐人阴木，夺人鸡彘，劫人食谷”[①]。福建官员向朝廷报告，称迁民“有难保其常为良民者矣”[②]。广东的反抗更为强烈，不仅有迁民“结党为乱”“相聚为盗”，[③]还有疍民李荣、周玉率众起义，碣石总兵苏利也毁墩拔桩，起兵反抗。清朝推行迁海令的主要目的是打击反清武装，但由此引发的社会震荡，却构成了“靖一外寇又长一内寇”[④]的威胁，这显然是决策者们需要考虑的。

赋税方面，迁海之后，界外田土、渔场、盐场彻底废弃，造成了与之相关的赋税损失。在浙江，康熙元年，巡抚朱昌祚报告，全省因迁界“无征银”十二万余两。[⑤] 在福建，康熙十二年，总督范承谟上奏：“自迁界以来，民田废弃二万余顷，亏减正供约计有二十余万之多，以致赋税日缺，国用不足。”[⑥]在广东，康熙七年，巡抚王来任称全省“每年抛弃地丁钱粮三十余万两”[⑦]。这些统计还只是正项赋税，加之其他各类收入，实际损失必然更多。如姚启圣所言，迁海令“伤损国家赋税，二十年来何止几千百万”[⑧]。

清初西南战事久拖不决，内地反抗时有发生，国家财政长期处于紧张状态。此种形势下，迁海带来的社会隐患与财政损失都是清廷不愿承受的，这些损害成为决策迁海的重要阻力。顺治十八年最终决策迁海时，清朝的最高决策者们显然考虑到了这些损害，并作出了相应的处置。

几乎紧随迁海令，防范社会隐患的上谕就发到了沿海地方。上谕要求督抚及各级地方官员承担起抚恤百姓的责任：“务须亲身料理，安插得所，使小民尽沾实惠，不得但委属员草率了事。”[⑨]中央看似对安置迁民极为关心，但对于地方官员申请的安置经费、蠲免政策等实际需求却一一驳回，只是要求地方加意防范，消弭动乱隐患。对此，当时就有人指出，看似郑重其事的“敕所在有司为振恤之举”，实际只是“为弭乱计耳”，[⑩]中央把安抚民生的工作完全交由地方官府承担，与其说是为了有效解决问题，不如说是转嫁压力与责任。

对于财政方面的损失，中央制定了更为周密的处置方案，总体原则是将因迁海而缺征的赋税分摊到其他地方。在迁弃田亩较少的地区，缺失的赋税往往直接分摊到本府、州、县界内的田土，比如“四十里之岁课，同邑共偿之”。若数额巨大，本府州县无法承担，则向更远的地方转移。江南苏州、松江因赋税能力较强，且没有迁界，承担的份额尤多，“以浙、闽、山东等处，因迁而缺之课额均摊于苏、松不迁之地，曰摊派”。被转移的不止田赋，还包括其他各种收入，江南就同时

---

① 朱鸿瞻：《竹园类辑》卷6《安插迁民议》，美国哈佛燕京图书馆藏清康熙四十三年刻本，第12a页。
② 范承谟：《范忠贞公集》卷3《条陈闽省利害疏》，《清代诗文集汇编》第90册，上海：上海古籍出版社，2010年，第471页。
③ 光绪《香山县志》卷22《纪事》，《中国地方志集成·广东府县志辑》第32册，上海：上海书店出版社，2003年，第457页。
④ 朱鸿瞻：《竹园类辑》卷6《安插迁民议》，第11a页。
⑤ 朱昌祚：《抚浙疏草》卷3《请蠲宁台温迁弃丁亩田粮疏》，美国国会图书馆藏清康熙三年刻本，第4a页。
⑥ 范承谟：《范忠贞公集》卷3《条陈闽省利害疏》，《清代诗文集汇编》第90册，第471页。
⑦ 光绪《新宁县志》卷14《事纪略下》，《中国地方志集成·广东府县志辑》第35册，第349页。
⑧ 《为请复五省迁界以利民生事》，台湾史料集成编辑委员会编《明清台湾档案汇编》第1辑第8册，台北：远流出版事业股份有限公司，2004年，第414页。
⑨ 《清圣祖实录》卷4，顺治十八年八月己未，第4册，第84页。
⑩ 朱鸿瞻：《竹园类辑》卷6《安插迁民议》，第11a页。

承担了各地因迁海而损失的盐课，且“盐课之额极重矣”。[①] 就连界外盐场的收入也有安排，清廷要求盐商足额赔补因迁海产生的缺额，确保中央收入不受损失。[②] 通过各种方式的赋税转移，地方的负担虽然大为增加，但中央的收入得到了最大限度的保障。正因如此，范承谟、姚启圣等人估算的迁海损失虽然巨大，但事实上，国家财政并未受到如此严重的损害。

为了保证中央的收入，清廷甚至没有放过迁界百姓的历年积欠，要求地方官府在迁海之后继续严行催征。起初，地方官员对此难以理解，认为迁民流离失所，正亟待安抚，“断难以无产之逋复，追求于失业之残黎也”。但中央的态度异常坚决，严令“钱粮必俱征完，不准议免”。[③] 在中央的强大压力下，迁民“剜肉医疮以应功令”[④]，就连负责催科的官员也深受其害，“有司追呼无术，惟有束手听参”，“官民并困，真痛哭流涕者矣”。[⑤]

总而言之，面对迁海造成的损害，清廷通过自上而下的督责与摊派，将压力与困难转嫁给了地方，特别是尽可能地降低中央的财政损失，进而减轻了决策压力。考量利弊得失，迁海令的决策动机呈现出中央至上的鲜明特点。

四、“汉奸献策”说再讨论

围绕造成沿海地区剧烈震荡的迁海令，历来存在着许多议论，其中一个重要的话题是：谁提出了迁海令？观览清初以来的史料，各种观点众说纷纭。值得注意的是，几乎所有说法都认为有人向最高决策层“献上”了迁海的计谋，方才有了迁海令。关于这个“献策者”的身份，以汉人的说法最为常见，特别是降官、降将以及明朝的生员、举子，这使得迁海令具有了“汉奸献策”的鲜明特点。在清朝初年民族矛盾较为尖锐的背景下，这种具有民族情感倾向的说法势必引人注意，相关的议论也最为丰富。当代以来，潘莳、顾诚等学者排除了诸多谬误讹传，认为迁海令出自直隶永平府的汉人房星烨、房星焕兄弟，[⑥]向清廷献策的关键人物是房星焕。[⑦] 从“汉奸献策”的立场出发，诸如“叛卖者的迁海建议”之类的词语也见于前辈学者的论述之中。

但事实上，“房氏兄弟献策说”并不可信。支持此说的关键史料来自《海上见闻录》，其书卷上记载：

原任漳州知府房星晔者，为索国舅门馆客，遂逃入京，使其弟候补通判房星曜上言，以

---

① 叶梦珠：《阅世编》卷1《田产二》，来新夏点校，北京：中华书局，2007年，第27页。

② 查继佐：《鲁春秋》，《丛书集成续编》第24册，上海：上海书店出版社，1994年，第947页。

③ 朱昌祚：《抚浙疏草》卷4《再陈宁台温十八年迁弃无征疏》，第59b页。

④ 朱昌祚：《抚浙疏草》卷3《再请蠲免宁台温迁弃无征疏》，第98a页。

⑤ 朱昌祚：《抚浙疏草》卷5《三覆宁台温十八年迁徙无征疏》，第19b页。

⑥ 在不同文献中，房氏兄弟的名字略有差异，房星焕亦作房星曜，房星烨或作房星晔、房星华、房星海。

⑦ 潘莳：《清初广东的迁海与广东人民的反迁海斗争》，《华南师范学院学报》1956年第1期，第176页；顾诚：《清初的迁海》，《北京师范大学学报》1983年第3期，第61页。

为海兵皆从海边取饷，使空其土，而徙其人，立版不许下海，则彼无食，而兵自散矣。遂从其策。升房星曜为道员，病死无嗣。至是，上自辽东，下至广东皆迁徙，筑垣墙，立界牌，拨兵戍守，出界者死，百姓皆失业，流离死亡者以亿万计。[①]

这段史料提示了两个关键环节，一是房氏兄弟借由与索尼、索额图家族的特殊关系，向朝廷进言迁海之策并得到了采纳，从而直接引发了顺治十八年的迁海令。二是进言献策的房星曜，即房星焕，因献策迁海得到朝廷的赏识，从候补通判超擢为道员。然而，对比房氏兄弟家乡的地方志，这两个环节都无法成立。康熙《永平府志》记载：

房星焕，字皓如，永平人。由筹海功顺治十五年授南康通判，壤接湖山，萑苻时发，公下车即捐俸修理城濠，设礟炮，立旗帜，盗迹远遁。以才能调兖州泇河通判，修举废坠，百姓勒石纪德，寻升武德道副使，卒于官。[②]

府志刊刻于康熙五十年，距离房氏兄弟离世约一代人，基本的人物信息应当较为可信。按其记载，房星焕于顺治十五年因“筹海功”得授南康府通判，此时距离清廷颁布迁海令还有三年，因此无论是所谓的“筹海功”，还是就任通判，都很难与迁海令发生关联。至于房星焕升任道员，则发生在七年以后的康熙四年，而且是由泽州同知升任。[③] 此时距离迁海已经过去了四年时间，一些地方甚至开始了展界，这份升职同样很难与献策迁海产生直接联系。

是否存在可能，房星焕的“筹海功”就是“献策迁海”，只是当时未被采纳，后来又被朝廷大员重新发现了呢？考察他的仕途与前后历史事件，也无此可能。在就任南康通判之前，房星焕已经是候补通判，实授本就符合常理，这份“筹海功”的含金量应当比较有限。而且，就在他因“筹海功”上任通判的前一年，权势、地位和影响力都远超房氏兄弟的海澄公黄梧已经提出了“山东、江、浙、闽、粤沿海居民尽徙入内地，设立边界，布置防守”的建议，并且直接呈送到了最高决策层。[④] 若房氏兄弟在此之后提议迁海，显然有人云亦云之嫌，也不太可能因此得到赏识。

至于房星焕的兄长房星烨，更没有提出迁海令的机会。出于对本乡人物的维护，《永平府志》刻意美化了他的形象，称房星烨担任漳州知府期间“设堤防，严城守，闽南倚为保障”[⑤]。而刊刻时间仅比《永平府志》晚四年的《漳州府志》却记载房星烨“降贼，既而逃归”[⑥]。漳州城破、房星烨投降发生于顺治十一年，此后他再未起复。任官期间，房氏兄弟或许曾就海防策略、沙洲移民等事关江海的问题发表过见解，也可能因此得到过嘉奖，但都与顺治十八年颁布的迁海令没有直接关联。

---

① 阮旻锡：《海上见闻录》卷上，《续修四库全书》第445册，第55页。
② 康熙《永平府志》卷20《人物后》，《四库全书存目丛书》史部第213册，第544页。
③ 康熙《山东通志》卷25《副使》，复旦大学图书馆藏清康熙十七年刻本，第17a页。
④ 江日昇：《台湾外志》卷11，济南：齐鲁书社，2004年，第170页。
⑤ 康熙《永平府志》卷20《人物后》，《四库全书存目丛书》史部第213册，第543页。
⑥ 康熙《漳州府志》卷10《知府》，中国国家图书馆藏清康熙五十四年刻本，第61b页。

观览史料，诸如房氏兄弟等“汉奸献策”说都存在一个重要的前提条件，即当时的清朝最高决策层不了解迁海政策，故而需要汉人献上计谋。但实际上，早在后金天命年间，努尔哈赤控制的辽东沿海就已经施行过迁海。天命六年(1621)，后金勒令“沿海之黄骨岛、石嘴堡、望海埚、归化堡等处及其屯民，悉退居距海六十里之外”①，这种强制移民、隔绝海陆的做法与此后的迁海令并无本质差异，并延续了二十余年。迁海实际是清朝曾经长期使用，有着丰富经验的“传统政策”，本就无需“汉奸献策”。相较之下，汉人所熟悉的晚明海洋政策总体上更加开放，全面的海禁不仅要追溯到隆庆以前，而且远没有后金的迁界那么严厉。就现实的政治经验而言，迁界禁海实为满人的“特长”，汉人反而缺少这方面的政策经验。

从顺治中期以来海禁政策的变迁历程可见，迁海令的出台并非偶然得之、忽然行之的决议，而是多年来清朝与郑成功集团往来博弈，东南军事战略多番变化、海洋政策不断调整的结果。在康熙帝即位之初，清朝决策层最终作出了迁界禁海的决策，既是对顺治一朝海防经验的总结，也是对当时东南沿海军事形势的回应，还有着后金以来的“本朝”经验可供参考。所谓“汉奸献策”进而酿成迁海的说法，于情于理皆不可信。

结　语

顾诚指出，清初迁海令的酝酿与推行和统治集团中不同力量的动向有关。② 如其所言，作为一项涉及面广、影响力大、持续时间长的国家政策，迁海为后人提供了观察清朝君臣的利益取向、政治动向乃至国家走向的窗口。在更长的时段中，中央与地方围绕海禁的利益取向存在着动态的变化。基于中央的利益视角，顺治末、康熙初年的朝中要员们主张强化海禁。但基于沿海地方的利益，从藩王到督抚大员在内的诸多地方官却对迁海令颇有微词，屡屡请求宽弛海禁。

康熙前中期，随着明郑势力的衰弱，清朝对东南沿海的控制力越发增强，迁海带来的政治与军事利益逐渐减弱，放宽禁令收获的民生、经济效益则显得越发重要，局部的展界、复界开始出现。清朝收复台湾后，放宽海禁以舒缓民生、富饶国计成为中央新的利益目标。但在这时，由于行之日久的迁海令截断了海陆之间的利益输送，一定程度上改变了沿海地区旧有的利益格局，反而让很多地方官员形成了基于海禁的“政治惰性”，以至于在康熙二十三年朝廷决心大幅度宽弛海禁时，有些总督、巡抚为“自图便利”反对解禁。③ 基于不同时代各自的立场与站位，清朝君臣关于海禁的利益取向不甚相同，进而影响了他们的态度与行动，使得中央与地方时常出现步调不一致的状况。

就国家战略而言，清代前中期在陆地边疆方向有着积极的表现，这与其在海洋方向的保守

① 中国第一历史档案馆、中国社会科学院历史研究所译注：《满文老档》，北京：中华书局，1990 年，第 227 页。
② 顾诚：《清初的迁海》，《北京师范大学学报》1983 年第 3 期，第 61 页。
③ 《康熙起居注》第 2 册，康熙二十三年七月十一日，北京：中华书局，1984 年，第 1200 页。

乃至退缩态势形成了鲜明的反差。从海权与陆权的视角观察，清朝面向海洋的战略决策虽然未必可称作“闭关锁国”，却也着实延续了“中国传统陆权战略”[①]。但就海洋政策的变化过程而言，清朝前期客观上存在着走向海洋的机会。作为熟悉海上利益甚至亲身参与牟利的官员，姚启圣、施琅等收复台湾的功臣极力主张开放海禁。康熙七年，施琅力陈海禁之弊，称海上收益“可资中国之润，不可以西北长城塞外风土为比”[②]，已经触及海权与陆权的国家战略选择问题。自顺治以降，清朝围绕海禁、迁海的议论与决策，实际关系到国家面对海洋的态度与抉择。面对不同的声音，清廷中央的利益取向总体上依旧是保守的。康熙帝即位之初，清朝不惜承受重大损失厉行迁海，可谓是陆地战略压倒海洋战略的表现。明郑消亡后，清朝虽一度在康熙中叶放宽海禁，但决策层对待海洋方向的谨慎态度未有根本改变。此后，随着海洋政策的重新紧缩，清朝面向海洋的主动发展机会也彻底消失。

（本文原发表于《史林》2022 年第 6 期。）

作者简介：

郑宁，1991 年生，复旦大学历史学博士，美国哈佛大学东亚系联合培养。现任上海师范大学人文学院副教授，硕士生导师，主要从事明清史方向的研究与中国古代史教学工作。

① 何新华：《陆权与清代“海禁”政策》，《东南亚研究》2012 年第 1 期，第 107—110 页。
② 施琅：《靖海纪事》卷上《尽陈所见疏》，《续修四库全书》第 390 册，第 560 页。

清代的“晴雨录”奏报及资料的可靠性评估

刘炳涛

摘　要：“晴雨录”奏报是清代雨泽奏报制度的重要形式之一，早在康熙六年就已经出现，但仅限于京师地区。康熙二十四年在各行省推广“晴雨录”奏报以失败告终，只有钦天监“晴雨录”奏报一直坚持到清末。根据奏报主体的身份，现存“晴雨录”档案主要分为巡抚《晴雨录》、钦天监《晴雨录》、织造《晴雨录》和太监《晴雨录》，后三者在记录内容、格式、奏报时间等方面均存在差异。清代“晴雨录”档案在历史气候重建方面具有重要价值，通过利用异源资料（日记资料、“雨雪分寸”档案）的比勘发现，三种类型的《晴雨录》与其他资料对天气状况记录的相似度均高于85%，具有较高的可信度。

关键词：清代　“晴雨录”奏报　形式和内容　可靠性评估

历史文献记录是研究历史气候变化的主要代用证据之一，对于重建过去的气候变化序列具有独特价值，尤其是清代遗留下大量气象档案，成为重建过去300年高分辨率气候序列的重要资料。清代的“晴雨录”档案逐日记录阴、晴、雨、雪等天气现象，是目前分辨率最高的清代档案，也是世界上现存最早有组织进行地区性气象观测的记录。学界利用该资料在历史气候重建方面已取得丰硕成果，如利用钦天监《晴雨录》重建了北京地区1724年以来的降水和温度序列，①利用南京、苏州、杭州《晴雨录》对18世纪长江下游地区的温度和降水序列进行了重建。②

① 张德二、刘传志：《北京1724—1903年夏季月温度序列的重建》，《科学通报》1986年第8期，第597—599页；张德二、刘月巍：《北京清代“晴雨录”降水记录的再研究——应用多因子回归方法重建北京（1724—1904年）降水量序列》，《第四纪研究》2002年第3期，第199—208页；兰宇、郝志新、郑景云：《1724年以来北京地区雨季逐月降水序列的重建与分析》，《中国历史地理论丛》2015年第2期，第41—55页。

② 龚高法、张丕远、张瑾瑢：《十八世纪我国长江下游等地区的气候》，《地理研究》1983年第2期，第20—33页；Zhang De'er, Pao k Wang, "Reconstruction of the Eighteenth Century Summer Monthly Precipitation Series of Nanjing, Suzhou, and Hangzhou Using the Clear and Rain Records of Qing Dynasty", *Acta Meteorologica Sinica*, Vol. 3, No. 3 (March 1989), pp. 261－278. 张德二、王宝贯：《18世纪长江下游梅雨活动的复原研究》，《中国科学·B辑》1990年第12期，第1333—1339页；张德二、刘月巍、梁有叶等：《18世纪南京、苏州和杭州年、季降水量序列的复原研究》，《第四纪研究》2005年第2期，第121—128页。

最早对“晴雨录”档案进行介绍的是张瑾瑢，[①]此后对该档案的介绍和利用大致沿袭张氏说法。相对于利用该档案资料在气候重建方面取得的成就而言，“晴雨录”档案本身的研究则明显不足。本文基于搜集到的“晴雨录”档案，对“晴雨录”奏报制度的运行、形式和内容作全面介绍，并对资料的可靠性进行初步评估，以期推进对“晴雨录”奏报制度及资料利用的系统性研究。

一、清代“晴雨录”奏报制度的确立及运行

从现存的各类档案来看，清代早期的《晴雨录》是由钦天监负责观测、记录和上报，地点也仅限于京城。直到康熙二十四年(1685)十月，这种观测和奏报才在各行省进行推广。安徽巡抚薛柱斗的奏文，较详细地说明了“晴雨录”奏报在全国推行的过程：

> 巡抚安徽宁池太庐凤滁和广等处地方、提督军务、都察院右副都御史，臣薛柱斗谨奏：为钦奉上谕事，准礼部咨开，奉旨，钦天监将京都壹年内晴雨日期年终奏闻。各省奏闻晴明风雨日期并不增添事件。着督抚等亦于年终将壹年内晴明风雨日期奏闻。交与该部。钦此。等因。移咨到臣，遵即檄令安徽布政司造报去后，今据安徽布政司造送安徽等拾府州晴明风雨日期，于文到之日为始，至康熙二十四年十二月二十九日止，造册呈送前来。……[②]

也就是说，康熙皇帝让各行省仿钦天监奏报京城晴雨事，于年终奏报各省的晴雨日期情况，安徽巡抚薛柱斗接到上谕后立马开始执行，奏报所辖区域晴雨日期。与此同时，山西、福建、浙江等省巡抚也奉上谕奏报该年十月至十二月份晴明风雨日期文册。[③] 至此，“晴雨录”奏报成为一项制度在清代各行省确立起来。

然而，好景不长，这一制度并未维系多久便陆续中断了。各行省刚开始的《晴雨录》是采用黄册呈报上奏，康熙二十五年(1686)三月，康熙皇帝令“各省晴雨，不必缮写黄册，特本具奏”，而是“可乘奏事之便，细字折子，附于疏内以闻”。[④] 学者们大都认为这导致大量《晴雨录》资料散失，所以中国第一历史档案馆保存的《晴雨录》资料，除北京、南京、苏州、杭州四地外，仅有福建九府一州、山西一百零八县、安徽五十九县、浙江三十四县在康熙二十四年十月至十二月的记录。[⑤] 经过仔细分析，笔者并不认为是这条新上谕的规定导致大量资料的散失，而是康熙二十四年在全国推广“晴雨录”奏报的上谕下达后各省并没有真正执行，可能只有安徽、福建、山西和

---

① 张瑾瑢：《清代档案中的气象资料》，《历史档案》1982年第2期，第100—110页。

② 康熙二十五年二月二十二日安徽巡抚薛柱斗奏本，中国第一历史档案馆藏。因该档案不再开放，故本文转引自龚高法、张丕远、吴祥定等《历史时期气候变化研究方法》，北京：科学出版社，1983年，第26页注①。

③ 单士魁、王梅庄：《清内阁汉文黄册联合目录叙录》，国立北平故宫博物院文献馆、国立北京大学文科研究所、国立中央研究院历史语言研究所编《清内阁旧藏汉文黄册联合目录》，北平：国立北平故宫博物院文献馆，1947年，第24—25页。

④ 《清圣祖实录》卷125，康熙二十五年三月丁巳，北京：中华书局，2008年，第4188页。

⑤ 张瑾瑢：《清代档案中的气象资料》，《历史档案》1982年第2期，第100—110页。

浙江四个省份上报。而且，这四个行省上报的时间都是在康熙二十五年二月中下旬，最晚的为浙江省，上报时间为二月三十日。① 等到三月份的上谕颁布后，由黄册奏报逐渐演变为奏折上报，各行省也就不再逐日按十二个时辰进行观测和记录，奏报内容慢慢简化为以"雨雪分寸"的形式。及至康熙后期"雨雪分寸"奏报制度完全成型后，②各行省"晴雨录"奏报也就徒有其表，仅有江宁(今南京)、苏州和杭州三地织造勉强进行奏报。再到道光元年(1821)，最后一个坚持"晴雨录"奏报的苏州织造也被皇帝叫停："向来苏州织造每月具奏晴雨录及粮价单一次，各处盐关、织造均无此奏。且江苏巡抚驻留苏州，业将各属雨水粮价情形按月具奏。该织造夏行陈奏，实属重复。嗣后着即停止，以省繁文。将此传谕嘉录知之。"③至此，只有北京地区的晴雨观测和记录还在进行，一直持续到清末。也可以这样说，"晴雨录"奏报在全国的推广实际上以失败告终。

关于"晴雨录"奏报在各行省的中断，学者有不同的看法：张瑾瑢从气象档案资料保存角度出发，认为"晴雨录"奏报的终止是出于统治者的无知。④ 杨煜达则从地方"晴雨录"奏报的行政负担及统治者的态度出发，认为"很多地区根本没有执行过这项制度"。⑤ 穆崟臣在认同地方运作繁琐的同时，又从奏报"晴雨录"的动机考虑，认为"各属奏报的雨雪粮价情形完全可以替代晴雨录的作用，谕令停止奏报晴雨录实属出于避免重复的考虑"。⑥

笔者认同杨煜达与穆崟臣的说法，康熙皇帝之所以推广"晴雨录"奏报是因为天气会影响收成和粮价。⑦ 除此之外，通过"晴雨录"奏报还可以核校各地督抚，这一点乾隆皇帝说得很清楚。乾隆三十八年(1773)寅著奏报杭州五月至九月的《晴雨录》，乾隆皇帝批评道："逐日开列晴雨，琐屑无当，其事俱成已往，无可查办，虽细何益？"可见，乾隆皇帝并不是真心关注各地天气情况，而是关注天气奏报所能起到的作用，即"以备核校督抚等所报是否相符"，以及"周知民隐"。⑧"雨雪分寸"奏报制度确立后完全能够达到以上效果，"晴雨录"奏报就显得多余了。道光皇帝之所以叫停苏州织造的"晴雨录"奏报亦是如此。因此，从根本上讲，"晴雨录"奏报之所以陆续中断是因为"雨雪分寸"奏报制度确立后取代了"晴雨录"奏报的作用。

二、"晴雨录"奏报的形式和内容

学界习惯上把北京、南京、苏州、杭州四地的《晴雨录》放在一起进行介绍和讨论，虽然四者

---

① 单士魁、王梅庄：《清内阁汉文黄册联合目录叙录》，第1240页。
② 刘炳涛：《清代的雨泽奏报制度》，《历史档案》2017年第2期，第70—78页。
③ 《清宣宗实录》卷26，道光元年十一月癸酉，北京：中华书局，2008年，第34885页。
④ 张瑾瑢：《清代档案中的气象资料》，《历史档案》1982年第2期，第100—110页。
⑤ 杨煜达：《清代档案中气象资料的系统偏差及检验方法研究——以云南为中心》，《历史地理》第22辑，上海：上海人民出版社，2007年，第176页。
⑥ 穆崟臣：《制度、粮价与决策：清代山东"雨雪粮价"研究》，长春：吉林大学出版社，2012年，第8页。
⑦ 王家范：《晴雨录·米价·康熙帝》，《探索与争鸣》1993年第5期，第60—62页。
⑧ 《清高宗实录》卷946，乾隆三十八年十一月丙辰，北京：中华书局，2008年，第21017—21018页。

都是逐日记录天气状况，但实际上这四地的《晴雨录》在记录内容、格式、奏报时间等方面均存在差异。所以，笔者根据奏报主体的身份，将以上四地的《晴雨录》分为三种形式：钦天监《晴雨录》、织造《晴雨录》和太监《晴雨录》。①

（一）钦天监《晴雨录》

钦天监《晴雨录》即通常所说的北京晴雨录，由钦天监负责观测并记录，观象人员以传统的子、丑、寅、卯、辰、巳、午、未、申、酉、戌、亥十二时辰为计时标准，子时为一天的开始，亥时为一天的终点，按时记载逐日天气情况。它的全称是《晴明风雨录》或《晴雨日期册》，简称《晴雨录》或《晴雨册》。钦天监《晴雨录》持续时间最长、保存也最为完整，虽然康熙年间就已经有晴雨观测，但保存并不连续，持续的《晴雨录》始于雍正二年（1724）止于宣统二年（1910）。②

起初，钦天监《晴雨录》在年底上报："钦奉上谕，钦天监将京都一年内晴雨日期，年终奏闻。"③后来，上奏的时间改为次年的二月初一日，据《大清会典》（康熙朝）记载："每岁晴雨，该值官生按时验明，记注缮写晴明风雨录，满字一本，汉字一本，于次年二月初一日进呈。"④查阅中国第一历史档案馆藏和台湾地区内阁大库藏钦天监《晴雨录》奏报日期均为"二月初一日"。

钦天监最早进行晴雨观测和记录始于何时，学界有不同的意见，大致有三种说法：康熙十九年（1680）⑤、康熙十六年（1677）⑥和康熙十一年（1672）⑦。但从披露的宫廷旧藏秘籍来看，早在康熙六年（1667），钦天监就已经进行了晴雨观测和记录（图1）。⑧

该资料在格式上由目录和正文两部分构成：第一部分有"康熙六年晴雨日期目录"字样，首先统计了本年总体晴、雨、雪日数，然后统计逐月天气情况；第二部分则详列了正月至十二月的天气，每月开头先概括本月整体天气情形，其后则是逐日的天气。在内容上则包含晴、雨、雪、雷电等天气信息，其中，降水记录又分为两种类型，即雨（雪）、微雨（雪），并没有风向记录。因此，无论是格式还是内容，后来的钦天监《晴雨录》与此如出一辙，可以说是一脉相承。

---

① 除以上四地《晴雨录》外，目前尚存福建省九府一州、浙江省三十四县、山西省一百零八县、安徽省五十九县康熙二十四年十至十二月（1685年11月—1686年1月）的《晴雨录》，因是各省巡抚奏报，故可称之为巡抚《晴雨录》。但目前中国第一历史档案馆不再开放此类档案，故本文无法进行详细分析。

② 目前，大多数学者在介绍中国第一历史档案馆藏钦天监《晴雨录》时都认为该资料起于雍正二年、止于光绪二十九年，其间缺少嘉庆十五年、道光十一年、道光二十四年、咸丰元年、光绪二十四年、光绪二十六年，实际共有174年。但笔者查阅资料显示，内地存在光绪三十年至三十四年的满文《晴雨录》（富丽：《世界满文文献目录初编》，北京：中国民族古文字研究会，1983年，第171页），宣统二年的汉文《晴雨录》藏于国家图书馆，咸丰元年的汉文《晴雨录》收录在卢山主编的《明清宫藏术数秘籍汇编（下编）》（香港：蝠池书院出版有限公司，2013年）中，所以《晴雨录》年份实际有181年。

③ 单士魁、王梅庄：《清内阁汉文黄册联合目录叙录》，第24—25页。

④ 伊桑阿等纂修：《大清会典》（康熙朝）卷161《钦天监》，台北：文海出版社，1993年，第7759—7760页。

⑤ 洪世年、陈文言编著：《中国气象学史》，北京：农业出版社，1983年，第60页。

⑥ 卢鋈编著：《中国气候总论》，南京：正中书局，1947年，第260页；吴增祥：《北京地区近代气象观测记载》，《气象科技》1999年第1期，第60—64页。

⑦ 张瑾瑢：《清代档案中的气象资料》，《历史档案》1982年第2期，第100—110页；曹冀鲁：《北京明清"奏雨泽"与"晴雨录"》，《北京档案》1991年第3期，第41页。

⑧ 卢山主编：《明清宫藏术数秘籍汇编（下编）》，第345—398页。

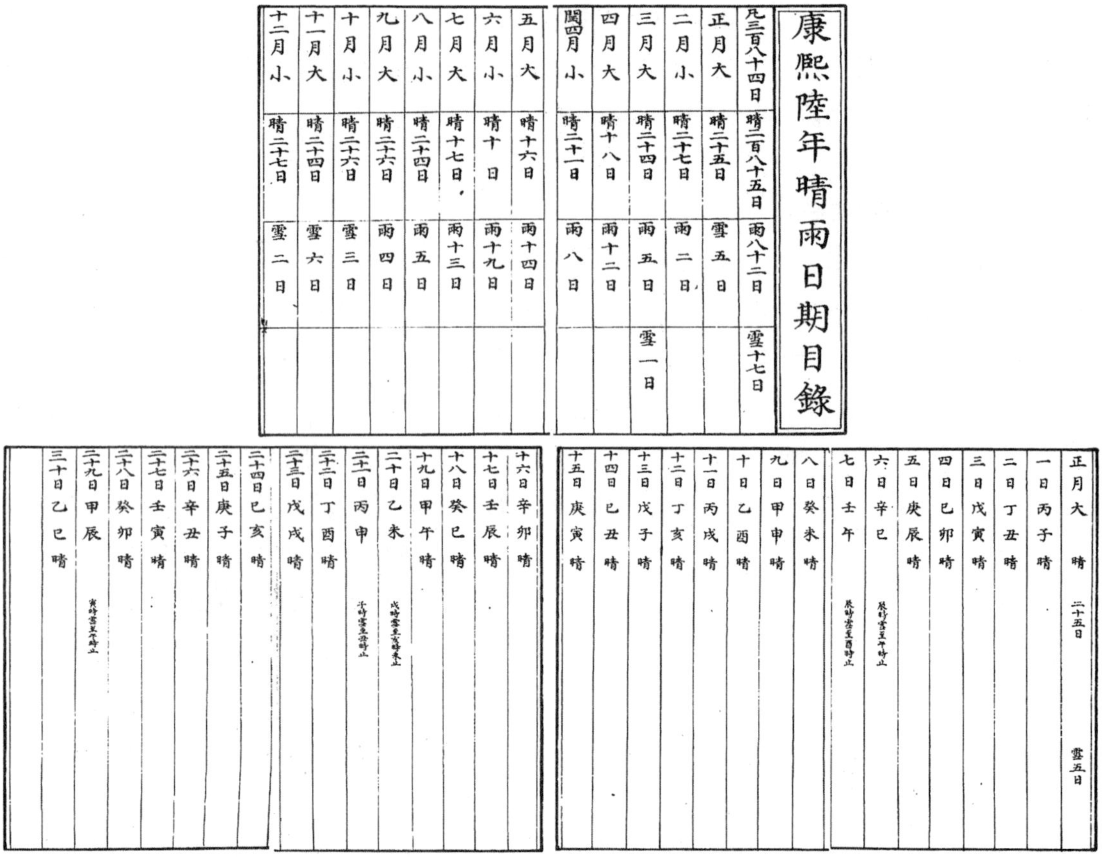

图 1 康熙六年(1667)钦天监《晴雨录》(部分)

王挺等在康熙朝奏折档案中发现大量北京地区的晴明风雨情形记录,尤其是皇三子胤祉和康熙末年步军统领隆科多的奏折中,晴雨天气信息极为细致,与钦天监《晴雨录》极为相似,据此认为这些奏折中的晴雨信息极有可能来自钦天监《晴雨录》。[①] 从皇三子胤祉和步军统领隆科多的奏折来看,笔者并不认同这种观点,理由如下。

第一,皇三子胤祉奏报的晴雨信息在形式和内容上与钦天监《晴雨录》均不一致。首先,两者在晴雨的起始时间上存在不同。钦天监《晴雨录》是以子时为一天的起点,亥时为一天的终点,即先记夜间再记白天;而胤祉和隆科多等的晴雨奏报大都先记白天后记夜间。其次,在记录内容上,胤祉和隆科多的晴雨奏报除钦天监《晴雨录》包含的基本天气信息外,尚有"阴"和"风向"的记录,这是钦天监《晴雨录》所不具备的内容(钦天监另有单独的风向观测呈本)。再次,在时间的划分和表述上,两者也有所差异。钦天监《晴雨录》严格按照十二时辰进行记录,而胤祉和隆科多的晴雨奏报在十二时辰的划分上更为细致,如子时又分为子时头某刻与子时正某刻;

---

① 王挺、吕凌峰、储文娟:《清钦天监气象工作的考察》,《中国科技史杂志》2018 年第 1 期,第 35—47 页。

除十二时辰的表述外，胤祉和隆科多的晴雨奏报还加入了“某更”“某更某鼓”“中午”“夜”“晨”等表述形式。最后，在语言表述上，钦天监《晴雨录》比较僵硬，有严谨的行文规范；而胤祉和隆科多的记录则较为灵活，更生活化，诸如“雷鸣大雨”“云散少晴”“倾盆大雨”“且下且停”等。①

第二，如果真的是钦天监《晴雨录》，康熙帝在奏折中会批示“着钦天监查明（奏）”，诸皇子的奏折中也会明确说明“据钦天监×××详称（来报）”。王挺文中所引康熙四十六年（1707）五月十一日《胤祉等奏报京城风雨并口外得雨田禾情形折》即是如此，再如康熙三十五年（1696）三月十八日《皇太子胤礽奏报得雪并购马饲秣等情折》、康熙四十六年二月二十九日《胤祉等奏报京城风向折》，②均是如此。

综合来看，皇三子胤祉奏折中的晴雨信息可能有多种来源，奏折中明确说明“据钦天监×××详称（来报）”者源于钦天监记录无疑，但并不完全是《晴雨录》，还有可能来自“风情”记录；没有标注“据钦天监×××详称（来报）”的晴雨信息则可能是属下的观测记录，而隆科多的奏折应与之类似。比较发现，两者的晴雨奏报与下文介绍的太监《晴雨录》更为相似。

（二）织造《晴雨录》

织造《晴雨录》指的是由江宁（今南京）、苏州和杭州织造负责观测、记录当地晴雨情况并奏报的天气记录。与钦天监一样，也是以十二时辰为计时标准，按时记载逐日天气情况。织造奏报《晴雨录》应该晚于钦天监奏报，有观点认为最早的是康熙二十三年（1684）苏州《晴雨录》。③笔者能够查阅到最早进行奏报的是康熙四十七年（1708）三月江宁织造曹寅奏报江宁正月、二月、三月的晴雨录；④同年七月，苏州织造李煦也奏报了苏州、扬州地区六月份的晴雨录。⑤ 因此，织造《晴雨录》很有可能是康熙皇帝在全国推广“晴雨录”奏报失败后，鉴于江宁、苏州和杭州的特殊性而赋予三地织造的一种任务。遗憾的是，康熙朝的织造《晴雨录》大都没有保存下来，目前中国第一历史档案馆藏最早的是康熙六十一年（1722）江宁织造上报的《晴雨录》。⑥

在奏报内容上，三地《晴雨录》大致相仿，均为逐日阴、晴、雨、雪、雷电、风向的记录，其中降水类别要比钦天监《晴雨录》丰富，按其强度大致分为略雨（略雪）、微雨（微雪）、细雨（小雪）、雨（雪）、大雨（大雪）五个层次。虽然三者内容大致相同，但在具体内容和书写上又有所差异（表 1）。

---

① 王氏所引钦天监的奏报中也出现“雨潇潇一阵而止”等语，可能是满文翻译所致，笔者所见汉文钦天监《晴雨录》并无此类表述方式。

② 中国第一历史档案馆编：《康熙朝满文朱批奏折全译》，北京：中国社会科学院出版社，1996 年，第 511—512、70、492 页。

③ 苏州市地方志编纂委员会：《苏州市志》第 1 册，南京：江苏人民出版社，1995 年，第 212 页。但众多学者均未提及，笔者也未查到相关记录。

④ 易管：《江宁织造曹家档案史料补遗（上）》，《红楼梦学刊》1979 年第 2 辑，天津：百花文艺出版社，1979 年，第 321—346 页。

⑤ 故宫博物院明清档案部编：《李煦奏折》，北京：中华书局，1976 年，第 61 页。

⑥ 张瑾瑢：《清代档案中的气象资料》，《历史档案》1982 年第 2 期，第 100—110 页。

表 1　江宁、苏州、杭州乾隆元年(1736)十一月初一至初十日《晴雨录》记录①

日　期	江宁《晴雨录》	苏州《晴雨录》	杭州《晴雨录》
初一日	晴,西北风。	晴,西北风,夜有星。	晴,西北风,夜有星。
初二日	晴,东南风。	晴,西北风,夜有星。	晴,西北风,夜有星。
初三日	晴,西北风。	晴,东南风,夜有星。	晴,东北风,夜有星。
初四日	晴,东北风。	霜,晴,西北风,夜有星月。	晴,东北风,夜有星。
初五日	晴,东南风。	霜,晴,西北风,夜有星月。	晴,西北风,夜有星月。
初六日	晴,东南风。	晴,东北风,夜有星。	晴,北风,夜有星。
初七日	晴,西北风。	阴,东南风,亥时微雨即止。	晴,北风,夜阴。
初八日	阴,西北风,晨微雪至巳刻。	阴,西南风,夜阴。	阴,东北风,辰时细雨起巳时止,阴,夜阴。
初九日	阴,东北风。	卯时雾,阴,西南风,戌时微雨亥时未止。	阴,东北风,戌时细雨起亥时止。
初十日	晴,东北风。	辰时雨止,东北风,夜阴。	西北风,子时微雨起巳时止,阴,申时细雨起至亥时未止。

第一,在风向记录上,杭州按北、东北、东、东南、南、西南、西、西北八个方位记载;苏州和江宁只记东北、西北、东南、西南四个方位。

第二,除基本的天气记录外,苏州和杭州专门记录晚间的天气状况,如夜阴、夜晴、夜有月、夜有星等;江宁则没有。

第三,苏州还有霜、雾气象要素的记录;杭州和江宁则没有。

第四,江宁《晴雨录》中降水起止时刻较苏州、杭州模糊。表现之一是用"夜""晚""晨""午"等指示意义模糊的用词,如"乾隆元年正月初十日,晴,西南风,夜微雨"②;表现之二是许多记录没有明确的起止时刻,经常以"数次"来表示,如"乾隆二年二月十九日,阴,东北风,微雨数次,夜雷雨"③。

与钦天监《晴雨录》按年奏报(次年二月初一上报)不同,织造《晴雨录》是按月奏报(次月初一日上报)。关于奏报时间有一个变化的过程,从李煦和曹寅等的奏折来看,康熙四十七年奏报

① 《呈乾隆元年十一月份江宁晴雨录单》,中国第一历史档案馆藏,档号:04-01-40-0009-050;《呈乾隆元年十一月份苏州晴雨录单》,中国第一历史档案馆藏,档号:04-01-40-0009-010;《呈乾隆元年十一月份杭州晴雨录单》,中国第一历史档案馆藏,档号:04-01-40-0004-074。

② 《呈乾隆元年正月份江宁晴雨录单》,中国第一历史档案馆藏,档号:04-01-40-0009-033。

③ 《呈乾隆二年二月份江宁晴雨录单》,中国第一历史档案馆藏,档号:04-01-40-0009-047。

尚无定法。有当月奏报者，也有次月奏报者；有逐月奏报者，也有积攒两三个月一起奏报者；有整月奏报者，也有跨月奏报者。但自康熙四十八年(1709)开始，基本上是次月奏报上月晴雨录。① 及至乾隆中期，按月奏报《晴雨录》发生变化，乾隆二十一年(1756)四月二十三日，江宁织造托庸的《晴雨录》奏报中包含乾隆二十年十二月及乾隆二十一年正月、二月、三月共计四个月的晴雨状况。② 以后像这样累计数月《晴雨录》一起奏报便成为常态，直至奏报停止。苏州和杭州织造累计连奏《晴雨录》的现象较少，但从乾隆二十年(1755)左右《晴雨录》奏折后出现“某年某月晴雨录米粮未奉朱批单”字样，可知皇帝不再审阅织造奏报的《晴雨录》，奏报已经完全流于形式。此外，乾隆朝《晴雨录》的奏报内容随着时间的推移逐渐简化，这也反映了“晴雨录”奏报的废弛。以苏州为例，乾隆十年(1745)之后不再有霜、雾的记录；从乾隆五十四年(1789)十月起，不再有风向的记录；及至嘉庆朝，晴雨录则更加简化，仅有晴、雨信息而已。

(三) 太监《晴雨录》

以上两种类型的《晴雨录》为大家熟知，而另外一种北京《晴雨录》则鲜为人知，那就是太监《晴雨录》。③ 这是由宫廷太监(如养心殿首领、尚乘轿首领、乾清宫首领等)负责观测并记录的晴雨册，现存于中国第一历史档案馆，该馆所藏太监《晴雨录》的时间为雍正八年(1730)九月十三日至乾隆七年(1742)五月初十日(缺乾隆六年[1741])。

该档案卷首有“八年九月十三日总管李英传说，自鸣钟记，天气晴雨露档”字样，可知这份《晴雨录》的全称为《天气晴雨露档》，④但在乾隆时期又称为《阴晴雨录》，⑤亦可见该档案其实并没有固定的称谓。其后，则逐日书写天气情况，在内容、格式、观测者、时间等方面均有自己的特色(表2)。

第一，记录内容为每日晴、阴、雨、雪、风、云、雷、电、雾等诸多要素的昼夜变化及起止时间，较之钦天监《晴雨录》和织造《晴雨录》更为丰富多样。

第二，太监《晴雨录》中每天的天气记录后都附观测者的信息，即轮流值班观测的太监职位及名字，如狗房首领吕进用、弘德殿首领夏安等。可能是由于太监们文化水平不高的缘故，每日的天气都是“某某某来说”，即观测者和记录者应该不是同一个人。笔者推测雍正朝太监《晴雨录》的撰写者应该就是卷首所提到的总管李英。

---

① 故宫博物院明清档案部编：《关于江宁织造曹家档案史料》，北京：中华书局，1975年；故宫博物院明清档案部编：《李煦奏折》；易管：《江宁织造曹家档案史料补遗(上)》，《红楼梦学刊》1979年第2辑，天津：百花文艺出版社，1979年，第321—346页；易管：《江宁织造曹家档案史料补遗(中)》，《红楼梦学刊》1980年第1辑，天津：百花文艺出版社，1980年，第323—335页；易管：《江宁织造曹家档案史料补遗(下)》，《红楼梦学刊》1980年第2辑，天津：百花文艺出版社，1980年，第305—326页。

② 《呈乾隆二十年十二月份乾隆二十一年正月份二月份三月份江宁晴雨录清单》，中国第一历史档案馆藏，档号：04-01-40-0015-025。

③ 张瑾瑢把这类档案统称为钦天监晴雨录，可能是因为其归在《钦天监题本专题史料》的缘故。但该类档案与钦天监《晴雨录》在观测奏报者、奏报格式、奏报内容及行文表述等方面均有差异。两者很明显不属于同一类型，笔者暂称之为太监《晴雨录》。

④ 《钦天监题本专题史料》，中国第一历史档案馆藏，缩微号：7-001966。

⑤ 《钦天监题本专题史料》，中国第一历史档案馆藏，缩微号：7-002193。

表 2　雍正九年(1731)三月太监《晴雨录》(部分)[①]

二十日	晴天至起更,夜晴天至黎明。狗房首领吕进用来说。
二十一日	晴天至起更,夜晴天至黎明。膳房首领孙朝贵来说。
二十二日	晴天至起更,西北长云,亥初天阴,亥正刮东北风,卯初二刻天晴至黎明。四执事首领李进忠来说。
二十三日	晴天风未止,西初三刻风止,夜晴天至黎明。弘德殿首领夏安来说。
二十四日	晴天至申初一刻起风,夜晴,天东北风至黎明。狗房首领吕进用来说。
二十五日	晴天风未止,至申初三刻风止,至西初西北长云至起更,夜晴天至黎明。膳房首领孙朝贵来说。
二十六日	晴天至起更,夜晴天至黎明。四执事首领李进忠来说。
二十七日	晴天至西初一刻起风,至丑正三刻风止,夜(晴天　)至黎明,弘德殿首领夏安来说。

第三,太监《晴雨录》也是以十二时辰为计时标准,但在划分上更为细致,如子时又分为子初某刻与子正某刻,与其他两类《晴雨录》不同的是,以黎明为一天的开始,先记白天后记夜间。

至于太监《晴雨录》奏报始于何时,尚不得知。据笔者接触到的资料分析,早在康熙时期就存在宫廷太监观测晴雨。上文提到的皇三子胤祉乃至皇太子胤礽等人的晴雨奏报与太监《晴雨录》极为相似,笔者推测应该是太监负责观测并记录。而康熙三十五年三月二十七日皇太子胤礽在给康熙皇帝奏报京城阴雨折中称"前次得雨情形,顾太监等既已奏闻,故未书于此折内"[②]。虽然没有留下顾太监的得雨记录,但依然证实了我们的推测,即部分太监亦负责观测记录京城晴雨。至于中国第一历史档案馆藏太监《晴雨录》是否为康熙时期太监观测传统的延续,尚不明确。

现存太监《晴雨录》持续时间较短,且雍正十三年(1735)六月以后,不再有报告者的出现。再到乾隆元年(1736)四月十四日起,则又停止了夜间观测,仅有白天的观测记录。

三、"晴雨录"资料的可靠性评估

虽然学界利用"晴雨录"资料进行了大量的气候重建研究,但似乎还没有专门对这批档案的

① 《钦天监题本专题史料》,中国第一历史档案馆藏,缩微号:7-001966。
② 中国第一历史档案馆编:《康熙朝满文朱批奏折全译》,第 73 页。

可靠性进行过评估。那么,“晴雨录”资料的可靠性到底如何呢?关于该资料的可靠性评估可以通过两种方法进行考察。

一种方法是通过奏报制度本身的运行来考察资料的可靠性。如张瑾瑢通过不同渠道的奏报、皇帝的校核两个因素来确保“雨雪分寸”资料的可靠性,[①]王挺等也通过皇帝查核对钦天监观测风情及初雷观候等舞弊行为进行了分析。[②]“晴雨录”奏报在全国推广失败后仅有北京、江宁、苏州和杭州四地进行奏报,所以能够进行校核的只有皇帝,在笔者接触的资料中,最高统治者仅仅对其奏报时间问题提出批评,如杭州织造孙文成将康熙五十四年(1715)四月至六月的晴雨录迟滞至八月才上奏,遭到皇帝的训斥。[③] 到目前为止,尚未见到对奏报天气信息准确性提出质疑的文献资料。因此依靠奏报制度本身的运行对“晴雨录”资料的可靠性进行评估似乎行不通。

另外一种方法就是对现存“晴雨录”进行异源资料的比勘,以此来检验数据的可靠性。“晴雨录”逐日记录书写天气状况,能够与之进行比勘的资料也应该是逐日书写且蕴含天气信息的资料,所以日记资料就成为首选。此外,“雨雪分寸”档案、文集资料亦可就某一气象要素进行比勘。但如果要对现存所有“晴雨录”资料进行比勘似乎是一个短时无法完成的任务:首先,资料的搜集整理工作十分庞大,不仅要对该资料进行搜集整理,而且还要搜集与《晴雨录》相重合的所有日记资料;其次,中国第一历史档案馆藏钦天监《晴雨录》正在进行数字化,并不对外开放。[④] 故笔者只能随机选取手头的“晴雨录”资料与相关的日记资料、“雨雪分寸”档案进行比勘,对“晴雨录”数据的可靠性作初步评估。

(一)太监《晴雨录》与《丁巳燕行日记》的比勘

朝鲜王朝时代的中朝关系是一种典型的朝贡关系,作为藩属国,朝鲜王朝每年都要派遣使臣到明清都城朝贡。赴京使臣回国后都要受到国王的召见,呈报有关出使情况。所以这些使臣还担负着沿途记事的职责,这些记录在清朝被称为“燕行录”,其中就有许多以私人日记的形式记录沿途的所见所闻所感,李喆辅的《丁巳燕行日记》[⑤]就是其中的一种。

乾隆二年(1737),李喆辅作为“陈奏兼奏请行”的书状官,与正使徐命均、副使柳俨共同出使清朝,该年为农历丁巳年,故本次出使的见闻名为“丁巳燕行日记”,记载始于七月二十五日,终于十二月十一日,逐日记载天气、行程、见闻情况,其中闰九月初八日至十一

---

① 张瑾瑢:《清代档案中的气象资料》,《历史档案》1982 年第 2 期,第 100—110 页。

② 王挺、吕凌峰、储文娟:《清钦天监气象工作的考察》,《中国科技史杂志》2018 年第 1 期,第 35—47 页。

③ 中国第一历史档案馆编:《康熙朝满文朱批奏折全译》,第 1051 页。

④ 雍正八年九月十三日至乾隆七年五月初十日(缺乾隆六年)间,钦天监和太监均对北京地区的天气进行观测记录,两者进行比勘是很有必要的,但同样因中国第一历史档案馆藏钦天监《晴雨录》暂时不对外开放而无法查阅,故只能留待日后再行比勘。

⑤ 李喆辅:《丁巳燕行日记》,林基中编《燕行录全集》第 37 册,首尔:东国大学校出版部,2001 年。

月十五日待在北京智化寺共68天，有2天缺记，实际天气记载为66天。对比太监《晴雨录》[①]与《丁巳燕行日记》可以发现，逐日天气状况还是有所差异(表3)。这种差异大致可以分为两种类型：一种是非降水天气(阴、晴)之间的差异，这种情形对于气候的重建不会产生影响，如十一月初八日《晴雨录》记录为晴天，《日记》记录为阴天，此种类型的差异共计有6天。一种是降水与非降水天气之间的差异，这种情形会对气候重建产生影响，如十一月初六日，《晴雨录》记载显示当天有降雪，而《日记》却仅仅记录为阴天，这种类型的差异共3天。

表3 太监《晴雨录》与《丁巳燕行日记》关于乾隆二年(1737)北京天气记录的比勘(部分)

时　间	日　期	太监《晴雨录》记录	《丁巳燕行日记》记录
乾隆二年	十一月初一日	黎明天晴至起更。	晴而风，极寒。
	十一月初二日	黎明天晴至起更。	晴而寒。
	十一月初三日	黎明天晴至起更。	晴而寒。
	十一月初四日	黎明天晴至起更。	晴而寒。
	十一月初五日	黎明天晴至起更。	(缺记)
	十一月初六日	黎明天阴至午初二刻下雪，随下随止，天阴至起更。	阴。
	十一月初七日	黎明天晴至起更。	晴而寒。
	十一月初八日	黎明天晴至起更。	阴。
	十一月初九日	黎明天晴至起更。	晴。
	十一月初十日	黎明天晴至起更。	晴。
	十一月十一日	黎明天晴至起更。	晴。

也就是说，如果单纯从天气信息的记录来讲，两种资料的相似度为86.4%，但如果从重建气候序列的研究来讲，两者的形似度高达95.5%，完全可以互相插补。

(二)钦天监《晴雨录》与《翁心存日记》的比勘

《翁心存日记》[②]是迄今为止发现的记录天气现象最为详细的日记，保留了19世纪中叶北京地区逐日天气记录，该日记从道光五年(1825)始至同治元年(1862)止，所记间有缺失，在北京比

① 《钦天监题本专题史料》，中国第一历史档案馆藏，缩微号：7-002228。
② 翁心存著，张剑整理：《翁心存日记》，北京：中华书局，2011年。

较稳定的日记记录从1849年开始，其间记录并不完整，直到1852年以后的日记才比较完整，其中咸丰元年(1851)年仅有24天记录。可以用《翁心存日记》与钦天监《晴雨录》[1]进行比勘(表4)。在这24天中，非降水天气(阴、晴)之间的差异有1天，并且不存在降水与非降水天气之间的差异，但在降雪时刻记录上有所不同。所以，无论是从天气信息的记录还是重建降水序列的研究来看，两者的相似度都高达95.8%。

表4　钦天监《晴雨录》与《翁心存日记》关于咸丰元年(1851)记录的比勘(部分)

时　间	日　期	钦天监《晴雨录》记录	《翁心存日记》记录
咸丰元年	正月廿四日	晴。	晴暖，午后风。
	正月廿五日	晴。	清晨渐阴，午后晴暖，大风。
	正月廿六日	晴。	晴暖。
	正月廿七日	晴。	五更渐阴，天明后晴朗。
	正月廿八日	晴。	晴，午后渐阴。
	正月廿九日	晴。	晴朗，风，午后渐阴。
	正月三十日	晴。	晴暖。
	二月朔日	晴。	晴，暖甚。夜，渐阴。
	二月二日	未时至申时雪，酉时微雪。	清晨阴，渐露日光，午后阴，申刻小雪，旋止，暮，大风作，怒号彻夜，星斗满天。
	二月三日	晴。	晴，骤寒，冰复凝结矣，竟日大风，雨沙集衣盈寸。夜，晴，风仍不息。

(三)“晴雨录”和“雨雪分寸”资料的比勘

“晴雨录”和“雨雪分寸”是清代雨泽奏报制度的两种形式，两者之间最大的不同在于：“晴雨录”逐日书写天气情况进行奏报，而“雨雪分寸”则是凡地方遇有雨雪随时奏报。虽然两者不能进行逐日天气的比勘，但可以选择某一天气要素进行比勘。因降雪是祥瑞、丰收之兆，尤其是初次降雪，地方官员会立即上报朝廷，且在“雨雪分寸”档案中连续性较好，故整理江宁、苏州、杭州三地织造《晴雨录》与地方督抚“雨雪分寸”奏报中的初雪日期进行比勘，从中也可以对《晴雨录》的可靠性进行评估(表5)。

---

① 卢山主编：《明清宫藏术数秘籍汇编(下编)》，第1—54页。

表5　杭州《晴雨录》与"雨雪分寸"初雪日期的比勘(部分)[1]

资料来源	《晴雨录》记录	时间	"雨雪分寸"记录	资料来源
《呈雍正十年十二月份杭州晴雨录单》,档号:04－01－40－0003－057。	十二月初二日,北风,辰时下雪起至亥时未止。	雍正十年	于十二月初二至初三日大雪,各处积厚五六寸至尺许不等。	《浙江总督程元章奏报地方得雨雪情形折》,《宫中档雍正朝奏折》第21辑。
《呈乾隆二年十一月份杭州晴雨录单》,档号:04－01－40－0004－060。	十一月初二日,西北风,子时下雪起未时止,阴,夜有星。	乾隆二年	十一月初二日瑞雪缤纷,至一昼夜积有尺许。	《浙江总督稽曾筠奏报浙省本年十一月得雪情形事》,档号:04－01－24－0006－024。
《呈乾隆四年十月份杭州晴雨录单》,档号:04－01－40－0004－035。	十月二十三日,西北风,寅时微雨起酉时止,戌时下雪起至亥时未止。	乾隆四年	杭嘉湖等处亦于(十月)二十二、三等日得雪,积深虽止寸余。	《闽浙总督德沛乾隆四年十一月二回二日奏为据报自浙赴闽途中各属晚禾丰收并得雪情形事》,档号:04－01－12－0017－025。
《呈乾隆五年十一月份杭州晴雨录单》,档号:04－01－40－0004－023。	十一月初三日,西北风,子时雨止,丑时下雪起辰时止,巳时微雨起至亥时未止。	乾隆五年	今于十一月初三日省城自子时得雪起至卯时积雪一寸五分。	《浙江布政使张若震奏报浙省本年十一月得雪日期情形事》,档号:04－01－024－0012－038。

杭州《晴雨录》与"雨雪分寸"档案中同时有初雪记录的共16个年份,日期完全相同(分辨率为"日")的有13个年份,日期差距1天的有1个年份,日期差距2天的有1个年份,日期差距4天的有1个年份。考虑到资料性质的不同,在理论上允许有1天误差,[2]那么,在降雪时间上,两者的相似度可以达到87.5%。

按照以上方法,江宁《晴雨录》与"雨雪分寸"档案中同时有初雪记录的共25个年份,完全相同的有20个年份,日期差距1天的有4个年份,日期差距2天的有1个年份;在降雪时间上,两者的相似度可以达到96%。苏州《晴雨录》与"雨雪分寸"档案中同时有初雪记录的共27个年份,22个年份完全相同,日期差距1天的有2个年份,日期差距9天以上的有3个年份;在降雪时间上,两者的相似度达到88.9%。

总之,通过异源资料的比勘发现,由于观察者对天气的敏感度、记录内容的详略乃至记录的

① 由于篇幅原因,这里只列出杭州地区《晴雨录》与"雨雪分寸"记录之间的部分比勘,江宁和苏州部分略。

② "晴雨录"是逐日记录某固定地点的降水起止时刻,而"雨雪分寸"是记录全省或几个府州的降水情况,在地点、时间的准确性上不如"晴雨录"。如乾隆四年,"晴雨录"记录得雪日期为十月二十三日,而"雨雪分寸"记录得雪日期为十月二十二、三等日,因后者奏报的对象并非杭州一处,而是"杭嘉湖等处",可以认为杭州得雪日期是二十二日,但也可以是二十三日,所以允许有1天的误差。

空间等方面存在差异，各种文献资料的天气信息不可能完全相同，但三种类型的《晴雨录》与其他资料的相似度均高于85%，具有较高的可信度。需要指出的是，异源资料的比勘仅能对阴晴雨雪等天气状况进行验证，对于降水量的多寡(如降水级别、持续时间等)则无法校验，这也就意味着在降水量重建方面需要更加谨慎。

结　语

清代“晴雨录”档案记录了中国古代的气象观测，利用该档案可以重建长时段历史气候变化序列，在中国科学技术史研究方面具有重要价值，但相对在气候重建方面取得的成就而言，“晴雨录”档案本身的研究则明显不足。本文基于现存“晴雨录”档案，对清代“晴雨录”奏报制度的运行、形式和内容作全面介绍，并对资料的可靠性进行初步评估，以期推进对“晴雨录”奏报制度及资料利用的系统性研究。本文的研究可以归纳为三点。

第一，康熙年间京城地区就由钦天监上报《晴雨录》，现存最早的《晴雨录》是康熙六年。康熙二十四年在各行省推广“晴雨录”奏报，但以失败告终，只有北京地区一直坚持到清末。

第二，根据奏报主体的身份，现存《晴雨录》主要分为巡抚《晴雨录》、钦天监《晴雨录》、织造《晴雨录》和太监《晴雨录》，后三种形式的《晴雨录》在记录内容、格式、奏报时间等方面均存在差异。

第三，关于清代“晴雨录”档案的可靠性，一直未有专门讨论，通过日记资料、“雨雪分寸”档案等异源资料与“晴雨录”档案进行比勘发现，后三种类型的《晴雨录》与其他资料的相似度均高于85%，具有较高的可信度。

除解决以上问题外，对于“晴雨录”奏报的研究并不止于此，尚有诸多问题需要进行再探讨，如清代“晴雨录”奏报源自何处？这是清代独创的一项制度，还是承袭前代？明代后期已有钦天监上报《晴雨录》的相关记载，但仅限于南京地区。如成书于万历二十六年(1598)的《江宁县志》中载：“钦天监御览晴雨录、壬遁历、护叶、木柜、毡罩等项银一两三钱八厘。”[①]弘光政权时，南京钦天监正杨邦庆还上御览《晴雨录》。[②] 虽然以上文献记述内容不一，但都透露出一个信息，即明代后期南京钦天监上报《晴雨录》。那么，明代南京钦天监上报的《晴雨录》与清代的“晴雨录”到底是什么关系？比较遗憾的是，至今尚未发现明代的“晴雨录”记录，但这两则文献对于认识和了解中国气象史乃至制度史无疑具有重要意义，需要继续深入研究。

(本文原发表于《自然科学史研究》2022年第2期。)

---

① 万历《江宁县志》卷3《户口志》，《金陵全书・甲编・方志类》，南京：南京出版社，2012年，第274页。

② 谈迁：《国榷》卷104，弘光元年二月己卯，张宗祥点校，北京：中华书局，2005年，第6189页。

作者简介：

刘炳涛，上海师范大学历史系教授，澳大利亚昆士兰大学访问学者。在《中国历史地理论丛》《自然科学史研究》《历史地理研究》《中国边疆史地研究》等期刊发表学术论文 30 余篇。2022 年获上海市第十五届哲学社会科学优秀成果（论文类）二等奖，2021 年获第五届谭其骧禹贡基金优秀青年历史地理论著奖著作类二等奖。主持国家社科基金 2 项、教育部人文社会科学研究基金 1 项、上海市哲学社会科学规划课题 2 项、其他厅局级课题多项。

江洋大盗：乾嘉年间几份海盗的供单

周育民

摘　要：本文根据第一历史档案馆现存乾嘉年间的一些海盗供单，说明乾嘉之交广东、福建的小股海盗，其形成大致有三种情况，一是陆地贫民入海为盗，二是被掳人员转而为匪，三是渔民因渔汛不旺、投资亏折、生计困难等原因乘机打劫。这些小股海盗作案次数有限，往往随聚随散，不完全靠打劫为生；当然，随着从事海盗活动次数的增加，其中会产生一些完全靠海上打劫为生的海盗。小股海盗的分赃，除了盗首“老板”，赃物基本上是在直接参与打劫的海盗中按股均分。其销赃的分式，除银钱外，或由海盗委托熟人代卖，或直接变卖。对于沿海贫民、渔民“出则为盗，归则为民”的小股海盗，清政府虽然严刑峻法予以惩治，但基本上只能靠官兵的海上常规巡防进行防范。到 19 世纪八九十年代以后，随着海上运输交通工具的变革，海盗的作案主体和作案方式也在发生变化，可能持续了上千年的单帆小渔船由打鱼而打劫的小股海盗于是逐渐退出了历史舞台。

关键词：海盗　渔民　江洋行劫大盗例　乾嘉年间　清代档案

美国学者穆黛安教授的《华南海盗（1790—1810）》[①]对于乾嘉年间的华南海盗作了十分精彩而细腻的研究，而同一时期蔡牵、朱渍等江洋大盗仍不得不在这部著作的视野之外，大概也是穆黛安教授的一个缺憾。海盗在乾隆末年和嘉庆初崛起为海上世界的强大势力，与越南西山政权的支持有着密切关系，其规模和嚣张远过于当今的索马里海盗，回顾乾嘉海盗发展的历史，提醒我们，海盗的猖獗与内陆的社会生态有着密切关系。本文仅就乾嘉年间若干海盗的供单，略述小股海盗的形成、内部组织和分赃销赃情况，供有兴趣的学者研究参考。

① Dian. H. Murray, *Pirates of the South China*, *1790 - 1810*, Stanford University Press, 1987；穆黛安：《华南海盗（1790—1818）》，刘平译，北京：中国社会科学出版社，1997 年。

一、供单举例

中国第一历史档案馆所藏的有关乾隆、嘉庆年间的海盗供单数量较多，其标准形式是随附奏折的清单，以犯人供词的形式上报朝廷，但实际上是经过精心剪裁整理过的东西。另一种形式是在案件审结之后的奏报中叙述主从各犯的罪行，内容与供单相比，虽有详略，但大致相同，只不过改用具奏人的口吻而已。下面，我简单地介绍两种供单的内容。

（一）李朝才案

乾隆五十九年十一月二十日，署廉州府城守营游击都司李林贵在冠头岭洋面发现一艘海盗船，便率兵追赶。海盗船一面放炮拒捕，一面顺风逃逸。当时合浦县典史邓廷相雇佣的八艘勇船出海，正巧赶上，便一字排开，挡住了海盗船的退路。在兵勇前后夹击之下，这艘海盗船上4人被击毙落海，2人受伤身亡，10人被俘。盗首李朝才等供出了他入海为盗直至被俘的整个过程。①

李朝才是香山县的疍民，29岁时父亲死了，母亲还在世，自己也没有妻子。乾隆五十七年二月，他独自驾了一只小船出海，在冠头岭外洋打鱼。这种在汪洋之上孤苦伶仃打鱼为生的日子没有持续多久，当年的十一月便遭遇了海盗"大辫贵"。大辫贵轻而易举地将李朝才抓上了海盗船，先押在舱底几天，然后让他在船上打杂。半年之后，大辫贵便逼李朝才一起参与打劫，李朝才便成了海盗中的正式成员。

乾隆五十八年五月，他们在尖波罗洋面打劫了一艘福建红头船，缴获了胡椒400多包、豆蔻七八十包、砂仁100包，在短棉地方把货卖了，李朝才分得80银元。大辫贵匪帮则增加了一艘红头船。

九月，李朝才他们又在儋州外洋打劫了一艘商船，得白布20捆。十月，又打劫了一艘白艚船，得布100捆、棉花700包，货在短棉地方卖了之后，他分得60千文。

有了80块银元、60千铜钱，李朝才做了一次棉花生意，看来生意做得不成功。第二年，又去江坪找大辫贵。这次大辫贵派给他"先后掳来的"15个帮手，给了他1艘船及炮位火药，由他当头出洋打劫。

第一次当上海盗小头目的李朝才背运透了。十一月十六日出发，两天后到达自己熟悉的冠头岭洋面。第一次打劫所得只是一艘渔船上的鱼。接下来的一天，打劫受害的竟然是自己的表弟黄秀金，连声赔不是地将赃物和船一起还给了表弟。第三天便遇上了兵勇捉拿，自然把命给搭上了。

其余被俘的九人，都是合浦县二三十岁的青年，都没有成家，有的是水手，有的是卖缸瓦的小贩，都是被大辫贵掳来的，几乎都没有海盗的经历。

---

① 李朝才等供单，见录副奏折，两广总督长麟、广东巡抚朱圭为拿获海洋盗犯审明办理折（乾隆六十年三月初八日奉朱批），档号：03-0469-006。

（二）郭藹等案

乾隆六十年四月二十三日，海建海坛镇总兵特克什布督同参革留缉参将许廷桂在崇武洋面击获海盗船一艘，除打死、跳海逃走者外，擒获郭藹等十九名海盗。之后，郭藹供出了他的海盗生涯。[①]

郭藹是马巷人，一向靠渔船打鱼为生。乾隆六十年四月，他突然起意出洋行劫，纠结了包括他本人在内共 26 人，置备"刀鉡竹篙"，出海打劫。十五日，他们在塔头洋面打劫到客船上的一些米包、竹筏。十七日，又在峻顶洋面打劫到了一艘商船。控制了商船之后，他们把船主许勇兴和水手 10 人钉押在舱底，把前天抢来的赃物也搬到了商船上，丢弃了原来的渔船。其中有一名水手被强迫为他们煮饭，另一名水手还被名为林叫的海盗鸡奸了。第二天，又在圳上外洋打劫了一艘客船。他们将抢来的米麦豆谷等分卖给了海上打鱼的渔船，得了 585 元。十九日，他们又在这个海面打劫了一艘商船，看到装的都是红木，无处变卖，便把船照抢了。船主许典过船央求还照，郭等将许典押在舱底。4 天以后，郭藹等被官兵抓获。

福建官兵还抓获了李天目等海盗的同党。盗首都已逃逸，因此只有其部分被俘手下的供词。其李天目一支被俘 5 人，在乾隆六十年闰二月二十一日、二十三日及三月初九日、十四日随李天目在小岝、平海、岐尾等洋面连续行劫 4 次，劫得糖、碗、油渣饼、薯丝、米石等，最后一次连商船也夺了，水手 8 人被押禁舱底，李天目带了一部分海盗载着赃物去变卖，留下看守商船的一些海盗于十六日在湄州海面被俘。在福建官兵散俘的其他海盗中，有一名是参与吕班一伙在海上的 4 次打劫并分得 8 块番银之后在湄州上岸回家时被抓获的，有 2 名是参与陈班一伙 2 次打劫并分得 10 块番银、800 文钱回家时被抓获的。

李朝才案的叙述根据的是李朝才本人的供单，郭藹案的叙述是根据具奏人的叙述，分别涉及广东洋面和福建洋面的海盗。

二、小股海盗的形成

李朝才所加入的大辫贵海盗集团在嘉庆二年被清军歼灭。从大辫贵邱亚三的供词中，我们可以清晰地看到这支海盗形成、发展到失败的全过程。[②]

大辫贵邱亚三是广东合浦县人，被俘时年 39 岁，父母俱故，并无兄弟妻子，是个"光棍"。他在安南边境的江坪挑担度活。乾隆五十七年，因贫苦难度，纠伙出洋行劫，李朝才就是在他这次出洋打劫时被抓入伙的。之后，邱亚三又与黄乙酉联合，加上派李朝才为首的盗船，这股海盗实际上拥有 3 艘海盗船、53 名海盗。根据被俘海盗的供词，我们可以了解这支海盗团伙的人员的大体情况。

---

① 录副奏折，闽浙总督伍拉纳乾隆六十年五月初九日奏，档号：03－0471－002。
② 录副奏折，洋盗邱亚三等人供单(嘉庆二年)，档号：03－2426－038。

邱亚三、黄乙酉、李朝才海盗集团人员表

姓　名	籍贯	年龄	婚姻状况	原职业	入伙原因、分工
邱亚三	合浦	39	单身	挑担	贫困起意，盗首老板
刘就胜	吴川	25	单身	挑担	
课益得	吴川	37	单身	挑担	
姚有得	吴川	22	单身	挑担	理财（做财富）
陈益得	吴川	20	单身	挑担	
陈亚见	遂溪	22	单身	挑担	
陈　桂		死			
老力亚花		死			头目
陈　东		死			舵工
海老梢		死			舵工
许亚九		死			头碇
林宇昌		死			
许丙桔		死			
林　胜		死			
林　一		死			
老　黄		死			
郑亚四		死			
亚　花		死			
三　亚		死			
董　奇		死			
黄乙酉		死			盗首老板
唐亚兴	海康	23	单身	挑担	
阮文吐	安南	24	单身	挑担	
阮文兰	安南	24	单身	挑担	

续 表

姓　名	籍贯	年龄	婚姻状况	原职业	入伙原因、分工
阮庭显	安南	18	单身	挑担	
王庭妹		死			
亚　五		死			头碇
老　苏		死			舵工
亚　养		死			头目
黄亚兴		死			
亚　法		死			
亚　谅		死			
程阳江		死			
阮亚振		死			
阮亚妹		死			
阮亚三		死			
阮亚庭		死			
李朝才	香山	29	单身	渔民	被掳入伙，盗首
广西老五		死			
李财富		死			
李　贵		死			
吴川老		死			
秦国英	合浦	38	单身	水手	被掳入伙
何日高	合浦	28	单身	渔民	被掳入伙
苏老三	合浦	26	单身	水手	被掳入伙
林蒂鸿	合浦	29	单身	渔民	被掳入伙
李万英	合浦	33	长子	缸贩	被掳入伙
李明奉	合浦	27	单身	鱼贩	被掳入伙

续 表

姓　名	籍贯	年龄	婚姻状况	原职业	入伙原因、分工
林廷元	合浦	30	单身	鱼贩	被掳入伙
观生老晚		死			
钟　英		死			
罗　二		死			
詹成才		死			

资料来源：据邱亚三、李朝才等供单。

在这股海盗中，我们可以看到海盗人员实际上是由2部分人组成的，一是主动和自愿进行海盗活动的，二是被掳入伙的。在被俘的18名海盗中，年龄最大的39岁，最小的18岁，平均年龄为27岁半，都是未婚单身。53名海盗中，安南人大约为7人，发起成立海盗组织的主要是江坪地方的中国挑担苦力，渔民、水手乃至商贩均为被掳入伙。

每条海盗船上，盗首称为老板，下设头目、"做财富"、舵工、头碇等职务，其余海盗做些"扯篷扳桨"的杂活，船上的主要武器为炮。李朝才虽派为盗首，但他的船只、人手、炮位都由老板邱亚三提供，除了李朝才参与过海上打劫活动外，其余都是新被掳入伙的海盗，内部既无头目，也无头目、舵工、头碇的分工，组织性差、战斗力弱，第一次出海打劫便遭官兵民团歼灭，打伤落水而死4人，另4人在押解途中受折磨而死，实际战斗死亡人员为四分之一。黄乙酉从事海盗的经历可能比邱亚三更早，包括他在内的17名海盗，战死的高达13人，占到四分之三以上。邱亚三的20名海盗中，战死的也有十分之七。

这股海盗的活动并不频繁。从乾隆五十七年十一月出海打劫，到嘉庆元年十二月被歼灭，整整4年内，前后打劫共10次。时间分别为：乾隆五十七年十一月1次；五十八年五月1次，九月、十月各1次；五十九年十一月2次；嘉庆元年十月至十二月5次。从时间分布来看，在海盗组织初创的3年多时间里，总共打劫才5次，只有五十八年的3次有较大收获，根本无法完全靠海上打劫维持生计。直至嘉庆元年与黄乙酉联合，才有了专业性海盗的特点，但很快即被官兵歼灭。由贫困起意，间歇性地出海打劫，逐渐向专业性海盗转变，大体上是这支海盗的发展过程。

小股海盗的成员，在自愿加入的前提下，也可以自由退出。比如，李朝才被掳入伙之后，参与了几次抢劫，分得银钱后就去做买卖了。之后又再次投入当海盗。同样的情况在福建海盗中也存在。吴弗四即阿班，被俘时年纪29岁，福建晋江人，父母健在，家有妻室，捕鱼为生。乾隆六十年四月被海盗许高纠集入伙，从五月到九月参与了几次抢劫之后，便自己纠人做起了海盗首领，驾有 2 艘海盗船。从当年十月到次年元月初被官兵捕获，竟在海上和陆地疯狂抢劫了 8 次，掳人 14 人。①

除了内陆贫民入海为盗、渔民被掳入伙之外，海上渔民见机打劫也是海盗的一个重要来源。福建漳浦渔民蔡乞拥有渔船 1 条，雇了 9 名水手在船上作业。乾隆六十年四月，因渔汛不旺，船内缺乏食米，面对这次注定要亏本的出海，蔡乞要求受雇水手进行打劫，有 3 名水手拒绝，蔡乞便将他们关押到舱底。在二十八日打劫了一艘贩运薯丝的商船之后，第二天，遇到了熟识的渔户郑一、杨虔、潘脔、陈白、吴房 5 艘渔船，蔡乞邀约他们一起进行海盗活动，8 个拒绝的水手照例被押在舱底或为海盗煮饭，6 艘渔船一下子成了一支强大的海盗船队，在海面进行了一次围劫商船的行动。但 3 天之后，便撞遇官兵，被悉数歼灭。②

从这支被俘海盗船队的人员中，我们可以看到沿海渔民性生活方面的一些细节。在蔡乞当海盗之前，他手下的一名水手就在岸上将一名 14 岁男孩掳掠到船上，成为他们性发泄的工具。在后来加入进来的 5 艘渔船上，有 2 艘船上分别有 1 名 14 岁和 15 岁的男童，审讯表明，这些男童都遭到了鸡奸。在捕获的海盗中我们可以经常看到与此类似的情况，由此我们可以推断，这种扭曲的性生活方式实际上是海上渔民性生活的常态。这种渔户、水手在出海前就习惯于在岸上伺机掳掠幼童，那么到海上遇到渔汛不旺、投资亏折时，临时起意打劫商船的情况当不在少数。在与凶险的海上风浪作斗争的同时，不少渔民也养成了好勇斗狠、为非作歹的劣性。

嘉庆元年三月，嘉庆皇帝根据福州将军、署闽浙总督魁伦的奏报，认为："闽省洋盗充斥，兼漳泉被水后，失业贫民，不无出洋为匪。此等匪徒，随聚随散，而粤省匪船，遂有假装服饰，称为安南夷人，乘风入闽。"③这个判断，至少从乾隆末年福建的一些海盗案件看，并不完全准确。

综上所述，乾嘉之交的广东、福建的小股海盗，其形成大致有三种情况，一是陆地贫民入海为盗，二是被掳人员转而为匪，三是渔民因渔汛不旺、投资亏折、生计困难等原因乘机打劫。这些小股海盗，作案次数有限，往往随聚随散，不完全靠打劫为生。当然，随着从事海盗活动次数的增加，其中会产生一些完全靠海上打劫为生的海盗。

三、海盗的分赃销赃

海上打劫，遭到打劫的对象包括三类，一是海上人员，二是船只，三是船上的渔货或商货以及现金。我们这里也着重考察小股海盗对于打劫对象的不同处理方式。

对于海上人员，小股海盗最常见的做法是逼胁入伙以扩大海盗队伍。这在我们前面的介绍中已经叙及，不再赘述。海盗杀人的情况不常见，28 岁的盗首遂溪人谢亚二在江坪地方挑担为

① 录副奏折，署闽浙总督魁伦等呈为拿获闽浙海洋盗犯吕锡等供单（嘉庆元年正月初十日），档号：03－2340－002。
② 录副奏折，署闽浙总督觉罗长麟乾隆六十年六月初八日奏，档号：03－0471－021。
③ 《仁宗实录》卷 3，嘉庆元年三月。

生，嘉庆元年六月纠集21人入海为盗，九月间抢劫一艘客船，因水手“叫喊拒敌”，把这名水手杀了，弃尸海中，为匪3个月即开杀戒，这种情况在海盗中并不多。[①] 对于不愿入伙的人员，海盗们通常采用2种办法：一是强迫服役，二是扣押舱底。在海盗船上服役，主要的活计是煮饭、烹茶和戽水扫舱。在船上服役时间稍长，与海盗们混熟了，也有服役者改从入伙为盗的。如果服役人数已够，再俘获的人员如果拒绝入伙为盗，往往被扣押舱底作为人票，或作为逼迫入伙的手段。扣押舱底的生活状态，海盗供单均未提供，可以想见，除了供应饭食外，身体和精神状态都极为痛苦。有些人票忍受不了，被迫同意入伙为盗。[②]

海盗们打劫的财物，除了渔船上的鱼和渔民自备的粮食外，主要是来往南海的商船、客船装载的商货及旅客的行李银钱。抓获的水手、商旅，如果不愿入伙为盗，除服役外，余均被押在舱底，海盗则设法通知他们的家属支付赎金。劫获的船只，有的改用为海盗船，有的也可以勒索赎金。

有关海盗销赃分赃的情况，供单提供的情况很少，唯有刘财发这股海盗的供单的相关内容较多，[③]我们就以这份供单为基础，参酌其他海盗供单，对小股海盗的销赃分赃情况作一大概介绍。

海盗们根据打劫所得财物、人票赎金的具体情况，根据贡献大小，按股分配。

刘财发是饶平县的渔民，乾隆六十年秋天开始参与一些间歇性的海盗活动。他后来买了一艘农艇，雇了几名水手。刘阿听、陈阿斋等租了一艘农艇，也在海边捕鱼。两船相会时，大家过船攀谈，共道贫苦，便动起了当海盗的念头。每次打劫，人数不固定，打劫之后便各自散去。

第一次抢劫，抢得咸鱼30篓，卖给了一个渔民，得了20块银元。参与的共5人，遂分为5股，每人各得4元。这一次，刘财发并没有因为出船并且领头而要求多分。

第二次抢劫，这股海盗的人数增加到17人，驾着刘财发的农艇出海，打劫2只小船，勒赎到130块银元。刘财发以“起意、出艇”为由，要分2股，于是分为18股，每股7元，余下4元，买了酒肉吃了。从此，起意、出船也算1股就成了这股海盗的规矩。

第三次抢劫的是一艘青头船，托2名熟人林阿堂、林阿牵把打劫的船货卖了，得15元，其余的货物卖了25元，共得银40元。这次参与作案的共有9人，刘财发出的船，但“起意”的是彭阿聚，于是2人各得1股半，另七人每人1股，分得4元。2名代为销赃的熟人被抓获后，其供单称他们也分得了4元，显然不是实情。

这些临时结伙的海盗往往相互间并不认识，因此，打劫之后往往马上分赃。即使新入伙的海盗，如果直接参与打劫，也有“公平”分赃的机会。广西宁化人刘亚四从事海盗多年，但并没有固定的团伙。乾隆五十八年入了“矮李”的盗伙，打劫了一次，分得铜钱六千文，便在销赃的江坪

① 录副奏折，洋盗谢亚二等人供单（嘉庆二年），档号：03－2426－039。
② 录副奏折，粤省洋盗供单（乾隆五十九年），档号：03－1289－038。
③ 录副奏折，署两广总督朱珪呈为拿获洋盗刘财发供单（嘉庆元年七月二十九日），档号：03－2341－011。

做起了小买卖。亏了本钱后，第二年又加入周七的海盗团伙参与海上打劫。这次打劫，他竟残忍地杀死了两个人，在江坪销赃后分得七千文。之后，他又加入另一个海盗团伙，直到被官兵抓获。①

但被掳入伙的，如果未直接参加打劫，而只是“帮忙”，则未必有“公平”参与分赃的资格。广东东莞水手谢五被海盗劫持后，遭扣押舱底数日，无奈入伙为盗。他一共参与了 4 次打劫，除了 1 次毫无财物外，其余 3 次所获甚丰，但他每次只分得 500 文，因为他的工作只是在海盗们抓了事主之后用竹篙“吓抵事主”②。相反，我们前面提到的李朝才，被扣押舱底多日之后，改为在船上服役，最后听从盗首入伙参与打劫，前后竟分得了 80 块银元、60 千文。

由此我们可以推断，小股海盗的分赃，除了盗首“老板”，赃物基本上是在直接参与打劫的海盗中按股均分。其销赃的分式，除银钱外，或由海盗委托熟人代卖，或直接变卖。

四、清政府对小股海盗的对策

海上打劫，不论海盗团伙规模大小，在清代，一律按“江洋行劫大盗例”进行最严厉的惩治。康熙五十年四月，安徽巡抚叶九思在审题续获行劫繁邑吴文耀等客船案内首盗罗七一案，附请定按响马强盗例治罪。雍正三年，专定江洋行劫大盗例，至乾隆五年与响马强盗例合并：

> 凡响马强盗执有弓矢军器，白日邀劫道路，赃证明白者，俱不分人数多寡，曾否伤人，依律处决，于行劫处枭首示众（如伤人不得财，依白昼抢夺伤人，斩）。其江洋行劫大盗，俱照此例立斩枭示。③

因此，自康熙五十年以后，所有被俘海盗都是根据这个条例处以斩首枭示的。

对于为海盗强迫而服役的受害人，清政府也是将其作为为海盗提供服务的人犯，照“为盗服役例”发往回疆为奴。被胁鸡奸者也要判杖一百、徒三年的徒刑。④ 这种对于受害人也进行惩治的做法，有失法律的公平，但也从一个侧面反映了清政府惩治海盗的严厉程度。

根据清代律法，上盗与分赃是依强盗律量刑的重要依据。对于销买盗赃三次以上的，照例发近边充军，在海口枷示一年，再行发遣。⑤

> 强盗同居父、兄、伯叔与弟，其有知情而又分赃者，如强盗问拟斩决，减一等，杖一百，流三千里；如问拟发遣，亦减一等，杖一百，徒三年。其虽经得财，而实系不知情者，照本犯之

---

① 录副奏折，粤省洋盗供单（乾隆五十九年），档号：03－1289－038。
② 录副奏折，粤省洋盗供单（乾隆五十九年），档号：03－1289－038。
③ 吴坛撰，马建石、杨育棠校注：《大清律例通考校注》，北京：中国政法大学出版社，1992 年，第 685 页。
④ 录副奏折，署闽浙总督觉罗长麟等乾隆六十年七月二十六日奏，档号：03－0471－046。
⑤ 录副奏折，闽浙总督魁伦等嘉庆二年九月初二日奏，档号：03－1685－056。

罪减二等发落。父兄不能禁约子弟为盗者，杖一百。①

强盗案内，有知而不首，或强逼为盗，临时逃避行劫，后众盗分与赃物，以塞其口者，照知强窃盗之后分赃律科断，不得概拟窝主分赃不行之罪。②

清代地方官呈送的海盗的供单，案情基本上是根据上述律例的条文整理呈报的，因此，其中的详略大有文章。一般海盗供单中，注重上盗、分赃的罪行，而不记录上盗的过程、分赃的数额等具体情况。刘财发一案之所以将按股分赃记录得十分详细，其落脚点之一就是林阿堂、林阿牵也参与了分赃。因为在此案中，两人并未上盗，只参与销买盗赃一次，难以依例入罪；如果参与分赃，则可照知强窃盗之后分赃律科断。刀笔吏的入罪之意昭然。但供单提供的细节过于详细，40 元赃款分为 10 股分配，9 人上盗，起意的彭阿聚和供船的刘财发各得 1 股半，其余 7 人各得 1 股，正好 10 股，林阿堂、林阿牵怎么还能分得 1 股？当然，由于刀笔吏的精明，一般情况下，供单作假的情况很难被发现。这种自露破绽的供单在档案文献中可以说是凤毛麟角。

尽管在康熙、雍正和乾隆年间，清政府通过严刑峻法对海盗进行惩治，但是，乾隆末年到嘉庆年间沿海贫民和渔民聚散无常的海盗活动并没有停止。在安南黎氏政权出钱封官支持海盗活动的背景下，闽广海疆不仅出现了规模庞大的海盗船队，小股海盗的活动也十分猖獗。

嘉庆四年，御史郭仪长谈到广东海盗销赃和息泊的地方："羌平[即江坪]与安南东京对峙，商獠错处，洋匪携赃时来交易，商人贪其利，讳盗不言，且有赍盗粮而收其利者。此洋盗贸易之地也。广东雷廉，海外孤悬一山，突兀辽绕，名曰白龙尾，洋匪结党泊船于斯。商船来往，多被劫掠，此洋盗聚集之区也。当夏之时，西南风起，客商载货而来，盗船挈党而出，或打劫货船，或扰夺附海村市，此洋盗出没之候也。"③江坪地处安南，清政府固无可如何，郭认为"守汛兵丁，往往明知盗船湾泊，畏缩不前"是海盗剿而不灭的重要原因。同时他认为，对于被抓获的因胁逼当海盗的人，依法"同时授首，殊觉可悯"，应该区别对待，如查明确系被掳逼盗，可令亲属乡邻保回释放，"其被胁之年壮力强者，分配哨船，给与钱粮，令将弁管束，随同出洋缉盗。彼必熟悉盗中情形，及船泊何处、贸易何地，出入何时，应用何法缉捕，此亦弭盗之一法也"。清政府对于"江洋行劫大盗"的条例并未因此修订，但实际操作比这走得更远，那就是采取大规模招降纳叛的措施来解决大股海盗的问题。

有份嘉庆元年的佚名奏折谈到了关于福建海盗的情况。一是聚集在岛屿之中，船数达几百条，多在海中截劫商船，掳人入伙。二是安南"番贼"，器械极利，官兵见之则避遇，商船如一呼即至，则稍劫而已，如抵抗逃逸，则掳货杀人烧船。三是沿海贫民伺机为盗："沿海贫民，朝出暮归，或假作渔船，或假[作]商船，遇有货船，则劫之。出则为盗，归则为民也。"他认为，对于这种零星

---

① 《大清律例》，田涛、郑奉点校，北京：法律出版社，1999 年，第 384 页。

② 《大清律例》，第 384 页。

③ 录副奏折，江西道监察御史郭仪长嘉庆四年八月十二日奏，档号：03－1686－013。

的小股海盗，“欲除甚易”：“水师官兵诚严巡哨，有不能胜、不能捕，则尾其上岸，至村中则会陆而擒之，无不获矣。最要在严汛防、乡保。此种贼未有不与讯防、乡保通者，或贪其利，或畏其威，或因畏而生贪，而遂与结好者。盖洋贼必择可上岸之处而后上，必择可下海之处而后下船，非可以随便泊也。”因此，惩治这类海盗，只要杜绝官兵受贿、严格保甲制度就可以解决问题。[①]

但从这些小股海盗实际抓捕的情况看，他们都是在海上猝遇官兵、逃避不及时被抓获的，乡保组织并没有起到任何作用。随着安南西山政权的覆灭和闽粤大股海盗如蔡牵、朱濆、郭婆带、张保等被歼、招安，闽粤海疆的治安形势明显好转，但是，对于沿海贫民、渔民“出则为盗，归则为民”的小股海盗，清政府仍然无从措手，只能靠官兵的海上常规巡防进行防范。

19世纪八九十年代，由于轮船在海上货运、客运中使用日广，沿海贫民、渔民使用的木质帆船在体积和航速上无法与之匹敌，这种零星小股海盗的活动遂趋于式微。光绪十一年，一伙由粤、澳、越三地海盗、贫民和渔民组成的五船连艅的178名海盗团伙置备炮械，仅打劫2次即被官兵歼灭。[②] 这一方面说明小股海盗只有多船连艅才能成功打劫商船，但在清军水师武器装备和船只已经明显改善的情况下，这种海盗组织形式和船只装备已经很难持久。军机处录副奏折显示的最后一份海盗案件是光绪十五年两名海盗江亚秋、叶亚宽在广州零丁洋面打劫渡轮，连是否驾船打劫的细节都未提供，两人便被枭首示众了。[③] 而在广东同年上报的光绪十三年至十五年枭示的五十名海盗清单中，绝大部分海盗都只打劫了一次，作案团伙的人数绝大多数只有两三人，并且都未提供具体作案细节。[④] 我推测，这种团伙的规模只能是冒充水手或乘客在船上直接打劫，这种打劫的性质与一般海盗显然不同，但为引用“江洋行劫大盗例”，只能隐去驾船打劫这一细节。

“江洋大盗”随着海上运输交通工具的变革，作案的主体和作案方式也在发生变化，可能持续了上千年的单帆小渔船由打鱼而打劫的小股海盗于是逐渐退出了历史舞台。这个历史过程，还有待史学界的深入探讨。

作者简介：

周育民，1954年生，1982年起在上海师范大学历史系任教，1995年晋升为历史学教授。曾任中国会党史研究会会长、上海经济史学学会副会长等职。著有《中国帮会史》（与邵雍合著）、《晚清财政与社会变迁》、《史海试勺》等，担任国家清史工程《厘金篇》项目主持人、《新编上海通史》第六卷主编，翻译和校译《飞鸾》《1852年上海年鉴》《上海警察》等作品10余种。

---

① 录副奏折，嘉庆元年佚名奏折，档号：03-1684-080-084。
② 录副奏折，两广总督张之洞等光绪十一年七月初一日奏，档号：03-7351-039。
③ 录副奏折，两广总督李翰章光绪十六年闰二月初十日奏，档号：03-7357-019。
④ 录副奏折，两广总督张之洞呈广东省就地正法洋盗名数犯名案由清单（光绪十五年七月初三日），档号：03-7356-041。

19世纪中叶江南寒士的“三不朽”与民间生活伦理

——以《王韬日记(增订本)》为中心

徐茂明

摘　要：王韬早年在上海墨海书馆谋生期间，虽然受洗入教，但其思想核心还是植根于儒学之中，其人生理想则是儒家的“三不朽”。随着晚清士人阶层整体性的膨胀与贫困化，“三不朽”理想与现实生活相互冲突、彼此调适。在理想与生活的调适过程中，王韬践行的是灵活务实的民间生活伦理，游走于“夷夏”之间、纠结于城乡之间、犹豫于科举功名与经济实学之间，最终还是立足于自己最擅长的“立言”。通过立言，王韬得以彰显其文化权力。王韬早年的理想在寒士(下层士人)群体中具有普遍意义，但他绝非抱朴守拙的醇儒，其权宜务实的个性以及对西人欲拒还迎的暧昧，也为其后来出走海外、由“名教罪人”转变为洋务导师奠定了思想基础。

关键词：王韬　江南寒士　“三不朽”　夷夏之辨　民间生活伦理

江南士人王韬(1828—1897)是晚清社会巨变的见证者，也是重要的经历者，在洋务运动中发挥了重要的思想启蒙作用，赢得了“资产阶级改良派”思想家和“儒家民族主义者”等称号。[①]然而，王韬终身只获得生员的功名。生员是士绅阶层中规模最庞大的下层士人，绝大多数生活清贫，因此被称为“寒士”，最接近一般平民百姓。他们既是儒家教化伦理的基层贯彻人，同时也

① 忻平称王韬为“资产阶级改良派”(忻平：《王韬评传》，上海：华东师范大学出版社，1990年，第71页)；张海林称王韬“政治思想已经达到资产阶级思想家的高度”(张海林：《王韬评传》，南京：南京大学出版社，1993年，第178页)；美国学者柯文称王韬为“儒家民族主义者”和“沿海的早期改革者”(Paul A. Cohen, *Between Tradition and Modernity: Wang T'ao and Reform in Late Ch'ing China*, Cambridge: Harvard University Press, 1974. 中译本为柯文《在传统与现代性之间——王韬与晚清改革》，雷颐、罗检秋译，南京：江苏人民出版社，1994年；1998年重印本改名为《在传统与现代性之间——王韬与晚清革命》，第213、221页)。

是民间生活伦理的践行者。[①] 相对于儒家的礼制教化伦理，民间生活伦理更加务实而灵活。儒家教化伦理的原则性与民间生活伦理的务实性，在王韬身上集中体现为思想的矛盾与多变。换言之，透过王韬思想的歧义与多变，我们不仅可以看到他所处时代的社会局势，同时也可以看到一个较长时段中儒家伦理的内部张力。

在研究王韬的众多论著中，美国学者柯文 1974 年出版的《在传统与现代性之间——王韬与晚清革命》，不仅是当时"所有语文中最详细的王韬传记"[②]，同时还提出了"传统—近代"的分析方法和"条约口岸知识分子"的分析概念。这些概念被广泛采用并不断助推王韬历史形象的提升，认为 1849—1862 年（道光二十九年—同治元年）王韬在上海租界墨海书馆谋生期间，已经在主观上积极适应并重视西方文化。[③] 然而，这种认识与历史事实是有一定差距的。对于隐含着西方中心论的"传统—近代"分析法，柯文本人后来曾作过反省，认为"传统—近代"的两极分法有待商榷。[④] 其他学者也对柯文的观点提出质疑，如汪荣祖认为柯文"忽视了王韬强烈的政治抱负"[⑤]；王尔敏认为，"王韬最早对世势提出变局观点，当为同治三年五月初二日之代黄达权上江苏巡抚李鸿章书"[⑥]；王宏志指出，王韬"真正终身信奉的还是儒家思想"[⑦]；吴以义认为，柯文"没有谈论王韬的生活、情趣和处世，也没有涉足他卷帙浩繁的笔记杂谈，从而未及对王韬作完整的传记式的描写"[⑧]。

梁启超认为，年谱编纂应该遵循三条原则：第一，必须全面了解谱主所处时代的朝政与社会状况；第二，必须掌握谱主的全部著作，然后"贯穴勾稽，尽得其精神与其脉络"；第三，必须全面掌握与谱主"有关系之人之著作中直接语及其人者"，如果"据今日之环境及思想推论昔人，尤最易陷于时代错误"。[⑨] 以此对照目前学界对于王韬早期的研究，这些意见可谓切中肯綮。王韬不仅是近代改革的思想家，同时也是一位愤世嫉俗的下层"狂士"，其性格复杂，思想前后变化

---

① "民间生活伦理"是李长莉根据日本学者沟口雄三提出的"民间伦理"发展而来，是指平民阶层的生活伦理，"人们主要根据生存方式和实际需要，由生活实际经验中得来的并实际应用于生活的活的伦理"（李长莉：《晚清上海社会的变迁——生活与伦理的近代化》，天津：天津人民出版社，2002 年，第 10 页）。沟口雄三所说的"民间伦理"，是指士绅阶层之外的平民阶层的儒教伦理，亦称为"民众儒教"。民间伦理既包括来自上层士绅阶级的教化伦理，同时也包括来自下层的平民本身为了维持自己的生活需要而形成的"生活伦理"与"职业伦理"（沟口雄三：《中国儒教的十个方面》，于时化译，《孔子研究》1991 年第 2 期，第 57 页）。

② 汪荣祖：《评柯文〈在传统与现代性之间：王韬与晚清革命〉》，李海萍译，《国际汉学》2017 年第 2 期，第 183 页。

③ 参见忻平《王韬评传》，第 44—45 页；张海林《王韬评传》，第 60 页；何晓明《略论晚清"条约口岸知识分子"》，《郑州大学学报》2008 年第 1 期；王立群《中国早期口岸知识分子形成的文化特征：王韬研究》，北京：北京大学出版社，2009 年，第 71 页；欧德良《晚清"条约口岸知识分子"的地缘成因——兼及对西方中国近代化研究两种理论模式的商榷》，《苏州大学学报》2010 年第 2 期。

④ 柯文：《在中国发现历史：中国中心观在美国的兴起（增订本）》，林同奇译，北京：中华书局，2010 年，第 44 页。

⑤ 汪荣祖：《评柯文〈在传统与现代性之间：王韬与晚清革命〉》，《国际汉学》2017 年第 2 期，第 183 页。

⑥ 王尔敏：《王韬在近代中国之思想先驱地位》，林启彦、黄文江主编《王韬与近代世界》，香港：香港教育图书公司，2000 年，第 5 页。

⑦ 王宏志：《"卖身事夷"的王韬：当传统文士当上了译者》，《复旦学报》2011 年第 2 期。

⑧ 吴以义：《王韬研究所提示的中国近代史的复杂性——评忻平〈王韬评传〉和柯文〈在传统和现代性之间〉》，《新史学》（台北）第 11 卷第 2 期，2000 年 6 月，第 145 页。

⑨ 梁启超：《中国近三百年学术史》，北京：中国书店出版社，1987 年，第 334 页。

巨大。因此，对于王韬早期思想的准确认识，不仅要注意其早年的社会与思想状况，还应注意其阶层身份、人际关系，以及王韬的完整著作。

王韬在墨海书馆期间撰写的日记，是研究早年王韬的基础史料。然而，《王韬日记》长期以来散落在海峡两岸的公私收藏之中，包括台湾"中研院"傅斯年图书馆6册稿本（1849、1852—1855）、上海图书馆4册稿本（1858—1860、1862）、1921年上海《新声》杂志刊登的《蘅华馆日记》（咸丰五年[1855]七月初一至八月三十），其中上海图书馆馆藏部分于1987年由中华书局出版点校本，2017年由国家图书馆出版社、上海科学技术文献出版社出版影印本。[①]《王韬日记》的分散给以往学者研究王韬早年生活带来不便。柯文所见《王韬日记》只有台湾"中研院"馆藏部分，而大陆学者所依据的《王韬日记》则是中华书局点校本，均不完整，无法看到王韬思想和性情发展变化的连续性。鉴于此，2015年，中华书局重新组织力量对海峡两岸馆藏的《王韬日记》进行汇编点校整理，终于形成全璧《王韬日记（增订本）》。[②] 本文即以此为核心史料，跳出"传统—近代"的分析框架，从中国传统时代士人"三不朽"理想与现实生活之间的矛盾出发，仔细分析在这一矛盾发展过程中王韬的士人理想与民间生活伦理之冲突与调适。在研究方法上，以传统士人"局中人"的视角（亦即人类学的"主位研究法"）深入其日常生活，并将其置于嘉道以来科举制度衰败、社会危机加重与中西文化冲突激烈的宏观背景中加以分析，融思想史于社会史之中，希望能对早年王韬以及整个士人阶层在转型时期的思想与心态研究提供一个新的视角。

一、"立德"不坚：游走于夷夏之间

传统时代的士人总是将"三不朽"作为人生理想，依据由难而易的程度，"三不朽"的目标排序为：立德、立功、立言。正如洪士伟在给王韬《弢园尺牍》作跋时所言：

> 立德、立功、立言，古称三不朽，然德借伦常而著，功以时位而成，惟言则出诸己闻于人，其称道弗衰者即流传弥永也。儒者束发受书，聿修厥德，不幸时与愿违，未获见用于世，则言之文者行之远，其借以名称著于当时，行谊留于后世者，惟此焉耳。[③]

洪士伟所谓"德借伦常而著"，既可以指确立伦常（即"立德"），也可以是指恪守伦常（即"修德"），对普通士人而言，更多是指恪守伦常。在传统社会中，士人应该恪守的伦常大致可以分为内、外两个方面：对内而言是儒家的"三纲五常"；对外而言则是"夷夏"关系。儒家历来强调"夷夏大防"，只能"以夏变夷"，不能"用夷变夏"。与"夷夏大防"相比，其他伦常都是小节。洪士伟避而

---

① 《王韬日记》，方行、汤志钧整理，北京：中华书局，1987年；王韬：《蘅华馆日记（稿本）》，周德明、黄显功主编《上海图书馆藏稿钞本日记丛刊》第23—24册，北京：国家图书馆出版社、上海：上海科学技术文献出版社，2017年。

② 《王韬日记（增订本）》，汤志钧、陈正青校订，北京：中华书局，2015年。以下仅引该书没有其他解释时，直接在文中夹注页码。

③ 王韬：《弢园尺牍》洪士伟跋，沈云龙主编《近代中国史料丛刊续编》第100辑，台北：文海出版社，1983年，第359页。

不谈王韬的“德”与“功”，并强调制约“立德”与“立功”的客观环境与时机，实质上暗示在“德”与“功”两个方面，王韬均无足称道。

事实上，王韬自称“狂士”，不愿在“修德”方面过于坚持。咸丰二年，他说：“余生平福泽已为轻薄孽所削尽，欲德之修，不其难哉！”（第42页）王韬所说的“轻薄孽”，主要是指个人生活行为的放达轻浮（访艳寻春、吸食鸦片）。王韬从19岁到金陵参加乡试开始青楼访艳，终生未绝此癖，正如他晚年所说：“余自道光末季，以迄于今，身历花丛凡四十年。”[①]从王韬日记可以看出，自咸丰二年开始，王韬的主要业余活动就是从租界进入上海县城，游走于茶楼、酒楼、青楼之间。王韬甚至还带着自己一手抚育的幼弟一起访艳、喝酒、吸食鸦片，并导致其毒瘾难戒而早逝。他曾致信舅父，称：“舍弟读书未就，学贾不能，呼吸烟霞，已成痼癖，迷津难返，凡百堪忧。”（第238页）应该说在“烟花渊薮”的上海，[②]作为负责教养监护的兄长，王韬有着不可推卸的责任。对于这种载酒看花的生活方式，王韬虽然偶尔也有反省，但更多的时候还是沉醉其中，“问柳寻花，衔杯煮茗，殆无虚晷”[③]。王韬甚至以赢得青楼薄幸名为傲，自封为“风月平章”[④]。

对于传统“文人”而言，放浪形骸的风月故事往往成为一种足资炫耀的逸闻雅趣。据王鸿泰研究，“情色之风行，乃明清整体社会文化发展的共同特色”；“明清士人好色之道，最普遍的方式乃是出入妓院或购买婢妾，而此种行径在明清社会也已被视为无伤大雅之举”。[⑤] 李孝悌据此进一步提出，对于明清士大夫以及民众、妇女生活的研究，“逸乐”不仅是明清文化的一种重要面相，更是“一种价值观、一种分析工具、一种视野”。[⑥] 尽管如此，追求逸乐风雅只是士人日常生活的一个世俗面相，而其精神层面则始终隐含着一个庄严面相，或者说儒学思想依然是士人群体的主流价值观。世俗与庄严交织在一起，因各人的家庭、性格与际遇不同而呈现出不同的特色。深受儒家思想影响的士人均应严格遵循“君臣大义”与“夷夏大防”，而恰恰在这一方面，王韬成为传统的叛逆者。

1849年下半年，王韬应英国传教士麦都思（Walter Henry Medhurst）之邀，到墨海书馆担任翻译助理（“佣书”）。到租界为“夷人”效力，对于已经获得科举功名（生员）的王韬来说，在文化心理上是排斥的。离开家乡新阳县甫里村（今属苏州市吴中区角直镇）去上海时，他曾经作诗解释自己是迫于生计：“前年遭大水，研田绌生计；含凄急出门，仓卒麻鞋系。”[⑦]数年之后，他还耿耿于怀，向朋友声明：“为西人佣书，计非得已，然舍此无可适者。”[⑧]他在给舅舅的信中，也对

---

① 王韬：《淞滨琐话》卷7《谈艳（上）》，刘文忠校点，济南：齐鲁书社，2004年，第145页。

② 王韬：《淞滨琐话》卷7《谈艳（中）》，第149页。

③ 王韬：《弢园尺牍》卷2《与孙惕庵茂才》，第87页。

④ 王韬：《淞隐漫录》卷2《眉绣二校书合传》，王思宇校点，北京：人民文学出版社，1983年，第84页。参见岳立松《晚清狭邪文学与京沪文化研究》，上海：上海古籍出版社，2013年，第334页。

⑤ 王鸿泰：《明清间文人的女色品赏与美人意象的塑造》，游鉴明主编《中国妇女史论集》第12集，台北：稻乡出版社，2017年，第153、157页。

⑥ 李孝悌：《昨日到城市：近世中国的逸乐与宗教》，台北：联经出版事业有限公司，2008年，第7页。

⑦ 王韬：《蘅华馆诗录》卷2《移家沪上作》，《王韬诗集》，陈玉兰校点，上海：上海古籍出版社，2016年，第52页。

⑧ 王韬：《弢园尺牍》卷2《再寄孙惕庵》，第90页。

自己佣书西人的工作以及租界的西式生活发泄强烈的不满："名为秉笔，实供指挥。支离曲学，非特覆瓿糊窗，直可投诸溷厕！"他后悔自己没有守住"君子固穷"的本分，导致现在"左右都非，进退维谷"。（第 236、238 页）

在沪上谋生的文人群体中，王韬的文采是出类拔萃的，不仅得到圈内朋友的敬佩、青楼女子的追捧，同时也得到墨海书馆"夷人"雇主的欣赏。1854 年伦敦《第 60 届传教大会报告》称赞王韬说："他是有超群能力的人。如果他继续当前这种精神探索，从文字的角度看他对我们大有裨益。"①在墨海书馆佣书的文人中，与王韬合作翻译的传教士最多，著作也最多。② 同年 8 月 26 日，王韬受洗加入基督教（新教）。但柯文首先注意到，王韬在所有文字中都"煞费苦心地掩盖他与教会的联系"；"王韬留居沪上前 10 年左右所写的作品，几乎没有涉及西方"。③ 王韬每天在日记中详细记载华界（上海县城）酒楼菜肴口感、青楼女子姿容以及人情礼物往来，却刻意回避自己在墨海书馆为"夷人"服务的工作内容。这背后的难言之隐，实质上还是"夷夏大防"的观念所造成的道德压力。④

一般学者只注意到王韬在墨海书馆期间摇摆于"夷""夏"之间，其实这个摇摆的幅度也是有时间上的波动的。1854—1855 年是王韬与传教士关系最密切的时期。他协助麦都思翻译的《圣经》完成于 1854 年，其后他就受洗入教，他甚至记载了一次自己入城讲经布道的经历。⑤ 从王韬日记可以看出，他入教之后行为最大的变化就是访艳的频率明显减少。咸丰五年二月十六日，王韬与友人同访勾栏，"小坐即去"，他解释说："予于此中意阑情懒，春婆梦醒，禅心已作春泥絮。"（第 142 页）咸丰五年八月二十二日，有朋友"欲拉至勾栏"，王韬正色拒绝道："花浮絮薄，匪我思存！"（第 162 页）这一举动与其终生喜好载酒看花的品性大相径庭。1856 年 9 月，与王韬关系最密切的雇主麦都思回国，不久即去世。1856 年第二次鸦片战争爆发，从 1856 年到 1857 年，王韬日记中断。1858 年以后，王韬对待西学与西人的态度大变。咸丰八年八月二十三日，王韬在与管嗣复谈论上海开埠和西方宗教传入问题时，非常激愤地说："利玛窦入中国，播煽邪教，蠡贼民心，一时无识者流，俱从之游，尊之曰'西儒'，流毒以至今日，靡有厄止，为碎作俑者之首，犹不足以谢天下。"（第 183 页）

究竟是什么原因导致王韬对西人西学态度的变化？首先，从整个中外关系的大局看。咸丰八年五月初八（1858 年 6 月 18 日）中美《天津条约》签订时，美国传教士兼翻译卫三畏通过欺骗

---

① 《第 60 届传教大会报告》，伦敦，1854 年，第 64 页，转引自柯文《在传统与现代性之间——王韬与晚清革命》，第 25 页。

② 王立群：《近代上海口岸知识分子的兴起——以墨海书馆的中国文人为例》，《清史研究》2003 年第 3 期。

③ 柯文：《在传统与现代性之间——王韬与晚清革命》，第 22、26 页。

④ 有学者曾利用语料库语言学的分析方法，对上海竹枝词中带有"夷夏"观念的"夷""西""洋"等词的使用频率作了统计分析，发现开埠初期 30 年，"夷"的使用频率非常高；1870—1900 年风气渐开，"夷""洋"混用较多；20 世纪初风气大开，主要使用"洋""西"。参见程洁《从上海竹枝词看条约口岸知识者民族观念的演变》，《华东师范大学学报》2011 年第 5 期。

⑤ 咸丰五年七月二十一日，王韬记载："是日礼拜，诣会堂祇受圣餐，入城讲解圣书，听者甚众，为言真葡萄树之譬，反复开导，颇有信者。"（第 161 页）这是《王韬日记（增订本）》中唯一一次明确记载自己讲经布道的活动，其余都是听传教士讲法或帮助发放传教书籍。

手段，在条约的中文文本中骗取了在中国内地传播新教的自由。这一意外收获，让传教士们兴奋异常，英国新教传教士杨格非（Griffith John，又名杨雅涵、杨笃信，王韬在墨海书馆的同事）在给英国伦敦差会的信中说："这个辽阔而古老的帝国，尽管它闭关锁国、颟顸自负、睥睨域外，但已然被迫首次打开其迄未开放的地区。"[①]另外，条约规定在北京派驻外国公使，也是对中国传统朝贡体制的冲击。这对秉持"夷夏大防"观念的王韬而言，无疑是无法认同的。其次，从个人因素看。放诞的王韬实为性情中人，颇重私人情感，王韬父子两代人在穷困之际都曾得到麦都思的援手，王韬作为麦都思的助手，相处"雅称契合，如石投水，八年间若一日"[②]。所以他译完《圣经》之后就受洗入教，一方面可能是受到《圣经》影响，并为生活所迫；另一方面，麦都思人格之感化也是不容忽视的因素。而当斯人已去，维系其与基督信仰之纽带也随之消失，王韬不得不重新考虑其生存的社会现实环境与未来的功名出路。

尽管王韬对西学和西人的了解要比一般士子多且深，但在"夷夏大防"占据主流观念的形势下，身处租界、与"夷人"为伍本身就有说不清道不明的嫌疑，所以，为了赢得社会舆论对其儒生身份的认可，王韬甚至比一般士人更加严格地强调"夷夏大防"。1859 年，王韬在写给江苏巡抚幕友周弢甫的信中，极力批评一些人对于西方科技、商业和坚船利炮的欣赏，认为："中外异治，民俗异宜，强弱易势，刚柔异性，溃彝夏之大防，为民心之蟊贼，其害有不可胜言者矣。"（第 255 页）

王韬不断申明"夷夏之辨"的立场，极力掩饰与西人的关系，但在现实生活的压力面前，他践行的则是务实而权变的民间生活伦理。他曾经与管嗣复（桐城派古文名家管同之子）讨论过如何处理坚守儒学与翻译西学之关系。管嗣复坚持儒学与西学不能两立，王韬则以为："教授西馆，已非自守之道，譬如赁舂负贩，只为衣食计，但求心之所安，勿问其所操何业。"（第 266 页）这种灵活多变的民间职业伦理，当然为王韬的谋生赢得了更多的机会与利益，但在政局动荡的多事之秋，无原则地投机取巧也为他埋下了灾难性的隐患。

二、"立功"心切：踯躅于科举功名与经济实学之间

在科举时代，士人"立功"的正途就是通过科举考试获取功名，进入仕途，[③]然后在自己职责范围内敷政施教，赞襄王化，努力成为一代名臣，身后入祀乡贤祠，这就是成功。要由科举进入仕途，至少要考取举人，然而三年一考的各省乡试的举人名额有限。根据乾隆《钦定学政全书》规定，江南省下江（江苏省）每科举人定额为 69 名，而参加乡试的生员为 5 520 名，录取率为

① R. Wardlaw Thompson, *Griffith John*, *The Story of Fifty Years in China*, London: The Religious Tract Society, 1906, p.79. 另参见顾长声《传教士与近代中国（增补本）》，上海：上海人民出版社，1991 年，第 66 页。

② 王韬：《弢园尺牍》卷 6《与英国理雅各学士》，第 257 页。

③ 近代胡思敬云："本朝最重科目，咸同时俗尚未变，士由异途进者，乡里耻之。"（胡思敬：《国闻备乘》卷 2《科目盛衰》，上海：上海书店出版社，1997 年，第 42 页）

1.25%。[①] 即使考中举人，也必须是参加3次会试（将近10年）不中者才有资格拣选知县，而真正能够获得官职的不到十分之一，有的举人甚至要等30年才能铨补知县。[②] 到了晚清，随着人口增长，科举名额紧张与仕途壅滞更加严重，加之社会动荡，新崛起的地方大员也急需一些可以依恃的干才，因此，一些中低级功名获得者通过进入督抚大员的幕下，凭借自己的真才实学获得保举进入仕途，同样可以实现“立功”之理想。据统计，清代“游幕人士中，85%以上出身于中低级功名，或者没有功名”[③]。

王韬的天赋与家教都很好，在科举道路上起步也很顺利。1845年以一等第三名的资格考取秀才，时年18岁。据学者统计，1850年前后，童生考取生员的年龄分布是：16—20岁占19%，21—25岁占44%，26—30岁占29%，31—35岁占7%，36—40岁占1%。[④] 可见在生员中，王韬不仅成绩突出，而且无疑是非常年轻的，他本人也因此自负得近乎膨胀：“区区一矜，何足为孺子重轻，他日当为天下画奇计，成不世功，安用此三寸毛锥子哉！”[⑤]但他很快就尝到了科场变幻莫测的无奈与绝望。次年，王韬参加金陵乡试，铩羽而归，重蹈父亲的旧路。王韬的父亲也曾经被人誉为“神童”，结果功名止步于秀才，终生以塾师谋生。王韬乡试失利之后，即到附近外婆的家乡锦溪镇顶替父亲做了塾师。

王韬对自己狂放的个性和纵恣的文风是有自知之明的。从内心深处而言，他非常排斥科场八股制义的程式，不愿意皓首穷经，年复一年地参加科举考试，博取那个飘忽不定的功名，他希望凭借自己的才华获得当道者的赏识与超拔，实现自己的青云之志。咸丰二年，王韬感叹说：“今天下方有事，安用此经生为哉！”（第48页）这句话既是对政局混乱、书生无用武之地的不满，同时也表明自己不想遵循常规走科举之路。因此，王韬曾经不止一次地写信拒绝那些劝他参加科举考试的亲朋好友。他在给妻兄兼知心好友杨引传（苹圃、醒逋）的信中说：第一，士子通过科举入仕显亲扬名而尽孝道，这是一种世俗的“一时之孝”。第二，大丈夫应该目光远大，追求“百世之孝”。所谓百世之孝，或是在政治上“经纬当世”（立功），干出一番轰轰烈烈的大事；或是在道德上“陶冶性灵”（立德）；或是在学术上“扬榷古今”（立言），由此而流芳百世。第三，当今官场腐败至极，地方长官“日耽娱乐”，对下属贪索无度，即使是冉由与季路（子路）那样的能吏生于今世，也会以“聚敛为急”。因此，若想从八股时文中寻求治国理政的方略，显然是迂腐狭隘的“尺寸之见”。[⑥]

王韬对晚清科场与官场的失望与抨击，并不仅仅是个人情绪的发泄，而是那个时代下层失

---

① 刘海峰、李兵：《中国科举史》，上海：东方出版中心，2004年，第363页。

② 商衍鎏：《清代科举考试述录及有关著作》，商志馥校注，天津：百花文艺出版社，2004年，第121页。

③ 尚小明：《清代士人游幕表》，北京：中华书局，2005年，第15页。

④ 张仲礼：《中国绅士——关于其在19世纪中国社会中作用的研究》，李荣昌译，上海：上海社会科学院出版社，1998年，第93页。

⑤ 王韬：《遁窟谰言》卷1《天南遁叟》，上海：上海申报馆，1875年，第1页。

⑥ 王韬：《弢园尺牍》卷1《与杨苹圃》，第43—44页。

意士人(寒士)的共鸣。晚清时曾经担任过地方教官的欧阳兆熊就说:"自咸丰戊午科场案未发以前,京师关节之风甚炽。"[①]与王韬同处江南的海宁生员管庭芬,也在日记中感叹道:"吁!钱神当道,寒士不可言功名矣。"[②]"康乾盛世"过后,面对日益凸显的政治腐败、社会衰颓,嘉道年间的士大夫激发起一股经世之风,有识之士纷纷抨击时弊,提出各种改革方案。身处这一时代的王韬,不可避免地受到这一经世思潮影响。王韬告诉朋友说:"思欲投笔从戎,为国杀贼。"还说自己开始关注时政,写了一篇《蒿目论》,提出"十不可治,七必当去",希望"为政者采而录之"。[③]

咸丰八年后,清军重建江南大营,与太平天国进入相持阶段。咸丰十年,太平军东征苏常,建立苏福省,上海成为清政府在江南统治的孤岛,危如累卵。此时王韬在沪上生活已经十年左右,逐步在地方官绅与西方传教士之间建立起一定的人脉关系,并积累了一定声望,"立功"条件逐步成熟,立功之愿望也更加急迫乃至焦虑。咸丰八年正月三日,而立之年的王韬总结说:"头颅三十,未能成名,殊自愧耳。"(第171页)十月四日王韬生日,"家人为烹肉煮面",王韬喟叹:"学问无所成,事业无所就。徒踢天蹐地于西人之舍,仰其鼻息,真堪愧死!"(第202页)强烈的功名欲给王韬造成时不我待的心理压力。也就是从这一年开始,他开始放下其狂傲的自尊心,不断地给上海、苏州的一些地方官绅写信,建言献策,希望能获得采纳与重用。

王韬求助的这些人中,既有他敬佩的江苏巡抚徐有壬、好友周弢甫,也有他内心轻视的两任上海道台吴健彰、吴煦。咸丰八年十二月十五日,他为了请求吴健彰资助刻印《瀛壖杂志》,诚惶诚恐地致信于吴,说:"震铄隆名,七年于兹,自分草茅疏贱,不敢执贽进谒,故怀刺不投、及门而返者屡矣。非真介然自守也,盖惧渎也。"(第234页)结果4个月后被吴健彰婉拒。咸丰九年至十年,他先后十几次致信徐有壬,建议"防海、弭盗、和戎",同时还谋求入幕,徐有壬最后一总回复,三策全部没有采纳,并婉拒其入幕的请求,只是随信赠送洋银30元以为劝勉。[④] 咸丰十年四月苏州陷落,徐有壬阖门殉难,王韬又开始积极联系新任上海道台吴煦,先后提出建议34条,帮助谋划团练,加强保甲,防守上海。[⑤] 他还说服吴煦释放押在牢狱的秀才陈少逸担任诸翟镇团练的团总,他本人也担任团练局董事,直接参与团练谋划。可惜不久他就借口"领饷"而"飞舟"赶回上海新闻。[⑥] 正如张海林所说:"王韬纸上谈兵头头是道,一遇实战便逃之夭夭的做法引起了苏松太道吴煦的不满。"[⑦]咸丰十一年底,王韬携带家眷回到家乡。次年二月,王韬化名黄畹上书太平天国,遭到清廷通缉,只得再次逃到上海,隐匿在英国领事馆内。同治元年十月,王韬

---

① 欧阳兆熊、金安清:《水窗春呓》卷上《功名有定数》,谢兴尧点校,北京:中华书局,1997年,第24页。咸丰戊午为1858年。

② 管庭芬:《管庭芬日记》,张廷银整理,北京:中华书局,2013年,第779页。

③ 王韬:《弢园尺牍》卷2《与省补》,第91页;卷1《与省补》,第37页。

④ 王韬:《王韬日记(增订本)》,第316—317页。王韬晚年在《弢园老民自传》中回忆此事,说"前后上书十数通,皆蒙优答",实际上是为抬高自己而不顾事实了。

⑤ 王韬:《王韬日记(增订本)》,第370、374页。王韬条陈的34条建议详见太平天国历史博物馆编《吴煦档案选编》第1辑,南京:江苏人民出版社,1983年,第307—315、412—415页。

⑥ 太平天国历史博物馆编:《吴煦档案选编》第1辑,第412页。

⑦ 张海林:《王韬评传》,第81页。

在英国领事麦华陀(麦都思之子)的帮助下流亡香港,从而结束了在上海的早期生活。

王韬不喜欢科举,试图挟策干禄,但他"阔达迂疏,每不为人所喜"[①],当道者往往"用其言而弃其人"[②]。在他献策不成、进身无望的时候,师长亲友殷切期望的压力以及朋友科举成功的刺激,又驱使他不情不愿地回到科场,这既是对师长亲友的交代,同时他自己也期待着一份侥幸。咸丰二年九月,王韬听说以前与他同年入泮的王俊明乡试中举,立刻"恍有云泥之隔"(第48页)。他致信姻丈周侣梅说:"见人家泥金遍贴,功名之念未尝不稍动于中,酒酣耳热,时复潸焉。……沪城斗大,绝无可与语者,安能郁郁久居此哉。"[③]次年春天,他就回昆山参加岁试。咸丰七年初,王韬听闻当年科试时间定在春末,立即致信恩师顾涤盦,说:"功名之心,匹如死灰,嘘而重燃,伏念家贫亲老,不得不为禄仕,寒灯咿唔,时温旧策……冀欲稍获尺寸,以博庭欢。"[④]咸丰八年,顺天乡试发生了著名的"戊午科场案",主考官文渊阁大学士柏葰被处死。王韬对此拍手称快,同时在日记中长篇大论地抨击科举时文之弊,认为"不废时文,而天下之弊岂可骤除哉?"(第262页)然而批评归批评,第二年春天,王韬还是回到昆山参加例行的岁试。咸丰十年,太平天国东征苏常,史称"庚申之难",江南士子的科举之途也暂时终止。

可以看出,王韬在面对不同人群时所表达的功名观是相互矛盾的。面对同辈朋友时,他总是愤世嫉俗,纵横辩论,留心当世之务,人们对他也"以经济相许"[⑤];但面对前辈师长,王韬又表现出谦卑温良,谨遵教诲,参加科举,以告慰父母尊长。在墨海书馆佣书的13年中,王韬始终纠结于参加科举与挟策干禄的矛盾。然而对于像王韬这样出生寒门而且个性放达的士子,这两条道路其实都很艰难。家境贫困,谋生压力巨大,很难长期承受科场的挫败;个性放达,直抒胸臆,则又不符合官场的潜规则。因此,王韬左冲右突,进退失据,却始终没有能够实现"立功"的愿望,这成为他一生的遗憾。对此,王韬晚年总结说:"盖今之时,为势利、龌龊、谄谀、便辟之世界也固已久矣,毋怪乎余以直遂径行穷,以坦率处世穷,以肝胆交友穷,以激越论事穷。困极则思通,郁极则思奋,终于不遇,则唯有入山必深、入林必密而已,诚壹哀痛憔悴婉笃芬芳悱恻之怀,一寓之于书而已。"[⑥]所以,王韬最后只能退回自己最擅长的著书"立言"之中去。

三、勤于"立言":对文化权力的孜孜追求

著书"立言"是王韬贯穿终生的兴趣,并取得了骄人的成就。诚如洪士伟在《弢园尺牍》的跋中所说:"先生有志于古之立言者也,博于学,赡于才,留心于当世之务,而不屑为章句之末,与斯

---

① 王韬:《弢园文录外编》卷9《弢园尺牍序》,陈恒、方银儿评注,郑州:中州古籍出版社,1998年,第349页。
② 王韬:《弢园文录外编》卷11《弢园老民自传》,第383页。
③ 王韬:《弢园尺牍》卷2《寄周文侣梅》,第60页。
④ 王韬:《弢园尺牍》卷3《奉顾涤盦师》,第135页。
⑤ 王韬:《弢园尺牍》序,第4页。
⑥ 王韬:《弢园文录外编》卷11《淞隐漫录自序》,第380页。

人竞科第之荣。”[①]王韬的著作范围极广，囊括经、史、子、集四大部类。据统计，王韬已刊书目有40种，未刊书目18种，[②]其中已刊著作全部是光绪元年即王韬逃出上海13年后刊行。这主要是因为，王韬早年谋生沪上时尚不具备刊印自己著作的经济条件，同时他的绝大部分著作也是完成于流亡香港之后。因为受到清廷通缉，王韬彻底断绝了“立功”的幻想，“自此杜门削迹，一意治经”[③]，沉浸于著书“立言”之中。换个角度看，这也成就了王韬作为近代改良派思想家之名，实现了他在上海期间孜孜以求的“名”。王韬的世界观念与文化视野是在到了香港，特别是在游历欧洲之后才发生根本性变化，这种变化主要表现在突破狭隘自闭的传统“夷夏观”而主张积极吸纳西学，其观点集中体现在《弢园文录外编》中。[④]

作为传统时代士绅阶层中的一员，王韬“立言”的宗旨一生未变，这也是传统士绅彰显其文化权力的主要途径。所谓文化权力，包括隐性的权力和显性的权力。隐性的文化权力是指文化自身的规范力量，即文化力；显性的文化权力是指借助于政治、经济或社会特权而对他人的支配性力量。传统时代的士绅阶层，借助于科举制的身份特权而获得了显性的文化权力。显性文化权力的运作方向，对上通过舆论维护儒家文化之道统，对下则通过各种社会组织网络教化民众。[⑤]

从王韬的“立言”宗旨看，主要表现为两个方面：第一，面对西方传教士传教和协助翻译《圣经》时，尽可能坚持儒家立场，调和东西方文化之差异，抵制西方宗教的影响，以维护儒家文化正统于不坠；第二，在面对中国民众和读者时，积极参与地方史志的编修，努力掌握地方文化与社会道德的话语权，对现实社会进行舆论干预。

王韬虽然早在1854年便已受洗入教，并多次随传教士外出活动，协助传教，但实际上，此时的王韬并没有严格的宗教观念，[⑥]更没有认同西方文化。正如他反复强调是因为生计所迫才佣书墨海书馆，可以推测，这也是他受洗入教的重要原因。咸丰五年七月七日，王韬“至讲堂听书”，并观看昆山儒生吴式如受洗仪式，王韬感慨地说：“式如绝志进取，俯首皈依，或非无见。噫！中国贫困极矣，安得广厦千万间，大庇此寒士也。”（第159页）王韬与吴式如的身份和生活境遇相同，才会产生同病相怜的共鸣。

与明末清初耶稣会传教士走上层士大夫路线的传教方式不同，近代新教传教士传教是以普通社会民众为主要目标。传教士为了扩大其影响，减少受众的文化抵触心理，解释说基督教与中国传统的释、道、儒三教“相为表里者，同源合流，本归一致”（第180页）。这对于那些生活在

---

① 王韬：《弢园尺牍》洪士伟跋，第359页。
② 忻平：《王韬评传》，第241—250页。
③ 王韬：《弢园文录外编》卷11《弢园老民自传》，第383页。
④ 王韬：《弢园文录外编》卷10《华夷辨》，第364页。
⑤ 参见徐茂明《明清以来士绅文化权力的结构性演变——以江南地区为中心》，唐力行主编《江南社会历史评论》第1期，北京：商务印书馆，2009年，第33—52页。
⑥ 柯文：《在传统与现代性之间——王韬与晚清革命》，第23页。

贫困中的平民大众是很有吸引力的。杨雅涵到松江、慕维廉(William Muirhead)到昆山传教，每次都能吸引很多人去听法和入教。(第195、270页)面对这样的局面，王韬批评说："华人之进教者，大抵愚者多而智者少，明者寡而昧者众。理趣既未能深造，言语亦未能圆融，动辄诋孔孟为不足师，程朱为不足道，悍然宣播于众。"[①]他担心"愚民"入教缺少辨别能力，受其蛊惑，最终违背儒家伦理，动摇华夏文化的根基。

王韬始终没有忘记自己的士人身份与责任，他在帮助传教士翻译《圣经》时，巧妙而隐晦地用儒家的观念来解释《圣经》，从而塑造了颇具儒教色彩的基督形象。在1890年的传教大会上，西方人批评王韬协助完成的《新约全书》译本"不完全符合规则"，"神性不够的读者……极易将基督误认作孔子，十分危险"。[②]"他似乎生活在两个社交圈，在西方世界里他以基督徒的面目出现，而在中国世界里，他的朋友和熟人都将他当成儒者。"[③]

面对远离口岸城市的乡村朋友时，他极力反对西学与基督教。例如，1853年，英国传教士在香港创办中文期刊《遐迩贯珍》，旨在传播西方格致之学与时政要闻，沟通中西文化，该刊主要发行于沿海通商口岸。昆山秀才孙惕庵获知消息后，曾向王韬索求《遐迩贯珍》，王韬却不以为然，批评这些杂志说："此糊窗覆瓿之物，亦复何用，徒供喷饭耳。"[④]咸丰九年，王韬在给周弢甫的信中说："瀚观西人教中之书，其理诞妄，其说支离，其词鄙晦，直可投于溷厕，而欲以是训我华民，亦不量之甚矣。顾瀚窥其意，必欲务行其说而后止，行之则人心受其害矣。"(第256页)据说这封信在当时士人中大受好评，王韬也颇为自得，一定程度上反映了他的真实看法。

总之，在中西文化碰撞的近代早期，王韬虽然生活上表现出名士的狂放，但深层意识则是士绅的立场，"华夷之辨"始终是其核心观念。有学者统计《王韬日记》中1860年业余活动的地点与频率，发现王韬与朋友们由租界经上海县北门"入城"的天数超过"城外"行走的天数，"即以逗留时间、心理趋归两方面观之，'城内'生活对这位居住于租界的'华士'，依然有着'城外'无法替代的吸引力"。"对王韬这类第一批进入租界的文人而言，'北门'不仅是一个穿越城乡的地理界标，亦是一道划分'夷夏'的心理藩篱。"[⑤]王韬喜欢"夷人"美味的葡萄酒和高效的印书机，也可以受洗入教，但上升到意识形态的层面，他对西学，特别是西方宗教明确持戒备乃至反对态度，其目的就是维护儒家文化的秩序，这正是士绅文化权力的职责所在。

王韬"立言"的另一个重要标志，是他很早就非常重视方志的编纂，借此获得历史解释的话语权。1853年上海小刀会起义之前，王韬已撰《瀛壖杂志》初稿二卷，深得上海学者江翼云赞赏，"许为有裨于世道人心"(第214页)。《瀛壖杂志》六卷本最终完成与出版是在光绪元年，属

---

① 王韬：《弢园文录外编》卷3《传教下》，第122页。

② 柯文：《在传统与现代性之间——王韬与晚清革命》，第24页。另可参见王宏志《"卖身事夷"的王韬：当传统文士当上了译者》，《复旦学报》2011年第2期。

③ 韩南：《汉语基督教文献：写作的过程》，《中国文学研究》2012年第1期，第9页。

④ 王韬：《弢园尺牍》卷2《与孙惕庵茂才》，第87页。

⑤ 叶中强：《上海社会与文人生活(1843—1945)》，上海：上海辞书出版社，2010年，第20—21页。

于私人修撰的杂志。从体例上看，该书篇目分类比较随意，内容也不齐备，不符合正规官修志书的标准。但私志有其体例灵活的优势，许多按照官修志书体例不能收入的内容在这部书中都有记载，从而保存了不少有价值的资料。如在人物立传标准上，此书表现出较强的个性。在女性人物方面，他一反官修志书大量收录节妇烈女的惯例，只收录烈女节妇 4 人，而收录了 7 位王韬最欣赏的才女。在忠烈人物方面，他将抗英名将陈化成列于人物首位，浓墨重彩地记述其事迹，其目的就是"传述忠孝节义"。对于在晚清江南减赋过程中与苏州地方世家大族持不同立场的苏州布政使刘郇膏，[①]王韬也不遗余力地予以褒扬，[②]其目的则是"定褒贬、别是非"。当然，这其中也反映了作为下层士人的王韬与上层世家之间的矛盾立场。而王韬不喜欢的人物，即使是上海近代史上无法回避的人物也避而不谈，如只字不提两任上海道台吴健彰、吴煦等人。[③] 他甚至在志书行文中不经意地拔高自己，塑造自己的正面形象，他说："余少有高尚之志，以云烟为灵景，视荣贵若土苴，虽逐臭海浜，慕膻沪曲，究不易其初心。"[④]这与《王韬日记》中所记载的实际情形相差甚远。通过编纂出版《瀛壖杂志》，王韬实现了他对历史的选择性记忆与对人物褒贬的文化权力。

四、"入城"与"归隐"的纠缠

儒家向有"穷则独善其身，达则兼济天下"的追求，因此，"出"与"处"一直是传统士人所面临的艰难选择。明清以来，科举制度培育的功名之士的数量已经远远超过国家机构所能提供的职位，那些通过正途获得低级功名的生员或贡生能够进入仕途的比例极低，这导致大量士子滞留社会。据统计，1818—1850 年，苏州府生员入仕的比例为 1.3%，举人入仕比例为 43%，进士入仕比例为 96%；1851—1883 年，生员入仕比例为 2.6%，举人入仕比例为 22%，进士入仕比例为 95%。[⑤] 因此，绝大多数生员及没有功名的童生，为了谋生，一般只能充任塾师或担任地方其他公共性的事务。所以，对于举人以上功名获得者而言，决定其"出"与"处"的因素可能是政治性的入仕机会；而对于广大底层儒生而言，决定其"出"（入城）与"处"（归隐）的主要因素还是经济性的谋生机会。

1843 年上海开埠以后，外国商行即开始入驻上海城北划定的租界。据统计，从 1848—1854

---

① 冯桂芬：《显志堂稿》卷 4《江苏减赋记》，沈云龙主编《近代中国史料丛刊续编》第 79 辑第 783 册，台北：文海出版社，1980 年，第 417—424 页。

② 王韬：《瀛壖杂志》卷 3，沈恒春、杨其民标点，上海：上海古籍出版社，1989 年，第 48—49 页。

③ 吴健彰、吴煦二人均因纳贿而被参落职，官声不佳，吴健彰祖籍潮州和香山的方志均不愿记载其任何信息。参见章文钦《从封建官商到买办官僚——吴健彰析论》，《近代史研究》1989 年第 5 期；郭存孝《吴煦与吴煦档案》，《档案与史学》2003 年第 6 期。

④ 王韬：《瀛壖杂志》卷 5，第 97 页。

⑤ 张仲礼：《中国绅士：关于其在 19 世纪中国社会中作用的研究》，第 117 页。

年，上海城北门外的洋行数量迅速从24家增加到120家。[①] 上海成为吸引江南地区下层士人谋生的中心。仅从咸丰二年王韬日记中所记录的朋友看，绝大多数是到上海谋生的江南各县生员或致仕官员，如林扶益（王韬续弦之养父，闽中举人，曾为县令）、张筱峰（云间人，以明经授元和教谕）、钱莲溪（娄县诸生）、雷约轩（华亭诸生）、张若愚（金山诸生，人颇恂雅）、顾秋涛（上海诸生）、林会庵（上海诸生）、蒋敦复（字剑人，宝山诸生）、李善兰（字壬叔，海宁诸生，精天文，善算学，能诗）、孙正斋（名启榘，昆山诸生，能诗）、蔡湘滨（昆山诸生）等；还有一些虽然没有获得功名，但也是挟一技之长或品行特出的文人，如陈循父（槜李人，工铁笔）、朱少谷（精篆刻，工书法，善画梅）、吴雪山（苏州人，性甚孝，恂恂儒雅）、杨近仙（苏州人，精风鉴），“董晓庵工篆刻，唐芸阁善丹青，张云士书法极佳，皆僦居庙中，以笔墨为生涯者”（第37页）。如果加上其他各类谋生的人群，其规模更加庞大。据咸丰九年王韬自己估计：“自西人互市以来，中国无赖亡命之徒，皆往归之，其门一逋逃之薮也。贫而庸者仰其鼻息，寡廉鲜耻者借以滋事。今只计海滨一隅，出入其门者，已不下万人，他省可知矣。”（第256页）

当时文人在沪上洋行谋生的薪水普遍高于在乡村担任塾师。据学者研究，19世纪有绅士身份的塾师年收入约100两银子，没有绅士身份的普通塾师年收入约50两，而一般劳动者年收入为10两左右。[②] 塾师的收入标准在王韬日记中也得到证实。据载，咸丰九年胡舒塘“设账于粤人家，岁得百金”（第284页）。但是，供职于洋行的文人年收入可达200两银子左右。如管嗣复受雇于美国传教士合信，“修脯月止十五金”（第266页），折算年薪为180两；而王韬因为其文字水平和敬业态度深得雇主们的欣赏，“岁得二百金”[③]。

从传教士和王韬双方的文字记录看，佣书墨海书馆的工作（主要是帮助传教士将口译的内容进行中文梳理与润色）是比较轻松的，每天的工作时间从上午10点到下午2点半，[④]如果传教士们外出布道，王韬一般也就自然放假了。轻松的工作，相对丰厚的报酬，使得王韬有余暇和余钱每日游走于茶楼、酒楼和青楼之间。但所谓报酬丰厚，也只是相对于乡村塾师而言，如果每日出入于茶楼酒馆，乃至访艳、吸食鸦片，那么即使年薪二百金，也是捉襟见肘，所以在日记中经常可以看到王韬陷入经济窘境，被迫典当、借贷、赊欠。咸丰五年七八月间，王韬几次被债主“吴老”当街追打辱骂，债主甚至到王韬供职的墨海书馆逼债。（第161—162、168—169页）咸丰八年底，王韬再次陷入困境，写信四处乞求，言辞卑谦，腊月二十四日，上海首富“郁氏遣人馈吕宋银饼六枚至，以为卒岁之需”（第243页）。

除了经济上的入不敷出外，最让王韬感到不满的就是佣书西馆的工作没有成就感。对于一

---

① 张仲礼主编：《近代上海城市研究（1840—1949年）》，上海：上海文艺出版社，2008年，第42页。

② 张仲礼：《中国绅士的收入——〈中国绅士〉续篇》，费成康、王寅通译，上海：上海社会科学院出版社，2002年，第101页。

③ 王韬：《弢园尺牍》卷2《寄所亲杨茂才》，第69页。

④ 柯文：《在传统与现代性之间——王韬与晚清革命》，第24页。

个学养深植的青年才俊，现在每日的工作就是帮助“夷人”翻译一些通俗性的传教文字，根本无法实现自己的价值与理想。尽管如此，这份工作还是许多底层文人羡慕而争相竞争的。昆山徐杏林“尝三至海上，欲出西人之门”而不得，趁王韬到昆山考试之时，“殷勤延接”。（第 270 页）太仓才子柴文杰，18 岁中举，完全有希望进入仕途，但也“贬节求利”，到沪上请求王韬帮助谋职。（第 228、239 页）除此之外，王韬多次接待“到海上谋升斗粟”的家乡人或朋友，（第 162 页）帮助租房、介绍工作、推销诗文集，等等。生存的压力，使得口岸城市上海聚集了大量下层文士，但聚集太多又导致文士身价贬值。王韬曾“偶入西园观剧，见其台上所悬一牌，乃为驱逐文士秋风计”，让他顿感“斯文扫地，名士不值一钱”。（第 292 页）

在激烈的生存竞争面前，传统的儒家伦理道德、礼仪规范被一步步突破，洋泾浜的风气让坚守传统道德理念的士人无法忍受。管嗣复痛斥说：“往来于洋泾浜者，大抵皆利徒耳。”（第 227 页）即使行事变通如王韬，对于沪上文人的风气也是深为不满。他批评说：沪上名士皆“为名利之奴”，“意气伪也，标榜滥也，性情漓而不真，学问驳而不纯”，“此风开自明季，而盛行于乾嘉之际，至今浸染未变，而沪中来者尤多”。（第 293 页）

由于对自己职业的性质和沪上人文环境的不满，王韬始终有一个归隐的梦想。而且刚到上海时，伴随王韬的还有人际交往的孤独与经济上的贫穷，所以他一开始非常排斥上海的城市生活。咸丰二年七月，王韬说：“余僻处于兹，与世少合，龌龊苟且之流，日接于目，胸鬲间殊属愤懑，人情世故久已了了，行将入山为僧，脱此名利枷锁，不与此辈俗物为伍。”（第 34 页）八月，王韬与友人“论及时事，辄为欷歔欲绝……欲为名僧”（第 37 页）。九月又说：“余迩来颇思逃禅。”（第 46 页）王韬写给妻子梦蘅的家书中，亦说一切名利都是虚空。[①] 咸丰五年，王韬开始由愤懑逃禅转向对归隐耕读的期盼，他感叹说：“予颇有季鹰莼鲈之味，奈故乡无田可耕，为可虑耳。”（第 162 页）

然而，任何感慨与牢骚在现实生活面前都是无力的。早在鸦片战争爆发之前，清朝政府的社会危机已经日渐凸显。这一危机在江南地区首先是由频繁的自然灾害与钱贱银贵的货币体系所引发，学者称之为“道光萧条”。[②] 从嘉兴士绅沈铭彝的日记可以看出，“道光萧条”导致江南乡村“寒士谋生不易，且士习卑污益甚”，乡村主佃矛盾加剧，“迁居城镇已经成为了绝大多数地主的现实选择”。[③] 此外，士人阶层中生员群体的急剧膨胀以及由此带来的生活困境已经成为嘉道年间严峻的社会问题，其中江南地区尤为突出。从徐世昌《晚晴簃诗汇》所收录的清代寒士诗人的地域分布看，“江南占了泰半”。而穷困潦倒的生存状态也成为寒士群体作品的主题之一。[④] 王韬在给杨引传的信中非常现实地分析了自己为什么必须坚守在上海。他说：“今兹卖

---

① 王韬：《弢园尺牍》卷 1《再与梦蘅》，第 29 页。

② 吴承明：《中国的现代化：市场与社会》，北京：生活·读书·新知三联书店，2001 年，第 240 页；李伯重：《“道光萧条”与“癸未大水”——经济衰退、气候剧变及 19 世纪的危机在松江》，《社会科学》2007 年第 6 期。

③ 王健：《居乡之苦：〈沈竹岑日记〉所见“道光萧条”与江南乡村社会》，《江海学刊》2013 年第 6 期。

④ 陈玉兰：《清代嘉道时期江南寒士诗群与闺阁诗侣研究》，北京：人民文学出版社，2004 年，第 61、23 页。

文所入，岁得二百金，尚且以布衾质钱，金钗贳酒，倘一旦归来，更将何以为计？念之真堪堕泪。足下葆素含贞，五年伏处，所储无十日米，得味惟一囊书。”[①]上海租界与家乡角直相差悬绝的收入，是王韬无法解决的问题。

随着王韬在上海生活的时间越长，他也慢慢地适应并享受着这里的繁华。“入城”与“归隐”这两种生活方式对他都有吸引力，同时也都有着难以两全的缺憾。“入城”不仅可以获得较为优厚的生活保障，而且可以有一个相对密切的交游圈，可以日日载酒看花、放言高论，从中获得士人群体的归属感。当他真的因为养病回到故里的时候，忽然发现乡村的宁静其实并不能让自己安心，长期与乡村的疏离，不仅与家乡人有了陌生感，同时在生活方式上，也出现了种种隔阂，他又开始怀念起沪上曾经梦幻般的生活，内心百感交集。正如他在《沪城感旧》诗序中所说：“春申浦上浪迹八年，问柳寻花，间有所属。……今归里门，郁伊寡欢，追念绮游，真如梦幻。”所以尽管他在诗中不断反省说：“久已冥心思学佛，安能抱疾再寻花。”[②]但实际上，王韬内心是追念不已、梦之不得。

王韬治愈足疾后立即重新回到上海，而且他进入茶楼啜茗、酒楼轰饮、青楼访艳、吸食鸦片的频率更高了，即使在1860年苏州陷落、上海告急之时，王韬也不改其“访艳”“啜茗”“轰饮”、吸食鸦片的生活方式。（第355—361页）此时的王韬虽然也有“归隐”的愿望，但归隐的条件不断提高，如咸丰八年说：“何年摆脱世虑，遂我初衷，置五亩之宅，买半顷之田，葆真养素，共乐邕熙，撷蔬栗以供宾客，洁鸡豚以娱慈亲。”（第232页）同治元年称：“苟得二顷田、万卷书，即欲杜门谢事，采芝饵术。”[③]可见王韬之“归隐”，与其说是对渔樵耕读的憧憬，毋宁说是对现实处境不满的表达。后来他终于由香港返回故里，也没有真正“隐于野”，而是选择“隐于市”，寄居于沪北淞隐庐。

结 语

嘉道以降的社会危机（内忧）与道咸以后的列强入侵（外患）构成了晚清士大夫寻求改革的根本动力，但在近代以来由缓而急的社会改革过程中，社会上层与下层的脱节、城市与乡村的脱节，始终是一种常态。[④] 王韬在墨海书馆谋生的13年正是晚清社会脱节的开端。在这一阶段，虽然西方列强已经打开中国的大门，少数有识之士也开始睁眼看世界，但整体而言，士大夫对于世界的认识基本上还是停留在传统“天下观”的体系中，魏源“师夷长技以制夷”的建议并未得到重视。上海最初给王韬留下的震撼印象，是葡萄酒之醇醪、钢琴之令人意消、印书机之巧捷、飞

---

① 王韬：《弢园尺牍》卷2《与所亲杨茂才》，第69页。

② 王韬：《蘅华馆诗录》卷2《沪城感旧》，《王韬诗集》，第67页。

③ 王韬：《弢园尺牍》卷6《与醒逋》，第246页。

④ 杨国强：《衰世与西法：晚清中国的旧邦新命和社会脱榫》，北京：中华书局，2014年，第10—11页。

甍画栋之琉璃世界等;之后感召于雇主麦都思之恩情,受洗入教,“获罪名教”,摇摆于“夷夏”之间。但这种变化还属于浅层次的感官刺激与谋生需求,当“夷夏大防”还是整个社会的主流观念时,王韬作为底层的功名之士,其一以贯之的思想核心还是儒学,儒家“三不朽”之立德、立功、立言一直是王韬的理想追求。

综观王韬的一生,可谓丰富坎坷而又矛盾多变。强烈的功名之心与生活之窘迫,迫使其在科举入仕与挟策干禄之间摇摆不定,甚至冒险与太平天国暗通款曲;其务实的民间生活理性,又使得他在中儒西耶之间游离周旋,这种权宜多变的生存策略自然会招致正统士人的鄙视与抨击,但在嘉道衰世与西学东来的“变局”之中,王韬权宜多变和敢于冒险的“狂士”性格,决定了他或成功,或失败,但绝不甘于平庸。因此,王韬在墨海书馆期间,虽然其思想根基是儒学,但当他受到清廷通缉、游历英法之后,其权宜务实的性格则成为他接纳西学的有利条件。与此同时,清廷内部的政局与思想也在发生变化,王韬眼界的扩大与思想的转变可谓适逢其时,与时俱进,他也成功转型为“变法自强”的积极倡导者。

随着清廷“自强求富”运动的兴起,从“讳言洋务”到“人人皆知洋务”,“几以洋务为终南捷径”,①王韬这位“名教罪人”也一变而成为洋务导师,并获得当道者的谅解,返回沪上,主持培养科技人才的格致书院,走到了时代的前列。尽管如此,在积极倡导洋务的同时,王韬仍然强调:“夫废时文,非为习西法也。……而本根所系,则在乎孝弟忠信礼义廉耻……由本以治末,洋务之纲领也。”②由此可见,即使王韬出走海外,视野与思想获得飞跃发展,其内心深处儒学为“本”的观念也并未消失。因此,对于王韬早年思想的评价,既要看到其一生之多变,同时也要看到其一生之不变,不能简单地以“传统—近代”的标签去解释一个复杂的历史人物,用后来王韬变化之思想去拔高其早年思想,那样既不符合历史之真实,同时也有违历史唯物主义之求是原则。

(本文原发表于《历史研究》2019 年第 4 期。)

作者简介:

徐茂明,1965 年生,泰州人,上海师范大学人文学院教授,博士生导师兼校学术委员会委员、历史系主任、中国近现代史博士点负责人,浙江师范大学江南文化研究中心兼职研究员,CSSCI 来源集刊《江南社会历史评论》副主编。曾任苏州大学社会学院教授、地方史研究所负责人。主要从事江南区域社会文化史研究与教学。主持国家社科一般项目 2 项、国家社科重大项目子课题 1 项、教育部和江浙沪三省市哲社项目 7 项。出版著作《江南士绅与江南社会:1368—1911 年》《互动与转型:江南社会文化史论》《明清以来苏州文化世族与社会变迁》等,发表学术论文 70 余篇。曾获上海市哲社优秀成果一等奖(合著)、教育部优秀成果三等奖(合著)等。

① 王韬:《弢园文录外编》卷 2《洋务上》,第 80 页。
② 王韬:《弢园文录外编》卷 2《洋务下》,第 83 页。

近代国际货币治理体系的建构
——全球视角和中国选择

宋佩玉

摘　要：近代国际货币治理体系与全球经济格局紧密相连，经历了金本位体系，金块本位、金汇兑本位混合体系，布雷顿森林体系等多个阶段。英国、美国在这一体系中先后占据主导地位，随着全球治理体系的变革，中国等国家的货币体系治理面临挑战。中国从银本位制向金汇兑本位制的转变过程中，受国际环境影响，遭遇极大困难。国民政府通过币制改革，实现了从金属货币到信用货币的转变，中国货币体系的国家治理开始跟上国际货币体系治理的步伐，在国际货币治理体系中从游离者、依附者逐渐转变为参与者、建设者。然而，受内战等因素影响，中国在布雷顿森林体系中未能有效发挥作用，也阻断了法币在战后发展为国际储备货币之路。

关键词：国际货币体系　全球视角　中国选择

全球经济治理体系通过多种方式和角度呈现，货币问题是其核心命题之一。近代国际货币体系产生于工业革命时期，伴随着早期殖民侵略和海外贸易在全球范围内扩张，先后经历了第一次世界大战前的金本位体系，两次世界大战间的金块本位、金汇兑本位混合体系，以及第二次世界大战后的布雷顿森林体系。而国际货币治理体系是针对跨境货币流动而形成的由价值观、国际规则和国际组织构成的治理系统，近代以来也分为三个与之相对应的历史阶段，即帝国秩序阶段、国际联盟体系阶段、联合国体系阶段。这一治理体系对近代中国产生深远影响，考察近代中国货币体系在遭遇冲击后，逐渐融入全球治理体系的过程，也就是从全球视角审视中国选择，仍会有很多新的认识。

一、帝国秩序阶段国际货币制度安排

帝国秩序是全球治理的开端。至19世纪，新的国际秩序将世界分为宗主国和殖民地、半殖民地，新的国际分工业已完成，宗主国输出商品、资本、技术和价值观，殖民地、半殖民地则提供投资场所、商品倾销市场和劳动力市场。从货币体系而言，1816年，英国通过《金本位制度法案》，从法律上确定将黄金作为货币的本位以发行纸币，这一法案的实行标志着英国正式进入金本位时代。及至19世纪80年代，金本位制逐步演变成真正意义上的国际货币体系。

一国加入或退出金本位的决策主要基于自然禀赋，也就是黄金分布情况。由于黄金分布存在较大差异，且不同国家开采技术迥乎不同，以此为基础，近代金本位体系呈现中心—边缘模式，中心国家实行金本位，边缘国家实行金汇兑本位或银本位。在帝国秩序阶段，金本位制主要在发达的资本主义国家广泛流行，比如英国、德国、法国、美国、比利时、瑞士等；而实行金汇兑本位的边缘国家有奥匈帝国、希腊、意大利、葡萄牙、俄罗斯、西班牙、日本、荷兰、澳大利亚等；实行银本位的边缘国家则是中国、印度、墨西哥、秘鲁、智利等。此时的英国凭借其世界最大贸易国和资本输出国的地位，加上伦敦城发达的票据贴现市场、英格兰银行的信誉保证，在这一国际货币体系中居于绝对核心地位。正如威廉·霍金深（William Huskisson）所言："我毫不怀疑随着我们商品交易和外汇交易的扩展，英格兰银行将会使伦敦成为世界最大的黄金交易市场……这将使得我们可以矫正对于任何国家汇率的波动，特别是对于那些输出黄金的国家的货币，伦敦必将成为世界货币交易的结算地。"①

1880—1914年，金本位盛行了35年，在该制度的安排之下，中心国家以法律形式规定货币含金量，一方面避免了汇率的大幅波动，另一方面亦改善了国际收支不平衡状态，最终促进中心国家的经济增长和世界金融整合。在整个帝国秩序阶段，英国作为霸权国，是国际货币体系治理的建立者和管理者。理论上，实行金本位国家的汇率是建立在铸币平价的基础之上的，而铸币平价即两个实行金本位制度的国家之间货币含金量的比例。汇率水平围绕金平价（Gold Parity）上下波动，上下界限为输金点（Gold Export Point）。这一机制牺牲了各国货币供给的自由裁量权，尤其是边缘国家对于国际货币体系存在很强的依附关系，因国际债赔款偿还和国内经济发展的需要，边缘国家资本处于自由流动状态，因而需要追随中心国家不断调整汇率。如果一国实行银本位，与金本位国家的汇率则基于金银比价，因金银比价经常变动，在本币银含量保持不变的情况下需要随时调整汇率，事实上实行着浮动汇率制。

在列强所构建的帝国秩序中，作为边缘国家的中国长期游离于体系之外。金本位体系确立之时，白银逐渐被驱逐出国际货币体系，银价呈现日益跌落的趋势，与此同时，美国等产银国的力争及战争等因素亦导致银价多次上涨，银价的大涨大落使得白银成为世界性的投机商品，中国对外贸易以及国际债赔款的还本付息常遭汇率风险所带来的损失。近代大部分时间，中国货币制度即是依照此种特殊情况进行治理，面临着前所未有的困境：若是追随国际金本位潮流，物质基础和国际环境都无法予以资金支持。若是选择银本位制，则必然落后于世界货币体系，无法有效参与国际货币体系治理，且银的进出受制于外人。

---

① 尤瑟夫·凯西斯：《资本之都——国际金融中心变迁史（1780—2009）》，陈晗译，北京：中国金融出版社，2011年，第32页。

在全球治理体系的变动之中，边缘国家如何纳入体系呢？从历史发展的逻辑而言，有时在技术驱使下发生改变，有时则因观念更新而发生改变。中国货币体系治理和国际货币体系演变之间的时滞很长，这一时期，首先是观念成为知识价值迁移的关键因素，多种从工业革命和资本主义市场出现就开始的西方观念被楔入有千年历史传统的中国金融模式之中。1900 年前后，因甲午战争的失败，中国支付赔款过程中遭遇汇率风险，国际货币体系受到外国人、商人、官员和有影响力的知识分子积极推广，在中国逐渐形成改革币制、接轨国际的思想，这主要表现在货币本位乃至统一币制的讨论上。在清末货币本位制度的讨论中，多数人赞同金本位制，其次则是主张金汇兑本位，此外还有金银复本位制、银本位，或者银本位与金汇兑本位制并行等多种方案。在各方角力之下，直至 1910 年，以《币制则例》颁行为标志，银本位制最终占据上风，下一步就是如何行使银本位的问题。与此同时，统一币制的诉求因持续的财政困难而产生，其中，如何确立国家在货币体系治理中的主导地位，进而垄断铸币权，以促进财政货币化，是论说的题中应有之义。

二、国联体系下战间国际货币体系治理

战争催生新的全球治理体系，第一次世界大战不仅极大地冲击和影响了帝国秩序，还促使各国反思此前的全球治理体系，在此基础上，国际联盟应运而生，其宗旨为维护和平、裁减军备、和平解决国际争端。虽然美国是国联发起国之一，但因与英、法等国争夺领导权失败以及国内孤立主义盛行，美国没有参加国联，英、法两国成为国联的实际控制者。

一战同样深刻地改变了国际金融格局，1913 年 9 月，英国抢先宣布黄金禁运，存储黄金以备战时之需。其他国家也竞相限制黄金自由流动，停止黄金自由兑换，并因财政支出陡然增大而无限制增发纸币，金本位制遭到破坏。一战之后，各国虽努力恢复经济，但战争引发的通货膨胀和债务危机却持续困扰着各资本主义强国。为了重建战后货币体系，1922 年，国联在热那亚召开世界货币会议，英国提议欧洲回归金本位制，主要国家以黄金作为外汇储备，其他国家以黄金和外汇混合作为储备。[①] 这种以金本位为基础的金块本位制产生的直接原因是英国黄金储备不足却想维护英镑稳定，实际上是希望欧洲各国放弃与黄金挂钩而与英镑挂钩。然而拥有大量黄金储备的美国反对，为此，美国重返高关税政策，逼迫欧洲国家将黄金储备持续移转美国。英国迫切感受到如果不能恢复英镑与黄金的可兑换性，世界经济中心将永远从伦敦转向纽约。为此，1925 年，英国率先宣布恢复金块本位制，法国紧随其后，美国继续实行金本位制，其他国家则采用以英镑、美元、法郎为国际货币的金汇兑本位制。这种金本位制有着严重缺陷，英国已然不再拥有通过政治经济霸权维持金本位平稳运行的条件，占世界黄金存量一半以上的美国和

① 巴里·艾肯格林：《金色的羁绊：黄金本位与大萧条》，范千千、韩琼译，北京：机械工业出版社，2016 年，第 124 页。

法国则不愿承担国际储备货币的责任，也不愿扮演最后贷款人的角色。各国纷纷从自身利益最大化出发，竞相窖藏黄金，提高本币黄金保证比率，国际信用关系瓦解，国际货币体系陷入极大混乱，最终酿成 1929 年的经济危机。在危机打击下，战间金本位的核心要素毁于一旦，1931—1932 年，世界主要资本主义国家纷纷放弃金本位制，实行货币贬值。1933 年 6 月，为缓解金融危机，国联召开伦敦世界经济会议，稳定国际货币体系是该会议的核心议题之一。会议召开前后，美、英、法三国中央银行代表在场外进行非正式会谈，但是因美国国内的经济民族主义，最终导致该次会议无果而终。及至 1936 年，主要资本主义国家为维护各自利益，纷纷成立排他性货币集团，国际货币体系分裂为“英镑集团”“美元集团”和“黄金集团”（即“法郎集团”）等相互竞争的货币集团。竞争的同时也酝酿着协调，1936 年，英、美、法先后达成“三国通货协定”和“三国黄金协定”，三国同意维持各自货币的对外汇率水平，承诺共同合作，保持各国货币关系的稳定，并明确美元与黄金及其他通货的联系。然而随着第二次世界大战的展开，各国竞相实行外汇和贸易管制，保护主义愈演愈烈，整个国际货币体系处于崩坏的边缘。

理论上，全球货币体系治理可以由两个或多个国家，甚至由某个国际组织来主导，战间国际联盟召开多次国际会议，签署多个协议，试图重建国际货币体系，但因缺乏影响力和公信力，并未发挥作用。而其背后的英国对于国际货币的治理能力逐渐衰落，美国则尚未确立国际货币治理的霸权地位。不仅如此，实践也不断证明，国际货币体系治理这项具有重要作用的公共产品很难由国家间的合作来提供。

身处复杂国际环境的边缘国家自不能外。从一战开始，中国货币体系的国家治理总算从观念层面转向实践层面，先是 1914 年《国币条例》的公布，银元被确立为本位货币，并切实开铸“元”单位货币，但没有对银两作出规定，两元体制仍并行不悖。此时，“国人对于币制之主张，均以施行金本位为归宿，而以暂行银本位为过渡办法”①。国民政府从成立伊始，已经有了治理中国币制的想法，1928 年 7 月召开的全国财政会议所确立的币制方针，第一步是废两改元，确定银本位，第二步是推行金汇兑本位制度。② 1929 年初，财政部邀请美国专家甘末尔（Edwin Kemmerer）等人来华，成立中国财政设计委员会，11 月，甘氏提交《中国逐渐采用金本位币制法草案》，建议“逐渐采用一种合宜之金汇兑本位制，并设法使现行种种货币永远收回，而使中国有全国统一之金币制”③。而随着各国改行金本位制，银的需求再次一落千丈，银价亦盘旋而下，造成这一状况固然以白银需求减少为主因，而开采技术更新导致的生产量增加亦起相当作用。然而面对银价的持续跌落，近代中国特殊的白银核心型货币体系不仅没有诱发经济危机，反而在一定程度上阻止了世界经济危机向国内的传导。1932 年之前，银价螺旋式下跌，白银供应持

① 张辑颜：《中国金融论》，上海：黎明书局，1936 年，第 137 页。

② 《整理财政大纲案（审查修正报告）》，中国人民银行总行参事室编《中华民国货币史资料（1924—1949）》第 2 辑，上海：上海人民出版社，1991 年，第 61 页。

③ 《中国逐渐采行金本位币制草案及理由书大要》，《东方杂志》第 27 卷第 16 号，1930 年 8 月，第 116—118 页。

续增加，呈现温和的通货膨胀态势，货币体系的国家治理处于一个相对有利的环境。基于此，1933年3月，《银本位币铸造条例》通过，银本位币定名曰“元”，其铸造专属于中央造币厂。4月，财政部布告自6日起所有公私款项收付一律改用银币，不得再用银两，这使币制改革“先著一筹”，国民政府开始对货币体系实施全面控制，货币的国家治理能力逐渐增强。

然而，1931年已经在酝酿转折，英国、日本等国相继脱离金本位，1932年，银价跌至谷底开始反弹。1933年，银价大幅上涨开始威胁中国货币体系的运行，当年5月，行政院副院长兼财政部部长宋子文与美国代表和一些外国政府代表在华盛顿讨论白银问题，宋称：“中国政府基本上对稳定银价是最关切的。”他赞同使用白银和生产白银的国家举行一次会议。[①] 7月，宋子文代表国民政府出席伦敦世界经济会议，呼吁稳定国际银价。在世界经济会议期间，中国、澳大利亚、加拿大、美国、印度、墨西哥、秘鲁、西班牙等8大用银国、产银国签订协定，规定各国4年内售、购白银的数量与办法，其目的在于“缓和银价的波动”和“有效的稳定”。[②] 然而伦敦白银协定要求稳定银价的精神没有阻止白银拥护者对白银制造更大的动荡。协定墨迹未干，美国白银集团为抬涨银价，游说罗斯福总统在国内外市场收购白银。1934年6月，美国颁布《白银收购法案》，宣布放弃金本位，实行美元贬值，并大幅度提高银价，实施白银收购政策。这一法案颁布的直接结果就是导致中国通货储备大量流失，银本位制崩溃，1935年11月，国民政府不得不进行币制改革，白银在法律上退出货币流通领域，发行的法币在技术上与英镑挂钩，汇率浮动。法币改革的实施，中国“几乎一夜之间”即从金属货币（银本位货币）过渡为信用货币，并最终确立国家在货币发行中的垄断权，国家也真正成为货币治理体系的主角。而在此期间，英国通过支持法币改革和平准基金贷款的方式，对法币予以支持，把中国拉入英镑集团。与此同时，截至1941年，美国总共从中国收购了5.53亿盎司的白银，中国共得到2.53亿美元外汇储备，[③]法币与美元挂钩，汇率保持相对稳定，货币信誉得以维持。中国在错综复杂的国际背景下摆脱落后的本位体系，向信用货币体系的转化，对中国的抗日战争及其国家货币治理体系产生了深刻影响。

三、联合国体系下国际货币治理规则确立

经过大萧条和二战的冲击，国际社会逐渐意识到，需要尽早建立一个具有公信力的国际组织来维护世界和平，并推动国际经济、社会和人权问题上的合作，联合国由此而成立。二战结束之时，美国毋庸置疑成为世界上综合国力最强的超级大国，在世界贸易、国际金融与国际投资等

---

① 《伦敦白银协定与美国抬高银价》，中国人民银行总行参事室编《中华民国货币史资料（1924—1949）》第2辑，上海：上海人民出版社，1991年，第111页。

② 《白银协定》，申报年鉴社编辑《申报年鉴》，1934年，第379—381页。

③ 阿瑟·恩·杨格：《一九二七至一九三七年中国财政经济情况》，陈泽宪、陈霞飞译，陈泽宪校，北京：中国社会科学出版社，1981年，第534页。

领域无可匹敌。不仅如此，二战中后期，美国逐渐放弃单边孤立主义的外交政策，开始主动承担战后国际政治、经济的领导责任。

为了早日结束国际货币体系的混乱和动荡，早在1941年，英、美两国即积极筹划重建国际货币体系。1943年，为维持和延续英镑的国际储备货币地位，英国召集包括中国在内的多个国家讨论国际货币体系，最后形成了凯恩斯(John M. Keynes)计划，主张国际货币与黄金脱钩，建立世界银行发行世界货币来解决国际储备货币问题。而美国凭借战时拥有的黄金储备和强大的政治军事实力，力图建立以美元为核心的战后国际货币体系，为此，美国邀请中国在内的一些国家参与讨论，最终形成了怀特(Harry D. White)计划。1944年7月1日至22日，来自44个国家的代表在美国布雷顿森林小镇举行"联合国货币金融会议"，经过三周的讨论，会议通过以怀特计划为蓝本的《最后决议书》和两个附议，即《国际货币基金协定》《国际复兴开发银行协定》，以上三个文件总称为"布雷顿森林协定"。从国际货币制度安排来看，布雷顿森林体系以黄金为基础，美元与黄金挂钩，各国货币与美元挂钩，美元是国际可兑换货币，美联储为最后贷款人，各国采取有别于金本位制下的固定汇率制，即可调整钉住汇率制。

而在英、美同时公布两国方案，着手战后国际货币秩序安排之时，国民政府即已关注这一问题，因为国际货币基金不仅直接影响战后中国的经济重建，背后还彰显中国战时获得的大国地位。时任外交部长的宋子文建议国民政府利用外交和政治手段为中国在战后国际组织中赢得更多权利。① 在宋的倡议之下，国民政府组织专家对英美方案进行广泛讨论，并制定有利于自己的方案。1943年4月7日，美国以财政部长摩根索的名义邀请37国共同商讨战后金融合作计划，包括中国在内的28国接受邀请。6月，国民政府组成包括郭秉文、席德懋、李国钦、宋子良等在内的代表团，并提交符合中国国情的战后金融方案。1944年6月，"联合国货币金融会议"召开前夕，美国财政部邀请包括中国在内的各国代表召开为期两周的预备会议。7月，国民政府派遣孔祥熙率领33人的庞大中国代表团参加正式会议。

设立国际货币基金，是整个布雷顿森林会议的核心议题。1944年7月3日开始，负责国际货币基金的第一委员会先后举行了多次分组讨论，其中各国在基金总额中的出资额度问题(即摊额)，是参会各国代表关注的焦点，因为英美方案均将摊额直接与投票权挂钩，在国民政府看来，中国之国际地位应该由摊额加以体现。通过多轮磋商，中国摊额在总额88亿美元中占5.5亿美元，在投票权5 750票中占5.8%，在所有成员国中居于第四位。

保证货币价值的稳定性是形成国际货币的铁律，只有币值稳定，公众才有信心持有该国货币。但时至20世纪40年代后半期，中国内战所造成的财政恶化导致恶性通货膨胀的发生，法币已经逐渐失去通货效用，国家对于货币治理的有效性大打折扣。根据国际货币基金协定，各会员国必须首先确定汇率平价，平价一经确定，至少维持六个月，各国货币对美元的汇率只能在

---

① U. S. Department of State, *Foreign Relations of United States*, 1943, Vol. 1, Washington: Government Printing Office, 1963, p. 1070.

平价上下1%范围内波动，如果会员国汇率平价调整幅度超过10%，则必须得到国际货币基金组织的同意。然而，直至1948年9月国际货币基金和国际复兴银行第三届联合会议召开之时，由于中国汇率平价始终难以确定，允诺的份额自然无法提交，国民政府未能履行作为国际货币基金组织成员国的相关义务，较大摊额自然没有带来立时收益。除此之外，国际货币基金组织刚刚成立，重心主要放在西欧国家复兴之上，由此，中国货币体系在崩溃之时，并没有得到国际货币基金的有效支持。

综观抗战后期和战后初期国民政府参与建设布雷顿森林体系的过程，一方面可以证明一国货币的国际地位实可由该国国际政治地位来决定。对于中国而言，作为战时崛起的大国之一，与世界各国坐在一起讨论国际货币与金融政策，促进战后经济的重建与发展，这是近代以来的第一次。而另一方面，全球货币金融秩序的维持有赖于各国货币体系的稳定和各国货币体系的国家治理能力，法币作为近代中国尝试走向国际化的货币，为中国从国际货币体系的边缘走向中心奠定了良好基础，也为中国在国际货币体系治理中发挥作用提供了有利条件。然而内战所导致的恶性通货膨胀，最终阻断了法币在战后发展为国际储备货币之路。

结 语

任何时代的国际货币体系治理都是特定历史阶段的具体实践，一方面取决于特定历史阶段的国家政治经济条件，另一方面也受限于特定历史阶段的国际货币体系。近代的大部分时间，国际货币治理主要建立在以中心国家为基础的国际体系之上，中国长期是边缘国家，其货币的国家治理在世界趋势的裹挟之下，从追求银本位到倡行金汇兑本位，货币本位嬗递不仅仅以国内政治经济发展为依托，更以与国际货币本位的冲突较量为根据。就国家治理的效果论，自20世纪30年代开始，中国货币体系的国家治理才真正跟上了国际货币体系治理的步伐，中国开始对既有国际规则和秩序拥有选择权和建议权，在国际货币治理体系中从游离者、依附者逐渐转变为参与者、建设者。当前，全球金融治理和国际秩序变革加速推进，在这种错综复杂的国际环境中，中国如何应对美元霸权，如何加快人民币国际化进程尤为重要，无论是从维护国家利益角度而言，还是从承担大国责任方面出发，中国方案的关键都在于提升国家竞争实力和货币治理能力，只有这样才能在国际货币体系中拥有制度发言权，并重塑全球价值链。

（本文原发表于《上海师范大学学报》2023年第5期。）

作者简介：

宋佩玉，上海师范大学人文学院教授，博士生导师，国家社科基金重大项目首席专家，中国钱币学会货币史委员会副主任，上海市“曙光学者”，上海市“东方学者”特聘教授，上海市马克思主义理论教学研究“中青年拔尖人才”。主要研究方向为中国近现代经济史，兼及中华人民共和国史。近年来，先后主持国家社科基金重大项目1项、国家社科基金一般项目2项、国家社科基金重大项目子项目1项、教育部人文社科一般项目2项、其他各类项目20余项。2016年，获得上海市第十三届哲学社会科学优秀成果著作类二等奖。2017年，获得第五届金融图书“金羊奖”。2023年，获得第十七届上海图书奖。目前已独立出版著作4部，编著2部，主编1部，参编3部，发表学术论文60余篇。

上海巡防保甲局与近代城市治安管理的转变

薛理禹

摘　要：晚清上海的巡防保甲局是传统保甲制度向现代警察制度过渡的产物。其建立于同治初年，有总局和各处分局，设总巡、委员等官吏及局勇。巡防保甲局统领基层保甲组织，承担户口管理、治安维护、惩治不法、防灾救灾、维持交通等职能，对于情节较轻的违法犯罪人员具有审判处罚权力，与同期租界内的巡捕房职能类似。然而相比巡捕房，巡防保甲局功效较差，弊病重重。清末警察制度推广后，巡防保甲局逐步被警察局取代。

关键词：巡防局　保甲　局勇　巡捕　治安

关于保甲制的研究成果，可谓"厚乡薄城"，就清代晚期的保甲制而言，亦是如此。宏观视野的研究著述，大多着眼于晚清乡村地域的保甲制实施情况，考察国家政权在乡村的控制能力，而对同一时期的城市保甲关注不多。① 一方面，清末城镇维持着传统的保甲制，从而管控户口、维护治安、打击犯罪；另一方面，在一些大城市，尤其是东南沿海城市，为适应形势变化，在固有保甲体系之外，产生了新的治安管理机构——巡防保甲局（亦可简称"巡防局"或"保甲局"）。保甲局的组建和构成，其职能何在，其与传统保甲组织的异同关联，性质如何，功效怎样，不仅是探讨清末城市户口控制和治安管理的关键内容，同时也是清代晚期城市社会转型的重要体现。鉴于以往这方面的研究②为数不多，内容较为简略，许多要点尚未充分展开，笔者拟从晚清上海影响力最为广泛、刊载大量一手资讯的报纸《申报》中有关保甲和保甲局的新闻着手，考察晚清上海华界地区保甲制的实施与巡防保甲局的设置同职能情况，分析两者之间的关联，阐明晚清城市户口管控和治安维护的时代变化。

---

① 如萧公权《中国乡村——19世纪的帝国控制》，张皓、张升译，北京：九州出版社，2018年；王先明、常书红《晚清保甲制的历史演变与乡村权力结构》，《史学月刊》2000年第5期；王宏伟《晚清州县保甲组织探析：以直隶为中心》，《求索》2006年第3期；刘道胜《清末保甲编制与村族社会治理》，《安徽师范大学学报》2015年第5期。

② 如肖如平、蔡禹龙《清末保甲与城市社会治理》，《唐都学刊》2012年第2期；肖如平、蔡禹龙《清末杭州城市保甲的演变与职能》，《杭州文博》2012年刊。何益忠在《老城厢：晚清上海的一个窗口》（上海：上海人民出版社，2008年）第五章第一节"城市治安管理"中的"巡防保甲局的创办"部分概述了上海巡防保甲局的创办始末和主要特点。

一、晚清上海巡防保甲局的组织架构

上海的地方志对于巡防保甲局的设立记载如下："巡防保甲局，同治初年起巡道委员办理。城内五局：中局初赁民房，继设火神庙，后设常平仓；东局设鄂王庙；南局设宁海禅院；西局设万寿宫；北局设沉香阁。城外五局：十六铺中局设紫霞殿；南局设小九华；北局设古云台；二十三七铺局设小普陀，并分设十二图局于石街；西门外局设社稷坛余屋。其设各乡者为杨家渡、梅家弄、三林塘。以城内之中局为总巡，统辖各局。每局派防营兵驻防之。"①咸丰末期，太平天国兵临苏、浙，进逼上海时，上海的士人王韬向官府提出仿效租界巡捕房设立巡防局的请求，建议"城外宜设立巡防总局，与西官相为联络，派委干敏员弁专事讥察，以靖地方而缉奸宄也。……所设巡防总局须与西国各领事衙门及巡捕厅相辅而行也"②。其后不久，上海县即开始设置巡防保甲局，时间与周边的江宁府城、杭州府城相近。③ 保甲局均位于城内外华界地带，不得设于租界内干涉租界事务。④

巡防保甲局是纯粹的官办机构。⑤ 其总负责官员称为"总巡"，由上海道员在下属官员中委派承担，一般均为兼职。例如光绪初年，上海巡防保甲局总巡即由任松江府海防同知（驻上海）的沈壬昌（字敷山）兼任。⑥ 又如光绪十六年上海道员聂缉椝委任上海洋务局提调三品衔江苏候补知府、长期担任会审公廨谳员的陈福勋为巡防局总巡。⑦ 各处分局的主管官员称"局员"或"委员"，亦由上海道员任免，分局局员多系候补官员充任，如"本邑西南乡龙华镇巡防保甲局委员姚二尹近奉江海关道宪蔡和甫观察檄饬，另候差遣，所遗巡局事务以前货捐局委员江苏候补知县姜品珊明府应芳接办"⑧。

保甲局除总巡、局员等官吏外，还配备丁壮，承担随侍官员、巡逻查缉、捉拿押送人犯等事务，称为"局勇""巡丁"或"差勇"。局勇多系驻地绿营调拨兵士充当，亦有由铺户捐资雇募的情

---

① 民国《上海县续志》卷2《建置上·各局》，《上海府县旧志丛书·上海县卷》第4册，上海：上海古籍出版社，2015年，第2305页。

② 王韬：《弢园文新编》，李天纲编校，上海：中西书局，2012年，第198、202页。

③ 根据同治《续纂江宁府志》及民国《杭州府志》的记载，两处保甲局亦设于同治初年。

④ 如"虹口巡防局设在三官堂门前，悬虎头牌二面。（租界）捕房麦总巡见之，以该处在租界之内，未便设立巡局，禀请蔡太守前往勘视，禀知新任海关道。谕该局员杨都戎将局改设租界外圆通寺地方云"。见《巡局迁移》，《申报》1890年4月25日，第3版。

⑤ 晚清地方诸局，或官办，或绅办，多有不同。上海除保甲局外，另设团防局（亦称团练局）维持治安，后者属于绅办。《局员团董之际遇》（《申报》1908年3月28日，第19版）："前闸北巡防局员章茨莜二尹，与团防局董某君拿获盗犯七名，解县讯究，迄已二载。兹苏藩瑞方伯查阅前卷，以该局员与团董获盗有七名之多，功不可没，特札饬闸北巡警局总办汪观察详查该局员与团董履历，以资奖励。""员""董"称谓之不同，显然表明了两者性质的差异。

⑥ 《督办城厢内外总巡松海防分府沈告示》，《申报》1877年8月24日，第3版。

⑦ 《沪上官报》，《申报》1890年11月13日，第3版。陈氏官衔参见顾廷龙、戴逸主编《李鸿章全集》第33册，合肥：安徽教育出版社，2008年，第315页。

⑧ 《局员瓜代》，《申报》1898年10月28日，第3版。《论巡防局不准擅理词讼》（《申报》1892年8月20日，第1版）亦称"特设巡防保甲之局，以安插候补诸冗员"。

况。[①] 作为官方机构，保甲局人员的薪俸、粮饷及办公经费名义上由官方给付："所有局员薪水已蒙道宪筹款致送。所有门牌纸张一切费用均由县中捐给，不取民间分文。"[②]但实际上也常常向民间摊派费用。[③]

二、保甲局的主要职能

晚清保甲局，专门担负户口管理、治安维护、惩治不法、防灾救灾、维持交通等职能，与日后的警察机构非常类似。

（一）户口管理

对所辖人户进行户口登记和管理一直是保甲体系的重要职能。"每届冬令，各州县例须兴办巡防保甲事宜，稽查户口，颁换门牌，以安闾阎而戢盗贼，法至良也。"[④]晚清时，城乡保甲体系仍然维持，户口登记与门牌制作、更换和颁发，照例由基层保甲组织实施，而保甲局作为基层保甲组织的上级领导，主要行使督率职责。尤其在每年冬季来临时，由保甲系统照例稽查户口，例如1893年初"冬防"之际，上海知县"谕饬城厢内外各董事清查十家保甲册。前昨等日，各董事督同地甲、局勇按户稽查，次第开办"[⑤]。

（二）治安维护

保甲系统对于社会秩序的作用，体现在事先的"防"和事后的"治"两个层面——当然两者时常结合。巡防保甲局的治安维护，主要是"防"的层面，表现为勇丁巡逻、特殊场所及人员监控等方面。上海自开埠后，"万国通商，五方杂处"，"匪徒最易溷迹"，治安情势复杂，保甲局特别组织勇丁"定以日夜，分班巡缉"以维护治安。[⑥] 许多盗抢案件发生于夜深人静之时，故夜巡更显意义重大，巡防局委员也时常率局勇夜巡。从《申报》中常可找到局勇夜巡时查获不法人员的案例。例如光绪初年市郊虹桥镇"前夜有匪徒在柴堆放火，霎时烈焰飞腾。适逢该处巡防局查夜，巡丁帮同乡人救灭，即获到匪徒一人"[⑦]。夜巡对于治安维护的积极作用由此显而易见。

烟馆、茶肆、客栈、寺院、妓院等公共场所三教九流混杂，容易滋生犯罪，是保甲局日常稽查和治安监控的重点。尤其是鸦片烟馆，"查烟馆盗贼极便潜踪，城厢内外烟馆比户，且有以妇女

---

① 《保甲章程》，《申报》1891年11月21日，第3版。
② 《保甲章程》，《申报》1891年11月21日，第3版。
③ "巡防局之设，或归官款，或派民捐。"见《整顿巡防说》，《申报》1892年11月11日，第1版。
④ 《委查保甲》，《申报》1898年12月4日，第3版。
⑤ 《整顿保甲》，《申报》1893年1月7日，第3版。
⑥ 《保甲章程》，《申报》1891年11月21日，第3版。
⑦ 《捉获火匪》，《申报》1879年12月22日，第3版。

掌柜，动辄深夜开灯，曲巷招客留宿过夜，不问来历，实为匪盗渊薮……除饬差勇、地甲巡缉外，本府不时亲查"[①]。《申报》中亦常有保甲局人员于巡逻稽查时在此类场所中查获不法行为的报道，如下面的这则案例：

> 本邑南市各处小茶肆中每多赌博之徒，虽经有司不时查究，无如锢习太深，下流难返。巡防保甲总巡委员戴子励大令曾颁示谕，列款通衢，并饬各分局从严拘办，以儆效尤。各局员奉谕后，莫不昼夜巡逻，四处查拿。一昨二十三七铺委员盛雨村二尹携仆带勇，徒行至赵家湾，见唐活全所设之茶肆内有箩间夫役团坐赌博，因饬勇进内，拿获押解回局，升座提讯。知唐为赌首，罪无可逭，判令重责一百板，又提吴金、周耀良、盛胜坤、姚阿金（即姚友三）等四人逐一研讯，同供均系浦东乡人，平日作挑夫糊口，闲暇无聊，偶尔违犯。二尹以其弃业嗜赌，实属不守本分，爰判各责五十板，具呈改过切结存案备查，觅保开释。[②]

除此之外，上海水路纵横，河埠码头也是保甲局稽查重点，例如"本境河道自苏州河新闸大王庙以下至大桥谕饬沿河埠头留心稽查，随时登挂号簿……（黄浦江）其巡捕房起，至高昌庙止，各埠船只谕饬河快、埠头分图管理，逐日登挂号簿，送由委员随时抽查。如果来往船只之中，查有携带军械，或诱拐妇女情事，应即获住，送□听候酌量给赏"[③]。

保甲局除对重点场所加强巡察外，对特殊人员亦强化监控。特殊人员主要是指"形迹可疑者，或系无业游民"，抑或无正当职业且有劣迹的"流氓"。针对此类人员，保甲系统除一般人口管制措施外，还要"于查造时饬令左右邻家出具五家互保切结，并在册内暗做记认，随时查察，倘有为匪不法情事，一体究惩"[④]。除了保甲基层组织，保甲局有时亦自行查访监控此类人员。例如光绪十九年间，保甲局发布文告，开列本地"流氓""匪徒"姓名，规定"凡此名列示后之匪徒，倘敢仍前作恶，不知改悔，准其捆送到官，或即指名控告，本委定当尽法处治，查例于面上刺字，以示与良民有别。仍造册籍按旬点验，交保管束。倘能三年无犯，准予除名，以开自新之路"[⑤]。《申报》中亦常有保甲局责惩流氓地痞的报道。

（三）惩治不法

惩治不法人员是保甲系统"治"的层面，包括对不法人员的缉捕和惩罚两个方面。对于犯罪人员，缉捕主要由县衙的捕快承担，而保甲局也时常协助参与缉捕。例如《申报》报道："昨报载嘉定城内泰和银楼被劫一案，兹悉前日午后，经上海县捕役侦知，南市十六铺地界有强徒匿迹，即由捕头陆胜等会同是处保甲禀请巡查局委员派勇协拿，随获四名。昨早又在法租界跟踪而至

---

① 《冬防中禁烟馆告示》，《申报》1878 年 10 月 31 日，第 3 版。
② 《局员惩赌》，《申报》1898 年 5 月 17 日，第 3 版。
③ 《保甲章程》，《申报》1891 年 11 月 21 日，第 3 版。
④ 《保甲章程》，《申报》1891 年 11 月 21 日，第 3 版。
⑤ 《访拿流氓示》，《申报》1893 年 7 月 3 日，第 3 版。

城内，拿到一名，连赃一并解县，俟讯明后再行转解嘉定归案惩办云。”[①]

按照清朝既有典章，一般刑事案件须由地方正印官（如一县的知县）审理。保甲局有权独立惩治的不法行为主要是破坏治安秩序的行为（也就是西方国家的违警罪）和较轻的犯罪行为。

对于一般破坏治安秩序的行为，保甲局官吏有直接惩处的权力。《申报》上有诸多相关报道，例如以下这起过失引发火灾的案件：

昨午十二点钟时，邑庙内牛痘局门前凉棚失慎，以致尽行烧去，幸得无风，局房未曾焚着，其起火缘由，系铁匠公所内宁人放花炮，有余烬落于其上，以致肇焚。当经旁人将宁人获住，送巡防局惩治。经委员汪君讯问之下，谓虽系无心，然咎由自取，令当责一百五十板以儆，惟近地各店铺大有惊恐矣。[②]

尽管此次火灾未造成严重损失，但当事人毕竟存在过失，故保甲局委员对其判处笞责。根据《申报》的报道，保甲局处理的治安案件，除了失火、赌博等，主要系斗殴、寻衅滋事案件，具体案例如下：

流氓长根、德隆、阿毛三人前晚在本城西门内庄家桥地方途遇花炮作之虞林福，不知因何仇隙，围住寻衅，势甚□□□亦非懦弱之辈，两下辱骂良久，继而凶殴。虞究寡不敌众，败北奔逃，且受夷伤。细思心有不甘，遂投巡防保甲总局控告，总巡曹荃生明府准禀□下饬局差拘提长根等三人讯供，虞伸诉前情，明府讯悉阿毛等动辄滋事，饬将为首之阿毛笞责一百板，长根、德隆叩称小的年轻无知，听就阿毛指使，以后不敢再犯求恩。明府姑念苦求，从宽一并斥释。[③]

如果不法行为超过限度，构成较为严重的犯罪，保甲局即无权处理，需移送县衙由知县审理。下面的事例即为典型：

本埠南市鲜鱼帮船前月十四日集众捐资，在祥记码头设立盂兰盆会，迨放焰口时，有光熙、顺发两人硬欲抢去台上之佛手等物，经会首呵止，以为俟事毕后来取未迟，何汲汲也。光熙、顺发老羞变怒，遂将台上铺陈毁其大半，即经会首将顺发送交二十三铺巡防局，委员讯得实供，饬责二百板释去。由是顺发、光熙怀恨在心，声称欲与会首拚命。前晚船帮中人即将光熙、顺发拉往十六铺地界，意欲与之评理，不谓顺发即袖出利刃，刺伤船帮人采荣麻皮数处，即由十六铺巡防局委员转送县署，昨早复经委员进署面述原委，故已将原被三人收押候讯云。[④]

---

① 《盗案破获》，《申报》1877年5月24日，第2版。
② 《凉棚被焚》，《申报》1876年9月6日，第3版。
③ 《笞责流氓》，《申报》1896年1月14日，第9版。
④ 《设会行凶》，《申报》1876年9月19日，第2版。

仔细读来，此事可分为两部分：前一部分是光熙、顺发两人在盂兰盆会上抢夺、毁损财物的行为，违反治安秩序，情节较轻，故由保甲局判令将顺发责打二百板；后一部分则是两人为报复，"声称欲与会首拚命"，结果用利刃刺伤他人的行为，已构成较为严重的犯罪——按照大清律，以刃伤人的处刑是杖八十徒二年。① 鉴于这一处罚超出保甲局的权力范围，因此再度发案时，委员将涉案人员移送县衙交知县处理。

保甲局对于破坏治安案件的惩处方式，主要是杖责——杖数自数十至数百下不等，有时附加枷号，对情节较轻者，也有掌颊、申斥等处罚。但从《申报》上，笔者也发现有较重的肉刑处罚。例如光绪二十四年，保甲局总巡对于以往犯法被拘后脱逃、后又伙同他人用铁签刺伤捕役的罪犯王金生，判"命鞭竹梢四百下，旋命差役将其右耳割去，判枷一月，令巡捕营李哨弁派巡捕两名每日与地保押至犯事地方游行示众"。按照律例，笞杖数最高不过百(折为四十大板)，且亦无割耳肉刑。严格意义上说，保甲局的处罚，多属法外施刑，这亦从一个侧面反映晚清时地方司法的随意与严酷。

(四) 防灾救灾

传统保甲系统对于火灾、饥荒、疫病等灾害，均有防灾与救灾之责。这一职能被晚清保甲局承袭。例如预防火灾方面，即有巡防保甲局督责基层保甲置备防火器材的事例："上海五方杂处，人烟稠密，民间屋宇檐桁相连，而城厢河道又系乘潮涨落，每虑失慎，取水为难。前于城厢内外各铺要道捐置太平水缸，储满清水，上用木盖，并饬巡防委员责成该处地甲随时添水照料，以备不虞。嗣经查有水浅盖缺，又经示谕并札饬各委员督率保甲查明，一律添满修整。"②除防火救火之外，保甲局局勇也会在火灾现场警戒，防止有人趁火打劫。③

(五) 维持交通

交通对于近代城市的发展至关重要。二十三七铺巡防保甲分局鉴于来往车辆经常超负荷重载，对桥梁路面造成损坏，威胁交通安全，"修理之责虽在堂董，而保卫之法仍在居民，所以善于保卫者，惟有轻载一法。而不肯轻载者，半由车夫贪利，半由行户省费，不肯激发天良，其势全赖牧民者禁止。兹有车夫重载四五百斤黄豆硬上里仓桥，压坏桥石。本委目睹情形，□为痛恨，当即带回笞责示儆"，遂下令"嗣后重车不准上桥，必须运货过去，如敢故违，立提重究，决不宽贷"。④ 可见晚清上海的保甲局在传统的保甲职能之外，将维护交通亦纳入管理范围。

---

① 《大清律例通考》卷27《刑律・斗殴上》，马建石、杨育棠主编《大清律例通考校注》，北京：中国政法大学出版社，1992年，第816页。

② 《储水防灾示》，《申报》1879年11月27日，第3版。

③ 如有报道："二十日晚南市蔡阳弄失慎情由，昨已列入报中。惟为害最大者为严同春沙船号及同兴槽坊也。当时同春一所毁之布货等物并衣箱十八只，约共有三万余金之多，幸有各宪及巡防局勇丁弹压严切，不至为匪徒抢劫，亦不至伤人云。"见《续述南市失火事》，《申报》1874年8月5日，第2版。

④ 《示禁重载》，《申报》1899年9月22日，第3版。

三、保甲局与基层保甲组织的关联

晚清内乱外患频仍，各地局势动荡不安，自明代中期之后形成并不断推广的保甲制，在晚清时仍然在各地实施，以图管控人户，打击盗匪，维护社会治安。《申报》中不乏推行保甲制的相关报道。例如光绪十七年，依照上级指令，署理上海知县袁树勋下令推行"十家牌法"，并先后两次公布保甲章程。

纵览袁树勋颁行的保甲规条，除了严格的组织架构外，以维护治安、查举不法行为为主要目的，与民众动员御盗密切结合，[①]并以物质奖励和连坐法等刑事责任从正、反两面保障实施效果，这些特点都是传统保甲法的共性。

其与以往保甲法规最大的区别在于，将保甲局与传统的基层保甲系统密切结合，建立了自上而下的"巡防局—图—牌—户"多级保甲体系。图的保甲头目称为"图董"，"选举图中公正诚实之生监职耆以司稽察之事。大(图)选立二董，中小之图选立一董，由县给发印谕，俾专责成"[②]。

"牌"的头目称为"牌长"，管理百家，"以十家为牌，十(笔者注：疑为'每'之讹误，章程前文中说明"每牌应举一长，专司稽查")牌之中，应由本图举立牌长一人，专司稽查"[③]，"至小村户口畸零不及十家者，准以五家、四家为牌，不必拘定成数"。

每户须设保甲门牌，"凡造门牌，必须注明户口年岁、向作何业"。但士绅和巨商富户则系例外，"至绅富之家以及典当大铺，或资本在五百千以上，实为附近居民所深悉者，概免编给，只须将某姓、某铺登列册内，以杜纷扰"。以往明代与清代前、中期的保甲规条中，不乏把士绅置于保甲编制和监管之外的案例，但这里富户和"典当大铺"一样豁免保甲义务，则系以往所罕见，可见晚清资本主义发展对开埠城市的社会状况影响改变之深。而针对"草棚小户"或者"形迹可疑之户"，则制定了更为严格的监控手段。

以往，州县官府并无专门负责保甲事务的机构，基层保甲头目一般直接对知州、知县等掌印官负责，而时至晚清，保甲制则将基层保甲置于保甲局的领导辖制之下，基层保甲头目对保甲局官吏负责，"各图之中遇有争角细故，准予赴局禀明理处"。"各牌之中如有迁移别处、病故、外出者，应由牌长随时报知图董或局中委员，分别注明开除，有新入者亦须报明添列，不得隐漏。"

除"图董""牌长"等基层保甲头目外，当时上海亦有"地甲"(亦称"小甲")等承担某些保甲职

① "每牌公置铜锣一面，号灯十盏。倘因村户贫苦不能集资备办，应由每家各置竹梆一个，凡遇有警，当击梆锣。邻牌闻声，立时传击以应，此村传至彼村，合力兜捕，并须分扼要路，以防窜逸。"见《上海县示》，《申报》1892 年 1 月 19 日，第 3 版。

② 《上海县示》，《申报》1892 年 1 月 19 日，第 3 版。

③ 《保甲章程》，《申报》1891 年 11 月 21 日，第 3 版。下文相关引文未注出处者，均引自此两处。

能的基层人员。[①] 地甲同样受保甲局的督率管理，且地位较为低下，如果履行职责有疏失，往往遭受官府的刑罚。例如上文提及的保甲局督责地甲置备水缸储水防火之事，“无如日久玩生，木盖半皆朽坏。前日刘道宪复申禁令，并饬巡防局传谕各段地甲修理，如遇缸中水少，务须挑满。讵料地甲等转将缸水挑用，被中局委员访知，于昨日立传惩责，想以后不敢再违宪谕矣”[②]。保甲局系官府职能部门，总巡、委员等均系命官，而地甲则与衙役类似，常被时人视为贱役，地位有云泥之别。

四、巡防保甲局之功效评价

保甲局作为治安管理行政机构，在户口管理、维护治安、惩处违法犯罪行为方面负有重要职责，从实际情况看，也发挥了相当作用。《申报》中不乏相关正面报道，光绪二十二年的这一则报道即为典型：

> 刻下匪徒日多，拐风日炽，城中时有小孩被拐之事。前日下午县署某姓于二点钟时失去男孩一名，年已六岁，面目秀美，父母爱如掌珠。至旁晚时，鸣锣呼寻，遍历街衢，终无下落。昨晨见有招贴，方知经江苏抚标沪军营左哨八棚某哨弁现办西门外三官堂巡防保甲局差使收留，喜不自胜，当即前往认领。某哨弁称，小孩被匪拐至西门外时，已将晚，该孩见无熟人，沿途啼泣，局勇见有可疑，上前拦阻，匪徒乘间逃逸。爰将此孩留住一宵，揭贴招领云云，并派兵将小孩送回县署，问明交领。某甲称谢不遑也。[③]

但是，亦有众多有关保甲局作用的报道和评论是负面的。例如下面这一则报道就给人啼笑皆非之感：

> 新闸地方设有巡防局，原所以稽查匪类、借安闾甲者也。昨闻该局有衣服曝在庭中，被贼窃去官纱短衫裤一副。当经该局传地保、捕役等赶紧踩缉，务期人赃并获云云，是亦未免可笑矣。[④]

保甲局自身财物尚且无法看顾，遑论维护社会治安。晚清的上海，华界与租界各有行政管理体系。华界治安由保甲局维持，租界则完全移植西方警政，设巡捕房维护秩序，世人评价两者之功效，大多扬巡捕房而抑保甲局。《申报》的评论充分体现这一点：

> 凡设巡防局之处，匪类仍复独往独来，如入无人之境，穿窬胠箧无论矣，竟有乘旅客孤行逞强，攫物如飞而去者，又有乘妇女莲步娉婷，攫取臂钏簪珥者。地近城关，时当薄暮，而

① “地甲”的性质职能及其与保甲制之关联问题较为复杂，本文限于篇幅不作展开，参见邢赛男《清代地保与地方社会研究》，河南大学 2017 年硕士学位论文。

② 《违谕被责》，《申报》1878 年 12 月 9 日，第 3 版。

③ 《合浦珠还》，《申报》1896 年 6 月 1 日，第 3 版。

④ 《贼窃巡防局》，《申报》1878 年 7 月 30 日，第 4 版。

匪类之出没无常已。如此更何论距城稍远之处，夜深人静之时耶？租界之中虽亦有宵小窃物，亦有匪类于深夜时攫取物件，然皆在幽僻之处，为巡捕足迹之所不常到。若辈尚得乘间窃发，至若通衢大道，廛肆云连，巡捕络绎往来，则绝未闻有此等事也。夫巡防局之与巡捕房用意相同，而其得力与不得力则大相悬绝。①

巡防保甲局功效不及租界巡捕房，究其原因，主要有以下几点。首先，从人员协调和装备配置来看，租界巡捕均优于华界局勇。人员方面，“西例之设巡捕，络绎梭巡，昼夜不倦，白日既无肆劫之隙，深夜亦无下手之处。而且满街呼应，合境联属”②，“大抵巡捕每处总有数十名，方敷分布；而局勇则寥寥无几，岂能责以巡查，不得力者一。巡捕派定地段，分昼、夜两班更替梭巡，雨雪风霜毫无间断；而局勇则每夜巡哨一次，虚应故事外，几可以任意逍遥，绝不往来稽察，不得力者二。巡捕有三道头、副捕头、总捕头互相钳制，遇事有所禀承，指臂联为一气；巡防委员虽有总局、分局之别，然名虽统属，实则歧，趋势既散漫而无，稽事亦固循而莫振，不得力者三”③。装备方面，租界巡捕“偶有警急，则号筒一吹，宏声远达，加以叫子则又清响细亮，四面传闻无不加紧协助，如飞而来。况有电线通信，瞬息之间各捕皆知，故盗虽凶悍，不敢轻于尝试。较之中国巡防保甲之设，殊觉立法精良，简而不紊，故捷于收效也”④。租界巡捕人数众多，四处巡逻，配备警哨，紧急时能够互相策应支援，加之有先进通信工具助力，自让华界的保甲局丁勇望尘莫及。

其次，晚清官场腐败异常，官僚主义、形式主义、奢靡风气自上而下侵蚀，直接影响了巡防保甲局的执法功效。《申报》对保甲局官僚履职时的不正风气有着具体生动的描述：“当夫夜漏三商，委员端坐舆中，随带巡勇四五名，前导有绷灯两盏，在街市热闹之处游行一周，差保见之，必上前请安，垂手立道旁。委员顾而乐之，以为足以张扬声势，夸耀市廛，比其回也，或偃息局中，或另居馆舍，华胥一枕，不知东方之既白，日间无所事事，则惟与淫朋狎友，纵酒、看花、樗捕、六博。局勇见委员如此，遂亦各寻乐事，而不复念及分内所有之事，荒嬉玩惕，习以为常。奸宄安得而不充斥地方，安得而不滋扰？”⑤保甲局上至委员，下至局勇，执法敷衍懈怠，夜巡徒具形式，实际功效可想而知。

此外，保甲局官吏越俎代庖，越权干涉民事诉讼，亦引人侧目。按照清代司法制度，州县审理案件的权力由正印官（知州、知县）掌握，然而到晚清时，这一制度实际已为新设的职务改变。“尝见近来州县往往名为知州，不知州事；名曰知县，不知县事。彼非真不知也，特所知者为某州可征粮若干，某县可征银若干。官之所入平余几何，耗银几何是则无不知之。而独于高坐堂皇，为民间判曲直辨是非，则曰是有帮审者；在治道路防盗贼，则曰是有巡防局。在正不知于词讼，

① 《整顿巡防说》，《申报》1892年11月11日，第1版。
② 《论巡捕不足御盗》，《申报》1878年10月11日，第1版。
③ 《整顿巡防说》，《申报》1892年11月11日，第1版。
④ 《论巡捕不足御盗》，《申报》1878年10月11日，第1版。
⑤ 《整顿巡防说》，《申报》1892年11月11日，第1版。

则委之帮审；于保甲，则委之巡局。”[①]鉴于当时诸法合体，民、刑法界限模糊，保甲局在获得部分州县官赋予的司法权力后，某些官吏亦逐步染指民事纠纷，甚至以权谋私，受贿枉法。“彼为局员，有又不免受宠若惊，不以地保、差捕自视，俨然自以为无异于地方官，有时小事细故，民间或有贪便而呈控于局者，局员亦遂为之判断。且其巡行之时，随带巡勇，携有竹蔑，发落犯夜之人，彼遂以为有可以打人之权，而公然坐堂问事，□为之下，有更以狐假虎威，借端勒索，甚至无风生浪，任意鱼肉。盖地方官既分其权于巡防局员，而巡防局员又分其权于局勇、差保，其弊且将较前为尤甚，而上宪特设巡局以安闾阎之意全失矣。”[②]不仅官吏介入裁判民事纠纷，一些局勇亦参与其中，敲诈勒索民众。更有甚者，保甲局官吏对于轻微案件亦时常刑讯逼供、滥施酷刑，进而酿成人命惨剧，例如：“去腊本邑浦东烂泥渡巡防局高介臣二尹纵容局勇妄责无辜，逼毙民妇。江海关道聂仲芳观察饬城厢内外总巡叶临恭司马查得事皆属实，未便任其稔恶殃民，遂于二十八日撤去差使，另委南市二十三七铺局员黄衡堂二尹前往接办。”[③]《申报》曾尖锐批评保甲局官员越权揽讼之弊政：

其有自号勤能者，又皆舍分内应办之事而管分外不当办之事，遇有户婚钱债之类，往往滥受呈词，率行判断，其尤甚者，竟以板责从事，居然南面升座，耀武扬威。前此新闸巡防局因卖牛一案，遂致乡曲农氓毕命于刑求之下，此尤彰明较著，不满于清议者也。此外遇事生风，借端苛□，为闾阎之所侧目，士林之所忿恨者，正复不一而足。独不思国家设官分职，本有常经，佐贰微员，不准擅受民词。如有违者，一经访问，即登白简，立法何等森严。盖民间如有不平事，尽可赴正印衙门呈控，责司巡防者本不应强行干预，即有距县治稍远之处，就近赴巡防局控诉，局员只能将人证移送县署请办，本不应率尔判断，致开坏法侵权之渐。无如相沿日久，率意妄为，几不知定制之所在，此诚可为太息痛恨者也。[④]

保甲局官吏越权揽讼不仅为舆论所抨击，也受到上级官员的关注与约束。“昨接苏友函报□苏抚奎大中丞访知小民偶有微衅至保甲局控诉者，局差多方需索以饱私囊，此种刁风深堪痛恨。因于某日面谕印委各员，凡遇词讼，巡防局不得擅自清理，且更不准滥用官刑，务须移送有司为之办理。”[⑤]尽管巡抚下令保甲局官吏不得越权染指民间诉讼，但这一陋习显然并未根除，此后《申报》涉及此类的报道仍时有所见。

结语：清末巡防保甲局向警察局的转型

晚清的上海，不仅租界内日新月异，华界也在逐渐进步，城市的发展不仅体现为科技、交通、

① 《论巡防局不准擅理词讼》，《申报》1892年8月20日，第1版。
② 《论巡防局不准擅理词讼》，《申报》1892年8月20日，第1版。
③ 《局员改委》，《申报》1894年2月9日，第4版。
④ 《整顿巡防说》，《申报》1892年11月11日，第1版。
⑤ 《论巡防局不准擅理词讼》，《申报》1892年8月20日，第1版。

文化等方面的变革，也反映在管理制度上的完善。晚清的巡防保甲局，是旧时代的保甲制度转型为新时期的警察制度过程中的过渡产物。尽管保甲局客观上对维护城市治安有一定功效，但相比完全移植自西方的租界内的巡捕制度，则存在一些较为明显的弊端。在清末变法图存的改革浪潮中，移植西方警政制度、建立全新的城市治安管理体系，是大势所趋。光绪二十八年(1902)，袁世凯在直隶创设巡警后，这一制度在全国陆续推行，渐次取代传统的保甲制，巡防保甲局也为新设的警察局所取代。光绪三十年，“苏松太兵备道袁海观观察前拟将本邑城厢内外各处巡防保甲局暨浦东各局一律改为警察分局，就本邑各防营内遴选勇丁编为警察勇以便分巡各处，刻已申禀督抚两宪请示遵行矣”①。此后，上海各处巡防保甲局陆续裁撤，职能为警察局所取代。然而，这一过程持续长达数年，直到辛亥革命爆发前夕仍未告竣。② 民国建立后，上海仅存的两处巡防局——引翔港巡防局与曹家渡巡防局在警察局辖区调整中被取消归并，这一晚清特殊的治安管理机构最终步入历史。③

(本文原发表于《近代中国》第 36 辑，上海：上海社会科学院出版社，2022 年，第 95—111 页。)

作者简介：

薛理禹，1983 年生。复旦大学法学学士(法学专业)、历史学博士(历史地理、人口史专业)，美国加州大学伯克利分校东亚研究所访问学者。上海师范大学人文学院历史系副教授，硕士生导师(明清史方向)。兼任教育部人文社会科学重点研究基地上海师范大学都市文化研究中心研究员、《海洋文明研究》执行主编、上海市地方史志学会理事、中国社会学会海洋社会学专委会理事。主要研究方向：(1) 明清及近现代社会经济史、人口制度史；(2) 海洋史与历史地理；(3) 亚太区域城市综合研究。

本文为教育部人文社会科学重点研究基地重大项目“从边缘到中心：东亚城市带的历史与未来研究”(20JJD770011)的阶段性成果。

① 《拟改警兵》，《申报》1904 年 9 月 28 日，第 3 版。

② 如“巡警总办汪观察拟将第五班毕业各生派赴北新泾、江湾二处站巡，已志前报。兹汪总办查得北新泾镇前由沪道设立巡防保甲局，现在既设警察，似应裁撤，因于前日移文沪道，请将该镇原设巡防局迅即裁撤，以节糜费。闻蔡观察已允准照办矣”。见《北新泾保甲局将次裁撤》，《申报》1909 年 5 月 14 日，第 19 版。

③ 《淞沪警察厅之组织》，《申报》1913 年 5 月 18 日，第 10 版。

太平天国战后南京房地产权勘定与经济恢复

董圣兰

摘　要： 太平天国战争致南京城内房屋损毁严重，官府档案散佚，房地契据遗失，战后争产冒认的诉讼繁多。两江总督曾国藩、左宗棠先后勘验房地产权，清查城内空地，要求业主呈明有司验契或具切结承领执照，允许客民寄居空屋，或缴价租地造屋。据现存晚清南京房地产契据可知，勘定房地产权的各项政令大体上得到有效落实；房地产权清晰后，房产纠纷大为减少，推动了房地产交易的有序复苏及城市经济的繁荣。地方大吏推行的诸多举措，从易到难，由南及北，带有鲜明的城市规划性质，有意识地引导城市生态的恢复和发展；勘验房地产权亦得到百姓的积极响应，时人房地产权意识日渐强固。

关键词： 南京　太平天国　房地产权　勘验

太平天国战后，南京城一片废墟，房地产契券多有遗失，官府档案也大量散佚，无从稽考。外来军民寄居空屋，归里百姓搜寻旧宅，然房屋产权混乱不清，房地产纠纷愈演愈烈。曾国藩、左宗棠等地方大吏先后颁布了勘验南京城内房屋、地基、荒地产权的一系列政令，清查各类盘根错节的产权关系，调和由此引发的主客矛盾。学界关于清代房地产监管与交易的研究甚多，成果丰夥，[①]但未曾述及晚清江南房地产交易在社会秩序恢复中的显著作用；对太平天国战后江南社会重建中的善后局、八旗驻防及江南贡院颇多关注，[②]而对房地产权勘定着墨殊少，也没有讨论产权勘定的成效。本文征引《金陵房产告示》、南京市房产档案馆藏晚清房地产契证文书及《金陵清丈荒地章程》《清丈局章程》，结合地方文献，考察太平天国战后南京房地产权的勘定及

① 杜恂诚：《从找贴风俗的改变看近代上海房地产交易效率的提高》，《上海经济研究》2006 年第 11 期；曹伊清：《法制现代化视野中的清末房地产契证制度——以南京地区房地产契证为范本的分析》，北京：法律出版社，2012 年；邓亦兵：《清代前期北京房产市场研究》，天津：天津古籍出版社，2014 年；范金民：《从分立各契到总书一契：清代苏州房产交易文契的书立》，《历史研究》2014 年第 3 期；范金民：《清代政府怎样监管房地产交易》，《人民论坛》2016 年第 33 期。

② 张铁宝：《曾国藩和他的〈金陵房产告示〉》，《历史档案》2003 年第 2 期；魏星：《太平天国战后南京城的重建与管理——以金陵善后局为中心的考察》，《军事历史研究》2018 年第 6 期；魏星：《重建、纪念与叙事：太平天国战争后的南京地区》，南京：南京大学出版社，2020 年；顾建娣：《太平天国运动后江南驻防的恢复与重建》，《近代史研究》2020 年第 3 期；顾建娣：《咸同年间的江南贡院》，《近代史研究》2022 年第 3 期。

成效，祈方家匡我不逮。

一、《金陵房产告示》与造屋令

同治三年(1864)六月六日，曾国荃率领湘军攻克天京，颠沛流离十余载的南京百姓得知消息后相继返回故里。是时，城内乱象横生，“瓦砾填街，骷髅满目，杂以粪秽，臭气逼人。河渠久塞，尸骸、粪土几添满，饮水则病。户口零落，游勇散居，难民回籍，索房屋、索妇女者无虚日”①。平民房屋“毁坏殆尽，所存者不过十之二三”②。世家大族的故宅名园也遭残毁，名噪一时的袁氏随园、邓氏万竹园、邢氏缘园、张氏陶谷、汤氏狮子窟等，“亭台花木荡然无存，即瓦砾亦无踪迹”③。城内兵勇及客民强占空屋居住，原住民则搜寻故宅，准备重整旧业，但房地产契遗失，无凭可据，导致房屋产权混乱不清，争讼不息。界定房屋产权成为稳定人心、重建社会秩序的当务之急。两江总督曾国藩认为，唯有清查城内庐舍、田地，各还业主，才能解决房地产权争端。清军六月占领南京，七月中旬，曾国藩即颁《金陵房产告示七条》④，十一月又复议四条⑤；同治四年五月初六，重新颁布修订后的《金陵房产告示八条》。⑥ 两则告示所示勘定房地产权大要有四。

（一）勘定产权，有契者验契，无契者颁发管业执照。房地产按有无契据分为两类。若原契尚存，业主赴善后局呈明，由所属保甲局实地核查验明，在原契上注明“验讫”字样，加盖保甲局印；若原契遗失，业主取具邻佑切结，呈明江宁善后总局，经所属保甲局勘明，再出具“冒认甘罪”切结，并承诺两年之内不转典、转售，方可领取加盖保甲局印及江宁府印的管业执照。⑦ 执照为左右双联，右照由业主收执，左照入官存档。

（二）准许寄居空屋者或租借无主空地起造新屋。本籍或客籍百姓寄居的无主空屋，若原

① 涂宗瀛：《涂宗瀛自叙年谱》，上海图书馆藏1920年刻本，第18页。涂宗瀛，字朗轩，安徽六安人，同治三年九月随曾国藩入城，十二月任江宁知府。

② 徐志焯：《石埭会馆录 · 序》，王日根、薛志鹏编《中国会馆志资料集成》第1辑第3册，厦门：厦门大学出版社，2013年，第5页。

③ 袁祖志：《记遗训》，《随园琐记》卷上，《袁枚全集新编》第20册附录，王志英点校，杭州：浙江古籍出版社，2015年，第11页。

④ 《金陵房产告示七条》，原件藏于太平天国博物馆藏“吴煦档案”中。据曾国藩日记同治三年七月十三日“出房屋分条告示”，十六日“午刻核改房屋告示稿。中饭后……再核改告示”，房产告示七条应成文于七月十六日。参见《曾国藩全集》第18册“日记三”，同治三年七月十三、十六日，长沙：岳麓书社，2011年，第74、75页。《吴煦档案选编》(南京：江苏人民出版社，1984年，第154—155页)中此告示条目下时间标记为1864年9月21日，即同治三年八月二十一日，不知何据。

⑤ 复议四条，原文已佚。

⑥ 据曾国藩批牍，此八条应最终定型于同治四年五月六日。参见曾国藩《批金陵善后局详遵议朱御史及丁道等条议善后事宜各件由》，《曾国藩全集》第13册“批牍”，第311页。南京图书馆藏有刻本，一册五页，封面题“金陵房产告示八条，同治四年五月重定”。《曾国藩全集》第14册“诗文”(第464—466页)也收录了此告示，时间却标记为同治四年四月，不知何据。

⑦ 所谓“冒认甘罪”切结，指含有“如敢冒认，愿甘治罪”字样的保证书。《金陵房产告示八条》为防止百姓邻佑贿串具结，规定在保甲局实地勘验后，认产人须出具冒认甘罪切结，并承诺两年内不转典、转售，方可领照。如系冒认，承领人将受到“枷号两个月，充军四千里”的重罚。

屋主归来，应呈明善后局，经保甲局委员赴屋履勘后承领管业。新旧屋主双方商议，“或租或让”。无主空地，暂作官地，允许客民租地造屋，“视地之广狭，酌定租价。刊刻双联执照，载明丈尺若干、地租若干。照根存善后局，正照给客民收执，准其盖屋”①。若原地主归来，收回善后局代征租价，并与客民协调，“或新屋主酌找地价，或旧地主酌找屋价”②。

（三）规范认领太平天国政权所造房屋的详细步骤。仅占一家地基者，承领方式较为简单。若现存房屋全为太平军建造，业主呈明验契后，准许承管地基。若房屋中部分为业主旧造，部分为太平军新造，业主呈明验契后，准许承领地基及旧造房屋的所有权。原主想要获得地基上全部房屋的所有权，须缴纳若干钱文，充作抚恤难民的经费，善后总局方准予领契管业。占用数家地基者，承领程序更为繁杂。业主须各自赴善后局呈明，待所属保甲局验明后承领房基。彼此交割混杂在一起的房基，再缴纳若干费用，方可获得地基和房屋的所有权。

（四）明确官寓、兵占的民房产权归属。关于官府寓居民房，允许业主向善后局呈明验契认产，规定官府应“每月按照民价给予租钱”③，待衙署修复后由百姓领回管业。严禁兵勇私下买卖、擅自拆除或占地新造房屋，也不得随意搬移屋内物品。

告示发布后，归里百姓纷纷持原契或具切结呈明善后局，经所属保甲局勘明验契或领取管业执照。但是，百姓限于财力，即便领回地基也无力起造，“公、妪、子、妇数口萃居一椽一室”④。南京复城十余年，城内部分地区依然荒凉。光绪七年（1881）九月初六日，左宗棠补授两江总督，深感城内房屋寥寂，“贫户辄支架草房，借蔽风雨，商贾无所栖止，裹足不前”，决定丈量官地盖造铺屋，以广招徕。⑤ 左宗棠遴员调查发现，城南早已“架造几无隙地”，而城北房屋稀疏、生意惨淡，决定在古钵营地方设立清丈局，划定范围，重点丈量城北部分地区的空地荒地。左宗棠先颁行了八条清丈章程，后江宁布政使会同江宁知府及上元知县、江宁知县等地方官员又续议了四条。⑥ 综合十二条清丈荒地章程，主要涵盖划定清丈范围、督促业主认领、官府招租造房三个方面。

划定清丈范围，主要集中于城北上元县境内，“大街以西辕门箭道直街，自大行宫南起，至中正街止。东至大中桥，西至汉西门。再由汉西门、牌楼大街一直向东，由罗寺转弯到新街口、土街口，仍由大行宫行至东辕门利济巷口止”⑦。在此范围内的荒废空地，一律清丈具体方数，注明上、中、下三等，规定每方价银若干。关于督促业主领产造屋，清丈局会同各保甲分局按段稽

---

① 曾国藩：《金陵房产告示八条》，《曾国藩全集》第 14 册“诗文”，第 465 页。

② 曾国藩：《金陵房产告示八条》，《曾国藩全集》第 14 册“诗文”，第 465 页。

③ 曾国藩：《金陵房产告示七条》，《曾国藩全集》第 14 册“诗文”，第 463—464 页。

④ 汪士铎：《致王柏心书》，《道咸同光名人手札》第 2 集第 3 册，北京：商务印书馆，2017 年，第 1 页。

⑤ 左宗棠：《江宁善后盖造铺屋情形片》（光绪八年七月十一日），《左宗棠全集》“奏稿八”，长沙：岳麓书社，2009 年，第 114 页。

⑥ 两则清丈章程未载于左氏文集及江宁府县方志等地方文献，却保存在西方传教士在华所办《益闻录》中。《益闻录》（*Chinese Scientific Magazine*）系天主教会于光绪四年创刊于上海，内容多以时事新闻为主，是晚清天主教会在华最具影响力的中文报刊之一。

⑦ 《续录清丈局章程》，《益闻录》1882 年第 174 期，第 254 页。

查，于界址插标注记，督促已认产的业主应及时赴清丈局呈验契据或执照，尚未认产的业主则限期两月出具亲族老邻或公正殷实绅董切结，核补局、县两印执照，“自呈验契照日始，于两月内起造房屋”[①]。关于官府招租造房，业主若暂时无力起造，可向清丈局“具禀召顶”，将地基转售给他人，或“由官起造，将来有力时仍准照官造房屋价，备资领回执业”，所得房屋月租与官府三七分成。[②] 又重申地方官先行丈量注册的荒地在两年内仍无人认领，即按官产办理，允许百姓缴价承买起造屋舍，所得价银移解有司存储。日后确有真业主持原契认产，经清丈局核查无讹，归还地价。[③]

左宗棠重申曾国藩房地产告示中的业户验契、承领执照及允许客民租借空地等政策，一脉相承，又有所补充，着重清查城北空地，试图借民力或官本起造铺房，招徕商贾往来经商。曾、左两人推行的各项勘定房地产权的举措，涵盖了房地产权亟待解决的诸多层面，后任地方官员因循其旧着重落实，再未颁行其他有关勘定城内房地产权的新法令。[④]

二、从房地契证看政令落实

曾国藩与左宗棠先后颁发的勘定城内房屋及荒地产权凭据的各项政令的落实状况如何呢？换言之，业主验契或具切结认领执照，客户缴纳租价承领空地起造房屋，在实际执行中是否得以实现呢？南京市房产档案馆藏的诸多房地产契证实物以及其他地方文献，为我们检视两次房地产权勘定的落实状况提供了可能。

曾国藩房产告示规定，未丢失房契的业主赴江宁善后局呈请验契。南京市房产档案馆藏诸多房地产契证上均留有同治初年的验契痕迹，常见验契形式为在契约空白处注明“某年月日验讫”字样，并在字上加盖承担实地勘验的保甲局名称。如乾隆三十一年（1766）何玉麟等绝卖房基的官契，乾隆三十二年王良义绝卖房基的官契上均有“同治四年四月十五日验讫”字样，字上加盖印文“西南保甲局”，表明两契均为西南保甲局在同治四年（1865）四月十五日验定。[⑤] 部分契据中的验契字样不尽相同，如乾隆五十七年龚锦泰等出典住房的官活典契上是“同治四年十一月初五日姚瀛呈验第九十号”，字上加盖印文“西南保甲局”，详细标出验契时间、验契序号、承验保甲局及委员姓名，格外明朗。[⑥] 一应留有验契痕迹的契证实物清楚地说明，业

① 《金陵清丈荒地章程》，《益闻录》1882 年第 148 期，第 88 页。

② 《续录清丈局章程》，《益闻录》1882 年第 174 期，第 254 页。

③ 《金陵清丈荒地章程》，《益闻录》1882 年第 148 期，第 88 页。

④ 光绪二十九年二月，湖南隆回人魏光焘上任两江总督，下令招民垦种南京城内荒地，“或艺谷种桑，或植各种果木，以收地利而免荒芜”，并未涉及房产或起造房屋事宜。参见《清光绪三十一年江宁布政使司总理清赋督垦局颁给梁清恒的执照》，南京市房产档案馆编《南京房地产契证图文集》，南京：南京出版社，2008 年，第 230 页。

⑤ 《清乾隆三十一年何玉麟等绝卖基地的红契》《清乾隆三十二年王良义绝卖房基地的红契》，南京市房产档案馆编《南京房地产契证图文集》，第 46、48 页。

⑥ 《清乾隆五十七年龚锦泰等出典住房的官活典契》，南京市房产档案馆编《南京房地产契证图文集》，第 67 页。

主验契时，保甲局实地核验后注明“验讫”字样、加盖局章的制度在实际执行中不折不扣地得到了落实。

若原契遗失，业主应具邻佑切结赴江宁善后总局呈明，在所属保甲局实地履勘后，领取加盖保甲局和江宁府双印的执照。南京市房产档案馆藏有五份同治年间无契业主承领旧业的执照，[①]以同治三年十二月二十八日夏一庆的执照与次日江长发的执照时间较早。两照的年月处、骑缝处均有印文“江宁府之关防”，年月处加盖“东南保甲局”戳文。[②] 夏一庆与江长发均在战乱中遗失原契，归里后呈明善后局，经东南保甲局实地勘验后，领取江宁善后总局颁给的管业执照。两人承领旧业的领照步骤，完全合乎房产告示的规定。[③]

保甲局实地勘验后，有时还会颁发类似临时管业凭证的勘票，让业主凭此赴善后局换取执照。南京市房产档案馆藏有两张勘票实物，一张为同治四年三月西北保甲局颁给房主李陈氏的勘票，一张为光绪十八年七月保甲总局颁给倪崇承买红纸廊地方地基的勘票。[④] 勘票的骑缝处无契号字样及府县印章，仅于年月处加盖保甲局印，格式及用印均不如执照严谨规范，可能为权宜之举。

本籍或外籍的客民均可寄住空屋，也可以租用无主空地起造房屋。南京市房产档案馆藏的同治十二年江宁善后总局颁给樊长春的租照，为客民承租无主房基起造房屋的租借凭证。[⑤] 租照的格式及用印与执照类似，年月处有满汉合璧府县印文，骑缝处有契号字样，字上加盖江宁善后总局印。照内详定每月租价、起租时间，并称“俟地主归来认领之后，租归地主。所造之屋，准两造和商定议，或新屋主酌找地价，或旧地主酌找屋价，悉听其便”[⑥]，严格遵循了《金陵房产告示八条》中的规定。照上还加盖了警诫条戳：“……如意不能和商，即官为估断……地主不得希图贱售，以贻讼端。”[⑦]防止原主归来恃强认领，意在维护租借者的切身权益。

关于太平天国政权占用数家民基所造房屋，各业主在承领地基后，可缴纳若干费用获得房屋所有权。汪士铎及朱嘉龄的祖宅即为此类案例。汪士铎宅位于城南金沙井地方，与朱嘉龄比邻而居。太平军入城次日，汪氏族人焚宅殉难，“合室烬焉，延及姻戚朱锡九之宅暨它诸小屋，悉成焦土”[⑧]。太平天国政权将汪氏、朱氏宅基及原金沙庵旧址合并，起造房屋充作衙署及仓库，

---

① 南京市房产档案馆编：《南京房地产契证图文集》，第218、219、296、302、307页。

② 《清同治三年江宁善后总局颁给夏一庆的执照》《清同治三年江宁善后总局颁给江长发的执照》，南京市房产档案馆编《南京房地产契证图文集》，第218、219页。

③ 两照均颁发于同治三年十二月，但照内“取具如敢冒认愿甘治罪切结”“新屋主酌找地价，或旧地主酌找地价”“两年以内，不准转典转售”等内容，均只见于同治四年五月颁布的《金陵房产告示八条》，颇有关公战秦琼的意味。笔者推断上述内容可能是同治三年十一月房产告示复议四条中的规定，后保留于《金陵房产告示八条》中。

④ 《清同治四年西北保甲局颁给李陈氏的勘票》《清光绪十八年金陵保甲总局颁给倪崇的勘票》，南京市房产档案馆编《南京房地产契证图文集》，第220、224页。

⑤ 《清同治十二年江宁善后总局颁给樊长春的租照》，南京市房产档案馆编《南京房地产契证图文集》，第268页。

⑥ 《清同治十二年江宁善后总局颁给樊长春的租照》，南京市房产档案馆编《南京房地产契证图文集》，第268页。

⑦ 《清同治十二年江宁善后总局颁给樊长春的租照》，南京市房产档案馆编《南京房地产契证图文集》，第268页。

⑧ 《金沙井庙改建善堂案》，《金陵崇善堂征信录》，南京图书馆藏清光绪二十四年刻本，第26页。朱嘉龄，字锡九。

后期隶属洪仁玕干王府。不过汪、朱两氏均无力缴纳承领费用，不得已将地基充作官产。[①] 汪士铎身为举人，长期供职于金陵书局，与曾国藩幕僚张文虎、孙文川等人相熟，依然不能借势领回旧产，亦表明此项规定执行之严格。

光绪八年，两江总督左宗棠明定章程清丈荒地，催促业主验契认产，允许客民租借或购买无主空地起造房屋。南京市房产档案馆收藏了多份与此次清丈相关的房地产契券，包括验单、执照及租照，据此可以窥探各项章程是否得以精准落实。验单，即已认产的业主持原契或执照呈明清丈局，经局勘验后领回管业的凭据。如光绪八年四月十九日，孙启贤在新街口地方有两处房基，契据俱在。他持两契赴清丈局呈验，出具冒认甘罪切结后领回验单，完全符合清丈章程的相关规定。[②]

此次清丈相关的执照，既包括遗失契据的业主承领的管业凭据，也包括百姓承买无主空地的产权凭证。如光绪十三年于捷元的执照中称，其在上元署北钟山书院西地方有一块房基，原契在战乱中遗失，并未按时承领执照。于氏慑于左宗棠的清丈章程，深恐房基充为官地，在光绪十三年十二月初二日出具切结，领回了房基执照。[③] 而光绪十七年沈馥堂的执照及光绪二十二年王善宾的执照，据其内容可知，领照缘由并非为了认领旧业，而是承买无主空地。[④]

客民租借无主房基，可以领取暂时管业的租照，如光绪十九年金陵保甲总局颁给陶世荣的租照。[⑤] 照内格式及用印均与同治年间的租照类似，详定每月租价、起租时间，并称“倘日后有地主归来认领，租归地主。所造之屋，准两造和商定议，或新屋主酌找地价，或旧地主酌找屋价，悉听其便”。上述业主验产、认产及客民承租、购买空地起造房屋，完全按照章程所定，清丈章程中的规定得到了有效落实。

当然，两次勘定房地产权，依然存在些许政策漏洞，并不能完全杜绝兵勇强占、百姓冒认现象，也很难约束所有百姓都严格执行相关规定。同治年间，城内仍有少数兵勇强占民房，反客为主，“皆云自造，还则必索重价”[⑥]。江宁县有一无赖妇女“以拐骗为事，往往冒认房屋”[⑦]。遗失契据的百姓承领执照后，按规定两年内不得转典、转售，但《歙县馆录》收录了两份以执照为产权

---

① 关于汪、朱两氏充公祖宅，汪士铎称其热心地方公益，朱氏家谱解释为朱嘉龄为人慷慨，“既已改之于贼，何妨呈之于官”。汪士铎年逾六十，仅与其妻两人归里，朱嘉龄在返乡二十年后才集资卜居上元县小板巷，家境均颇为贫寒，似乎并无慷慨公益的财力。故笔者推断，汪、朱两姓可能无力缴纳承领费用，只好充作公产。汪士铎：《崇善堂记》，《汪梅村先生集》卷6，《清代诗文集汇编》第612册，上海：上海古籍出版社，2010年，第501页；周京：《金陵朱氏家谱序》，《金陵朱氏家谱》，始修于清光绪三年，上海图书馆藏抄本，第7页。

② 《清光绪八年金陵清丈局颁给孙启贤的验单》，南京市房产档案馆编《南京房地产契证图文集》，第221页。

③ 《清光绪十三年金陵善后总局颁给于捷元的执照》，南京市房产档案馆编《南京房地产契证图文集》，第222页。

④ 《清光绪十七年金陵保甲总局颁给沈馥堂的执照》《清光绪二十年金陵保甲总局颁给王善宾的业户执照》，南京市房产档案馆编《南京房地产契证图文集》，第223、225页。

⑤ 《清光绪十九年金陵保甲总局颁给陶世荣的租照》，南京市房产档案馆编《南京房地产契证图文集》，第270页。

⑥ 伍承钦：《即事漫赋三十二绝句》，《燹余杂咏》卷下，《清代诗文集汇编》第614册，第430页。

⑦ 张文虎：《张文虎日记》，同治四年八月初七日，陈大康点校，上海：上海书店出版社，2001年，第61页。

凭据而交易的绝卖官契，均为官牙凭中见证，立契时间却与卖主领取执照的时间相同。[①] 可见部分业主并未遵守交易时间限制，官牙也听之任之。

尽管官府三令五申，仍有部分百姓迟迟没有承领执照，或因邻佑切结难具而无法领取，或系冒占他业而不敢贸然领认，还有部分百姓因久居他乡未能及时验契。南京市房产档案馆藏有一张光绪十一年朱鼎臣等绝卖房屋并基地与周氏的官契以及一张朱氏等为周氏所立的加据，称朱氏兄弟三人想将位于凤凰井地方的房屋出售给周氏，但此前并未将正契呈明保甲局验契。[②] 最终朱氏兄弟在包括一名官牙在内的九位中人的见证下与周氏签订了绝卖官契，又立下加据，详细说明了未验契的缘由，顺利完成交易。由此可见，未验契的房地产依然能够参与交易。不过，未按官府规定验契的房地产在交易中存在诸多不便，也可以反证验契政策总体上得到了有效落实。

三、产权勘定的成效与影响

同光年间，南京地方大吏持续推行房地产权勘定，以减少争产纠纷，稳定人心，在推进房地产交易恢复、稳定社会秩序方面取得了较为明显的成效，对城市经济复苏产生了重要影响。

（一）颁发执照，理清了盘根错节的房地产权关系，为遗失契据的房地产提供了全新的产权证明，保障了房地产交易市场的有序恢复。南京市房产档案馆藏的同治三年之后的 36 份清代房地产绝卖、活典、永租契证中，有 26 份以执照为产权凭据，占比 72%，其中 22 份为民间交易，4 份为清末西方教会租借地基的永租房契。“民间执业，全以契券为凭……盖有契斯有业，失契即失业也。”[③]房地契是清代房地产权合法性的首选证据。南京遗失契据的业主具切结领取的执照，在房地产交易中与原房地契享有同等法律效力。如同治五年，管桂桢的官契称：“所有本房原买正、上各契，实系避乱遗失无存，俟后查出片纸只字，以做废纸无用。现今管姓禀局认领联照在案。成契日，管氏凭众，将联单查交受买主收执为凭。”同治九年，孙荫莲的典契中也有“本房原买正、上各契因避难遗失，已禀请领照在案。成交日，查付典主收执为凭”[④]。管氏与孙氏的原契均在战乱中遗失，战后禀请有司领取执照，后又以执照为凭将房屋、地基或绝卖或出典予他人。

百姓与官府乃至洋人交易时，以执照为产权凭证也畅通无阻。同治十一年，陈德隆将建于承租官基上的店房卖予官办善堂普育堂，文契中称：“昔年租照因避乱遗失，并未典当会押，业已赴局申明，加具十家保结，领照在案。”[⑤]陈德隆以执照为凭将建在官基上的房屋售予普育堂。[⑥]

---

① 汪廷栋编：《歙县馆录》之《契据录》，李琳琦、梁仁志整理《徽商会馆公所征信录汇编》下册，北京：人民出版社，2016 年，第 943—946 页。

② 《清光绪十一年朱鼎臣等为周姓所立的加据》，南京市房产档案馆编《南京房地产契证图文集》，第 318 页。

③ 《严禁验契推收及大收诸弊》，《治浙成规》卷 1，《官箴书集成》编纂委员会编《官箴书集成》第 6 册，合肥：黄山书社，1997 年，第 333 页。

④ 《清同治五年管桂桢绝卖朽房并基地的田房官契》《清同治九年孙荫莲等典店房的官活典契》，南京市房产档案馆编《南京房地产契证图文集》，第 98、103 页。

⑤ 《江宁府重修普育四堂志》卷 4《图说契附》，《晚清四部丛刊》第 10 编第 39 册，台中：文听阁图书有限公司，2013 年，第 304 页。

⑥ 《江宁府重修普育四堂志》卷 4《图说契附》，《晚清四部丛刊》第 10 编第 39 册，第 316 页。

宣统三年(1911),章丹成将江宁县双乐园地方的空地永租给美国长老会,永租官契后附执照一张。[①] 此产为章氏缴价承买的荒地,后凭执照永租给长老会,充作教会学堂公产。至民国时期,部分房屋、地基虽几经易手,契据中依然以执照作为上首或上上首的产权证明。[②]

(二)允许遗失契据的业主认领旧业,准许客民寄居空屋及租地造屋,调和房地产纠纷引发的主客矛盾,有利于招徕流亡,聚集人气。时人王永年称南京人死于兵燹者占四成,外逃避难者占六成:"死难者十之三,被贼杀者十之一,迫为兵四出者十之五,逃散者十之一。"[③]房地产勘定政策鼓励业主承领旧产,流亡他乡的土著居民得以回籍修筑故居,重整旧业。如南京城内大族甘氏后裔甘元焕"规复田宅,经营缔构",复建友恭堂,又在原藏书楼津逮楼旧址上改筑"复庐"。[④] 同治四年春,世代习机业的高德泰奉母、嫂归里,"先人敝庐荡然无存,堂构之肯责在一身","自门闾而堂而奥,次第补筑"。[⑤]

地方官准许客民寄居空屋或租地建屋,在增加政府经费的同时又解决了客民的住房问题。[⑥] 即便原主归来,客民也可与之协商租让或互找。《石埭会馆录》收录了两张原主添价购回客民起造房屋的印契,均属"旧地主酌找屋价"。[⑦] 同治九年刊刻的《金陵泾邑会馆录》收录了一份张清华等人将其在泾县会馆地基上起盖的房屋转售给该会馆的绝卖契,兼具新屋主与旧地主互找,颇为典型。[⑧] 张清华、周福星、孙方来、胡松亭四人于水西门内合伙起盖房屋五间,经查,地基为泾县会馆所有,四人向该会馆交纳地基租金,即"新屋主酌找地价"。张清华等人最终以洋钱 95 元将房屋售予泾县会馆,即"旧地主酌找屋价"。

互找交易中,有时还会转售第三人。如同治五年十一月,江宁人张镇圭、张顺圭兄弟位于三山街地方的店房毁于战火,房基遭湖南人刘氏占据并起造房屋。因与刘氏协商失败,张氏以 64 两白银将地基绝卖给王氏,听凭王氏"受买刘姓所起造之屋"[⑨]。官府鼓励主客互找,通过房地产交易的方式化解争产纠纷,这样有利于聚集人气。至光绪十四年,"金陵为四通八达之总汇,觅食者咸依是为安乐窝,趋之如归壑"[⑩],入城谋求生计的客民已不计其数。

(三)曾国藩振兴城南经济,左宗棠清丈城北荒地,借民本或官力起造铺房,带有鲜明的城

① 《清宣统三年美国长老会永租空基地的官契》,南京市房产档案馆编《南京房地产契证图文集》,第 144 页。

② 《民国三年周光甫杜典市房的省房草契》,南京市房产档案馆编《南京房地产契证图文集》,第 165 页。此市房可追溯的最早的产权凭证为执照,三易手至周光甫名下。周光甫先活典,后杜典予端木氏。

③ 王永年:《出金陵》,《紫蘋馆诗钞》,太平天国历史博物馆编《太平天国史料丛编简辑》第 6 册,北京:中华书局,1963 年,第 394 页。

④ 甘曾沂:《剑侯府君行述》,南京图书馆藏,第 5 页。

⑤ 高德泰:《金陵机业琐记·自序》,南京图书馆藏清光绪七年刻本,第 1 页。

⑥ 地方志中常有地方官支用无主房地租金恤嫠济贫的记述,如同治十三年,两江总督李宗羲谕令,保甲局所收无主房地租息按月交江宁府转发至广恤清节局,专恤三十岁以下的年少孀妇,每人月给一千文。参见光绪《续纂江宁府志》卷 14 之 9 上《人物·义行·附录义举》,《中国地方志集成·江苏府县志辑》第 2 册,南京:江苏古籍出版社,1991 年,第 291 页。

⑦ 徐志焯编:《石埭会馆录》卷 4,王日根、薛志鹏编《中国会馆志资料集成》第 1 辑第 3 册,第 179、189 页。

⑧ 佚名编:《金陵泾邑会馆录》,安徽师范大学图书馆藏清同治九年刻本,第 12 页。

⑨ 《清同治五年张镇圭等绝卖基地的官杜绝契》,南京市房产档案馆编《南京房地产契证图文集》,第 96 页。

⑩ 《冬防严密》,《申报》光绪十三年十月二十九日,第 2 版。

市规划性质。曾国藩在勘验房地产权外，还奏补江南乡试，“远近一闻乡试之信，四民辐辏，奔走偕来”，江南贡院周边的街巷焕然改观；[①]派人招徕机户回籍复业，振兴南京城内最重要的手工行业丝织业，“使贫户有觅食之所”[②]；将炮船数十艘“令船户领去，改作灯舫，俾士民游宴”，秦淮风光渐趋恢复。[③] 城南地区纷纷起造房屋，铺户生意日益兴隆，这里再次成为城内最为繁盛之地。左宗棠在清丈章程中，强调严格区分城南、城北，直言城南地区繁盛无须丈量。“笪桥、鸽子桥、内桥、大中桥以南俱系江宁县地界，人烟稠密，市面相联。况今又逢乡试之年，即便遗有一二空基，必有谋为兴造者，亦请官毋庸为丈量。”[④]此次丈量重点在城北地区，且将运渎北岸珠宝廊、红纸廊等传统手工业聚集区作为首要之地，鼓励民间建房招商，乃至官府代造，意在“以苏民气而惠穷黎”。这是南京城市史上首次提出振兴城北的策略，为此后城北地区持续开发奠定了基调，带有鲜明的城市规划色彩。至清末，新式学堂、江宁马路、宁省铁路及南洋劝业会相继落地城北，马戏场、电影馆、五彩电光喷水池等各类新生事物涌入，“前日荒废之地，一变为商贾云集、往来辐辏之场”[⑤]。南京城市空间布局日渐向城北拓展。可见，政府主导的城市规划和道路改造，往往具有提升政治文明的现代化意义。[⑥]

（四）明确房地产权关系，维护社会秩序的持续稳定，客观上推动了城市经济的恢复与发展。南京城内商人会馆也先后承领旧业执照，筹措资金修缮或重建馆舍。同治三年十月，戴良庆、王华庭等 41 名在宁旌德商人聚议重兴同乡会馆，“士子应试借可居寓，即往来贸易之人亦可投宿”[⑦]，禀请有司承领会馆名下房屋及地基执照。安徽泾县商人在同治四年相继承领了泾县会馆的 18 张旧业执照，并在同治六年募资重修。[⑧] 安徽石埭会馆在复城初期寥落破败，名下各款房产契据俱在战乱中遗失，无从查找；同治八年，同乡在宁士商呈明有司领得旧业执照，次第兴复，“士宦商贾来金陵者，咸得安居有托”，至光绪二年，“在金陵者不下数百人，各铺兴复者不下廿余家，日兴月盛，正未有艾”。[⑨]

其他商人会馆，如评事街江西会馆，窑湾庐江会馆、三河会馆，聚宝门外西街金斗（即合肥）会馆，钓鱼台湖南会馆，水西门大街全闽会馆，斗门桥山东会馆，西华门浙江会馆，石坝街贵池会馆，明瓦廊陕西会馆，栏杆桥徽州会馆，江东门崇明会馆，马府街新安会馆，状元境金东会馆，顾楼婺源会馆，马道街泸州会馆，等等，先后得以修缮。突破地域界限的同业组织也不断涌现，工

① 曾国藩：《复陈补行乡试事宜片》，《曾国藩全集》第 7 册“奏稿七”，第 448 页。
② 光绪《续纂江宁府志》卷 6《实政》，《中国地方志集成 · 江苏府县志辑》第 2 册，第 51 页。
③ 《大杀风景》，《申报》光绪二年闰五月初二日，第 2 版。
④ 《续录清丈局章程》，《益闻录》1882 年第 174 期，第 254 页。
⑤ 《南洋劝业会观会指南》，鲍永安主编《南洋劝业会文汇》，苏克勤点校，上海：上海交通大学出版社，2010 年，第 111 页。
⑥ 李里：《清末民初天津城厢街道改造中的官民分歧》，《天津师范大学学报》2021 年第 3 期。
⑦ 《三会馆公议合同》《产契》，任治沅编《金陵旌德会馆志》，王日根、薛志鹏编《中国会馆志资料集成》第 1 辑第 3 册，第 274、282—296 页。
⑧ 《金陵泾县会馆续增全录序》《善后局给发泾邑会馆房产各项执照》，佚名编《金陵泾邑会馆录》，第 1、10—12 页。
⑨ 《石埭会馆录序》《武定桥新会馆执照》《水西门老会馆执照》，徐志焯编《石埭会馆录》，王日根、薛志鹏编《中国会馆志资料集成》第 1 辑第 3 册，第 8、77、109 页。

商业从业人数大为增加。如同治五年，织染业集资重建江宁织染公所，城内参与捐输的染坊已达89家。[①] 光绪十二年十月，机户陶本钧、叶守庆、刘锦顺等以“同业人多，贤愚不一”，倡议修复位于南门外雨花台的云机公所，重整行规，约束同行。[②]

商铺对城内市房需求量大为增加，房屋供不应求，房地产买卖、出租、出典等各类交易迅速恢复。会馆、善堂等机构利用大好时机广购房地产。泾县会馆在同治九年有七处市房专门用于租赁。[③] 石埭会馆至光绪三年已先后添置了五处市房。[④] 歙县会馆自光绪三年起陆续将名下房屋出赁，仅凭房租一项，十余年已全部收回起造成本。[⑤] 崇善堂董在同治八年至光绪二十三年的二十八年间置办了十四处房产，平均两年添购一处。[⑥] 南京城市经济日渐兴复，房地产投资回报甚高，以房产收益赞助公益事务不失为明智之举，且优势日益显现。

结　语

清廷平定太平天国后，江南地区百废待兴，晚清南京房地产权勘定与当时社会背景紧密相关，可谓社会秩序恢复的重要一环。复城初期，城内房屋坍塌毁坏殆尽，百姓房地契据丢失难以认产，外来军民寄居空屋，导致房地产权混乱不堪，房产纠纷与日俱增。曾国藩、左宗棠先后颁布勘定房地产权的法令，要求业主呈验契据、承领执照，允许客民租借或承买空地起造房屋，禁止百姓冒认及兵勇强占，意在理清纷繁复杂的房地产权关系，稳定人心。对照晚清南京房地产契证实物及地方文献，可以发现房地产权勘验的各款政令，在实际操作中均得到了切实执行，百姓承领的执照、租照等，至民国时期依然是产权凭据。尤其是批量验契登记确认产权的方法，逐渐演变为房地产登记的重要举措，为民国时期南京房地产权的再次确认提供了借鉴。南京市房产档案馆藏的清代契证上通常有两三种民国时期的验契痕迹。

房地契是清代房地产权合法性的首要证据，不过《大清律例》等国家法典中并没有契据遗失后如何证明产权归属的相关律文。在民间房地交易实践中，依仗人际网络和礼法道德等形成的“柔性秩序”，官方土地册籍、粮串、契税、买卖田宅时的中间人以及墓碑、族谱等“替代性证据”，与房地契共同构成了判定房地产权的证据。[⑦] 曾国藩、左宗棠认识到兵燹后民间“柔性秩序”处于失衡状态，故颁布具备法律约束力的各项举措，借官力厘清房地归属，以法令保障百姓产权。

---

① 《江宁织染业公所重整行规及助建公所捐款人姓名碑》，江苏省博物馆编《江苏省明清以来碑刻资料选辑》，北京：生活·读书·新知三联书店，1959年，第456—462页。

② 《江宁县缎机业行规碑》，江苏省博物馆编《江苏省明清以来碑刻资料选辑》，第466—468页。

③ 佚名编：《金陵泾邑会馆录》“馆外市房”，第2页。

④ 徐志焯编：《石埭会馆录》卷4，王日根、薛志鹏编《中国会馆志资料集成》第1辑第3册，第180、185、190、195、201页。

⑤ 汪廷栋编：《歙县馆录》之《收支录》，李琳琦、梁仁志整理《徽商会馆公所征信录汇编》下册，第954—963页。

⑥ 《金陵崇善堂征信录》，第11—14、34页。

⑦ 任志强、方卫军：《“民间执业，全以契券为凭”质疑》，《中国社会经济史研究》2009年第2期，第57页；邹亚莎、李亚：《从“因遭火灾矜准存案”看明清时代土地“管业”案件中证据的效力及认定》，《法律适用》2020年第18期，第150页。

百姓也积极响应官方政策，在社会秩序尚未完全恢复时依法呈验契据，领取勘票、执照、租照等作为新的产权证明，用于自身管业或交易凭据，具备明确而强固的产权意识。

曾国藩、左宗棠等地方官员在重新确立房地产权归属之外，还奏补江南乡试，充分发挥南京科举经济的优势地位，[①]兴复城内传统行业丝织业与秦淮画舫业，[②]率先振兴极易恢复的城南市面，后又鼓励城北起造铺房，招徕商贾往来贸易；从易到难，由南及北，带有鲜明的城市规划性质，有意识地引导城市生态的恢复和发展。是时南京周边土地回报率低下，农民"租税且不办，安敢望积蓄"，部分人选择弃田入城，专门从事获益更高的丝织业。[③] 城内地主也不再广置土地，如世家子弟邓嘉缉不堪逋赋赔累，甚至情愿将祖遗田产 240 亩充为官产。[④] 会馆、善堂等机构也看准城内元气渐复的大好时机，将投资方向由农村土地转移至城内房地产、商铺、典当及其他行业。在官方大力鼓励下，社会各阶层广泛参与，合力推动了太平天国战后南京城市经济的兴复进程。

值得注意的是，兵燹后，江南地区并非仅南京一城勘定了房地产权，大到都市苏、杭，小至县城句容，均有类似政策。《苏州房地产契证图文集》收录的晚清苏州契证实物中，有 3 张存留了江苏善后总局的验契痕迹，所收契证包括 9 张百姓承领旧产的执业印照，24 张以执照为产业凭据的绝卖房地契。[⑤] 不过，苏州房地产交易中，房屋多以执照为据，地基多以第三人出具的担代为凭。清末句容知县许文濬称："句邑自经兵燹，业主之遗失契据者十家而九，大都吝惜小费，不复补领执照。"[⑥]句容补发执照时，可能要收取若干领照费用，以致百姓不愿承领执照，效果不佳。而晚清杭州绝卖房地契中，卖主除声明"从前老契兵燹遗失，不及检交"外，须交"户管一册"，未见执照踪迹。[⑦] 晚清江南城市的房地产权勘验何以存在如此差别，仍有待学界同仁深究。

（本文原发表于《经济社会史评论》2023 年第 1 期。）

作者简介：

董圣兰，1990 年生，南京大学历史学博士。现任上海师范大学人文学院讲师，主要从事中国近代史方向的研究与教学工作。

---

① 孟义昭：《明清时期科举考试对南京城市经济的影响》，《经济社会史评论》2022 年第 2 期，第 114—125 页。李鸿章认为曾国藩倡导同治三年即举行江南乡试，主要出于"招徕商民起见"。李鸿章：《监临乡试片》，《李鸿章全集》第 1 册"奏议一"，合肥：安徽教育出版社，2008 年，第 586 页。

② 范金民：《衣被天下：明清江南丝绸史研究》，南京：江苏人民出版社，2016 年，第 216 页；王玉朋、夏维中：《清代秦淮青楼业的嬗变》，《中国社会经济史研究》2014 年第 3 期，第 76 页。

③ 朱绍颐：《新乐府·田价贱》，《挹翠楼诗存》卷上，翁长森编《石城七子诗钞》，南京图书馆藏清光绪十六年刻本，第 18 页。朱绍颐，字子期，溧水人，寄居南京城内，"石城七子"之一。高德泰：《机业琐记》，《金陵机业琐记》，第 6 页。

④ 沈葆桢：《江宁府属拟请酌减漕粮折》（光绪三年六月二十八日），《沈文肃公政书》卷 7，沈云龙主编《近代中国史料丛刊》第 6 辑，台北：文海出版社，1967 年，第 1328 页。邓嘉缉为两广总督邓廷桢之孙，字熙之，江宁人，"石城七子"之一。

⑤ 苏州市房地产档案馆编：《苏州房地产契证图文集》，南京：江苏人民出版社，2014 年。

⑥ 许文濬：《陈宪之等呈》，《塔景亭案牍》卷 3《指令》，俞江点校，北京：北京大学出版社，2007 年，第 58 页。

⑦ 金曰修编：《浙省安徽会馆志》，王日根、薛志鹏编《中国会馆志资料集成》第 1 辑第 3 册，第 390、407、410、421、435、447、450 页。

近代县报

——中国基层社会研究新视角

洪　煜

摘　要： 近代县报以其庞大的数量、众多的种类以及反映丰富多彩的地方社会等特点，在中国近代报刊史上占有重要地位。中国近代县报是一丰富的珍贵资料宝库，有着即时性、真实性、丰富性、地方性等特征，是研究地方社会重要的历史文献。同时，作为大众媒介的近代县报在地方政治权力斗争、经济发展、风俗观念改造和民众日常生活等方面发挥了重要作用。近代县报的搜集、整理和研究是一新的研究领域，有着广阔的发展前景。

关键词： 近代县报　基层社会　研究展望

县作为中国传统社会最基层的行政单位，它承担着地方政治、社会管理以及公共服务等功能，在基层社会生活中发挥着重要作用。同时，作为国家行政层级中重要一环的县也是最为恒定的行政单位，长期以来对基层社会秩序、风俗教化等的维护造就了中国基层社会较为稳定的历史样本。县是我们认识中国社会最为基础的领域，对于这一基层社会的整体或微观研究有助于深入理解中国近代社会变迁的动力和特征。

在中国近代报刊发展史上，县域报纸以其庞大的数量、众多的种类以及反映地方丰富的社会状态等特点，越来越引起学界的重视。县报是我们研究地方社会的一个重要切入口，也是我们了解中国近代地情的重要视角。与传统地方民间文献如方志、族谱、碑帖、文集等不同，近代县报是中国基层社会的大型日志，它逐日记载，无所不包。近代县报及其刊载内容具有即时性、客观性和丰富性等特征，为我们研究基层社会提供了大量生动而鲜活的珍贵史料。目前关于近代县报的资料整理以及研究成果较为稀少，对县报对于地方社会的影响及其与地方社会的互动等的研究更是屈指可数。[①] 近代县报

① 根据对目前相关研究的梳理，以往我国学者从报刊史的角度研究，主要是在宏观层面，集中在国家、省、地市三级，对县级报业史的研究不多；近代以来，各省地市所编撰的新闻史志、出版志、地方志等，对于地方县报的整理和研究零星而不完整；具有代表性的地方报刊研究成果，如宁树藩主编的《中国地区比较新闻史》(3卷，上海：复旦大学出版社，2018年)是研究和比较全国各地区新闻事业发展历史的综合性专著，从宏观上对地方县报发展进行了总体概述。报刊社会文化史研究是近年来研究近代报刊的重要路径之一。目前的研究大多聚焦于都市报刊与城市互动，也有少数学者开始关注地方报纸个案研究及其与地方社会的互动研究。整体上看，对于地方报刊的研究较为稀少，有进一步深入研究的拓展空间。

视阈下的基层社会研究有着广阔的拓展空间。鉴于近代中国县报范围、性质、种类的庞杂，本文拟对以江浙一带为核心的近代江南县报及其特点以及其对于地方社会研究的价值进行粗略的分析。

一、近代县报概念及江浙县报发展演变

所谓县域报纸（县报），也即地方报，是相对于都市报和省报而言，是以近代行政区划标准的县级行政机构为单位区域所发行的报纸。关于县报的概念，民国时期有着基本的界定，一般认定是县域内出版发行的各类报纸，是以县为单位的地方报纸；[①]包括县域内所有官方、民间及党派团体等所创办的各类报纸。县报注重地方性新闻报道，以基层民众为传播对象，反映地方社会形态，发行销售范围多在本县域之内。这是民国时期报界业内的基本共识。"报告本地方新闻并发行于本地方为其主要目的，以发展本地方的文化与促进本地方的建设，为其唯一志愿。"[②]"所谓地方报纸，就是以报道本地新闻，发展本地文化，促进本地方建设为目的，它的行销区域，是以县城或省为范围的一种报纸。"[③]为地方读者群众而出版，报道地方一切社会生活，提高地方政治文化水准，适合地方读者阅读的报，就是地方报。[④] 地方报纸以报道本地新闻、发展本地文化、促进本地方建设为目的，它的行销，是以省或县的地方为范围。[⑤] 以上关于县报概念的种种解释，可以概括出县报的基本内涵：县报是相对于都市和省报的空间范围，发行于地方，服务于地方社会，流通范围以本地方为主的各类报纸，有着强烈的地方色彩。

中国近代幅员辽阔，地域文化多样，县报在发展过程中呈现出鲜明的地域特点，其创办时间先后不同，空间分布极不平衡。近代县报发展的地域差异性是由各地区不同的政治、经济、社会、文化等诸因素制约决定的。近代以来，江南地区由于其便利的地理环境、发达的经济和文化等因素成为中国报业发展的核心地带，尤其是江浙地区，县报发展尤为迅速，出版数量占据了近代县报总量的半壁江山。

从1895年甲午海战及维新变法以后，国人开始了自办报刊的热潮。随着都市报刊的出版发行，全国地方也开始了创办报刊的历史。维新运动兴起和社会大变革局势的影响之下，在经济文化较为发达的江浙一带，县域报刊次第出现。1898年江苏《无锡白话报》出版后，随后有十余种白话报相继创刊，有《苏州白话报》《吴郡白话报》《江苏白话报》《锡金白话报》《如皋白话报》《太仓白话报》等。同一时期的浙江白话报亦遥相呼应，有嘉兴的《善报》，绍兴的《绍兴白话报》，平湖的《平湖白话报》，金华的《萃新报》，等等。

---

① 詹铙：《从如何办县报说到革新后的新寿昌报》，《战时记者》1938年第4期，第21页。
② 唐忍安：《地方报纸》，《报学季刊》1934年创刊号，第17页。
③ 王京：《地方报纸改进之我见》，《南京新报》1940年8月18日，第8版。
④ 易庸：《地方报的编辑问题》，《扫荡报》(桂林)1939年8月17日，第4版。
⑤ 陈康和：《改善地方报纸的商榷》，《报展》1936年，第35页。

至辛亥革命前后，江浙地区地方县报出版数量明显增多。江苏有20余种报纸出版，分布于无锡、苏州、常熟、如皋、吴江、太仓、南通、扬州、镇江、江阴等地，大都属于江苏南部或苏北沿江地带。20世纪20年代初，江苏地方县报出版从1911年的10个增加到17个。[①] 这一时期浙江县报的创办也进入发展时期，民办和国民党党政部门出版的报纸日益增加，出版地域不断扩大。20世纪20年代前，浙江一些经济文化相对发达的地方县城，如余杭、萧山、绍兴、诸暨、海盐、德清、永嘉、海宁、义乌、象山等地都创办了地方报纸。

1927年南京国民政府成立之后的10年，是县报的发展繁荣期。这一时期，国民党地方党报发展尤为迅速。国民党中央通过《省县两级党部工作条例及其细则》等指示，要求在全国范围内的地方县党部创设报纸。这一时期，全国出版的地方报纸中，国民党党报创办占比达十之六七。[②] 除部分省党报外，地方县党报发展尤为迅速，据国民党江苏省党部新闻事业委员会调查统计（1933年11月），当时江苏除邳县、灌云、赣榆三县外，其余各县都有报纸出版。[③] 1934年，全国各地新闻纸内政部申请登记者有2 700余家，江苏一省即有新闻纸230余家，约占总数的十分之一。[④] 同一时期的浙江，地方县党部也纷纷出版县党报，民间报纸也得到发展。地方县报的空间分布也有较大的扩展。根据1934年10月《报学季刊》的统计，浙江全省共有114家报纸，杭州都市城市报纸合计21家，占18%，县镇报纸占82%。[⑤] 1927—1937年的10年间，浙江新闻事业已深入到县镇，除浙西山区外，绝大部分的县和一些著名的县属镇都曾出版过报纸。即便是在浙东沦陷后，全省大小报纸仍达185家，遍布每一县份。[⑥]

全面抗战时期，随着都市报纸和省报纷纷内迁，地方县报得到迅速发展。抗战爆发，以宣传“抗战建国”为主的时代潮流，推动了地方县报的发展。这一时期国共两党及民办的县域报纸如雨后春笋般涌现，皆以“唤起民众，抗日救亡”为号召。在江苏，国民政府内迁，都市报遭到破坏，地方县报却得到发展，一些僻远县城纷纷创办抗日报刊。中共抗日根据地苏南、苏中、苏北等地创办众多党报，如《苏南报》《苏中报》《盐阜大众》等。在浙江，《宁波商报》创办副刊《抗战》，宗旨是“努力于统一与团结之鼓吹”[⑦]。浙江平阳出版《平报》发表社论：“只有抗战的洪流，才使得我们古老的家乡填定了舆论的中心基础。……《平报》是为襄助政府使抗战建国纲领顺利推行。”[⑧]反映了这一时期地方县报出版的政治使命。仅在1938年一年，浙江县报创办超过80家。[⑨] 同时，抗战期间，日伪创办和控制的县域报纸也有一定程度的发展，江苏有《大民周报》

---

① 宁树藩主编：《中国地区比较新闻史》中册，第610页。
② 方汉奇主编：《中国新闻事业通史》第2卷，北京：中国人民大学出版社，1996年，第252页。
③ 《江苏省各县报纸概况表》，《江苏月报》1934年第1卷第3期，第21—23页。
④ 君觉：《发展内地及边疆的新闻事业问题：内地新闻事业述略》，《报学季刊》1935年第1卷第2期，第59页。
⑤ 君觉：《发展内地及边疆的新闻事业问题：内地新闻事业述略》，《报学季刊》1935年第1卷第2期，第60页。
⑥ 宁树藩主编：《中国地区比较新闻史》中册，第658、665页。
⑦ 《本刊的使命》，《宁波商报》1938年4月5日，第2版。
⑧ 《发刊词》，《平报》1938年12月3日，第1版。
⑨ 李骏：《浙江县报百年史》，杭州：浙江大学出版社，2012年，第57页。

《新锡日报》《江北新报》《太仓新报》《苏州新报》等，浙江有《杭州新报》《余杭新报》《萧山公报》等。

抗战胜利后和解放战争期间，国民政府在接收江浙地区后，为了宣传的需要，国民党党部及政府等在县域创办的报纸得到进一步恢复和发展。同时，共产党在县域创办报纸与之针锋相对，县报创办进入新的发展时期。此外，这一时期是国民政府所谓的“宪政时期”，倡导新闻自由和企业化发展，原先的党派报纸纷纷自主企业化，民办报纸也纷纷出版。随着内战爆发及国内经济形势的变化，尤其是物价飞涨，纸张、油墨等物资紧张，官办、民办的县域报纸受到影响，多数县报或减版或停刊。至中华人民共和国成立前夕，浙江除国民党地方党政报纸外，民办报纸由百余家锐减到不足20家。[①] 中华人民共和国成立后，地方县报纷纷停刊或改组，进入新的历史发展时期。

考察江浙地区这段时期的县报创办主体，其身份繁杂多样，有官方，有民营，有各党派团体，有知识分子，有地方士绅阶层，有地方机关职员，有商人，不一而足。县报种类繁多，有公报、县政、党报、综合、文学、商业、卫生、实业、农业、教育、警政、晚报、学生、儿童等。县报出版版式大小不一，有对开、四开、六开、八开等。出版周期有日报、间日报、三日报、五日报、周报等。印刷方式有铅印、石印、油印、手抄等。

二、近代县报的地方性及其发展制约因素

县报的地方性是中国近代县报发展过程中重要的特色之一。近代中国地域辽阔，不同的地理政治社会文化环境造就了不同特性的县报个性。其发展进程中的制约因素更是造就县报地方性特色的重要原因。

（一）近代县报的地方性

县报与都市报、省报的差异以及优势在于它的地方性特色。首先，县报地方性是其生存的重要特色之一。县域报纸的地方性，既是地方报纸与都市报纸差异所在，更是地方报纸生存发展的策略之一。近代以来，县报在资金、印刷以及发行渠道方面都无法与都市报、省报相抗衡。为生存发展之计，县报致力于报纸的地方特色，贴近地方社会，走进民众日常生活，突出报纸的地方性，满足地方实际需要。县报之所以称为“地方报纸”，就是每一张报都带有每一地方的特殊性，这一特殊性决定了它的内容甚至印刷、发行各方面，都与其他地方不同。正如时人所阐述的那样：地方报一定要有地方性。地方报与都市报相比的优点就是空间的接近，与读者关系密切，更有其重点，即强调地方色彩，激发爱乡情绪。[②] 以地方语写地方事，这是取得广大读者的

① 李骏：《浙江县报百年史》，第6页。
② 如陵：《论地方报》，《新生命报》1947年9月1日，第2版。

先决条件。[①] 地方报人也一直强调报纸地方性的重要性，要使县报成为当地民众所需要的报纸。县报所刊载的内容，无论是政府政令的宣达还是报道地方新闻以及反映地方民众日常生活的疾苦，务使一字一句全属当地社会实情的反映和写真。新闻文字须竭力减少或避免抄录转载。同时，为增加民众的阅读兴趣及生活常识起见，地方县报每天要附一个副刊，就卫生、气象、公民、社会、物价等项，作简要的说明与介绍。[②] 这反映了县报内容地方性特色的生存发展需求。

如何做到县报的地方性，县报报人进行了诸多努力。对于政府政令、通告之类的文书，"不宜一样登载原文，应该用更通俗的方式解释这些东西……还要按照地方的文化程度，多做些给本地人能看得懂，真的达到了把这中心意见传达到本地老百姓的任务的东西。我们要本着自己朴素的姿态，创造新的作风。强调创办出地方的风格和特点"。县报编辑新闻时最好是"人要像人，马要像马，中国人不能像西洋人"[③]。"地方性刊物中讨论较大较远的问题，可以用地方的小事件中去讨论。同样的，地方性报纸的副刊，是写给读者中占多数的小学教员、中学生、店员、手工业者、农民群体，等等。地方性报纸要注意到读者的趣味、读者的需要，要为他们所理解。"[④] 这些言论反映出报界业内人士对于维持和强调县报地方性特色的努力。

第二，县报地方性特色也是客观地理环境所造就的。从空间区域来看，中国各地的地理环境、政治气候、文化面貌等各不相同。各地经济结构和文化水平等方面的差异影响着该地县报的特质。依据传统的划分习惯，近代中国可划分为华中、华南、华东、华北、华西五大区域，各大区域的地方县报，各有其显著特点。这些特点与当地社会文化相吻合。如时人所分析的那样，以湖北为代表的华中地方报纸，因该区域是中国的交通中心，所以地方报纸一向采取八面玲珑的态度，违反了这种态度的报纸马上就会使你不能生存。湖南地方文化以刚劲著名，所以其地方报纸都有刚劲之气，绝没有八面讨好的意味。华东以上海为代表，因为上海是个十里洋场、以商业为中心的地方，于是上海的地方报纸也就少不得倾向于商业化，其报纸在政治、文化方面终为环境所限，脱离不了商业化意味。[⑤] 也有人很形象地比喻说，如果把浙江《东南日报》搬到西康去出版，任凭张天师怎样大本领，亦必有法无处使。倘使在一个落后的地方，凭一时兴起，把报纸的质素提得很高，就超越了该地方经济文化的负荷力。[⑥] 这些情况无不说明县报地方性特质与地方政治、经济和文化环境的密切关系。

县报地方性特色也在于创办人群体的地方性。纵观全国近代县报创办情形，无论是官方主办还是民间私营，大多由本地人士主持。县报的文字执笔者、新闻搜集者、推销人员，大多为当

① 易庸：《地方报的编辑问题》，《扫荡报》(桂林)1939 年 8 月 17 日，第 4 版。
② 詹铙：《从如何办县报说到革新后的新寿昌报》，《战时记者》1938 年第 4 期，第 21—22 页。
③ 柳寔：《地方日报期刊编辑要点商榷》，《新闻记者》1938 年第 1 卷第 2 期，第 7—8 页。
④ 胡卜人：《我们要求健全的地方性的刊物和报纸副刊》，《读书生活》1936 年第 3 卷第 8 期，第 352 页。
⑤ 童仲赓：《国内新闻事业的概观》，《正中》1934 年第 1 卷第 1 期，第 52—55 页。
⑥ 《对于地方报诸问题之意见》，《战时记者》第 2 卷第 2 期，第 6—7 页。

地人士，是地方人办给地方民众阅读的报纸。如时人所说，地方县报的背景是“地方”，她的读者是“地方”，她期待着“地方”的同情支持。① 总之，近代县报是在地方范围中逐日发生的硬性软性的各类纪事，是供给本地全体人民阅读的。它的新闻取材，是以本地记事为中心；新闻记事以浅显的笔墨叙述，使文化水平较低的群众都能理解。报纸的文字是用通俗的白话文字，“北方的白话不适用于南方，南方通用的白话，不适用于北方”②。地方县报的创办和发展，一切以地方的实际需要为旨归，这些都反映出县报的地方性特色。

（二）县报发展的制约因素

近代县报发展与地方特色制约因素有关。相较于都市报和省报而言，县报的发展有着诸多制约因素。近代中国地域辽阔，各地社会环境复杂不一，对于县报发展的制约因素大致有政治环境、经济条件、人才资源、地方文化、交通条件等方面。

首先是政治因素。每一次政治局势的变化都对地方报业发展产生重要影响。正如《中国地区比较新闻史》所言，近代中国，一个地区一个城市报纸发展的兴衰起伏，起决定作用的往往是政治因素。③ 晚清新政、辛亥革命、五四运动、国共合作、军阀战争、抗日战争、解放战争以及地方政治派系斗争等都是地方报业发展或衰败的首要原因。

第二是报馆的经济条件。梁启超曾在《时事新报》发行五千号的纪念辞中说过：“吾侪从事报业者，其第一难关，则在经济之不易独立。”④都市报尚且如此，地方报更是艰难。一般来说，县报资本规模小，经费紧张，印刷质量相对较差，发行量小。这些都制约着县报的生存发展空间。有报人回忆，地方机关办报经费每月只有五十元，年成好的话还勉强过得去，若碰到凶荒，报社的经费弄成一个五扣实支，于是报纸由四开一变而成为八开，由日刊一变而为隔日刊，再变而为三日刊，三变为周刊。⑤ 县报广告收入也不景气。据 1935 年内政部统计，江苏省报社有 339 家，占全国的 19.3%，销行数占 35.09%，居全国第一。然各报社广告收入甚微，以致有因广告业务不发达而年有亏蚀者，常有停闭之虞。⑥《中央日报》社长马星野曾给当时县报馆经费算了一笔账：如果地方报纸不拿津贴而自给自足，是绝对不可能的。在各县，除非商务特别发达，否则每日每报的广告费不容易超过五十元；报纸日销六百份，已是中等县邑报纸很可观的数目，这个代价还不够付印刷费，更不够付纸张费；至于支出，新闻纸、印刷费、油墨是无法节省的。⑦ 20 世纪三四十年代，国民政府推行文化下乡，鼓励地方创办报业，但“县里经费困难，百端待举，那有钱来办报？而器材更为困难，没有收报机可以得到国内外的无线电报，没有印刷机可以印

① 藏之：《尝试的话》，《地方新闻》尝试号，1949 年 1 月 10 日，第 1 版。
② 唐忍安：《地方报纸》，《报学季刊》1934 年创刊号，第 29 页。
③ 宁树藩主编：《中国地区比较新闻史》上册，第 40 页。
④ 梁启超：《本报五千号纪念辞》，《时事新报》1921 年 12 月 10 日，第 1 版。
⑤ 程其恒：《办理地方报的困苦经历》，《国讯旬刊》1940 年第 230 期，第 13 页。
⑥ 孙兰言：《江苏省新闻事业史料》，《江苏文献》1942 年第 1 卷，第 46 页。
⑦ 马星野：《发展地方报纸刍议》，《战时记者》1939 年第 6 期，第 4—5 页。

刷字体清晰的报纸，纸张与油墨等类更是无法解决的问题”[①]。县报报馆经费紧张是普遍存在的问题。国民党常熟县党部报纸《新生报》因为经费问题而停刊一个月。重刊之际，登报希望读者不要拖欠报费，“俾本报得维持于不堕，本报之幸，或亦文化界之幸欤”[②]。经济条件使得县报发行局限于地方，如江苏泗洪地区出版的各类报纸，“其范围大都销行本邑，隔县鲜闻”[③]。

第三是人才资源缺乏。县报，尤其是内地县报的发展受制于人才资源的匮乏。其一是地方报馆经济枯涩，不能吸引能力较强的新闻人才，一般新闻学系学生或有一定声名的新闻记者，对于地方报业往往不屑一顾。大多数县报报人多由小学教员、党派人士、商人等兼任。报人群体鱼龙混杂，而品行卑劣者也有不少。一般民众对于这类新闻记者，都视为“流氓”之流。[④] 同时，因县报经费缺乏，物质条件不够，只能出版小型报，而当时一般社会人士多把小型报视作小报，有损报人人格。[⑤] 地方新闻纸常被看作报格低下的小报，是局促一隅不被人重视的东西。[⑥] 其二，社会观念重视都市报，轻视地方报。对于都市记者莫不礼敬有加，至于地方小报的记者，人家根本看不起。[⑦] 地方县报因限于地方，接触的范围没有全国性报纸大，个人的地位不易显达。[⑧] 县报报人身份得不到社会民众的认可。这些看法和观念代表了民国时期地方社会一个普遍的认知，这不利于都市报人向地方的流动，也阻碍了县报的发展。地方报人才搜罗不易。因此，地方政府办地方报，“只有调派公务人员，自有他的苦衷”[⑨]。有些地方，因新闻人才缺乏，县报大半落于劣绅或市侩之手，亦即所谓“报痞”。

第四，县报创办过程中也时时受到地方各权势阶层的干扰。对于县报而言，地方政府对于县报的生死有着重要的影响。“顷奉象山县政府命令，自即日起停止出版”[⑩]，诸多县报，被迫屈服在政府的权威之下，明知政府违法，也不敢有所指责。[⑪] 县报出版和发行等的生杀予夺之权掌握在官府手中。县报为生存发展，多有不得已而屈服于地方各权势阶层，刊登权势人物的“德政”和“功绩”，以求生存。“翻开报纸，各色各式颂扬德政的启事，不是颂扬军队的纪律严明、秋毫无犯，就是颂扬县长的爱民如子、兴利除弊，然而明眼人知道，凡被颂扬的十之九，是正相反。”[⑫]如有违背地方权势阶层意愿，就会遭到各种打击。1913 年嘉善《善报》因抨击县政贪暴、批评地方劣绅横行而被查封。《绍兴公报》因揭露县知事“营私舞弊，搜刮民膏”而遭到报复。

---

① 储裕生：《新县制与地方报》，《新闻战线》1941 年第 5、6 期合刊，第 21 页。
② 《这要请读者帮忙》，《新生报》1947 年 6 月 16 日，第 1 版。
③ 朱汉章：《泗阳新闻事业之检讨》，《苏衡》1935 年第 1 卷第 4 期，第 124 页。
④ 冯英子：《扶植地方新闻纸》，《新闻记者(汉口)》1938 年第 1 卷第 6 期，第 23—24 页。
⑤ 《积极发展地方性报纸》，《民国日报》1943 年 9 月 1 日，第 2 版。
⑥ 赵纯继：《地方新闻的重要性》，《新闻战线》1942 年第 2 卷第 6 期，第 9—10 页。
⑦ 杨寒玉：《请正视办地方报的困难》，《报学杂志》1948 年第 1 卷第 7 期，第 92 页。
⑧ 《积极发展地方性报纸》，《民国日报》1943 年 9 月 1 日，第 2 版。
⑨ 管雪斋：《省县公报的设计》，《新闻学季刊》1941 年第 1 卷第 4 期，第 43—64 页。
⑩ 《大众日报休刊启事》，《三门湾日报》1949 年 3 月 16 日，第 2 版。
⑪ 李梦秋：《地方报纸的厄运》，《战时记者》1939 年第 10 期，第 11 页。
⑫ 白丁：《新闻漫谈》，《新闻通讯》1934 年第 7 期，第 31 页。

《武进夜报》因刊登一段“派员查覆是一件好差事”的文字，受到该县章县长的特殊关照，引得“报馆人员手足无措，有若大难临头的模样”。[①] 1933年7月，朱家角镇创办三日刊《警钟》，一开始报社同人意气风发，立志揭破社会黑幕；出版数期后，受到地方恶势力的压迫，“层出不穷，竟有防不胜防之慨叹”，最终被迫停刊。[②] 县报的种种发展障碍反映了地方报纸发展的特色过程。

其他原因，如地方民众文化水平等也限制了县报的发展空间。大多数县报发行量小，主要原因是教育不普及，人民的知识程度很差，读报者少。[③] 浙江《平报》创刊之时，创办人也担心“以一般民众文化水准的低下看来，是怎样需要给他们以文字上的启迪和鼓励”[④]。民众经济文化水平更是制约县报发展的重要因素。

三、近代县报中的地方社会

近代以来，随着县报在地方的陆续创办，县报成为地方社会重要的新闻媒介，对地方政治、经济、文化和社会风俗等方面产生重要影响，同时，县报中记载的丰富多彩的地方社会日常生活，为我们研究地方社会提供了珍贵的史料。

近代县报与地方政治密切相关。近代报纸的发展或衰落与政治之间如影随形。报纸等媒介的政治宣传不只是一种社会动员的辅助方式，更是政治行动的一部分。从维新运动、辛亥革命到新文化运动，乃至民国政府时期，地方报刊类型多样，其中党派团体类报刊在基层社会的政治宣传方面发挥重要作用。政党、团体的意志、党义及宗旨的宣传大多依靠报刊媒介传播渠道来完成。政党之间的政治宣传战也大多通过报刊媒介这一舆论平台进行。

1927年南京国民政府成立以后，国民党进入“训政”时期，在国民党政府大力支持和推进下，县党报在全国范围内得到迅速发展，形成了一个自上而下强有力的新闻宣传系统。据许晚成《全国报馆刊社调查录》调研统计，国民党党报总数在600家以上，占全国报刊总数40%，而地方党报有590家，占国民党党报总数的98%。[⑤] 县党报占据绝对优势比例。地方县党报既是地方政治动员的宣传工具，也是地方县营的文化事业。这类县党部报纸，以阐扬三民主义及传播各项政令为职志。国民政府时期，国民党地方县报都秉承这一办报宗旨，大多数县报在报头下刊有“总理遗嘱”字样，显示报纸的政治属性。如1928年创办的《江苏国民导报》是无锡县第一份国民党县党部创办的报纸，它的使命是阐扬国民党党义，建立正确的舆论以作民众的真正喉舌。同年创办的《嘉定新声》以“研究三民主义，评论社会现状，唤起民众，共求自由平等”为宗旨。1935年12月，国民党太仓、嘉定、宝山三县党部联合创办《太嘉宝日报》，目的是使消息得以

---

① 菊青寄自常州《武进夜报与章县长》，《爱克斯光》（苏州）1929年10月24日，第4版。
② 陆宝荣：《附〈警钟〉报始末》，《里风》1945年10月31日，第2版。
③ 朱司晨：《地方报纸略论》，《晨光周刊》1935年第4卷第22期，第11—12页。
④ 《发刊词》，《平报》1938年12月3日，第1版。
⑤ 据许晚成编《全国报馆刊社调查录》（上海：龙文书店，1936年）统计而成。

贯通，国民党党义主义得以阐扬，政令借得传播。[①] 常熟《新生报》宣称“站在三民主义的立场，对于领导青年思想，发扬民族意识，促进地方建设各方面”[②]。浙江《桐庐报》是为了“阐扬党义、宣传政令、报道新闻”，《富阳日报》以“唤醒民众，宣传党化”为宗旨等，都显示出县党报强烈的政治属性。

县报的政治主导功能和权力因素也反映在县报创办的各个环节上。第一，是对报纸创办的经费支持。政党报纸是宣传工具，不以营利为目的。从1900年的《中国日报》开始到南京国民政府成立后创办的国民党党报，基本上都有专门的政府经费补助。国民党中央常务委员会1928年6月9日通过的《设置党报条例草案》《补助党报条例》等规定：“中央及各级宣传部的设置日报、杂志（即经费统由中央及各级党部划拨）或酌量津贴本党员所主办之日报杂志”，“凡党员所主办之日报或期刊均可请求本党中央或各级党部补助经费”。落实到地方，县党报经费都有具体的额度规定和补充办法。镇江《新江苏报》运营经费不足之部分，则由县属各机关资助，并认定每月县党部五十元，县政府五十元，教育局二十元，省会公安局二十元，土地局五元，县公安局五元，财务局十元，建设局五元；[③]《宝山民众》报经费由教育局津贴；[④]浙江丽水县党报“自出版之月起，每月津贴一百元，以五个月为限，又查该报性质，应属乙种党报，此项津贴费，应作该报股金，其股权归丽水县党部所有”[⑤]；等等。第二，国民政府利用行政力量强化其党报的权威性。除对县报经费等方面大力支持外，国民政府还通过各种方式提高县党报的地方影响力。大多数县报的报名刊头都由政府要员题词，大到中央政要，小到地方县长知事。如青浦县《明报》报头由吴开先题词，《青浦新报》由县知事姚明仁题词，常熟《新生报》分别由王宠惠、陈立夫等题词，浙江《平报》由浙江省主席黄绍竑为其题写报头，等等。同时，利用政府行政力量确立县党报的权威地位。常熟县县政府布告称：“《新生报》系常熟惟一党报，为各机关、各团体、民众所必阅之刊物，嗣后凡本县政府管辖范围司法部之民刊、诉讼声明、广告，非登该报不能发生效力，合行布告各界民众，一体周知。”[⑥]江苏高等法院镇江地方法院特准，有关人事法律公告，非登《新江苏报》不生效力。[⑦] 抗战胜利后，为求得地方政令划一，昆山县长批准《旦报》社长陆景曾所呈称“举凡民间一切启事等则非刊载本报不生法律效力”的申请，[⑧]“凡民间有关法律行为之在本报刊登广告声明及启事者于司法机关处理案件时应为采证上有效之根据”[⑨]。这些都体现了县党报对于政治权威的借用。

---

① 孙兰言：《江苏省新闻事业史料》，《江苏文献》1942年第1卷，第47、51页。
② 石民佣：《新生报复刊献词》，《新生报》1945年9月26日，第1版。
③ 《县党政谈话会》，《新江苏报》1930年1月9日，第5版。
④ 《国内新闻事业之概况》，《记者周刊》第12号，1930年8月3日，第45—46页。
⑤ 《中国国民党浙江省执行委员会宣传部指令第一四三一号》，1930年12月。
⑥ 《新生报》1930年10月24日，第1版；1932年2月15日，第2版。
⑦ 《新江苏报》1947年1月16日，第1版。
⑧ 《准旦报社社长陆景曾呈称为举凡民间一切事等则非刊载本报不生法律效力呈请鉴核允准等情转请》，1946年5月，昆山市档案馆藏，档号：005-001-1157-003。
⑨ 《在本报刊登广告得为审判上重要之采证》，《三门湾日报》1948年5月27日，第2版。

国民党县党报为地方政治服务，引导舆论方向。北洋军阀时期，抨击军阀政治黑暗，声讨段祺瑞是“最著名的日本帝国主义走狗”，以“外崇国信”四字取得国际承认的地位，“给一切不平等条约加了一重保障，已是我们人民所不能忍耐的了”。① 国民党江宁县党部为“五九”国耻纪念告民众书：“纪念国耻要彻底肃清反革命势力；纪念国耻要废除不平等条约；纪念国耻要加紧提倡国货运动；卧薪尝胆誓雪国耻；对日经济绝交；打倒日本帝国主义。”②抗战爆发以后，各地方县党报言论加入这场民族战争的洪流中。国民党地方县党报有着明确的政治立场：“我们的政治立场，就是抗日救国的立场，也就是抗敌建国的立场。拥护抗战的最高领袖蒋委员长。拥护领导抗战的政府。拥护统一战线。拥护三民主义。”③县报以各种社会动员启发基层民众的国家意识。④ 这些都反映了县党报的国家政治宣传功能。

县党报更是地方政治派别之间权力争夺的舆论工具。20世纪二三十年代，在江苏常熟，国民党党部内部在争夺权力过程中，形成了以《新常熟日刊》为传播阵地的“新常熟系”（主要势力在常熟县教育界和农会、妇女会），他们和依托《琴报》为宣传中心的“琴报系”（主要包括常熟县党部的执行委员以及工整会和国民救国会等）之间发生了激烈的权力斗争，并以各自的宣传工具对对方进行舆论攻讦。在1929年地方党务纠纷中，《新常熟日刊》刊登检举“琴报系”核心人物张尧生不法行为的文章，《琴报》则指摘“新常熟系”是“虚构事实，妨害名誉”⑤。舆论带有明显的政治宣传倾向性，其结果是两派系之间权力争夺激化。⑥ 反映了复杂多变的地方政治实态。同时，县党报也是地方政治人物个人宣传的工具。苏州地方立委选举之际，《小吴报》用一整版篇幅宣传候选人严欣淇的个人声望及社会活动能力，极力推举严为立法委员。称其最孚众望，盛赞严的个人品格、“大公无私之精神”、“光明磊落之风度”，为表示该报社人的诚意，该报全体报人均投选严欣淇，“并愿意提供为各界投选人之参考”。⑦ 同时，为打击政敌，同一版上刊载《民盟又图死灰复燃》⑧进行抨击，以报纸舆论左右民意。

近代县报在各个历史时期的政治宣传活动与地方社会政治生活息息相关，影响着地方民众对于国家、民族主义、政党以及政治局势的认知。同时，近代县报与地方民众日常生活密切相关。报纸为文明社会的精神食粮，其作用在于潜移默化地发挥教育的功能，所谓化民成俗的工具，莫重于报纸。“启迪民智，开化人心，当惟地方报纸是赖。”⑨县报以地方事实为依据，报道地

---

① 《省党部为段祺瑞屠杀北京市民宣言》，《三五旬刊》（中国国民党江苏吴江县党部印行）第3期，1926年4月1日，第1版。

② 《新江宁》1929年5月第27、28期。

③ 《我们的立场》，《平报》1938年12月5日，第1版。

④ 《告成衣工友勿做日本货的东西》，《新桐庐》1927年6月27日，第2张。

⑤ 《新常熟日刊妨害名誉案》，《琴报》1929年7月9日，第2版。

⑥ 《县代表大会之纠纷》，《琴报》1929年10月7日，第2版；旁听：《打散场的县代表大会》，《琴报》1929年10月7日，第4版。

⑦ 《本报全体同人均投选严欣淇》，《小吴报》1948年1月22日，第1版。

⑧ 蓝田：《民盟又图死灰复燃》，《小吴报》1948年1月22日，第1版。

⑨ 邢颂文：《地方报纸国际新闻编辑的商榷》，《江苏月报》1935年第4卷第4期，第26—28页。

方社会各个领域所发生的新闻。注意于一地方每天所发生的新闻，记载自当以事实为贵。[①] 近代县报中关于地方社会各类信息的报道也是我们了解和研究地方社会日常生活重要的资料来源。

近代县报最重要的特色是关注地方民众事务，为地方民众排忧解难。县报多以地方社会问题为中心，报道民众日常生活中所关心的各类国计民生问题，所刊载的社论以及信息多偏重于地方事件。其中，地方新闻等栏目的设置是县报一大特色。几乎每一种县报都有该栏目的设置。如1918年8月创刊于江苏常熟的《新刍言》专设"本邑短简"，刊登常熟地方简讯、市乡通讯，报道其属下海虞、浒浦、东张、何市、徐市、董沈等市乡新闻。内容涉及民间团体、地方治安案件、诉讼、迎神赛会、卫生防疫、征税等。[②] 1926年8月创办于江苏扬州的《新民报》，特设"本县新闻"一栏，刊载大量关于扬州地方民众的社会生活内容，如针对烟毒犯的总检举及自新登记宣传周，除刊发相应的参与人员、决议事项外，还介绍将编演警惕话剧，利用元旦表演，并在为期7天的宣传周内举办化妆演讲活动。[③] 创办于1928年1月的浙江江山县《江声日报》，专栏刊登"本县新闻"，所登消息涉及本地百姓民生、卫生防疫、社会建设、地方治安、地方选举、文教活动等诸方面。[④] 浙江桐庐县报同样亦以地方新闻为主要内容，反映地方社会日常，如《城区消防会议》《第九次县代表大会》《小学行政成绩陆续送会》等。[⑤]

近代县报在关注地方民情的同时，也关注地方弱势群体的日常生活。如教师群体："小学教员位置，凄苦似僧，每日摇铃上课，度其粉笔黑板生活……论其月得薪金，仿佛水中着盐，淡而无味，区区之数，糊口且不给，何论赡家，而今又一欠再欠，停发有三月之久，委蛇委蛇，枵腹自公，小学教员之苦况，盖可想见矣。"[⑥]还反映地方学徒群体的日常生活；[⑦]关注印刷工人收入问题，报道地方印刷工人组成职工会要求调整工资一事。[⑧] 县报中关于民生的信息，如地方商情、物价、商业广告、棉纱、棉布、食糖、食油、粮食等，以及地方民众日常生活的方方面面，如服装、旅店、饮食、医疗、法律服务、百货等，所在皆有。对地方报纸出版者而言，创办县报的一个基本原则就是"传布人民的疾苦及其生活需要以播于全社会。新闻报道属当地社会实情的反映和写真"[⑨]，"按时发表对县内重要问题的意见……反映民众的生活与要求"[⑩]。

县报立足于地方社会，反映近代中国不同历史时期地方社会的民众日常生活。无论是关于政治宣传，还是经济生活、地方民情风俗以及文化娱乐等，县报不同程度上充分反映着近代地方

---

① 秋翁：《论地方报》，《铁报》1947年6月10日，第3版。
② 《新刍言日报》1920年1月7日，第3版。
③ 《提灯宣传烟民自新登记》，《新民报》1935年12月22日，第3版。
④ 如《本县各界举行端节劳军》等，《江声日报》1943年7月7日，第2版。
⑤ 《桐庐民报》1933年5月26日，第6版。
⑥ 介公：《小学教员欠薪之感想》，《常熟明报》1928年12月18日，第2版。
⑦ 《旅店学徒的生活》，《如皋日报》1943年9月23日，第3版。
⑧ 《本县印刷工友调整工资圆满解决》，《五山日报》1946年7月19日，第2版。
⑨ 詹锐：《从如何办县报说到革新后的新寿昌报》，《战时记者》1938年第4期，第21—22页。
⑩ 陈聆明：《地方报纸的建立与发展》，《扫荡报》(桂林)1939年3月9日，第4版。

社会民众的真实生活情形，县报是我们了解地方社会民众日常生活重要的视角。正如县报自己所言："我们的地方报，一定要有很丰富的很生动的群众生活的反映。"[①]县报反映了近代中国地方社会丰富多彩的历史图景。

四、近代县报与基层社会研究展望

作为近代地方社会最重要的大众传媒，县报不仅是地方社会政治、经济、文化等各类信息传播的平台，也是地方社会权势力量借以改造社会的重要工具，它广泛深入地参与到民众的日常生活之中，与地方社会各领域有着密切的互动联系，推动着地方社会的历史进程。

以往多数学者对于地方社会的研究，多从地方志、档案等文献资料出发。这些固然可以了解地方社会的地理、物产、气候以及土地、社会等方面的珍贵信息，但对于政治、经济、文化和民众日常生活等动态的发展变迁，方志、族谱、文集等民间文献资料不能全面反映地方社会的发展演变，尤其是基层社会鲜活的日常生活历史。一定意义上说，近代县报是研究中国近代地方社会地情的百科全书，地方县报内容包含了时政新闻、商业贸易、文教卫生、民生百态等，弥补了晚清民国时期方志、档案文书的不足，是研究我国近代地方新闻史、地方社会文化史珍贵的民间历史文献资料，也是我们了解地方政治生态、商业发展、新闻事业、风土民情以及印刷技术、语言风格等方面的主要参考资料。梁启超曾言："史料之为物，真所谓'牛溲马勃，具用无疑'，在学者之善用而已！"[②]对近代县报资料的全面搜集整理，进一步突破了地方社会历史研究的史料局限，为我们深入开展基层社会研究提供可能。

近代县报呈现中国地方社会丰富多彩的历史画卷，其对于地方社会的实时报道有着即时性、真实性、多样性、地方性等特征。县报这些特征丰富了我们对于近代地方社会政治、经济、文化以及日常生活等各个领域的多元认识，同时，近代县报因接近民众、深入社会，也加深了我们对于基层社会历史细节的全面了解。地方社会政治、经济、文化和日常生活等各层面在地方县报中有着诸多记录，为我们呈现出五色斑斓的基层社会图景。另外，近代县报对于地方社会的历史发展进程有着重要的推进作用，地方社会传统向现代的转变以及民众的国家意识、现代意识和地方大众文化的现代发展都与渗透到地方社会的现代大众媒介有着密切的关系。因此，从近代县报这一视角出发认识地方社会，拓宽了近代社会文化史研究的范围。

当然，近代县报也有其不足的一面。中国近代县报千差万别，创办主体身份多样，创办宗旨也各有不同，对于地方社会的报道有着各自的舆论倾向和特色，尤其是党派团体类报纸，多为政治宣传工具，对于这些有着较为明显的办报倾向性的报纸史料要有所警惕。更多情况下，近代县报无论是风格还是体例，对于事实的报道方面，有时有较大的出入，曾受到当时舆论的诟病：

---

① 胡小丁：《地方报纸地方化》，《解放日报》1943 年 1 月 26 日，第 4 版。
② 梁启超：《中国历史研究法》，石家庄：河北教育出版社，2000 年，第 66 页。

“一班狐朋狗友，借报招摇撞骗之敏捷，使任何人都露出惊奇的思想，逞以数人之不欲，贻害大众于不顾，有玷污整个舆论界的污羞和耻辱。”①“最近所见各处的地方报，新闻的记载不翔实与太主观，是共同的弊病，有此弊病，即凡所记载，失却真实性。”②需要我们对相关报刊及其他地方文献资料进行互证以还原历史的真实。

总之，中国近代县报是一个丰富的资料宝库，是研究地方社会重要的史料参考。多样的地方性特色内容是我们了解中国近代地情重要的民间文献，其内容庞杂、范围广泛，包含了地方政治文化生态、社会观念变迁、地方经济发展、衣食住行以及文艺娱乐等各个领域，是我们了解近代地方社会百科全书式的重要原始资料。同时，作为大众媒介的近代县报在地方政治权力斗争、经济发展、社会风俗观念改造和民众日常生活等方面发挥着重要作用。近代县报与地方社会各层面互动之研究有着广阔的发展前景。近代县报是中国基层社会研究的一个新视角，县报的全面搜集整理对于近代地方社会的深入研究有着重要的学术意义。

（本文原发表于《江南社会历史评论》2023年第23期。）

作者简介：

洪煜，历史学博士，上海师范大学历史系教授、博士生导师，博士后合作导师。主要从事江南社会文化史、近代报刊史等领域研究。国家哲社重大项目首席专家，2016—2017年美国伊利诺伊州立大学访问学者，《江南社会历史评论》副主编。出版专著2部，合著4部；在《文艺研究》《史学月刊》《史林》《中国出版》等期刊发表论文50余篇。主持国家社科基金重大项目、一般项目以及省部级课题、相关横项课题10余项。

本文为国家社科基金重大项目“中国近代县报搜集、整理与研究”(21&ZD228)的阶段性成果之一。

---

① 王梦麟：《常熟的新闻事业》，《世界晨报》1935年11月14日，第2版。
② 秋翁：《论地方报》，《铁报》1947年6月10日，第3版。

清末“保路运动”的再反思

萧功秦

摘　要：本文从后发展国家铁路发展史的比较角度，对清政府铁路筑路权收归国有政策形成的原因，清政府与主张商办的士绅商民在路权国有与商办的问题上的分歧，以及由此引起的“保路运动”风潮与政治冲突，进行了系统的考察，并在这一基础上，分析了清政府铁路国有政策失败的原因以及历史后果。

关键词：保路运动　商办铁路　盛宣怀　资政院　经济民族主义

自辛亥革命以来，几乎每一部研究清末历史与辛亥革命史的历史著作均会涉及清政府的铁路国有政策以及由此引发的“保路运动”。传统观点认为，清政府以铁路国有来出卖铁路主权，爱国的士绅商人与民众奋起反抗清政府的卖国行径，以“商路亡，中国亡”为口号，发起“保路运动”，最终导致辛亥革命爆发并使清政权走向灭亡。

然而，重新来研究与反思这段历史，就会发现问题绝非如此简单。本文将对清末铁路现代化政策的演变过程作一历史的回顾，并进而分析清政府与主张商办的士绅商民在路权国有与商办的问题上出现的分歧，以及由此引起的铁路风潮与政治冲突，通过研究清政府铁路国有政策失败的原因，发现许多发人深省的东西。

一、从官办到商办：清政府铁路政策的演变

自近代以来，中国人在铁路问题上经历了思想观念上的几次重大转变。

如果说直到19世纪70年代，相当一部分中国士绅官僚还把拆毁铁路视为反对列强侵略的一种必要手段的话，那么到了19世纪和20世纪之交，尤其是庚子事变以后，上自朝廷下至士绅平民，已经越来越清楚地认识到铁路对于经济发展与民族振兴的重要性。这就使得“赶造铁路为治内御外之唯一良策”成为中国社会各阶层的普遍共识。

大体上，自甲午战争以后，清末的铁路政策经历了合股官办、商办与路权国有这三个阶段。

第一阶段是“合股官办”。甲午战争之后，清政府鉴于铁路对国防的重要性，决定由国家筹集资金自办铁路。然而，由于民间资金短少，清政府主要还是通过向国外贷款的筹资方式兴建铁路，从1896年到1904年间，一共兴建铁路一万三千余里。这种“合股官办”的建路模式，在实际运行中也存在着相当大的问题。由于商股与官股不易筹集，清政府办的铁路总公司不得不依靠洋债作为主要资金来源。作为回报，就把铁路的管理权、用人权、稽核权、购料权拱手让给外国的借款公司。此外，外国公司从中获取的各种回扣、经纪费、余利为数十分巨大，导致中国铁路利权的严重流失。更为严重的是，根据合同规定，中方必须以全路产业作为借款抵押，如果到期不能还本付息，外方将把铁路占为己有。这种苛刻的合同与重利盘剥，显然是中国人难以长期忍受的。

正因为考虑到上述“合股官办”的铁路建造方式存在的种种弊端，以及主权丧失可能导致的后果，清廷在朝野的压力下，后来便越来越倾向于鼓励通过民间集资的方式，由中国人独立建造铁路。1903年四川总督锡良关于铁路商办的奏议自发表以后，从朝廷、商部、户部、外务部到各省的绅商，空前一致地表示赞同。从洋人手中收回路权，由中国商绅集资，通过中国人自己的力量来建设铁路，几乎成为全国上下的共识。于是，由中国民间自主筹措资金来建造铁路的商办模式便应运而生。1904年，随着经济上民族主义思潮的勃兴，“拒外债、废成约、收路自办”成为全国士绅的鲜明口号。

要实现铁路商办，就必须收回由外国公司发行的铁路股票。1904年，张之洞听从湖南士绅王先谦的建议，用650万美元的巨资，亦即以高于原价近一倍的资金，从美国人那里赎回原先由美国合兴公司发行的股票，从而赎回粤汉铁路的修筑权。这一赎回利权行动的成功，又进一步鼓励了1905年至1908年各省商绅争取赎回沪宁铁路、苏甬杭铁路、广九铁路承办权的社会运动。这一时期可以说是铁路商办运动进入高潮的时期。

二、商办铁路政策的三大弊端

然而，清政府的铁路商办政策自1904年推行以后不久，就出现了人们原先不曾预料到的严重问题与弊端。事实上，收回利权运动更多地是激于道德义愤与爱国情绪。中国处于长期与外界隔绝，缺乏资金、技术、管理经验的情况下，要通过商办方式独立建造遍及全国各地数以万里计的铁路绝非易事。困难主要有三个方面。

首先，民间无法筹集到修路所必需的巨额资金。中国作为一个传统的农业国家，缺乏工业化所需要的资金来源，这可以说是任何后发展国家所面临的共同问题。根据1909年邮传部察勘各地自办铁路实况的报表，川汉、西潼、洛潼、江西、安徽合计估算资金应为7 200万两，而实际到位的资金仅为1 310万两，仅占应集资金的16.6%。这些铁路估算里程为3 420里，而实际建成仅89里，仅为应建里程的2.6%。而且，在已经筹措到的资金中，实际上也主要为租股、土药股、盐茶股。[1]

在所有绅商自办的铁路中，川汉铁路问题最为严重。自商办以来，时间已经过去数年，集款只及全路所需款数的1/10，有人估计，按此集资速度与建路速度，需90—100年才能完成。用当时人们的话来说，如此下去，后路未修，前路已坏，前款不敷逐年路工之用，后款不敷股东付息之用，款尽路绝，民穷财困。

第二，商办铁路公司不但缺乏合格的工程技术人才与经营管理人才，还缺乏经营管理的监督机制。这两方面因素相结合，必然导致商办铁路公司经营管理不善，任人唯亲，贪污挪用严重，效率低下。就以川汉商办铁路而言，已经收到的少量路款约1 000万元，又层层被经管铁路的人员贪污挪用达200余万之巨，以致全蜀绅民追讨无门。事实上，在后来粤汉铁路移交时，政府才发现，该铁路公司实际收入的资本为1 600万元，其中花了大约1 000万元，只铺设了40英里的铁路，这样低下的效率，加上高层职员浪费贪污成风，致使商办公司的信誉扫地。

问题的严重性还在于，商办公司被侵蚀的股款绝大多数是普通民众按亩加捐而来的脂膏汗血，可以说是小民一家数十年心血所聚，民众所蒙受的这种巨大的损失，必将引发民愤民怨，一旦发作，后果不堪设想。[2] 清政府显然也意识到由此引发社会政治危机的可能性。

第三，由于商办铁路各自为政，各省和地区在干线上的统筹和协调难以解决。各省所定路线，各有畛域，无法使一条贯穿各省的铁路有效地建造起来。支线与干线铁路如何衔接，轨道如何贯通，这些重大问题事先均没有统筹全局的规划。其结果必然会形成路线交错、重复建设，造成惊人的浪费。

事实上，不少士绅与商民力求把铁路筑路权收为民办并非出于单纯爱国动机的驱使，相当一部分地方商绅把兴办铁路看作一个一本万利地捞取好处与发财的好机会。由著名劣绅王先谦于1905年冬组建的"粤汉铁路筹款购地公司"便是一个典型的例子。王先谦虽然以爱国为号召，要求全省绅民购买商办铁路公司的股份，而他本人却不愿在公司出资购股。其理由是，作为经理，他理所当然接受免费"干股"。

一些外国在中国的观察家也认识到铁路商办政策出现的严重问题。一位日本驻东北的领事在给国内的报告中写道："中国的危机迫在眉睫，人们相信，必须发展地方工业，必须抵制外国商品的进口。但是，人们却没有进行过社会经济形势、供求关系的调查，没有对收支进行全面性的综合考虑，准备工作也付诸厥如。这些模糊的不成熟的实践，可能是为了满足较高层官吏的要求，或者为了回应民众的喧闹呼声，然而对工业的本质特点却是一无所知。"这位作者尖锐地

---

① 《宣统元年邮传部查勘各路实况表》，宓汝成编《中国近代铁路史资料》第3册，北京：中华书局，1963年，第1159页。

② 《甘大璋等奏折及清帝谕》，陈旭麓、顾廷龙、汪熙主编《辛亥革命前后——盛宣怀档案资料选辑之一》，上海：上海人民出版社，1979年，第80页。

指出，这种收回铁路利权运动"把官员们轻信易欺与半通不通的士绅的愚昧观点结合起来了"[①]。

三、清廷铁路国有政策的形成

1907年至1908年间，政府与民间地方士绅之间在建路问题上的立场开始出现分歧。

一方面，清政府认为，为了解决铁路商办的种种弊端，铁路路权应该收归国有，由国家统一筹划，向西方银行借贷资金，并聘请西洋工程技术人员来建造铁路。另一方面，相当多的士绅商人则继续主张由民间自办铁路。他们担心，让洋人出资兴建铁路，不但会丧失利权，而且会引狼入室，产生更为严重的后果。

清政府的铁路政策几经反复，在对全国商办铁路进行了15次调查与反省之后，到了1909年（宣统元年），政府的铁路国有政策大体成形。其主要思想可以概括为以下几个方面。

首先，清政府认为，由于中国经济与商业不发达，国内资金缺乏，因而通过筹集内债来积累经济建设所需要的资金只能是杯水车薪，无济于事。正因如此，不得不通过向外国银行借债来获得铁路建设所需要的资金。

中国向外国大举借债，有无还债能力？清政府认为，由于国债主要用于生产交通这样一些可以赢利的项目，而非用于消费与军事这样一些非营利的项目，铁路开通所带来的利润，足以使国家在十年或稍长的时间内偿还全部债务本息。事实上，从中国通过贷款方式建成的铁路已经还本付息的事实来看，还是有成功的先例的。

第三，任何一家外国银行绝不可能把如此巨额的资金借贷给任何私人。只有国家与政府才有能力对借贷巨款承担责任并具有足够的信用。这也正是路权收为国有的原因。正因如此，贷款筑路与路权国有互为前提。

事实上，从各国交通现代化的发展历程来看，铁路筑路权国有几乎是后起各国的通例。俄国、日本、德国、墨西哥均是如此。如果说其他各项商务活动可以由民间自行经营，那么，像铁路工程这样的大型事业，则应该而且必须由政府来统一经营。因为只有政府才具有足够的权威和能力来集中并协调使用各种资源，而且也只有政府有权力要求私人出让建设铁路所需要的沿途所经地区的土地。民办公司建造铁路，难以统一规划。例如富裕地区可能会出现多条铁路重复建设，而贫困地区则根本没人乐意投资建造铁路，哪怕那里的铁路对于国计民生十分重要。[②]

---

① 《日本外务省档案》，3-5-1-9：2-1，第217页，转引自周锡瑞《改良与革命——辛亥革命在两湖》，杨慎之译，北京：中华书局，1982年，第94页。

② 《东方杂志》，1910年（宣统二年）第7卷第2期，第215页。

四、商办派对铁路国有政策的反抗

宣统元年四月十九日(1909年6月6日),张之洞代表中国政府与英、德、法三国银行签订了借款合同,总计借款为550万英镑,利息五厘,以建造湖广境内粤汉与川汉铁路。

这一草约的签订当时并没有引起民间社会强烈的抵制。如果没有意外情况出现,那么,清政府确定的铁路建造权收为国有的方针将从此确立。然而,当时却发生了两件事,使清政府推行这项政策出现了严重的困难。

第一件事,当张之洞正准备上奏请求清廷批准之际,美国也继三国之后,要求为中国铁路提供贷款,此事因牵涉美国与三国银行关系等诸多方面,也就拖延了下来。第二件事,4个月以后,张之洞本人作为铁路国有政策的主持者突然去世。由于张之洞本人在士绅与民众中有着较高的威信,张的逝世,使湖北商办派士绅不再受到张的牵制,他们要求民办铁路的呼声日益强大起来。

此外还有一个不利的因素是,自慈禧与光绪帝死后,清廷的权力中枢已经变得非常软弱无力并缺乏权威。在张之洞死后,继任主持铁路国有的是盛宣怀,尽管作为一位商务方面的专家,盛对铁路的具体事务比张之洞更为在行,然而其在社会上声名不佳。各省士绅商民对他主张国有政策的动机抱着相当的怀疑,这就极大地影响了在铁路问题上存在分歧的双方之间的沟通与信任。

另外还有一个不利于清政府推行铁路国有政策的因素,那就是到了1909年之后,地方谘议局与中央的资政院已经相继建立,并具有相对于清政府的独立地位。各省谘议局恰值开设的时机,而地方谘议局正是地方士绅、商人与激进青年留学生的政治大本营。这意味着,如果政府缺乏足够的办法与权威来说服各省的士绅商办派,那么后者就可以利用省谘议局这个现成的合法政治舞台,与清政府铁路建设的中央集权政策分庭抗礼,并利用这个政治舞台进行反对铁路国有的广泛社会动员。

正是在这种背景下,民间的反对铁路国有政策运动开始发展起来,并在湖北形成声势浩大的抗争运动。湖北谘议局全体会议通过决议,后来又进一步提出拒款方案十项,其中包括劝勉各房主以其两月房租收入购买股票,开设铁路彩票,不用外国技师以节省经费。并进而决定由各府县分担股额,各县从5万元到10万元不等。此外要求湖北全省教育会成员每人以每月俸的1/10购股,由此合计可达420余万元。他们进而估计,湖北各地的商会、军人会及其他团体均深受舆论刺激,分担股份不成问题,估计可达二千数百万元。①

毫无疑问,这些士绅民众是民族主义者,他们的爱国之心无可置疑。然而事实上,这些人们

① 《经济研究所藏日文档案》,宓汝成编《中国近代铁路史资料》第3册,第1204页。

对铁路商办乐观前景的估计显然是不切实际的，他们并没有针对国有派所指出的商办铁路的三大弊端，即资金不足、管理困难与缺乏统筹，提出有力的反驳并提出相应的解决问题的措施。他们所采取的办法，仍然是与以往一样，即从道义与感情上来激发民众与商绅的排斥洋款的民族主义情绪，其思路实际上相当简单，那就是只要中国每个人的良知觉悟激发起来，人人各尽所能，有钱出钱，有力出力，众志成城，2 000 万元资金是可以通过国内集资实现的。他们充满激情的号召，实际内容却相当空洞，对于如何筹款并没有具体的落实办法。

从宣统元年初到宣统二年中期(1909 年至 1910 年)一年半的时间里，在铁路国策上左右摇摆并软弱无力的清政府陷入进退维谷的两难境地。在此关键而敏感的时期，清政府各部及摄政王本人都对此采取相互推诿的态度。从摄政王到邮传部诸大员，既不愿意得罪国内为数众多的商办派士绅，也不愿得罪四国银行与政府。

五、清政府铁路国有政策的正式出台

到宣统二年(1910)七月，清政府在铁路政策上犹豫不决的局面发生了变化，最重要的原因是，盛宣怀这位强硬主张铁路路权国有政策的官僚接掌了邮传部大权。这位新上任的邮传部尚书，在受摄政王召见时，明确地表示了铁路筑路权必须收为国有的施政观点。

首先，他明确指出，湘、鄂两省设立拒款会，不借外债，筹款自办，实际上只不过是“与实事毫无补救”的“徒托空言”而已。粤汉铁路赎回已经达 3 年之久，迄今却一无成效。他认为，这一事实足以说明那些坚决主张商办的士绅们是何等清谈误国。他还进而指出，事实上，按目前拒款派的办法，即使再过 30 年，所集之款也不足以建造铁路，因为迄今所谓集款达到多少，完全是不可靠的数字。

其次，他认为，向外国借债虽然并非万全之策，但是对于中国这样一个财政困难、资金严重不足的国家，凡是举办开矿、修建铁路与其他兴利事业，只要政府在与外国谈判并签订合同时能做到“严定限制，权操于我”，使外人只有投资得息之利、无干预造路用人之权，在这种条件下，借洋款利大弊小，是可行的。

盛宣怀的这番谈话，确实把铁路国有论的观点表达得言简意赅，对拒款派的不切实际，也可说是切中要害。摄政王闻奏后“大为动容”，便命令盛宣怀与外务部、度支部妥商办理。[①] 这位当政已经两年多的摄政王显然也希望以雷厉风行之势来推行在他看来利国利民的铁路国有政策，以此来树立自己的威信，改变世人认为他当政以来过于优柔寡断的印象。

从 1910 年秋至 1911 年初，清政府感觉到商办派的拒款风潮稍趋缓和，并认为在这种情况下，铁路国有政策的出台可能不会像两年前那样引起民间强烈反弹。另一方面，盛宣怀在与美、

① 《申报》1910 年 7 月 20 日，第 2 版。

英、法、德四国代表经过20余次的艰苦谈判之后，终于使四国代表进一步作出若干让步，让步的主要内容包括，四国银行允许中方在借款期间有权将借款之半数存于交通银行与大清银行（原先规定只能存于四国银行）；删除了原定四国有权参与建造若干支路的条款。邮传部在修改了张之洞与英、法、德三国所定的铁路借款草约之后，已经进入最后签约阶段。

就在即将签约的关键时刻，一位名叫石长信的专管驳正政令违失的监察官员（给事中），在宣统三年四月七日呈交了一份颇有创意的奏折。石长信的这份奏折把铁路划分为“干路”与“支路”两种类型，主张把贯通全国的主要线路的干路归由政府借款兴办，而其余支路则由各省绅商集股商办。奏折还列举了德、法、奥、日本、墨西哥等国的铁路均归国有。而中国能把支路交由民间自办，已经属于其他国家民众难以享有的特殊权利。

最后，这位给事中画龙点睛地指出，如果当年不是张之洞听信王先谦的错误建议，以巨款为代价，向美国合兴公司废约并赎回路权，以及由此造成的反复折腾，7年至今，粤汉铁路早已建成并交付使用了。而京汉铁路则到了10年还本期了。[①]

这一建议确有其独创性。它为朝廷打破僵局提供了一条新的思路。石长信的署名奏折呈交之后，立即引起了摄政王的重视，犹豫不决的清廷统治者茅塞顿开，几天以后，清廷上谕称赞其“不为无见”，交邮传部评议。

盛宣怀则立即以邮传部的名义对石长信的奏折予以积极呼应与补充，盛宣怀在该奏折中称，欲使铁路纵横四达，则非国家出全力，断难办到。盛氏的奏折还进一步以德国为例：数十年前，德国民间亦要求自办铁路，而且也是聚讼多年，一路不成，由于德国政府认识到如此重大要政绝不能因民间牵制而受到耽误，于是决然定策，铁路路权全部收归国有，正因为如此，才有今天德国铁路的四通八达、星罗棋布。德国的经验可以作为中国的前事之师。

盛宣怀奏折还进而批评了民办（商办）铁路之不当。他认为，民办铁路有着一系列难以克服的困难。他指出，各省商办铁路，如能随时集款，随时兴建，自今六七年来，也多少应有所成就，然而，由于民办铁路缺乏国家控制，经理之人或者是结党营私，或者是蹈虚而不务实，而从老百姓那儿搜括来的巨款，又虚糜坐耗，甚至侵挪倒账。其结果是“路工濡滞，耗费浩繁，皆出意料之外”。他还指出，铁路不能完工，则所入必不能敷所出，亏损反过来又使民众受苦，“是欲利地方，而适所以害地方也”。[②]

在收到石长信的奏折后的第6天，清廷就正式发布上谕，向全国发布了干路国有的定策。

1911年5月9日发布的这份上谕，可以说是对以往政府商办铁路政策的自我清算。该上谕指出，以往路政，不分枝干，不量民力，一纸呈请辄行批准商办，导致路政的错乱纷歧。这种商办政策的结果是，在广东“收股及半，而造路无多”；在四川“倒帐甚巨，参追无着”；而在湖南与湖北，则是“设局多年，徒资坐耗”。上谕称，如果这种状况旷日持久，民累愈深，后果何堪设想。该

① 石长信：《铁路干线国有折》，《东方杂志》1911年第8卷第4期，第6页。

② 《复陈铁路明定干路支路办法折》，盛宣怀《愚斋存稿》卷17《奏疏十七》，台北：文海出版社，1975年，第441—442页。

上谕最后宣布，全国各省集股商办的干线铁路，一律收为国有，而支路则仍许商民量力酌行。至于如何收回之详细具体办法，则由度支部与邮传部根据这一宗旨，悉心筹划。[1]

此诏书宣布之后 10 天，即同月 20 日，盛宣怀就与英、法、美、德的银行财团缔结了借款合同。

六、四国银行借款合同及其评价

应该说，相对于过去清政府与外国所签订的铁路借款条约而言，这份合同还是较为有利的。盛宣怀于 1911 年 5 月 20 日代表清政府与四国银行签订的条约的基本内容是：

一、清政府向德、法、英、美四国银行借款 1 000 万英镑，年利息为五厘。用于建造 1 800 华里的铁路以及车辆设备，铁路将在 3 年内完工，贷款则须在 40 年内还清。

二、受贷款方则以两省的百货厘金、盐厘金等合计 520 万两作为抵押。此项贷款本利，如能按期偿还，则贷款方不得干预各省之厘捐。

三、条约还明确规定，铁路建造与管理的全部权力归中方所有，并由中方自行选派三名洋人总工程师，外国银行对所聘总工程师有否决权，但须说明否决理由。总工程师听命于中方督办大臣。其委任、辞退有关人员须经中方总办同意，如有分歧，由中国邮传部作最终裁决，对此裁决，不得提出异议。

四、所用铁轨，必须使用中国汉阳铁工厂自行制造的产品。价格则由邮传部比较他路欧美产品价格而定。所需从外国购入的重要原材料与产品，须通过招标方式进行，经理之人须通过公共市场，择价格最廉者或货料最佳者购买，定购材料及支取费用，须由中方督办大臣或总办核准签字。进货时须由中方所聘者验看后才能进货。如中国的原料或产品与各国原料或产品相比，质同价低，或价同质高，则应优先购买中国原料或产品，以鼓励中国工艺。而购置中国工厂生产的产品，均不用给钱。[2]

特别要指出的是，盛宣怀在其给朝廷的奏折中声称，为了使条约尽可能对中国有利，他已经尽了最大的努力。他在列举了该条约谈判中所争取到的各种有利于中国的让步之后声称："以上各节，磋商数月，会晤将及二十次，辩论不止数万言。于原约稍可力争者，舌敝唇焦，始得挽回数事。实已无可再争。"[3]

如果把该条约同张之洞于 1909 年与三国银行所签订的草约相比，盛宣怀所签订的这项合同，其条件确实更为有利。盛氏也的确为此付出了相当的心血。可以相信，作为一个成功的精明商人，盛氏在与四国银行所进行的艰苦谈判中，确实有机会发挥了自己讨价还价的经商谈判

① "宣统三年四月十一日上谕"，盛宣怀《愚斋存稿》卷 17《奏疏十七》，第 441—442 页。
② 王亮编：《宣统朝外交史料》卷 20，北平：外交史料编纂处，1935 年，第 38—51 页。
③ 盛宣怀：《愚斋存稿》卷 77，第 5—7 页。

才能。盛宣怀相信，只要采取上述办法，粤汉铁路分段赶造，限定3年内接通，而在10年之内准可还本。而且新颁布的铁路国有政策不会与民争利，只要商民愿意，可以附股，与国家同受利益。[①]

事实上，这种国有铁路也是后发展国家现代化事业中的常例。俄国在19世纪60年代，铁路多数是由私人公司建造，到80年代以后，政策则变为由政府承建，把民办铁路赎归国有。[②] 其次，德、日、墨西哥以及其他许多国家，均有过允诺商办，然后又改为国有的阶段。

为什么必须收归国有？除了本文前面所提及的商办铁路建设面临的种种弊端与困难外，还因为中国作为一个落后的农业国家，在现代化初期阶段，与其他所有后发展国家一样，都面临着建设资金极度匮乏的困难。农业剩余对于从事工业化所需要的巨额投资来说，只能是杯水车薪，而这些都是现代人所了解的简单经济知识。关键不在于可不可以向外国银行借款筑路，而在于是否因为借款而丧失利权。事实上，通过自主、合理的谈判，以不附加政治条件作为前提，向当时发达国家的商业银行贷款筑路，不失为一种可以考虑的办法。

下面，让我们来看一看这份条约本身的内容。

首先，从利率来看，平心而论，这项年利息为5%的贷款应属于低利率的。清末中国国内钱庄的平均利息高达12.5%至14.8%。西方各国之所以能将此种低利率贷款给中国政府作为铁路建设经费，并非因为西方资本家和食利者慈善过人，而是因为工业化国家有足够的剩余资本与游资；对于西方国家的食利者们来说，其在国内银行存款获取的利息更低，正因为如此，以接近5%的利息借贷给中国，比放在银行生利更有利可图。

第二，贷款抵押是获得经济贷款的条件，这可以说是经济学的常识，在当时的条件下，任何国家都不愿在没有抵押的前提下，把大宗款项贷给一个经济落后的穷国。这份借款合同与中国以往的铁路借款合同相比，不是以铁路管理权或铁路所有权作为抵押，而是以百货杂类与盐厘捐为抵押品，其风险性要低得多。

第三，在当时中国缺乏铁路建造技术能力的情况下，雇用西方国家工程技术专家乃是应有之义，雇用有经验的外国工程师，能够尽可能地避免返工，保证工程质量，并可以避免由于雇用经验与专业水平不足的本国人所造成的巨大经济损失。在中国当时缺乏自己培养的有实际经验的工程师的现实条件下，拒款派以节省经费为理由，要求拒聘洋人工程师，显然是不切实际的空谈。必须指出的是，该合同在用人权上严格限制了洋人总工程师的数量、职权范围，明确规定了其听命于中方总办或督办，并接受邮传部的最终仲裁。应该说，这是在吸取以往条约的教训后，在保障中方利益方面的一种进步。

第四，本合同还明确规定了优先使用中国工业产品与原材料。此外，对所采用的贷款国的产品与原材料，规定了中国所拥有的监督权力。

---

① 《盛宣怀致瑞澂电》，盛宣怀《愚斋存稿》卷77，第8页。

② C. E. Black and others, *The Modernization of Japan and Russia*, New York: the Free Pr., 1975, pp.170－172.

第五，最为重要的一点是，本合同规定了四国银行及其政府为贷款方，并没有经济利益以外的政治附加条件。这个商业性铁路建造借款合同与过去在云南、山东与东北严重损害中国主权的铁路建筑合同有所不同。

如果把这项铁路贷款合同，与清王朝被推翻两年以后由民国政府与六国银行所签订的“善后大借款”相比，就可以十分清楚地看到两者大不相同。后者加于中国的政治经济条件是如此苛刻，以至于连美国新任总统威尔逊都认为，西方从这项“善后大借款”中所获得的监督权力与措施，已经“近乎侵犯中国本身的行政独立”，因而撤销了对美国银行团的支持。

七、清政府赎回商路政策的出台及各省的反应

这里值得注意的是，清廷的铁路国有政策出台以后，并没有在全国各省引起一致的反对，各省的反应迥然不同。有的省表示积极支持清政府的国有政策，而有的省则表示强烈的反对，并斥责政府“卖国”。各省的态度之所以有如此大的分歧，与其说是各省的“爱国程度”有高低，不如说是各省在考虑自身利益上各有打算。

对国有政策表示支持的省份有云南、贵州、广西这些边远省，这些省份甚至希望政府尽快宣布本省铁路国有。他们认为，即使国家经济力量不足，仍然不妨及早宣布国有，以便安定民心。边远各省与内地各省对清政府的铁路国有方针，态度是如此泾渭分明，云贵总督李经羲对此认识得很清楚，他认为，其原因是“滇、黔、桂以无力望国有，非若湘、粤、蜀为私利而妒国有”。

在铁路路权国有问题上，四川、湖南、湖北与广东的士绅中反对国有的势力则更为强大，而在这四省中，湖南、湖北与广东反对国有的声浪又相对温和一些，反对最激烈的是四川士绅。这种态度上的差异同样可以从这些省份的利益差异上得到解释。正是这些省份出现的反对国有的风潮，发展为强大的政治反抗运动，导致清王朝的最终崩溃。

不久后，清政府发布了对铁路干线国有的具体措施。清政府要实现铁路路权国有的目的，就必须从商办铁路公司手中赎回原属于商办公司股民的股票。然而，由于各省的情况并不相同，清政府采取的办法也因而有所区别。从政府拟定的办法来看，湖北、湖南所受待遇最优，广东次之，四川最下。清政府之所以采取这种区别对待的态度，乃是因为它认为，各省商办公司的股票由于亏损情况有所不同，因而其实际价值并不相同。由于湖南、湖北商办铁路公司的股票亏损数并不太大，因此，清政府对湖南、湖北两省所采取的办法，是以国家保利股票按两省商办铁路公司股票的票面价额来换取商民手中持有的这些商办铁路股票。至于广东，由于公司股票实际亏损过多，其真实价值不及票面价额的五成，清政府提出的解决办法是，从优发给六成国家保利股票，其余四成，发给国家无利股票。清政府认为，对处于破产边缘的广东商办公司的股民来说，政府的这一赎买方案无疑还是大为有利的。一位外国研究者曾就此一做法指出：“鉴于情况的复杂，以及每一个铁路公司实际上已经破产的事实，政府的建议看来不仅是合理的而且是

宽宏大量的。”

然而，政府对四川的解决办法则是，仅仅换回实际上用于铁路建设的股款，而并不换回全部股款。四川铁路公司总共募集了1 400万两的股款。据估算，其中的一半即大约700万两可以用来换取政府的股票；而另一半，即700万两中，几乎有一半是由于该公司的一位经理施典章在从事上海的墨西哥橡胶股票投机时亏空净尽。[①] 因此，政府只同意发给四川铁路公司股东大约400万两的国家保利股票。至于被施典章挪用到上海钱庄去从事投机而全部亏空的300万元，政府则认为没有必要对此负责。盛宣怀明确指出，政府的钱来自全国百姓，政府没有权力慷全国百姓之慨，来弥补四川商办铁路公司自己造成的投机损失。[②]

八、保路运动中的温和派与激进派

清政府将川汉商办铁路收为国有的上谕，于五月初到达成都。成都商办铁路公司召集在成都的股东举行临时会议，共同商议对策。

一开始，在商办铁路公司内部，确实存在着温和与激进这两派意见。

商办派中的温和派，以在京的资政院川籍议员萧湘为代表。这些人已经现实地认识到，商办铁路可以说实际上已经破产，此路行不通已是毋庸置疑的事实，尤其在政府已经明确广发告示取消各商办公司向老百姓摊派的租股之后，民间势必不再认购租股，而租股本来就是本公司股金的主要来源，既然连这种租股来源都成了问题，更不用说“募股有名无实，全不可恃”了。但他们认为，虽然继续坚守商办立场已经没有意义，但是人们表面上仍应反对国有，这样做的目的是向政府提出更高的要价，以争取更多的补偿金，这一实际利益才是保路运动的基本目标。用他们的话来说，那就是，“以索还用款为归宿，以反对国有为手段”[③]。

另一派是保路运动中的激进派。罗纶可以说是其中的代表人物。由罗纶等2 400余人共同签名并由王人文代奏的奏折，反映了商办派中激进派人士的基本观点。他们首先认为，铁路国有就是与民争利。其次，他们认为即便铁路收回国有，也不能借外债筑路。因为“借外债是明明导外人干预财政也”。第三，即使不得不借外债，那么也只应使外人仅对中国拥有债权而不能拥有抵押权，因为外人一旦拥有抵押权，铁路无疑将直接或间接地断送给外人，“中国将步印度之后尘”，“外人占人干路，扼我财权，足召亡国之祸”。他们还认为，按铁路借款合同规定，聘用洋人为总工程师，就是间接地受各国银行的控制，认为即使因铁路建设所需，必须向外国购货，由于四国银行所在国（法、德、美、英）有优先售卖货物之权，那就是受洋人束缚，云云。

---

① 关于施典章挪用四川商办铁路公司股金事件的详情，参见《东方杂志》1910年第7卷第7期，第96—97页。

② 参见《邮传部、度支部、督办铁路大臣会奏折》(1911年5月)，盛宣怀《愚斋存稿》卷17，第453—459页。

③ 《川路驻宜公司致成都总公司建议停路权单纯索还用款函》，戴执礼编《四川保路运动史料》，北京：科学出版社，1959年，第223页。

构成保路运动中的激进派的，主要是一些热血青年学生与中下层的士绅人士。他们并不是腰缠万贯的大股东，如何从政府那里获得更多的还款问题至少不是他们主要的兴趣所在。而且他们对商办铁路过程中的种种困难内情也并不如何清楚，与其说他们是受一些实际的个人利益驱使而反对国有政策，不如说是出于对洋债抱有的强烈怀疑与不信任的态度。在他们看来，任何与外国商人、银行相联系的经济合同，都会被洋人利用来对中国进行经济侵略和压榨。他们所认为的合理的借款应该是没有抵押的，应该是没有洋人作为总工程师的，在他们看来，给外人以优先购货权，就是受外人控制，而受外人控制就是路权尽失。

在他们的论断中，现代中国人可以依稀感受到自两宋以来中国传统的士大夫知识分子中的清议派的影子。清议从字面上理解，指的是公正不阿的舆论力量。在中国传统政治中，它基本上包含着两重意义，一是遵循并效忠于刚正的道义原则而形成的议论；二是指在野的负有时望的人士对权贵的抗争态势。清议对政治权贵的抗争，主要不是通过对上层政治人物的私下游说活动来影响政策，而是通过社交集会、发表文章、奏折以及地方舆论形成的压力来影响政策。可以说，清议是中国特殊的文化历史条件下一种特殊的政治参与方式。

与中国传统的、近代史上的清流派相比，保路运动激进派的清流遗风表现在他们同样“陈义甚高”，并热衷于不切实际的大言高论，清流派人士在这种慷慨激昂的高论中感受到一种宣泄长期压抑感的快感。所不同的是，两宋式的士大夫与清末中法战争与甲午战争中的清议派或清流党，均是以理学作为自己崇高原则的价值基础，而保路派中的清流士绅则以经济排外的民族主义封闭原则，以无条件地排斥外国贷款以及“路亡国亡”的激进口号作为他们所理解的爱国主义的信念支柱。

九、清政府与保路运动冲突的两极化

事实上，四川商办公司原先就存在着温和派与激进派的观点分歧，清政府的所作所为，却起到了“为渊驱鱼”的作用。邮传部大臣盛宣怀坚持对四川商办铁路公司亏空部分股资不予承认的僵硬态度激起各方强烈不满，从而使商办派内部的分歧态度反而趋于统一。保路运动中的上层温和派原先主张只要政府如数还款，就同意把商办改为铁路官办，此时，由于清政府不愿全数还款，他们感到自己的利益受到损害与威胁，于是一反原来的态度，也跟着激进派变得强硬起来。他们说政府“不但夺路，并且谋财”，这正是他们的心里话。

在这种情绪化的紧张氛围中，农历五月十七日，政府与四国银行的正式合同文本到达成都，这一合同书经过激进派在报刊上加以曲解的“诠释”与猛烈抨击，立即被市民们视为丧权辱国的“卖国契书”，在报刊的煽动下，民情更加激昂。激进派则成为保路运动中的主流。

农历五月二十一日，四川商办铁路总公司召开动员大会，讨论决定，川路为光绪皇帝批准川人自办，不能收归国有，四国银行条件太苛，要求政府收回成命，如不同意，川人将死争到底。大会以后，成都正式揭出“保路同志会”的招牌。各州县的保路组织也公开活动。保路运动开始在四川广泛开展起来。报章舆论在鼓动民众参与保路运动方面起到巨大的作用，整个社会很容易被热血、激情、道义、国人的苦难与洋人的卑劣这样一些充满煽情性的语词鼓动起来。人们在现实生活中经历了太多的不幸，人们的情绪太需要宣泄了。在一个充满不满与怨愤的社会氛围中，情绪化的舆论本身就会成为一种主宰人心的巨大力量。

这种群情激昂的场面，当然给四川护督王人文以极为深刻的印象。为了避免局面出现更大的失控，他以四川护督的名义向朝廷请求应顺从川民的要求，收回成命。

面对复杂化的情况，清政府是如何作出反应的呢？

一贯被人们认为平庸无能的摄政王载沣，此时则一反常态，显得颇为刚决。他认为，政府绝不能作出让步，他的看法是，铁路国有是于民于国都有利的事，道理实在也很明白，在这种情况下反对铁路国有，只能理解为无理取闹，向无理者让步，朝廷威信又如何保持？如果其他省也来效法四川，朝廷的统治又如何维持下去？于是他严词斥责。

摄政王载沣之所以一反过去的优柔寡断，在民众的反抗面前变得强硬起来，是因为这位主政者认为，政府在此关键时刻不可过于示弱，民气嚣张之时，为求得妥协而一味退让，只能使政府丧失威信，这会使政府将来办事“更难措手”，以致一事无成。[①] 用他的话来说，铁路国有、民有、急办、缓办，均属无妨，但政策既定，就不能反复。

两天以后，即农历五月二十三日，王人文再次向朝廷表明自己的意见，而且态度更为坚决明朗，他甚至指名道姓地指斥盛宣怀“欺君误国”，认为借款合同丧失利权太大。在电文中他还向摄政王具体地描述了两天前在成都召开的铁路总公司大会人心激奋的场面：“大会到会一千余人，一时哭声震天，坐次在后者多伏案私泣。臣饬巡警弹压，巡兵听者也相顾挥泪。日来关于铁路合同攻难之文字演说纷纷四出，禁不胜禁，防不胜防。”

而在政府方面，态度也同样变得越来越强硬。整个形势剑拔弩张并迅速两极化，农历六月二十九日，成都全市罢市。而革命党人则进一步在保路同志会中策划推动革命。

在被称为“赵屠夫”的赵尔丰到任取代王人文以后，他同样感受到成都市民民情激昂。一开始，他所具有的现实感也促使他认识到，对川民中强烈的抵制情绪绝不可硬行压制。他也采取了与王人文同样的态度，要求清廷收回川路国有的诏令，以避免事态进一步扩大，但清政府在盛宣怀与端方这两个强硬派的影响下，态度一直十分强硬，清政府不但不肯作出丝毫让步，而且对赵尔丰进一步施加压力。

农历七月一日，成都全面罢市，学校停课，各街供光绪帝牌位，表示对现行政策的抗议。七月初五，四川将军玉昆、总督赵尔丰直至司道各官等均联名电奏，以现在四川民气甚固，事机危迫万状，恳求曲顾大局，准予暂归商办，以免激生意外。7天后，又发出第二次联名电奏。可以

---

① 《盛宣怀致瑞澂电》，戴执礼编《四川保路运动史料》，第271页。

说，这是处于危机四伏中的地方官员们作出的最后努力。但仍然无济于事。十三日，铁路公司会场出现川人自保之商榷书，提出不纳税的主张。矛盾进一步激化。

十五日赵尔丰逮捕谘议局议长蒲殿俊、罗纶等人。成都市民闻讯后，纷纷聚集于总督府前，此刻，四川省府的巡防军开枪射杀民众数十人。这一血案的酿成，使局势更是一发不可收拾。革命形势迅速成熟。十七日，清廷令赵尔丰剿办四川"逆党"。二十日，又令端方带兵入川，而端方在半途被起义士兵所杀，与此同时，武昌起义也趁此时机爆发，清政府的铁路国有政策也因清政权的崩溃而告终。保路运动则作为埋葬清王朝的革命的导火线而载入史册。

十、铁路国有政策失败的原因与启示

基于上述分析，我们可以认为，单纯从一个后发展国家交通现代化的逻辑来看，政府所采取的铁路路权国有政策，是在对过去商办铁路失败作出反思之后形成的，是合乎一个后发展国家的经济逻辑的。然而，这样一种合理的政策为什么在实际中遭到失败，甚至最终导致这个政权的灭亡？

首先，即使是合理的政策，只有在得到民众充分理解的基础上才具有现实可行性。对于一个推行现代化实业政策的主政者，作出某种政策选择，不但需要合乎经济发展的逻辑，还需要合乎政治运作的逻辑，必须考虑到天时、地利、人和等多方面的条件制约。

一个政府要推行一项与民意相左或民众尚不能充分理解的政策(即使这项政策最终对国家民族有利)时，就必须充分考虑到，自己是否具有足够的权威资源来支持这项政策的推行。权威合法性的意义在于，它是一种促进或控制社会认同的重要资源，它能有效地减少决策实施所必须支付的各种社会成本和政治成本。

然而，当时的清政府却没有足够的权威资源。事实上，到1908年以后，这场新政运动已经陷入严重的困境之中。政治腐败，地方主义膨胀，谘议局与资政院离心力量的发展，财政上的危机，摊派苛捐杂税引起社会中下层阶级不满情绪迅速滋长，立宪派士绅的激进化趋势，从排满革命风潮到农村的抢米运动，各种政治与社会反抗运动的崛起，这些改革综合症引发的社会问题，不断削弱着清政府的政治权威，并使政府陷入四面楚歌的困境。而且，自1908年慈禧与光绪帝死后，清政府缺乏足够权威的强势政治核心来控制局面。

尽管如此，对于清政府来说，推行社会分歧较大的新政策，并非必然导致失败的命运，在这种"民气尚固"的情况下，是否懂得适当的妥协与让步，避免矛盾的激化，就显得尤为重要。灵活性是任何一个推行改革的政府作出政策决定时必须具备的重要因素。而清政府恰恰是一个缺乏足够的权威，又在矛盾与分歧相当激化的条件下过于固执、缺乏应变弹性的政府。

事实上，清政府在推行铁路国有政策时，地方官员对本地社会民情的了解更为直接真切，也深知由此可能引发动乱。前文提到的四川护督王人文就曾多次发出电报，建议政府收回成命，他甚至在受到摄政王严厉斥责之后，反而更加强烈地继续坚持己见，这正是因为他作为地方大员，亲身感受到保路思潮在动员民众方面所具有的巨大影响力。

而一向以态度强横著称的赵尔丰，受命伊始也同样主张妥协，直到后来受到摄政王的强大压力，才为了保全禄位而变得强硬起来。此后准备接替赵尔丰的岑春煊，也是一名以作风强硬粗犷著称的官僚，他在尚未入川以前，就已经发表了富有强烈个性与灵活性的政见。

所有这些亲临前台的重要地方大员处理四川铁路问题的态度，都与朝廷僵硬的做法相左，这不是偶然的。然而，他们所表现出来的灵活性均没有受到政府的肯定，相反，他们的态度反而被清朝主政者视为无能的表现。在如此关键的危急时刻，处于庙堂之上的朝廷主政者已经完全丧失了对现实民情的感知能力。

这里还应特别提及的一点是，盛宣怀拒绝偿还四川商路公司中亏空的300万元，这一关系到四川股民切身利益的处理办法，是激起四川反对铁路国有风潮的导火线，并进一步引发先是在四川，后来又蔓延到湖南、湖北与广东的反对国有的风潮。对于盛宣怀的这一做法，究竟应该怎么看？

盛宣怀拒绝由政府支付四川商办铁路公司原先亏空的部分股资，不能说完全没有道理。盛氏曾明确表示过，政府不能把从全国老百姓聚集到国库的钱用于补偿民办铁路公司由于自己经营不善所造成的亏损。这话听上去也可以说振振有词。然而，政治决策的逻辑并不等同于经济的逻辑。

盛宣怀本人是一个相当成功的商人，他有着过人的智慧。但政治家的智慧并不等同于商人的智慧。政治家的精明首先表现在对民众心理有切实的洞悉，政治家需要有一种对复杂的问题进行协调的能力。从某种意义上说，商人需要的是精明的斤斤计较，而政治家则恰恰需要的是在“识大体”基础上的“模糊”，需要着眼于政治上的大局。质而言之，需要的是一种“大智若愚”的胸襟。

正因为如此，张謇后来在评论清末铁路国有化失败的原因时，曾批评盛宣怀完全不懂得国家对于人民应怀有一种“涵复之义”，当一个精明的商人在承担政府官员角色并面对政治大局时，如果仍然没有摆脱经商时那种单纯的“算盘思维”，那他就是大愚若智了。这里实际上还涉及一个重要问题：一个政治人物原有的社会角色以及受这种社会角色制约而形成的思维方式与价值态度，往往会不自觉地消极地影响到这个人物的政治决策，角色的变换对于政治行为与政治思维的影响，是一个值得重视的问题。

十一、保路运动：经济排外主义、地方主义与立宪派的结合

清政府铁路国有政策的失败，还与保路运动声势浩大的抗争有关。保路运动之所以形成强有力的具有高度社会动员力与号召力的政治抗争运动，是因为它是观念层面的经济排外主义思

潮、社会层面的地方主义势力与政治层面的谘议局力量这三方面的因素彼此密切结合的产物。

首先，保路运动的思想基础是经济排外主义。这种思潮主张的是“文明排外”，与近代历史上的保守排外派不同，经济排外主义已经认识到工业文明的强大力量。但它却认定，只要激发中国人的民族危机感与爱国良知，就足以解决中国实业发展所需要的全部资金、技术与管理问题。经济排外主义者对现代实业所需要的条件的复杂性知之甚少。这实际上是一种传统封闭心态在新的条件下的延续。

另一方面，经济排外主义高扬民族主义的道义原则，并认定只要唤起每个人的爱国良知以及对道义原则的效忠，就可以解决包括铁路集资在内的一切“事功”问题。这种思维方法与价值观，与中国传统的“人心正，则天下无不正”的思维价值模式具有深层的同构性。一旦把铁路问题“道德化”，就会把“商办”简单地视为“爱国”，把“借款国有”简单地视为“卖国”，把与他们观念相左的“铁路国有派”视为“卖国”的邪恶势力来加以抨击。这种传统的“两值分类”的道德判断，与民族主义的激情相互渗透，就使这种思潮具有强烈的抗争性与社会动员力。

其次，保路派的力量还在于，经济排外主义者所高扬的道义理念被商办公司的地方主义与分利集团势力所利用，后者以“爱国主义”的堂皇口号来抵制政府要求铁路建设中央集权化的努力，这些地方势力以“反对外国资本侵夺中国主权”为理由来抵制铁路国有，冠冕堂皇地以此来维护地方分利集团的利益。这样，他们就在爱国的旗号下，取得了“话语霸权”，把民众中朴素的爱国情绪激发起来，形成一股声势浩大、混杂着既得利益自私算计与爱国主义的民众激情的保路运动。

保路派的政治动员力量还在于地方主义的分利集团与经济民族主义者成功地利用了地方谘议局作为自己的政治舞台。谘议局成为地方主义与经济民族主义者发起保路运动的大本营。

特别值得指出的是，各省报刊这些大众媒体均掌握在地方士绅与知识分子手中。而这些士绅商人又深受占主导地位的经济排外主义与地方主义思潮的影响，他们与谘议局互通声讯，其结果就是，清政府的任何中央集权的政策行为均会在地方谘议局与报刊上受到猛烈抨击与抵制。

而在一个刚刚从文化专制“大一统”的社会中脱逸出来的变革社会中，在国民教育尚不发达的条件下，报刊舆论缺乏多元制衡的机制与传统，一种社会思潮成为主流后，整个舆论几乎“一边倒”，对于铁路国有政策的背景、商办铁路政策何以失败且不可行、借款条约为什么对中国有利、后发展各国为什么都不约而同地从铁路商办改为铁路国有等基本问题，大众中没有几个人说得清楚，也根本无法通过这些充满情绪化的报刊来了解。而人们受到的则是报刊煽情性的“话语轰炸”，对于政府一方的观点可以说几乎一无所知。

正是在这种背景下，立宪与地方自治不但没有达到改革发起者原来所以为的那样，实现民族新的认同，在政治分歧日益扩大的危机时期反而成为反对派与政府分庭抗礼的舞台与基础。

于是，这里就可以提出一个发人深省的问题。在日本与其他后发展国家现代化的历史上，以国家为本位的民族主义成为民族的聚合中心。中国在清末的情况则相反，分离主义、地方主义、铁路商办却成为民族主义的认同基础，而国家集权措施则被视为“卖国”的同义语。

十二、铁路国有政策成为民国新政权的既定政策

清政府的铁路国有政策最终失败了，清王朝也引火烧身，随之崩亡。但这并不意味着铁路国有的基本方向是错误的。用民国时人们的说法，在清末“民气尚固”的情况下，铁路国有只是“时会未至”。当时天时、地利、人和的条件还不足以推行这一政策。

然而，对于一个从事交通现代化的后发展民族来说，铁路国有是历史的基本趋势。民国政府在建立伊始，就继承了被它所推翻的清王朝的未竟之业。

到了民国二年(1913)6月，亦即清王朝崩亡一年多以后，民国交通部就提出了接收湖南商办铁路为国有的政策。其基本办法与清政府几乎如出一辙。然而，这时的商办派士绅商民们的态度却来了一个180度的大转弯，他们不再像一年多以前那样，高呼“路亡国亡”的口号来拒绝铁路国有；他们已经大大地放低了自己的要求：只求“股本有着”就行。

与清政府不同的是，此时的民国交通部却根本没有足够的资金来收购商办铁路的股本。经过协商，最后确定仍然按原先清政府川路成案分年摊还，而摊还期则长达15年之久。与民国政府相比，清政府原先提出的赎股方案对于商办铁路公司股民来说则远为优惠。

股民们此时已经冷静下来，他们不再向新政府提出过高的要价。正如当时有人指出的那样，“凡有识者，均晓然于商股之无望，国有之易期。至是乃水到渠成，一一如议，绝无抗拒”[①]。事实上，人们可以设想一下，如果清政府当年不是急切地把铁路收归国有，而是“顺从民意”继续让商办公司自行其是，那么这些公司破产只是时间问题。其结果将是，用不了多久，各省商办公司在业已破产或即将破产的压力下，将会主动要求政府收购路权而实现铁路国有。人类非理性的激情居然在某种特定的历史变动中起到如此巨大的作用，本案可以提供一个生动的实例。

在短短两年内，民国政府相继与湘、苏、豫、晋、皖、浙、鄂等各省八条商办铁路的民间公司签订收路条约。民国政府收回上述八条铁路应付给股民的总金额，连本带息共6 500余万元。然而，除了河南铁路以外，民国政府并没有准备现款来换取商办铁路股民们手中的股票。为此，民国政府先是采取折给债票的办法，或用不兑现的中交京钞换股。换言之，民国政府竟用一些无法兑现的空头支票就轻而易举地从股民们手中收回了路权。而这些路权是两年前清政府想用国家保利股票或通货购而不得的。后来民国政府则是干脆拖延，直到1924年，仍然无法归还股民的资金。[②] 前后两个政府做的是同一件事情，然而结果竟如此不同。

---

① 凤冈及门弟子编：《三水梁燕孙先生年谱》上册，1946年，第147页；参见《清朝续文献通考》卷371《邮传考十二・路政》，上海：商务印书馆，1936年，考11159—11170。

② 曾鲲化：《中国铁路史(上)》，北京：新化曾宅，1923年，第128页。

更有甚者，民国政府把全国各地原先商办公司的路权收回国有后，却没有进一步的作为。由于新政府无力筹集到足够的资金来从事铁路建设，除了粤汉路建成汉口到长沙这一段外，其余各路只能束之高阁。在各省原来的铁路工地上，路基尚在，而原来已购的建筑材料不是被人窃走，就是在日晒雨淋中朽蚀不堪。① 然而，这一切似乎并没有引起人们多大的注意。新的社会政治问题层出不穷，人们的视线已经转移他处。对于民国这样一个新政权来说，它还有足够多的时间来消耗自己的权威合法性资源。

此时，保路运动中广泛被人们接受的"商路亡，中国亡"的口号早已被淡忘。孙中山先生在1912年时就曾以其特有的浪漫主义激情与想象，计划通过向外国贷款，在5—10年内，在中国建成可绕地球40圈的铁路，并给洋人以全部筑路权与经营权。② 再也没有人以"路亡国亡"的尺度来斥责孙中山的铁路计划是"卖国"计划。

（本文原发表于《战略与管理》1996年第6期。）

作者简介：

萧功秦，上海师范大学历史系教授、复旦大学当代中国研究中心特聘研究员、上海交通大学国际与公共事务学院政治学教授，博士生导师。

---

① 曾鲲化：《中国铁路史（上）》，第121页。

② 骆惠敏编：《清末民初政情内幕——〈泰晤士报〉驻北京记者、袁世凯政治顾问乔·厄·莫理循书信集》上册，刘桂梁等译，上海：知识出版社，1986年，第970页。

近代长江三角洲地区的交通发展与人口流动
——以铁路运输为中心(1905—1936)

岳钦韬

摘　要: 甲午战后,随着长江三角洲地区近代交通,尤其是铁路的兴起,区域内外的人口流动规模迅速扩大。1905年至1936年间,沪宁、沪杭甬铁路以不到中国铁路总里程5%的路线长度,输送了占同时期全国铁路27.8%的流动人口,居全国之首。铁路运输在扩大人口流动规模的同时,也充分扩大了人口流动的空间范围。但空间范围分时段分区段体现出不同的特征。沿线城市站点的客流比重普遍上升,乡镇站点多为下降,一定程度上表明铁路促进了区域城市化进程。而流动人口基于出行心理、成本、时间、安全舒适度、出行便利度等方面的交通行为选择,带动了各交通行业的竞争与发展。铁路作为近代长三角最为快速的交通方式,为区域经济社会发展提供了人力资源保障。

关键词: 近代　长三角　交通　铁路运输　人口流动

以铁路、公路、轮船航运为代表的近代交通是现代化的一项重要标志。以铁路为例,目前学界对铁路的社会经济史研究多集中于货物运输(物流)与产业、商贸以及城镇体系的变迁问题,①旅客运输(客流)与人口流动的关系及其影响的研究尚不多见。② 事实上,不仅是铁路史研究,现有交通史研究普遍存在的一个问题是:对"物"关注较多,而对"人"着墨甚少,而这种研究

---

① 参见江沛《中国近代铁路史研究综述及展望:1979—2009》,徐秀丽主编《过去的经验与未来的可能走向——中国近代史研究三十年(1979—2009)》,北京:社会科学文献出版社,2010年;苏全有《近十年来我国近代铁路史研究综述》,《苏州科技学院学报》2005年第2期。

② 目前论文仅有以下三篇:高忠芳、侯德仁《铁路发展与近代人口流动》,《阴山学刊》2006年第6期;杨文生《平绥铁路与人口迁移及其职业变迁》,《河北大学学报》2006年第1期;熊亚平《近代华北铁路沿线乡村地区人口的社会流动(1905—1937)》,《学术研究》2012年第7期。专题著作尚无,张瑞德等人已就此问题作了初步论述,但其对于"发展""变迁"的主要关注点并不在此,且由于缺乏数据支撑而未能深入。参见张瑞德《平汉铁路与华北的经济发展(1905—1937)》,台北:"中研院"近代史研究所,1987年;丁贤勇《新式交通与社会变迁——以民国浙江为中心》,北京:中国社会科学出版社,2007年。

取向往往导致一种常见的结果，即降低或忽视铁路对所在区域经济社会变迁的功效。①

人口流动、迁移②问题长期以来都是人口史研究的重要组成部分。③ 而人口向城市集中已成为“城市化”一词被普遍接受的概念解释之一，因此成为学界的关注焦点，④其中关于农民离村和劳动力市场的问题自20世纪30年代以来也备受瞩目。⑤ 但是，上述两方面的研究成果多致力于对人口流动的背景原因、数量规模、地域分布、经济社会影响等问题的探讨，而鲜有对其行进方式和交通工具的考察分析。

人口流动与交通的关系和影响不可谓不密切，⑥近代中国也存在类似当今“春运”的人口运输问题。因此，近十余年来，学界已有三项研究关注于此：侯杨方简要分析了铁路在救灾与移民中的作用，池子华认为交通对离村农民空间流动的影响力最为显著，并对铁路的相关功能作了初步阐述。⑦ 李楠的研究则着实迈进了一步，他凭借19世纪中叶至20世纪初东北地区移民和铁路发展的历史数据，利用移民重力模型对该时期两者之间的因果关系进行检验，认为铁路发展对移民的影响超过人口压力、工资率差异等其他各种因素。⑧ 但以上著述限于其研究目的，一般都侧重于论述交通对人口流动的影响，较少顾及人口流动对各交通行业兴衰的反作用，而现有交通行业竞争与发展的论著对其内在动因和变迁理路的研究亦不够深入。⑨

---

① 如以下两部论著均以此认为铁路对近代上海的发展影响较小：罗兹·墨菲著，上海社会科学院历史研究所编译《上海——现代中国的钥匙》，上海：上海人民出版社，1986年，第108页；丁日初主编《上海近代经济史》第2卷，上海：上海人民出版社，1997年，第340—341页。

② 人口流动一般指离家外出工作、读书、旅游、探亲等，从事一段时间但未改变定居地的人口移动。人口流动不属于人口迁移，流动的人口不能称为移民。参见中国大百科全书总编辑委员会《地理学》编辑委员会编《中国大百科全书·地理学》，北京：中国大百科全书出版社，1990年，第367页。

③ 葛剑雄主编，侯扬方著：《中国人口史》第6卷，上海：复旦大学出版社，2001年；葛剑雄主编，曹树基著：《中国移民史》第6卷，福州：福建人民出版社，1997年；何炳棣：《明初以降人口及其相关问题（1368—1953）》，葛剑雄译，北京：生活·读书·新知三联书店，2000年。

④ 以上海为例，如邹依仁《旧上海人口变迁的研究》，上海：上海人民出版社，1980年；忻平《从上海发现历史：现代化进程中的上海人及其社会生活（1927—1937）》，上海：上海大学出版社，2009年。全国性的研究可参考行龙《人口流动与近代中国城市化》，中国人民大学1998年博士学位论文。

⑤ 浩平：《中国农民离村问题之研究》，南京：《民众运动》月刊社，1933年；马俊亚：《混合与发展：江南地区传统社会经济的现代演变（1900—1950）》，北京：社会科学文献出版社，2003年；张丽：《非平衡化与不平衡——从无锡近代农村经济发展看中国近代农村经济的转型（1840—1949）》，北京：中华书局，2010年；等等。

⑥ 海外研究成果如Jeremy Atack, Fred Bateman, Michael Haines and Robert A. Margo, “Did Railroads Induce or Follow Economic Growth? Urbanization and Population Growth in the American Midwest, 1850 - 1860”, *Social Science History*, Vol.34(2010), pp.171 - 197。但由于国外铁路的发展历程与国内存在较大的差异，故难以和近代中国的铁路历史问题形成对话。福格尔即认为其经典著作《铁路与美国经济增长》(Robert W. Fogel, *Railroads and American Economic Growth: Essays in Econometric History*, Baltimore: Johns Hopkins Press, 1964)的结论只适用于19世纪的美国，其他国家如墨西哥、英国等国的地理环境均与美国存在显著差异。参见Robert W. Fogel, “Notes on the Social Saving Controversy”, *The Journal of Economic History*, Vol.39, No.1 (Mar 1979), p.31。

⑦ 葛剑雄、侯杨方、张根福：《人口与中国现代化——1851年以来》，上海：学林出版社，1999年，第143—147页；池子华：《农民工与近代社会变迁》，合肥：安徽人民出版社，2006年，第56—65页。

⑧ 李楠：《铁路发展与移民研究——来自1891—1935年中国东北的自然实验证据》，《中国人口科学》2010年第4期。

⑨ 如复旦大学历史地理研究中心主编《港口—腹地和中国现代化进程》，济南：齐鲁书社，2005年；戴鞍钢《大变局下的民生——近代中国再认识》第2编，上海：上海人民出版社，2012年；苏全有《近代中国铁路的另面影响——论20世纪初我国铁路对内河航运的冲击》，《石家庄铁道大学学报》2011年第4期；等等；以及前述丁贤勇《新式交通与社会变迁》。

众所周知，长江三角洲地区[①]是近代中国经济最发达的地区。该地区虽然不存在类似东北的大规模移民（人口迁移）现象，但人口流动却十分频繁。所以长三角地区是考察交通发展与人口流动关系的一个典型区域。有鉴于此，拙文将运用铁路部门和区域内海关的统计资料，通过1905—1936年[②]的铁路客运量阐述人口流动的基本状况与相关特征，并借鉴交通行为选择[③]的分析方法与水路、公路进行比较，从交通行业本身出发对两者关系再作探讨。

一、长三角铁路发展与人口流动概况

（一）近代长三角经济社会发展概貌

沿海沿江口岸是中国近代内外贸易最发达、工业最集中、城市规模最大、现代化气息最浓厚的地区。[④] 近代以来，尤其是甲午战争后，长三角地区传统的商品流通渠道逐步改变，形成了一个以上海、宁波、苏州、杭州、南京、镇江各通商口岸为中心的，从口岸到内地和农村的商业网。市场交易的扩大与商业资本的发展，城乡之间形成了工业制成品与农副产品的劳动分工体系，乡村被纳入城市经济体系中。

通商口岸与周边腹地间的人、财、物的集聚效应与辐射效应，通过近代新型交通方式的作用得以不断加强。清政府放开设厂限制并鼓励民间投资的措施，促使各种中外资工厂企业在长江沿岸及沪宁、沪杭甬铁路沿线地区广泛兴起，由此带动区域整体经济的起飞。到1933年，该地区现代工业的净生产值占全国总产值的比例为6.44%，而人均GDP比全国人均高出约55%。[⑤] 近代工业、交通的迅速发展以及政治中心南移，使明清以降以扬州—南京—苏州—杭州—宁波为顶点的“之”字形城镇发展轴线（运河交通带），最终被以沿江—沪宁—沪杭—杭甬为轴线（铁路、长江交通带）的“Σ”形空间结构取代（如图1）。[⑥]

再就上海一地而言，在1895年之前，上海已经成为中国最大的通商口岸和商业贸易中心。[⑦] 伴随着上海港内外贸易规模的扩张及城市经济的发展，区域经济中心开始由苏州移至上海，最终形成了以上海为中心的城市体系。1900年前后，上海开始从商贸中心向工业（尤其是轻工

---

① 指沪宁、沪杭甬铁路沿线地区，大致范围是东到大海，南抵四明山脉，西达南京周边地区（不包括安徽），北至长江沿岸（不包括扬州以东的泰县、南通等地区）。

② 1905年沪宁铁路局部通车，因1937年数据不充分，故截至1936年。分析人口流动空间范围时延至1946、1947两年。铁路部门的资料主要包括清邮传部的统计表、商办江浙铁路公司的历年“报告清册”；1915—1935年民国交通部、铁道部的《国有铁路会计统计报告》、1932—1936年的《国有铁路统计月刊》；沪宁（京沪）沪杭甬铁路管理局的 *Annual Report*、《京沪沪杭甬铁路日刊》、《运务周报》等。

③ 严作人等：《运输经济学》，北京：人民交通出版社，2009年，第147页。具体详见本文第三部分。

④ 吴松弟：《港口—腹地和中国现代化空间进程研究概说》，《浙江学刊》2006年第5期，第27页。

⑤ Ma Debin, “Economic Growth in the Lower Yangzi Region of China in 1911 - 1937: A Quantitative and Historical Analysis”, *The Journal of Economic History*, Vol.68 (2008), pp.356 - 364.

⑥ 刘俊：《晚清以来长江三角洲地区空间结构演变过程及机理研究》，南京师范大学2009年博士学位论文，第71页。

⑦ 张忠民：《近代上海经济中心地位的形成和确立》，《上海经济研究》1996年第10期。

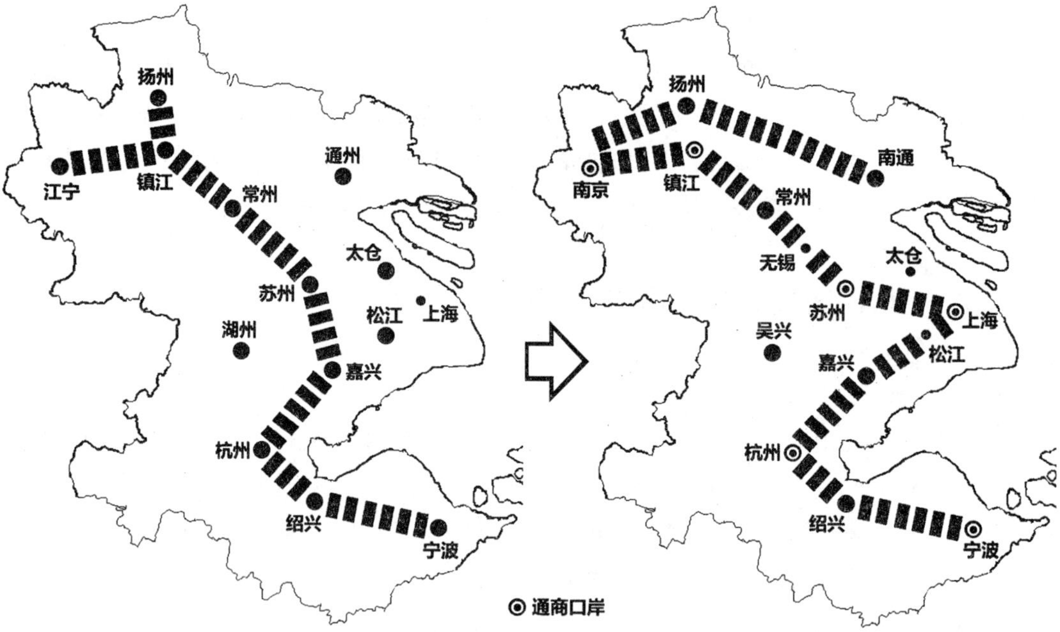

图 1　近代长三角地区城镇发展轴演化图

资料来源：根据刘俊《晚清以来长江三角洲地区空间结构演变过程及机理研究》，南京师范大学 2009 年博士学位论文，第 70 页图 4—6 改绘。

业）中心转变。① 到 1937 年，上海已迅速成长为远东地区的工业、商贸、金融和经济中心。图 2 列举了 1905—1930 年上海的人口数以及与人口变化关系密切的工厂数、海关贸易额、米价指数三项数据，从中可见各项指标均随着时间的推移而呈现上升趋势，尤其是在 1909 年区域内主要铁路通车后，增速加快。

区域经济发展的原因固然非铁路一端，但铁路作为连接沿海港口与内陆腹地的快速通道，使低成本的人口大规模流动成为可能，在新兴机器大工业企业的兴起提供更多谋生机会后，促进了更多的人口向城市集聚，从而为经济发展提供了充分的人力资源保障。鉴于此前这方面的研究甚为薄弱，尤其缺乏典型地区及个案分析的论证，故笔者以近代长三角地区为对象，拟就此问题略作探讨。

（二）沪宁、沪杭甬铁路与长三角地区人口流动

长三角地区是中国铁路的发源地。1876 年 7 月 1 日，作为近代中国第一条通车运营的铁路——吴淞铁路上海至江湾段开通，但通车不到一年即被清政府收回并拆除。直到 19 世纪末，沪宁、沪杭甬铁路（以下简称“两路”）的兴建才标志着区域内的铁路交通正式发展起来。

---

① 《海关十年报告之三（1902—1911）》，徐雪筠等译编《上海近代社会经济发展概况（1882—1931）：海关十年报告》，上海：上海社会科学院出版社，1985 年，第 158—159 页。

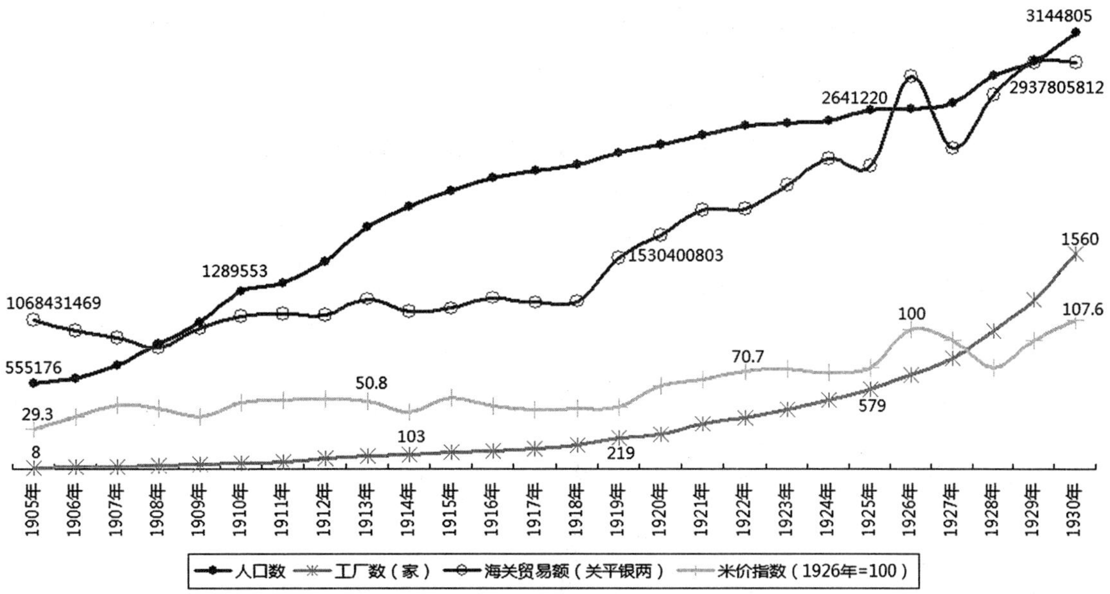

图 2　近代上海经济社会四项指标变化趋势图

资料来源：邹依仁《旧上海人口变迁的研究》，上海：上海人民出版社，1980 年，第 90 页；上海市社会局编《上海之机制工业》，上海：中华书局，1933 年，插页；《上海海关志》编纂委员会编《上海海关志》，上海：上海社会科学院出版社，1997 年，第 214—215 页；罗志如《统计表中之上海》，南京：国立中央研究院社会科学研究所，1932 年，第 63、100 页。

1895 年 12 月，时任两江总督的张之洞筹划建设从吴淞经上海至南京的沪宁铁路，①原吴淞铁路作为其中一部分得以重建，1898 年 9 月通车，改称淞沪铁路。同年 4 月，英国向清政府提出承办沪宁铁路并签署草约，1903 年 7 月正式签订《沪宁铁路借款合同》。1905 年 4 月，该路正式动工，次年 7 月抵苏州、无锡，②此时铁路已将当时中国最大的口岸城市上海、江苏省会苏州以及新兴工商业城市无锡连为一体，故当年的客运人次增长了 71%（参见表 1）。1907 年铁路通车至常州、镇江后，流动量与上一年相比猛增了一倍有余，达 109%。

与此同时，连接上海与杭州、宁波的沪杭甬铁路也开始筹划建设。1898 年 10 月，英国通过《苏杭甬铁路草约》获取了该路的借款权，但仅作了初步勘测。③ 1905—1906 年，江浙绅商相继创办商办铁路公司，要求清政府废除草约，收回路权。同时两公司将工程付诸实施，1907 年 9 月，杭州城外的江墅铁路先行通车，至年底已有近 15 万人次的客运量。但商办之举促使英方要求清政府订立正式合同，由此引发了江浙绅民反对借款的风潮。虽然最终中、英双方于 1908 年 3 月签订了《沪杭甬铁路借款合同》，但两公司还是保住了铁路的建筑权和经营权。④ 随着当年

① 《筹办江浙铁路折》，苑书义等主编《张之洞全集》第 2 册，石家庄：河北人民出版社，1998 年，第 1055—1057 页。

② 交通、铁道部交通史编纂委员会编：《交通史路政编》第 11 册，南京：交通铁道部交通史编纂委员会，1935 年，第 3122 页。

③ 《铁路先声》，《申报》1898 年 12 月 23 日，第 1 版。

④ 《沪杭甬铁路借款合同》第 17 款规定："此铁路建造工程以及管理一切之权全归中国国家办理。"王铁崖编：《中外旧约章汇编》第 2 册，北京：生活·读书·新知三联书店，1959 年，第 471 页。

上海至松江以及杭州至长安段的通车，人口流动量出现了557%的显著增长。1909年9月，沪杭段全线建成通车，其增长率高于沪宁路全线通车时的幅度。

表1 沪宁、沪杭甬铁路历年载运旅客人次表 单位：人次

	沪宁	变动率	沪杭甬	变动率		沪宁	变动率	沪杭甬	变动率
1905年	569 963	——	未通车	——	1921年	8 754 664	6.78%	5 210 003	-9.29%
1906年	973 323	70.77%	未通车	——	1922年	10 449 949	19.36%	6 050 894	16.14%
1907年	2 035 983	109.18%	149 784	——	1923年	11 035 397	5.60%	6 160 018	1.80%
1908年	3 238 847	59.08%	984 091	557.01%	1924年	9 655 063	-12.51%	5 430 380	-11.84%
1909年	3 490 125	7.76%	1 984 860	101.69%	1925年	8 863 989	-8.19%	5 173 625	-4.73%
1910年	4 313 268	23.58%	2 175 481	9.60%	1926年	11 313 102	27.63%	5 450 612	5.35%
1911年	4 511 869	4.60%	2 235 748	2.77%	1927年	8 657 304	-23.48%	3 885 704	-28.71%
1912年	4 774 353	5.82%	2 340 671	4.69%	1928年	10 861 405	25.46%	5 207 158	34.01%
1913年	5 252 287	10.01%	3 129 090	33.68%	1929年	11 708 039	7.79%	5 341 510	2.58%
1914年	5 352 601	1.91%	3 230 164	3.23%	1930年	12 661 987	8.15%	5 824 859	9.05%
1915年	5 439 357	1.62%	3 376 479	4.53%	1931年	12 275 837	-3.05%	5 675 252	-2.57%
1916年	5 722 250	5.20%	4 118 452	21.97%	1932年	7 565 290	-38.37%	5 046 034	-11.09%
1917年	6 144 897	7.39%	4 673 104	13.47%	1933年	10 277 243	35.85%	5 240 770	3.86%
1918年	6 399 082	4.14%	5 078 247	8.67%	1934年	10 750 306	4.60%	5 223 407	-0.33%
1919年	7 122 203	11.30%	5 438 005	7.08%	1935年	11 612 583	8.02%	4 923 294	-5.75%
1920年	8 198 724	15.12%	5 743 286	5.61%	1936年	11 456 869	-1.34%	4 783 666	-2.84%

注：近代铁路客运人次分为“起运”和“载运”两种。前者仅为一条铁路内部发生的运输量，后者包含与其他铁路联运所产生的数量。为完整起见，本表均采用“载运”数。因资料本身记载不甚统一，故未标明之数据（如清末时期）默认为“载运”。部分年份各资料记载不一者，除注明为校正数（1931—1935年）外，一般均取最多者。

资料来源：邮传部、交通部编《邮传部统计表》，1907—1916年印行；商办全浙铁路有限公司编《商办全浙铁路有限公司报告》，1907—1911年印行；商办苏省铁路股份有限公司编《商办苏省铁路股份有限公司报告》，1908—1913年印行；交通部编《交通部统计图表》，1912—1916年印行；交通部编《交通部国有铁路会计统计总报告》，1915—1924年印行；交通部、铁道部编《中华国有铁路会计统计总报告》，1925—1935年印行；交通、铁道部交通史编纂委员会编《交通史路政编》第11册；《统计月报》，1937年。

随着铁路自身业务的拓展、周边铁路的通车以及沿线经济社会的发展，两路的人口流动量

也因此逐年稳步上升。1912年南京临时政府的成立、津浦铁路的全线贯通均成为客流增长的原动力。1916年，两路联络线在上海西郊贯通，从南京到杭州畅通无阻，因此当年和次年的增长幅度都有显著提升，尤其是沪杭甬铁路均超过10%。1922年两路的涨幅均超过了15%，以至于出现“车辆不敷，乘客拥挤”的情形。① 故1923年两路的客运量位列历年第三，当年的沪杭甬路更是达到其最高值。

铁路的竞争优势从通车伊始就迅速显现，迅速超越了包括轮船在内的所有水上运输，此类记载在铁路沿线各海关的贸易报告中俯拾皆是，但缺乏系统分析。因此笔者将1904—1928年25年间②上海、苏州、镇江、南京、杭州各口岸海关报告中记载的水路旅客人次与同时段的铁路客运量做成统计图进行比较，展现较为完整③的近代长三角地区铁路与水路人口流动的情况。

如图所示，历年通过铁路运输的人口流动量不断上升，而水路人流量一直徘徊在低水平状

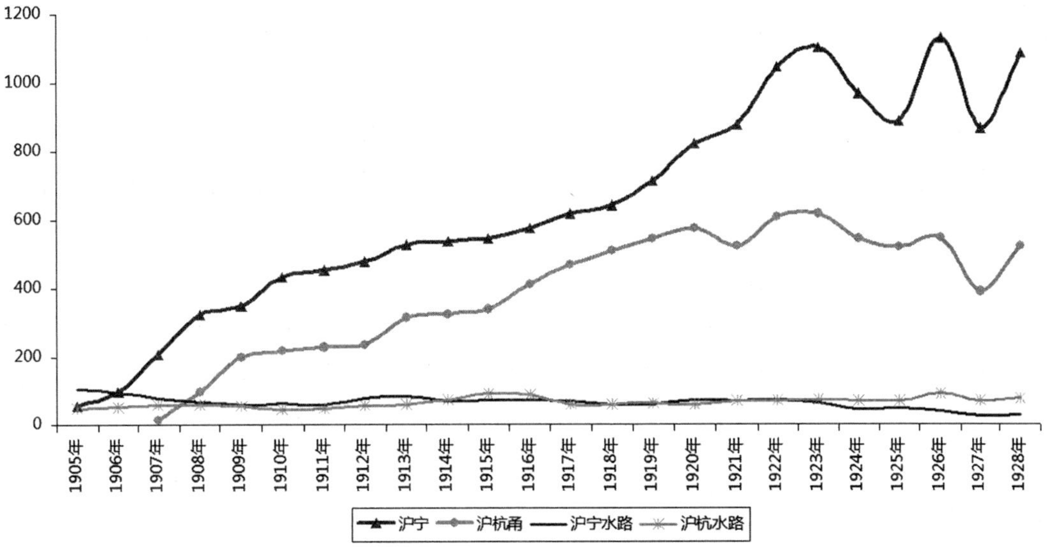

图3　长三角地区铁路、水路人口流动量比较(单位：万人次)

资料来源：铁路部分同表1；水路部分据中国第二历史档案馆等编《中国旧海关史料》(北京：京华出版社，2001年)、台北“国史馆”史料处编《中华民国海关华洋贸易总册》(1982年)中历年数据制作。

注：1. 沪宁水路为上海口“苏州并沿途各处”、苏州口“上海并沿途各处”、镇江口“上海并沿途各处”、南京口“上海并沿途各处”的“去客”“来客”之和。沪杭水路为上海口“杭州并沿途各处”、杭州口“上海并沿途各处”的“去客”“来客”之和。

2. 表1资料中均未单列沪杭甬铁路甬曹段数据，故未剔除，但由于该段客运量甚小，故对分析基本不构成影响。

---

① 交通、铁道部交通史编纂委员会编：《交通史路政编》第11册，第3359—3360、3362页。

② 1928年后无此项记载。部分口岸的报告最初分别列出轮船(steamers)和帆船(sailing vessels)的数量，但后来合而为一。

③ 由于仅有5个口岸的数据，海关自身的某些缺陷亦导致其统计数据“不足以代表全埠贸易之轮廓”(参见《民国二十一年海关中外贸易统计年刊(杭州口)》，中华人民共和国杭州海关译编《近代浙江通商口岸经济社会概况——浙海关、瓯海关、杭州关贸易报告集成》，杭州：浙江人民出版社，2002年，第826页)，所以我们无法完整了解整个地区的水路人口流动情况。

态，每年都不超过100万人次。即便是在铁路跌入波谷的年份（如1925年、1927年），水路也没有出现明显的波峰。但铁路对水运的猛烈冲击并未造成整个区域航运的衰落，主要原因是区域内的铁路密度并不高，许多远离铁路地区的人口流动仍需通过其他交通方式。因此，水上客运并未因铁路的发展而衰败，而是通过"另辟蹊径以开辟新水路航线来与之抗衡"[①]，并得以继续生存和发展。

铁路的人口流动量往往受到国内战争、自然灾害等不稳定因素的冲击而产生波动。1911年辛亥革命时期，南京周边地区成为战场，但两路的变动率不降反升，其原因在于当战场未遍布全线的情况下，人口流动规模因民众避难的需要而迅速扩大，沪宁沿线"挈家避难乘车者，苏、锡、常、镇、宁各大站无日不摩肩击毂，纷至沓来"[②]。而20世纪20年代中期的两次江浙战争及北伐战争，扭转了清末民初以来保持的增长态势：两次江浙战争迫使铁路中断行车累计达272天，[③]1927年受北伐战争影响，两路的人口流动量创下了通车以后的最大降幅，成为"史上最艰难的一年"[④]。国际形势也对铁路造成了影响：1914年第一次世界大战爆发后，杭州至宁波段的曹娥江桥因建筑材料由德国提供而被迫停工，此后甬曹段一直孤悬一线，沪甬之间的人流基本都经由海上通道，加之沪杭沿线经济社会落后于沪宁地区，因此沪杭甬铁路的人口流动量远远低于沪宁铁路。

南京国民政府成立后，其在江浙一带的政权得以迅速巩固，且因南京成为首都，沿线主要站点来往首都的人次大为增加，[⑤]故1928年的人流量随即恢复。1929年，国民政府通过外交谈判从英国手中收回了沪宁铁路的路权并将其更名为京沪铁路，采取措施革除了英人管理的种种弊端，并全力发展铁路各项事业，1930年、1931年两路的人流量也随之提升至通车以后的最大值。惜乎好景不长，从1932年起，两路的人口流动量由盛转衰，沪杭甬路甚至出现连续多年的倒退。究其原因，首先是因1932年"一・二八"淞沪抗战时期，京沪铁路上海至南翔段停运近4个月，[⑥]导致当年的客流下降率突破30%的历史极值；第二，受世界经济危机、"农村破产"等因素影响，承载商务性人流的二、三等客车的上座率严重缩水，甚至到了低于20世纪10年代（1910—1919）的程度；第三，随着长三角地区公路和城市道路建设的不断推进，汽车对火车形成了日益加剧的竞争之势，尤以短距离的沪翔、淞沪、拱闸、甬曹各区间为甚。[⑦] 在上述各种不利因素的

---

① 《杭州关十年报告（1912—1921年）》，中华人民共和国杭州海关译编《近代浙江通商口岸经济社会概况——浙海关、瓯海关、杭州关贸易报告集成》，第688页。

② 沪宁沪杭甬铁路管理局编查课编：《沪宁沪杭甬铁路史料》沪宁篇，（出版地不详）沪宁沪杭甬铁路管理局编查科，1924年，第134页。

③ 交通、铁道部交通史编纂委员会编：《交通史路政编》第11册，第3353、3941页。

④ Chinese Government Shanghai-Nanking Railway, eds., *Annual Report for the Year 1927*, p. vi.; Chinese Government Shanghai-Hangchow-Ningpo Railway, eds., *Annual Report for the Year 1927*, p. xv.

⑤ Chinese Government Shanghai-Nanking Railway, eds., *Annual Report for the Year 1928*, p. iv.

⑥ 京沪沪杭甬铁路特别党部监察委员会编：《一二八两路创痕》，（出版地不详）京沪沪杭甬铁路特别党部监察委员会，1933年，第86页。

⑦ Chinese Government Shanghai-Nanking Railway, eds., *Annual Report for the Year 1929*, p. xvi.；徐荣绶：《南翔客运减少之研究》、王叔龙：《公路包围中之曹甬段》、知世：《上海市四周之公路与京沪沪杭甬铁路》，《京沪沪杭甬铁路日刊》第708、927、1790号（1933年6月30日、1934年3月19日、1937年1月14日）。

制约下,尽管铁路方面持续改善自身业务,如加密车次、缩短行车时间、设置营业所、举办各项旅游等各种方法招揽客运,但效果均难如预期。

二、人口流动的各项特征

铁路运输具有速度快、行程远、运量大、昼夜皆可行、受气候影响小等方面的优势。其不仅扩大了区域内人口流动的数量,在时间、空间和结构等各方面都产生了相应的影响。

(一)人口流动的时间特征

明清时期,长三角地区人口流动的主要交通工具是舟船,即所谓"南船北马",人们通过四通八达的水路系统进行各种生产生活活动。① 在各类舟船中,具有公共交通功能的主要是航船。以从上海至杭州为例,航船的行程一般需要五六天。② 甲午战争后,作为近代交通的先声——轮船航运在内河中广泛兴起。③ 轮船在速度上大胜航船,沪杭行程缩短至 24 个小时左右,④因此对航船运输造成了强大的冲击。而火车在缩短旅行时间、加速人口流动方面更具有革命性意义。清末两路开通之初,上海到南京最快为 7 小时 18 分钟,到杭州 5 小时 13 分钟。⑤ 随着铁路的不断发展,行车时间也在不断缩短(战争前后除外)。到 1937 年抗战全面爆发前,上海至南京、杭州最快分别只需 4 小时 48 分钟和 4 小时。⑥

再从季节角度来看,清末及 20 世纪 30 年代的情况显示,春季的流动比例最高,夏季最低,冬季略多于秋季。春季有较大一部分人流为旅游之目的;夏季天气炎热,客车车辆条件较差,民众出行的意愿较低;冬季的情况与当代中国的"春运"相似。⑦ 返乡过年带来铁路人口流量的季节性大幅增长,如 1935 年 1 月,京沪沪杭甬铁路管理局(以下简称"两路局")鉴于镇江"客居上海人士,乘便回乡者,实繁有徙,劳工尤占多数"而增开三、四等临时专车。⑧

---

① 相关研究可参见松浦章《清代内河水运史研究》,董科译,南京:江苏人民出版社,2010 年;冯贤亮《太湖平原的环境刻画与城乡变迁(1368—1912)》,上海:上海人民出版社,2008 年。

② 1858 年 10 月 26 日,王韬由上海启程,经松江、平湖、嘉兴、石门,于 30 日抵达杭州。参见王韬著,方行、汤志钧整理《王韬日记》,北京:中华书局,1987 年,第 24—25 页。

③ 甲午战争前已有轮船出现,参见樊百川《中国轮船航运业的兴起》第 3 章,北京:中国社会科学出版社,2007 年。

④ 《杭州关十年报告(1896—1901 年)》,中华人民共和国杭州海关译编《近代浙江通商口岸经济社会概况——浙海关、瓯海关、杭州关贸易报告集成》,第 655 页。

⑤ 《沪宁铁路行车时刻表》,《沪淞沪宁两铁道关系杂纂》,JACAR, Ref. B04010926000(第 219 图);《杭州上海间开车时刻表》,《沪杭甬铁道关系杂纂》第 2 卷,アジア历史资料センター(JACAR),Ref. B04010927000(第 221 图)。

⑥ 《京沪铁路行车时刻表》《沪杭甬铁路行车时刻表》,《铁路杂志》第 2 卷第 12 期,1937 年 5 月,广告页。

⑦ 《沪宁铁路搭客人数月别表》,邮传部编《邮传部第三次统计表》路政上,1909 年印行;交通部统计委员会编:《宣统二年邮传部统计图表》,1915 年印行,统计表第 38—39 页;《客票类别总表》,商办全浙铁路有限公司编《商办全浙铁路有限公司报告》,1909—1910 年印行;《载运旅客统计》,《国有铁路统计月刊》1933—1936 年各期;《中华民国国有铁路营业进款概数月报表》,《铁路杂志》1936—1937 年各期。根据上述资料统计计算。

⑧ 京沪沪杭甬铁路管理局编:《京沪沪杭甬铁路管理局廿四年第一季工作概况》,1935 年,第 8 页。

（二）人口流动的空间范围

整体而言，铁路拉近了各个区域的空间距离，便利了人员往来，从而扩大了人口流动的空间范围。随着经济社会的发展和区域外其他铁路的通车，人口流动能力得到进一步提升，客流平均行程的变化即可体现这一点：1915 年两路平均值为 51.5 公里，1925 年增至 58.5 公里，至 1935 年已达 77 公里。[①] 但通过深入分析，我们可以发现实际情况并不尽然，空间范围在不同的时段呈现出不同的变化。

铁路沿线各站点是吸纳该站周边区域人口向铁路沿线地区流动的中心。图 4 比较了清末 1909—1911 年和战后 1946、1947 两年沪宁、沪杭甬铁路沪杭段各站点客运量占全线总数的百分比比重（清末三年的平均值与战后两年的平均值）。通过比较铁路通车后近 40 年的变化情况，初步揭示空间范围变迁的一些特征。

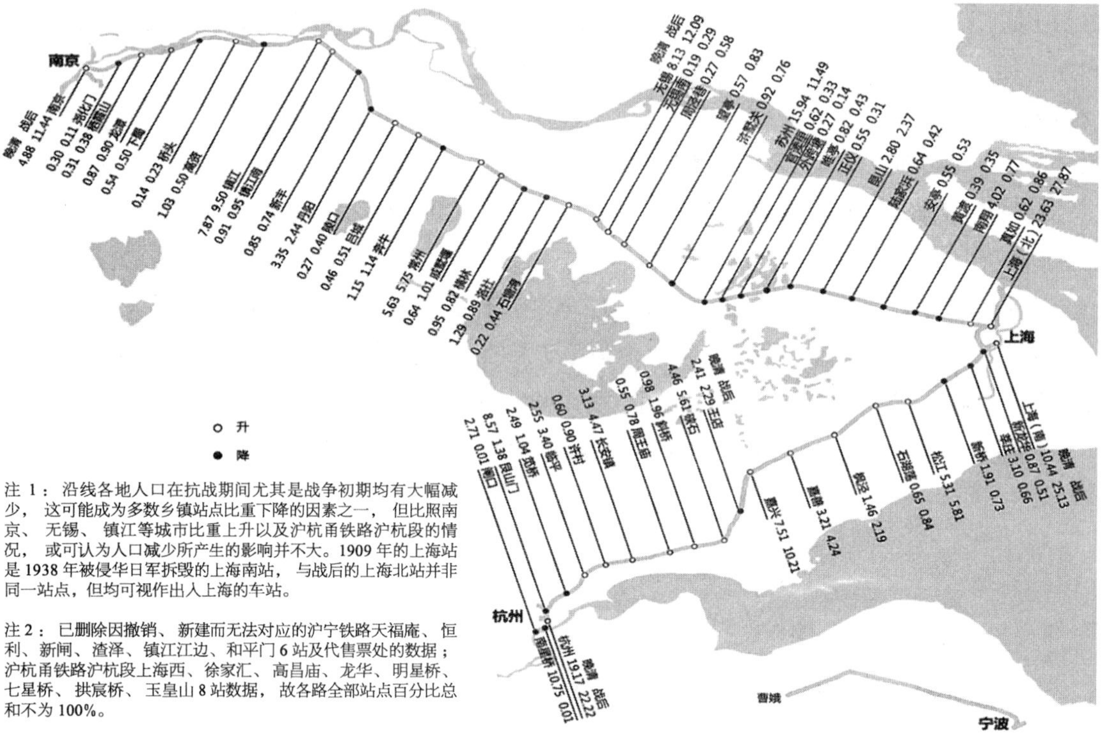

图 4　沪宁、沪杭甬铁路（沪杭段）各站客运比重变化　　单位：%

资料来源：《沪宁铁路各站客货数目三年比较表》《江苏铁路各站等级员役货客数目表》，邮传部编《邮传部第三次统计表》（路政），1909 年印行；《本线旅客乘降一览表》《连带旅客乘降一览表》，商办全浙铁路有限公司编《商办全浙铁路有限公司第四届报告》，1909—1911 年印行；《京沪线各站客运人数及货运吨数百分比率表》《沪杭线各站客运人数及货运吨数百分比率表》，《运务周报》1946—1947 年各期。

---

① 根据前述《交通部国有铁路会计统计总报告》《中华国有铁路会计统计总报告》以及 *Annual Report* 等资料计算。

从上图可见：第一，两个时期均占据榜首的上海及邻近市区的真如两站，比重有所上升。但另一方面，从南翔到浒墅关，包括苏州、昆山在内各站的客运比重均明显下降，其中南翔、苏州两站最为显著。此现象说明距上海 100 公里以内铁路沿线地区的人口流动不再以铁路为主。其原因多为来自与铁路并行的公路的竞争，①其中以锡沪公路（无锡至上海）为最，该路 1936 年客流量为 1 633 150 人次，②是同年京沪铁路的 14%。

第二，从望亭到洛社，即无锡附近的各中程（100—140 公里）站点的比重显著增加，但洛社除外；第三，中远程（140—200 公里）以常州为中心的各站变化相对前者较小，从横林到陵口的 6 站中，明显下降者仅横林一站；第四，远程（200—300 公里，丹阳至南京段）升多降少，但仅镇江、南京两站有明显提升，丹阳、新丰、高资 3 站以及南京城外已有公路通往的尧化门站明显下降。总体而言，36 个站中，上升者为 17 个，下降者达 19 个，降多升少。城市站点的比重普遍上升，而乡镇站点多为下降。

第三，沪杭段与沪宁铁路大相径庭：21 个站点中，13 升 8 降，多数乡镇站点的比重上升。其中，上海站的比重大增而临近上海的各站明显下降，这一点与沪宁路相同，但“临近”的距离缩短到 30 公里，从松江站（距上海 35 公里）开始到临平的各站基本呈上升态势。部分是因为沪杭公路远离铁路（位于杭州湾北岸），与铁路运输“尚无深切关系”。③ 值得关注的是，清末杭州城外运量颇大的 3 个车站出现了大幅下滑：1938 年通往拱宸桥的路线被日军拆除，④致使艮山门站彻底丧失了以往从杭州西、北两个方向⑤到拱宸桥，再乘车至该站转往上海方向的人流；而南星、闸口两站则因浙赣铁路和钱塘江大桥的建成（修复）而几乎完全失去了来自浙东宁绍、金衢以及富春江—新安江沿岸等方向的人流。

（三）流动人口的结构组成

通过铁路流动的人口的结构可以从各个等级客车车厢的相关情况加以分析。客运分等级运输的目的在于“按其等级以分别运价之低昂”，以便铁路部门经营管理。铁路开通后，三、四等车厢一直是承载人口流动的主体，这一点也和当时世界各国的客运情况相同。⑥ 其中，沪宁铁路三等平均每年为 78.44%，四等 19.15%，一等、二等的比例与此相差悬殊，分别仅为 0.76%和 3.57%。沪杭甬铁路三等年均 79.55%，四等 15.98%，二等 4.14%，一等 0.33%。⑦ 沪宁路一、四两个等级的比重高于沪杭甬路，二、三等级低于后者。

---

① 参见知世《上海市四周之公路与京沪沪杭甬铁路》，《京沪沪杭甬铁路日刊》第 1790 号（1937 年 1 月 14 日），合订本第 73—76 页。

② 上海市通志馆年鉴委员会编：《民国二十六年上海市年鉴》，上海：中华书局，1937 年，第 M97 页。

③ 知世：《上海市四周之公路与京沪沪杭甬铁路》，《京沪沪杭甬铁路日刊》第 1790 号，合订本第 76 页。

④ 《杭敌拆卸铁轨及敌商收买秋茧情形》（1938 年 10 月），中国第二历史档案馆藏国防部史政局档案，档号：787 - 4197。

⑤ 指杭徽路沿线的临安、於潜、昌化等地和苕溪流域的德清、武康、湖州、长兴以及安吉、孝丰等地。

⑥ 凤介：《客车等级的趋势》，《京沪沪杭甬铁路日刊》第 1575 号（1936 年 5 月 2 日），合订本第 12 页。

⑦ 根据表 1 资料计算。

一等(时称头等)车厢设备先进、环境整洁,[①]其乘客多为政府要员、金融企业家和文教人士等社会高层,外国人也占有一定比例。1936—1937 年,时任浙江大学校长、中央研究院气象研究所所长的竺可桢,经常乘坐京沪一等卧铺夜班车和沪杭一等特快列车往返于南京、上海、杭州三地。根据其日记记载,途中遇到的政界人物有吴稚晖、朱家骅、翁文灏、许绍棣等,文化教育界人士有马寅初、蒋梦麟、傅斯年等,经济界主要有中国银行杭州分行行长金润泉,外国人有美国密歇根大学教授 W. C. Rufus 夫妇及法国一家三人。[②]

二等车厢档次虽低于一等,但乘坐的一般也是比较富裕的人,如报人包天笑来往苏沪时"常是坐二等车"[③]。燕京大学历史教师王桐龄乘坐沪宁路二等车时,觉"车座皆藤椅,颇干净"[④]。总体而言,二等车"旅客向极稀少"[⑤],但春、秋两季以旅游为目的的出行者多集中于此,如 1909 年庄俞等人赴杭州旅游时,在嘉杭和江墅区间均乘坐二等车。[⑥] 1931 年,沪江大学一名学生在二等车中遇到一群去杭州游玩的"所谓绅士与太太一流人物"[⑦]。

三等车厢硬件设备落后,"冬无暖气,夏无电扇,乘客局促于阔不满尺之横凳,后至者且求一席之地而不可得"[⑧],而人多又导致"空气尤坏"[⑨],厕所等卫生设备也较差,往往成为各种疾病滋生、传播的温床。旅客服务也远逊于一、二等车,"既无水吃,又不卖饭"[⑩];而列车员,尤其是验票员的态度也比较恶劣,[⑪]一旦查到无票乘车者即不由分说地强行赶下车。[⑫] 因此时人笔下的三等车厢成了下层社会的象征:如包天笑认为车厢中都是"贩夫走卒"[⑬],更有甚者直言"大概都是些穷光蛋"[⑭]。

四等车厢最初均由货车直接改用,[⑮]其车内环境的恶劣较三等车有过之而无不及。在 1929 年前英国人掌握两路管理权的时代,路局报告中的四等车并非"4th Class",而是"Coolie Class"[⑯],即"苦力"车。因为车中主要都是底层劳工和离村农民,他们大都是"去上海找事的"。

---

① 1937 年 7 月 23 日起,两路局开始在京沪铁路"首都特快"该等车厢内添置冷气设备,领先全国。参见《部路简讯》,《铁道生活》第 8 期(1937 年 8 月 1 日),合订本第 138 页。

② 竺可桢:《竺可桢全集》第 6 卷,上海:上海科技教育出版社,2005 年。根据其记载分类整理。

③ 包天笑:《钏影楼回忆录续编》,太原:山西古籍出版社、山西教育出版社,1999 年,第 736 页。

④ 王桐龄:《江浙旅行记》,北平:文化学社,1928 年,第 45—46 页。

⑤ 京沪沪杭甬铁路管理局编:《京沪沪杭甬铁路管理局廿四年第一季工作概况》,第 8 页。

⑥ 我一:《西湖游记》,江伯训编《中外新游记》,上海:商务印书馆,1928 年,第 97 页。

⑦ 朱玉相:《松江行》,《沪大周刊》第 6 卷第 6 期,1931 年 2 月,第 9 页。

⑧ 王余杞:《沪宁道上(一九二九年暑期实习报告)》,《交通经济汇刊》第 3 卷第 1 期,1930 年 4 月,该文第 3 页。

⑨ 舒新城:《漫游日记》,上海:中华书局,1945 年,第 149 页。

⑩ 竺可桢:《竺可桢全集》第 6 卷,1936 年 4 月 11 日,第 54 页。

⑪ 1925 年,暨南大学一名学生从真如站购买三等车票前往上海,但开车时,三、四等均已满座,其不得已登上一等车厢。验票员发现后要求其补票,该生据理力争,但不仅遭验票员侮辱唾骂,还被扭送军事部门。参见《校长致沪宁铁路车务总管书》,《暨南周报》第 13 期,1925 年 12 月,第 7 页。

⑫ 一位无票乘车的老人说自己去上海找工作,因未成功且川资耗尽而不得不返回正处于饥荒中的家乡,但仍被验票员强行赶落到一个小站上。参见程宝连《沪杭快车》,《新上海》第 1 卷第 8 期,1934 年 8 月,第 4 页。

⑬ 包天笑:《钏影楼回忆录续编》,第 736 页。

⑭ 程宝连:《沪杭快车》,《新上海》第 1 卷第 8 期,第 4 页。

⑮ 沪宁沪杭甬铁路管理局编查课编:《沪宁沪杭甬铁路史料》,沪宁篇,第 90 页。

⑯ 参见 Chinese Government Shanghai-Nanking Railway, eds., *Annual Report for the Year 1928*, p. iv。

车内的拥挤程度比三等车厢更甚，“连站脚的地方也没有”，火车一停，空气停止流动，“那股人气和尿骚要闷得你头发晕”。[1]

车厢这一小小空间中存在着如此强烈的反差，以至于时人不禁发出类似于下文的感叹：

> 在优等的睡厢里躺卧着的布尔乔亚们！你们享着天堂乐园的幸福，会知道三等厢里的悲剧吗？……只有享受者才赞美你(笔者按：指火车)能力底伟大，我们这批生活底奋斗者，却要诅咒你的！[2]

铁路上流动人口的等级结构暴露出当时社会分层的制度化，“种种人间相是一部活的好书”[3]，因此“车厢社会”成为近代中国社会的缩影。

三、流动人口的交通行为选择与交通行业的兴衰

在日常生活中，我们经常碰到有关交通行为选择的问题，比如：是否出行、何时出行、去何处、采用何种交通工具、选择哪条路线等。出行者按照出行目的的要求，结合自身条件、交通运输状况、以前或其他人的经验，建立一系列出行决策的标准、原则和态度，然后以效用最大化为目标作出自己理性的选择决策。因此，分析流动人口(出行者)的微观动机有助于更全面地揭示各交通行业的竞争情形，进一步展现出交通发展的宏观表现。但按照当前运输经济学的研究方法，分析交通行为选择需要上述一系列的“决策”数据作为支撑，而历史研究往往难以具备这些条件。所以笔者将以尽可能全面的相关数据和个体出行记录(日记、游记等)为基础，并根据近代中国的实际情况作出相应调整。

(一) 出行心理

近代中国社会心理的一大特征，就是对从西方引进的各种新生事物往往抱有抵触或排拒的态度。吴淞铁路所遭遇的地方官民的反对以及最终被清政府收回拆除即为明证。[4] 30多年后沪宁、沪杭甬两路通车，但民间对火车的态度依然耐人寻味。譬如居住在距沪杭甬铁路长安站15公里外石门镇上的丰子恺，最初就因为听说火车“大概是炮弹流星似的凶猛唐突的东西”而不敢乘坐。[5] 因此，从社会心理的角度而言，选择火车而非其他熟知的传统交通工具，起初多少需要一点魄力。

“初乘火车的时期”的乘客往往对铁路的一切事物都比较有兴趣，享受乘车的“新生活”。因

---

① 俊影：《京沪车中》，《十日谈》第27期，1934年4月，合订本第100页。
② 程宝连：《沪杭快车》，《新上海》第1卷第8期，第5页。
③ 丰子恺：《车箱社会》，上海：良友图书印刷公司，1935年，第5页。
④ 参见孙昌富、陈蕴茜《从民众态度看吴淞铁路的兴废》，《开放时代》2005年第1期，第60—71页。
⑤ 丰子恺：《车箱社会》，第1页。

此轮船客流的减少“委以旅客心理，多乐搭乘铁路之故”[①]。但随着时间的推移而进入“老乘火车的时期”，乘车变成了一桩“讨嫌的事”。因为此前的新鲜事物“都看厌了”，加上火车晚点、服务不周等缺陷，乘客心中剩下的往往“只有沉闷、疲倦和苦痛”，故只求尽快抵达目的地。[②] 可见，选择火车出行的欲望往往随着时间的推移而降低。出行心理对出行的影响虽然不如下列的时间、成本等因素，但也成为影响交通行为选择的一大要素。

（二）出行时间

就时间而言，火车相对船只具有极大的优势，尤其满足了那些对出行时间要求较高的旅客，如“一等客有急要之时，不惜沿途经费”[③]。而当夜班车出现后，一部分高端旅客选择乘坐卧车，如此便可不浪费白天的时间。因此，苏州海关税务司贾士（T. A. M. Castle）曾略带嘲讽地评论那些仍然乘船的人：

> 旅客出行现在大多愿意利用铁路良好的服务和管理，只有那些不开化的农村人，对他们来说，时间并无意义，所以仍宁愿取道慢而便宜的水路到上海或无锡。[④]

但国人的想法实际上并不是那么简单，慢自然有慢的好处，正如一些坐惯航船的人所言：“一包花生米，三个铜子白酒，得这么一点醉意。横下来呼呼一觉，待船家喊醒时，就跨上埠头。这岂不爽快而有味？”[⑤]

铁路列车实际运行过程中经常出现晚点，造成旅行时间的浪费。如1909年5月，庄俞等人乘坐尚未全线通车的浙路公司火车时，就发现靠站和避车时间“常数倍于定章”[⑥]；又因铁路为单线，慢车常需要避让快车。20世纪20年代某人从无锡石塘湾站出发前往上海，“沿途停歇，耗费时间不少，此则乡居者不能不乘慢车之也”[⑦]。因此当20世纪20年代末公路勃兴后，其辐射范围内的铁路客流受到了极大冲击：京沪铁路南翔站大部分客流来自嘉定，但两地间轮船需行一个半小时；1933年嘉定往来上海的公共汽车开通后，抵沪只需一小时，南翔站的客运量随即大幅下降。[⑧]

（三）出行成本

“乘车之意义，亦不过取在速达而已，其不欲速达者，宁舍陆而从水。”[⑨]换言之，如果不考虑

---

① 《中华民国三年杭州口华洋贸易情形论略》，中国第二历史档案馆等编《中国旧海关史料》第65册，第264页。
② 丰子恺：《车厢社会》，第3—5页。
③ 东亚同文会编：《支那经济全书》第5辑，1908年，第678页。
④ 《苏州关十年报告（1912—1921年）》，中华人民共和国苏州海关编《近代苏州通商口岸史料集成》，上海：文汇出版社，2010年，第41页。
⑤ 叶圣陶：《旅路的伴侣》，《叶圣陶文集》第1卷，北京：人民文学出版社，1958年，第170页。
⑥ 我一：《西湖游记》，江伯训编《中外新游记》，第97页。
⑦ 稣：《海宁观潮记》，中华书局编《新游记汇刊》第25卷，上海：中华书局，1928年，第14页。
⑧ 徐荣绶：《南翔客运减少之研究》，《京沪沪杭甬铁路日刊》第708号，合订本第23页。
⑨ 王余杞：《沪宁道上（一九二九年暑期实习报告）》，《交通经济汇刊》第3卷第1期，第3页。

时间，那么成本就成为交通行为选择的关键因素。

表 2 显示轮船确有价格优势，但实际情况并不完全如此：一方面，清末各公司轮船大多会在船后拖挂小船以增加营业收入，其乱收费现象严重，如包天笑就发现拖船“船价没有一定，随便讨价。多带行李，还要加价，一只箱子，就要加两块钱”，此时乘坐沪宁路二等车携带物品已不收费，且“车费不过银圆六角”，比拖船上一只箱子的收费还低；①另一方面，招商局、戴生昌、大东三家公司于 20 世纪初铁路通车前已结成联盟，逐步垄断了江南地区的水运市场。但时间一久，势必坐拥自大，在面对铁路竞争之初不愿降价，如沪杭轮船“办理不善，跌价过迟，是以往来客商皆改乘火车，及至轮局重复减价，势亦不及”②。

表 2　上海至苏州、杭州的火车与轮船比较(1909 年)

	沪苏轮船	沪宁火车	沪杭轮船	沪杭火车
里程	270 里	148 里	454 里	365 里
时间	12 小时	1 小时 46 分	18—25 小时	6 小时左右
一等价格	1.00 元	2.60 元	2.00 元	4.19 元
二等价格	0.50 元	1.30 元	1.30 元	2.90 元
三等价格	0.30 元	0.70 元	0.70 元	1.61 元
四等价格	无	0.35 元	无	0.97 元

资料来源：《宣统元年上海口华洋贸易情形论略》，中国第二历史档案馆等编《中国旧海关史料》第 51 册，第 331 页。

在票价接近轮船，而时间远低于轮船的情况下，铁路自然将水上客流收入囊中。但铁路也随着自身的发展慢慢自大，在后来面对公路竞争时反应亦显迟缓。1928 年，与淞沪铁路平行的上海至江湾公共汽车开通，此后又多次减价应对铁路加密车次、发行来回票等措施，到 1936 年，汽车票价已低于火车。至此，淞沪铁路的成本优势已基本丧失，旅客“舍此就彼”，客运由此衰落。③

(四) 旅行安全与舒适度

安全、舒适也是交通行为选择的重要因素。清末的轮船并不十分安全，小轮本身不载客，乘客都坐在后面的拖轮里。包天笑在乘坐沪苏航班时发现“竟拖了六七条之多”。行驶途中“因开得快，重载以后，颠荡倾侧……危险殊甚”。舒适度方面，一般民众乘坐的烟篷“在拖船顶上布篷

---

① 包天笑：《钏影楼回忆录》，香港：大华出版社，1971 年，第 184 页；包天笑：《钏影楼回忆录续编》，第 735 页；东亚同文会编：《支那经济全书》第 5 辑，第 682 页。
② 《宣统元年杭州口华洋贸易情形论略》，中国第二历史档案馆等编《中国旧海关史料》第 51 册，第 350 页。
③ 赓：《淞沪支线与公共汽车》，《京沪沪杭甬铁路日刊》第 1685 号，合订本第 59 页。

之下，身体也不能站直，只好蛇行而入”。[①] 服务态度也每况愈下，如沪杭“各小轮船局待客，不惟不以优礼相加，且反视同罪犯”[②]。而火车的安全系数高于轮船，初期的软、硬件也都比较好。1920 年，菲律宾华侨教育考察团乘坐沪杭甬铁路火车，感觉“坐位舒服，饮食价廉……验票者半为路政学校毕业见习生，待人和蔼可亲”[③]。

但随着客流的增多和战争的破坏，从 20 世纪 20 年代起，火车的乘坐环境开始逐步恶化。1928 年，时人乘坐沪杭甬列车时感到“车行撼动殊甚，头目欲眩”[④]。两路列车拥挤、一票难求或有票无座的问题也日益突出，1921 年上海北站售票时已出现“拥挤异常，三等尤甚”的现象。[⑤] 1934 年 10 月，舒新城在返沪途中有几次甚至到了“站立亦无隙地”的地步。[⑥] 所以那些自备汽车的中外人士者取道远离铁路的沪杭公路，“足夺火车一部分之头、二等旅客也”[⑦]。所以，设施不佳、服务态度傲慢等因素都会打消乘客乘车的念头。

（五）出行便利度

出行便利度既包括旅客前往（离开）各种交通工具乘（降）站点的便利程度，也包括换乘各种交通工具的方便程度。提升出行便利度成为轮船在铁路冲击下继续生存的重要手段。1905 年沪宁铁路南翔站开通后，往来上海与嘉定的轮船航线因嘉定旅客转由该站出行而停驶。但不久，专门来往南翔“依火车之班次为准”的轮船开通，“初仅每日百余人，后乃增至四五百人”，嘉定附近的罗店、太仓、浏河等地来往上海者“咸取道嘉定”，很大程度上方便了嘉定、太仓周边地区与上海之间的人口流动，故“营业日益发展”。[⑧] 因此出行便利度的提升也是轮船得以继续发展的重要原因。

公路客运兴起后，出行便利度日益成为旅客（尤其是火车的一、二等客流）出行选择的重要考虑因素。铁路短途客运受到公路冲击的关键就在于汽车“点对点”、行驶便捷等优势造成火车便利度的下降。比如前述来往上海、江湾公共汽车的终点站，于 1930 年由原先铁路江湾站（离镇区约 1 公里）外的劳动大学改至新市路底，“借便招揽”江湾镇内的客流，1932 年又直接“深入”镇中心的万安路。此外，汽车还通过变更、增加行驶路线来吸收宝山路、宝兴路等沿途客流，避开江湾至天通庵铁路客运发达的区间。这些情况都令两路局倍感压力，不得不发行来回票以图补救。[⑨]

---

① 包天笑：《钏影楼回忆录》，第 184—185 页。
② 《光绪三十年杭州口华洋贸易情形论略》，中国第二历史档案馆等编《中国旧海关史料》第 40 册，第 249 页。
③ 余柏昭等编：《菲律宾华侨教育考察团日记》，上海：中华书局，1922 年，第 80 页。
④ 方绍翥：《旅行杭县西湖记》，中华书局编《新游记汇刊》第 25 卷，第 1 页。
⑤ 交通部编：《中华国有铁路第三次运输会议纪录》，1921 年，“议案清单”第 58 页。
⑥ 舒新城：《漫游日记》，第 154 页。
⑦ 知世：《上海市四周之公路与京沪沪杭甬铁路》，《京沪沪杭甬铁路日刊》第 1790 号，合订本第 76 页。
⑧ 陈传德修，黄世祚纂：民国《嘉定县续志》卷 2《交通》，民国十九年（1930）刻本，第 9 页。
⑨ 赓：《淞沪支线与公共汽车》，《京沪沪杭甬铁路日刊》第 1685 号，合订本第 59 页。

短途换乘一度产生不便，而沪宁、沪杭甬两路全线也遭遇过类似问题。全面抗战爆发前，南京与杭州间没有直达列车，两路的衔接须在上海北站进行，出行便利度因受到列车时刻差别、班次不密等因素的影响而下降。1936年，前一天23点发车的京沪夜班车晨7点抵达北站，但开往杭州的列车也安排在7点始发。竺可桢对此甚为不解："此二车何以不相连接？实为不可解之事，如稍迟五分钟，即可上车矣。"由于换乘不便，辗转劳顿，竺可桢于同年8月11日首次改乘自备汽车，通过京杭公路由南京直接前往杭州，用时不到8小时，较火车省时近一半。1937年春，他又两度乘汽车往返京、杭两地，行车时间缩短至6个多小时。[①]

结　论

甲午战争后，随着长江三角洲地区近代交通，尤其是铁路的兴起，区域内部及周边地区向区域内的人口流动规模迅速扩大。1905年至1936年间，长三角地区通过沪宁、沪杭甬铁路流动的人口数量不断增长，其总量达到370 722 807人次，接近"四万万"。两路以不到全国铁路总里程5%的路线长度，输送了占同时期中国铁路27.8%的流动人口，[②]无论是总量、年均量还是两路各自的输送量，均高于全国其他铁路。通过与水路和公路的比较，并除去无法估测的民船运输、陆上小型交通和徒步等形式，铁路是近代长三角各主要口岸城市与铁路沿线城镇之间（上海、宁波间除外）人口流动最主要的交通方式。

铁路运输在提升人口流动数量与规模的同时，也充分扩大了人口流动的空间范围。通过比较清末与全面抗战爆发后近40年的变化情况，我们可以发现铁路沿线城市站点的比重普遍上升，其中上海一直保持着最大的人口流动量，其他依次为苏州、无锡、杭州、南京、镇江、常州；乡镇站点多为下降，一定程度上表明铁路促进了人口向城市集中，其中长三角北翼沪宁沿线的人口流动无论在规模还是在等级上均超过沪杭甬地区，乡镇人口向城市集中的现象也比后者更为显著。人口向城市集中是"城市化"的核心，因此铁路对近代长三角城市化进程，尤其是北翼沪宁地区，具有较强的推动力。长三角成为近代中国制造业、金融业和经济最为发达的地区，原因固然非此一端，但便捷的交通和依托便捷交通而迅速增加的人口的重要作用，不能低估。

人口流动带动了各交通行业的竞争与兴衰。铁路通车之初在出行时间、出行成本、安全和舒适度等方面都具有极大优势，轮船客运受到强烈冲击。但由于区域内铁路密度远低于河道，许多远离铁路地区的人口流动仍需通过船只来往目的地或者换乘、接驳火车，所以水上客运并未因铁路的发展而衰落；随着时间的推移和20世纪20年代末公路交通的兴起，火车的各种优势出现消退的趋势，特别是处在公路辐射范围内的铁路沿线人口不再以火车出行为主，从而导致铁路人口流动空间范围的缩小。所以人口流动的空间范围分时段分区段体现出不同的特征，

---

① 竺可桢：《竺可桢全集》第6卷，1936年4月29日、1937年3月30日、1937年4月14日，第64、276、284页。

② 全国铁路长度以全面抗战前的12 000公里计，全国人口流动量根据表1资料计算，为1 333 975 626人次。

并不像流动时间那样基本朝单一方向(缩短)变化。不过我们也可以发现,公路的发展虽然导致区域内运输格局的重新洗牌,但在远距离运输方面仍不敌铁路。

促进人口流动是交通运输对社会经济影响的一个重要组成部分,体现了其沟通城乡人力资源,联系经济社会各部门、各地区的纽带作用,而由此实现的经济发展又与交通发展互相促进——经济发展不断地对交通运输提出新的要求,促使交通运输方式不断更新、经营管理日益改进,进而带动经济社会的进一步发展,而这一切都需要人去实现。换言之,区域经济社会的发展必须以充分的人力资源作为基础和保障。在实现货畅其流的同时,保障人口流动的畅通无阻对当前迈入高铁时代的长三角铁路运输也具有一定的借鉴意义。

(本文原发表于《中国经济史研究》2014 年第 4 期。)

作者简介:

岳钦韬,1984 年生,浙江嘉兴人,复旦大学历史学博士,上海师范大学历史学博士后。现任上海师范大学历史系副教授、硕士生导师,研究方向为历史交通地理与抗日战争史。

学术著作有《以上海为中心:沪宁、沪杭甬铁路与近代长江三角洲地区社会变迁》(中国社会科学出版社,2016 年)、《抗战时期上海铁路损失及其影响研究》(上海社会科学院出版社,2017 年)。合著《抗战时期浙江省社会变迁研究》曾获第六届高等学校科学研究优秀成果三等奖、浙江省第十六届哲学社会科学优秀成果奖三等奖等。

在《中国历史地理论丛》《中国经济史研究》等刊物上发表论文 20 余篇,多篇文章被《中国社会科学文摘》《人大复印资料》转载。承担中国博士后科学基金特别资助等科研项目。另主持《嘉兴近现代丛书》(35 卷本)、《嘉兴历代地图集成》等图书编纂工作。

1909年上海万国禁烟会研究

苏智良

摘　要：万国禁烟会是在鸦片日益泛滥、各国开始认识到它对人类危害的前提下召开的。会议由美国发起、由中国主办，共有13个国家参加。在1909年2月1日至26日间，经过14次会议，20多个国家和地区通报毒品状况，通过了禁止鸦片、吗啡的9项协议。上海万国禁烟会的最大成果，是各相关国家在鸦片、吗啡问题上初步达成共识，确定了联合反毒禁毒的原则。会议公开举起了反毒禁毒的旗帜，揭开了国际联合禁毒的序幕，并为以后的海牙会议制订国际禁毒公约奠定了基础。同时，这次会议也促进了中国国内的禁毒运动。

关键词：万国禁烟会　鸦片　禁毒　上海

1909年2月，中、美、英等13个国家在上海外滩召开国际反鸦片、吗啡会议，史称“万国禁烟会”(英文名称 International Opium Commission)。这是一个由美国发起、由中国主办的多边反毒品会议，也是国际联合反毒禁毒的开端；会议回顾了世界各地的毒况，探讨禁毒的规范、机制和途径，组成第一个国际反毒品组织——万国禁烟委员会，并通过了第一个世界禁毒决议，在世界禁毒史上具有十分重要的意义。在该会暨世界禁毒运动发端百年之际，本文拟就万国禁烟会召开的背景、举办过程和历史意义作一考察，以求教于方家。

一、背景：“土洋结合”鸦片泛滥

1909年万国禁烟会的召开，首先应归因于人类对烟毒认识的加深。鸦片俗称“大烟”，由罂粟的汁液提炼而成，是人类最早接触的毒品。早在远古时代，西亚诸地就已有种植罂粟、吸食鸦片的记载。当时人们对鸦片的认识还仅限于它在止痛疗疾方面的作用，鸦片甚至还一度被冠以“快乐植物”的美名。[①] 直到人们试图像对待烟草一样“享用”鸦片的时候，才突然发现它对人类

---

① 详见拙著《中国毒品史》，上海：上海人民出版社，1997年，第26页。

健康的巨大危害，即鸦片不仅会使吸食者体质迅速下降，精神萎靡不振，而且极易成瘾，进而引发种种严重的社会问题。鸦片进入中国后，大致经历了以下阶段，由昂贵的药品到上流社会的奢侈品，最后成为一般百姓的日常消费品，从而普及到社会各阶层。这正如魏源所指出的，“鸦片流毒，为中国三千年史未有之祸”①。的确，在中国悠久、璀璨的文明史上，没有第二种商品像鸦片那样，震撼过这个古老的中央帝国的根基，并给她带来难以估量的灾难与耻辱。

然而，在对待鸦片的问题上，近代国际社会却有着两种截然不同的态度。深受烟毒之害的中国，自雍正皇帝起曾多次下令禁烟，②而以英国为代表的所谓“文明国家”则看重鸦片背后的“经济价值”，力图通过鸦片贸易掠夺财富，并进而打开中国市场的大门。经过两次鸦片战争，中国被迫接受屈辱条约，放弃禁烟政策；在西方列强的炮舰保护下，鸦片成了“合法化”的“洋药”。从此，“洋药”像决堤的潮水一样涌进中国，清政府为了减少白银外流和洋药进口，采取“以土抵洋”政策，随着“土烟救国论”的出笼，国内大量沃土被用来栽种罂粟，与五谷争夺地利，广植罂粟造成国内灾荒频仍，“谷价日昂，人心惶惑”③。以“丁戊奇荒”为例，此次灾荒自 1876 年始，到 1879 年结束，灾害地区包括山西、河南、陕西、直隶（今河北）、山东等北方五省，并波及苏北、皖北、陇东和川北等地区，在长达 4 年的时间里，北方持续大范围亢旱，晋、冀、鲁、豫各省 80%以上的州县干旱无收。大批饥民在本地吃完树皮草根之后，扶老携幼外出觅食。④ “一般有钱的士绅阶级，挥金如土的官僚军人……为了生活的单调枯燥，以及所谓上层社会的应酬，都需要点起烟灯，备着烟榻。”⑤徐珂在《清稗类钞》中描写道：“鸦片盛行，官署上下几于无人不吸，公门之中，几成烟窟。有人仿唐诗一首曰：‘一进二三堂，床铺四五张。烟灯六七盏，八九十枝枪。’”⑥上行下效之下，毒雾弥漫全中国。随着“物美价廉”的土烟泛滥，吸食者甚众，在万国禁烟会上，中国代表团公布了一组颇具权威的数字：1906 年，中国土烟产量达到创纪录的 58 万担，价值 2.2 亿两银子，进口洋烟价值达 3 000 万两银子，中国一年为吸食鸦片要耗费 2.5 亿两银子；全国吸食鸦片的人数约 2 500 万人，⑦中国成为世界上最大的鸦片消费国和生产国。“自鸦片流毒中国，隳人事业、败人败产、耗人经血、颓人志气、误人光阴、促人生命，莫此为甚，乃蔓延二十二行省，各处几无一干净土，且屡禁不能戢其毒焰，殆为浩劫使然。”⑧“男女偃卧吸食鸦片烟”，成为西方人眼中的中国人的典型形象。⑨ 甚至有外国人把罂粟花戏称为中国的“国花”。

鸦片烟毒在近代中国的泛滥，是中华民族历史上的耻辱，也是世界文明史上的一大灾难。

---

① 魏源：《海国图志》卷 37。

② 刘锦藻：《清朝续文献通考》征榷考二三；李圭：《鸦片事略》，中国史学会编《鸦片战争（六）》，上海：神州国光社，1954 年，第 139 页。

③ 《农学报》第 35 期，1908 年 5 月。

④ 李文治编：《中国近代农业史资料》第 1 辑，北京：生活·读书·新知三联书店，1957 年，第 917 页。

⑤ 何引流：《中国的毒物问题》，中国经济情报社《中国经济论文集》第 2 集，上海：生活书店，1936 年，第 27 页。

⑥ 徐珂：《清稗类钞》，北京：中华书局，1986 年，第 1609 页。

⑦ 《字林西报》1909 年 3 月 1 日，第 5 版。

⑧ 孙家振：《退醒庐笔记》，上海：上海书店出版社，1997 年，第 102 页。

⑨ 郭嵩焘：《郭侍奏疏》卷 12，台北：艺文印书馆，1964 年，第 14 页。

西方在华传教士为揭露鸦片的罪恶作出了不懈努力。他们在《万国公报》发表大量关于鸦片贸易的论文和报道，这些文章尽管有些内容不免对英国政府的罪责有所开脱，但几乎无一例外地反对鸦片贸易。1890年，外国传教士集会于上海，一致认为鸦片贸易是人类的一种罪恶，是传播西方宗教的一种障碍。大会通过了6项决议案，号召发动新的戒烟运动，“申述继续对鸦片贸易持反对态度”，“建议中国基督教徒尽力唤起公众舆论，反对鸦片毒害之传布，设法使之灭除”。[1] 会后，他们成立了中国禁烟会，在各地指导成立数以千计的戒烟所，推动中国的禁烟事业。有些传教士还出版小册子，到英国宣传鸦片贸易的罪恶。1906年，苏州禁烟会会长杜布斯(H. C. Dubose)起草了一份禁烟请愿书，得到1 333名传教士签名。是年8月19日，杜布斯把签名装订成册，送交两江总督转呈光绪皇帝。传教士的这些活动，对清政府的禁烟决策产生了较大影响。

随着两次鸦片战争、中法战争、甲午战争的相继惨败，面对日益严重的烟毒，深受鸦片毒害的中国人知耻而奋发，社会各界纷纷发出禁烟的呼声。如张之洞刊行《劝学篇》，王国维发表《去毒篇》，都对禁烟提出精辟的见解。人们认识到要改变积贫积弱，自强自立于世界，须自严禁烟毒始，天津、山西、福州等地纷纷成立戒烟局、去毒社。海外华人也掀起了禁毒运动。鸦片不仅对华人的身心造成极大的危害，也严重败坏华人在海外的声誉，海外华人设立禁烟团体，募捐禁烟资金，召开禁烟会议，并借助报刊发表禁烟文章，呼吁同胞尽快戒除烟瘾。1903年，留美学生抗议在圣路易斯(St. Louis)举行的路易斯安那博览会(Louisiana Purchase Exhibition)将鸦片烟具列入中国展览品中。海外的维新派和革命党人也以舆论和资金支持禁烟，如维新派的《南洋总汇报》和革命派的《中兴日报》等为华人发表禁烟文章提供了平台。“著名的锡矿大王胡子春等不仅从财力上援助禁烟，而且他们也亲自积极投入禁烟运动。”[2]日俄战争之后，“在日本的数以千计的中国留学生，从这个禁止输入和吸食鸦片的国家得到了启发，他们把这一点也增列为日本所以蒸蒸日上的原因之一”[3]。人们不断呼吁“鸦片为亡中国之具”[4]，“立宪救国请从禁烟始”[5]。

在朝野舆论的一再呼吁下，清政府于“新政”之时，被迫改弦更张，重新开始禁烟。从1906年9月始，清廷颁布一系列禁烟上谕和法令，制订详细而严格的禁烟章程和十年禁烟规划，从禁种、禁运、禁售、禁吸等方面厉行禁烟，宣布“着定限十年以内，将洋土药之害一律革除净尽”[6]，开始了中国历史上第二次禁毒运动。鉴于国内“洋烟”遍布，尤其是上海、天津等地的外国人在租界内公开销售鸦片而成为禁烟严重障碍的实际状况，清政府还反复同英国等相关国家进行禁

---

① 于恩德：《中国禁烟法令变迁史》，上海：中华书局，1934年，第119页。
② 苏智良、赵长青主编：《禁毒全书》，北京：中国民主法制出版社，1998年，第211页。
③ 马士、宓亨利：《远东国际关系史》，姚曾廙等译，北京：商务印书馆，1975年，第524页。
④ 《汪惕予医生创制戒烟茶广告》，《申报》1906年1月1日，第3版。
⑤ 《论禁烟与外交之关系》，《外交报》1906年第147期，第2页。
⑥ 《光绪朝东华录》第5册，北京：中华书局，1958年，第5570页。

烟交涉，多方争取国际支持和同情。一个民间禁烟组织致电英国议院，"恳其释放中国自由禁烟主权，俾使我国于年内禁绝一切鸦片之营业"[①]。不言而喻，至20世纪初，鸦片贸易已经在全球声名狼藉，禁烟已经成为国际上大多数有识之士的共同呼声，联合禁毒也成为国际禁毒斗争的实际需要。可以说，这是万国禁烟会召开的一个重要条件。

作为全球首次禁毒会议的万国禁烟会之所以能够召开，还基于以下两个因素：一是美国的倡导。美国也曾向中国输入过大量鸦片。但相比较而言，美国在鸦片贸易中获得的利益要比英国少得多。当鸦片贸易受到越来越多的谴责之时，美国朝野开始感到不安，他们认为鸦片贸易"不但有损中国，亦有损世界各文明国"[②]。从更深层的意义上说，美国当时的经济实力已超越英国，很担心烟毒会彻底削弱中国的购买力，从而阻碍自己的商品倾销政策。[③] 实际上，鸦片在美国殖民地菲律宾的泛滥已经使美国深受其害，头疼不已。而华人劳工大量被送到美洲，也使这种恶习在美国随处可见。著名作家马克·吐温在他的小说中描绘唐人街上鸦片烟馆里的场景："夜晚十点是中国人最惬意的一刻。在每一个邋里邋遢，像个黑洞一样的小破屋里，燃香的味道淡淡飘出。为了省一些蜡烛，屋里幽暗一片，但是仍可见二三个面色蜡黄，拖着长辫子的无赖蜷曲在矮床上，一动不动地抽着鸦片。极度地满足，使他们两眼无神地微张着——也许是刚刚抽过一口，就把烟筒递给旁边同伴的烟鬼，才会出现这种表情吧——因为抽鸦片的过程并不舒适，需要不时留神——约翰喜欢抽鸦片，因为那让他觉得通体舒畅，他会吸大约20口，接着翻身睡去，只有天知道那是什么感觉，因为光是看着这个汗涔涔的家伙，我们实在无法想象。也许是在梦里，他已超越尘世，忘却洗衣干活，正在天堂里，大啖着肥美的老鼠、燕窝。"[④]在此情况下，1906年，美国在清廷希望其支持中国禁烟时，明确表示了赞同态度，并感到有必要召开一次国际会议来研究远东的鸦片问题，以此来遏制英国的鸦片贸易。同年，美国以属地菲律宾烟患严重为由，向英国提议，由美、英、法、荷、德、中、日等国组成一个委员会，共同调查远东鸦片贸易问题，迫使英国勉强同意参加远东鸦片调查。[⑤] 1907年2月，美国驻英公使向英国外交部递交了《说略》，希望其同意调查远东地区的烟毒状况。

二是英国的让步。英国作为世界鸦片贸易的霸主，一方面从中国掠夺了巨大财富，另一方面也受到了越来越多的舆论谴责；还有另一原因，即中国的土药开始取代洋药，英国所获得的鸦

---

① 《国民禁烟总会电求英国议会》，《大公报》1911年3月2日，第5版。

② 林乐知、范祎：《中国除烟之希望》，《万国公报》1905年第192卷第1期。

③ 美国国内"黄祸"舆论泛滥，排华运动此起彼伏，此种行为引起中国人民的极大愤慨，自1903年始掀起了颇具规模的"抵制美货运动"。

④ Samuel and Orion Clemens, *The Pattern for Mark Twain's Roughing It: Letters from Nevada, 1861－1862*, collected and edited with an introd by Franklin R. Rogers.

⑤ 1906年，西奥多·罗斯福总统向美国国会递交了有关鸦片委员会的报告，调查台湾、上海，以及日本、西贡、缅甸、爪哇、新加坡和菲律宾群岛的鸦片情况，具体调查：亚洲毒品形势的实质，那里是如何处理鸦片问题的，什么办法在菲律宾最可能获得成功，等等。委员会由主席大爱德华·C. 卡特(Majer Edward C. Carter)、菲律宾教区主教勃伦脱(Charles H. Brent，后任上海万国禁烟会主席)、马尼拉的乔斯·艾伯特(Jose Albert)博士和秘书卡尔·J. 阿内尔(Carl. J. Arnel)组成。到1908年，各国就召开禁烟会议达成初步协议，定于1909年1月1日于上海举行。

片利润大减；[①]而在印度，由烟农变为瘾君子的人数则越来越多，“孟买一埠染烟癖者日众”[②]。不仅印度，连英国国内也逐渐出现了鸦片问题，在狄更斯的小说中，就有英国人因吸食鸦片从而长相也变成中国人的描述。[③] 1869 年时，有英国公民向英国政府进言：“清国人为你们提供了上等的丝绸和茶叶，你们反过来只要引诱他们吸食有害的鸦片就行了。”[④]于是，耶稣会要求英国政府禁止在印度种植罂粟，禁止向中国输送鸦片。英国来华传教士们首先站出来反对鸦片贸易，他们从道义和宗教利益出发，感到必须同罪恶的鸦片贸易划清界限。此后，在传教士持续不断的批评下，一些国会议员也加入了反对鸦片贸易的行列，要求政府改变政策，放弃鸦片贸易。英国公众反鸦片的舆论在政治上也有所反映。1891 年，英国下议院在讨论鸦片问题时，争论激烈，有半数议员赞同停止向印度发放买卖鸦片的牌照。在 1906 年的大选中，有 200 多位参选议员称，如果他们当选，会尽快结束鸦片贸易。5 月 30 日，英国下议院对鸦片贸易问题展开了一场新的辩论。下议院议员德雷发言指出，1858 年中英条约中关于鸦片弛禁的规定，是英国政府强加于中国的，现在鸦片的毒害已为世人所公认，英国如果继续推行鸦片贸易，必然会引起世人的唾弃，因而英国政府必须悬崖勒马，尽快停止鸦片贸易。国内外舆论的压力，特别是国会内部的争论，使得英国政府不得不作出让步。同时，中国也在长期敦促英国放弃鸦片贸易。早在 1869 年时，恭亲王奕䜣就对即将离京的英国公使阿礼国说：“把你们的鸦片烟和你们的传教士带走，你们就会受欢迎了。”[⑤]即使主张“以土抵洋”的李鸿章，在鸦片贸易问题上，其反对态度也颇坚决，他“以最强劲的语言声称，清廷一如既往地强烈反对鸦片贸易，这种贸易是列强通过战争强加给大清国的，……你们也许明白，如果你们停止毒害我们的人民，我们就会立即禁止他们获得鸦片……任何人都知道鸦片是有害的”[⑥]。1906 年 11 月 30 日，清廷外务部就禁烟问题照会英国驻华大使朱尔典，次年 1 月 25 日，中国驻英公使将照会递交给英国外交部。[⑦] 8 月 14 日，朱尔典向中国外交部递交答复照会，中、英双方在限制出口鸦片数量等诸多问题上，进行了多次交涉和协商，最终于 1908 年 3 月达成禁烟协议。[⑧] 所以在接到美国关于召开国际反毒品会议的提议后，英国也表示了赞同。这也是万国禁烟会得以召开并最终达成协议的一个重要原因。

---

① 1874 年时，上海的一位英国领事就曾预言：不久的将来，土烟将可增加并满足中国人的需要，那时的英国，要么停止印土输华，要么削价与中国鸦片竞争。参见 I. U. P, B. P. P, China, VoL. 11, *Report on the Trade of the Port of Shanghai for the Year 1874*, p. 430。

② 《英国下议院辩论鸦片增减情形》，《申报》1908 年 4 月 11 日，第 5 版。

③ 狄更斯在他的最后一部小说《艾德文·德鲁的秘密》里，描写了一个小镇如何被华人烟馆毒害的情形。每当夜幕降临时，镇上的人就会光顾烟雾缭绕、恶臭熏天的烟馆，而作者在书中描写了令英国人感到非常可怕的一幕：一位吸烟上瘾的英国妇女，慢慢地连长相都变得像中国人了。参见 Dickens, Charles, *The Mystery of Edwin Drood*, New York: Pantheon Books, 1980。

④ 郑曦原：《帝国的回忆——〈纽约时报〉晚清回忆录》，北京：当代中国出版社，2007 年，第 51 页。

⑤ 马士：《中华帝国对外关系史》第 2 册，张汇文等译，上海：上海书店出版社，2006 年，第 241 页。

⑥ 《李鸿章会见过禁烟联盟执行秘书》，郑曦原《帝国的回忆——〈纽约时报〉晚清回忆录》，第 134 页。

⑦ 《英国蓝皮书·驻华英使朱尔典致英外交大臣葛雷公文》，《外交报》1908 年第 228 期，第 30 页。

⑧ 《英国蓝皮书下卷·为禁烟事续》，《外交报》1909 年第 236 期，第 35—36 页。

二、筹备：多国协商　达成共识

从酝酿到召开，上海万国禁烟会筹备了足足3年。早在1906年，美国圣公会菲律宾主教、传教士勃伦脱(Bishop Brent)就写信给美国总统西奥多·罗斯福，提请他关注国际禁毒问题和美属菲律宾的鸦片问题。在国务卿伊莱休·鲁特的建议下，罗斯福总统决定在远东地区发起召开国际禁烟会议。同年10月17日，美国驻英公使黎德在谒见英国外交大臣葛雷时，转达了美国政府的意见，希望与鸦片贸易有关的美、中、英、法、荷、德、日、葡等国组成一个联合委员会，调查远东的鸦片问题，讨论是否应当禁止鸦片。对于美国的倡议，英国颇为迟疑，认为如果设立联合委员会之类的组织，"恐会中只研究其理，至于办法，难期敏善"。迫于舆论的压力，英国也不得不表示同意派员协助调查；但英国提出中国须首先停止土烟生产，并以此作为减少对华洋烟输出的先决条件。至于其他国家，除德、日两国响应比较积极外，法国、荷兰等国的态度则与英国大体相似，都表示原则上同意美国的提议，但又坚持认为，禁烟问题"须由中国先行声明襄助，并将在中国内地所种之土药，及运入中国之洋药，详为考查，方能允准派员"。[①]

面对英、法、荷等国的疑虑，加上国内社会各界禁烟舆论的高涨，清廷决议趁此国内外禁烟舆论高涨之际，力争禁绝洋烟土药。于是，清政府在答复美国政府同意派员调查鸦片问题的同时，再三保证在10年内完全肃清国内土烟。[②] 由于清政府此次禁烟态度坚决，措施也比较得力，并取得了明显的成效，各国先后打消了"顾虑"。1908年秋，美国作为倡议国，分别函告各国政府，准备在次年元旦召开国际禁烟大会，经过反复磋商和酝酿，各国逐步达成共识，一致同意召开国际反鸦片、吗啡会议。在与会国范围的问题上，美国本来仅仅倾向于上述8个"在远东拥有领土"或有鸦片问题的国家，后来邀请范围扩大，增加了俄罗斯、土耳其、暹罗(今泰国)、波斯(今伊朗)和意大利。至于会议的地点，之所以选择在上海，主要是基于三个因素。第一，上海在开埠60多年里以其独特的优势获得了迅速发展，至20世纪初，已俨然成为远东的重要贸易和金融中心，为世界所瞩目；加之上海开放程度高，英、美、法等国又在此拥有"租界"，这无疑也为召开国际会议提供了方便；第二，上海是远东的交通枢纽，交通便捷迅达，在此开会方便代表们的往来与媒体的报道；第三，上海毒品泛滥成灾，日益成为各种洋烟、土烟及新型毒品的转运中心和集散地，被媒体称为"鸦片之都"，由于人口众多，特别是"国中之国"的特殊环境，禁毒态势复杂，困难重重。显然，各国要在上海集会讨论远东的鸦片问题适逢其时，不仅有利于扩大会议的影响，也便于实地了解和调查烟毒状况，借以研究和制订有针对性的解决方案。

---

① 《万国禁烟会纪事》，《东方杂志》1909年第3期，第149页。

② *Report of the International Opium Commission SHANGHAI, CHINA, February 1 to February 26, 1909*, Shanghai: North-China Daily News & Herald Ltd., 1909, p. 72.

会议选址汇中饭店，[1]它处于外滩与南京路交汇处，高6层，为当年上海最华丽的旅馆建筑。会议原定于1909年1月1日开幕，后因光绪皇帝、慈禧太后相继去世，因此决定推延一个月举行。国人期待着万国禁烟会的召开，认为这是1909年中国的第一要政，“宣统元年第一发现之要政，何事乎？明日沪上开万国禁烟大会也。禁烟实强国之本，为我国内政最重要之事，而又需各国协助，故尤为外交重要之端。今日之会，实我国转弱为强之关键也”[2]。

1909年2月1日早晨，冬日的阳光刚照射在开阔的外滩，大批的市民便来到汇中饭店门首，兴奋地看着中外代表们“长车如水，鱼贯而来”[3]，而华人队和印度队的骑兵负责在门口执勤。汇中饭店两台中国最早的电梯“上下穿梭”，将代表们送到顶层。万国禁烟会在最高层的宴会厅开幕，四周的墙上悬挂着与会国的国旗。有意思的是，为标榜公平，代表们的席位是通过抓阄决定的。参加会议的共有41名代表，分别代表中、美、英、法、德、俄、日、意、荷、葡、土耳其、暹罗和波斯等13个国家。中国作为会议的主办国，派出以南洋大臣、两江总督端方为首的代表团，人数最多达10人。端方进入会场时，全体代表起立表示敬意。上午11时，美国代表勃伦脱担任主席宣布开会，端方首先致辞：“本代表奉皇帝、摄政王命致谢美国大总统发起禁烟之盛情，并致谢与会各友邦政府赞成禁烟之美意，请美国代表及各国代表予以转达。”接着他介绍了中国方面的禁烟举措，他指出，本会议的“目的是要根绝一种毒品，一种危害人类的祸根”，“如果由于大会的努力工作，我们能找到一个办法来缩短期限，早日根绝鸦片祸根，这对全世界实在是太幸运了”。[4] 翻译用英文复述后，各国代表对中国政府的态度表示了肯定。中国代表唐国安作了《中国鸦片问题的报告》，该报告指出，中国有2 500万人染上了毒瘾，每年的经济损失达85 625万银两，这是“中国生产效率很低也是中国人民十分贫穷”的主要原因。唐国安说，中国人民迫切希望“能列入现代化国家行列”，为此，中国朝野深切认识必须首先禁绝毒品，“这是我们国家所必须面对的最紧急的道德问题和经济问题”，当然，“要取得完全的成功还需有其他国家的合作”，特别是英国，“如果中国能获得文明各国的合作，中国就能迅速、干净地清除这种祸害”。[5]当天晚上，端方在汇中饭店宴请各国代表，以尽地主之谊。

大会从2月1日到26日，共举行正式会议14次，按会议讨论内容可分为3个阶段。第一阶段从2月1日至4日，为开会规则的协商阶段，主要内容是推选美国代表勃伦脱主教为大会主席，决定以英语和法语为会议官方语言，并草拟议事章程和表决办法（一国一票）。大会主席宣读了美国总统西奥多·罗斯福发来的电报：“我对今天与会的各国代表寄以最美好的祝愿，并

---

① 19世纪40年代中叶，英商购得外滩与今南京东路外滩转角的土地，于1866年建成3层的中央饭店，又称帝国饭店。1906年该饭店重组后改名汇中饭店并拆除重建。新楼高6层，占地2 125平方米，是当时外滩最高的建筑。建筑为文艺复兴样式，装饰具有巴洛克风格，富丽辉煌，并设有屋顶花园，次年开业，为当时上海顶尖的旅馆之一。今该楼为和平饭店南楼。

② 《宣统元年第一要政》，《申报》1909年1月31日，第12版。

③ 《详纪万国禁烟大会行开幕礼》，《申报》1909年2月2日，第3版。

④ “The Opium Commission Opening Ceremony”，《字林西报》1909年2月2日，第7版。

⑤ *Report of the International Opium Commission SHANGHAI, CHINA, February 1 to February 26, 1909*, p.32.

深信他们的努力，对扫除全世界范围内的烟患有着最重要的影响。”[①]第二阶段从 2 月 5 日至 22 日，为大会实质性讨论的阶段，各国先后将关于本国和在远东属地鸦片问题的报告递交会议讨论，各国代表对这些报告进行了非常尖锐的质询。12 日第六次会议上，英国代表对于中国的鸦片报告提出质疑，认为中国将走私鸦片数量夸大化了，并且完全否认香港向内地走私鸦片。在 15 日的第七次会议上，唐国安引用马士《中华帝国对外关系史》等证据进行反驳，他指出，走私到中国内地来的鸦片不仅来自香港，还来源于新加坡和一部分与新加坡、槟榔屿及印度进行贸易的货船。[②] 在 18 日的第八次会议上，中国代表和美国代表对英国减少印度罂粟种植和对华出口问题进行了提问，德国代表提出有必要对鸦片贸易等诸多问题展开全面而公正的调查。为了统计世界鸦片贸易及其税收等情况，大会还设立了税务、统计等专门委员会，负责拟定最后向大会提交的总结报告的各部分具体内容。会议期间，还首次设立“国际禁止贩运鸦片协定委员会”，专门研究已有的国际间鸦片贸易协议，制订禁毒计划。第三阶段从 2 月 23 日至 26 日，为会议的总结阶段。大会认真讨论各国的议案，在 23 日第十一次会议上，英国代表提出 4 项提案，其中的第二案指责“在中国代表团递交的报告中，中国代表未能提供罂粟减种的具体数字，英国代表认为，中国国内的某种消极因素从根本上阻碍了中国的禁烟运动，因而英国代表提出，大会应建议各国政府就中国禁种问题与清政府进行交涉”[③]。尽管中国确实存在不利因素，但英国代表的蛮横态度遭到了中国代表义正词严的驳斥，也引起了其他国家代表的不满，最后英国代表被迫撤回该提案。大会最后通过 9 款决议案，主要内容是：一、与会各国承认中国对禁除鸦片烟出产行销之事所付出的真诚努力和获得的进步；二、各国将在本境或属地内逐渐推行禁吸鸦片的法令；三、各国将作医用以外的鸦片均视为禁品，并应防止鸦片运往禁烟之国；四、禁止制售吗啡；五、各国应在中国的居留地和租界内禁烟；六、有关药物法规属领事裁判权限内，各国在华公民应予遵守；等等。[④] 大会取得了成功。

三、成果：历史价值和世界意义

万国禁烟会取得进展和成果，与中国代表们密不可分。首席代表端方“以热忱禁烟、善于词令著称”[⑤]，他在开幕式上的演讲，赢得各国代表的赞同，外国代表赞赏他具有“忠诚合作精神”[⑥]。主要代表唐国安、刘玉麟、徐华清、瑞徵等，也十分敬业负责。他们在汇中饭店设立办公室（时称会所），每天均赴会所办公，直到晚上才回寓所。尤其是外交部司员唐国安，代表中国作

---

① *Report of the International Opium Commission SHANGHAI, CHINA, February 1 to February 26, 1909*, p.14.
② *Report of the International Opium Commission SHANGHAI, CHINA, February 1 to February 26, 1909*, p.32.
③ *Report of the International Opium Commission SHANGHAI, CHINA, February 1 to February 26, 1909*, p.57.
④ 《万国禁烟会公决九款》，《申报》1909 年 3 月 1 日，第 4 版。
⑤ 《论今日上海开万国禁烟大会》，《申报》1909 年 2 月 1 日，第 3 版。
⑥ “The Opium Commission”，《字林西报》1909 年 3 月 1 日，第 5 版。

《鸦片问题之报告》，提议搜集医治鸦片断瘾的“最妥之法”，[①]向大会提出4项决议书草案。他利用扎实的专业知识、经验、娴熟的英语，充满激情地工作，与美国等国代表沟通，多次挺身与英国代表抗争，评驳荷兰代表的提案，维护国家的利益，得到与会各国代表的高度赞扬。唐国安不仅重视与英国的交涉，而且他已敏锐地意识到日本对华走私毒品的问题，在会上他指出：“在上海的租界内，就有来自英国、法国、奥地利和日本的戒烟丸药，值得一提的是，日本是最大的供应商。”[②]唐国安要求日本政府加强在戒烟丸药方面的合作，以早日清除国内的毒患。在最后一天的会上，他和美国代表各发表一总结性禁烟演说。唐提到禁烟的急迫性：“中国非常不幸地对于本次会议的结果要比其他各国更要深表关切。对于你们大多数人来说，吸鸦片烟的问题是你们国家所面临的诸多问题之一，但也许不是最重要问题之一。而对我们来说，这是我们国家所必须面对的最紧急的道德问题和经济问题。”[③]唐国安的英语演说被舆论界评为一篇有说服力的演讲，“一份杰出的、逻辑性很强的报告”[④]。唐国安成为仅次于主席勃伦脱的会议第二号重要人物，为会议的顺利完成作出了卓越的贡献。1911年，他代表中国参加海牙第二届万国禁烟会议，再度与勃伦脱合作，通过《海牙禁毒条约》，为人类的禁毒事业作出了长期不懈的努力。[⑤]

上海万国禁烟会具有重要的意义。

首先，万国禁烟会揭露鸦片、吗啡的罪恶，公开打出了反毒禁毒的旗帜。万国禁烟会召开之前，尽管鸦片、吗啡等毒品对于人类身心健康的危害已经为人们所认识，有识之士对鸦片贸易也早有揭批，但是真正主张反毒禁毒的主要是宗教人士。他们的反毒宣传也主要是为了同毒品划清界限，借以争取人们（主要是中国人）对宗教的好感。万国禁烟会则以国际集会的方式，第一次公开将鸦片、吗啡等毒品推上了“被告席”。虽然这次会议并没有发表什么宣言来揭露毒品的罪恶，但它的召开，本身就意味着人类正式向毒品宣战。会议使人们进一步认清毒品对人类社会的危害性，特别是中国代表的发言，更使与会者认识到：毒品不仅危害健康，而且危害经济，危害社会；鸦片贸易“对全世界是经济上的损失”，不仅会使输入国民穷国弱，而且会严重阻碍正当的经贸往来，最终使输出国受害。[⑥] 会议认为，“有效地根除这种恶习的唯一办法是彻底禁止鸦片”[⑦]，因此，万国禁烟会的召开，不仅坚定了与会代表们反毒禁毒的决心，也唤起了各国政府“前所未有”的关注，这对于国际反毒禁毒事业无疑是非常必要的。

其次，万国禁烟会是人类历史上第一次多边性的国际反毒禁毒会议，揭开了国际联合反毒禁毒的序幕。如前所述，鸦片危害人类已久，而吗啡的出现更使人类遭遇新的威胁；面对日益严

---

① 《万国禁烟大会纪事十一》，《申报》1909年2月20日，第5版。

② *Report of the International Opium Commission SHANGHAI, CHINA, February 1 to February 26, 1909*, p.76.

③ “The Opium Commission”，《字林西报》1909年3月1日，第5版。

④ “The Opium Commission”，《字林西报》1909年3月2日，第6版。

⑤ 1909年9月，唐国安率第一批留洋学生前往美国；1911年，他主持了清华学堂（今清华大学）的开办，为清华之首任校长；1913年，唐国安病逝。

⑥ “The Opium Commission”，《字林西报》1909年3月1日，第5版。

⑦ “The Opium Commission”，《字林西报》1909年3月2日，第7版。

重的毒祸，中国很早就颁布了禁毒法令，其他国家也不乏限制鸦片、吗啡使用，甚至是禁止的法令。然而，鸦片等毒品却屡禁不止、愈禁愈烈。其中一个重要的原因，就在于过往的禁毒都属于"单边行为"，缺乏国际支持。由于利益的驱动，英国开始是武装鸦片走私，继而又以战争使鸦片贸易"合法化"；直到万国禁烟会召开之前，英国仍然不愿意放弃鸦片贸易；其他如法国、日本等国的所谓"赞助"禁烟，也都仅仅停留在口头上，而且日本正在步英国之后尘，逐渐向中国输运毒品。会上通报毒品和反毒状况的国家和地区有：美国、英国、法国、葡萄牙、越南、锡兰、新加坡、俄罗斯、澳大利亚、波斯、意大利、荷兰、荷属印度、德国、暹罗、菲律宾、加拿大、奥匈帝国、日本、波多黎各、古巴以及中国内地、澳门、香港地区等，其规模为人类社会第一次，从而使各国政府开始对正在日益扩大的毒品问题予以高度重视。"大会的目标是为有关各国处理鸦片问题达成公同的行动准则"①，万国禁烟会的最大成果，就是它使各相关国家在鸦片、吗啡问题上初步达成共识，制定禁毒的初步方案。

会议期间，成立了万国禁烟委员会，委员便是各国代表，委员会自会议开幕时起开始工作，它成为第一个国际反毒品组织。万国禁烟委员会的工作和成果，为后来国际联合反毒组织提供了经验。

会议最终通过的 9 项决议表明，与会各国已经不再把反毒禁毒当成中国或美国一个国家的"内部事务"，而是开始将毒品视为全人类的公敌而采取一致的行动，要求各国共同向毒品开战，"鸦片烟之用，除作医药外，在会各国均视为禁物"。决议明确指出："凡与会各国均有责任订立相应之规定，以禁止鸦片及鸦片提制品运往已颁行禁例之他国。"②从后来的情况看，包括英国在内的各与会国家都基本履行了决议的条款，开始参与或"赞助"禁毒。9 项决议是世界上最早的国际禁烟协议，其主要内容多被以后的海牙禁毒公约所采纳，成为国际联合反毒禁毒的普遍原则。1912 年、1913 年两次海牙国际鸦片会议正是上海会议的延续与发展。③ 从这个意义上说，万国禁烟会堪称国际联合反毒禁毒的开端。

最后，万国禁烟会消除了中国禁烟的国际障碍，有力地促进了中国禁烟运动的开展。

会议的召开表明了中国朝野禁毒的决心，《申报》刊文称万国禁烟会为万国救生会、万国实业大会、万国体育大会。文章指出："自鸦片入口以来，逮六十年间，死于瘾，死于戒，死于生服，死于非针均不计焉。日胜月削于呼吸之中，而死于无形者以亿万兆计，是故烟禁而其死者得不死。"作者认为，会议制定的禁烟政策能将处于水火之中的瘾民解救出来，所以称之为"万国救生大会"。而之所以称为万国实业大会，是因为"自烟苗入口以来，内地之膏腴半栽罂粟，则膏腴之地半为石田，石田尤可加以鸩毒，是故烟禁而后土地之利开"。罂粟自泛滥之后，便与粮食作物争地利，导致饿殍遍野，而会议的召开，可以将毒卉铲除净尽，兴种其他经济作物。为何称为"万

---

① "The Opium Commission"，《字林西报》1909 年 3 月 2 日，第 7 版。

② 《万国禁烟会公决九款》，《申报》1909 年 3 月 1 日，第 4 版。

③ 第一次海牙国际禁烟会议于 1911 年 12 月 1 日开幕，于 1912 年 1 月 23 日闭会，各国签订了《海牙禁毒公约》。

国体育大会”，作者解释说：“食烟者，则称之曰鬼，非真鬼也，瘠弱而类于鬼也，伤身而近于鬼也。烟之为害遍及五脏，国民之弱胥由于此，是故烟禁而后国民之体强。”①

事实上，万国禁烟会在中国召开本身就是对中国禁烟运动的一个极大的鼓舞。对当时处于半殖民地半封建社会的中国来说，无疑是提供了一个平等参与国际禁烟的平台，并提出了取消不平等条约中有关鸦片贸易的条款，恢复中国的禁烟主权。“尽管中国开始很有戒心，但是最后还是表示中国感谢在一个讨论中国问题的会议上受到了平等待遇。这显然是中国在这类会议上第一次得到了平等的权利”②，“这是中国政府参加的第一次公正的会议，在这样的会议上，中国政府不用付出割让土地或者是赔款的代价”③，“这样，中国和列强在鸦片问题的财政和商业方面历经一百多年的矛盾，终于在这个问题的道德基础上达成了协议”④。万国禁烟会的协议充分肯定了“中国之坚诚”⑤，万国禁烟会的一个重要成果就在于，会议在充分肯定中国政府禁烟成就的同时，代表们看到“比朝廷和封疆大吏所表示的决心更为令人鼓舞的是人民的响应！”“各个阶层——官员、学者、士绅、农民，直至最底层的劳工都团结一致，下定决心要亲眼看到全国扫除这种祸害。”⑥很明显，禁烟促进了中国民族主义思潮的发展。

鸦片本属舶来品，中国的鸦片之祸源于国外，西方列强，尤其是英国，对于中国鸦片的泛滥负有不可推卸的责任。“强迫中国输入鸦片对人类造成比非洲奴隶贸易更大的犯罪。鸦片贸易导致中国经济贫困、道德沦丧、人民孱弱，阻碍中国进步。”⑦中国禁烟的屡次受挫，也是英、法等国竭力阻挠所致。然而，当中国政府就鸦片问题向英国交涉时，英国却抱怨中国依赖外国禁烟。在会议中，中国、美国等国代表对英国施加了压力，纷纷指出“英国是仅次于中国，对于这个问题最有利害关系的国家”，要求“英王陛下的政府采取必要措施，迅速结束这种贸易”。⑧ 英国被迫再次同中国订立协议，承诺在 10 年内逐渐停止对华鸦片输出。会议协议也明确规定各国应在中国的居留地和租界内禁烟，并应防止鸦片运往禁烟之国。这就为中国禁烟破除了国际障碍。1911 年 5 月，在中国禁烟初见成效的基础上，英国政府同意与清政府签订《禁烟条约》，规定：“无论何省土药已经绝种，他省土药亦禁运入，显有确据，则印药即亦不准进入该省。”⑨英国鸦片政策的改善，客观上促进了中国禁烟运动的发展。万国禁烟会也敦促列强在中国的租界应“禁止制造贩卖内含鸦片烟质或鸦片提制品之戒烟丸药”⑩，促进了上海、天津等租界的禁毒。

---

① 《万国禁烟大会》，《申报》1909 年 2 月 1 日，第 12 版。

② 马丁·布思(Martin Booth)：《美国禁毒史：麻醉品控制的由来》，周云译，北京：北京大学出版社，1999 年，第 46 页。

③ *Chinese, Missionary, and International Efforts to End the Use of Opium in China, 1890 - 1916*, Ann Arbor, Mich: UMI, 1976. p.7.

④ 马士、宓亨利：《远东国际关系史》，第 526 页。

⑤ 《万国禁烟会公决九款》，《申报》1909 年 3 月 1 日，第 4 版。

⑥ “The Opium Commission”，《字林西报》1909 年 3 月 1 日，第 5 版。

⑦ 托马斯·D. 莱因斯：《改革、民族主义与国际主义：1900—1908 年中国的禁烟运动与英美的影响》，《国外中国近代史研究》第 25 辑，北京：中国社会科学出版社，1994 年，第 10—11 页。

⑧ “The Opium Commission”，《字林西报》1909 年 3 月 1 日，第 5 版。

⑨ 王铁崖主编：《中外旧约章汇编》，北京：生活·读书·新知三联书店，1957 年，第 711 页。

⑩ 《万国禁烟会公决九款》，《申报》1909 年 3 月 1 日，第 4 版。

在这次禁烟交涉中，尽管英国没有放弃向中国贩运洋药，但在交涉之中，中方能够据理力争，达到以谈判的形式渐禁鸦片的目的。尽管处于弱势的清政府不断作出让步，但迫于国际舆论压力，英政府也不得不在某些条款上作出妥协。在这一特殊的国际环境下，促成了海牙禁烟会议的召开。

在万国禁烟会的推动下，国内禁烟取得显著进展，1911 年时，山西、四川和东三省等地已基本禁绝罂粟种植，其他各地的罂粟面积也大大减少。英国记者莫理循在考察西北禁烟后指出："多年来沉湎于鸦片的甘肃省，正在努力与其他省一道禁绝鸦片。"他们"关闭了烟馆，不允许公开吸食"，"发布了禁烟告示，大街小巷都贴满了"。[①] 以贵州为例，巡抚庞书鸿厉行禁烟，取得了显著成效，鸦片产量由近 5 万担减少到 1 万余担。[②] 再如产烟大省四川，鸦片产量由 1906 年的 23 万担降至 1910 年的 5 万担。1906 年，经重庆海关输出的鸦片达 9 153 海关担，而 1911 年仅输出 354 担。另外一个产烟大省云南的鸦片产量更是减少了 96%。1911 年从蒙自输出的云南鸦片达 4 012 担，在 1909 年减少到了 527 担，到 1911 年又减至 187 担。[③] 全国鸦片的产量在 1910 年下降至 158 505 担，比 1906 年下降了 72.9%，呈现出一派革除陋习的新气象。英国驻华公使朱尔典赞扬说："出乎所有外国人的意料，中国方面竟能履行"国际条约中"中国所负的责任"。[④] 可以说，清末民初禁烟运动之所以能取得明显的成效，正是得益于国际上的同情和支持，特别是万国禁烟会的推动。

应当指出，作为第一次国际性的反毒禁毒会议，万国禁烟会有其明显的不足之处和局限性。参加会议的国家仅有 13 国；且代表大多是宗教人士或商务代表，他们中的大多数并无代表各国政府处理相关事务的全权；会议讨论的内容主要是远东地区的毒品问题，尚不能实施全世界范围的禁毒；会议最后所通过的 9 项协议有"敦促"或"陈请"各国政府字样，并没有法律的约束效力。

虽然清季末年，清政府与英国订立了十年禁烟的条约，并在万国禁烟大会上得到了与会列强的承诺，但事实上，上海租界当局清末的禁烟仍只是一幕滑稽剧。享有治外法权的租界成为烟贩的避难所、瘾君子的逍遥窝。尤其是吗啡、海洛因等新增的毒品从国外运入租界，再从那里销往全国。因此，表面上禁烟的租界又变成公开半公开地贩卖新毒品的基地，鸦片烟毒禁而不绝、界内烟馆关而不闭。

100 年前的《申报》记者曾预言，万国禁烟会"必为将来世界上绝大之纪念日"，"此会之效果，必能格外满足，而其为益于人类，非特中国前途之幸，亦世界各国进步之征也"。[⑤] 从被迫签订《南京条约》，到 1909 年积极参与万国禁烟会并两次与英国达成逐年递减鸦片进口的条约，这

① 窦坤：《莫理循与清末民初的中国》，福州：福建教育出版社，2004 年，第 111 页。
② 《清实录》第 60 册附《宣统政纪》卷 24，北京：中华书局，1987 年，第 446 页。
③ *Return of Trade and Trade Reports, 1902 - 1911*, Chungking, p. 248.
④ 威罗贝：《外人在华特权和利益》，王绍坊译，北京：生活 · 读书 · 新知三联书店，1957 年，第 2672 页。
⑤ 《论今日上海开万国禁烟大会》，《申报》1909 年 2 月 1 日，第 3 版。

是中国人民对世界潮流认识深化的结果，也是中华民族逐渐觉醒的标志。

如今，万国禁烟会已历百年，2009 年 2 月，联合国禁毒署将在上海举行隆重的纪念大会。然会议的主题至今仍未完成，在外滩万国禁烟会会址的纪念铜牌前，①我们须深感今日之重任。万国禁烟会所开创的国际禁毒合作事业，至今仍在各洲各国蓬勃展开，它的遗产正鼓舞着人们为有效管制和铲除毒品的目标而奋斗。

（本文原发表于《历史研究》2009 年第 1 期，《新华文摘》以“全球禁毒自中国始”为题，将本文作为封面文章，全文转载于该刊 2009 年第 9 期。）

作者简介：

苏智良，毕业于华东师范大学，1985 年入职上海师范大学历史系至今。历任上海师范大学历史系主任(1996—2006)，人文与传播学院常务副院长(2006—2009)、院长(2009—2016)，校学术委员会主任(2016—2020)，教育部人文社科重点研究基地都市文化研究中心主任(2016—至今)，曾兼任中国史学会理事、上海历史学会副会长等，现任上海抗战与世界反法西斯战争研究会会长、中国城市史研究会副会长、上海文史研究馆馆员。出版有《中国毒品史》《上海城区史》《“慰安妇”制度研究》等 80 余种著作，其中外文著作 10 种；发表论文 300 余篇，其中在《中国社会科学》《历史研究》《新华文摘》发表论文 17 篇。获得教育部优秀成果二等奖(2 次)、上海市哲社优秀成果一等奖、上海市决策咨询优秀成果一等奖(2 次)等，并获全国优秀教师、国家课程思政教学名师、享受国务院特殊津贴专家、上海市高校首届名师、上海市教书育人楷模等荣誉。

① 1996 年 11 月 25 日，根据联合国的建议，我国禁毒委员会和上海市人民政府在和平饭店南楼举行“万国禁烟会”会址纪念标志揭牌仪式，来自 33 个国家、地区和国际组织的代表出席了这一盛典。

延续与断裂：徽州旅沪同乡会与社会变迁（1923—1953）

唐力行

摘　要：1902年上海商业会议公所建立，同年，首个旅沪同乡会诞生。同乡会是旧式会馆的延续，是在新式与旧式商人、士绅与新知识阶层、男性与女性、资方与劳工等更广泛参与下建立起来的地缘性自治组织，与商会功能互补。徽州旅沪同乡会从20世纪20年代初建立到1953年消亡，经历了延续到断裂、再延续、最终断裂的过程。太平洋战争爆发后，徽州旅沪同乡会纷纷停止会务。抗战胜利后，同乡会的社团自治功能及上海的市民公共空间得以延续。第二次国内战争后期，经济凋敝、社会动荡，同乡会又陷入困境，直至1953年最终消亡。解读同乡会延续与断裂的历史，为观察这个时代的变迁提供了特有视角。

关键词：同乡会　上海　徽州　城市自治

中国近代“数千年来未有之变局”①，迫使国人“开眼见世界”。绅商们提出“决胜于商战”的口号，指出“握四民之纲者，商也”②，应“以商立国”③。1902年，上海商业会议公所建立，这是中国资产阶级形成的标志。④ 1904年元月，商部颁布《商会简明章程》，劝办商会。同年，上海总商会建立。商会在全国各地迅速发展，商人以激奋昂扬之势担当起历史赋予的新使命。

同乡会的建立与商会同步。1902年，盛宣怀创建常州旅沪同乡会。这说明以业缘为主的商会与以地缘为主的同乡会从一开始就互补。商人以行业不同，除隶属各商业公会外，又以乡贯的不同而隶属于各同乡会。商人在客地与桑梓之地的具体利益诉求非商会所能顾及，这是20世纪上半叶同乡会蓬勃兴起的缘由。

---

① 李鸿章：《筹议海防折》，《李文忠公全书·奏稿》卷24，沈云龙主编《近代中国史料丛刊续编》第70辑，台北：文海出版社，1980年，第828页。

② 薛福成：《庸庵海外文编》，《英吉利用商务辟荒地说》卷3，沈云龙主编《近代中国史料丛刊》第95辑，台北：文海出版社，1973年，第1254页。

③ 郑观应：《盛世危言·商务三》，《郑观应集》上册，上海：上海人民出版社，1988年，第614页。

④ 唐力行：《商人与中国近世社会》，北京：商务印书馆，2006年，第284页。

在社会矛盾更复杂、冲突更剧烈的新时代，同乡会是在新式与旧式商人、士绅与新知识阶层、男性与女性、资方与劳工等更广泛的参与上建立起来的地缘性自治组织。研究徽州旅沪同乡会延续与断裂的过程，为解读这个时代的变迁提供了一个特有视角。

一、延续：徽州旅沪同乡会的建立及时代特征

辛亥革命后，尤其是第一次世界大战及战后数年，是中国民族资本主义工商业迅速发展的时期，也是中国资本主义唯一较自由发展的时期，号称商人的“黄金时代”。1922 年 6 月，资产阶级以上海总商会为核心，组成近似政权机构的“民治委员会”，“以革命的方式……表现出担负国家重任的勇气”[①]。这是商人在“黄金时代”最辉煌的一页。商人自治组织在这一时期进一步发展、完善。徽州各邑旅沪同乡会正是在这一时期相继建立的。同乡会的现代功能为传统会馆[②]所不能比拟，它们之间的关系是继承与发展、并存而互补。1923 年，徽宁旅沪同乡会针对曹锟贿选，“提出由各省区组织民团商团实行自卫案”[③]。1926 年，全皖公会在一份决议中声称，要“参加市民自治运动，拥护市民公会及一切表同情之自治团体。发表刊物，灌输本省文化，谋改造社会步骤”[④]。

据郭绪印统计，在上海特别市政府社会局登记的 119 所同乡会中，成立于清季的有 5 所，成立于抗战前的有 21 所，其余都为抗战后所建。而徽州共有 4 所，建立于抗战前 1 所。[⑤] 据笔者考查可以补充的是，整个徽州在上海的同乡会多达 7 所，均成立于抗战前，分别是歙县旅沪同乡会、[⑥]徽宁旅沪同乡会、[⑦]祁门旅沪同乡会、[⑧]婺源旅沪同乡会、[⑨]绩溪旅沪同乡会、[⑩]休宁旅沪同

---

① 毛泽东：《北京政变与商人》，《向导周报》（上海）第 31、32 期合刊，1923 年 7 月 11 日，第 234 页。

② 明末，随着商品经济的发展，贩运贸易的规模日益扩大，对市场的争夺也日趋激烈。仅仅依靠一家一族的力量已不足以应付营运中所遇到的问题，也难以抵制外帮商人的竞争。于是，出现了把宗族势力联合起来的地域组织——徽商会馆。会馆盛行于清代。许承尧：《歙事闲谭》第 11 册《北京歙县义庄》云：“吾徽人笃于乡谊，又重经商，商人足迹所至，会馆、义庄遍行各省。”转引自张海鹏、王廷元等编《明清徽商资料选编》，合肥：黄山书社，1985 年，第 247 页。

③ 《徽宁同乡会开会记》，《申报》1923 年 6 月 25 日，第 14 版，上海书店 1983 年影印本，下引均同此版本。

④ 《全皖公会成立当选委员揭晓》，《申报》1926 年 12 月 16 日，第 14 版。

⑤ 据郭绪印统计，在 119 所同乡会中，安徽占 9 所，位列全国在沪同乡会第四。安徽属徽州的同乡会有 4 所，抗战前 1 所，为歙县旅沪同乡会（1922）；抗战后的 3 所，为黟县（1946）、休宁（1948）和婺源（1946）。郭著研究了徽宁旅沪同乡会，但在列表统计时未计入。参见郭绪印《老上海的同乡团体》，上海：文汇出版社，2003 年，第 103 页。

⑥ 《申报》1923 年 3 月 30 日第 1 版载：“歙县旅沪同乡会筹备处通告：启者兹经筹备会议，决定于阳历四月一号下午一时，假城内福佑路纸业公所成立会，凡我同乡诸公务希届时拨冗驾临，勿延为盼。”

⑦ 成立于 1923 年的徽宁旅沪同乡会，由两府（徽州府、宁国府）12 个县组成，共有理事、监事 40 人，休宁人士达 12 人，占 30%。理事会 21 人，休宁人士 8 人，占 38.1%。会长是休宁曹志功。

⑧ 祁门旅沪同乡会成立于 1922 年，参见《申报》1922 年 6 月 19 日第 14 版《祁门同乡力争茶税续闻》：“旅沪祁门同乡会张佩绅、许大椿等，为赣境加征茶税事，公呈皖省长，请予据情力争……”

⑨ 婺源旅沪同乡会成立于 1927 年，参见上海市档案馆藏 Q6－5－1037《婺源旅沪同乡会》，1946 年 5 月 15 日《呈为重组婺源旅沪同乡会祈》：“窃查婺源旅沪同乡，经营工商业者，为数甚夥。民十六，曾由同乡江家珊、金里仁等组立同乡会，联络乡谊，举办公谊。迨八一三沪战爆发，会务遂行停顿，迄今已过八载。”

⑩ 1930 年，绩溪掀起荆州勘界运动，此事引起绩溪各界人士以及旅外人士的大力声援和支持。在上海，为凝聚旅沪绩溪人，由胡适和汪孟邹等人发起成立了“绩溪旅沪同乡会”。该同乡会会址位于当时上海英租界的劳合路北居易里 20 号。上海市档案馆无存档。

乡会、[①]黟县旅沪同乡会。[②]

徽州同乡会建立时受到旅沪同乡的热烈欢迎。徽宁会建立时,《申报》有不少报道,反映了当时欢庆的场面:“徽宁旅沪同乡会,定于今日(八日)下午一时,假座西藏路宁波同乡会,举行成立大会。并附有各种游艺,前、昨两日已分发入场券,并柬邀各界来宾观礼,预料今日到会者必多,兹将今日游艺项目中最有精彩者,分录如下:叠罗汉(救国十人团)、滑稽影戏(明星影片公司)、武术(启贤女子部)、拳术(汪禹丞君及其高足)、跳舞(勤业女师)、新剧(卖友求荣)(少年演讲团)、双簧(承天学生会)、丝竹(少年宣讲团)等,尚有其它游艺,不复备录。又该会筹备员事务已告终了,特于昨日(七日)下午假座聚乐园,举行聚餐会,并合摄一影,以留纪念云。”[③]次日,《申报》又报道称徽宁旅沪同乡会“到者甚众”。主席徐季龙在报告中指出:“徽宁两属旅沪人士极众,向有徽宁会馆之设立,现在另行组织同乡会,亦因社会潮流趋势使然。”[④]

徽州同乡会数量之多、成立之早,与徽商在上海势力之强盛相应。“沪地为通商要区,安徽人士……无虑十余万人,若无同乡会组织,实不足以联络感情,合群互助。爰集乡人,公同发起安徽旅沪同乡会。”[⑤]安徽在上海的移民人数位居全国第四位,[⑥]其中大多为徽州商人。徽商在上海的茶、木材、棉布、典当、笔墨、漆等行业都居于领导地位。徽商在上海无论定居与否,宗族观念与乡土观念仍十分强烈。即使从事新式商业或制造业的徽州商人,也都带有浓浓的宗族观念。[⑦] 因此,徽州人对比会馆功能更强大的同乡会十分支持。

同乡会与旧式会馆都是以地缘为纽带的群体组织,但同乡会现代色彩更浓,功能更强。以歙县旅沪同乡会为例,该会是1922年由旅沪歙商为家乡赈灾而设立的临时机构扩充而成,[⑧]次年通过章程,宣告正式成立。较之以往的旧式会馆,歙县等徽州同乡会体现出如下新的时代特征。

---

① 《申报》1927年5月17日第3版《休宁旅沪同乡会成立大会通告》称:“本会定于五月十八日(即四月十八日星期三)下午一时起举行成立大会典礼。”

② 《申报》1929年3月20日第2版《黟县旅沪同乡会征求会员》载:“启者本会为谋求扩充会务起见,特于国历三月十八日至四月八日止举行征求会员大会,除推定征求队分区进行外,设我旅居沪上同乡为调查所还者,务请至下列地点报名加入,以便定期召集全体大会,备有缘起及大会表函索即寄。报名通讯处:北市宁波路中旺弄恒大布号,城内三牌楼余源茂布号,南市大马头万寿牛皮号。”据此,黟县旅沪同乡会当在1929年之前成立。

③ 《徽宁同乡会今日开成立会》,《申报》1923年4月8日,第17版。

④ 《徽宁同乡会成立大会纪》,《申报》1923年4月9日,第15版。

⑤ 《安徽旅沪同乡会立案》,《申报》1924年1月29日,第14版。

⑥ 位列其前的是江苏、浙江和广东。

⑦ 参见唐力行《从杭州的徽商看商人组织向血缘化的回归——以抗战前夕杭州汪王庙为例论国家、民间社团、商人的互动与社会变迁》,《学术月刊》2004年第5期。

⑧ 《皖歙旱南乡水灾急赈会募捐启》载:“敬启者本年七月初十日歙邑大雨连霄,蛟洪暴发,新安江之两岸洪波陡涨,逆流数十里,数日始退,查此次水灾被难极重者则以旱南乡之上下盘溪及定潭昌溪周磻头等处最为惨酷。”“现在难民数千无家可归,无食无衣,岩栖路泣,其困苦颠连之状,至为可悯,惟明等或近往邻村或远接家信,目不忍睹,耳不忍闻。为此发起斯会普告:仁人君子不分畛域解囊相助,惠及嗷鸿,造福无量。”《申报》1922年10月1日,第3版。

(一) 人数众多,成员成分更多元

歙县会的会员 1945 年有 784 人,[①]到 1950 年达 1 300 多人,[②]成为具有一定规模的同乡自治团体。参加的除商人外,还有社会各界人士,尤其是新乡绅。以该会 1948 年 10 月 3 日第二届理监事名单(按,系抗战后的第二届)可看出其领导层的成分(表 1):

表 1 歙县旅沪同乡会第二届理监事名单

姓名	年龄	职务	学历	职业
洪镇康	43	理事长	安徽省立第三中学毕业	统益袜厂经理
方炜平	48	常务理事	安徽中学毕业	万丰染织厂总经理
王杏滋	46	常务理事	私塾	义泰漆号总经理
许汉民	48	常务理事	私塾	福昌参燕行经理
王志大	47	理事	不详	大伦阳伞厂经理
江笑山	43	理事	私塾	公益袜厂经理
徐大公	51	理事兼总干事	圣约翰大学毕业	国防部审判战犯军事法庭书记官
许士骐	49	理事	上海美专毕业	画家
程少先	29	理事	警官学校毕业	龙华警察局司法股长
章载功	50	理事	私塾	长城纱布公司经理
汪渭功	60	理事	私塾	黄山茶庄经理
曹述雍	30	理事	育才中学毕业	曹素功墨庄总经理
孙维嵩	37	理事	私塾	远东绸庄经理
朱承泽	39	理事	私塾	广生漆号经理
胡子佩	57	理事	私塾	永丰金铺经理
江肇周	49	理事	上海美专毕业	画家
曹小霆	26	理事	上海法政学院肄业	不详
叶日暄	44	理事	徽州师专毕业	京沪铁路管理局稽查
程树人	52	理事	私塾	太安丰保险公司襄理

① 《歙县旅沪同乡会会员名册》,1945 年制,上海社会局档案:Q6-5-1034,上海市档案馆藏。
② 《社会团体调查表》,1950 年 8 月 4 日,旅沪同乡会档案:Q117-27-1-62,上海市档案馆藏。

续 表

姓 名	年龄	职 务	学 历	职 业
姚子惠	57	理事	私塾	源泰漆号经理
曹叔琴	69	常务监事	龙门师范学院	不详
吴润先	67	常务监事	私塾	丰泰布号经理
章南园	74	常务监事	私塾	汇源漆号经理
程仁灏	26	监事	上海法政学院毕业	曾任江苏高等法院书记官
方志成	69	监事	私塾	义泰源号总经理
叶元龙	55	监事	英国伦敦大学毕业	前任重庆大学校长，现任国民大会代表
许作人	48	监事	东南大学毕业	淮南铁路公司董事
许伯龙	58	监事	安徽法政大学毕业	前任上海地方法院刑庭庭长
王鸿源	51	候补理事	私塾	大来电机针织厂经理
方鸿儒	45	候补理事	私塾	大上海茶庄经理
江一山	48	候补理事	私塾	大公烟行经理
叶宝成	45	候补理事	私塾	宏大茶行经理
洪寿祥	39	候补理事	私塾	不详
汪德焜	46	候补理事	私塾	永利百货号经理
洪良志	27	候补理事	上海法政学院毕业	社会局六科科员
曹霆龙	52	候补监事	安徽法政大学毕业	前任国民大会代表
潘荫庭	56	候补监事	私塾	老正泰漆号经理
吴星斋	62	候补监事	私塾	万源漆号经理

资料来源：《歙县旅沪同乡会理监事名单》，1948 年 10 月 3 日，旅沪同乡会档案：Q117－27－2，上海市档案馆藏。

从表 1 可知，理监事中商人是主体，其中包括工厂业主、商业经理。此外，尚有政界的头面人物，如国大代表、上海地方法院庭长、大学校长、国防部审判战犯军事法庭书记官等。这些新乡绅的加盟，增强了同乡会在上海的影响力。从理监事的学历来看，新式教育与旧式教育基本各占其半，反映了同乡会人员构成多样化的特点。

全体会员的情况，1945 年《歙县旅沪同乡会会员名册》[①]登记会员共 784 人，依交纳会费或捐款数额的差别分为 4 类，即赞助会员、特别会员、普通会员和劳工会员，见表 2：

① 《歙县旅沪同乡会会员名册》，1945 年制。

表 2　1945 年歙县旅沪同乡会会员基本情况

会员类别＼行业	商人	政界人士	学生	工人	农民	总人数	国民党党员人数	国民党党员比例(%)
赞助会员	217	5	11			233	92	39.5%
特别会员	122	5	10	1	2	140	34	24.3%
普通会员	255	9	23	1		288	35	12.2%
劳工会员	52		27	45		124	17	13.7%
总　计	646 (82.3%)	19 (4.6%)	71 (9.04%)	47 (6.0%)	2 (0.26%)	785 人 (100%)	178	22.68%

资料来源:《歙县旅沪同乡会会员名册》,1945 年制,上海社会局档案:Q6－5－1034,上海市档案馆藏。

由表 2 可知,商人占全体会员的 82.3%,是主体。但同乡会并不是专为商人利益服务的组织,参加同乡会的条件只有一个,就是同乡。在成员中,还有政界人士与学生。劳工者主要集中在劳工会员中,但也有极个别工人属于特别会员与普通会员,他们所交会费虽最少,但拥有的权利却是平等的,当发生劳资纠纷或生计困难时,同乡会都会给予帮助。另外,妇女也独立加入,除特别会员外,其他 3 类会员中都有妇女,其中赞助会员有 12 人、普通会员 6 人、劳工会员 1 人,共计 19 人,占全体会员的 2.42%。妇女会员虽然人数不多,但在传统氛围浓烈的徽州人群中出现,进步意义明显。

从表 2 还可知,歙县同乡会作为由徽州同乡自愿结合的自治团体,共有国民党党员 178 人,占总人数的 22.6%。在赞助会员与特别会员中,国民党党员的比例达 39.5%和 24.3%,比普通会员高出 2—3 倍。妇女会员中,有国民党党员 5 人,占妇女人数的 26.32%,与同乡会国民党党员的总比例持平。经济状况与政治态度是相对应的,但是加入国民党是会员的个人行为,在同乡会中没有国民党的组织系统。有时为维护同乡的共同利益,同乡会对国家权力会进行批评和监督。

(二) 组织形式更民主

据歙县同乡会第一届报告书《本会章程》(1923)可知,同乡会已采用现代党团组织的选举法和任期法。如章程第二条规定会员资格:"本会由歙县旅沪人士组织而成,凡旅沪同乡,经本会会员介绍,皆得为本会会员。"会员有交纳会费的义务,也有选举权与被选举权。章程第七条言明:"本会职员,除名誉会董外,概由大会选举之,任期一年,次期被选,仍得连任。"作为领导机构,在会长、副会长之下设置评议员 20 人,均为义务职,一切事务由会长、副会长和评议员集体讨论后议决。评议会下设干事员 18 人,也是义务职,办理对内对外事宜,并"执行大会评议会议决事项”。此外还设有书记，“惟书记一员，得由本会酌予津贴”，“常年驻会，办理缮写收发文件暨各项杂务”。

该章程还对同乡会的各项议程作出规定，如：

第九条：本会左列各项会议，一、大会。每年一月一日开全体大会一次，举行报告会务、宣布收支、选举职员、修改会章等事项，并议决重要事件。二、临时大会。议决临时发生之重要事件，由会长召集，或由会员二十人以上提议召集之。三、评议会。由本会会长、副会长、评议员组成之，每月第一星期日开会一次，议决会员提议事件；会董、名誉会董、干事员亦得列席与议，但不加入表决。第十条：本会各项会议，非全体会员四分之一以上出席，不得开会，非出席会员过半数以上之同意，不得议决。议事可否同数时，决于会长。第十一条：本会会员提议事件，须经三人以上之提议，五人以上之附议，并缮具议案，方可送交会长提交评议会核议，其由职员提议者亦同。第十二条：本会会员提议重要事件，认为有经全体大会议决之必要者，得以二十人以上之提议，二十人以上之附议，并缮具议案，送交会长提交大会议决，如非在大会期间，可临时召集之。第十三条：评议会审议事件，认为关系重要，有移交大会议决之必要者，得商由会长移交大会议决；或由会长召集临时大会议决之。①

凡此种种，体现出透明、少数服从多数的组织原则。

歙县会的组织形式在实践过程中不断完善。1929年第七届报告书关于会员一章中有2条新增内容：“第四条：凡旅沪同乡不分性别，经会员一人之介绍，均得为本会会员。第五条：本会会员享有本章程第三条规定之各项利益及提案选举与被选举权，但欠缴会费之会员不得享有被选举权。”规定妇女可以加入，进一步明确了会员权益，体现了自愿性和平等性原则。

歙县会在组织结构上，将执行委员会与监察委员会分立，使之互相制衡。如会章“第九条：本会会务由会员大会议决之，会员大会闭幕时设执行委员会、监察委员会分别处理。第十条：执行委员会额定执行委员十五人，执行会员大会议决案并办理本会一切事务。第十一条：监察委员会额定监察委员九人，监察会务、稽核款项用途。第十二条：执行委员会设候补执行委员九人，监察委员会设候补监察委员五人，于执监委员缺额时各依名次之先后递补之”②。

1929年歙县会第七届选举大会在《申报》发出公告：“本会遵照定制于十八年一月一日开选举大会，改选执监各委票函是日寄出，仍在英租界贵州路六十七号本会事务所，当众开票，凡我同乡祈莅临监视一切，倘有未接票函者届时仍可当场补票亲投，事关选举重要，尚祈勿误，是荷此启。”③自由选举的过程表明，同乡会超脱于领导层个人或商人私利之上，由为全体同乡服务

---

① 《歙县旅沪同乡会第一届报告书·章程》，1923年，旅沪同乡会档案：Q117-27-3。
② 《歙县旅沪同乡会第七届报告书·会章》，1929年，旅沪同乡会档案：Q117-27-3。
③ 《歙县旅沪同乡会第七届选举大会通告》，《申报》1929年1月1日，第17版。

的个人自愿组成。

（三）经济实力更雄厚

同乡会开展各项活动的经费，来自会员会费和捐助。1923 年歙县会第一届报告书《本会章程》第四条载："本会会费，分为常年会费及特别捐二项。一常年会费：本会会员，每年应缴纳常年会费一圆；于开大会时一次缴清，新入会会员于入会时缴清。二特别捐：由本会会员量力认缴，但认定后应即缴清。会员认缴特别捐一百元以上者，推为名誉会董。"章程还对会费的使用作了严格规定："第五条：本会所收会费及特别捐，除供应必要支出之用外，如每年尚有余存外，应即作为基金，储存生息，此项基金，非有迫要用途，并经大会通过，不得动用。"由于会员积极捐助，第一年的特别捐助达 3 329 元，其中房产大王程龄孙一次就捐助 1 000 元，反映出处于"黄金时代"的旅沪徽州人对同乡组织的热情。加上会员的会费 833 元，存息 125.49 元，会计垫 300 元，共计 4 587.49 元。全年支出 1 108.7 元，收支两抵净存洋 3 478.79 元，在当时是一笔巨款。①

此后，会费数额进一步细化。1924 年 3 月 9 日的修正章程规定，会员年会费分 3 个档次，分 1 元、4 元或 12 元，会员可量力自行选择。会员年费收入有所增加。第二届结束时的存洋比第一届结束时又有增加，为 3 867.79 元。这些钱被存在钱庄收息，其中协大申庄年息 39.6 元，慎余申庄年息有 74 元、51 元 2 笔，共计 164.6 元。同乡会将会费收入分存于 2 个钱庄以降低风险。1925 年第三届总计收入达 4 879.39 元，开支与第一届相比有所节省，为 1 000.815 元。②

资金的募集，除会费、会员捐助外，还有商人根据营业额抽取捐银的做法。以产茶著称的祁门，有按茶商的营业量（茶箱数量）捐银的规定，《申报》对此作过报道：旅沪祁门同乡会开会欢迎本邑茶商，"首由会长许筱甫报告开会宗旨，及本会收支账略，并致欢迎茶商诚意。次由洪剑萍、胡芾之、程永言相继演说。大概谓祁门同乡会成立以来，承茶帮热心，按箱捐银二分，冲本会建筑费。本会全体实深感激，惟以会所虽告落成，而根基实未稳固。旅沪同人，仍希望茶商始终维持，保持此种热心于永久云。继由茶帮代表章慕陶致谢词毕，略谓：本帮捐助，应宜尽力，若图永久办法，按箱只能捐银一分，请大家讨论。后经陈楚材、汪维英、争嗣邦、康定东、王余三、了颂芬、徐受初、政书堂诸君磋商良久，结果，今年仍照旧捐银二分，将来则按箱永久捐银一分，倘遇有特别事情，再另行设法捐助云云。议毕，遂西餐散会"③。

（四）社会功能更强大

1923 年歙县同乡会第一届报告书《本会章程》第三条阐明了自身的社会功能："本会为敦睦

① 《歙县旅沪同乡会第一届报告书・收支报告》，1923 年，旅沪同乡会档案：Q117－27－3。
② 《歙县旅沪同乡会第三届报告书・收付款目清单》，1925 年，旅沪同乡会档案：Q117－27－3。
③ 《祁门同乡会欢迎本邑茶商》，《申报》1924 年 6 月 2 日，第 14 版。

桑梓情谊，企图同乡公益而设，其应行举行办事项如左：一、关于桑梓之慈善事业；二、旅沪儿童之教育事业；三、增进公众幸福之事项；四、关于失业会员之救济事项；五、调解乡人之争议事项；六、援助乡人免除不正当损害事项。”除第一条是关于在家乡的慈善事业外，其余5条都是为保护在上海的徽州人利益。

1929年歙县会第七届报告书在有关保护旅沪徽州人的社会功能方面，没有变化。但在家乡的慈善事业方面增添一条：“于桑梓政治经济暨治安上之建议事项。”旅沪徽州人在经济实力允许的情况下，开始把更多的关注投向桑梓之地。

徽州六邑，歙县为首邑，其他五邑在沪也先后设有同乡会。1923年为整合六邑力量以便发挥更大的社会功能，歙县、休宁县、黟县、祁门县、婺源县、绩溪六县联合宣城县、南陵县、旌德县、太平县、泾县、宁国县六县旅沪同乡，共同组织了徽宁同乡会。因12个县都是旧有的徽州、宁国两府所属，故定名为徽宁两属旅沪同乡会，简称徽宁同乡会。该会宣布：“本会以联络乡谊、维持公益、发挥自治精神、增进旅居幸福为宗旨。”徽州、宁国两府毗邻，历史上关系密切，在外界往往同视为徽商，虽说由12邑共同组成，但从1948年的理事、监事会组成来看，[①]核心权力仍掌控在徽州人手上。理事21人中，徽州府人士18人，其中休宁8人、歙县4人、婺源2人、绩溪2人、祁门1人、黟县1人；宁国府人士3人，其中南陵1人、宁国1人、太平1人。监事7人中，徽州府4人，其中休宁、歙县、绩溪、婺源各1人；宁国府3人，泾县、宁国、旌德各1人。候补理事9人中，俱为徽州人，其中歙县2人、休宁1人、绩溪2人、婺源3人、祁门1人。候补监事3人中，休宁2人、泾县1人。总计理监事与候补理监事40人，其中徽州府33人，占82.5%。理监事的人数和选票，其实反映了两府属在沪人数和影响力的实际情况。但是，徽、宁两府联合可以有更强大的功能则是无疑的。理监事会成员的社会地位，也是同乡会强大影响力的保障。例如该会会长曹志功曾任上海市党部商人部总干事、上海纳税华人会常委、市商会秘书、市卫生局药品供应处处长等职；监事会中有胡适，还有原皖南行署主任戴孝悃、中央监察委员杨啸天、国际劳工局中国分局局长程海峰等，均可称之为新乡绅。

徽宁旅沪同乡会章程（1936年修正）第四条列述了该会的功能：“一、关于徽宁旅沪各界之利弊得失，本会有调护指导之任务。二、关于徽宁旅沪同乡生计之盛衰，本会有研究扶助之任务。三、关于徽宁旅沪同乡公益慈善诸事业，本会有提携筹维之任务。四、关于旅沪同乡生命财产、横来之损害，本会有共同援助之任务。五、关于徽宁两属实业、教育暨其他民政事项，本会有调查促进之任务。”与歙县会相比，可以看到徽宁同乡会更关注徽、宁两府在上海同乡的生计，站在更高的位置上宏观“调护指导”“研究扶助”“提携筹维”“共同援助”“调查促进”。而徽、宁所属各县家乡的具体慈善事业则由各县同乡会解决。这也是由它们之间的分工所决定的。

---

① 《徽宁旅沪同乡会第十五届理监事名单》，1948年8月，上海社会局档案：Q6-5-964-57。

(五)信息与网络更畅通

上海与徽州、客地与本土保持着密切联系,信息相通,除往返于徽、沪之间的人员和信件传达信息外,更借助于具有近代特色的报刊。

据1925年9月21日《申报》载,徽人在沪有"徽社上海总部",出版《微音月刊》,"颇得各地同乡欢迎"。[①] 这本月刊由徽州人士程本海、胡梦华、许士骐等发起创办,胡适与陶行知曾任顾问,前后办四年,成为徽州同乡的喉舌以及城乡信息交流的桥梁。1929年4月17日,《申报》还刊登受众面更广的《徽报》的一则启事:"(安徽人注意)徽报召请通讯员、分销处启事:本报为宣扬文化、启迪民智、指导社会、扶助桑梓起见,特组织一种报纸,定名徽报,三日刊。特聘:吾皖文学家曹梦鱼君担任总主笔,刻已筹备就绪。定于四月二十四日出版,拟请安徽各县通讯员数十人(每县限定一人)报告各县地方新闻及邑中人民之种种疾苦。如愿任斯职者,请即试稿三次,合则函约,不合恕不作复。另召请各埠分销处(不限地址),愿担任分销处,请即投函本馆发行部可也(分销章程函索即寄)。本馆地址:上海北泥城桥爱文义路丹凤里,电话7987号。"[②] 1932年10月10日,《徽州日报》在屯溪创刊,为徽州最早的地方民营报纸,由沪、杭、宁、苏等地旅外徽商集股经营,在上海、杭州、南京、苏州等大中商埠均有徽州旅外同乡会帮助设立分馆或代派处销售报纸。旅外各地徽州同乡会重视这份报纸,就是因为它承载着大量家乡的信息。此外,徽州各旅沪同乡会多办有会刊。如1929年2月26日《申报》的"各同乡会消息"专栏里有关于休宁旅沪同乡会的报道。[③] 抗战胜利后,各会恢复活动,更是迫切需要属于自己的新的信息源。1948年,徽宁会创办《徽宁导报》,为此,他们向上海社会局提出申请称:"窃属会为联席各地同乡,刊载会务报告及报导徽宁各县新闻、旅外同乡动态,拟发行徽宁导报一种,暂时出半月刊,将来逐步改出周刊或三日刊。属会总务科主任吴启民为徽宁导报社发行人,主持社务。社址暂设制造局路医院路35号,理合依照出版法第九条及同法施行细则第九条之规定,填具新闻纸登记申请书,一式五份仰祈赐予核准登记给证,实为公便。谨呈上海市社会局局长吴,徽宁旅沪同乡会谨呈。民国三十七年二月十九日。"[④]而沪上各家报纸,尤其《申报》,对沪、徽两地信息的沟通也都起了重要作用。

畅通的信息和血缘、地缘纽带,把旅沪同乡会与桑梓之地紧密联系在一起,痛痒相关、休戚与共。同乡会对家乡事务的重视和救助,对徽州农村社会稳定起了极其重要的作用。当时在上海的徽州人参与的组织交叉重叠,除商会之同业公会外,还有本县同乡会、徽宁同乡会、各县会馆或徽宁会馆乃至安徽同乡会,从而置身于一张庞大无比的血缘、地缘、业缘网络中,以维护其自身、家族与同乡的权益。此外,他们还可能有选择地参加一些其他党团社会组织。

---

① 《徽社昨开大会记》,《申报》1925年9月21日,第15版。

② 《徽报召请通讯员、分销处启事》,《申报》1929年4月17日,第2版。

③ 《各同乡会消息》,《申报》1929年2月26日,第16版。

④ 《徽宁旅沪同乡会为申请发行〈徽宁导刊〉事同上海社会局的来往文书》,1948年2月19日,上海社会局档案:Q6-12-152-3。

畅通的信息还扩大了徽州旅沪同乡会的组织网络。这一网络是多层次的，远比想象的要复杂和庞大。徽商遍天下，徽州会的组织网络也伸向了天下。这个天下不仅指国内，还伸向海外。本土与客地的互动就在这张网络之中进行，使互动的内容十分丰富，机制十分灵活，形成的合力十分强大。从民国年间《申报》的报道可看到，在沪的徽州同乡与在日本的同乡保持着联系。1923年，日本受灾发生粮荒，9月11日报载，徽宁会为此于9日召开会议，讨论对策，“由郑介诚提议，此次日灾，固应急济，惟米粮弛禁一事，关系国家民食，应函各公团注意此事，勿为利用。结果通过各公团，并接济日灾团体，劝勿运米出口，以贻国内米荒。次由汪醒斋、曹志功提议，对于侨日徽宁同乡，及学生应致电慰问，俟其被难来申时，由本会商同会馆，设法招待。结果通过。推余鲁卿与会馆接洽”[①]。既体现了关心侨日徽宁同乡安危的立场，又表达了爱国立场。

当然，徽州会的组织网络主要还是在国内。例如徽商较为集中的广东，1924年《申报》披露徽宁同乡会因“广东婺源会馆，为皖人汪某朦呈公安局标价拍卖事”，于3月24日召开“理评两部紧急会议。许伯龙主席。首由理事曹志功报告此事经过，继由李振亚、汪禹丞、詹铭珊、汪维英等相继发言，均主力争”。会议议决三项办法：“(1) 电请广东政府顾全公益，依法发回。(2) 函请徽宁会馆一致力争。(3) 函复粤港同乡允予协助，并请其随时函告。”[②]此间，是粤港同乡向徽宁会报告了广东婺源会馆被盗卖的消息，两地间的同乡有着密切联系。此事得到安徽旅沪同乡会支持，“安徽旅沪同乡会，接据上海徽宁会馆、徽宁同乡会报告，广州婺源会馆被人盗卖。特于日前开评议会，议决一致力争，分电广州孙中山氏及公安局，请其追问发还。并请本会柏评议长就近调查实情。预备会同徽宁会馆、徽宁同乡会推派代表赴粤起诉”。3月27日，同乡会给孙中山发去电文，“务乞钧座俯从民意，迅饬该馆官厅赐予追回，惩治盗卖窃买者之罪”。[③]

又如号称“山东之集而中国之枢”[④]的临清，自古以来就是徽商集中之地。《五杂俎》卷十四《事部二》指出：“山东临清，十九皆徽商占籍。”1923年5月，临清发生绑匪绑架中外人士的事件，其中有旅临徽商。6月11日，徽宁会开会讨论“营救临城被拘同乡事”[⑤]。不久，在社会各界干预下，外国人士被释放而中国商人仍在绑匪手中。6月28日，《申报》进一步报道了徽州旅沪同乡会的救援行动：

> 歙县同乡会因临城华俘新票虽释，而旧票尚未放出，不胜愤慨，特开临时会，公决致函各省区同乡会联席会，请迅即设法营救。原函云：(上略)月前临城巨匪，掳掠中西人士，承大会设法营救，无任钦佩。顷闻西人业已尽释，惟华人旧票尚未放回，窃念中西新旧被掳人士，同属难民，岂容歧视。旧票被羁已久，备受苦辛。语其情况，尤堪悯恻。刻下既经发觉，

---

① 《徽宁同乡会开会纪》，《申报》1923年9月11日，第14版。
② 《同乡会消息》，《申报》1924年3月26日，第15版。
③ 《皖人力争粤省公产之电文》，《申报》1924年3月27日，第14版。
④ 《丰南志》第5册《百岁翁状》，转引自张海鹏、王廷元等编《明清徽商资料选编》，第251页。
⑤ 《徽宁旅沪同乡会开会纪》，《申报》1923年6月11日，第15版。

尤应一体营救。节经本会职员提案，议决向大会提出议案，祈即用大会名义，电请鲁省军民长官，责令新编匪军，将旧票悉行释出，以竟前功而彰公道云云。①

这段报道中，特别要注意的是歙县同乡会致函各省区同乡会联席会，也就是说，徽州人在各省区的同乡会都建立了联席会，各联席会之间也建立了网络联系，互通信息，互相支持，从而覆盖了天下。

这张覆盖天下的网络以“无徽不成镇”的江南为中心，这里是徽商活动的中心区域。1926年12月，因徽州驻军扰民，徽州旅沪各同乡会推派代表到南京，与政府交涉。《申报》报道说：“徽宁旅沪同乡会因徽属驻军事，特推代表曹志功赴宁，与在宁同乡及刘宝题等接洽一切，兹该代表业于昨晚回沪。同行者有歙、黟两同乡会代表许伯龙、许玉田、余复白等。据云刘表示尚佳。该会特于今晚开委员会，请代表等告详情云。”同时还报道了歙县会于15日开会的情况：“赴宁代表许伯龙、许玉田两君报告在宁接洽情形，所有驻军在徽挪借饷粮服装等款，已允由公款项下拨还归垫，刘谢部粤军，决不在徽屯驻，刘师长宝题，并经面允负责拨还借款，并称刘李两部已切实整饬军纪，严禁拉夫，汲取人民财物等语。议决，据情函告歙县商会及各法团。”可见交涉是成功的。报道还披露了在上海与南京的徽州同乡之间联络互动的机制：“徽宁旅沪同乡会及歙县两同乡会，日前推派代表赴宁，与旅宁方面之新安同乡会，一致应付家乡兵事，设沪、宁通讯处两处。宁设新安会馆，沪设徽宁同乡会。”②

旅沪同乡会还设立了与江南各个重要城市联络的代表。1923年报载徽宁旅沪同乡会就“代表划分区域案”展开讨论，“议决(1) 蚌埠吕篙渔、余志汶，(2) 南京、安庆、芜湖李振亚、王文藻，(3) 杭州程永言、曹志功。末由主席报告各处来函，宣告散会，已八时许矣”③。“主席报告各处来函”差不多是同乡会每次会议结束前要做的事，说明各地徽州同乡会之间信函往来、互通信息是常态。

这张网络的核心当然是旅沪同乡会所在地上海。各旅沪同乡会采用各种方法尽可能多地吸收会员。如歙县旅沪同乡会组织了50个征求会员队，各队以歙县的乡村命名展开活动，务求更多的同乡加入。《申报》载称：“组织第二届征求会员队，分为五十队，公推会长程龄孙为总队长。各评议干事担任三十八队分队长，其余十二队，特别队长推定曹惟民、黄吉文、吴庚甫、胡伯陶、吴秉臣、郑介诚、方文炳、吴志青、王琢芝、王云卿、吴镇周、黄载之十二人。各队以歙县诸乡村命名。定于三月二十三号开始征求。”④足见同乡会对征求会员的重视及组织工作的细密。

再从“为同乡巴泽田被控羁押公庙，请求援助案”，可知徽州人在上海城乡的网络是紧密畅通的。1925年4月23日，徽宁旅沪同乡会召开评议会，由南翔新安同仁堂(徽州公所)代表吴鹏

---

① 《歙县同乡会对旧华票之营救》，《申报》1923年6月28日，第13版。
② 《皖同乡赴宁代表返沪》，《申报》1926年12月16日，第14版。
③ 《徽宁弭兵会委员会记》，《申报》1923年9月7日，第14版。
④ 《歙县旅沪同乡会评议会纪》，《申报》1924年3月10日，第15版。

高报告案由:"略谓:巴君系徽籍歙县人,在南翔经商四十余年,平日对于地方公益善举,无不尽力。去秋战起,曾极力维持地方,所有店产房产先后为兵灾焚毁,事后地方感念劳绩,推任警长。此次因甘维露发生后,被甘指为索贿,由公堂拘押,饬令交保,奈巴君经商内地,租界店铺不熟,迄今仍未保释。惟巴君为人正直,为同人深悉,故请求援助,经众讨论,决定据情转达公廨,代为声援。"①徽宁旅沪同乡会向租界法院提出保释巴泽田的请求称:"敝会乡谊所关,碍难缄默,用敢据情上述,敬希钧廨秉公判断,以明是非。在未讯判之前,可否赐予免保释出。"②由于徽宁同乡会在上海有很高的声誉,在其声援下,同乡巴泽田被免保释出。

同时,旅沪同乡会为加强与桑梓之地的联系与互动,还在乡居的士绅和绅商中推选名誉会员,作为同乡会在本土的代理人。如1923年的《申报》载:"歙县旅沪同乡会,昨日开评议会,徐云松提议,由会中公推驻歙名誉会员,俾通音讯。议决公推中区叶时亭、方晴初,南区王允时、汪觐微、吴瀚云,西区汪谦甫、汪筱溪、许恒仁、郑赞卿、方在明为名誉会员。所有在西北区俟下次开会再选。"③

同乡会为加强会员之间的乡谊,还经常举办同乐会、聚餐会等活动。如前揭1923年徽宁旅沪同乡会成立大会举办的同乐会。又如次年徽宁旅沪同乡会"假西藏路宁波同乡会,举行征求开幕及同乐会,到者二百余人,由余鲁卿主席,奏乐开会后,即有主席致开幕词,次胡佩如报告举行同乐大会之意义,又次由吴鼎九报告征求会情况,报告毕,由该会会员相继演说,大致均深望同乡会基础巩固,为旅沪同乡谋幸福云云,摄影后,即演余兴以助来宾兴致,其游艺节目如下:(一)曹志功滑稽演说,(二)汪昱庭大套琵琶,(三)洪星垣幻术,(四)中华武术会武术,(五)陈道中三弦拉戏,(六)王砥石伞记,(七)影戏,(八)少年宣讲团新剧《谨防交涉》,(九)奏乐散会,时已七时许云"④。

在上海的徽州同乡,以同县者为小同乡,同省的则为大同乡。徽宁同乡会与各县的同乡会虽无统属关系,但各县共同的事由徽宁同乡会协调起来更方便。此外,它们在安徽省这个大同乡名义下,与全省各个同乡会联合起来,集合为安徽各同乡会联席会议。1923年,徽宁旅沪同乡会开会,"由胡佩如、汪醒斋先后报告出席各省区同乡会情形。曹志功报告出席救国联合会情形。复由主席报告旅沪安徽各公团,定期召集联席会议,讨论北京政变之应付办法,本会应否加入,一致赞成加入。并推定曹志功、李振亚、汪禹丞、胡佩如四人为出席代表"⑤。1932年5月9日旅沪安徽各同乡团体召开联系会议:

到安徽、徽宁、金斗、和含、太平、婺源、休宁各同乡会及工商各界职业团体代表:柏烈

① 《徽宁同乡会开会纪》,《申报》1925年4月24日,第14版。
② 《徽宁同乡会函请保释巴泽田》,《申报》1925年4月26日,第14版。
③ 《歙县旅沪同乡昨开评议会》,《申报》1923年6月4日,第18版。
④ 《徽宁同乡会同乐会纪》,《申报》1924年2月20日,第14版。
⑤ 《徽宁同乡会开会记》,《申报》1923年6月25日,第14版。

武、李振亚、余朗溪、曹志功、胡佩如、罗纯夫等百余人。公推许伯龙主席，首由主席报告本会集会宗旨及各方来函毕，开始讨论。议决各案如下：（一）安徽省警备旅团饷糈，现由省府担任，应电中央及省府，上项军队应受省府指挥，否则不应由皖库供应。（二）致电省府请求取消陈调元主政时代之预算，恢复向有原状以资节流。（三）电请省府维持教育经费，并使教费独立。（四）婺源"赤匪"逼境，泾县"匪"陷城池，屯溪团警叛变，应电请省府火速派兵堵剿，以免蔓延。（五）电请中央及省府，取消盐附加及烟苗特税八种特税。（六）请省府组织委员会清查历年财政紊乱情形，此项委员至少须民众团体参加三分之二。（七）电请省府从速协助人民自卫，并筹备真正之地方自治。（八）电请中央查办皖北赈务舞弊人员。（九）皖财厅长何其巩来沪，推员而竭，并询问皖省财政状况。（十）电请省府各种省税，不得由军队直接征收，以免紊乱系统。（十一）请省府整饬吏治澄清贪污。（十二）推举夏直钦、许伯龙、李振亚、曹志功、胡佩如等起草建议书，呈送省府改进省政，议毕散会。[①]

所讨论者大多是有关全省大局的事务，而这些事务的处理又会影响到各个府、县，也包括徽州。同乡会从全局的观念出发关心自己家乡，这种大局观是以往会馆难以看到的。会议主席许伯龙是歙县人，起草建议书的5名执笔者中许伯龙、曹志功、胡佩如3人是徽州人。可见，在安徽全省范围内，徽州人在上海的势力最强大。

在同乡会的网络联结上，血缘也是重要纽带。笔者曾在《从抗战前夕杭州的徽商看商人组织向血缘化的回归》[②]一文中指出，进入近代以后，尤其是20世纪初，商会逐渐取代会馆、公所成为商界的领导机构，但是商人的宗族组织并未消解，而是作为地缘组织同乡会的补充继续存在。徽商在杭州的宗族组织活动是围绕着吴山汪王庙展开的。抗战前夕的1935年，杭州的汪姓徽商和士绅以吴山汪王庙为中心成立了吴山汪王庙管理委员会，使汪王的血缘神格凸显起来，汪王庙成为宗族团体的所在地。此外，徽州本土的宗族组织也在《申报》刊登广告，意欲加强与客地族人之间的联系。如绩溪旺川曹氏修谱局的广告称："吾族自清康熙初修宗谱后，近三百年搁置既久，间因官游客贾侨寓远省外县者，谅不乏人，兼洪杨兵燹，或只身避难，或尽室偕行，故乡鲜音讯之交通，平时凭父老之记忆，致历届建祠、升主诸大典丁谱开载实有其名而查无其人者。兹定本年七月开局修谱，先从采访人入手，凡远迁近徙素未通问而已犹能溯本原者，务望尽年终函告谱局，俾便邮寄章程照章办理，以免误漏，幸甚。"[③]血缘与地缘在客地与本土间的双向沟通，编织起徽州旅沪同乡会疏而不漏、庞大无比的网络。依托这张网络，旅沪同乡会维护同乡的利益，在具体事务中所表达的公众舆论，对国家权力与国家事务的批评与监督，展现了独立、自治的市民公共空间。

① 《各同乡会消息》，《申报》1932年5月10日，第9版。

② 唐力行：《从杭州的徽商看商人组织向血缘化的回归——以抗战前夕杭州汪王庙为例论国家、民间社团、商人的互动与社会变迁》，《学术月刊》2004年第5期，第58—67页。

③ 《安徽绩溪旺川曹氏纂修宗谱广告》，《申报》1923年11月10日，第1版。

二、断裂：徽州旅沪同乡会的复兴与消亡

1932年"一·二八"事变，日军登陆上海，十九路军奋起迎战，上海人民同心合力支持。当时《申报》连续报道了徽宁同乡会等的爱国行动。2月4日，该会向旅沪同乡发布启事："启者沪变事起，我十九路军为国争存，奋勇杀敌，各界感于义愤，热诚犒师，我徽宁同乡会岂容独后，兹经本会决议，自即日起，如有慰劳将士物品，无论银洋等项，可送新闸路鸿祥里本会事务所代收转送；又本会为闸北战区，被难同乡为数不少，如有仓促逃难无处安身者可径来本会报告，以便代为介绍收容所安置，此启。"①徽宁同乡会、皖同乡会分别向十九路军捐送慰劳物品。2月9日，"徽宁旅沪同乡会，对于各界捐助慰劳前方将士物品，除曾登报代收转送外，昨特自动捐助桅灯二百盏，派人送至真如十九路军司令部，并闻该会尚征有多数物品，不日拟送前方，以实军用"②。徽宁同乡会还发动会员救助被难同乡回籍："……又在战区逃出之被难同乡，无力回籍者，本会已定有遣送办法，亦祈从速来会登记，好分别遣送回籍。惟各该救济赔款孔殷，尚祈本外埠热心同乡慨解仁义踊跃输助，务希径送新闸路鸿祥里一号，本会事务所自当制奉收据，诸希公鉴。"③

十九路军主要将领、时任淞沪警备司令部司令的戴戟④是安徽旌德（属宁国府）人，徽宁同乡引为骄傲。5月3日，徽宁会馆举行宴会，"在该馆欢宴同乡淞沪警备司令戴戟、安徽建设厅长程振钧、上海市土地局长金里仁（金局长因病未到）。到有吴荫槐、余阶升、朱智仁、许伯龙、李达字、许攸甫、程霖生、余朗溪、汪维英等一百余人。首推许伯龙致词，略谓：戴司令为国御侮，劳苦功高，程厅长关怀家乡建设，均有欢迎之价值。继有戴司令、程厅长相继演说，至三时摄影，尽欢而散"⑤。

抗战期间，上海沦陷，徽州旅沪同乡会先后停止业务，拒绝登记，无一附逆顺敌，表现了民族气节，商人也纷纷逃离上海避难。

抗战胜利后，各旅沪同乡会组织在断裂整整三年后，又恢复活动。徽宁旅沪同乡会为恢复会务向上海市社会局递交呈文云："本会同乡为不愿附逆顺敌，迫不得已经留沪常务委员召集紧急会议，议决自行宣布会务停顿。如今敌人无条件投降，国土收复，日月重光。本会为遵照政府颁布复员命令，拟即在同孚路102弄6号会所原址恢复工作。理合备文呈请钧局核赐准予备案，俾便展开工作，实为公便。"⑥

---

① 《徽宁旅沪同乡会为代收慰劳前方将士物品并敬告避难同乡启事》，《申报》1932年2月4日，第4版。
② 《徽宁同乡捐助军用品》，《申报》1932年2月9日，第3版。
③ 《徽宁旅沪同乡会为调查被害同乡征募救济捐款并遣送被难同乡回籍通告》，《申报》1932年3月7日，第5版。
④ 戴戟（1895—1973），名光祖，字孝悃，安徽旌德人。保定陆军军官学校第3期步科毕业。曾任皖南行署主任、徽宁旅沪同乡会监事。1931年12月任淞沪警备司令部司令，1932年1月参加淞沪抗战。
⑤ 《徽宁会馆欢宴戴程》，《申报》1932年5月4日，第10版。
⑥ 《徽宁十二县旅沪同乡会本届会员代表候选人名单》，1949年4月，上海社会局档案：Q6-5-964-78。

各县旅沪同乡会也相继向社会局递交重建同乡会的申请呈文，表达国土收复、日月重光后的喜悦心情。战后，各地旅沪同乡会纷纷建立，前揭在上海社会局登记的 119 所同乡会中，有 93 所建立于 1946 年至 1948 年间。[①] 商人们期待经济振兴、国家重建。得到社会局批准后，同乡会按照规定举行理监事宣誓就职典礼，誓词称：

余恪遵国父遗嘱，奉行三民主义，服从法令，忠心努力于本职，如有违背，愿受最严厉之处分。

宣誓人：□□□　中华民国三十六年六月一日[②]

抗战之后内战又起，造成物资匮乏、通货膨胀、物价飞涨，社会经济严重混乱，使得客居异乡者分外感受到生存的艰难，所以“联络乡谊共谋同乡福利”更显重要。艰难时世，同乡会竭尽所能地护侨、救乡。这里仅列举三个事例，以资说明。

（一）旅沪商人争回被家乡乡长所占房子一案

歙县旅沪同乡会会员、商人江永清在 1948 年 6 月 3 日给该同乡会会长方炜平去信，申诉其在家乡的住房被乡长韩信挥占用，要求同乡会为其主持公道，出具公函给县政府，令乡长迅即迁出。为了保护同乡的利益不受侵害，经过理事会的讨论，该同乡会于 5 天后即给歙县县政府发去信函，称：

函歙县县政府：民国三十七年六月八日拟稿

案据本会会员江永清函称：“江永清原籍歙县金滩，即今之安定乡舟川保，因在外经商有年，里中遗有住屋一所，现被本乡乡长韩信挥未经本人同意强行占据居住。永清曾一再托友请其迁让，该乡长竟置之不理。而永清刻欲为小儿完婚，该屋亟须自用。素闻贵会本为桑梓主持公道。为特函将县府会饬该乡长韩信挥迅即迁让，以资自用。”等情。据此，查公务员不得占用民房，法所规定，该乡长未征得业主之同意，而强行占据，已属不当。复经一再催促迁让，仍然置若罔闻，于情于理均似未合。根据前情理应具函陈请钧长，赐予令饬该乡长韩信挥即日迁出，以重权益，是所企祷。

此致歙县县长王理事长方

同乡会在家乡享有崇高威望，这不仅在于经常捐助家乡的各项事业，还在于不受家乡政府约束，可对其进行监督，乃至上告省府和中央。因此他们发出的公共舆论受到地方政府高度重视。同乡会在信中理直气壮地指出：“公务员不得占用民房，法所规定！”要求县长“赐予令饬该乡长韩信挥即日迁出”。7 月 27 日，歙县县长王绍沂回电说：“兹据该公所呈：以该屋主眷属均在申经商，居住家仅老妇一人，并经向其洽租住用。如屋主需要时，当可随时迁让，并立租约，照章纳

① 参见郭绪印《老上海的同乡团体》，第 48 页。
② 《徽宁十二县旅沪同乡会宣誓誓词》，1947 年 6 月，上海社会局档案：Q6－5－964－53。

税，不敢稍有计较等情，相应据情转请查照为荷。”[①]最终，在同乡会干预下，江永清收回住房。

（二）五个徽州旅沪同乡会联名发出救乡电文

1949年解放前夕，国民党强化了征兵、征粮。其时，徽州农村实行一甲二兵，即十户征兵二名。一时民怨四起。3月4日，歙县、休宁、婺源、黟县、绩溪五家旅沪同乡会联名向代总统李宗仁和行政院、国防部、立法院、皖省府发出呼吁废除征兵、征粮电文：

> 总统、行政院、国防部、立法院、安徽省政府钧鉴：
>
> 征兵制度所以使通国皆兵，现代英国政治学权威赖斯基 H. g. Raski[②]，即谓征兵制谓招致全世界猜忌不安之因素，而有不如募兵制之说，是在乎当时期办理征兵是否允当，已不得谓非尚待检讨之问题。吾国在抵抗日敌时实行征兵，办理伊始，即因经办人极端荒谬而丧失人民之信任（其时皖接兵部队有断绝新兵衣食为勒赎之方者，致新兵死亡枕藉，地方士绅控告有案）。人民以应征为戒，致所征者无一非以重资购代应之游民，此辈本无作战捍国之意识，视如营业，伺机即逃，逃出又图另售，国军士气不振，此未始非原因之一，而现在每人所需不下粮百石，是征兵一名即不啻破中人数家之产，政府方议停兵减额，而必欲使人民普遍破产以供应无用之游民，自召深刻之民怨，事之矛盾宁有甚于此者。闻皖南现议一甲二兵，人民益岌岌不可终日，本会等心所谓危难，安能缄然，是用披沥实情，仰祈迅颁明令，彻底停止征兵以苏民困，而挽人心，并借此昭示共军以谋和之诚意，若虑异日抵御外侮，征兵制度终不可废，似不妨先以普遍军训为准备，一有必要时，按籍征集当属轻而易举，至征粮亦为扰民粃政，均在枢府洞鉴之中，现虽议化归地方，人民因难邀实惠，应请一并明令停征，稻粮仍照战前折征办法。赋额亦易于征集，田粮处收的国币可随时向市间购取实物，无取以人民为诛求对象也，以上二事人民痛苦，若处倒悬，乞立赐鉴核施行不胜。[③]

电文反映的公众舆论以及对国家权力与国家事务的批评、监督，表达了独立、自治的市民精神。4月5日，立法院给歙县旅沪同乡会复函，表示已将电文转送国防委员会和粮政委员会参考，而此时距上海解放只有一个多月的时间了。

（三）跨越解放前后的章氏家族家产纠纷案

有关这场家产争夺战共有11件档案。[④] 歙县商人章氏在上海、苏州经商，章氏过世后，遗下

---

① 《歙县县政府来函为据安定公所呈以租用贵会会员江永清房屋情形由》，1948年7月27日，旅沪同乡会档案：Q117－27－17－12。

② 赖斯基（Harold. J. Laski，1893—1950），英国理论家、政治活动家，社会民主主义和政治多元主义的重要思想代表。著有《主权问题研究》《现代国家的权力》《政治典范》《国家的理论与实践》《论当代革命》等。H. g. Laski中之g为J之误，R为L之误。

③ 《为呼吁废除征兵征粮由》，1949年3月4日，旅沪同乡会档案：Q117－27－14－18。

④ 《章氏家族家产纠纷案》，1948年10月23日，旅沪同乡会档案：Q117－27－16。以下有关这一事件的引文均不另注。

妻子、儿子章光璧和2个女儿章志欣、章志英。1948年10月23日，章光璧的妻子章方淑娟向歙县旅沪同乡会求助，在同乡会留下口述记录《为氏夫姊章志欣囊括母族资财勾串方志农诬氏为盗，泣陈事实务请主持公道以伸奇冤由》。该口述称，公公一生经商，留下动产25根金条、100枚金币，另有上海与苏州的不动产房子。由于章光璧是残疾人，又是章氏唯一的儿子，所以婆婆在世时将金条10根、金币90枚以及上海南市房地产赠予章光璧夫妇及孙子，其余动产、不动产则再由3个子女分配。1948年婆婆死后，发生家产纠纷案。姐姐章志欣不仅夺下存在金城银行保管柜中的13根金条(其余2根已被她挪用)、10枚金币及贵重首饰、不动产房地契据等财物，且与男友方志农设计陷害章方淑娟。这一家产争夺案跨越徽州与上海两地，且涉案人都已迁居上海等地，非徽州本土章氏族规所能制约和处理，章方淑娟只得求助于歙县旅沪同乡会诸乡长。同乡会接受章方淑娟的诉求，迅速为之调处。10月28日，章氏三姐弟"订立和解草约在案"。据1949年7月28日同乡会给章氏三姐弟的信函以及同时发给章氏宗族等有关人士章南园①、章荫棠、章载功②、章佩钦、江为棠、胡哲庭的信函可知，"查该项草约所议定各款大部分已次第实行，惟苏、申二处之房地产迄未进行分析手续，□正式分析书也无法订立，窃此事自去年延搁至今，时逾九月尚不能予以全部解决，虽事实上容有困难，究非不能解决之焦点"。该信附有草约有关分析房产的条款："(第六条)上海及苏州祖遗之房地产由光璧、志欣、志英三人平均分析自行保管。其分析方法由章南园、章佩钦、章荫棠、江为棠、章载功诸先生负责处理之，另加请胡哲庭先生在内。""(第九条)根据前项之规定其不动产之分析由前列诸先生负责公平分作三组，以抽阄方法言之，惟三方面皆同意既经抽阄后，任何人不得借口不匀而反悔之。"要求章氏三姐弟与调解人"细讨论为此有关房地产之分析方法，请贵当事人与各位接洽，以便随时参加提供意见。一俟分析完毕，并予以同意，再由本会另订日期，邀集各位抽阄，兹订正或分析契约"。

章氏家产纠纷案跨越两个时代。1949年5月27日，上海解放。8月5日章佩钦、章南园、章载功给同乡会回复称："兹因章志英君离沪赴港无法处理，须至章志英君莅沪方能进行。"同乡会回函称："不动产部分尚未搭配分析，该项单据仍存本会保管，本会以当前时局变迁，责任重大"，"本会认为此事关系章氏遗产，责任重大，所有存会单据，当此时局，应重推章氏亲族代为保管，方为妥善"。

从章光璧与章方淑娟11月7日的来信可知，房产未能析分的原因是："虽一度经章载功面告已将房地产住宅搭配完竣，约期抽阄，成立分析契约，并谓章志英部分已洽妥，早由志英函委胡哲庭全权代理签字。满以从此可以成立正式契约，不料隔日代理人又复借词反悔。"仍是姐弟之间的矛盾。所以章氏夫妇除了坚持请同乡会调处外，别无良方："贵会为同乡福利计，既承接受调处于前，不应延宕推卸于后，陷乡晚全家生活于不继，只有坐以待毙而已，惶恐布陈，不尽缕述。"

---

① 章南园，歙县旅沪同乡会常务监事，汇源漆号经理。

② 章载功，歙县旅沪同乡会理事，长城纱布公司经理。

1950年5月22日，章光璧给歙县旅沪同乡会理事长洪镇康去一信，说明“本市地产税业已开征，根据通知限于本月二十三日缴纳，逾期照章处罚滞纳金，事出迫切”。但因为房产尚未析分，“此次税款光璧个人殊难筹措，尚幸各租户房租已有二年余迄未收过，兹拟以该项租金收取抵介税款，但此项房产为三人所共有，自应邀集三方共同收取”，请求同乡会催促章志欣、志英分解房产。同乡会给在香港的章志英去函，“务希于函到后速即返沪解决此项问题，或由台端径委派全权代表，负责来申处理，以期早日确定产权，俾完手续”。6月13日，同乡会又给章志欣、章志英致函：“今悉双方当事人均在本市，故特函达，请于六月底以前约定日期(日期当由本会派员前来约定)，希双方当事人来会取回尚存的一部分契约，借以了结，如逾期不理，本会当不负任何责任，事关贵府权益，幸希从速解决，勿再延搁为荷。”但均未见回复。12月29日，同乡会又致章方淑娟(一份)及章志欣、章志英(一份)函称：“兹因本会行将结束，不能再延，为特函通知，请即约同双方当事人来会取回前存一部分的契约，以清手续，并盼另商。贵本家章南园、章载功先生等为之调解，以求和平解决，而了悬案，永息争端，至为企盼!”这是有关章氏家族家产纷争所存的最后一封信。虽然不知房产最后是什么时候析分完成的，但是同乡会耐心调解的过程，充分显示出其护侨、救乡的功能。从这个案例可知，同乡会虽为地缘性组织，但其功能实为宗族组织之扩大。

更重要的是，这一封信透露了1950年12月歙县旅沪同乡会已意识到“本会行将结束”。1949年4月21日，歙县旅沪同乡会致函南市救火联合会：“查本会自去冬在复兴东路四三一号募资建筑会所，专为旅沪同乡尽义务、谋福利，并无丝毫‘谋利’性质。日常开支，亦以收取少数会费为来源，常有绌支之憾。关于贵会按月捐费一函，拟请赐予豁免，或以至少之数缴纳，是为感盼。”[①]4月26日，南市救火联合会理事长杜月笙、常务理事毛子坚复函，表示“因火政为商民切身利害所关，无论住户、商店、工厂、学校及各种公会包括营利及内容充裕支绌，皆以信仰火政之关系，一致乐输，开办数十年以来，历史悠久，从未变更。当兹时局紧张之际，物价奇昂，火政支出同时激增。更须仰赖各界热心人士尽量捐助。应请贵会顾念火政重要，仍以收据所载速予捐助”。历史上一直以经费充足著称的歙县同乡会，连举办火政的少量捐资也要请求豁免，可见其财务绌支之严重了。

解放后，歙县旅沪同乡会所做的最后一次救济是在1949年6月30日。[②] 此次救助得到的捐款仅139元，救助面也仅涉及上海(80元)、杭州(51元)两地。在此之后，同乡会已完全没有能力再承担起救乡的责任。1950年8月21日，歙县旅沪同乡会发出紧要通函：

> 查近来有许多假借失业路过流浪同乡名义，且似有组织式的，向本会请求救济，并冒称本会介绍，分至各同乡及同乡商号索求救济费用，时有所闻。按其求索之技，系采用两面介绍方式，例如在个别同乡或同乡商号时称系本会介绍，在本会方面则称系某同乡或某商号

① 《致南市救火联合会公函》，1949年4月21日，旅沪同乡会档案：Q117－27－14－31。

② 《1949年5月份救济同乡以资收支报告单》，1949年6月30日，旅沪同乡会档案：Q117－27－20－105。

介绍，而实际上则并无此事，不过是不肖者捏造而已。

本会近以经济困难关系，对于救济同乡回原籍川资一事，已于本年五月廿日，经第十三次理监事联席会议通过，一律暂予停止在案。同时也顾到各同乡之麻烦，绝对不将尊址告知，此后如遇上事情发生时，务希酌予拒绝，因为本会根本未曾介绍任何一个同乡向各处要求资助，即系本会介绍，亦必有书面证明，否则即系冒名。本会兹为避免误会计，故特为分函声明如右，尚希贵宝号贵同乡鉴誓。

歙县旅沪同乡会启 1950 年 8 月 21 日[①]

歙县旅沪同乡会还婉拒了一位大学生同乡资助学费的请求。1949 年 12 月 26 日，大夏大学学生毕惠丰给歙县同乡会理事长去信，全文如下：[②]

镇康理事长先生赐鉴：

敬启者学生毕惠丰，皖歙县人，小地主家庭出身，于一九四七负笈本市私立大夏大学政治系。家中全部地租收入除维持家庭生活费用外，差可负担私校各项费用。解放后封建地租已不容存在，舍间经济情形每况愈下，家庭生活已无法维持，对于学生在沪各项费用实已心余力竭，不能作丝毫接济。学生在沪亦曾多方设法欲谋工作机会，俾能半工半读，完成学业。但以人浮于事，几经奔走终归无效。本期开学时以经济来源断绝，无力缴费注册，但又不愿因此失学，乃商得校长欧元怀先生之同意，准予先行登记上课，将来清缴学费后始追认学分。在校数月以来，利用课余时间担任民教工作，借市教局所发生活津贴费维持伙食，同学友好鉴于学生经济困难，稍有资助。借此曾先后缴纳学费三分之一，其余百五十折实单位，至今仍毫无办法筹措。兹以本期瞬将结束，校方催缴欠款万急，失学堪虞，特此具函请钧会本救济同乡、奖掖后进之一贯立场，给以补助，借能清缴欠费完成学业。日后果能为乡里克尽绵薄，则获益者岂止学生一人而已。临书不胜待命之至，专此敬请公安。

学生毕惠丰上十二月二十六日

毕惠丰的信于 1950 年 1 月 19 日转交到同乡会，28 日，同乡会开会讨论并函复如下：

径复者：本月十九日由汪君孝文移来台函，曾于同月二十八日提交本会第十二次理监事联席会议讨论如下：毕君所请，理应资助，惟本会经济困顿异常，形成爱莫能助之势，并希毕君能参考国立大学以轻负担，而求深造。相应录案函复即希查照为荷。此致毕惠丰先生歙会启。

同乡会本以推进同乡的教育事业为己任，如前揭 1949 年 4 月 12 日《歙县旅沪同乡会公函》称："查本会第五次理监事联席会议关于本会主办商业补习学校一案决议各项于下：(一) 决议该校

---

① 《紧要通函》，1950 年 8 月 21 日，旅沪同乡会档案：Q117-27-20-118。
② 《〈大夏大学之生毕惠丰来函〉为请求资助学费》，1950 年 1 月 19 日，旅沪同乡会档案：Q117-27-20-120。

定名为歙县旅沪同乡会商业补习学校，其经费除学费收入外由本会福利委员会按期定量补贴。”[①]但是此刻，已经“形成爱莫能助之势”。

关于解放后同乡会短暂的历史，至今尚缺乏研究。1950年8月4日，歙县旅沪同乡会在新时代作第一次登记：

社会团体调查表上海 1950.8.4

名称：歙县旅沪同乡会　所在地：复兴东路431号

目的：以联络乡谊谋求公益为目的

事业：关于桑梓之慈善，旅沪儿童之教育事业，同乡之救济，会员事务提供之调解，以及旅沪同乡受不法侵害时之援助，暨施药救灾等事项。

沿革：1922年春家乡山洪爆发成灾，旅沪同乡集会募济，次年事毕，众以赈济会改为同乡会，成立后对于桑梓幸福、同乡福利，甚表关怀。遇灾救济、济困扶危，是本会之任务。适抗战军兴，沪江沦陷，同乡以不愿在伪政权下有所作为，无形之中乃告停顿，胜利后，筹备复员，于1946年“七七”复员，对会务仍本已往之慈善公益事业为中心。1948年，广征同乡之意，集资兴建会所于今址。旅沪同乡会本着关心桑梓之公益慈善的推进，今后更当在新民主主义之下为人民服务。

活动地区：本市与歙县两地区

业务范围：① 桑梓之慈善事项　② 旅沪儿童教育之措施　③ 失业同乡之救助　④ 同乡受不法侵害对之援助　⑤ 施药　⑥ 灾区之救济　⑦ 会员事项之调解　⑧ 便利同乡旅探回乡，集团运输　⑨ 设置礼堂与会所为同乡婚丧之用　⑩ 其它有关同乡福利事业。

主要负责人：洪镇康，男，45岁，歙县人，住金陵东路423弄16号，纯粹商人，除加入同乡会外别无其他社会活动，毫无政治派别关系。

组织情况：① 会员大会　② 会员代表会　③ 理事会　④ 监事会　⑤ 常务理监事会

职员数目：总会41人，分会无。会员人数：1 309人，分会无。

经济状况：动产：棺员，棹榄　不动产：二层楼房一幢

主要经济来源：会费，补助费

收支概况：收入会费，不敷开支时，由理监事会各个人量力出补助费，以补不足

解放后的活动情况是否向政府申请登记：解放后因未得政府之许可，故未作任何活动，仅办理家乡施药及集团运输，救济失业同乡回乡生产的川资等工作，并未向政府申请登记，今后当遵守政府法令，在新民主主义政府领导下为人民服务。

填表人：杜树模[②]

这里表达了希望在新政权领导下，为新时代服务的愿望。对比1945年11月14日徽宁旅沪同

---

① 《致本会业商补习学校各校董公函》，1949年4月12日，旅沪同乡会档案：Q117-27-1-56。

② 《社会团体调查表》，1950年8月4日，旅沪同乡会档案：Q117-27-1。

乡会在《人民团体总登记表》[①]中的登记内容，可见时代变迁之快及其爱国立场之一贯性。

《人民团体总登记表》民国三十四年十一月十四日

地址：中正路云南路口716号

民国三十年[②]二月十日因不愿向伪组织登记自动停止工作

现有会员三千余人

常务理事：① 曹志功：浙江公立医药学校毕业。曾任上海市党部商人部总干事、上海纳税华人会常委、市商会秘书、卫生署科长等职。

② 张益斋：上海市党务训练所毕业。曾任战前上海市纳税华人会市民联合会执行委员，现任上海市卫生局接管员。

③ 黄禹鼎：安徽省立中学毕业。上海黄禹记申庄经理。

④ 邵亦群：中医师。执行中医业务。

⑤ 吴苍民：安徽省立第二师范毕业。前曾任上海市纳税华人会代表及万记典会计主任。

本会经济来源：赖会员会费收入以作开支

办理事务：办理旅沪同乡一切慈善救济等福利事业

本会于民国十四年发起组织，十九年重行登记

1953年5月7日，“会务停顿，经济断绝，无法维持”[③]的歙县旅沪同乡会结束了三十年的历史。历史翻开了新的一页。

延续与断裂是历史进程必有的现象。大至国家民族，小至团体个人，均难避免。同乡会作为乡梓之外的地缘组织，是近代中国的重要研究对象，在当代社会依然发挥着功能与作用。通过对徽州旅沪同乡会的考察，当可映现社会变迁中延续与断裂的某些规律性变化。

（本文原发表于《历史研究》2011年第3期。）

作者简介：

唐力行，上海师范大学人文学院教授，中国美术学院特聘教授，国家社科基金重大项目首席专家，享受国务院特殊津贴。曾任苏州大学、上海师大学术委员会委员，上海市重点学科带头人，上海师范大学历史学一级学科博士点带头人，中国社会史学会副会长。主持国家社科基金规划重大项目等10余项。著有《商人与中国近世社会》《明清以来徽州区域社会经济研究》《苏州与徽州：16—20世纪两地互动与社会变迁差异的比较研究》《延续与断裂：徽州乡村的超稳

---

① 《人民团体总登记表》，1945年11月14日，上海社会局档案：Q6－5－964。

② 1941年12月8日，太平洋战争爆发，日军进驻公共租界的中区、西区。徽宁旅沪同乡会在中区，今天的延安路与云南路交界处（按表格上的地址）。所以，停止工作当在此后。此处资料的时间当有误，应为民国三十一年（1942），后同。

③ 《歙县旅沪同乡会在解放日报上刊登宣告结束征求同乡意见书》，1953年5月4日，旅沪同乡会档案：Q117－27－1。

定结构与社会变迁》《徽州宗族社会》《开拓社会文化史研究的新领域：评弹与江南社会导论》等著作。近年从事评弹与江南社会历史研究，主编“评弹与江南社会研究丛书”、“江南社会历史研究丛书”、《中国苏州评弹社会史料集成》、《光前裕后：一百个苏州评弹人的口述历史》及《江南社会历史评论》C集刊等。曾分获安徽省、江苏省、上海市哲学社会科学优秀成果一等奖4次，其他奖项多次。

近代江南士人社群交往网络的营建与运作

——以南社为中心

吴强华

摘　要：在近代社会转型期，为应对社会变革，结社成为士人阶层在新形势下营建社会交往网络、聚合群体力量以重获话语权、再塑社会权威的重要手段。作为晚清规模最大、持续活动时间最长的士人结社，南社成员通过举行祭祠哭陵等具有反清排满色彩的象征性行为及与此相关的诗词唱和，营建江南士人群体的身份认同与意识认同，以雅集与《南社丛刻》为聚合社群成员的交往纽带，借以构建成员的群体意识与归属感，建立起以江南士人为主体，以地缘、血缘、业缘为基础的跨地域社会交往网络，并依托社群交往网络的规模效应，谋求实现文化资源与政治权力的对接，以期在社会转型期中维系自身的社会声望和群体权益。

关键词：士人结社　交往网络　群体意识　社会声望

伴随着近代社会变革浪潮的冲刷，尤其是科举制的废除，传统社会中士人赖以安身立命的社会结构随之解体，处于社会转型期的士人不仅要面对旧有职业道路断绝与文化权力合法性流失的窘迫，走出乡土社会的他们还要面对城市生存环境的陌生。当昔日熟识的同宗、同乡被城市的流动性冲刷得支离破碎时，传统社会依托地缘与血缘建构起来的交往体系已难以为继，建构新形势下的交往体系便成为士人亟待解决的需求，晚清士人结社热潮的勃兴正是在这种情况下出现的，彰显出结社正成为士人群体重构社会交往网络的重要途径，这种现象在士人聚集的江南地区表现得尤为显著。对于身处近代转型期的士人而言，结社已不再是简单的诗酒风流，而是他们应对社会变革的生存之道，因此，考察近代士人的结社活动，追踪结社士人的活动印迹，对于我们了解传统士人的近代化转型之路有着重要的意义。

毕竟，当我们试图解读一个社会阶层的历史命运时，对于群体行为的观照显然更有利于我们获取更有价值的历史信息。那么，传统士人如何在社会转型过程中实现身份认同？如何通过结社活动建构社群交往的平台？如何通过社群交往网络聚合群体力量？又是如何依托社群网络寻求其文化权力与政治权力的对接以维护群体的权益？本文选取南社士人群体为主要研究对象。以上海为主要活动空间的南社是近代规模最大、持续时间最长、社会影响最大的士人结社，社员总数千余人，遍布政治、文化、教育、学术、新闻出版、工商等各个领域，[①]是近代士人结社的典型代表，在中国近代化进程中亦发挥过重要的影响。对其结社活动的梳理，将有助于我们更好地观察传统士人在近代化环境中的生存状态，更好地了解近代化对于传统士人所带来的机遇与困扰。

一、反清排满：江南士人社群交往网络构建的思想基础

当同盟会在海外成立之时，清廷主持的新政也正在国内渐次推展，凸显出变革已成为时代的共识，在全社会激荡冲刷。1905 年，废科举之诏令布告天下，传统的取士体制被彻底颠覆，这对于以读书科举为业的士人而言，无疑是一个晴天霹雳，将他们推上了社会变革的风口浪尖。面对这一千年未有的变局，如何自处成为江南士人必须直面的现实，于是江南历史上的士人结社传统被重新发现，一时间，对于再现"几、复风流"的期许成了江南士人酒热耳酣之际惯见的豪情告白，对于身处社会转型期的江南士人而言，结社不仅为他们提供了一个赖以安身立命的集结平台，而且当它与清末的海内外各路思潮相汇合时，更成为那些不安于现状的士人群体希图变革社会的工具，南社便正是在一片喧嚣的"几、复风流"呼号声中逐渐孕育成形的。

当与清廷的决裂已不可避免，对于革命的心向往之便成为江南士人极其自然的选择，参加南社创社雅集的 17 名南社早期成员中，有 14 人是中国同盟会会员，柳亚子曾据此洋洋自得地炫耀南社"革命空气的浓厚了"[②]。然而，如果褪去革命者的光环，这些南社早期成员大多亦是有着科举功名的传统士人，尽管他们或多或少地接触过西方的思想，但至少在 20 世纪初，传统的儒家文化对他们仍然具有决定性影响，对西方政治制度的隔膜使得他们更倾向于从熟识的中国文化传统中寻找自身诉求的理论依据，正如柳亚子在回顾南社历史时曾说的："同盟会是提倡三民主义的，但实际上，不消说大家对于民生主义都是莫明其妙，连民权主义也不过装装幌子而已。一般半新不旧的书生们，挟着赵宋、朱明的夙恨，和满清好像不共戴天，所以最卖力的还是狭义的民族主义。南社就是把这一个狭义的民族主义来做出发点的。"[③]正是基于这样的文化认同，江南士人选择了滥觞于传统华夷观念的反清排满作为南社成立前后凝聚人心的一面大纛。

相对于辛亥革命后陈去病、柳亚子等对南社含义高调的革命解读，早期主要成员宁调元所

---

① 南社社友朱剑芒分析南社社员"教育界的占 29.85%，新闻界 21.69%，工商界 19.50%，政法界 19.18%，编辑界 6.00%，文艺界 0.94%，医卫界 0.64%，宗教界 0.64%，无一定职业的 1.56%"。参见朱剑芒《我所知道的南社》，常熟政协文史资料委员会编《政协文史资料辑存》第 1 辑，常熟：常熟政协文史资料委员会，1961 年，第 57 页。

② 参加南社创社雅集的十七人分别为陈去病、柳亚子、朱锡梁、庞树柏、陈陶遗、沈砺、俞锷、冯平、赵厚生、林立山、朱少屏、诸贞壮、胡栗长、黄宾虹、林之夏、蔡守、景耀月等，其中仅有胡栗长、黄宾虹、蔡守三人非同盟会会员。参见柳亚子《南社纪略》，上海：上海人民出版社，1983 年，第 11—14 页。

③ 柳亚子：《自传・年谱・日记》，上海：上海人民出版社，1986 年，第 3 页。

言“钟仪操南音，不忘本也”[①]的解释显得更含蓄，但一个“本”字却更直白地说出了江南结社士人身份认同的基础，将江南士人对“重睹汉官威仪”的热烈渴望表露无遗。如果我们梳理一下南社创始人在南社成立前后的言行，可以看到其中充斥着反清排满的情绪流露，明白地宣示反清排满是南社士人群体聚合认同的共同意识，同时亦是南社士人群体社会交往网络建构的思想基础。

在南社的创始人中，陈去病素有文名，德高望重，在江南士人中颇具号召力，在各地游历时曾多次组织士人结社，先后建有黄社、神交社、秋社、匡社等。在南社诸子中，陈去病是鼓吹反清排满最积极的人物，“重睹汉官威仪”的热烈渴望在他身上体现得最为明显，他以民族主义者的形象活跃于近代的政治文化舞台上，广泛搜罗明末清初的文献，钩沉索隐，用以激发时人的反清意识和民族情感，以致被柳亚子戏称为“一民主义者”。早在1903年，陈去病就将《建州女直考》《扬州十日记》《嘉定屠城记》《忠文殉节记》辑为《陆沉丛书》，用以激发汉人的民族意识。此后又编著《清秘史》，以揭露清朝的腐朽统治，并赋诗以“辫发胡妆”为耻，表达了对“重睹汉官威仪”的渴望并号召同侪及时行动，实现反清复汉。《陆沉丛书》和《清秘史》皆流行一时，对宣传反清排满思想产生了重要的影响。1905年以后，陈去病专注于辑录明遗民著作和乡邦文献，先后编成《吴赤溟遗集》《吴长兴伯遗集》及以清初汉人抗拒剃发蓄辫的斗争史实为题材的《烦恼丝》等，并在《国粹学报》上连载《五石脂》和《明遗民录》，为明末遗民及义士孙奇逢、颜元、傅山等40余人立传，宣扬明末东南志士的抗清事迹，希望以抗清英雄为楷模，唤起排满兴汉的民族意识。在陈去病的著述中，始终流露出浓厚的民族主义情绪，对于江南士人反清排满的思想认同产生了重要的影响。[②]

高旭也是排满兴汉思想的积极鼓吹者。早在唐才常汉口起义失败时，高旭就作诗哀悼，其中有“汉儿发愿建新邦”之句，其反满革命思想表露无遗。[③] 1903年，高旭与族人高燮、高增等在松江创办《觉民》月刊，积极宣传反清革命。游学日本期间，高旭参加同盟会，曾任同盟会江苏分会的会长，在东京及江浙等地的知名报刊上宣扬革命，还在《中国白话报》发表《大汉纪念歌》《逐满歌》《光复歌》等民族主义色彩浓郁的通俗歌谣，鼓吹反清复汉。1906年，高旭更以一己之力，伪造石达开遗诗二十首，连同《饮冰室诗话》所引《答曾国藩》五首刊刻发行，用以激发民气，进行反清宣传，[④]在当时引起很大的反响。

柳亚子同样热衷于倡导反清排满，他曾作《中国灭亡小史》，指出当时中国“问题不是要变

---

① 宁调元：《南社诗序》，《南社丛刻》第1册，扬州：江苏广陵古籍刻印社，1996年，第139页。

② 在当时陈去病所作的诗文中，也经常见到民族意识的表露，如1907年9月15日，神交社社员冯沼清去世，陈去病在悼念他的诗中就直接说冯沼清去世之时“正是万方哀痛节（其卒于旧历八月廿七日，为正隆武帝后忌辰），帝魂招不到啼鹃”。陈去病：《沼清死一年矣情不能忘诗以哭之》，陈去病著，张夷主编《陈去病全集》第1册，上海：上海古籍出版社，2009年，第75页。

③ 柳亚子：《南社纪略》，第7页。

④ 杨天佑、王学庄编著：《南社史长编》，1906年9月1日，北京：中国人民大学出版社，1995年，第58页。

法，而是要革命：不是要救亡，而是要复国”[①]。高旭亦认为该书堪比“夷夏留大防，《诗》亡《春秋》作”[②]之举。1904年，柳亚子发表《中国革命家第一人陈涉传》积极宣扬反满革命，认为“革命二字，实世界上最爽快、最雄壮、最激烈、最名誉之一名词也”[③]。在《民权主义！民族主义！》一文中，柳亚子亦号召国人“除暴君，驱异族，破坏逆胡专制的政府，建设皇汉共和国的国家”[④]。

在钩沉文献、撰写诗文鼓吹反清排满的同时，南社的创立者们还通过祭祠哭陵的象征性行为宣示反清排满的立场。陈去病是祭祠哭陵最积极的践行者，他热衷于凭吊宋末及晚明帝王将相的陵墓，仅1908年，便先后在绍兴祭扫宋高宗、孝宗等六座帝陵，在汕头泛海登别岛祭悼南明隆武皇帝，在新会凭吊南宋陆秀夫背负宋少帝昺投海之处。[⑤] 为了更好地营建身份认同与意识认同，祭祠哭陵常以群体形式进行，如高燮在杭州访得明末抗清英雄张煌言墓，陈去病闻讯后撰《张苍水二百二十六年周忌祭发文》，在新安江上为其作226年周忌，还邀请高旭及柳亚子共到杭州张煌言墓前一哭，以为“四月二十五大纪念，为汉族最惨苦、最伤痛之一日”[⑥]。1907年，陈去病、高旭、朱少屏、刘三、沈砺五人相约从上海赴苏州谒虎丘明末抗清英雄张国维祠，并填词纪念“忆张侯当日，志存匡济……谁教十万胡儿，义乌横扫，洪水滔天势。热血东阳拚一洒，绝痛华夷倒置”[⑦]。南社成立前最后一次群体谒墓是高旭、姚光在西湖谒岳飞墓、寻秋瑾风雨亭故址，高旭事后作有《谒岳鄂王墓》一首，借凭吊先贤，叙辨明戎夏以激发江南士人排满兴汉的民族情绪。为了使祭祠哭陵的象征性行为具有更大的影响，每一次的祭祠哭陵都会以参加者赋诗索和的形式在士人群体中播散，正是在这一次次的意识播散中，早期的南社成员实现了彼此的身份认同与意识认同，最终聚集到一起。

反清排满的共同认知是将早期南社成员聚合在一起的黏合剂，不论是对重睹汉官威仪的渴望还是举行哭祠祭陵的象征性活动，无不伴随着群体成员间的诗文唱和，通过这些言辞激烈的诗词在成员间的传播，南社成员借以展示并形成群体的共同意识。正是由于有了共同的政治诉求、共同的时代话语，促使他们营建起共同的身份认同，为建构群体交往网络奠定思想基础。[⑧]

---

① 柳亚子：《五十七年》，柳亚子《自传·年谱·日记》，第170页。
② 高旭：《中国灭亡小史题词》，《复报》1906年第3期，第13页。
③ 柳亚子：《中国革命家第一人陈涉传》，《江苏》1904年第9、10期合本，第107页。
④ 柳亚子：《民权主义！民族主义！》，《复报》1907年第9期，第6页。
⑤ 杨天佑、王学庄编：《南社史长编》，第107、116、118页。
⑥ 陈去病：《寄天梅书》，陈去病著，张夷主编《陈去病全集》第1册，第359页。
⑦ 郭长海、金菊贞编：《高旭集》，北京：社会科学文献出版社，2003年，第288页。
⑧ 南社早期的民族主义性质，在某种程度上已经成为南社的标签，亦为后人所认同。如1928年11月12日，柳亚子等人在虎丘举行南社20周年纪念会，“议将止，朱梁任忽触景生情，起立言曰：本社同人，素以种族革命为主义。忆昔有清之季，李鸿章任北洋大臣，甘心媚满，杀戮汉人甚多，即本社社员亦有遭其毒手者。乃者，国民政府成立，全国统一，此等丑类，胡能听其立祀设祭，长为一般人所恭奉？吾等因即日向苏州市政当局建议，将此处所有李鸿章之神位毁去，改祀太平天国李秀成。‘李公祠’三字，则仍沿其旧可也。朱梁任之议既出，众果大为感动。惟多数犹觉改祀李秀成之不安，更经反复讨论，最后乃决定将李公祠改为南社先烈祠，专祀南社社员之为革命牺牲者，若宋渔父、黄克强诸公。议竣，时钟已鸣四下，众始兴尽而散云”。秦瘦鹃：《南社二十周年雅集记》，《申报》1928年11月15日，第17版。

二、雅集联谊：江南士人社群交往网络的交流平台

以游园修禊、诗酒酬唱为核心的雅集联谊是中国传统士人结社交往的重要活动内容。明末以来的江南士人结社大都往来于园林之间，几社便常宴集于松江陆氏南园，“几社诸名流之宴集于南园，其所为所言大部分则为饮酒赋诗、放诞不羁之行动……南园之宴集，复是时事之座谈会也”①。对倾心于“待续云间事，词林各骋才”②的南社士人而言，自然是要绍继前贤的，检诸南社历史，从1909年虎丘建社，到1923年南社活动基本停顿，南社在短短十五年间，共举行了十八次正式雅集，十三次临时雅集，南社雅集举办之频繁，颇有些“几、复风流三百首，竹林豪饮一千杯”③的气度。

作为脱胎于传统社会的士人团体，南社不仅有着反清排满的政治诉求，同时也充满着浓郁的传统士大夫的名士气质，这从南社雅集的选址便可看出些许端倪。在南社的十八次正式雅集中，第一次创社雅集在苏州虎丘，第二次雅集在杭州西湖唐庄，第三次在上海张园，第四至十五次在上海愚园，第十六、十七次在上海徐园，第十八次在上海半淞园。总体而言，辛亥革命以前，南社成员的雅集在地点选择上更偏重于表达自身政治诉求的需要，鼎革以后的雅集地点选择则更多地体现出传统士人的士大夫气质。

选择苏州虎丘为创社雅集之地，对于以承继“几、复风流”自命的南社诸子而言，固然存有对昔日复社虎丘雅集盛况空前的向往之心，但选取从1907年开始就结伴祭祀的明末抗清英雄张国维祠为会盟结社之所，其宣誓反清排满的意味是不言而喻的，从某种意义上讲，便是以一场集体祭祠哭陵完成了江南士人意识认同的最终确认。初入上海的雅集选址张园也堪称用心良苦，在近代历史上，张园在某种程度上可以被看作中国政治的重要展示舞台，也是各界人士在上海集会演说的一个重要场所，“作为晚清上海公共活动空间”④，时人甚至将其视为中国的“费城独立厅”，因此，张园雅集依然有着浓重的政治色彩。

第四次雅集时，民国肇建，南社成员排满复汉的政治理想已然实现，在这种情况下，雅集更多地顾及传统士大夫的闲逸气质，体现在选址上，便是从张园转向了愚园。在时人看来，张园与愚园虽然并为海上两大园林，擅一时之胜。不过在内部构造上，张园却是“大而无当，殊不若愚园”，“愚园面积不甚广，小小结构，颇饶亭台花木之胜，啜茗手谈其中，亦足令人忘门外之甚嚣尘上也。园中有云起楼，时有文酒之会”。可见，愚园在当时由于结构精致小巧，深得文人墨客的喜爱，也更适合南社人的逸趣，因此他们经常在此作“文酒之会”，甚至成为愚园的一段佳话，即

---

① 陈寅恪：《柳如是别传》，北京：生活·读书·新知三联书店，2009年，第287页。
② 佩忍：《无畏、天梅、亚卢、瞭公翩然萍集，喜成比什》，《神州日报》1908年1月7日，第6版。
③ 哀蝉：《次佩忍、无畏韵》，《神州日报》1908年1月7日，第6版。
④ 熊月之：《张园——晚清上海一个公共空间研究》，《档案与史学》1996年第6期，第35页。

使在其被拆除后，还有人对此津津乐道，成为一种历史记忆，谓“南社诗人，年必雅集一次，率在斯楼，诗声酒痕犹在，可回溯焉”①。愚园被废后，南社雅集改在徐园、半淞园举行，这两座园林也是当时的海上名园。徐园又称双清别墅，富园亭之胜；半淞园“全园悉从华制，无仿效洋式之处”，园中建筑“多中国传统形式”。② 南社在这些地方举行雅集，无疑还是承袭了传统士人的逸趣风格。

南社频繁地举办雅集，固然可以归因于其社团运作的有序，但更内在的原因则是雅集在其社群交往体系中的重要作用。关于南社雅集的程序，柳亚子曾对第六次雅集有简要的介绍：“照顺序单所规定的，午餐、收费、摄影、报告、补收入社书、入社金、谈话，一幕一幕做下去，压台戏自然是大庆楼的晚宴了。”③1914 年第十次雅集后，南社成员陈世宜亦以“倦鹤”为笔名，在《生活日报》上发表《南社第十次雅集纪事》，比较全面地描述了该次雅集的情况：“午后一时，先后至愚园者……不过茶话摄影而已。黄昏时候，复集于春申楼。……华灯甫敞，觞政始行。先点将，次摆庄，轰轰然划拳无数。”④从记载看，这两次雅集的过程基本是相似的，晚宴均是雅集的高潮所在。晚宴能成为压台大戏，是因为南社中人大多好酒，以豪饮为荣，⑤因此南社雅集每集必宴，每宴必醉。当然，作为士人结社，觞咏为乐、诗歌酬唱是南社雅集更重要的内容，宴会时，与会者“或拇战，或吟句，有时轰笑粗谈杂其间。右手执杯，左手擘桔，颓然放然，不知白日之既逝。噫！可谓不负良辰美景者矣”⑥。在南社人眼中，这样的活动是极具意味的，正是在这一过程中，南社士人团体的特质表现得淋漓尽致。在觥筹交错的聚会中，在相互应和的诗酒酬唱中，南社社员之间的交往与聚合得到了具象的表现，在诗词互答、流觞曲水的互动中编织起了成员间的交往网络。

表 1　南社正式雅集简况表

次　数	1	2	3	4	5	6	7	8	9	10	11	12	13	14	15	16	17	18
地　点	苏	杭	沪	沪	沪	沪	沪	沪	沪	沪	沪	沪	沪	沪	沪	沪	沪	沪
总人数	17	17	19	34	35	40	35	12	16	18	不详	42	27	56	34	39	26	23
初次数	17	13	14	24	18	26	18	4	3	5		20	4	26	7	13	10	9
多次数	0	4	5	10	17	14	17	8	13	13		22	23	30	27	26	16	14

资料来源：本表根据《南社纪略》统计制成。

① 《忆愚园》，《紫兰花片》1924 年第 20 期，第 52 页。
② 杨嘉祐：《半淞园梦寻》，沈寂、史齐主编《花园里的上海世界》，上海：上海辞书出版社，2010 年，第 116 页。
③ 柳亚子：《南社纪略》，第 35 页。
④ 倦鹤：《南社第十次雅集纪事》，《生活日报》1914 年 4 月 2、3 日，第 12 版。
⑤ 郑逸梅说：“吴梅与黄摩西友善，然颇以摩西能诗文而不能酒为憾。”参见郑逸梅《南社丛谈：历史与人物》，北京：中华书局，2006 年，第 338 页。
⑥ 申柽：《乙卯九月九日纪事》，杨天佑、王学庄编著《南社史长编》，第 403 页。

对南社而言，定期举行的雅集是成员之间维持联系、交流思想、构筑社群交往体系的重要平台，也是聚合社团感情的重要纽带。因此，南社在每次雅集前都会利用社团成员在上海报刊界的便利条件在报纸上刊登活动消息，广而告之，如1914年第十次雅集前，南社便提前在《生活日报》当年3月11日的《生活艺府》副刊上刊载《南社雅集预告》：

> 南社书记会计两部来函云：本社定于三月廿九号(星期日)，即阴历三月初三日上巳下午一时，在沪上愚园举行第十次雅集。凡属同社，均希惠临。如有未缴入社书、入社金及各年常捐者，并望带交，是所至盼。招待处：白克路竞雄女校胡朴安。

然而，从南社雅集参加人数的简况表中我们可以发现，参与人数最多的一次雅集也只有56人，最少的仅12人，已知出席人数的17次正式雅集的参加者总共只有490人次，平均每次出席人数不足29人，其中相当数量是多次参加的核心人员。临时雅集的参加人数则更少，如1916年4月19日徐园临时雅集，到者16人，其中初次参加者4人；1916年8月20日愚园临时雅集，到者26人，初次参加者8人；1914年5月24日愚园临时雅集，到者30人，初次参加者13人；1914年8月徐园临时雅集，到者16人，初次参加者5人。

游园修禊与诗酒酬唱的群体活动的开展，既体现了南社士人的名士气质，又有助于成员间的交流与聚合，对于南社成员的身份认同与社群交往网络的建构有着重要的价值。但是，真正能够亲身参加雅集的南社社员是极为有限的，尽管刊登在报纸上的雅集广告能够给散布各地的社员带去社团的归属感，使南社成员虽不能亲临其境，却也可以感受到社团群体性活动的氛围。但相对于数以千计的社员规模而言，雅集联谊真正有效构建的只是南社活动核心区域内部分社员的交往网络，对绝大多数社员而言，雅集的举办更多地只具有一种象征意味。因此，构建覆盖面更广、参与性更强的社群交往平台对于完善南社的社群交往体系无疑是迫切而必要的。

三、《南社丛刻》：江南士人社群交往网络的跨区域延伸

南社作为一个社员数以千计、遍布全国的大型社团，为满足社员对社团活动的参与需求，构建一个跨区域的交往平台，扩大社群交往网络的覆盖面就显得尤为重要，《南社丛刻》(以下简称《丛刻》)便是这样一个理想的平台。作为南社的机关刊物，《南社丛刻》既是构筑社员间社群交往网络的物质载体，也是维系社员间社群交往网络的精神纽带，通过动员社员投稿、从中选取诗文发刊的方式，《丛刻》的刊行满足了社员身份认同的心理需求，营造社员对南社的心理认同，这对于社员的心理整合以及团体的稳定发展无疑是有利的。

《丛刻》刊发的稿件，一部分来自雅集中参加者的诗文唱和，在南社历史上，除了第五、八、九次雅集和第四次临时雅集之后没有出版《丛刻》外，其他历次雅集后均出版《丛刻》；另一部分则来源于社员的日常投稿，由编辑员筛选后刊出。《丛刻》初期，编辑较为粗疏，柳亚子在《南社纪

略》中曾经对第一、二集的编辑提出过尖锐的批评，认为“文的成分太少，诗的成分太多，不均平得很；而排列的次序又毫无意义，不排姓氏笔划，也不依籍贯省份，依旧成为一塌糊涂”①。而且选文的覆盖面也较窄，如第一次雅集参与者 17 人，但《丛刻》只收录了柳亚子、蔡守、陈陶遗等 4 人的作品。《丛刻》第二集中，也只收录了邹亚云、雷铁厓 2 位与会者的诗文。柳亚子接管《丛刻》后，编辑情况有所改善，郑逸梅即认为《丛刻》从第三集开始“在编制上始入正规，社友作品得普遍刊载”②。第八集以后，《丛刻》一度由胡寄尘编辑，其内容的收入与编排有了进一步的改观，作者的覆盖面愈加广泛，更加适应南社社员数量大幅增加的需要。

分析《丛刻》作者群的数量与地域分布，无疑将有助于我们更客观地评估《丛刻》这一跨区域社群交往平台在实际运作中的效能，更好地确认其在维系群体身份认同和社团发展中的价值。

表 2 《南社丛刻》分省统计人数及作品数

省份	人数	作品总数	省份	人数	作品总数	省份	人数	作品总数	省份	人数	作品总数
安徽	22	683	湖北	4	60	江西	11	344	河北	2	67
福建	15	375	湖南	62	2 761	辽宁	1	1	河南	1	15
广东	53	1 556	江苏	132	6 261	山东	1	15	云南	6	141
广西	6	111	四川	10	393	山西	2	160	浙江	81	2 015
贵州	1	2	天津	2	13	陕西	3	33	上海	11	342

资料来源：本表根据《南社丛刻》统计制成。

表 3 《南社丛刻》中所收吴江与金山籍作者及其作品数量统计

吴江	数量	吴江	数量	吴江	数量	吴江	数量	金山	数量
包公毅	11	顾无咎	130	沈昌直	212	夏锺麟	1	陈水	3
蔡寅	88	黄复	97	沈次约	21	许观	6	陈陶怡	1
陈洪涛	18	黄觉	1	沈毓清	3	叶叶	212	高珪	9
陈其槎	2	黄元琳	1	沈毓源	1	尤翔	3	高燮	188

① 柳亚子：《南社纪略》，第 20 页。
② 郑逸梅：《南社丛谈：历史与人物》，第 86 页。

续 表

吴江	数量	吴江	数量	吴江	数量	吴江	数量	金山	数量
陈去病	331	金光弼	4	孙延庚	1	袁寄尘	45	高旭	422
陈万里	1	蒯文伟	26	王汾	4	周国贤	8	高增	76
丁逢甲	7	蒯贞干	3	卫嘉荣	2	周麟书	1	何痕	1
范光	1	凌景坚	157	吴家骅	3	周云	15	何竞南	1
范天籁	5	柳弃疾	460	吴立崇	4	朱慕家	66	何昭	9
费公直	34	钱祖宪	4	吴梅	75	朱锡梁	80	钱润瑗	6
冯旭初	3	沈昌眉	65	夏麟	9	朱霞	21	姚光	82
总计	吴江作者数		44		吴江作者作品数		2 242		
	金山作者数		11		金山作者作品数		798		

资料来源：本表根据《南社丛刻》统计制成。

由以上两表可知，《丛刻》作者群的地域分布是相当广泛的，几乎覆盖了除新疆、西藏等边远地区的全国各地，作者群的数量有四百余人，相对于千余人的社员基数而言，其参与度也是相当高的，这至少可以说明，《丛刻》这一社群交往平台得到了社员的广泛认同。当然，作者群的分布还是有着地域差异，江苏籍的作者人数占作者总人数的31%，而江苏籍作者的作品数占到全部作品数的40.8%。其中，柳亚子和陈去病的故乡吴江与高旭的故乡金山两地，作者数55人，占全部作者总数的13%，在江苏籍作者人数中则达到42%。两地作者的作品数为3 040篇(首)，占全部作者作品总数的22.3%，在江苏籍作者作品数中达到48.6%。吴江的作者平均每人约有51篇(首)，金山的作者平均每人约73篇(首)，可以说是《丛刻》作者群中最活跃的群体。江苏之外，作者较多的是湖南、浙江与广东，这种区域分布的特点，与南社的社员构成是基本相符的，①也符合南社作为江南士人结社的社团特征。可见，作为南社构筑社群交往网络的物质载体，从作者的地域分布可以看出，《丛刻》基本上能够实现其社群交往网络跨区域延伸的目标。

南社的文化目标，按高旭的说法是“欲一洗前代结社之积弊，以作海内文学之导师”②。然而高举着“海内文学导师”大旗的南社事实上并无明确统一的文学主张，其成员中既有主张“共

① 南社成员遍布全国各地，其中“以吴江、吴县、金山三个地方的人占着多数，如把南社比作一个大家庭的话，吴江为大房、吴县为二房、金山为三房”。参见郑逸梅《南社丛谈：历史与人物》，第2页。

② 高旭：《南社启》，《民吁报》1909年10月17日，第5版。

谋保存国粹，商量旧学”[1]的好古之士，也有新诗人、通俗作家，而日后南社的衰落也正起源于其内部在诗词创作上的“尊唐”与“宗宋”之争。不过，高旭也曾宣告：“于同盟会后更倡设南社，固以文字革命为职志，而意实不在文字间也。”[2]这段话清楚地表明，南社固然是一个文学团体，但并不仅仅是文学团体。对于掌握文化权力的士人而言，文学是他们获取社会声望的工具，正如南社成员王均卿所称：“南社始于清季，而光大于民国……而以文学家占其多数。诗文歌词，岁出二三册，万流景仰，纸贵洛阳矣。”[3]事实上，“万流景仰”才是士人结社所欲达到的目标，《丛刻》所具有的这种功能对于期冀提升社会声望、维护群体利益的南社社员无疑有着相当的吸引力，而《丛刻》兼容并包的编辑风格，使其既有长歌当哭、慷慨激昂之雄文，亦有传统士人对旧习的津津乐道，这也使得文学旨趣不尽相同的南社社员都能够顺利地汇聚在这一社群交往的平台之上，从而使社团的社群交往网络得以实现最大限度的跨区域延伸。

综而观之，尽管《南社丛刻》曾受到诸如文体比例不均、作品内容新旧芜杂等诟病，但其遍及全国的四百余人作者群足可印证其在社团成员中的影响力。作为社团跨地域社群交往网络的整合平台，《南社丛刻》有效地起到了凝聚社团成员、维系心理认同、增强社群交往网络的功能，并通过这一交往网络提升群体的文化权力与社会声望，从而强化了社团汇聚群体力量、应对社会变革的能力。

四、周阮案与江南士人社群交往网络的运作

南社通过反清排满的民族主义建立江南士人群体身份认同的思想基础，以雅集与《南社丛刻》作为聚合社群成员的交往纽带，建立起了以江南士人为主体的文化网络，以期在社会变革中维护自身的权益。辛亥年间，南社建构的社群交往网络在社会动荡中遭遇了严峻的考验，面对社员周实[4]、阮式[5]的被害案，如何利用社群交往网络所凝聚的群体力量和社会声望，寻求文化权力与政治权力的对接，为周、阮昭雪并惩凶成为南社需要解决的难题。南社对这一事件的处理，也为我们考察其社群交往网络的运作与成效提供了一个难得的样本。

周实早年即“有大志，耽文史，能诗善饮”，“年十三，读美利坚独立史、法兰西革命纪，甚愤专制政体之惨无人道”。[6] 1906年其为自撰《无尽庵诗话》作序，提倡“慷慨苍凉、缠绵悲感”之作以

---

① 冯平：《〈梦罗浮馆词集〉序》，《南社丛刻》第8册，第5393页。

② 高旭：《周实丹烈士遗集序》，《南社丛刻》第2册，第1122页。

③ 王均卿：《南社小说集·跋》，上海：文明书局，1917年。

④ 周实（1885—1911），字实丹，又字剑灵，号无尽，江苏淮安人。光绪二十八年（1902）秀才，宣统元年（1909）加入南社。著有剧作《水月鸳》、北曲《清明梦》，有《无尽庵遗集》传世。

⑤ 阮式（1889—1911），字梦桃，号翰轩，江苏淮安人，南社社员。肄业于江北高等学校，后入南京师范学校。毕业后任教于安徽宣城县高等小学堂等地，兼任上海、香港、宛平诸报社通讯。

⑥ 周人菊：《周烈士就义始末》，扬州师范学院历史系编《辛亥革命江苏地区史料》，香港：大东图书公司，1980年，第353页。

激励“天下仁人志士、英雄俊杰”之心。1909年，周实与同乡周人菊[①]一同参加南社。为了与南社做桴鼓之应，周实与阮式等于1911年6月在南京创立淮南社，号召当世作者“以其芳馨悱恻之思，慷慨悲歌之气，发为诗歌文章”，效法屈原、诸葛亮等以期挽救危亡。[②] 淮南社“因文字而导其保种爱类之心，以端其本”[③]，一时之间“淮上志士，纷纷往归，以文字宣传革命，与海上南社相呼应”[④]。武昌起义的消息传到南京时，周实联合南京各校学生700余名，准备于11月7日（农历九月十七）举事，光复南京。11月3日，周实赴沪与柳亚子等南社诸同志讨论时局，后听从柳亚子建议返淮准备光复山阳。[⑤] 周实在山阳召集旅沪宁回淮学生及山阳城中各校学生八九十人，组织学生队，周实任队长，阮式任副队长。数天后，学生队与当地团练乡勇合并为巡逻部，周实与阮式分任正、副部长，两人不仅与巡逻部员“荷枪持械，巡缉数日夜不辍”[⑥]，且“调度有方，众部员亦皆谨守其规制，无违背部章行动”[⑦]。11月12日，周实等五人赴清河议事，山阳县令姚荣泽等广泛散布周实“杀官劫绅”之谣言。14日，周、阮二人组织在旧漕署召开光复会议，“城中到者数千人”而姚荣泽等旧官吏并未参加。第二天，周、阮当面斥问姚不参会之故，并“严诘其漕银数目及存在地点”。姚归去以后，即与典史周域邠、参将杨建廷合议谋杀周、阮，“谋杀之局遂定”。11月17日，劣绅何钵山邀周实午餐，饭后在府学宫前有人持姚荣泽名帖，邀周实赴学宫议事。周实入学宫后，周域邠即以快枪迎击，周问其故而“第二丸已至，中要害倒地，复发五丸，遂毙”。[⑧] 接着，杨建廷以“实丹约君议事的名义”诓骗阮至府学，“一刀贯胸，腹裂肠流”，惨烈异常。[⑨] 姚荣泽还将周、阮两家的家人抓起来，逼着他们出具认罪甘结，承认周、阮是土匪。

周阮案是辛亥鼎革时期南社成员参与最为广泛、最为投入的事件，柳亚子在日后回忆称：“在这个时候，我是把全生命都交给周、阮一案了。”[⑩]为了助牺牲的社员昭雪复仇，南社成员依托其社群交往网络，在领导人柳亚子的主持下，广为联络，集全社团之力，发起了一场以上海为中心，各地纷纷响应的声势浩大的要求惩办元凶、为烈士昭雪的活动。一方面，他们凭借群体的文化权力和社会声望，利用手中掌控的报刊媒体发表大量揭露事实真相、声讨元凶的文章，并联络其他社会组织共同发起烈士追悼会，争取社会舆论的支持；另一方面，社团中掌握军政实权的社员与社团骨干成员紧密协作，合力向政府施压，以求最终实现惩凶的目标。

---

① 周人菊（1885—1940），名伟，淮安人。1907年与周实入两江师范学堂，辛亥年山阳光复时任巡逻部庶务。周阮遇难时，他在清河，后为周阮昭雪积极奔走，搜集周实遗稿，编校了《无尽庵遗集》。

② 周实：《淮南社启》，周实、阮式《无尽庵遗集：外一种》，朱德慈校，西安：陕西人民出版社，2009年，第229页。

③ 姚光：《淮南社启》，《南社丛刻》第1册，第733—734页。

④ 郑逸梅：《南社丛谈：历史与人物》，第145页。

⑤ 白坚：《论南社辛亥烈士周实》，《学术月刊》1981年第9期，第36—42页。

⑥ 周人菊：《周烈士就义始末》，扬州师范学院历史系编《辛亥革命江苏地区史料》，第354页。

⑦ 汪纯青：《淮安光复前后》，扬州师范学院历史系编《辛亥革命江苏地区史料》，第347页。

⑧ 周人菊：《周烈士就义始末》，扬州师范学院历史系编《辛亥革命江苏地区史料》，第355页。

⑨ 阮式一：《先兄梦桃先生行述》，扬州师范学院历史系编《辛亥革命江苏地区史料》，第359页。

⑩ 柳亚子：《南社纪略》，第41页。

对周阮案最早作出反应的是周人菊，他在事发当晚逃离山阳后即发书柳亚子、朱少屏等社友告哀，随后陪同周、阮的家人辗转抵达上海与柳亚子商讨复仇昭雪之事。周人菊没有直接向革命军政府求援而选择南社，一方面可以归因于他对南社的认同感与归属感，另一方面也可以看出他对南社社群交往网络实力的信任。柳亚子在《南社纪略》中曾记载上海光复前有人致信南社，认为南社人才济济，“虽以文学为名，实有救时之志”，希望南社诸子能在此“正丈夫用武，英雄得志之秋”发动义举，光复江南。[①] 此事颇可印证南社在当时社会上的声望。

闻知噩耗的柳亚子率先在《天铎报》发表《周烈士实丹传》，宣传周实的革命事迹，呼吁为周、阮昭雪。此后又陆续在《天铎报》《大汉报》发表《山阳笛》等文章，号召南社成员“手缚姚贼而枭其头，以存人道而保治安”[②]。随即周人菊等南社社友亦相继在报刊上撰文揭露姚荣泽罪状，呼吁“科姚贼以应得之罪，庶天理当、人心安，为光复新世界立一平允狱案”[③]。当南京临时政府实业总长张謇主张罚姚出金钱抚恤周阮遗族以了此案时，柳亚子不满张氏兄弟包庇元凶，撰文严词反驳，认为即使《清律》“犹以私和人命为禁，总长何人，敢冒不韪”，要求交出凶手，否则“义旗还指，首在南通”。[④]

在发动舆论攻势的同时，柳亚子与南社中掌握军政实权的社员沪军都督陈其美等商议为周、阮昭雪复仇，“英士许之，并力任其难”[⑤]。周阮案发后，驻扎淮上的镇江军政分府支队，在南社成员的呼吁下要查究此案，姚荣泽闻讯潜逃至南通，“借张督庑下为逋逃薮”。陈其美以沪督身份行文南通“秘拿姚贼，解申讯办”，而通州分府拘捕姚荣泽后，通州总司令张督“力庇抗”，[⑥] 匿不解申。此时，淮安学团顾振黄等50余人、乔树森等10余人公禀，要求提姚荣泽到案对质，陈其美派员到通州提解，张督以“大总统令江苏都督彻查周阮案”为由拒不解送。陈其美遂于2月4日致电临时大总统孙中山以及司法部伍廷芳、吕志伊等，要求临时政府饬电南通军政分府将姚解沪法办，强调：“吾辈之所以革命者，无非平其不平。今民国方新，岂容此民贼、汉奸戴反正之假面具，以报其私仇，杀我同志？其美不能不为人昭雪，虽粉身碎骨，有所不辞。”[⑦]与此同时，南社社员宁调元致书柳亚子，建议南社社友联名致电孙中山，要求将姚荣泽提案究办。6日，宁调元、柳亚子等五人联电孙中山，请其电饬张督解姚讯办。[⑧] 为迫使南京临时总统府同意惩治元凶，柳亚子在陈其美的授意下起草了洋洋数千言的电报致电南京，甚至不惜以武力相威胁：“倘若张督再不就范，我们便不管三七二十一，要派兵舰去攻打南通了。”[⑨]

---

① 柳亚子：《南社纪略》，第37页。
② 柳亚子：《山阳笛》，《天铎报》1911年12月5日，第3版。
③ 周伟仁：《山阳民贼姚荣泽罪状》，《民立报》1912年1月15日，第8版。
④ 柳亚子：《实业总长之金钱主义》，《天铎报》1912年2月9日，第3版。
⑤ 周人菊：《周烈士就义始末》，扬州师范学院历史系编《辛亥革命江苏地区史料》，第355页。
⑥ 周人菊：《周烈士就义始末》，扬州师范学院历史系编《辛亥革命江苏地区史料》，第356页。
⑦ 陈其美：《致孙中山、伍廷芳、吕志伊电》，《民立报》1912年2月6日，第3版。
⑧ 宁调元等：《致孙中山电》，《民立报》1912年2月8日，第3版。
⑨ 柳亚子：《南社纪略》，第40页。

迫于南社成员以及社会各界的压力，姚荣泽以及山阳县士绅打算以赔偿死者家属的方式将此案私了。山阳县诸绅认为，应将姚荣泽等罚银 8 000 元，以赔偿周阮家属的损失，“罚 2 000 元，以为周阮建祠、迁葬、刊稿之用；罚 6 000 元，以为地方公益之用”①。他们认为，这种调停息争，不仅能使姚免于“羁绁”之苦，也可使地方免受诉讼之累。姚荣泽及山阳、南通等守旧势力的百般推卸责任，引起柳亚子等南社骨干的坚决抵制与不满。为引起全社会的响应、揭露姚荣泽的罪行及表彰先烈事迹起见，高旭、柳亚子以南社代表的名义与克复学报社代表李瑞椿、淮安学团代表顾振黄联名在《天铎报》刊登启事，定于 2 月 11 日为周阮召开追悼会。② 此次追悼会到会者，男宾百余人，女宾二十余人，柳亚子作了一篇慷慨激昂的祭文，痛责“姚荣泽又何以至今生也?!”“何以孙中山、黎宋卿至今不杀?”随后，沪军都督代表、自由党代表等社会各界人士相继演说，“均激昂慷慨，誓殛姚荣泽，为两烈士复仇”。③

在以柳亚子为代表的南社成员的大力呼吁下，加以沪军都督府并社会各界的支持，张謇无奈将姚荣泽交给江苏都督程德全，程于 2 月 23 日将姚转解至沪。3 月 13 日，南社在上海愚园组织第六次雅集，席间社员提议为周、阮编辑遗集。柳亚子表示“仇首未枭，死者不瞑目，生者将何以为情乎”④，呼吁让姚荣泽抵命。此时，司法总长受张謇的运动反对沪军都督府将姚军法处置，基于此，沪军都督府组织混合裁判法庭于上海市政厅公开审判姚荣泽，最终判决姚以谋杀定死刑，其同谋之周域邠、杨建廷、何钵山等九人各得罪有差。⑤ 4 月 13 日，柳亚子、朱少屏、周人菊等十余名南社社员联名致电陈其美，要求行文山阳民政长为周、阮二烈士迁葬、建立专祠，不久，山阳当地人士即将城内天妃宫东侧开元寺旧址改建为周阮烈士祠。至此，柳亚子等南社社员为社友周、阮二烈士昭雪的目的基本达到。

周阮案的审理是辛亥鼎革之际南社社员持续关注的事件，柳亚子、陈其美、徐宗鉴等南社社友为惩办凶手、伸张正义，以南社社群交往网络为依托，以报刊媒介为途径，以追悼会、社员雅集及建专祠等象征性活动为手段不断向政府施压，并一度达成了昭雪与惩凶的目的，显示了士人结社所建构的社群交往网络的力量。然而，由于袁世凯颁布《临时大总统令》特赦姚荣泽，免其死刑改为终身监禁，姚荣泽的死刑终未能执行；尽管审判姚荣泽的陪审员、南社社员徐宗鉴坚决反对特赦姚荣泽并致书袁世凯抗争，但南社成员的惩凶努力终究以失败告终，如同柳亚子所讲的“几个书呆子，又中什么用呢?”⑥

综上所述，在近代社会转型期，江南士人通过结社营建新型社群交往网络以聚合士人群体，以此应对社会变革。南社以反清排满的民族主义思想为社群交往网络的思想基础，以雅集联谊

---

① 华友根：《民国元年姚荣泽案及其纷争述略》，《政治与法律》1989 年第 6 期，第 44 页。
② 杨天佑、王学庄编著：《南社史长编》，1912 年 2 月 6 日，第 243 页。
③ 《周阮两烈士追悼会纪事》，《天铎报》1912 年 2 月 12 日，第 1 版。
④ 杨天佑、王学庄编著：《南社史长编》，1912 年 3 月 13 日，第 266 页。
⑤ 周人菊：《周烈士就义始末》，扬州师范学院历史系编《辛亥革命江苏地区史料》，第 356 页。
⑥ 柳亚子：《南社纪略》，第 41 页。

为构筑社群交往网络的活动平台，以《南社丛刻》为社群交往网络的物质载体，对于南社成员之间的交流、其身份认同以及群体心理的整合起到了重要的作用，成功地建构社员的群体意识与归属感，建立起以江南士人为主体，以地缘、血缘、业缘为基础的跨地域社群交往网络。南社的社群交往网络在周阮案中表现出了积极作用，南社成员通过社团的社会交往活动所经营起来的群体声望，利用自身在社会舆论上的主导地位，发挥了文化权力对社会与政治的重要影响，在烈士的昭雪以及元凶姚荣泽的究办问题上发挥了重要的作用。而元凶最终并未受到应有惩罚也表明，近代转型期的士人结社所构筑的社会文化权力，在社会动荡中毕竟无力对抗专制权力的强力侵蚀。

（本文原发表于《史林》2014 年第 4 期。）

作者简介：

吴强华，上海师范大学人文学院历史系副教授。

民国时期松江青浦的地租减免惯例与农村社会经济秩序

——上海市档案馆藏松江"典于记"租册研究之一

邢丙彦

摘　要： 本文以上海市档案馆藏民国时期松江地主收租组织"典于记"租册为实证材料，分析民国时期松江青浦的地租减免惯例及其作用。本文认为，民国时期松江青浦仍延续着清以来苏南地区的地租减免惯例，具体有三种情况：一在农作物年景收成上的地租减免，二在农业生产用地上的地租减免，三在交纳地租时间上的地租减免。民国时期松江青浦的地租减免惯例在维持农村社会经济秩序上具有积极功能。具体说来，一是维护佃户的生产积极性，二是保证正常农业生产秩序，三是鼓励佃户及时交纳地租。

关键词： 松江"典于记"租册　松江　青浦　地租减免惯例

近代苏南地区地权高度集中，地主城居趋势亦明显。① 与地主城居化相适应，苏南地区出现了地主收租组织，专门为不在乡地主管理田产的收租与租佃事务。民国时期，苏南地区地主收租组织有各种名称：在苏州(吴县)称"某某栈"或"租栈"，在无锡称"仓房"，在常熟称"仓厅"。在松江则称"某某记"，如"新泰记"。② 然而，这种地主收租组织记载其历年收租事务的记录簿

---

① 20世纪30年代，苏州有90%的地主居住在城镇，常熟也有80%的地主居住在城镇。参见何梦雷《苏州、无锡、常熟三县佃租制度调查》，萧铮主编《民国二十年代中国大陆土地问题资料》，台北：成文出版社、美国：中文资料中心，1977年，总第33125、33130页。何梦雷的调查报告完成日期为"民国二十三(1934)年五月十四日"。

② 何梦雷：《苏州、无锡、常熟三县佃租制度调查》，萧铮主编《民国二十年代中国大陆土地问题资料》，总第33125、33129、33131页；"满铁"上海事务所调查室编：《江苏省松江县农村实态调查报告书》，上海："满铁"上海事务所，1940年，第67页。20世纪30年代费孝通将江苏吴江县地主收租组织称为"收租局"，见费孝通《江村经济——中国农民的生活》，北京：商务印书馆，2001年，第165页。另浙江平湖县地主收租组织亦称"租栈"，见周其忠《地主阶级的联合组织——平湖租栈联合办事所的几件罪证》，《文物》1965年第3期，第6—7、11页。

册却大都称之为“租册”或“租簿”。[①] 上海市档案馆藏有民国时期松江地主收租组织“典于记”的16册租册。[②] 松江“典于记”的16册租册记载了1918年至1941年间其在松江、青浦两县3000余亩租佃田地的收租事务。毫无疑问，松江“典于记”这批租册为苏南地区的农村社会经济研究，尤其是为民国时期松江、青浦两县的土地租佃制度研究提供了原始材料。现以松江“典于记”租册为核心实证材料，并结合其他相关记载，分析民国时期松江、青浦两县的地租减免惯例及其作用。

苏南地区农村至少从清代起，就存在着地租减免惯例。苏南地区的地租减免惯例可分为三种情况：一是在农作物年景收成上的地租减免，二是在农业生产用地上的地租减免，三是在交纳地租时间上的地租减免。考察松江“典于记”租册的收租记录可以发现，民国时期松江、青浦两县仍延续着清以降苏南地区的地租减免惯例。下面分别叙述。

一、农作物年景收成上的地租减免惯例

苏南地区农村，尽管租佃契约约定了租佃田地的地租额，但实际地租额则是依据当年本地区的“租成”而定。所谓“租成”是每年实际地租额与约定地租额之比例。[③] 每年的“租成”是根据当年本地区农作物的生长年景，丰年抑或歉岁，农作物的收成好坏，产量高抑或低而确定。自清以后，“江南民例，凡十分收成之年，则照额完租；九分收成者，只完九分八分之租，其余以次递减”[④]。因此，苏南地区农村，实际地租额依据当年本地区的“租成”而定应属一种地租减免惯例。

民国时期，松江、青浦两县延续着这种实际地租额依据当年本地区“租成”而定的地租减免惯例。松江“典于记”在松江、青浦两县的地租种类主要有“正租”与“实租”两种。所谓“正租”地

---

① 日本、美国等学术机构藏有清末民初苏州地主租栈的数百卷文书（包括租册、租簿、租由以及字条、信函等）。日本中国历史研究学者村松祐次和夏井春喜等利用这些文书，研究了“地主制度”（Landlordism）或“地主制”。参见村松祐次《近代江南の租栈——中国地主制度の研究》，东京：东京大学出版会，1970年；夏井春喜《中国近代江南の地主制研究——租栈关系簿册研究》，东京：汲古书院，2001年。我国也有学者利用清代苏州地区的租册研究了苏南地区粮食亩产量。参见刘永成《从租册、刑档看清代江苏地区的粮食亩产量》，《中国史研究》1994年第4期，第50—56页。

② 除注明出处外，本文引用的实证材料均出自上海市档案馆藏松江“典于记”租册。上海市档案馆档号Q244－01－00566项下藏有松江“典于记”14册租册，其中：5册松江租册，所属年代为1918—1922年、1923年、1928—1940年；6册青浦租册，所属年代为1923年、1928—1940年；另有2册松江青浦“寄仓户”租册，所属年代为1928年与1933年；以及1册“马三畏堂”租册，所属年代为1933年。上海市档案馆档号Q244－01－00569项下藏有松江“典于记”2册租册，分别为1941年松江租册与青浦租册。笔者尚未发现松江“典于记”1924—1927年松江租册与1918—1922年、1924—1927年青浦租册。另有专文论述松江“典于记”的收租和租佃事务。

③ 如契约地租额为1石，“租成”为“八成”，那么，实际地租额为契约地租额的80%；“租成”为“七三成”，那么，实际地租额则是契约地租额的73%。

④ 朱批奏折，《康熙乾隆时期城乡人民反抗斗争资料》上册，第11—12页，引自洪焕椿编《明清苏州农村经济资料》，南京：江苏古籍出版社，1988年，第580页。

租，又称“额租”“租额”。[①] 在租佃契约中约定了“正租”地租的地租额，“然此犹虚额，例以八折算之，小歉则再减”[②]。“正租”地租的实际地租额是依据当年本地区的“租成”而定。所谓“实租”地租，其地租额亦已经在租佃契约中约定，只是不论当年本地区年景收成如何，“实租”地租的地租额固定不变。[③] 因而“实租”地租是一种定额租。据租册统计，松江“典于记”在松江、青浦两县共有 3 000 多亩租佃田地，其中“正租”地租比例大大超过“实租”地租；另外，松江“典于记”在松江、青浦两县常年有 280 余户佃户，其中约五分之四的佃户交纳“正租”地租。[④] 松江“典于记”租册记载了 1918—1936 年松江、青浦两县“正租”地租的“租成”。[⑤] 现据租册记载，将 1918—1936 年松江、青浦两县“正租”地租的“租成”列表如下。

表 1　1918—1936 年松江、青浦的“租成”情况表

年　份	松江“租成”	青浦“租成”
1918	七七成(77%)	—
1919	七六成(76%)	—
1920	八成(80%)	—
1921	七八成(78%)	—
1922	七八成(78%)	—
1923	八成(80%)	八成(80%)
1928	七五成(75%)	七五成(75%)
1929	七三成(73%)	七三成(73%)
1930	八成(80%)	八成(80%)
1931	七七成(77%)	七七成(77%)
1932	七九成(79%)	七九成(79%)

① 苏州市博物馆藏苏州屈氏“慎余堂”租佃契约文书亦“正租”“额租”互称。见洪焕椿编《明清苏州农村经济资料》，第 586—609 页。而此类互称在松江“典于记”租册中亦多见，如 1918 年松江租册第 50 号佃户收租记录载“荡田又少故作额租七石”；又第 104 号佃户收租记录载“共种拾壹亩租额拾壹石”。

② 陶煦：《周庄镇志》卷 4《风俗》，引自洪焕椿编《明清苏州农村经济资料》，第 574 页。

③ 《乾隆乌青镇志》卷 2《农桑》：“照田根立券者曰虚租，有予议折实米数不论水旱者曰实租。”《中国地方志集成・乡镇志专辑》第 23 册，上海：上海书店，1992 年，第 235 页。

④ 另有专文论述松江“典于记”的地租额、地租率、地租形态和地租折租率等问题。

⑤ 1937 年夏秋，日军入侵苏南地区，当地农村社会秩序发生变化，无论是松江“典于记”收租，还是佃户交纳地租都无法正常进行。参见上海市档案馆档号 Q244-01-00593 项下藏松江“典于记”账房夏若望(柄南)的有关信函。

续　表

年　　份	松江"租成"	青浦"租成"
1933	七七成(77%)	七七成(77%)
1934	七七成(77%)	七七成(77%)
1935	七四成(74%)	七四成(74%)
1936	七七成(77%)	七七成(77%)
1918—1923 年平均	78.17%	—
1928—1936 年平均	76.56%	76.56%

据上表,1918—1936 年,松江、青浦两县"正租"地租的"租成"最高不过八成(80%),最低为七三成(73%)。其中,1918—1923 年 6 年间,松江县"正租"地租的"租成"平均略高于七八成(78.17%)。1928—1936 年 9 年间,松江、青浦两县"正租"地租的"租成"则平均不到七七成(76.56%)。

据租册记载,松江"典于记"是按照每年的"租成"向交纳"正租"地租的佃户收取地租。也就是说,交纳"正租"地租的佃户才能获得依"租成"交纳地租的地租减免。进一步分析租册记载,可以发现:即便依据每年的"租成"收交地租,松江"典于记"在松江、青浦两县的佃户还可再获得"荒让"的地租减免。所谓"荒让",即佃户租种田地因遭受灾害而获得部分或全部的地租减免。据租册记载,松江"典于记"在松江、青浦两县的佃户,无论交纳"正租"地租还是交纳"实租"地租,凡租种田地因遭受"水荒""旱荒""火灾""老荒"都可获得"荒让"的地租减免。① 实际上,"荒让"与"租成"性质相同,只是"租成"是根据当年本地区普遍的年景收成而确定的地租减免比例,"荒让"则是根据当年某一田地特殊的年景收成而确定的地租减免比例。因而"荒让"的地租减免比例不尽相同。如 1933 年青浦租册第 230 号与第 353 号佃户收租记录载:两户佃户均交纳"正租"地租,契约地租额同为 6 石;当年"租成"是"七七"成,实际地租额应为 4 石 6 斗 2 升;但是,两户佃户获得了"荒让"的地租减免,第 230 号佃户当年实际交纳地租为 4 石 1 斗 4 升,而第 353 号佃户当年实际交纳地租为 3 石 1 斗 3 升。两户佃户当年实际交纳地租额相差达 1 石以上,显然是租佃田地遭受的灾害程度有异,因而获得"荒让"的地租减免额有异。据租册记载:1931 年,松江"典于记"在松江、青浦两县有 77 户佃户获得了"荒让"的地租减免,超过松江"典于记"在松江、青浦两县 280 余户佃户的四分之一。现据租册记载,将 1931 年松江"典于记"在松江、青浦两县"荒让"的地租减免情况统计列表如下。

① 所谓"水荒""旱荒""火灾""老荒"即田地遭受水灾、旱灾、火灾和长年抛荒。

表 2　1931 年松江“典于记”在松江、青浦的“荒让”情况表

地　区	佃户数	租种面积(亩)	应交地租数*(石)	“荒让”数(石)
松江	26	327.65	197.03	59.04
青浦	51	1 283.10	464.47	140.19
总计	77	1 610.75	660.50	199.23

* 1931 年松江、青浦“租成”为“七七”成。

二、农业生产用地上的地租减免惯例

苏南地区农田多为圩田，修筑圩岸、排水沟洫对于农业生产具有十分重要的意义。故清代苏南地区民谚云“种田先做岸，种地先做沟”①。而修筑圩岸、排水沟洫均需取土于耕种田地，即须占用一定的耕种田地，因而影响耕种田地的实际面积。为此，清代苏南地区，佃户租种的田地可因修筑圩岸、排水沟洫获得地租减免。清人陈瑚《筑围说》载《筑围事宜》曰：“取土修岸，所毁田亩，本年量减租额，即着罱泥填补，次年仍照旧额债租。”②显然在苏南地区，佃户租种田地因修筑圩岸、排水沟洫而获得地租减免已成为一种惯例。

民国时期，松江、青浦两县延续了佃户租种田地可因修筑圩岸、排水沟洫而获得地租减免的惯例。在租册记载中可以发现，松江“典于记”在松江、青浦两县的佃户因租种田地修筑圩岸、排水沟洫而获得了地租减免。据租册记载，松江“典于记”的佃户获得这种地租减免可分为两种情况：一是在租佃契约中就佃户租种田地修筑有排水沟洫约定给予一定的地租额减免，二是依佃户租种田地当年发生修筑圩岸的实际情况而给予一定的地租额减免。

在租册记载中，松江“典于记”在松江、青浦两县的佃户因租种的田地修筑排水沟洫而获得的地租额减免称为“除水沟米”。进一步分析租册记载可以发现，松江“典于记”在松江、青浦两县交纳“正租”地租的佃户才可获得“除水沟米”的地租减免。如 1923 年松江租册第 37 号佃户收租记录载：该佃户租种田地为 15.5 亩，“正租”地租额为 12 石 5 斗；当年“租成”为“八成”，该佃户应交纳地租 10 石；由于获得“除水沟米二斗”的地租减免，该佃户当年实际交纳地租为 9 石 8 斗。另如 1923 年青浦租册第 224 号佃户收租记录载：该佃户租种田地为 8 亩，“正租”地租额为 8 石；当年“租成”为“八成”，该佃户应交纳地租为 6 石 4 斗；由于获得“除水沟(米)二斗”的地租减免，该佃户当年实际交纳地租为 6 石 2 斗。可见，“除水沟米”的地租减免是从当年应交地租额中减去减免额。据租册记载，1928—1936 年，松江“典于记”在青浦

① 钱泳：《三吴水利赘言》，《皇朝经世文编》卷 111《工政》，引自洪焕椿编《明清苏州农村经济资料》，第 209 页。
② 陈瑚：《筑围说》，《昆山新阳合志》卷 36《艺文》，引自洪焕椿编《明清苏州农村经济资料》，第 406 页。

县共有 3 户交纳“正租”地租的佃户每年都获得“除水沟米”的地租减免，地租减免额从 2 斗至 3 斗不等。

在租册记载中，除了“除水沟米”的地租减免，还有“除圩岸米”的地租减免。所谓“除圩岸米”即是佃户租种的田地因当年修筑圩岸而获得的地租减免。进一步分析租册记载可以发现，松江“典于记”在松江、青浦两县的佃户，无论是交纳“正租”地租，还是交纳“实租”地租，都可获得“除圩岸米”的地租减免。如 1933 年青浦租册第 222 号佃户收租记录载：该佃户租种田地为 19.5 亩，“正租”地租额为 19 石；当年“租成”为“七七成”，该佃户应交纳地租为 14 石 6 斗 3 升；由于获得了“除圩岸米三斗四升”的地租减免，该佃户当年实际交纳地租为 14 石 2 斗 9 升。另如 1933 年青浦租册第 230 号佃户收租记录载：该佃户租种田地为 5 亩，“实租”地租额为 3 石；该佃户应交纳地租为 3 石；由于获得了“除圩岸米八升”的地租减免，该佃户当年实际交纳地租为 2 石 9 斗 2 升。可见，“除圩岸米”的地租减免也是从当年应交地租额中减去减免额。据 1932—1933 年青浦租册记载：1932 年，松江“典于记”在青浦县有 11 户佃户获得了“除圩岸米”的地租减免；其中，佃户租种田地面积最小的为 4 亩，地租减免额为 6 升；佃户租种田地面积最大的为 24 亩，地租减免额为 4 斗 8 升。1933 年，松江“典于记”在青浦县有 44 户佃户获得了“除圩岸米”的地租减免；其中，佃户租种田地面积最小的为 3 亩，地租减免额为 5 升；佃户租种田地面积最大的为 41 亩，地租减免额为 8 斗。现据租册记载，将松江“典于记”1932—1933 年在青浦县“除圩岸米”的地租减免情况统计列表如下。

表 3　1932—1933 年松江“典于记”在青浦的“除圩岸米”情况表

年　份	佃户数	租种面积(亩)	应交地租数*(石)	“除圩岸米”数(石)
1932	11	96.70	76.50	2.18
1933	44	560.95	392.72	10.56

* 1932 年“租成”为“七七”成，1933 年“租成”为“七九”成。

三、交纳地租时间上的地租减免惯例

清代苏南地区，随着地主城居化，秋收过后，佃户须将地租送交在城镇的地主粮仓。为鼓励佃户及时送交地租，地主设立了交纳地租的不同限期，依据不同限期给予一定的地租额减免。如苏州地区地主租栈“择立冬时开仓收租。先期发租繇，令催甲派给，有头限、二限、三限之日。逢限免米若干”①。所谓“头限、二限、三限之日”，即“收租之期，自来以十日为一限，三限而止。

① 袁景澜：《吴郡岁华纪丽》卷 10，引自洪焕椿编《明清苏州农村经济资料》，第 573 页。

头限则让租一斗，依次递降，所以奖佃农之踊跃者”[①]。大约在清光绪(1875—1908)年间，苏南地区的佃户送交地租已成常态。如在青浦，“曩时田主携斗斛就佃量米，谓之讨租。光绪初，田主设限，更令农民送仓，谓之还租”[②]。因而在苏南地区，佃户交纳地租可“逢限免米若干”也是一种地租减免惯例。

民国时期，松江、青浦两县延续了这种“逢限免米若干”的地租减免惯例。上海市档案馆藏有民国七年(1918)松江“典于记”给其松江县佃户的“租繇”。[③] 该“租繇”称：松江“典于记”“择于十一月初二日开仓。首限十一月初二日起至十一月廿六日止每石免米贰斗五升；贰限十一月廿七日起至十二月十二日止每石免米贰斗〇升；叁限十二月十三日起至十二月廿六日止每石免米壹斗五升”。可见，较之上述“十日为一限”，“头限则让租一斗”，松江“典于记”的“逢限免米若干”，无论是设定的交纳地租限期，还是各限期的地租减免额度，都显得宽容与优惠。然而，考察1918—1936年松江、青浦两县租册的收租记录，松江“典于记”在松江、青浦两县的佃户是依照每年的“租成”交纳地租，似乎并未施行“逢限免米若干”的地租减免。但是，在租册记载中，仍可发现涉及交纳地租限期的相关记载。如1936年松江租册第34号佃户收租记录中有佃户交纳地租“逾限二日”的记载，第74号佃户收租记录有佃户交纳地租“逾限三日”的记载；1933—1940年青浦租册第343号佃户收租记录又有佃户交纳地租“二限加五升”的记载。

既然松江“典于记”设立了交纳地租限期，那必然涉及“逢限免米若干”的地租减免。进一步分析租册记载可以发现，民国时期，松江“典于记”在松江、青浦两县施行了“逢限免米若干”的地租减免，只不过佃户获得这种地租减免有一定的条件限制。据租册记载，松江“典于记”在青浦县有一部分交纳“实租”地租的佃户获得了“限前九折”的地租减免。所谓“限前”即在规定的交纳地租限期之前，“限前九折”即佃户在规定的交纳地租期限之前交纳地租便可获得应交纳地租额“九折”的地租减免。在规定的交纳地租期限之前交纳地租可获得一定的地租额减免，民间俗称“飞限”[④]，这也是清代以后苏南地区的一种地租减免惯例。1923、1928—1936年，松江“典于记”在青浦县有一部分交纳“实租”地租的佃户获得了“限前九折”的地租减免。如1923年青浦租册第290号佃户收租记录载：该佃户租种田地为40亩，“实租”地租额为10石5斗；由于获得“限前九折”的地租减免，该佃户当年实际交纳地租为9石4斗5升。现据租册记载，将松江“典于记”在青浦县“限前九折”的地租减免情况统计列表如下。

---

① 陶煦：《周庄镇志》卷4《风俗》，引自洪焕椿编《明清苏州农村经济资料》，第574页。

② 《民国青浦县续志》卷2《疆域下·风俗》，《中国地方志集成·上海府县志辑》第6册，上海：上海书店，1991年，第638页。

③ 上海市档案馆藏，档号：Q244-01-0056。“租繇”(亦作“租徭”“租由”)，即送达佃户的地租交纳通知书。

④ 《民国昆新两县续补合志》卷1《风俗》云：佃户“不及期而输纳者曰飞限。飞限者有让一斗或二斗或数升”。《中国地方志集成·江苏府县志辑》第17册，南京：江苏古籍出版社，1991年，第324页。

表 4　1923、1928—1936 年松江“典于记”在青浦的“限前九折”情况表

年　份	佃户数	租种面积(亩)	“实租”地租数(石)	“限前九折”地租数(石)
1923	12	824.6 (其中作圩岸田 145)	208.3	187.47
1928—1932	14	777 (其中作圩岸田 103)	165.7	149.13
1933—1936	14	757 (其中作圩岸田 120)	165.7	149.13

据上表,松江“典于记”在青浦县有一部分交纳“实租”地租的佃户获得了“限前九折”的地租减免,而且这部分获得“限前九折”地租减免的佃户都是一些大佃户。据租册记载,1923 年,松江“典于记”在青浦县有 12 户佃户获得了“限前九折”的地租减免;其中,租种田地最多的一户佃户租种田地多达 246 亩(其中作圩岸田 40 亩),租种田地最少的一户佃户租种田地为 24 亩;12 户佃户平均租种田地达 68 亩余。1928—1932 年,松江“典于记”在青浦县有 14 户佃户获得了“限前九折”的地租减免;其中,租种田地最多的一户佃户租种田地为 117 亩(其中作圩岸田 25 亩),租种田地最少的一户佃户租种田地为 24 亩;14 户佃户平均租种田地达 55.5 亩。1933—1936 年,松江“典于记”在青浦县仍有 14 户佃户获得了“限前九折”的地租减免;其中,租种田地最多的一户佃户租种田地仍有 117 亩(其中作圩岸田 25 亩),租种田地最少的一户佃户租种田地仍为 24 亩;14 户佃户平均租种田地达 54 亩余。“苏松土狭人稠,一夫耕不能十亩”①,或云“一夫佃而仅可十多亩”②。由此可见,获得“限前九折”地租减免的佃户都是一些大佃户。这些大佃户租种田地面积远远超过苏南地区普通农户普遍耕种的田地面积。

除了“限前九折”的地租减免,在租册记载中,松江“典于记”在松江、青浦两县有一部分交纳“正租”地租的佃户获得了“照限减”若干升的地租减免。所谓“照限减”若干升应是佃户在规定的交纳地租限期内交纳地租便可获得一定的地租额减免。如 1923 年松江租册第 64 号佃户收租记录载:该佃户租种 12 亩田地,“正租”地租额为 12 石;当年“租成”为“八成”,应交纳地租 9 石 6 斗;由于获得“照限减四升”的地租减免,即“正租”地租额 12 石,每石可“照限减四升”,共减免 4 斗 8 升,该佃户当年实际交纳地租为 9 石 1 斗 2 升。另如 1923 年青浦租册第 305 号佃户收租记录载:该佃户租种 10 亩田地,“正租”地租额为 10 石;当年“租成”为“八成”,应交纳地租 8 石;由于获得“照限减五升”的地租减免,即“正租”地租额 10 石,每石可“照限减五升”,共减免 5 斗,该佃户当年实际交纳地租为 7 石 5 斗。

① 张海珊:《甲子救荒私议》,《皇朝经世文编》卷 43,引自洪焕椿编《明清苏州农村经济资料》,第 613 页。
② 《珠里小志》卷 3《风俗》,《中国地方志集成・乡镇志专辑》第 2 册,上海:上海书店,1992 年,第 508 页。

松江“典于记”在松江、青浦两县共有3 000多亩租佃田地，常年有280余户佃户，然而，仅一小部分佃户获得了“照限减”若干升的地租减免。据租册记载，1918—1922年，松江“典于记”在松江县有1户佃户获得“照限减三升”的地租减免；1923年，松江县有6户佃户获得“照限减”2升、3升、5升与6升不等的地租减免；1928—1932年，松江县又增加了1户佃户，共有7户佃户获得“照限减”2升、3升、4升、5升与6升不等的地租减免；1933—1936年，松江县仍有14户佃户获得“照限减”2升、3升、4升、5升、6升与“壹斗”不等的地租减免。另外，1923年，松江“典于记”在青浦县有7户佃户获得了“照限减”2升、3升、4升、5升与“一成”不等的地租减免；1928—1932年，青浦县又增加了3户佃户，共有10户佃户获得“照限减”2升、3升、4升、5升不等的地租减免；1933—1936年，青浦县仍有8户佃户获得“照限减”2升、3升、4升、5升不等的地租减免。松江“典于记”在松江、青浦两县“照限减”的地租减免额有2升、3升、4升、5升、6升、“一成”或“壹斗”不等。松江“典于记”在松江、青浦两县以“正租”地租额计算“照限减”的地租减免额，那么，这种“照限减”若干升的地租减免应在订立租佃契约时就约定了。至于为何松江“典于记”在松江、青浦两县仅有部分佃户获得“照限减”若干升的地租减免，尚有待探索分析。

结　语

综上所述，民国时期松江、青浦两县仍延续着清以降苏南地区的地租减免惯例。而这一现象表明，有清以来苏南地区的地租减免惯例具有一定的生命力。具体来说，地租减免惯例具有如下积极的社会功能。

一、农作物年景收成上的地租减免惯例维护了佃户的生产积极性。传统社会农业生产受气候、生态等自然条件制约，而气候、生态等自然条件变化则导致自然灾害发生，进而每年农作物年景收成会有波动，松江“典于记”依照松江、青浦两县的“租成”确定每年实际地租额和给予受灾佃户以“荒让”的地租减免，不仅具有一定的合理性，也有利于灾后佃户恢复生产，维护了佃户的生产积极性。

二、农业生产用地上的地租减免惯例保证了农业生产的正常秩序。苏南地区地处长江三角洲，河道纵横、水网密布，圩田是农田的基本形式。农田水利建设是苏南地区农业生产的关键，而修筑圩岸、排水沟洫是农田水利的基本建设，是农业生产的根本保证。松江“典于记”在松江、青浦两县施行“除圩岸米”“除水沟米”的地租减免，通过补偿佃户因租种田地修筑圩岸、排水沟洫而发生的损失，维护了农田水利的基本建设，保证了正常的农业生产秩序。

三、交纳地租时间上的地租减免惯例则鼓励了佃户及时交纳地租。尽管松江“典于记”似乎未普遍施行“逢限免米若干”的地租减免惯例，但是，松江“典于记”在松江、青浦两县给予一部分佃户以“限前九折”或“照限减”若干升的地租减免，提升了佃户及时交纳地租的积极性。尤值得注意的是，松江“典于记”在青浦县给予一部分大佃户以“限前九折”的地租减免，这不仅鼓励了这些大佃户及时交纳地租，也提高了这些大佃户的生产积极性。

总而言之，民国时期松江、青浦两县仍延续着清以来苏南地区的地租减免惯例，在促进农业生产、维持农村社会经济秩序方面具有一定的积极作用。同时，民国时期松江、青浦两县的地租减免惯例，在维持农村社会的土地租佃关系方面也起到了一定的积极作用，当然，最终则维持了农村社会的土地租佃制度。

（本文原发表于《上海师范大学学报》2004 年第 4 期，第 99—104 页；此次发表修订了行文语句用词和标点符号，并依照要求重新编排了注释。）

作者简介：

邢丙彦，上海师范大学人文学院副教授。1978—1984 年就读于上海师范大学历史学系，获历史学学士、硕士学位；1985—2016 年任教于上海师范大学历史系、社会学系；其间就读在职博士研究生，获历史学博士学位。另，2006—2019 年任中国近现代史硕士研究生导师。

建党先驱与黄埔军校

邵 雍

摘 要: 黄埔军校初创时期,建党先驱李大钊、毛泽东、施存统、陈公培、包惠僧等人以各种方式给予支持和帮助。建党先驱选送了一大批共产党员革命青年进校接受锻炼,在各方面作出了很大的贡献,在校史乃至中国革命史上写下了不可磨灭的一页。但由于党尚处幼年时期,对于在民主革命中如何处理统一战线与武装斗争的关系、政治工作与军事工作的关系缺乏经验,不做军事运动专做民众运动,在军队内部也只做政治宣传,不抓军事行政,导致黄埔军的指挥权仍掌握在蒋介石和其他旧军人手中,留下了血的教训。

关键词: 孙中山 黄埔军校 毛泽东 农民运动讲习所 政治工作

1920 年 8 月,陈独秀等 5 人在上海成立中国共产党早期组织;1921 年 7 月,召开了中共一大。中国共产党的成立,深刻改变了近代以来中国人民和中华民族的前途和命运。这一历史性的改变也充分体现在中国共产党稍后与民主革命先行者孙中山的合作上。黄埔军校初创时期,建党先驱李大钊、毛泽东、施存统、陈公培、包惠僧等人以各种方式给予支持和帮助。通过他们,一大批共产党员革命青年先后进校,接受革命锻炼,在各个方面,特别是政治工作方面作出了很大的贡献,在校史乃至中国革命史上写下了不可磨灭的一页。

一、毛泽东等人与黄埔军校

1924 年,黄埔军校首批招生,许多地方主要依靠共产党和社会主义青年团的地方组织进行。时任国民党上海执行部秘书处文书科主任、组织部秘书的毛泽东在上海主持了黄埔军校招生在长江流域及其以北各省的复试工作,①亲自招生 100 多名,占这期学生总数的 20%,其中就有来自山西的徐向前等十几人。1924 年 5 月,曹渊从上海考入黄埔军校,他之前在上海大学听

---

① 根据招考规定,报考黄埔军校第一步是各省区的初试,第二步是大地区范围内的复试,第三步是军校的总考试。国民党中央决定,长江流域及其以北各省的复试工作由上海执行部全权办理。

过课。黄埔一期毕业前，加入中国共产党。[①]

毛泽东在上海推荐蒋先云（湖南新田人）、赵枬（湖南衡山人）[②]、李汉藩（湖南衡阳人）、伍文生（湖南醴陵人）、张际春（湖南耒阳人）、李焜（湖南安化人）等六人报考黄埔军校。他是蒋先云和赵枬的入党介绍人，也是李汉藩、伍文生和张际春追求真理的启蒙教师。蒋先云进校前说过："闹革命就要有枪杆子。现在还不抓枪杆子，更待何时？"[③]他以考试第一名的成绩进入黄埔军校后表现出色，毕业后留校任政治部秘书。

1954 年 10 月 18 日，毛泽东在国防委员会第一次会议上说："我还曾经在上海为黄埔军校招过一期学生，地址是上海环龙路四十四号。"[④]时任国民党上海执行部宣传部指导干事的施存统也推荐了赵枬、杨晋先报考黄埔军校，并在上海复试时担任监考。施存统是中国第一个共产党早期组织的发起人之一。党的一大后，他在东京介绍杨嗣震加入中共，1924 年冬，杨嗣震到广州任黄埔军校政治部科员。[⑤] 1922 年，施存统在上海介绍鲁平阶加入中共；[⑥]三年后，鲁平阶作为第四期政治大队第二队学生进入黄埔军校。施存统在 1924 年 1 月 13 日中共上海地委兼区委开会时提议："广州办军官学校问题——希望多派同志去。"[⑦]

黄埔军校除学习政治军事课程外，还经常举行演讲会，邀请校外的名人学者前去演讲。1926 年 9 月 3 日，毛泽东应邀到校讲演，他在讲话中指出，黄埔是革命军事策源地，黄埔同学是武装战斗的骨干，又是宣传、组织、训练配合作战，保证胜利的领导者，是一身二任的革命干部，肩上的责任很重。两次东征、两次平叛的胜利，证明你们是能工巧匠，优秀的革命人才。他说，国内外革命形势于我有利，苏俄及各国工会大力支持，各省工农及学生热烈拥护我们革命政府，正是北伐打倒帝国主义及军阀的良好时机，只要团结奋斗，必能获得胜利，实现独立、民主、富强的新中国。

1926 年 5 月至 9 月毛泽东主持的第六期广州农民运动讲习所与黄埔军校有密切的联系。1926 年春，共产党员张秋人奉命从上海南下广州，协助国民党中央代理宣传部长毛泽东办《政治周报》。6 月《政治周报》停刊后，张秋人先在广州农讲所担任教员，后到黄埔军校担任入伍生部和第四、第五期学员的政治教官。[⑧] 毛泽东的胞弟毛泽覃 1925 年秋来到广州，在黄埔军校任政治部科员，也曾经到过广州农讲所。[⑨]

中共广东区委于每星期日在广州农民运动讲习所召开党小组组长以上骨干分子会议，黄埔

---

① 马子奎：《曹渊》，《中共党史人物传》第 5 卷，西安：陕西人民出版社，1982 年，第 70—71 页。
② 曾庆榴：《共产党人与黄埔军校》，广州：广州出版社，1983 年，第 327 页。
③ 蒋忠文：《蒋先云》，《中共党史人物传》第 1 卷，西安：陕西人民出版社，1980 年，第 214 页。
④ 中共中央文献研究室编：《毛泽东文集》第 6 卷，北京：人民出版社，1999 年，第 355—356 页。
⑤ 曾庆榴：《共产党人与黄埔军校》，第 82 页。
⑥ 曾庆榴：《共产党人与黄埔军校》，第 201 页。
⑦ 本书编委会编：《20 世纪 20 年代的上海大学》上卷，上海：上海大学出版社，2014 年，第 232—233 页。
⑧ 叶炳南：《张秋人》，《中共党史人物传》第 9 卷，西安：陕西人民出版社，1983 年，第 180—182 页。
⑨ 曾庆榴：《共产党人与黄埔军校》，第 182 页。

军校赴农讲所参加学习者，每次均有七八十人至百来人，来回派电船接送。第四期学员裘树凯回忆："凡是中共党员，规定(每星期日)上午在农民协会礼堂上党课一至三小时。"第四期学员李联珍回忆："1926 年在广州农民运动讲习所学过一年党义。"①

1926 年 11 月，广州农讲所专职教员、共产党员萧楚女奉派到黄埔军校任政治教官。12 月 24 日，萧楚女被聘为军校国民党特别党部政治顾问，"解答一切党务上、政治上重要问题，指示一切党务上、政治上必须讨论之问题"②。在黄埔第一期学员徐向前印象中，经常发表文章的萧楚女"文笔流畅、犀利，很吸引人"③。黄埔军校政治部秘书聂荣臻回忆说，萧楚女是"最受学生欢迎的政治教官"之一。④ 毛泽东 1964 年赞扬萧楚女："我是很喜欢他的，农民运动讲习所教书，主要靠他。"⑤

农讲所是一些黄埔学员加入共产党的地方。1926 年 5 月，黄埔军校第四期学员饶绘峰的入党宣誓仪式在农讲所举行。⑥ 因革命工作需要，李运昌等 17 名黄埔四期生毕业后经农讲所再培训后去各地工作。⑦ 青年团员李运昌是经中共北方区委书记、国民党北京执行部负责人李大钊介绍前来黄埔军校的。1925 年 10 月，李大钊在国民党北京执行部对李运昌和他的同学孙鸿祥说：现在广州黄埔军校正在北京招生，我们党需要军事人才，你们去那里学了军事，将来对革命有用处。10 月底，李运昌到达广州后与中共广东区委书记陈延年接上关系，被介绍到黄埔军校，编入入伍生第二团第五连。这年 11 月，黄埔军校的中共党总支把李运昌和孙鸿祥都转为中共党员。1926 年 2 月经考试，李运昌被正式编入黄埔军校第四期政治科第二中队，同年 10 月，参加农民运动讲习所干部特别训练班，学习研究农民运动问题，准备搞农军工作。毛泽东知道李运昌是李大钊选派来的后，嘱咐他好好读一读李大钊的文章《土地与农民》。⑧ 与李运昌有相同经历的还有李芳岐。1925 年 10 月，李芳岐经李大钊介绍从北京报考黄埔军校，提前毕业后，在农讲所学习了两个月。⑨

1926 年春，共产党员安体诚来到黄埔军校，先后担任政治教官、政治部宣传科长，主编《黄埔日刊》。他在军校工作期间，常到农讲所和广州劳动学院讲授"共产主义问题"、统计学等课程。⑩ 安体诚原属于中共北方区委系统，根据李大钊的安排，当过交通部铁路密查员(后改称"视学")，实际上是中共开展铁路职工运动的特派员。这年在黄埔军校任政治教官的韩麟符，也

---

① 曾庆榴：《在化解危局中稳步前行——中山舰事件后共产党人维护黄埔军校的若干举措》，《团结报》2024 年 4 月 11 日，第 5 版。

② 曾庆榴：《共产党人与黄埔军校》，第 282 页。

③ 徐向前：《历史的回顾(上)》，北京：解放军出版社，1984 年，第 29 页。

④ 聂荣臻：《聂荣臻回忆录(上)》，北京：战士出版社，1983 年，第 46 页。

⑤ 李倩文等：《肖楚女》，《中共党史人物传》第 1 卷，第 192 页。

⑥ 曾庆榴：《共产党人与黄埔军校》，第 194 页。

⑦ 曾庆榴：《共产党人与黄埔军校》，第 211 页。

⑧ 杜士林：《李运昌》，《中共党史人物传》第 84 卷，北京：中国人民大学出版社，2017 年，第 104—105 页。

⑨ 曾庆榴：《共产党人与黄埔军校》，第 203 页。

⑩ 张守宪：《安体诚》，《中共党史人物传》第 32 卷，西安：陕西人民出版社，1987 年，第 198 页。

是 1923 年经李大钊介绍加入共产党的。[①] 李大钊在一次讲话中指出，黄埔军校创办“不过两年光景，广东的党军已经将广东全省的反革命势力肃清”。他号召共产党员和有志青年投考黄埔军校，加入黄埔军校所造就的“可称为人民的武力的党军”中去。[②]

中共一大代表何叔衡与黄埔军校也有关系。何叔衡参加国民党一大回到湖南长沙后，立即通知党的基层组织，推选党团员或进步青年到中共湘区委员会所在地清水塘考选。他通过一些报刊渠道散布招生信息，然后秘密召集报名青年进行初试。据郭一予回忆：“我于三月的某天晚上，秘密地到清水塘去报考。只写了一篇文章，题目是‘试述投考黄埔军校的志愿’。其他数学理化等都没考。过了几天，何叔衡同志当面告诉我说：‘你已取了。’晚上到清水塘去办手续、填表、领路费……（何叔衡）嘱咐我们：行动要秘密，分散搭火车轮船到汉口后，再搭轮船到上海去见毛委员。”[③]何叔衡的女婿夏尺冰，1925 年秋进黄埔军校，后在黄埔入党。[④]

二、陈公培等人在黄埔军校

陈公培是中国第一个共产党早期组织的发起人之一。1921 年 12 月从法国回国，中共中央局派他到海南岛开展建党工作。留法勤工俭学同学鲁易、罗汉当月到琼州（今海口市），在省立第六师范学校以教书掩护地下工作，并参与编辑徐成章主持的《琼崖旬报》，宣传革命思想。1922 年秋，经陈公培请示中共中央同意，吸收鲁易、罗汉等 10 多人入党，建立了海南岛最初的共产党组织。[⑤]

1923 年 5 月之前，鲁易赴福建泉州军中；徐成章在广州湘、粤、桂联军某支队司令部任参谋长。1924 年 11 月，黄埔军校政治部主任周恩来从粤军中调出鲁易到军校担任政治部秘书，派徐成章到军校担任特别官佐。不久，周恩来兼任东征军政治部主任，委托鲁易留校主持部务和政治教育。[⑥] 1925 年 8 月廖仲恺被刺后，周恩来请邵力子推荐鲁易由政治部秘书升任副主任。[⑦]据当时出版的《黄埔潮》记载：“本校政治部由（国民党）中央执行委员会任命，汪精卫先生和邵力子先生为正副主任。9 月，汪先生被任为本校党代表，不能兼任本部事，遂由中央执行委员会任命邵力子先生和鲁易先生为本部正副主任。邵先生因事赴上海，部务全由鲁副主任担任。”[⑧]鲁易主持工作期间，将政治部指导、编纂、秘书三股改为宣传、组织两科。部内只留三名文书办理

---

① 曾庆榴：《共产党人与黄埔军校》，第 284 页。
② 李大钊：《李大钊文集（下）》，北京：人民出版社，1984 年，第 838 页。
③ 郭一予：《毛泽东负责上海地区考生复试》，广东革命历史博物馆编《黄埔军校史料（1924—1927）》，广州：广东人民出版社，1985 年，第 38 页。
④ 曾庆榴：《共产党人与黄埔军校》，第 199 页。
⑤ 陈公培：《回忆党的发起组和赴法勤工俭学等情况》，中国社会科学院现代史研究室、中国革命博物馆党史研究室编《一大前后（一）》，北京：人民出版社，1980 年，第 567 页。
⑥ 广东革命历史博物馆编：《黄埔军校史料（1924—1927）》，第 507 页。
⑦ 广东革命历史博物馆编：《黄埔军校史料（1924—1927）》，第 510 页。
⑧ 《一年来政治部之概况》，《黄埔潮》1925 年第 24 期。

庶务，其余人员充实政治教官队伍，适应全校政治教育的需要。1923年稍后，罗汉到广州；1925年2月，在黄埔军校主办《青年军人》。[①]

1924年8月，陈公培由粤军考入黄埔第二期步兵第二队。同年底，他与周逸群、蒋先云等共产党员，以列宁创办的《火星报》为旗帜，组织了火星社，吸收共产党员、青年团员、革命学生参加，协助党、团组织团结进步力量、宣传革命理论、贯彻三大政策。在军校期间，陈公培两次参加东征。

1924年10月，陈公培、鲁易介绍黄埔军校第二期生周逸群入党。[②] 1925年2月，中共黄埔军校特别支部在军校党代表廖仲恺支持下，在教职员和学生中组织以党团员为骨干的中国青年军人联合会，周逸群是该会的主要负责人之一。校长蒋介石为了削弱共产党的力量，指使教育长王柏龄等组织代表国民党右派势力的孙文主义学会与之对抗。鲁易保护周逸群、蒋先云等开展革命活动，允许他们通过《黄埔潮》《青年军人》等刊物揭露国民党右派破坏国共合作统一战线的行径，并以政治部负责人的身份加入青年军人联合会，旗帜鲜明地支持左派学生。[③]

1925年2月初，黄埔军校生奉命参加东征，讨伐广东军阀陈炯明。不久，中共一大代表包惠僧奉命到黄埔军校代理政治部主任。到任后，他根据周恩来所提的革命化、纪律化、统一化的工作方针[④]和新的情况，制订了工作计划，增加政治课的时间。他每天夜晚找学生谈话，处理左派组织和右派组织间的争斗，并将共产党和青年团的工作由公开转入秘密。6月6日，平定杨希闵、刘震寰叛乱的战斗打响之前，包惠僧挑选四五十名精干学生，组成一支武装宣传队，进入广州市区。后来，宣传队协助部队收容俘虏，做了大量工作。战斗打响以后，包惠僧和代理教育长胡谦带领近百人警卫校本部及长洲岛，调配船只，运送给养。[⑤] 6月12日平叛战斗胜利结束不久，包惠僧奉调国民革命军第一军第一师第三团任党代表。

1926年9月下旬，党组织安排施存统离开上海，赴广州中山大学任教，并在黄埔军校、广州农民运动讲习所讲授“革命运动发生之原质”[⑥]、政治经济学等，宣传国共合作和有关革命理论。同年12月21日，《黄埔日刊》刊出施存统的讲演稿《马克斯主义与孙文主义》。1927年2月，按照组织上的安排，施存统转任黄埔军校武汉分校政治教官，后任政治部主任。施存统在武汉分校主讲社会问题纲要、各派社会主义，主张学习苏联，展开反对帝国主义、反对资产阶级的斗争，打倒军阀。同年5月，施存统任武汉分校中共党委委员。[⑦]

---

① 曾庆榴：《共产党人与黄埔军校》，第82页。

② 《陈公培生平大事记》，《陈公培文集》，上海：上海人民出版社，2016年，第249页。

③ 朱适等：《星汉灿烂》，北京：中国青年出版社，1981年，第160页；曾长秋：《鲁易》，《中共党史人物传》第40卷，西安：陕西人民出版社，1989年，第148页。

④ 周恩来：《国民革命军及军事政治工作》，中共中央党史和文献研究院、中央档案馆编《中国共产党重要文献汇编》第8卷，北京：人民出版社，2022年，第555页。

⑤ 方城：《包惠僧》，《中共党史人物传》第67卷，北京：中国人民大学出版社，2017年，第240—241页。

⑥ 广东革命历史博物馆编：《黄埔军校史料（1924—1927）》，第199页。

⑦ 刘树发：《陈毅年谱》上卷，北京：人民出版社，1995年，第90页。

中共一大代表董必武、包惠僧、李达参加了武汉分校的筹建。[①] 李达、张国焘、李汉俊、陈谭秋[②]、包惠僧[③]名列政治教官名录。1927 年 1 月 31 日，毛泽东给学员们讲过两湖地区农民运动。[④] 陈独秀、陈潭秋也上过大课。[⑤] 5 月 13 日，夏斗寅部叛变，勾结四川军阀杨森合谋进攻武汉，逼近武昌。武汉分校与农民运动讲习所的学生组成中央独立师，5 月 18 日出征前，陈独秀、毛泽东等人参加了誓师大会，并作了重要讲话。6 月下旬，独立师获胜凯旋。

三、建党先驱为黄埔军校招生的原因

（一）国民党的委托

孙中山、廖仲恺、鲍罗廷等在筹备国民党一大时，就对筹建黄埔军校进行了多方准备。1924 年 1 月 24 日，在国民党一大期间，孙中山正式下令成立黄埔军校筹备委员会，任命蒋介石为筹备委员会委员长，同时廖仲恺兼任大元帅大本营秘书长，协助军校的筹备事宜。1 月 30 日下午，当国民党一大即将闭幕的时候，廖仲恺委托参加大会的各省代表回原籍招收军校学生。他特别强调学生政治素质的重要性，说："各代表对于介绍青年军官学生特别注意，必其人明白本党主义，且诚实可靠，方可入选。"[⑥]国民党一大主席团还散发了《军官学校招生通告》，委托各省代表回去多方物色进步青年来投考军校。毛泽东、李大钊本身是国民党一大代表，又分别是新当选的国民党候补中央委员、中央委员，帮助黄埔军校招生顺理成章。

当时，湖南、浙江、上海等地投考黄埔军校的考生，按规定集中在上海由国民党上海执行部负责初考，然后择优选送广州。但蒋介石继续留在奉化，于是初考工作由国民党上海执行部秘书毛泽东负责。[⑦] 李大钊作为中共北方区委书记，又兼国民党北京执行部负责人，帮助黄埔军校在北方地区招生也在情理之中。

（二）共产党的计划

1925 年 10 月，中共第四届中央执行委员会扩大会议总结了五卅运动受军阀武力摧残的教训，提出"中央委员会之下必须设立军事运动委员会"[⑧]。

11 月 1 日，中国共产党发出选派同志投考黄埔军校的中央通告第六十二号，内称：

---

① 陈以沛等编：《黄埔军校史料续编》，广州：广东人民出版社，1994 年，第 591、595 页。

② 广东革命历史博物馆编：《黄埔军校史料（1924—1927）》，第 520 页。

③ 陈以沛等编：《黄埔军校史料续编》，第 595 页。

④ 陈以沛等编：《黄埔军校史料续编》，第 596 页。

⑤ 何民胜编著：《施复亮年谱》，北京：商务印书馆，2019 年，第 202—203 页。

⑥ 《中国国民党全国代表大会特刊》，广州，1924 年，转引自王怀洲《廖仲恺》，《中共党史人物传》第 36 卷，西安：陕西人民出版社，1988 年，第 255 页。

⑦ 王怀洲：《廖仲恺》，《中共党史人物传》第 36 卷，第 256 页。

⑧ 1925 年 12 月 12 日发出的中央通告第六十八号，将"军事运动委员会"改称军事部。

各级同学们：

广州黄埔军校正拟招收三千名入伍生，望各地速速多选工作不甚重要之同学、少校同学及民校左派同学，自备川资和旅费，前往广州投考，以免该校为反动派所据。此事关系甚大，各地万勿忽视。投考者须一律携带民校介绍证书，本校及少校同学均须由各地委直接另给介绍书于本校广东区委(粤华路，省署东，杨家祠，杨匏庵转)。程度须在高小以上，在名额未满以前本校及少校同学，均可望不至落选。惟各地派定人数，须在未出发以前报告中局，以便中局统计人数已否满额决定行止。招考期本月底截止，派送人务于月底到粤。①

这一通告中，“本校”指中国共产党，“少校”指中国共产主义青年团，“民校”指中国国民党。通告虽然认为选派同志投考黄埔军校“此事关系甚大，各地万勿忽视”，但在输送人选方面又严格限定在党内“工作不甚重要之同学”，实际上就是不希望过多抽走各地骨干，影响工农运动的展开。通告本身没有使用军事运动委员会的名义，也没有把选派同志作为优秀生源投考黄埔军校作为军事运动委员会的工作范围，而是把具体工作交给广东区委(杨匏安)去办。杨匏安时任中共广东区委(当时仍是秘密的组织)监察委员，国民党中央组织部秘书、广东省党部常委兼组织部长。②

1926年7月，中共第四届中央执行委员会第三次扩大会议作出的《军事运动议决案》强调“军事工作是党的工作的一部分”，但重点放在对各路军队的政治宣传上，要求“助长进步的军事势力，摧毁反动军阀势力”，“极力避免革命军队的过早分化”，③对争取和掌握军队的指挥权还是没有充分的认识。

在此背景下，同年10月3日，中国共产党发出了鼓励国民党左派青年及无党派革命青年投考黄埔军校的中央通告第二十二号：

急！各级同学们：

黄埔军校现正招收大批的入伍生，除湖南、四川两地一因已去千人不必再派，一因路道太远派送不及外，其余各地均应鼓动“K. M. T.”左派青年及无党派青年之有革命倾向者前往投考，使此国民革命的军事训练机关勿为右派分子所拿去，造出一般反动的军事人材。

此次所招因系入伍生，故条件极松，只须中学生程度均可取入。惟到粤路费须自备，并须取得省党部介绍信；其有无党派之革命青年愿往者，均可临时会之加入K. M. T.前去(无省党部的地方，能有民校要人的介绍信亦可取入)。

我们的同志宜少派人前往，总以多找左派为原则。凡已任有工作同志——尤其是工运、农运同志——绝对不可令之弃工作前去。惟能力幼稚，尚不能独立工作而生活又难自

① 广东革命历史博物馆编：《黄埔军校史料(1924—1927)》，第70页。

② 李坚等：《杨匏安》，《中共党史人物传》第4卷，西安：陕西人民出版社，1982年，第221页。其中“陈公仁”当为陈公培之误。

③ 中央档案馆编：《中共中央文件选集》第2册，北京：中共中央党校出版社，1989年，第227—229页。

维持，想入黄埔者，亦可允其前去。望各地于接到此通告后迅速进行为要。中央秘书处通讯第九号（第二项）所定派送黄埔生条件可以取消。[①]

这一通告中"K. M. T."指中国国民党。其指导思想依然如故，总的原则首先是反对右派分子，其次是把工农运动放在首位，军事工作放在第二位。除了规定"凡已任有工作同志——尤其是工运、农运同志——绝对不可令之弃工作前去"，又加上了"我们的同志宜少派人前往，总以多找（国民党）左派为原则"的限制。至于"能力幼稚，尚不能独立工作而生活又难自维持，想入黄埔者"的政治要求更是降格以求，这些人进校能否达到中共的预设目标尚存悬念。

四、统一战线与武装斗争的关系

建党先驱为黄埔军校的初创出了很大的力，协助国民党创办了黄埔军校，有力推动了国民革命，充分表明中国共产党是孙中山革命事业的坚定支持者。但由于党当时尚处于幼年时期，缺乏经验，加之陈独秀右倾错误和共产国际的错误指导，[②]也付出了惨重的代价。

1921年7月，党的一大虽然确定"革命军队必须与无产阶级一起推翻资本家阶级的政权"作为党的纲领之一，但在讨论实际工作计划时却"因为党员少"，使关于组织军队的问题"成了悬案"。1922年9月，陈独秀在《新青年》第二期发表《造国论》，提出党要"组织真正的国民军，创造真正的中华民国"[③]。这一军事思想萌芽十分重要，引起了陈公培等少数党内同志的注意，可惜由于种种原因，陈独秀没有坚持和发展这一正确思想。1925年10月，中国共产党设立军事运动委员会，12月改称军事部。不过它只是"一种组织工作性质的机构，不是一级领导机构"[④]，仅仅负责人事分配和搜集情报等，建立军队还是没有提上议事日程。

毛泽东在谈及中国共产党的战争史时说："我们党虽然在一九二一年（中国共产党成立）至一九二四年（国民党第一次全国代表大会）的三四年中，不懂得直接准备战争和组织军队的重要性；一九二四年至一九二七年，乃至在其以后的一个时期，对此也还认识不足；但是从一九二四年参加黄埔军事学校开始，已进到了新的阶段，开始懂得军事的重要了。经过援助国民党的广东战争和北伐战争，党已掌握指挥了一部分军队。"[⑤]

中国共产党最初掌握的"一部分军队"是从黄埔军校开始的。1924年11月，周恩来为书记的中共广东区委在征得孙中山同意后，从黄埔军校第一期毕业生中抽调部分党团员担任骨干，组建陆海军大元帅府铁甲车队，队长徐成章，包惠僧担任过铁甲车队的政治教官，这是一支实际

① 广东革命历史博物馆编：《黄埔军校史料（1924—1927）》，第79—80页。
② 1926年11月至12月的共产国际关于中国问题的决议案与斯大林在会上《论中国革命的前途》的演说都主张中共放弃对武装力量的领导权，不得实现对国民党的领导权。
③ 任建树、张统模、吴信忠编：《陈独秀著作选》第2卷，上海：上海人民出版社，1993年，第388页。
④ 聂荣臻：《聂荣臻回忆录（上）》，第46页。
⑤ 中共中央文献编辑委员会编：《毛泽东选集》第2卷，北京：人民出版社，1991年，第549—550页。

上由中共直接领导的革命武装。1925 年 11 月，在铁甲车队的基础上，以叶挺为团长的国民革命军第四军独立团成立。然而这支中共领导的军队在整个国民革命军中所占比重是很小的。

1927 年，蒋介石在上海发动四一二反革命政变；三天后，李济深主持的国民党广东当局也宣布“清党”，大肆屠杀共产党员。黄埔军校政治部代主任、校国民党特别党部监察委员、中共广东区委军事部长熊雄，黄埔军校政治教官、校国民党特别党部政治顾问萧楚女，政治部宣传科长安体诚，政治部主任教官孙炳文，专职政治教官张秋人、恽代英等人，先后在广州、上海、南京等地被杀害。周恩来本人在四一二政变时也一度遭到扣留。中国革命遭到了惨重的损失。

1954 年 10 月，毛泽东回顾国民革命时说：黄埔军“它曾经是一个革命军”。“共产党那时候犯过一个错误，就是不要军队，只在军队里派党代表。后来蒋介石把党代表一驱逐，进行清党，在共产党直接控制下的军队就只有叶挺的一个独立团。”[①]这说明在民主革命中必须处理好统一战线与武装斗争的关系，处理好政治工作与军事工作的关系；不能为了统一战线，不作军事运动，专作民众运动，在军队内部也不能只作政治宣传，不抓军事指挥。而正是这一错误，导致黄埔军的指挥权仍掌握在蒋介石和其他旧军人手中。根据 1924 年 10 月共产党员金佛庄从黄埔军校发出的报告，“黄埔军校有很大的缺点”；右派军官千方百计阻扰政治工作，“在学校里无政府主义者占上风，新改编的模范团也落到他们手中”。中共中央在给鲍罗廷的信中甚至认为，把资金花在这种学校上很不值得，“因为这个军校与其它任何一个军阀的军校没有什么区别”。[②]

毛泽东在 1927 年的八七会议上说：“从前我们骂中山专做军事运动，我们则恰恰相反，不做军事运动专做民众运动”，提出党“以后要非常注意军事，须知政权是由枪杆子中取得的”。[③] 八七会议确定了实行土地革命和武装起义的方针，人民军队在血与火中光荣诞生。

作者简介：

邵雍，上海师范大学人文学院教授、博士生导师，中共市委统战部“党的统战政策提出地工程”专家，上海市委党史研究室特约研究员，高校伟大建党精神研究中心上海师范大学分中心研究员，全国红色基因传承研究中心研究员，上海市社会主义学院兼职教授，四川省长征学院外聘教师；兼任上海市宗教学会副会长，上海市毛泽东思想研究会顾问，上海市反邪教学会常务理事，上海市中山学社、党史学会、地方史志学会、统一战线理论研究会、延安精神研究会、炎黄文化研究会理事，校老教授协会人文与对外汉语分会会长。研究方向为中国近现代史。著有《秘密社会与中国革命》等著作 44 种，发表学术论文 400 余篇，12 次获评上海市社联优秀论文。

---

① 中共中央文献研究室编：《毛泽东文集》第 6 卷，北京：人民出版社，1999 年，第 355—356 页。

② 中共中央党史研究室第一研究部：《联共（布）、共产国际与中国国民革命运动（1920—1925）》，北京：北京图书馆出版社，1997 年，第 536 页。

③ 中共中央党史资料征集委员会、中央档案馆编：《八七会议》，北京：中共党史资料出版社，1986 年，第 58 页。

中共建党时期的乡缘谱系考察

高红霞

摘　要： 中共建党期间，党员来自全国6个省市和旅日、旅法两个组，党员籍贯涉及13省市，但相对集中在湖南、湖北、浙江，其次是广东、山东和河北。马克思主义信仰的感召力是中国共产党成立的重要因素，但在最初党的组织形成过程中，传统中国的乡缘网络也曾发挥过一定作用。同时，早期中共党员籍贯集中在少数几个省市，也有着更深广的中国区域文化历史渊源，反映了传统中国社会发展的某些深层特质，考察和梳理这些特质有助于我们更深刻地理解近代中国社会的丰富性和复杂性，更全面地了解中国共产党发展道路的蜿蜒曲折。

关键词： 中共建党　乡缘谱系　地域文化　留学生

本文从讨论中共建党时期成员籍贯结构入手，梳理其乡缘谱系，进而探讨其形成原因。中国共产党是以马克思主义理论为指导的现代化政党，共产主义信念和理想的感召力，是吸引当时青年精英建党的主要因素，但最初党员群体构成一定程度上有乡缘聚集的现象，既体现了中国传统社会区域文化的历史延续，也凸显了上海移民城市的特点。现有中共党史研究成果极其丰富，围绕中共早期组织成员数量与结构、学缘谱系等问题的研究已有不少，①对乡缘因素的分析在论及成员数量结构时也有提及，但未作整体考察和深入分析。梳理和探讨中国共产党建党时期乡缘谱系及其形成原因，是深入了解、研究中国共产党的创立和发展不可或缺的环节。笔者在这方面曾有初步探索的文章刊出，②但仍不够全面，还有进一步梳理分析的价值和意义。

1921年中共建党原是一件全国性的事件，但创党活动的主要部分在上海发生，因此，当我们探究中共建党时期的成员结构时，自然既要考察近代中国社会整体状况，也须关注近代移民城市上海的特点。稍加考察即可发现，建党时期党员群体所呈现的乡缘结构，有近代上海移民人口结构的影响，有中国区域文化的波及，更有近代中国社会浪潮影响。探讨这些问题有助于

① 余九林：《嬗变与发展：中共早期人数的历史流变与人口变迁的相关性》，《甘肃理论学刊》2016年11月，第71—74页。徐艳、舒泰峰：《中共党员数量与结构86年之变》，《瞭望东方周刊》2007年第32期，第26—32页。

② 高红霞：《乡缘与建党：中共创立时期的另一种图景》，《上海师范大学学报》2018年第2期，第137—145页。

我们对近代中国社会和上海城市社会有进一步的认知，对中国共产党组织的发展有更全面的了解。

一

本文所考察的中共早期党员群体，主要是指目前能够基本确认的中共一大前后全国的党员、部分省市的共产党小组成员以及中共一大会议代表，在分析过程中会涉及一些与中共建党关系密切的社团和机构。

根据现有相对一致的研究，1921 年 7 月，中共一大在上海召开，除 2 名外籍参会者，出席会议成员为 13 人，代表着当时全国的 58 名党员。这 58 名党员分属国内 6 个省市及旅日、旅法的共产党小组，其党员籍贯则涉及国内 13 省，覆盖面要比共产党小组的分布广。[①] 但党员籍贯主要集中在三至四个省。

各地共产党早期组织中，以上海、北京小组人数较多。

上海共产党早期组织。其人数多于其他省市，为 17 人（也有研究认为刘伯垂也是，但去了武汉发展组织）。若将陈公培、施存统、周佛海放到旅法、旅日华人中的共产党早期组织中，则为陈独秀、李汉俊、李达、陈望道、沈玄庐、邵力子、袁振英、林伯渠、沈雁冰、沈泽民、杨明斋、俞秀松、李启汉、李中 14 人。其中，浙江籍 6 人，湖南籍 3 人，湖北籍 2 人，其余安徽、山东和广东籍各 1 人。当然，有些资料也将赵世炎列入，如此则再多 1 个四川籍。

上海共产党早期组织成员绝大多数是在上海工作生活的，但也有一些人是应维经斯基的要求，由陈独秀出面邀请从外地赶来的，之后他们又带着建党的任务离沪出国。像施存统、周佛海去了日本，赵世炎与陈公培去了法国。上海共产党早期组织进行的各项工作对中共建党及发展产生了深远影响，概括起来有复刊(《新青年》)、建团(社会主义青年团)和开展工人运动等。这些措施使上海共产党早期组织成为名副其实的"发起组"。在此期间，还创办了上海外国语学社，既培养了干部，又掩护了渔阳里 6 号的革命活动，亦对中共历史产生了不小影响。

北京共产党早期组织。共 16 人，包括李大钊、张国焘、邓中夏、罗章龙、刘仁静、高君宇、何孟雄、缪伯英、范鸿劼、李梅羹、张太雷、朱务善、江浩、宋介、吴雨铭、陈德荣。其中，湖南籍有 7 人，占绝对多数；河北和湖北籍各 2 人；其余江西、山西、江苏、山东和广东籍皆为 1 人。

武汉共产党早期组织。共 8 人，包括董必武、陈潭秋、刘伯垂、包惠僧、郑凯卿、张国恩、赵子健、赵子俊。皆为湖北籍。

长沙共产党早期组织。共 6 人，包括毛泽东、何叔衡、陈子博、贺民范、彭璜、易礼容。皆为

---

① 统计数据出自中共中央党史研究室第一研究部编著《中国共产党第一至第六次全国代表大会代表名录》，上海：上海人民出版社，2007 年，第 4 页；中共嘉兴市委宣传部、嘉兴市社会科学界联合会、嘉兴学院红船精神研究中心《中国共产党早期组织及其成员研究》，北京：中共党史出版社，2013 年，第 6、7 页。

湖南籍。

广州共产党早期组织。共4人，包括谭平山、谭植棠、陈公博、李季。其中3人为广东籍，1人为湖南籍。

济南共产党早期组织。共3人，包括王尽美、邓恩铭、王翔千。其中山东籍2人，贵州籍1人。

旅法、旅日华人中的共产党早期组织。共7人，包括张申府、刘清扬、周恩来、赵世炎、陈公培、施存统、周佛海。其中，湖南籍2人，其余河北、江苏、浙江、天津、重庆籍皆为1人。

综上，全国58名党员中，籍贯人数名列前三位的是湖南、湖北和浙江。中国共产党发起组(上海共产党早期组织)中籍贯排序列前三位是浙江、湖南、湖北。8个共产党小组中，只有武汉和长沙的早期组织清一色都是本省籍。中共一大参会代表籍贯排前两位的是湖北、湖南。据此可见，中共建党时期党员的籍贯分布，无论是从全国看，还是从上海的中国共产党发起组看，都明显集中在湖南、湖北和浙江籍。

此外，在上海，中共建党期间，与建党关系密切的一些社团及出版机构，其成员籍贯也呈现一定程度的集中，也可以这么说，这些社团与机构对中共建党时期乡缘谱系的形成产生了直接影响。

例如外国语学社，其中绝大多数学员加入或曾经加入过共产党。外国语学社是1920年9月由上海共产党早期组织和上海社会主义青年团组织创办的外语教育机构。它与上海社会主义青年团、中俄通讯社同在霞飞路渔阳里(今上海淮海中路567弄)6号，这是一幢二上二下的典型石库门房屋。外国语学社设立的主要目的是召集和培训前往莫斯科学习的青年革命者，这也是共产国际与陈独秀共同商议的一个项目。外国语学社开设期间，设置了革命理论和外语(主要是俄语，也设英、法、德、日语各班)的课程。它开设时间并不算长，从1920年9月至1921年7月，但不到一年的时间里，这里既是中国共产党第一所培养干部的学校，也成为上海共产党早期组织开展革命活动的场所。① 其中的学员如刘少奇、任弼时、彭述之、蒋光慈、王一飞、任作民、柯庆施、罗亦农、萧劲光等，在中华人民共和国成立后都成为党和国家的重要领导人。根据现有资料，外国语学社的学员数常在二三十人，目前能考证出姓名的有58人。② 我们今天虽然能看到外国语学社在《民国日报》《觉悟》等报纸上公开刊登招聘学员的广告，但实际上，绝大多数学员是通过介绍而来。比如学员中的任弼时、萧劲光等6位青年，是毛泽东和湖南俄罗斯研究会向上海党组织介绍的；③汪寿华、华林等浙江青年，是由陈望道、俞秀松介绍的；吴葆萼、蒋光慈等安徽青年，分别由陈独秀、高语罕引荐。彭述之在他1983年出版的回忆录中曾这样描述

---

① 《1955年许之桢回忆早期青年团在上海渔阳里6号活动及原址布置情况》，中共上海市委党史研究室等编《觉悟渔阳里：上海社会主义青年团创建史料选辑》下册，上海：上海人民出版社，2017年，第1360页。

② 慕水：《外国语学社师生名录》，《上海革命史资料与研究》第1辑，1992年，第183—201页。

③ 《肖劲光于1979年的回忆(摘录)》，《上海共产主义小组》，北京：知识出版社，1988年，第237页。

外国语学社的情况："陈望道、高语罕和贺民范毫不费力地说服了自己的几乎所有的弟子，告诉他们：一个青年共产主义者的主要责任和愿望就是去俄国，在十月革命英雄们创办的学校里学习两三年……"[①]如今不少回忆录都显示，湖南、安徽、浙江三省省籍的学员最多，而引荐人介绍自己家乡子弟是重要原因之一，所有引荐加入者都是免费吃住的。著名翻译家曹靖华曾在外国语学社学习过，他回忆说："这个班大约有三四十人，以安徽、湖南的人为多"，"只我一个是河南人，因我是从安徽来的，所以我就住在安徽同学的住处"。[②] 彭述之回忆称："湖南人 16 人，浙江人 7—8 人，安徽人 4 人，江西人 1 人，上海人 1 人。"[③]另一位在外国语学社学习过的华林则曾回忆称："当时在渔阳里的青年，多少有些地方主义，湖南人和湖南人一伙，浙江人和浙江人一伙，很少交往。"[④]因为从事革命活动的秘密性因素，通过乡缘引荐是当时最为便捷可靠的做法，乡缘聚集就有其必然。学员中有当时就加入社会主义青年团的，如柯庆施等，也有去莫斯科后加入中国共产党的，当然也有一些未加入或虽加入后来又脱党的，但其乡缘结构对中共建党时期的党组织产生过较大影响大致是可以理解了。

新民学会也与中共建党关系密切。它是 1918 年由毛泽东、蔡和森创立的湖南学生团体，以"改造中国和世界"为宗旨。在当年的通信和交通条件下，它与上海还是有距离的。然而 1919 年至 1920 年，新民学会组织领导了两场运动，使其中的不少会员与上海建立了密切联系。一是湖南省的驱除军阀张敬尧运动。这原本是一场省内运动，但由于新民学会骨干成员的努力而使其影响播及北京、上海等地。新民学会的骨干成员频繁往来于湖南、上海、北京等地，希望获取京、沪、湘籍名人支持，当然也想唤起京、沪中心城市各界的广泛声援，这样与上海的联系就加强了。另一场具有影响力的运动，是五四运动后新民学会成员积极推动湖南学生留法勤工俭学运动。从现有的研究可知，在留法勤工俭学运动中，湖南籍学生的数量仅次于四川籍，名列第二。这两场运动与上海的中共建党活动有相当时段是重叠的，进一步促使新民学会成员加入社会主义青年团和共产党早期组织。

从 1919 年底到 1920 年，伴随着留法勤工俭学热潮，还出现过几个社团，其中成员加入中国共产党的不在少数。北京工读互助团，由王光祈（湖南人）受赴法勤工俭学运动的启发首先提出，包括他在内有 26 人登报倡议组织该社团。这 26 名倡议人中，湖南籍 14 人，安徽籍 2 人，其余天津、四川、江西、广东、浙江籍各 1 人，还有 4 人籍贯不明。沪滨工读互助团中，湖南籍占多数，其中大部分团员参加了外国语学社的培训，这也是外国语学社中湖南籍学员较多的原因之一。还有湖南改造促进会，是一个由在沪湘籍各界人士组成的协会，发起人和会长彭璜是中共

① 《彭述之回忆外国语学社的情况摘录》，中共上海市委党史研究室等编《觉悟渔阳里：上海社会主义青年团创建史料选辑》下册，第 1397 页。

② 《曹靖华于 1982 年的回忆（摘录）》，《上海共产主义小组》，第 239 页。

③ 《彭述之回忆外国语学社的情况摘录》，中共上海市委党史研究室等编《觉悟渔阳里：上海社会主义青年团创建史料选辑》下册，第 1397 页。

④ 《1966 年 4 月华林回忆早期青年团在上海活动情况及团员青年赴俄国留学经过摘录》，中共上海市委党史研究室等编《觉悟渔阳里：上海社会主义青年团创建史料选辑》下册，第 1394 页。

建党期间共产党早期组织的重要领导人之一。毛泽东和旅沪新民学会会员、周南女校校长朱剑凡,同盟会元老章士钊及曾毅等都是该会会员。其会址设在恺自尔路(今金陵中路)永乐里 15、16 号的全国各界联合会内,此处也是彭璜的临时住处。

这一时期的两家出版机构——亚东图书馆和群益书社也值得一提。

亚东图书馆,名为图书馆,实是一家出版机构,是在陈独秀的鼓励和推动下,由皖籍汪孟邹、汪原放叔侄建立的一家小型私营出版社。这似乎是上海的外国语学社中皖籍学员较多的一个重要原因。一开始它在书局林立的上海一点也不起眼,但依靠著名知识人,尤其是一批皖籍知识分子,出版了不少有影响的作品,到 20 世纪 20 年代一度有"问鼎中国出版界第三把交椅之势"①,因此在中国现代史,尤其是中国现代文学史上有一定影响。它所拥有的皖籍知识分子网络和与《新青年》出版发行的关系,便与中共创党发生了密切关联。

20 世纪初,陈独秀与汪希颜(安徽绩溪人)在日本留学期间结为挚友,可惜汪希颜 29 岁就因病去世,病逝前,他写信给绩溪老家的弟弟汪孟邹,介绍了陈独秀,陈独秀因此与汪孟邹结识并成为朋友。汪孟邹接受陈独秀的建议,将汪希颜的儿子汪原放从芜湖召来上海,在福州路(原四马路)惠福里办起亚东图书馆,后来又迁到河南路平和里。五四运动后,陈独秀在北大受到排挤,回到上海后就居住在亚东图书馆,他在这里多次会见北京学联代表罗家伦、许德珩、张国焘等人。当时各地进步青年受新文化运动的影响,纷纷建立文化书社,这些文化书社经陈独秀介绍,都与亚东图书馆建立了业务联系,如恽代英创办的武昌利群书社、毛泽东创办的长沙文化书社等,陈独秀都曾为他们作经济担保。毛泽东就曾拿着陈的保单,来亚东联系过书刊业务。亚东图书馆曾在 1922 年至 1927 年间作为中共中央出版局的办公地,在此印刷和发行中共中央机关报《向导》。

1920 年 8 月,陈独秀在与维经斯基等商谈后,投身中国共产党的创建,许多活动都是在亚东图书馆进行的,汪孟邹出于对同乡和老友的信赖,一直为陈独秀的活动提供方便。亚东图书馆的皖籍知识分子中,不少人参与了建党活动。如高语罕,安徽寿县人,早年参加同盟会,安徽新文化运动主要领导人,《新青年》早期主要撰稿人,五四运动后,他倾向共产党,是陈独秀在安徽革命的重要代理人。他的一批著作在亚东图书馆出版,反响不错。他介绍了安徽学生运动主要领导人蒋光慈进入外国语学社学习,后去莫斯科,蒋光慈后来成为中国共产党的著名翻译家。1925 年,亚东图书馆的另一合伙人汪原放也曾由陈乔年、郭伯和介绍,加入过中国共产党。

群益书社发行《新青年》也与亚东图书馆有关。陈独秀曾打算让《新青年》在亚东图书馆印刷发行,但当时的亚东图书馆经营困难,为此,汪孟邹推荐了陈独秀也了解知晓的群益书社来负责杂志的印刷和出版发行。群益书社是近代上海一家有着相当影响力的出版社。1901 年由留学生陈家瓒(湖南长沙人)于日本东京出资创办。陈的堂弟陈子沛、陈子寿在上海建立分社,规

---

① 周宁:《皖籍知识分子与亚东图书馆》,《出版史料》2008 年第 4 期,第 82 页。

模不算大，但出版的《英汉词典》独占当时市场。1920 年 9 月，毛泽东等筹建“长沙文化书社”，群益书社曾以同乡之谊予以帮助。《新青年》从 1915 年 9 月 15 日创刊到 1920 年 9 月，各期的出版发行，包括印刷工作都由群益书社承担。陈氏兄弟和陈独秀都有留学日本的教育背景，此前与陈独秀已有过交往。1913 年，陈独秀遭通缉逃到上海，他将自撰的《新体英文教科书》交亚东图书馆出版，可亚东无人能校，只好到群益书社代校，因为群益书社有出版英汉对照读本的经验。群益书社接着又出版了陈独秀的《模范英文教本》等书。陈独秀最终接受群益书社出资出版《新青年》也是存有一个大计划，即群益书社、亚东图书馆、通俗图书局三家合办之计划，但最后没有结果。后又打算将群益书社、亚东图书馆合并改公司，自然也没有成功。群益书社的陈氏兄弟在《青年杂志》改成《新青年》、《新青年》最早使用新式标点符号的技术突破等方面多有贡献。新式标点用于刊物，《新青年》较之商务印书馆所办刊物更早，甚至成为《新青年》杂志转型的显著标志之一。

显然，中国共产党在创党期间除了信仰的感召力，事实上乡缘与学缘一样，成为建立人际网络、创建组织的一种方式。

二

从共产党早期组织名录考察，全国党员的籍贯排序为湖南、湖北、浙江，上海共产党早期组织成员的籍贯排序为浙江、湖南、湖北。中共一大代表的籍贯排序是湖北、湖南占绝对多数。这样的籍贯排序绝非巧合。传统中国，乡缘纽带既为一种历史的积淀，也有着更深广的历史文化根源。

中国共产党的创党活动主要在上海进行，浙江籍党员数量在上海的中国共产党发起组内为第一（6 人），在全国党员中位列第三（7 人），两者差别不大，可以认为这与上海的人口结构正相关。上海是移民城市，根据邹依仁《旧上海人口变迁的研究》一书中的数据，上海从 1843 年开埠以后，人口结构一直是移民占 80%以上。各移民人口群体大致呈如下排序：超过 100 万人的为江苏、浙江，超过 10 万人的是安徽、山东、广东，1 万以上的为湖北、湖南、福建、江西、河南和华北。[①] 又因为，中共创党早期主要成员基本为知识分子，而在苏、浙两个移民群体中，浙江移民的知识分子群体数量应高于江苏籍，这是有移民史研究证明的；因此，全国党员中浙江籍 7 名、江苏籍 2 名，上海共产党早期组织中浙江籍 6 名而无江苏籍，这是与上海移民人口结构相符合的。

然而，处于上海移民人口第三梯队的湖南、湖北籍党员数超过了第一梯队的浙江籍，这就是一个值得探讨的问题。笔者曾在《乡缘与建党：中共创立期的另一种图景》《湖北人与中共建

---

① 邹依仁：《旧上海人口变迁的研究》，上海：上海人民出版社，1980 年，第 114—116 页。

党》中有过一些分析：首先这种情况与近代中国革命浪潮迭起相关，诸如太平天国运动、辛亥革命等，延续时间长，且革命多从南方兴起，湖南、湖北为南北交通要道，两湖地区民众深受影响，革命意识较强。其次创党时期湖南、湖北籍党员较多，有近代中国社会发展的一些特殊因素。晚清以降，近代湖南军政人才不断涌现，这些军政人才随着近代的历次战争和革命运动，向东南发展，并在长江中下游的东南省份政界和军界有相当程度的聚集。上海湘籍移民数量属第三梯队，但他们在上海的政界、军界乃至学界，有一定程度的聚集。这是上海创党活动中湘籍人士参与较多的历史原因。湖北为辛亥首义之地，具有革命传统，一部分老同盟会会员和参加过二次革命的湖北革命者，流寓上海的不少，他们有的积极寻找新的革命之路，走上共产主义之路，如董必武、张国恩等，还有一些老同盟会员暗中支持中共创党，如李汉俊的兄长李书城。①

本文想在上述研究基础上作一些更具体的探讨。

首先，中共早期两湖籍党员数量较多，既有不少两湖社会发展的相同因素，也有各自的特殊因素。更深沉的因素仍需从这些省市所处区位和社会历史发展、上海的区位及社会发展历史中寻找原因。元明清以降，湖南、湖北在相当一段时期内同属一个高层政区。元代，这个区域大部分地区称湖广行省，辖境广阔，包含现今的湖南、湖北大部，广西、海南全境，以及贵州、广东一部分。明朝设“湖广承宣布政使司”（简称湖广藩），只辖湖南、湖北。清朝设“总督湖北、湖南等处地方提督军务、粮饷兼巡抚事”。清康熙年间又对湖南、湖北各设巡抚一名，负责管理本省民生事务与官员考核。同时湖南、湖北还设总督称湖广总督，总督府设于武昌。从历史上看，行政对于文化的影响是存在的，湖南、湖北山水相连，又同为楚文化浸濡之区域，文化有共通之处。荆楚文化与湖湘文化的共同点是进取精神、重视教化，有较强的行动力。这使得近代两湖知识分子都热衷于讨论时政，关注国家兴亡和政教存废。从地理方位看，两湖地区属于两湖盆地的中部，两湖平原素称鱼米之乡，是中国经济最发达的地区之一，“湖广熟，天下足”的民谣是对明清时期湖南、湖北地区经济发展水平的生动概括。在现代铁路交通尚不发达、信息化未建立前，两湖又是中国南北与东西的枢纽。尤其是湖北武汉，素有“九州通衢之地”之称，这曾经是一个信息高地，因此湖北人信息并不闭塞，“上有九头鸟，下有湖北佬”这样一句流传甚广之俗语，便是对湖北人褒贬相杂的刻画。历史上数次大的移民活动也使湖北的文化更显包容会通和灵活善变。② 它是辛亥首义的文化底蕴。

两湖地区的教育也有着悠久的历史，它是近代两湖子弟积极投身留学潮的基础。从古代到近代，湖南的教育一直稳步发展，在全国处于前列。湖北一度并不居全国之先，但到清代开始迅速发展。中国古代的教育是以书院、官学、私学三者鼎立的形式发展的。以书院为例，据统计，

① 高红霞：《乡缘与建党：中共创立时期的另一种图景》，《上海师范大学学报》2018 年第 2 期，第 137 页；高红霞、刘盼红：《湖北人与中共建党》，苏智良主编《人物・思想与中共建党》，上海：上海教育出版社，2019 年，第 124—134 页。

② 鲁莉、荀志欣、曹诗图：《两湖文化比较的文化地理分析》，《三峡文化研究》第 7 辑，武汉：武汉出版社，2007 年，第 138 页。

唐代，湖南书院数量全国第一；宋代，全国有书院711所，分布在18省，湖南的书院数量在全国位列第四；元代时，湖南仍然保持着这个位置；到了清代，湖南书院数量虽已不在第一梯队，但仍有发展。而湖北的书院数量虽非第一梯队，但却以数量剧增状呈现，史无前例地突破了百所，达120所。此时两湖书院数量虽都排不上第一梯队，但稳坐第二梯队前列。[①] 戊戌变法后，湖南以校经书院实施教育改革为先导，书院开始外语教育，接着又开设地理、数学。紧随其后开设外语课的是著名的岳麓书院。[②] 因此，近代湖南的留学潮是有其基础的。清末新政后，湖北由张之洞推动的文教改革兴起，使湖北兴办新学走在了全国前列，这些都成为科举废除后两湖青年学子走出国门，成为历次留日、留法勤工俭学基本群体的前提条件。两湖地区也是近代留日、留法勤工俭学内陆地区人数较多的省份。

关注近代中国的留学生群体，也可对创党时期的党员籍贯结构形成有一个较为清晰的认识（见表1）。1921年至1949年，中国共产党党员中，留学生群体是不可忽略的一部分。

表1　中共一大期间有留学背景党员情况表

姓　名	籍贯	留　学　学　校	留学专业	出国—归国时间
陈独秀	安徽	1902年东京高等师范学校速成科 1906年早稻田大学学习陆军	师范与军事	1901—1903 1906—1907
李汉俊	湖北	东京法国教会、晓星中学、东京帝国大学土木工科	土木工科	1902—1918
李　达	湖南	东京第一师范	数理科 马克思主义	1913—1918 1918—1920春
陈望道	浙江	日本中央大学	法学	1915—1919
沈玄庐	浙江	两次赴日	研究各派政治学说	1908—1910 1915—1916
李大钊	河北	早稻田大学	政治本科学习	1913—1916
邵力子	浙江	不详		1907—1910
张国恩	湖北	日本大学	法律科	1914—1915
周恩来	江苏	东京东亚高等预备学校，早稻田大学和京都帝国大学旁听		1917—1919
周佛海	湖南	第一高等学校、第七高等学校、京都大学	经济学	1917—1920 1921—1924

① 邓洪波：《中国书院史》，上海：东方出版中心，2004年，第18、65、113、191、261、405页。
② 陈谷嘉、邓洪波主编：《中国书院制度研究》，杭州：浙江教育出版社，1997年，第549、551页。

续表

姓名	籍贯	留学学校	留学专业	出国—归国时间
林伯渠	湖南	日本东京弘文书院		1904—1905
沈泽民	浙江	东京帝国大学	半工半读	1920—1921
董必武	湖北	日本大学	法律	1913—1915
刘伯垂	湖北	明治大学	法科	
施存统	浙江	东京同文书院		1920—1921

资料来源：中共中央党史研究室第一研究部编著《中国共产党第一至第六次全国代表大会代表名录》；中共嘉兴市委宣传部、嘉兴市社会科学界联合会、嘉兴学院红船精神研究中心《中国共产党早期组织及其成员研究》；中共一大纪念馆编《中国共产党创建史研究文集(1990—2002年)》，上海：上海人民出版社，2003年，第406—419页。

中共一大期间58名党员中，留学生17人，其中留日生16名，留法1名，占总体数量29%以上。其籍贯排序为浙江、湖北、湖南，这样的排序与近代中国留日学生群体籍贯构成也大体一致。据现有的研究，1914—1915年，来自各省的官费留学生，排在前十的有湖南、湖北。湖南为第一，湖北为第十。1921—1925年，湖南、湖北分别为第二、第七。而留欧、留美学生中，排在前列的是东南沿海省份。[①] 原因主要在于留日路近，费用低，中、日文字又相近，便于适应；而留欧和留美费用较高。近代两湖与东南沿海的浙江、广东比较，经济发展还是相对薄弱，选择留日较多也是自然。在选择留学科目方面，清末选法政科、师范科奇多，民国以后数量下降，被工科、医科超越。[②]

纵观1921—1949年中国共产党内的留学生群体，主要为留日、留欧和留苏三个群体。一大召开前后的58名党员中有16名留日生，占总数的27%，一大以后的普通党员名单缺乏较为具体的籍贯资料，而中共中央委员或候补委员则有籍贯记录。退而求其次，我们可考察担任中共中央委员或候补委员的党员。一大的中共中央委员，留学生占党员总数的66.7%，且留日生占绝对多数；二大开始出现留欧生，而留日生仍占37.5%；三大时，留日生占比下降至14.3%；四大、五大时，留学生群体总体有所回升，但回升的主要为留苏学生群体，留日学生占比则再未超过三大的比例。[③] 显然，留日学生群体在中共早期创党期间处于中心地位。他们的籍贯结构、留学时间、留学学习科目都对中国共产主义运动的兴起、对中国共产党组织的创立产生了深远影响。近代中国早期留学生群体的籍贯分布主要在两湖和东南沿海地区，这与创党时期两湖与浙江党员数量较多恰好是一致的。从早期党员中留日学生所选专业看，一半以上是人文学科，因此他们能够成为研究宣传社会主义和马克思主义的主要力量。他们的留学时间也正是日本

---

① 魏善玲：《民国时期出国留学生的结构分析(1912—1927)》，《华南农业大学学报》2012年第1期，第147—148页。
② 魏善玲：《民国时期出国留学生的结构分析(1912—1927)》，《华南农业大学学报》2012年第1期，第144页。
③ 李里峰：《中共中央领导层中的留学生群体分析(1921—1949)》，《徐州师范大学学报》2005年第6期，第2—3页。

社会主义思潮流行的年代。已有不少研究成果显示，留日中国学生积极从事翻译活动，对近代中国思想启蒙发挥的作用超过留欧美学生。中国人由此借道日本，大量翻译西方书籍，出版报纸杂志，向国内输入新思想新技术。20 世纪 20 年代是借道日本翻译马克思主义著作最为集中的时期。① 湖北籍的李汉俊从日本留学归来，携带大量英、德、日文的马克思主义书籍，回国后，他翻译并宣传马克思主义。他将马克思主义政治经济学原理率先翻译传播到国内。1919 年到 1921 年，李汉俊仅在上海的不少刊物上发表译文和论文 90 余篇。他还帮助陈望道翻译出版第一个中译本《共产党宣言》。1920 年 9 月，他翻译马克思的《资本论》，并将翻译后的《资本论》改名为《马克思资本论入门》，此为“中国第一次系统介绍马克思的《资本论》”②。另外，李大钊、陈独秀、李达、陈望道、林伯渠、杨匏安、沈玄庐、施存统、俞秀松等，都是中共创党时期研究、宣传马克思主义的先驱，其中留日生占主流。一大代表中有 4 人留日，如加上未参会的李大钊、陈独秀，则为 6 人。

总之，除了历史与社会文化渊源影响创党早期的党员籍贯结构外，留日学生群体与中共建党群体成正向关联，而留日学生的籍贯影响了中共创党时期的党员籍贯结构。

三

还有一个问题需要讨论，不少回忆录都记载，在 1921 年中国共产党建党前后，与建党关系密切的外国语学社中皖籍成员较多，而留法勤工俭学群体中川籍最多，按常理，这应该会在 1921 年全国党员籍贯、上海共产党早期组织成员和中共一大代表籍贯中有所呈现，但事实上，在上述三个名单，中安徽和四川籍排名都比较靠后。58 名党员名单中只有川籍、皖籍各 1 名，即赵世炎和陈独秀。据现存多人的回忆文章，外国语学社由山东人杨明斋和浙江人俞秀松负责管理，党员则大多来自安徽、湖南和浙江三省，这是不少研究成果都引用、多名当年亲历者回忆证实的。而在 1921 年的一大代表和全国 58 名党员中，前者无安徽籍，后者也只有 1 名。

表 2　上海外国语学社成员籍贯统计

籍　贯	人　数
湖南	16
湖北	2
浙江	8

① 刘向辉、符海平：《早期留日学生与马克思主义在中国的传播》，《郑州航空工业管理学院学报》2011 年第 2 期，第 9 页。
② 刘向华：《中共历史上创造“十个第一”的人》，《四川统一战线》2010 年第 7 期，第 15 页。

续 表

籍　　贯	人　　数
安徽	4
江西	1
陕西	2
河南	1
江苏	2
只有姓名未知籍贯	22
共计	58

资料来源：慕水《外国语学社师生名录》,《上海革命史资料与研究》第 1 辑,第 183—201 页;中共上海市委党史研究室等《觉悟渔阳里：上海社会主义青年团创建史料选辑》下册。

外国语学社的安徽籍学员都去了哪里？笔者推测,1921 年五一节前,渔阳里 6 号发生了一场变故,原因应与这场变故有关。当年外国语学社在授课的同时,也组织党员参加社会斗争实践,到工厂调查、参加工人罢工、到工人夜校上课、到社会上去撒传单等。并且渔阳里 6 号也同时为中俄通讯社、社会主义青年团的地址,①据学员柯庆施后来回忆,法租界捕房一直注意着渔阳里 6 号,渔阳里弄堂口有一烟纸店,法租界巡捕房"包打听"就坐在店里监视着渔阳里 6 号进进出出的人员。② 4 月 29 日,法租界巡捕房为阻止五一劳动节大会,搜查了外国语学社,没收了一些传单和宣传纪念品。此后,外国语学社活动基本中断。经过近 10 个月的培训,50 余名学员中有 30 余名学员分批去了莫斯科。即便不是法租界当局的搜查,外国语学社初创时便要求各地"以最快的速度让尽可能多的社会主义青年团员们……到上海来,为留学莫斯科做准备"③。根据目前的资料,尚有 22 名成员籍贯不明,但至少柯庆施、韦素园、蒋光慈、吴葆萼 4 名皖籍学员在上海已加入社会主义青年团,然后赴莫斯科,不久都加入了中国共产党。引荐他们到上海外国语学社的高语罕也在 1923 年入党。从中共中央委员和候补委员名册看,第一至第四届只有陈独秀为皖籍,从第五届开始有 2 名,是陈独秀的 2 位儿子陈乔年、陈延年。到第六届全国代表大会时,有 3 名皖籍党员出现,即王明、李竹声、王稼祥,这 3 位都是在 1924 年后才入党的。④

上海创党时期,国内川籍党员仅赵世炎 1 人,严格来讲,他是到法国后才加入中国共产党旅欧支部的,在国内有参加上海的中国共产党发起组的说法。从现有资料看,川籍党员人数从二

① 任武雄：《建党时期的中俄通讯社和华俄通讯社》,《党史研究资料》1994 年第 11 期,第 17 页。
② 柯六六：《柯庆施就读上海外国语学社前后》,《江淮文史》2008 年第 6 期,第 125 页。
③ 上海革命历史博物馆(筹)编：《上海革命史研究资料——纪念建党 70 周年》,上海：上海三联书店,1991 年,第 302 页。
④ 统计数据来源：《中国共产党历届中央委员大辞典(1921—2003)》,北京：中共党史出版社,2004 年。

大到四大，数字是直线上升的，这与四川的留法勤工俭学运动直接相关。近代四川是中国西南偏僻省份，但却是中国留法勤工俭学最早、人数最多的省。辛亥革命后，就开设留法预备学校、成立四川留法俭学会等机构，四川从省长到各地方政府以及各界都有或多或少的资助。赴法学生由地方政府派员送到上海乃至法国，四川最为典型。① 因此，留法勤工俭学在四川这样一种氛围中形成真正的热潮，留学群体中汇集了各种身份、各个年龄段，甚至一家数口，这些都已有不少研究成果述及，这里不再赘述。笔者想说明的是，当时四川青年所热衷的是赴法勤工俭学，它所展示的前途对四川青年的吸引力更大。据统计，仅 1919 年 5 月至 1920 年 12 月这段时间，经由成都法国领事馆签发护照先后去法国勤工俭学的川籍青年就有 242 人。1921 年 1 月前出国的有 472 人，居全国之冠。② 1921 年，经济危机使法国经济萧条，留法勤工俭学的中国学生陷入求工不得、欲学不能的困境。2 月 28 日，蔡和森、向警予组织 400 多名骨干，发起向中国驻法公使馆争取生存权和求学权的斗争。这使得以后的留法勤工俭学群体中不少人开始摆脱无政府主义和工读主义影响，转而成为坚定的马克思主义者。有学者研究统计，川籍留法勤工俭学前前后后计有 538 人，其中 110 人加入了旅欧中国共产主义青年团。③ 据不完全统计，到 1923 年 6 月，中共三大召开时，全国党员数量为 420 人，旅法党员，还有从法、德、比利时和苏联回国的党员，已达 77 人，占全国党员总数的 18%以上。1925 年四大召开时，全国党员数为 994 人，留法党员达 210 人左右，占全党总数的 20%还多。④ 显然，至少在中共四大召开前，中共党员中的川籍成员曾留法勤工俭学的占比不少。在中共中央一至四届中央委员和候补委员中，并未有川籍委员出现。但在第五届全国代表大会上有 2 名川籍党员当选中央委员和候补委员，他们是赵世炎和刘伯庄。他俩的经历可以印证早期川籍党员经历留法勤工俭学后入党的线索。赵世炎，四川酉阳人（今重庆市），五四运动中已与李大钊、陈独秀结识，1920 年 5 月赴法勤工俭学，1921 年三四月间，旅法华人中的共产党早期组织成立，赵世炎是成员之一。刘伯庄，四川南充人，1919 年考入北京大学，1920 年 6 月，放弃北大学习赴法勤工俭学，在法国积极投身留学生各种政治活动，1923 年 2 月加入旅欧青年团组织，12 月当选旅欧中国共产主义青年团第四次代表大会旅欧区执行委员兼秘书。⑤

结　论

综上所述，中国共产党创立时期的党员籍贯来源呈现出一些特点，党员分属 6 个省市和旅

① 鲜于浩、田永秀：《留法勤工俭学运动中的四川青年》，成都：巴蜀书社，2006 年，第 10 页。
② 鲜于浩、田永秀：《留法勤工俭学运动中的四川青年》，第 15 页。
③ 粟民：《四川青年和留法勤工俭学运动》，《西南交通大学学报》2002 年第 3 期，第 29 页。
④ 王健英编：《中国共产党组织史资料汇编——领导机构沿革和成员名录》，北京：红旗出版社，1983 年，第 30 页；张健、马亦男：《留法勤工俭学运动在上海的组织与开展》，《上海党史与党建》2019 年 5 月号，第 27 页。
⑤ 邓寿明：《最早当选为中共中央委员的四川人》，《四川党史》2002 年第 4 期，第 41、43 页。

日、旅法共8个共产党早期组织。成员籍贯涉及13省市，但相对集中在湖南、湖北、浙江3省，其次是广东、山东和河北。马克思主义信仰的感召力绝对是中国共产党成立的关键因素，但在最初党的组织形成过程中，传统中国的乡缘网络也曾有意无意地发挥过一定作用。中国共产党一经诞生就是一个全国性政党，但在早期党员中有乡缘籍贯的聚集，这种状况的出现有着更深广的地理区位和由此产生的社会文化的影响。20世纪20年代前后的留学生运动，主要是留日、留法勤工俭学等运动深刻地影响了中共创党时党员的籍贯结构与层次，考察这些特质，有助于我们更深刻地理解近代中国社会的丰富性和复杂性，更全面地了解中国共产党发展的蜿蜒曲折。

（本文原发表于《史林》2022年第3期。）

作者简介：

高红霞，上海师范大学人文学院历史系教授、博士生导师。曾任历史系主任、中国史博士后流动站负责人。主要研究方向为中华民国史、上海移民史。专著《上海福建人研究（1843—2008）》、论文《近代上海同乡团体医院研究》先后获福建省社科优秀著作奖和上海市社科优秀论文奖。主持完成国家社科项目“近代上海传统行业及行业群体研究”、教育部项目“近代上海商帮比较研究”等。主讲课程“中国现当代史”为上海市高校精品课程。曾获上海市育才奖，教育部研究生思政课程教学团队名师。

“自由法国”运动在上海（1940—1942）

蒋　杰

摘　要：第二次世界大战期间，在上海法侨社会内部兴起了“自由法国”运动。依据法国外交档案、报纸、期刊和时人回忆，本文试图重构该运动在上海从兴起到沉寂的全过程，同时对影响其嬗变的各种政治和外交因素进行剖析。作为法国在远东最重要的利益汇聚点之一，上海与香港、新加坡、新德里和纽约等成为第一批响应戴高乐号召支持“自由法国”运动的城市。作为最早投入这一阵营的海外侨民组织，旅沪法侨中的“自由法国”派在“自由法国”运动从兴起到取得最终胜利的整个过程中，扮演了不容忽视的角色。此外，这一运动看似只是法国与法侨社会的内部事务，但在战时上海极其复杂的环境中，其形成、发展与兴衰受到政治、外交以及军事等诸多因素的共同制约。

关键词：“自由法国”　爱高案　上海

“自由法国”（France Libre）运动，是第二次世界大战期间法国人民发起的、以抵抗纳粹德国侵略、争取民族独立与解放为目标的爱国运动。在戴高乐将军的领导下，“自由法国”在伦敦建立了“法国国民委员会”（Comité National Français），创立了“自由法军”（Forces Frances Libres），并在北非和欧洲地区进行了长达数年的政治和军事斗争。在这一过程中，“自由法国”以及此后由它演变而来的“法兰西民族解放委员会”（Comité de la libération de la nation française）、“法国临时政府”（Gouvernement Provisoire Français），不仅与同盟国一同取得了反法西斯战争的最终胜利，同时也获得了世界主要国家的承认，成为法国的唯一合法政府。此后的“法兰西第四共和国”在此基础上建立。因此“自由法国”运动的兴起与发展，不仅在很大程度上影响了第二次世界大战的发展走向，而且在战后国际格局的形塑过程中也扮演了重要角色。

过往有关“自由法国”运动与中国关系的讨论，多集中于探讨戴高乐派驻重庆的代表，如艾斯加拉（Escarra）[①]、贝志高（Pechkoff）等人，以及国民政府围绕战时中法关系、法国在华租界和

① 文中外国人名的翻译，若有中文名则采用其原名；若无中文名，则根据新华通讯社译名室《法语姓名译名手册》（北京：商务印书馆，2000 年）译出；若《法语姓名译名手册》中也无对应翻译，则采用音译。

印度支那问题所展开的外交折冲和博弈活动。[①] 事实上，作为最早响应戴高乐号召，反对法德媾和的几个海外基地之一，旅居上海的法国侨民早在1940年6月戴高乐发表著名的《告法国人民书》时，就已形成了支持继续对德作战的“自由法国”派。该派别此后直接演变为“自由法国”在上海的分支结构——“法国永生”（France Quand même）上海分部，并在此后的两年间，不断向伦敦、北非等地输送志愿者，加入“自由法军”，直接投入反法西斯战争。

依据法国外交档案、回忆录、过刊和报纸等文本保存的信息片段，本文试图重构“自由法国”运动在上海兴起与发展的全过程，同时对影响其嬗变的各种政治、外交因素展开讨论。文章希望阐明，作为法国在远东最重要的利益汇聚点和侨民聚集地之一，旅沪法侨中的“自由法国”派，在政治宣传、资金募集和人员动员方面都为远在欧洲和北非的“自由法国”运动作出了重大贡献。此外，“自由法国”运动看似是法国和法侨社会的内部事务，但在战时上海这样一个风云诡谲、各派利益绾节其间的环境中，它的形成、发展与兴衰，受到政治、外交以及军事等诸多因素的制约，包括维希法国、“自由法国”、英国、日本甚至纳粹德国等不同势力都不同程度卷入其中。

一、贝当或戴高乐：法国战败后旅沪法人的政治抉择

从1940年5月德国发动“法国战役”（Bataille de France）开始，上海法侨就陷入了某种程

① 关于戴高乐领导的“自由法国”运动与国民政府关系的研究，主要集中在“自由法国”试图以废约、交还在华租界和使馆区管理权为代价，换取国民政府承认其为法国合法政府并承诺尊重法国在印度支那地区的殖民利益等相关问题的交涉。见葛夫平《抗战时期法国对于废除中法不平等条约的态度》，《抗日战争研究》2003年第3期；黄庆华《抗日战争时期及战后初期的中法关系》，《抗日战争研究》2008年第3期；黄庆华《中法建交始末：20世纪40—60年代中法关系》第1章，合肥：黄山书社，2014年。此外，有关战时中法关系的研究还可参见秦孝仪主编《中华民国重要史料初编——对日抗战时期　第三编：战时外交》第2册，台北：中国国民党中央委员会党史委员会，1981年，第719—721页；陈三井《近代中法关系史论》，台北：三民书局，1994年，第241—255页；陈剑《维希法国远东政策研究》，华东师范大学2011年博士学位论文。有关上海地区的“自由法国”运动，尚未见学术论文与专著，已刊文章多为回忆录片段，如毛啸岑《旧上海的大赌窟之一——回力球场》，文史资料选辑部编《文史资料精编》第14册，北京：中国文史出版社，1990年，第526页；薛耕莘口述《上海法租界巡捕房与三十年代上海政治（二）》，王仰清、张鸿奎整理，《史林》2001年第1期。国外学界对于这一问题的关注较多，但也未见专门论著发表，有关这一论题的研讨，多为近代中法关系史或战时上海史研究的片段，如 Fabienne Mercier, *Vichy face à Chiang Kai-Shek: histoire diplomatique*, Paris: Harmattan, 1995, pp. 168 - 169; Joseph Shieh and Marie Holzman, *Dans le jardin des aventuriers*, Paris: Seuil, 1995, p. 153; Jacques Weber, *La France en Chine, 1843 - 1943*, Nantes: Presses académiques de l'Ouest, 1997, pp. 236 - 245; Guy Brossollet, *Les Français de Shanghai, 1849 - 1949*, Belin, 1999, pp. 274 - 280，中文版参看居伊·布罗索莱《上海的法国人1849—1949》，牟振宇译，上海：上海辞书出版社，2014年，第315—324页；Bernard Wasserstein, *Secret War in Shanghai*, London: Profile Books Ltd., 1999, pp. 73 - 76，中文版见华百纳《上海秘密战——第二次世界大战期间的谍战、阴谋与背叛》，周书垚译，周育民校，上海：上海社会科学院出版社，2015年，第81—85页；Marie-Claire Bergère, “L'épuration à Shanghai (1945 - 1946). L'affaire Sarly et La Fin de La Concession Française”, *Vingtième Siècle. Revue D'histoire*, 1997, pp. 25 - 41; Bernard Wasserstein, “Ambiguities of Occupation Foreign Resisters and Collaborators in Wartime Shanghai”, in Wen-Hsin Yeh, *Wartime Shanghai*, London; New York: Routledge, 1998, p. 25; Christine Cornet, “Système concessionnaire et police française: un exemple origine de la politique coloniale de la France à Shanghai”, in *Banquier, savant, artiste: Présences françaises en Extrême-Orient au XXe siècle*, Presses Paris Sorbonne, 2005, pp. 55 - 73。此外，在一些回忆、新闻采访等非研究性出版物中，也包含了部分有关上海“自由法国”运动的信息，见 Véronique Saunier, “Roderick Egal, gaulliste de la première heure et incorruptible”, in *Le souvenir Français de Chine*, Bulletin 40, pp. 26 - 31; “«France Quand Même» Comité Français Libres de Shanghai, d'après le rapport de René Pontet”, *Revue de la France Libre*, n°126, juin 1960; *France Libre à Changhai*，作者、责任人、出版时间及地点不详。

度的动荡与不安。[①] 6 月 10 日后不断传来的噩耗，激起了人们的愤慨。法军的一溃千里和毫无组织更是震惊了全体侨民。[②] 6 月 16 日，总理保罗·雷诺(Paul Reynaud)宣布辞职；17 日，菲利普·贝当(Philippe Pétain)组阁并于同日对德求和；[③]18 日，已流亡伦敦的戴高乐发表讲话，呼吁法国人民拒绝投降，并将对德战争进行到底。[④] 为阻止法德媾和，他又发表了著名的《告法国人民书》，号召法国人民与他一起继续战斗。[⑤] 法军的迅速溃败以及随之而来的一系列剧变，早已超出法国旅沪外交、军事、租界当局和侨民对时局的预判。祖国的崩溃，迫使他们不仅需要面对悲伤、彷徨和不知所措的情绪，更重要的是，必须在"战"与"和"之间作出抉择，选择支持主和的贝当元帅，还是号召继续战斗的戴高乐将军。

对于这一问题，法国驻沪当局的工作人员显得十分纠结。情感上，很多人反对求和，希望依托广大海外殖民地继续对德作战。但在当时的情势下，作为政府公职人员，他们的选择必须考虑两个基本要素：一、所效忠政权的合法性；二、尽最大可能保护法国的殖民利益。就上海纷繁复杂的政治军事形势而言，除以上两点之外，如何处理好与英、美外交当局以及日本势力的关系，也是他们不得不仔细权衡的问题。[⑥] 后来的历史表明，基于意识形态、所处立场和对国家前途的不同考量，外交人员逐渐分化为三个群体。

法国战败不久，时任法国驻华大使的戈思默(Cosme)经过短暂思考后，最终倒向了贝当，而没有选择支持戴高乐。[⑦] 6 月 24 日，他号召法国全体在华外交人员服从贝当政府。[⑧] 之所以作出这样的决定，一方面是基于维希政府的成立符合宪法程序，具有合法性；[⑨]另一方面，则因为上海法租界或其他法国在华管辖区如果选择支持戴高乐，则可能面临被日军占领的风险。[⑩]

---

① Bernard Wasserstein, *Secret War in Shanghai*, p.74.

② Jacques Weber, *La France en Chine*, 1843 - 1943, p.236.

③ 关于法国宣布停战及贝当组建新政府，见"Le Ministère Reynaud ayant démissionné Le maréchal Pétain forme ie nouveau cabinet"，"Le maréchal Pétain annonce que les hostilités doivent cesser", *Journal de Shanghai*(《法文上海日报》), le 18 juin 1940。

④ "La France doit continuer de résister; le dernier mot n'a pas été dit et tout espoir n'est pas perdu, dit le général de Gaulle", *Journal de Shanghai*, le 20 juin 1940.

⑤ "Le général de Gaulle invite tous les français à continuer la lutte", *Journal de Shanghai*, le 22 juin 1940.

⑥ 与日本的关系尤为难以处理。法国的战败，极大地刺激了日本对包括法属印度支那在内的法国远东殖民地的野心。在上海，受迫于日军咄咄逼人的态势，驻沪法军不得不退出已占据 3 年的"虹桥—徐家汇军事区"。关于该军事区的历史，可参看蒋杰《抗战时期上海"虹桥—徐家汇军事区"研究(1937—1940 年)》，周武主编《上海学》第 1 辑，上海：上海人民出版社，2014 年，第 255—272 页。

⑦ 关于对戈思默的评价，见 Bernard Wasserstein, *Secret War in Shanghai*, p.74。

⑧ Jacques Weber, *La France en Chine*, 1843 - 1943, p.237.

⑨ 1940 年 6 月 10 日，法兰西第三共和国总统勒布伦(Lebrun)，根据 1876 年《法国宪法》任命贝当为政府总理，组建新内阁，取代已辞职的雷诺内阁。"Note"(有关二战时期法国政权变迁的一份备忘录)，《上海高等法院关于萨尔礼汉奸案》，上海市档案馆藏，档号：Q187 - 2 - 87(13)。关于贝当政府的建立，还可参见"Le Ministère Reynaud ayant démissionné Le maréchal Pétain forme le nouveau cabinet", *Journal de Shanghai*, le 18 juin 1940。

⑩ Jacques Weber, *La France en Chine*, 1843 - 1943, p.237. 关于这一点，上海的"自由法国"派也持有类似看法。该组织领导人爱高在发给戴高乐的第二份报告中指出，法国驻沪当局如果公开投靠"自由法国"，将给法国外交政策带来极大困难，因为此时中国存在着重庆与南京两个政府。此外，这也会给日军一个很好的占领法租界的借口。见 Rapport No.2 au Général de Gaulle, le 6 octobre 1940, Guerre 1939 - 1945, Londre, C.N.F., 18GMII/66, AMAF(法国外交档案馆巴黎分馆，Le centre des archives diplomatiques de la Courneuve，以下简称"AMAF")。

除此以外，国际局势对贝当也更为有利，这构成了很多驻沪当局工作人员倒向维希政府的另一个原因。尽管第二次世界大战结束后，维希政权常常被视作或被称为"傀儡政府"，[①]但它的建立不仅符合宪法程序，更重要的是，该政府成立后，包括美国、苏联和中国在内的世界主要国家都承认其为法国合法政府。国民政府也曾将魏道明派驻维希，作为中国驻法大使。[②]

为体现其合法性并强化对海外殖民当局的管控，贝当政府甫一成立，便对外交和殖民部门展开"清洗"。[③] 在远东，"清洗"运动使得几个重要位置都发生了人事变动，如启用更为顺从的德古(Decoux)取代卡特鲁(Catroux)出任法属印度支那总督。[④] 马杰礼(Margerie)则被任命为新任驻上海总领事。[⑤] 作为一个工作背景和政治倾向都十分复杂的人，马杰礼的政治生涯十分传奇。他曾是雷诺内阁的重要成员，但也正是他帮助贝当登上了权力巅峰。但矛盾的是，他并不是贝当的信徒。此外，在雷诺政府时期，马杰礼与戴高乐曾在工作上建立起十分紧密的联系，但当后者力邀他加入"自由法国"运动时，却被他婉拒了。[⑥]

马杰礼与戴高乐之间曾有一段著名的对话，可以作为他一系列"矛盾"做法的绝佳注解。他在婉拒戴高乐时曾说："我受命出任上海总领事，此次经过伦敦，不是到你这里来工作，而是到中国去。我到那里将和你在这里一样，都是为法国效力。"[⑦]马杰礼的行为看似矛盾，但事实上并不矛盾。他的做法颇能代表当时很多法国职业官僚的态度，即无论为维希政府还是"自由法国"工作，他们只忠实于法律与国家利益。无论谁组织政府，只要政府的产生符合法律程序，只要它能够恢复国家的荣耀与维护法国庞大的殖民利益，就是一个合法的政府，就应获得支持。而在当时的情况下，无论实力还是威望，名不见经传的戴高乐都无法与贝当元帅相提并论。因此，人们宁愿将法国复兴的希望寄托在贝当身上，而不是戴高乐。

尽管内心未必真正认同贝当的统治，但作为职业外交官的戈思默和马杰礼在各自岗位上的立场与活动，使他们可以被划入外交人员中的"维希派"行列。[⑧] 两人大体都忠实地执行了来自维希的命令，号召广大侨民支持并团结在维希政府之下，同时努力在十分复杂凶险的形势下，小

---

① 黄庆华：《中法建交始末：20世纪40—60年代中法关系》，第2页。卜正民认为，与战时中国广泛存在的傀儡政权相比，至少在1942年之前，维希政府都是一个独立的政权。见 Timothy Brook, *Collaboration: Japanese Agents and Local Elites in Wartime China*, Harvard University Press, 2007, p.243。

② 《蒋委员长自重庆致驻法大使魏道明嘱不必再赴任所电》，秦孝仪主编《中华民国重要史料初编——对日抗战时期 第三编：战时外交》第2册，第772页。

③ 陈剑：《维希法国远东政策研究》，第36页。

④ "New Indo-China Governor", *The North-China Herald*, July 3, 1940;"Admiral Decoux Loyal To Vichy", *The North-China Herald*, September 18, 1940.

⑤ Fabienne Mercier, *Vichy face à Chiang Kai-Shek*, p.51; Jacques Weber, *La France en Chine*, 1843 - 1943, p.237.

⑥ Jacques Weber, *La France en Chine*, 1843 - 1943, p.237. 马杰礼与法国各派政治势力暧昧不清的关系和他模棱两可的政治手法，使他在上海的英美同行们对他的判断与评价存在很大的分歧。见 Bernard Wasserstein, *Secret War in Shanghai*, pp.74 - 75。

⑦ 夏尔·戴高乐：《战争回忆录》第1卷，陈焕章译，北京：中国人民大学出版社，2005年，第97页。

⑧ 事实上，法国驻沪当局中真正的"维希派"人数相当有限，Rapport No.2 au Général de Gaulle, 6 octobre 1940, Guerre 1939 - 1945, Londre, C.N.F., 18GMII/66, AMAF。

心翼翼地保护着法国在华殖民利益的完整。[1] 为了保持法侨社会的团结，他们对以爱高为首的上海“自由法国”派并未采取强硬措施，而是试图通过相互谅解的方式，使后者约束自己的活动。尽管两人尽力消除戴高乐对法国驻沪当局工作人员与侨民的影响，[2]但仍旧无法避免一部分人加入“自由法国”运动，上海法租界公董局警务处的二号人物饶伯泽（Jobez）和上海“法国参战军人会”主席爱高即是其中的代表。

饶伯泽决意离开上海返回欧洲加入“自由法国”运动时，已官至警务处副总监。得益于巴黎警务机构的严格训练，他在打击犯罪方面表现出了杰出的才能。1925 年，饶伯泽受邀出任天津法租界警务处总监法布尔（Fabre）的助手。1933 年，后者调往上海后，他也一同前往，并再次出任副职。作为警务处少有的通晓中文的法籍高官，饶伯泽不仅在法布尔主导的警队重建工作中扮演了重要角色，同时还对警察的培训作出了重大贡献。[3] 1940 年 6 月，法国战败的消息传到上海后，他毅然辞去一切职务。7 月初，他将妻儿留在上海，孤身一人返回欧洲加入“自由法军”。

作为一个与上海公共安全和秩序紧密相关的重要人物，饶伯泽的离开给上海社会造成了不小的冲击。尽管法文媒体始终保持缄默，但他的去向早已成为公开的秘密，中文媒体和英美报纸都进行了充分报道。[4]《申报》在 7 月 17 日的一篇报道中写道：

> 法租界公董局警务处副总监饶伯泽，近已辞职。7 月 15 日乘轮离沪赴加拿大。饶氏在沪颇负声誉，此次离去，本市外侨，深致惋惜。按饶氏为远东有数刑事学家。先在巴黎警局供职，功绩卓著，旋被派往天津法租界警务处服务多年，复来上海任法租界警务处助理总监五年，升任副总监。前后苦压十七年，饶氏友好多信渠所以辞职者，乃欲赴某处投效法军，为祖国自由而作战故也。[5]

饶伯泽离开后，警务处的另外两名副总监布兰歇（Blanchet）和莫雷（Moret）也选择了同样的道路，这些人构成了驻沪当局工作人员中的“戴高乐派”。[6]

在“维希派”和“戴高乐派”之外，法国驻沪当局还存在着广大的“中间派”或“观望派”。这些

---

① “French Ambassador asks Unity”, *The North-China Herald*, September 4, 1940.

② 戈思默曾发布敕令，要求所有法国驻华政府公职人员必须严格遵守国家的法律、规章及命令。他同时要求全体法侨效忠维希政府并停止谈论政治。此外，宣传系统可能也受到总领事的影响。见“Ordonnance rendue par S. E. l’ambassadeur de France en Chine”, *Journal de Shanghai*, le 24 Août 1940 及“Frenchmen in China Told Not to Talk”, *The North-China Herald*, August 24, 1940。上海最重要的法文报纸《法文上海日报》从 1940 年 8 月之后，就很少刊载有关戴高乐及法国抵抗运动的消息。

③ Christine Cornet, “Système concessionaire et police française: un exemple origine de la politique cononiale de la France à Shanghai”, in *Banquier, savant, artiste: Présences françaises en Extrême-Orient au XXe siècle*, p.68.

④ “French police official quits Concession force”, *The China Weekly Review*, July 20, 1940;《法租界副总监饶伯泽辞职》，《申报》1940 年 7 月 11 日，第 10 版。

⑤ 《法租界副警监饶伯泽已离沪系赴某处投效法军》，《申报》1940 年 7 月 17 日，第 11 版。

⑥ 布兰歇与莫雷两人分别于 1941 年 5 月 16 日和 5 月 26 日辞职离开上海加入“自由法国”运动。见 Listes des Français partis pour rejoindre l’armée du général de Gaulle, Shanghai, Noire, Série A, 635PO/A/385, CDAN（法国外交部南特外交档案中心，Le centre des archives diplomatiques de Nantes，以下简称“CDAN”）。

人也许并不真正认同维希政府，但由于工作、家庭和其他的原因，又不愿或不敢加入戴高乐阵营。按照爱高的说法，“他们，如同大多数法侨一样，缺乏坚持信仰的勇气，宁可（无所作为地）观望今后将会发生什么”[①]。薛耕莘的描绘则更加形象。他写道：维希政府成立后，法国驻上海领事被迫屈服，但新政府的成立并未带来任何人事变化。贝当的画像挂上办公室的墙壁后，大家仍旧各自忙各自的，但每个人都有自己的想法。[②] 当然，也有一些人没有离开上海而投身“自由法国”运动，完全出于在日本的压力下，尽最大努力保护法租界及法国在沪的殖民利益完整的目的。[③] 饶伯泽的上司——警务处总监法布尔即是这样的典型。[④] 事实上，无论“维希派”还是“戴高乐派”的人数都十分有限，“观望派”构成了这个群体的主体。

爱高将普通侨民划分为四个群体：绝对的爱国者（即法侨中的“戴高乐”派）、“自由法国”运动的同情者、观望者以及贝当政府外交人员和失败主义者。[⑤] 事实上，在战败之初，大部分法侨支持继续战斗，[⑥]只有少数人公开支持维希政府。然而，随着此后英法关系的迅速恶化，法侨的政治选择产生了显著的转变。

戴高乐在法国战败之初的广播讲话，显然对旅沪法侨产生了作用。就在法、德商讨停战协定的同时，在“法国参战军人会”（Association des Anciens Combattants）的发起下，6 月 23 日，上海法侨在法租界警察总会（Cercle de la police de la municipalité française de Shanghai）召开了一次大会。根据目前的材料，无法获知会议的议题及讨论详情。但通过会后发给巴黎的电报，可以看出会议内容的一些端倪。这封电报写道：

> 在“法国参战军人会”的发起之下，全体旅沪法人进行集会。我们对于法兰西之前途抱有绝对之信心，并希望两大帝国（法国、英国）继续保持坚定的同盟关系，以将斗争进行到底。为此，旅沪法人甘愿奉献生命与财产。[⑦]

显而易见，群情激奋的法侨作出了要求当局反对媾和、继续战斗的决议。上海的德国与日本外交当局也密切注视着此次会议。日本外交当局认为“此次会议的决议，明显表现出贝当政府没有获得旅沪法侨的认同”。而德国驻沪当局则认为“上海法侨在英国的影响下，倾向于继续进行

---

① Dispatch from the Ambassade of Great Britain in China, 20th August 1940, Guerre 1939－1945, Londre, C.N.F., 18GMII/66, AMAF.

② Shieh and Marie Holzman, *Dans le jardin des aventuriers*, p.153.

③ 从 1940 年 6 月起，上海的外侨社会就传出日军将在意大利加入欧战后占领上海的公共租界与法租界。见“Japanese Position on Foreign Areas”, *The North-China Herald*, June 12, 1940。

④ Shieh and Marie Holzman, *Dans le jardin des aventuriers*, p.153. 外交档案显示，法布尔可能也曾试图离开上海加入“自由法国”，但由于某种未知的原因，最终没有成功。见无标题文件 Shanghai, Noire, Série A, 635PO/A/385, CDAN。

⑤ Rapport No.1 au Général de Gaulle, le 24 août 1940, Guerre 1939－1945, Londre, C.N.F., 18GMII/66, AMAF.

⑥ 《法侨不甘屈辱静待报国机会“有希望即有生命”不愿空言但求行动》，《申报》1940 年 6 月 26 日，第 8 版。

⑦ Assemblé générale du 27 Novembre 1940, rapport du R. Égal, Guerre 1939－1945, Londre, C.N.F., 18GMII/66, AMAF.

对德战争”。[①]

此时只有少数几人公开表达了对贝当政府的支持，著名律师达商（D'Auxion de Ruffe）即是这个少数群体的代表。[②] 他不仅在上海的白俄报纸上发表文章，公开呼吁法侨支持贝当，[③]而且还通过自己主编的《极东》（*Orient Extrême*）杂志，美化日军侵略，攻击英美在上海的特权。[④]他的说辞，颇能代表维希派的看法：

> 不支持贝当元帅？那我们支持谁，请问？戴高乐将军？好吧，也许吧！请问你们的邓尼金（Denikine）和尤德里奇（Yudenitch）现在哪里？请问你们的国家现在已经变成什么样了？不，邓尼金和尤德里奇的选择，不是一条正确的道路。

他接着写道："我们必须忠于法国和它的政府。贝当元帅不是一个人与德国签订了停战协定，他也不是唯一一个意识到法国政府必须重组的人。在他的背后，有一个勇敢而睿智的军人和政治家群体支持着他，例如果敢的魏刚（Weygand）和聪明的赖伐尔（Laval）……法国需要的是耐心等待和学会使用纪律。"[⑤]

然而对戴高乐相对有利的形势很快由于"奥兰事件"的爆发出现了逆转。[⑥] 这一事件不仅严重破坏了英法关系，[⑦]同时也使以伦敦为基地的"自由法国"运动陷入困境。戴高乐后来在回忆录中这样写道：

> 但这（奥兰事件）对我们的希望是一个可怕的打击。这一点在招募志愿者方面马上就显露出来了。许多军人和平民本来打算参加到我们这边来，这时都跑掉了。此外，法兰西帝国[⑧]各行政当局以及保卫帝国的海军与陆军对我们的态度，大部分都由犹疑变成了反对。维希政府当然不会不尽量利用这一事件。其后果对于非洲领土的归顺来说，肯定是十分严重的。[⑨]

"奥兰事件"只是影响法侨选择的一个因素。事实上，他们的身份、特权与商业利益不得不依赖

---

① Rapport, "Opinion des Japonaise et des Allemands de Shanghai sur la réunion tenue par les Français le 23 au Cercle de la police", le 24 juin 1940, Shanghai, Noire, Série A, 635PO/A/385, CDAN.

② Bernard Wasserstein, *Secret War in Shanghai*, p.74.

③ "D'Auxion de Ruffe Supports Totalitarians and Vichy Regime: 'Joining the Happy Family'", *The China Weekly Review*, August 10, 1940.

④ Bernard Wasserstein, *Secret War in Shanghai*, p.74.

⑤ "D'Auxion de Ruffe Supports Totalitarians and Vichy Regime: 'Joining the Happy Family'", *The China Weekly Review*, August 10, 1940.

⑥ "奥兰事件"又被称作"麦尔斯-埃尔-克比尔"（Mers-el-Kebir）事件。法德媾和之后，英国由于担心法国海军落入纳粹德国之手，随即在1940年7月初全面控制了停泊在英国港口内的法国军舰，并建议停泊在北非地区各军港的法国海军接受英国海军指挥。但这一建议没有被北非法国海军领导人接受。7月3日，英国海军对停泊在北非奥兰军港的法国海军发动突袭，这一行动造成了约1 300名法国水兵身亡。

⑦ "La rupture des relations entre la france et l'Angleterre", *Journal de Shanghai*, le 7 juillet 1940.

⑧ 所谓"法兰西帝国"即指法兰西第四共和国之前的法国，由法国本土与海外殖民地组成。见黄庆华《中法建交始末：20世纪40—60年代中法关系》，第3页注2。

⑨ 夏尔·戴高乐：《战争回忆录》第1卷，第91页。

法国驻沪当局的保护，也构成了左右法侨选择的另一个关键。因此，当维希政府建立后，出于现实利益的考量，法侨不得不承认其合法性，并自动转为其公民，否则他们将像上海的白俄一样，变成无国籍公民。他们在上海的一切财产和特权也将无法继续获得保障。① 但无论如何，法国侨民的选择显然并非发自内心。正如韦罗妮克·索尼耶（Véronique Saunier）所言，他们对贝当元帅和维希政府的支持是“半心半意”的。这种选择既可能出于对某种政治迫害的恐惧，也可能来自某种利益的诱惑，还可能是对一战老兵（贝当）的某种尊重与敬仰。总而言之，无论出于什么动机，一个显著的事实是，在维希政府成立初期，大部分上海法侨都倒向了贝当一方。②

二、分庭抗礼："法国永生"组织在上海的建立与最初发展

“奥兰事件”的爆发，同样使上海的“自由法国”运动遭遇严重挫折。尽管如此，戴高乐仍有一部分坚定的支持者，他们在爱高、高博爱（Grosbois）和步维贤（Bouvier）等人的带领下，艰难地开始了“自由法国”运动在上海的活动。1940 年 8 月 2 日法侨会议的召开，标志着“自由法国”组织在上海的正式诞生。

有资料显示，爱高领导的组织直到 1940 年 9 月才获得戴高乐的承认，成为“自由法国”在上海的分支机构。③ 然而，由于英国驻沪外交当局的居中联络，事实上早在该年 7 月 9 日，爱高就已收到戴高乐的电报，后者要求爱高在沪建立“自由法国”的分支机构：

> 在（上海）这样一个重要的地方，必须建立一个人员招募机构，为我正在创立的军队招募陆、海、空军士兵，你同时还必须尽一切可能为他们筹集旅费；第二，为了给法租界内外的法国人提供精神上的领导，一个执行委员会必须建立起来；第三，必须建立一个情报中心，以搜集远东地区与我们的运动有关的信息。④

很有可能就是在这封电报的要求下，上海的“戴高乐派”建立了一个筹备委员会，甚至可能还举行过筹备会议。一份来自这个被临时命名为“法英阵线”（Front Franco-Anglais）的组织的文件，披露了酝酿中的上海“自由法国”组织的性质、章程、任务和注意事项。⑤

这份文件开宗明义地说明了成立组织的目的，在于“团结上海法侨中不愿接受战败者、希望继续对德抗战者以及愿意继续与英国保持紧密合作者”。组织要在“远离祖国、殖民地影响力有

---

① 关于法国战败后，上海法侨的身份与司法权力，见 Mémorandum Situation des français libre en chine, le 10 juin 1941, Guerre 1939 - 1945, Londre, C.N.F., 18GMII/66, AMAF。

② Véronique Saunier, "Roderick Egal, gaulliste de la première heure et incorruptible", in *Le souvenir Français de Chine*, Bulletin 40, p.26.

③ *France Libre à Changhai*, p.1.

④ Rapport No. 2 au Général de Gaulle, le 6 octobre 1940, Guerre 1939 - 1945, Londre, C. N. F., 18GMII/66, AMAF.

⑤ Front Franco-Anglais, Guerre 1939 - 1945, Londre, C.N.F., 18GMII/66, AMAF.

限的情况下，在上海租界特殊的政治环境内，将法侨的爱国行动导向几个特定领域”。文件要求组织成员必须忠于祖国、拒绝承认贝当政府及停战协定签订者的领导；在任何情况下，成员必须通过各种方式表明其爱国信念；为组织成员或其他希望加入“自由法军”或英军的法侨提供必要帮助等。[①]

文件还特别强调，加入“法英阵线”并非意味着放弃法国国籍，而是为了更好地保护它；对组织之外的法侨，尤其是外交人员，“法英阵线”并非要将他们排斥在外。尽管这些人由于种种原因，或暂时或长期效忠维希政府，但成员应尽一切可能争取他们。[②]

8 月 2 日，旅沪法侨在“法国总会”(Cercle sportif du Français)再次集会。此次会议与 6 月 23 日会议相比，规模小了很多，仅有 30 人参加。[③] 会议议程包括：确定组织章程、会费标准以及任命负责人等。[④] 为避免法国驻沪当局和法租界当局的打压，[⑤]会议决定，应尽量避免外界了解上海“戴高乐派”组织已经形成的事实。[⑥] 因此，这一时期组织的领导机构十分简单，人员也非常有限，总共只有 7 名成员，分别是爱高、伯努瓦(Benoist Charles)[⑦]、雅斯帕(Jaspar André Stéphane)、莫雷利耶拉(Morelieras)、高博爱、吉勒(R. V. Gilles)以及雷诺(J. Raynaud)[⑧]。前 4 人为主要负责人，后 3 人为助理。[⑨] 此次会议的召开，标志着上海“自由法国”组织的正式成立。8 月 12 日，“法英阵线”改用北美地区类似组织的名称，更名为“法国永生”组织。[⑩]

上海“法国永生”组织正式建立后，戴高乐通过英国驻华大使发来贺电，内称：

> 我得知了你们的行动并对你们致以祝贺。请尽量使我了解上海法侨社会的情况。我将向你们提供用于宣传我们的目标与行动所需的物资。我希望将战争进行到底，直至法国与她的殖民帝国获得完全自由。法国万岁！戴高乐[⑪]

---

① Front Franco-Anglais, Guerre 1939 - 1945, Londre, C. N. F., 18GMII/66, AMAF.

② Front Franco-Anglais, Guerre 1939 - 1945, Londre, C. N. F., 18GMII/66, AMAF.

③ Rapport No. 2 au Général de Gaulle, le 6 octobre 1940, Guerre 1939 - 1945, Londre, C. N. F., 18GMII/66, AMAF.

④ Front Franco-Anglais, Guerre 1939 - 1945, Londre, C. N. F., 18GMII/66, AMAF.

⑤ 法国驻沪当局宣布服从维希政府后，上海法租界的政治环境对“自由法国”运动的发展变得十分不利。爱高在给戴高乐的第一份报告中写道：随着法国驻华大使公开效忠维希政府，在上海建立一个“自由法军”的士兵招募机构是不可能的。此外，一切诸如在开罗、亚历山大和纽约等地进行的公开反对贝当政府的活动也无从展开。见 Rapport No. 1 au Général de Gaulle, le 24 août 1940, Guerre 1939 - 1945, Londre, C. N. F., 18GMII/66, AMAF。

⑥ Rapport No. 1 au Général de Gaulle, le 24 août 1940, Guerre 1939 - 1945, Londre, C. N. F., 18GMII/66, AMAF.

⑦ 1929—1947 年间在上海生活，先后担任化学工程师、震旦大学教授、法国公学教师。同时还是“法国参战军人会”副主席。见 Guy Brossollet, *Annuaire des Français de Shanghai: Identités, professions, familles, dates de séjour, etc*, Paris: Éd. Rive droite, 2002, p. 29。

⑧ “爱高洋行”副主管，“法国参战军人会”成员，见 Brossollet, *Annuaire des Français de Shanghai*, p. 158。

⑨ Rapport No. 1 au Général de Gaulle, le 24 août 1940, Guerre 1939 - 1945, Londre, C. N. F., 18GMII/66, AMAF.

⑩ 有材料指出，在 1940 年 7 月，“法国永生”这一名称已经被上海的“自由法国”派所采用。但事实上，这一名称的正式采用是在 1940 年 8 月 12 日。见 *France Libre à Changhai*, p. 1。此外，关于“France Quand Même”这一名称，也被译作“一如既往的法国”，见居伊・布罗索莱《上海的法国人》，第 315 页。

⑪ Suite à Rapport No. 1 au 24 Août au Général De Gaulle, Guerre 1939 - 1945, Londre, C. N. F., 18GMII/66, AMAF.

在回电中,爱高对戴高乐的来电表示感谢,并承诺:"您可以依靠我们,直至战争取得最终胜利!"①他随即向戴高乐提交了第一份报告,介绍了上海法租界的政治形势、"法国永生"上海分部的概况以及组织成立后的主要活动等。②

上海"法国永生"组织成立后,在发展会员、扩大影响、招募志愿者以及募集资金等方面都获得较大发展。1940 年 10 月 6 日,爱高在给戴高乐的第二份报告中兴奋地写道:"8 月 2 日我们在'法国总会'举行第一次集会时,只有区区 30 人参加。但现在我们的成员已达到近百人。在不到一个月的时间内,就募集到近万元资金。"③1940 年 11 月底,上海"法国永生"组织召开了第一次全体会员大会,此时会员人数已上升至 120 人。④

成员的增加与流动使组织的领导机构也发生了一些变化。1941 年初,领导人员由 7 人增加为 9 人,此外还增设了财务委员会。⑤

表 1 "法国永生"组织领导人员名单(1941 年)

职　务	姓　名	职业或工作单位
主席	爱　高	"法国参战军人会"主席,"爱高洋行"老板
委员	巴耶(Baillie)	法租界公董局市政处
委员	吉　勒	前《时报》远东地区通讯员,前柏林、伦敦贸易专员
委员	高博爱	前"法国参战军人会"主席,"法盟"副主席,法租界公董局教育处督学
委员	雅斯帕	前法国海军军官
委员	默尼耶(Meunier)	中法银行
财务委员会委员	默尼耶夫人	中法银行
财务委员会委员	蓬泰(Pontet)	义品洋行
财务委员会委员	步维贤	汇源银行老板,法租界跑狗场老板,法国总会主席

资料来源:Rapport No. 4 au Général de Gaulle, 15 janvier 1941, Guerre 1939 – 1945, Londre, C. N. F., 18GMII/66, AMAF.

---

① Suite à Rapport No. 1 au 24 Août au Général De Gaulle, Guerre 1939 – 1945, Londre, C. N. F., 18GMII/66, AMAF.

② Rapport No. 1 au Général de Gaulle, le 24 août 1940, Guerre 1939 – 1945, Londre, C. N. F., 18GMII/66, AMAF.

③ Rapport No. 2 au Général de Gaulle, 6 octobre 1940, Guerre 1939 – 1945, Londre, C. N. F., 18GMII/66, AMAF.

④ Assemblée générale du 27 novembre 1940 rapport de R. Égal, Guerre 1939 – 1945, Londre, C. N. F., 18GMII/66, AMAF.

⑤ Rapport No. 4 au Général de Gaulle, 15 janvier 1941, Guerre 1939 – 1945, Londre, C. N. F., 18GMII/66, AMAF.

尽管人数有限，但以爱高为核心的领导层构成了一个精干的团队。这其中既有久居上海且具有一定经济实力的商人如爱高、默尼耶[①]及步维贤等，也有知识分子和学者型成员如高博爱、吉勒等人。此外，团队的主要成员或多或少都具有从军经历，他们几乎都是上海“法国参战军人会”的会员。

作为组织的发起者和“自由法国”运动在上海的负责人，爱高在上海法侨社会颇具影响力。他 1892 年出生于法国，1919 年来到上海后加入了 Racine & Co. 洋行。1928 年，他创办了自己的企业“爱高洋行”，专门经营法国酒业进出口业务。1936 年，他当选为上海“法国参战军人会”主席。[②] 1922 年，爱高在上海与法国女子玛格丽特·安热勒（Marguerite Angelé）结婚，后者长期担任法国公学（Collège Municipal）英文教师，很多法侨子女都是她的学生。[③] 这在某种程度上可能也提高了爱高所领导的“法国永生”组织在法侨社会中的号召力。

高博爱是另一位重要领导人。他 1919 年来华，先后在上海法租界法国小学（École Municipal）和法国公学担任教师。此后又出任法盟（Alliance Française）驻上海代表。从 1932 年起，他开始担任法租界公董局教育处督学。尽管长期服务于文教界，但从 1928 年开始，高博爱担任了法租界义勇队指挥官。[④] 在“法国永生”组织内，他主要负责文宣工作。[⑤]

上海法侨中的老牌商人步维贤，也在组织中扮演了重要角色。[⑥] 他 1888 年生于法国，1912 年就曾来华创业。一战期间回国参战，战争结束后再次返回中国，并先后就职于天津和上海的“义品洋行”（Crédit Foncier d'Extrême-Orient）。1921 年，他开始创办自己的企业，先后创设了“法商汇源银行”（Union Mobilière）、“法大车行”（Grand Garage Français）以及“合众储蓄会”（Mutual Investiment Society）等金融及商业机构。[⑦] 步维贤不仅自己加入了“法国永生”组织，还将自己唯一的儿子乔治·步维贤（Bouvier Georges）送往欧洲加入“自由法军”，参加盟军对德战争。[⑧]

三、视而不见：“法国永生”组织的活动与外交当局的暧昧态度

上海“法国永生”组织建立后，在发动侨民、为戴高乐争取支持以及协助组建“自由法军”等

---

① Brossollet, *Annuaire des Français de Shanghai*, p.135.

② Brossollet, *Annuaire des Français de Shanghai*, pp.72－74；《自由法人运动领袖爱高昨遭逮捕传因引诱法国水兵离职惟负责方面已否认此说》，《申报》1941 年 4 月 6 日，第 7 版。

③ Jean-Michel Piar, *Shanghai à la française*, Serre Editeur, 2005, p.38.

④ Brossollet, *Annuaire des Français de Shanghai*, p.92.

⑤ *Revue de la France Libre*, no.126, juin 1960.

⑥ 有一种说法认为，步维贤加入“自由法国”运动是因为他与律师达商存在利益矛盾。由于后者是贝当政权的坚定支持者，为了与之对抗，步维贤加入了“自由法国”阵营。达商在 1941 年被谋杀身亡后，步维贤一度成为法租界警务处主要的怀疑对象。见毛啸岑《旧上海的大赌窟之一——回力球场》，文史资料选辑部《文史资料精编》第 14 册，第 526 页。

⑦ Brossollet, *Annuaire des Français de Shanghai*, p.41.

⑧ 见爱高为步维贤提供的证明，《上海高等法院关于茄处、邢选青、步维贤汉奸案》，上海市档案馆藏，档号：Q187－2－101(6)。

方面进行了大量工作。他们的活动主要围绕宣传动员、资金募集与志愿者招募三个方面展开。随着该组织影响力的不断扩大以及救亡活动的不断深入，他们与法国驻沪当局的矛盾也随之不断升级。

“法国永生”组织的宣传动员活动由三部分组成：发布定期公报、出版不定期宣传品和播送无线电广播节目。宣传的重点集中在三点：批判维希政府背信弃义，中断与英国的同盟关系；抨击贝当与德国签订丧权辱国的停战协定；批评贝当政府官员全是腐败无能之辈。[①]

8月2日会议结束不久，第一份《“法国永生”公报》(*Bullutin de France Quand Même*，以下简称《公报》)就问世了。至10月，《公报》已累计出版8期。《公报》发布的消息主要是关于欧洲“自由法国”运动的发展状况和戴高乐的讲话等。英国的无线电广播成为获取信息的主要渠道。[②] 这份刊物主要面向上海法侨，但同时也在中国其他法侨聚集的城市(包括香港)和新加坡、法属印度支那、日本甚至北美和大洋洲的重要城市发行。[③]

无线电广播则构成了宣传工作的另一项重要内容。最初，“法国永生”组织以“民主之声”(Voix de Democratie)为名，在英属X.C.D.N.电台进行广播，该节目每天中午与晚间各广播一次。1940年11月26日后，“法国永生”组织又在美属X.M.H.A.广播电台进行广播。[④] 广播的目的，一方面在于强化针对远东地区法侨的宣传鼓动，争取他们的支持；另一个目的则在于加强与新加坡、印度和澳大利亚等地法侨社会的联系。[⑤]

除宣传动员外，资金募集构成了该组织工作的另一个重点。“法国永生”组织的经费主要来自会费和募捐。[⑥] 1940年11月“法国永生”大会公布的数据显示，在组织成立后的3个月内，他们便获得了国币17 000余元的收入。这些收入被用于以下几方面：支付英国志愿者参战基金(British Voluntary War Fund)、宣传工作所需的印刷和纸张费用以及“法国永生”组织工作人员的相关花费。[⑦] 此外，组织还承担了前往欧洲和北非参加“自由法军”的志愿者的全部费用。然而，无论组织的日常运转还是招募、派遣志愿者，都需要雄厚的经济基础。仅仅依靠会费和募捐还远远不足。4位重要的组织成员默尼耶、蓬泰、步维贤和安德烈(Andre fouet)慷慨地提供了资金支持。[⑧]

志愿者的招募与输送构成了该组织最重要的职责和任务。由于宣传工作取得了不错的成

---

① Rapport No.1 au Général de Gaulle, le 24 août 1940, Guerre 1939 - 1945, Londre, C.N.F., 18GMII/66, AMAF.

② Rapport No.1 au Général de Gaulle, le 24 août 1940, Guerre 1939 - 1945, Londre, C.N.F., 18GMII/66, AMAF.

③ *Revue de la France Libre*, no.126, juin 1960.

④ *Revue de la France Libre*, no.126, juin 1960.

⑤ Rapport No.3 au Général de Gaulle, le 26 novembre 1940, Guerre 1939 - 1945, Londre, C.N.F., 18GMII/66, AMAF.

⑥ Assemblé générale du 27 novembre 1940, Rapport de R. Égal, Guerre 1939 - 1945, Londre, C.N.F., 18GMII/66, AMAF.

⑦ Assemblé générale du 27 novembre 1940, Rapport de R. Égal, Guerre 1939 - 1945, Londre, C.N.F., 18GMII/66, AMAF.

⑧ *Revue de la France Libre*, no.126, juin 1960.

效，很多旅沪法侨纷纷响应他们的号召，愿意加入戴高乐的“自由法军”，投入解放祖国的战争之中。爱高及其组织则毫不吝啬地给他们提供经济资助。① 虽然没有任何材料可以直接解释为什么随着战争的深入，越来越多的法侨背离了贝当，倒向戴高乐一方，但以下两方面的原因，也许可以在某种程度上解答这种转向。首先，贝当政府不仅在欧洲与德国、意大利签订了丧权辱国的停战协定，在远东，面对日本人的压迫，维希政权也在租界和印度支那等问题上妥协退让。这不仅从根本上威胁到侨民的切身利益，同时也动摇了他们对贝当本来就不太牢固的认同。其次，贝当上台后，对外无法维护国家的主权与领土完整，对内则通过修改宪法，将自己推上独裁者的位置，这也引发了侨民的极大不满。②

上海尽管是法国远东殖民利益的重要聚集点，但法侨人数却十分有限。1936 年的统计显示，居住在法租界内的法侨人数尚不足 2 500 人。因此，“法国永生”组织能够招募的志愿者群体十分狭小。可资招募的人员主要来自三个群体：普通侨民、法国陆海军士兵以及法国商船上的海员。士兵虽然是最理想的招募对象，但由于日军威胁始终存在，爱高及“法国永生”组织并未将招募重点集中在这个群体，而是主要在侨民中进行招募。③ 除此之外，由于上海享有独特的“两方三界、一市三治”的行政与空间格局，很多无法从其他远东殖民地（如印度支那）出发的志愿者也来到上海，在“法国永生”组织的协助下加入“自由法军”。④

旅沪法侨或来自其他殖民地的志愿者要想从上海出发，加入戴高乐领导的“自由法国”运动，必须经过精心策划。首先，他们必须设法从法租界进入公共租界，然后还必须获得英国领事当局颁发的证明文书。之后，从公共租界码头乘船前往香港。到达香港后，“自由法国”运动香港分部负责接待，并将他们派遣到欧洲或北非入伍。⑤

为了协助志愿者离开上海，爱高及其组织需要完成大量工作，这其中包括为志愿者（主要为离职海员或脱逃水兵）提供暂时藏匿的场所（一般情况下，他们被藏匿在上海西郊的外侨别墅内），还必须为他们提供必要的被服，特别是为脱逃士兵提供便服，否则他们难以离开上海。此外，他们还必须为志愿者支付前往香港的船票，并提供一定数额的盘缠供途中消费。最后，为了获得入境许可，还必须在公共租界为志愿者联系医生进行体检，以获取健康证明。⑥

虽然“法国永生”组织试图避免引起法国驻沪当局的注意，但随着宣传工作的逐步展开，该组织不可避免地成为上海外侨社会中一股引人注目的政治力量。事实上，法国驻沪当局和公董

---

① Véronique Saunier, “Roderick Egal, gaulliste de la première heure et incorruptible”, in Le souvenir Français de Chine, Bulletin 40, p.26. 关于步维贤对于运动的支持，还可见爱高为步维贤提供的证明，见《上海高等法院关于茄处、邢选青、步维贤汉奸案》，上海市档案馆藏，档号：Q187-2-101(6)。

② 关于法国修宪与贝当被任命为元首，见“L'assemblée nationale réunie à Vichy vote la révision de la constitution”, *Journal de Shanghai*, le 13 juillet 1940；“Le Maréchal Pétain devient le chef de l'État français”, *Journal de Shanghai*, le 13 juillet 1940。

③ Rapport No. 1 au Général de Gaulle, le 24 août 1940, Guerre 1939-1945, Londre, C.N.F., 18GMII/66, AMAF.

④ Note, le 8 octobre 1941, Shanghai, Noire, Série A, 635PO/A/385, CDAN.

⑤ 《传法水兵三名潜逃投效自由法军爱高被捕认为与此有关》，《申报》1941 年 4 月 14 日，第 8 版。

⑥ *Revue de la France Libre*, no.126, juin 1960.

局很早就对该组织的存在与活动心知肚明。但此时戈思默大使还没有打算采取取缔、解散等强力措施来抑制它的发展与活动。之所以作出这样的决策，一方面可能由于他本人内心未必真正排斥戴高乐及其领导的运动；[①]另一方面则由于爱高所领导的组织，号召为祖国的自由与解放而战，占据着道德制高点。尽管发生了“奥兰事件”，但他们在法侨中仍获得相当的支持；最后，外交当局和公董局职员中有很多“法国永生”组织的同情者，可能也是一个重要的原因。[②]

在组织建立之初，戈思默大使试图通过达成相互谅解的方式来约束“法国永生”的活动。他先后以“积极参与‘法国永生’的组织活动”为由，约谈了雅斯帕。又以“讨论市政事务”为名，对高博爱进行了劝诫谈话。对于爱高，戈思默则委托领事法庭法官国富门（Kufuman）与他谈话，告知他因散发煽动性出版物被人检举。[③] 事实上，在法国旅沪当局眼中，宣传鼓动并不构成一个严重威胁。招募志愿者才是最令他们头痛的问题，这也是后来引发双方激烈冲突的症结所在。尽管饶博泽的离职可能与爱高的组织没有太多干系，但 1940 年 9 月 22 日第一批 9 名志愿者在爱高等人的帮助下从上海出发前往伦敦加入“自由法军”的事件，则极大地刺激了戈思默。由于法侨很多都是外交当局和法租界公董局职员，他十分担忧这一事件会使更多的法租界警察及公董局职员仿效。

尽管如此，大使仍保持着克制，他仍试图以宽容的态度换取“法国永生”组织承诺“不再全力推动在上海招募志愿者的活动”。[④] 虽然大使不断释放善意，但爱高却玩起了虚与委蛇的把戏。他在给戴高乐的报告中写道：“很显然，我们永远不会以正式的方式做出这种承诺。我们将会继续人员的招募活动，但会像军火交易那样秘密。”[⑤]此后，几乎每个月或多或少都会有志愿者从上海出发前往欧洲。[⑥] 据 1941 年底的统计，从上海出发的志愿者人数已经达 124 人。[⑦] 在整个战争期间，“法国永生”为“自由法军”输送了 239 名志愿者。[⑧] 这一数字看似十分有限，但如果考虑到上海法侨人口稀少的情况，那这一数字就显得比较可观了：几乎相当于法租界十分之一的法侨人口参加了“自由法国”运动。这些志愿者大多数为旅沪法侨，有些则来自天津甚至印度支

---

① 有关戈思默对于维希政府的态度，见（电报）Du Sir. Northcote, Gouvernor de Hongkong à Secrétaire d'états colonies, le 8 mai 1941, Guerre 1939 - 1945, Londre, C. N. F., 18GMII/67, AMAF。

② 例如爱高在给戴高乐的第二份报告中宣称，法租界警务处五分之四的警察都对“法国永生”组织的活动表示同情，见 Rapport No. 2 au Général de Gaulle, le 6 octobre 1940, Guerre 1939 - 1945, Londre, C. N. F., 18GMII/66, AMAF。

③ Rapport No. 2 au Général de Gaulle, le 6 octobre 1940, Guerre 1939 - 1945, Londre, C. N. F., 18GMII/66, AMAF.

④ Rapport No. 2 au Général de Gaulle, le 6 octobre 1940, Guerre 1939 - 1945, Londre, C. N. F., 18GMII/66, AMAF.

⑤ Rapport No. 2 au Général de Gaulle, le 6 octobre 1940, Guerre 1939 - 1945, Londre, C. N. F., 18GMII/66, AMAF.

⑥ “法国永生”组织在上海的招募活动已经成为一个公开的“秘密”。《申报》甚至对此作过专门报道。见《特戈尔总部已在沪成立　远东法人纷纷响应》，《申报》1941 年 1 月 6 日，第 7 版。

⑦ Listes des Français partis pour rejoindre l'armée du général du Gaulle, Shanghai, Noire, Série A, 635PO/A/385, CDAN.

⑧ *France libre à Changhai*, p. 1.

那等地区。此外，一些德国籍犹太人也在这个行列之中。[①]

随着组织的活动与规模不断扩大，法国驻沪当局不断收到各种检举材料。但档案显示，无论领事馆、公董局还是警务处，对“法国永生”组织都采取“睁一只眼，闭一只眼”的暧昧策略，从未认真阻止他们的行动。法国驻沪当局的这种“不作为”使日军当局十分震惊。每次与日军官员会晤，法国外交官总是假装对该组织的活动毫不知情，[②]即使遭到质问，他们也会尽力开脱。1941 年 6 月 7 日，一位日军联络官造访法租界警务处，就“法国永生”组织的无线电广播问题质问警务处官员：“当局对于受英美资助的法国人，在美属 X. M. H. A. 无线电台所进行的反法宣传有什么看法?”这名官员答称：“总体而言，旅沪法侨对这种宣传毫无兴趣，因此这种宣传活动也就没有起到任何效果。此外，从事这些反法宣传的人都不是法国公民。”[③]

随着越来越多的志愿者在上海“法国永生”组织的帮助下加入“自由法军”，远东地区的法国殖民当局越发不安。1941 年 1 月初，法属印度支那政府致函上海法租界警务处，声称通过秘密情报得知上海法租界存在一个被称为“‘自由法国’中国中央委员会”(Comité central de la France libre pour la Chine)的秘密组织。该政府要求上海同事提供关于该组织的活动、人员以及与印度支那境内的法侨或外国居住者有关的情报。[④]

与领事当局的宽容相比，法国上海驻防军，尤其是海军的态度则要强硬很多。造成这一差别的原因大概有以下两点：一、“奥兰事件”导致近 1 300 名法国海军士兵死亡，军方对此一直耿耿于怀。而戴高乐的“自由法国”运动正是在英国政府的支持下展开的。因此，法国军方的很多人将戴高乐及其组织视为国家的叛徒、英国的走狗。二、法国海军将领米瑟利耶(Muselier)倒向戴高乐阵营后，严重动摇了维希海军的军心。[⑤] 驻防上海的海军部队对此忧心忡忡。据称，驻留上海的“安邺”号军舰，由于水兵不断脱逃，导致人员严重不足。[⑥] 1941 年 4 月，又有 3 名水兵从“安邺”号军舰出走。这一事件最终成为点燃驻沪军事当局与“法国永生”组织存在已久的矛盾的导火索。

四、“爱高案”与法侨社会的公开分裂

1941 年 4 月 5 日早晨 6 点左右，爱高在法租界辣斐德路 1363 号的“克雷蒙”公寓内被捕。

---

① Note, le 8 octobre 1941, Shanghai, Noire, Série A, 635PO/A/385, CDAN.

② *France libre à Changhai*, p. 1.

③ Note, le 7 juin 1941, Shanghai, Noire, Série A, 635PO/A/385, CDAN. 档案原件没有说明接待联络官的警务处官员是谁，但根据档案内容，可以推知此人极有可能就是警务处副总监萨尔礼(Sarly)。

④ Lettre, “l'inspecteur général des services de police en Indochine à Monsieur le directeur des services de police de la Concession, le 7 janvier”, 1941., Shanghai, Noire, Série A, 635PO/A/385, CDAN.

⑤ Véronique Saunier, “Roderick Egal, gaulliste de la première heure et incorruptible”, in Le souvenir Français de Chine, Bulletin 40, p. 27.

⑥ *France libre à Changhai*, p. 1.; Véronique Saunier, “Roderick Egal, gaulliste de la première heure et incorruptible”, in Le souvenir Français de Chine, Bulletin 40, p. 27.

事件发生后，领事馆和公董局均未作出公开说明。媒体调查后披露，抓捕行动与法国驻沪当局和法租界公董局无关，而由法国海军负责实施。"安邺"号军舰上的水兵执行了此次抓捕行动。爱高被捕后，也并未按常例被押解至法租界内的监狱监禁，而是直接解往"安邺"号军舰关押。① 尽管这一事件看似法侨社会的内部事务，但在当时上海十分复杂的政治、军事和外交形势下，随着不同势力的纷纷介入，这一法侨社会的"家务事"被不断放大为一个外交事件，并引发轩然大波。

爱高被捕后，"法国永生"组织首先作出回应。事件发生当晚，该组织便通过 X. C. D. N. 电台发表公开声明，对法国海军拘捕爱高的行动提出强烈抗议并进行了强硬回击。发言人声称："全上海都知道，上海'自由法国'运动的领导人爱高先生今天早晨被捕了。但这并不是事实！爱高先生不是被捕，而是被来自'安邺'号军舰的法国海军军官绑架了！这些人既没有出示抓人所需的拘捕令，更在没有获得比利时外交当局许可的前提下，擅自闯入"克雷蒙"这座产权属于比利时国国民的公寓。"②

对于组织今后是否还会继续活动，发言人称："就在爱高先生被捕后不久，有人便劝告我们，为了自己的安全最好暂停'法国永生'的广播和《公报》的发行。但我们已经多次声明，不会屈从于任何威胁与恐吓。爱高先生虽然被捕，但我们仍将继续现在的活动。不同的是，之前我们一切活动的展开，都会尽量考虑团结上海的维希分子。但今后我们将被迫对他们采取更为强硬的态度。"③

谈到法侨社会内部关系，发言人进一步指出：

> 此前为维护上海法侨社会的团结，我们尽量对维希政府的支持者采取忍让态度。但这种态度却被上海维希当局用来发起针对上海"自由法国"运动领导人的进攻。显而易见，拘捕爱高的命令来自维希，尽管它极有可能直接来自柏林。
>
> 现在，拘捕爱高的行动构成了针对爱国者的犯罪行为。上海的"自由法国"运动认为，无论后果如何，今后我们的行动没有必要再顾忌上海维希分子的感受。④

上述声明的发表，无疑标志着法侨社会的公开分裂。

此外，比利时当局也对事件表达了严重不满。正如声明所称，由于爱高被捕的"克雷蒙"公寓是隶属于比利时侨民的产业，法国水兵拘捕爱高时，并未提前通知比利时驻沪领事，也没有出示拘票。因此，比国驻沪当局认为这种做法"实与正常之法律手续不合"，将要向法国海军当局

---

① "M. Egal Arrested by Naval Authorities", *The North-China Herald*, April 9, 1941; "M. Egal a été arrêté hier matin par l'autorité maritime", *Journal de Shanghai*, le 6 juin 1941;《自由法人运动领袖爱高昨遭逮捕传因引诱法国水兵离职惟负责方面已否认此说》,《申报》1941 年 4 月 6 日，第 7 版。

② "M. Egal Arrested by Naval Authorities", *The North-China Herald*, April 9, 1941.

③ "M. Egal Arrested by Naval Authorities", *The North-China Herald*, April 9, 1941.

④ "M. Egal Arrested by Naval Authorities", *The North-China Herald*, April 9, 1941.

提出严正抗议。[①]

上海的外侨社会也对这一事件表示了强烈关注。[②] 由于拘捕爱高的行动，无论在合法性上还是在程序上都存在诸多可待商榷之处，一篇来自《北华捷报》的文章就从近代上海社会特有的制度和法律层面对爱高的被捕进行了质疑。文章指出，爱高被捕事件之于整个上海社会的关系重大。首先，法国海军当局在上海设有法国领事法庭的前提下，直接介入爱高案件，是对上海租界存在近百年的司法制度的一种践踏；其次，即使拘捕行动具有相关法律手续（拘捕令），但在比利时领事当局毫不知情的情况下，进入"克雷蒙"公寓也属非法行动；再次，在法租界并未宣布戒严的情况下，法国海军直接上岸捕人，这种行为与此时上海大量发生的政治绑架毫无二致。文章最后点出事件的关键，即无论是公共租界还是法租界，上海是一个各种不同甚至相互抵触的政治观点可以共存的地方。然而，拘捕爱高这一非法行为的发生，则给上海社会开了一个糟糕的先例。很难想象这种恶例一开，在上海这样一个广泛存在不同政治势力的地方，未来将会发生什么，是否不同政治派别将会竞相绑架对方的领袖。[③]

尽管面临巨大的社会与舆论压力，法国驻沪当局始终未对拘捕爱高的原因进行说明。海军当局也三缄其口。媒体从马杰礼口中得知，爱高因涉嫌引诱6名法国水兵脱逃加入"自由法国"运动，而被抓捕。与海军当局一样，马杰礼也没有说明起诉爱高的罪名。但媒体方面的消息显示，海军当局可能以"阴谋引诱此间法海军弃职罪"，"或将由法国特别海军法庭以叛国罪审讯爱氏"。[④]

爱高被捕一周之后，便被解往法属印度支那的西贡市接受进一步调查和审判。[⑤] 但拘捕行动并没有获得维希当局希望达到的效果，它只是令"法国永生"组织的活动变得更为谨慎。[⑥] 戈思默大使虽然停止了蓬泰和高博爱在公董局的职务，但当局仍无法禁止该组织的宣传活动。[⑦] 更重要的是，爱高的被捕不仅未能阻止法侨离开上海投奔戴高乐，反而加剧了上海法侨社会的分裂，更多的人倒向"自由法国"运动。档案显示，爱高被捕后，离开上海加入"自由法国"运动的

---

① "Free French Sympathizers Aroused over Arrest of Shanghai Leader: Who Gives away This Bride?", *The North-China Herald*, April 12, 1941;《自由法人运动领袖爱高昨遭逮捕传因引诱法国水兵离职惟负责方面已否认此说》,《申报》1941年4月6日,第7版;《爱高被捕事件 比领将作表示 擅入比侨公寓或提抗议普莱梅律师已请求晤面》,《申报》1941年4月8日,第7版。

② 值得注意的是，与上海英文、中文媒体对爱高事件的广泛报道相比，《法文上海日报》对这一事件几乎采取了忽视的态度。仅在1941年6月6日及16日两期不明显的位置，对爱高事件进行了简单的报道。"M. Egal a été arrêté hier matin par l'autorité maritime", *Journal de Shanghai*, le 6 juin 1941; "M. Egal a été transféré en Indochine", *Journal de Shanghai*, le 16 juin 1941.

③ "M. Egal's arrest", *The North-China Herald*, April 9, 1941.

④ 《自由法人运动领袖爱高昨遭逮捕传因引诱法国水兵离职惟负责方面已否认此说》,《申报》1941年4月6日,第7版。

⑤ "Shanghai Free French Leader Taken to Indo-China", *The China Weekly Review*, April 19, 1941.

⑥ 爱高事件发生后，"法国永生"组织的领导人变更了住址。"Free French Sympathizers Aroused over Arrest of Shanghai Leader: Who Gives away This Bride?", *The North-China Herald*, April 12, 1941.

⑦ *France libre à Changhai*, p. 1.

法侨人数并未出现显著减少。①

营救爱高的行动从他被捕之初就已启动。为使他早日获释，英国驻沪外交当局不仅积极介入这一事件，②同时在整个营救过程中，也扮演了决定性角色。③ 4月5日，远在开罗的戴高乐得知爱高被捕后，立即致电英国外交部，要求他们指示英国在上海的外交人员全力展开营救。④接到指令后，英国驻沪外交人员通过特定渠道与马杰礼总领事取得联系，并试图通过他来影响法国海军当局，释放爱高。但马杰礼表示自己爱莫能助。此后，戴高乐又多次施压。在这种情况下，英国外交人员再次约见马杰礼。为让总领事对爱高案施以援手，他们使用了近乎威胁的语气向马杰礼施压。他们直言不讳地告知马杰礼，法国海军拘捕爱高的行动可能迫使英国给予上海的"自由法国"组织更多支持。而这种支持则可能导致上海法侨社会的分裂，甚至引发秩序失控。如果发生了这种情况，日本人无疑将是最大的受益者，他们会毫不犹豫地抓住这个"恢复秩序"的借口。法国驻沪当局应当明白，到目前为止，为了避免给日本提供干涉法侨社会的借口，英国都尽量避免介入旅沪法人的内部事务。然而，如果法国驻沪当局执意要在上海的"戴高乐派"和"维希派"间制造冲突，日本人十分清楚我们对于"戴高乐派"的支持将会继续，以及我们的核心利益所在。法租界如果落入日军之手，对于英国人而言将是十分糟糕的事情。但对法国人来说，这意味着丧失了所有筹码。⑤

即使面对"恐吓"，马杰礼也明确表态爱高不可能获释，因为案件证据确凿，已有12名水兵承认了脱逃计划。马杰礼强调，尽管他之前对爱高的动员行动甚至其对警察的招募都可以视而不见，但引诱士兵脱逃是非常严重的事件，因为军队是法租界安全与秩序的保证，尤其是在直面日军的压力之下。马杰礼告知英国外交人员，爱高将被解往西贡进行调查和审判。他强调，这也许更为有利，因为上海的社会舆论反响过于强烈，西贡则相对安静一些，这将有助于作出有利于爱高的判决。⑥

其实马杰礼并非不愿在此事件中发挥更大的作用，而是无能为力。爱高被捕是上海"法国永生"组织成立近一年内，法国驻沪当局第一次对其采取"激烈"措施。但拘捕令并非由马杰礼下达，而是来自"安邺"号军舰。⑦ 这一差别看似细微，却反映了维希政府对戈思默、马杰礼的宽容态度失去了耐心。

---

① 爱高被捕未能阻止法侨前往欧洲加入"自由法国"运动。1941年4月28日、5月13日、8月12日、9月19日、9月26日、10月8日以及10月29日相继又有上海和其他远东城市的俄侨和海员从上海出发，前往欧洲加入"自由法国"运动。见无标题文件 Shanghai, Noire, Série A, 635PO/A/385, CDAN。

② 《自由法人爱高返沪神采不减往昔对时局无表示》，《申报》1941年10月9日，第7版。

③ *Revue de la France Libre*, no. 126, juin 1960.

④ (Télégramme) du Général De Gaulle, le Caire, 5th avril 1941 (pour Pleven), Guerre 1939 - 1945, Londre, C. N. F., 18GMII/66, AMAF.

⑤ From: Foreign office to Shanghai and Sir. Clark Kerr, 9th April (1941), Guerre 1939 - 1945, Londre, C. N. F., 18GMII/66, AMAF.

⑥ Conversation avec Ashley Clarke, (15th April 1941), Guerre 1939 - 1945, Londre, C. N. F., 18GMII/66, AMAF.

⑦ *Revue de la France Libre*, no. 126, juin 1960.

4月14日，爱高最终被法国轮船解往西贡受审。英国外交当局曾计划在中途阻截轮船释放爱高，但没有成功。① 随着法属印度支那政府开始接手案件，英国海军当局也受命介入营救行动。他们在4月30日致电法属印度支那总督德古将军，要求他尽早释放爱高。此后双方又进行了多次沟通，但后者拒绝在军事法庭作出判决前介入。但在英国巨大的外交压力之下，德古明确表示，爱高肯定会获释，对他的处罚将以罚金为主。②

1941年8月25日，爱高在被羁押4个多月后，最终在西贡获释。③ 尽管"自由法国"与英国外交当局最终在这场"外交拉锯战"中胜出，但爱高和他所领导的组织也并非完全没有付出代价，这一代价首先是爱高本人被褫夺了法国国籍，成为无国籍人士。④ 此外，法国驻沪当局也加大了对"法国永生"组织的打击力度，使它的发展与活动遭遇巨大困境。⑤ 在新加坡短暂逗留后，爱高于10月7日回到上海。⑥ 在他返回的前夕，马杰礼签发了一份总领事署敕令，禁止"无国籍"人员爱高进入法租界，并要求警务处长亲自负责执行此条命令。⑦ 一方面，无法进入法租界，另一方面，太平洋战争也已濒临爆发，上海本地的局势与整个第二次世界大战形势的发展，迫使爱高最终决定前往香港，加入英军，直接投入反法西斯战争。1941年12月5日，爱高到达香港。两日之后，日军攻入香港，爱高不幸与香港英军一同被俘，并被关押在香港战俘营内直到1945年5月。⑧

上海方面，随着太平洋战争的爆发，公共租界在12月8日被日军全面占领。"法国永生"组织的广播与出版活动被迫终止。此时，旅沪法侨的主要敌人已经由德国人变成日本人。从这时起，这一组织的活动不得不转入地下状态。⑨

结　语

过往有关"自由法国"运动与中国关系的研讨，往往聚焦于伦敦与重庆的交涉，而忽视上海等中国城市及远东其他城市与该运动的关联。本文显示，上海与香港、新加坡、新德里和纽约等少数几个城市一起，构成了第一批响应戴高乐号召、支持"自由法国"运动的城市。作为最早投入这一阵营的海外侨民组织，爱高及其领导的上海"法国永生"组织，在"自由法国"运动兴起、发

① (Telegram to Pleven,) Foreign Office, 7th may 1941, Guerre 1939 - 1945, Londre, C.N.F., 18GMII/67, AMAF.

② Conversation du Comandant Escarra avec Sir Ashley Clarke au Foreign Office, le 20 mai 1941, Guerre 1939 - 1945, Londre, C.N.F., 18GMII/67, AMAF.

③ "M. Egal Released In Saigon", *The North-China Herald*, August 27, 1941.

④ 《法租界当局拒绝爱高入境 爱氏登陆之前已下令禁阻》,《申报》1941年10月10日,第12版。

⑤ Dr. G. Béchamp à Monsieur le Général Ch. de Gaulle chef de la France libre London, Hongkong, le 18 septembre 1941, Guerre 1939 - 1945, Londre, C.N.F., 18GMII/67, AMAF.

⑥ "Roderique Egal Back in Shanghai Again", *The China Weekly Review*, October 18, 1941.

⑦ Ordonnance consulaire, Changhai, le 7 octobre 1941, Shanghai, Noire, Série A, 635PO/A/385, CDAN.

⑧ 见爱高为步维贤提供的证明,《上海高等法院关于茄处、邢选青、步维贤汉奸案》。

⑨ *France libre à Changhai*, p.1.

展与取得最终胜利的整个过程中，扮演了不容忽视的角色。然而，它的历史意义与价值一直未能得到学界应有的肯定，长期处于被忽视和被低估的状态。

对于戴高乐而言，上海“自由法国”派最重要的意义与价值在于一种自始至终的信任和支持。虽然第二次世界大战结束后，戴高乐已经成为法国现代最伟大的领导人之一，但在法国战败之初，与雷诺、贝当和魏刚等当时法国政坛的头面人物相比，他只是一个名不见经传的小人物。他不仅无法赢得法国各大海外殖民地领导人的支持，甚至无法获得法国国民和海外侨民的认可。正如戴高乐在自传中所言：“总而言之，不管理由是什么，法国的著名人物几乎普遍对我敬而远之，这样决不会提高我那事业的信誉……参加的杰出人物愈少，希望参加的人也愈少。”①在这种完全不被看好的情况下，上海的“自由法国”派在法国战败之初便毅然决然选择了支持戴高乐，并在此后始终坚持对他的忠诚。这一选择的作出，不仅需要巨大的政治勇气，更需要对法兰西民族命运与前途的坚定信仰。这即是上海“自由法国”运动对戴高乐以及法兰西国家最重要的意义与价值所在。

上海“自由法国”运动的兴起，完全发源于部分旅沪法侨的爱国热忱。但它的发展与嬗变，却是各种势力与因素相互博弈、折冲的结果。战败初期，惶恐与动荡中的法侨，无论支持戴高乐的“自由法国”派还是倾向贝当的“维希”派，其根本政治与经济诉求事实上都是一致的，即维护法国曾经的大国地位与“法兰西殖民帝国”(l'Empire français)在远东地区的广大殖民利益。因此，无论贝当还是戴高乐，能否维护法国的地位并获得国际社会的认可，能否保护法侨在沪的殖民利益，构成了法侨社会人心向背的决定因素。爱高及其组织成立后，一度遭到旅沪法侨的冷遇。但随着国际形势和上海本地局势的巨变，上海“法国永生”组织的活动逐渐赢得了法侨的支持与认同。一方面，反法西斯战争的推进使得戴高乐的影响力不断扩大，他所领导的“自由法国”运动逐渐获得世界主要国家的承认，这直接剥夺了维希政府的合法性；更重要的是，贝当的维希政权不仅在欧洲与纳粹德国、意大利法西斯签下了丧权辱国的城下之盟，在远东，面对日军的不断侵凌，维希政府还将建立已近百年之久的上海法租界“交还”汪伪政权。② 因此，对于旅沪法侨而言，维希当局已无法保障他们生命与财产的安全。因此，无论从政治合法性，还是从侨民的现实利益出发，维希政府都已毫无价值可言。所以战争后期，大部分法侨转而支持“自由法国”运动。

法国驻沪外交当局的暧昧态度，也是上海“自由法国”运动得以快速发展不可忽视的原因。不可否认，如果没有戈思默、马杰礼等人的宽松态度，上海“法国永生”组织的生存和活动将会遭遇更多挑战。事实上，驻沪外交当局对于“自由法国”运动的态度折射出他们对于维希政权的态度也和大多数侨民一样，只抱有一种半心半意的忠诚。但与侨民不同的是，作为政府官员，他们不得不执行来自上峰的命令，而这些命令常常是打击上海的“自由法国”。然而，从更长的时间

① 夏尔·戴高乐：《战争回忆录》第1卷，第91页。
② 葛夫平：《抗战时期法国对于废除中法不平等条约的态度》，《抗日战争研究》2003年第3期。

段来看,“自由法国”可能更能捍卫法国的利益。因此,他们常常处于一种尴尬的境地之中。作为外交人员,与其说他们忠实于维希政府,毋宁说他们是忠于法国的国家利益,亦即法兰西帝国曾经的地位与在远东地区庞大的殖民利益。因此,无论是维希还是“自由法国”,哪一个政府能够捍卫以上两个基本点,他们就效忠于谁。这种看似矛盾但并不矛盾的态度在马杰礼身上得到了最好的体现。

国际外交势力也是不可忽视的因素。英国驻沪外交当局在上海“自由法国”运动兴起与发展的过程中扮演了多重角色。它既要负责爱高与戴高乐之间的联络,在某些时候也会扮演“领导”的角色,对爱高及其组织的工作进行指导。此外,危急关头,它还必须充当“法国永生”组织的保护人。本文表明,没有英国的积极介入,很难想象爱高被捕后能够如此迅速地获释。另一方面,日军的威胁构成了上海“自由法国”组织始终无法摆脱的梦魇。它不仅直接威胁着这一组织的生存,而且严重制约着该组织的宣传动员和志愿者招募工作。事实上,正是日军在太平洋战争爆发后全面占领公共租界,才最终迫使爱高及其组织的活动陷于停滞。

上海“自由法国”运动的兴衰再次证明,世界反法西斯战争是一个整体。尽管远东战场与欧洲战场相隔万里,但两者却是一个紧密相连、相互作用的共同体。长期以来,受“西方中心论”的影响,国际学界有关世界反法西斯战争的历史书写往往以欧洲为中心,过度关注欧战的事件,而忽略或漠视包括中国抗日战争在内的世界其他地区的反法西斯斗争。通过重构战时上海“自由法国”运动的历史经验,本文证明,作为世界反法西斯战争的东方主战场,中国的意义与价值不仅仅体现于抵抗日本军国主义的野蛮入侵,事实上,发生在欧洲战场的很多重大事件也与中国和远东存在不可割裂的联系。

(本文原发表于《史林》2016 年第 5 期,现进行部分修改。)

作者简介:

蒋杰,贵州贵阳人。历史学博士,先后毕业于兰州大学、华东师范大学、法国里昂高等师范大学。上海市“青年东方学者”、“浦江学者”、法国艾克斯-马赛大学东亚系访问学者。现为上海师范大学人文学院副教授,上海师范大学都市文化研究中心研究人员,“法国艾克斯-马赛大学ENPCHINA”项目组成员。主要从事中国近代史、中共党史、上海史、数字历史研究及海外中国档案的搜集与整理。

晚清疾疫理解的更新与世界的祛魅

张洪彬

摘　要： 在古代中国，疾疫往往被认为是鬼神的作为或阴阳失序所致，身体观念也与神圣存在有着密切的联系，并具有一定程度的道德色彩。然而，晚清输入的大量卫生学、细菌学说等科学知识取代了传统的鬼神致疫说和疫气说，更新了中国知识分子的疾疫理解和身体观念。新的身体观念不再预设神圣存在，也不再具有道德属性。这种变化折射出来的是世界的祛魅，从中可以看到中国思想与信仰传统遭遇现代性挑战而发生的危机。

关键词： 疾疫　身体观　世界观　祛魅　现代性

"天人关系"是中国思想和信仰传统中的一根主轴，它归根结底是超越世界与现实世界之间的关系，是神圣存在与人的关系。[①] 这种关系弥漫在传统中国人的生老病死、衣食住行中，有着广泛而深刻的影响。举例来说，疾疫（传染病）因为具有传染性、伤害较大且难以预防或医治，通常被认为与神圣存在有关。具体地说，人们认为，疾病要么是人格化的鬼神之所为，要么与非人格化的天（天道）有关。本文将要指出，在晚清时代，现代卫生学、细菌学说等科学新知传入中国，为疾疫的发生提供了新的、更有说服力的解释，实证化的因果解释和与道德无涉的技术手段成为新的典范，人格化的鬼神和非人格化的天道在新的解释中不再必要。

这项研究受到德国思想家马克斯·韦伯（Max Weber，1864—1920）提出的"世界的祛魅"这一概念的启发。他在一次演讲中指出："我们这个时代的特征，是理性化、理知化，尤其是'世界的祛魅'。"换言之，世界的祛魅是现代性的核心特征之一。在这个祛除了神魅色彩的世界中，"我们再也不必像相信有神灵存在的野人那样，以魔法支配神灵或向神灵祈求。取而代之的，是技术性的方法与计算"。[②] 世界的祛魅是世界图景的整体变革，它通常是人们对一个个具体事物的理解发生变化的结果，也体现在千千万万具体的观念变革中。因而本文选择疾疫成因和身体观念的变化为主要考察对象，从而管窥中国近代思想史上的世界观变革。世界的祛魅指的当

① 余英时：《论天人之际：中国古代思想起源试探》，台北：联经出版事业股份公司，2014 年，第 73 页。
② 韦伯：《学术与政治》，钱永祥等译，桂林：广西师范大学出版社，2004 年，第 190、168 页。

然只是观念的变革，因而这项研究主要是一项基于历史文献的思想史研究，这不同于近代医疗史研究因受福柯影响而特别关注政治对身体的动员和规训，[①]也不同于从医疗社会史的角度出发而特别注意考察疾疫应对中的社会组织形式。[②]

文章将首先简要交代传统中国的疾疫理解，然后考察晚清基督徒提供的疾疫新解，再重点考察新旧解释给晚清知识界造成的影响。由于资料的限制，这项研究的考察和论述范围主要限于有文字传世的社会阶层，主要是知识阶层，在这个意义上，这仍然只是一项精英思想史的研究，对更广泛社会群体情况的考察和研究，则有待将来。

一、传统中国的疾疫理解

大体而言，传统中国对传染病（疫、疾疫、疫疠、瘟疫）的理解可分为两类：一是人格化的鬼神的作为；一是阴阳失序，邪气致疫。

首先，疾疫被视为人格化的鬼神的作为在传统中国是很早就发生并长期延续的观念。《释名》："疫，役也。言有鬼行疫也。"[③]《后汉书》记载："先腊一日，大傩，谓之逐疫。"唐人李贤等人注释道："《汉旧仪》曰：'颛顼氏有三子，生而亡去为疫鬼。一居江水，是为虐鬼；一居若水，是为罔两蜮鬼；一居人宫室区隅，善惊人小儿。'"[④]这个故事也收入晋代《搜神记》中。[⑤] 关于致疫的鬼神，这只是许多传说中的一种。实际上，在大量的神话故事、志怪笔记、民间传说中，还有关于疫鬼的许多版本。又如《增搜神记》载："隋开皇十一年（591）六月，内有五力士现于凌空三五丈……帝问太史张居仁曰：'此何神？主何灾福？'奏曰：'乃五方力士，在天为五鬼，在地为五瘟，名曰五瘟……现之主疫。'是年大疫，帝乃立祠，于六月廿七诏封五方为将军。"[⑥]这些神话传说看起来荒诞不经，但是它的确给出了一种疾疫的解释，以傩戏等仪式应对疾疫的实践也是基于这种观念的，许多地方还有祭祀瘟神的神庙。[⑦] 总之，在传统中国，生病而求神赐予健康十分常见，遇到为害甚烈的传染病就更是如此，除求医疗治外，也往往烧钱化纸、求神拜佛、请僧道诵经、贴驱鬼符咒、举办迎神赛会，多管齐下。余新忠在关于清代江南瘟疫的研究中也曾指出："在普通民众的心目中，瘟疫的出现乃是鬼神作祟的结果，而且，就是士人乃至医家往往也不能摆脱

---

① 代表性的著作如杨念群《再造"病人"：中西医冲突下的空间政治，1832—1985》，北京：中国人民大学出版社，2006年。作者在一篇文章中陈述了他的视角和主要观点："西医的进入破坏了传统中国的熟人社会对人伦关系的界定，而带入了一种称之为'委托制'的关系，这种关系一旦制度化，就与许多现代体制的运作相配合，最终改变了中国的社会结构。同时，政治也通过以医疗为手段的动员策略而被赋予了民族主义的新内涵，从而为现代中国的政治体制变革提供了依据。"杨念群：《如何从"医疗史"的视角理解现代政治》，《中国社会历史评论》第8卷，2007年。

② 代表性著作如余新忠《清代卫生防疫机制及其近代演变》，北京：北京师范大学出版社，2016年。

③ 毕沅疏证：《释名疏证·附续释名释名补遗》，北京：中华书局，1985年，第19页。

④ 范晔：《后汉书》，北京：中华书局，1965年，第3127页。

⑤ 干宝：《搜神记》，长沙：岳麓书社，2015年，第141页。

⑥ 姚东升辑，周明校注：《释神校注》，成都：巴蜀书社，2015年，第192页。

⑦ 关于鬼神致疫的各种传说故事，参见马伯英《中国医学文化史》，上海：上海人民出版社，1994年，第100—105页。

这一观念的影响。视鬼神为瘟疫病原这一观念，最集中地体现在'大疫流行，必有鬼神司之'这样一种认识之中。"[①]

医学史家陈邦贤曾经指出："关于传染病的原因，在秦以前，大都说是鬼神作祟，所以用傩逐疫；秦汉以后，学者发现传染病与季节有相当的关系，因认为气候不正是传染病的原因，于是有瘴气说。"[②]秦汉时代成书的《吕氏春秋》《礼记》都认为四季轮转代表着宇宙的应然秩序，人世行为应该顺应它，"无变天之道，无绝地之理，无乱人之纪"。举例来说，在阳气渐盛、万物欣欣向荣的孟春时节，天子政令就应以宽仁为主，劝课农桑，不事杀伐；若"孟春行夏令，则雨水不时，草木蚤落，国时有恐；行秋令，则其民大疫，猋风暴雨总至，藜莠蓬蒿并兴；行冬令，则水潦为败，雪霜大挚，首种不入"。[③] 这种观念的逻辑是：春应暖，夏应热，秋应凉，冬应寒，这是宇宙的应然秩序，亦即天道，若人世行为背离、扰乱这种应然秩序，邪恶灾疠之气横行，各种灾异就会接踵而至，疾疫就是其中之一。寒暑错时，阴阳失序，就会引致疾疫的发生。疾疫往往被视为灾异之一种，是人世行为扰乱天地之气的应然秩序所致。故而，在历代官修史书中常可见到把疾疫与彗星等天文"凶象"相提并论，并与人世行为，尤其是政治事件联系起来。《宋书》记录晋永和六年(350)的一系列异常星象之后写道："七年，刘显杀石祗及诸胡帅，中土大乱。戎、晋十万数，各还旧土，互相侵略及疾疫死亡，能达者十二三。"[④]在这里，疾疫和战争一样，与先前的天象灾异是相关的。再如，明代万历十八年(1590)，大臣王家屏上书谈到："迩年以来，天鸣地震，星陨风霾，川竭河涸，加以旱潦蝗螟，疫疠札瘥，调燮之难莫甚今日。"[⑤]也是把疾疫与地震、星陨、旱灾等灾异相提并论。他指责万历帝不事朝政，对灾异的出现缺乏必要的应对，故而自乞罢归。

鬼神致疫说与疫气说，对应着对神圣存在的两种不同理解。鬼神是人格化的，有类似于人的形象、意志和言行，而疫气说背后则是非人格化的阴阳五行法则。许多研究指出，殷商时代，人们信仰的至上神是人格化的"帝"(天帝、上帝)；到周代，至上神被称为"天"，仍然是人格化的；但是到周代后期，长期的战乱使人们对神圣存在的信心发生了质疑，"'天'的人格神的性格开始消退，渐次衍变成为非人格的'天道''天理'等逻辑存在"，"天并不能像人那么用语言发布命令"，"天本身就是寄寓于万物的法则，因而，它不外在于、也不凌驾于万物，它不是支配世界的主宰神"。[⑥] 与"天"密切相关甚至可以互换的概念还有道、天道、理、太极、太乙、太一、阴阳五行法则，大多都是用来表达非人格化的"宇宙秩序"(cosmic order)、"自然法则"(the law of nature)的。之所以如此，是因为秦汉以后思想主流倾向于认为是一种秩序、规律、法则使得万物呈现出如此状态，换言之，"宇宙秩序"是万物之所以然、所当然。我们不妨以西方哲学和宗教学上的泛

---

① 余新忠：《清代江南的瘟疫与社会：一项医疗社会史的研究》，北京：中国人民大学出版社，2003年，第122页。

② 陈邦贤：《中国医学史》，北京：商务印书馆，1957年，第384页。

③ 张双棣等译注：《吕氏春秋译注》，长春：吉林文史出版社，1986年，第3页；王文锦译解：《礼记译解·月令第六》，北京：中华书局，2009年，第198页。两书中的这两处文字只有个别字句不同，此处所引以后者为准。

④ 沈约：《宋书》，北京：中华书局，1974年，第714页。

⑤ 张廷玉等：《明史》，北京：中华书局，1974年，第5728页。

⑥ 森之树三郎：《名与耻的文化：中国伦理思想透视》，乔继堂译，兰州：甘肃人民出版社，1989年，第110页。

神论(pantheism)来理解,把用于表示万物根源和主宰者的天、道、理、太极、阴阳五行法则等理解为泛神论意义上的神圣存在。所谓泛神论,是把整体意义上的宇宙或宇宙秩序视为最高神圣存在的宗教立场,这样的神圣存在是非人格化的,它并不凌驾于宇宙之上,而是泛在于宇宙万物的每一个角落,庄子说道在蝼蚁、在稊稗、在瓦甓、在屎溺,[①]就是一个典型的例子。

无论是鬼神致疫说还是疫气说,都可能与道德上的善恶之分产生关联,鬼神固然可以分为正神和邪鬼,气也可以分为正气和邪气。隋代医书《诸病源候论》对"正邪"的界定是:"凡云邪者,不正之气也。谓人之腑脏血气为正气。其风寒暑湿,魅鬾魍魉,皆谓为邪也。"[②]在这一解释中,"邪气"既指污浊的空气("风寒暑湿"),又指恶神("魅鬾魍魉")。人体内的腑脏血气并不完全等同于现代医学意义上的血液,而是一种带有道德意味的"气",正如有学者指出的,"血气既是人的生理基础,也是人的道德基础"[③]。

与这种身体观和疾疫观对应的防治方法,很可能就包括了道德上的修养。唐代孙思邈所著《千金方》论及修身养性为防病之法:"善养性者,则治未病之病,是其义也。故养性者,不但饵药餐霞,其在兼于百行,百行周备,虽绝药饵,足以遐年;德行不克,纵服玉液金丹,未能延寿。""常以深心至诚,恭敬于物,慎勿诈善,以悦于人。终身为善,为人所嫌,勿得起恨;事君尽礼,人以为谄,当以道自平其心。道之所在,其得不孤立。勿言行善不得善报,以自怨仇。"[④]这样的观念源远流长。通过1878年刊载于《万国公报》上的一篇短文《避疫保身论》可以看到,在晚清某些中医的思想观念中,道德修养仍为防治疾疫的方法之一。根据文中讲解的致疫原因和开具的药方可以获知作者是一名中医。他认为,疫是秽浊之气,充塞天地之间,天气炎热,地上的湿浊之气蒸腾而上,人处其中,"正气设或有隙,则邪从口鼻吸入,直行中道,流布三焦,以及入心入肝,为疟,为痢,中痧,霍乱,暴厥猝死"。这里的"邪气"乍看只是指肮脏的空气,但作者提出的防治方法却表明,"邪气"还包含了道德上的罪恶。他提出了两种方案,即修省与调养:"修省维何?勤览格言,内以惕其心性,喜行善事,外以励其姱修,而一切机械变诈、忍心害理,致干造物之和者,不可作也。调养维何?蔬食菜羹,肠胃得清虚之养;灵丹妙剂,购求为防备之需;而一切鱼肉肥浓、瓜桃生冷,致染痢疾之忧者,不可尝也。"调养之法,在现代医学中大体相当于保健,即调节饮食作息,以保持身体健康,保持较好的免疫力。迥异于现代医学的是,道德上的"修省"(修身养性、道德反省)在这里也是防治疾疫的一种方式。调养和修省在传统医学中水乳交融,其原因就在于当时理解的致病之因是阴阳失调,正气为邪气所破。而"邪气"既指湿浊之空气,又指道德上的邪念恶行,两者都会打破阴阳之间的平衡,使阴气压倒阳气,从而导致疾疫。所以预防和治疗之法既包括饮食调养,又包括道德修省,如此可使人之血气恢复"正""顺"的状态,不易为邪气

① 陈鼓应注译:《庄子今注今译》,北京:商务印书馆,2016年,第662页。
② 丁光迪主编:《诸病源候论校注》,北京:人民卫生出版社,1991年,第700页。
③ 李经纬、张志斌主编:《中医学思想史》,长沙:湖南教育出版社,2004年,第129页。
④ 李景荣等校释:《备急千金要方校释》,北京:人民卫生出版社,1998年,第572、576页。

所中伤。作者还以俗谚来总结这种因果逻辑:“所谓‘和气致祥,乖气致疠’,又所谓‘人无衅焉,妖不自作’,此中有相应之机也,有自然之理也。”[①]此一“自然之理”,即是宇宙秩序(天/天道),也就是中国天道信仰中的至上神圣存在。与此同时,文中还使用了“造物”一词,无论是理解为人格神,还是整体意义上的宇宙/宇宙秩序,都是主宰人世祸福的神圣存在。显然,在疫气说中,疾病与神圣存在是有关系的。道德罪恶与疾病之间构成了一种正相关关系,即“善有善报、恶有恶报”。

鬼神致疫和邪气致疫这两种解释,实际上是长期并存甚至是纠缠在一起的,另一个关键的原因是“阴阳”二字。身体的疾病与健康可以表达为阴阳,道德的恶与善也是阴阳,邪鬼与生人是阴阳,女与男也是阴阳。这几种阴阳在今人看来也许是不能混同起来的。不过,对于信奉阴阳五行法则的人来说,万物同为阴阳二气所构成,为同一种宇宙秩序(天/天道)所贯注,这几种阴阳之间的汇兑就容易得多。因此,防治疾疫的方法既可用医药来调和阴阳二气,也可通过积善去恶来补阳气,可能还包括男女采补之道,甚至还包括用符咒驱鬼,只要能恢复阴阳二气的应然状态,采取何种手段又有什么关系呢。当然这不是说两者就不存在矛盾。汉魏时期曹植曾作《说疫气》抨击鬼神致疫,文章讲到建安二十二年(217),疾疫流行,有人以为“疫者鬼神所作”,但曹植坚持“此乃阴阳失位,寒暑错时,是故生疫”,故而“愚民悬符厌之,亦可笑也”。[②] 下文我们将看到,疫气说对鬼神致疫说的抨击在晚清的观念转变中发挥了相当重要的作用。

总之,不管是由人格神主宰,还是受非人格化的宇宙秩序规制,传统中国人的疾病观念和身体观念通常都包含了一定程度的道德属性,故而有助于保障人们对道德秩序的信心。在包含了“善有善报,恶有恶报”的道德原则的身体观念中,疾病有可能会促使人们作道德上的检讨和改进,疾疫流行甚至可能促使统治者作出道德上的反省,采取政治上的改进措施。

二、晚清基督徒提供的疾疫新解

把疾病理解为鬼神作为的结果,并相应采取祈祷或巫术的方式来应对,曾是不同民族和文化的普遍现象。原始部落固然如此,在欧洲的前现代社会中,疾病也常常被视为上帝的惩戒或妖魔作祟的结果。相应地,治疗疾病的方式“可以靠圣哲的干预,无论是亲自还是通过他们的圣骨;靠祈祷和朝圣;或靠驱邪和为妖魔(和患者)所厌恶的治疗法”[③]。《圣经》中耶稣以神奇力量治疗疾病的诸多故事对欧洲人的思维观念影响极大。古罗马神学家奥古斯丁(Saint Aurelius Augustinus, 354—430)就认为基督徒所患的一切疾病都是由恶魔引起的。在

---

① 槎溪小宋:《避疫保身论》,《万国公报》第498期,1878年7月20日,第660页。
② 曹植著,赵幼文注:《曹植集校注》,北京:人民文学出版社,1984年,第177页。
③ 罗素:《宗教与科学》,徐奕春、林国夫译,北京:商务印书馆,2010年,第46页。

英国,发生于颈部、腋下等处淋巴结之慢性感染疾病瘰疬,曾被称为“国王的祸害”(the king's evil),其中一种治疗方式是请求国王亲手触摸。17世纪,英国国王查理二世为此触摸过大约十万人。[①]

这种观念在晚清的基督教刊物中仍有体现。1873年,传教士期刊《教会新报》登载了一篇短文,讲述了道光年间的一个故事。福建德化、西乡瘟疫流行,患者常如神魔附体,不仅直呼父母名姓,还厉声说道:“胆大某某,吾乃上清三洞五雷经箓、九天金阙雷霆大都司,谨奉玉皇大帝旨意,稽查人间善恶,来到此地多时。此方之人,并无一点香烟祀奉。”人们听到无不跪地请罪,口称“至尊至上至圣至神”,随后就邀集乡人,聘请巫师到家,于祖庙祠堂之中安立牌位,关门闭户,外挂红旗以示圣驾在堂,宜肃静回避。但当地秀才万青藜(1821—1883)带人遍行各处,将各家祀奉的牌位收集起来,带到水边焚毁,其结果是“一乡病患一体全愈”。地方乡民应对瘟疫的方式显然深受道教影响,他们相信瘟疫是人格化的鬼神造成的。万青藜作为儒家士人,认为地方乡民应对瘟疫的方式荒谬无稽,也许是儒学对道教、民间宗教、巫术等宗教形式的不以为然,或出于以正祀反淫祀的立场。而该文作者显然是基督徒,他对此事的解读是:“可见信魔鬼者,敬魔鬼而鬼肆其威;不信魔鬼者,驱魔鬼而鬼灭其迹。其故何也?邪不能敌正,理足以胜私。”在他看来,万青藜后来官运亨通,正是“上帝赐嘏之鸿恩而显现于斯世”。[②] 他认为,万青藜不信魔鬼而信上帝,所以获得上帝的赐福。不过,这很可能是作者的一厢情愿,儒家士大夫万青藜多半并不信奉基督教的上帝。1876年北方大旱时,他作为礼部尚书兼顺天府尹,曾多次被派往邯郸圣井岗龙母庙,迎取铁牌到京城求雨,他毕恭毕敬对待的龙和龙母,正是基督教所谓的魔鬼(异教神)。[③] 在这个故事中亦然,道教的玉皇大帝在基督教看来也是魔鬼,处于上帝的对立面。然而,在宗派立场之外,基督徒与乡民的解释具有高度的同构性。各自的人格神都具有一些标准以衡量世人作为,并作出相应的回应:乡民的玉皇大帝因为人们不供香火而降疫,以为惩罚和报复;基督徒的上帝因为万青藜不信魔鬼专奉上帝而赐予他美好的前途。这两种信仰背后的身体观,都是由人格神主宰的。

相较于鬼神致疫的观念,后起的疫气说似乎更为理性化、更具说服力,以至于疫气说在晚清时期的基督教刊物中也频频出现,被用以解释各地发生的疾疫。1882年,《益闻录》报道安徽疾疫流行,其中谈到安徽友人来信说:“省中积水尚多未退,熏蒸已久,渐成瘴气,居民犯者均不能堪,故日来疫症流行,十毙三四,若能以大雨涤除秽恶,而入清凉,或可生机稍转。”作者宣称:“寒暑阴阳之气,未能宣泄,或宣泄不时,则隐中人身,便成疫疠。”[④]如前所说,“邪气致疫”“天时不

① 怀特:《基督教世界科学与神学论战史》,桂林:广西师范大学出版社,2006年,第483—485页;罗素:《宗教与科学》,第48页。

② 李修竹:《逐疫全患》,《教会新报》第254期,1873年9月27日,第26页。

③ 《京师杂闻》,《申报》1876年5月8日,第2版。

④ 《皖省多疫》,《益闻录》第184期,1882年8月30日,第4册,第214页。

正”是传统中国典型的疫气说，可是在基督教期刊《益闻录》中，这样的解释俯拾即是，[①]我们可借此推断该刊主要的编辑者倾向于中国本土的疫气说。疫气说背后的主宰者是一种非人格化的神圣存在（天/天道），并无人格神主宰的意思。按照基督教的立场来看，它恐怕应该被视为异端。吊诡的是，它不仅没被视为异端，还为基督徒抨击异端提供了有力的武器。同年，《益闻录》就明确以疫气说为据来批评福州民众的驱疫方式：“乡民愚昧，不以医药为先，反日事赛会迎神，希图禳解。日来五帝出巡，并太岁元帅瘟烈诸神，终日抬走街头，跋涉不遑，亦可笑矣。”关于疫症的归因，作者同意来信友人的解释：“榕垣因天时不正，疫症甚多。”[②]这里有两种疾疫解释，一是作者所谓的“天时不正”造成疾疫，二是乡民的赛会迎神活动透露出来的鬼神致疫的观念。在这个叙事中，“愚昧”“可笑”等词表明前者对后者持强烈的排斥态度。这些文字并未署名，很可能是该刊主编李杕（1840—1911）所作。一方面，李杕是基督徒，具有强烈的一神论倾向，对佛、道等“异端”甚为排斥；另一方面，他又是在中国文化传统中成长起来的，春暖夏热秋凉冬寒这样的宇宙秩序在他的思想中仍占有一定位置。这个例子表明，本土思想传统的内部矛盾，在中西文化冲突中可能扮演一些暧昧的角色。

疫气说还成为接引现代疾疫解释的重要工具。一方面，疫气说把疾疫解释为天地之间有道德色彩的“邪气”压倒了“正气”，从而建立起疾疫与神圣存在（天/天道）的关系；另一方面，因为“邪气”又可以被具体落实到潮湿而污浊的空气，遂建立起环境清洁与身体健康的因果关联。后者使疫气说很容易与19世纪上半叶欧美的“疾病生态学”接轨。19世纪初，社会学家、经济学家和卫生学家从生态环境和生存条件来考察疾疫定期发生的缘由，在生态环境与疾疫之间建立起关联，这种研究通常被称为“疾病生态学”。爱德温·查德威克（Edwin Chadwick，1800—1890）1842年出版的《关于英国劳动人口卫生状况的报告》是一个典型例子，该报告认为“当时对社会造成重大影响的疾病，如热病、霍乱、痨病、小儿腹泻，就是由环境，尤其因邋遢、尘土和排泄物产生的不良空气造成的”，进而断定“清洁就是健康的代名词，而肮脏代表不健康”。[③]

英国来华传教士艾约瑟（Joseph Edkins，1823—1905）1877年发表的一篇短文就很清楚地

---

① 如“因天时不正，疫症甚多”，《驱疫笑谈》，《益闻录》第180期，1882年8月16日，第4册，第289页；“天时不正，邪疠日行”，《秋疫盛行》，《益闻录》第186期，1882年9月6日，第4册，第325页；“因天时不正，寒燠失宜，东京与横滨两处瘟疫盛行”，《日本多疫》，《益闻录》第188期，1882年9月13日，第4册，第337页；“去冬节气未甚寒冷，今正又雨水过多，阴阳愆伏无常，久之积成沴疠”，《贝邱多疫》，《益闻录》第246期，1883年4月14日，第5册，第158页；“牛庄一带今年酷暑熏蒸，较往年尤甚，民间贪凉畏热，露宿星餐以凉意，中人多生疫疠，传染各处”，《牛庄疫盛》，《益闻录》第383期，1884年8月13日，第6册，第377页；“今岁天时不正，寒暖失宜，人民偶不留心，易受河鱼之疾”，《大沽疫盛》，《益闻录》第506期，1885年10月28日，第7册，第494页；“直隶天津、河间一带，因去冬少雪，天气不和，寒意难宣，久郁酿成疫疠”，《北方多疫》，《益闻录》第549期，1886年4月7日，第8册，第146页；“入秋以来，天时寒燠失宜，四境之中酿成疫气”，《宛州大疫》，《益闻录》第705期，1887年10月15日，第9册，第476页；“朝鲜自夏秋以来，连月大雨，湿潦熏蒸，最易成疫”，《朝鲜多疫》，《画图新报》1891年2月，第83页；“京畿之内自去年至今，无严寒大冻，常如处春风之中，以致阳气蒸泄，疫疠为灾”，《京中疫起》，《益闻录》第1358期，1894年4月7日，第16册，第147页；“都中天气寒暖不时，蒸湿又盛，俄而浓云，俄而震电，又俄而扇凉，以致霍乱、痧疾、瘧疠之症”，《都门疫信》，《益闻录》第1416期，1894年10月27日，第16册，第495页。

② 《驱疫笑谈》，《益闻录》第180期，1882年8月16日，第4册，第289页。

③ 高晞：《德贞传：一个英国传教士与晚清医学近代化》，上海：复旦大学出版社，2009年，第25—26页。

点明了环境卫生与疾病的关系，该文基本可以看作疾病生态学在中国语境中的应用。文章指出北京城内沟渠失修，不洁之物淤塞其中，臭气蒸腾，人处其中，易染疫疠。文中还谈到当时的海关总税务司赫德（Robert Hart，1835—1911）曾让驻扎在各口岸的西方医生记录并报告各地病症和病原。根据这些报告得知，广东有居民的饮用水不够清洁，渔民尤甚，易患疾疫；寄居汉口的医生则说“中国不洁之物遍满街衢，臭气不堪入鼻，净街除垢之法远不若西国之讲求备至，扫除得当”；寄居厦门的医生也说厦门街道狭窄，秽物遍街，易导致疫症流行。最后，作者劝告中国人“今既知因是而多病，断不可自耽安逸，不肯扫除净洁也”。[①] 在赫德的倡议、各地西医的报告以及艾约瑟的论述中，环境清洁与身体健康、环境污秽与瘟疫之间显然构成了因果关系。而“不洁之物”发出的“臭气”与传统疫气说中的“湿浊之气”颇有相似之处。只是这样的“邪气”，已经不能与道德上的罪恶汇兑了，也就是说，造成瘟疫的“气”仅是客观物质意义上的“空气”，疾疫也不再是传统意义上的灾异，与魔鬼、邪神也无关系，道德上的罪恶与疾疫之间的因果关系被取消了。

另一传教士卫道生（John Elias Williams，1871—1927，又名文怀恩）的一篇短文，更好地凸显出这种微妙的变化。作者在南京传教多年，亲见瘟疫横行，死亡相继，医生束手无策，居民“捐资建醮，设高台，延僧道，焚烧香烛，立位瘟神”。对付瘟疫如此，对付其他病痛也莫不如此，“乡愚之有疾，动辄曰风水不利也，邪鬼纠缠也，雷火劫人，犹为孽报，乃不顾耗费而谋人以治风水，酬香愿焉，故今之时疫，命鬼偷肉者……其人对天仰视，以为斯病也，自天降临也”。无论是理解为邪鬼缠人，还是风水不利，最后都被归为“自天降临”，可见邪鬼以及风水背后的宇宙秩序都被视为神圣存在。总之，南京本地民众普遍相信，疾病与神圣存在是相关的。卫道生却毅然背道而驰：“人皆怨天，而仆则独尤人也。其何故欤？盖人身之不洁，街道之污秽耳。”他解释道，城市街巷处处堆积肮脏腐败之物，经日光曝晒，臭气和污物流入水沟，则会生出小虫。这些小虫喜欢腐臭之物，一旦降雨，它们就随着污水流入池塘和水井。居民无知，以池水或井水洗菜煮茶，虫与水在腹中一同发作，导致疾病。更有甚者，小虫随病人之排泄物排出，再次污染蔬果或饮用水。作者为当地居民提供的建议是节省赛会迎神的资费，用以雇用劳动力清扫街道，购买西药水杀虫，家里则购买石灰粉刷墙壁，扫除天井，把粪便远置室外。鉴于作者对小虫的描述，且未提到显微镜，这里的“虫”很可能还不是病菌。无论如何，作者的结论是：“病非天降，实自地生。”疾疫源自“地”而非来自“天”，来自现实世界而非超越世界。作者还引用了俗谚来佐证这种因果关联：“祸福无门，惟人自招。斯语，诚然矣。”[②]这个谚语本来指的是道德上的因果关系，意即善有善报，恶有恶报。但在这里的意思是，疾疫源于人对环境卫生的疏忽，所以是“自招”的。这种因果关系并无任何道德含义，疾病与道德善恶无关。它完全限定在现实世界，与任何神圣存在的干预或保障无关。无论是人格神还是非人格化的天道都失踪了。

---

① 艾约瑟：《中西病躯异同》，《益智新录》1878 年 1 月，第 15—16 页。

② 卫道生：《驱疫说》，李捷三译，《中西教会报》1895 年 9 月，第 21 页。

疾病生态学的疾疫归因还只是经验总结性质的，真正的突破是病菌的发现。1882年，至少有两份基督教刊物《益闻录》和《画图新报》都曾提到某西方科学家用高倍显微镜观察，发现一种苍蝇“于尖嘴上有小虫焉，身形如蛇，行运甚疾，啮人则虫入血脉，传毒人身，不久即成疫症”①。这里所谓“小虫”指的是致病的微生物。微生物的发现始自1675年，荷兰人列文虎克（Antony van leeuwenhoek，1632—1723）利用其发明的显微镜发现了单细胞微生物。但是要到19世纪七八十年代，法国科学家路易・巴斯德（Louis Pasteur，1822—1895）和德国科学家罗伯特・科赫（Robert Koch，1843—1910）建立病菌学说，微生物与疾疫之间的因果关联才得以确立，这成为现代医学史上的一座里程碑。② 1882年传教士期刊上的这两则短讯，及时地传播了新的科学发现。在接下来的十余年间，关于显微镜和病菌的知识在期刊中逐渐增多。1890年，英国来华传教士韦廉臣（Alexander Williamson，1829—1890）在《万国公报》撰长文介绍显微镜和微生物。他指出：“迩来数年间，格致家以显微镜详为考察，乃知此类（微生物）实繁有，徒无论水中、气中、骨中、果中、草中、木中、衣服中、器皿中、墙壁中，无处不有，即吾人肢体、发肤、血气间，亦皆充满。”微生物也分“善恶”，但判断依据既不像“邪气”那样具备道德属性，与患者的道德状况也无任何关系，而取决于它有助于还是有损于人的健康，善者分解臭腐，清洁环境，而恶者害人患病。他还配合插图分别介绍了不同微生物与不同疾病的对应关系：“凡一类之虫，生一类之病。如图九者生痨瘵，如图六者生霍乱，如图八者生肺疾，如图十者生瘰疬也。即身外之疾，如图七者生癣，如图十一者生疠，以及一切痛痒之症，莫非此类之所为。不但如此，格致家察人一身，无论疮疾之痛，刀剑之伤，不时作脓者，非血内之朽腐，皆微虫之为灾。”③疾病由微生物引起的知识，描述得已经相当清楚而细致。英国来华传教士傅兰雅（John Fryer，1839—1928）主办的《格致汇编》也连篇累牍作了非常详尽的介绍，尤其详细解释了当时令人谈之色变的肺痨的病因，并提出应对之策就是以种种方法杀灭致病的微生物。④ 据《格致汇编》记载，1892年2月26日晚，诸多西人会集上海文友辅仁会，听在沪执业医生礼敦根（Duncan Reid）医生讲“人与微生物相争之事”。讲演提供了6个高倍显微镜，该医生一面讲说微生物之理，一面让人用显微镜观看各种微生物的形状。《格致汇编》编辑认为“此实医学近今最新、最妙、最要之一门”，因而翻译刊载了讲稿全文。该文长达17页，约2万字，非常全面地介绍了微生物发现的历史。文章从微生物在发酵中的作用，讲到微生物与霍乱吐泻、肺痨、烂喉痧、癫狗疯等疾病的关系，再讲到如何杀灭病菌以预防和治疗疾病，还讲到白血轮（即白血球）与体内微生物（即病菌）的斗争。文中说“至今凡各瘟疫，几全知为何种微生物所致，而毫无疑意”，作者坚信“现各国人民所患凶险各病，

① 《蝇疫》，《益闻录》第219期，1882年12月30日，第4册，第523—524页；《蝇能传疫》，《画图新报》1882年12月，第98页。

② 威廉・拜纳姆：《19世纪医学科学史》，曹珍芬译，上海：复旦大学出版社，2000年，第159—165页。

③ 韦廉臣：《显微镜有益于世论一章》，《万国公报》第13期，1890年2月，第12—14页。当时有关显微镜的详细介绍，可见《显微镜说》，《格致汇编》1891年秋季卷，第1—16页。

④ 《医肺痨等病新说》，《格致汇编》1891年春季卷，第19页；《痨疾虫为害》，《格致汇编》1892年春季卷，第50页。

不独能治能免，并冀将来能全灭其根，使后世子孙几忘前人有是病也”。[①] 章太炎1899年发表的论文《菌说》，就是根据这篇演讲稿介绍的微生物知识来阐述庄子的“乐出虚，蒸成菌”。[②]

三、中国知识界疾疫观和身体观的变化

微生物致疫的知识，伴随着显微镜等实验器材的魔力，为国人提供了一套非常具有说服力的关于疫病的解释。在19世纪末20世纪初国人自办刊物中出现的疫病解释，微虫（细菌）致疫的解释日益增长，疫气说则呈递减趋势，鬼神致疫则基本绝迹了；而环境卫生与疫病之间的关系，因与微虫致疫互为表里，没有明显的增减趋势。

微生物致疫的解释对中国传统疾病观念造成了怎样的冲击和影响，我们不妨以陈虬（1851—1904）为案例来观察。陈虬为晚清温州中医名家，19世纪末与陈黼宸、陈侠等人在温州合作创办了利济医院、利济医学堂和《利济学堂报》。[③]《利济学堂报》所刊文章表明，西医对疾疫的解释已进入他们的视野。1897年该刊登载了一篇题为“疫虫备验”的文章，介绍了台湾某医生从疾疫死者尸体中取出肿块，用显微镜观察发现了疫虫。文章解释该疫虫为“空气积毒所化”，经食道或毛孔进入人体繁衍生殖，造成疫症发作。作者建议人们在疾疫流行时要特别注重清洁卫生，以日光和沸水杀死疫虫，以免染疫。[④] 该刊灵魂人物陈虬是中医名家，对鬼神致疫说是敬而远之的。他谨遵孔子“未能事人，焉能事鬼”的教导，对鬼神存而不论，坚持《黄帝内经·素问》“拘于鬼神者，不可与言至德”的立场。[⑤] 作为中医，他对疾疫的理解是疫气说，其医理资源主要是阴阳五行学说。在1902年发表的《瘟疫霍乱答问》一文中，他说“疫者，毒疠之气”，根据五行学说可预先知道“本年应发何病”，他还用阴阳学说来解释病症和药物的阴阳和寒热。与此同时，他也清楚地知道当时日本、德国和法国都有科学家或医生发现微生物致疫的原理。“问：今日西医盛行，其论此病，系毒虫为患。或由天风，或由流水，或由衣服食物，均能传染。一入肠胃，多使肠胃津液立变为色白如乳之物，将吸管闭塞，不能收摄精华，以致阴阳失和，血气凝滞，险证迭呈。然否？答：理亦不谬！”[⑥]两种解释在他人看来可能有高下之别乃至势不两立，但在他这里，两者都不谬，还能结合在一起：疫虫造成了阴阳失调。西学中源说在他这里又发挥了作用，微生物致病的说法在中国古籍中“皆已引而不发”，如此，西方科学的新解释被装进中国医学的框架之内。微虫致病的新解释使他不得不正视和承认，而他又不肯也不能放弃旧的解

---

① 《人与微生物争战论》，《格致汇编》1892年春季卷，第29—37页。

② 朱维铮、姜义华编注：《章太炎选集》，上海：上海人民出版社，1991年，第54页。

③ 吴幼叶：《戊戌变法时期温州的〈利济学堂报〉——基于现代报刊视野的描述和分析》，西北大学2008年硕士学位论文，第11、12页。

④ 《疫虫备验》，《利济学堂报》1897年第12期，“利济外乘”栏第2—3页。

⑤ 胡珠生辑：《陈虬集》，杭州：浙江人民出版社，1992年，第146—147页。

⑥ 胡珠生辑：《陈虬集》，第146页。

释，以至于他不得不作出极为牵强附会的解释和辩护。他举证说，中医典籍中“五积肥气”之“肥”字系“蜰”之假借；《皇帝内经》中认为“风为百病之长”，而“风(風)”字包含了偏旁“虫”。他宣称这些证据可以证明中国古人已经注意到了微虫致病的道理，只是引而不发而已。[①] 这种牵强的解释，戏剧性地凸显出疫气说面临的严峻挑战。

他的学生和同事陈侠(1873—1917)也持类似观点。陈侠以五行学说解释疾疫之发生，“伤寒，水之藏也。水藏伤则水不能涵木，及春而风木暴发，故有春必病温之言”。他感受到中医面临的挑战和危机，于是潜心著书，力图把中医与西医会通起来，“探阴阳消长之原，辨别异同，参中外而一致之”。与陈虬类似，他也宣称西医的解剖学在中国古已有之：“白种哲流，以解剖学鸣于时，然其术则固我中国所自有也。”[②]如此，接受解剖学就简单一些了。他到底如何会通阴阳五行与西医医理，由于他并无别的著作行世，我们不得而知，但这两种医学传统持有迥然不同的疾病观和身体观，要把两者结合起来，谈何容易。

无锡籍医生丁福保(1874—1952)就作了此是彼非的选择。丁福保幼时患肺病，“求医学于《本经》《素问》《灵枢》《难经》，以及汉之张长沙、晋之葛稚川、唐之孙思邈、金元之四大家，如是者又数年，而肺病日益加剧”，后“求解剖学、生理学、卫生学，以及医学、药物学于东西洋之典籍，而专注其意于肺痨，约年余而病果疗”。[③] 至少对丁福保来说，其亲身经历足以证明西医比中医高明。1900年，丁福保出版了《卫生学问答》一书，简明扼要地介绍西方医学中的生理卫生知识。丁氏还专辟一章介绍微生物致病的知识，其内容与1892年礼顿根医生的演讲“人与微生物争战论”相去不远。该章一开头，他就说微生物“终日与人相争战，血轮强则微虫败，血轮弱则微虫胜，微虫败则身安，微虫胜则人死”[④]。书中以西方科学知识否定中医医理的例子俯拾即是。如论及伤寒时，他设定的问题是：“张仲景论伤寒甚详，未闻有虫，今西人谓伤寒有虫，得毋误欤?”其回答是：“伤寒症之病原，乃小肠发炎。重者渐至腐烂生疮。生疮处每有无数小虫聚会其间，此乃西人确有实证之语，断非臆说。”[⑤]中医和西医关于疾病的解释高下立判。相较于陈虬和陈侠，彼时的丁福保对以阴阳五行法则为基础的传统医学理论已不感兴趣，该书160页的篇幅包含的全是西医知识，阴阳五行之类的知识已经完全消失不见。

中西解释的抵牾，不仅对医学专业人士发生影响，在非专业读者那里也会造成紧张。清末名士孙宝瑄参观过新式学堂中的人体解剖，[⑥]读过《卫生学问答》一类新式医书，既接受中医诊疗，也看西医，中西医的疾病解释在他那里也渐渐发生紧张。1902年，他在日记中记载：“观《卫生学问答》，无锡丁君福保所著。西人近来考得脾胃不相连，脾于消食之事绝不相干，惟主生白

---

① 胡珠生辑：《陈虬集》，第146—147页。
② 瑞安陈侠醉石：《疫治(下)》，《新世界学报》1902年第3期，第29—30页。
③ 丁福保：《丁氏医学丛书总序》，安藤重次郎等《内科学纲要》，丁福保译，上海：医学书局，1926年，第1页。
④ 无锡丁福保辑稿：《卫生学问答》，太原：山西武备学堂刻印，1900年，第68页。
⑤ 无锡丁福保辑稿：《卫生学问答》，第76页。
⑥ 孙宝瑄：《忘山庐日记》，上海：上海古籍出版社，1983年，第584页。

血轮之功用，能杀各种微生物。微生物能害人，白血轮能救人，白血轮与微生物互相吞噬，其胜负与身体之强弱有相关，此亦新理。”[①]同年另一则日记中又记载：“京师数日内疫疾甚盛，死人无算，皆因霍乱，有顷刻死者，有半日亡者。西人考验传染之故，盖有虫在空气中，故能波及于人。”[②]在同年的日记中，孙宝瑄又说：“我国人谓疫有神，故设法以驱之。西人谓疫有虫，故设法以防之。神不可见，而虫可见。”[③]表面上他并未对这两种解释予以是非判断、作高下之别，但是一不可见一可见，隐隐透露出他似乎倾向于后者。在另一处，他则说得更为露骨：“我国福建、上海、苏州、杭州驱疫之法，诵经礼佛；日本神户、东京、新泻驱疫之法，栅居毁屋。然而日本有效，而我国无效。盖我国以疫为有疫神，日本以疫为有疫虫。虫耶神耶，孰是孰非耶？”[④]孙宝瑄尽管没有直接给出明确的回答，但一有效一无效，他实际上已经作出了高下之分。

丁福保曾如是描述西医东渐：“近世东西各国医学之发达，如万马之腾骧，如百川之汇萃，磅礴浩瀚，骎骎乎随大西洋之潮流，渡黄海岸，注入亚东大陆。”[⑤]越来越多的现代医学知识，经由现代传媒的广泛传播，再加上现代医疗实践的广泛开展，与现代医学扞格不通的中国医学传统从整体上遭到质疑终究难以避免。吊诡的是，晚清第一个提出要废除中医的人既不是科学家，也不是基督徒，甚至不是新式知识分子，而是旧式儒家士人。1879 年，经学大师俞樾（1821—1907）发表《废医论》，其依据不是西方医学，而是儒学的道德原则。俞樾以古典文献为据，指出巫医本来同源，巫既可废，医也可废；中医以切脉为诊断之法，但中医对脉学莫衷一是，对治病之法也不知其所以然。这些批评颇像是西方医学的论调，有学者曾指出，俞樾此论是受西方医学的影响，因为他曾读过来华传教士、医生合信（Benjamin Hobson，1816—1873）的著作。[⑥] 然而，他并未以西方医学为依凭，也没有以西方医学为替代品，他竟然掉头回溯，以《周易》为据来倡导废除中医。他认为，根据《周易》中的乾坤阴阳法则，人心中也有善恶，而病由心生，心主气，气就是“人之所以生者也”；所以，心中常存善心，除恶念，气遂和调畅达，运行于人体之中，身体健康，足以抵御风雨寒暑之变化，人即不病，就算病了也不会伤及性命。如此，则知“医之不足恃，药石之无益”。[⑦] 前文提及《避疫保身论》一文，建议道德修省和食物（含药物）调养双管齐下。而今俞樾竟然主张抛弃药石治疗，相信仅凭道德修省即能确保健康不病。

俞樾虽断然提出废除中医，但他与中医却站在同一战壕里。他本人所持的身体观念，与他所抨击的中医的身体观一样，都是以阴阳五行学说为核心的，并未与宇宙秩序（天/天道）割断联系，更不用说他理解的宇宙是充溢着善恶价值的，并非无意义、无道德属性的宇宙。刚好相反，他之所以要废除中医，正是要废除中医无关道德的那一方面（药石治疗），而特别强调道德修省

---

① 孙宝瑄：《忘山庐日记》，第 481—482 页。
② 孙宝瑄：《忘山庐日记》，第 543 页。
③ 孙宝瑄：《忘山庐日记》，第 481—482 页。
④ 孙宝瑄：《忘山庐日记》，第 727 页。
⑤ 丁福保：《丁氏医学丛书总序》，安藤重次郎等《内科学纲要》，丁福保译，第 4 页。
⑥ 马伯英、高晞、洪中立：《中外医学文化交流史》，上海：文汇出版社，1993 年，第 537 页。
⑦ 俞樾：《废医论》，俞樾《春在堂全书》，清光绪九年（1883）重订本，《俞楼杂纂》第 45 卷。

的方面。他以巫医同源作为倡导废除中医的重要理由，其矛头所在是中医的道德属性薄弱，这颇有类于具有浓厚道德色彩的宗教（如基督教）排斥巫术。所以我们看到，他也毫无以西方医学来替代中医的意思，因为西医同样没有道德属性。要是俞樾能听到弗雷泽 11 年之后（1890）发表的“巫术是科学的假姐妹”的论断，[①]他想必会引为同调吧。有学者痛斥该文“逻辑不通，医理不懂，考据混乱，是很不值的一篇文章”[②]，但是，一篇如此不堪的文章之所以能在近代思想史上引起持续的反响，最重要的原因恐怕就是俞樾点出了巫医同源这个关键，即中医与巫术之间的密切关系。而中医与巫术的相似性，主要即在于它们共享了阴阳五行这一套宇宙法则。俞樾自己并未超迈于这套宇宙法则之外。

后来的人虽也主张废除中医，并引俞樾为同调，却无人像他一样以道德修省为替代。就在同一时期，对西学更为熟悉的郑观应对中医的批评就呈现出别样的面相。他年轻时曾学习中医，在早年的《救时揭要》中，他批评庸医不认真研究中医典籍，“鲜识三关九候之妙，阴阳变化之奇”，“罔识岐伯之堂，莫睹张机之室”，惟知招摇撞骗，以图利益。[③] 其矛头所向是庸医的学识浅薄、医德不端，并未质疑中医理论的正确性，也未触及中医的身体观念。但在后来的《盛世危言》中，他以西医的知识和体制反衬中医之拙。他相信西医的医理和疗法与中医不同，虽不见得处处都比中医强，但西医“实事求是推详病源，慎重人命之心，胜于中国近世之漫无把握”。他指出中医不如西医的五个方面。第一，西方医学以科学研究为基础，“曰穷理，曰化学，曰解剖，曰生理，曰病理，曰药性，曰治疗”；针对不同疾病，疗法也多样化。第二，“西医论人身脏腑、筋络、骨节、腠理，如钟表轮机，非开拆细验，无以知其功用及致坏之由”，所以西医懂得脏腑、血脉之真正道理。第三，西医讲求实证，又有显微镜以洞察隐微，而中医“多模糊影响之谈，贵空言而罕实效”。第四，中医因为相信五行相生相克之理，所以要治疗肝病须先治疗脾胃，西医则何处治病即用何处之药；中药无定，而西药有定。第五，西医的器具、疗法都远较中医丰富。中医相对于西医的劣势，在郑观应这里再次以西学中源说来补偿，他相信西医“外治诸方，俨扁鹊、华佗之遗意，有中国失传而逸于西域者，有日久考验弥近弥精者。要其制药精良，用器灵妙，事有考核，医无妄人，实暗合中国古意，而远胜于时医”。[④] 他赞同西医把人的身体看作钟表轮机，相反，他指责中医缺乏实证科学支撑，对人体结构不了解，空谈虚理，中医的理论基础——阴阳五行的宇宙秩序，在他看来不仅没能使中医成为精良的学问和技术，作为一种“虚理”反倒妨碍了对身体结构、医药性质进行深入而准确的实证研究。在郑观应这里，西医相对于中医几乎已是全面胜利，以至于他主张的中西医结合以及西医中源说就像是自欺欺人。

批评中医拘泥于阴阳五行，不事解剖，不懂身体，对病因不甚了了，在晚清的中医批评中极

① 弗雷泽：《金枝：巫术与宗教之研究》，徐育新等译，北京：大众文艺出版社，1998 年，第 76 页。
② 马伯英、高晞、洪中立：《中外医学文化交流史》，第 537 页。
③ 夏东元编：《郑观应集》，上海：上海人民出版社，1982 年，第 25—28 页。
④ 郑观应著，辛俊玲评注：《盛世危言》，北京：华夏出版社，2002 年，第 165—168 页。

具代表性。来华传教士合信说："每见中土医书所载骨肉脏腑经络，多不知其体用，辄为掩卷叹惜。其医学一道，工夫甚巨，关系非轻，不知部位者，即不知病源；不知病源者，即不明治法。"[①]为此，他特著《全体新论》一书，详细介绍人体解剖学知识，对中国知识界产生了深远的影响。与此相似，1888年，传教士刊物《画图新报》上一篇文章批评中医"徒讲阴阳生克，多属空谈之词"，而西医懂得人体构造，能准确考究病因，又懂得"化学之理"，因而可以对症下药。[②] 该文以解剖学和化学等西医相关科学知识作为衡量标准，表明中医必须接受实证科学的检验，对中医阴阳五行的理论基础的批评已是直截了当。

这些理由在晚清中国知识分子对中医的批评中不断重现。纵观晚清对中医的批评，最为重要的思想资源是现代的解剖学、生理学、化学等科学知识，朱笏云说："吾中国之医，不知解剖，不辨物性，不谙生理及病理。"[③]丁福保曾前往日本考察，他注意到日本汉医"论病之原因、症候、病理、诊断等，皆已科学化，惟处方则用汉药，余回国后，详细调查国医最大之缺点，在于无解剖学、生理学、组织学、胎生学、细菌学、病理学等基础医学之智识，又无传染病及内科学等之世界新智识"[④]，相形之下，"吾国医学四千年来，谬种流传以迄今日，不能生人而适以杀人。肺五叶而医者以为六叶，肝五叶而医者以为七叶，肺居中而医者以为居左，肝居右而医者以为居左，心四房而医者以为有七孔，膀胱上通输尿管而医者以为无上口。此无他，古书误之也。欲正其误，宜讲解剖学……欲正其误，宜讲生理学……欲正其误，宜讲卫生学……欲正其误，宜讲药物学……欲正其误，宜讲病理学、内科学"[⑤]。

中医在晚清的遭遇，除了治疗实践中技不如人之外，最受诟病的就是阴阳五行的理论基础，在实证科学的检验下，建立在阴阳五行基础上的中医难逃"迷信""谬说"的标签。丁福保说："吾国旧时医籍，大都言阴阳气化、五行五味、生克之理，迷乱恍惚，如蜃楼海市，不可测绘，支离轇轕，如鼷鼠之入郊牛之角，愈入愈深，而愈不可出。"举例来说，"心属火，肝属木，脾属土，肺属金，肾属水，以五脏强配五行，凡稍知物理者，皆知其谬也。赤入心，青入肝，黄入脾，白入肺，黑入肾，以五脏强配五色，凡稍知化学者，皆能知其谬也。吾国医学之腐败，至此已达极点矣"。[⑥] 吴汝纶也质疑道："凡所谓阴阳五行之说果有把握乎？用寸口脉候视五脏果明确乎？《本草》药性果已考验不妄乎？五行分配五脏果不错谬乎？"[⑦]他的答案很简单："中医所称阴阳五行等说，绝与病家无关，此尚至公理。"[⑧]他感叹道："医学，西人精绝，读过西书，乃知吾国医家，殆自古妄

---

① 合信：《全体新论·序》，北京：中华书局，1991年，第1页。
② 宁波浸会务精子述：《西医精于华医论》，《画图新报》第9年第1卷，1888年5月，第5—6页。
③ 朱笏云：《中国急宜改良医学说》，《中西医学报》第13期，1911年，第12—15页。
④ 丁福保：《畴隐居士自传》，作者自印本，1948年，第19页。
⑤ 丁福保：《医学补习科讲义·绪言》，上海：文明书局，1906年，转引自陈邦贤《中国医学史》，第259—261页。
⑥ 丁福保：《内科学纲要序》，安藤重次郎等《内科学纲要》，丁福保译，第4页。
⑦ 吴汝纶：《与吴季白》，《吴汝纶全集》第3卷，合肥：黄山书社，2002年，第69页。
⑧ 吴汝纶：《答萧敬甫》，《吴汝纶全集》第3卷，第226页。

说。”[①]1929年，余岩(1879—1954)在中央卫生委员会议中提议废止中医并获通过，其首要的理由就是“今旧医所用者，阴阳五行、六气、脏腑、经脉，皆凭空结撰，全非事实”[②]。陈邦贤曾指出，清末不仅医学家倡导医学革命，一般的学者也极力提倡新医学，他们都说：“医学没有中西的分别，只有新旧的分别，只有玄学的医学和科学的医学的分别”，“大概都是因为阴阳五行生克之说，使人太不相信了”。[③]

陈邦贤曾经把中国的医学发展历程概括为“从神话的医学，到哲学的医学；从哲学的医学，到科学的医学”[④]。所谓“神话的医学”，即是预设人格化的鬼神，起自上古；而所谓“哲学的医学”，指的就是秦汉以后以阴阳五行的宇宙秩序为基础的医学主流；而“科学的医学”指的则是晚清以来传入的现代医学，以及“科学化”后的中医。中医之所以被保留下来，除了因现代化进程存在地域差异、医疗资源严重匮乏等原因外，有一个重要原因就是学习日本汉医的现代化方案，使中国医学“科学化”，大体而言就是“废医存药”。[⑤] 所谓“废医”主要是放弃阴阳五行的理论基础；所谓“存药”，即保留中国医药，以化学等实证科学分析其成分，研究其效用和功能。吴汝纶曾建议朋友“邀能化学者，将《伤寒》《金匮》中药品，一一化分，考其质性”，他认为这是“为功于中土甚大”之事。[⑥] 曾大肆攻击中医的丁福保，后来成为中西医结合最早的倡导者，他的中西医结合主要也是“废医存药”。“科学的医学”相较于“神话的医学”和“哲学的医学”，一个根本性的变化是脱离了与神圣存在的关系，中国与日本一样基本上放弃了“天道的身体观”“宇宙论的身体观”。

结　语

传统中国关于身体和疾疫的认知，在晚清时代被西方解剖学、卫生学、医学知识刷新。现代西方医学理论中包含的世俗的、实证的因果解释，不仅进一步取消鬼神致疫说的必要性，还一点一滴地剥离掉阴阳五行的宇宙秩序(天道)。现代科学提供的身体观念既没有宇宙秩序(天道)为背景，也没有人格神的主宰和看顾，人的身体逐渐脱离神圣存在。新的身体观念既不预设神圣存在，也不再认为身体具有任何道德属性。

1929年，余岩提议废止中医的理由之一是：“人类文化之演进，以绝地天通为最大关键；考之历史，彰彰可按。所谓绝地天通者，抗天德而崇人事，黜虚玄而尚实际也。政府方以破除迷

---

① 吴汝纶：《答何豹丞》，《吴汝纶全集》第3卷，第164页。

② 余岩：《废止旧医以扫除医事卫生之障碍案》，祖述宪编著《余云岫中医研究与批判》，合肥：安徽大学出版社，2006年，第217页。

③ 陈邦贤：《中国医学史》，第261页。

④ 陈邦贤：《中国医学史》，第257页。

⑤ 郝先中：《日本废除汉医对中国近代医学的影响》，《皖西学院学报》2005年第6期。

⑥ 吴汝纶：《与萧敬甫》，《吴汝纶全集》第3卷，第53页。

信、废毁偶像，以谋民众思想之科学化，而旧医乃日持其巫祝谶纬之道以惑民众；政府方以清洁消毒训导社会，使人知微虫细菌为疾病之原，而旧医乃日持其‘冬伤于寒，春必病温；夏伤于暑，秋必痎疟’等说以教病家，提倡地天通，阻遏科学化。”[①]余岩所谓的“科学化”的内核是“绝地天通”，亦即世俗化，把神圣存在（“天德”）从世俗世界（“人事”）中驱逐出去。晚清的身体观变革，折射出来的是世界的祛魅；就中国的思想和信仰传统而言，这反映出天人关系这根主轴的断裂。

（本文原发表于《学术月刊》2019 年第 10 期。）

作者简介：

张洪彬，1980 年生于四川省垫江县（现属重庆市）。毕业于华东师范大学，获历史学博士学位。曾任加拿大不列颠哥伦比亚大学访问学者、《学术月刊》编辑、复旦大学哲学学院博士后。2018 年 1 月起任教于上海师范大学人文学院历史系，现为副教授。研究方向为中国近现代思想文化史、中国近现代宗教史、科学与宗教的关系，近年主要用力于近代思想史上的世界观祛魅与复魅。著有《祛魅：天人感应、近代科学与晚清宇宙观念的嬗变》（上海古籍出版社，2021、2023 年），在《世界宗教研究》《自然辩证法研究》《周易研究》《史林》《民俗研究》《复旦学报》《天津社会科学》《学海》《探索与争鸣》《政治思想史》等期刊上发表学术论文 10 余篇，多篇被中国人民大学复印报刊资料、《中国社会科学文摘》、《高等学校文科学术文摘》、《新华文摘》等转载。

---

① 余岩：《废止旧医以扫除医事卫生之障碍案》，祖述宪编著《余云岫中医研究与批判》，第 217 页。

疾病、政治与医疗
——疾病视野下的孙中山临终研究

姚 霏 郑珠玲

摘 要：患病是1924年孙中山北上过程中的意外。特殊的政治局势给孙中山的疾病染上了强烈的政治色彩。以孙中山为代表的国民党以疾病为托词完成了几次政治决策；但疾病带给国民党更多的是危机，考验其应对危机的能力。孙中山凭借其政治身份获得了普通人鲜有的优良医疗资源，但其癌症的确诊、公开和诊疗方式也因此受到医疗之外的多方因素干扰。20世纪20年代的癌症诊疗手段落后，是孙中山癌症诊疗困难的根本原因。这一过程中，选择西医为主的治疗方式，既是孙中山的主观选择，也是国民党为打造崇尚科学的孙中山形象所作的努力。而中医的逐渐式微，也通过孙中山患病后各方对待中医的态度展现无遗。一次医疗事件，折射出20世纪20年代复杂的政治和文化生态。

关键词：孙中山 癌症 "孙中山逝世"谣言 医疗社会史

有关"疾病与政治家"的主题，早在20世纪70年代就受到西方学界关注。有西方学者认为，疾病参与政治家人格的形成、性情的转变、能力的退化，进而影响个人的政治生涯、国家的命运甚至人类文明的进程。[①] 反观中国，关于"疾病与政治家"的研究尚不多见。本文以"疾病"为

---

① 这方面的代表作是Pierre Accoce，Pierre Rentchnick，*Ces Malades Qui Nous Gouvernent*，Stock，1976。该书由两位兼具文学和医学背景的作者完成，分别论述了疾病对政治家政治生涯的影响，涉及的政治家包括罗斯福、威尔逊、哈定、艾森豪威尔、肯尼迪、约翰逊、尼克松、希特勒、墨索里尼、达拉第、甘默林、丘吉尔、萨拉查、佛朗哥、阿登纳、戴高乐、蓬皮杜、莫塔、庇护十二世、列宁、斯大林、赫鲁晓夫、勃列日涅夫、艾登、纳赛尔、周恩来、毛泽东。该书一经出版，就在西方世界引发了极大的关注。但该书也存在史实有误、论证不严谨等问题，特别是过分夸大了疾病对政治家人格、性格和能力的影响。1981年，该书被翻译成《病夫治国》，由新华出版社内部发行。1998年、2005年、2013年都有过再版。近年来，有关疾病和政治家关系的作品有了新的取向，即不再从宏观上定论，而强调疾病对政治家某一具体时期政治风格、政策制定的影响。同时，也不再一味强调疾病的负面意义，提出疾病也给政治家带来一定的政治魅力和亲和力。这方面以 *A President in Our Midst: Franklin Delano Roosevelt in Georgia*（《总统与我们同在：富兰克林·罗斯福在佐治亚州》，Kaye Lanning Minchew，Athens：Published in association with the Georgia Humanities Council，The University of Georgia Press，2016）一书为代表。1924年到1945年期间，罗斯福41次前往佐治亚州，主要目的是利用当地的温泉缓解小儿麻痹症带给他的病痛。通过近两百张照片，该书展示了罗斯福在"小白宫"工作和疗养的经历。该书认为，在远离政治中心的佐治亚州，罗斯福一边掩盖其小儿麻痹症症状，一边试图凸显其政治能量。（转下页）

研究维度，重新审视孙中山的临终阶段。对于1924年孙中山北上患病直至逝世的研究，即孙中山的临终研究，相关成果不少，但存在叙事不够全面、史料利用有限、史实甄别不足、研究角度单一等问题。[①]本文充分利用此前被学界忽视的多种报刊、档案、私人记录和孙中山的解剖报告等，重新考察孙中山确诊癌症、公开癌症、治疗癌症的完整过程。在这个过程中，疾病不是一次单纯的生物学事件，与北上期间的国内外局势、孙中山的政治形象、近代癌症的诊疗手段、近代中西医疗文化的矛盾冲突等杂糅在一起，演变成一次举国关注的政治事件。

一、癌症：迁延不愈的“宿疾”

北京政变后，孙中山先后受冯玉祥、段祺瑞、张作霖等人的邀请，开启了他人生最后一次谋求统一大业的北上之行。1924年12月4日中午，在经历了多日大风浪后，借道日本北上的孙中山一身疲惫地抵达天津。寒风凛冽中，孙中山在船头与来迎接的代表及群众“揭帽相见”，后至张园见客摄影。受张作霖邀请，孙中山一行驱车前往河北曹家花园，与张作霖“侃侃而谈，连接的不断，一谈就谈了两点多钟”[②]。傍晚，本应出席天津各界欢迎大会的孙中山，因身体不适，“特派汪精卫代表，并令其公子哲生，与会致谢”[③]。

关于这次不适，邵元冲12月4日记载：“先生亦以晕舟及胃疾不能行。”5日傍晚，德医司密

（接上页）佐治亚州也成为罗斯福的社会实验室，他向媒体和民众提出了新的政治设想，并试验了后来在全国范围内推行的经济复兴计划。最重要的是，罗斯福从在佐治亚州遇到的农民、女佣、铁路工人等身上，学会了爱和尊重普通美国人。

① 尚明轩1979年版的《孙中山传》中，仅在“孙中山年谱简编”中提到孙中山在协和医院开割确诊为肝癌。其后2008年版、2013年版、2014年版的《孙中山传》专门有一节为“巨星陨落”，提到孙中山患胆囊腺癌逝世，但对其病情的专门描述简略。2011年张磊的《孙中山传》第五章第七节“抱病北上：生命不息，战斗不止”对其患病及诊治仅有简单概述，更多的是凸显孙中山的政治斗争。2011年李凡的《孙中山传》第二十九章“最后的呼声：‘和平——奋斗——救中国——’”，运用刊登于《工人日报》的护士何芬的采访稿，对孙中山患病时的生活作了部分描述，对其病况描述并不详细。其他版本的孙中山传记大致存在同样的问题，缺乏对其临终过程的完整记述。另一方面，无论是《孙中山全集》《孙中山年谱长编》还是《国父全集》12册，对孙中山患病和诊治过程的记述都存在史料较为单一、内容较为单薄、细节不甚明晰等问题。2017年新近出版的《孙中山史实编年》已有较大程度的补充，但仍然存在不足。此外，学界亦有少量关于孙中山临终过程的研究。葛培林《孙中山先生的最后日子》（《文史精华》1995年第3期），运用《申报》《大公报》《辛亥革命回忆录》为史料，描述了孙中山迁入铁狮子胡同后的治疗和病情变化，但葛文对孙中山诊治的细节未面面俱到。韩国学者裴京汉《1925年1月孙中山逝世说的流传与日本东方通讯社》（《理想·道德·大同——“孙中山与世界和平”国际学术研讨会论文集》，广州：中山大学出版社，2001年），以东方通讯社造谣孙中山开割后逝世为视角，探究日本东方通讯社造谣的原因。夏里所撰《从邵元冲日记看孙中山的病势》（《钟山风雨》2005年第1期）和忆冰所撰《揭秘孙中山弥留与逝世的纪实文本——〈邵元冲日记〉抚读》（《中华魂》2013年第20期），以邵元冲日记为主要史料，简要地陈述孙中山患病和诊治的过程。另还有林仕谋《孙中山逝世前后的秘闻轶事》（《文史天地》2011年第4期）、林莉《孙中山在北京最后的日子》（《湖北档案》2011年第2期）等，对孙中山从患病到逝世的过程作了简要介绍。孙霄《孙中山最后的日子——孙中山遗嘱见证人戴恩赛书信揭秘》（《收藏》2012年第15期），以戴恩赛与孙婉的来往书信作为史料，陈述孙中山患病到离世的过程。但戴恩赛的书信对孙病情的记载并不多，且较多为孙中山逝世后的记载，亦未深究孙中山诊治的完整过程。庄泽晞《孙中山逝世前夕的报讯与政情》（《广州社会主义学院学报》2016年第3期），利用孙中山逝世前夕的媒体报道，结合孙中山的病情，分析了孙中山逝世前夕国民党遇到的困境。但因其着眼点仍在政情，故对孙中山病情的诊治，所述亦不甚详尽。

② 黄昌谷：《孙中山先生北上与逝世后详情》，上海：民智书局，1925年，第12—13页。

③ 《欢迎孙中山先生宴会》，《大公报》（天津版）1924年12月6日，第6版。

德视疾。6日中午，孙中山病情加剧。因“恐德医用剂未妥”，故再由日医田村俊次同来会诊。“德医谓系肝肿，日医谓系胆汁缺乏，然治法尚无大异，乃决仍用德医剂并贴止痛膏。”[①]而各地媒体对其病情的报道不外乎宿疾肠胃病、胆囊炎复发等说法。[②] 由于听从医生建议“多进流汁，现服德国瓦雪矿泉，使肠胃通达”[③]，孙中山的病情一度稳定。不料到19日，“体温忽逐时增高，疲倦状态亦益甚”[④]，原定22日赴京的计划不得不再次延迟。25日，从德国归来的日本医生小营勇被从北京请来诊视孙中山的病情，连续两天的诊视得出的结果是：“本病系肝脏疾患，如肝脏之肿大，表面之凹凸等，虽卧休时常觉疼痛，于摇动身体之际，尤觉增剧，故安静治疗，殊为必要。心脏及肺脏虽强健，然脉搏较平常为多（今朝一分间至九十），本日无热，食思不良，便通与普通无殊。照若此肝脏症状从今日起，至少须有三星期之安静治疗。”[⑤]据《邵元冲日记》载，25日请日医小营勇来诊治，其谓病情“甚沉重”，同一天又请德医司密德，其谓“已见少胜，不足为害云”。[⑥] 不同的医生对病情的诊断不尽相同，基本停留在肝胆疾病的认知上，但日医对病情的认知似乎比德医更不乐观。

1924年12月31日，孙中山一行入京。孙中山携宋庆龄等入住北京饭店，当晚即由协和医院代院长刘瑞恒诊视。据《申报》报道，1月2日，西医施美德路士（即上文提到的司密德——笔者注）、德国医院狄医生、德医克礼博士与协和医院之苛医士等7人共同给出孙中山的病状报告，认为：（一）先生之病势，现仍严重；（二）先生之病并非危症；（三）先生应完全静养，并应有医常川驻守诊视；（四）经过一定期限后，先生之病应用特别手术医治；（五）先生之病，能于短期内有痊愈之希望。[⑦] 1月4日，中、西7名医士开会商议，认为孙之病是一种名为“肝脏脓疡”的肝病。[⑧] 大连医院副院长兼内科医长户谷银三郎提交“满铁”的报告中亦称：“据说入京后，请了德国医生施密特（天津）、克里（北京德华医院）、美国医生罗伯特、孙柯斯（二人均属北京协和医院内科）、刘（北京协和医院外科）以及俄国医生佛特（属俄国公使馆，由卡拉罕先生委派）等诸医生会诊，此外还有段先生委派的青岛的全、郭两位医生。此次诊察结果，断定为肝脏脓疡，遂由原德国医生克里担任主治医生，负责诊治。”[⑨]孙中山的主治医生给出了病症的判断标准和由来：“孙右季肋下有一硬块，其硬如石，表面圆滑，尚无凹凸不平之处。在津时疼痛甚剧，今日大减，并未切开。验血呈瓦氏反应阴性，自无梅毒之疑。硬块表面圆滑，一般营养状态尚健，更无

---

① 邵元冲：《邵元冲日记（1924—1936）》，上海：上海人民出版社，1990年，第84—85页。另，《邵元冲日记》原文中日医记为“田村氏”，据“满铁”情报可知，此日医名为“田村俊次”。参见辽宁省档案馆《满铁“探视”孙中山病情史料一组》，《民国档案》1999年第3期，第51页。

② 《孙先生延期入京时之谣诼》，《民国日报》（上海版）1924年12月8日，第3版；《孙文病势已减》，《晨报》1924年12月10日，第2版；《孙中山病讯》，《申报》1924年12月8日，第7版。

③ 《中山先生在天津养疴》，《民国日报》（上海版）1924年12月12日，第3版。

④ 《孙文暂不来京矣》，《晨报》1924年12月22日，第2版。

⑤ 《本埠特讯》，《大公报》（天津版）1924年12月27日，第3版。

⑥ 邵元冲：《邵元冲日记（1924—1936）》，第93页。

⑦ 《西医发表孙中山病状》，《申报》1925年1月11日，第6版。

⑧ 《来京后之孙文》，《晨报》1925年1月5日，第3版。

⑨ 辽宁省档案馆：《满铁“探视”孙中山病情史料一组》，《民国档案》1999年第3期，第51—52页。

癌肿之虑。无黄疸，无腹水，亦非肝脏硬变之症。故定此硬块为脓疡也。至其脓疡之性，疑为变形虫所致，因广东地方变形虫病甚多也。现用吐根精注射，颇着功效。热度在三十七与三十八度之间。数日后硬块当能渐软，俟有波动，再行切开云。"[①]其后，京津多家报纸均报道，已用 X 光探照，断定可以不用手术，打针注射足以治疗，甚至提及"痊愈之期当在十天半月后"[②]。但值得注意的是，上海《民国日报》1 月 6 日第 2 版提到"四日北京电……某国医师，断为有肝脏癌之疑"[③]。当时媒体也有认为"孙之病已久，若果为肝脏脓疡，当早已溃破于腹内，何能迟缓若此。由是颇疑某医或为病者有所讳，不必所言皆真也"[④]。

1 月 21 日前后，孙中山"体温忽高低失常度，脉搏亦有异"。23 日，"眼球发见黄色，知肝脏之浓，渐将侵及他部，非施手术不可"，遂由中、美、德各国医生共同商议割治的方法。[⑤] 但因孙中山拒绝手术，加之众人考虑到孙中山年事较高，因此只请协和医院医生"施以注射"，先后凡 11 次，才渐恢复原状，但其间依旧食即呕吐。[⑥] 24 日，鲍罗廷寄回苏联的信中，附上了俄医福尔特（即上文提及的俄国医生佛特——笔者注）的诊断报告，"从所附的福尔特医生开具的诊断书可以看出，孙的病情如何之严重"[⑦]。1 月 26 日上午，协和医院方面认为病情岌岌可危，必须动手术才能了解真实病情，便同宋庆龄等商议是否进行手术，众人均不能决定，最后由孙中山本人决定进行手术。[⑧]

1 月 26 日下午 3 时，孙中山入协和医院。6 时，[⑨]由外科主任邰乐尔主刀施行手术，院长刘瑞恒等协理，克礼、福尔特等医士在场照料，此外汪精卫、陈友仁、孔祥熙等亦入手术室远观。宋庆龄等于邻室等候，其他专门的医士在手术室外等候。1 月 30 日，《顺天时报》最早对手术详情进行报道："割治之处，在体之左侧，初开约五英寸许。因局部曾用麻醉药，并以新法禁住血管流血，故施术时，本人不觉痛楚，出血亦甚少。切开后，当局如唧筒之具，将肝部之脓吸出，盛以盘，

---

① 《孙文病候之诊断》，《晨报》1925 年 1 月 8 日，第 2 版。

② 《孙文之病状》，《晨报》1925 年 1 月 11 日，第 2 版；《孙中山最近病况》，《大公报》（天津版）1925 年 1 月 11 日，第 3 版；《中山最近病状》，《顺天时报》1925 年 1 月 11 日，第 2 版。

③ 《电讯》，《民国日报》1925 年 1 月 6 日，第 2 版。

④ 《孙文病候之诊断》，《晨报》1925 年 1 月 8 日，第 2 版。

⑤ 《孙中山入医院割治后之病状》，《申报》1925 年 2 月 5 日，第 10 版。

⑥ 孙中山先生国葬纪念委员会编：《哀思录》，台北：文海出版社，1970 年，第 95 页。

⑦ 中共中央党史研究室第一研究部译：《联共（布）、共产国际与中国国民革命运动（1920—1925）》，北京：北京图书馆出版社，1997 年，第 568 页。

⑧ 《孙中山入医院割治后之病状》，《申报》1925 年 2 月 5 日，第 10 版。

⑨ 关于手术具体时间，各种记载颇有出入，有"六时""五时""六时半"三个说法，如"至下午六时，由院长泰尔博士，躬自开割……铁狮子胡同顾宅中山行辕，今日曾有公布消息一则，声明此事，原文如下，'孙中山先生之病……决定于昨日（二十六日）下午三时入协和医院，六时遂受手术'"，见《中山病情与开割之经过》，《申报》1925 年 2 月 2 日，第 6 版；"二十六日下午三时入协和医院后，于下午六时受手术"，见《孙中山病状与孙科抵京》，《申报》1925 年 2 月 8 日，第 6 版；"是日下午三时，以担架由北京饭店移入协和医院，五时施其手术"，见《孙中山入医院割治后之病状》，《申报》1925 年 2 月 5 日，第 10 版；"是日下午三时，以担架由北京饭店移入协和医院，五时施行手术"，见《中山先生割治经过情形》，《民国日报》（上海版）1925 年 2 月 5 日，第 6 版；"六点由德医克礼及该院外科主任邰乐尔、院长刘瑞恒等施行手术"，见《开割后之中山病状》，《大公报》（天津版）1925 年 1 月 30 日，第 4 版；"是日下午六时半，施行解剖手术"，见黄昌谷《孙中山先生北上与逝世后详情》，第 22 页。

盘中置脱脂棉。每吸取脓一部份，即置于棉中，命人送出室外，交专门家化验。及脓吸尽，乃施洗涤之术，并见肝部果生有恶瘤，即癌是也。割治毕，立即缝密如故，计自施术起至缝密止，仅经二十五六分钟之久，实割治术之最适当者也。其后即移入三百零一号病室，七时许，即已醒觉，并不觉痛。”[①]《顺天时报》的报道有一处误差，即由于广泛转移，医生并没有割去肝上的肿瘤。[②]

手术毕，俄医福尔特即向国民党几位要员报告了手术结果，指出肉眼所见系患肝癌，此病外国之新科学亦挽救乏术。27日，协和医院代院长刘瑞恒和外科主任邰乐尔向亲友宣布了手术结果。[③] 病理结论为Carcinoma of the liver with widespread metastasis to peritoneum，即“肝癌并广泛转移至腹膜”[④]。当时对孙中山的疾病，基本“确诊”为肝癌。

二、疾病：政治的“挡箭牌”与“众矢的”

孙中山患病是北上过程中的一个意外。在孙中山抵津之前，国民党方面原定孙中山入京的时间是12月7日。[⑤] 5日，孙中山覆电段祺瑞，表示“惟因途中受寒，肝胃疼痛，医嘱静养三两日，一俟病愈，即当首途”[⑥]。但结合这一时期孙中山和同行诸人在天津的言行，诚如《顺天时报》判断的“对时局情形尚未明了”[⑦]以及澄清对孙中山“赤色”身份的种种猜疑，是其滞留天津的重要因素。在这种观望态度下，孙中山的疾病和局势都有了进一步的发展。据黄昌谷记载：“到了十二月十八日，北京政府派两个代表来欢迎大元帅从速晋京。他们到大元帅床前，报告北京的近况，忽然谈到外交问题。大元帅知道段祺瑞送了一封公文到各公使，说是现在临时政府，一定是尊重历年条约的。请各国不要担心罢。所以大元帅就动了感情。便声色俱厉的对那两个代表说：‘我在外面要废除那些不平等条约，你们在北京偏偏的要尊重那些不平等条约，这是什么道理呢？你们要升官发财，怕那些外国人，要尊重他们，为什么还来欢迎我呢？’因为大元帅动了这次感情，所以从这一天以后，肝病便更行爆发。”[⑧]从新闻报道来看，孙中山病情加重确在12月19日，这不得不使人联想到与政治上的刺激有关。之后，孙中山入京的态度有了微妙的变化。一方面，孙中山在回复北京学生联合会的电文中，仍称“一星期内准可到京”[⑨]；另一方面，孙中山加紧了委派宣传员赴北方十三个省区进行国民会议宣传的步伐。[⑩] 22日，长沙《大公

---

① 《孙中山病状尚在危境》，《顺天时报》1925年1月30日，第7版。

② 《晨报》指出“协和医院医师，只行开腹，对于肝部，并未施割，盖认为癌性蔓延，无从割治，故一经开腹，旋即缝好”。见《与病魔抵抗之孙文》，《晨报》1925年1月30日，第2版。

③ 黄昌谷：《孙中山先生北上与逝世后详情》，第23—24页。

④ 《孙中山病历》（复印件），南京市中山陵孙中山纪念堂藏。

⑤ 《孙先生到津后之表示》，《民国日报》（上海版）1924年12月13日，第3版。

⑥ 《孙文卧病天津》，《晨报》1924年12月7日，第2版。

⑦ 《孙中山延期来京原因》，《顺天时报》1924年12月8日，第2版。

⑧ 黄昌谷：《孙中山先生北上与逝世后详情》，第15—16页。

⑨ 《民国日报》（上海版），1924年12月20日，转引自陈锡祺主编《孙中山年谱长编》下册，北京：中华书局，1991年，第2098页。

⑩ 《本埠特讯》，《大公报》（天津版）1924年12月20日，第4版。

报》刊登了《孙中山在津之宣言》，其中再次强调了召开国民会议预备会议的重要性以及预备会议团体和国民会议成员的组成。① 当时北京的媒体普遍认为，孙中山因“关于善后会议及赣省军事问题，尚待考虑，决定暂时中止来京”，加之病体尚未复原。② 24 日，段祺瑞公布《善后会议条例》，孙中山在覆函北京广东同乡会时就提到“惟近日肝病初愈，尚须静养数日，再行入京”③。而面对段祺瑞再派许世英到津邀请孙中山参加善后会议，在 28 日覆电段祺瑞时，孙中山强调“连日热度升降无定，尤虞冒寒，是以不果。国事未定，固惓惓于心，而病状如此，只能暂屏万虑，从事疗养。容俟告痊，再图承教”④。显然，形势的变化，特别是段祺瑞公开《善后会议条例》一事，将孙中山置于一个十分尴尬的境地。“入京”有赞同善后会议甚至参加善后会议之嫌。局势的发展令孙中山很难下定决心进京。然而，诚如鲍罗廷所言，国民会议运动迅速在全国范围内开展，国民党由上海、北京向全国各地派出多名宣传员后，“他们要领导这次运动……必须把孙逸仙转移到北京”⑤。并且，病情的发展也让孙中山不得不尽快开启北京之行。尽管德国医生对于孙中山的病情保持乐观，但小菅勇的诊断却如芒在背。当时，孙中山的病情急需更多有经验的医生会诊，而距离天津较近、拥有协和医院这类最先进医疗资源的北京自然成为首选。29 日，孙中山发电段祺瑞告知 31 日入京。从 28 日表示“容俟告痊，再图承教”，仅隔一天，突然宣布“入京”，病情严峻是重要的原因。⑥ 即使如此，为了规避各界对其“入京”行为的种种猜疑，孙中山在电报中强调“唯养病期内，仍当暂屏一切，以期速愈”⑦；后又特别发表通电“与疾入京，选择医疗”，因此“在医疗期内，唯有暂屏万虑，从事休养，以期宿恙早痊，健康早复”。⑧ 当时，坊间就有风评，认为“孙文来京期累次中变，其表面上系以病为词，内幕自不如是之简单”⑨。从种种迹象来看，孙中山的留与走，疾病自然是重要因素，但疾病成为孙中山政治考量的一种托词，的确也是事实。

抵京之初，关于参加善后会议与否，国民党方面依然没有最终定论，主要原因是国民党内部对于是否参会有分歧。据鲍罗廷称：“对于是否参加段祺瑞的会议问题，我们（加拉罕同志和我）准备建议国民党做出肯定的决定。当然，为此我们提出了一系列条件，这样就可以把参加善后会议变成宣传国民党行动纲领的最好方式。遗憾的是孙的病情严重，不好在他面前坚持说明国

① 《孙中山在津之宣言》，《大公报》（长沙版）1924 年 12 月 22 日，转引自《孙中山全集》第 11 卷，北京：中华书局，2006 年，第 516 页。

② 《中山先生体温增加亟需静养》，《京报》1924 年 12 月 22 日，第 2 版；《孙中山入京日期又变化》，《顺天时报》1924 年 12 月 22 日，第 2 版；《孙文暂不来京矣》，《晨报》1924 年 12 月 22 日，第 2 版。

③ 《孙中山有终止入都之势》，《顺天时报》1924 年 12 月 25 日，第 3 版。

④ 《孙中山入京消息之两歧》，《顺天时报》1924 年 12 月 30 日，第 2 版。

⑤ 中共中央党史研究室第一研究部译：《联共（布）、共产国际与中国国民革命运动（1920—1925）》，第 571 页。

⑥ 黄昌谷称：“起居设备又不大完全，所以到十二月二十八日便决定三十一日晋京疗养。”见黄昌谷《孙中山先生北上与逝世后详情》，第 16 页。《大公报》载：“加以天津无好医院，养病亦□所宜。故于二十九日下午决定三十一日入京养病。”见《孙中山先生入京纪详》，《大公报》（天津版）1925 年 1 月 1 日，第 6 版。

⑦ 《中山电告来京》，《顺天时报》1924 年 12 月 31 日，第 2 版。

⑧ 《孙先生移京养病》，《民国日报》（上海版）1925 年 1 月 3 日，第 2 版。

⑨ 《孙文仍要来京耶》，《晨报》1924 年 12 月 29 日，第 2 版。

民党以一定的条件参加段祺瑞善后会议的好处，而在知识分子占优势的国民党中央委员会中我们也没有得到足够的支持。他们反对参加段祺瑞善后会议的理由纯属道义上的。如一位中央委员说：'我们怎么能参与所谓段祺瑞善后会议这种卑鄙的勾当呢？'"[①]1925 年 1 月初，民治通讯社访问孙中山身边负责媒体接待的黄昌谷，提及"中山先生对于现政府所主张召集之善后会议何以始终不表示意见？"黄昌谷答："第一系因事先中山先生并未与闻。第二系因事后又正在彼患病期内。对于该项会议之内容并未尝有所考虑，故不能表示耳。"当记者问道："善后会议开成时，中山先生能否加入？"黄昌谷答："第一须以病体之能否速愈为前提，且必须以该会议是否确能解决各种纠纷为断。"[②]然而，黄昌谷在后来的文章中指出，孙中山"在一月二十日以前，病况虽然没有进步，但是体温升降还不大，差不多都是一律的，所以他的神思还是极清楚，精神还是极好。每日虽然是遵照医生的嘱咐，不见客不讲话，但是有时还是用脑力，思想应付时局的办法。譬如当时最大的时局问题，就是本党是否加入善后会议"[③]。最终，在 1 月 17 日的筱电中，孙中山表达了"有条件地赞成善后会议"的态度。显然，对于是否参加善后会议、何种情形下参加，国民党内部有着复杂的考量，直到 1 月 17 日才最终给出回复。这个过程中，孙中山患病为国民党统一口径提供了缓冲。

来到北京后，孙中山的疾病成为国内外关注的焦点。日本方面对孙中山的疾病从一开始便表现出格外敏感。早在 1924 年 12 月，"满铁"北京公所长就提出派遣医生"探望"孙中山的请求。12 月 30 日，"满铁"总部同意"派遣大连医院副院长户谷博士前往，拟于 1 月 3 日成行"。关于是否到北京探望孙中山病情、派谁前往、推迟出发的原因等，"满铁"社长与北京公所长有过多封电报往来。最终，日医户谷成功见到了孙中山。户谷在报告中称："敝人本月（1 月——笔者注）20 日进京，便要探视数日，转达本社之意，但由于前述对日本医生的误解而无法接近，只好等待时机。直到 23 日，才让我们于次日上午 11 时左右前去诊视。24 日上午，偕同竹中公所长、牛岛参事及山田郎先生前往北京饭店拜访……主治医生克里先生到来，并会晤了俄国医生佛特先生。在听取了病历和治疗方法后，正要去病房探望孙文先生，恰逢其剧痛发作，遂约定翌晨再来拜访，后归去。翌日（25 日），如约于午前 11 时又去拜访。这时，俄医佛特先生到来，德医克里先生早已守护在病床前。"最终，户谷没能为孙中山进行检查。这里主要源于所谓"对日本医生的误解"。从"满铁"电文来看，"此事最初因日本医生在（北京及天津）诊察时擅自发表病况，引起孙文夫人、德国医生及秘书的种种误解，已采取不再请日本医生诊病的态度"。不过，户谷给"满铁"的报告还称："张继、汪兆铭两人在孙先生行馆为敝人张设午宴。当天（26 日——笔者注）午后，孙先生入协和医院，由外科教授泰勒先生主刀，实施了剖腹手术，确诊为肝癌，确认在大网膜等浆膜面已有大量转移。当夜，泰勒先生对我直言，孙先生处于危险状态。"显然，26 日

① 中共中央党史研究室第一研究部译：《联共（布）、共产国际与中国国民革命运动（1920—1925）》，第 571 页。

② 《国民党对于善后会议之意见》，《大公报》（天津版）1925 年 1 月 7 日，第 4 版。

③ 黄昌谷：《孙中山先生北上与逝世后详情》，第 16—17 页。

晚，户谷已经从孙中山的主刀医生那里了解到了病症详情。当晚 11 点 55 分，“满铁”北京公所长把这一消息电报“满铁”社长室文书课长。电报中提到“术后绝对不良，数日乃至 10 日内将很危险”，还提到“要绝对保密，特别是要隐秘满铁医师所说之事”。①

“满铁”强调对孙中山病危的消息要保密。不过，就在第二天，与日本外务省情报部关系密切的特务机构“东方通讯社”②就发布了“孙中山逝世”的消息。由于时间节点与孙中山入院时间吻合，一开始确实达到了混淆视听的效果。据《邵元冲日记》1 月 27 日提到，上海方面对于“孙中山逝世”的谣言无从分辨真假，包括南下抵沪的孙科也毫无头绪，一行人十分紧张，一度准备 29 日北上。③ 上海宋家也为谣言发电询问。宋庆龄在 28 日晚回复家中：“得电。知沪传婿凶闻，无任悲惋。婿自去冬抵津，卧病至今，儿侍侧未离。病状迭经德医及协和医院报告，病势诚重，倘有不幸，亦无须秘密。婿为国尽瘁，自不能免有政敌，然利用此时机造作谣言，以遂其幸灾乐祸之心，实为可鄙。望慈怀勿为所扰，非得儿电，切勿轻信。”④28 日，上海《民国日报》刊登了 27 日北京来电，告知“总理病开割结果，发现系肝脏重症，惟经过良好”⑤，试图平息上海的谣言。但同日的另一篇报道又提及“发现肝部巨痈”，医生称为“肝脏重症，今犹未脱险”。同时，报刊转引了路透社的电文，并在记者按中间接提到东方通讯社在 27 日两次报道孙中山死讯，一次称孙中山于 26 日晚逝世，后又改称 27 日晨逝世。记者认为，北京来电和路透社的消息，足以证实东方通讯社的谣言不实。但由于北京来电和路透社的电文多处出现“病势危重”“其状甚危”“病已绝望”等字词，本是拿来辟谣的消息，反而让东方通讯社的“逝世说”更添可信性，一时之间流行开来。⑥《益世报》28 日的号外提到：“段执政得知此种情形，已□中山准备后事，孙系要人，亦设法办理善后云。”⑦香港《华字日报》1 月 29 日引用东方通讯社电文写道：“据悉孙中山于 26 日在协和医院接受手术，27 日凌晨去世。但是对此还不能断定。”⑧甚至在哈尔滨一带的特务机关也出现了“孙文因肝癌入协和医院疗养所，手术结果还将导致死亡，并将引起北京政府统治下时局的混乱”⑨的消息。可见，逝世谣言传至全国各地。

反应最剧烈的是广东方面。广州国民党人听闻逝世消息，“愕然失色，不知所措，廖仲恺夫人竟至欷歔掩面而泣”⑩。幸而 27 日当天，广州政府就接到北京来电，确认孙中山健在。为此，胡汉民以广东省长名义给各报社下达了不要登载东方社电文的命令，并给日本驻广州领事发去

---

① 辽宁省档案馆：《满铁“探视”孙中山病情史料一组》，《民国档案》1999 年第 3 期，第 50 页。

② 东方通讯社，1914 年成立，设立之初到 20 世纪 20 年代中期是直接得到日本外务省情报部财政支援的情报机关。北京政变后，支持段祺瑞政府，经常报道段祺瑞的各种政治活动和主张。

③ 邵元冲：《邵元冲日记(1924—1936)》，第 109 页。

④ 《孙中山先生病状之危与转机》，《京报》1925 年 1 月 29 日，第 2 版。

⑤ 《各方面注意孙先生病状》，《民国日报》(上海版)1925 年 1 月 28 日，第 10 版。

⑥ 《孙中山入协和医院割治》，《民国日报》(上海版)1925 年 1 月 28 日，第 2 版。

⑦ 《孙中山病重之真相》，《益世报》1925 年 1 月 30 日，第 4 版。

⑧ 《本报特电》，《华字日报》1925 年 1 月 29 日，第 2 版。

⑨ 辽宁省档案馆：《满铁“探视”孙中山病情史料一组》，《民国档案》1999 年第 3 期，第 51 页。

⑩ 《孙先生病状报告》，《民国日报》(上海版)1925 年 1 月 30 日，第 2 版。

了要求解释的公函。时驻广州的日本领事天羽英二于28日回函，确认其为毫无根据的谣言，已经让东方通讯社立即更正报道内容，并表示深深道歉。胡汉民立即给各报社公开日本领事馆的回函，要求对逝世谣传及时更正。[①] 然而，谣传带来的风波并未因此平息。孙中山逝世说从沙面开始传播开来，继而在广州全市传播。[②] 广州市民得知孙逝世消息以后，"恐广州发生事变，极为惊恐"[③]。有军政界消息云："二十八日军界中如滇军胡某等家眷，已即日搬迁。其存有中央银行纸币者，莫不争先恐后，相率赴该行兑换所，兑换现洋，一时各兑换所门如市，拥挤异常。二十九日情形，尚复如是云。"[④]在广东，"逝世谣传"引起一系列的政治、经济波澜，广东政府中央银行发行的纸币的可信度降低，甚至有商店拒收中央银行纸币。[⑤] 胡汉民为了防止谣言引发的市内秩序混乱，特地任命吴铁城为公安局长，[⑥]且每日将孙中山的病情公之于众，但闻者半信半疑。反倒是陈炯明将乘机急攻广州的消息层出不穷，人心大为恐慌。胡汉民只能召集工会人员，制止谣言。[⑦]

韩国学者裴京汉认为，"孙中山逝世"谣言的出现存在两种可能：一是作为日本情报机构的"东方通讯社"有意为之，目的是引起政治恐慌，反对孙中山政权；二是单纯的误报。[⑧] 笔者认为，这次报道应该并非日本方面授意。2月1日，日本《时事新报》登载大连特电，提到户谷博士谈："孙文27日手术同时将死亡，国民党行将瓦解，段政府的善后会议也主张秘不发丧。"为此，"满铁"东京方面致电总部询问是否属实，总部给出的答复是否定的。[⑨] 2月2日，东方通讯社广州分社更正"孙中山逝世"说。[⑩] 因此，谣言期间，日本国内的主要媒体虽然都报道了孙中山病危的消息，但大都没有采用"东方社"的说法，而是更谨慎地使用了"满铁"的情报。[⑪] 另一方面，说这是一次单纯的误报也不准确。早在1924年5月，就曾出现过"孙中山逝世"的谣言，源于孙中山的一次染病不出，当时在广东、香港、上海、京津乃至东北等地引发巨大骚动。[⑫] 11月间，孙中山肝病复发，逝世谣言又传至日本。[⑬] 1925年1月初，先有第一次开割的谣传，[⑭]后又传开割

---

① 《谣传大元帅死耗之广州》，《民国日报》（上海版）1925年2月6日，第4版。
② 《孙文病耗与广州大局》，《华字日报》1925年1月29日，第3版。
③ 《孙文剧病中之见闻种种》，《华字日报》1925年1月31日，第3版。
④ 《粤省新闻：省署秘密会议与孙文病状》，《华字日报》1925年1月31日，第3版。
⑤ 《孙中山病危中之各方见闻》，《华字日报》1925年2月2日，第3版。
⑥ 《广东所受中山病重之影响》，《顺天时报》1925年2月4日，第2版。
⑦ 《孙文危笃中之广州》，《晨报》1925年2月5日，第2版。
⑧ 裴京汉：《1925年1月孙中山逝世说的流传与日本东方通讯社》，林家有、高桥强编《理想·道德·大同："孙中山与世界和平"国际学术研讨会论文集》，第592—593页。
⑨ 辽宁省档案馆：《满铁"探视"孙中山病情史料一组》，《民国档案》1999年第3期，第51页。
⑩ 《孙先生病象稍觉衰弱》，《民国日报》（上海版）1925年2月4日，第2版。
⑪ 《东方社二十九日东京电》，《民国日报》（上海版）1925年1月30日，第1—2版；《孙中山氏昏睡继续》，日本《大阪每日新闻》，1925年1月28日，第1版。
⑫ 详见古贤《也谈"孙中山逝世"的谣言及其反响》，《岭南文史》1993年第1期，第18—21页。
⑬ 《中山逝世谣传中之日本舆论》，《民国日报》（上海版）1925年2月7日，第3版。
⑭ "又闻中山因此间德美两国医士，皆断定其所患者为肝脏溃疡症，且保开割以后并无危险，当于前日下午二时许实行开割，其开割时间仅历约四十分钟左右，割后经过亦良好。据孙之左右云，大约十日以内，可望完全恢复健康云。"见《中山先生病状》，《顺天时报》1925年1月7日，第7版。

后逝世。显然，报道“孙中山逝世”是反孙势力支持下的媒体的一种常规手法。恰巧与手术时间吻合，产生了特殊的效果。

面对以日本特务机关为首的国内外媒体以孙中山病情为“靶子”的造谣，国民党方面加快利用手术后孙中山相对稳定的状态进行危机公关。① 一方面，针对多家媒体已经从多种渠道打探到孙中山的手术情况，②协和医院每日公布孙中山术后恢复情况，由孙中山秘书处提供给各地媒体。作为国民党党媒的上海《民国日报》，更是加大宣传术后恢复情况良好。同时，孙中山秘书处利用一些无关紧要的讹传，如看护妇疏忽致孙中山晕倒等，发出声明，直指“日来报纸载中山先生病状，往往失实”③。另一方面，国民党加紧考虑孙中山的身后事。早在手术前，孙中山就考虑到术后可能出现的情况，提出将广州中央执行委员会内的政治委员会移设北京。1 月 28 日之后，各路国民党要人紧急赴京。2 月 2 日，孙中山任命汪精卫、于右任、李大钊、李石曾、吴稚晖、邵元冲、陈友仁为委员。④《邵元冲日记》中也提到，2 月 2 日开始，一些孙中山的亲信就已经提出孙中山逝世之后的对策。2 月 3 日，在北京饭店召开了中央执行委员会及政治委员会联席会议。在晚 9 时的政治委员会会议上，陈友仁甚至曾主张让孙中山留遗言并签字。⑤ 2 月 5 日，上海《民国日报》发表了关于孙中山手术全过程和恢复情况的详细报道，并附上协和医院关于孙中山病状的报告，为平息各种谣言作最后的努力。⑥ 当然，这也等于正式公开了孙中山罹患癌症的消息。

三、治疗：“西体”与“中用”

《晨报》2 月 7 日第 2 版刊登了医生汤尔和《关于孙中山病状的疑问》，一上来就问责孙中山的主治医生为何没有疑心癌肿。⑦ 事实上，日医小营勇可能是第一个怀疑孙中山患癌的医生。

---

① 事实上，早在孙中山天津养病期间，国民党便展开了危机公关。由于多次推迟进京时间，各种质疑声不断，12 月 20 日起，国民党决定以医生发布孙中山的病情并转交各报纸发表的方式，以辟谣言。参见《中山先生体温增加亟需静养》，《京报》1924 年 12 月 22 日，第 2 版。

② 1 月 28 日，《北华捷报》报道，孙中山入协和医院手术，发现其患恶性肿瘤。（“Dr. Sun Yat-sen: Premature Reports of His Decease”, *North-China Daily News*, *Shanghai*, *Wednesday*, January 28, 1925.）《大公报》提到“诸西医等于解剖时，发见其肝叶大半成脓，薄如竹布，心脏则硬如朽木，敲之有声，肠起疙疸，状至不佳”（《开割后之中山病状》，《大公报》[天津版]1925 年 1 月 30 日，第 4 版）。《晨报》指出：“协和医院医师，只行开腹，对于肝部，并未施割，盖认为癌性蔓延，无从割治，故一经开腹，旋即缝好。”（《与病魔抵抗之孙文》，《晨报》1925 年 1 月 30 日，第 2 版）最为详尽的是《顺天时报》，描述了手术前后的各类细节，其报道的内容几乎被 2 月 5 日《申报》《民国日报》甚至《哀思录》转载。详见《孙中山病状尚在危境》，《顺天时报》1925 年 1 月 30 日，第 7 版。

③ 《孙中山先生卧病后之实况》，《京报》1925 年 2 月 3 日，第 2 版。

④ 陈锡祺主编：《孙中山年谱长编》下册，第 2113 页。

⑤ 邵元冲：《邵元冲日记(1924—1936)》，第 111、118 页。

⑥ 《中山先生割治经过情形》，《民国日报》(上海版)1925 年 2 月 5 日，第 6 版。

⑦ “从医学常识上说罢，遇到这种患者，果能精细绵密，追求他的既往症，再看病人的年龄，加以现在的营养状态，不待详细检查，就应该疑心到癌肿。况且触诊上的硬度，以及凸凹不平的症候，皆足以唤起他觉上的注意。我又听在天津已经检查过血液，瓦瘦曼氏反应阴性。既没有 Gumma 的嫌疑，又没有其他肝硬变的症候。何以连爱克司光线也不用，(肝脏原发性癌极少，原病灶恐怕仍在胃部)，居然下肝脓疡的疑诊。”见汤尔和《关于孙中山病状的疑问》，《晨报》1925 年 2 月 7 日，第 2 版。

在给《顺天时报》的孙中山病情介绍中，小菅勇进一步提到，孙中山“肝脏硬固而肿大，其上界达于乳线上第六肋骨之上缘，下界位于乳线上季肋弓下三指横经，其表面凹凸不正，边缘为钝圆，有呈结节状之部分，与表皮虽未癒着，与深部则癒着，呼吸运动时不动摇，且左上叶部深感压痛”[①]，这极符合癌症的触诊特征。这一点，上海国民党之后派去北京参与孙中山诊疗的医生周君常也证实：“中山先生抵津之日……入暮奉张招饮，归而右肋下作剧痛。盖自日本至天津已复如是不止一次矣，即延德人许米德诊视，云系肝肿，服药两星期而不见效。乃延日医小菅。小菅即断为肝癌，谓若非橡皮肿，则颇难着手。”[②]显然，在孙中山疾病的诊疗过程中，并非没有医生怀疑癌症的可能。但其时日本对孙中山的种种疏离，加之小菅勇等肆意公开孙中山的病情，使得国民党内对于日本医生存在警惕心理，对其判断未必全信。另一方面，“中山先生病起时，但觉疼痛，左（应为“右”——笔者注）肋稍稍贲起，未几渐大而身热，脉亦渐速，疑为肝脓。诸医欲割视以辨其为何病，未得同意，遂先为注射爱米丁，盖肝脓多半因痢疾细菌侵入所致，果有小效，高起处亦略低，病似稍灭”[③]。显然，诸位西医基于用药有效的原则，将孙中山的疾病定为肝脏脓疡，忽视了“肝癌闻亦可有此现象”[④]。且这种失误也与孙中山最初拒绝手术探查有关。

20世纪20年代，世界范围内的肝癌探查手段基本停留在触诊、X光和手术三种途径。前两种无法确诊和干预，手术和术后病理是确诊癌症的唯一手段。即使是手术，先不提对广泛转移的晚期癌症已无裨益，在探明真相方面，也存在不能明确的问题。周君常就认为：“肝癌什九为续发性。克利博士虽谓剖腹时未觅得胃癌，然胃癌若极小，未必易于发见也。孙先生胃病之症已历十余载，想为胃溃疡，由是转成胃癌，再延及肝部，极为可能之事也。”[⑤]显然，即便经过手术，孙中山癌症的原发灶在何处，也未能明确。更不易的是癌症的治疗。据黄昌谷提到，协和医院开割后确诊为肝癌，“西医已经宣布是九百九十分的绝望了，在最近科学中有用雷疗治之试验，这种试验也没有什么把握，只算是千分之一的希望罢了。但是用雷疗治，必须等到解剖伤口痊愈，病人身体稍微复原以后，才可以试验。所以从一月二十七日以后，我们一线的希望，就是想解剖伤口速愈，再用雷疗治”[⑥]。

镭锭（Radium）治疗是当时国际上新使用的癌症治疗方法。在伦琴发现X射线的第二年，1896年3月29日，还是医学生的格拉比（Emil Grubbe）用X射线进行了第一例癌症治疗，并在其后得出了X射线可用于治疗原位肿瘤的结论。1902年，“镭”元素的发现更使得利用强大射线进行癌症治疗成为可能。[⑦] 从中国来看，1905年的《万国公报》第一次介绍了“雷锭恩”。[⑧] 当

① 《孙中山最近之病状》，《顺天时报》1924年12月27日，第7版。
② 《关于孙中山病状之周君常谈话》，《申报》1925年2月14日，第14版。
③ 《孙中山病状别报》，《申报》1925年2月10日，第14版。
④ 《关于孙中山病状之周君常谈话》，《申报》1925年2月14日，第14版。
⑤ 《关于孙中山病状之周君常谈话》，《申报》1925年2月14日，第14版。
⑥ 黄昌谷：《孙中山先生北上与逝世后详情》，第24—25页。
⑦ 悉达多·穆克吉：《众病之王：癌症传》，李虎译，北京：中信出版社，2013年，第85页。
⑧ 《雷锭恩之价值》，《万国公报》1905年第202期，第60页。

时，因为翻译的缘故，镭锭常常翻译成“雷锭”“鈤”。在镭锭介绍入中国之初，其治疗癌症的作用就被提及。如“至晚近考得鈤有治人痈疽等症之功用，以故益惹起多数人士之注意焉”[①]。又如“以镭锭之为物，功用极广，有治一切疑难病症之能力……盖姆光线能治毒瘤传述已久，惟施治之法尚未大有所发明耳。今则法将以铅片间隔毒瘤之上，务遮去阿尔弗彼太之光线，纯以盖姆光线注射之，闻所获效果至为美满云”[②]。《浙江广济医报》1916年第1期刊登了杨畴翻译的《鈤及其效用》，提到最早用镭锭治疗肿瘤的时间是1913年，由德国医学家完成。德国每年有五万人死于肿瘤，镭锭治疗将成为肿瘤患者的福音。1920年的《东方杂志》在“科学杂俎”栏目刊发了文章《鈤质治病之功用》，提到：“人类之疾病，除瘟疫外，当以痈疽毒瘤为最烈。即以美国论，每年因此种疾病而死亡者，已在九万人以上。自鈤质(Radium)应用于医药以后，此类病症，遂日渐减少。”[③]1923年《东方杂志》出版《镭锭》作为二十周年纪念刊物，辑录了陈文祥等人的《说镭》《镭锭及其效用》《应用镭锭之制造业》《镭锭治病之功用》《镭锭发明者居里夫人小传》5篇译文，并附录《放射能发见史》。1924年、1925年两度再版。这是国内较早出版的系统介绍镭锭的著作。不过，诚如《申报》所言：“镭锭价格极昂，为天下罕有之物……北京各医院中，唯协和医院备有此物”，且“镭锭为一种矿物，能发极强度之光热，应用于疗治癌疾，为时尚不甚久，当癌初发之时，用镭锭照之，可以使其不至发长。孙之肝癌，已布满全肝，且一部已变成硬性，故协和医院之报告书，亦只言‘使稍安适’，而不敢信为即可治愈”。[④]

度过48小时危险期后，孙中山神志渐渐清晰，“谈话如常”[⑤]。2月4日，孙对医生详细描述了10年以来的病症情况，谈话长达45分钟。其间，谈到有主张延请中医之人，协和医院医生便谓：“如其愿服中药，可送其出院，否则可留院受镭锭治法，盖此法为唯一和缓方法也。”孙即回应，对于两项办法均甚明了，故而愿采用镭锭治疗。[⑥] 2月5日，孙中山开始镭锭治疗，照治约20分钟，病情变化不大。[⑦] 2月6日晨，用X光照见肺部无恙。[⑧] 6、7两日又先后映照，经过时间达40余分钟，精神较前为佳。[⑨] 从媒体报道来看，至迟到2月15日，孙中山还在使用镭锭治疗。但就如预期的，镭锭治疗在癌症初发之时对于抑制癌细胞扩散有一定功效，但癌细胞扩散后则收效甚微。镭锭是最后的治疗方法，且至多只能使用50小时，待其使用已有四十四五个小时，仍无济于事。[⑩] 2月17日《晨报》载：“孙氏前日已陷危境一次，嗣侍者进以黄芪及张静江由南带来之人参汤，始见回苏。病势如此，外医宣言绝对无法施治，劝孙氏左右及家族速定方针，至是

① 常觉：《鈤之最近史》，《游戏杂志》1914年第3期，第2—4页。
② 霆公：《说镭锭(附照片)》，《协和报》1914年第43期，第13—15页。
③ 《鈤质治病之功用》，《东方杂志》1920年第23号，第79页。
④ 《孙中山试用镭锭治疗》，《申报》1925年2月10日，第6版。
⑤ 《孙中山入医院割治后之病状》，《申报》1925年2月5日，第10版。
⑥ 《孙中山病状》，《申报》1925年2月5日，第6版。
⑦ 《孙文已用镭锭治疗》，《晨报》1925年2月6日，第3版。
⑧ 《孙先生病大见转机之沪讯》，《民国日报》(上海版)1925年2月7日，第10版。
⑨ 《孙中山镭锭治疗后现状》，《申报》1925年2月12日，第6版。
⑩ 黄昌谷：《孙中山先生北上与逝世后详情》，第25页。

乃决出院。”[①]

孙中山的出院与镭锭治疗无效有关，同时也与中医治疗的介入有关。从各种史料来看，为孙中山延请中医的打算早于镭锭治疗。早在1月30日，天津《大公报》就提及国民党方面为孙中山改延中医。[②] 2月2日，《晨报》指出孙中山的家属及左右于1月31日托人延请名中医萧方骏诊治，但因其对于“节气”颇为崇信，故而以“立春节，颇难渡过”，“欲请其医治，需过立春再议”，后改请善用黄芪的名医陆仲安。[③] 据中国第二历史档案馆藏《张人杰关于孙中山病情的记述》载，李石曾请过“萧医”和“陆医”，“陆医言尚三成希望，但先生不愿服中药，其意待西医无治法，再服中医药可耳”。于是，只是“先试以人参汤数日”。后出现脚肿，“恐中西药冲突”，便停止进参。后以黄芪入饮食。[④] 可见，在协和医院手术之后，关于是否请中医、用中药就已提上日程，且也请过中医。不过在2月初，中医并未直接开方治疗。这里既有对协和医院的忌惮，[⑤]更主要还是孙中山对西医的崇信和国民党试图打造崇尚科学的孙中山形象。1月31日，上海《民国日报》针对《大公报》《晨报》关于孙中山改请中医的报道，专门引北京方面来电，称“孙先生信任科学，不以死生渝此志”，“外传孙拟离院延中医诊治之说，实属不确。孙为曾受新时代医学者，当然信赖新时代之医学。孙一生数濒死境，今仍具坚毅之精神，视死如归云”。[⑥] 2月8日《京报》记者拜访宋庆龄，宋庆龄也提到“予与中山先生左右主张以中医调治，但先生极端反对……只好暂□作罢”[⑦]。2月17日，《京报》转引“中山某随员之所述”，提到孙中山不用中医“极为坚决”，“谓余治医学数十年，夙知中国医药有数千年之文明，可采甚多，前在香港医学会，曾见龙百草等贡献增加中国之信誉。余岂不知中国医药者。惟中国医学，未能应用近世科学，以探究病源，即如余之肝病，中国医生最精明者亦不过指为肝痈，殊不知肝部痈疽，种类甚多，性质不一，非用科学的考验，不能真其确见，病源尚不知，用药何能有把握？亦不过偶然邂逅而已。余何为又易中医云云”。[⑧] 然而，孙中山身边人士没有彻底关上使用中医的门。在与医生汤尔和的论战中，当汤提出“我敢放肆说一句，中医要讲医理，那是完全站不住的，退十步说，现在业中医的先生们，实无‘论病’之可能，不要说是‘治病’”[⑨]，汪精卫的回应非常精彩：“都知道现在的科学，对于世界万物所知道的，还是很少，所不知道的还是很多。例如癌病，科学今日尚未能

---

① 《孙文昨已迁出医院》，《晨报》1925年2月19日，第2版。

② “闻有某中医尚谓可以诊治，但西医则谓为已成绝望，不出一二日，必生变化。故汪精卫等颇主张将孙移住铁狮子胡同，改请中医治疗云。”《开割后之中山病状》，《大公报》（天津版）1925年1月30日，第4版。

③ 《全日睡眠中之孙文》，《晨报》1925年2月2日，第2版。中医认为肝属木，立春以后，“木当春而条达”。见汤尔和《关于孙中山病状的疑问》，《晨报》1925年2月7日，第2版。

④ 孔庆泰：《张人杰关于孙中山病情的记述》，《历史档案》1985年第1期，第49页。

⑤ 这点从汪精卫《答汤尔和先生》一文中可见端倪。汪指出：“汤先生既然是医生，应该知道医院的规矩，如今孙先生还在协和医院受治疗，试问协和医院能容我们请中医吗？人病到这样重了，汤先生至少也不必推波助澜，使协和医生疑我们，赶我们出医院去。”见汪精卫《答汤尔和先生》，《晨报》1925年2月8日，第2版。

⑥ 《孙先生割治处已平复》，《民国日报》（上海版）1925年1月31日，第3版。

⑦ 《中山先生病况》，《京报》1925年2月8日，第2版。

⑧ 《中山先生病况》，《京报》1925年2月17日，第2版。

⑨ 汤尔和：《关于孙中山病状的疑问》，《晨报》1925年2月7日，第2版。

发见特效药。至于将来，能否发见，是科学家发见还是非科学偶然发见而为科学家所注意咧，现在无人敢说肯定的话。如果有人肯定的说道，非科学家不能发见特效药，科学家尚未能发见，其它一切人类更无发见之可能。那么，我就要以汤先生的话赠他道，'这是名为科学家，实则顽固派的瞎话'。"[①]汪精卫并非中医捍卫者，[②]在孙中山患病期间反驳汤尔和，"理由简单明了。中医学理，不如西医，人所公认，特希冀其经验与方剂，有万一得当。今西医已告不治，若不延中医服中药，岂非束手待毙耶?"[③]在维护孙中山崇尚科学形象的同时，汪精卫也不得不屈服于现实。

正是在这种基调下，中医治癌获得了一次"亮相"的机会。中医参与对"癌"的治疗源于"癌"字的近代转译。"癌"字原本在中文中就存在。早在唐朝释玄应的《一切经音义》和虞世南的《北堂书钞》中就出现了最早的"癌"字。[④]。但作为中医的专有名词，则要到宋代才出现，如魏泰的《卫济宝书》[⑤]、杨士瀛的《仁斋直指》[⑥]都提到"癌"字。马宝山认为，杨士瀛的《发癌方论》是真正用"癌"字指称恶性肿瘤的文献。[⑦] 近代西方传教士对西方疾病名称进行汉译时，为了更贴近中国人的认知，借用了大量中医原有的疾病名。将 Carcinoma/Cancer 翻译成"痈""疽""癌"，[⑧]便是利用两者在外形上相近、症状上相似的考虑，但也给中西医的治疗之争埋下了隐患。1925 年

① 汪精卫：《答汤尔和先生》，《晨报》1925 年 2 月 8 日，第 2 版。

② 五年后汪精卫力主废中医，完全是出于政治派系斗争的需要，可见其对中医的看法是随着实际需要而变化的。见赵洪钧《近代中西医论争史》，北京：学苑出版社，2012 年，第 110 页。

③ 《汪精卫先生答客问》，《民国日报》(上海版)1925 年 3 月 3 日，第 3 版。

④ 释玄应的《一切经音义》卷六中："矬陋……硔，经文作痤，谓痤瘀也，说文小肿也，痤非此意也。《星衍》曰，矬字说文所无，经文借座是也。皆伛字……经文作膒字，林一候反幽脂也，非今所取。又作癌，未见所出，疑传写误也。"见释玄应《一切经音义》卷 6，清《海山仙馆丛书》本。唐虞世南《北堂书钞》载："《汉书》云，武帝之初，守阁閤者，食粱肉，为吏者，长子孙。今案见《汉书》廿四上《食货志》原钞、脱、守、癌四字，据补陈俞本并，食粱肉三字删去。"见虞世南《北堂书钞》卷第 77 设官部 29，清文渊阁《四库全书》本。

⑤ 《卫济宝书》二卷，宋代魏泰(号东轩居士)撰，成书于宋乾道六年(1170)。原刊本亡佚，今见本为《四库全书》之辑佚本。上卷为《论治》《痈疽五发》两篇：《论治篇》以问答体裁示之，析证型脉候，辨五善七恶，判预后吉凶；《痈疽五发篇》分论癌、瘭、疽、痼、痈，并附图说明。下卷第一篇专言治法，列举治疗大法与方药，分别列有正药指授、仙翁指授、老翁神杖、玉女飞花、黄真君妙贴、托里、败毒、内消、内补、轻肌、活血、生肌、长肉等丸、散、膏、丹等五十种内服外敷方剂的应用，并注明随证加减；第二篇为《乳痈证治》；第三篇为《软疖证治》。是书为论治中医外科痈疽证治专书，魏氏博采诸方，参以丰富的临床经验，所说颇有见地；图文并茂，文笔流畅，在理论研究与临床方药方面均有相当参考价值。见陈荣、熊墨年、何晓晖主编《中国中医药学术语集成　中医文献》上册，北京：中医古籍出版社，2007 年，第 46 页。

⑥ 宋代杨士瀛的《仁斋直指》一书中的《痈疽方论》载："痈疽五发，发脑眉颐背是也……俗以癌、痼、瘭附于痈、疽之列，以是为五，岂知瘭与痼、癌不过痈疽之一物。古书所载，仅有所谓瘭疽，则瘭亦同出而异名也。若癌若痼，前未之闻，合是以为五，其可乎?"另外，杨还有专门一篇《发癌方论》，详细地描述了"癌"的形状："癌者，上高下深，岩穴之状，颗颗累垂，裂如瞽眼，其中带青，由是簇头，各露一舌，毒根深藏，穿孔透里。男则多发于腹，女则多发于乳或项或肩或臂，外证令人昏迷。"见杨士瀛《仁斋直指》卷 22，清文渊阁《四库全书》本。

⑦ 马宝山：《"癌"字中医早已有之》，《健康时报》2001 年 10 月 11 日，第 10 版。

⑧ 合信(Benjamin Hobson)1857 年出版的《西医略论》书后所附之英汉对照目录表中有"cancer，痈疽论"。见黄河清《"癌"字探源》，《科技术语研究》2002 年第 1 期。1887 年，《博医会报》希望读者可以使用经过讨论而确定的刊登于《博医会报》栏目上的医学术语，并特地附录了几个词，其中，建议将"Breast Tumour"翻译为"乳瘤"，"Breast Cancer"翻译为"乳嵒"。这里的"嵒"就是今天的"癌"。见"A Vocabulary of Diseases in English and Chinese"，*The Chinese Medical Journal*，Vol.1. September 1887，No. 3，p. 81。博医会后来出版发行的《医学辞汇》，将"cancer"翻译为"疽"，见 Philip B. Cousland，*An English-Chinese Lexicon of Medical Terms*，Shanghai：publication Committee Medical Missionary Association of China，1908，p.62。另外，1915 年吴建原的《中外病名对照表》一书中，"胃疽"一词译为"cancer of the stomach"，日文为"胃癌"，"腹膜疽"和"腹膜癌肿"均译作"cancer of the peritonacum"。可见，对于"cancer"来说，"疽"与"癌"是可通用的。见吴建原《中外病名对照表》，上海：医学书局，1915 年，第 6—8 页。

2月17日的《晨报》上刊登了多位中医对孙中山疾病的判断，认为就中医医理而论，“苟非肝痈，即属肝疽，均由怀抱不舒怒之气而成。为痈为疽，有阴阳虚实之分，须辨明施治，有药可救，并非百无一生之病……西医所剖视者，不知是肝之本体发硬，抑肝之本体外另生有物发硬，如另生有物，则非痈即疽，如肝之本体，则苟非肝胀，即属肝燥……肝痈肝燥易于疗治，肝疽稍难，肝胀更难……病虽四种，揆诸中国医书，皆有治疗之方剂，即揆诸中国之医药，皆有治疗之成效”[①]。显然，用中医对“疽”“痈”“癌”的认知，孙中山的病并非完全不治。

出院迁居铁狮子胡同后，除克礼仍每日为孙中山打吗啡止痛外，孙中山的中医治疗正式开始。2月19日，陆仲安前来诊视，开出了孙中山的第一张中医药方。《晨报》《京报》等在21日的报刊上附上了医案和药方。[②] 2月21日，陆仲安复诊，言其病情“仍无变化”，所开药方“略有更改，大体仍旧”。[③] 这一期间，国民党人曾延请京、沪、粤三地中医，但粤医未到，京医有诊视不肯下药，惟有陆仲安一人，既已开方，且孙中山已服用数次。起初，孙中山服用陆仲安所开之一二剂药，脚肿尽消。但第三剂药服用后，孙中山即患腹泻，胸部高肿如前，病象并未见痊，故便不再开方，只是陪诊。24日起，改服中医唐尧卿、周树芬所拟方案。[④] 唐、周两医也将脉案、药方函予《晨报》。[⑤] 服用一剂后，不见有效。25日晚大泻，26日大便不通，小便短赤，胸部、腹部胀肿，面呈青黄色，言语不清，睡眠不安。傍晚，克礼开健胃剂、强壮心脏剂、通利大小便剂三剂药，孙中山服后安睡八小时。[⑥] 2月28日《大公报》报道：“新由上海来京之医士计有二：一为葛君心慈，系由德国新归者，擅长精神治疗法；一为王君；均系上海民党推荐前来为中山治疗者……现葛、王、唐、周四医士，决定每日开一讨论会，讨论治疗之方法。”[⑦]但从媒体报道来看，2月26日起，孙中山已停服中药，[⑧]只在“每日饮食中进人参汤”[⑨]。但之后，依然有不少中医往铁狮子胡同寄赠药方。[⑩] 甚至在孙中山逝世当日，还有中医发文表示“孙病不宜开割，割后见水肿，食量日减”，将孙中山病情的恶化归咎于手术。[⑪]

在孙中山的癌症治疗过程中，西医始终占据着核心地位，这与西医在近代癌症治疗中占据“话语权”有关，也是孙中山主观愿望的表现，同时，我们也看得出国民党为打造崇尚科学的孙中山形象而作出的努力。作为孙中山逝世后印制的重要宣传品《哀思录》，在第一篇卷六中，用极其详尽的笔墨记载了孙中山确诊癌症、治疗癌症的整个过程，并将协和医院和克礼的诊疗报告

① 《孙文病况仍无变化》，《晨报》1925年2月17日，第2版。
② 《孙文已服中药》，《晨报》1925年2月21日，第3版；《中山先生昨日病况》，《京报》1925年2月21日，第2版。
③ 《孙文又患腹泻》，《晨报》1925年2月23日，第3版。
④ 这其中还有国民党内部派系斗争的因素。详见《孙中山昨日病况又稍重》，《顺天时报》1925年2月25日，第7版。
⑤ 《孙文病中医亦束手矣》，《晨报》1925年2月26日，第2版。
⑥ 《中西医杂投之孙文病势》，《晨报》1925年2月28日，第2版。
⑦ 《中山病状之昨讯》，《大公报》(天津版)1925年2月28日，第4版。
⑧ 《孙文停服中药》，《晨报》1925年3月1日，第3版；《中山先生病况》，《京报》1925年3月1日，第2版。
⑨ 《孙文依然衰弱》，《晨报》1925年3月4日，第2版。
⑩ 《孙文停服中药》，《晨报》1925年3月1日，第3版。
⑪ 《孙中山先生肝病之我见》，《申报》1925年3月12日，第12版。

附在其后，却丝毫没有提到中医对其疾病的诊断结论和诊疗参与。联系之前关于孙中山改延中医的种种争论，中医治疗成了孙中山"信任科学"形象的"反例"，显然不值一提。

结 论

患病是孙中山北上过程中的意外。特殊的政治局势给孙中山的疾病染上了强烈的政治色彩。在孙中山确诊癌症之前，人们对其"称病"的认识多为"政治手段"，而孙中山也借口疾病完成了几次政治决策。但疾病带给孙中山和国民党更多的是危机，考验着国民党应对危机的能力。由于特殊的政治身份，孙中山获得了普通人鲜有的优良的医疗资源，但也因为其政治人物的特殊性，其癌症的确诊、公开和诊疗方式受到了医疗之外的多方因素干扰。当然，孙中山的疾病最终还是要纳入医疗范畴来考察。在 20 世纪 20 年代，癌症的诊疗手段落后，这是孙中山癌症诊疗困难的根本原因。这一过程中，选择西医为主的治疗方式，既是孙中山的主观选择，也是国民党为打造崇尚科学的孙中山形象所作的努力。而中医的逐渐式微，也通过孙中山患病后各方对待中医的态度展现无遗。一次医疗事件，折射出 20 世纪 20 年代复杂的政治和文化生态。

1925 年 3 月 12 日上午 9 点 30 分，孙中山逝世。协和医院对其遗体进行了解剖。最终的解剖结论为："胆囊腺癌伴有胆囊管梗塞；肿瘤直接侵犯肝脏及横膈，广泛播散至双肺、腹膜、回肠、结肠及肠壁，引起结肠多处狭窄；又有慢性胆囊炎；胆囊结石；全身动脉中度粥样硬化；双肾弥漫性轻度瘢痕形成，左肾囊肿，肺部陈旧性钙化结核，心脏轻度萎缩、肺气肿、腹水、肺水肿、蛔虫病。"①孙中山的最终死因定为"胆囊腺癌并广泛转移"。

孙中山患癌对近代中国人的癌症认知具有一定影响。早在 1890 年，《万国公报》就摘录了《续西医汇抄》上有关"癌"的介绍。② 至迟到 1905 年，国人自办的报刊上就出现了关于癌症的介绍。③ 20 世纪 20 年代初，不少医学杂志开始介绍海外癌症治疗的新方法、新实践，子宫癌、脑癌、肠癌、胆道癌、胃癌等具体种类也频繁出现。《申报》更是以"癌"为标题，提出了癌肿预防的观念。④ 但是，直到 1925 年前，关于癌症的认知仍停留在科学普及和医学研究领域，一般民众获取关于癌症信息的渠道很少。1925 年 3 月，孙中山因癌病危。国人对"癌"有了认知的愿望。3

---

① 附上协和医院尸检报告英文原文：Adeno carcinoma of the gall-bladder with obstruction of cystic dust；direct extension to liver and diaphragm；widespread metastasis to lunges，peritoneum，wall of ileum and colon；multiple constrictions of colon by carcinoma；healed cholecystitis；cholelithiasis；moderate generalized arteriosclerosis；slight diffuse scarring of the kidneys；cyst of left kidney；healed calcified tuberculosis of lungs；slight atrophy of heart；emphysema of lungs；ascites；pulmonary edema；ascariasis。另，孙中山死于肝癌长期未有异议，直至 1999 年 1 月初于台北举行的"第二届孙中山与现代中国学术研讨会"，北京协和医院副院长宗淑杰以及北京协和医院助理柴建军在论文《孙中山与北京协和医院》中，引用协和医院的孙中山尸检报告，论定孙中山死于"胆囊腺癌晚期，并广泛转移"。但台湾大学医院内科教授许金川认为，不论癌症原发于何处，孙中山最后应是死于转移性肝癌。见茅家琦《孙中山评传》，南京：南京大学出版社，2001 年，第 864 页。

② 《续西医汇抄：痈疽》，《万国公报》1890 年第 21 期，第 14—15 页。

③ 《世界谈片：癌之治疗法》，《大陆》1905 年第 4 期，第 4 页。

④ 风宾：《癌肿之预防》，《申报》1922 年 9 月 14 日，第 20 版。

月1日和2日发表在《晨报》副刊上的《癌肿浅说》，比较系统地介绍了人体患癌的各种理论，对国人认识"癌"影响较大。诚如作者所言："自报载称孙中山先生患的病是肝癌后，我偶尔与我的朋友们见面时，因为我是个学医的，说起来他们每问我'癌究竟是什么样的一种病?'平时不重视医学的人，现在借中山先生的光'不耻下问'。"[①]某种程度上来说，近代中国人对癌症的认知，始于对孙中山临终事件的关注。

（本文原发表于《史学月刊》2018年第2期。）

作者简介：

姚霏，1982年出生于上海，上海师范大学历史系教授，上海市历史学会理事、中国社会史学会医疗社会史分会理事。主要从事上海史、妇女史、医疗社会史等研究。先后承担国家社科基金重大项目子课题、国家社科基金一般项目、上海市哲社项目等省部级以上课题近10项。在《历史研究》、*Chinese Studies in History*、《史学月刊》、《史林》等国内外重要期刊发表论文近30篇。代表著作包括《空间、角色与权力——女性与上海城市空间研究（1843—1911）》《证据：上海172个慰安所揭秘》《上海城区史》《初心之地——上海红色革命纪念地全纪录》《爱来癌去：他们口中的疾病与新生》等。

① 郭进才：《癌肿浅说》，《晨报》副刊1925年3月1日，第1版。

正典化与科学化：民国时期针灸知识革新方式研究

陈思言

摘　要：民国时期，重构针灸知识体系，是时人证明中医有效性的一项重要举措，诸多医家都对针灸知识革新进行探索。承淡安以实际疗效为标准，从本土脉络出发，取舍传统针灸知识和生物医学知识，写成受众较广的针灸教材。黄竹斋的著述则以《黄帝内经》奠定的学术脉络为标准，以考订、注解的方式整理针灸各家学说，虽经中央国医馆审定为通行全国的教材，反响却不如预期。就内在学理而言，民国时期这两类代表性的针灸知识革新方式的不同结局，揭示了以经验理性对传统针灸知识的去芜存菁，是现代针灸知识转型的关键一环。

关键词：黄竹斋　承淡安　中医　针灸

导　论

中医的理论与实践经历了长时间的演变，尤其是在近代发生了重要转型。如今作为中医代表性治疗技术的针灸，其理论、技术、传授方式及在中医界的地位亦经历了巨大变化。宋代以降，因受儒医传统影响，针灸、眼科、外科等医学技艺被逐渐排挤于主流医学的边缘，[①]与今日已淡出公众视野的中医眼科、外科不同，针灸在世界范围内的接受程度都较为广泛。从学理层面而言，针灸地位的变化，正是因其在民国时期经历了知识体系的革新。换言之，民国时期针灸知识的革新，是理解针灸地位变化关键的一环，也是近代中医形成的重要议题。[②]

---

① Leung Angela Ki Che, "Medical Learning from the Song to the Ming", Paul Smith and R. Von Glahn eds., *The Song-Yuan-Ming Transition in Chinese History*, Cambridge: Harvard University Asia Center, 2003, pp. 374 - 398.

② 吴章(Bridie J. Andrews)较早关注针灸的近代转型，她所撰写的 *The Making of Modern Chinese Medicine, 1850 - 1960* 一书中，"From New Theories to New Practices"一节侧重讨论民国医家如何从日本针灸学中吸取经验，尝试合理化自身的知识体系和实践，参见 Bridie J. Andrews, *The Making of Modern Chinese Medicine, 1850 - 1960* (Vancouver: University of British Columbia Press, 2013), pp. 197 - 205。近年来张树剑、赵璟等学者也关注到民国时期针灸知识转型这一议题，侧重以教育体制化、知识科学化概述针灸革新过程，尚未对宏观转型过程中知 （转下页）

针灸在宋代以后被边缘化的主要表现为，这一时期很少有医学大家以自己长于针灸而自豪，时常可见医家对针灸式微的感慨。元代医家滑寿（1304—1386）即哀叹《黄帝内经》（以下简称《内经》）中关于针灸的学说越来越被忽视，表现为针道衰微和经络不明。①至清道光二年（1822），道光帝下令太医院废针灸科，更加剧了针灸被边缘化的趋势。清代有更多的医家省思针灸不受重视的原因，儒医徐大椿（1693—1771）认为针灸在流传过程中不及方药的原因主要有两点：第一，后世医家认为与用方药治病相比，学习针灸过于困难，加上明、清两代的医学从业者身份驳杂，只是靠医学谋生，所以大多记住几个医方就开始从医；第二，《内经》中经典的取穴法、针法等技术没有被很好地传承下来，到清代，医家所用的针灸技艺已与《内经》古法不合，难以体现针灸的精妙。②

晚清至民国时期，针灸的发展遇到了新问题。此时，随着西医影响力渐增，中西医竞争局面中的制衡状态逐渐被打破。传统医学的拥护者致力于找寻论证中医价值的方法，当时医家发现针灸的特殊性在于，既是《内经》等医学经典中的重要治疗手法，又是把持科学话语权的西医承认的有效技术，故呼吁重视针灸。③ 但传统针灸学并不契合中医科学化的思潮，医家们除了要面对针灸在传统时期发展过程中遇到的技艺传授方面的问题，又要解决革新针灸知识体系的问题。由于人生经历、学术训练、学理认识等方面存在差异，医家们对针灸知识的革新方式也不尽相同。本文将尝试回到民国历史语境，探讨两类具有代表性的针灸知识生产方式，分析其成因、影响，以及与中医科学化思潮的关系，由此揭示针灸知识近代转型的复杂性。

一、针灸知识革新的尝试

1920年前后，一些秉持改良、汇通思想的医家在思考针灸发展遇到的问题时，就如何重构针灸知识体系并提高其地位，展开了初步探索。其中就有医家针对明代医家杨继洲所著《针灸大成》的知识结构的合理性进行反思，尤以赵缉庵为代表。赵缉庵（1877—1938），名熙，字缉庵，山西代县人。师承其父赵龙光学习中医，曾经担任山西省立国民师范校医。从自己的习医经验出发，赵缉庵认为学习医理不容易，而学习针灸尤其困难。因为学习针灸既需要识记腧穴，又需要知晓针灸施术方法，想要抓住针灸要领，需要依靠合理的传授。他认为自己在二十年左右的学医过程中，虽然掌握了不少医学知识，但尚未抓住针灸的要领。直到跟精通针灸的孙祥麟请教，才理解针灸要领。④ 通过反思，赵缉庵认为自己此前针灸学习未有所成的一个重要原因，是

（接上页）识生产方式的差异及原因进行分析。相关研究可参见张树剑《学术调适与妥协中的民国针灸知识转型》，《中医药文化》2020年第1期，第31—35页；赵璟、张树剑《从教育体制化到知识体制化：传统针灸的近代转型》，《中国社会历史评论》2020年第24卷，第147—157页。

① 滑寿：《〈十四经发挥〉校注》自序，上海：上海科学技术出版社，1986年，第1页。

② 徐灵胎：《医学源流论》，北京：中国中医药出版社，2008年，第56—58、92—95页。

③ 孙晏如：《振兴国医尤须提倡针灸说》，《医界春秋》第5年第54期，1930年12月15日，第2页。

④ 需要说明的是，《针灸传真》的实际作者为赵缉庵，因其曾向孙祥麟请教针灸学习的关键问题，故将孙列为第一作者。

受到《针灸大成》知识体系的约束和困扰。所以，他认真审思了《针灸大成》的知识构成，发现该书是取诸医家针灸学说合编而成，包含了许多含混不清甚至相互矛盾的说法，这就对初学者顺利掌握针灸理论和技术造成了相当的困难。①

针对《针灸大成》存在知识驳杂的问题，赵缉庵编著《针灸传真》时进行了如下改变：一是赵缉庵认为深通《内经》古法，针灸学习才能做到学有根据，故以《内经》为标准，特设《内经刺法》两卷，摘录《内经》中主要的针法，对于文字难懂之处加以注释。二是考证了前代针灸医籍腧穴知识中的讹误，并按照人体比例清晰绘制经络穴位。三是对《针灸大成》中收录的历代针灸歌诀进行筛选，保留简明易学的歌赋。不难发现，赵缉庵编撰《针灸传真》时，已经开始对流传已久的针灸知识体系进行革新，尝试以《内经》为标准，校订流传过程中体系驳杂的针灸手法，回应徐大椿等医家对针灸在流传过程中偏离《内经》古法的思考。

此时，还有医家关注到经历明治维新的日本已经完成针灸科学化。日本的针灸科学化进程从明治维新后期开始，持续到昭和初年。最初由支持汉医的医家自主探索，之后由政府主导，以现代科学实验的方式重新厘定针灸中具有实际疗效的知识。② 随后出版了诸多体现实验结果的针灸医籍。最先被国内学者关注的是日本军医冈本爱雄所著的《最新实习西法针灸》。该书曾是日本针灸教本，于 1900 年刊行，多次再版。③《最新实习西法针灸》共分三章，分别是“针术之沿革”“经穴解剖学”和“针灸学治病”，特色在于增加了经穴的解剖结构。冈本认为，“经穴”不过是便于记忆的人身表面假定的各种名称，学习针灸最重要的是了解经穴背后的原理，即系统解剖学。传统针灸学习者为了方便，只知穴位，却不知穴位背后的解剖知识。主张中西医汇通的顾鸣盛读到此书时，深感生理解剖学知识对于革新针灸知识体系有所助益，便于 1915 年将该书翻译出版。④

顾鸣盛对日本针灸医籍的译介，仍然处于自清末开始的由翻译日本医籍而学习西医的知识脉络，针灸医籍只是其中的组成部分，并没有被有意引介。在中医科学化浪潮之初甚至更早的时候，有意识地关注日本科学化针灸成果的医家是张俊义。张俊义关注日本科学化的针灸成果，与他早年受到的西医学术训练和个人志趣密不可分。他学习医学之初，认为传统医学知识体系混杂了太多阴阳谶纬知识，所以致力于西医解剖、生理等科目的学习。在数十年的学习中，张俊义认为西医的药物、病理和诊断体系也过于复杂，所以专注于物理疗法的学习。⑤ 由此，他关注到被称为中医物理疗法的针灸，并发现经过日本医师用科学方法改良后的针灸，疗效更加显著，也受到欧美医家称赞。因此，他于 1930 年左右创立宁波东方针灸学社，先后翻译出版《温

① 赵缉庵：《〈针灸传真〉叙》，孙祥麟、赵缉庵、王郁文《针灸传真》，山西代县亨利石印局民国十二年本，原书“叙”无页码。

② 参见真柳诚《现代中医针灸学の形成に与えた日本の贡献》，《全日本针灸学会杂志》第 56 卷第 4 号，2006 年，第 605—615 页。

③ 关于《最新实习西法针灸》的版本信息及内容的具体讨论可参见张建兰、张树剑《民国针灸译著〈最新实习西法针灸〉内容及其影响》，《中国针灸》2019 年第 10 期，第 1131—1135 页。

④ 顾鸣盛编译：《最新实习西法针灸》，上海：进步书局，1917 年，“弁言”第 1—2、3 页。（原作者为冈本爱雄）

⑤ 张世镳：《〈温灸术研究法〉绪言》，张鸥波主编《温灸术研究法》，宁波：东方针灸学社，1933 年，第 1—2 页。

灸学讲义》《高等针灸学讲义》等日本科学化的针灸教本，用作东方针灸学社社员学习的教材。但这种思路忽视了中国传统针灸经典的价值，未能将译介的知识与本土知识体系进行良好结合，这或许跟他长期进行西医训练，对传统医学本身的知识体系缺乏足够认知有关。

从民国初年到1930年初，赵缉庵、顾鸣盛、张俊义等医家已经开始用不同的方式革新针灸知识，但这些尝试并没有触及针灸知识结构的深层变动。相较而言，承淡安和黄竹斋等人对针灸知识革新的努力更为系统深入，也更具代表性。前者编写的针灸教材基本奠定了现代针灸教科书的知识体系，后者的针灸著述则被中央国医馆审定为当时通行的针灸教材。两者编写的针灸教材看似都由传统针灸知识和生物医学知识组成，若我们细致分析知识生成过程，会发现两者的学术理路有较大差别。

二、针灸知识的正典化

滑寿、徐大椿、赵缉庵等不同时期的医家反思针灸发展的问题时都提到，流传下来的针灸理论和技艺已与医学经典《内经》不合。换句话说，解决针灸地位衰微的问题，就要以《内经》为标准，对针灸知识进行规范，这种方法也被称为"正典化"。① 赵缉庵编写《针灸传真》时，补入了一些《内经》的针灸治疗手法，以期跟经典契合。以正典化方式重构针灸知识体系，更明显地表现在医家黄竹斋的学术理念上。

黄竹斋(1886—1960)，原名维翰，曾用名谦，字竹斋，陕西长安人。黄竹斋幼年家贫失学，以打铁为生，十六岁开始，在打铁之余自修文化课。与民国时期其他著名的针灸医家相比，其履历相当丰富，知识涉猎也十分广泛。在正式开始研习医学之前，黄竹斋凭借自身的打铁技艺，于1911年至1912年在陕西从事制造军械的工作。② 1912年至1925年，黄竹斋从研读《伤寒论》入手，开始专心研习医学典籍，于1924年完成《针灸经穴图考》的草稿，又于1925年出版《伤寒论集注》。

今天看来，针灸和伤寒两科分属中医的不同知识领域，初入医学领域的黄竹斋却能在短时间内同时完成《针灸经穴图考》和《伤寒论集注》两部医书，主要原因在于两书的写作旨趣、体例结构等方面都具有相似性，共同组成了黄竹斋重构传统医学知识体系的设想。

黄竹斋选择从《伤寒论》入手学习中医知识的情况并非偶然，而是与当时医界的学术氛围密切相关。20世纪20年代，关于《伤寒论》的研究相当兴盛，书籍市场上的伤寒类文献也容易获

① 李建民最先提出古代医学"正典"(canon)的概念，所谓"正典"即是一门学科的范例性文本(exemplary texts)。他认为中医文献虽多，但作为医学社群规范与权威的必读典籍只有数种，其生产、维系及变迁的过程，涉及书籍在学科成员专业身份的确立、学科边界的划定与学术传统的建立等方面所扮演的角色。中国"正典"医学发展有两条线索：一是以《内经》系为主流，根据同一批文本不断重编的历史；一是注解这些医经的传统的形成。对于"正典化"的论述，参见李建民《中国医学史研究的新视野》，《新史学》(台湾)2004年第3期，第203—225页。

② 参见黄竹斋《工作人员履历表》，赵寿毛、赵苏阳编《黄竹斋针灸医案选编》，北京：中国中医药出版社，2010年，第7—9页。

取。当时这股重视《伤寒论》学术风气的形成，至少有两个重要因素支撑和推动。一是延续古典医学尊经的学风。明中叶以降兴起尊经的学风，导致诸多对古典医学典籍进行注释和阐发之书纷纷出现，尤以对《伤寒论》的考订、注解为甚。这种对《伤寒论》进行订正和重新编次的主张称为“错简重订”，历经清代考据学者的发扬，在民国初年仍受推崇。[①] 二是受明治维新以后日本汉医学术取向的影响。日本明治维新后，传统汉医亦深受西医的诟病，提倡汉方的学者发现古方派独尊的《伤寒论》主张“有是症，则用是药”，并曾将张仲景所用之药一味味贴出用法标准，这种做法较为符合现代医学提倡的实证要求，因此《伤寒论》在当时重新受到日本汉医学界的重视。[②]

由此进入医学门径的黄竹斋，治学方法深受这种《伤寒论》研究风气的影响，即尊奉经典，重构古代医学知识体系。在研究《伤寒论》的过程中，黄竹斋认为，《伤寒论》文辞简洁却蕴含深义，是“方书之祖”，但经过后世多次整理，已与原貌大为不同。为彰显《伤寒论》的原旨，黄竹斋对《伤寒论》各家注释进行校正，写成《伤寒论集注》一书。[③]《伤寒论集注》由《伤寒论》原文和集注两部分组成，《伤寒论》本经内容用大字，对本经内容的增删修订用小字附在每条内容之后；集注部分也用小字标识，分为“正注”和“旁注”，分别选取各家直接针对正文条目的解释或治疗方法和对医理的发挥，若各家的解释存在分歧，黄竹斋会在每条最后以“案”的形式给出自己的见解。

黄竹斋并没有止步于对《伤寒论》的注解，而是把《黄帝内经》也纳入了研究范畴。与考订《伤寒论》各家注解的思路类似，黄竹斋认为古典经络知识在流传过程中也存在“简编脱缺”的现象，尤其是宋元以后，补正《内经》未尽之处的讨论散落在各种医书中，并没有医家能够秉持《内经》之旨，将相关医书中的著述联结成体系，以此作为初学者入门的重要参考。黄竹斋认为，这也正是针灸在宋代以后地位衰微的原因。有感于此，黄竹斋以《内经》为源头，吸收宋代以前接续《内经》之旨的经络知识，整理宋元以降散乱于各书的腧穴知识，形成便于初学者学习的知识体系，于1924年完成《针灸经穴图考》一书的草稿。[④] 换句话说，黄竹斋以《内经》为本，并收录他认可的后世诸家各说，取舍的依据则是这些学说是否属于《内经》的经络腧穴体系。

《针灸经穴图考》主体内容共八卷，第一卷为针法辑要和灸法辑要，其余各卷按照十四经和经外奇穴将腧穴分类，阐述各穴的位置和主治病证。《针灸经穴图考》的体例与《伤寒论集注》十分相似，由经典腧穴知识体系和集注两部分组成，所引述其他医书的内容皆标有出处，但名称从简，黄竹斋对于各家学说的见解则以“案”的形式表示。[⑤]

可见，黄竹斋编撰《针灸经穴图考》的目的，是以针灸学经典《黄帝内经》构建的知识体系为

---

① 皮国立：《“气”与“细菌”的中国医疗史：外感热病的知识转型与日常生活》，台北：台湾“中国医药研究所”，2012年，第61页。

② 关于近代日本汉医推崇《伤寒论》的论述，可参见皮国立《“气”与“细菌”的中国医疗史：外感热病的知识转型与日常生活》，第80页；廖育群《远眺皇汉医学——认识日本传统医学》，台北：东大图书，2007年，第130—131页。

③ 黄竹斋：《伤寒论集注》自序，北京：人民卫生出版社，1957年，第3页。

④ 黄竹斋：《针灸经穴图考》序，台北：新文丰出版公司，1980年，第43—45页。以下引用此书时，如无特别标明，均为此版本。

⑤ 黄竹斋：《针灸经穴图考》凡例，第55—56页。

标准，进而整理后世诸家对这种知识的相应解释，以此规范针灸知识。同时写成《针灸经穴图考》和《伤寒论集注》两部书，且体例相似，原因在于黄竹斋的学术旨趣是通过“正典化”的途径重构古典医学知识体系。但是与完成后即出版的《伤寒论集注》不同，《针灸经穴图考》正式出版于1935年，且被中央国医馆审定为通行全国的针灸教材。

黄竹斋于1934年被聘为中央国医馆编审委员会委员，离开陕西前往南京就职，拥有更高的身份地位。[①] 中央国医馆的诞生与“废中医案”事件后中医拥护者对自身发展的反思有关。他们认为“废中医案”事件后，中医需要在国家层面拥有话语权，亟须成立全国性的专门机构。[②] 中央国医馆于1931年在南京成立，焦易堂(1880—1950)任馆长。宗旨是以科学的方法，整理中医学术及学术研究。设两个重要的附属机构——学术委员会和编审委员会进行日常工作。具体是编审中医教材和中医著作，使之成为全国中医界通用的典范。[③] 这也是黄竹斋进入中央国医馆后主要参与的工作。在具体实施方面，由于多方对制定学术标准大纲分歧颇多，编审中医教材和著作的工作难以按计划施行。1935年，馆长焦易堂在中央国医馆第二届代表大会中央党部代表训词中明确指出，“编审教材，问题甚大”[④]。在随后发表的“国医图书教材类提案”中，焦易堂提出这一问题的解决办法，是各编审委员修改任职前的著述，使之成为符合该组织学术宗旨的著述。其中就涉及黄竹斋的《针灸经穴图考》。[⑤]

“国医图书教材类提案”经1935年中央国医馆第二届代表大会通过后，《针灸经穴图考》于该年很快印行，收入“黄氏医学丛书”。为树立编审针灸教材的典范意义，《针灸经穴图考》在出版时颇受中央国医馆重视。譬如，该书封二由时任国民党中央执行委员会常委的于右任题写书名“针灸经穴图考”，封三为“中央国医馆审定图书著作证书”的影印件。包括馆长焦易堂在内的诸多中央国医馆委员为该书作序，又有中医名家叶橘泉作跋，张赞臣等人题词。其中，出自焦易堂以及其他委员的各篇序文在该书出版前共同刊登在中央国医馆的刊物《国医公报》上，为该书进行宣传。

焦易堂的序文主要从两方面阐发《针灸经穴图考》的意义：一方面，焦易堂从针灸之于中医象征意义的高度，对此加以肯定，认为针灸日渐被国际认可，尤其可以彰显中医治疗的优势，该书的出版恰逢其时，可以弥补国人对针灸认识上的不足。另一方面，他从中医学术整理层面，肯定《针灸经穴图考》的意义，称赞其为“良好教材”，是中央国医馆学术整理的代表性成果。[⑥] 其

① 参见黄竹斋《工作人员履历表》，赵寿毛、赵苏阳编《黄竹斋针灸医案选编》，第7—9页。

② 参见 Lei Sean Hsiang-lin, *Neither Donkey Nor Horse: Medicine in the Struggle over Chinese Modernity* ,Chicago: The University of Chicago Press, 2014, pp. 101 - 117。

③ 关于中央国医馆具体工作过程的讨论，参见邓铁涛《中医近代史》，广州：广东高等教育出版社，1999年，第296—322页。

④ 《中央党部代表焦易堂训词》，《国医公报特刊》1935年第2卷第6期，段逸山主编《中国近代中医药期刊汇编》第4辑第22册，上海：上海辞书出版社，2012年，第393页。

⑤ 焦易堂：《提案：国医图书教材类》，《国医公报特刊》1935年第2卷第6期，段逸山主编《中国近代中医药期刊汇编》第4辑第22册，第395页。

⑥ 焦易堂：《〈针灸经穴图考〉序》，黄竹斋《针灸经穴图考》，第1—5页。

他委员的序文具有相似性，主要是从重构古典医学脉络、有助于理解《内经》和针灸科学化方面肯定该书的价值。①

黄竹斋在编写《针灸经穴图考》时，采用了正典化的方式重构针灸知识体系。在他进入中央国医馆不久后，《针灸经穴图考》又被审定为官方教材出版，得到焦易堂和其他社会名流的支持。《针灸经穴图考》本该成为通行全国的畅销书，但发行之后，该书在民国时期并无再版信息，也很少被其他医家的针灸著述引用。

三、本土脉络中的针灸科学化

遵循儒医传统，以"正典化"的方式重构针灸知识体系之外，民国以来还有另一种革新针灸知识的方法，即融合西医知识和传统针灸知识，也被学者称为科学化，医家承淡安即采用了这种方式。② 民国时期，承淡安相继编写了《中国针灸治疗学》《增订中国针灸治疗学》《中国针灸学讲义》三部针灸教材。若我们对三部教材的知识结构进行考察，会发现承淡安对针灸的科学化进行了很多思考，并不是对中西医知识的简单拼合，亦非以西化中的线性科学化过程，而是从针灸的本土脉络出发，不断思考如何更好地融入生物医学知识。

承淡安(1899—1957)，原名澹盦，江苏江阴人，民国著名针灸医家。其父名乃盈，擅长针灸。承淡安年少拜师学习中医，参加中西医学的函授。之后在跟随父亲行医过程中，目睹其父以针灸治病，起效甚快，遂开始钻研针灸。1930 年，创办中国针灸学研究社，隔年出版《中国针灸治疗学》，作为研究社学员学习针灸的教材。承淡安在《中国针灸治疗学》的"叙言"中阐明了著书目的，认为针灸逐渐湮没的原因是针灸入门医书有问题，集中表现在经络、图示、治疗等方面不够明确或存有谬误，这使得初学者单凭阅读医书难以掌握针灸知识。③ 为此，承淡安在《中国针灸治疗学》中，对传统针灸入门医籍的知识结构进行了较大的调整。

首先，精确腧穴知识体系。承淡安参考了冈本爱雄的《最新实习西法针灸》，在"经穴"篇中注明每个穴位的解剖结构。④ 又从传统针灸医籍中选取与该穴位有关的治疗歌诀、针灸手法和治疗禁忌。还将穴位点绘在真人身上并拍成照片，附在各个经脉后。以此让初学者根据文本明了腧穴的位置和每个穴位的治疗知识。

---

① 陈逊斋：《〈针灸经穴图考〉序》，黄竹斋《针灸经穴图考》，第 19—20 页；陈无咎：《〈针灸经穴图考〉叙言》，黄竹斋《针灸经穴图考》，第 37—39 页；周柳亭：《〈针灸经穴图考〉序》，黄竹斋《针灸经穴图考》，第 21—27 页。

② 承淡安多被学者视作近代针灸的科学化关键人物，但是缺少对他构建新的针灸知识体系过程化的考察。关于承淡安针灸科学化的研究，参见 Bridie J. Andrews, *The Making of Modern Chinese Medicine*, *1850 - 1960*, pp. 197 - 205；张建斌等《现代针灸学科体系构建轨迹的探析——兼评承淡安〈针灸学〉三部曲》，《针刺研究》2013 年第 3 期，第 249—252 页；张建斌等《以旧学为根据，用科学做化身——民国时期澄江针灸学派科学化实践探析》，《中国针灸》2014 年第 2 期，第 199—202 页。

③ 承淡安：《中国针灸治疗学》"叙言"，赵洛匀、连智华点校，福州：福建科学技术出版社，2006 年，第 2 页。

④ 承淡安：《中国针灸治疗学》"编辑大意"，第 3 页。关于承淡安《中国针灸治疗学》受到《最新实习西法针灸》影响的讨论，可参见王勇《承淡安〈中国针灸治疗学〉研究》，中国中医科学院针灸研究所 2008 年博士学位论文，第 26—27 页。

其次，简化针灸手法。受到生理解剖学影响，承淡安认同针灸是一种通过刺激穴位起效的物理疗法。因此他认为传统针灸医籍中的补泻手法可以大幅度简化，删去涉及男女、阴阳、天气、时辰的部分，只留下“有余者泻之，不足者补之”，“随而济之为之补，迎而夺之为之泻”两条。[①]

再次，重视治疗。传统针灸医书大多重经穴、手法，轻治疗，《中国针灸治疗学》则将治疗部分独立成篇，以凸显其重要性。“治疗”篇中，承淡安先选取历代治疗歌诀，后按照传统病因分类形式将疾病分为“伤寒门”“温热病门”等各门，每一门详细介绍各疾病的病因、证象、治疗、助治、预后等各项。治疗部分的详尽，可使初学者通过阅读更易理解如何治病。

承淡安的针灸科学化探索更重视本土脉络和自身治疗经验，借鉴了日本定位穴位解剖结构的做法，同时注意选取有助于治疗的传统针灸歌诀和医案，形成新的腧穴知识体系。但作为承淡安学术生涯早期的著作和革新针灸知识的尝试，《中国针灸治疗学》也呈现出贯彻科学理论和自己实际经验间的矛盾。他一方面试图利用生理解剖学知识，对传统针灸手法进行删减；另一方面又因为传统手法确有实际的疗效，对在这套科学理念下原应被删除的内容，又存在明显的保存心理。这种观念之间的张力和矛盾，更明显地体现在《增订中国针灸治疗学》中。

作为中国针灸学研究社的教材，《中国针灸治疗学》出版后曾多次再版。1933 年，承淡安邀请江苏南通名医孙晏如补充医案、修订全书，第四版时更名为《增订中国针灸治疗学》。1930 年以后，中医科学化的呼声日趋高涨。[②] 受此影响，《增订中国针灸治疗学》的科学化程度也更深。该书增加了“总论”，强调应该用生理解剖学理论解释针灸原理。在该书中，承淡安认为传统经络学说中的“十二经奇经八脉”实则由解剖学中的“血管淋巴管神经”组成。传统的经络学说并不成立，只是为了便于记忆及初学者有系统可遵循，该书暂时不更改经络腧穴的名称。除总论外，在该书的具体内容中，承淡安也用生理解剖学理论重新解释了经络学说。譬如，他认为督脉实则为脊髓神经，任脉是大静脉与淋巴干。

《增订中国针灸治疗学》在增加了更多科学理论的同时，承淡安、孙晏如为提高疗效，在“治疗”篇补入更多医案。这些医案主要来自《医学纲目》《赤水玄珠》《医学正传》《医学入门》《医宗金鉴》等传统医籍，以及承淡安和孙晏如各自的医案。他们二人的验案基本使用传统的针灸施治方法。[③] 换言之，《增订中国针灸治疗学》修订的思路，既有意引入更多所谓的现代科学知识，也更着力挖掘传统针灸典籍的价值。前者似乎走向现代，后者则又转向传统。

《增订中国针灸治疗学》知识编排上的这种矛盾实则展现了思索针灸如何转型的承淡安具有较为复杂的医学观念和衡量尺度。今天看来，《增订中国针灸治疗学》用生理解剖学理论直接解释甚至意图替代针灸经络学说，是对生物医学知识生硬的照搬。对于身处时局中的承淡安而言，他并不能和今人一样知道中医的走向和结局。《增订中国针灸治疗学》中的两种旨趣，是他

---

① 承淡安：《中国针灸治疗学》，第 193—194 页。

② 关于中医科学化的讨论，参见赵洪钧《近代中西医论争史》，北京：学苑出版社，2012 年，第 118—126 页。

③ 承淡安：《增订中国针灸治疗学》，无锡：中国针灸学研究社，1934 年，第 238—468 页。

在不确定前途和结果的情况下，根据其自身有限的认知，对中医科学化思潮的回应和探索。但承淡安始终明白《增订中国针灸治疗学》的读者是针灸学的初学者，著述目的是使针灸知识能被初学者通过文本阅读掌握，切实提高疗效。所以在针灸施治方面，他聚焦于穴位的清晰标注、指力练习、补泻手法等的改进；在治疗方面，他增补了传统针灸医籍中确实起效的医案。

1934 年左右，中国针灸研习社各方面建设趋于稳定，得到中央国医馆认证。欲求进一步发展，社长承淡安把目光投向了日本。日本的针灸科学化起步较早，已有吸收生物医学知识的经验，在针灸专门学校、医院建设上也进行了探索。承淡安于是决定前往日本考察。[①] 从 1934 年 10 月到 1935 年 6 月，在日本的八个多月时间，承淡安与日本针灸医家在针灸理论、技术以及学校建设等方面进行了学术交流。

暂别国内中医科学化的舆论环境，承淡安能较为理性地从学理的角度检视针灸科学化的问题，有了新的想法。赴日之后，承淡安曾与多位针灸医家交流讨论，涉及对于针灸学理的看法。1935 年 3 月 26 日，承淡安与日本名医探讨针灸是否能用西医理论解释的问题，结果是“两人皆从实际出发，赞同旧说，认为针灸理论与西医理论不能相通”[②]。在日本考察学习过程中，承淡安还发现日本在针灸科学化过程中，十分重视保存古代的针灸传统。承淡安在日本医学书店购买了国内失传的古本《十四经发挥》和日本帝室博物馆所藏之经穴铜人像，回国后整理重刊。[③] 在各处走访时，承淡安还注意到中国的传统灸法在日本经过多样的改造，颇受民众欢迎。这些发现使承淡安确认了应该更加重视传统针灸技术，挖掘传统针灸的内在合理价值。

承淡安将这种更为明确的针灸知识革新理念实践于 1940 年出版的《中国针灸学讲义》。该书原为中国针灸学讲习所学员的课本，但是自 1937 年抗战全面爆发，交通被阻，讲习所停顿，承淡安认为战争期间药物来源困难，针灸术可代药物治病，有利于民生，因此将讲习所课本正式出版，定名为《中国针灸学讲义》。[④] 该书共分四编，分别为针科学、灸科学、经穴学、针灸治疗学。与此前的教材相比，该书最大特征是不再以生理解剖学强行解释针灸经络理论，只是将一些生理解剖学知识解释附在书中。

值得注意的是，在《中国针灸学讲义》中，承淡安直接表明自己对针灸知识革新的态度。他认为泥古者将十二经八脉和阴阳的关系当作针灸的精粹并不可取；而维新者认为传统的经穴理

---

① 参见承淡安《东渡归来》，《针灸杂志》1935 年第 2 卷第 6 期，段逸山主编《中国近代中医药期刊汇编》第 4 辑第 29 册，第 571—577 页；承淡安《从针灸立场说到本社创办经过及以后之方针》，《针灸杂志》1935 年第 3 卷第 1 期，段逸山主编《中国近代中医药期刊汇编》第 4 辑第 30 册，第 25 页。

② 《承淡安日记》，1935 年 3 月 26 日，张建斌、夏有兵主编《承淡安医集》下卷，北京：中国中医药出版社，2017 年，第 1934 页。

③ 承淡安：《重刊〈古本十四经发挥〉序》，《承淡安针灸选集、承淡安针灸学术讲稿》，上海：上海科学技术出版社，2016 年，第 179—180 页；预告〈铜人经穴图考〉不日出版》，《针灸杂志》1936 年第 3 卷第 9 期，段逸山主编《中国近代中医药期刊汇编》第 4 辑第 31 册，第 146 页；承淡安：《铜人经穴图考序》，《针灸杂志》1937 年第 4 卷第 4 期，段逸山主编《中国近代中医药期刊汇编》第 4 辑第 32 册，第 289—290 页。

④ 承淡安：《〈中国针灸学讲义〉编辑者言》，孟凡红、杨建宇、李莎莎主编《承淡安中国针灸学讲义》，北京：中国医药科技出版社，2017 年，第 19 页。

论是空谈，不值得参考，同样不可取。承淡安提出，学术是随时代演进，不能固守四五千年前之学理，也不能以此指摘古人之错误，而应该以“去其芜而存其精”的态度使针灸理论更加完善。① 承淡安看似在“泥古”与“维新”间持中立态度，但他实际上是从传统针灸理论出发，思考古典针灸知识体系如何随时代演进而更加完善。承淡安的针灸科学化并不是简单的西医化，而是从本土脉络出发，以疗效为核心，对其他的医学知识进行取舍。

四、知识受众的选择

民国时期，在保存国粹和中医科学化思潮的推动下，针灸地位得以进一步提升。重构针灸知识体系，使其能更好发展也成为中医界的重要议题。不少医家开始探索革新针灸知识的途径，尤以承淡安和黄竹斋为代表。通过上述考察，我们发现两者在编写针灸教材时，选取了不同的知识革新途径。这两种不同知识结构的教材出版后，产生的影响也大不相同。

承淡安的《中国针灸治疗学》于 1931 年出版后，多次再版，后修订为《增订中国针灸治疗学》出版。赴日考察后，又进一步修订为《中国针灸学讲义》。承淡安编写的教材在民国时期一直有较广的受众。而作为中央国医馆审定出版的教材，黄竹斋编写的《针灸经穴图考》于 1935 年出版后，在民国时期并无再版信息，直到 1957 年才由人民卫生出版社再版。② 民国时期，其他针灸教材也未多见对《针灸经穴图考》内容上的引述或体例上的效仿。这样的社会反响并未达到中央国医馆树立知识典范的预期。

《中国针灸治疗学》和《针灸经穴图考》影响上的差别，也与针灸教材的受众有关。在讨论承淡安革新针灸知识时我们讲到，《中国针灸治疗学》是作为中国针灸学研究社学员的教材而使用。中国针灸学研究社创立后开设面授和函授课程，尤其以函授为主。函授教育主要是以通信函授、寄发针灸教学材料和函询解答问题等方式培养针灸人才。③ 函授教育可以打破时空的限制，大大拓展学员的范围，降低了学习成本，使一般民众可以有正规途径学习针灸。函授制产生的问题是，学员和教师间无法针对学习过程中遇到的问题即时沟通。所以在 1933 年，承淡安创办了《针灸杂志》，专设“问答”一栏，刊登学员在学习针灸时的疑问和教员的回答，以及病人针对治疗方法的咨询。④

近代广东著名针灸医家曾天治（1902—1948）即得益于中国针灸学研究社函授制的训练。在学医之前，曾天治曾从事教师、编辑等多种职业。因为家人常年受疾病困扰，所以开始学医。他开始针灸学习的契机是阅读《申报》时获悉中国针灸学研究社通过函授的形式指导针灸学习。

---

① 孟凡红、杨建宇、李莎莎主编：《承淡安中国针灸学讲义》，第 95—96 页。
② 参见黄竹斋编著《针灸经穴图考》，北京：人民卫生出版社，1957 年。
③ 参见肖少卿《中国针灸学史》，银川：宁夏人民出版社，1997 年，第 509 页。
④ 《发刊词》，《针灸杂志》1933 年第 1 卷第 1 期，段逸山主编《中国近代中医药期刊汇编》第 4 辑第 28 册，第 7 页。

曾天治便通过邮寄购买了《中国针灸治疗学》一卷，《十二经挂图》四幅，开始自学针灸。① 1933年，他正式加入无锡中国针灸学研究社，此后通过通信的形式，与承淡安讨论针灸学习中遇到的问题。如他按照《中国针灸治疗学》提供的方法给一位半身不遂的患者治疗高血压，病情一直反复，所以写信询问解决办法。承淡安亲自答复应该考虑到病人的年龄、生活习惯再改善治疗方法，并给出了一般情况下针灸降血压的方法。②

《针灸杂志》"问答"栏中，除了刊登学员根据《中国针灸治疗学》进行治疗实践遇到的具体问题，还有对于针灸理论的讨论。有读者就《增订中国针灸治疗学》用神经原理解释经穴进行提问，认为传统针灸医书对于穴位的定位不值得相信。在答复中，承淡安指出这样的认识误读了经穴理论，虽然神经有传导功能，但走向过于复杂，无法与经穴位置完全对应。在具体的治疗中，依据神经走向的针刺治疗往往不如依据传统经穴原理进行治疗的效果好。所以不能用神经学说取代经穴理论。③ 后来，承淡安在《中国针灸学讲义》中修订了用生物医学知识解释针灸原理的相关论述。

由此可见，承淡安对于教材中针灸知识的不断修订，不仅源于他自身认识水平和治疗经验的积累，也与针灸学研究社的众多学员在学习和治疗中的反馈有关。换句话说，众多学员的治疗实践进一步形塑了针灸教材的知识结构。促使承淡安修订几版教材时，更好地考虑到初学者的接受程度和实际疗效。不仅如此，民国时期许多针灸教材的知识结构也受到了《中国针灸治疗学》不同程度的影响。曾天治编写的《针灸医学大纲》即与《增订中国针灸治疗学》的知识结构基本一致，只是对穴位的具体描述进行了改动。④ 民国时期，执教于广东中医药专门学校的周仲房编写的《针灸学讲义》的总体结构和经络腧穴部分，与《中国针灸治疗学》也颇为相似，但治疗部分则基本沿袭明代医家杨继洲《针灸大成》的相关内容。⑤

从知识受众的角度反观黄竹斋的《针灸经穴图考》，可发现其与《中国针灸治疗学》大为不同：第一，《针灸经穴图考》编写的内在思路在于重构《内经》的腧穴知识体系，体例是以《内经》等古代针灸经典为主，辅以其他针灸典籍中的相关内容。《内经》等古典针灸医籍包含大量语意含混的天人关系的内容，也被收入《针灸经穴图考》中。譬如，该书在针法部分仍保留《内经》有关施针需要与天气、时辰相配合的具有神秘色彩的内容。⑥ 这些内容会对初学者掌握针灸知识造成一定的困扰。第二，为符合中央国医馆以科学方法整理和研究中医的宗旨，在《针灸经穴图考》作为教材出版前，黄竹斋曾对书稿进行修订，补入了一些针灸科学化的著述，其中就包括承

---

① 曾天治：《缘起》，《针灸医学大纲》，广州：汉兴国医学校，1935年，第1—2页。
② 《问半身不遂》，《针灸杂志》1933年第1卷第2期，段逸山主编《中国近代中医药期刊汇编》第4辑第28册，第157—158页。
③ 《针灸问答续》，《针灸杂志》1934年第1卷第6期，段逸山主编《中国近代中医药期刊汇编》第4辑第28册，第551页。
④ 参见曾天治《针灸医学大纲》。
⑤ 周仲房编，李乃奇、杨克卫整理：《针灸学讲义》"整理说明"，郑洪、刘小斌主编《民国广东中医药专门学校中医讲义系列·针灸类》，上海：上海科学技术出版社，2017年。
⑥ 黄竹斋：《针灸经穴图考》，第76—77页。

淡安的《中国针灸治疗学》和冈本爱雄的《最新实习西法针灸》。但黄竹斋并没有吸收这两本书最具特色的腧穴解剖知识，只参考了两书描述同一穴位的文字的差异。[①] 第三，《针灸经穴图考》虽然以“图考”命名，却没有在经穴图示方面作出改进。实际上，黄竹斋此书只有十四经脉的图示，就图像构造来看，《针灸经穴图考》的经穴图依旧延续传统时期针灸医籍的图像。[②] 传统针灸医籍的经穴图是在平面且抽象的人体部位上以圆圈表示腧穴，并以黑色实线联结，标识出经脉走向。这种图像标识虽然可以大致示意各腧穴的相对位置，但由于所绘人体过于抽象，并不便于实际取穴。

由此可见，承淡安和黄竹斋重构针灸知识体系之作的不同影响并不能简单归因于传统与现代、科学与非科学。两者在著书之初，虽然都致力于提高针灸的地位，但选取了不同路径。承淡安有很强的实用意识，在吸收生物医学知识的同时，也努力从传统针灸医书中选取有效的针灸手法，重视实际疗效，还注重从知识受众的角度不断修订知识体系。黄竹斋采用儒医传统正典化的方式，期望通过建立符合经典的知识体系，规范针灸腧穴知识，但保留了许多针灸经典中具有神秘色彩的医学观念。由此，尽管有中央国医馆的审定和馆长焦易堂等人的推举，《针灸经穴图考》仍然难以在现代针灸学形成的脉络中成为受众面广泛的教材。

结　论

民国时期针灸知识革新是由诸多医家复杂曲折的探索组成。通过文献回到具体的历史场景，我们发现以往作为针灸科学化代表的承淡安，对针灸知识的革新并不是线性进步的，而是从本土脉络出发，思考如何结合针灸经典和生物医学知识。这一过程中，承淡安始终抓住疗效，以此为核心构建新的知识体系，产生了深远影响。黄竹斋则是从回归学术正统的角度，规范《黄帝内经》奠定的腧穴知识体系，但他并未将临床应用作为宗旨，所以即使经过中央国医馆审定，也难以成为受众面广的针灸教材。

身处社会转型时期，面对中医科学化的社会思潮，如何继承传统，如何接受生物医学知识，成为医家群体亟须回答的议题。承淡安、黄竹斋以及其他医家的针灸著述，大多保留有传统的针灸知识，也加入了生物医学知识。但他们各自核心思想的差异使得针灸医书的影响有较大差别。其中，承淡安在经历过认识层面的挣扎后，回到针灸学本身的发展脉络，意识到针灸理论和技术的发展并不同步，中西医理也不可强行对应。在进一步完善针灸著述时，他选择从临床疗效出发，整合生物医学知识以及传统针灸知识，规范了针灸施治技术。后世的针灸学习者从中受益颇多。1949 年以后，针灸学经历了更加复杂深刻的变动，但在此过程中，临床疗效仍然一

① 如《针灸经穴图考》描述云门穴位置时对《最新实习西法针灸》相关内容的引述，参见黄竹斋《针灸经穴图考》卷 2，第 145—146 页。

② 黄竹斋：《针灸经穴图考》卷 2，第 138 页。

直为医家着力关注。虽然直到今天，针灸理论中的一些基本问题仍有待学者进一步研究解释，但针灸能够从传统医学的边缘发展成为中医的象征性治疗技术，这一巨大的转变提示我们，中医意欲取得进一步发展，不应局限于论证中医理论的科学性，更需要从实际疗效出发，以开放的心态充分吸收不同文明的医学成果，同时充分挖掘传统经典的价值，将医学理论与技术有机结合。

从知识史的角度对针灸乃至中医在近代的转型进行研究，可以使我们将目光聚焦于中医本身，从认识层面帮助我们过程化、情境化地考察中医在不同时期的文化价值和知识构成，重新发掘在历史进程中被湮没的理论和技术。同时，可以使我们认识到，中西医学各有其发展脉络和知识体系，应从多个维度理解科学化或现代化的含义，而不是将科学化简单等同于生物医学化并以此为标准衡量中医的价值。让我们将关注点回到中医本身，通过在历史的脉络中梳理具体知识的演变，更好地发掘中医所具有的内在活力，从而发挥中医在维护和促进人民健康中的独特作用。

（原文为“To Be Canonic or Scientific: A Study of Knowledge Innovation of Acupuncture and Moxibustion in the Republican Period of China”, *Journal of Modern Chinese History*, Vol. 16, No. 2[Nov. 2023], pp. 286 - 308。）

作者简介：

陈思言，南开大学中国史博士，现任上海师范大学历史系讲师。2017—2018 年度美国哈佛燕京学社访问学人。主要关注 19—20 世纪的中国医疗史。在《近代史研究》《史林》等刊物上发表论文、书评多篇。主持国家社科基金青年项目“民国时期针灸的知识转型与传播”。

新课标视阈下初中历史教学设计要素探微

刘琼敏

摘　要：本文聚焦于探讨如何从初中历史教学设计的各要素出发，在具体的操作层面让新版课程标准的理念与要求落地。从“大概念与教学内容整合”“内容主旨与教学目标制定”“情境创设与历史细节描述”“史料选择与课堂问题设计”等教学设计要素展开探微，结合多个教学案例进行示范，力求在新课程理念的指导下进一步提高初中历史课堂教学实效。

关键词：新课标　历史　教学设计

“中学历史课程是学生在马克思主义唯物史观指导下，了解中外历史发展进程、传承人类文明、提高人文素养的基础课程，具有思想性、人文性、综合性特点，具有鉴古知今、认识历史规律、培养家国情怀、拓宽国际视野的重要作用。”①那么，如何在初中历史教学中落实新版课程标准的理念与要求呢？我们不妨从初中历史教学设计的各要素出发，看看在具体的操作层面如何让新理念落地，哪些方法与策略是有效且可行的。

一、大概念与教学内容整合

在新版课标中，提出了以课程核心素养为导向、整合教学内容的教学要求，而“运用大概念对教学内容进行整合”是重要的方法和路径。所谓大概念，简而言之，就是指“那些能够将分散的知识、技能、观念等联结成为整体，并且赋予它们意义的概念、观念”②。历史教学中的大概念可以进行多层面的整合和提炼，例如：

能够统领整个学习板块的大概念，即学习板块大概念。

能够成为单元主题学习重要抓手的大概念，即单元大概念。

① 《义务教育历史课程标准(2022 年版)》，北京：北京师范大学出版社，2022 年，第 1 页。
② 《义务教育历史课程标准(2022 年版)》，第 57 页。

能够串联课时教学内容的核心概念或重要观念，即单课大概念。

下面就以人教版《中国历史·七年级上》“北魏政治与北方民族大交融”一课为例，尝试解读大概念整合教学内容的理路。

魏晋南北朝是秦汉大一统之后的一个分裂期，多个政权并立，分裂割据、政局纷杂。但正是在魏晋南北朝时期，各民族之间加强了交往、交流与交融，北方游牧民族的内迁、南方地区汉族与山越族的共处、北方地区的民族交融，民族认同感加强，民族之间的隔阂减少；南北方区域经济发展，尤其是南方地区得到开发；科技、文化在两汉基础上也有了显著的进步，也凸显了民族交融的文化成果。这都为新的统一局面的出现与隋唐的繁荣奠定了基础。

由此，在中国古代史的学习板块大概念“统一多民族国家的建立、巩固与发展”的统领之下，魏晋南北朝的单元大概念可确立为：政权分立与民族交往、交流、交融。将之进一步细化分解，本单元教学重点如下：

政权并立：三国鼎立；西晋短暂统一；南北朝对峙。

民族交融：北方游牧民族的内迁；汉族与山越族的共处；北方地区的民族交融。

区域经济发展：北方经济的恢复；诸葛亮治蜀；江南地区的开发。

民族交融中的科技与文化：贾思勰与《齐民要术》；祖冲之与圆周率；佛教与绘画、雕塑等。

具体到“北魏政治与北方民族大交融”这节课，经历了长期混战后，原有民族布局被打乱，各族之间频繁接触，差异逐渐缩小，重新统一北方的北魏，在吸取前秦败亡（民族尚未充分交融、统治基础脆弱）教训的基础上，推行汉化改革，推动了文化认同和民族心理认同。这一时期的北方民族大交融，为中华民族发展注入了新活力，为隋唐时期多民族国家的繁荣与发展奠定了基础。因此，可设定单课核心概念为“北方民族大交融”。单课教学重点为：

淝水之战的历史反思与启示；北魏孝文帝改革在民族融合推进中的意义；北方民族大交融的表现与析因。

“教学中的大概念是课程内容所要围绕的核心和基石，处于教学内容的核心位置，对学生学习具有引领作用。”[①]整合“大概念”的基本路径可以提炼为：学习板块—学习单元—学习单课。我们在强调“大概念”的同时，还要防止两个倾向：一是要防止历史知识建构的“泛概念化”，二是要避免学习过程中一味地“概念先导”。何为“泛概念化”，即把所有史实概念都等同于“大概念”。史实概念如历史事件（王安石变法、文艺复兴运动等）、历史现象（维新思潮、启蒙思想的传播等）、政治经济制度（科举制、人民代表大会制度等）、历史文物（青铜器、甲骨文等）等具体概念，不是真正意义的大概念。能把分散的知识、技能、观念等联结成为整体的“中学历史学科大

① 《义务教育历史课程标准（2022年版）》，第57页。

概念主要应包括史论概念、重要命题和基本原理等”①。因此，运用大概念开展教学的第一步是根据基本路径找准“大概念”。锁定“大概念”后的教学实施，要符合历史教学从具体知识中归纳总结历史特征、进行历史解释、获得历史启示的教学特征，不能把课堂教学变成“概念先导”下，教师先宣布自己的“大概念”结论，再证明该结论的“历史证明题”。

二、内容主旨与教学目标制定

在大概念整合教学内容的基础上确定单元与单课内容主旨，其实就是对大概念的具体阐释。在内容主旨的指导下确定以核心素养为导向的教学目标，可以为下一步教学过程的实施把准方向、把握重点。

内容主旨针对的是课程内容，其表述更侧重于史学意义；教学目标的主体是学生，其表述则相对侧重于教学意义，讲求的是对目标行为动词的把握及运用。教学目标要在内容主旨的基础上，结合学生的实际来制定。教学目标中尽管蕴含着贯彻内容主旨的要求，但两者的表述方式是不同的。

例如人教版《中国历史・八年级下》第三单元“对外开放”一课，课标要求“知道经济特区建设、沿海港口城市开放、上海浦东开发开放、加入世界贸易组织等史事，认识邓小平对改革开放所起的重要作用，认识改革开放对中国社会发展的重大意义和世界的重要影响”②。可以理解为，课标要求学生掌握对外开放的基本史实，理解对外开放是我国的强国之路。本课由三部分组成——“经济特区的建立”“对外开放领域的扩大”“加入世界贸易组织”，三部分内容时序和逻辑都呈递进关系。深圳是经济特区，是代表对外开放的“窗口”，随后，中国对外开放的区域不断扩大，从沿海到内地逐步推进。对外开放取得了巨大成就，是强国之路，推动了社会主义现代化建设。基于此，如前述路径，中国现代史整体学习板块的大概念可以提炼为“社会主义现代化”，统领第三单元的单元大概念可以提炼为“改革开放与中国特色社会主义建设”，那么本课的单课大概念可以聚焦于“对外开放是我国的强国之路”。单课和单元大概念从属于整个板块的大概念。

在大概念的统领下，本课内容主旨可确定为：十一届三中全会后，中国对外开放有计划、有步骤地展开，从深圳等经济特区的创建，到逐步深入形成全方位、多层次、宽领域的对外开放格局，再到加入世界贸易组织。实践证明，对外开放是建设中国特色社会主义的重要途径和保障，是我国的一项基本国策、强国之路。

将之分解为教学目标，即知道以深圳为代表的经济特区的建立及其在社会主义现代化建设

---

① 陈新民、韩文杰：《历史学科大概念的界定与教学课例》，《历史教学》（上半月刊）2021 年第 5 期，第 3 页。

② 《义务教育历史课程标准（2022 年版）》，第 24 页。

中起到的作用；通过对历史文献、地图、视频、照片等史料的分析解读，总结对外开放格局的形成过程及特点；利用上海乡土资源，尝试从个人发展、地方发展、国家发展等角度理解对外开放的历史意义、中国加入 WTO 的意义；从对外开放取得的惠民成果与国际地位中，感悟对外开放是推动我国社会主义现代化建设的必由之路、强国之策。

三、情境创设与历史细节描述

实事求是地说，在目前的中学教育中，存在一个"学生喜欢历史但不喜欢历史课"的现象。除了一些客观方面的原因外，很大程度上是由中学历史课堂教学本身的枯燥乏味造成的，而这一"枯燥乏味"现象其实是部分教师忽视历史学科特性的外在表现。中学历史课程的本质是知真求真，正如梁启超所言："绝对的真相，虽欲难求，然在可能范围内，亦应当努力求去；若不求得真相，一切都无从做起。"[①]课程标准中，历史学科"认识历史规律、培养家国情怀、拓宽国际视野"等功能得以发挥的前提就是历史学科的求真相、求真实。部分老师把历史教学等同于梳理讲解历史知识，这样的教学省略了带领学生求真的过程，简化了引导学生考证的过程，放弃了启发学生思辨的过程，这样的历史教学就变成了知识点的堆砌，背离了历史教学的应有之意。

改变这一现象的策略之一就是创设教学情境。历史的"'求真'除了求人、时、地等细节之真，更要追求情境之真，求情境之真即是'求真实'"[②]。创设适切的情境导入新课或进行教学环节过渡，简单来说是提高中学历史课堂吸引力的良策，实质是用历史思维解决问题，达成历史学科核心素养的要求。例如在人教版《世界历史 · 九年级下》第四单元第 13 课"法西斯国家的侵略扩张"的教学中，教师可以采用如下导入新课的方法：

> 教师结合图片展示，讲述埃丽卡的故事，创设情境导入新课：
>
> （出示图片 1）这幅画叫《有着架子床的房间》，作者是一个名叫埃丽卡的小女孩，她 1934 年出生在布拉格，七岁那年被遣送到奥斯维辛集中营。在这幅画里，埃丽卡记录了自己的生活，也画出了一个小女孩的憧憬。她的画面前面留出了很大的空间，这里放上了集中营里没有的鲜花，让蜜蜂围绕着花朵，花瓶上也刻上爱的印记。花儿无论是颜色还是姿态都生动而平衡。时时处于饥饿中的埃丽卡还在花儿旁边放上了满满的一盘水果！
>
> （出示图片 2）但实际上，有着架子床的房间十分拥挤且充满着哀伤，孩子们饥饿、寒冷、经常生病，想念妈妈。埃丽卡把架子床推得远远的，也把残酷的现实生活远远地推开。这幅画完成于 1944 年，同年 10 月，埃丽卡被杀死在奥斯维辛集中营，那一天离她的十岁生日还有 12 天。相信大家已经知道了，我们的埃丽卡之所以经历这些，是因为她是一个犹太

---

① 梁启超：《社会学在中国方面的几个重要问题研究举例》，《梁启超全集》第 16 集，北京：中国人民大学出版社，2018 年，第 399—400 页。

② 瞿骏：《"求真而经常不得"的史学研究辩证法》，《南京大学学报》2022 年第 2 期，第 125 页。

人，犹太人的这场悲剧由何而来呢？谁举起了疯狂的屠刀？就让我们带着这个疑问进入今天的历史学习。（出示课题：法西斯国家的侵略扩张）

“法西斯国家的侵略扩张”一课的内容主旨可以定位为“在世界经济危机的沉重打击下，意、德、日先后确立法西斯体制，英、法、苏等大国避战自保的绥靖政策，纵容法西斯国家对外扩张的野心不断膨胀。欧亚战争策源地的形成，最终触发第二次世界大战”。而这个用于导入新课的历史情境，能契合本课内容主旨，以小见大地反映纳粹政权对犹太人的残酷迫害；能引发学生对法西斯暴政这一历史现象的思考，能激发学生去追问历史故事背后的“what”“how”“why”。

教师在课堂上通过历史细节描述来突破教学重难点，也是历史“求真”之路的一个有效策略。课标之所以提出“通过教师清晰、明了、具体、生动的讲述，使学生知晓历史的背景、主要经过和结果，清楚地了解具体的历史状况，理解所学史事的核心、特点、意义及影响等”①的要求，亦是引导教师的教学过程符合历史学科内涵与本质。例如在人教版《中国历史·八年级下》第三单元第9课“对外开放”中，教师可以设计如下细节描述：

师：“特区”的“特”，就是实行特殊的经济政策和经济管理体制，允许外国企业或个人进行投资活动，并在进出口、减免税等方面提供优惠条件。有了这些优惠的政策，为什么还说建设经济特区是“杀出一条血路来”呢？经济特区在创办之时遭遇了哪些困难呢？老师就举一个小例子，同学们来体会一下。

1979年的蛇口是改革开放的前沿阵地。当时，蛇口急需新建一个码头，建码头要炸山填海，大量的土石方需要转运。工期紧迫，但吃惯“大锅饭”的工人们却在“磨洋工”，上厕所、车抛锚、迟到早退……即便是开着进口的日本挖土机和翻斗车，施工队每天每辆车只能拉20多车土石。眼看着工期赶不上，怎么办？当年10月，蛇口工业区开出了一剂“猛药”——定额超产奖励制：工人每天装运石料定额40车。超出的，每多拉1车，就奖励4分钱。超产奖励制度一出，整个工地都沸腾了，干劲很快被调动起来，工程进度也飞速提高。码头一期工程提前1个月竣工，为国家节省资金130万元。但很快，反对“奖金挂帅”、认为此举“冲了红灯”的质疑声四起。1980年4月，“四分钱”定额超产奖励制被叫停，码头二期工程的进度像踩了急刹车一样慢下来。在二期工程面临逾期的情况时，一份内参被直接送进了中南海。当年8月份，在党中央的支持下，蛇口工地上的定额超产奖励制度重新恢复，并且进一步细化为：工人每天完成55车定额任务，每车奖励2分钱；超出55车，每车奖励4分钱。工地上热火朝天的场面又回来了。那年冬天，每位建设者都收到了另一份提前完工的“特殊奖金”。②

同学们，你们认为当时发展经济的社会环境好不好？“杀出一条血路”表明了中央对于

① 《义务教育历史课程标准(2022年版)》，第60页。
② 中央广播电视总台：《“四分钱”打破“大锅饭”》，《红色印记——百件革命文物的声音档案》第84集，讲述人：任鲁豫。

对外开放怎样的态度？

生：当时发展经济的社会环境不是最好，旧的经济模式、管理方法、思想观念不是一夜之间就能消失的。对于坚持对外开放，中央的态度是坚决的。

师：的确如此，老师只是给你们举了一个例子，这样的例子当时很多。经济特区是社会主义的新生事物，杀出一条血路，既表明了中央对外开放的坚定决心，也反映出当时存在重重阻力。当时既没有经验可以参考，能不能成功也没有把握，正是本着一股“杀出一条血路”的干劲，以深圳为代表的沿海特区迈出了对外开放的坚定步伐。

历史课堂上的历史细节描述，不是戏说，也不是随意地抓到什么故事就讲什么故事。选择历史细节的标准，不仅追求生动有趣，更要追求紧扣这堂课的内容主旨与教学重难点。本课的教学重点可确定为“对外开放格局的形成及作用”，教学难点可确定为“实行对外开放的必要性”，设计深圳蛇口的细节描述，可以加深学生对改革开放必要性、重要性以及所要克服的艰难险阻的理解。单课的教学重难点，是历史学习板块和单元大概念的具体化实施，是单课核心概念的落脚点，从这一意义来说，历史细节叙述指向的上位目标，是历史理解与历史解释，是学科核心素养的达成。

四、史料选择与课堂问题设计

“史学便是史料学”，这句话既表达了傅斯年对于史料和文献的钟爱，也从一个侧面反映了档案文献、实物、口述等史料对于历史研究和历史教学的重要依托作用。“学生学习历史……是通过自己对相关史事的了解，尤其是运用有价值的、可信的史料来判明历史事实，概括历史特征，形成历史认识。”①基于这一要求，如何选择适合进入初中历史课堂的史料，如何运用史料设计有思维度的问题，如何通过史料教学提高学生的史学思想方法水平，都是值得思考与探索的历史教学设计要素。

引入课堂的史料，从教学角度而言，要与教学内容、学情相匹配，要紧扣内容主旨，要有利于教学目标的达成。从史学层面而言，要遵循史料选择的基本规范，如应尽可能地使用一手史料，必须使用二手史料时，应优先使用年代较早的；重视不同类型史料的相互印证，如直接史料和间接史料的相互印证，实物史料与文献史料的相互勘补，构建“证据链”；重视史料的考证，不仅是辨伪，真实的史料也需要进一步考证；建立“史由证来”的意识，有一分证据说一分话，历史研究结论的基础是占有足够多可信度高的史料；运用史料作为证据论证观点时，要注意证据与结论的一致性，逻辑要严密，以充分的史料为依据形成“历史认识”；关注因为研究对象的不同，史料类型本身的变化；等等。以人教版《中国历史·七年级下》第一单元第2课“从‘贞观之治’到‘开

---

① 《义务教育历史课程标准(2022年版)》，第59页。

元盛世'"的一组史料选择为例：

商旅野次，无复盗贼，囹圄[líng yǔ]常空，马牛布野，外户不闭。又频致丰稔[rěn]，米斗三四钱，行旅自京师至于岭表，自山东至于沧海，皆不赍粮，取给于路。入山东村落，行客经过者，必厚加供待，或发时有赠遗。此皆古昔未有也。①

——唐·吴兢《贞观政要》卷一

自贞观以后，太宗励精为理。至(贞观)八年、九年，频致丰稔[rěn]，米斗四五钱，马牛布野，外户动辄数月不闭。至(贞观)十五年，米每斗值二钱。②

——唐·杜佑《通典》卷七

忆昔开元全盛日，小邑犹藏万家室。稻米流脂粟米白，公私仓廪俱丰实。③

——唐·杜甫《忆昔》

选择当时的史书记载、史家评论、文学作品(诗歌)，既符合"尽可能选择一手史料"的原则，也符合七年级学生的史料阅读理解能力，在生僻字上标注拼音，可以帮助学生提高阅读的流畅度。在史料基础上提出问题："通过以上三段材料，同学们对唐朝前期有着怎样的印象？请尝试结合材料具体阐述一下。"引导学生从史料中提取信息，示范提取史料的表层信息与深层信息的路径，让学生习得运用史料开展学习的方法。这一教学设计的目标是帮助学生理解与体会唐朝前期的繁荣，也是帮助学生掌握"孤证不立""有一分证据说一分话""论从史出"等史学思想方法。人文学科的知识浩如烟海，比知识更重要的是历史学的思维方法。

在教学实践中，笔者对基于史料的课堂问题设计之原则，也尝试进行了提炼，如选材与设问之间的逻辑要严密，要根据史料的类型、性质、特点设计问题；设问要围绕教学目标有层次地展开；设问要有利于突破教学重点与难点，多设计有思维含量的问题，少问纯知识梳理型的问题。在人教版《中国历史·八年级下》第六单元第19课"社会生活的变迁"中，为了帮助学生完成从具体到抽象，从感性认识到理性认识的思维路径，教师可以进行如下选材与设问：

选材：表格"改革开放前后社会生活的变迁"、照片《1966年的全国通用粮票》。(略)

设问1：同学们，改革开放前后，人们在饮食上有什么变化呢？

【提炼归纳角度：改革开放前，饮食结构比较单一，有些农村甚至没有解决最基本的温饱问题。居民们购买粮食，不仅要带上钱，还要带上粮票，当时的粮票分为全国粮票与地方粮票。改革开放以来，十几亿人口的吃饭问题基本得到了解决。人们不但能"吃饱"，而且

① 《中国历史·七年级下册教师教学用书》，北京：人民教育出版社，2017年，第25页。
② 《中国历史·七年级下册》，北京：人民教育出版社，2021年，第10页。
③ 《中国历史·七年级下册》，第10页。

还要“吃好”，讲究营养均衡、粗细搭配，绿色食品等科学卫生的概念也日益深入人心。】

设问2：同学们有没有发现，过去人们觉得难以下咽的野菜、窝头，现在吃起来好像味道也很不错。人们的感觉为什么发生了这样的变化呢？

【思考角度：过去物资比较匮乏，人们可以选择的食物品种比较少，吃野菜是用来充饥，野菜缺油少盐，味道难以下咽。改革开放以来，随着经济的发展，食品供应丰富，吃野菜是用来搭配营养的，而且是野菜精做、粗粮细做，口味经过了研究和改良，是时髦的绿色食品。】

设问3：再请同学们思考一下，中华人民共和国成立至今，衣、食、住、行、用等方面的发展变化和哪些因素有关？

【思考角度：中华人民共和国成立后，社会主义制度的建立，极大解放了生产力，经济水平快速提高，改善了人民的物质生活条件。党和政府以人为本，不断调整经济发展政策，制定了正确的发展纲要，特别是作出了改革开放的正确决策，使我国综合国力大大提高。衣、食、住、行、用等方面的发展变化，是新中国从“站起来”到“富起来”的缩影。】

“社会生活的变迁”一课的教学内容看似简单，但社会生活史的教学其实很有难度，很容易上成简单地介绍、罗列，缺乏历史味。这一教学设计中的选材贴近学生的年龄特点，票据直观形象，利于激发学生兴趣；设问层层递进，引导学生从原因与结果的范畴分析历史现象，理解社会生活的变迁折射了时代的变化和国家的发展。

教学设计的要素还有很多，以上仅就其中的部分要素进行了小小的探究，希望结合教学实践，总结出一点经验，在新课程理念的指导下进一步提高初中历史课堂教学实效。历史是什么？历史就是“当你脑海中所有的时间、地点、人物、事件都模糊后所剩下的东西”。历史教学给予学生的是“看问题的宏观视野、综合分析的思维方式、因了解史事而常常秉有的通达心态”。正是基于这样的思考，笔者进行了如上关于初中历史教学设计要素的探微。

（本文原发表于《历史教学》2023年第3期。）

作者简介：

刘琼敏，上海师范大学人文学院副教授，中国教育学会历史教学专业委员会理事。研究方向为中学历史课程与教学论。曾担任中学教师14年、中学教研员13年，赴德国奥格斯堡大学访学1年，先后荣获上海市普陀区中青年教师教学评优一等奖、上海市基础教育教研员专业发展评选活动综合优秀奖，担任上海市“空中课堂”初中历史核心组成员和指导专家等。近年来，《德国中学历史学科考题命制特点浅析》等多篇论文发表于专业学术核心期刊，主持、参与“中德中学历史教育比较研究”“基于学科核心素养的初中历史课程资源研发”等多个市、区级项目。